Das Buch

Die 88 Artikel dieses Handlexikons informieren ausführlich und exakt über die Grundbegriffe der modernen Wissenschaftstheorie, einer zentralen Disziplin, die philosophische, erkenntnistheoretische und allgemeine methodische Probleme einzelner oder aller Wissenschaften diskutiert. Wissenschaftstheorie ist also nicht identisch mit Philosophie, und sie ist auch keine bloße allgemeine Methodenlehre der Wissenschaften. Die heutige Wissenschaftstheorie arbeitet fakultäts- und disziplinübergreifend, untersucht also die Grundlagen von Geistes-, Natur- und Sozialwissenschaften.
Das Lexikon setzt keine speziellen Kenntnisse voraus; es bietet dem Wissenschaftler und auch dem Laien eine leicht lesbare Einführung in und Informationen über die Wissenschaftstheorie. Die Herausgeber glauben, daß »wissenschaftlich korrekte« und »verständliche« Darstellung keine Gegensätze sind, sondern im Gegenteil zusammenfallen.

Die Herausgeber und die Autoren – Wissenschaftstheoretiker, Philosophen und Vertreter von Einzelwissenschaften – gehören zu den bekanntesten Gelehrten unserer Zeit.

Handlexikon der Wissenschaftstheorie

Herausgegeben von Helmut Seiffert
und Gerard Radnitzky

Deutscher
Taschenbuch
Verlag

Unveränderter Nachdruck
des 1989 im Verlag Ehrenwirth erschienenen Werkes.

April 1992
Deutscher Taschenbuch Verlag GmbH & Co. KG,
München

ISBN 3-431-02616-8
Umschlaggestaltung: Celestino Piatti
Satz: FotoSatz Pfeifer, Gräfelfing
Druck und Bindung: C. H. Beck'sche Buchdruckerei,
Nördlingen
Printed in Germany · ISBN 3-423-04586-8

Inhalt

Vorwort

Der Einladung des Ehrenwirth Verlages, innerhalb seiner Handlexikon-Reihe ein »Handlexikon zur Wissenschaftstheorie« herauszugeben, bin ich – nach einigem Bedenken – gern gefolgt.
Um das Unternehmen auf eine breitere Grundlage zu stellen, bemühte ich mich darum, ihm die Sach- und Personenkenntnis von Gerard Radnitzky zugute kommen zu lassen. Ich traf auf Entgegenkommen und freundliche Bereitschaft zur Mitwirkung. Zusammen mit Gunnar Andersson und Klaus Pähler redigierten wir meinen Entwurf des Stichwortverzeichnisses.
Im Exposé des Projektes für die Autoren hieß es: Das Lexikon »soll nicht im Dienst einer bestimmten Schule oder Tendenz stehen, sondern ein möglichst objektives Bild der gegenwärtigen Wissenschaftstheorie in allen ihren Richtungen und Teilgebieten zu zeichnen versuchen. Insbesondere sollen ›naturwissenschaftliche‹ und ›geisteswissenschaftliche‹ Aspekte gleichberechtigt berücksichtigt werden.«
Ich hoffe, daß dieser Vorsatz einigermaßen eingehalten werden konnte. Nun weiß jeder Kenner der Materie, daß eine absolute »Objektivität« in der Praxis nicht erreichbar ist. Jede philosophische oder wissenschaftstheoretische Äußerung trägt – mehr oder weniger – ihre Schul- oder Richtungsherkunft an der Stirn. So kann und will dieses Lexikon nicht verleugnen, daß seine Herausgeber – die natürlich auch untereinander verschiedene Standpunkte einnehmen – bestimmte erkennbare Positionen vertreten. Das Gesicht, das das Lexikon hierdurch bekommen hat, wird man etwa als eine Kombination kritisch-rationalistischer, analytisch-logischer und geisteswissenschaftlich-hermeneutischer Züge umschreiben können.
Die Arbeitsteilung zwischen den Herausgebern gestaltete sich so, daß Gerard Radnitzky die Gewinnung vor allem der dem Kritischen Rationalismus nahestehenden Autoren zu danken ist; die Verfasser der – im weitesten Sinne – logisch-analytischen Beiträge wurden von uns gemeinsam ausgewählt und eingeladen; für die Gewinnung der Autoren der geisteswissenschaftlichen Artikel ist im wesentlichen der Unterzeichnete verantwortlich.
Es sei noch erwähnt, daß Gerard Radnitzky an den Redaktionsarbeiten nicht beteiligt war und also für sie auch nicht verantwortlich ist; sie gehen allein auf mein Konto.
Die eingegangenen Manuskripte wurden in der Regel nur formal und technisch, nicht aber inhaltlich, bearbeitet. Ganz bewußt sollte eine gewisse individuelle Note erhalten bleiben, eine gewisse Farbigkeit und auch – wie ich geradeheraus gestehen möchte – manchmal unbekümmerte Subjektivität.
Wenn sich durch diesen liberalen Stil der Redaktion stellenweise Wiederholungen ergaben, wurde das bewußt in Kauf genommen, da solche Darstellungen durch verschiedene Autoren dazu beitragen können, einen Gegenstand durch die Beleuchtung von mehreren Seiten desto plastischer hervortreten zu lassen.
Die Anzahl der Artikel – etwa hundert –, und damit ihr durchschnittlicher Umfang – etwa zehn Druckspalten –, war durch die Konzeption des Verlages vorgegeben, der bereits eine ganze Reihe von Handlexika über verschiedenste Gebiete in dieser Gestalt herausgebracht hat.
Auf die Erfassung, Redaktion und Ordnung des bibliographischen Materials wurde außerordentlicher Wert gelegt. Die Literaturangaben sollten im Interesse des Benutzers ursprünglich umfangreicher sein, was sich aus verlagstechnischen Gründen leider nicht durchführen ließ. Es blieb daher bei knappen Titelangaben zu den einzelnen Artikeln und in den systematisch angelegten Verzeichnissen der »Auswahl zentraler Literatur«, die ebenfalls gegenüber der ursprünglichen Konzeption stark gekürzt werden mußten.
Es steckt also im Literaturmaterial erheblich mehr Arbeit (und Zeit), als in der jetzigen Gestalt sichtbar werden kann. Andererseits hat natürlich das Ausgehen von einem ursprünglich sehr viel reicheren, ständig verknappten Titelbestand den großen Vorzug, daß nunmehr das Wichtigste (manchmal freilich vielleicht auch weniger als das) geboten wird.
Soweit der Redaktor gegenüber den Autoren Bewegungsfreiheit besaß, ist er bei der Aufbereitung der Literatur zu den einzelnen Artikeln nach folgenden Gesichtspunkten verfahren: möglichst deutschsprachig, möglichst leicht zugänglich (eher Bücher als Aufsätze), möglichst leicht verständlich.
Was speziell den ersten Punkt betrifft, möge man bedenken, daß gerade in den letzten zwei Jahrzehnten zahlreiche wichtige fremdsprachige, insbesondere englischsprachige, Veröffentlichungen ins Deutsche übersetzt wurden. Wem der Anteil angelsächsischer Literatur zu gering er-

scheint, der sei darauf hingewiesen, daß eine englischsprachige Ausgabe des Lexikons geplant ist, deren Literaturmaterial dann natürlich ganz anders aussehen würde – und somit auch von interessierten deutschen Lesern mit Nutzen verwendet werden könnte.
Das Literaturmaterial, das die Autoren selbst mit ihren Beiträgen zur Verfügung stellten, blieb in der Regel unangetastet; nur gelegentlich mußte es vom Redaktor im Einvernehmen mit dem jeweiligen Autor behutsam gekürzt werden.
Die Literaturverzeichnisse der einzelnen Artikel stellen somit in der Regel – in immer wechselnden Anteilen – Kombinationen aus den Angaben der Autoren und zusätzlichem, abrundendem Material des Redaktors dar.
Die Fertigstellung des »Handlexikons zur Wissenschaftstheorie« hat sich leider länger hinausgezögert, als zu Beginn der Redaktionsarbeiten erwartet werden durfte. Wer mit den Umständen bei der Realisierung eines solchen Projektes vertraut ist, weiß, daß an solchen Verzögerungen nicht nur die unmittelbar Beteiligten – Verlag, Herausgeber, Autoren – ihren (je spezifischen) Anteil haben, sondern auch externe, kaum kalkulierbare Faktoren eine hemmende Rolle spielen.
Allen unseren Autoren danke ich für ihre Mitarbeit und für ihre Geduld.
Drei unserer Autoren haben die Fertigstellung des Lexikons nicht mehr erlebt: Gerd Brand, Alwin Diemer und Erich Jantsch. Wir werden ihnen eine dankbare Erinnerung bewahren. Untereinander waren sie denkbar verschieden: Gerd Brand, der Wissenschaftsorganisator und sprachmächtige phänomenologische Schriftsteller – Alwin Diemer, der von der Liebe zu systematischer Ordnung der Begriffe bestimmte Denker und Begründer der für das gesamte Fach so wichtigen Düsseldorfer philosophischen Arbeit – Erich Jantsch, der unkonventionelle Querdenker (insofern) bester Wiener Tradition.
Mein ganz besonderer Dank gebührt dem Lektor, Herrn Reinhard Stachwitz. Herr Stachwitz hat das Lexikon von Anfang an begleitet und insbesondere in der Phase der Endredaktion alle immer wieder auftauchenden Klippen in gemeinsamen Bemühungen mit dem Herausgeber umsichtig und einfühlsam umschifft.

Buckenhof, im Herbst 1988 *Helmut Seiffert*

Erläuterungen zur Einrichtung des Bandes

Erläuterungen zur Erschließung der Literaturangaben

1. Wiedergabe der Titel

Zunächst war geplant, einen größeren Kernbestand an Literatur in ausführlicher Form zu verzeichnen, d. h. unter Angabe des Verlagsnamens, der Seitenzahl(en) und ggf. der Reihe, in der der Titel erschienen ist. Da dies nicht realisiert werden konnte, entschloß sich der Herausgeber, dann die Titel lieber in einfachster Form, d. h. nur mit Jahresangabe zu bringen. Die vielfach übliche Angabe nur des Verlagsortes (ohne den Verlagsnamen), also etwa: Leipzig 1923, München 1982, besitzt offensichtlich keinerlei Informationswert und kostet nur Platz. Allerdings wurden hier im Interesse des Benutzers Ausnahmen gemacht. So wird der Verlagsort (u. U. auch der Verlagsname) immer dann angegeben, wenn Sprache des Titels und Erscheinungsland voneinander abweichen (z. B. englischsprachige Titel in Deutschland, deutschsprachige Titel in den Niederlanden). Ferner wurde in der Regel angegeben, wenn ein Werk in einer preiswerten Taschenbuchreihe erschienen ist.
Die bei wissenschaftlichen Veröffentlichungen oft komplizierte Auflagen- und Ausgabengeschichte wurde so genau wie möglich und notwendig dargestellt. Hierbei gelten folgende Zeichen und Regeln:

1976, ^{2}1982	Erstauflage 1976, 2. Auflage 1982
1933, 1949	Zeitlich getrennte Ausgaben ohne weitere Angabe
(1962) 1976	(Bei Übersetzungen:) Das fremdsprachige Original erschien 1962, die Übersetzung 1976
1899 = 1927	Unveränderter Neudruck 1927 der Ausgabe von 1899
Bd. 1; 2. 1982; 1984	Der 1. Band erschien 1982, der 2. Band 1984
1977, dtv 1983	Die Ausgabe von 1977 erschien 1983 als dtv-Band
(1962, ^{2}1970) 1967, stw 1973, ^{2}1976	ist zu lesen: Die fremdsprachige Erstauflage erschien 1962, deren 2. Auflage 1970. Die deutsche Übersetzung erschien 1967, als suhrkamp taschenbuch wissenschaft 1973, dessen 2. Auflage 1976.

Unveränderte Auflagen (Nachdrucke), wie sie vor allem bei Taschenbüchern häufig sind, werden nicht besonders gekennzeichnet.

2. Literaturverzeichnisse

Literaturangaben finden sich an zwei Stellen des Werkes: in den zentralen Literaturverzeichnissen (»Auswahl zentraler Literatur«) und am Schluß jedes einzelnen Artikels.
Die zentralen Verzeichnisse haben eine doppelte Funktion.
Einmal sollen sie dem Leser eine *Übersicht* über alle für die Wissenschaftstheorie – in jeweils verschiedener Hinsicht – zentral wichtige Literatur geben. Neben im engeren Sinne zentralen, weil inhaltlich umfassenden Veröffentlichungen (Zeitschriften, Bibliographien, Lexika, Einführungen, Handbüchern, geschichtlichen Gesamtdarstellungen) findet sich noch eine besondere Liste »Wichtige, häufig zitierte Einzeltitel« mit Büchern, die zwar nur einen begrenzten Gegenstand behandeln, aber in der Literatur im allgemeinen und in den Lexikonartikeln im besonderen häufig erwähnt werden.
Das führt schon zur zweiten Funktion der zentralen Verzeichnisse: sie sind gleichzeitig *Zitiergrundlage* für die Literaturverzeichnisse der einzelnen Artikel.
Da die in den zentralen Verzeichnissen aufgeführten Titel sehr oft mehrbändig sind und/oder eine komplizierte Auflagen- und Ausgabengeschichte haben, erscheint in den Artikel- Literaturverzeichnissen oft nur eine verkürzte Titelangabe mit einem Großbuchstaben in eckigen Klammern am Schluß. Dieser verweist auf das zentrale Verzeichnis. Es bedeuten:

[Z]	Zeitschriften
[B]	Bibliographien
[L]	Lexika
[E]	Einführungen
[H]	Handbücher
[G]	Geschichtsdarstellungen
[W]	Wichtige, häufig zitierte Einzeltitel

Die Literaturverzeichnisse der einzelnen Artikel sind alphabetisch nach dem Autor bzw. Herausgeber geordnet. Im Artikel-Literaturverzeichnis genannte Titel müssen nicht immer im Text des Artikels auch erwähnt werden. Die Verzeichnisse sind also nicht nur Verweisungsgrundlage für die Klammerhinweise (Anmerkungen) im Text der Artikel, sondern bieten auch bibliographische Information für den Leser, der selbständig am Thema des Artikels weiterarbeiten will.

Erläuterungen zur Einrichtung des Bandes

3. Die Klammerhinweise im Text
Die Klammerhinweise im Text (Literatur-Anmerkungen in Klammern) sind denkbar verschieden gestaltet. Viele Artikel enthalten solche Hinweise überhaupt nicht. Wo sie vorhanden sind, können sie Seitenzahlangaben oder auch bloße Titelhinweise enthalten und auf verschiedenste Weise in den Text eingebaut sein. Das blieb jedem Autor überlassen; ein festes Schema gibt es in dieser Hinsicht nicht.
Die Verknüpfung zwischen der Nennung eines Titels im Text und seiner Verzeichnung im Literaturverzeichnis des Artikels ist jedoch genau geregelt:
Titel, deren Verfasser im Literaturverzeichnis des Artikels nur *einmal* vorkommt, sind *nur* mit dem Namen des Verfassers gekennzeichnet.
Mehrere Titel desselben Verfassers werden durch Verfassernamen und Kurzform des Titels wiedergegeben.
(Die heute so beliebte Kombination von Verfasser und Jahreszahl für die Kennzeichnung eines Titels [z. B. »Habermas 1983« für: Jürgen Habermas, Moralbewußtsein und kommunikatives Handeln] wurde als sinnwidrig verworfen, weil hierdurch die Jahreszahl von einer wissenschaftsgeschichtlich sinnvollen Information [z. B. »Gödel 1930« für die erste der berühmten Arbeiten des genialen mathematischen Grundlagenforschers] zur bloß technischen Signatur bestimmter Titel eines Autors degradiert wurde [»Kant 1976« als Verschlüsselung für die »Kritik der reinen Vernunft«, weil im Literaturverzeichnis eine Ausgabe genannt wird, die zufällig 1976 erschienen ist!].)
In den Literaturverzeichnissen der Artikel sind mehrere Schriften eines Autors nach Verfasser- und Herausgeberschriften getrennt; innerhalb dieser Unterteilung nach dem Alphabet der Titelanfänge (ohne Berücksichtigung des bestimmten und unbestimmten Artikels).

Erläuterungen zur Signierung von Artikeln und Literaturverzeichnissen

Um die Urheberschaft für die einzelnen Bestandteile des Handlexikons eindeutig klarzustellen, wurden in jedem Falle die Artikel und die zugehörigen Literaturverzeichnisse getrennt signiert. Für die Literaturverzeichnisse ergeben sich dabei folgende Möglichkeiten:

(a) Das Verzeichnis stammt, so wie es erscheint, allein vom Autor des Artikels: Der Name des Autors steht allein.
(b) Der Redaktor hat die Literaturmaterialien des Autors ergänzt: Zusätzlich zum Autornamen erscheint: .../*H. S.*
(c) Der Redaktor hat das Literaturverzeichnis allein hergestellt, weil der Autor darauf verzichtet hat und/oder nicht in der Lage dazu war: Die Signatur lautet: *H. S.*
(d) Die Verzeichnisse, die der Redaktor in seiner Eigenschaft als Autor des Artikels verfaßt hat, sind natürlich durch seinen vollen Namen gekennzeichnet.

H. S.

Verzeichnis der Abkürzungen

AA	Akademie-Ausgabe der Werke Kants. 1902–
ahd.	althochdeutsch
amerik.	amerikanisch
Anh.	Anhang
Aufl.	Auflage(n)
Aufs.	Aufsatz/Aufsätze
Ausg.	Ausgabe(n)
ausgew.	ausgewählt(e)
[B]	Bibliographien*
Bd.	Band
Bde.	Bände
bearb.	bearbeitet(e)
bericht.	berichtigt(e)
Dass.	Dasselbe
Ders.	Derselbe
d. h.	das heißt
Dies.	Dieselbe(n)
Diss.	Dissertation
dt.	deutsch(e)
dtv	Deutscher Taschenbuch Verlag
durchges.	durchgesehen(e)
[E]	Einführungen*
ebd.	ebenda
Edit.	Edition
eingel.	eingeleitet(e)
Einl.	Einleitung
engl.	englisch(e)
erg.	ergänzt(e)
ersch.	erschienen(e)
erw.	erweitert(e)
es	edition suhrkamp
f	Fischer Taschenbuch
f.	folgende (Seite)
ff.	folgende (Seiten)
FiT	Fischer Taschenbuch Verlag
franz.	französisch(e)
[G]	Geschichte der Philosophie*
GA	Gesamtausgabe
ges.	gesammelt(e)
Gesellsch.	Gesellschaft
griech.	griechisch(e)
[H]	Handbücher*
Habil.	Habilitationsschrift
Hb.	Handbuch/handbook
Hg.	Herausgeber
hg.	herausgegeben
insbes.	insbesondere
ital.	italienisch(e)
Jb.	Jahrbuch
Jg.	Jahrgang/Jahrgänge
Jh.	Jahrhundert(s)
Kap.	Kapitel
korrig.	korrigiert(e)
[L]	Lexika*
lat.	lateinisch(e)
mhd.	mittelhochdeutsch
Mitarb.	Mitarbeit
Nachdr.	Nachdruck
Neubearb.	Neubearbeitung
Neudr.	Neudruck
o.J.	ohne Jahresangabe
Orig.	Originalausgabe
Ppb.	Paperback
r	Rowohlt Taschenbuch (rororo)
r(d)e	rowohlts (deutsche) enzyklopädie
resp.	respektive
revid.	revidiert(e)
Ro	Rowohlt Verlag
RUB	Reclams Universal-Bibliothek
russ.	russisch(e)
s.	siehe
span.	spanisch(e)
st	suhrkamp taschenbuch
stw	suhrkamp taschenbuch wissenschaft
Subskr.	Subskription
Suppl.	Supplement(band)
Tb.	Taschenbuch
teilw.	teilweise
u.a.	und andere/unter anderem
überarb.	überarbeitet(e)
übers.	übersetzt
Üb(er)s.	Übersetzung/Übersetzer
usf.	und so fort
UTB	Uni-Taschenbücher
u.U.	unter Umständen
VDI	Verein Deutscher Ingenieure
veränd.	verändert(e)

verb.	verbessert(e)
Verf.	Verfasser(in)
verm.	vermehrt(e)
veröff.	veröffentlicht(e)
vgl.	vergleiche
Vorb.	Vorbereitung
[W]	Wichtige Einzeltitel*
WB	Wissenschaftliche Buchgesellschaft
[Z]	Zeitschriften*
zit.	zitiert
Zs	Zeitschrift
z.T.	zum Teil
zus.	zusammen
z.Z.	zur Zeit

* In der *Auswahl zentraler Literatur*

Verzeichnis der Artikel mit ihren Autoren

Angaben über die Autoren

Die Angaben der Autoren der Artikel über ihre eigenen Schriften sind – in Ergänzung zum Literaturmaterial im Handlexikon selbst – auch bibliographisch nutzbar. Sie sind jeweils geordnet in der Reihenfolge: Alleinverfasser Bücher, Alleinverfasser Aufsätze, Mitverfasser, Herausgeber, Mitherausgeber, Übersetzer; innerhalb dieser Untergruppen jeweils chronologisch. Bei den hier aufgeführten Schriften handelt es sich in der Regel nur um eine Auswahl aus einem weit umfangreicheren Werk. Übersetzungen von Schriften der Autoren in fremde Sprachen wurden ebenfalls nicht ausdrücklich genannt. Der Leser wird deshalb gebeten, entsprechende Hinweise ein für allemal hinzuzudenken, da ihre Aufführung in jedem Einzelfall zu platzaufwendig und im übrigen redundant wäre.

Hans Albert (1921 Köln), Dr. rer. pol., Prof. für Soziologie und Wissenschaftslehre an der Universität Mannheim.
Veröffentlichungen: Ökonomische Ideologie und politische Theorie. 1954, ²1972. – Marktsoziologie und Entscheidungslogik. 1967. – Traktat über kritische Vernunft. 1968, ⁴1980. – Plädoyer für kritischen Rationalismus. 1971, ⁴1975. – Konstruktion und Kritik. 1972, ²1975. – Transzendentale Träumereien. Karl-Otto Apels Sprachspiele und sein hermeneutischer Gott. 1975. – Aufklärung und Steuerung. 1976. – Kritische Vernunft und menschliche Praxis. RUB 1977. – Traktat über rationale Praxis. 1978. – Das Elend der Theologie. 1979. – Die Wissenschaft und die Fehlbarkeit der Vernunft. 1982. – Kritik der reinen Erkenntnislehre. 1987. – Beiträge in: Der Positivismusstreit in der deutschen Soziologie. 1969, ¹¹1984. – Theorie und Realität. (Hg.) 1964, veränd. ²1972. – Werturteilsstreit. (Hg. mit E. Topitsch) 1971, mit Bibliographie ²1979. – Theorie und Erfahrung. (Hg. mit K. H. Stapf) 1979.
Artikel: Kritischer Rationalismus.

Gunnar Andersson (1942 Kärda, Schweden), Dr. phil., Hochschulassistent für Philosophie an der Universität Trier.
Veröffentlichungen: Kritik und Wissenschaftsgeschichte: Kuhns, Lakatos' und Feyerabends Kritik des kritischen Rationalismus. 1988. – Das Problem der Wahrheitsähnlichkeit. In: Radnitzky, G./Andersson, G., Fortschritt und Rationalität der Wissenschaft. 1980. – Feyerabends Kritik des kritischen Rationalismus. In: Duerr, H. P., Versuchungen 2. 1981. – Sind Falsifikationismus und Fallibilismus vereinbar? In: Radnitzky, G./Andersson, G., Voraussetzungen und Grenzen der Wissenschaft. 1981. – Naive and critical Falsificationism. In: Levinson, P., In pursuit of truth. 1982. – Rationality in Science and Politics. (Hg.) 1984. – Fortschritt und Rationalität der Wissenschaft. (Hg. mit G. Radnitzky) (1978) 1980. – Voraussetzungen und Grenzen der Wissenschaft. (Hg. mit G. Radnitzky) (1979) 1981.
Artikel: Deduktion – Induktion – Wahr und falsch; Wahrheit.

Karl-Otto Apel (1922 Düsseldorf), Dr. phil., Prof. für Philosophie an der Universität Frankfurt/M.
Veröffentlichungen: Das Verstehen. In: Archiv für Begriffsgeschichte 1. 1955. – Die Idee der Sprache in der Tradition des Humanismus von Dante bis Vico. 1963, ³1980. – Die Entfaltung der »sprachanalytischen« Philosophie und das Problem der »Geisteswissenschaften«. In: Philosophisches Jahrbuch 72 II. 1965. Engl. [als Buch] 1967. – Transformation der Philosophie. Bd. 1; 2. 1973, ²1976. – Der Denkweg von Charles Sanders Peirce. Eine Einführung in den amerikanischen Pragmatismus. 1975. – Die Erklären-Verstehen-Kontroverse in transzendental-pragmatischer Sicht. 1979. – Hermeneutik und Ideologiekritik. (Mitverf.) 1971. – Sprachpragmatik und Philosophie. (Hg.) 1976. – Diskurs und Verantwortung. Das Problem des Übergangs zur postkonventionellen Moral. (Hg.) 1988. – Funkkolleg Praktische Philosophie/Ethik. (Mithg. und Mitverf.) Dialoge. Bd. 1; 2. 1984. Studientexte. Bd. 1–3. 1984.
Artikel: Begründung.

William Warren Bartley, III (1934 Pittsburgh, Pennsylvania, USA), Ph. D., Senior Research Fellow, The Hoover Institution on War, Revolution and Peace, Stanford University, California, USA.
Veröffentlichungen: The Retreat to Commitment. 1962. Dt. 1964; 2. verbess. Aufl. 1987. – Morality and Religion. 1971. – Wittgenstein. Engl. 1973. Dt. 1983. – Lewis Carroll's symbolic logic. 1977, ²1986. – Werner Erhard. The transformation of a man. 1978. – Popper, K.: Postscript to the logic of scientific discovery. Bd. 1–3. (Hg.) 1982–83. – v. Hayek, F. A.: The fatal conceit. (Hg.) 1988. – Evolutionary epistemology, rationality, and the sociology of knowledge. (Hg. mit G. Radnitzky) 1986.
Artikel: Rationalität.

Otto Bayer (1942 Trautenbach, ČSR), Dr. phil., Wissenschaftlicher Mitarbeiter am Institut für Soziologie der Universität Erlangen-Nürnberg.

Veröffentlichungen: Berufsausbildung in der Bundesrepublik Deutschland. Lehrlingsausbildungsprobleme und Berufsprognosen. 1972. – Untersuchungen zur beruflichen Sozialisation von Lehrern. (Diss. Erlangen) 1978. – Zwei empirische Untersuchungen in der Stadt Erlangen. 1979 und 1982. – Studiensituation und Studienberatung. Bericht über eine repräsentative Befragung. Erlangen: Institut für Soziologie 1985. – Datenschutz und empirische Sozialforschung. Überraschungen bei der Zusammenarbeit mit »Dritten«. In: Sozialwissenschaften und Berufspraxis 10, 1987. – Bestand und Rezeption von wissenschaftlicher Ostliteratur in der Bundesrepublik Deutschland. Eine Umfrage. In: Nachrichten für Dokumentation 1988. – Die internationale Kooperation von Wissenschaftlern in der Bundesrepublik Deutschland unter besonderer Berücksichtigung der osteuropäischen Länder und der DDR. (Mit E. Schmickl) Erlangen: Institut für Gesellschaft und Wissenschaft (IWG) 1987. (Forschungsbericht) – Entwicklung, Besonderheiten und Probleme der wissenschaftlichen Zusammenarbeit mit den osteuropäischen sozialistischen Ländern. (Mit E. Schmickl und H. Staatz) In: IGW-Report, Heft 1, 1988.
Artikel: Empirische Methoden in den Sozialwissenschaften – Sozialwissenschaften (mit Erhard Stölting).

Werner Becker (1937 Lauterbach/Hessen), Dr. phil., Prof. für Philosophie an der Universität Gießen.
Veröffentlichungen: Hegels Phänomenologie des Geistes. 1971. – Idealistische und materialistische Dialektik. 1972. – Kritik der Marxschen Wertlehre. 1972. – Die Achillesferse des Marxismus. 1972. – Die Freiheit, die wir meinen. Entscheidung für die liberale Demokratie. 1982. – Konzepte der Dialektik. (Hg. mit W. K. Essler) 1981. – Objektivität in den Natur- und Geisteswissenschaften. (Hg. mit K. Hübner) 1976.
Artikel: Ideologie.

Gerd Brand (1921 Frankfurt/M. – 1979 Köln), Dr. phil., Prof. für Philosophie, zuletzt Trier und Köln.
Veröffentlichungen: Welt, Ich und Zeit. Nach unveröffentlichten Manuskripten Edmund Husserls. 1955. (Auch ital.) – Die Lebenswelt. Eine Philosophie des konkreten Apriori. 1971. – Gesellschaft und persönliche Geschichte. Die mythologische Sinngebung sozialer Prozesse. 1972. – Grundlegende Texte von Ludwig Wittgenstein. 1975. – Welt, Geschichte, Mythos und Politik. 1978. – Edmund Husserl. Zur Phänomenologie der Intersubjektivität. In: Phänomenologische Forschungen 6/7.1978. [Z]
Artikel: Lebenswelt.

Hans Braun (1941 Freiburg i. Br.), Dr. phil., Prof. für Soziologie an der Universität Trier.
Veröffentlichungen: Soziale Sicherung. System und Funktion. 1972, ²1973. – Soziales Handeln und soziale Sicherheit. Alltagstechniken und gesellschaftliche Strategien. 1978. – Wissenschaft von der Gesellschaft. Entwicklung und Probleme. (Mit A. Hahn) 1973. – Hilfeleistungen in Familie und Nachbarschaft als Ansatzpunkte kommunaler Sozialpolitik. (Mit S. Articus) 1983. – Die häusliche Versorgung pflegebedürftiger alter Menschen. (Mit S. Articus) 1984. – Selbstverantwortung in der Solidargemeinschaft. Das Recht der sozialen Sicherung und der Verantwortungswille des Bürgers. (Mit W. Ecker u. a.) 1981.
Artikel: Wissenschaftsgeschichte: Sozialwissenschaften.

Wolfgang Büchel (1920 Trier), Dr. phil., Prof. für Naturphilosophie an der Universität Bochum.
Veröffentlichungen: Philosophische Probleme der Physik. 1965. – Gesellschaftliche Bedingungen der Naturwissenschaft. 1975. – Die Macht des Fortschritts. Plädoyer für Technik und Wissenschaft. 1981. – Die Relativität von Raum und Zeit. In: Kanitscheider, B., Moderne Naturphilosophie. 1984. – Philosophie des Risikos. In: Peters, O. H./Meyna, A., Handbuch der Sicherheitstechnik 2. 1986.
Artikel: Naturwissenschaften.

Donald Thomas Campbell (1916 Grass Lakes, Michigan, USA), Ph. D., Univ. Prof. für Social Relations und Psychologie an der Lehigh University in Bethlehem, Pennsylvania, USA.
Veröffentlichungen: Leadership and its effects upon the group. 1956. – Evolutionary epistemology. In: Schilpp, P. A., Popper. 1974. – Unjustified variation and selective retention in scientific discovery. In: Ayala, F. J./Dobzhansky, T., Studies in the philosophy of biology. 1974. – On the conflicts between biological and social evolution and between psychology and moral tradition. In: American Psychologist 30, 1975. – Descriptive epistemology: Psychological, sociological and evolutionary. Preliminary draft of the William James Lectures. Harvard University. Spring 1977. – Selection theory and the sociology of scientific validity. In: Callebaut, W./Pinxten, R., Evolutionary epistemology. Dordrecht: Reidel 1987. – Ethnocentrism: Theories of conflict, ethnic attitudes and group behavior. (Mit R. A. LeVine) 1972. – Ethnocentrism and intergroup attitudes: East African evidence. (Mit M. B. Brewer) 1976. – Nonreactive measures in the social sciences. (Mit E. J. Webb u. a.) 1981. Evolutionary epistemology bibliography. (Mit

C.M. Heyes und W. G. Callebaut) In: Callebaut, W./Pinxten, R., Evolutionary epistemology. Dordrecht: Reidel 1987
Artikel: Erkenntnistheorie, evolutionäre.

Alwin Diemer (1920 Eisenberg/Pfalz – 1986 Düsseldorf), Dr. med., Dr. phil., zuletzt Prof. für Philosophie an der Universität Düsseldorf.
Veröffentlichungen: Edmund Husserl. Versuch einer systematischen Darstellung seiner Phänomenologie. (Habil. Mainz) 1956, ²1965, ³1978. – Grundriß der Philosophie. Bd. 1; 2. 1962–1964. – Was heißt Wissenschaft? 1964. – Elementarkurs Philosophie. Dialektik 1976. Hermeneutik 1977. Philosophische Anthropologie 1978. – Artikel »Geisteswissenschaften«. In: Ritter, J. (Hg.), Historisches Wörterbuch der Philosophie. Bd. 3. 1974. [L] – Studien zur Wissenschaftstheorie: 1. Beiträge zur Entwicklung der Wissenschaftstheorie im 19. Jahrhundert. (Hg.) 1968. – 2. System und Klassifikation in Wissenschaft und Dokumentation. (Hg.) 1968. – 4. Der Wissenschaftsbegriff. (Hg.) 1970. – 6. Der Methoden und Theorienpluralismus in den Wissenschaften. (Hg. mit L. Geldsetzer und F. Rotter) 1971. – 10. Die Struktur wissenschaftlicher Revolutionen und die Geschichte der Wissenschaften. (Hg.) 1977. – 12. Konzeption und Begriff der Forschung in den Wissenschaften des 19. Jahrhunderts. (Hg.) 1978. – Fischer Lexikon Philosophie. (Hg. mit I. Frenzel) 1958. Neuausg. 1967 u.ö. [L]
Artikel: Systematik der Wissenschaften – Wissenschaft.

Sir John C. Eccles (1903 Melbourne, Australien), Ph. D., Distinguished Professor Emeritus, State University of N.Y., Buffalo. Nobelpreis 1963. Wohnsitz Contra/Schweiz.
Veröffentlichungen: Das Gehirn des Menschen. Sechs Vorlesungen. (Aus dem Engl.) ⁴1979. – Facing reality. 1970. Wahrheit und Wirklichkeit. 1975. – The human mystery. Springer 1979. Das Rätsel Mensch. 1982. – The human psyche. Springer 1980. Die Psyche des Menschen. 1985. – The self and its brain. (Mit K. R. Popper) 1977. Das Ich und sein Gehirn. 1982. – Gehirn und Geist (teilw. aus dem Engl.). (Mit H. Zeier) 1980. – Das Wunder des Menschseins. Gehirn und Geist. (Mit D. N. Robinson) 1985.
Artikel: Geist-Leib-Problem (Mind-body problem).

Paul Feyerabend (1924 Wien), Ph. D., D. Litt. h.c., Prof. für Philosophie an der University of California, Berkeley, USA, und Professor für Philosophie der Wissenschaften an der Eidgenössischen Technischen Hochschule Zürich.
Veröffentlichungen: Wider den Methodenzwang. 1976, ³1983. – Erkenntnis für freie Menschen. 1979, veränd. 1981. – Der wissenschaftstheoretische Realismus und die Autorität der Wissenschaften. (Ausgew. Schriften 1) 1978. – Probleme des Empirismus. (Ausgew. Schriften 2) 1981. – Wissenschaft als Kunst. 1984. – Farewell to reason. 1987.
Artikel: Erkenntnistheorie, anarchische – Rationalismus – Relativismus (2).

Lutz Geldsetzer (1937 Minden/Westf.), Dr. phil., Prof. für Philosophie an der Universität Düsseldorf.
Veröffentlichungen: Die Ideenlehre Jakob Wegelins. 1963. – Philosophengalerie I. Bildnisse und Bibliographien von Philosophen aus dem 11. bis 17. Jahrhundert. 1967. – Die Philosophie der Philosophiegeschichte im 19. Jahrhundert. 1968. – Allgemeine Bücher- und Institutionenkunde für das Philosophiestudium. 1971. [B] – Die Philosophie in der ersten Hälfte des 19. Jahrhunderts. Neubearbeitung von: K. Vorländer, Geschichte der Philosophie, Bd. III/1. 1975. [G] – In Honorem. Eine Bibliographie der philosophischen Festschriften und ihrer Beiträge. 1975. – Bibliographie der Internationalen Philosophie-Kongresse. 1981. – Logik. 1987. – Chinesisch-deutsches Lexikon der chinesischen Philosophie, übersetzt aus dem Ci Hai. (Mit Hong Han-ding) 1987. – Instrumenta Philosophica. (Hg.) 17 Bde. 1965 ff. – Jakob Friedrich Fries, Sämtliche Schriften. (Hg. mit G. König) 25 Bde. 1967 ff. – Zeitschrift für allgemeine Wissenschaftstheorie. Journal for General Philosophy of Science. (Hg. mit A. Diemer† und G. König) 1970 ff. –
Artikel: Hermeneutik.

Ernest André Gellner (1925 Paris), Ph. D., William Wyse Professor of Social Anthropology, Cambridge University, King's College, Cambridge.
Veröffentlichungen: Words and things. 1959, revid. Ausg. 1981. – Thought and change. 1965. – Saints of the atlas. 1969. – Cause and meaning in the social sciences. 1973. – Contemporary thought and politics. 1974. – The devil in modern philosophy. 1974. – Legitimation of belief. 1975. – Spectacles and predicaments. 1978. – Muslim society. 1979. – Nations and nationalism. 1983. – Relativism in the social sciences. 1985. – The psychoanalytical movement. 1985.
Artikel: Relativismus (1).

Wolfgang L. Gombocz (1946 Laafeld/Steiermark), Dr. phil., Universitätsdozent am Institut für Philosophie der Universität Graz.

Veröffentlichungen: Über *E!*. Zur Semantik des Existenzprädikates und des ontologischen Argumentes [...]. 1974. – Leśniewski und Mally. In: Notre Dame Journal of Formal Logic 20, 1979. – Abaelards Bedeutungslehre als Schlüssel zum Universalienproblem. In: Thomas, R., Petrus Abaelardus. 1980. – Anselm über Sinn und Bedeutung. In: Anselm Studies 1, 1983. – Interpreting Anselm as logician. (Mit H. L. Dazeley) In: Synthese 40, 1979. – Religionsphilosophie. Akten des 8. internationalen Wittgenstein-Symposiums 1983, Kirchberg a.W., Teil 2. (Hg.) 1984. – International Bibliography of Austrian Philosophy. Internationale Bibliographie zur österreichischen Philosophie. IBÖP. (Hg. mit R. Haller und N. Henrichs) 1974–1975. 1986; 1980–1981. 1988.
Artikel: Modalität.

Willy Hochkeppel (1927 Düsseldorf), Dr. phil., Redakteur und Schriftsteller, München.
Veröffentlichungen: Modelle des gegenwärtigen Zeitalters. Thesen der Kulturphilosophie im Zwanzigsten Jahrhundert. 1973. – Mythos Philosophie. 1976. – War Epikur ein Epikureer? 1984. – Die Antworten der Philosophie heute. (Hg.) 1967. – Soziologie zwischen Theorie und Empirie. (Hg.) 1970. – Wie krank ist Amerika? (Hg.) 1973.
Artikel: Pragmatismus.

Norbert Hoerster (1937 Lingen/Ems), Dr. iur., Dr. phil., M.A., Prof. für Rechts- und Sozialphilosophie an der Universität Mainz.
Veröffentlichungen: Utilitaristische Ethik und Verallgemeinerung. 1971, [2]1977. – Texte zur Ethik (Hg. mit D. Birnbacher). 1976, [6]1987. – Klassische Texte der Staatsphilosophie. (Hg.) 1976, [5]1987. – Recht und Moral. Texte zur Rechtsphilosophie. (Hg.) 1977, Neuausg. 1987. – Glaube und Vernunft. Texte zur Religionsphilosophie. (Hg.) 1979, Neuausg. 1985. – Klassiker des philosophischen Denkens. (Hg.) Bd. 1; 2. 1982, [3]1985. [G] – Religionskritik. (Hg.) 1984.
Artikel: Norm.

Max Jammer (1915 Berlin), Ph.D., Prof. für Physik und Philosophie der Wissenschaften an der Bar-Ilan-University in Ramat-Gan, Israel. Präsident, Association for the Advancement of Science in Israel.
Veröffentlichungen: Concepts of space. Foreword Albert Einstein. 1954 und 1969. Das Problem des Raumes. 1960, [2]1980. – Concepts of force. A study in the foundations of dynamics. 1957 und 1962. – Concepts of mass in classical and modern physics. 1961, [2]1969. Der Begriff der Masse in der Physik. 1964, [3]1981. – The conceptual development of quantum mechanics. 1982. – The philosophy of quantum mechanics. 1974.
Artikel: Gesetz.

Erich Jantsch (1929 Wien – 1980 Berkeley), Dr. phil., Professor, Astrophysiker und Wissenschaftstheoretiker, zuletzt Berkeley, California, USA.
Veröffentlichungen: Technological forecasting in perspective. 1967. – Technological planning and social futures. 1972. – Design for evolution. Self-organization and planning in the life of human systems. 1975. – Die Selbstorganisation des Universums. 1979, dtv 1982. – Evolution and consciousness. Human systems in transition. (Mit C. H. Waddington) 1976.
Artikel: Struktur – System, Systemtheorie.

Bernulf Kanitscheider (1939 Hamburg), Dr. phil., Prof. für Philosophie der Naturwissenschaft an der Universität Gießen.
Veröffentlichungen: Geometrie und Wirklichkeit. 1971. – Philosophisch-historische Grundlagen der physikalischen Kosmologie. 1974. – Vom absoluten Raum zur dynamischen Geometrie. 1976. – Philosophie und moderne Physik. 1979. – Wissenschaftstheorie der Naturwissenschaft. 1981. – Kosmologie. Geschichte und Systematik in philosophischer Perspektive. 1984. – Das Weltbild Albert Einsteins. 1988. – Sprache und Erkenntnis. Festschrift für Gerhard Frey. (Hg.) 1976. – Moderne Naturphilosophie. (Hg.) 1984.
Artikel: Kosmologie.

Gebhard Kirchgässner (1948 Konstanz), Dr. rer. soc., Prof. für Volkswirtschaftslehre, insbesondere Finanzwissenschaft an der Universität Osnabrück.
Veröffentlichungen: Einige neuere statistische Verfahren zur Erfassung kausaler Beziehungen zwischen Zeitreihen. Darstellung und Kritik. 1981. – Optimale Wirtschaftspolitik und die Erzeugung politisch-ökonomischer Konjunkturzyklen. 1984. – Wirtschaftslage und Wählerverhalten. Eine empirische Studie für die Bundesrepublik Deutschland von 1971 bis 1976. In: Politische Vierteljahresschrift 18, 1977. – Können Ökonomie und Soziologie voneinander lernen? In: Kyklos 33, 1980. – Zwischen Dogma und Dogmatismusvorwurf. Bemerkungen zur Diskussion zwischen Kritischem Rationalismus und konstruktivistischer Wissenschaftstheorie. In: Jahrbuch für Sozialwissenschaft 33, 1982. – Ökonometrie: Datenanalyse oder Theorienüberprüfung. In: Jahrbücher für Nationalökonomie und Statistik 198, 1983. – Rationales Verhalten und vernünftiges Handeln: Ein Widerspruch? In: Milde, H./Monissen, H. G., Rationale Wirtschaftspolitik in komplexen Gesellschaften. 1985.
Artikel: Konstruktivismus.

Jürgen Klüver (1941 Plön/Holstein), Dr. phil., Prof. für Hochschuldidaktik an der Universität-Gesamthochschule Essen.

Veröffentlichungen: Operationalismus. 1971. – Wissenschaftsdidaktik als Wissenschaftskritik. 1979. – Universität und Wissenschaftssystem. 1983. – Die Konstruktion der sozialen Realität Wissenschaft. 1988. – Generalisierbarkeit und Überprüfbarkeit. Soziologische Einzelfallstudien und Gesellschaftstheorie. 1988.
Artikel: Operationalismus.

Noretta Koertge (1935 Olney, Illinois, USA), Ph.D., Prof. für Wissenschaftstheorie an der Indiana University in Bloomington, Indiana, USA.
Veröffentlichungen: Inter-Theoretic criticism and the growth of science. In: Buck, R. C./Cohen, R. S., Boston Studies in the Philosophy of Science 8. 1971. – Theory change in science. In: Pearce, G., Conceptual change. 1972. – Bartley's theory of rationality. In: Philosophy of the Social Sciences 4, 1974. – Popper's metaphysical research program for the human sciences. In: Inquiry 18, 1975. – Braucht die Sozialwissenschaft wirklich Metaphysik? In: Albert, H./Stapf, K. H., Theorie und Erfahrung. 1979. – Ansätze zu einer neuen Theorie der wissenschaftlichen Forschung. In: Radnitzky, G./Andersson, G., Fortschritt und Rationalität der Wissenschaft. 1980. – Ideologie, Wissenschaft und eine freie Gesellschaft. In: Duerr, H. P., Versuchungen. Bd. 2. 1981. – Nature and causes of homosexuality: a philosophic and scientific inquiry. Research on homosexuality. Bd. 3. 1981. – Ethical problems in scientific communication. In: Andersson, G., Rationality in sciences and politics. 1984. – Theoretical pluralism and incommensurability: Implications for science and education. In: Philosophica 31, 1983. – Beyond cultural relativism. In: Currie, G./Musgrave, A., Popper and the human sciences. 1985.
Artikel: Wissenschaftsethik.

Helmut Krauch (1927 Heidelberg), Dr. rer. nat., Prof. für Systemdesign an der Universität Kassel.
Veröffentlichungen: Prioritäten für die Forschungspolitik. 1970. – Die organisierte Forschung. 1970. – Computer-Demokratie. 1972. – Reaktionen der organischen Chemie. (Mit W. Kunz) 1961, ^{5}1976. – Die wissenschaftliche Arbeit in Gruppen. (Mit H. P. Bahrdt und H. Rittel) In: Kölner Zeitschrift für Soziologie und Sozialpsychologie 12, 1960. – Systemanalyse in Regierung und Verwaltung. (Hg.) 1972, ^{2}1976. – Erfassungsschutz. (Hg.) 1975. – Forschungsplanung. (Hg. mit W. Kunz und H. Rittel) 1966. – Methoden und Probleme der Forschungs- und Entwicklungsplanung. (Hg. mit H. Paschen) 1972.
Artikel: Systemanalyse.

Lorenz Krüger (1932 Marburg/Lahn), Dr. rer. nat., Prof. für Philosophie an der Universität Göttingen.
Veröffentlichungen: Rationalismus und Entwurf einer universalen Logik bei Leibniz. 1969. – Der Begriff des Empirismus. Erkenntnistheoretische Studien am Beispiel John Lockes. 1973. – Erkenntnisprobleme der Naturwissenschaften. (Hg.) 1970. – Kuhn, Thomas S.: Die Entstehung des Neuen. (Hg.) 1977. – Transcendental arguments and science. (Hg. mit P. Bieri und R. P. Horstmann) 1979. – Handbuch wissenschaftstheoretischer Begriffe. (Hg. mit J. Speck u. a.) 1980. – The probabilistic revolution. Bd. 1; 2. (Hg. mit L. J. Daston u. a.) 1987.
Artikel: Erfahrung.

Michael Küttner, Dr., Prof. für Wissenschaftstheorie am Fachbereich Wirtschaftswissenschaft der Freien Universität Berlin.
Artikel: Erklärung (mit Hans Lenk) – Falsifikation – Prognose, Voraussage.

Hans Lenk (1935 Berlin), Dr. phil., Dr. h.c., Prof. für Philosophie an der Universität Karlsruhe, Professor für Wissenschaftstheorie der Sozialwissenschaften und Planungswissenschaft an der Faculté Europeénne des Sciences du Foncier, Straßburg.
Veröffentlichungen: Kritik der logischen Konstanten. 1968. – Philosophie im technologischen Zeitalter. 1971. – Erklärung, Prognose, Planung. 1972. – Metalogik und Sprachanalyse. 1973. – Wozu Philosophie? 1974. – Pragmatische Philosophie. 1975. – Pragmatische Vernunft. 1979. – Zur Sozialphilosophie der Technik. 1982. – Zwischen Wissenschaftstheorie und Sozialwissenschaft. 1986. – Kritik der kleinen Vernunft. 1987. – Zwischen Sozialpsychologie und Sozialphilosophie. 1987. – Technische Intelligenz im systemtechnologischen Zeitalter. (Mit G. Ropohl) 1976. – Neue Aspekte der Wissenschaftstheorie. (Hg.) 1971. – Technokratie als Ideologie. (Hg.) 1973. – Normenlogik. (Hg.) 1974. – Handlungstheorien interdisziplinär. (Hg.) Bd. 1–4. 1977 ff. – Kritik der wissenschaftlichen Rationalität. (Hg.) 1986. – Techne, Technik, Technologie. (Hg. mit S. Moser) 1973. – Systemtheorie als Wissenschaftsprogramm. (Hg. mit G. Ropohl) 1978. – Ethik der Wissenschaften. (Hg. mit H. Staudinger und E. Ströker) Bd. 1–5. 1984 bis 1987. – Technik und Ethik. (Hg. mit G. Ropohl) 1987. –
Artikel: Erklärung (mit Michael Küttner) – Handlung(stheorie) – Szientismus.

Kurt Lenk (1929 Kaaden, ČSR), Dr. phil., Prof. für Politische Wissenschaft an der Technischen Hochschule Aachen.

Veröffentlichungen: Ideologie. Ideologiekritik und Wissenssoziologie. 1961, [9]1984. – »Volk und Staat«. Strukturwandel politischer Ideologien im 19. und 20. Jahrhundert. 1971. – Marx in der Wissenssoziologie. Studien zur Rezeption der Marxschen Ideologiekritik. 1972, [2]1986. – Theorien der Revolution. 1973, [2]1981. – Politische Wissenschaft. Ein Grundriß. 1975. – Staatsgewalt und Gesellschaftstheorie. 1980. – Politische Soziologie. Strukturen und Integrationsformen der Gesellschaft. 1982. – Theorie der Politik. (Mit B. Franke) 1987.
Artikel: Wissenssoziologie.

Hans-Georg Lichtenberg (1949 Berlin), Dr. phil.
Veröffentlichungen: Rettet uns Frege vor den formalistischen Spielwiesen in der Mathematik? 1984. (Unveröff.) – Analytizität und logische Erkenntnisquelle bei Frege. 1984. – Urteil und Anzahl. Untersuchungen zu Gottlob Freges philosophischen Bemühungen um eine Begründung der Arithmetik aus der Logik. (Diss. Berlin) 1987. – Texte zur Logik. (Hg.) WB in Subskr.
Artikel: Logik.

Nikolaus Lobkowicz (1931 Prag), Dr. phil., Prof. für Politische Theorie und Philosophie an der Universität München, Präsident der Kath. Universität Eichstätt.
Veröffentlichungen: Das dialektische Wahrheitssein. Ein Versuch über die ontologischen Voraussetzungen der Philosophie Martin Heideggers. (Diss. Fribourg) 1958. – Theory and practice. From Aristotle to Marx. 1967. – Wortmeldungen zu Kirche, Staat, Universität. 1981. – Was brachte uns das Konzil? 1986. – Am Ende aller Religion? (Mit A. Hertz) 1976. – Marx and the western world. (Hg.) 1967. – Das europäische Erbe. (Hg.) 1985. – Ideologie und Philosophie. (Hg. mit C. D. Kernig) Bd. 1–3. 1973.
Artikel: Interesse.

Alan E. Musgrave (1940 England), Ph. D., Prof. für Philosophie an der University of Otago in Dunedin, Neuseeland.
Veröffentlichungen: Aufsätze in den Zeitschriften: British Journal for the Philosophy of Science, Scientia, Philosophical Quarterly u. a. – Criticism and the growth of knowledge. (Hg. mit I. Lakatos) 1970. Kritik und Erkenntnisfortschritt. 1974. – Problems in the philosophy of sciences. (Hg. mit I. Lakatos) 1968.
Artikel: Objektivismus – Wissen.

Ernst Wolfgang Orth (1936 Bonn), Dr. phil., Prof. für Philosophie an der Universität Trier.
Veröffentlichungen: Bedeutung, Sinn, Gegenstand. Studien zur Sprachphilosophie Edmund Husserls und Richard Hönigswalds. 1967. – Ernst Cassirer. Symbol, Technik, Sprache. 1985. – Wilhelm Dilthey und die Philosophie der Gegenwart. 1985. – Husserl und Hegel. Zum Problem des Verhältnisses von historischer und systematischer Forschung in der Philosophie. In: Phaenomenologica 72. 1976. – Anthropologie und Intersubjektivität. In: Phänomenologische Forschungen 4. 1977. – Von der Ideo-logie zur Ideologiekritik. In: Phänomenologie und Marxismus. Bd. 4. 1979. – Interesse. In: Brunner, O. / Conze, W. / Koselleck, R., Geschichtliche Grundbegriffe. Bd. 3. 1982. [L] – Rudolf Hermann Lotze. In: Speck, J., Grundprobleme der großen Philosophen. 1986. [G] – Kulturphilosophie und Kulturanthropologie als Transzendentalphänomenologie. In: Husserl Studies 4, 1987. – Über Ernst Cassirers Philosophie der symbolischen Formen. (Mit H. J. Braun und H. Holzhey) 1988. – Phänomenologische Forschungen. (Hg.) Bisher 21 Bde. 1975ff.
Artikel: Phänomenologie.

Klaus Pähler (1947 Dortmund), Dr. phil., Diplom-Ökonom, bis 1988 Wissenschaftlicher Mitarbeiter für Philosophie an der Universität Trier, jetzt Leiter des Wirtschaftspolitischen Seminars der Konrad-Adenauer-Stiftung.
Veröffentlichungen: Qualitätsmerkmale wissenschaftlicher Theorien. Zur Logik und Ökonomie der Forschung. 1986. – Rezension von Schilpp, P. A. (Hg.), The Philosophy of Karl Popper. In: Zeitschrift für allgemeine Wissenschaftstheorie 9, 1978. – Teststrenge und empirische Bewährung in der Popperianischen Wissenschaftstheorie. In: Zeitschrift für allgemeine Wissenschaftstheorie 12, 1981. – Ein Schüler des Sokrates. Karl Popper zum achtzigsten Geburtstag. In: Die Welt, Nr. 172 vom 28.7.1982. – Stichwortartikel folgender Werke von Karl Popper: The poverty of historicism; The open society and its enemies; Conjectures and refutations; Objective knowledge. In: Koettnitz-Bies, M./Nida-Rümelin, J./ Olechnowitz, H./Volpi, F., Lexikon der philosophischen Werke. 1988. – Erkenntnis und Entscheidung im Kritischen Rationalismus Karl Poppers. In: Sievering, U., Kritischer Rationalismus heute. 1988. – Bartley, William Warren, III: Flucht ins Engagement. (The retreat to commitment) (1962) 2. verb. Aufl. [Übers. von Klaus Pähler] 1987. – Radnitzky, G./Bernholz, P. (Hg.): Das ökonomische Weltbild. Der ökonomische Ansatz außerhalb seines traditionellen Gegenstandsbereiches. (Economic imperialism) (1987) [Übers. von Klaus Pähler] 1988.
Artikel: Bewährung, Gehalt, Verisimilitude – Wahrscheinlichkeit.

Sir Karl Raimund Popper (1902 Wien), CH, FRS, FBA, Dr. phil., D. Lit., Dr. h.c. zahlreicher Universitäten, emerit. Prof. für Philo-

sophie an der Universität von London (London School of Economics and Political Science).
Veröffentlichungen: Logik der Forschung. 1935, [8]1984. – Die offene Gesellschaft und ihre Feinde. Engl. 1944. Dt. Bd. 1: 1957, [6]1980; Bd. 2: 1958, [6]1980. – Das Elend des Historizismus. Engl. 1944, [2]1960. Dt. 1965, [5]1979. – Conjectures and refutations. 1963, [4]1972. Dt. in Vorb. – Objektive Erkenntnis. Engl. 1972. Dt. 1973, [2]1974, [4]1984. – Ausgangspunkte. Meine intellektuelle Entwicklung. Engl. 1974. Dt. 1979. – Die beiden Grundprobleme der Erkenntnistheorie. 1979. – Offene Gesellschaft und offenes Universum. 1982. – Postscript to the logic of scientific discovery. Bd. 1–3. 1982–1983. – Auf der Suche nach einer besseren Welt. 1984. – The self and its brain. (Mit J. C. Eccles) 1977. Das Ich und sein Gehirn. 1982. – Schilpp, Paul A. (Hg.): The Philosophy of Karl Popper. Bd. 1; 2. 1974.
Artikel: Falsifizierbarkeit, zwei Bedeutungen von.

Hans Poser (1937 Göttingen), Dr. phil., Prof. für Philosophie an der Technischen Universität Berlin.
Veröffentlichungen: Zur Theorie der Modalbegriffe bei G. W. Leibniz. 1969. – Aufsätze zur Modaltheorie, Wissenschaftstheorie, Philosophie der Mathematik und zur Geschichte der Philosophie (Rationalismus und deutsche Aufklärung). – v. Wright, G. H.: Handlung, Norm und Intention. (Hg.) 1977. – Philosophie und Mythos. (Hg.) 1979. – Formen teleologischen Denkens. (Hg.) 1981. – Wandel des Vernunftbegriffs. (Hg.) 1981. – Philosophische Probleme der Handlungstheorie. (Hg.) 1982. – Ontologie und Wissenschaft. (Hg. mit H. W. Schütt) 1984.
Artikel: Mathematik.

Gerard Radnitzky (1921 Znaim, ČSR), fil. lic., fil.dr., Ordinarius für Wissenschaftstheorie an der Universität Trier.
Veröffentlichungen: Contemporary schools of metascience. 1968, [2]1970, Ppb. 1973. [W] – Preconceptions in research. 1974. [W] – Epistemologia e politica della ricerca. 1978. [W] – L'epistemologia di Popper e la ricerca scientifica. 1986. [W] – Entre Wittgenstein et Popper. Détours vers la découverte: le vrai, le faux, l'hypothèse. 1987. [W] – Vom logischen Positivismus über die kritische Theorie zum kritischen Rationalismus. In: Mercier, A./Svilar, M., Philosophische Selbstbetrachtungen 7. 1981. – Science, technology, and political responsibility. In: Minerva 21, 1983. – An economic theory of the rise of civilization and its policy implications. In: Ordo. Jahrbuch für die Ordnung von Wirtschaft und Gesellschaft 38, 1987. – The "economic" approach to the philosophy of science. In: The British Journal for the Philosophy of Science 38, 1987. – Centripetal forces in the sciences. (Hg.) Bd. 1: 1987; Bd. 2: 1988. [W] – The search for the unity in the sciences. (Hg.) 1988. [W] – Fortschritt und Rationalität der Wissenschaft. (Hg. mit G. Andersson) Engl. 1978. Dt. 1980. [W] – Voraussetzungen und Grenzen der Wissenschaft. (Hg. mit G. Andersson) Engl. 1979. Dt. 1981. [W] – evolutionary epistemology, theory of rationality, and the sociology of knowledge. (Hg. mit W. W. Bartley, III) 1987. [W] – Economic imperialism. The economic approach applied outside the traditional areas of economics. (Hg. mit P. Bernholz) 1987. Das ökonomische Weltbild. Der ökonomische Ansatz außerhalb seines traditionellen Gegenstandsbereiches. 1988. [W] – Festschrift zu seinem 60. Geburtstag: Andersson, G. (Hg.), Rationality in science and politics. 1984.
Artikel: Definition – Explikation – Wert – Wissenschaftlichkeit – Wissenschaftspolitik – Wissenschaftstheorie, Methodologie.
Mitherausgeber

Frithjof Rodi (1930 Pforzheim), Dr. phil., Prof. für Philosophie an der Ruhr-Universität Bochum.
Veröffentlichungen: Morphologie und Hermeneutik. Zur Methode von Diltheys Ästhetik. 1969. – Provokation, Affirmation. Das Dilemma des kritischen Humanismus. 1970. – Anspielungen. Zur Theorie der kulturellen Kommunikationseinheiten. In: Poetica 7, 1975. – Diesseits der Pragmatik. Gedanken zu einer Funktionsbestimmung der hermeneutischen Wissenschaften. In: Zeitschrift für allgemeine Wissenschaftstheorie 10, 1979. – Über einige Grundbegriffe einer Philosophie der Geisteswissenschaften. In: Dilthey-Jahrbuch 1, 1983. [Z] – W. Dilthey, Gesammelte Schriften. (Hg. ab Bd. 18). – Dilthey-Jahrbuch. (Hg.) 1983ff. [Z] – Materialien zur Philosophie Wilhelm Diltheys. (Hg. mit H.-U. Lessing) 1984.
Artikel: Semiotik.

Wolfgang Röd (1926 Oderberg, ČSR), Dr. phil., Prof. für Philosophie an der Universität Innsbruck.
Veröffentlichungen: Descartes. 1964; 2. Aufl.: Descartes. Die Genese des Cartesianischen Rationalismus. 1982. – Geometrischer Geist und Naturrecht. In: Bayerische Akademie der Wissenschaften. Philologisch-historische Klasse. Abhandlungen Neue Folge 70. 1970. – Descartes' Erste Philosophie. 1971, [2]1987. – Dialektische Philosophie der Neuzeit. Bd. 1; 2. 1974, [2]1986. – Geschichte der Philosophie. (Hg.) Bd. 1–12. 1976ff. Bisher: Bd. 1–3, 7, 8, 10. [G] – Darin: Bd. 1: Von Thales bis Demokrit. 1976, [2]1987. – Bd. 7: Von Bacon bis Spinoza. 1978. – Bd. 8: Von Newton bis Rousseau. 1984. – Bd. 10 (m. Poggi).
Artikel: Erkenntnistheorie.

Hans Sachsse (1906 Wuppertal-Elberfeld), Dr. phil., Prof. für physikalische und technische Chemie und für Philosophie der Naturwissenschaften und der Technik an der Universität Mainz.
Veröffentlichungen: Verstrickt in eine fremde Welt. Südasiens Kulturen und die Entwicklungshilfe des Westens. 1965. – Naturerkenntnis und Wirklichkeit. Einführung in die Naturphilosophie. Bd. 1. 1967. – Die Erkenntnis des Lebendigen. Einführung in die Naturphilosophie. Bd. 2. 1968. – Einführung in die Kybernetik. Unter besonderer Berücksichtigung von technischen und biologischen Wirkungsgefügen. 1971 und 1974. – Technik und Verantwortung. Probleme der Ethik im technischen Zeitalter. 1972. – Anthropologie der Technik. Ein Beitrag zur Stellung des Menschen in der Welt. 1978. – Was ist Sozialismus? Zur Naturphilosophie der Gesellschaft. 1979. – Kausalität, Gesetzlichkeit, Wahrscheinlichkeit. Die Geschichte von Grundkategorien zur Auseinandersetzung des Menschen mit der Welt. 1979. – Ökologische Philosophie. Natur, Technik, Gesellschaft. 1984. – Möglichkeiten und Maßstäbe für die Planung der Forschung. (Hg.) 1974. – Technik und Gesellschaft. Bd. 1–3. (Hg.) 1974–1976.
Artikel: Technik – Technologie.

Herbert Schnädelbach (1936 Altenburg/Thüringen), Dr. phil., Prof. für Philosophie, insbesondere Sozialphilosophie, an der Universität Hamburg.
Veröffentlichungen: Hegels Theorie der subjektiven Freiheit. (Diss.) 1966. – Erfahrung, Begründung und Reflexion. Versuch über den Positivismus. 1971. – Geschichtsphilosophie nach Hegel. Die Probleme des Historismus. 1974. – Reflexion und Diskurs. Fragen einer Logik der Philosophie. 1977. – Philosophie in Deutschland 1831–1933. 1983. (Engl. 1984.) – Rationalität. (Hg.) 1984. – Philosophie. Ein Grundkurs. (Hg. mit E. Martens) 1985. – Vernunft und Geschichte. Vorträge und Abhandlungen. 1987.
Artikel: Positivismus.

Matthias Schramm (1928 Paris), Dr. phil. nat., Prof. für Geschichte der Naturwissenschaften an der Universität Tübingen.
Veröffentlichungen: Die Bedeutung der Bewegungslehre des Aristoteles für seine beiden Lösungen der zenonischen Paradoxie. 1962. – Ibn Al-Haythams Weg zur Physik. 1963. – Sozialer Ursprung der Wissenschaft in Altertum und Neuzeit? In: Hübner, K., u. a., Die politische Herausforderung der Wissenschaft. 1976. – Natur ohne Sinn? Das Ende des teleologischen Weltbildes. 1985.
Artikel: Wissenschaftsgeschichte: Naturwissenschaften.

Helmut Seiffert (1927 Hameln), Dr. phil., Honorarprofessor für Wissenschaftstheorie an der Universität Kassel.
Veröffentlichungen: Information über die Information. 1968, ^{3}1971. – Einführung in die Wissenschaftstheorie. Bd. 1; 2. 1969; 1970. Neubearb. Bd. 1^{10}; 2^{8} 1983. – Einführung in die Wissenschaftstheorie. Bd. 3. 1985. – Marxismus und bürgerliche Wissenschaft. 1971, ^{3}1977. – Einführung in die Logik. 1973. – Sprache heute. 1977. – Kurt Lewins Feldtheorie in ihren Grundzügen. (1965) In: Thomas, K., Analyse der Arbeit. 1969. – »Verständlichkeit« der Wissenschaft: dialektisch, sprachanalytisch, hermeneutisch. In: Neue Sammlung 10, 1970. – Wie sicher ist die mathematische Erkenntnis? Kurt Schütte und die Beweistheorie. In: Ludwig-Maximilians-Universität München 1472–1972. 1972. – Hermeneutik und Wissenschaftstheorie. In: Gerber, U., Hermeneutik als Kriterium für Wissenschaftlichkeit? 1972. – Was ist Geschichtsforschung? Wissenschaftstheoretische Überlegungen. In: Gerber, U./Bosch, M., Geschichte als Überlieferung und Konstruktion. 1976.
Artikel: Einleitung – Deduktion (teilw.) – Enzyklopädie – Geschichtstheorie – Historisch/systematisch – Methode – Philosophie – Sprache, allgemein und philosophisch – System (teilw.) – Systematik der Wissenschaften (nach Diemer) – Theorie – Wissenschaft (nach Diemer) – Wissenschaftsgeschichte, allgemein – Wissenschaftssoziologie – Wissenschaftstheorie, allgemein und Geschichte.
Herausgeber und Redaktor

Roland Simon-Schaefer (1944 Berchtesgaden), Dr. phil., Hochschulassistent an der Technischen Universität Braunschweig.
Veröffentlichungen: Dialektik. Kritik eines Wortgebrauchs. 1973. – Karl Marx, Dialektiker oder Positivist? In: Lührs, G., Beiträge zur Theoriediskussion. Bd. 2. 1974. – Die Rezeptionsästhetik und das Wertungsproblem in der Kunst. In: Archiv für das Studium der neueren Sprachen und Literaturen. 1977. – Analytische Wissenschaftstheorie und Dialektik. In: Erkenntnis 14, 1977. [Z] – Der »Discours de la servitude volontaire« des Etienne de la Boétie und die kritische Gesellschaftstheorie. In: Sozialforschung und soziale Demokratie. 1979. – Kitsch und Kunst. In: Allgemeine Zeitschrift für Philosophie 5, 1980. [Z] – Die Dialektik der Warenproduktion bei Karl Marx. In: Becker, W./Essler, W. K. (Hg.), Konzepte der Dialektik. 1981. – Einfühlen, Verstehen, Werten. In: Dilthey-Jahrbuch 1, 1983. [Z] – Innovation und Kanonbildung oder das Ende der modernen Kunst. In: Studia Philosophica. 1984. – Theorie zwischen Kritik und Praxis. (Mit W. Ch. Zimmerli) 1975. – Wissenschaftstheorie der Geisteswissenschaften. (Hg. mit W. Ch. Zimmerli) 1975.

Artikel: Dialektik – Kritische Theorie – Marxismus.

Robert Spaemann (1927 Berlin), Dr. phil., Prof. für Philosophie an der Universität München.
Veröffentlichungen: Der Ursprung der Soziologie aus dem Geist der Restauration. 1959. – Reflexion und Spontaneität. Studien über Fénelon. 1963. – Zur Kritik der politischen Utopie. Zehn Kapitel politischer Philosophie. 1977. – Einsprüche. Christliche Reden. 1977. – Rousseau, Bürger ohne Vaterland. Von der Polis zur Natur. 1980. – Moralische Grundbegriffe. 1982. – Philosophische Essays. 1983. – Die Frage Wozu? Geschichte und Wiederentdeckung des teleologischen Denkens. (Mit R. Löw) 1981.
Artikel: Kausalität – Teleologie.

Herbert Stachowiak (1921 Berlin), Dr. phil., emeritierter Prof. für Philosophie an der Universität Paderborn, entpflichteter Honorarprofessor an der Freien Universität Berlin.
Veröffentlichungen: Denken und Erkennen im kybernetischen Modell. 1965, ²1969 = 1975. – Grundriß einer Planungstheorie. (Dt. und Engl.) 1970. – Rationalismus im Ursprung. Die Genesis des axiomatischen Denkens. 1971. – Models. 1972. – Allgemeine Modelltheorie. 1973. – »Programm '80«. Bedürfnisse, Werte, Normen und Ziele im dynamischen Gesellschaftsmodell. Ein Forschungsprogramm für die 80er Jahre? 1982. – Technologie und Zukunftssicherung. (Hg.) 1977. – Werte, Ziele und Methoden der Bildungsplanung. (Hg.) 1977. – Modelle, Konstruktion der Wirklichkeit. (Hg.) 1983. – Handbuch Pragmatik. (Hg.) Bd. 1–5. Bisher: Bd. 1: 1985; Bd. 2: 1986. – Bedürfnisse, Werte und Normen im Wandel. (Mithg.) Bd. 1; 2. 1982. – Problemlösungsoperator Sozialwissenschaft. (Hg. mit N. Müller) 1987.
Artikel: Erkenntnistheorie, neopragmatische – Information(stheorie) – Kybernetik – Modell – Organisation – Planung.

Erhard Stölting (1942 Freiburg i. Br.), Dr. phil., Prof. für Soziologie an der Freien Universität Berlin.
Veröffentlichungen: Wissenschaft als Produktivkraft. Die Wissenschaft als Moment des gesellschaftlichen Arbeitsprozesses. 1974. – Mafia als Methode. 1983. – Akademische Soziologie in der Weimarer Republik. 1986. – Kontinuitäten und Brüche in der deutschen Soziologie 1933/34. In: Soziale Welt 35, 1984. – Religiousness as a type of thinking. Influences of religious thinking on social theory. The German case. In: Sociologia Internationalis 23, 1985. – Soziologie und Nationalökonomie. Die Wirkung des institutionellen Faktors. In: Papcke, S., Ordnung und Theorie. 1986.
Artikel: Sozialwissenschaften (mit Otto Bayer).

Christian Thiel (1937 Neusalz/Schlesien), Dr. phil., Prof. für Philosophie an der Universität Erlangen-Nürnberg.
Veröffentlichungen: Sinn und Bedeutung in der Logik Gottlob Freges. 1965. – Grundlagenkrise und Grundlagenstreit. 1972. – Philosophie und Mathematik. WB in Subskr. – Grundlagenforschung und Grundlagen der Wissenschaften. In: Meyers Enzyklopädisches Lexikon. Bd. 11. 1974. – Frege und die moderne Grundlagenforschung. (Hg.) 1975. – Erkenntnistheoretische Grundlagen der Mathematik. (Hg.) 1982. – Frege, Gottlob: Grundlagen der Arithmetik. Centenarausgabe. (Hg.) 1986. – Frege, Gottlob: Nachgelassene Schriften und wissenschaftlicher Briefwechsel. Bd. 2: Wissenschaftlicher Briefwechsel. (Mithg.) 1976. – Zugänge zur Philosophie. (Hg. mit G. Wolandt) 1979.
Artikel: Abstraktion – Anfang – Begriff – Funktion(alismus).

Dieter Wunderlich (1937 Rostock), Dr. phil., Prof. für Allgemeine Sprachwissenschaft an der Universität Düsseldorf.
Veröffentlichungen: Grundlagen der Linguistik. 1974. – Studien zur Sprechakttheorie. 1976 u. ö. – Arbeitsbuch Semantik. 1980. – Linguistische Pragmatik. (Hg.) 1972 u. ö. – Wissenschaftstheorie der Linguistik. (Hg.) 1976.
Artikel: Sprache, linguistisch.

Walther Ch. Zimmerli (1945 Zürich), Dr. phil., Universitätsprof. für Philosophie an der Technischen Universität Braunschweig.
Veröffentlichungen: Die Frage nach der Philosophie. 1974, erw. ²1986. – Theorie zwischen Kritik und Praxis. (Mit R. Simon-Schaefer) 1975. – Jugend ohne Orientierung? (Mit W. Hornstein u.a.) 1982, ²1983. – Denken über die Zukunft. (Mit H. v. Ditfurth u.a.) 1986. – Homo faber ignorans. (Mitverf.) 1988. – Wissenschaftskrise und Wissenschaftskritik. (Hg.) 1974. – Technik, oder: wissen wir, was wir tun? (Hg.) 1976. – Kommunikation, Codewort für Zwischen-Menschlichkeit. (Hg.) 1978. – Kernenergie, wozu? Bedürfnis oder Bedrohung. (Hg.) 1978. – Wissenschaftstheorie der Geisteswissenschaften. (Hg. mit R. Simon-Schaefer) 1975. – Esoterik und Exoterik der Philosophie. (Hg. mit H. Holzhey) 1977. – Die »wahren« Bedürfnisse. (Hg. mit G. Ropohl und S. Moser) 1978. – Technologisches Zeitalter oder Postmoderne? (Mithg.) 1988.
Artikel: Geisteswissenschaften – Wissenschaftsgeschichte: Geisteswissenschaften.

Auswahl zentraler Literatur

Zeitschriften [Z]

Allgemeine Zeitschrift für Philosophie. 10. Jg. 1985. Dreimal jährlich.

Archiv für Begriffsgeschichte. 26. Bd. 1982.

The British Journal for the Philosophy of Science. 37. Bd. 1986. Viermal jährlich.

Conceptus. Zeitschrift für Philosophie. 16. Jg. 1982. In der Regel zweimal jährlich.

Dilthey-Jahrbuch für Philosophie und Geschichte der Geisteswissenschaften. 3. 1985.

Erkenntnis. An International Journal of Analytic Philosophy. 24/25. Bd. 1986. Sechsmal jährlich.

Grazer Philosophische Studien. Internationale Zeitschrift für analytische Philosophie. 12. Jg. 1986. In der Regel 2 Bde. jährlich.

Information Philosophie. Basel: Moser & Scheuermeier. 16. Jg. 1988. Fünfmal jährlich.

Man and World. An International Philosophical Review. 16. Bd. 1983. Viermal jährlich.

Mind. A Quarterly Review of Philosophy. 96. Bd. 1987. Viermal jährlich.

Neue Hefte für Philosophie. [Themenhefte] 1. Heft 1971; 22. Heft 1984. Unregelmäßig erscheinend, mindestens zweimal jährlich.

Phaenomenologica. [Schriftenreihe] 1958–. Bisher Bd. 1–80.

Phänomenologische Forschungen. [Periodische Schriftenreihe] 1. 1975; 19. 1986. Zweimal jährlich. Bisher Bd. 1–21.

Philosophische Rundschau. 30. Jg. 1983. Viermal jährlich (bzw. zwei Doppelhefte).

Philosophischer Literaturanzeiger. Ein Referateorgan für die Neuerscheinungen der Philosophie und ihrer gesamten Grenzgebiete. 37. Bd. 1984. Viermal jährlich.

Philosophisches Jahrbuch ... der Görres-Gesellschaft .... 93. Jg. 1986. 2 Halbbde. jährlich.

Ratio. 29. Bd. 1987. Zweimal jährlich. Dt. und engl. Ausg.

Studium Generale. Bis 24. Jg. 1971.

Universitas. Zeitschrift für Wissenschaft, Kunst und Literatur. 41. Jg. 1986. Zwölfmal jährlich.

Zeitschrift für allgemeine Wissenschaftstheorie. Journal for General Philosophy of Science. 18. Bd. 1987. Zweimal jährlich.

Zeitschrift für Didaktik der Philosophie. 9. Jg. 1987. Viermal jährlich.

Zeitschrift für philosophische Forschung. 38. Bd. 1984. Viermal jährlich.

Bibliographien [B]

Detemple, Siegfried, in Zusammenarbeit mit Frank Heidtmann: Wie finde ich philosophische Literatur. 1986.

Geldsetzer, Lutz: Allgemeine Bücher- und Institutionenkunde für das Philosophiestudium. Wissenschaftliche Institutionen. Bibliographische Hilfsmittel. Gattungen philosophischer Publikationen. 1971.

Information Philosophie. [Zeitschrift] Basel: Moser & Scheuermeier. 16. Jg. 1988. Fünfmal jährlich.

Informationsdienst Philosophie. [Katalogkartendruck als periodische Veröffentlichung; mit Zeitschriften-Heft-Inhaltsangaben] Hg. vom Sondersammelgebiet Philosophie der Universitätsbibliothek Erlangen–Nürnberg. Erlangen: [Universitätsbibliothek Erlangen–Nürnberg] 5. Jg. 1988. Viermal jährlich.

Stegmüller, Wolfgang: Hauptströmungen der Gegenwartsphilosophie. Eine kritische Einführung. Bd. 1–3. – Nähere Angaben s. *Handbücher*.

– : Probleme und Resultate der Wissenschaftstheorie und Analytischen Philosophie. Bd. 1–4. – Nähere Angaben s. *Handbücher*.

Totok, Wilhelm: Bibliographischer Wegweiser der philosophischen Literatur. Bearb. von Horst-Dieter Finke. 1959, ^{2}1985.

– : Handbuch der Geschichte der Philosophie. Bd. 1–6. 1964–. – Nähere Angaben s. *Geschichte der Philosophie*.

– /Weitzel, Rolf (Hg.): Handbuch der bibliographischen Nachschlagewerke. Bd. 1: 1953, ^{6}1984; Bd. 2: 1986.

WISSENSCHAFTLICHE Buchgesellschaft: Jahreskatalog. Jährlich neu.
ZEITSCHRIFT für allgemeine Wissenschaftstheorie. Journal for General Philosophy of Science. 17. Bd. 1986. Zweimal jährlich.

Lexika [L]

BRAUN, Edmund / RADERMACHER, Hans (Hg.): Wissenschaftstheoretisches Lexikon. 1978.
BRUNNER, Otto / CONZE, Werner / KOSELLECK, Reinhart (Hg.): Geschichtliche Grundbegriffe. Historisches Lexikon zur politisch-sozialen Sprache in Deutschland.
Bd. 1: A–D. 1972. Nachdr. 1979. – Bd. 2: E–G. 1975. Nachdr. 1979. – Bd. 3: H–Me. 1982. – Bd. 4: Mi–Pre. 1978. – Bd. 5: Pro–Soz. 1984.
DIEMER, Alwin / FRENZEL, Ivo (Hg.): Philosophie. [Erstausg.] 1958. Neuausg. 1967. (Fischer Lexikon 11)
HOFFMEISTER, Johannes (Hg.): Wörterbuch der philosophischen Begriffe. 1944, ²1955.
KRINGS, Hermann / BAUMGARTNER, Hans Michael / WILD, Christoph (Hg.): Handbuch philosophischer Grundbegriffe.
Bd. 1: A–Ges. 1973. – Bd. 2: Ges–Rel. 1973. – Bd. 3: Rel–Z. 1974.
Studienausgabe. Bd. 1–6. [Text-, seiten- und zeitgleich. Aufteilung jedes Bandes in 2 Bände.].
MITTELSTRASS, Jürgen (Hg.) in Verbindung mit Gereon WOLTERS: Enzyklopädie Philosophie und Wissenschaftstheorie.
Bd. 1: A–G. 1980. – Bd. 2: H–O. 1984. – Bd. 3: P–Z. [Noch nicht ersch.]
RITTER, Joachim [ab Bd. 4: und Karlfried GRÜNDER] (Hg.): Historisches Wörterbuch der Philosophie. Völlig neubearb. Ausg. des »Wörterbuchs der philosophischen Begriffe« von Rudolf EISLER.
Bd. 1: A–C. 1971. – Bd. 2: D–F. 1972. – Bd. 3: G–H. 1974. – Bd. 4: I–K. 1976. – Bd. 5: L–Mn. 1980. – Bd. 6: Mo–O. 1984.
SPECK, Josef (Hg.): Handbuch wissenschaftstheoretischer Begriffe. In Verbindung mit Karl ACHAM, Rudolf HALLER, Lorenz KRÜGER und Paul WEINGARTNER hg. von Josef SPECK. 1980.
Bd. 1: A–F. – Bd. 2: G–Q. – Bd. 3: R–Z.
SCHMIDT, Heinrich (Begründer): Philosophisches Wörterbuch. Neu bearb. von Georgi SCHISCHKOFF. 1912, ²¹1982.

Einführungen [E]

ADORNO, Theodor W.: Philosophische Terminologie. Zur Einleitung. Bd. 1: 1973. – Bd. 2: 1974.
BOLZ, Norbert W. (Hg.): Wer hat Angst vor der Philosophie? Eine Einführung in Philosophie. 1982.
HARTMANN, Nicolai: Einführung in die Philosophie. Überarb., vom Verf. genehmigte Nachschrift der Vorlesung im Sommersemester 1949 in Göttingen. Bearbeitung Karl AUERBACH. 7. Aufl. Osnabrück: Hanckel o.J.
JASPERS, Karl: Einführung in die Philosophie. Zwölf Radiovorträge. 1950, 1953; Neuausg. 1971.
KAMLAH, Wilhelm / LORENZEN, Paul: Logische Propädeutik. Vorschule des vernünftigen Redens. 1967, ²1973.
KRAFT, Victor: Einführung in die Philosophie. Philosophie, Weltanschauung, Wissenschaft. 1950, ²1967.
LENK, Hans: Wozu Philosophie? Eine Einführung in Frage und Antwort. 1974.
MARTENS, Ekkehard / SCHNÄDELBACH, Herbert (Hg.): Philosophie. Ein Grundkurs. (re 408) 1985.
REHFUS, Wulff D.: Einführung in das Studium der Philosophie. 1981.
SALAMUN, Kurt (Hg. und Einl.): Was ist Philosophie? Neuere Texte zu ihrem Selbstverständnis. 1980, erw. ²1986.
SEIFFERT, Helmut: Einführung in die Wissenschaftstheorie.
Bd. 1: Sprachanalyse, Deduktion, Induktion in Natur- und Sozialwissenschaften. [Neubearb.] 1969, ¹⁰1983.
Bd. 2: Geisteswissenschaftliche Methoden: Phänomenologie, Hermeneutik und historische Methode, Dialektik. [Neubearb.] 1970, ⁸1983.
Bd. 3: Handlungstheorie, Modallogik, Ethik, Systemtheorie. 1985.

Ströker, Elisabeth: Einführung in die Wissenschaftstheorie. 1973, ²1977.
Wuchterl, Kurt: Lehrbuch der Philosophie. Probleme, Grundbegriffe, Einsichten. 1984, ²1986.
– : Methoden der Gegenwartsphilosophie. Einführung, Darstellung, Kritik. 1977, ²1987.

Handbücher [H]

Diemer, Alwin: Elementarkurs Philosophie.
[Bd. 1:] Dialektik. 1976. – [Bd. 2:] Hermeneutik. 1977. – [Bd. 3:] Philosophische Anthropologie. 1978.
Essler, Wilhelm Karl: Wissenschaftstheorie.
Bd. 1: Definition und Reduktion. 1970, ²1982.
Bd. 2: Theorie und Erfahrung. 1971.
Bd. 3: Wahrscheinlichkeit und Induktion. 1973.
Bd. 4: Erklärung und Kausalität. 1979.
Rombach, Heinrich (Hg.): Wissenschaftstheorie. 1974.
Bd. 1: Probleme und Positionen der Wissenschaftstheorie.
Bd. 2: Struktur und Methode der Wissenschaften.
Stegmüller, Wolfgang: Hauptströmungen der Gegenwartsphilosophie. Eine kritische Einführung.
Bd. 1: 1952, ⁶1978. – Bd. 2; 3: 1975, ⁶1979, ⁷1986. (Bd. 2 [alt] ab 7. Aufl. geteilt in Bd. 2 und 3 [neu])
– : Probleme und Resultate der Wissenschaftstheorie und Analytischen Philosophie. Bd. 1–4. 1969– .
Bd. 1: 1. Aufl.: Wissenschaftliche Erklärung und Begründung. 1969, verb. Neudr. 1974.
2., verb. und erw. Aufl.: Erklärung, Begründung, Kausalität. 1983.
Bd. 2: Theorie und Erfahrung.
1. Begriffsformen, Wissenschaftssprache, empirische Signifikanz und theoretische Begriffe. Verb. Neudr. 1974.
2. Theorienstrukturen und Theoriendynamik. 1973. 2., korrig. Aufl. 1985.
3. Die Entwicklung des neuen Strukturalismus seit 1973. 1986.
Bd. 3: Strukturtypen der Logik. 1984.
Bd. 4: Personelle und Statistische Wahrscheinlichkeit.
1. Personelle Wahrscheinlichkeit und Rationale Entscheidung. 1973. Neuaufl. in Vorb.
2. Statistisches Schließen, Statistische Begründung, Statistische Analyse. 1973.
Ströker, Elisabeth / Wieland, Wolfgang (Hg.): Handbuch Philosophie. In 18 Bänden nach Disziplinen. 1981– .
Bisher ersch. einschlägige Bände:
Philosophie der Sozialwissenschaften (Acham); Philosophie der Geisteswissenschaften (Bodammer); Analytische Philosophie (Hoche/Strube); Philosophie der Logik (Seebohm); Sprachphilosophie (Simon).
Thiel, Manfred (Hg.): Enzyklopädie der geisteswissenschaftlichen Arbeitsmethoden. 1967– . [Geplant] 12 Lieferungen.
Lieferung 1–12. Methoden der…
1. Philosophie. [Nicht ersch.]
2. Theologie. [Nicht ersch.]
3. Logik und Mathematik. Statistische Methoden. 1968.
4. Sprachwissenschaft. 1968.
5. Philologie. Probleme der Übersetzung. [Nicht ersch.]
6. Kunst- und Musikwissenschaft. 1970.
7. Psychologie und Pädagogik. 1969.
8. Sozialwissenschaften. 1967.
9. Anthropologie, Anthropogeographie, Völkerkunde und Religionswissenschaft. 1973.
10. Geschichtswissenschaft und Archäologie. 1974.
11. Rechtswissenschaft, Teil 1. 1972.
12. Rechtswissenschaft, Teil 2. Politikwissenschaft. [Nicht ersch.]

Auswahl zentraler Literatur

Geschichte der Philosophie [G]

Bärthlein, Karl: Zur Geschichte der Philosophie. Einführende Darstellung, Kritik, Literaturangaben.
Bd. 1: Von der Antike bis zur Aufklärung. 1977. 2., verb. und erg. Aufl. 1984.
Bd. 2 (Hg.): Von Kant bis zur Gegenwart. 1983.

Bubner, Rüdiger (Hg.): Geschichte der Philosophie in Text und Darstellung. Bd. 1–8. (RUB) 1978–1984.
Bd. 1: Wieland, Wolfgang (Hg.): Antike. 1978, 1982.
Bd. 2: Flasch, Kurt (Hg.): Mittelalter. 1982.
Bd. 3: Otto, Stephan (Hg.): Renaissance und frühe Neuzeit. 1984.
Bd. 4: Gawlick, Günter (Hg.): Empirismus. 1980.
Bd. 5: Specht, Rainer (Hg.): Rationalismus. 1979.
Bd. 6: Bubner, Rüdiger (Hg.): Deutscher Idealismus. 1978, 1983.
Bd. 7: Riedel, Manfred (Hg.): 19. Jahrhundert. Positivismus, Historismus, Hermeneutik. 1981.
Bd. 8: Wiehl, Reiner (Hg.): 20. Jahrhundert. 1981.

Erdmann, Johann Eduard: Philosophie der Neuzeit. Der deutsche Idealismus. Mit einem Anh.: Quellentexte und Bibliographie von Barbara Gerl. Bd. 1; 2. (Vorländer/Erdmann: Geschichte der Philosophie. 6; 7) 1971.

Geldsetzer, Lutz: Einleitung. Die Entwicklung der Philosophie seit Beginn des 19. Jahrhunderts. § 1. Die allgemeinen Tendenzen. In: Vorländer, Karl, Die Philosophie in der ersten Hälfte des 19. Jahrhunderts. Völlig neu bearb. ... von Lutz Geldsetzer. 1975. (Vorländer, Karl: Geschichte der Philosophie. 9. Aufl. Bd. III, 1. Teilbd.) S. 1–14.

Höffe, Otfried (Hg.): Klassiker der Philosophie. Bd. 1; 2. 1981, verb. ^{2}1985.
Bd. 1: Von den Vorsokratikern bis David Hume.
Bd. 2: Von Immanuel Kant bis Jean-Paul Sartre.

Hoerster, Norbert (Hg.): Klassiker des philosophischen Denkens. Bd. 1; 2. dtv 1982, ^{3}1985.
Bd. 1: [Platon bis Berkeley]
Bd. 2: [Hume bis Wittgenstein]

Röd, Wolfgang (Hg.): Geschichte der Philosophie. Bd. 1–12. 1976– . Bisher ersch.:
Bd. 1: Röd, Wolfgang: Die Philosophie der Antike 1. Von Thales bis Demokrit. 1976.
Bd. 2: Graeser, Andreas: Die Philosophie der Antike 2. Sophistik und Sokratik, Plato und Aristoteles. 1983.
Bd. 3: Hossenfelder, Malte: Die Philosophie der Antike 3. Stoa, Epikureismus und Skepsis. 1986.
Bd. 7: Röd, Wolfgang: Die Philosophie der Neuzeit 1. Von Francis Bacon bis Spinoza. 1978.
Bd. 8: Röd, Wolfgang: Die Philosophie der Neuzeit 2. Von Newton bis Rousseau. 1984.

Speck, Josef (Hg.): Grundprobleme der großen Philosophen. 1972– . (UTB)
[A:] Philosophie des Altertums und des Mittelalters. 1 Bd.
[B:] Philosophie der Neuzeit. Bd. 1– .
[C:] Philosophie der Gegenwart. Bd. 1– .
Die Bände sind nur innerhalb der Gruppen [B] und [C] numeriert. Einzelne Bände in 2. oder 3. Aufl. Die Veröffentlichung läuft z. Z. noch weiter. Auswahl bedeutender Philosophen. Jeder Philosoph erhält einen Aufsatz, der in der Regel um jeweils das zentrale oder ein zentrales Problem des Philosophen kreist. Literaturverzeichnisse.

Stegmüller, Wolfgang: Hauptströmungen der Gegenwartsphilosophie. Eine kritische Einführung. Bd. 1–3. S. *Handbücher*.

Störig, Hans Joachim: Kleine Weltgeschichte der Philosophie. 1949. 13., überarb. und erw. Aufl. 1985. (Auch 1975 als f 6135; 6136)

Totok, Wilhelm: Handbuch der Geschichte der Philosophie. 1964– .
Bd. 1: Altertum. 1964.
Bd. 2: Mittelalter. 1973.
Bd. 3: Renaissance. 1980.
Bd. 4: Frühe Neuzeit. 17. Jahrhundert. 1981.
Bd. 5: Neuzeit. Bibliographie des 18. und 19. Jahrhunderts. Unter Mitarbeit von Horst-Dieter Finke. 1985.

Bd. 6: Bibliographie des 20. Jahrhunderts. [In Vorb. für etwa 1990]
VORLÄNDER, Karl: Geschichte der Philosophie. Bd. 1–5. Bandweise bearb. von verschiedenen Verf. Meiner 1949– , Rowohlt 1963– . (VORLÄNDER/ERDMANN: Geschichte der Philosophie Bd. 1–5) (rde 183; 193; 242; 261; 281)
Bd. 1: Philosophie des Altertums. 1949, 1963.
Bd. 2: Philosophie des Mittelalters. 1949, 1964.
Bd. 3: Philosophie der Renaissance. Beginn der Naturwissenschaft. o.J., 1965.
Bd. 4: Philosophie der Neuzeit. 1955, 1966.
Bd. 5: Philosophie der Neuzeit. Die Aufklärung. 1955, 1967.
– : Die Philosophie in der ersten Hälfte des 19. Jahrhunderts. Völlig neu bearb. und mit Literaturübersichten versehen von Lutz GELDSETZER. 1975. (VORLÄNDER, Karl: Geschichte der Philosophie. 9. Aufl. Bd. III, 1. Teilbd.) [Mehr z. Zt. noch nicht ersch.]
WUCHTERL, Kurt: Grundkurs Geschichte der Philosophie. 1986.

Wichtige, häufig zitierte Einzeltitel [W]

CASSIRER, Ernst: Das Erkenntnisproblem in der Philosophie und Wissenschaft der neueren Zeit. Bd. 1–4.
Bd. 1: 1906, ³1922 = 1974. – Bd. 2: 1907, ³1922 = 1974. – Bd. 3: 1920, ²1923 = 1974. – Bd. 4: 1950, ²1957 = 1973.
– : Zur Logik der Kulturwissenschaften. 1942, ⁴1980.
– : Philosophie der symbolischen Formen. Teil 1–3; Index.
Teil 1: Die Sprache. 1923, ⁸1985. – Teil 2: Das mythische Denken. 1925, ⁸1987. – Teil 3: Phänomenologie der Erkenntnis. 1929, ⁸1982. – Index. ⁷1982.
– : Substanzbegriff und Funktionsbegriff. 1910, ⁵1980.
DILTHEY, Wilhelm: Gesammelte Schriften. Bd. 1– . 1914–1936. Neuaufl. 1962– .
– : Der Aufbau der geschichtlichen Welt in den Geisteswissenschaften. Einl. von Manfred RIEDEL. (Aus: Gesammelte Schriften. Bd. 7) 1970, stw 1981.
– : Die Philosophie des Lebens. Aus seinen Schriften ausgew. von Herman NOHL. 1961.
– : Texte zur Kritik der historischen Vernunft. Hg. und eingel. von Hans-Ulrich LESSING. 1983.
GADAMER, Hans-Georg: Kleine Schriften. Bd. 1; 2; 4.
Bd. 1: Philosophie, Hermeneutik. ²1976. – Bd. 2: Interpretationen. ²1979. – Bd. 4: Variationen. 1977.
GIEGEL, Hans Joachim: System und Krise. Beitrag zur Habermas-Luhmann-Diskussion. 1975.
HABERMAS, Jürgen: Erkenntnis und Interesse. [Aufsatz] In: Ders., Technik und Wissenschaft als »Ideologie«. 1968.
– : Erkenntnis und Interesse. [Buch] 1968, stw ⁵1973.
– : Legitimationsprobleme im Spätkapitalismus. 1973.
– : Zur Logik der Sozialwissenschaften. Mohr 1967, Suhrkamp 1970, ⁵1982, stw 1985.
– : Moralbewußtsein und kommunikatives Handeln. 1983.
– : Philosophisch-politische Profile. 1971, erw. ³1981.
– : Zur Rekonstruktion des Historischen Materialismus. 1976.
– : Technik und Wissenschaft als »Ideologie«. 1968.
– : Theorie des kommunikativen Handelns. Bd. 1;2. 1981.
– : Theorie und Praxis. Sozialphilosophische Studien. Luchterhand 1963, Suhrkamp 1971, stw 1978.
– : Vorstudien und Ergänzungen zur Theorie des kommunikativen Handelns. 1984.
– : Wahrheitstheorien. (1973) In: FAHRENBACH, H. (Hg.), Wirklichkeit und Reflexion. 1973. – *Jetzt in:* HABERMAS, Jürgen: Vorstudien und Ergänzungen zur Theorie des kommunikativen Handelns. 1984.
– (Hg.): Stichworte zur »Geistigen Situation der Zeit«. Bd. 1; 2. 1979.
HABERMAS, Jürgen / LUHMANN, Niklas: Theorie der Gesellschaft oder Sozialtechnologie. Was leistet die Systemforschung? 1971. – S. auch GIEGEL und MACIEJEWSKI.
HEMPEL, Carl Gustav: Aspects of scientific explanation. And other essays in the philosophy of science. 1965. – Aspekte wissenschaftlicher Erklärung. = Vom Autor ergänztes und überarbeitetes Schlußkapitel von »Aspects ...«. 1977. Darin original deutsch: Nachwort 1976.

– /Oppenheim, Paul: Studies in the logic of explanation. In: Philosophy of Science 15, 1948. – *Auch in:* Hempel, Carl Gustav: Aspects of scientific explanation. 1965.
König, René (Hg.): Handbuch der empirischen Sozialforschung. Bd. 1; 2.
Bd. 1: 1962–67, ³1973–74. – Bd. 2: 1969, ²1976–79.
Kuhn, Thomas Samuel: Die Entstehung des Neuen. Studien zur Struktur der Wissenschaftsgeschichte. Hg. von Lorenz Krüger. (Aus dem Engl.) 1977, stw 1978.
– : Die Struktur wissenschaftlicher Revolutionen. 2. revid. und um das Postskriptum von 1969 erg. Aufl. (Aus dem Engl.) (1962, ²1970) 1967, stw 1973, ²1976. – (Postskript: engl. 1969, dt. in: Weingart, Peter (Hg.): Wissenschaftssoziologie. Bd. 1: 1972; im Buch selbst erst in ²1976!)
v. Kutschera, Franz: Wissenschaftstheorie. Grundzüge der allgemeinen Methodologie der empirischen Wissenschaften. Bd. 1; 2. 1972.
Lenk, Hans (Hg.): Handlungstheorien interdisziplinär. Bd. 1–4.
Bd. 1: 1980. – Bd. 2: I 1978. II 1979. – Bd. 3: I 1981. II 1984. – Bd. 4: 1977.
Maciejewski, Franz (Hg.): Theorie der Gesellschaft oder Sozialtechnologie? (Bd. 2: Neue) Beiträge zur Habermas-Luhmann-Diskussion. Bd. 1; 2. 1973.
Mannheim, Karl: Ideologie und Utopie. (Teilweise aus dem Engl.) 1929, ³1952, ⁷1985.
Marcuse, Herbert: Der eindimensionale Mensch. (Aus dem Amerik.) (1964, 1966, ⁵1971) 1967, ¹⁹1984 (= ²⁰1985).
Popper, Karl Raimund: Ausgangspunkte. Meine intellektuelle Entwicklung. (Aus dem Engl.) (1974) Deutsche Fassung vom Autor überarb. 1979.
– : Die beiden Grundprobleme der Erkenntnistheorie. Aufgrund von Manuskripten 1930–33. 1979.
– : Conjectures and refutations. The growth of scientific knowledge. 1963, ⁴1972 (Dt. in Vorb., s. Vermutungen und Widerlegungen).
– : Das Elend des Historizismus. (Aus dem Engl.) (1944, ²1960) 1965, ⁵1979.
– : Logik der Forschung. [1934] Dt. 1935; engl. 1959, revid. ⁸1975; dt. ²1966, ³1969, verb. und verm. ⁸1984.
– : Objektive Erkenntnis. Ein evolutionärer Entwurf. (Aus dem Engl.) (1972) 1973, ²1974, ⁴1984.
– : Die offene Gesellschaft und ihre Feinde. (Aus dem Engl.) (1944) Bd. 1; 2.
Bd. 1: Der Zauber Platons. 1957, ⁶1980. – Bd. 2: Falsche Propheten. Hegel, Marx und die Folgen. 1958, ⁶1980.
– : Offene Gesellschaft und offenes Universum. 1982.
– : Postscript to the logic of scientific discovery. Bd. 1–3. 1982–83.
– : Realism and the aim of science. 1982.
– : Auf der Suche nach einer besseren Welt. Vorträge und Aufsätze aus 30 Jahren. 1984.
– : Vermutungen und Widerlegungen. Conjectures and refutations. (Aus dem Engl.) (1963, ⁴1972) In Vorb.
Der Positivismusstreit in der deutschen Soziologie. Von Theodor W. Adorno, Hans Albert u. a. 1969, 1972, ¹¹1984.
Radnitzky, Gerard: Contemporary schools of metascience. Bd. 1;2. 1968. – 2. revid. Aufl. in einem Bd. 1970. – Mit 3. Teil, Ppb. 1973; 1977.
– : Preconceptions in research. 1974.
– : Epistemologia e politica della ricerca. 1978.
– : L'epistemologia di Popper e la ricerca scientifica. 1986.
– : Entre Wittgenstein et Popper. Détours vers la découverte: le vrai, le faux, l'hypothèse. 1987.
– (Hg.): Centripetal forces in the sciences. Bd. 1: 1987. – Bd. 2: 1988.
– (Hg.): The search for the unity in the sciences. 1988.
Radnitzky, Gerard / Andersson, Gunnar (Hg.): Fortschritt und Rationalität der Wissenschaft. (Aus dem Engl.) (1978) Verb. u. erw. dt. 1980.
– / – (Hg.): Voraussetzungen und Grenzen der Wissenschaft. (Aus dem Engl.) (1979) Verb. u. erw. dt. 1981.
Radnitzky, Gerard / Bartley, William Warren III (Hg.): Evolutionary epistemology: Theory of rationality and the sociology of knowledge. 1987.
Radnitzky, Gerard / Bernholz, Peter (Hg.): Economic imperialism. The economic approach applied outside the traditional areas of economics. 1987. – Das ökonomische Weltbild. Der ökonomische Ansatz außerhalb seines traditionellen Gegenstandsbereiches. (Übers. von Klaus Pähler.) 1988.

STACHOWIAK, Herbert (Hg.): Pragmatik. Handbuch pragmatischen Denkens. Bd. 1–5.
Bd. 1: Pragmatisches Denken von den Ursprüngen bis zum 18. Jahrhundert. 1986.
Bd. 2: Der Aufstieg pragmatischen Denkens im 19. und 20. Jahrhundert. 1986.
Bd. 3: Allgemeine philosophische Pragmatik. [In Vorb.]
Bd. 4: Pragmatische Sprachphilosophie, Sprachpragmatik und formative Pragmatik. [In Vorb.]
Bd. 5: Pragmatische Tendenzen in der Wissenschaftstheorie. [In Vorb.]
WEBER, Max: Gesammelte Aufsätze zur Wissenschaftslehre. 1922, ²1951, ³1968, ⁴1973, ⁵1982.
– : Methodologische Schriften. Studienausgabe. 1968.
– : Soziologische Grundbegriffe. (Aus: Wirtschaft und Gesellschaft, 5. revid. Aufl. 1972.) ⁶1984.
– : Wirtschaft und Gesellschaft. Grundriß der verstehenden Soziologie. 1921, revid. ⁵1972.

Helmut Seiffert

Einleitung: Das Verhältnis von Philosophie und Wissenschaftstheorie

Das vorliegende Lexikon hat die Wissenschaftstheorie, nicht die Philosophie zum Gegenstand. Die noch im Erscheinen begriffene, von Jürgen Mittelstrass herausgegebene »Enzyklopädie« ist der »Philosophie und Wissenschaftstheorie« gewidmet.
Was aber ist nun der Unterschied zwischen Philosophie und Wissenschaftstheorie? Was ist die Wissenschaftstheorie im Verhältnis zur Philosophie?
Hier sind offenbar zwei extreme Ansichten möglich:

- »Philosophie und Wissenschaftstheorie sind dasselbe.«
- »Die Wissenschaftstheorie hat mit der Philosophie überhaupt nichts zu tun. Sie ist einfach die Summe der Methodiken aller Einzelwissenschaften.«

Die Wahrheit liegt, wie meist in solchen Fällen, irgendwo in der Mitte. Aber wo konkret? Wir wollen so vorgehen, daß wir unseren Ausgangspunkt bei den extremen Definitionen nehmen und uns dann Schritt für Schritt dem tatsächlichen Sachverhalt nähern.

A. »Philosophie und Wissenschaftstheorie sind dasselbe«
Diese radikale Definition kann offenbar nicht richtig sein. Denn wenn das Wort »Philosophie« noch einen Sinn haben soll, dann muß man zur Kenntnis nehmen, daß die einzelnen Bereiche oder Disziplinen der Philosophie eine ganz verschiedene Nähe zur Wissenschaft haben und daß daher nicht alles, was die Philosophie treibt, schlichtweg oder im gleichen Maße »Wissenschaftstheorie« im Sinne von »Grundlegung der Wissenschaft durch die Philosophie« sein kann.
Um das näher zu prüfen, müssen wir wissen, in welche Teilbereiche, welche Einzeldisziplinen die Philosophie einzuteilen ist.
Hierfür brauchen wir aber nun nicht wiederum eine eigene Philosophie, eine Theorie zu haben. Es genügt vielmehr ein pragmatisches Vorgehen: Wir brauchen nur festzustellen, wie denn gegenwärtige Handbücher, Bandreihen für die Gesamtphilosophie oder systematisch geordnete Schriftenverzeichnisse die Philosophie tatsächlich einteilen. Wenn man dies an vier oder fünf Beispielen untersucht, kommt man zu bemerkenswert einheitlichen Ergebnissen. Über die Einteilung der Philosophie besteht praktisch Übereinstimmung, »Konsens«.
Die so gewonnene, weitgehend allgemeingültige Einteilung setze ich, in sich gleich zweckmäßig geordnet und unter Weglassung unwichtiger Teilgebietsbildungen, die das Gesamtbild nur unübersichtlich machen würden, hierher:

Metaphysik	Logik	Phänomenologie	Naturphilos.	Anthropologie	Ästhetik
Ontologie	Sprachphilos.		Sozialphilos.	Ethik	Religionsphilos.
Erkenntnistheorie	Mathematik		Geistesphilos.		
			(Geschichtsph.)		
			(Hermeneutik)		

Die einzelnen, hier zu Spalten zusammengefaßten Gruppen von Gebieten der Philosophie bezeichnen einander nahestehende Teilgebiete der Philosophie und sind im übrigen einerseits nach ihrer *Allgemeinheit* (nach rechts abnehmend) und andererseits nach ihrer *Nähe zur Wissenschaft* (am rechten Ende abnehmend) geordnet.
Betrachten wir die einzelnen Disziplinen nacheinander.
Zentral für die Wissenschaft ist natürlich die Erkenntnistheorie, da alle Wissenschaft »Erkenntnis« ist. Vom Standpunkt der Wissenschaftstheorie aus gesehen gewissermaßen nur »Hilfsdisziplinen« für die Erkenntnistheorie sind die Gebiete der Metaphysik (Lehre von dem, was »hinter der Natur« ist) und Ontologie (Lehre vom »Sein« hinter dem, was wir zu erkennen meinen).
Grundlegend für die Wissenschaftstheorie sind Logik, Sprachphilosophie und Mathematik (diese ist hier nicht als Einzelwissenschaft zu verstehen, sondern als formale Grundlagenwissenschaft, ähnlich der Logik), die vor allem für die Begriffs- und Aussagenbildung in der Wissenschaft zuständig sind. Die Phänomenologie ist eine grundlegende Erkenntnismethode, die zwischen der Logik und den Sachmethodologien (der Natur-, Sozial-, Geisteswissenschaften) steht und – ähnlich der Hermeneutik – der geisteswissenschaftlichen Methodologie zugeordnet werden kann.

Dann folgen die Philosophien der drei großen Sachbereiche der Wissenschaft: der Natur-, Sozial- und Geisteswissenschaften. In diesem Bereich ist natürlich die Verknüpfung von Philosophie und Wissenschaftstheorie besonders eng, denn diese Gruppe von philosophischen Disziplinen deckt inhaltlich den Gesamtbereich dessen ab, was überhaupt Gegenstand der Wissenschaft sein kann.
Die letzten vier Disziplinen, auf der rechten Seite des Schemas, stehen der Wissenschaftstheorie ferner. Eine Zwischenstellung nehmen Anthropologie und Ethik ein, deren Behandlung teilweise noch in den Rahmen der Wissenschaftstheorie einbezogen wird. Ein Indiz für die Einordnung dieser Disziplinen ist ihr Vorkommen bzw. Nichtvorkommen in den beiden bereits vorliegenden Lexika zur Wissenschaftstheorie von Braun/Radermacher und Speck: Während die Anthropologie in beiden Lexika erscheint, taucht die Ethik nur bei Speck als Stichwort »Ethik, wissenschaftliche Begründung der« auf, womit zweifellos ebenfalls eine Einschränkung angedeutet ist.
Unter dem Aspekt unserer Fragestellung am schwierigsten und interessantesten zu definieren sind die beiden Disziplinen am äußersten rechten Rand: Ästhetik und Religionsphilosophie. Hier muß man folgendes unterscheiden:
Jeder Gegenstand überhaupt kann Gegenstand einer Wissenschaft sein und ist als solcher mittelbar auch Gegenstand der Wissenschaftstheorie.
So sind Kunst und Religion Gegenstände der Kunstwissenschaft und der Religionswissenschaft bzw. Theologie, welche Wissenschaftsfächer alle drei zum Wissenschaftsbereich der Geisteswissenschaften gehören und damit mittelbar in die »Zuständigkeit« der Geistesphilosophie.
Ästhetik und Religionsphilosophie hingegen behandeln ihre Gegenstände nicht im Sinne der ihnen (nach dem eben Gesagten) zugeordneten Einzelwissenschaften; dann wären sie neben der Geistesphilosophie – als der für die Geisteswissenschaften »zuständigen« philosophischen Disziplin – ja überflüssig. Sondern »das Schöne« und die Religion gelten in philosophischer Sicht als wichtige Bereiche der philosophischen Gegenstände als solcher und werden daher *nicht* mittelbar über die ihnen zugeordneten *Wissenschaften*, sondern *unmittelbar* als *Grundgegebenheiten* betrachtet. Wie das zu verstehen ist, zeigt im Falle der Ästhetik etwa die Tatsache, daß in vielen philosophischen Systemen die Ästhetik neben Ethik, Anthropologie, Erkenntnistheorie und so fort als eine der großen Disziplinen der Philosophie abgehandelt wird und also ebenso für den Bezirk des »Schönen« zuständig ist wie die Ethik für den Bezirk des »Guten«. In diesem Sinne weist aber, wie man deutlich sieht, die Ästhetik über die Kunstwissenschaft weit hinaus. (Was natürlich auf der anderen Seite nicht heißt, daß Kunstwissenschaft und Ästhetik in der Praxis nicht eng zusammenarbeiteten.) Ähnliches gilt für die Religionsphilosophie.
Praktisch (und nur darauf kommt es hier an) bedeutet dies einfach, daß Ästhetik und Religionsphilosophie mit der Wissenschaftstheorie *direkt* nichts zu tun haben (und daher bei Braun/Radermacher und bei Speck auch nicht behandelt werden; bei Speck gibt es lediglich einen Artikel »Religions*wissenschaft*, wissenschaftstheoretische Probleme der«, in welchem Zusammenhang also offensichtlich gerade nicht die Religions*philosophie* gemeint ist).
Das Ergebnis unserer Untersuchung ist jedenfalls: Die Gegenstände der Philosophie sind weitgehend, aber keineswegs ausnahmslos und in durchaus differenzierender Weise Gegenstände auch der Wissenschaftstheorie.
Philosophie und Wissenschaftstheorie stimmen eben in ihrer Fragestellung nicht überein, was gerade an den Gebieten sichtbar wird, die zwar der Philosophie, nicht aber der Wissenschaftstheorie zugehören. Die Kunst etwa ist nur mittelbar als Gegenstand einer Teildisziplin der (historisch-philologischen) Geisteswissenschaften, nicht aber unmittelbar als Gegenstand der philosophischen Disziplin »Ästhetik« Objekt auch der Wissenschaftstheorie.
Exakteres über dieses Thema zu sagen ist in diesem Rahmen weder möglich noch notwendig; es geht, wie wiederholt bemerkt, nur um den pragmatischen Aspekt einer Abgrenzung des in der Philosophie und des in der Wissenschaftstheorie zu Behandelnden.

B. »Die Wissenschaftstheorie ist die Summe der Methodiken der Einzelwissenschaften«
Die entgegengesetzte Auffassung von der Wissenschaftstheorie könnte besagen: Die Wissenschaftstheorie hat mit der Philosophie überhaupt nichts zu tun. Sie ist die Summe der Methodiken aller Einzelwissenschaften.
Wissenschaftstheorie in diesem Sinne wäre also nichts als Methodologie, das heißt: die Lehre von den einzelnen Methoden, die in den verschiedenen Wissenschaften angewendet werden.
Solche Methoden wären zum Beispiel:

- die »vollständige Induktion« (in Wahrheit: Deduktion) in der Mathematik;
- induktive Methoden wie Beobachtung, Experiment, Befragung in den Natur- und Sozialwissenschaften;
- Phänomenologie, historisch-philologische Methode und Hermeneutik in den Sozial- und Geisteswissenschaften.

Wenn wir uns jedoch mit diesen Methoden beschäftigen und in ihre Probleme tiefer eindringen, so werden wir bemerken, daß sich Fragen ergeben, die weit über eine bloße »Rezeptologie« hinausgehen. Die scheinbar so simplen konkreten, pragmatischen Methodenfragen weisen über sich hinaus in Bezirke hinein, die wir nur noch als philosophische bezeichnen können.
In der Mathematik beispielsweise würde sehr bald die Frage nach dem Anfang der Beweiskette und damit nach den Axiomen entstehen. Mathematische Methodologie würde unversehens zur Grundlagenforschung, zur »Metamathematik«.
In ganz entsprechendem Sinne würde in den Natur- und Sozialwissenschaften die Frage nach der Reichweite der induktiven Methode oder in den Sozial- und Geisteswissenschaften die Frage nach dem Wesen der Hermeneutik aufgeworfen werden müssen. Damit aber kommt die Philosophie »von hinten« doch wieder in die Methodologie hinein.

C. Was also ist Wissenschaftstheorie?

Unser Ergebnis ist:
1. Die Wissenschaftstheorie hat enge Beziehungen zur Philosophie, fällt aber ihrem Gegenstandsbereich nach insofern nicht mit ihr zusammen, als die einzelnen Teildisziplinen der Philosophie eine ganz verschiedene Nähe zur Wissenschaft haben.
2. Die Wissenschaftstheorie hat enge Beziehungen zu den Methodiken der Einzelwissenschaften; diese Methodiken müssen aber ihrerseits philosophisch begründet werden.

Die Wissenschaftstheorie kann daher sowohl von fachwissenschaftlich interessierten Philosophen als auch von philosophisch aufgeschlossenen Fachwissenschaftlern betrieben werden.

Jedoch muß zum Schluß ein Problem noch geklärt werden. Wir sind bisher mit Selbstverständlichkeit davon ausgegangen, daß die Wissenschaftstheorie etwas ist, das sich auf sämtliche Wissenschaftsdisziplinen gleichermaßen bezieht. Zumindest nach dem deutschen Sprachgebrauch ist dies auch gar nicht anders möglich, da »Wissenschaft« sich auf jeden nur denkbaren Bereich bezieht, der Gegenstand der Forschung sein kann: von der Natur über die menschliche Psyche bis hin zu klassischen griechischen Texten.
Aber: »Wissenschaftstheorie« heißt im englischen Sprachraum »philosophy of science«. Und diese Bezeichnung deutet eine doppelte Einschränkung an.
Zunächst legt der Bestandteil »philosophy« eine enge Bindung an die Philosophie im Sinne unserer ersten Extremdefinition nahe, wie wir sie im Abschnitt *A.* diskutierten (wenngleich »philosophy« eine weitere Bedeutung hat als unser Begriff »Philosophie« und durchaus auch mit »Wissenschaft« oder »Theorie« übersetzt werden könnte).
Wichtiger aber ist die Einschränkung, die im Wortteil »science« liegt. Denn »science« meint nur die Naturwissenschaften. Die Geisteswissenschaften heißen »humanities«, also etwa »humanistische Studien«, und werden eher im Rahmen der allgemeinen Bildung gesehen.
Dies bedeutet also, daß »philosophy of science« eigentlich nicht mit »Wissenschaftstheorie«, sondern mit »Philosophie der Naturwissenschaften« übersetzt werden müßte; ja, man könnte fast sagen, mit »Naturphilosophie« im Sinne unserer Übersicht über die Disziplinen der Philosophie im Abschnitt *A.*
Diese Auffassung von »Wissenschaftstheorie« paßt natürlich gut mit der Tradition des logischen Empirismus oder »Neopositivismus« zusammen, nach deren engstem Verständnis die Naturwissenschaften ohnehin die einzigen Forschungsdisziplinen sind, die den Namen »Wissenschaft« verdienen.
Diese Vorprägung des Wortes »Wissenschaftstheorie« bringt es mit sich, daß auch in Deutschland und auch heute noch unter »Wissenschaftstheorie« oft das verstanden wird, was die Philosophen des logischen Empirismus tun. Man assoziiert mit der Bezeichnung »Wissenschaftstheorie« stets nur die Theorie der deduktiv-induktiven Wissenschaften, nicht aber auch die der historisch-hermeneutischen Wissenschaften. Diese Einengung wird kurioserweise auch von manchem Gegner des logischen Empirismus übernommen. So sagt HABERMAS: »Unter Wissenschaftstheorie

verstehe ich eine im szientistischen Selbstverständnis der Wissenschaften betriebene Methodologie« (HABERMAS, 32), was einerseits auf den logischen Empirismus bezogen (»szientistisch«) und andererseits natürlich abwertend gemeint ist.
Nach viele Jahrzehnte alter deutscher enzyklopädisch-philosophischer Tradition ist das System der Wissenschaften ein Kosmos, in dem Natur- und Geisteswissenschaften völlig gleichberechtigt nebeneinanderstehen. Eine »Wissenschaftstheorie«, die die Geisteswissenschaften ausschließt, erscheint hiernach nicht möglich.

Allerdings soll eines nicht unerwähnt bleiben: Daß das Wort »Wissenschaftstheorie« so leicht als »logisch-empiristische Theorie der Naturwissenschaften« mißdeutet werden kann, hat seinen Grund auch in der fatalen Tatsache, daß im Sprachgebrauch gelegentlich Bezeichnungen auftreten, die wie umfassende neutrale Bezeichnungen einer Wissenschaftsdisziplin klingen, in Wahrheit aber eine eingeschränkte, im Extremfall sogar auf eine bestimmte Schule oder gar Sekte gemünzte Bedeutung haben; man könnte fast von »Hochstaplerwörtern« sprechen. Beispiele wären etwa: *Astrologie*, das wie »Geologie« oder »Zoologie« auch eine neutrale Bezeichnung im Sinne von »Astronomie« sein könnte; *Psychoanalyse*, dessen Wortteil »-analyse« eine allgemein verbindliche, rational begründete Methode vortäuscht, im Sinne von »Analysis« (= Infinitesimalrechnung) in der Mathematik oder »Analyse« als Methode zur Bestimmung von Substanzen in der Chemie – aber speziell die Lehre Sigmund FREUDS meint, die ganz gewiß große Verdienste für sich in Anspruch nehmen kann, deren Alleinherrschaftsanspruch aber zurückzuweisen ist; *Individualpsychologie*, das wie eine neutrale Gattungsbezeichnung, analog zu »Sozialpsychologie«, klingt, aber (auch) die persönliche Theorie von Alfred ADLER meint. (Ähnliches gilt übrigens für Sektenbezeichnungen wie *Christian Science* oder *Scientology*.)
Eine Einengung dieser Art kommt für die Konzeption dieses Lexikons nicht in Betracht. »Wissenschaftstheorie« bedeutet hier »Theorie der (jeder) Wissenschaft überhaupt«.

Helmut Seiffert

Braun, E./Radermacher, H. (Hg.): Wissenschaftstheoretisches Lexikon. 1978. [L] – *Habermas, J.:* Philosophisch-politische Profile. 1971, erw. [3]1981. [W] – *Mittelstraß, J. (Hg.):* Enzyklopädie Philosophie und Wissenschaftstheorie. Bd. 1–3. 1980–. [L] – *Seiffert, H.:* Einführung in die Wissenschaftstheorie. Bd. 1. 1969, [10]1983. [E] – *Speck, J. (Hg.):* Handbuch wissenschaftstheoretischer Begriffe. Bd. 1–3. 1980. [L]
Vgl. auch die Literaturverzeichnisse zu den Artikeln: *Methode; Philosophie; Theorie; Wissenschaftstheorie, allgemein und Geschichte; Wissenschaftstheorie, Methodologie.*

Abstraktion

lat. abstractio von abstrahere: wegziehen, wegnehmen; griech. aphaíresis

A. Worterklärung
Abstraktion meint traditionell einerseits das Weglassen bestimmter Merkmale (im Sinne des »Absehens« von ihnen) an Gegenständen, andererseits komplementär die dadurch erzielte, zu einem »Allgemeinbegriff« führende Hervorhebung der verbleibenden ihnen gemeinsamen Beschaffenheiten; in der Abstraktionstheorie der Gegenwart bezeichnet der Begriff den Übergang von bestimmten, eingeschränkten Aussagen über »konkrete« Gegenstände zu strukturell einfacheren Aussagen über sogenannte »abstrakte« Gegenstände nach einem Schema, das (auf weiter unten beschriebene Weise) mit Mitteln der formalen Logik ausdrückbar ist.

B. Begriffsgeschichte
I. Aristoteles, Boethius, Mittelalter
Aristoteles hatte, z. T. in Auseinandersetzung mit der Lehre Platons, die Gegenstandsbereiche verschiedener Wissenschaften teils erkenntnistheoretisch, teils ontologisch zu charakterisieren versucht. Als »chōristá«, im ontologischen Sinne von der Materie getrennt und frei, stellen sich ihm die rein geistigen Gegenstände der Theologie dar. Als »ta ex aphairéseōs«, ontologisch von den Sinnendingen ungetrennt, aber durch »aphaíresis«, d. h. Ausklammerung aller in anderen Wissensgebieten untersuchten Beschaffenheiten, erkenntnistheoretisch abgegrenzt sieht er die Gegenstände der Mathematik. Als Boethius im 6. Jh. des Porphyrius Einführung in die Kategorienschrift des Aristoteles übersetzt und kommentiert, integriert er seiner eigenen Abbildtheorie der Erkenntnis eine Modifikation der Aristotelischen Aphairesislehre, in der sie nicht nur zu den mathematischen Gegenständen, sondern auch zu den Genera und Species (→ *Begriff*), d. h. zu Allgemeinbegriffen führen soll (während Aristoteles diesen Prozeß mit dem später »Induktion« genannten Verfahren der »epagōgḗ« verglich und nach einigen Kommentatoren sogar gleichsetzte). Boethius übersetzt sowohl »ta ex aphairéseōs« als auch »chōristá« als »abstracta« und trägt so zur Entstehung einer Form der Abstraktionstheorie bei, die unter Vermischung von Aphaíresis und Epagōgḗ, Ontologie, Erkenntnistheorie und Sprachphilosophie als Lehre von der Gewinnung des Allgemeinen zum Nährboden des mittelalterlichen Universalienstreits wird. In diesem denken sich die »Realisten« das Allgemeine als vom »konkreten« Einzelnen und vom erkennenden Bewußtsein »getrennt« existierend, die »Konzeptualisten« als einheitliche Abbilder von jeweils vielfältigem Einzelnem im Bewußtsein aufbewahrt, während die »Nominalisten« ein Allgemeines lediglich in der Verwendung von Allgemeinnamen in Sprache und Schrift sehen.

II. Neuzeit
Die Vertreter dieser und sie vermittelnder Standpunkte nehmen bereits die meisten später zum Problem des Allgemeinen eingenommenen Positionen und ihre Analysen vorweg. Mehr als 200 Jahre später macht Locke ein Allgemeines außerhalb des Bewußtseins gar nicht mehr zum Thema, sondern erörtert allein die im Bewußtsein befindlichen, aus Vorstellungen von Einzelnem entstandenen Allgemeinvorstellungen, die er »abstract ideas« nennt. Diderots »Encyclopédie« radikalisiert diese Terminologie, indem sie alle Ausdrükke, die nicht Eigennamen sind (also selbst Präpositionen, Konjunktionen usw.) »abstrakt« nennt, nicht ohne dabei schon einen Gegensatz zu »real existierend« zu suggerieren. In dieser Richtung noch weiter gingen Schopenhauer (abstrakt = bloß allgemein und anschauungsfern), Hegel und Marx (abstrakt = einseitig, leer und undialektisch im Unterschied zu konkret = wirklich, erfüllt und voll bestimmt), Nietzsche mit der Rede von der »blutleeren Abstraktion« und W. Benjamins Bild von der »Eiswüste der Abstraktion«. Solche Assoziationen herrschen auch heute bei der alltagssprachlichen Verwendung von »abstrakt« und »Abstraktion« vor, wie sie auch innerphilosophisch etwa noch in W. James' Warnungen vor der Gefahr des »abstractionism« wirksam sind.
Auf Hamiltons Lehre von der Aufmerksamkeit als dem entscheidenden psychischen Faktor im Abstraktionsprozeß geht vermutlich die »isolierende«, »pointierende« Abstraktion zurück, die sich im Unterschied zur bisher behandelten »generalisierenden« Abstraktion auch auf einen einzelnen Gegenstand richten kann. Bereits von Husserl erkenntnistheoretisch-phänomenologisch betrachtet, spielt sie in Methodenüberlegungen der Wirtschafts- und Sozialwissenschaften, insbesondere über die idealtypische Begriffs-

bildung, in der ersten Hälfte des 20. Jh. eine gewisse Rolle (W. Eucken, Sombart, Weippert).
In der gleichzeitigen Methodenlehre und Philosophie der übrigen Wissenschaften, vor allem aber von Logik und Mathematik, verstärkt sich die Tendenz, die Produkte der Abstraktion als reale Entitäten anzusehen, deren Funktion zwar nur darin besteht, Beschreibung, Klassifikation und Nutzung konkreter Datenvielfalt zu ermöglichen (so bereits E. Mach), für die aber daneben reale Existenz im Sinne der traditionellen Substanzen postuliert wird. Dieser »Platonismus« mit seiner »Reifizierung der Universalien« (W. V. Quine) und der ihn kritisierende neue »Nominalismus« stehen im Mittelpunkt des »modernen Universalienstreits«.

C. Die mathematische Abstraktion
Für eine Lösung oder auch nur eine Sachanalyse dieser Kontroverse empfiehlt es sich, das Problem noch einmal als die Aufgabe zu stellen, Funktion und Bedeutung derjenigen Ausdrücke zu klären, die an der Subjektstelle elementarer Aussagen vorkommen, aber nicht Eigennamen aufweisbarer Gegenstände sind. »Die *Zahl* 3«, »der *Begriff* Pferd«, »die *Menge* der aus ›A‹ und ›B‹ gebildeten unendlichen Folgen«, »der *Körper* der rationalen Zahlen« sind solche Ausdrücke, bei denen wir die Wörter hervorgehoben haben, die anzeigen, welcher Kategorie abstrakter Gegenstände (Zahlen, Begriffe, Mengen, Strukturen) das durch den betreffenden Ausdruck Bezeichnete angehören soll.
In der Aussage »Die Zahl 6 ist gerade« sagen wir die Eigenschaft, eine Zerlegung in zwei gleiche Summanden (hier 3 + 3) zu besitzen, von der »Zahl 6« aus, die offenbar nicht durch Vorführen oder Zeigen aufweisbar ist, wie »Darstellungen« dieser Zahl es sind, etwa die arabische Ziffer »6«, die römische Ziffer »VI«, die Strichliste »||||||« usw. Obgleich sich die ausgesagte Eigenschaft z. B. in der Eigenschaft der Strichliste »||||||« spiegelt, in zwei gleich lange Strichlisten (»|||« und »|||«) zerlegbar zu sein, meinen wir nicht diese Eigenschaft eines speziellen Zählzeichens, sondern eine auch für »6«, »VI« usw. gültige arithmetische Eigenschaft, die in jedem (und damit unabhängig von jedem speziellen) Zählzeichensystem gilt. Haben wir etwa in einem Zählzeichensystem, das Strichlisten als Ziffern verwendet, die Addition durch die Regeln (A) ⇒ m + | = m|, (B) m + n = p ⇒ m + n| = p| erklärt (wobei m, n, p Variable für Strichlisten sind und »=« die Konstruktionsgleichheit in dem strichlistenerzeugenden Regelsystem (a) ⇒ |, (b) m ⇒ m|), so ergibt die Einsetzung von »|||« in Regel (A) ||| + | = ||||, was, als Prämisse von Regel (B) gewählt, das Ergebnis ||| + || = ||||| liefert und dieses als Prämisse einer weiteren Anwendung von (B) ||| + ||| = ||||||, was die Richtigkeit der Aussage »|||||| ist in zwei gleiche Summanden zerlegbar« begründet. Bei Ersetzung der Regeln (a), (b), (A), (B) durch entsprechende für das römische oder das arabische Zählzeichensystem hätte sich die Richtigkeit von »VI ist in zwei gleiche Summanden zerlegbar« bzw. von »6 ist in zwei gleiche Summanden zerlegbar« ergeben. Offenbar drücken alle diese Aussagen trotz der Verwendung jeweils anderer Zählzeichen dasselbe aus. Das Gemeinsame der Zählzeichensysteme ist, daß jedes von ihnen eine offene endlose Kette von Zählzeichen erzeugt, die den von den anderen erzeugten Zählzeichenketten auf natürliche Weise dadurch zugeordnet ist, daß das erste Glied der Kette den ersten Gliedern der anderen und das auf ein Glied x folgende Glied dem Nachfolger des dem Glied x in der jeweiligen anderen Kette zugeordneten Gliedes entspricht:

|, ||, |||, ||||, ...
I, II, III, IV, ...
1, 2, 3, 4, ...

Für die arithmetischen Aussagen kommt es nicht darauf an, welches Zählzeichensystem wir verwenden; z. B. sind »||||||«, »VI«, »6« in dieser Hinsicht gleichwertig oder »äquivalent«, weil sie in dem jeweiligen Zählzeichensystem nach den gleichen einander entsprechenden Schritten erzeugt werden. Drücken wir diese Äquivalenz durch ein Relationszeichen »~« aus, so gilt also »|||||| ~ VI«, »VI ~ 6« usw., und die Unabhängigkeit vom Zählzeichensystem läßt sich ausdrücken durch »jedes zu |||||| äquivalente Zählzeichen ist in zwei gleiche Summanden zerlegbar«, »jedes zu VI äquivalente Zählzeichen ist in zwei gleiche Summanden zerlegbar«, »jedes zu 6 äquivalente Zählzeichen ist in zwei gleiche Summanden zerlegbar« usw. Mit arabischen Ziffern lautet die letzte Aussage symbolisiert:

$$»(\forall x)\,(x \sim 6 \rightarrow (\exists y)\,(y + y = x))« \qquad (*).$$

Das einzige konkrete Zählzeichen dabei ist die Ziffer »6« als »Repräsentant« aller zu ihr und damit untereinander äquivalenten Zählzeichen. Kürzen wir die Eigenschaft $(\exists y)(y + y = x)$ noch als »$x \varepsilon G$« (»x ist gerade«) ab, so können wir die Unabhängigkeit der Aussage (*) vom Repräsentanten »6« (an dessen Stelle auch »IIIIII«, »VI« usw. hätte stehen können, so daß wir eine hinsichtlich der Gültigkeit *invariante* Aussage vor uns haben) durch *»Abstraktion«* von der Verschiedenheit aller jeweils untereinander äquivalenten Zählzeichen ausdrücken und (*) in der Form einer Prädikationsaussage schreiben: »6 ist gerade«. Um mitzuteilen, daß diese Aussage keine Prädikationsaussage mit dem Namen eines aufweisbaren Gegenstandes (»6«) ist, sondern eine durch »Übersetzung« aus einer Allaussage über lauter aufweisbare Gegenstände (die Ziffern) entstandene »Quasi-Prädikationsaussage«, welche die *Form* einer Prädikationsaussage hat, verwendet man an der Nominatorstelle dieser Quasi-Prädikationsaussage den Namen des konkreten Repräsentanten (in unserem Beispiel: »6«) mit einem davorgesetzten »Abstraktor« (in unserem Beispiel: »die Zahl«). Die erhaltene Aussage »Die Zahl 6 ist gerade« drückt denselben Inhalt oder »Gedanken« aus wie (*), hat aber die Form einer Prädikationsaussage, die von dem »abstrakten Gegenstand« 6, d. h. der *Zahl* 6, aussagt, daß sie gerade sei (und dies ist nicht eine Eigenschaft der *Ziffer* »6« wie die, auf den Kopf gestellt ein weiteres Zählzeichen zu ergeben).

Erst durch den Übergang von Allaussagen des Typs (*) mit einer Äquivalenzrelation $\sim$ zwischen Konkreta zu einer Quasi-Prädikationsaussage des neuen Typs (unter Fingierung von »Abstrakta« durch ebendiesen sprachlich-logischen Übergang) wird die Rede über abstrakte Gegenstände (Abstrakta) methodisch nachvollziehbar erklärt.

Der gleiche Typus von Umformung führt von invarianten Allaussagen über Prädikatoren (mit gemeinsamer Ableitbarkeit innerhalb desselben Systems von Prädikatorenregeln als Äquivalenzrelation, → *Begriff*) zu Aussagen über *Begriffe*, von invarianten Allaussagen über mathematische Axiomensysteme (mit wechselseitiger Definierbarkeit der darin auftretenden Grundbegriffe und -relationen als Äquivalenzrelation) zu Aussagen über mathematische *Strukturen* und insbesondere von invarianten Allaussagen über Aussageformen (mit der logischen Äquivalenz $(\forall x)\ (A(x) \leftrightarrow B(x))$ als Äquivalenzrelation) zu Aussagen über *Klassen* bzw. *Mengen*, was methodologisch von besonderer Bedeutung ist, weil dadurch der bei der immer noch üblichen »Äquivalenzklassenbildung« erforderliche Rückgriff auf einen naiv bleibenden Klassen- bzw. Mengenbegriff vermieden wird.

Christian Thiel

Angelelli, I.: Abstraction, Looking-Around and Semantics. In: *Heinekamp, A./Schupp, F. (Hg.),* Die intensionale Logik [...]. (Studia Leibnitiana, Sonderheft 8) 1979. – *Kamlah, W./Lorenzen, P.:* Logische Propädeutik. 1967, ²1973. – *Lorenzen, P.:* Gleichheit und Abstraktion. In: *Ders.*, Konstruktive Wissenschaftstheorie. 1974. – *Mikkola, E.:* Die Abstraktion. 1964. – *Oeser, E.:* Begriff und Systematik der Abstraktion. 1969. – *Schneider, H. J.:* Historische und systematische Untersuchungen zur Abstraktion. 1970. – *Thiel, Ch.:* Gottlob Frege. Die Abstraktion. In: *Speck, J. (Hg.),* Grundprobleme [...]. Philosophie der Gegenwart. Bd. 1. 1972, ²1979, ³1985. [G]

Christian Thiel/H.S.

Anfang

griech. archē; lat. principium, initium

A. *Methodischer und kosmologischer Anfang*

Das Problem des Anfangs in der Wissenschaftstheorie ist Teil des erkenntnistheoretischen Anfangsproblems, das die Erkenntnistheorie vor allem seit dem Beginn der Neuzeit bis in das 20. Jh. hinein beschäftigt hat. Es läßt sich als die Frage formulieren, wo und womit man zur Gewinnung der Begründung von Erkenntnissen (insbesondere in den Wissenschaften) anzufangen habe, um diese Erkenntnisse so sicher und zuverlässig zu machen wie überhaupt möglich. Dieses von der Erfahrung des Irrtums und der daraus erwachsenen Skepsis bestimmte Problem ist als das eines *methodischen* Anfangs zu unterscheiden von der *kosmologischen* Frage nach dem Wann und Wie eines zeitlichen Anfangs der Welt, die auf der Grundlage von Vorstellungen über die Entwicklung und über einen Schichtenbau des Kosmos seit dem vorgriechischen mythischen und dem frühgriechischen vorsokratischen Denken mit der Frage nach den »Elementen« oder »Bausteinen« der Welt verbunden auftritt. KANT hat wohl als erster argumentativ zu zeigen versucht, daß diese kosmologische Frage, bei der die Begriffe des Anfangs als (griech./lat.) archē/principium einerseits, aitía/causa andererseits meist ungetrennt bleiben, nicht beantwortbar, da zu Antinomien führend und also sinnlos ist.

B. Descartes, Kant, Hegel
Auch beim *erkenntnistheoretischen* Anfangsproblem, wo es nicht mehr um den Anfang der Welt, sondern um den rechten Anfang unserer Bemühungen um Erkenntnis, also um Wissen geht, werden *genetische* und *systematisch-methodische* Gesichtspunkte leicht vermischt. Meinte DESCARTES letzte Gewißheit und damit erste Erkenntnisse in der Unbezweifelbarkeit seines »cogito« zu gewinnen, LOCKE und andere Empiristen dagegen auf dem Fundament positiver Sinneserfahrung, so konnte auch hier KANT zeigen, daß weder jene Zurückführung der Erfahrung auf ein reines Bewußtsein noch die Zurückführung des Bewußtseins auf bloße Sinneserfahrung methodisch haltbar ist. Wenn auch kein Zweifel daran sei, daß »alle unsere Erkenntnis *mit* der Erfahrung anfange«, so »entspringt sie doch darum nicht eben alle *aus* der Erfahrung« (Kritik der reinen Vernunft, B 1), und im einzelnen bedarf es für das Zustandekommen objektiver, auf die Wirklichkeit zuverlässig anwendbarer Erkenntnis eines komplizierten Zusammenwirkens begrifflicher, auschaulicher und im allgemeinen auch empirischer Faktoren. Während die abstrakte Kennzeichnung der von HEGEL in diesem Wechselspiel ausgemachten »dialektischen« Struktur der Erkenntnis und des »Anfangs der Wissenschaft« wissenschaftstheoretisch folgenlos blieb, hat die Aktualisierung des Anfangsproblems durch Grundlagenkrisen und damit geschaffene Begründungsprobleme einzelner Wissenschaften seit der letzten Jahrhundertwende mittels Fortbildungen des Begriffs des »Apriori« den transzentalphilosophischen Zugang bis heute in der Diskussion gehalten und zu einer Reihe wissenschaftstheoretisch bedeutsamer Ansätze geführt.

C. »Anfang« als Ordnungsproblem
Schon die Idee des »Anfangs« verweist ganz allgemein auf eine Ordnungsrelation, die eine Folge von Schritten in frühere und spätere ordnet. Eine Ordnung zwischen Handlungsschritten (seien es manuelle, anschauliche oder gedankliche Konstruktionen, Überlegungen, Schlüsse, Sprachhandlungen oder Handlungen ganz anderen Typus), in der keinem Schritt S ein Schritt S_i vorhergeht, der ausführen soll oder selbst schon voraussetzt, was erst durch S geleistet werden kann, heißt eine *pragmatische Ordnung.* Als *Prinzip der pragmatischen Ordnung* bezeichnet man den Grundsatz, die pragmatische Ordnung von Handlungen, die in der Praxis trivialerweise erfüllt sein muß (weil sonst der Handlungserfolg nicht einträte – man kann nicht »zirkelhaft handeln«), auch in der Theorie, d. h. im Aufbau der Wissenschaften als *methodische Ordnung* zu berücksichtigen (vgl. etwa DINGLER, 9). Daß die Fähigkeit der Handelnden zur Ausführung der pragmatisch zu ordnenden Handlungen nicht mit diesen in einer Reihe steht, sondern für jede solche Reihe stets schon pragmatisch (nicht logisch) vorausgesetzt ist, wurde von Kritikern dieses im Grunde selbstverständlichen Prinzips häufig übersehen.

D. Die Unhintergehbarkeit der Anfangsschritte
Für die Verfechter methodischen Vorgehens beim Aufbau unseres Wissens, insbesondere der wissenschaftlichen Disziplinen und Theorien, stellt sich das Problem der Verläßlichkeit zunächst als Problem eines *geeigneten Anfangs* und dann als Problem *gesicherten Fortschreitens.* An die Stelle des klassischen Evidenzproblems tritt das der notwendigen Einsicht in die »Unhintergehbarkeit« (W. DILTHEY) der Schritte, die als methodischer Anfang in Frage kommen, weil sie in dem (den KANTischen erweiternden) Sinn »apriori« sind, daß jeder Begründungsversuch für die Anfangsschritte bereits von etwas Gebrauch machen müßte, was erst und nur diese Schritte leisten können. Vertreter anderer Positionen, z. B. des Kritischen Rationalismus (K. R. POPPER, H. ALBERT) ziehen daraus den Schluß, daß ein begründeter Anfang unserer Erkenntnisbemühungen überhaupt nicht möglich sei, und klammern den Gewinnungszusammenhang von Hypothesen, Theorien, rationalen Handlungsnormen usw. ganz aus den nunmehr auf deduktive Herleitung eingeschränkten Begründungsbemühungen aus; Sicherheit über empirische Bewährung (Nichtfalsifikation, Erfolg) hinaus sei nicht erreichbar. Da bei einer solchen Einschränkung nur noch Deduktionsbeginne zur Diskussion stehen, die, wenn nicht im *Zirkel* schließend oder in *unendliche Regresse* mündend, dann nur *dogmatisch* durch Entschluß festgesetzt werden können, erscheint jede Begründungsbemühung von vornherein als

Illusion. Dies ist das sogenannte *Münchhausen-Trilemma*, das schon Aristoteles bekannt war, von ihm aber in einem dem obigen verwandten Sinne durch Zulassung unumgänglicher Anfangsschritte für die Begründung methodischer Überlegungen vermieden wurde, deren Zurückweisung die Grundlage der wissenschaftlichen Kommunikation selbst aufheben würde (Metaphysik IV, 4, 1005 b 35 – 1006 b 10).

E. Die Rekonstruktion der natürlichen Sprache

Im weiteren Aufbau des Wissens (insbesondere wieder der Wissenschaften) hängt dessen Verläßlichkeit nicht nur von der Lückenlosigkeit des Aufbaus, sondern auch von der *Zirkelfreiheit* der Schritte ab. Kritik hat dieses (heute besonders in der Transzendentalpragmatik und von der Konstruktiven Wissenschaftstheorie verfolgte) Programm deshalb vor allem von seiten einer *Hermeneutik* erfahren, die gerade in der *»wesentlichen« Zirkelhaftigkeit* aller Verstehens- und Interpretationsbemühungen innerhalb und außerhalb der Wissenschaften eine unhintergehbare Kultursituation sieht. In einer merkwürdigen Parallele dazu hat auch in der Philosophie der Logik und der exakten Wissenschaften die Meinung Oberhand gewonnen, die dort verwendeten (meist formalen oder jedenfalls formalisierbaren) Wissenschaftssprachen erhielten ihren Inhalt oder Sinn erst durch »Interpretation« in einer Metasprache, die ihrerseits wieder erst durch eine Meta-Metasprache sinnvoll würde usw. bis zur natürlichen Sprache als angeblich oberster Metasprache überhaupt. Demgegenüber versucht die »methodische Philosophie« der Konstruktiven Wissenschaftstheorie die Sprache der Logik, der Physik und auch der Kulturwissenschaften einschließlich einer Hermeneutik auf dem Wege einer »Rekonstruktion« der *natürlichen Sprache* aus ihrer *Verwendung in unseren Lebenssituationen* methodisch zu begründen. Man beginnt also – macht einen Anfang – durchaus inmitten der Sprache und der Lebenswelt mit einer methodisch als neu fingierten schrittweisen »Einführung« aller Bausteine der erstrebten verständlichen und verbindlichen Rede. Dieses in einer »Logischen Propädeutik« (Kamlah/Lorenzen) begonnene Programm macht in der aufgebauten Sprache nirgends in der Weise des begründenden Rückgriffs von der Umgangssprache Gebrauch und führt auf diesem Wege bis zu den Elementen wissenschaftlicher Rede. Der eingeschlagene Weg erhebt Anspruch weder auf Einzigkeit noch auf Fehlerlosigkeit; er ist der Kritik und der Verbesserung genauso zugänglich wie alle sonstigen Rede- und Handlungsbemühungen in wissenschaftlicher Absicht auch. Es scheint freilich, daß erst auf diese Weise erstmals wieder durch konkrete Arbeit an einem Programm demonstriert worden ist, daß der Versuch eines methodischen Anfangs sinnvoll gemacht werden kann, ohne in einen philosophischen Fundamentalismus zu verfallen.

Christian Thiel

Berlinger, R.: Vom Anfang des Philosophierens. 1965. – *Dessauer, Ph.:* Der Anfang und das Ende. 1939. – *Dingler, H.:* Die Ergreifung des Wirklichen. 1955. – *Ekbery, G. E.:* First Principles of Understanding. 1949. – *Hölscher, U.:* Anfängliches Fragen. 1968. – *Kamlah, W./Lorenzen, P.:* Logische Propädeutik. 1967, [2]1973. – *Lorenzen, P.:* Methodisches Denken. In: *Ders.*, Methodisches Denken. 1968, stw 1974. – *Lumpe, A.:* Der Terminus »Arche« von den Vorsokratikern bis auf Aristoteles. In: Archiv für Begriffsgeschichte 1, 1955. – *Mittelstraß, J.:* Wider den Dingler-Komplex. In: *Ders.*, Die Möglichkeit von Wissenschaft. 1974. – *Thiel, Ch.:* Was heißt »wissenschaftliche Begriffsbildung«? In: *Harth, D. (Hg.),* Propädeutik der Literaturwissenschaft. 1973.

Christian Thiel/H.S.

Begriff

lat. conceptus, notio; griech. lógos, énnoia

A. Definition

Der Begriff ist das von einem Begriffswort (Prädikator) Bezeichnete, er wird daher häufig seine Bedeutung genannt. Begriffe sind abstrakte, dabei nach realistisch-platonistischer Auffassung wirkliche, nach nominalistischer Auffassung jedoch nur fiktive Gegenstände (»Quasi-Gegenstände«, s. unten).

Die Rede von Begriffen hat historisch wie systematisch ihren Ausgangspunkt darin, daß wir in der Sprache *Ausdrücke* verwenden, die sich nicht wie Eigennamen auf jeweils genau einen (evtl. erst durch den Situations- oder Redezusammenhang eindeutig bestimmten) Gegenstand oder genau eine Person beziehen, sondern im allgemeinen auf *mehrere Gegenstände*. Von diesen können dadurch *Eigenschaften* ausgesagt werden, die *nur ihnen* zukommen, nicht jedoch anderen Gegenständen, denen der betreffende Ausdruck dann nicht »zugesprochen« werden darf, sondern »abgesprochen« werden muß. Dies sind ersichtlich Unterscheidungshandlungen, und in der Tat heißt einen Begriff von etwas haben alltagssprachlich schon soviel wie: es von anderem *unterscheiden* können. Die Handlung des Zusprechens heißt »Prädikation«, ein der Prädikation dienender Ausdruck »Begriffswort« oder (besser, da er auch aus mehreren Wörtern zusammengesetzt sein kann) »Prädikator«. Verschiedene Prädikatoren können dabei demselben Begriff entsprechen.

B. Geschichte bis Frege

I. Aristoteles, Boethius, Scholastik

In der philosophischen Tradition wurden Begriffe erkenntnistheoretisch als eine fundamentale Art von Vorstellungen verstanden, nämlich im Unterschied zu den Einzelvorstellungen oder »Anschauungen« als Allgemeinvorstellungen, deren logische Funktion vor allem in ihrer Verknüpfbarkeit zu Urteilen gesehen wurde. Dabei ist an die Standardformen »alle S sind P«, »manche S sind P«, »manche S sind nicht P« und »kein S ist P« gedacht (wobei »S« für den Subjektbegriff, »P« für den Prädikatbegriff steht), die ARISTOTELES seiner Logik – der Syllogistik – zugrunde legte. Während dem Begriff im eingangs erklärten Sinn bei PLATON am ehesten die »Formen« (»Ideen«, Eigenschaften) entsprechen, die nach PLATONS Auffassung unabhängig sind sowohl vom individuellen Denken als auch von den Einzeldingen, die an den Formen nur »teilhaben«, läßt ARISTOTELES die Allgemeinbegriffe durch epagōgē (Induktion) den Sinneswahrnehmungen entnehmen. Für ihn erklärt sich so die Möglichkeit, anschaulich Gegebenes wiederum unter Begriffe, also unter Allgemeines zu bringen und so zu »begreifen«. Durch Vermischung dieser Lehre mit der Lehre von der → *Abstraktion*, die nach ARISTOTELES zu den mathematischen Gegenständen führt, entstand kurz vor und mit BOETHIUS († 524) die klassisch-scholastische Abstraktionstheorie des Begriffs. Begriffe sind »Abstrakta«, wegen ihrer Allgemeinheit jedenfalls »Universalien«, werden aber bei den verschiedenen Parteien im »Universalienstreit« entweder als reale Gegenstände (allgemeine »Wesenheiten«), als mentale oder psychische Gegenstände oder aber bloß als eine besondere Sorte von Zeichen (Wörter oder Laute) verstanden. Innerhalb der zweiten Auffassung betonte die Scholastik die intentionale Leistung des Begriffs und antizipierte in Detailanalysen moderne Einsichten in verschiedene Verwendungsweisen von Begriffen (»use« gegenüber »mention«, hier der Gebrauch eines Wortes zur Prädikation im Unterschied z. B. zu seiner »Erwähnung« in Untersuchungen über Begriffswörter oder einen Begriff), in die Entstehung semantischer Antinomien und in Stufenunterschiede zwischen Begriffen (siehe unten *D.*).

II. Leibniz und Kant

Während LEIBNIZ an der Auffindung eines Systems von »Grundbegriffen« möglichen menschlichen Wissens, der systematischen Ableitung aller übrigen Begriffe aus ihnen und damit einem optimal sachgerechten Begriffssystem aller Erkenntnis (»characteristica universalis«) arbeitete und die Erkenntnistheorie vor allem des englischen Empirismus (LOCKE, HUME u. a.) sich fast ausschließlich den Vorgängen der Begriffsbildung, Begriffsverknüpfung und Begriffsverwendung im empirischen Bewußtsein widmete, hob KANT unabhängig von technischen und psychologischen Fragen des Umgangs mit empirischen Begriffen die Rolle reiner, apriorischer Begriffe hervor, bei denen er reine Verstandesbegriffe (mit einem umfunktionierten Aristotelischen Ausdruck »Kategorien«) und Vernunftbegriffe unterschied. Im Mittelpunkt steht dabei der Nachweis der »objektiven Gültigkeit«, d. h. der Anwendbarkeit und damit des Erkenntniswertes der Begriffe in der alltagsweltlichen und wissenschaftlichen Erfahrung. HEGELS Lehre von der Realität des sich entwickelnden Geistes und vom »dialektischen« Prozeß der »Selbstbewegung der Begriffe und ihrer Momente« entfernt sich von den früher erarbeiteten Ergebnissen der Lehre vom Begriff so stark, daß die Wissenschaften im 19. Jh. zunächst im Rahmen ihrer Fachmethodologien und dann in einer daraus erwachsenden allgemeinen Methodenlehre (→ *Wissenschaftstheorie, Methodologie*) an Begriffs- und Definitionstheorie selbst erarbeiteten, was sie benötigten und was zum Ausgangspunkt der modernen Lehre vom Begriff, insbesondere der elementaren Logik, der Definitions- und der Abstraktionstheorie wurde.

C. Frege

Klärungen und neue Einsichten in das Verhältnis von Begriff und Urteil verdankt man dabei Gottlob Frege, der 1879 in einem Bändchen mit dem Titel »Begriffsschrift« die traditionelle Urteilsanalyse mit Hilfe von Subjekt- und Prädikatbegriff ganz verwarf. In einem elementaren Aussagesatz wird ausgesagt, daß einem Gegenstand eine bestimmte Eigenschaft zukomme oder mehrere Gegenstände in einer bestimmten Relation stehen. Beschränken wir uns für die Erläuterung auf den erstgenannten Fall, so wird der Gegenstand in der Aussage durch einen Namen oder eine eindeutige Beschreibung, kurz durch einen »Nominator« »n« vertreten, die Eigenschaft durch einen Prädikator (meist ein Begriffswort) »P«. Drücken wir das Zukommen mit Hilfe der traditionellen Kopula »ε« aus, so hat ein elementarer Aussagesatz die Gestalt »n ε P«, z. B. »Nietzsche ist ein Philosoph«. Da nicht nur eine elementare, sondern jede quantorenfreie Aussage Nominatoren enthält, kann man sie zerlegen in einen Nominator »n« und den »Rest«, der sich dann stets als Bezeichnung für das auffassen läßt, was von dem durch »n« bezeichneten Gegenstand ausgesagt wird, also für eine Eigenschaft oder einen Begriff. Erfolgt das Zusprechen zu Recht, so hat man eine wahre Aussage, andernfalls eine falsche vor sich. Ganz Entsprechendes gilt für Beziehungs- oder Relationsaussagen »$n_1,\ldots,n_k$ ε P^k«, in denen das Bestehen der durch den »Relator« »P^k« bezeichneten Relation zwischen den durch »n_1«,...,»n_k« bezeichneten Gegenständen ausgesagt wird. Frege erkannte die beschriebene Situation als einen Spezialfall des Verhältnisses von Argument(en) und Funktion: Die von den Nominatoren bezeichneten Gegenstände sind Argumente der Funktion, die durch den ihnen zugesprochenen Prädikator bezeichnet wird. Da das Ergebnis der Anwendung einer Funktion auf ein zu ihr passendes Argument ein Funktionswert ist, stellen sich für Frege Wahrheit und Falschheit als »Werte« dar, die er »Wahrheitswerte« nennt und selbst als Gegenstände betrachtet. Begriffe sind dann zur Aufnahme jeweils *eines* Argumentes geeignete Funktionen, deren Werte sämtlich Wahrheitswerte sind. Aufgrund dieser Analyse fordert Frege, die »Prädikativität« der Begriffe, d. h. die für sie charakteristische Ergänzungsfähigkeit durch ein Argument, auch in der logischen Symbolik durch eine Argumentstelle (Variable) in jedem Prädikator anzuzeigen: statt »P« hat man korrekt »x ε P« zu schreiben, wobei sich die Prädikation des Begriffes P von einem durch »n« bezeichneten Gegenstand in der Ersetzung der Variablen »x« durch den Nominator »n« spiegelt.

D. Systematische Betrachtung

I. Existenz

Diese zunächst gekünstelt erscheinende Analyse erlaubt die Klärung der nicht einfachen Verhältnisse zwischen Gegenstand, Eigenschaft, Merkmal, Begriff, Begriffsumfang (Klasse, Menge) und Begriffen verschiedener Stufe. Eine Aussage »n ε P« sagt aus, daß der Gegenstand n die *Eigenschaft* P »hat«, daß ihm diese Eigenschaft »zukommt« oder (ebenfalls synonym) daß er »unter« den Begriff P »fällt«. Nehmen wir als »P« z. B. »positive ganze Zahl kleiner als 5«, so fällt die Zahl 2 unter den Begriff P, denn sie hat die Eigenschaft, eine positive ganze Zahl kleiner als 5 zu sein (»2 ist eine positive ganze Zahl kleiner als 5« ist ein wahrer Satz). Wir können nun aber auch von dem Begriff P selbst etwas aussagen, etwa die Eigenschaft, daß unter ihn tatsächlich Gegenstände fallen. Mit den Mitteln alltäglicher Rede spricht man von *Existenz* und sagt diese scheinbar von den unter P fallenden Gegenständen aus: »Gegenstände, die unter P fallen, existieren.« Die Fachsprache der Logik drückt den vorliegenden Sachverhalt korrekt als Fallen des Begriffs P unter den Begriff N der »Nichtleerheit« aus, wobei N entsprechend dem Bilde des »Fallens unter ...« ein »höherer« Begriff sein muß. Mit Frege nennt man P als von Gegenständen aussagbaren Begriff einen Begriff »erster Stufe«, N einen von Begriffen erster Stufe aussagbaren Begriff »zweiter Stufe«. Unsere Beispielaussage läßt sich dann, wenn wir die Stufe durch einen linken unteren Index am Prädikator mitteilen und ein »Dach« über einem Prädikator anzeigen lassen, daß dieser jetzt nicht prädikativ verwendet wird, vielmehr von ihm selbst etwas ausgesagt wird, »${}_1\hat{P}$ ε ${}_2N$« schreiben.

II. Inhalt und Umfang

Zum prädikativen Gebrauch unseres Beispielbegriffes P zurückkehrend, betrachten wir jetzt noch die Tatsache, daß er ersichtlich zusammengesetzt ist: eine positive Zahl zu sein, eine ganze Zahl zu sein und eine Zahl kleiner als 5 zu sein sind sämtlich Eigenschaften des Gegenstandes 2 und damit *»Merkmale«* des Begriffes P, die als dessen *Teilbegriffe* seinen *Inhalt* ausmachen. Der Begriff P hat außerdem auch einen *Umfang*, der sich aber nicht aus P selbst oder aus seinen Merkmalen ablesen läßt. Er ist dadurch bestimmt, daß die Gegenstände 1, 2, 3 und 4 und nur diese unter den Begriff P fallen. Man sagt, daß sie zum Umfang von P gehören oder *Elemente* der durch »P« dargestellten *Klasse* oder *Menge* sind. FREGE legte Wert darauf, daß der Umfang eines Begriffs nicht durch die unter ihn fallenden Gegenstände gebildet wird (das Quadrupel ⟨1, 2, 3, 4⟩ ist nicht selbst der Umfang des Begriffs »positive ganze Zahl kleiner als 5«), sondern durch extensionale Abstraktion aus Prädikatoren erhalten wird: zwei Begriffe G und H haben denselben Umfang, wenn jeder Gegenstand, der unter G fällt, auch unter H fällt und umgekehrt (→ *Abstraktion*). Stehen zwei Begriffe G und H nicht in der Beziehung der Umfangsgleichheit, so kann immer noch G dem Begriff H »untergeordnet« (auch: »subordiniert«) sein, wenn nämlich jeder Gegenstand, der unter G fällt, auch unter H fällt. In diesem Fall heißt der Umfang von G im Umfang von H »enthalten«. Wenn kein Gegenstand, sowohl unter den einen als auch den anderen von zwei Begriffen G und H fällt, nennt man G und H zueinander »fremd«.

III. Begriffspyramiden

Die Geltung des »Kontragredienzgesetzes« vom reziproken Verhältnis von Inhalt und Umfang eines Begriffs (je größer der Inhalt, desto kleiner der Umfang und umgekehrt) ist umstritten. Sie läßt sich im Grunde nur für die Verhältnisse innerhalb von »Begriffspyramiden« (»Porphyrschen Bäumen«, die freilich ebenso wie die »Bäume« der modernen Graphentheorie gegenüber den natürlichen Bäumen auf den Kopf gestellt erscheinen) beanspruchen, in denen jeder der einem Begriff P unmittelbar untergeordneten Begriffe $Q_1,\ldots,Q_m$ durch Aufnahme eines jeweils neuen, weniger Gegenständen als ganz P zukommenden Merkmals entsteht. Die aus P »spezifizierten« Begriffe $Q_1,\ldots,Q_m$ heißen die *Species* (die *Arten*) des *Genus* (der *Gattung*) P; das zu den Merkmalen von P hinzutretende Merkmal einer Species Q_i heißt deren *differentia specifica* und P das *genus proximum* zu jedem der $Q_1,\ldots,Q_m$. Als »oberste Begriffe« beliebiger Begriffspyramiden galten in der Tradition allgemeinste Begriffe (»Kategorien«), an der Basis dachte man sich als »unterste Begriffe« sogenannte *Individualbegriffe*, deren erreichte Merkmalsvielfalt bewirkt, daß nur noch jeweils genau ein Gegenstand unter einen solchen Begriff fällt, der dann also als Individuum charakterisiert wird. Wiederum ist es erst FREGE gewesen, der in den neunziger Jahren des vorigen Jahrhunderts Gründe dafür aufgewiesen hat, Individualbegriff und darunter fallendes Individuum streng auseinanderzuhalten, ein Vorschlag, dem heute weitgehend gefolgt wird und von dem nur in einigen Systemen der axiomatischen Mengenlehre zugunsten einer bewußten Identifikation von Individuum und Individualbegriff abgewichen wird.

IV. Inhaltsgleiche Prädikatoren

Begriffspyramiden sind nur besonders einfache Spezialfälle von *Begriffsnetzen*, deren Knotenpunkte Prädikatoren bilden, die durch Prädikatorenregeln im allgemeinen von der Form »$x \varepsilon P_1 \Rightarrow x \varepsilon P_2$«, gelegentlich auch von der Form »$x \varepsilon P_1 \Leftrightarrow x \varepsilon P_2$« verbunden sind. Ersichtlich leisten Regeln der ersten Form (gelesen als: »einem Gegenstand, dem P_1 zugesprochen wird, darf P_2 nicht abgesprochen werden«) die Unterordnung, Regeln der zweiten Form die Gleichstellung der durch »P_1« bzw. »P_2« bezeichneten Begriffe (gleichgestellte Begriffe heißen auch »äquipollent«). Ist für zwei Prädikatoren »P_1« und »P_2« eine Prädikatorenregel »$x \varepsilon P_1 \Leftrightarrow x \varepsilon P_2$« in Kraft (wir bezeichnen dann »P_1« und »P_2« als *inhaltsgleiche* Prädikatoren) und für »P_2« und »P_3« eine weitere Regel »$x \varepsilon P_2 \Leftrightarrow x \varepsilon P_3$«, so ist offenbar auch die Regel »$x \varepsilon P_1 \Leftrightarrow x \varepsilon P_3$« zulässig; die Äquipollenz der durch die Prädikatoren bezeichneten Begriffe ist also eine transitive Beziehung. Da die Erklärung der Äquipollenz unmittelbar zeigt, daß sie auch reflexiv und symmetrisch ist, liegt also eine Äquivalenzrelation vor. (Transitivität, Reflexivität, Äquivalenz u. ä. heißen oft selbst »strukturelle Begriffe«.) Dies ermöglicht es, die bisher naiv gebrauchte Rede von Begriffen als dem von Prädikatoren »Bezeichneten« auf kritische Weise »einzuholen«, d. h. auf solche Weise einzuführen, daß es möglich wäre, die systematischen Teile der bisherigen Ausführungen allein mit Hilfe der Rede von *Prädikatoren* darzustellen und die Rede von Begriffen erst dann neu zu erklären. Es wird also außer von Prädikatoren nicht mehr von Begriffen als scheinbar unabhängigen Entitäten geredet, deren Existenz »naiv« schon unterstellt wird und auf die wir uns daher mit sie bezeichnenden Prädikatoren einfach beziehen. Vielmehr wird erst nach der Verfügbarkeit der Rede von Prädikatoren eine »façon de parler«, die über die Existenz von Begriffe keine Voraussetzungen macht, als Rede über Begriffe so eingeführt, daß jede Aussage über Begriffe ohne Verlust ihres Aussagegehaltes in eine Aussage allein über Prädikatoren »rückübersetzbar« ist. Da die Form der Elementaraussagen gleichbleiben soll, auch wenn dabei das Wort »Begriff« vorkommt, benötigen wir in Aussagen *über* Begriffe auch Nominatoren, die wir jedoch vorsichtshalber »Quasi-Nominatoren« nennen, um anzuzeigen, daß wir keinen ontologischen Anspruch über die Existenz von Begriffen (als neue Entitäten) mit dieser Rede verbinden. Wir sagen, daß zwei Prädikatoren »P_1« und »P_2« *denselben Begriff darstellen oder bezeichnen,* wenn sie im erklärten Sinne inhaltsgleich sind (womit gesagt ist, daß *alle* zu »P_1« und daher auch zu »P_2« inhaltsgleichen Prädikatoren denselben Begriff darstellen; es führt sozusagen von jedem Prädikator »P_i« einer Klasse inhaltsgleicher Prädikatoren zu jedem anderen Prädikator »P_j« derselben Klasse eine »Kette« von Prädikatoren-Doppelpfeilregeln, was wir durch »$P_1 \Vdash P_2$« ausdrücken, unter Weglassung der streng genommen erforderlichen Angabe beim $\Vdash$-Zeichen, auf welches System von Prädikatorenregeln diese wechselseitige Ableitbarkeit bezogen ist). Das Recht zur Einführung von »Quasi-Nominatoren« für Begriffe, die so als »Quasi-Gegenstände« behandelt werden, ergibt sich aus der Möglichkeit, den dargestellten Schritt als logischen Abstraktionsschritt auszuführen. Angenommen nämlich, wir haben einen Prädikatorenprädikator P_2 (also einen Prädikator, den man einem gewöhnlichen Prädikator sinnvoll zu- oder absprechen kann), der überdies von der Art ist, daß er, wenn er einem Prädikator »P_1« zukommt, auch jedem mit »P_1« inhaltsgleichen Prädikator zukommt, so daß also gilt

$$\text{für alle Prädikatoren } X\text{: wenn } \hat{P}_1 \Vdash \hat{X}, \text{ dann } \hat{X}\, \varepsilon\, P_2,$$

dann formulieren wir den Inhalt dieser Aussage über Prädikatoren als gehaltgleiche Aussage über einen *Begriff*, von dem wir sagen, daß er durch den Prädikator »P_1« (und daher durch jeden dazu inhaltsgleichen) dargestellt oder bezeichnet wird. Die neue Aussage hat die Gestalt $|P_1|\ \varepsilon\ P_2$ und wird gelesen »dem Begriff $|P_1|$ kommt der Prädikator »P_2« zu«. Begriffe heißen, da durch Abstraktion erhalten, »Abstrakta« oder »abstrakte Gegenstände«, das Wort »Begriff« selbst »Abstraktor«. Beispielsweise ist die Aussage »es gibt eine positive ganze Zahl« (die wir analysiert hatten als »der Prädikator ›positive ganze Zahl‹ ist exemplifizierbar«) nicht nur eine Aussage über den genannten Prädikator, denn sie gilt ja ebenso von jedem zu ihm inhaltsgleichen. Z. B. gilt aufgrund der Prädikatorenregel »$x\ \varepsilon$ positive ganze Zahl $\Leftrightarrow x\ \varepsilon$ Grundzahl« auch »der Prädikator ›Grundzahl‹ ist exemplifizierbar« und so für jeden etwaigen weiteren zu beiden inhaltsgleichen Prädikator. Mit unserer neuen Redeweise können wir also sagen, die Aussage sei eigentlich eine Aussage über einen Begriff, den Begriff der positiven ganzen Zahl (der jetzt dem Begriff der Grundzahl *gleich* ist), angemessen formuliert als »der Begriff | positive ganze Zahl | ist nichtleer«. Der durch den ausgeführten Abstraktionsschritt aus inhaltsgleichen Prädikatoren erhaltene Begriff ist also im früheren Sinne der Begriffsinhalt. Inhaltsgleiche Prädikatoren sind immer auch umfangsgleich, d. h., sie treffen stets auf die gleichen Gegenstände zu (aus $x\ \varepsilon\ P_1 \Leftrightarrow x\ \varepsilon\ P_2$ *folgt* $x\ \varepsilon\ P_1 \leftrightarrow x\ \varepsilon\ P_2$ für alle x). Aber auch *nicht* inhaltsgleiche Prädikatoren können umfangsgleich sein, und wir erhalten durch einen vom vorigen unabhängigen Abstraktionsschritt, ausgehend von der Beziehung

$$\text{für alle } x\text{: } x\ \varepsilon\ P_1 \leftrightarrow x\ \varepsilon\ P_2,$$

den Begriffsumfang $\{x \mid x\ \varepsilon\ P_1\}$ oder kurz $\{P_1\}$ von P_1 (und zugleich von P_2). Die formale Semantik der Gegenwart nennt $|P|$ die *Intension*, $\{P\}$ die *Extension* des Begriffs P bzw. des Prädikators »P«.

V. Definitionsverfahren

Die Bemühung um methodische Verfahren wie die hier dargestellten folgt der schon Aristotelischen Überzeugung, daß wissenschaftliche Begriffe nur solche sein können, für die kontrollierbare *Definitionsverfahren* vorliegen. Die bisherigen Erörterungen betreffen trotz der gewählten Beispiele nicht nur klassifikatorische, durch »Merkmalsaddition« bestimmte, zu Klassifikationen führende Begriffe, sondern z. B. auch *induktiv definierte Begriffe*, die durch die kalkülmäßige Erzeugbarkeit derjenigen Gegenstände eingeführt werden, die (als einzige) unter ihn fallen sollen (Beispiel: »Zeichen eines Strichkalküls«, »primitiv rekursive Funktion«). Daneben betrachtet die heutige Wissenschaftstheorie *Ordnungsbegriffe*, mit denen Eigenschaften gewissen Gegenständen nicht einfach zu- oder abgesprochen, sondern diesen als an ihnen mehr oder minder stark ausgeprägt zugeschrieben werden, so daß sich jeweils statt einer bloßen Klasse eine reihenartig geordnete Klasse ergibt. Solche Begriffe, insbesondere *Typusbegriffe*, sind vor allem in den Sozialwissenschaften einschließlich der Psychologie von Wichtigkeit, wo auch *Dispositionsbegriffe* erklärt werden müssen, mit denen Gegenständen Tendenzen, Fähigkeiten oder Neigungen (traditionell »Vermögen«) zugeschrieben werden, unter geeigneten (evtl. künstlich erst herbeizuführenden) Bedingungen in bestimmter Weise zu reagieren.

VI. Carnaps »uneigentliche Begriffe«
Um ein für sämtliche Wissenschaften (gerade als Wissenschaften) nicht nur brauchbares, sondern sogar verbindliches Begriffssystem (ein an Leibnizens erwähnte Bestrebungen erinnerndes »Konstitutionssystem der wissenschaftlichen Begriffe«) bemühte sich u. a. Carnap, der außerdem von den »eigentlichen« von ihm so genannte »uneigentliche Begriffe« unterschied. Worum es bei diesen andernorts als »implizit definiert« bezeichneten Begriffen geht, zeigt folgendes Beispiel. In der gegenwärtigen Mathematik baut man die Arithmetik häufig auf dem sogenannten Peanoschen Axiomensystem für Grundzahlen auf, in dem außer Variablen, logischen Zeichen und dem Gleichheitszeichen die Prädikatoren »x ist eine Grundzahl« und »x ist direkter Nachfolger von y« auftreten. Durch die fünf Peano-Axiome soll die Bedeutung dieser Prädikatoren »implizit definiert« werden. Man weiß heute, daß diese Charakterisierung nicht gelingt, weil es für ein Axiomensystem stets zahlreiche Modelle, in unserem Fall sogar solche wesentlich verschiedener Struktur gibt. Haben alle Modelle eines Axiomensystems dieselbe Struktur, so wird *diese* dadurch definiert, aber nicht nur »implizit«, sondern korrekt und explizit; sie ist aber ein Begriff höherer Stufe, der in den Sätzen der so axiomatisch aufgebauten Theorie nicht vorkommt (Näheres → *Abstraktion*). Was von den »uneigentlichen Begriffen« übrigbleibt, sind somit also nur Variable (»G« und »N« in »x ε G« bzw. »x,y ε N«). Ähnlich treten die sogenannten »theoretischen Begriffe« physikalischer Theorien als bloß teilweise durch Beobachtungsbegriffe »interpretierbar« im Grunde nur in den *Deutungen* solcher Theorien durch die Vertreter bestimmter wissenschaftstheoretischer Richtungen auf, während in anderen Richtungen, die ein anderes Verständnis physikalischer Theorien erarbeitet haben, das Problem nur partiell interpretierbarer Theorien mit seinen Schwierigkeiten für die Theorie des Begriffs und der Definierbarkeit nicht entsteht.
Abschließend sei bemerkt, daß alle dargestellten Bestimmungen von Begriffen unabhängig sind von den Ergebnissen der sogenannten Begriffsgeschichte, die genauer Begriffsverwendungsgeschichte heißen sollte und vom Wandel historisch bedeutsam gewordener Verwendungen von Begriffen im weitesten Sinne, freilich *auch* von wissenschaftlichen Begriffen handelt.

Christian Thiel

Burkamp, W.: Begriff und Beziehung. 1927. – *Cassirer, E.:* Substanzbegriff und Funktionsbegriff. 1910, 51980. – *Frege, G.:* Funktion, Begriff, Bedeutung. Fünf logische Studien. Hg. und eingel. von *G. Patzig*. 1962, 61986. – *Hempel, C. G./Oppenheim, P.:* Der Typusbegriff im Lichte der neuen Logik. Leiden 1936. – *Kamlah, W./Lorenzen, P.:* Logische Propädeutik. 1967, 21973. – *Karzel, H./Sörensen, K. (Hg.):* Wandel von Begriffsbildungen in der Mathematik. 1984. – *Lorenzen, P.:* Methodisches Denken. In: *Ders.*, Methodisches Denken. 1968, stw 1974. – *Mittelstraß, J.:* Das normative Fundament der Sprache. In: *Ders.*, Die Möglichkeit von Wissenschaft. 1974. – *Schmidt, S. J.:* Bedeutung und Begriff. 1969. – *Stammler, G.:* Begriff, Urteil, Schluß. 1928. – *Thiel, Ch.:* Was heißt »wissenschaftliche Begriffsbildung«? In: *Harth, D. (Hg.),* Propädeutik der Literaturwissenschaft. 1973.

Christian Thiel/H.S.

Begründung

Die Forderung nach *Begründung* (in besonderen Zusammenhängen auch: *Rechtfertigung* bzw. *Beweis*) trat weltgeschichtlich erstmals im Zusammenhang der Ablösung des mythischen durch das philosophisch-wissenschaftliche Denken in Griechenland auf. Sie hatte als solche ihren Ort im argumentativen Dialog (Diskurs), wie er insbesondere durch Sokrates zur Grundlage der Infragestellung gängiger Meinungen und herkömmlicher Normen und der vernünftigen Neubegründung dessen, was für wahr bzw. recht (gut) zu halten ist, erhoben wurde.
Da mit dem argumentativen Diskurs der Philosophie zugleich auch die Anfänge der Realwissenschaft an die Stelle des mythischen

Denkens traten, ist es verständlich, daß die Forderung nach Begründung zunächst nicht klar zwischen *Gründen des Fürwahrhaltens von Meinungen bzw. Aussagen* und *Realgründen (Ursachen)* unterschied. Die Unterscheidung des ARISTOTELES zwischen *Erkenntnisgrund, Werdensgrund* und *Seinsgrund* wurde trotz ihres Fortwirkens in der Schulphilosophie im neuzeitlichen Rationalismus (z. B. bei SPINOZA und auch bei LEIBNIZ) durch die tendenzielle Gleichsetzung von Ursache (causa) und Grund (ratio) überdeckt. Ihr gegenüber wurde erst durch HUME und KANT die Unterscheidung zwischen der »Wirkursache« (ARISTOTELES' »Grund des Werdens«) und dem *Grund* des Fürwahrhaltens (lat. *ratio*, franz. *raison*, engl. *reason*) in erkenntnistheoretisch relevanter Form zur Geltung gebracht. Darüber hinaus hat KANT auch die im engeren Sinn *metaphysische* Frage nach den *Seinsgründen* (z. B. die LEIBNIZsche Frage, warum überhaupt etwas existiert und nicht vielmehr nichts) in die *transzendental-philosophische* Frage nach den *Gründen der Möglichkeit der Erfahrung,* die zugleich die *Bedingungen der Möglichkeit der Gegenstände der Erfahrung* sind, transformiert. Auf diese Weise hat er die Unterscheidung zwischen drei erkenntnis- und wissenschaftstheoretisch relevanten Dimensionen von Begründung (im weiteren Sinn) angebahnt: 1. Begründung des Fürwahrhaltens von Aussagen bzw. Urteilen; 2. Begründung im Sinne der »transzendentalen Logik«, die nach KANT von den Bedingungen der Möglichkeit objektiv gültiger Erkenntnis handelt; 3. Begründung im Sinne von (Kausal-)*Erklärung*. Im folgenden wird vor allem von Begründung im erstgenannten Sinn die Rede sein; doch müssen dabei auch die beiden anderen Fragerichtungen berücksichtigt werden.

Was zunächst die → *Erklärung* betrifft, so kann sie zwar, als Begründung eines Sachverhalts aus Realgründen, stets auch als Begründung eines entsprechenden Urteils fungieren, nicht aber umgekehrt jede (sogar logisch schlüssige) Begründung des Fürwahrhaltens eines Sachverhalts auch als dessen Erklärung. Andererseits lassen sich sogenannte »rationale Erklärungen« menschlicher Handlungen dadurch gewinnen, daß man diese *im Lichte möglicher Begründungen* (etwa durch Zwekke und Situationseinschätzungen der Akteure) *versteht*. Aber auch in diesem Fall unterscheidet sich die eigentliche Begründung von der »rationalen Erklärung« (besser: dem rationalen Verstehen), in deren Dienst sie steht; denn die Begründung des Handlungsentschlusses, die zum Zwecke des Verstehens beim Akteur unterstellt wird, braucht natürlich nicht identisch zu sein mit einer Begründung oder Rechtfertigung der betreffenden Handlung, die der Verstehende selber – etwa im Zusammenhang eines Diskurses über die mögliche Begründung von Handlungsmotiven (Normen, Zwecken, Situationseinschätzungen) – für allgemein gültig (verbindlich, akzeptierbar) halten würde.

Wichtiger noch als diese Unterscheidungen ist das Problem des Zusammenhangs und der möglichen Unterscheidung zwischen Begründung und (logisch-mathematischem) *Beweis*. Maßgeblich für die Verschärfung, aber auch Vereinseitigung der Idee der Begründung durch die Idee des *Beweises* war der Übergang von der Konzeption der → *Logik* als dialogischer → *Dialektik* (SOKRATES, PLATON) zur Grundlegung der *formalen Logik* als Organon »beweisender« (»apodeiktischer«) Wissenschaft bei ARISTOTELES. Entscheidend ist in diesem Zusammenhang die Abstraktion vom dialogischen Kontext von Frage und Antwort und damit – im Sinne der → *Semiotik* – vom pragmatischen Subjektbezug des argumentativen Diskurses zugunsten der Herausarbeitung der situationsunabhängigen, *syntaktisch-semantischen* Beziehung zwischen Sätzen in einem objektivierbaren Satzzusammenhang (formales System, *Theorie*). Begründung ist jetzt nicht mehr jedes Angeben von Gründen als Antwort auf eine Warum-Frage, sondern → *Deduktion* von Sätzen aus Sätzen gemäß angebbaren *Verfahrensregeln* (Prinzipien der formalen Logik). Dieser Übergang war wohl entscheidend beeinflußt durch die seit THALES mit der Entstehung der Philosophie eng verknüpfte Entwicklung einer ihre Sätze (Theoreme) aus ersten Sätzen (Axiomen) *beweisenden* Mathematik. Seit der Systematisierung der Geometrie durch EUKLID ist die Herleitung von Sätzen in einem *axiomatisch-deduktiven System* – in der Neuzeit »mos geometricus« – das exemplarische Vorbild der Begründung im Sinne einer streng beweisenden Wissenschaft.

Mit der Gleichsetzung von Begründung und formallogisch-mathematischem *Beweis*, die im 19. und 20. Jh. durch die Begründung der *mathematischen Logik* bekräftigt wurde, trat nun – so schon bei EUKLID, PLATON und ARISTOTELES – ein Problem auf, das seitdem als zentrale Schwierigkeit allen Begründungsdenkens gilt und im → *Kritischen Rationalismus* schließlich zur Aufgabe des Begründungsdenkens geführt hat: Soll als Begründung nur die Ableitung von Sätzen aus Sätzen gelten, so ist klar, daß es *erste Sätze (Axiome)* geben muß, die selbst nicht in dieser Weise begründet werden können, da sonst ein *unendlicher Regreß* entsteht, der die Begründung unmöglich macht. Dasselbe Problem ergibt sich auch bei dem Versuch einer *Letzt-Begründung* der Schlußregeln der deduktiven Logik, wobei die naheliegende Alternative zum unendlichen Regreß in einer *logisch zirkulären* Schein-Begründung liegt, d. h. einer Begründung, welche die zu begründenden Regeln selbst schon voraussetzt. Schließlich führt auch das Problem der Einführung der bei der Begründung benötigten Sprachmittel – insbesondere der für das formale Schließen konstitutiven »logischen Konstanten« (z. B. »und«, »oder«, »wenn – dann«) – in dieselbe Schwierigkeit, wenn im klassischen Sinn die Notwendigkeit einer → *Definition* von sprachlichen Bedeutungen durch sprachliche Bedeutungen unterstellt wird.

(Die moderne Ausführung des Leibniz-Programms einer künstlichen Kalkülsprache, durch die mit der Einführung der Sprachmittel zugleich die Grundlagen der Logik und damit allen Begründens bereitgestellt werden sollen, führt in dieselben Schwierigkeiten; denn entweder müssen in der *Metasprache* bereits die zu begründenden Regeln vorausgesetzt werden, oder es entsteht ein unendlicher Regreß der Metasprachen. Ein berühmtes Beispiel für die Unauflösbarkeit des so verstandenen Problems der Letzt-Begründung der Logik und Mathematik ist D. Hilberts Programm der »metamathematischen« *Beweistheorie* bzw. K. Gödels Beweis, daß dieses Programm prinzipiell nicht im Sinne eines vollständigen Widerspruchsfreiheitsbeweises für die aus einem Kalkül ableitbaren Sätze durchführbar ist.)

Aristoteles sah bereits deutlich die Alternative von *unendlichem* Regreß oder *Zirkel* im Problem der *Letzt-Begründung* der Logik (Zweite Analytiken A 3.72 b 65 ff.), und er bejahte daher die Möglichkeit einer Letzt-Begründung durch erste Grundsätze (Axiome), die selbst nicht *beweisbar*, dafür aber als »erste« Grundsätze »unmittelbar«, »einleuchtend«, kurz: »evident« sind (Zweite Analytiken A 2.71 b 19–22; vgl. Zweite Analytiken A 4.73 a 21 ff.; Topik A 1.100 a 25–29). Interessant ist in diesem Zusammenhang, daß Aristoteles das oberste und sicherste Prinzip allen Beweisens, den *Satz vom zu vermeidenden Widerspruch*, durch das folgende Argument begründet: Jedem Gesprächspartner, sofern er nur in der Diskussion standhält, kann man zeigen, daß er weder etwas behaupten noch etwas bestreiten kann, wenn er diesem Prinzip zuwiderhandeln wollte (Metaphysik 1006 a 11 ff., 1006 a 23 ff., 1008 a, 1062 b 6 ff., 1063 b 7 ff.). Hier greift Aristoteles also zu Zwecken der Letzt-Begründung der Wissenschaft auf den *pragmatischen* Zusammenhang des argumentativen Diskurses zurück, von dem die *beweisende* Wissenschaft gerade abstrahiert.

In der Neuzeit hat der klassische → *Rationalismus* (Descartes, Spinoza, Leibniz) das Programm einer deduktiven – also »more geometrico« beweisenden – Letzt-Begründung der wissenschaftlichen Erkenntnis wiederaufgenommen. Dabei hat Leibniz das Prinzip dieses Programms selbst als *Satz vom zureichenden Grund (principium rationis sufficientis)* formuliert und als obersten Grundsatz der Realwissenschaften dem *Satz vom zu vermeidenden Widerspruch* als oberstem Prinzip der Formalwissenschaften (Logik und Mathematik) zur Seite gestellt. Besonders charakteristisch für das Begründungsdenken des klassischen Rationalismus ist jedoch eine erkenntnis- bzw. bewußtseinstheoretische Wendung der Begründung der Philosophie und Wissenschaft. Durch sie wurde das Problem der Letzt-Begründung, das – wie gezeigt – durch Ableitung von Sätzen aus anderen Sätzen nicht gelöst werden kann, auf das – schon in der Antike sich abzeichnende – Problem der *Evidenz* (→ *Wahr und falsch; Wahrheit*) letzter Prinzipien zurückgeführt. Besonders bedeutsam ist in diesem Zusammenhang das von Descartes durch den *methodischen Zweifel* reflexiv gewonnene (freilich bis auf Augustinus zurückgehende), für das Denken nicht hintergehbare (und das besagt auch: nicht unter der Voraussetzung eines allgemeinen Obersatzes, sondern in sich evidente) Prinzip: »Ich denke, also bin ich.« Freilich war dieses Prinzip nicht dazu geeignet, um aus ihm realwissenschaftliche Sätze (z. B. empirische Gesetze) abzuleiten; und seine – wie Kant zeigen sollte – *transzendentalphilosophische* Begründungsfunktion wurde von Descartes dadurch verkannt, daß er das reflexiv einsichtige »ich denke« in theoretischer Einstellung objektivierte. So wurde es als »denkendes Ding« (»res cogitans«) von der

Außenwelt (»res extensa«), zu der auch die anderen Erkenntnissubjekte als Objekte der Erkenntnis gehören sollen, seinsmäßig getrennt; und statt einer »unerschütterlichen Grundlage« aller beweisenden Wissenschaft setzte DESCARTES eine Reihe von Scheinproblemen der Begründung in die Welt – wie z. B. das des Beweises der Existenz der Außenwelt (einschließlich der Existenz der anderen).

Die Gegenposition zum Begründungsanspruch des klassischen Rationalismus bildet in der Neuzeit zunächst der klassische Empirismus (BACON, LOCKE, HUME). In seinem Rahmen entwickelte sich insofern eine Alternative zum klassischen Begründungsdenken, als hier erstmals für Theorien (insofern sogar für axiomatische Systeme) die Richtung der Begründung umgekehrt wurde: Statt alle Sätze, die sich aus der Theorie ableiten lassen (also auch die experimentell bestätigbaren Konsequenzen), aus Theoremen und, über diese vermittelt, letztlich aus den a priori evidenten Axiomen des theoretischen Systems zu begründen, wurde jetzt – so z. B. von HUYGENS – behauptet, daß »die Prinzipien sich durch die Konklusionen, die man aus ihnen zieht, bewahrheiten« (Traité de la lumière. Œuvres compl. publ. par la Soc. Hollandaise des Sciences, XIX, p. 454). Damit tritt schon hier das seitdem für die empirischen Wissenschaften maßgebende *hypothetisch-deduktive Begründungssystem* (das gewissermaßen für seine eigene Begründungsleistung die gegenläufige Letzt-Begründung von der Erfahrung erwartet) an die Stelle des auf EUKLID und ARISTOTELES zurückgehenden *axiomatisch-deduktiven* Begründungssystems.

(Darüber hinaus ist sogar für die Mathematik in dem Augenblick, wo sie – wie z. B. bei D. HILBERT – ihre *Axiome* als *begründungsunbedürftige Annahmen* betrachtet, die sich durch die möglichst umfassende Systematisierung widerspruchsfreier Systeme zu bewähren haben, die Theoriebildung – abgesehen von dem metamathematisch zu erbringenden Beweis ihrer Widerspruchsfreiheit – auf den *hypothetisch-deduktiven* Begründungsstil festgelegt.)

Auch im hypothetisch-deduktiven System- bzw. Theoriebegriff des Empirismus sind jedoch die Probleme der Letzt-Begründung keineswegs aufgelöst; vielmehr muß wiederum – wie schon im Rationalismus – die *Letzt-Begründung durch Evidenz* eine entscheidende Funktion übernehmen. Genau betrachtet ist eine *realistisch* gemeinte empiristische Theoriebildung sogar an zwei Stellen durch Letzt-Begründung gegen den *Konventionalismus* (der bloße Übereinkünfte oder Beschlüsse an die Stelle objektiver Wahrheitskriterien setzt) abzusichern:

Einmal ist – wie schon von HUYGENS angedeutet – die Theoriebildung jetzt auf »Bewahrheitung« (*Verifikation*) durch die Erfahrung angelegt; an dieser Stelle verfolgte der *Empirismus* bis hin zum *logischen* → *Positivismus* das Programm einer Letzt-Begründung durch *evidente Sinnesdaten* (die eventuell durch »Protokollsätze« abzubilden sind). Da jedoch *allgemeine* Sätze (und die durch sie ausdrückbaren Gesetze [→ *Gesetz*]) nicht durch einmalige Bestätigung verifiziert werden können (es sei denn, daß, wie im Falle der Mathematik, die Begründung vollständig durch »kategoriale Anschauung« – manchmal »Wesensschau« genannt – geleistet werden kann), stellt sich hier zusätzlich das im Empirismus bis heute zentrale Problem einer im weiteren Sinn logischen Begründung durch → *Induktion*.

Die andere, vom Empirismus kaum reflektierte Stelle, an der selbst für hypothetisch-deduktive Systeme eine systemunabhängige Letzt-Begründung vorausgesetzt werden muß, ist durch die aller Hypothesen- und Theoriebildung notwendigerweise vorausgehende Frage nach den *Bedingungen der Möglichkeit der intersubjektiven Gültigkeit des Sinns von Theorien und Theorieüberprüfung* markiert. Hier geht es zunächst um die *Maßstäbe (Kriterien)* der Unterscheidung wissenschaftlicher Theorien von nichtwissenschaftlichen Sprachgebilden und in diesem Zusammenhang insbesondere um die *Normierung* der wissenschaftlichen (objektiv gültigen) Erfahrung durch Begründung einer nichtempirischen Theorie des Messens, einschließlich der normierten materiellen Meßinstrumente. Diese Begründungsfragen wären selbst dann noch unabweisbar, wenn es möglich wäre, im Sinne D. HILBERTS die sprachlichen Bausteine von Theorien durch »implizite Definition« mittels der Axiome zu normieren (was seit FREGE mit starken Gründen bestritten wird).

Kurz: es ergibt sich erneut die transzendentalphilosophische Begründungsfrage KANTS, wobei jetzt allerdings die – leicht psychologisch mißzuverstehenden – synthetischen Bewußtseinsfunktionen zusammen mit solchen der Sprache und der leibhaften (Meß- und Kommunikations-)Handlungen von vornherein als *normative* Bedingungen der intersubjektiven Gültigkeit zu thematisieren sind. Letzter *Begründungszusammenhang* wäre dann nicht – wie bei KANT – die Einheit des Gegenstandsbewußtseins und des Selbstbewußtseins (»transzendentale Synthesis der Apperzeption«), sondern eher die – prinzipiell nicht methodisch-solipsistische (d. h. durch ein selbstgenügsames Einzelbewußtsein zu realisierende) – *Einheit der Zeicheninterpretation* (C. S. PEIRCE) bzw. der *diskursiven Verständigung (Konsensbildung)* in einer unbegrenzten, idealen Experimentier- und Argumentationsgemeinschaft. Hierdurch würde zugleich die durch die sprachanalytische Wende (»linguistic turn«) der Gegenwartsphilosophie erreichte Einsicht berücksichtigt, daß die *Evidenzen* einer empirischen Begründung von Theorien als solche *sprachlich interpretierter Sinnesdaten* stets revidierbar (z. B. im Lichte erklärungsstärkerer Theorien reinterpretierbar) sind. Der als »regulative Idee« (KANT) aller Forschung vorausgesetzte Begründungszusammenhang würde also die Fehlbarkeit (»Fallibilismus«-Prinzip) aller empirischen Begründungsinstanzen und somit einen langfristigen Fortschrittsprozeß der empirischen Erkenntnis-Begründung a priori vorsehen. Freilich bliebe auch hier noch eine Frage der Letzt-Begründung ungelöst: Warum soll überhaupt Verständigung (Konsensbildung) über die intersubjektive Gültigkeit (Sinn und Wahrheit) von Erkenntnis angestrebt werden? Warum nicht statt dessen Anarchismus des subjektiven Verstehens und Fürwahrhaltens?

Hier sei zunächst die Antwort des → *Kritischen Rationalismus* skizziert, die das Begründungsdenken überhaupt zu überwinden versucht. Die zuletzt angedeutete Frage der Letzt-Begründung wird von Karl POPPER dahin beantwortet, daß eine Letztentscheidung (»act of faith«) zugunsten des kritisch-argumentativen Diskurses erforderlich sei, sozusagen eine irrationale oder prärationale Entscheidung zur Vernunft. Dagegen läßt sich – im Lichte einer sprachphilosophischen Überwindung des »methodischen Solipsismus« – dahin argumentieren, daß wir schon durch das Zur-Diskussion-Stellen einer Frage den Boden der Vernunft im Sinne des argumentativen Diskurses betreten und entsprechende Regeln (Normen) und Präsuppositionen notwendigerweise anerkannt haben. Der *Kritische Rationalismus* zieht freilich solche *transzendental-reflexive* Begründungsüberlegungen nicht in Betracht, sondern versteht Begründung im wesentlichen als → *Deduktion* von Sätzen aus Sätzen (hier wirkt die Gleichsetzung von Begründung mit logisch- mathematischem *Beweis* nach), zumindest aber als Ableitung (etwa auch im Sinne der → *Induktion*) aus Begründungsinstanzen, die *außerhalb des zu Begründenden* (z. B. sogar der diskursiven Vernunft) liegen sollen. Unter dieser Voraussetzung wird das »Münchhausen-Trilemma« der Letzt-Begründung verständlich und plausibel, das H. ALBERT konstruiert hat. Es kommt dadurch zustande, daß außer den schon seit ARISTOTELES bekannten »Lemmata« des *unendlichen Regresses* und des *logischen Zirkels* auch der – vom klassischen Rationalismus und Empirismus ausgezeichnete – Rückgang auf »Evidenz« als Lemma (»Rekurs auf ein Dogma« und insofern Abbruch des Begründungsverfahrens) verstanden wird. Mag dies letztere nun auch angesichts der schon erwähnten Möglichkeit der Revidierbarkeit empirischer Evidenzen plausibel sein, so stellt es doch angesichts der Notwendigkeit, empirische Evidenzen durch ebensolche zu korrigieren, selbst in dieser Hinsicht eine Übertreibung dar. Das gesamte *Trilemma* jedoch wird zur *petitio principii*, wenn gezeigt werden kann, daß es Bedingungen der Möglichkeit des Verstehens von Theoriebildung und -überprüfung gibt, die als solche *nichthintergehbar evident* und daher keiner weiteren *Begründung durch Ableitung* bedürftig sind.

Daß es solche Bedingungen geben muß, wenn Wissenschaft möglich sein soll, wird nun schon durch die Schwierigkeiten des Programms einer Ersetzung des Begründungsdenkens überhaupt durch das – quasi-darwinistische – Programm der Produktion möglichst vieler konkurrierender Theorien (Proliferationsprinzip) und korrespondierender Selektion durch Theoriekritik (Falsifikation) nahegelegt. In dem Augenblick nämlich, wo keine vor- und außertheoretischen *normativen Maßstäbe* der Theorienkritik und (zumindest vorläufigen) Bewährung mehr zur Verfügung stehen, sofern alle Kriterien selbst schon theorieabhängig sein sollen (*Theoretizismus*), in dem Augenblick verliert nicht nur die Strategie der Theorienselektion durch Falsifikation ihren Sinn; darüber hinaus wird es unmöglich, wissenschaftliche Theorien von nichtwissenschaftlichen Sprachgebilden (Mythen, Märchen usw.) überhaupt zu unterscheiden. Alle diese Konsequenzen hat P. FEYERABEND inzwischen im Sinne der Propa-

gierung einer »anarchistischen« Wissenschaftstheorie gezogen.
Angesichts dieser Problemlage ist es naheliegend, nicht das Begründungsdenken überhaupt, sondern den am Muster des logisch-mathematischen *Beweises* orientierten engen Begründungsbegriff aufzugeben und, im Sinne einer Neubegründung auch des Kritischen Rationalismus, die von KANT aufgeworfene transzendentale Begründungsfrage in der angedeuteten Radikalisierung als Frage nach den normativen Bedingungen der Möglichkeit von diskursiver Verständigung (und damit auch von argumentativer Kritik) wiederaufzunehmen. Begründung erscheint dann primär nicht als *Ableitung von Sätzen aus Sätzen* in einem objektivierbaren Satz-System, in dem von der aktuellen pragmatischen Dimension des Argumentierens immer schon abstrahiert wird, sondern – wie am Beginn des Begründungsdenkens – als *Beantworten von Warum-Fragen aller Art im Rahmen des argumentativen Diskurses*. In diesem Rahmen ergibt sich dann als Methode der *regreß- und zirkelfreien Letzt-Begründung* die Möglichkeit der *strikten Reflexion* auf diejenigen *semantischen Präsuppositionen*, die derjenige, der die Frage nach der Begründung stellt und sie positiv oder negativ beantwortet (kurz: der argumentiert), bereits *pragmatisch* (durch seinen Argumentationsakt) als evident anerkannt haben muß (die er also ohne pragmatischen Selbstwiderspruch nicht bestreiten und – infolgedessen freilich – ohne logischen Zirkel nicht im Sinne des Beweises begründen kann). Eine solche *transzendentalpragmatische Letzt-Begründung* (die natürlich steht und fällt mit der Möglichkeit einer nichtpsychologischen, situationsimmanenten Reflexion auf den aktuellen Akt der Argumentation, wie er durch die sprachlichen *Performativa* – wie z. B. »ich behaupte hiermit, daß ...« – bezeugt wird) weist nun als nichthintergehbar evident genau jene regulative Idee auf, die oben bereits angedeutet wurde: Soll Fragen, Behaupten oder Bestreiten – und insofern auch Kritik, Falsifikation usw. – überhaupt sinnvoll sein, so muß im Prinzip die Möglichkeit und die Aufgabe einer *Verständigung (Konsensbildung) über Sinn und Wahrheit* von Aussagen (darüber hinaus auch über alle Regeln einschließlich moralischer Normen) immer schon anerkannt sein (*Vernunftprinzip* als *transsubjektives Diskursprinzip*). Aufgrund dieses Prinzips – das ersichtlich die bei ARISTOTELES im Falle des Widerspruchsprinzips sowie die bei AUGUSTINUS, DESCARTES und KANT in methodisch-solipsistischer Verkürzung eingeschlagene Richtung der Selbstreflexion des Denkens (des internalisierten Argumentierens!) zu Ende führt – sollte es möglich sein, nicht nur die normativen Bedingungen empirischer (z. B. hypothetisch-deduktiver) Theoriebildung und -überprüfung zu ermitteln, sondern in diesem Zusammenhang auch diejenigen einer *methodisch-konstruktiven* Begründung der den empirischen Theorien vorausgehenden normativen Theorien (Logik, Mathematik, Proto-Physik im Sinne P. LORENZENS) sowie die normativen – z. B. ethischen – Grundlagen einer nicht wertfreien (hermeneutischen und ideologiekritischen) Rekonstruktion der Kulturgeschichte einschließlich der Wissenschaftsgeschichte (*Kritische Theorie* im Sinne von J. HABERMAS).

Karl-Otto Apel

Albert, H.: Traktat über kritische Vernunft. 1968, [4]1980. – *Apel, K.-O.:* Das Problem der philosophischen Letztbegründung im Lichte einer transzendentalen Sprachpragmatik. In: *Kanitscheider, B. (Hg.),* Sprache und Erkenntnis. 1976. – *Ders.*: Fallibilismus, Konsenstheorie der Wahrheit und Letztbegründung. In: *Philosophie* und Begründung. 1987. (s. unten) – *Aristoteles:* Metaphysik. – Topik. – Zweite Analytiken. – *Funk-Kolleg* Praktische Philosophie/Ethik: Reader. Bd. 1; 2. (f 6854; 6855) 1980; 1981. Dialoge. Bd. 1; 2. (f 6856; 6857) 1984. – *Gethmann, C. F.:* Protologik. 1979. – *Habermas, J.:* Wahrheitstheorien. 1973. Jetzt in: *Ders.*, Vorstudien und Ergänzungen [...] 1984. [W] – *Janich, P. (Hg.):* Methodische Philosophie. Beiträge zum Begründungsproblem der exakten Wissenschaften. 1984. – *Kambartel, F.:* Theorie und Begründung. 1973, 1976. – *Kamlah, W./Lorenzen, P.:* Logische Propädeutik. 1967, [2]1973. – *Kuhlmann, W.:* Reflexive Letztbegründung. 1985. – *Kuhlmann, W./Böhler, D. (Hg.):* Kommunikation und Reflexion. 1982. – *Lenk, H.:* Philosophische Logikbegründung und rationaler Kritizismus. In: *Ders.*, Metalogik und Sprachanalyse. 1973. – *Lorenzen, P.:* Methodisches Denken. 1968, stw 1974. – *Lorenzen, P./Lorenz, K.:* Dialogische Logik. 1978. – *Mittelstraß, J.:* Die Möglichkeit von Wissenschaft. 1974. – *Pasternack, G. (Hg.):* Erklären, Verstehen, Begründen. 1985. – *Philosophie* und Begründung. (Forum für Philosophie, Bad Homburg) stw 673. 1987. – *Popper, K. R.:* Logik der Forschung. 1935, [8]1984. [W] – *Stegmüller, W.:* Probleme und Resultate [...] Bd. 1. [H] – *Wolandt, G.:* Letztbegründung und Tatsachenbezug. 1983.

Karl-Otto Apel/H.S.

Bewährung, Gehalt, Verisimilitude

Einleitung. Die Problemsituation
POPPER hält endgültig gesicherte empirisch-wissenschaftliche Erkenntnis für unerreichbar; selbst wenn einige Theorien wahr sein sollten, gibt es keine Möglichkeit, dies unfehlbar festzustellen. Neben dieser skeptischen These vertritt POPPER aber auch die gegen den Skeptizismus/Relativismus gerichtete These, daß Erkenntnisfortschritt, daß Lernen aus Fehlern und Irrtümern möglich ist, wobei die Erfahrung eine wichtige Rolle spielt. Anders ausgedrückt hält POPPER es für möglich, in manchen Fällen mit rationalen Argumenten eine Theorie einer anderen als bessere Lösung eines wissenschaftlichen Problemkomplexes vorzuziehen, obwohl jede derartige Theorie sich als letztlich falsch herausstellen kann. POPPERS Skeptizismus beschränkt sich also auf die *Gewißheit* wissenschaftlicher Erkenntnis und erstreckt sich nicht auch auf die Möglichkeit des Erkenntnisfortschritts bzw. die Möglichkeit einer rationalen Präferenz von Theorien hinsichtlich ihrer wissenschaftlichen Qualität (Fragen der praktischen Anwendung von Theorien hängen damit zwar zusammen, müssen hier jedoch ausgeklammert bleiben). Da POPPER mit HUME eine positive Lösung des Induktionsproblems (→ *Induktion*) für unmöglich hält, bleiben seine Argumente für eine derartige Präferenz ganz im Rahmen der *deduktiven* Logik und sind auch nicht auf wahrscheinlichkeitstheoretische Überlegungen angewiesen. Sie sind formuliert in seiner Theorie der *Bewährung* (corroboration) und in seiner Theorie der *Verisimilitude* (Wahrheitsnähe, -ähnlichkeit), die durch die Theorie des *Gehaltes* bzw. *Gehaltvergleiches* (content, content-comparison) miteinander verbunden sind.

A. Gehalt und Gehaltvergleich
POPPERS Abgrenzungskriterium (→ *Falsifizierbarkeit, zwei Bedeutungen von*) verlangt bekanntlich, daß eine wissenschaftliche Theorie falsifizierbar sein, d. h. empirischen Gehalt haben muß. Der *empirische Gehalt* einer Theorie ist dabei definiert als die Klasse der Falsifikationsmöglichkeiten der Theorie, das ist die Klasse der Basissätze, die mit der Theorie in Widerspruch stehen. Das grundlegende Präferenzurteil der Wissenschaftstheorie POPPERS lautet also: Eine Theorie, die zum fraglichen Zeitpunkt empirischen Gehalt hat, ist einer Theorie, die keinen empirischen Gehalt hat, hinsichtlich ihrer derzeitigen wissenschaftlichen Qualität vorzuziehen. Verallgemeinert: Eine Theorie mit größerem empirischem Gehalt ist einer Theorie mit geringerem empirischem Gehalt vorzuziehen. Die Begründung dafür ist, daß eine gehaltvolle Theorie unter anderem mehr über die Wirklichkeit aussagt und daher interessanter ist, vielseitiger getestet und so gegebenenfalls leichter als falsch entlarvt werden kann. In seiner »Logik der Forschung« (VI. Kapitel) untersucht POPPER drei Möglichkeiten, die unendlichen Klassen von Falsifikationsmöglichkeiten von Theorien zu vergleichen: 1. Mit Hilfe ihrer *Mächtigkeit* ist ein Vergleich nicht möglich. 2. *Dimensionsvergleich:* Je weniger komplex ein zur Falsifikation einer Theorie gerade ausreichender Basissatz sein muß, desto mehr empirischen Gehalt hat die Theorie. 3. Mit Hilfe des *Teilklassenverhältnisses:* Wenn die Falsifikationsmöglichkeiten der Theorien in einer Teilklassenbeziehung stehen, hat diejenige Theorie mehr empirischen Gehalt, deren Klasse von Falsifikationsmöglichkeiten die Klasse der Falsifikationsmöglichkeiten der anderen Theorie enthält. Diese Methode ist in ihrer Anwendbarkeit zumindest beschränkt. – Als den *Informationsgehalt* einer Theorie bezeichnet POPPER die Klasse aller mit ihr *nicht* zu vereinbarenden Sätze (der Informationsgehalt enthält also den empirischen Gehalt); als *logischer Gehalt* wird die Klasse aller nicht-tautologischen Konsequenzen einer Theorie bezeichnet. Mit der Idee des *Problemgehaltes* versucht POPPER (SCHILPP, 20 f.; POPPER, Objektive Erkenntnis [engl. Orig.], 52 f.) einen Gehaltvergleich auch miteinander unverträglicher, konkurrierender Theorien zu ermöglichen (zwei Theorien konkurrieren, wenn sie dasselbe Problem zu lösen versuchen). Kann eine Theorie alle Fragen beantworten, die ihre Konkurrentin beantwortet (und zwar mindestens so genau wie diese), und darüber hinaus noch weitere Fragen, dann hat sie mehr Gehalt. Als weitere allgemein anwendbare Möglichkeit, auch Gehalte beliebiger Theorien zu vergleichen, wurde von POPPER die logische Unwahrscheinlichkeit einer Theorie als *Maß* ihres Gehaltes untersucht. Da POPPER aber die logische Wahrscheinlichkeit aller allgemeinen Theorien für null hält, ist dieses Maß nicht unproblematisch und veranlaßte ihn zu einer Analyse der Feinstruktur der logischen Wahrscheinlichkeit und des Gehaltes (POPPER, Logik der Forschung, An-

hang *VII). Diese verschiedenen Methoden des Gehaltvergleichs sollen grundsätzlich zur selben Ordnung der verglichenen Theorien führen. Der Gehaltvergleich von Theorien geht ihrer empirischen Überprüfung voran und hat zum Ziel, die testwürdigste, die gehaltvollste Theorie zu ermitteln. (Für eine kritische Diskussion siehe RADNITZKY/ANDERSSON, Fortschritt; PÄHLER, Qualitätsmerkmale.)

B. Theorie der Verisimilitude

Ziel der Wissenschaft sind für POPPER wahre Theorien im Sinne der Korrespondenztheorie der Wahrheit. Dabei geht es ihm um tiefe und umfassende Erklärungen der Wirklichkeit. Eine tiefe und sehr allgemeine, gehaltvolle, aber letztlich falsche Theorie (z. B. NEWTONS) kann dabei nach Ansicht POPPERS der *ganzen* Wahrheit näher kommen als eine zwar wahre, aber flache und nichtssagende, gehaltarme Theorie. Um erklären zu können, was es heißen soll, daß eine Theorie B, obwohl sie falsch ist, diesem Ziel näher gekommen sei als eine Theorie A (sie kann wahr oder falsch sein), verbindet POPPER seine Theorie des Gehaltes mit der *semantischen Wahrheitstheorie* von TARSKI (→ *Wahr und falsch; Wahrheit*) und zerlegt den Gehalt einer Theorie in ihren *Wahrheitsgehalt* und ihren *Falschheitsgehalt*. Der Wahrheitsgehalt A_T von A ist die Menge aller wahren Konsequenzen von A: ($A_T = Cn(A) \cap T$, wobei $Cn(A)$ der logische Gehalt von A und T die Menge aller wahren Sätze der Sprache ist.

POPPERS analoge Definition des Falschheitsgehaltes A_F von A (als $A_F = Cn(A) \cap F$, mit F als Menge aller falschen Sätze der Sprache) ist fehlgeschlagen, weil sie keine Tarskische Konsequenzklasse liefert. POPPER schlug sodann vor, die komparative Verisimilitude zweier Theorien folgendermaßen zu definieren: »Vorausgesetzt daß der Wahrheitsgehalt und der Falschheitsgehalt zweier Theorien A und B vergleichbar sind, können wir sagen, daß B der Wahrheit näher ist oder besser mit den Tatsachen übereinstimmt als A, genau dann wenn entweder a) der Wahrheitsgehalt, nicht aber der Falschheitsgehalt von B den von A übersteigt oder b) der Falschheitsgehalt von A, nicht aber sein Wahrheitsgehalt, den von B übersteigt.« (POPPER, Conjectures and refutations 233). D. h. also entweder $A_T \subset B_T$ und $B_F \subseteq A_F$ oder $A_T \subseteq B_T$ und $B_F \subset A_F$, wobei $\subseteq$ »enthalten in« und $\subset$ »echt enthalten in« bedeutet. Es ist zu beachten, daß nach dieser Definition die Verisimilitude *nicht* von der Evidenz abhängt und eine *nicht* datierte, zeitunabhängige Größe ist. Die höchste Verisimilitude hat die Theorie, die die Wirklichkeit *umfassend* und *zutreffend* erklärt. Aber genausowenig wie es Gewißheit für die Wahrheit einer Theorie gibt, stehen sichere Kriterien für die Verisimilitude einer Theorie zur Verfügung.

Es kann aber immerhin auf der Basis fallibler Indikatoren – wie z. B. des Bewährungsgrads – *vermutet* werden, eine Theorie sei der Wahrheit näher gekommen als eine andere. Es scheint daher sinnvoll, hohe Verisimilitude als realistisches Ziel der Wissenschaft anzusehen und Erkenntnisfortschritt als Annäherung zwar möglicherweise falscher, aber immer besserer Theorien an die unerreichbare volle Wahrheit aufzufassen. Die Theorie der Verisimilitude kann also auch als ein Versuch angesehen werden, die Verträglichkeit folgender Positionen miteinander aufzuzeigen: 1. *Realismus* (im Gegensatz z. B. zum Instrumentalismus) im Sinne einer Deutung von Theorien als Versuche, die Wirklichkeit zu beschreiben und zu erklären; 2. *Fallibilismus*, der die mögliche Falschheit jeder einzelnen Theorie in Rechnung stellt, und 3. *Anti-Skeptizismus*, der Erkenntnisfortschritt für möglich und in bestimmten Fällen auch für verwirklicht hält.

Die vorgestellte Definition der Verisimilitude ist jedoch inadäquat, wie verschiedene Kritiker nachweisen konnten. Dasselbe gilt für POPPERS quantitative Variante dieser Theorie, die mit gemessenen Gehalten arbeitet, sowie für einige Versuche einer Neudefinition, auf die hier nicht eingegangen werden kann. Ob die gegenwärtige Diskussion zu einer Lösung des Problems führen wird, ist nicht abzusehen; mehreren Autoren (ALBERT, RADNITZKY u. a.) scheint die intuitive Idee der Annäherung an die Wahrheit durch das bisherige Scheitern ihrer Explikation aber nicht ernstlich desavouiert zu sein, sondern vielmehr von jeder funktionierenden Sprache unvermeidlich vorausgesetzt zu werden. (Für Einzelheiten und Literaturhinweise vgl. den Beitrag von ANDERSSON in RADNITZKY/ANDERSSON, Fortschritt; sowie PÄHLER, Qualitätsmerkmale.)

C. Bewährungstheorie

POPPERS Bewährungstheorie kann als eine Weiterentwicklung der beiden Komponenten »empirischer Gehalt« und »kritische Metho-

de« seines Abgrenzungskriteriums aufgefaßt werden. Der Grad der Bewährung einer Theorie durch die Tatsachen ist für Popper keine Wahrscheinlichkeit im Sinne der Wahrscheinlichkeitstheorie, sondern ein Kurzbericht darüber, wie streng eine Theorie testbar ist (Gehalt), welchen Tests sie bis zum Testzeitpunkt unterzogen wurde (kritische Methode) und wie sie diese Tests bestanden hat. Der Bewährungsgrad ist daher eine *datierte* Größe, die nach oben durch den empirischen Gehalt der Theorie begrenzt wird: je mehr Gehalt eine Theorie hat, desto strenger kann sie getestet werden, und um so besser kann sie sich bewähren. Um aber wirklich der kritischen Methode ausgesetzt zu sein, reicht es nicht, wenn eine Theorie überhaupt empirischen Gehalt hat, sondern sie muß ein echtes Risiko, im Test widerlegt zu werden, eingehen. Sie sollte daher unabhängig von ihrem Explanandum, von den schon bekannten Tatsachen, zu deren Erklärung sie aufgestellt wurde, prüfbar sein. Dies ist die Forderung nach *unabhängiger* Testbarkeit. Sie ist z. B. dann erfüllt, wenn die Theorie ihr Explanandum korrigiert oder wenn sie bisher unbekannte Tatsachen vorhersagt. (Eine verbreitete Intuition sieht bekanntlich Prognoseerfolg als Argument für eine Theorie an.) Enthält die Theorie aber nur bereits wohlbekannte Fakten, ist sie nicht unabhängig oder streng testbar, sondern *ad hoc*. Nicht jedes mit einer Theorie logisch verträgliche Testergebnis bewährt die betreffende Theorie also, sondern nur das Ergebnis eines strengen Tests, der im Lichte des bekannten Wissens, des *Hintergrundwissens,* eher eine Widerlegung als eine Bestätigung der Theorie erwarten läßt. Der Begriff des Hintergrundwissens ermöglicht eine objektive Interpretation der Strenge eines Tests, die mit der subjektiven Ernsthaftigkeit des Experimentators z. B. nichts zu tun hat. Drei verschiedene Deutungen des Hintergrundwissens wurden im wesentlichen vorgeschlagen: Popper und Watkins betrachten sämtliche zum Testzeitpunkt bekannte und für unproblematisch gehaltene Tatsachen und Theorien als Hintergrundwissen. Diese Auffassung führt zu intuitiv unbefriedigenden Bewährungsurteilen. Lakatos und Musgrave schlugen daher vor, die beste verfügbare Konkurrenztheorie einschließlich ihrer noch ungeprüften Konsequenzen als Hintergrundwissen zu betrachten. Diese Auffassung muß aber auch ad hoc konstruierte Theorien als bewährt ansehen. Zahar schlug vor, nur die zur Konstruktion einer Theorie benutzten Tatsachen als Hintergrundwissen zu betrachten. Dieser Vorschlag wurde von Pähler aufgegriffen und in seinem Anwendungsbereich erweitert. (Für eine Diskussion der gesamten Problematik und für Literaturhinweise vgl. Pähler, Teststrenge; Qualitätsmerkmale.)
Anzumerken bleibt noch, daß Poppers Bewährungstheorie nicht den Paradoxien von Hempel und Goodman ausgesetzt ist (was allerdings von manchen Autoren bestritten wird), daß sie keinerlei Vorhersage über künftige Leistungen der beurteilten Theorie erlaubt, daß ein Bewährungsurteil analytisch ist und als solches keine Handlungsanweisung der Art enthält, an einer bestimmten Theorie weiterzuarbeiten oder nicht. Der Bewährungsgrad aller widerlegten (falsifizierten) Theorien ist gleich, nämlich –1.

Klaus Pähler

Carnap, R.: Logical foundations of probability. 1950, ²1962. – *Ders./Stegmüller, W.:* Induktive Logik und Wahrscheinlichkeit. 1959. – *Lakatos, I./Musgrave, A. (Hg.):* Kritik und Erkenntnisfortschritt. Kolloquium London 1965. (Aus dem Engl.) (1970) 1974. – *Lenk, H.:* Neue Aspekte der Wissenschaftstheorie. 1971. – *Lenzen, W.:* Theorien der Bestätigung wissenschaftlicher Hypothesen. 1974. – *Pähler, K.:* Qualitätsmerkmale wissenschaftlicher Theorien. Zur Logik und Ökonomie der Forschung. 1986. – *Ders.:* Teststrenge und empirische Bewährung in der Popperianischen Wissenschaftstheorie. In: Zeitschrift für allgemeine Wissenschaftstheorie 12, 1981. – *Popper, K. R.:* Logik der Forschung. [1934] 1935, ⁸1984. [W] – *Ders.:* Conjectures and refutations. 1963, ⁴1972. [W] – *Ders.:* Objektive Erkenntnis. (1972) ⁴1984. [W] – *Radnitzky, G./Andersson, G. (Hg.):* Fortschritt und Rationalität [...]. (1978) 1980. [W] – *Dies. (Hg.):* Voraussetzungen und Grenzen [...]. (1979) 1981. [W] – *Schilpp, P. A. (Hg.):* The philosophy of Karl Popper. Bd. 1; 2. 1974. – *Stegmüller, W.:* Probleme und Resultate [...]. Bd. 1; 2 II. [H] – *Watkins, J. W. N.:* Science and Scepticism. 1984.

Klaus Pähler/H.S.

Deduktion

lat. deductio: Hinabführung, Ableitung; griech. apagōgḗ

A. Allgemein
Deduktion ist die Ableitung des Besonderen aus dem Allgemeinen. Ihr Gegenteil ist die → *Induktion* als Ableitung des Allgemeinen aus dem Besonderen.

Da eine Aussage über das Allgemeine von vornherein jeden Spezialfall decken soll, ist die Deduktion als wissenschaftliche Methode absolut sicher.
Beispiel: Wenn jedes Dreieck eine Winkelsumme von 180 Grad hat, so muß diese Winkelsumme auch das Dreieck besitzen, das ich jetzt gerade zeichne, ohne daß ich genötigt wäre, es erst nachzumessen. Hier läßt sich der Unterschied zwischen Deduktion und Induktion verdeutlichen.

I. Deduktion
Angenommen, wir vermessen jedes vorgefundene Dreieck so genau wie nur möglich und finden jedesmal den Wert 180 Grad. Dann können wir vermittels eines Induktionsschlusses annehmen, daß wohl jedes Dreieck diese Winkelsumme besitze. Dieser Schluß bleibt aber immer unsicher, da wir nicht jedes Dreieck vermessen können.
In Wahrheit wird der Beweis aber »allgemein« geführt. Wir zeichnen ein Dreieck beliebiger Form und ziehen durch einen Eckpunkt die Parallele zur gegenüberliegenden Seite. Nun können wir mit Hilfe gewisser Lehrsätze über Winkelbeziehungen ganz allgemein, das heißt ohne Rücksicht auf ein bestimmtes Dreieck mit seinen individuellen Gegebenheiten, beweisen, daß jedes Dreieck die Winkelsumme von 180 Grad haben muß. Dieser Beweis ist ein typischer deduktiver Schluß.

II. Vollständige Induktion
Ein anderes Beispiel für die deduktive Methode ist die – mißverständlich so genannte – »vollständige Induktion«. Hierunter versteht man den Beweis eines Lehrsatzes mittels des Durchlaufens der Folge der natürlichen Zahlen von 1 an. »Induktion« heißt das Verfahren, weil Einzelfälle betrachtet werden, und »vollständig«, weil (potentiell) *jeder* Einzelfall berücksichtigt wird. Seine Grenze findet das Verfahren der »vollständigen Induktion« lediglich darin, daß die Folge der natürlichen Zahlen niemals abbricht und wir daher tatsächlich (aktual) nicht jede Zahl berücksichtigen können. Aber *bis* zu einer beliebigen Zahl ist das Verfahren stets vollständig durchzuführen (→ *Mathematik*).
Ein einfaches Beispiel bietet die Variationsrechnung, das heißt die Bestimmung, wie viele verschiedene »Wörter« von gegebener Länge bei gegebenem Zeichenvorrat gebildet werden können – wobei jedes Zeichen beliebig wiederholt werden und beliebig ausfallen kann (anders also als bei der Permutation; Beispiel: mögliche Tischordnungen bei gegebenem Personenkreis). Es handelt sich dabei um einen in der Praxis häufig vorkommenden Sachverhalt, unter den sowohl unsere Sprachwörter als auch unsere Zahlzeichengebilde fallen. Hier muß die vollständige Induktion sogar doppelt angewendet werden: auf die Länge der Wörter, das heißt: die Anzahl n der Buchstaben pro Wort, und auf den Umfang des Alphabets, das heißt: die Anzahl s der Zeichen im Vorrat.
1. Wortlänge: Mit einem einzigen Zeichen, etwa 1, läßt sich nur ein einbuchstabiges Wort bilden. Haben wir zwei Zeichen, 1 und 0, so lassen sich zunächst zwei einbuchstabige Wörter bilden: 1 und 0.
Da wir nun an jedes dieser beiden Zeichen wieder jedes anhängen können, ergeben sich für zweibuchstabige Wörter 2 x 2 = 4 Möglichkeiten: 11 10 01 00. Die Anzahl der dreibuchstabigen Wörter ergibt sich daraus, daß wir an jede schon vorhandene Kombination 1 oder 0 anhängen können: sie beträgt also 2 x 2 x 2 = 4 x 2 = 8. Vierbuchstabige Wörter ergeben sich nach dem gleichen Verfahren, also 2 x 2 x 2 x 2 = 8 x 2 = 16. Das Prinzip der vollständigen Induktion besteht hier also darin, daß an jede bereits vorhandene Zeichenfolge das eine oder andere der beiden Elementarzeichen noch einmal angehängt werden kann, was zu einer Verdoppelung der Anzahl der möglichen Folgen führt. Die Formel für ein n-buchstabiges Wort aus 2 Zeichen ist demnach $a = 2^n$.
2. Alphabetumfang: Für mehr als zwei Zeichen, etwa A, B und C, ergibt sich folgendes. Einbuchstabige Wörter gibt es drei: A, B und C. Zweibuchstabige Wörter entstehen, indem jedes der drei Zeichen mit jedem der drei Zeichen kombiniert werden kann: AA, AB, AC; BA, BB, BC; CA, CB, CC. Dies sind 3 x 3 = 9 Möglichkeiten. Dreibuchstabige Wörter entstehen, wenn an jede dieser 9 Kombinationen wieder je eines der drei Zeichen angehängt wird, also 3 x 3 x 3 = 27. Die Formel lautet mithin bei drei Zeichen: $a = 3^n$. Bei vier Zeichen wird sich die Potenzreihe von 4, bei 5 die von 5, bei s Zeichen die von s ergeben. In diesem Fall, bei der Zeichenanzahl, besteht das Prinzip der vollständigen Induktion also in folgender Überlegung: s Zeichen bilden s einbuchstabige Wörter. Zweibuchstabige Wörter entstehen durch Kombination von s Möglichkeiten an erster Stelle

mit s Möglichkeiten an zweiter Stelle, das gibt $s \times s = s^2$. Jeder neuer Buchstabe multipliziert die schon gegebenen Möglichkeiten mit s.
So ergibt sich die allgemeine Formel für n-buchstabige Wörter mit s Zeichen zu $a = s^n$.
Diese Formel wurde lediglich durch schrittweises Fortgehen von Stufe zu Stufe gewonnen. Da einerseits keine Stufe ausgelassen wurde und andererseits jederzeit die jeweils folgende Stufe gebildet werden kann, ohne daß sich am Bildegesetz für die jeweils höhere Stufe etwas ändert, ist das Verfahren deduktiv und damit absolut sicher.
Formal wird das Prinzip der vollständigen Induktion durch zwei Wenn-Sätze ausgedrückt, deren zweiter in sich einen ihm untergeordneten weiteren Wenn-Satz enthält (hier beim äußeren Satz »wenn«, beim inneren Satz »falls«):
Wenn etwas für 1 gilt, und *wenn* es für n + 1 gilt, falls es für n gilt – *dann* gilt es für jede natürliche Zahl n.
Das heißt: *wenn* ich mit der 1 anfangen kann, ohne daß sich dadurch irgendeine Schwierigkeit ergibt, und *wenn* ich dann stets auf die gleiche Weise (durch das Bildegesetz) von n zu n + 1 kommen kann, *dann* gilt meine Formel für jede Zahl.

Helmut Seiffert

B. Logisch

I. Geschichtliches

Deduktionen wurden systematisch zuerst von Aristoteles studiert, der einfache Formen von prädikatenlogischen Schlüssen (kategorischen Syllogismen) untersuchte. Stoiker und Schulphilosophen des Mittelalters studierten auch verschiedene Formen aussagenlogischer Deduktionen. Leibniz vertrat die Idee, daß Deduktionen kalkülmäßig durch ein regelgebundenes Operieren mit Symbolen betrieben werden können. Diese Idee wurde mit der Entstehung der modernen formalen Logik im 19. und 20. Jh. verwirklicht. Wichtige logische Kalküle sind von Russell und Whitehead (in axiomatisierter Form) und von Gentzen (System der natürlichen Deduktion) aufgestellt worden.

II. Darstellung

1. Prämisse und Konklusion: Deduktion ist die Ableitung eines Satzes (die *Konklusion*) aus (einem oder mehreren) anderen Sätzen (den *Prämissen*). So können wir z. B. aus den Prämissen »Wenn es regnet, dann ist es naß« und »es regnet« die Konklusion »Es ist naß« ableiten. Schematisch ausgedrückt:

Wenn es regnet, dann ist es naß.
Es regnet.
―――――――――――
Es ist naß.

Es ist nicht notwendig, daß eine Deduktion zwei oder mehrere Prämissen hat, sondern es gibt auch Deduktionen mit nur einer Prämisse:

Es ist nicht der Fall, daß es nicht regnet.
―――――――――――
Es regnet.

2. Gültigkeit: Eine Deduktion ist gültig genau dann, wenn die Behauptung der Prämisse(n) und die Verneinung der Konklusion ein Selbstwiderspruch ist. Die Gültigkeit von Deduktionen kann mit Wahrheitstafeln und logischen Kalkülen überprüft werden. Es ist aber auch intuitiv einleuchtend, daß in den zwei oben gegebenen einfachen Beispielen eine Bejahung der Prämissen und eine Verneinung der Konklusion widerspruchsvoll ist.
In einer gültigen Deduktion können sehr wohl eine oder mehrere Prämissen falsch sein. Das erste Beispiel einer Deduktion oben wird nicht ungültig, wenn z. B. die zweite Prämisse (»Es regnet«) zufälligerweise falsch sein sollte. Eine solche Tatsache würde den logisch zwingenden Charakter (oder die Gültigkeit) der Deduktion nicht ändern, denn es ist trotzdem ein Widerspruch, die Prämissen zu behaupten und die Konklusion zu verneinen. Die Gültigkeit einer Deduktion beruht auf der logischen Beziehung zwischen Prämissen und Konklusion, nicht aber auf den tatsächlichen Wahrheitswerten der Prämissen und der Konklusion. So ist z. B. auch folgende Deduktion mit falschen Prämissen und falscher Konklusion gültig:

Alle Philosophen sind Logiker.
Alle Logiker sind unsterblich.
―――――――――――
Alle Philosophen sind unsterblich.

Auch in diesem Beispiel ist es ein Widerspruch, die Prämissen zu behaupten und die Konklusion zu verneinen.
Gültige Deduktionen haben folgende wichtige Eigenschaften:
(1) Wenn die Prämissen wahr sind, dann ist die Konklusion wahr.
(2) Wenn die Konklusion falsch ist, dann ist mindestens eine Prämisse falsch.
Sonst wäre es ja möglich, die Prämissen zu behaupten und die Konklusion zu verneinen,

ohne sich zu widersprechen. Deshalb ist die Deduktion eine Methode, um die Wahrheit der Prämissen auf die Konklusion zu überführen (Überführung der Wahrheit). Wenn wir aus irgendeinem Grund wissen oder annehmen, daß einige Sätze wahr sind, dann wissen wir (oder müssen es annehmen), daß auch alle Konklusionen dieser Sätze wahr sind.

Die zweite Eigenschaft gültiger Deduktionen führt dazu, daß die Deduktion eine Methode ist, um die Falschheit der Konklusion auf die Prämissen zu überführen (Rücküberführung der Falschheit). Diese Eigenschaft ist wichtig bei der Überprüfung wissenschaftlicher Hypothesen, die nicht direkt überprüft werden können. Wenn wir wissen, daß eine Konklusion (oder logische Konsequenz) einer solchen Hypothese falsch ist, dann wissen wir auch, daß die Hypothese selbst falsch ist. Auf diese Weise kann die deduktive Logik als eine Methode der Kritik dienen. (→ *Falsifikation*)

3. Ungültigkeit: Eine Deduktion ist ungültig genau dann, wenn die Bejahung der Prämissen und die Verneinung der Konklusion kein Selbstwiderspruch ist. Ein sehr einfaches Beispiel einer ungültigen Deduktion ist:

Es regnet nicht.
___
Es regnet.

Es ist offenbar, daß die Konklusion »es regnet« nicht logisch aus der Prämisse »es regnet nicht« folgt, denn es ist kein Widerspruch, die Prämisse zu behaupten und die Konklusion zu verneinen.

Etwas weniger intuitiv einleuchtend ist vielleicht folgendes Beispiel des klassischen Fehlschlusses des bejahten Nachsatzes:

Wenn es regnet, dann ist es naß.
Es ist naß.
___
Es regnet.

Es ist aber kein Widerspruch, die Konklusion zu verneinen und trotzdem beide Prämissen zu bejahen. Es kann sehr wohl aus irgendeinem anderen Grunde naß sein, als weil es regnet (z. B. weil es taut oder weil eine Bewässerungsanlage in Betrieb ist).

Um aufzuzeigen, daß Deduktionen ungültig sind, werden in der Aussagenlogik Wahrheitstafeln benutzt. Eine allgemeinere Methode, die Ungültigkeit einer Deduktion aufzuzeigen, ist die Konstruktion eines formgleichen Gegenbeispiels mit wahren Prämissen und falscher Konklusion. Um aufzuzeigen, daß der Fehlschluß des bejahten Nachsatzes tatsächlich ungültig ist, könnte man z. B. folgendes Gegenbeispiel konstruieren:

Wenn 5 größer als 10 ist,
dann ist 5 größer als 4.
5 ist größer als 4.
___
5 ist größer als 10.

In diesem Gegenbeispiel ist es besonders deutlich, daß die Prämissen wahr sind und die Konklusion falsch ist. Die Deduktion ist ungültig. (→ *Logik*).

4. Formalisierung und logische Form: Um die Untersuchung der Gültigkeit von Deduktionen zu erleichtern, werden sie *formalisiert*. Ein Beispiel einer gültigen Deduktion war, daß aus den Prämissen »Wenn es regnet, dann ist es naß« und »Es regnet« die Konklusion »Es ist naß« folgt. Wenn *R* für den Satz »Es regnet« und *N* für den Satz »Es ist naß« steht, dann kann diese Deduktion wie folgt formalisiert werden:

Halbformalisiert:	Vollständig formalisiert:
Wenn *R*, dann *N*.	$R \to N$
R	R
N	N

Das zweite Beispiel einer gültigen Deduktion war, daß aus der Prämisse »Es ist nicht der Fall, daß es nicht regnet« die Konklusion »Es regnet« folgt. Wie vorher steht *R* für »Es regnet«.

Halbformalisiert:	Vollständig formalisiert:
Es ist nicht der Fall, daß nicht *R*	$\neg\neg R$
R	R

In diesen zwei Beispielen stehen *R* und *N* für *Sätze* (sind also Aussagen*konstanten*). Wenn *p, q, r,* ... für beliebige Aussagen stehen (also Aussagen*variablen* sind), dann kann die *logische Form* dieser Deduktionen (die Deduktionsform) formal dargestellt werden:

Deduktion:	Deduktionsform:
$R \to N$	$p \to q$
R	p
N	q

Diese Deduktionsform wird traditionell *modus ponens* genannt. Alle Deduktionen mit dieser Form sind gültig. Deshalb wird modus ponens eine *allgemeingültige Deduktionsform* genannt. Eine weitere allgemeingültige Deduktionsform ist das Gesetz der doppelten Negation:

$$\frac{\neg\neg p}{p}$$

5. *Logische Kalküle:* Um zu überprüfen, ob Deduktionen gültig sind, können in dem einfachsten Bereich der Logik, der Aussagenlogik, Wahrheitstafeln benutzt werden (→ *Logik*). Aber schon in der engeren Prädikatenlogik ist es nicht mehr möglich, ein solches Verfahren zu verwenden. Außerdem ist in der Aussagenlogik die Konstruktion von Wahrheitstafeln sehr umständlich, wenn viele Teilsätze einbezogen sind.
Um allgemein zeigen zu können, daß Deduktionen gültig sind, konstruiert man logische *Kalküle*. Ein solcher Kalkül (der sogenannten natürlichen Deduktion) besteht (1) aus Regeln für die Formalisierung von Aussagen und (2) aus Deduktionsregeln. (Axiomatisierte Kalküle bestehen außerdem aus logischen Axiomen.)
In Abschnitt II.4. sind Beispiele der Formalisierung von Aussagen gegeben worden. Als Deduktionsregeln können einige allgemeingültige Deduktionsformen ausgewählt werden. Stellen wir uns z. B. vor, daß (wie in den meisten Kalkülen der »natürlichen Deduktion«) die Deduktionsformen modus ponens und das Gesetz der doppelten Negation als Deduktionsregeln eingeführt worden sind. (Auch andere Deduktionsregeln sind in einem vollständigen Kalkül notwendig.) Dann können wir zeigen, daß folgende Deduktion gültig ist:

Wenn es regnet, ist es naß.
Es ist nicht der Fall, daß es nicht regnet.
___
Es ist naß.

Der erste Schritt in der Herstellung eines formalen Beweises der Gültigkeit einer Deduktion ist die Formalisierung:

$$\frac{R \rightarrow N \quad \neg\neg R}{N}$$

Um zu beweisen, daß diese Deduktion gültig ist, muß in endlich vielen Schritten die Konklusion mit den Deduktionsregeln abgeleitet werden, was in diesem Fall einfach ist:

Formaler Beweis:

1. $R \rightarrow N$	Prämisse
2. $\neg\neg R$	Prämisse
3. R	2 Das Gesetz der doppelten Negation
4. N	3, 1 modus ponens

Die Konklusion kann in diesem Beispiel in zwei Schritten erreicht werden. Mit solchen Methoden können beliebig komplizierte Deduktionen untersucht werden.
Erst in der modernen Logik sind vollständige logische Kalküle aufgestellt worden. Deshalb ist die moderne Logik viel allgemeiner als die traditionelle. Die Verwendung von Kalkülen erklärt auch die Verwandtschaft der modernen Logik mit der Mathematik. In beiden Bereichen ist ein regelgebundenes Operieren mit Zeichen wesentlich.

6. *Beweis, Axiom, Theorem:* Mit einem logischen Kalkül kann bewiesen werden, daß Deduktionen gültig sind. Solche Beweise sind *Beweise der Gültigkeit.* Im alltäglichen Sprachgebrauch werden aber mit »Beweisen« allgemein *Beweise der Wahrheit* der Konklusion gemeint. Um zu beweisen, daß eine Aussage wahr ist, muß sie aus wahren Prämissen abgeleitet werden. Zwei Schritte sind notwendig: (1) zu zeigen, daß die Deduktion der Aussage von den Prämissen *gültig* ist, und (2) zu zeigen, daß die Prämissen *wahr* sind. Um zu zeigen, daß die Prämissen wahr sind, kann man zwar versuchen, sie aus anderen Prämissen herzuleiten; um einen unendlichen Regreß zu vermeiden, muß man aber irgendwo bei Prämissen stehenbleiben, deren Wahrheit nicht weiter bewiesen werden kann.
Früher meinte man, daß es möglich sei, Prämissen zu finden, deren Wahrheit unmittelbar einleuchtend oder evident ist. Solche Aussagen, die als letzte Prämissen benutzt werden konnten, wurden *Axiome* genannt. Als Musterbeispiele solcher evidenter Sätze wurden die Axiome der euklidischen Geometrie genannt. Heutzutage werden letzte Prämissen Axiome genannt, ohne daß man verlangt, daß sie wahr sein müssen. Je nach philosophischer oder anderer Überzeugung können die Axiome als evidente Sätze, aber auch als Konventionen, »implizite Definitionen« oder hypothetische Annahmen aufgefaßt werden.
Alle Sätze, die aus einem System von Axiomen hergeleitet werden können, werden *Theoreme* genannt. Da gültige Deduktionen die Wahrheit der Prämissen auf die Konklu-

sion überführen, sind dann auch alle Theoreme eines deduktiven Systems wahr, wenn die Axiome dieses Systems wahr sind. Deshalb reicht es unter Umständen, den Wahrheitswert der Axiome zu überprüfen. Umgekehrt gilt, daß, wenn ein Theorem falsch ist, dann mindestens ein Axiom falsch ist. Diese Eigenschaft ist wichtig, wenn die Axiome aus hypothetischen Annahmen bestehen.

Gunnar Andersson

Copi, I. M.: Introduction to Logic. [7]1987. – *Essler, W. K.:* Einführung in die Logik. 1966, [2]1969. – *Mill, J. St.:* A system of logic ratiocinative and inductive (System der deduktiven und induktiven Logik). 1843. – *Quine, W. v. O.:* Grundzüge der Logik. (Aus dem Engl.) (1950, 1964) 1969, stw 1974. – *Seiffert, H.:* Einführung in die Wissenschaftstheorie. Bd. 1. [E] – *Suppes, P.:* Introduction to Logic. 1957. [4]1960. – *Tarski, A.:* Einführung in die Mathematische Logik. 1966, [5]1977. – *Thom, P.:* The syllogism. 1983.

Gunnar Andersson/H.S.

Definition

lat. definitio: Begrenzung, Bestimmung; griech. horismós; zu lat. finis: Grenze, Ziel, Ende; griech. hóros

Einleitung. Begriffsbestimmung

Unter »Definieren« versteht man einen Prozeß, in dem einem sprachlichen Ausdruck eine exakte Bedeutung gegeben wird. Das Resultat heißt dann »Definition«. Der Ausdruck, dessen Bedeutung angegeben werden soll, der zu definierende Ausdruck – das *Definiendum* (abgekürzt *Dd.*) –, soll dabei dem Ausdruck, mit dessen Hilfe er definiert wird – dem *Definiens* (abgekürzt *Ds.*) –, äquivalent sein. Diese Idee stellt unser Explikandum (→ *Explikation*) dar, den (logischen) Begriff, der geklärt und durch einen verbesserten, weiterentwickelten Begriff ersetzt werden soll. Gewöhnlich konzentriert man sich auf die Theorie der Definition innerhalb der Mathematik. Diese Theorie ist sehr gut ausgearbeitet, aber für die Wissenschaftstheorie der Erfahrungswissenschaften wenig relevant. *Unsere Aufgabe ist also, eine Explikation des Begriffs »Definition« durch einen solchen Begriff bzw. solche Begriffe (Explikata) zu geben, die für* wissenschaftstheoretische *Überlegungen und Untersuchungen nützlich sind.* M. E. gibt es nur zwei klar angebbare Begriffe von »Definition«: Abkürzungsdefinition und beschreibende Definition (*meaning analysis*).

A. Die (nichtkreative) Abkürzungsdefinition

Die (nichtkreative) Abkürzungsdefinition oder stipulative (festsetzende, vereinbarte) Definition. Der Ausdruck »Abkürzung« bezieht sich auf sprachliche Ausdrücke; deshalb könnte man von *syntaktischen Definitionen* sprechen. In den sprachlichen Ausdrücken, die für wissenschaftstheoretische Untersuchungen relevant sind, handelt es sich fast immer um interpretierte Ausdrücke. Der semantische Aspekt einer syntaktischen Definition ist dann die sogenannte Begriffsdefinition, bei der *Dd.* und *Ds.* den gleichen Sinn, die gleiche Bedeutung haben sollen. Da das Problem der »Gleichwertigkeit« oder der Identität von logischen Begriffen – logische Begriffe im Unterschied zu psychologischen Begriffen, mentalen Vorstellungen – hier nicht behandelt werden kann, werde ich weitgehend auf die syntaktische Definition abstellen.

I. Problemsituation und Problemlösung

Eine Symbolsequenz ist so lang geworden, daß sie unbequem bis praktisch unhantierbar geworden ist. Deshalb ist es rational, sie in gewissen Kontexten durch eine Abkürzung zu ersetzen. Die Problemlösung besteht in der Einführung einer Abkürzung mittels einer *Abkürzungsdefinition:* einem Satz, der performative Funktion hat. Er macht einen Vorschlag, lädt ein, dem Vorschlag zu folgen, und garantiert, daß dieses Vorgehen bestimmten Adäquatheitsforderungen genügt. Eine Abkürzungsdefinition kann typisch folgende Form haben: Es wird vorgeschlagen, im Kontext *K* der Sprache *S* künftig den Ausdruck ›...‹ anstelle des längeren Ausdrucks ›---‹ zu verwenden, und es wird garantiert, daß in *K* ›...‹ durch ›---‹ (und umgekehrt) überall *ohne relevante Kosten eliminiert werden kann* und daß durch die Einführung des Ausdrucks ›...‹ in *K keine zusätzliche Information eingeschmuggelt wird.* Der Satz (der Metasprache), mit dem das Definiendum, die Abkürzung, eingeführt wird, hat daher keinen Wahrheitswert. Die Frage, ob eine bestimmte Abkürzungsdefinition wahr oder falsch ist, ist unsinnig. Die Pointe des Definierens ist praktisch. Theoretisch sind solche Definitionen überflüssig, aber sie sind bequem, und sie können sogar praktisch unentbehrlich sein.

So wäre es ohne Abkürzungsdefinitionen praktisch unmöglich, Mathematik zu betreiben.

II. Adäquanzforderungen

Aus der Pointe der Abkürzungsdefinition folgt das Adäquanzkriterium der *Eliminierbarkeit* des *Dd.* durch das *Ds.* Derjenige, der den Vorschlag macht, garantiert sozusagen, daß das *Dd.* in einer bestimmten Art von Kontext durch das *Ds.* ersetzt werden kann: daß die beiden Ausdrücke in dieser Art von Kontext *austauschbar* sind, *ohne daß dadurch Kosten entstehen, die für einen bestimmten Problemlösungsbereich relevant sind.* Welche Forderungen zu stellen sind, welche Kosten tragbar und welche untragbar sind, hängt von der *Art des Kontextes* ab. Die geringsten Forderungen gelten, wenn es sich bei der vorgesehenen Art von Kontext um *extensionelle* Kontexte handelt. Die relevanten Kosten sind hier der Wahrheitswert. Gefordert wird nur, daß beim Austausch von *Dd.* gegen *Ds.* oder umgekehrt *der Wahrheitswert der Sätze, in denen die Ausdrücke vorkommen, unverändert bleibt.* Um dieser *»salva-veritate«*-(»unter Bewahrung der Wahrheit«)-Forderung zu genügen, reicht es, daß *Dd.* und *Ds.* logisch äquivalent sind. Der Marginalnutzen der Definition besteht also in der Bequemlichkeit (die bis zur praktischen Notwendigkeit gesteigert sein kann), und die Kosten bestehen in der Gedächtnisleistung, die erforderlich wird, wenn ein Neologismus als Designator des *Dd.* verwendet wird, bzw. in der Anstrengung, durch Rückgriff auf das *Ds.* festzustellen, was der Definiendum-Ausdruck bedeutet. Verluste von Sinngehalt sind in extensionellen Kontexten irrelevant. »Gleichseitiges Dreieck« darf ohne weiteres für »gleichwinkliges Dreieck« substituiert werden, »Wiederkäuer« für »Paarhufer«, »Caesar« für »Calpurnias Gatte«, »Morgenstern« für »Abendstern« usf.

In *intensionellen* Kontexten verhält sich das ganz anders. Sollen dort *Dd.* und *Ds.* austauschbar sein, dann müssen die beiden Ausdrücke den gleichen Sinn haben. In einem intensionellen Kontext sind »Caesar« und »Calpurnias Gatte« nicht mehr substituierbar. Denn wenn in einem Satz wie z. B. »Peter weiß, daß Caesar ermordet wurde« »Caesar« durch »Calpurnias Gatte« ersetzt wird, dann kann es passieren, daß der wahre Satz in einen falschen Satz verwandelt wird, nämlich dann, wenn Peter nicht weiß, daß Caesar und Calpurnias Gatte identisch sind. Und *salva veritate* ist eine Minimalforderung. In bestimmten intensionalen Kontexten, z. B. poetischen Kontexten, sind daher die Kosten von Definitionen untragbar. Dort darf unter Umständen kein Buchstabe geändert werden.

Die Idee der Abkürzungsdefinition kann *durch eine Analogie anschaulich* gemacht werden. Das Einführen einer Abkürzung ähnelt dem Einführen einer Banknote mit hohem Wert (was oft bequem ist) unter der Garantie, daß dieselbe im Bedarfsfall jederzeit gegen Münzen, die einen fixen Wert haben, eingewechselt werden kann. Bei gewissen Stellen (analog den extensionalen Kontexten) geht diese Transaktion ohne Kosten vor sich; versucht man es jedoch bei gewissen anderen Stellen (intensionalen Kontexten), können die Kosten untragbar hoch werden.

Aus der Pointe der Abkürzungsdefinition folgt auch, *daß die Ds.-Ausdrücke eine bestimmte, feste und klare Bedeutung haben* müssen (Analogie mit dem fixen Wert der Münzen). Es ist jedoch nicht zu fordern, daß diese »bekannter« sein müssen. Das wäre psychologistisch, und vor allem wäre es deswegen unzweckmäßig, weil es legitim ist, einen Ausdruck mittels Termini aus avancierten Theorien zu definieren, die sich auf abstrakte Entitäten beziehen (→ *Explikation*). In solchen Fällen ist sichergestellt, daß die fixierte Bedeutung der *Ds.*-Termini auch relevant ist. Diese Forderung ist jedoch nicht immer erfüllt. Wenn z. B. der wissenschaftstheoretische Fachterminus »verisimilitude« oder »komparative Wahrheitsnähe« eingeführt wird mittels einer Definition, bei der der Begriff der Wahrscheinlichkeit der Zentralbegriff des Definiens ist, dann sind zwar durch die mathematische Theorie der Wahrscheinlichkeit die formellen Eigenschaften dieses Definiensbegriffs klar fixiert, andererseits ist es fraglich, ob dadurch der Begriff der »komparativen Wahrheitsnähe« geklärt oder expliziert werden kann. Denn falls der Begriff »zutreffendere Darstellung als« klarer und greifbarer ist als der Begriff »Wahrscheinlichkeit« (von dem nur die formalen Eigenschaften angegeben werden), dann darf bezweifelt werden, daß diese Art von formaler Definition überhaupt eine Pointe hat.

Eine weitere Forderung, die aus der Idee der Abkürzung folgt, ist die *Nichtkreativität:* durch die Definition darf keine Information eingeschmuggelt werden. Wenn die Definition zu einem Postulatsystem hinzugefügt wird, dann darf es nicht der Fall sein, daß dadurch die Ableitung einer Konklusion möglich wird, in der der *Dd.*-Ausdruck nicht vorkommt und die aus dem Postulatsystem ohne die Definition nicht ableitbar ist. Deswegen nennt man diese Definitionen *»nichtkreative Abkürzungsdefinitionen« (purely abbreviative or non-creative definitions).* Genaugenommen muß die Forderung nach Nichtkreativität für ein bestimmtes Postulatsystem gestellt werden. Denn eine nichtkreative Abkürzungsdefinition kann dadurch kreativ werden (zusätzliche Information einbringen), daß eines der Postulate weggenommen oder ein zusätzliches Postulat hinzugefügt wird. Das bedeutet, daß eine bestimmte Definition nichtkreativ (oder kreativ) ist in bezug auf ein Postulatsystem und daß wir nur dann entscheiden können, ob sie nichtkreativ ist, wenn das betreffende Postulatsystem exakt formalisiert vorliegt und an ihm nichts mehr geändert wird.

Da es keine Routinemethode, keinen Algorismus gibt, um zu entscheiden, ob eine bestimmte Definition in bezug auf ein gegebenes Postulatsystem kreativ ist oder nichtkreativ, ist es in konkreten Fällen oft sehr schwierig bis unmöglich festzustellen, ob die – an sich einleuchtende – Forderung nach Nichtkreativität von einer bestimmten Definition erfüllt ist. Es ist ein gutes Beispiel des Falles, wo der Begriff exakt definiert ist, aber die Feststellungsmethoden problematisch sind. (Auch das zeigt, wie naiv die Theorie der sogenannten operationellen »Definitionen« ist.)

B. Die beschreibende »Definition«

Die sogenannte beschreibende »Definition« oder meaning analysis. Wird dem Vorschlag, den eine bestimmte Abkürzungsdefinition macht, gefolgt, dann entsteht dadurch eine sprachliche Konvention. Vermutlich geschah und geschieht jedoch die Bildung einer Tradition, einschließlich der »Metatradition« der Sprache, eher durch einen sich selbst ordnenden Prozeß, der wie eine unsichtbare Hand komplexe Strukturen erzeugt.

I. Problemsituation und Problemlösung

Wenn wir voraussetzen dürfen, daß für einen bestimmten Ausdruck in einer bestimmten Art von Kontext ein genügend stabiler Sprachgebrauch herrscht, dann stellt sich manchmal das Problem, *herauszufinden, was ein bestimmter Ausdruck bedeutet.* Das ist eine empirische Aufgabe: hermeneutisch-philosophisch, soziologisch-psychologisch usw. Der Problemlösungsvorschlag ist ein *Satz, der einen bestimmten Sprachgebrauch beschreibt,* ein *empirischer* Satz. Er kann *wahr oder falsch sein.* Er beschreibt sozusagen die Abkürzungsdefinitionen anderer, die Abkürzungsregeln, die in einem bestimmten Kontext gelten. Der Kontext kann dabei ein bestimmter Text eines Autors sein, der Sprachgebrauch eines bestimmten Autors, einer bestimmten Gruppe in einer bestimmten Epoche, einer Sprachgemeinschaft usw. Der Problemlösungsvorschlag ist ein *beschreibender* Satz, der oft – allerdings ganz uneigentlich – »beschreibende Definition« genannt wird. Der Satz, der eine solche »Definition« formuliert, könnte folgende Standardform haben: Im Kontext *K* der Sprache *S* ist der Ausdruck ›...‹ eliminierbar/austauschbar (definierbar) durch den Ausdruck ›---‹, und zwar ohne daß dabei relevante Kosten entstehen. Kurz, es wird – obwohl dieser Sprachgebrauch irreführend ist – der Ausdruck »beschreibende Definition« als Abkürzung für das Resultat der eben dargestellten Problemlösungstätigkeit verwendet. Wenn ein stabiler Sprachgebrauch vorausgesetzt wird, z. B. wenn vorausgesetzt wird, daß in der Sprache *S* »Junggeselle« das gleiche bedeutet wie »unverheirateter Mann«, dann ist der Satz, der diese Bedeutungsgleichheit behauptet, der Satz: »Ein Junggeselle ist ein unverheirateter Mann« (*D*), *analytisch in S.* Das heißt: *D* hat keinen empirischen Gehalt, seine Wahrheit verdankt *D* nicht seiner logischen Form, sondern ausschließlich dem Umstand, daß die Definition, die »Junggeselle« als Abkürzung für »unverheirateter Mann« einführt, im Sprachgebrauch der Sprache *S* akzeptiert ist, gilt. Wieviel eine beschreibende »Definition« aussagt, hängt wesentlich davon ab, was mit dem Kontext *K* gemeint ist. Falls *K* jeder beliebige Kontext der Sprache *S* ist, einschließlich Vokabular (ohne Kontext), dann wird dabei vorausgesetzt, daß es in *S* echte Synonyme gibt. Für natürliche Sprachen ist dies jedoch eine äußerst fragwürdige Annahme.

II. Adäquanzbedingungen

Was sind die Adäquanzbedingungen für eine beschreibende »Definition«, für eine meaning analysis? Folgende Forderungen sind zu stellen:

(A) daß es der Fall ist, daß im Kontext *K* »...« durch »---« ersetzt werden kann, ohne daß unvorhergesehene Kosten auftreten, d. h., daß der Satz, der die beschreibende »Definition« formuliert, wahr ist (in der Sprache, die als Metasprache zu *S* fungiert). Diese Forderung impliziert, daß die Definition weder zu breit noch zu eng ist: daß die semantischen Spektra der beiden Ausdrücke in relevanten Hinsichten genügend ähnlich sind.
(B) ist zu fordern, daß die *Ds.*-Ausdrücke im relevanten Kontext eindeutig und genügend präzise sind und daß die mit ihrer Hilfe gebildeten Sätze eine klare Bedeutung haben. Wenn diese Bedingung nicht erfüllt ist, dann kann die beschreibende »Definition« ihren Zweck nicht erfüllen. Diese Forderung schließt eine Definition, in der Unbekanntes durch Unbekanntes definiert wird (ignotum per ignotum) ebenso aus wie eine Zirkeldefinition. Eine Zirkeldefinition erfüllt gewiß die Kriterien der Eliminierbarkeit und der Nichtkreativität, aber sie verfehlt die Pointe der Definition.
Die oben angesprochene Analogie kann auch hier zur Veranschaulichung herangezogen werden: Man trifft eine Banknote mit unbekannten Schriftzügen und will durch Eintausch gegen Münzen mit festem, deutlich angegebenem Wert feststellen, was die große Banknote wert ist. Das setzt voraus, daß diese Münzen selbst einen fixen Wert haben, kein »Katzengold« sind. Dem Katzengold entsprechen im Falle der Definition die verbalen Verdunklungswolken mancher als Definition angebotener Sätze. Amüsante Beispiele inhaltsleerer Definitionen von pompöser Verbosität sind HEGELS Definitionen von »Elektrizität«, »Licht« usw., beispielsweise in seinem Werk »System der Philosophie« (vgl. HEGEL, Bd. 9, 369, 374, 380).

C. Mißbräuche des Ausdrucks und der Idee der Definition

Aus der zahlreichen Flora der Mißbräuche sollen einige weitverbreitete Typfälle herausgegriffen werden, die für die Wissenschaftstheorie relevant sind. Hinter jeder Art von Mißbrauch steht eine bestimmte philosophische Grundposition, deren Unhaltbarkeit zu gerade diesem Mißbrauch führt.

I. Sogenannte »Realdefinitionen« oder essentialistische Definitionen – »Wesensbestimmungen« durch eine Definition

Die Frage »Was ist ...?« ist unsinnig, wenn sie aufgefaßt wird als Frage nach dem »Wesen«. Hinter dieser Deutung der Frage steht gewöhnlich eine begründungsphilosophische Einstellung, die meint, eine »wahre« Definition oder *die* wahre Definition einer Entität, eines Phänomens etc. geben zu können. Letzten Endes liegt ihr auch die naive Vorstellung von einer fixen, »natürlichen« Verbindung von Symbol und einer gewissen Konstellation von Eigenschaften zugrunde. Erst wenn die oben genannte Frage interpretiert wird entweder als Frage »Was meint der Autor ... in dem Text ... mit dem Ausdruck ›...‹?« oder als Frage »Wie kann dieser Begriff verbessert werden?«, d. h. als Frage nach einem Explikat (→ *Explikation*), kann »Was ist ...?« eine ernst zu nehmende bzw. fruchtbare Frage werden.

II. Explikationen

Oft werden Begriffsentwicklungen, Explikationen, die sich aus Entdeckungen und Theorienkonstruktion ergeben, fälschlich als Definitionen bezeichnet. So wird der Satz »Wasser ist H_2O« in Lehrbüchern oft als Definition des Begriffs Wasser bezeichnet. Dies ist irreführend. Denn hier wird weder »H_2O« als bequeme Abkürzung für »Wasser« eingeführt, noch umgekehrt. *Die Bezeichnung »Definition« ist deshalb irreführend, weil sie verdeckt, daß es sich hier um eine Explikation im Kontext von Entdeckung und Theoriekonstruktion handelt;* im Beispiel um A. AVOGADRO DI QUAREGNAS Entdeckung (1811).

III. Newtons zweites Prinzip

Die Frage, ob NEWTONS zweites Prinzip (den Kraft-Begriff betreffend) ein empirischer Satz (*falsifizierbar*, → *Falsifikation*) oder eine Definition von »Kraft« ist, setzt eine ganz bestimmte Auffassung von wissenschaftlichen Theorien voraus, nämlich die Auffassung der Konventionalisten und derjenigen, die gemäß dem Zweisprachenmodell eine Theorie als ein System von analytischen und empirischen Sätzen auffassen; dies ist eine unhaltbare Theorieauffassung, wie wir dank Karl POPPER wissen – allerdings eine Theorieauffassung, die sich großer Popularität erfreut.

IV. Die implizite Definition

Die *Lehre von der impliziten Definition* besagt, daß ein Terminus seine Bedeutung dadurch erhält, daß er als Teil eines Postulatsystems fungiert und daß deshalb seine Bedeutung sozusagen postulatsystem-relativ ist. Gemäß dieser Theorie bekommt dasselbe Zeichen (dieselbe Ausdrucksgestalt) verschiedene Bedeutungen, je nachdem, in welchen Postulatsystemen es vorkomınt. Hinter dieser Irrlehre (ohne Paul FEYERABEND nahetreten zu wollen) – die zur sogenannten Inkommensurabilitätsthese führt – steht eine *instrumentalistische* Auffassung wissenschaftlicher Theorien. Gemäß der instrumentalistischen Auffassung hat die Theorie gar keine beschreibende Funktion (oder falls sie eine solche hat, können wir nichts darüber aussagen); sie ist lediglich ein Instrument, und erst die von ihr abgeleiteten Datensätze sind beschreibend. Wieso von bestimmten Theorien korrekte Voraussagen abgeleitet werden können und von anderen nicht, bleibt dann allerdings ein Mysterium. Wie dem auch sei, die Lehre von der »impliziten Definition« ist eine Irrlehre. Entweder definiert man einen Ausdruck, oder man definiert ihn nicht. Es ist aber nicht möglich, ihn mittels seiner Zugehörigkeit zu einem Postulatsystem – »implizit« – zu definieren.

V. Die partielle Definition

Auf dem Fundament des logischen Positivismus gedeiht auch ein anderer Mißbrauch von »Definition«: die sogenannte *»partielle Definition«*. Am bekanntesten sind CARNAPS sogenannte Reduktionssätze. Zum Beispiel der Satz: »Wenn *x* in Wasser getaucht wird, dann *ist x löslich in Wasser,* dann und nur dann, wenn *x* sich auflöst, d. h., wenn eine optisch homogene Lösung entsteht.« Ein solcher Satz wird oft als »partielle Definition« von »*x* ist löslich in *y*« angeboten. Diese façon de parler verdeckt, daß es sich hier um einen Ansatz zu einer Kausalerklärung oder zu einer gesetzesähnlichen Hypothese handelt und nicht um eine Definition.

VI. »Ostentative« und operationale Definitionen

Die Forderung, jeden Ausdruck zu definieren, würde zu einem infiniten Regreß führen. Deshalb muß es in jeder Sprache undefinierte Termini geben, sogenannte »primitive Ausdrücke«, oder ein Grundvokabular. Bei gewissen dieser undefinierten Ausdrücke ist es möglich, ihnen im Zusammenhang mit dem Erlernen einer Sprache eine Bedeutung zu geben durch pragmatische, durch nichtsprachliche Mittel, etwa durch Aufzeigen oder durch Hinweise wie bei der Berlitz-Sprachlernmethode. Mario BUNGE hat vorgeschlagen, solche Handlungen, die teilweise aus Aufzeigen und teilweise aus performativen Sprachhandlungen bestehen, als *»ostentative referitions«* zu bezeichnen – ein empfehlenswerter Vorschlag. Man nennt diese Handlungen aber oft *»ostentative (zeigende) Definitionen«*. Die sogenannten *operationalen »Definitionen«* sind ein Spezialfall von ostentativen Bedeutungsgebungen (ostentative referitions, fälschlich als »Definition« bezeichnet). Nun können sprachliche Ausdrükke nur durch Ausdrücke definiert werden. Einen Ausdruck durch eine nichtsprachliche Handlung definieren zu wollen ist bereits deshalb absurd. Beim Operationalismus handelt es sich jedoch um die systematische Konfusion von einerseits Begriff, Explikation, Definition, Sinn, Bedeutung und andererseits Feststellungsmethoden dafür, ob in einem bestimmten, konkreten Fall diejenige Eigenschaft, die der *Dd.*-Ausdruck bezeichnet, tatsächlich vorliegt, ob sie exemplifiziert wird oder nicht. Die sogenannte operationale »Definition« ist eine Anweisung, wie der Funktorwert eines ein- oder mehrstelligen Prädikates in konkreten Fällen bestimmt werden soll, eines Prädikates oder einer Eigenschaft, die durch den *Dd.*-Ausdruck oder gegebenenfalls durch den *Ds.*-Ausdruck – jedenfalls durch sprachliche Ausdrücke – bezeichnet wird. Sogenannte operationale »Definitionen« sind ein Versuch, Problemen der Bedeutungsgebung auszuweichen. Sie vermengen Definition (Begriff, Explikat usw.) und Feststellungsmethode – gleichgültig, ob es sich um Meßmethoden oder um Bedeutungsgebung durch Aufzeigen handelt. Könnte man per impossibile (das Unmögliche angenommen) einen Terminus mittels der Angabe einer Feststellungsmethode für die An-/Abwesenheit der Eigenschaft, die der Terminus konnotiert, definieren, dann ergäben sich für jede der verschiedenen Meßmethoden *je ein* Begriff, z. B. »Länge gemessen mit Maßband«, »Länge gemessen durch trigonometrische Verfahren« usw. Der Slogan »Intelligence is what the test tests« könnte dann die sogenannte »operationalist fallacy« stellvertretend zusammenfassen.

In der Wissenschaftstheorie der Naturwissenschaften ist der *»operationalistische Irrtum«* weitgehend verschwunden. In der Philosophie ist er noch immer beliebt. So wird z. B. Wahrheit in einflußreichen philosophischen Richtungen kontextuell auf folgende Weise

»definiert«: »Eine Aussage ist wahr dann und nur dann, wenn die ideale Sprachgemeinschaft In the Long Run oder wenn gutwillige und wohlinformierte Gesprächspartner dieser Aussage zustimmen würden.« Hier wird nicht nur der Begriff der Wahrheit mit Feststellungsmethoden für Wahrheit (noch dazu mit kontrafaktuellen, die kein Kriterium inspirieren können) verwechselt, sondern gemäß diesen Feststellungsmethoden ist es für »Wahrheit« im Sinne dieser »Definition« (die in Wirklichkeit nur die Angabe einer Feststellungsmethode ist) irrelevant, ob der betreffende Satz wahr ist: ob er eine zutreffende Darstellung der betreffenden Aspekte der Wirklichkeit ist oder nicht.

VII. Konventionalisierung

Ein interessantes Phänomen ist die sogenannte *Konventionalisierung beschreibender Sätze durch Definition*. Eine gesetzesähnliche Hypothese (lawlike hypothesis) wird unter der Hand in eine Definition bzw. in einen Teil einer Definition verwandelt. Die Struktur dieser Denkfigur kann an einem einfachen fingierten Beispiel illustriert werden. Die Hypothese »Phosphor (definiert durch Eigenschaften x_1 & x_2 & ... & x_n) schmilzt bei 40° C« (1) ist ein falsifizierbarer Satz. Wenn er falsifiziert wird, gibt es zwei mögliche Reaktionen: (a) die Falsifizierung wird anerkannt, (b) der Satz wird gegen Falsifizierung immunisiert, indem man ihn allen empirischen Gehaltes entleert. Man antwortet auf die Falsifikation: »Dann ist dieses Objekt eben gar kein Phosphor.« Damit hat man die Eigenschaft »... schmilzt bei 40° C« zu den bisherigen Definitionseigenschaften von »Phosphor« hinzugesetzt. Satz (1) wird dadurch in einen *analytischen* Satz verwandelt oder gegebenenfalls in eine Stipulation (Vereinbarung). Er gibt an, was wir mit »Phosphor« meinen sollen bzw. was in *S* damit gemeint ist.

D. Suggestiv-Definitionen

In Texten, die vorgeben, sich mit sozial- und geisteswissenschaftlichen Problemen zu befassen, kommen oft Definitionen vor, die als *»Suggestiv-Definitionen«* (*persuasive definitions* [Charles Stevensson]) bezeichnet werden. Deshalb ist es nützlich, diese Art von Definitionen zu analysieren. Es handelt sich um die Verwendung von Definitionen in der Absicht, Wörter zu ideologischen Kampfmitteln zu machen. Voraussetzung ist, daß der betreffende Ausdruck im umgangssprachlichen Gebrauch eine fixierte Bedeutung und auch eine feststehende emotive Funktion besitzt. Die Suggestiv-Definition versucht, den emotiven Effekt des Ausdrucks beizubehalten und den deskriptiven Inhalt zu verändern. Diese Technik kann effektiv sein bei solchen Adressaten, die nicht durchschauen, daß »Wesensbestimmungen« durch Definition prinzipiell unsinnig sind. Die »persuasive definition« basiert nämlich auf der Irrlehre der »Wesensdefinition«. Wörter werden so zu »Lügenwörtern« (M. Kriele), z. B. in Deklarationen wie »Die ›wahre‹ Demokratie ist die Volksdemokratie (d. h. der Totalitarismus)«, »Die ›wahre‹ Gerechtigkeit ist die ›soziale Gerechtigkeit‹ als Gleichheit der Resultate und Lebensbedingungen« usw.

Die sogenannte *»re-emphatic definition«* versucht, den deskriptiven Inhalt beizubehalten und den emotiven Effekt zu verändern – was allerdings bedeutend schwieriger ist. So wird in allen totalitären Staaten der emotive Wert des Wortes »Freiheit« heruntergespielt, was zweckmäßig ist, wenn sogar das Grundrecht der Ausreisefreiheit negiert wird. Und in westlichen Ländern wird versucht, sowohl den emotiven Wert des Wortes zu reduzieren als auch das Wort durch eine Suggestiv-Definition so umzudefinieren, daß »wahre« Freiheit soziale Sicherheit bedeutet. Suggestiv-Definition und re-emphatische Definition werden kombiniert, um ideologische Kampfwörter zu fabrizieren. So wird die Staatsgewalt der westlichen Demokratie zur »strukturellen Gewalt«, und selbst »Aufklärung« wird zum Lügenwort, wenn »Befreiungsbewegungen« von Robespierre bis Lenin als »Fortsetzerinnen der Aufklärung« bezeichnet werden. Ein Beispiel für eine weitere Art der ideologischen Verwendung von Definitionen ist der Versuch, durch eine angebliche Definition einen Ausdruck, der im umgangssprachlichen Gebrauch bisher eine einigermaßen fixierte Bedeutung hat, allen Inhalts zu entleeren und zu einer *leeren Worthülse* zu machen.

Solche »Entleerungsdefinitionen« (sit venia verbo) sind ein Spezialfall der Suggestiv-Definition: der emotive Effekt des Wortes wird beibehalten, der deskriptive Gehalt aber wird nicht durch einen anderen ersetzt, sondern eliminiert. Aus dem Ausdruck wird eine Leerformel gemacht. Dieser Taktik dürfte oft die Auffassung zugrunde liegen, daß man mit Leerformeln, Gefälligkeitsformeln Konsens fabrizieren könne und daß diese Art von Konsensbildung wünschenswert sei. Ein aktuelles Beispiel einer »Entleerungsdefinition« (Scheindefinition, die in Wirklichkeit den Inhalt auflöst) kann die methodologische These illustrieren, daß in den Geisteswissenschaften zwischen Theorienbildung/Explikation/Definition einerseits und politisch-ideologischen Positionen andererseits ein enger Zusammenhang besteht. Diejenigen, die die liberale Rechtsstaatsidee angreifen und gleichzeitig versuchen, den Totalitarismusvorwurf an den Kommunismus abzuschwächen und insbesondere zu verhindern, daß eine systemvergleichende Analyse von Nationalsozialismus und Kommunismus gemacht wird, verwenden folgende Strategie: Sie verwerfen die Distinktion zwischen Rechtsstaat und Diktatur und setzen an ihre Stelle die Alternative »Faschismus oder Kommunismus«. Als Mittel dazu dient eine *»Entleerungsdefinition«* des Terminus »Faschismus«: Der Begriff wird so erweitert, daß alle nichtmarxistischen Diktaturen in einen Topf geworfen werden und sie alle unter diese Rubrik fallen. »Faschismus« – das »Wesen« (!) des Faschismus – ist dann alles das, was im Gegensatz zum Marxismus steht und deshalb als das »an sich Böse« zu betrachten sei. Die so gewonnene Leerformel soll dann dazu dienen, den Totalitarismusbegriff zu tabuisieren. Ist erst einmal dieses unentbehrliche begriffliche Hilfsmittel für komparative Analysen des modernen Staates (K. D. Bracher) tabuisiert, sind solche Analysen effektiv verhindert. Die Technik der sinnentleerenden Scheindefinition spielt also eine wichtige Rolle in politischer Agitation und (geistes)wissenschaftlichen Sprach- und Denkformen. Kurz: Definitionen und Verfahren, die vortäuschen, Begriffsinhalte zu spezifizieren, werden oft im ideologisch-politischen Kampf mißbraucht, und philosophische Analyse – und als Mittel dazu auch Wissen über den Begriff der Definition – ist unerläßlich, wenn man diese Vorgänge verstehen und die Desinformationsmethoden durchschauen will.

Gerard Radnitzky

Dubislav, W.: Die Definition. [3]1931, [4]1981. – *Essler, W. K.:* Wissenschaftstheorie. Bd. 1. [H] – *Gabriel, G.:* Definitionen und Interessen. 1972. – *Hegel, G. W. F.:* Sämtliche Werke. Jubiläumsausgabe in 20 Bden. Hg. von *H. Glockner.* 1927 bis 1930; 1956–1959. – *Hempel, C. G.:* Grundzüge der Begriffsbildung in der empirischen Wissenschaft. (Aus dem Engl.) (1952) 1974. – *Ders.:* Philosophie der Naturwissenschaften. (Aus dem Engl.) (1966) 1974. – *Kamlah, W./Lorenzen, P.:* Logische Propädeutik. 1967, [2]1973. – *Menne, A.:* Einführung in die Logik. 1966, [3]1981. – *Pawlowski, T.:* Begriffsbildung und Definition. 1980. – *Popper, K. R.:* Die offene Gesellschaft und ihre Feinde. (Aus dem Engl.) (1944) Bd. 1; 2. [6]1980. Insbesondere Kap. 11. [W] – *Rickert, H.:* Zur Lehre von der Definition. [3]1929. – *Robinson, R.:* Definition. 1950, [4]1965. – *v. Savigny, E.:* Grundkurs im wissenschaftlichen Definieren. 1970, [4]1976. – *Seiffert, H.:* Einführung in die Wissenschaftstheorie. Bd. 1. 1969, [10]1983. [E] – *Stegmüller, W.:* Probleme und Resultate [...]. Bd. 1. [H] – *Suppes, P.:* Introduction to Logic. 1957, [4]1960. Kap. 8.

Gerard Radnitzky/H.S.

Dialektik

griech. dialektiké (téchnē): Unterredungskunst; zu griech. dialégesthai: sich unterreden

Einleitung

Der Begriff der *Dialektik* ist im Verlauf der Geschichte der Philosophie in verschiedenen Bedeutungen verwendet worden, die einen gemeinsamen Bezugspunkt besitzen, nämlich die ursprüngliche Bedeutung des Wortes »dialégesthai« = »sich unterhalten«. Aus dieser Herkunft des Wortes wird deutlich, daß unter Dialektik von jeher ein Verfahren der Erkenntnisgewinnung verstanden worden ist, welches als komplementär zur deduktiven Entwicklung oder Darstellung von Theorien angesehen werden muß.

Dialektik hat ihren Ursprung im Dialog, d. h. im Hin und Her von Rede und Gegenrede, von Argument und Gegenargument, bis entweder einer der Gesprächskontrahenten sich mit seiner Argumentation durchsetzt oder beide Partner sich schließlich bei einer gemeinsam akzeptierten Ansicht treffen, die als wahr anerkannt werden muß, insofern sich kein Widerspruch mehr erhebt.

A. Geschichtliches

Während in den Platonischen Dialogen die Dialektik, d. h. die Gesprächskunst des Sokrates, der Hinführung zur Wahrheit dient, haben die Sophisten die Dialektik lediglich als die lehrbare Kunst angesehen, jede beliebige Meinung im Streitgespräch durchzusetzen, also mit Hilfe rhetorischer Hilfsmittel Scheinargumente zum Sieg zu führen. Diese Ambivalenz – auf der einen Seite Dialektik als Weg zur Wahrheit, auf der anderen Seite als Kunst, jede beliebige Meinung als wahr erscheinen zu lassen – hat sich auf die Bewertung der Dialektik bis in die Gegenwart ausgewirkt. Für die scholastische Philosophie des Mittelalters diente die Methode des »pro« und »contra« bzw. des »sic et non« der Wahrheitsfindung, KANT hingegen sprach vom dialektischen Schein und meinte damit das Ergebnis des Versuchs des Verstandes, durch leere Vernünfteleien sich über seine Grenzen, die Grenzen der empirischen Erfahrung, zu erheben.

B. Die gegenwärtige Diskussion
In der Gegenwart ist die Diskussion um den Begriff Dialektik in der Hauptsache geprägt durch die HEGELsche Verwendung des Begriffes und seine Modifizierung durch MARX. Dem Selbstverständnis vieler Dialektiker zufolge, die sich dabei auf die Genannten berufen, erfaßt die dialektische Theorie mit Hilfe der dialektischen Methode die Dialektik der Wirklichkeit, die einem nicht dialektischen, d. h. systematischen und deduktiven Denken verborgen bleiben muß, ja, es ist dem Dialektiker sogar unmöglich, dem Nichtdialektiker das Wesen der Dialektik darzulegen, weil sie ineinander nicht übersetzbare Sprachen sprechen: »Der dialektische Begriff des Ganzen [...] überschreitet [...] die Grenzen formaler Logik, in deren Schattenreich Dialektik selber nicht anders scheinen kann denn als Schimäre.« (HABERMAS, in: Der Positivismusstreit, 155)
Trotz dieses Verdiktes, das von dialektischer Seite gegen das analytische Denken ausgesprochen worden ist – die analytische Philosophie hat mit den Vorwürfen des Mystizismus und der Unwissenschaftlichkeit erwidert –, soll im folgenden eine Darstellung des Begriffes Dialektik auf dem Boden des analytischen Denkens vorgenommen werden.

C. Die dialektische Triade: These, Antithese, Synthese
I. Der Dreischritt
Den Ausgangspunkt bildet die dialektische Triade, der Dreischritt von These, Antithese und Synthese. In diesem Dreischritt, der ein Ablaufmodell für die Entwicklung von Gedanken darstellt, ist in idealtypischer Verdichtung eine metatheoretische Vorstellung verkörpert, die große Ähnlichkeit mit den Vorstellungen des → *Kritischen Rationalismus* besitzt. Wissenschaft wird als ein evolutionärer, intersubjektiver Prozeß aufgefaßt, der durch das Entstehen kontroverser Theorien in Gang gesetzt wird: die Einseitigkeit der These, d. h. das Bewußtsein des Ungenügens einer empirischen Theorie, ruft die Antithese hervor, eine ihr entgegengesetzte Theorie. These und Antithese beziehen sich auf denselben Gegenstandsbereich, sie versuchen, ihn von entgegengesetzten bzw. verschiedenen Grundannahmen her zu erklären. Der Kampf zwischen These und Antithese führt zu ständigen Modifikationen der Theorien in der Abwehr jeweils gegnerischer Argumente.
Diese dialektische Situation kann schließlich beendet werden, wenn eine der Thesen, durch die aufgenommene und verarbeitete Kritik der Antithese immer weiter verbessert, am Ende für alle am Wissenschaftsprozeß Beteiligten zustimmungsfähig geworden ist oder wenn die Synthese durch eine überlegene neue Idee gefunden wird, die die beiden streitenden Theorien ihrer Partialität überführt.
Aus dieser metatheoretischen Erkenntnis über den Fortschritt des wissenschaftlichen Denkens lassen sich methodische Anweisungen für den wissenschaftlichen Forschungsprozeß ableiten, die den Vorstellungen des Kritischen Rationalismus entsprechen. Wie der Kritische Rationalist das methodische Schwergewicht nicht auf die Bestätigung, sondern auf die Widerlegung von Theorien legt, weil die Widerlegung zum Ausgangspunkt für neues Forschen wird, so sieht der Dialektiker den Fortschritt des Denkens nicht im Verharren bei der These, sondern im Übergang von der These zur Antithese und von da zur Synthese gewährleistet.

II. Der Wechsel von Argument und Gegenargument
Dialektisches Denken ist demnach ein Verfahren, dessen Ziel es ist, durch den Wechsel von Argument und Gegenargument die Begrenztheit einer jeweiligen theoretischen Idee zu erkennen und zu überwinden. Die konkrete Anweisung für den Dialektiker entspricht daher der methodischen Anweisung, die der Kritische Rationalismus bereithält: Prüfe bestehende Theorien im Lichte kontroverser Ideen, suche Gegenargumente zu deinen Hypothesen.
In der wissenschaftlichen Praxis ist diese Maxime allerdings schwer zu verwirklichen: niemand stellt willentlich einseitige Theorien auf, sondern jeder Theoretiker vermeint, alle denkbaren Argumente berücksichtigt zu haben. Die *nicht intendierte* Einseitigkeit und

damit Unzulänglichkeit der Theorie stellt sich immer erst in der Anwendung heraus. Die Synthese, die die Einseitigkeit von These und Antithese überwindet, läßt sich, obwohl die Ausdrucksweise »Negation« = Antithese und »Negation der Negation« = Synthese auf eine Art von logischer oder mathematischer Operation hindeuten könnte, *nicht* mit Hilfe eines dialektischen Schematismus aus der Ausgangsposition, der These, deduzieren, sondern sie ist das Ergebnis eines am Forschungsgegenstand orientierten Denkprozesses.
Daraus folgt, daß es nicht analog zur deduktiven logischen Methode eine Art deduktiver dialektischer Methode oder eine dialektische Logik geben kann. Die Synthese läßt sich deshalb nicht aus den Ausgangspositionen These und Antithese ableiten, weil sie der Definition gemäß einen Schritt über die Ebene von These und Antithese hinausführen soll, also gerade nicht durch These oder Antithese bereits impliziert sein kann.

III. Die Rückkopplung

Zunächst ist das dialektische Dreischrittschema erläutert worden als typisiertes Beschreibungsmodell für die Entwicklung der Wissenschaften bzw. des Kommunikationsprozesses zwischen den Wissenschaftlern. Dieser Entwicklungsprozeß wird dadurch ermöglicht, daß der einzelne Wissenschaftler nicht allein forscht, sondern in einem Erfahrungsaustausch mit anderen steht. Das Prinzip, nach welchem diese wechselseitige Einwirkung der Subjekte aufeinander stattfindet, läßt sich allgemein charakterisieren als eine Art von Wechselbeziehung zwischen Subjekten (im Falle der Wissenschaft) bzw. zwischen irgendwelchen Größen beliebiger Art. Unter dem Eindruck der Entwicklung der Kybernetik ist zur Charakterisierung solcher Vorgänge, die man früher schlicht als Wechselwirkung bezeichnet hätte, der Ausdruck Rückkopplung gebräuchlich geworden.
Rückkopplungsprozesse lassen sich in allen Bereichen der Wirklichkeit auffinden, in biologischen Systemen wie in technischen Geräten oder in gesellschaftlichen Interaktionsprozessen. Alle diese durch Rückkopplung wesentlich charakterisierten Prozesse kann man auch als dialektische Prozesse bezeichnen. Das dialektische Dreiphasenschema läßt sich daher als ein ganz allgemeines formales Evolutionsmodell auf viele Bereiche der Wirklichkeit anwenden.
Die These von der Dialektik der Wirklichkeit besagt demnach, übersetzt in ein anderes Sprachspiel: In allen Bereichen der Wirklichkeit herrscht Rückkopplung zwischen den jeweils relevanten Faktoren. Eine Theorie, die den Anspruch erhebt, die Wirklichkeit zu erkennen, darf deshalb nicht bei der Analyse isolierter Größen verharren, sondern muß versuchen, die Wechselwirkung zwischen diesen Größen und die daraus resultierende Veränderung des rückgekoppelten Systems zu erfassen.

D. Der logische und der dialektische Widerspruch

Die Dialektiker wenden sich daher gegen den Versuch, die Wirklichkeit als statisches System aufzufassen, welches aus dem Zusammenwirken unveränderlicher Größen resultiert – das zu tun, unterstellen sie dem systematischen Denken –, und plädieren dafür, die Wirklichkeit als dialektische »Totalität«, d. h. als eine dynamisch sich entwickelnde Ganzheit anzusehen.

I. Der Widerspruch in der Theorie und in der Praxis

Von der globalen Intention her gesehen, ist dieses Anliegen der dialektischen Theorie gerechtfertigt, doch haben die Dialektiker bei der Ausführung ihrer Vorstellungen eine Reihe von Mißverständnissen in die Welt gesetzt, welche Dialektiker wie Nichtdialektiker gleichermaßen verwirrt und die adäquate Rezeption des richtigen Grundgedankens der Dialektik durch andere philosophische Richtungen erschwert, wenn nicht teilweise verhindert haben.
1. In der Theorie: So hat die von den Dialektikern nicht beseitigte Homonymie des Wortes »Widerspruch« bewirkt, daß es für die Dialektiker schwierig, ja z. T. unmöglich wurde, den dialektischen vom logischen Widerspruch zu unterscheiden. Deren ständige Verwechslung hat aber nicht nur die Kritik an der Dialektik und daraus folgend ihre Ablehnung durch die Logiker bewirkt, sondern auch verhindert, daß die Dialektiker selbst ihr eigenes Tun richtig interpretieren konnten.
Während der logische Widerspruch auf einen Fehler in einem deduktiven Argumentationszusammenhang hinweist, der entweder in den Prämissen schon enthalten oder durch einen Fehler in der Argumentation entstanden ist, auf jeden Fall aber beseitigt werden muß, wenn die Argumentation Gültigkeit bean-

sprechen will, bezeichnet der dialektische Widerspruch den real existierenden Widerspruch zwischen zwei Theorien, die nicht deduktiv miteinander verknüpft sind. Auch dieser Widerspruch ist aber ein Indiz für die Unzulänglichkeit der einander widerstreitenden Theorien, er muß in einer besseren Theorie aufgehoben werden. Die Logik formuliert also das allgemeine Axiom der Widerspruchsfreiheit, während die Dialektik idealtypisch aufzeigt, wie das wissenschaftliche Denken unter strikter Anwendung des Axioms der Widerspruchsfreiheit in der konkreten Situation kontroverser Hypothesen vorgehen soll.

2. In der nicht-theoretischen Wirklichkeit: Anders dagegen verhält es sich mit der nichttheoretischen Wirklichkeit. Die Verwendung des Wortes »Widerspruch« in diesem Bereich führt zu Denkfehlern, wenn man sich nicht dessen bewußt bleibt, daß die Übertragung des Wortes »Widerspruch« auf einen anderen Bereich den Begriff zu einer Metapher werden läßt, da die andere Situation nur teilweise analog der Situation im theoretischen Bereich ist. In seiner strengen und exakten Bedeutung ist »Widerspruch« an Sprache und damit Theorie gebunden, die Bezeichnung einer bestimmten nichtsprachlichen Wirklichkeit als »Widerspruch« bedarf also der Interpretation, da Widersprüche der Wirklichkeit nicht mit logischen Widersprüchen identisch sein können. Die aus der idealistischen Philosophie Hegels übernommene Sprachregelung erweckt aber genau diesen Anschein, und ein großer Teil der Dialektiker selbst hat sich dadurch dazu verführen lassen zu behaupten, die Widersprüche der Wirklichkeit seien von der Art, daß eine widerspruchsfreie, den Axiomen der Logik gehorchende Theorie sie nicht erfassen könne (→ *Kritische Theorie*).

II. Der Doppelsinn des Wortes »Widerspruch«

Ein weiteres Problem liegt darin, daß der Begriff »Widerspruch« von den Dialektikern teils rein deskriptiv im Sinne von Wechselwirkung bzw. Rückkopplung verwandt wird, teils jedoch eine aufzuhebende oder auf ihre katastrophische Aufhebung zusteuernde Disproportion innerhalb eines Systems meint. Dieses Schillern des Begriffes zwischen wertfreier Beschreibung von Tatsachen und ihrer normativen Bewertung hat zu Selbsttäuschungen z. B. der Kritischen Theorie im Hinblick auf die Konstituierung einer normativen Gesellschaftstheorie geführt und bewirkt, daß Nichtdialektiker den Begriff »Dialektik« als Leerformel bezeichnet haben, also als einen Begriff, der einen präzisen Inhalt nur vortäuscht, tatsächlich aber wegen seiner Vieldeutigkeit universal für jedwede Theorie und jede beliebige praktisch-politische Zielsetzung verwendbar ist.

III. Klärung

Zur Vermeidung solcher Folgen unscharfer Begrifflichkeit gilt es daher Folgendes festzuhalten:
Die sogenannten Widersprüche der Wirklichkeit sind keine logischen Widersprüche, sondern bezeichnen komplexe Strukturen, in denen Rückkopplung herrscht. In den Wissenschaften kommt es häufig vor, daß diese komplexen Wechselwirkungsprozesse nicht als einheitlicher Gesamtzusammenhang erkannt werden. Statt dessen versuchen die Wissenschaftler, zumeist gespalten in einander befehdende Lager, den Gesamtprozeß jeweils einseitig und monokausal von entgegengesetzten Positionen aus zu erklären. Wenn aber die Dialektik der Wirklichkeit nicht in einer einheitlichen Theorie erfaßt wird, sondern auf der Ebene der Theorie in Form zweier gegensätzlicher Theorien erscheint, dann ist demnach die nicht erkannte Dialektik des Objektes die Ursache für die Dialektik des Erkenntnisprozesses, wie ihn die dialektische Triade idealtypisch formuliert. Die Dialektiker haben also mit ihrer Kritik an undialektischen, weil einseitigen Theorien durchaus recht, aber ihre Schlußfolgerung ist falsch. Die Beschränktheit und Einseitigkeit von Theorien ist nicht die zwangsläufige Folge von systematischem und logischem Denken, sondern sie wird in jedem einzelnen Fall verursacht durch eine unzureichende und einseitige empirische Hypothese, folglich kann sie aufgehoben werden durch eine umfassendere und vollständigere Hypothese.

Roland Simon-Schaefer

Adorno, Th. W.: Negative Dialektik. 1966, 1975. – *Bartsch, G.:* Der dialektische Widerspruch. 1986. – *Becker, W.:* Idealistische und materialistische Dialektik. [2]1972. – *Becker, W./Essler, W. K. (Hg.):* Konzepte der Dialektik. 1981. – *Bubner, R.:* Dialektik und Wissenschaft. 1973, [2]1974. – *Bubner, R./Cramer, K./Wiehl, R. (Hg.):* Hermeneutik und Dialektik. Bd. 1; 2. 1970. – *Diemer, A.:* Elementarkurs Philosophie. [Bd. 1:] Dialektik. 1976. [H] – *Habermas, J.:* Erkenntnis und Interesse. [Buch] [W] – *Ders.:* Zur Logik der

Sozialwissenschaften. [W] – *Ders.:* Theorie und Praxis. [W] – *Heintel, E.:* Grundriß der Dialektik. Bd. 1; 2. 1984. – *Heiss, R.:* Wesen und Formen der Dialektik. 1959. – *Holz, H. H./Sandkühler, H. J./Tomberg, F. (Hg.):* Studien zur Dialektik. 1975. – *Horkheimer, M./Adorno, Th. W.:* Dialektik der Aufklärung. 1947, 1969, 1980. – *Hubig, Ch.:* Dialektik und Wissenschaftslogik. 1978. – *Israel, J.:* Der Begriff Dialektik. 1980. – *Knittermeyer, H.:* Art. Dialektik. In: Die Religion in Geschichte und Gegenwart. [3]1958. – *Kofler, L.:* Geschichte und Dialektik. 1955, [2]1970. – *Der Positivismusstreit* [...]. [W] – *Sartre, J.-P.:* Kritik der dialektischen Vernunft. 1967. – *Seiffert, H.:* Einführung in die Wissenschaftstheorie. Bd. 2. [E] – *Simon-Schaefer, R.:* Dialektik. Kritik eines Wortgebrauchs. 1973. – *Topitsch, E. (Hg.)* unter Mitarbeit von *P. Payer:* Logik der Sozialwissenschaften. 1965, veränd. [10]1980. Darin: *Popper, K. R.,* Was ist Dialektik? – *Viertel, W.:* Eine Theorie der Dialektik. 1983.

H.S.

Empirische Methoden in den Sozialwissenschaften

A. Allgemeines

I. Methodologische Voraussetzungen

Gemäß ihrem erfahrungswissenschaftlichen Selbstverständnis ist es Aufgabe der → *Sozialwissenschaften*, substantielle Aussagen über soziale Phänomene zu machen, die sowohl kommunizierbar als auch prinzipiell intersubjektiv überprüfbar sind. Diese Aussagen erfolgen mit Hilfe von Begriffen (→ *Begriff*), durch die soziale Phänomene bzw. deren Relationen bezeichnet werden. Mit Begriffen bezeichnen die Mitglieder einer Sprachgemeinschaft das, was sie an Aspekten der (sozialen) Wirklichkeit für hervorhebenswert halten. Ein Bedeutungswandel von Begriffen ist daher mit einer Veränderung der Sichtweise sozialer Realität verbunden. Die Wahl (sowie die Veränderung) dieser Begriffe deutet auf den theoretischen Gehalt dieser Interpretation der Wirklichkeit durch diese Sprachgemeinschaft hin. Über diese alltagsweltlichen Theorien hinaus ist jede Fragestellung sozialwissenschaftlicher Forschung in einen (wissenschaftlich-)theoretischen Rahmen eingebunden, der seinerseits durch Forschungsergebnisse modifiziert und weiterentwickelt wird.

Im Unterschied zur alltäglichen Erfahrungsbildung binden sozialwissenschaftliche Untersuchungsmethoden den Zugang zur sozialen Realität an bestimmte Verfahrensregeln, die hinreichend präzise und intersubjektiv anwendbar sein müssen, um als verbindlich gelten zu können. Der – prinzipiell für Neuentwicklungen offene – Kanon empirischer Methoden stellt einen Teilbereich der umfassenden Gesamtheit wissenschaftlicher Methoden der Erkenntnisgewinnung (*Methodologie i.w.S.*) dar; als »empirisch« werden solche Methoden bezeichnet, die die Erfassung sozialer Phänomene zum Gegenstand haben und über rein logische und kategoriale Analysen hinausgehen.

Die unter der Bezeichnung »Sozialwissenschaften« zusammengefaßten Disziplinen (Sozialanthropologie, Soziologie, Sozialpsychologie, Politologie, Pädagogik, Ökonomie und andere) verwenden gegenstandsspezifisch empirische Methoden in unterschiedlichem Ausmaß. Um sie dem jeweiligen Forschungsproblem und den verfolgten Erkenntnisinteressen adäquat einsetzen zu können, ist es notwendig, die Leistungsfähigkeit der einzelnen Methoden zu kennen (*Methodologie i.e.S.*).

Ausgangspunkt einer empirischen Untersuchung ist das Forschungsproblem (die Forschungsfrage, die Hypothese), das einen speziellen Bereich aus dem Universum aller möglichen Beobachtungen eingrenzt und bei dessen Formulierung unter anderem Begriffe verwendet werden, die sich auf nicht direkt beobachtbare Sachverhalte beziehen. Für die empirische Beobachtung sozialer Realität bedürfen solche Begriffe der *Operationalisierung*, d. h., es müssen Forschungs»operationen« angegeben werden, die durchzuführen sind, damit man entscheiden kann, ob eine konkrete Beobachtung mit dem entsprechenden Begriff zu beschreiben ist. Operationale Definitionen sind theoretisch und forschungspragmatisch zu begründende Umsetzungen der nach Inhalt und/oder Umfang weiter reichenden Begriffe; sie müssen auf beobachtbare Indikatoren bezogen sein. Liegt weitgehende Entsprechung zwischen dem gemeinten Begriff und der operationalen Definition bzw. deren Indikator vor, so bezeichnet man die Vorgehensweise als »gültig«. Neben diesem Kriterium für die Gültigkeitsprüfung einer Methode können einige weitere herangezogen werden. Allgemein wird *Gültigkeit* (Validität) einem Forschungsinstrument dann attestiert, wenn es tatsächlich das mißt, was es messen soll. Von der Gültigkeit eines Instruments ist seine *Zuverlässigkeit* (Reliabilität) zu unterscheiden. Als zuverlässig ist ein

Instrument zu bezeichnen, wenn es unter gleichen Bedingungen unabhängig von der Person des Anwenders und anderen Zufälligkeiten der Untersuchungssituation bei wiederholter Anwendung die gleichen Ergebnisse erbringt.

II. Zur Logik des Messens

Untersuchungseinheiten empirisch-sozialwissenschaftlicher Forschung können Personen, Kollektive, Institutionen oder kulturelle Produkte sein, deren Merkmale bzw. Merkmalsausprägungen (Daten) mit Hilfe empirischer Methoden erfaßt werden. (In einem eher technischen Sinne spricht man auch von Variablen und Variablenausprägungen.) Merkmale bzw. Variable können sich auf dieselbe oder auf unterschiedliche Dimensionen eines Gegenstandes beziehen.

Von entscheidender Bedeutung dafür, welche Analyseverfahren im weiteren Forschungsverlauf verwendet werden können, ist es, das jeweilige Meß- bzw. Skalenniveau der Daten zu beachten. Gewöhnlich werden *vier Meßniveaus* unterschieden: *Nominalskalen* geben lediglich Auskunft über die Verschiedenheit von Ausprägungen, ohne etwas über Rangordnung oder Abstand zu besagen ($A \neq B$; z. B. Geschlecht: männlich, weiblich). *Ordinalskalen* bringen die Merkmalsausprägungen in eine Rangordnung, wobei noch keine Information über die Distanz der Ränge zueinander enthalten ist ($A < B < C$; z. B. Schulnoten). *Intervallskalen* besitzen alle Eigenschaften der Skalen niedrigeren Niveaus und geben zusätzlich Auskunft über die Abstände zwischen den einzelnen Skalenpositionen, so daß bei aufeinanderfolgenden Ausprägungen A, B, C die Gleichung $A - B = B - C$ gilt (z. B. Intelligenzquotient). *Ratioskalen* schließlich haben einen absoluten Nullpunkt, der empirisch Sinn ergibt, und ermöglichen es, Verhältnisse von Skalenpositionen zu berechnen ($A = x \cdot B$, z. B. Alter). Da in den Sozialwissenschaften nur selten Daten des Intervall- und Ratioskalenniveaus vorhanden sind, können nur in geringem Umfang hochentwickelte mathematisch-statistische Datenanalyseverfahren, die metrische Daten voraussetzen, sinnvoll angewendet werden.

Für einige sozialwissenschaftliche Fragestellungen werden Verfahren angewendet, die insbesondere in der (Sozial-)Psychologie zur quantitativen Erfassung nicht unmittelbar meßbarer Sachverhalte entwickelt worden sind. Diese Skalierungsverfahren konstruieren aus einer gewissen Anzahl von »Items« (einzelne Aussagen, zu denen Untersuchungspersonen Stellungnahmen abgeben) Skalen, mit deren Hilfe Meinungen und Einstellungen von Individuen gemessen werden können. Am bekanntesten sind die folgenden, zumeist nach dem Forscher, der die spezielle Vorgehensweise zuerst vorgeschlagen hat, benannten Verfahren: die Methode der summierten Beurteilungen (LIKERT-Skala), das Verfahren gleich erscheinender Abstände (THURSTONE-Skala), der Paarvergleich von Items, die Skalogramm-Analyse (GUTTMAN-Skala) und das Polaritätenprofil.

Skalierungsverfahren werden auch bei der Neuentwicklung von Tests eingesetzt. Tests sind Verfahren zur Untersuchung von Persönlichkeitsmerkmalen zu in der Regel (individual-)diagnostischen Zwecken. Voraussetzung dafür, ein bestimmtes Verfahren als Test zu verwenden, ist, daß der Wertebereich der Testergebnisse für einen möglichst großen Personenkreis zuvor normiert wurde, so daß für das untersuchte Individuum unmittelbar die relative Position (z. B. IQ-Punktzahl) innerhalb dieser Personengruppe hinsichtlich des Testkriteriums (z. B. Problemlösungsverhalten) angegeben werden kann. Man unterscheidet Tests entsprechend dem zu prognostizierenden Verhalten u. a. nach Persönlichkeits-, Einstellungs-, Begabungs-, Leistungs- und Eignungstests.

B. Die Verfahren im einzelnen

I. Auswahlverfahren

Da es häufig unmöglich oder aus Gründen des Aufwands und der Kosten nicht angebracht ist, alle Einheiten (z. B. Personen) einer Grundgesamtheit (z. B. Einwohnerschaft) in eine empirische Untersuchung einzubeziehen – eine Vollerhebung also nicht vertretbar ist –, sind in den Sozialwissenschaften Auswahlverfahren für die Bildung von Stichproben (samples) entwickelt worden, die Gewähr dafür bieten sollen, daß die für die Stichprobe ermittelten Merkmalsverteilungen jenen in der Grundgesamtheit mit hinreichender Genauigkeit entsprechen (Repräsentativität). Zwei Gruppen von Auswahlverfahren für Stichproben sind zu unterscheiden: Wahrscheinlichkeitsauswahlen und Verfahren der bewußten Auswahl.

1. Wahrscheinlichkeitsauswahlen: Bei Wahrscheinlichkeitsauswahlen muß jede Untersuchungseinheit der Grundgesamtheit die gleiche (genauer: eine angebbare) Chance haben, in die Stichprobe aufgenommen zu werden. In diesem Falle kann auf der Grundlage wahrscheinlichkeitstheoretischer Überlegungen in Abhängigkeit von der absoluten Größe des Samples der Auswahlfehler berechnet bzw. die Wahrscheinlichkeit angegeben werden, mit der eine Merkmalskonstellation der Stichprobe vom entsprechenden Wert der Grundgesamtheit maximal abweicht. Wahrscheinlichkeitsauswahlen können in mehreren Varianten durchgeführt werden. Sofern die Grundgesamtheit in weitgehend homogene Teilgruppen zerlegt werden kann, empfiehlt sich eine geschichtete Wahrscheinlichkeitsauswahl: aus jeder Teilgruppe (Schicht) wird getrennt eine Stichprobe gezogen. Voraussetzung dafür ist jedoch, daß der Umfang jeder Schicht bekannt ist, denn die Ergebnisse der Teilgruppen müssen – insbesondere wenn eine von den Größenverhältnissen der Grundgesamtheit abweichende (disproportionale) Schichtung vorgenommen wurde, um Teilgruppen mit statistisch ausreichendem Umfang zu erhalten –, nach ihrer Relation in der Grundgesamtheit gewichtet, zu einem Gesamtergebnis zusammengefaßt werden. Wegen der relativen Homogenität der Teilgruppen läßt sich der Sicherheitsgrad gegenüber einfacher Wahrscheinlichkeitsauswahl bei gleichem Stichprobenumfang verbessern.

Eine weitere Abwandlung der Wahrscheinlichkeitsauswahl ist die mehrstufige Zufallsauswahl. Sie wird dann angewendet, wenn die Einheiten der Grundgesamtheit weder physisch noch symbolisch für die Auswahl verfügbar sind. Im Falle einer Flächenstichprobe – einer speziellen Form der Mehrstufenauswahl – wird auf einer höheren Aggregationsstufe (z. B. Stadt) eine Zufallsauswahl aus deren Elementen vorgenommen (z. B. einige Stadtteile); über weitere Stufen (z. B. Wohngebiete und Wohnhäuser) kommt man dann zur eigentlichen Untersuchungseinheit (z. B. Familien). Allerdings erhöht sich mit jeder Stufe der Auswahlfehler, deshalb sollte mit möglichst wenigen Stufen gearbeitet werden.

2. Das Quotenauswahlverfahren: Dieses wichtigste und am weitesten verbreitete Verfahren der bewußten Auswahl versucht nach einigen Merkmalsausprägungen zentraler Variablen (z. B. Geschlecht, Alter, Konfession, Berufsgruppe) die Stichprobe der Grundgesamtheit nachzubilden. Diese Merkmalsausprägungen müssen vorher – etwa aus der amtlichen Statistik – bekannt und für den Interviewer leicht erkennbar bzw. erfragbar sein. Sodann wird dem einzelnen Interviewer vorgegeben, in welchem Verhältnis (Quote) Personen dieser Merkmalsverteilung in der Anzahl seiner Befragungen vertreten sein müssen. Man hofft, auf diese Weise auch die unbekannten Merkmale entsprechend ihrer Verteilung zu erfassen. Jedoch besteht die Gefahr, daß leicht erreichbare Personen überrepräsentiert werden. Im Unterschied zur Wahrscheinlichkeitsauswahl kann bei bewußten Auswahlen der Stichprobenfehler nicht nach einem mathematisch-statistischen Kalkül berechnet werden. Dennoch findet die Quotenauswahl vor allem in der Markt- und Meinungsforschung häufig Anwendung, da sie eine Reihe praktischer Vorteile besitzt: sie ist relativ billig und rasch durchzuführen. – Unter der Vielzahl möglicher Kategorisierungen empirischer, sozialwissenschaftlicher Methoden hat sich die grobe Einteilung nach Methoden der Datengewinnung und Methoden der Datenanalyse durchgesetzt. Diese Einteilung entspricht weitgehend dem zeitlichen Ablauf eines Forschungsprozesses, in dem allerdings spätere Phasen schon bei der Planung einer Untersuchung berücksichtigt werden müssen. Eine Reihe weiterer Verfahrensweisen sind entweder nicht eindeutig der einen oder anderen Kategorie zuzurechnen, oder aber sie betreffen als Forschungsstrategien und Forschungstypen den Untersuchungsablauf insgesamt.

II. Methoden der Datengewinnung

1. Die Beobachtung: In einem umfassenden Sinne verstanden, kann systematische Beobachtung der sozialen Realität als gemeinsame Definition aller sozialwissenschaftlicher Methoden der Datengewinnung gelten. Als spezielle Methode wird Beobachtung allerdings gewöhnlich enger verstanden und auf die Verfahren eingegrenzt, die die sinnliche Wahrnehmung sozialwissenschaftlich relevanter Sachverhalte bezwecken. Beobachtung als wissenschaftliches Verfahren in diesem engeren Sinne läßt sich nach drei Gesichtspunkten klassifizieren: (a) nach der Art der Beobachtungssituation, (b) nach der Stellung des Beobachters zur Beobachtungssituation und (c) nach der vorgängig festgelegten Art der Kontrolle, unter der eine Beobachtung vorgenommen werden soll.

(a) Beobachtungen können in *natürlichen* oder in *künstlich erzeugten Situationen* statt-

finden. Dabei gelten alle jene Situationen als natürlich, die nicht eigens zum Zwecke der Untersuchung inszeniert werden. In diesem Falle spricht man von einer Feldbeobachtung im Gegensatz zur Laboratoriumsbeobachtung, bei der die Untersuchungspersonen einem speziellen Arrangement von Umgebung und Stimuli unterworfen werden, das je nach Forschungsziel systematisch variiert werden kann.

(b) Hinsichtlich der Stellung des Beobachters zum Geschehen unterscheidet man zwischen *nicht-teilnehmender* Beobachtung, sofern der Beobachter außerhalb des Geschehens bleibt, und *teilnehmender* Beobachtung, sofern er Teil des Geschehens selbst ist, indem er etwa zum Zwecke der Untersuchung eine Rolle innerhalb des Rollengefüges der Beobachtungssituation übernimmt. Beide Arten der Beobachtung besitzen spezielle Vor- und Nachteile: Während ein teilnehmender Beobachter unter Umständen erst durch seine Integration bestimmte Aspekte der sozialen Realität erfassen kann (in der ethnologischen Forschung hängt vielleicht sogar die Möglichkeit zur Beobachtung davon ab), begibt er sich gleichzeitig in die Gefahr, durch seine Teilnahme die Beobachtungssituation zu verändern oder aber nur solche Aspekte wahrzunehmen, die aus der speziellen Rolle erfahrbar sind, andere dagegen zu vernachlässigen. Schließlich besteht die Gefahr des Distanzverlustes, d. h., die Integration geschieht unter Umständen so perfekt, daß der Forscher die Besonderheiten, um deretwillen die Beobachtung begonnen wurde, aus den Augen verliert, weil sie ihm inzwischen als selbstverständlich erscheinen. Ein nicht-teilnehmender Beobachter ist diesen Gefahren zwar nicht ausgesetzt, bleibt aber auf jenen Bereich sozialer Situationen beschränkt, der ohne direkten Sozialkontakt erfaßbar ist. In beiden Arten ist offene oder verdeckte Beobachtung möglich. Aus forschungsethischen Gründen wird der offenen Beobachtung – abgesehen von genau zu begründenden Ausnahmen – der Vorzug gegeben.

(c) Im Unterschied zu alltäglichen Ad-hoc-Beobachtungen können sozialwissenschaftliche Beobachtungen nicht der günstigen Gelegenheit oder der Spontaneität des Beobachters überlassen bleiben, sondern müssen nach Art und Umfang *geplant* werden. Wissenschaftliche Beobachtung erfordert die Festlegung von *Beobachtungseinheiten* (Zeitintervalle, einzelne Handlungen oder Handlungssequenzen) und die Vorgabe von *Beobachtungskategorien*. Je nach dem Ausmaß der vorgängigen Festlegungen, die eine größtmögliche Vergleichbarkeit der Ergebnisse gewährleisten sollen, erfolgt die Beobachtung entweder vollstrukturiert nach einem detaillierten Kategoriensystem oder nach einem flexibel angelegten Kategoriengerüst, das den Beobachter zwar einer geringeren Kontrolle unterwirft, ihm aber ein größeres situationsadäquates Reaktionsvermögen abverlangt. Während systematische, strukturierte Beobachtungsverfahren in prinzipiell »bekannten« Situationen zur Überprüfung von Hypothesen mit dem Ziel einer quantitativen Analyse der Ergebnisse eingesetzt werden, finden wenig strukturierte Instrumente zur Erkundung des Problemfeldes (Exploration) und in qualitativ orientierten Untersuchungen Anwendung.

2. Die Befragung: Mit Abstand am häufigsten werden in sozialwissenschaftlichen Untersuchungen Formen der Befragung zur Datengewinnung eingesetzt. Die Unterscheidung nach (a) mündlichem (persönlichem) Interview einerseits und (b) schriftlicher Befragung andererseits bezieht sich auf die Darbietungsform der Fragen.

(a) Die mündliche Befragung (das Interview): (1) Einem Alltagsgespräch am ähnlichsten ist *das offene, wenig strukturierte Interview* – auch Tiefen- oder Intensivinterview genannt –, bei dem der Interviewer anhand eines Leitfadens eine Anzahl von Themen anspricht, ohne an eine bestimmte Reihenfolge oder an Frageformulierungen gebunden zu sein, und bei der er aus dem Gesprächsverlauf heraus entscheiden kann, ob an einzelnen Stellen Nachfragen angebracht sind. Diese Form der Datenerhebung eignet sich besonders für freie Explorationen in individualpsychologischen Studien und generell in Vorphasen sozialwissenschaftlicher Untersuchungen, wenn über den Untersuchungsgegenstand wenig bekannt ist. In jüngster Zeit erhält das offene Interview über seine explorative Funktion hinaus eigenständige Bedeutung in qualitativen Untersuchungen, die sich methodologisch etwa an einer »hermeneutischen« Auffassung von Sozialforschung orientieren. Gerade das geringe Ausmaß vorgängiger Festlegungen wird dabei als entscheidender Vorteil erachtet, scheint doch so am ehesten sichergestellt zu sein, daß das zum Tragen kommt, was der Befragte selbst für bedeutsam hält.

Als Nachteile des offenen Interviews gelten im allgemeinen die geringe Vergleichbarkeit, da sein Verlauf stark von der Subjektivität des Interviewers und von speziellen situativen Bedingungen abhängt. Auf dem Kontinuum Kontrollierbarkeit, an dessen einem Endpunkt man das offene und an dessen anderem man das vollständig strukturierte (standardisierte) Interview ansiedeln kann, stellt *das teilstrukturierte Interview* eine Zwischenform dar. Es spielt in der Forschungspraxis eine wichtige Rolle, da aufgrund befragungspsychologischer Erwägungen meistens eine vollständige Strukturierung vermieden wird.

Das strukturierte (standardisierte) Interview ist gekennzeichnet durch ein genau festgelegtes Fragenschema und durch ausformulierte Fragen, die dem Interviewer keinen Spielraum für eigene situationsangepaßte Formulierungen lassen, ihn andererseits aber auch entlasten, so daß er sich auf die konkrete Abfolge eines unter Umständen recht komplexen Fragebogens konzentrieren kann. Damit wird die Vergleichbarkeit zwischen den einzelnen Interviews größer, und es wird so erst möglich, kontinuierlich einen Stamm von Interviewern für rasch wechselnde Befragungsthemen einzusetzen (wie es vor allem in der Markt- und Meinungsforschung praktiziert wird), ohne sie jeweils in das Forschungsproblem vollständig einzuarbeiten.

Das strukturierte Interview bietet eher die Gewähr einer relativ unproblematischen Quantifizierung der Ergebnisse und hat nicht unwesentlich dazu beigetragen, die Befragung als den »Königsweg« sozialwissenschaftlicher empirischer Forschung zu etablieren. Dem Nachteil, weniger detaillierte Antworten zu erhalten und den Hintergrund einzelner Fälle nicht so intensiv wie beim offenen Interview ausleuchten zu können, steht der Vorteil gegenüber, vergleichbare Ergebnisse für eine größere Zahl von Personen zu gewinnen.

(2) Hinsichtlich der *Formulierung von Fragen* gilt der unmittelbar einleuchtende, aber nicht so selbstverständlich realisierbare Grundsatz der *Verständlichkeit*. Da in kaum einer Untersuchung von einer in jeder Hinsicht homogenen Personengruppe ausgegangen werden kann, also zumeist Unterschiede hinsichtlich Verbalisierungsfähigkeit, Schulbildung, beruflicher Stellung, regionaler Zugehörigkeit etc. anzutreffen sind, müssen bei der Fragebogenerstellung in der Regel Kompromisse eingegangen werden, um einen durchschnittlichen Grad an Verständlichkeit zu erreichen (Abstraktionsgrad, gebräuchliche Redewendungen, mundartliche Besonderheiten). Da Untersuchungen zur Methodologie des Fragebogens ergeben haben, daß schon relativ geringfügige Veränderungen in der Frageformulierung in den Antworttendenzen unterschiedliche Ergebnisse erbringen können, ist darauf besondere Sorgfalt zu verwenden; dies gilt insbesondere dann, wenn quantitative Vergleiche mit anderen Untersuchungen beabsichtigt sind. Vergleiche zwischen Untergruppen innerhalb derselben Untersuchung dagegen sind zumeist unproblematisch, sofern identische Formulierungen verwendet wurden. Entgegen einer weit verbreiteten Ansicht sind auch suggestiv wirkende bzw. soziale Normierungen implizierende Formulierungen durchaus handhabbar. Voraussetzung dafür ist allerdings, daß der Forscher sich dieser Tatsache bewußt ist, sie als notwendig erachtet und forschungsethisch legitimieren kann.

(3) In bezug auf *die Art von Fragen* wird zunächst zwischen offenen und geschlossenen Fragen unterschieden. Offene Fragen beinhalten keine Antwortvorgaben, während geschlossene die »zulässigen« Antwortmöglichkeiten festlegen. Im einfachsten Falle, einer Alternativfrage, mag etwa Bejahung und Verneinung bzw. Zustimmung und Ablehnung vorgegeben sein. Bei einer Auswahlfrage hat sich der Befragte für eine unter mehreren abgestuften Vorgaben zu entscheiden. Häufig enthält ein Fragebogen auch sogenannte Listenfragen, die einen Katalog möglicher Antworten präsentieren, unter denen der Befragte eine oder – falls Mehrfachnennungen von der Sache her zulässig sind – auch mehrere für ihn zutreffende auswählt. Neben diesen Arten von Fragen werden auch Tests und Formen der nichtverbalen Präsentation von Stimuli (Bilder, Listen, Tabellen) angewendet.

(4) Im Hinblick auf den *Aufbau des Fragebogens* unterscheidet man zwischen einer Makroplanung, die die Grobstruktur, d. h. die Anordnung der Fragenkomplexe zusammen mit den Einleitungs-, Übergangs- und Pufferfragen festlegt, und der Mikroplanung, die sich mit der Position einzelner Fragen beschäftigt. In diesem Zusammenhang kommt es weniger auf den logisch exakten Aufbau eines Fragebogens als vielmehr auf

seine psychologische Stimmigkeit an, die dazu beiträgt, daß auch längere Interviews (über eine Stunde) von den Befragten akzeptiert werden.
(5) *Das Interview* selbst ist als eine *soziale Situation* besonderer Art zu betrachten, in der eine weitgehend asymmetrische Kommunikation stattfindet: vom Befragten wird erwartet, daß er auf Fragen antwortet, ohne inhaltliche Reaktionen seitens des Interviewers zu bekommen. Dennoch können auch in solchen ungleichgewichtigen Interaktionssituationen wechselseitige Einflüsse in Form von Typisierungen und (unbewußten) Übertragungen wirksam werden. Aus Untersuchungen zur Methodologie der Befragung ist bekannt, daß sich beim Befragten gewisse Antworttendenzen als Reaktionen auf vermutete Einstellungen des Interviewers ergeben. So erhielten Interviewer, die aufgrund äußerer Merkmale einmal als Angehörige der Mittelschicht, ein anderes Mal als Angehörige der Arbeiterschicht zu erkennen waren, der Tendenz nach unterschiedliche Antworten auf Fragen zur Einschätzung der Gewerkschaften. Selbstverständlich ist ein derartiger Einfluß bei Fragen am wahrscheinlichsten, die in einer Beziehung zu den wahrgenommenen Interviewerattributen stehen. Vom Interviewer können ebenfalls ergebnisverzerrende Einflüsse auf die Befragungssituation ausgehen. So nimmt erfahrungsgemäß die Fähigkeit zur Wahrnehmung feinerer Antwortunterschiede nach einer gewissen Anzahl durchgeführter Interviews ab (Routineeffekt).
(b) Die schriftliche Befragung: Bei schriftlichen Befragungen tritt die Person des Fragenden hinter das Medium Fragebogen zurück – entweder vollständig (postalische Befragung) oder teilweise (der Fragende ist nur noch für Kontrollzwecke und technische Hilfestellung notwendig – schriftliche Gruppenbefragung). Das Verschicken der Fragebogen per Post oder ihre sonstige Verteilung hat den Vorzug der Kostenersparnis gegenüber persönlichen Interviews. Bei der postalischen Befragung stehen dem zwei gravierende Nachteile gegenüber. Obwohl in der Regel eine bestimmte Person gezielt angeschrieben wird und in einem Begleitschreiben Ziel, Durchführender und gegebenenfalls Auftraggeber erläutert bzw. vorgestellt werden, um die Mitarbeitsbereitschaft zu erhöhen, kann die Befragungssituation nicht kontrolliert werden: daß der Befragte selbst den Fragebogen ausfüllt, daß andere Personen nicht zu Rate gezogen werden, ist nicht sichergestellt. Des weiteren ist bei postalischen Befragungen der Anteil nicht zurückgeschickter Fragebogen erfahrungsgemäß relativ hoch. Zwar könnte ein gewisser Rücklaufausfall von vornherein einkalkuliert oder durch mehrmaliges Anschreiben verringert werden, aber es bleibt schwer kalkulierbar, ob die Verweigerungsquote rein zufälliger Natur ist oder eine bestimmte Gruppe von Personen, deren Merkmalsverteilung im Zusammenhang mit dem Gegenstand der Untersuchung steht, überwiegend vertreten ist und damit das Ergebnis systematisch verzerrt. In manchen Fällen läßt sich eine solche Verzerrung größenordnungsmäßig durch den Vergleich einiger Merkmalsverteilungen des Rücklaufs mit der bekannten Verteilung der entsprechenden Grundgesamtheit bzw. der ursprünglichen Stichprobe abschätzen. Als Einsatzmöglichkeiten für postalische Befragungen kommen Spezialuntersuchungen eines relativ homogenen Personenkreises in Frage, der zur Teilnahme hoch motiviert und dem die Form der schriftlichen Stellungnahme geläufig ist. Von der postalischen Befragung zu unterscheiden ist die schriftliche Befragung von Einzelpersonen in der Gruppe. Sie kann in bereits bestehenden Gruppen (Schulklassen, Vereine, Betriebsabteilungen) oder in Gruppen, die eigens zum Zwecke der Untersuchung zusammenkommen, angewendet werden.
3. Die Gruppendiskussion: Das Gruppendiskussionsverfahren versucht den realen Bedingungen der Meinungsbildung im sozialen Kontext, der in atomistischen, künstlichen Befragungssituationen traditioneller Art zuwenig berücksichtigt wird, Geltung zu verschaffen. Eine Gruppe von 6 bis 12 Personen wird zu einer thematisch gezielten Diskussion angeregt, indem der Diskussionsleiter einen sogenannten Grundreiz (Film, Brief o. ä.) präsentiert. Im weiteren Verlauf der Diskussion enthält sich der Leiter zumeist inhaltlicher Stellungnahmen; er kann aber weitere Diskussionsanreize oder Informationen einbringen, um den Gesprächsverlauf in Gang zu halten oder auf bestimmte Aspekte des Themas zu lenken. Gruppendiskussionen eignen sich der Anlage des Verfahrens entsprechend weniger, Einzelmeinungen quantitativ zu erfassen, als vielmehr die inhaltliche Struktur informeller Gruppenmeinungen zu untersuchen und die Prozesse zu beobachten, in denen sich Gruppenmeinungen bilden bzw. manifest werden. Bei ihrer Anwendung ist zu be-

rücksichtigen, ob es sich um eine nach bestimmten Merkmalen homogene oder heterogene bzw. um eine bereits bestehende oder eine zum Zwecke der Untersuchung zusammengestellte Gruppe handelt; entsprechend diesen Faktoren sind je besondere typische Phasen gruppendynamischer Art zu erwarten. Des weiteren hat sich der Einsatz von Gruppendiskussionen im explorativen Stadium von Untersuchungen bewährt, in dem es zunächst weniger um die repräsentative Auswahl von Personen als vielmehr um einen Überblick über die Problemlage geht.

4. Die Soziometrie: Obwohl unter dem Begriff »Soziometrie« ein Messen sozialer Phänomene allgemein verstanden werden könnte, bezeichnet er ein spezielles Verfahren zur Erfassung der sozialen Struktur von Gruppen. Die Mitglieder einer Gruppe – ein Minimum gegenseitigen Kennens vorausgesetzt – werden gefragt, welche anderen Gruppenmitglieder sie für eine bestimmte gemeinsame Aktivität wählen bzw. ablehnen würden. Diese gegenseitigen positiven und negativen Wahlen lassen sich mit Hilfe von Symbolen als soziales Geflecht graphisch im *Soziogramm* darstellen, das für kleinere Gruppen recht anschaulich Informationen zur Integration bzw. Kohäsion der Gruppe und dem Status des einzelnen liefert. Bei größeren Gruppen und zur Berechnung von Indizes empfiehlt es sich, die soziometrischen Daten tabellarisch als *Soziomatrix* darzustellen. J. L. Moreno, der Begründer dieses Verfahrens, verband mit der Anwendung der Soziometrie weitreichende sozialreformerische Hoffnungen, die jedoch nicht eingelöst wurden. Heute findet die Soziometrie vor allem im pädagogischen Bereich Anwendung.

5. Die Inhaltsanalyse: Auf einen gemeinsamen Nenner gebracht, bedeutet Inhaltsanalyse die Auswertung von Materialien (Texte, Erzählungen, Dokumente, Bilder, Filme), die als Träger von Informationen Aufschluß geben können über Absichten und Einstellungen des Produzenten (Sender) und über mögliche Rezipienten (Empfänger). Hintergrund inhaltsanalytischer Verfahren ist demnach ein Modell sozialer Kommunikation, dessen wesentliche Elemente sich durch die folgende Leitfrage kennzeichnen lassen: Wer sagt was zu wem, wie, warum und mit welchem Effekt? Vor allem sprachliche Mitteilungen der Massenkommunikation werden mit den Mitteln der Inhaltsanalyse untersucht. Analyseeinheiten können hier einzelne Wörter, Sätze oder Textabschnitte sein. Neben der manifesten Bedeutung von Aussagen werden auch latente Inhalte und die Stellung innerhalb des Textzusammenhanges in die Analyse einbezogen. Wie bei anderen Methoden lassen sich qualitative und quantitative Vorgehensweisen unterscheiden. Während die qualitative Inhaltsanalyse die Bedeutungsschichten des Materials auszuloten sucht, geht es der quantitativen Inhaltsanalyse um die Verteilung bestimmter Textelemente oder die Plazierung und Häufigkeit von Aussagen im entsprechenden Medium. Zwischen den Vertretern beider Vorgehensweisen wurden lange Zeit Kontroversen darüber ausgetragen, welche der Methodenvarianten die angemessenere sei. Inzwischen wird von beiden Seiten weitgehend anerkannt, daß weder auf hermeneutische Interpretation noch auf Quantifizierung ganz verzichtet werden kann. Dazu hat auch beigetragen, daß es durch Steigerung der Leistungsfähigkeit der EDV möglich wurde, auch in quantitativen Untersuchungen über das Erkennen und Auszählen von Analyseeinheiten hinaus anspruchsvollere Fragestellungen zu bearbeiten: mit Hilfe programmierter Wörterbücher lassen sich inhaltlich gleiche Bedeutungen von Textelementen identifizieren und Aussagenkontexte berücksichtigen.

III. Forschungstypen und -strategien

1. Das Experiment: Als Ideal wissenschaftlicher Forschung wird häufig das Experiment angesehen. Diese Stellung verdankt es vor allem dem Umstand, daß in dieser Forschungsstrategie die Bedingungen der Datengewinnung weitgehend kontrolliert werden können, so daß, bei entsprechender Veränderung der untersuchten Variablen, Einsichten in Kausalzusammenhänge zu gewinnen sind. Dabei wird im einfachsten Falle eine unabhängige Variable (Ursache) in der Weise manipuliert, daß aus der entsprechenden Veränderung der abhängigen Variablen (Wirkung) das Vorhandensein eines behaupteten Kausalzusammenhanges überprüft werden kann. Um die beobachtete Wirkung eindeutig der unabhängigen Variablen zurechnen zu können, werden die Effekte direkt oder indirekt wirksamer Faktoren kontrolliert, indem die Personen einer Versuchs- und einer Kontrollgruppe zugewiesen werden, die sich im Idealfall nur im Hinblick auf den Einfluß der unabhängigen Variablen voneinander unterscheiden. In der Regel lassen sich in sozialwissenschaftlichen Experimenten jedoch nicht alle der möglichen Einflußfaktoren explizit kontrollieren; sie sind unter Umständen nicht einmal alle bekannt. Deshalb wird häufig die Versuchs- und die Kontrollgruppe nach einer Reihe von Merkmalen gleichgesetzt, oder Personen werden nach dem Prinzip der maximalen Zufallsstreuung auf die beiden Gruppen verteilt, so daß weitere möglicherweise wirksam werdende Faktoren in beiden Gruppen voraussichtlich gleichermaßen zum Tragen kommen. Auf J. St. MILL gehen einige grundlegende Prinzipien experimenteller Anordnungen zurück; inzwischen ist die Logik des Experiments weiter ausgearbeitet und die Handhabung von Daten verbessert worden, so daß es heute möglich ist, eine größere Anzahl von Faktoren mit Hilfe multifaktorieller Versuchspläne zu kontrollieren.

Entsprechend den situativen Bedingungen der Datenbeschaffung wird zwischen Laboratoriums- und Feldexperimenten unterschieden. In beiden Fällen können sich forschungsethische Probleme im Zusammenhang mit dem gezielten Eingriff in soziale Situationen ergeben. Zuweilen lassen sich ohnehin ablaufende soziale Prozesse im Sinne experimenteller Versuchsanordnungen rekonstruieren (Ex-post-facto-Experiment, Begleitforschung).

2. Evaluations- und Handlungsforschung: Wie in anderen Disziplinen kann auch in den Sozialwissenschaften zwischen Grundlagen- und angewandter Forschung unterschieden werden. Während die Grundlagenforschung auf die Entwicklung von Theorien bezogen ist, soll die angewandte Forschung zur Lösung praktischer sozialer Probleme beitragen. Die beiden folgenden Beispiele charakterisieren spezielle Aspekte angewandter Forschung.

Der Evaluationsforschung geht es darum, bestimmte Maßnahmen oder Reformen (z. B. die Einführung einer neuen Organisationsstruktur) auf ihre Effekte hin zu untersuchen und – gemessen an den damit verbundenen ursprünglichen Intentionen – zu bewerten (evaluieren).

Ein anderes Beispiel angewandter Forschung ist die Handlungs- oder Aktionsforschung (action research), die im Gegensatz zu sonstigen Formen angewandter Forschung von Veränderungsabsichten seitens der Beteiligten ausgeht und diesen Prozeß unter Einsatz sozialwissenschaftlicher Methoden voranzutreiben sucht. Die Handlungsforschung erhebt den Anspruch, die Kluft zwischen dem distanzierten Forscher und den als bloße Forschungsobjekte erscheinenden Personen aufzuheben und die Ergebnisse sozialwissenschaftlicher Forschung den Beteiligten nicht erst, wie das bei »normaler« Forschung der Fall sein mag, nach Abschluß der Untersuchung über Publikationen oder über verschiedene Vermittlungsinstanzen indirekt zukommen zu lassen, sondern alle in ein Forschungsvorhaben Einbezogenen daran zu beteiligen und ihnen die Ergebnisse unmittelbar zur Verfügung zu stellen. Damit setzt sich die Handlungsforschung allerdings besonderen Problemen aus, so daß ihr methodologischer Stellenwert umstritten bleibt.

3. Querschnitt- oder Längsschnittuntersuchungen: Die Unterscheidung nach Quer- und Längsschnittuntersuchungen verweist auf den dynamischen Aspekt, der in den Sozialwissenschaften eine kaum zu überschätzende Rolle spielt. Soll der in einem bestimmten Zeitpunkt vorhandene Zustand beschrieben werden, das Vorhandensein und die momentanen Beziehungen einzelner Elemente erfaßt werden, genügt es, einen Querschnitt durch den sich verändernden Untersuchungsgegenstand zu legen. Sollen dagegen Veränderungen erfaßt, Merkmalsverteilungen zu verschiedenen Zeitpunkten und Charakteristika von Veränderungsprozessen untersucht werden, so sind Daten desselben Gegenstandes in mindestens zwei Zeitpunkten zu erheben (Längsschnittuntersuchung). Im speziellen Fall einer wiederholten Befragung derselben Personengruppe zur Untersuchung der Veränderung von Verhaltensweisen und Einstellungen spricht man von einer Panelbefragung. Bei der Planung von Paneluntersuchungen muß eine gewisse Ausfallquote einkalkuliert werden; sie ist um so größer, je mehr Befragungswellen beabsichtigt sind und je länger der Zeitraum ist, über den sich die Untersuchung erstreckt. Weitere Schwierigkeiten resultieren aus möglichen Effekten der Befragungswiederholung. Um solche Paneleffekte – darin vergleichbar der experimentellen Versuchsanordnung – abschätzen zu können, werden zeitlich versetzte Panelstränge miteinander verglichen.

4. Fallstudien: Die Einzelfallstudie oder Fallstudie (case study) untersucht ein interessant erscheinendes soziales Phänomen derart, daß der einheitliche Charakter des Gegenstandes erhalten bleibt. Dabei spielt der Gesichtspunkt der statistischen Repräsentivität keine

Rolle, sondern der besondere Fall soll als Ganzheit erfaßt werden, so daß Details und ihre Beziehungen untereinander besonders deutlich hervortreten und anschaulich dargestellt werden können. Mehrere Fallstudien (auch unterschiedlichen Typs), die denselben Gegenstand untersuchen, können vergleichend eingesetzt werden. In der Regel sind Fallstudien deskriptiv angelegt, bedienen sich der qualitativen Analyse und bevorzugen in der Präsentation der Ergebnisse die Typenbildung. Einzelfallstudien werden häufig explorativ verwendet und können hypothesengenerierende Funktion haben, wenn über den Gegenstand wenig sozialwissenschaftlich relevante Informationen vorliegen.

C. Aufbereitung, Analyse und Interpretation der Daten

Die während der Erhebungsphase einer Untersuchung gewonnenen Informationen liegen zunächst als Rohdaten (Eintragungen im Fragebogen, Beobachtungsprotokolle etc.) vor und müssen nun in weiteren Arbeitsschritten aufbereitet werden. Im Falle einer qualitativen Studie auf der Basis von Intensivinterviews werden in der Regel Transkriptionen des Gesprächsverlaufs notwendig. Vor allem bei quantitativ angelegten Untersuchungen ist es erforderlich, die Fülle der anfallenden Detailinformationen zu sichten, zu ordnen, zu kodieren (Merkmalsausprägungen werden durch Zahlen oder andere Zeichen symbolisiert) und gegebenenfalls auf Maßzahlen zu reduzieren, um sie für weitere Analyseschritte zugänglich zu machen. Umfangreichere Datenbestände werden in rechnerlesbare Form gebracht und als EDV-Datei (Magnetband, Plattenspeicher, Diskette) gespeichert; damit sind die Voraussetzungen geschaffen für einen raschen Zugriff auf die Daten und für weitere rechner- und programmabhängige Prozeduren (Datenbereinigung, Fehlerkontrolle).

Die Grundauszählung liefert eine Übersicht über die Merkmalsverteilungen, auf deren Basis Mittelwerte und Streuungen berechnet und Datenmodifikationen (Klassifizierung, Indexbildung) vorgenommen werden können. Zusammenhänge zwischen Variablen werden mit verschiedenen Verfahren der bi- bzw. multivariaten Analyse ermittelt; dazu zählen relativ einfache Tabellenanalysen auf der Basis von Prozentwertdifferenzen ebenso wie Regressions-, Korrelations- und Varianzanalysen, die in der Regel nur unter Zuhilfenahme entsprechender EDV-Programme bewältigt werden können. Statistische Kennzahlen geben Auskunft über die Art (Regressionskoeffizient) und die Stärke (Korrelationskoeffizient) des Zusammenhangs zwischen Variablen; mit speziellen statistischen Verfahren sind die Koeffizienten auf ihre Signifikanz zu überprüfen. Mit Hilfe der Faktorenanalyse läßt sich unter bestimmten meßtheoretischen Voraussetzungen aus einer größeren Anzahl miteinander in einem Zusammenhang stehender Variablen eine überschaubare, inhaltlich interpretierbare Zahl von Dimensionen bestimmen.

Die anhaltende Weiterentwicklung der Datenverarbeitung hat sowohl im Rechnerbereich mit den entsprechenden Peripheriegeräten (hardware) als auch im Bereich der Betriebssysteme und Programme (software) neue Kapazitäten geschaffen und die Handhabung erleichtert. Inzwischen steht eine Reihe von leistungsfähigen Datenbank- und Datenanalysesystemen auch für Mikrocomputer zur Verfügung. Besonders interessant für Sozialwissenschaftler sind Statistik-Programmpakete (SPSS, OSIRIS, SAS, BMDP u. a.), die nach einer entsprechenden Einführung die gängigsten Analyseverfahren verfügbar machen, ohne die Beherrschung einer Programmiersprache vorauszusetzen.

Allerdings enthebt ein noch so ausgefeiltes Instrumentarium den Forscher nicht seiner Verantwortung für die sachgerechte Verwendung der Methoden, und es bleibt seine Aufgabe, die Ergebnisse einer Untersuchung im Rahmen der zugrundegelegten Theorie zu interpretieren und im Hinblick auf die Ausgangsfragestellung zu bewerten.

Otto Bayer

v. Alemann, H.: Der Forschungsprozeß. 1977, ²1984. – *Atteslander, P.:* Methoden der empirischen Sozialforschung. 1969, ⁴1975. – *Best, H./Mann, R. (Hg.):* Quantitative Methoden in der historisch-sozialwissenschaftlichen Forschung. 1977. – *Friedrichs, J.:* Methoden empirischer Sozialforschung. 1973, ¹¹1982. – *Galtung, J.:* Theory and methods of social research. Oslo 1967. – *Harder, Th.:* Werkzeug der Sozialforschung. 1974. – *Hopf, Ch./Weingarten, E.:* Qualitative Sozialforschung. (Aus dem Amerik.) (Einzeltexte) 1979, ²1984. – *Kerlinger, F. N.:* Grundlagen der Sozialwissenschaften. (Aus dem Engl.) (1964) Bd. 1: 1975, ²1978; Bd. 2: 1979. – *König, R. (Hg.):* Handbuch der empirischen Sozialforschung. [W] – *Kriz, J.:* Methodenkritik empirischer Sozialforschung. 1981. – *Kromrey, H.:*

Empirische Sozialforschung. 1980, ^{3}1986. – *Mangold, W.:* Empirische Sozialforschung. 1967. – *Mayntz, R./Holm, K./Hübner, P.:* Einführung in die Methoden der empirischen Soziologie. 1969, ^{5}1978. – *Mueller, J. H./Schuessler, K. F./Costner, H. L.:* Statistical reasoning in sociology. ^{3}1977. – *Neurath, P.:* Statistik für Sozialwissenschaftler. 1966. – *Selltiz, C./Jahoda, M./ Deutsch, M./ Cook, S. W.:* Untersuchungsmethoden der Sozialforschung. (1951) 1972. – Der *Positivismusstreit* [...]. [W] – *Thiel, M. (Hg.):* Enzyklopädie der geisteswissenschaftlichen Arbeitsmethoden. 1967–. [H] – *Witzel, A.:* Verfahren der qualitativen Sozialforschung. 1983.

Otto Bayer/H.S.

Enzyklopädie

Einleitung. Zur Wortgeschichte

Das Wort ist weder aus dem klassischen Griechisch unmittelbar überliefert (wie »System«) noch eine neuzeitliche Neuschöpfung (wie etwa »Ontologie«), sondern es ist eine Neukonstruktion auf klassisch-griechischer Grundlage. Das tatsächlich in antiken Texten erscheinende »enkýklios paideía« (etwa: »kreisförmige Bildung«), lat. orbis doctrinae (»Kreis der Gelehrsamkeit«) bildeten die Humanisten in »(en)kykliopaideía« um.

A. Die Enzyklopädie im Wandel der Geschichte

I. Enzyklopädie als Bildungskanon

Der »orbis doctrinae« war etwa gleichbedeutend mit den »septem artes liberales«, den »Sieben Freien Künsten«, wie man den Bildungskanon des Mittelalters, bestehend aus den Fächern Grammatik, Rhetorik, Dialektik (»trivium« [hieraus »trivial«], später »humaniora«) und Arithmetik, Geometrie, Astronomie, Musiktheorie (»quadrivium«, später »scientiae«), nannte. Diese sieben Fächer waren dann auch Inhalt des allgemeinbildenden Kurses der »unteren« Universitätsfakultät, der (nach den artes so benannten) »Artistenfakultät«, aus der später die »philosophische Fakultät« wurde, die die Geisteswissenschaften und die Naturwissenschaften (jeweils etwa dem alten trivium und quadrivium entsprechend) in sich schloß. Im Englischen ist diese geistesgeschichtliche Entwicklung sprachlich noch ganz gegenwärtig: der Plural »liberal arts« bedeutet noch heute »Geistes- und Naturwissenschaften«; meint man die »Künste« in unserem Sinne, sagt man »fine arts« (»Schöne Künste«). Die Geisteswissenschaften allein sind die »humanities«, die Naturwissenschaften allein die »sciences«.

II. Enzyklopädie als Wissensdarstellung

»Enzyklopädie« meint also die systematische Darstellung der Lehrinhalte. Einen Höhepunkt der Geschichte der neuzeitlichen Enzyklopädie bildet die »Encyclopédie« (1751 bis 1780), herausgegeben von Diderot und d'Alembert. Große deutsche Enzyklopädien sind das »Universal-Lexikon«, verlegt von Zedler (1732–1754) und noch aus dem 19. Jh. die »Allgemeine Enzyklopädie«, herausgegeben von Ersch und Gruber (1818–1889). (Beide Werke führen übrigens im Titel noch »aller [bzw. der] Wissenschaften und Künste«.) Auch die Encyclopaedia Britannica erschien erstmals 1768–1771 als streng wissenschaftliches Werk.

Im 19. Jh. herrschte dann der Gedanke des »Konversationslexikons«, wörtlich also: eines »Wörterbuchs zum Mitreden« in der gebildeten Gesellschaft. Wichtigste Namen in Deutschland sind Brockhaus, Meyer und Herder. Ein grundsätzlicher Unterschied zwischen Enzyklopädie und Konversationslexikon läßt sich nicht konstruieren. Einmal gibt es viele Zwischenstufen, zumal die Konversationslexika, zumindest seit dem unvollendet eingestellten Ersch/Gruber, die Funktion der Enzyklopädien mit übernehmen mußten. Zum anderen läßt sich nur schwer eine eindeutige Unterscheidung zwischen »wissenschaftlichen« und »nichtwissenschaftlichen« Informationen machen, zumal der Begriff dessen, was »wissenschaftlich« ist, ohnehin geschichtlichem Wandel unterliegt (→ *Wissenschaftlichkeit*).

III. Inhalt und Anordnung

Die Bezeichnungen »Enzyklopädie« oder »Lexikon« besagen überhaupt nichts. So nannte sich der »Zedler«, eine Enzyklopädie im alten Sinne, »Lexikon«; und umgekehrt schwankte der Titel des »Brockhaus« im Laufe der Auflagengeschichte seit 1796 (ab 1808 bei Brockhaus) zwischen beiden Wörtern im Haupttitel und kombinierte sie meist auf dem Titelblatt.

Das Wort »Lexikon« (aus dem Griech., von légein: »sprechen«; lat. dictionarium, von dicere: »sprechen«; franz. dictionnaire; engl. dictionary) ist im heutigen Sprachgebrauch doppeldeutig: es kann sowohl eine Enzyklopädie mit inhaltlichen Stichwortartikeln als auch ein rein sprachliches (ein- oder zweisprachiges) Wörterbuch mit Worterklärungen und/oder Übersetzungen bezeichnen. Das gleiche gilt für das deutsche Wort »Wörterbuch«.

Die Enzyklopädien waren zunächst, dem Wortsinn entsprechend, systematisch angelegte Werke, also das, was wir heute als »Handbuch« bezeichnen. Mit der Zunahme des Wissensstoffes wurde seit dem 17. Jh. die alphabetische Anordnung üblich. Jedoch sind die Stichwörter noch sehr weit gefaßt, handeln also ein größeres Gebiet, wiederum in sich systematisch gegliedert, ab; die älteren Enzyklopädien bleiben demnach »Handbücher« mit alphabetisch angeordneten Kapiteln.

Später, im 19. Jh., werden die Werke dann kleinteiliger und bieten die Möglichkeit, enggefaßte Informationen schnell an ihrer alphabetischen Stelle zu finden.

B. Fach-Enzyklopädien

Es darf nicht übersehen werden, daß gerade im Zuge der Spezialisierung der Wissenschaften, vor allem seit dem Beginn des 19. Jh., der alte Gedanke der Enzyklopädie, wenn schon nicht in den Allgemeinenzyklopädien, so doch in den Handbüchern und Nachschlagewerken *der einzelnen Fächer*, weiter- und bis in die Gegenwart durchgetragen wurde (Beispiel: Paulys Real-Encyclopädie der classischen Alterthumswissenschaft). Alle diese Fach-Enzyklopädien zusammen bildeten schließlich zu jeder Zeit so etwas wie eine Enzyklopädie der gesamten Wissenschaft.

Da die Bezeichnung »Enzyklopädie« im Hinblick auf die systematische oder alphabetische Anordnung doppeldeutig bleiben muß, wird dieses Merkmal oft durch eindeutige Wörter wie »Handbuch« einerseits oder »Sachwörterbuch« andererseits bezeichnet.

Vielfach lenken auch alphabetisch angeordnete Fachwörterbücher wieder zur systematischen Enzyklopädie zurück – dann nämlich, wenn die Zahl der alphabetischen Stichwörter so stark reduziert wird, daß man sie ebensogut systematisch anordnen könnte, ohne das Auffinden zu erschweren. Dies gilt etwa für unser eigenes Lexikon mit nur hundert Stichwörtern und in noch höherem Maße für die Taschenbuch-Bände des Fischer-Lexikons, deren Artikelzahl etwa zwischen 25 und 50 Stichwörtern (also nur ein bis zwei pro Alphabetbuchstabe!) schwankt. Umgekehrt ist die »Enzyklopädie Philosophie und Wissenschaftstheorie«, herausgegeben von Mittelstrass (1980–), eher ein Wörterbuch mit zahlreichen enggefaßten, relativ kurzen Stichwortartikeln.

C. »Enzyklopädie« und »System« im Vergleich

Die Abgrenzung zwischen den Begriffen »System« (im Sinne von »Zusammenordnung menschlichen Wissens«, »Systematik«) und »Enzyklopädie« könnte man etwa so fassen: Beide Begriffe beziehen sich auf eine sinnvolle Ordnung des Wissens, und zwar meist in Gestalt einer Klassifikation, d. h. der hierarchischen Gliederung im Sinne der immer fortgesetzten Unterteilung eines Wissensbereiches in seine Unterbereiche. Die Überschriften der Abschnitte eines enzyklopädischen Handbuches und die Zeilen einer »Systematik« können also identisch sein.

Der Unterschied zwischen beiden Begriffen liegt lediglich darin, daß das System (die Systematik) nur das *Gerüst* der Bereichsgliederung bietet, während die Enzyklopädie die inhaltliche Ausfüllung dieses Rahmens durch die Sachdarstellung leistet. Die Literatur über den einen Gegenstand kann daher auch zur Klärung des jeweils anderen nützlich sein.

Mit Blick auf die praktische Bibliotheksarbeit gibt es noch einen anderen Unterschied: Die Enzyklopädie kann ihren Stoff in sich evident gliedern, die Systematik einer Bibliothek muß darauf Rücksicht nehmen, daß es faktisch Bücher gibt, deren Gegenstand sich in ein logisches System nicht fügen will, die aber trotzdem irgendwie untergebracht werden müssen. Den simpelsten Fall solcher Verlegenheit zeigen Systematik-Überschriften an wie »Vermischte Schriften«, »Darstellungen mehrerer Teilgebiete« (das heißt also: weder des *Ganzen* bzw. *aller* Teile noch *eines* Teiles, wie es der Logik des Systems entspräche).

Helmut Seiffert

Diderot, D.: Enzyklopädie. Philosophische und politische Texte aus der »Encyclopédie«. dtv 1969. – *Dieckmann, H.:* The concept of knowledge in the Encyclopédie. (1961) Jetzt in: *Ders.*, Studien zur europäischen Aufklärung. 1974. – *Dierse, U.:* Enzyklopädie. Zur Geschichte eines philosophischen und wissenschaftstheoretischen Begriffs. (Diss. Münster 1971) (Archiv für Begriffsgeschichte. Supplement 2) 1977. – *Henning-*

sen, J.: »Enzyklopädie«. Zur Sprach- und Bedeutungsgeschichte eines pädagogischen Begriffs. In: Archiv für Begriffsgeschichte 10, 1966. – *Ders.*: Der Mann, der das Wort »Enzyklopädie« erfand. Eine Detektivgeschichte der Wissenschaft. Privatdruck Kiel 1961. – *Ders.*: Orbis doctrinae: Encyclopaedia. In: Archiv für Begriffsgeschichte 11, 1967. – *Lehmann, E. H.*: Geschichte des Konversationslexikons. 1934. – *Mette, H. J.*: Enkyklios paideia. In: Gymnasium 67, 1960. Jetzt in: *Johann, H.-T.*, Erziehung und Bildung in der heidnischen und christlichen Antike. 1976. – *Meyer, G.*: Das Konversations-Lexikon. (Diss. Göttingen) 1966. – *Mittelstraß, J.*: Bildung und Wissenschaft. Enzyklopädien in historischer und wissenssoziologischer Betrachtung. In: Die wissenschaftliche Redaktion 4. 1967. – *Ders.*: Art. Enzyklopädie. In: *Mittelstraß, J. (Hg.)* in Verbindung mit *G. Wolters*, Enzyklopädie Philosophie und Wissenschaftstheorie. Bd. 1–3. [L] – *Ders.*: Vom Nutzen der Enzyklopädie. In: Meyers Enzyklopädisches Lexikon. Bd. 1. 1971. – *Neurath, O.*: Erster internationaler Kongreß für Einheit der Wissenschaft ... In: Erkenntnis 5, 1935. – *Schult, E.*: Lexikon, Enzyklopädie, Wörterbuch in Buchtiteln der Gegenwart. In: Die wissenschaftliche Redaktion 2. 1966. – *Totok, W./Weitzel, R. (Hg.)*: Handbuch der bibliographischen Nachschlagewerke. [B] – *Wells, J. M. (Hg.)*: The circle of knowledge. Encyclopaedias past and present. 1968. – *Wendt, B.*: Idee und Entwicklungsgeschichte der enzyklopädischen Literatur. 1941.

Helmut Seiffert

Erfahrung

griech. empeiría; lat. experientia

A. Der Begriff und seine Probleme

Erfahrung ist ein Grundphänomen des menschlichen Lebens, ebenso umfassend wie vielgestaltig. Daher ist sie keiner besonderen Wissenschaft als Studienobjekt vorbehalten, stellt vielmehr eine umgreifende Voraussetzung aller wissenschaftlichen Forschung dar. »Erfahrung« ist dementsprechend ein unentbehrlicher Grundbegriff unserer Selbstverständigung, seine Verwendung aber zugleich in unvermeidlicher Weise eine Quelle schwer übersehbarer philosophischer Probleme: der Erfahrungsbegriff gehört »zu den unaufgeklärtesten Begriffen ..., die wir besitzen« (Gadamer, 329). Das Folgende zielt auf eine Diagnose einiger dieser Probleme, soweit sie die Philosophie der Wissenschaft berühren (vgl. Kambartel, Erfahrung; Schnädelbach). Leitend ist dabei die Hypothese, daß solche Probleme nicht zuletzt aus einer ebenso motivierten wie fragwürdigen Verengung des Begriffs entstanden sind.

B. Zur Begriffsgeschichte

Im alltäglichen Sprachgebrauch bezeichnet »Erfahrung« (Singular) soviel wie das Sich-Auskennen-mit; jemand *besitzt* Erfahrung mit etwas, wenn er in bezug darauf weiß, was er zu erwarten und wie er sich zu verhalten hat. Dazu muß er Erfahrungen (Plural) *gemacht*, d. h. Erlebnisse im Umgang mit den fraglichen Dingen oder Menschen gesammelt und geordnet haben.

I. Aristoteles

In ähnlicher Weise führt Aristoteles den Ausdruck »Erfahrung« (empeiría, Empirie) zum ersten Mal in die Philosophie der Wissenschaft ein: Er versteht darunter so etwas wie ein aus vielen im Gedächtnis bleibenden Wahrnehmungen sich bildendes Vermögen, die Dinge richtig zu erkennen und zu beurteilen, aus dem allererst Technik und Wissenschaft hervorgehen (Aristoteles, Metaphysik I. 1; Zweite Analytiken II. 19). In der Erfahrung vollzieht sich nach Aristoteles die spezifisch menschliche Leistung (Metaphysik 980 b 25–29), von einzelnen Wahrnehmungen zu ersten allgemeinen Begriffen zu gelangen (Zweite Analytiken 100 a). Sie eröffnet die Hinführung (epagōgḗ, Induktion) zu den Prinzipien, aus denen dann alles Wissen im strengen Sinne deduktiv zu gewinnen ist. Ein Gegensatz zwischen Erfahrung und Wissenschaft besteht darin, daß Erfahrung nur eine Kenntnis des *Daß*, Wissenschaft darüber hinaus ein Wissen des *Warum* liefert (Metaphysik 981 a 24 ff.). Das zweite setzt demnach eine weitere Erkenntnisleistung voraus: nämlich die vernünftige Einsicht (noûs, Intuition), die noch höher steht als alles aus Beweisen hervorgehende Wissen (Zweite Analytiken 100 b 5 ff.). Vernunft und Erfahrung treten somit als Quellen menschlichen Wissens nebeneinander.

II. Neuzeit

Es konnte nicht ausbleiben, daß zumindest diejenigen Philosophen und Wissenschaftler, die zu Beginn der Neuzeit gegen die Tradition der Kirchen und Schulen revoltierten, durch eine erneute und vertiefte Besinnung auf die genannten Quellen eine feste Grundlage für menschliches Wissen zu gewinnen suchten. Das Ergebnis dieser Bemühung hat unseren heutigen Begriff von Erfahrung und die mit ihm verbundenen Probleme zu einem guten Teil bestimmt.

1. Erfahrung und Experiment – Bacon: Francis BACON wendet sich im Zuge seiner Absage an die aristotelisch-scholastische Tradition vor allem auch gegen ARISTOTELES' Begriff der Erfahrung als eines nicht weiter explizierten natürlichen Vermögens, aus sinnlichen Wahrnehmungen zu ersten Begriffen zu gelangen (BACON, Novum organum I.14,60). Unkontrollierte Erfahrung überantwortet den Menschen den Vorurteilen seiner Gattung, seiner Person und seiner jeweiligen Gesellschaft, den idola tribus, specus und fori (ebd. I.18, 38–60, 68). Deshalb muß Erfahrung methodisch gelenkt sein: sie muß von der »bloßen Erfahrung« zur »geordneten Erfahrung« werden (ebd. I.82; vgl. 14). Über die Natur oder die Sache selbst soll eine kunstvolle Befragung der Natur entscheiden, und lediglich über deren Ausgang darf dann die natürliche Wahrnehmung befinden (BACON, Instauratio magna 138; Novum organum I.50). Nicht die sich selbst überlassene, sondern die kunstvoll gequälte Natur läßt ihre wahre Ordnung erkennen (Instauratio magna 141; Novum organum I.98). Die zur Wissenschaft dienliche Erfahrung wird demnach als *Experiment* bestimmt. Wie weit die zum sinnvollen Experimentieren erforderlichen theoretischen Vorgriffe gehen, ist allerdings von BACON und der empiristischen Tradition bis hin zu CARNAP nicht zureichend erkannt worden (vgl. KAMBARTEL, Erfahrung und Struktur). Heute ist diese Erkenntnis nicht nur Allgemeingut, sondern wird in der Rede von »theoriebeladenen« Beobachtungen eher schon wieder überspitzt vertreten (vgl. SUPPE, part V.B, bes. 192–199 und dortige Literatur).

2. Erfahrung und Wahrnehmung – Locke und Nachfolger: Die Konkurrenz von reiner Vernunft und Erfahrung als Erkenntnisquellen gab Anlaß zu einer zweiten, nicht wissenschaftsmethodisch, sondern erkenntnistheoretisch motivierten Präzisierung des Erfahrungsbegriffs bei John LOCKE. Auf der Suche nach der ursprünglichen Quelle allen unseren Wissens, aus der unverfälscht eine Kenntnis der gegenständlichen Welt fließt, auf die jede Rechtfertigung von Wissensansprüchen mithin zurückgreifen muß, verwies er auf das, was in unserer Erfahrung vermeintlich passiv registriert wird: auf die in der Sinneswahrnehmung und der inneren Wahrnehmung erscheinenden Vorstellungen (Ideen). Folgerichtig identifizierte er Erfahrung mit Wahrnehmung und Wahrnehmung mit dem unwillkürlichen Haben von Vorstellungen (LOCKE, An essay II.ii. 2–4, 9, 23–25). In der Folge führte dieser Ansatz bis zu der Ansicht, daß alle Objekte der Erkenntnis nur aus Sinnesdaten bestehen, so im »Sensualismus«, z. B. bei David HARTLEY und CONDILLAC (vgl. HAMLYN). Für die heutige Wissenschaftsauffassung ungleich wichtiger geworden ist die schwächere Folgerung, daß jegliche Kenntnis der Welt sich in registrierten Regelmäßigkeiten wahrnehmbarer Phänomene erschöpft, so etwa bei HUME, im »Positivismus« und im logischen Empirismus des 20. Jh. Aus dieser Folgerung erwachsen Probleme; z. B. wird zwischen kausalen Abhängigkeiten oder Naturgesetzen im engeren Sinne und zufälligen Verallgemeinerungen von Datenkorrelationen eine Unterscheidung schwierig, wenn nicht unmöglich.

C. Resultierende Probleme: Erfahrung und die Einteilung der Wissenschaften

Die beiden divergierenden Festlegungen des Erfahrungsbegriffs unter II.1 und II.2 lassen sich durchaus auch zusammennehmen. Das Ergebnis entspricht einem weithin für Realwissenschaften als treffend angesehenen Begriff: Erfahrung ist das Registrieren von Wahrgenommenem unter eigens ausgesuchten oder hergestellten Bedingungen. Von dieser Bestimmung aus erscheinen insbesondere die experimentellen Naturwissenschaften als Paradigmata von Erfahrungswissenschaften. Ihnen stehen die erfahrungsunabhängigen Formalwissenschaften (→ *Logik;* → *Mathematik*) gegenüber, aber auch typischerweise nicht auf Beobachtung oder gar Experiment, sondern auf hermeneutische Arbeit an bedeutungsvollen Dokumenten gegründete historische Wissenschaften. Zweifelhaft und umstritten bleibt vor allem die Einordnung anderer Disziplinen wie der Psychologie und der Soziologie, in denen oder über die es zum Streit um das Recht und den Sinn »empirischer« Forschung gekommen ist (vgl. den Gegensatz von »empirisch« zu »kritisch« in ADORNO; WELLMER). Stellenweise wird dabei Verstehen oder Theorie und damit die eigentliche Erkenntnis *gegen* die Erfahrung von dem, was ist, ausgespielt (z. B. in ADORNO). Spätestens wo »Theorie«, »Dialektik«, »Verstehen« oder dergleichen in Gegensatz zu »Empirie« oder »empirische Forschung« gebracht werden, melden sich Probleme, die aus einem verengten Begriff von Erfahrung entspringen.

D. Erfahrung und Theorie

I. Kant

Gerade die anerkannten Musterbeispiele von Erfahrungswissenschaften sind auch die Musterbeispiele von theoretischen Wissenschaften. KANT war es, der erkannte, daß die von LOCKE auf den Weg gebrachte Einengung des »eigentlich Empirischen« auf die in der Sinneswahrnehmung enthaltene »Empfindung« (KANT, Prolegomena § 24; Kritik der reinen Vernunft B 208–9) dazu nötigt, den Begriff der Erfahrung derart neu zu formulieren, daß er nunmehr Grundbegriffe und Grundprinzipien jeder möglichen Erkenntnis einschließt. Für KANT ist demnach auch (neben anderen) die folgende Bestimmung möglich: Erfahrung ist »empirische Erkenntnis« (Kritik der reinen Vernunft B 147, 218); sie ist ein »Produkt der Sinne *und* des Verstandes« (Prolegomena § 20). KANT formuliert damit eine Konsequenz, die sich aus der methodischen Entdeckung des »sinnreichen« BACON (Kritik der reinen Vernunft B XII) und der erkenntnistheoretischen Analyse der Empiristen zusammen ergibt.

II. Allgemeine Folgerungen

Ob man nun KANT darin folgt, daß der Verstand seine Prinzipien a priori, d. h. unabhängig von allen einzelnen Erfahrungen, spontan hervorbringt, oder ob man das Apriori gattungsgeschichtlich (SPENCER, §§ 208, 332; POPPER, 46–48; v. WEIZSÄCKER, II.2.1), historisch (SIMMEL; Apriorismus; HÜBNER), konventionalistisch (POINCARÉ, besonders Einleitung; DIEDERICH; SCHÄFER) oder konstruktiv-praktisch (LORENZEN, Objektivität; LORENZEN/SCHWEMMER, III.1–2; JANICH u. a., §§ 16, 19–20) versteht – es bleibt die Einsicht übrig, daß wissenschaftliche Erfahrung nicht ohne das Ausgreifen auf Prinzipien der Theoriebildung expliziert werden kann. Eine wissenschaftstheoretische Folgerung hieraus lautet: Forschung beginnt niemals mit dem bloßen Sammeln von Erfahrungsdaten; wissenschaftliche Erkenntnis beruht niemals auf nur derjenigen Erfahrung, die sie ihrer eigenen Theorie nach als solche festlegt. Ein wissenschaftstheoretisches Problem besteht dann darin, diejenigen theoretischen Elemente, die in einem gegebenen Forschungsbereich für Theoriebildung und wissenschaftliche Erfahrung den Rahmen abstecken, zu erkennen und zu rechtfertigen.

III. Empirie in den Human- und Sozialwissenschaften

In wissenschaftstheoretischen Debatten um die Natur der Human- und Sozialwissenschaften drängt sich nicht selten der Eindruck auf, als sollte oder könnte die für diese Disziplinen eigentümliche Forschung durch einen Gegensatz zur »empirischen« Forschung gekennzeichnet werden. Die letztere wird dabei nach dem Vorbild der Naturwissenschaften konzipiert und dadurch in den Verdacht gebracht, den human- und sozialwissenschaftlichen Gegenstand notwendig zu verfehlen. Der Anschein entsteht, als ob »dialektisches«, »hermeneutisches« oder »phänomenologisches« Vorgehen im Gegensatz zu einem bloß »empirischen« Vorgehen das angemessene sei. Diese kontrastierende Terminologie ist jedoch verfehlt. Wenn irgendwo Erfahrungen im natürlichen Sinne des Wortes einen Niederschlag in den Wissenschaften finden, dann doch vorzugsweise in gewissen sozialwissenschaftlichen und historischen Disziplinen. Die unterschiedliche Charakterisierung dieser Disziplinen untereinander und gegenüber den Naturwissenschaften kann also nicht durch Zu- bzw. Aberkennen des Prädikats »empirisch«, sie muß vielmehr durch eine Analyse der jeweils relevanten Sorten von Erfahrungen erfolgen. Das Problem liegt darin, daß Unterscheidungen und Präzisierungen von der Art, wie sie in der Tradition von BACON und LOCKE erfolgt sind, hier noch kein gleichermaßen konsensfähiges Gegenstück gefunden haben. Dem entspricht die ungeklärte Lage in den philosophischen Diskussionen um einschlägige Theoriebegriffe.

1. Vorbild der Naturwissenschaften: Ein weithin befolgter und oft befehdeter Vorschlag formuliert den Erfahrungsbegriff auch hier nach dem Vorbild der Naturwissenschaften, gelegentlich in ausdrücklicher Anlehnung an KANT. Verfahren mehr informeller Phänomenerschließung und -analyse sind dann als »nichtempirisch« einzustufen, ohne deshalb schon ihren Platz in der Wissenschaft zu verlieren (KÖNIG). Die einschränkende Normierung der Erfahrung mittels theoretischer oder experimenteller Vorgriffe verfolgt das Ziel, solche Erfahrung für jedermann wiederholbar und eben dadurch wissenschaftlich zu machen.

2. *Hermeneutik und Phänomenologie:* Diese Möglichkeit wird von der hermeneutischen Philosophie (→ *Hermeneutik*) in Zweifel gezogen: von einmaligen historischen oder sozialen Erscheinungen könne ein angemessenes Verständnis nur durch »Einrücken in ein Überlieferungsgeschehen« (GADAMER, 275) zustande kommen. Die mit einer solchen Standortbestimmung in der Tradition sich ergebende Erfahrung wird folgerichtig durch Entgegensetzung zur wiederholbaren Erfahrung der Naturwissenschaft und des objektivierenden Historismus bestimmt, nämlich nach dem Vorbild der persönlichen Begegnung mit einem als gleichberechtigt anerkannten Menschen, die dazu verhilft, einen jeweils besonderen Platz in der historischen Welt einzunehmen und dadurch die Möglichkeit einer wahren Erkenntnis von ihr allererst zu begründen (GADAMER, II 2.3.b). Humanwissenschaftliche Erkenntnis wird zur Selbstverständigung über lebensweltliche Prozesse in historischer Perspektive. Ferner wird im Geiste der Phänomenologie HUSSERLS (→ *Phänomenologie*) der Gedanke verfolgt, daß, wenn es um die Erkenntnis der »sozialen Realität« geht, eine Beschreibung der Alltagswelt aus der Perspektive der handelnden Personen – eine »subjektive Deutung« – als diejenige Erfahrung zugrunde gelegt werden muß, der dann alle sozialwissenschaftlichen Begriffskonstruktionen adäquat zu sein haben, obschon diese Konstruktionen im übrigen durch die theoretische Problementwicklung innerhalb der Wissenschaft geleitet werden mögen (SCHÜTZ; vgl. auch GRATHOFF und dortige Literatur). Ob die im Sinne dieser Vorschläge bestimmte hermeneutische Erfahrung oder die lebensweltliche Erfahrung als eine wissenschaftliche gelten darf, ob und wie sie mit Erfahrungen nach Maßgabe eines präzisierenden theoretischen Vorgriffs verbunden bzw. durch solche ersetzt werden kann oder muß, ist in der gegenwärtigen philosophischen Diskussion offen.

E. Zusammenfassung

Erfahrung als lebenspraktische Voraussetzung aller Wissenschaft nötigt je nach Objektbereich und Erkenntnisziel verschiedener Wissenschaften zu je verschiedenen Präzisierungen dessen, was als wissenschaftliche Erfahrung gelten kann oder soll. Diese Präzisierung hängt eng mit den jeweiligen Vorstellungen von → *Theorie* und → *Methode* zusammen. Sie kann dazu führen, empirische und nichtempirische Disziplinen oder empirische und nichtempirische Anteile oder Verfahren innerhalb einer Disziplin einander gegenüberzustellen, obwohl doch allemal Erfahrung in einem volleren Sinne die umfassende Basis ist. Am besten wäre es, Entgegensetzungen dieser Art für die Kontrastierung der Formalwissenschaften und Realwissenschaften oder gewisser für beide jeweils typischer Elemente zu reservieren. Welche Berechtigung man der einschränkenden Präzisierung des Erfahrungsbegriffs, insbesondere in den historischen Wissenschaften und den → *Sozialwissenschaften*, zumißt, ist umstritten; eine Klärung wird auch davon abhängen, wie man die Frage beantwortet, ob die Wissenschaften jederzeit von der umgreifenden Lebenspraxis aus bestimmt werden oder ob sie diese ihrerseits verwandeln können.

Lorenz Krüger

Adorno, Th. W.: Soziologie und empirische Forschung. In: *Der Positivismusstreit [...].* 1969, [11]1984. [W] – *Albert, H./Stapf, K. H. (Hg.):* Theorie und Erfahrung. 1979. – Art. *Apriorismus.* In: *Klaus, G./Buhr, M. (Hg.),* Philosophisches Wörterbuch. Berlin/DDR 1964, Ro 1972. – *Aristoteles:* Metaphysik. – *Ders.:* Zweite Analytiken. – *Bacon, Fr.:* Novum organum scientiarum. 1620. – Neues Organ der Wissenschaften. 1830. Nachdr. WB 1971. – *Ders.:* Instauratio magna. In: The Works. Bd. 1. – *Ders.:* The Works of Francis Bacon. 1857–1874. Nachdr. Stuttgart: Frommann-Holzboog, 1961–1963. – *Diederich, W.:* Konventionalität in der Physik. 1974. – *Gadamer, H.-G.:* Wahrheit und Methode. 1960, [4]1975. – *Grathoff, R.:* Alltag und Lebenswelt als Gegenstand der phänomenologischen Sozialtheorie. In: *Hammerich, K./Klein, M. (Hg.),* Materialien zur Soziologie des Alltags. 1978. – *Hamlyn, D. W.:* Sensation and perception. 1963. – *Hübner, K.:* Art. A priori – a posteriori. In: *Krings, H., u. a. (Hg.):* Handbuch philosophischer Grundbegriffe. Bd. 1. [L] – *Janich, P./Kambartel, Fr./Mittelstraß, J.:* Wissenschaftstheorie als Wissenschaftskritik. 1974. – *Kambartel, Fr.:* Art. Erfahrung. In: *Ritter, J. (Hg.),* Historisches Wörterbuch der Philosophie. Bd. 2. [L] – *Ders.:* Erfahrung und Struktur. 1968. – *Kant, I.:* Prolegomena zu einer jeden künftigen Metaphysik [...]. 1783. – *Ders.:* Kritik der reinen Vernunft. A = 1. Aufl. 1781; B = 2. Aufl. 1787. – *König, R.:* Einleitung. In: *Ders. (Hg.),* Handbuch der empirischen Sozialforschung. Bd. 1. [W] – *Kraft, V.:* Mathematik, Logik und Erfahrung. 1947, [2]1970. – *Locke, J.:* An essay concerning human understanding. 1690. Versuch über den menschlichen Verstand. 1911–1913. Nachdr. [4]1981. – *Lorenzen, P.:* Wie ist die Objektivität der Physik möglich? In: *Ders.*, Methodisches Denken. 1968, stw 1974. – *Lorenzen, P./Schwemmer, O.:* Konstruktive Logik, Ethik und Wissenschaftstheorie. 1973. – *Mittelstraß, J.:* Neuzeit und Aufklärung. 1970. – *Poincaré, H.:* Wissenschaft und Hypothese. (Aus dem Franz.) (1902) 1904. – *Popper, K. R.:* Conjectures and refutations. 1963, ⁴1972. [W] – *Schäfer, L.:* Erfahrung und Konvention. 1974. – *Schnädelbach, H.:* Art. Erfahrung. In: *Braun/Radermacher (Hg.),* Wissenschaftstheoretisches Lexikon. 1978. [L] – *Schütz, A.:* Wissenschaftliche Interpretation und Alltagsverständnis menschlichen Handelns. In: *Ders.*, Gesammelte Aufsätze Bd. 1. 1971. – *Simmel, G.:* Kant. 1904, ⁶1924. Dritte Vorlesung. – *Spencer, H.:* The principles of psychology. Bd. 1; 2. 1881 = 1977. (Works 4; 5) – *Stegmüller, W.:* Probleme und Resultate [...]. Bd. 2. [H] – *Suppe, Fr.:* The search for philosophic understanding of scientific theories. In: *Ders.* (Hg.), The structure of scientific theories. ²1977. – *v. Weizsäcker, C. Fr.:* Der Garten des Menschlichen. Beiträge zur geschichtlichen Anthropologie. ³1977, FiT 1980. – *Wellmer, A.:* Kritische Gesellschaftstheorie und Positivismus. 1969.

Lorenz Kruger/H.S.

Erkenntnistheorie

Epistemologie; zu griech. epistḗmē: Kenntnis, Erkennen; lat. cognitio

Von *Erkenntnistheorie* wird in einem weiteren und in einem engeren Sinne gesprochen. Im weiteren Sinne ist sie die Lehre vom Wesen und den Voraussetzungen von Erkenntnis, wie sie schon in der Antike entwickelt wurde. Im engeren Sinne ist die Erkenntnistheorie eine typisch moderne Disziplin, die durch spezifische Voraussetzungen charakterisiert ist, namentlich durch die Korrespondenztheorie der Wahrheit, das Postulat der Letztbegründung und die Annahme, daß unmittelbares Objekt des Bewußtseins Ideen (Vorstellungsinhalte) sind. Die so verstandene Erkenntnistheorie wurde, noch ohne Verwendung des erst im 19. Jh. geprägten Namens, im 17. Jh. begründet; sie erreichte einen ersten Höhepunkt mit Kant, nahm in der Zeit der Vorherrschaft des Neukantianismus eine zentrale Stellung innerhalb der Philosophie im allgemeinen ein, wird aber in der Gegenwart von verschiedenen Seiten her in Frage gestellt, wobei in jüngster Zeit besonders die von Vertretern eines logischen Behaviorismus vorgebrachten Einwände die Anhänger der herkömmlichen Erkenntnistheorie in die Defensive gedrängt haben.

A. Grundfragen der Erkenntnistheorie

Im Mittelpunkt der herkömmlichen Erkenntnistheorie standen vor allem die folgenden Fragen: (1) Was heißt »Erkenntnis«? (2) Wie ist das Subjekt der Erkenntnis zu bestimmen? (3) Was hat als Gegenstand der Erkenntnis zu gelten? (4) Unter welchen Bedingungen ist Erkenntnis (bewußtseinsunabhängiger Gegenstände) möglich?

(1) Was heißt »Erkenntnis«? Die Frage nach der Bedeutung von »Erkenntnis« wurde schon von Platon im Sinne der Dreiaspektelehre beantwortet, die auch in der Gegenwart häufig vertreten wird. Ihr zufolge spricht man von »Erkenntnis« (bzw. von »Wissen«, somit nicht im Sinne von »Erkenntnisgewinnung«, sondern von »Erkenntnisinhalt«) dann, wenn eine begründeterweise für wahr gehaltene Überzeugung vorliegt. Wird »Erkenntnis« in dieser Weise expliziert, dann muß versucht werden, »wahr« zu definieren und anzugeben, unter welchen Bedingungen ein Wahrheitsanspruch als begründet gelten kann. Beides kann aber erst innerhalb der Erkenntnistheorie getan werden.

Erkenntnis im Sinne dieser Auffassung wird in Urteilen ausgedrückt, und zwar im einfachsten Fall in einem Urteil der Form »*a* ist *P*«. Wenn ein Subjekt *S* das Urteil, daß *a P* ist, begründeterweise für wahr hält, dann liegt eine Erkenntnis vor. »Erkennen« erweist sich somit als dreistelliges Prädikat: S erkennt a als P. »Kennen« ist dagegen zweistellig: *S* kennt *a*. Zwischen »Erkennen« und »Kennen« besteht insofern ein Zusammenhang, als es nötig ist, *a* zu kennen, um *a* als *P* erkennen zu können. Jedes Erkennen setzt somit ein Kennen, somit etwas Gegebenes, ein Datum, voraus. Das bedeutet nicht, daß etwas absolut theoriefrei Bekanntes, d. i. ein uninterpretiert Gegebenes, angenommen werden dürfte. Da nichts gegeben sein kann, das nicht in gewisser Weise schon erkannt bzw. durch Subsumtion unter etwas Allgemeines gedeutet wäre, kann der Begriff eines uninterpretierten Datums nur als unerreichbarer Grenzbegriff gelten. Wird das anerkannt, dann wird jede Auffassung der Erkenntnis, der zufolge Erkennen als rezeptives Abbilden bzw. als Widerspiegelung gilt, als hinfällig zurückgewiesen werden müssen, weil ihr die problematische Annahme der Reduzierbarkeit von Erkennen auf bloßes Kennen zugrunde liegt. Die Unterscheidung von Erkanntem und Bekanntem wird damit jedoch nicht schlechthin unbrauchbar, sondern hat als relative einen guten Sinn: was in einem bestimmten Zusammenhang als bekannt vorauszusetzen ist, erweist sich in einem anderen Zusammenhang als in gewisser Weise erkannt. Um z. B. sagen zu können »Rotes Licht hat eine Wellenlänge von etwa 800 nm«, muß rotes Licht bekannt sein; es muß aber zugleich auch schon in gewisser Weise erkannt sein, z. B. als jene Art Licht, die am langwelligen Teil des Spektrums erscheint o. ä. Wie dieses Beispiel zeigt, handelt es sich bei Urteilen, die den Charakter von Erkenntnissen haben können, nicht immer um Subsumtion von bekannten Erscheinungen unter Klassenbegriffe, sondern in vielen Fällen um Subsumtion unter Gesetze. Wenn gesagt wird »Licht ist ein elektromagnetischer Wellenvorgang«, dann heißt das »Die für elektromagnetische Wellen geltenden Gesetzmäßigkeiten finden sich beim Licht« wieder. Dies hatte M. Schlick vor Augen, als er »Erkennen« als »Wiedererkennen« charakterisierte.

Letzten Endes ist etwas dadurch bekannt, daß es angeschaut wird oder wurde bzw. daß es durch die Sinne gegeben wird. Der Vorgang der sinnlichen (äußeren oder inneren) Wahrnehmung wird allerdings in der Erkenntnistheorie nicht mehr untersucht, so, wie auch die Entwicklung des Sensoriums in der Evolution der Species Mensch nicht Thema der Erkenntnistheorie ist. Erkenntnispsychologie und evolutionäre Erkenntnislehre sind nicht Teile der Erkenntnistheorie als philosophischer Disziplin; erst recht können sie diese nicht absorbieren. Für die Erkenntnistheorie spielt die Frage, wie aufgrund von Reizen und Reizverarbeitung etwas bekannt werden kann, deshalb keine Rolle, weil der erkenntnistheoretische Begriff des Gegebenen Resultat einer Analyse von Erfahrung ist und somit einen Erfahrungsaspekt und nicht eine Erfahrungsquelle betrifft.

(2) Wie ist das Subjekt der Erkenntnis zu bestimmen? Das Subjekt der Erkenntnis wurde in der herkömmlichen Erkenntnistheorie in verschiedener Weise bestimmt, wobei es sich aber stets um einen nicht-empirischen Begriff handelte. Indem die Erkenntnis im Sinne der auf Urteile bezogenen Korrespondenztheorie der Wahrheit (s. u.) aufgefaßt wurde und die Urteile als Akte eines erkennenden oder Erkenntnis suchenden Subjekts galten, ließ sich die Erkenntnis allgemein als Relation von Subjekt und Objekt bestimmen. Da dabei das Subjekt als empirisches Ich (die Person als psychophysische Einheit), da teilweise der Außenwelt zugehörig, nicht in Betracht gezogen werden konnte, mußte ein nicht-empirischer Begriff des Subjekts konstruiert werden, sei es als ausschließlich denkende Substanz (Descartes), sei es als Bewußtsein (mind) (Locke), sei es als Einheit des »Ich denke« (Kant), sei es schließlich als Grenzbegriff, dessen Bedeutung allein durch seine Funktion in der Theorie der Erkenntnis bestimmt sein sollte (Neukantianismus). Daß damit ein »Gespenst in der Maschine (des Organismus)« fingiert wurde (G. Ryle), ist zwar falsch; es ist aber einzuräumen, daß die angedeuteten Auffassungen sämtlich mit der Schwierigkeit belastet waren, das Verhältnis von erkenntnistheoretischem und empirischem Ich angeben zu müssen, es aber nicht in befriedigender Weise bestimmen zu können.

(3) Was hat als Gegenstand der Erkenntnis zu gelten? Als Gegenstand der Erfahrung galt in den Anfängen der herkömmlichen neuzeitlichen Erkenntnistheorie die bewußtseinsunabhängige Wirklichkeit, und demgemäß konzentrierte sich die Aufmerksamkeit auf die Frage, inwieweit Übereinstimmung von vorgestelltem und ansichseiendem Gegenstand behauptet werden könne. Die Unterscheidung von primären (den Dingen selbst zukommenden) und sekundären Qualitäten (die nur den vorgestellten Dingen zukommen sollten) erwies sich jedoch bald als problematisch. Ließ man sie fallen (Berkeley, Kant), dann lag es nahe, die Menge der Erkenntnisgegenstände als Teilmenge der vorgestellten Gegenstände aufzufassen. Der Gegenstand der Erkenntnis gilt als Phänomen, während die Dinge an sich gar nicht mehr als mögliche Objekte der Erkenntnis in Betracht kommen. Wegen der Schwierigkeiten, die mit der Annahme von Dingen an sich verbunden waren – namentlich sofern sie als Ursachen der Affektion des Subjekts (der Sinnesreize) gedacht wurden –, haben verschiedene Neukantianer das Ding an sich als den Grenzbegriff des vollständig erkenntnismäßig bestimmten Gegenstands charakterisiert. Die realistische Opposition gegen den neukantianischen Idealismus führte dagegen zu der These, daß das Objekt nicht darin aufgehe, erkanntes Objekt zu sein, so, wie gleichzeitig betont wurde, daß das Ich nicht auf das erkennende Subjekt (im Sinne eines Moments der Erkenntnisrelation) reduziert werden könne.

(4) Unter welchen Bedingungen ist Erkenntnis möglich? Die Frage nach Bedingungen, unter denen von Gegenstandserkenntnis ge-

sprochen werden könne, wurde in der herkömmlichen Erkenntnistheorie im Rahmen einer für selbstverständlich erachteten psychologischen Auffassung der Wahrnehmung zu beantworten gesucht, der zufolge die Wahrnehmung darin besteht, daß denkunabhängige Gegenstände durch Wahrnehmungsvorstellungen im Bewußtsein repräsentiert werden. Zugunsten der Annahme, daß die Wahrnehmung von Gegenständen durch Ideen vermittelt sei, wurde auf Illusionen und Halluzinationen, auf die Relativität der Sinneswahrnehmung, auf die Zeitdifferenz zwischen Reizaussendung und bewußter Empfindung und dergleichen hingewiesen. Gegen die Repräsentationstheorie der Wahrnehmung wurde z. B. eingewendet, daß ihre Vertreter die Wahrnehmungsvorstellungen als eine Art von Gegenständen charakterisiert hätten, die selbst in einer Art Wahrnehmung erfaßt werden sollen. Nun können wir zwar sagen, daß wir Dinge wahrnehmen, jedoch nicht, daß wir (in der Selbstbeobachtung) Wahrnehmungsideen wahrnehmen. Diese Kritik trifft sicherlich die Annahme von Wahrnehmungsideen als eine Art mentaler Entitäten, die sich unmittelbar erfahren lassen, doch wird diese problematische Annahme keineswegs von allen Vertretern der Theorie der indirekten Erfahrung von Wahrnehmungsgegenständen gemacht. Auch der Einwand, daß Wahrnehmen kein rein rezeptiver Vorgang sei, sondern immer schon als Ergebnis einer Interpretation zu gelten habe, richtet sich nur gegen eine bestimmte Auffassung der Wahrnehmung.

Geht man davon aus, daß in der Wahrnehmung Gegenstände nicht direkt angeschaut, sondern nur mittelbar erfahren werden, dann ist die Frage berechtigt, unter welchen Bedingungen Urteile über wahrgenommene Gegenstände als objektiv gültig anzusehen seien. Um die Möglichkeit der Übereinstimmung von Urteil und bewußtseinsunabhängigem Objekt annehmen zu können, bedurfte die herkömmliche Erkenntnistheorie gewisser nicht-empirischer (und in diesem Sinne spekulativer) Voraussetzungen. So wurde z. B. die Voraussetzung gemacht, daß es eine umfassende Ordnung gebe, die im Denken wie in der Wirklichkeit bestimmend sei, so daß unter Umständen Strukturgleichheit beider Bereiche behauptet werden könne. Diese Annahme findet sich bei Rationalisten (Descartes, Spinoza, Leibniz) wie bei Empiristen (Locke). Von den ersteren wurde sie in bezug auf Urteile zur Geltung gebracht, die mittels distinkter Begriffe gefällt werden, bei den letzteren lag sie der Behauptung zugrunde, Beobachtungsurteile aufgrund einfacher Ideen seien objektiv gültig. Auch in der Kantischen Transzendentalphilosophie beruht die Annahme, daß objektiv gültige Urteile möglich seien, auf der Annahme der unter Umständen zu behauptenden Strukturgleichheit von subjektiver Erfahrung und gegenständlichen Begriffen; sie wird hier aber nicht auf ein objektives Prinzip gestützt wie in der rationalistischen Philosophie des 17. und 18. Jh., sondern im Rahmen einer Theorie zu rechtfertigen gesucht, der zufolge es Begriffe gibt, die von seiten des Verstandes die Gründe der Möglichkeit aller Erfahrung enthalten.

Der Auffassung der Erkenntnis als einer bestimmten Bedingungen genügenden, in Urteilen auszudrückenden Überzeugung wird gelegentlich eine objektivistische Auffassung gegenübergestellt, der zufolge »Erkenntnis« auf den Gehalt von Annahmen, Argumenten, Problemen, Theorien usw. zu beziehen ist. Diese (heute vor allem von K. R. Popper vertretene) Auffassung hängt von der Anerkennung der Selbständigkeit eines Wirklichkeitsbereichs (von Popper »Welt 3« genannt) ab, dem Theorien, Probleme usw. angehören. Nur wer diese Auffassung teilt, kann mit Popper von »Erkenntnistheorie ohne erkennendes Subjekt« sprechen.

B. Begriff und Urteil

Wenn unter Erkenntnis ein bestimmte Bedingungen erfüllendes Urteil verstanden wird, dann erhebt sich die Frage, welches der Charakter der Begriffe ist, die das Prädikat bilden oder die im Prädikat vorkommen. Da nicht alle Begriffe Erfahrungsbegriffe sind, reicht die Abstraktionstheorie nicht aus, um die Bildung von Begriffen im allgemeinen zu erklären (→ *Begriff*). Außer Abstraktionsbegriffen sind auch konstruierte Begriffe in Betracht zu ziehen, die nicht der Beobachtung entnommen werden, sondern die zum Zweck der Ordnung von Beobachtungen eingeführt werden. Schließlich wird auch zu fragen sein, ob es nicht eine dritte Art von Begriffen gibt, die weder abstrahierte noch konstruierte Begriffe, sondern »eingeboren« sind. Die Annahme eingeborener Begriffe gilt heute weithin als überwunden. Versteht man aber unter »eingeborenen Begriffen« nicht irgendwelche Bewußtseinsinhalte, sondern begriffliche Voraussetzungen von Erfahrung überhaupt,

dann ist die innatistische Position nicht von vornherein als absurd abzutun, wie auch die Tatsache zeigt, daß in der Linguistik gelegentlich auf sie zurückgegriffen wurde.
Auch das Universalienproblem, das sich in bezug auf Begriffe stellt, ist für die Erkenntnistheorie von Bedeutung, wenn es nicht als ontologisches, sondern als semantisches Problem aufgefaßt wird, d. h. im Sinne der Frage, ob allgemeinen Ausdrücken allgemeine Bedeutungen entsprechen, und nicht etwa im Sinne der Frage nach der Seinsweise von Universalien. Zugunsten der (universalien-)realistischen Ansicht wurde argumentiert, daß die Annahme von Universalien unentbehrlich sei, wenn die Verwendung von allgemeinen Begriffen bzw. von allgemeinen Prädikaten nicht unbegreiflich werden solle. Tatsächlich scheint die nominalistische Ansicht, daß sich die Allgemeinheit ein und desselben Ausdrucks als allgemeine Verwendbarkeit innerhalb einer bestimmten Art von Gegenständen verstehen lasse, die Schwierigkeit nicht überwinden zu können, daß von »ein und demselben Wort« (als sprachlicher Äußerung derselben phonetischen oder graphischen Gestalt) und von »Arten von Dingen« nicht gesprochen werden könne, wenn nicht auf »Gleichheit« oder mindestens auf »Ähnlichkeit« – also auf Universalien – Bezug genommen werde. Diesem Einwand kann der Nominalist allerdings entgehen, wenn er die Verwendung von Ausdrücken als ein bestimmtes Reagieren auf Reize auffaßt, das ohne bewußtes Vergleichen und Zusammenfassen durch Konditionierung erlernt wird. Diese Auffassung gehört einer behavioristischen Konzeption an, der zufolge die Bedeutung sprachlicher Ausdrücke zu kennen dasselbe ist, wie die Regeln ihrer Anwendung zu kennen, wobei nicht an ein Regelbewußtsein zu denken ist, sondern an Verhaltensdispositionen.
So, wie die Erkenntnistheorie nicht die Bildung von Begriffen, sondern deren Natur zu erörtern hat, so beschäftigt sie sich auch nicht mit Urteilsakten, sondern mit der Klassifikation von Urteilen und dem Grund ihrer Wahrheit. Angesichts der Frage nach der Natur von Urteilen stehen einander, ähnlich wie bei der Frage nach der Natur von Begriffen, eine mentalistische und eine behavioristische Auffassung gegenüber, ohne daß es der einen oder der anderen gelungen wäre, die jeweilige Gegenposition gänzlich aus dem Felde zu schlagen.
Die wichtigsten Gesichtspunkte, unter denen Urteile eingeteilt werden können, werden durch die Begriffspaare analytisch/synthetisch und a priori/a posteriori bezeichnet. Eine entscheidende Frage lautet in diesem Zusammenhang, ob sich die Klassifikation unter diesen beiden Gesichtspunkten so durchführen läßt, daß alle a-priori-Urteile analytisch und alle synthetischen Urteile a posteriori sind, oder ob es auch synthetische Urteile analytisch gibt. Entscheidet man sich für das erstere, denn erweisen sich Urteile als ausgeschlossen, die einerseits einen Informationsgehalt haben und andererseits dennoch nicht empirisch sind. Mit anderen Worten: Nicht-tautologische Urteile können nur aufgrund von Erfahrung gefällt werden. Die Kritik an der Annahme synthetischer Urteile a priori richtet sich meist gegen den Anspruch, etwas von der Wirklichkeit aus reiner Vernunft erkennen zu können, d. h. die Kritiker ziehen nicht die Möglichkeit in Betracht, daß synthetische Urteile a priori nicht etwas Reales oder die Struktur realer Dinge, sondern Bedingungen der Möglichkeit von Wirklichkeitserkenntnis betreffen könnten. In jüngster Zeit sind übrigens Bedenken gegen die klare Unterscheidbarkeit von synthetischen und analytischen Urteilen laut geworden (QUINE), die jedoch nicht durchweg geteilt werden.

C. Das Wahrheitsproblem
Die Lehre vom Urteil spielt in der Erkenntnistheorie deshalb eine zentrale Rolle, weil von »Wahr« und »Falsch« im eigentlichen Sinn nur mit Bezug auf Urteile gesprochen werden kann.
Die Wahrheitsfrage (→ *Wahr und falsch; Wahrheit*) gehört zu den schwierigsten Fragen der Erkenntnistheorie. Kontrovers ist bereits, ob angesichts des Wahrheitsproblems eine kognitivistische oder eine performatistische Position einzunehmen ist. Nach kognitivistischer Ansicht wird etwas über ein Urteil ausgesagt, wenn es als »wahr« bezeichnet wird; nach performatistischer Auffassung drückt »wahr« dagegen lediglich eine bestimmte Einstellung des Urteilenden aus, sozusagen eine besondere Akzentuierung einer Behauptung. Da nach dieser im weiten Wortsinn behavioristischen Auffassung die Wahrheitsprädikation prinzipiell entbehrlich ist, während doch herkömmlicher Ansicht nach der Wahrheitsanspruch zum Wesen des Urteils gehört, kommt in dem Gegensatz der an-

gedeuteten Auffassungen eine fundamentale Differenz angesichts des Erkenntnisproblems zum Ausdruck. Es dürfte jedoch schwerfallen, konsequent auf das Prädikat »wahr« zu verzichten.

Mit der Entscheidung für die kognitivistische Position ist noch keine bestimmte Wahrheitskonzeption akzeptiert, obwohl eine gewisse Affinität von pragmatistischer und performatistischer Auffassung zu bestehen scheint. Mindestens vier verschiedene Wahrheitsauffassungen lassen sich unterscheiden:

(1) Korrespondenzkonzeption: Nach dieser Auffassung ist ein Urteil wahr, wenn es behauptet, was der Fall ist, oder leugnet, was nicht der Fall ist. Diese zuerst von ARISTOTELES formulierte Auffassung liegt auch TARSKIS Wahrheitskonvention zugrunde. Sie ist besonders plausibel bei Berücksichtigung affirmativer Subjekt-Objekt-Urteile; sie ist nicht frei von Schwierigkeiten, wenn auch andere Arten von Urteilen in Betracht gezogen werden, z. B. negative Existenzsätze oder irreale Konditionalsätze, bei denen es schwerfällt, etwas anzugeben, mit dem das Urteil übereinstimmen könnte. Manche Einwände gegen diese Konzeption gehen von einem ungerechtfertigten wörtlichen Verständnis des zu ihrer Bezeichnung häufig herangezogenen Ausdrucks »adaequatio« (bzw. »homoíosis«) aus. Wenn Wahrheit als Ähnlichwerden von Subjekt und Objekt aufgefaßt wird, dann liegt in der Tat eine höchst anfechtbare Ansicht vor. Mindestens in jüngerer Zeit scheint eine solche Ansicht jedoch nicht mehr im Spiele zu sein, wenn Wahrheit als Korrespondenz gedeutet wird.

(2) Intuitionistische Wahrheitskonzeption: Nach dieser Auffassung ist ein Urteil wahr, wenn es aufgrund von Evidenz nicht anders als in einer bestimmten Weise gefällt werden kann oder wenn es aus evidenten Urteilen folgt. Wird unter »Evidenz« nicht ein Indiz der Wahrheit als Korrespondenz verstanden, dann handelt es sich um eine selbständige Wahrheitskonzeption, der zufolge »wahr« als »(unmittelbar oder mittelbar) evident« definiert ist. Allerdings wird von »Evidenz« nicht immer in derselben Bedeutung gesprochen: bald dient dieser Ausdruck zur Bezeichnung der Einsichtigkeit beurteilter Sachverhalte, bald meint man mit ihm eine subjektive Urteilsnötigung. Im ersten Fall resultiert eine objektivistische, im zweiten eine subjektivistisch-psychologistische Auffassung.

(3) Kohärenzkonzeption der Wahrheit: Ausgehend von der Voraussetzung, daß Urteile nicht als isolierte, sondern nur im Zusammenhang mit anderen Urteilen bzw. innerhalb eines Systems von Urteilen Bedeutung haben, wurde zunächst von idealistischen Philosophen (HEGEL, BRADLEY), später auch von verschiedenen nicht-idealistischen Theoretikern betont, daß die Wahrheitsfrage nicht primär in bezug auf einzelne Meinungen, sondern in bezug auf einen Kontext von Meinungen gestellt werden müsse. Erblickt man in der Kohärenz eines Urteilszusammenhangs nicht nur eine notwendige, sondern zugleich eine hinreichende Bedingung der Wahrheit, dann ergibt sich eine selbständige Wahrheitskonzeption. Kritiker dieser Auffassung haben eingewandt, daß ihr zufolge das Wahrheitsproblem zu einem Problem der logischen Syntax werde, während der Wirklichkeitsbezug des Kontextes, dem die in Frage stehenden Urteile angehören, offenbleibe.

(4) Pragmatistische Wahrheitskonzeption: Schon die Vertreter des ursprünglichen Pragmatismus nahmen an, daß die Wahrheit mit dem »Zweckmäßigen in unserer Denkweise« (W. JAMES) identisch sei. Jüngere Vertreter dieser Auffassung brachten den Pragmatismus mit der Konzeption (3) in Verbindung, indem sie die Frage nach praktischen Konsequenzen von Meinungen nicht primär auf isolierte Überzeugungen, sondern in bezug auf einen Zusammenhang von solchen stellten. Zugleich gingen sie davon aus, daß die Anerkennung von Meinungszusammenhängen nicht vom einzelnen, sondern von einer Gemeinschaft von Individuen vorgenommen werde, so daß Wahrheit auf einen praktisch bedingten Konsens zurückgeführt wird.

D. Das Problem des Erkenntnisfundaments

Die herkömmliche Erkenntnistheorie stand zunächst unter dem Eindruck eines Erkenntnisideals, dem zufolge nur definitiv wahre Urteile als Erkenntnis galten. Da direkt nur wenige Urteile die Bedingung unmittelbarer Einsichtigkeit zu erfüllen schienen, betrachtete man diese als Axiome, um andere Urteile durch Ableitung aus den Axiomen an deren vermeintlicher Sicherheit teilnehmen zu lassen. In diesem Sinne betonte schon ARISTOTELES, von Wissen werde gesprochen, wenn man etwas als notwendig und begründet erkenne. Die auf Beweisen beruhende Wissenschaft entspringe aus wahren und letzten Endes aus unmittelbar als wahr erkannten Sätzen, die bekannter sind als die von ihnen abhängigen Sätze. Das Ideal definitiven Wissens kommt zur Geltung, wenn ARISTOTELES von den ersten Sätzen erklärt, sie leuchteten ohne Beweis ein und seien somit nicht durch andere Erkenntnisse vermittelt. Dieses Wissenschafts- und Erkenntnisideal prägte die rationalistische Philosophie seit dem 17. Jh. und wirkte zum Teil auch in unserem Jahrhundert noch nach.

Die Situation änderte sich in dem Augenblick prinzipiell, in dem das Erkenntnisproblem im Rahmen der Transzendentalphilosophie erörtert zu werden begann. Sobald nämlich der Philosophie nicht mehr die Aufgabe zugewiesen wurde, Begründungen von Wirklichkeitserkenntnis zu liefern, sondern ihre Funktion darin erblickt wurde, nach Bedingungen der Möglichkeit von Wirklichkeitserkenntnis zu fragen, schienen zwar jene Grundsätze, in denen Bedingungen möglicher Erfahrung ausgedrückt werden, noch als definitiv wahre Urteile charakterisiert werden zu können, es mußte aber konsequenterweise darauf verzichtet werden, gegenständliche Erkenntnis aus ihnen ableiten zu wollen. Als klar wurde, daß es zu jenem theoretischen Rahmen, den die Transzendentalphilosophie zunächst für den einzigen gehalten hatte, Alternativen gibt, wurde der Anspruch definitiver Wahrheit auch in bezug auf Urteile hinfällig, die Bedingungen der Möglichkeit von Erfahrung betreffen. Wer trotzdem noch meint, durch Reflexion, etwa auf die Erkenntnispraxis, definitiv wahre Urteile über die Bedingungen möglicher Erkenntnis aufstellen zu können, wird sie nicht mehr als Fundament eines axiomatischen Systems von Urteilen über Gegenstände zu machen in der Lage sein.

Der Letztbegründungsanspruch wurde auch von anderer Seite kritisiert. Unter pragmatistischen Voraussetzungen geschieht das aufgrund der Annahme, daß Erkenntnisbemühungen immer von einer bestimmten Beschreibung, durch die die Rahmenbedingungen festgelegt werden, abhängig seien, ohne daß irgendeine Beschreibung als die »wahre« ausgezeichnet werden könne. Es gibt nicht nur kein zeitlos gültiges Begriffssystem, innerhalb dessen von »Wirklichkeit« die Rede sein könnte, sondern die Beschreibung mit Hilfe von Begriffen ist nur *eine* Möglichkeit neben anderen Arten der Beschreibung wie Dichtung, bildende Kunst, Mystik usw. (R. RORTY).

Das Ideal der Letztbegründung wird in der Gegenwart mit besonderem Nachdruck von den Vertretern des Kritischen Rationalismus (POPPER, ALBERT) zurückgewiesen. Auch die philosophische Erkenntnis ist, wie die wissenschaftliche, konjekturale Erkenntnis. Es gibt dieser Auffassung nach keine sinnvolle Suche nach unerschütterlichen Wahrheiten, sondern Wahrheitssuche erfolgt in Form der rationalen Kritik verfügbarer Annahmen, die immer wieder auf die Probe zu stellen sind, damit sie im Falle der → *Falsifikation* durch angemessenere ersetzt werden können.

Das Prinzip der kritischen Prüfung, verbunden mit dem Programm einer problematizistischen Transzendentalphilosophie, kann den Rahmen einer Erkenntnistheorie bilden, die sich von den dogmatischen Voraussetzungen der herkömmlichen Erkenntnistheorie löst und gleichzeitig die Fragen der Erkenntnistheorie im weiten Sinne als bedeutungsvoll anerkennt.

Wolfgang Röd

Bieri, P. (Hg.): Analytische Philosophie der Erkenntnis. 1986. – *Carnap, R.:* Der logische Aufbau der Welt. 1928. – Mit: Scheinprobleme in der Philosophie. 1928 = 1961, 1979. – *Chisholm, R. M.:* Erkenntnistheorie. (Aus dem Engl.) (1966, 1977) 1979. – *Coomann, H.:* Die Kohärenztheorie der Wahrheit. 1983. – *Danto, A. C.:* Analytical philosophy of knowledge. 1966. – *Freisitzer, K./Haller, R. (Hg.):* Probleme des Erkenntnisfortschrittes in den Wissenschaften. 1977. – *Foerster, H.:* Sicht und Einsicht. Versuche zu einer operativen Erkenntnistheorie. 1985. – *v. Hartmann, E.:* Das Grundproblem der Erkenntnistheorie. 1889 = 1980. – *Hartmann, N.:* Grundzüge einer Metaphysik der Erkenntnis. 1921, [5]1965. – *Ineichen, H.:* Einstellungssätze. Sprachanalytische Untersuchungen zur Erkenntnis, Wahrheit und Bedeutung. 1987. – *Ders.:* Erkenntnistheorie und geschichtlich-gesellschaftliche Welt. Diltheys Logik der Geisteswissenschaften. 1975. – *König, J.:* Sein und Denken. 1937, [2]1969. – *Kotarbiński, T.:* Gnoseology. 1966. – *Kraft, V.:* Erkenntnislehre. 1960. – *Ders.:* Die Grundlagen der Erkenntnis und der Moral. 1968. – *Krüger, L. (Hg.):* Erkenntnisprobleme der Naturwissenschaften. 1970. – *v. Kutschera, F.:* Grundfragen der Erkenntnistheorie. 1982. – *Lakatos, I.:* Mathematik, empirische Wissenschaft und Erkenntnistheorie. (Aus dem Engl.) (1978) 1982. – *Leinfellner, W.:* Einführung in die Erkenntnis- und Wissenschaftstheorie. 1965, [3]1980. – *Lindauer, M. (Hg.):* Wie erkennt der Mensch die Welt? [...] Geistes- und Naturwissenschaften im Dialog. 1984. – *Pap, A.:* Analytische Erkenntnistheorie. 1955. – *Piaget, J.:* Abriß der genetischen Epistemologie. 1980. – *Pitcher, G.:* A theory of perception. 1971. – *Pop-*

per, K. R.: Die beiden Grundprobleme [...]. 1930–1933, 1979. [W] – *Ders.:* Objektive Erkenntnis. (1972) [4]1984. [W] – *Prauss, G.:* Einführung in die Erkenntnistheorie. 1980. – *Puntel, L. B.:* Wahrheitstheorien in der neueren Philosophie. 1978, [2]1983. – *Quine, W. v. O.:* Wort und Gegenstand. (Word and object.) (1960, 1976) 1980. – *Rescher, N.:* The coherence theory of truth. 1973, 1982. – *Schaff, A.:* Einführung in die Erkenntnistheorie. 1984. – *Scheidt, F.:* Grundfragen der Erkenntnisphilosophie. UTB 1986. – *Schlick, M.:* Allgemeine Erkenntnislehre. [2]1925 = 1979. – *Schmidt, B.:* Das Widerstandsargument in der Erkenntnistheorie. 1985. – *Skirbekk, G. (Hg.):* Wahrheitstheorien. 1977. – *Sohn-Rethel, A.:* Soziologische Theorie der Erkenntnis. 1985. – *Stegmüller, W.:* Einheit und Problematik der wissenschaftlichen Welterkenntnis. 1967. – *Ders.:* Glauben, Wissen und Erkennen. 1956. – Das Universalienproblem einst und jetzt. 1956, 1957 = 1965, [3]1974. – *Ders.:* Probleme und Resultate [...]. Bd. 2. [H] – *Thiel, Ch.:* Erkenntnistheoretische Grundlagen der Mathematik. 1982. – *Zilmann, J. M.:* Wie zuverlässig ist wissenschaftliche Erkenntnis? (Aus dem Engl.) 1985.

Wolfgang Röd/H.S.

Erkenntnistheorie, anarchische

zu griech. ánarchos: ohne Herrn

A. Erläuterung

Die Logik, die Wissenschaftstheorie und die allgemeine Theorie der Erkenntnis nehmen an, daß die Entwicklung unserer Kenntnisse in Wissenschaft, Religion, Dichtung, Politik nach gewissen Grundsätzen vor sich geht, sie formulieren diese Grundsätze (wobei verschiedene Schulen verschiedene Grundsätze aufstellen) und fordern, daß alle Forschung ihnen genüge.

Andererseits zeigt die Ideen- und Institutionsgeschichte, daß selbst die wissenschaftliche Praxis der Erkenntnisgewinnung und Erkenntnisveränderung die erwähnten Grundsätze oft verletzt – sie ist »irrational«, »anarchisch« im Sinne dieser Grundsätze –, daß sie erfolgreich ist gerade wegen dieser Verletzungen (wobei »Erfolg«, »Fortschritt« etc. immer im Sinne der Tradition zu verstehen sind, der der Historiker und der ihn befragende Wissenschaftstheoretiker angehören), daß die in Wissenschaft und Gesellschaft herrschenden Ideen von »Erfolg« und »Rationalität« sich ständig ändern und daß die Forschung also nicht ein Prozeß ist, den eine stabile (oder eine durch Kritik ständig veränderte) Vernunft *von außen* leitet, sondern ein Prozeß, der Grundsätze sowohl schafft (beurteilt) als auch von ihnen geschaffen (beurteilt) wird. Dabei geschieht die Beurteilung nicht so, daß klare Grundsätze einem klar umrissenen und fertigen Material gegenübertreten und nun nach weiteren klaren Maßstäben mit diesem Material verglichen werden – nein, die Grundsätze, das urteilende oder zu beurteilende Material sowie die Art der Beurteilung sind oft im Forschungsprozeß verborgen und lenken ihn von innen her.

Wie ein reiches und wechselvolles Leben den Charakter, die Gedanken, die Wünsche der Lebenden auf oft recht rätselhafte Weise modifiziert, genauso führen die Wechselfälle der Erkenntnisprozesse in Physik, Biologie, Theologie auf oft recht rätselhafte Weise zu neuen Theorien, Maßstäben, Formen des Argumentierens. Auch eine Überlegung, die nur einen kleinen Schönheitsfehler eines populären Standpunktes korrigieren will, kann eine Entwicklung einleiten, die eine ganze Lebensform aufhebt. So wollte Kopernikus die Astronomie seiner Zeit vom Equanten befreien und zur klassischen Idee zentrierter Kreisbewegung zurückkehren. Das Programm zwang ihn, die Erde in Bewegung zu setzen, und unterstützte die mathematische Harmonie statt qualitativer empirischer Adäquatheit als Realitätskriterium. Obwohl die Gründe für die Änderung zunächst nur einer kleinen Gruppe von Fachleuten einleuchteten und obwohl sich hervorragende Astronomen der Änderung widersetzten, kam es bald zum Umsturz eines umfassenden, in Anschauung, Wissenschaft, Kunst, Theologie verankerten Weltbildes und zur Aufgabe des Kopernikanischen Standpunktes selber.

Der erkenntnistheoretische Anarchismus benutzt solche Resultate der historischen Forschung, um zu zeigen, daß die Logik, die Erkenntnistheorie und die Wissenschaftstheorie nutzlose und irreführende Einschränkungen der Forschung enthalten. Argumente dieser Art enthüllen nicht eine Vorliebe für die Geschichte oder einen unkritischen Glauben an die Gültigkeit ihrer Behauptungen, sie werden verwendet, weil intelligente Rationalisten *heutzutage* durch Hinweis auf historische Tatsachen zum Nachdenken gezwungen werden können.

Der erkenntnistheoretische Anarchismus ersetzt die Logik, die Erkenntnistheorie und die Wissenschaftstheorie nicht durch eine *Theorie* – diese müßte ja antizipieren, was erst im Verlauf des Erkenntnisprozesses selbst geschieht –, sondern durch die *Bemerkung*, daß man Erkenntnis nur durch *Teilnahme* an ihr verstehen und fördern kann, sowie durch die *Aufforderung* an Wissenschaftler, Propheten, Politiker, Künstler und alle freien Bürger, direkt und ohne Umwege über abstrakte Theorien in den Erkenntnisprozeß einzusteigen und in ihm auf ihre Weise tätig zu werden. (Es gibt also keine »anarchische Erkenntnistheorie«.) Außerdem *illustriert* der erkenntnistheoretische Anarchismus die Bemerkung durch eine polemisch zugespitzte Darstellung der erwähnten historischen Resultate. Die Illustrationen verschmelzen niemals zu einer Theorie; sie sind wie lückenhafte Reisebeschreibungen oder Weltgeschichten im Taschenformat; sie ersetzen nicht den Einstieg in den Erkenntnisprozeß, sie machen klar, warum er sich nicht umgehen läßt; aber sie bereiten den Reisenden auf die *Überraschungen* vor, die ihm begegnen werden. So unerwartet sind die Entwicklungen, die sie berichten, so vielfältig die Episoden, daß ein Außenseiter, also etwa ein Logiker, nur sagen kann: *anything goes*. Die Bemerkung, daß ein vernünftiger Reisender auf Überraschungen »rational« reagieren wird, ist schon wahr, aber sie ist zu ergänzen durch den Hinweis, daß die Rationalität, deren er sich bedient, durch neue Erfindungen ständig verändert und bereichert wird und daß die Erfindungen oft unbewußt geschehen: man paßt sich intuitiv an neue Situationen an und entdeckt erst hinterher, daß die Anpassung eine Struktur hat – oder, um die Sprache der Rationalisten zu verwenden, daß sie (neuen) Rationalitätsprinzipien genügt. Das gilt auch dann, wenn der Anpassung eine *gewaltsame Störung* des Erkenntnisprozesses vorhergeht. Entscheidend ist, daß die resultierenden Rationalitätsprinzipien neu sind, daß ihre Nützlichkeit (oder ihre »Geltung«) nicht sehr weit reicht und daß sie nicht aufgrund abstrakter Überlegungen, sondern im Verlauf eines direkten Kontakts mit Partikularien, also *induktiv* verankert werden. Die Antwort auf die häufig gestellten Fragen: »Was sollen wir tun, wenn wir forschen? Wie garantieren wir die Rationalität unserer Forschung? An welche Prinzipien sollen wir uns halten? Welche Kriterien lenken unsere Entscheidungen?«, die Logiker und Erkenntnistheoretiker mit ihren simplen Modellen zu beantworten versuchen, ist aber diese: »Ihr seid erwachsene Menschen, keine kleinen Kinder mehr, und müßt nun selbst euren Weg durchs Leben und durch die Wissenschaft finden!«

B. Vorläufer und alternative Standpunkte

Der *Pyrrhonismus* zeigt die Mängel abstrakter Grundsätze und empfiehlt Passivität und Urteilsenthaltung. Wittgenstein zeigt, wie komplex Lebens- und Erkenntnisformen sind, und macht es klar, daß abstrakte Rationalitätsprinzipien in ihnen entweder keinen Angriffspunkt finden oder sie in einem Ausmaß stören, daß die Erkenntnis und das Handeln zum Stillstand kommen. *Empirische Ärzte* von den Ärzten der Koischen Schule über Paracelsus bis zur modernen Gesamtmedizin verweisen darauf, daß man die Sprache des menschlichen Organismus und den Idiolekt eines bestimmten Patienten nicht durch Theoretisieren lernen kann, sondern nur praktisch, das heißt: im engen Verkehr mit dem Patienten, wobei man intuitive Kenntnisse erwirbt, die sich nur zum Teil in Regeln und Gesetzen ausdrücken lassen. Theorien werden nicht ausgeschlossen – sie werden aber idiosynkratisch eingesetzt, aufgrund der erworbenen intuitiven Kenntnisse. Ernst Mach wendet sich gegen eine von den Wissenschaften getrennte Philosophie und Logik und will beide der physikalischen Forschung selbst einverleiben. Nicht die Logik bestimmt, wie wir forschen, sondern die Forschung bestimmt, welche Logik (welche Erkenntnistheorie) wir akzeptieren. Machs Programm wird von Einstein (spezielle Relativitätstheorie und ältere Atomtheorie) und Bohr (ältere Quantenmechanik) glänzend vorangetrieben. Mill spielt in seinem Essay »On Liberty« verschiedene Ideen und Verfahren gegeneinander aus, betont die Wichtigkeit negativer Argumente, überläßt die Wahl der Regeln des Wettstreits dem Takt des Forschers. Erkenntnistheorien werden verwendet, aber lokal, um besondere Probleme zu lösen, nicht universell, als Randbedingungen *aller* Forschung (»Man soll einen guten Witz nicht zu oft wiederholen«, sagt Einstein). Radikale Eingriffe, die ganze Erfahrungsbereiche mit einer grandiosen Geste beiseite schieben, sind nicht ungewöhnlich. Kuhn gibt die Existenz solcher Störungen zu, bindet sie aber an ein Übermaß von »Anomalien« – an eine sogenannte »Krise«. Diese Kopplung ist in der Geschichte der Erkenntnis nur selten anzutreffen (sie spielt keine Rolle in der Kopernikanischen Revolution oder beim Übergang von Lorentz zu Ein-

STEIN). KIERKEGAARD hat gezeigt, daß Menschen nicht nur im Schutze einer Praxis *leben*, sondern die Praxis durch freie Entschlüsse ständig neu *konstituieren*. Und *Künstler* tun ganz offen, was Wissenschaftler nur selten und unter vielen Entschuldigungen zu tun wagen – sie zerbrechen ältere Formen und experimentieren mit den Bruchstücken, bis neue Einheiten entstehen.

C. Politische Folgen

Der abstrakten Trennung von Erkenntnistheorie und Wissenschaft entspricht die praktische Trennung von Erkenntnistheoretikern und Wissenschaftlern und, durch beide Trennungen vermittelt, die praktische Trennung von Wissenschaft und Demokratie. Wie ein eiserner Vorhang schiebt sich die Auffassung der Erkenntnistheorien zwischen den Bürger und die Wissenschaften. Die in Abschnitt A. beschriebenen Ergebnisse ermuntern die Bürger, durch Bürgerinitiativen selbst in den Betrieb der Wissenschaften einzugreifen. Genauso, wie die Forscher in ihrer praktischen Tätigkeit die Regeln der Erkenntnistheoretiker aufheben und unabhängig von abstrakten Rationalitätsideen ihre Entdeckungen machen, genauso können auch die Bürger in ihrer politischen Tätigkeit das von den Erkenntnistheoretikern vermittelte (und von den meisten Wissenschaftlern gerne akzeptierte) autoritäre Bild der Wissenschaften aufheben und unabhängig davon ihre Entscheidungen treffen. Eine *»objektive«*, das heißt eine von der Erkenntnispraxis und der Praxis des Lebens in einer freien Gesellschaft getrennte und sie beherrschende *Rationalität* (also Logik, Wissenschaftstheorie, Erkenntnistheorie, aber auch bestimmte Sozialtheorien wie etwa der Marxismus) *wird ersetzt durch Bürgerinitiativen* – und zwar genauso, wie vor nicht zu langer Zeit das Urteil von Richtern und Sachverständigen bei Gerichtsverhandlungen ersetzt wurde durch das Urteil von Geschworenen. Theorien werden nicht abgelehnt; aber, statt unbesehen übernommen zu werden, werden sie durch die Initiativen (und die sie begleitenden Diskussionen) erst legitimiert. Nicht die Laboratoriumsforschung, nicht die Diskussionen auf wissenschaftlichen Konferenzen, sondern die Entschlüsse demokratischer Ausschüsse entscheiden über ihr Schicksal in der Gesellschaft. Der Einwand, daß gewöhnlichen Bürgern das Fachwissen und ein Training im klaren Denken fehlt, läßt sich leicht beantworten. Das Denken des Durchschnittswissenschaftlers ist nicht *klarer* als das Denken des Laien, sondern nur *einförmiger*. Nach Gründen für ihre Behauptungen befragt, geben viele Wissenschaftler Antworten, deren Richtigkeit sie selbst nie überprüft haben, die innerhalb ihres Faches als autoritativ gelten, die aber entweder von Vertretern anderer Fächer für krude Irrtümer gehalten werden (Beispiel: philosophische Kritiken eines naiven Empirismus) oder die sich bei näherer Untersuchung als illusorisch herausstellen (Beispiel: Datensammlungen zur angeblichen geistigen Verschiedenheit verschiedener Rassen, vgl. GOULD).

Die Fehler sind gelegentlich so groß und liegen so nahe an der Oberfläche, daß ein von der Fachideologie nicht betörter Laie sie leicht entdecken kann (Beispiel: Entlarvung der Prätentionen von Fachleuten vor Geschworenengerichten oder Ausschüssen). Außerdem sind Wissenschaftler in wichtigen Dingen nur selten einer Meinung, und finanzielle Überlegungen spielen bei ihren Entschlüssen gelegentlich eine große Rolle (ein populäres Schlagwort in Amerika ist »you can buy any evidence you want« [vgl. BROAD/WADE]). Und schließlich ist in einer Demokratie die Teilnahme der Bürger an grundlegenden Entscheidungen auch theoretischer Art viel wichtiger als die Reinheit des Fachwissens (die ohnehin eine Illusion ist).

Das Gemeinwesen kann davon nur profitieren. Die Bürger lernen die Wissenschaften besser kennen als in Universitätskursen, sie lernen, wie man sich schnell in eine neuartige und nicht immer leichte Materie einarbeitet, sie werden von Schlagworten wie »Suche nach der Wahrheit« oder »Fortschritt der Zivilisation« nicht mehr so leicht eingeschüchtert, denn sie sehen nun, daß diese Schlagworte von besonderen Gruppen geprägt wurden und ihren besonderen Interessen dienen. Kurz: *sie werden reife Menschen* und ermuntern auch die Wissenschaftler zur Reife, das heißt zur Überwindung jener intellektuellen Sklaverei, die sie so oft mit den Bedingungen fruchtbarer Forschung verwechseln. Der erste Schritt zu diesem Ziel ist aber die Einführung einer scharfen *Trennung zwischen Staat und Wissenschaft*.

Paul Feyerabend

Beispiele der in Abschnitt A. erwähnten Resultate finden sich in POLANYI (Science) und POLANYI

(Knowledge); im letztgenannten Buch auch Bemerkungen zur Philosophie des Existentialismus. Ferner vgl. HOLTON und FEYERABEND (Methodenzwang). – Zu den in Abschnitt B. erwähnten Philosophien: zum Skeptizismus SEXTUS EMPIRICUS und WITTGENSTEIN; zur Medizin COULTER, MILL und KIERKEGAARD; vgl. auch FEYERABEND (Empirismus, Kap. 3, und Empiricism, Kap. 4–6 [Mill, Hegel, Mach, Einstein, Popper]. – Zur Rolle anarchischer Eingriffe in der Kunst vgl. EHRENZWEIG und FEYERABEND (Wissenschaft). – Die Rolle von Bürgerinitiativen bei der Kontrolle und Förderung des Erkenntnisprozesses wird diskutiert in FEYERABEND (Erkenntnis). – Antworten auf Kritiker finden sich in Bd. 2 von DUERR.
Vgl. auch die Artikel *Rationalismus* und *Relativismus (2)*.

Broad, W./Wade, N.: Betrug und Täuschung in der Wissenschaft. (Aus dem Engl.) (1982, 1983) 1984. – *Coulter, H. L.:* Divided legacy. Bd. 1–3. 1977– . – *Duerr, H. P. (Hg.):* Versuchungen. Bd. 1: 1980; Bd. 2: 1981. – *Ehrenzweig, A.:* The hidden order of art. 1964, 1976. – *Feyerabend, P.:* Erkenntnis für freie Menschen. 1979. Veränd. Ausgabe 1980. – *Ders.:* Farewell to Reason. 1987. – *Ders.:* Problems of empiricism. 1981. Kap. 4–6 (Mill, Hegel, Mach, Einstein, Popper). – *Ders.:* Probleme des Empirismus. 1981. Kap. 3. – *Ders.:* Wider den Methodenzwang. (Aus dem Engl.) (1975) 1976; Neuausgabe ³1983, stw 1986. – *Ders.:* Wissenschaft als Kunst. 1984. – *Gould, St. J.:* The mismeasure of man. 1981, 1983. – *Holton, G.:* Thematic origins of scientific thought. 1973. – *Kierkegaard, S.:* Unwissenschaftliche Nachschrift. 1846. dtv 1975–1977. – *Mill, J. St.:* Über die Freiheit. 1859. WB ⁴1973. – *Polanyi, M.:* Personal knowledge. 1958, 1965, 1974. – *Ders.:* Science, faith and society. 1964. – *Sextus Empiricus:* Outlines of Pyrrhonism. – Grundriß der pyrrhonischen Skepsis. 1968. – *Wittgenstein, L.:* Philosophische Untersuchungen. 1953, ²1958 = 1960.

Paul Feyerabend

Erkenntnistheorie, evolutionäre

zu lat. evolutio: Auswicklung, Entfaltung, Entwicklung

Evolutionäre Erkenntnistheorien (CAMPBELL) sind die verbreitetste Form »naturalistischer Erkenntnistheorien« (QUINE; SHIMONY). Naturalistische Erkenntnistheorien stellen eine beträchtliche Abweichung von der Bemühung der klassischen Erkenntnistheorie dar, allen Glauben in der Schwebe zu halten, bis die Möglichkeit sicheren Wissens auf apriorischem oder logischem Grund gesichert ist. Analysen dieser klassischen Aufgabe haben die meisten davon überzeugt, daß solche Grundlagen nicht zu erlangen sind. Naturalistische Erkenntnistheorien nehmen ein mehr gemäßigtes und mutmaßliches Problem in Angriff: Angenommen, wir seien zu einem beträchtlichen Grad kompetente (wenn auch nicht unfehlbare) Wissende durch Wahrnehmung, Lernen und Wissenschaft – wie erlangen wir solch ein Wissen, wie wir es besitzen, bis zu welchem Ausmaß können wir ihm trauen, wie können wir unsere Glaubensüberzeugungen so ändern, daß wir sie verbessern? Solche naturalistischen Erkenntnistheorien verstoßen dadurch gegen die klassische Aufgabe, daß sie annehmen, wir hätten Wissen, bevor die Möglichkeit zu einem solchen Wissen überhaupt begründet ist.
Philosophen, die naturalistische Erkenntnistheorien auf dieser Grundlage als überhaupt nicht Philosophie ablehnen, da sie statt dessen Psychologie, Soziologie oder Biologie seien, haben meine Sympathie.
Eine naturalistische Erkenntnistheorie strebt danach, eine wissenschaftliche Theorie des Wissens zu sein, und ist daher, wie die Wissenschaft, mutmaßend, zufällig und fehlbar. Trotzdem kann man einiges Licht auf traditionelle erkenntnistheoretische Probleme werfen. Wenn auch eine voraussetzungsfreie Theorie des Wissens nicht erwartet werden kann, ist es grundlegend wichtig, Annahmen aufzudecken und sie zu kritisieren. Für diese Aufgabe – unter anderen – sind die Philosophen bestens gerüstet. Obwohl dies noch ein Minderheitsstandpunkt ist, unternehmen viele hochkompetente philosophische Erkenntnistheoretiker solche Untersuchungen.
Unter der Annahme, daß die moderne Physik die bekannte natürliche Welt annähernd richtig beschreibt und daß Biologie, Psychologie und Soziologie den menschlichen Wissenden korrigierbar beschreiben, fragen sie nun zum Beispiel, wie naturwissenschaftliches Wissen möglich ist.
Dies ist eine sich wiederholende Aufgabe (ein dialektischer Prozeß, eine hermeneutische Spirale), die sowohl zu Revisionen unserer Theorien von dem zu führen vermag, was man wissen kann, und von der menschlichen Natur – als auch zu Revisionen unserer Theorie des Wissens.

A. Die erste Hauptform
Die verbreitetste Form der evolutionären Erkenntnistheorie benutzt eine Theorie der bio-

logischen Evolution, um zu erklären, wie menschliche Wesen die Fähigkeiten oder die Kategorien der Wahrnehmung, Erkenntnis oder Intuition, wie KANT und andere sie postuliert haben, erlangen konnten. Diese Kategorien betrachtet man als ein a priori im zeitlichen Sinne für das Individuum, aber als ein a posteriori für die Gattung. Solche Kategorien können als ebenfalls a priori in dem Sinne angesehen werden, daß sie (oder andere Kategorien) Vorbedingungen für die Wahrnehmung, das Denken oder das Wissen sind. In der Revision der Anschauungen KANTS werden solche biologischen Produkte der Evolution nicht als a priori gültig, sondern als bloße Annäherungen betrachtet, die in eine vergangene, aber nicht unbedingt in eine zukünftige Umwelt passen. Charles DARWIN, Herbert SPENCER, William JAMES und viele andere Denker des späten 19. Jh. vertraten solche Ansichten. Um 1895 konnte Georg SIMMEL aus der neukantianischen Schule feststellen:

»Es ist längst die Vermutung ausgesprochen, dass das menschliche Erkennen aus praktischen Notwendigkeiten der Lebenserhaltung und Lebensfürsorge entsprungen sei. Die allgemeine Voraussetzung dabei ist die, dass eine objective Wahrheit besteht, deren Inhalt von den praktischen Interessen des Subjects unbeeinflusst ist; nur dass wir sie ergreifen, dass unser Vorstellen sie verwirklicht, geschieht auf Grund der Nützlichkeit, welche das Vorstellen des Wahren vor dem des Irrtümlichen voraushat. Diese Vorstellung ist den verschiedensten erkenntnistheoretischen Schulen gemeinsam: dem Realismus, für den das Erkennen ein unmittelbares Aufnehmen und Abspiegeln einer absoluten Realität ist, wie dem Idealismus, der die Erkenntnis durch apriorische Denkformen bestimmen lässt.« (SIMMEL, 34)

Aber obwohl sogar zahlreiche auf SIMMEL folgende Philosophen (MACH, POINCARÉ, CASSIRER, REICHENBACH, R. W. SELLARS, W. S. SELLARS, QUINE, POPPER, TOULMIN, SHIMONY) eine solche Auffassung stützten (vgl. CAMPBELL), blieb sie bis vor kurzer Zeit in den herrschenden philosophischen Abhandlungen von Wahrnehmung und Wissen unentwickelt und unanerkannt. Dies ist der Aspekt der evolutionären Erkenntnistheorie, der unter jüngeren Philosophen jetzt am verbreitetsten ist.

Unsere Werkzeuge des Wissens so als Produkte biologischer Evolution zu erklären kann erkenntnistheoretisch unerheblich sein, wenn nicht die Theorie der biologischen Evolution so beschaffen ist, es theoretisch plausibel zu machen, daß Auge und Gehirn mit allgemeiner Verläßlichkeit arbeiten.

Der Gedanke der natürlichen Auslese bietet eine solche Theorie, und zwar in der Hinsicht, daß Lebewesen, deren Augen oder Gehirn sie irreführten, Gefahr liefen, vernichtet zu werden, wohingegen in der zuverlässigen Kenntnis vieler Aspekte der Umwelt ein ständiger Überlebenswert bestünde.

Wenn sich die Umwelt vor kurzer Zeit geändert hat oder wenn das Gehirn für Aufgaben benutzt wird, die nicht in der biologischen Entwicklung vorkamen, dann können sich natürlich »Illusionen« oder nicht stichhaltige Annahmen ergeben. Zudem schließen sogar für die Umwelt, in der die Evolution stattfand, Grobkörnigkeit, ökonomische Annäherungen und Mittelbegrenzungen die Vollkommenheit aus.

B. Die zweite Hauptform

Die zweite Hauptform der evolutionären Erkenntnistheorie benutzt die Analogie der natürlichen Auslese für nichtbiologische Anwendungen. Oder besser: sie beruft sich auf einen allgemeinen Algorithmus für die Vergrößerung der Ordnung und die Einpassung eines Systems in ein anderes – zufällige Variation mit selektiver Zurückbehaltung und Verdopplung –, von welcher natürliche Auswahl in der biologischen Evolution, »Versuch und Irrtum«-Lernen, wiederholte Prozesse in der Berechnung, Kristallbildung, das Selektivmodell für das Immunsystem und so fort sämtlich Anwendungen sind.

Der Kybernetiker ASHBY trug zu dieser umfassenden Perspektive Wichtiges bei. In der Wissenschaftstheorie sprach POPPER im Jahr 1934 vom Wettbewerb zwischen wissenschaftlichen Theorien als solch einem selektiven Wahrnehmungsprozeß. TOULMIN hat ein Modell entwickelt, in dem »subtheoretische« Begriffe und Überzeugungen den Genen in der biologischen Evolution entsprechen. Thomas KUHNS Anwendung der Evolutionstheorie liegt auf dieser Ebene. Ein Modell des selektiven Wahrnehmens für soziale Evolution würde die Evolution wissenschaftlicher Überzeugungen als einen Teil umfassen.

Um erkenntnistheoretisch von Belang zu sein, müssen die vielen Kräfte, die wirksam werden (auf die Hervorbringung der Gedanken; die Entscheidung, Forschungsarbeiten zu unternehmen; die Entscheidung, Ergebnisse als geläufige Überzeugungen oder neuartige Alternativen zu bekräftigen oder abzuschwächen; die Entscheidungen, Veröffentlichungen zu unterbreiten; Herausgeberentscheidungen; selektive Beachtung veröffentlichter Forschung und Theorie und so fort), wahrscheinlich einsehbar gezeigt werden, um die Gültigkeit der Überzeugungen der Wissenschaftsgemeinschaft unter zumindest einigen Umständen zu festigen.

Bisher gibt es noch keine eindrucksvolle Theorie, die diesen selektiven Systemen im Detail Rechnung trägt. Viele von denen, die eine evolutionäre Erkenntnistheorie auf der Ebene der biologischen Organe der Wahrnehmung, des Lernens, der Erkenntnis und der Sprache akzeptieren, lehnen diese zweite Form der evolutionären Erkenntnistheorie ab. Andere erkenntnistheoretisch belangvolle Anwendungen des allgemeinen Algorithmus der unvorhergesehenen Variation und der selektiven Wahrnehmung sind für das kreative Denken (James, Souriau und Poincaré waren hier Pioniere, wie bei Campbell angeführt) und für den Sehvorgang versucht worden. Auch diese Anwendungen werden oft von denen abgelehnt, die die biologische Evolution der Kategorien oder Organe des Wissens akzeptieren.

Ich selbst bestehe auf der Anwendbarkeit des allgemeinen Algorithmus auf allen Ebenen, insbesondere weil ich keine Alternative sehe, die für die Vermehrung unseres Wissens ohne Offenbarung oder Teleologie von Bedeutung wäre. Für das kreative Denken wie für die selektiven Systeme in der Wissenschaft müssen die detaillierten Analysen, die dies überzeugend machen würden, noch ausgearbeitet werden.

Donald T. Campbell
(Aus dem Englischen von *Helmut Seiffert*)

Ashby, W. R.: Design for a brain. 1952, 1966. – *Bartley, W. W., III:* Critical study. The philosophy of Karl Popper. Teil 1: Biology and evolutionary epistemology. In: Philosophia 6, 1976. – *Callebaut, W./Pinxten, R. (Hg.):* Evolutionary epistemology. A multiparadigm program. [Mit umfassender Bibliographie.] Dordrecht: Reidel 1987. – *Campbell, D. T.:* Evolutionary epistemology. In: *Schilpp, P. A. (Hg.),* The philosophy of Karl Popper. Bd. 1; 2. 1974. – *Delbrück, M.:* Wahrheit und Wirklichkeit. Über die Evolution des Erkennens. 1986. – *Ehalt, H. Ch. (Hg.):* Zwischen Natur und Kultur. Zur Kritik biologischer Ansätze. 1985. – *Engels, E.-M.:* Was leistet die evolutionäre Erkenntnistheorie? Eine Kritik und Würdigung. In: Zeitschrift für allgemeine Wissenschaftstheorie 16, 1985. – *Dies.:* Die Grenzen der evolutionären Erkenntnistheorie. In: Information Philosophie 15, Heft 2/1987. – *Hövelmann, G. H.:* Sprachkritische Bemerkungen zur evolutionären Erkenntnistheorie. In: Zeitschrift für allgemeine Wissenschaftstheorie 15, 1984. – *Koslowski, P.:* Evolution und Gesellschaft. Eine Auseinandersetzung mit der Soziobiologie. 1984. – *Koslowski, P./Kreuzer, Ph./Löw, R. (Hg.):* Evolution und Freiheit. 1984. – *Kuhn, Th. S.:* Die Struktur wissenschaftlicher Revolutionen. (1962) ²1976. [W] – *Lorenz, K.:* Die Rückseite des Spiegels. 1973, ⁴1980. – *Lorenz, K./Wuketits, F. M. (Hg.):* Die Evolution des Denkens. 1983. – *Lütterfelds, W. (Hg.):* Transzendentale oder evolutionäre Erkenntnistheorie? WB 1987. – *Marten, H.-G.:* Sozialbiologismus. 1983. – *Mohr, H.:* Evolutionäre Erkenntnistheorie. Ein Plädoyer für ein Forschungsprogramm. 1983. – *Oeser, E.:* Psychozoikum. 1987. – *Piaget, J.:* Biology and knowledge. (Aus dem Franz.) (1967) 1971. – *Plotkin, H. Ch. (Hg.):* Learning, development and culture. Essays in evolutionary epistemology. 1982. – *Popper, K. R.:* Logik der Forschung. 1935, ⁸1984. [W] – *Ders.:* Objektive Erkenntnis. (1972) ⁴1984. [W] – *Quine, W. v. O.:* Naturalisierte Erkenntnistheorie. In: *Ders.,* Ontologische Relativität und andere Schriften. (Aus dem Engl.) (1969, ²1971) RUB 1975. – *Radnitzky, G./Bartley, W. W., III (Hg.):* Evolutionary epistemology [...]. 1987. [W] – *Rescher, N.:* Methodological pragmatism. A systems-theoretic approach to the theory of knowledge. 1977. – *Riedl, R.:* Biologie der Erkenntnis. 1979, ³1981. – *Riedl, R./Wuketis, F. M. (Hg.):* Die evolutionäre Erkenntnistheorie. 1987. – *Shimony, A.:* Scientific inference. In: *Colodny, R. (Hg.),* Pittsburgh Studies in the philosophy of science. Bd. 4. 1970. – *Siewing, R. (Hg.):* Evolution. 1978, ²1982. – *Simmel, G.:* Ueber eine Beziehung der Selectionslehre zur Erkenntnistheorie. In: Archiv für Philosophie. II. Abtheilung. Archiv für systematische Philosophie. Neue Folge der Philosophischen Monatshefte 1, 1895. – *Spaemann, R./Koslowski, P./Löw, R. (Hg.):* Evolutionstheorie und menschliches Selbstverständnis. Zur philosophischen Kritik eines Paradigmas moderner Wissenschaft. 1984. – *Toulmin, St. E.:* Kritik der kollektiven Vernunft. (1972) 1978. – *Vollmer, G.:* Evolutionäre Erkenntnistheorie. 1975, ³1981. – *Ders.:* Was können wir wissen? – Bd. 1: Die Natur der Erkenntnis. 1985. – Bd. 2: Die Erkenntnis der Natur. 1986. – *Wuketits, F. M. (Hg.):* Concepts and approaches in evolutionary epistemology. 1983. – *Ders.:* Evolution, Erkenntnis, Ethik. 1984.

Donald T. Campbell/H.S.

Erkenntnistheorie, neopragmatische

A. Der Terminus
Unter der Bezeichnung *neopragmatische Erkenntnistheorie* werden diejenigen Erkenntnislehren zusammengefaßt, die 1. das objektivistische Konzept einer »Erkenntnis an sich« – einschließlich eines vermeintlich unwandelbaren Erkenntnis-Apriori – als unerfüllbar verwerfen, 2. wegen des für den Aufbau von Wissenschaft grundlegenden Entscheidungsanteils des erkennenden Subjekts Erkenntnis und Ethik in einen unauflösbaren Zusammenhang bringen und 3. für jegliche Forschung verlangen, daß diese ihre Voraussetzungen mit Bezug auf Interessen des vergesellschafteten Menschen reflektiert.

B. Der Weg zum Neopragmatismus
In der Philosophiegeschichte gibt es kein geschichtslos-plötzliches Auftauchen neuer Gedankensysteme. Sogar »philosophische Revolutionen« gewinnen Realität und Aussagekraft erst aus ihrem Bezug auf vorausgegangene Denkarbeit. So versteht sich auch die (um 1880 mit Ch. S. Peirce einsetzende) pragmatische Wende des Philosophierens als Fortsetzung jener Erkenntnisauffassungen, die den Subjektanteil am Erkenntnisprozeß betont und reflektiert hatten. Im Pragmatismus verliert dabei die Idee der objektiven Wahrheit in dem Maß an Gewicht, wie der konkrete Mensch als Handelnder bedeutsam wird.
Die Erkenntnistheorie des Neopragmatismus ist eine der sich philosophiegeschichtlich erst spät formierenden Erkenntnislehren. In ihr stellt sich der heutige Wissensstand eines gleichsam exhaustiven Prozesses dar, der von Stufe zu Stufe Irrtümer und Sichtbeschränkungen früherer Lösungsversuche des Erkenntnisproblems eliminiert.

I. Erste Entwicklungslinie: Empirismus
Der zum Neopragmatismus führende epistemologische Lernprozeß vollzieht sich bis etwa zum Ende des 19. Jh. fast ganz auf der Aufstiegslinie des Empirismus. Schon K. R. Popper hatte zwischen »passivistischen« und »aktivistischen« Erkenntnislehren unterschieden (vgl. auch Lakatos/Musgrave, 102 ff.).
1. Aristoteles: Der Empirismus der Blütezeit der klassisch-griechischen Philosophie ist »passivistisch«, auf die Überzeugung von der Grundübereinstimmung von Denken und Sein gestützt. Bei Aristoteles sind sowohl die erfahrungswissenschaftliche → *Induktion* als auch die Evidenzbindung des Erkennenden an die Grundvoraussetzungen einer deduktiven erfahrungswissenschaftlichen Theorie außengesteuert. Über sie ist »ontologisch vorentschieden«. Subjektseitige Wahlmöglichkeiten im Erkenntnisprozeß stehen nicht ernsthaft zur Diskussion. Protagoras' Erkenntniskritik ist vergessen, Platons pragmatischer Anti-Essentialismus »überwunden«.
2. Galilei, Newton: In der Neuzeit kommt es zur ersten Ausprägung eines aktivistischen Empirismus. Galilei, später Newton, sind seine Hauptvertreter. Galileis erfahrungswissenschaftliches Vorgehen ist: Problemausgrenzung, Entwurf einer Experimentalanordnung, Durchführung von Experimenten, induktive Verallgemeinerung der Versuchsergebnisse, Konstruktion eines mathematischen Modells, Ableitung singulärer Voraussagen aus dem Modell und Vergleich derselben mit der empirischen Realität. Trotz der zahlreichen hiermit verbundenen Wahlakte glaubt Galilei an unwandelbare, sich in seinen Modellen darstellende Naturgesetzlichkeit. Ebenso Newton, der Galileis Methode perfektioniert und die erste umfassende Theorie der mathematischen Physik aufstellt.
3. Kant: Kant gibt diesem anfänglichen Aktivismus die transzendentale, erstmals die Gegenstandsgestaltung durch das erkennende Subjekt reflektierende Fassung. Aber er glaubt an eine dem Menschen fest vorgegebene, seinem gestaltenden Einfluß entzogene Begrifflichkeit, aus der heraus für ein einheitliches »transzendentales Subjekt« Erfahrungserkenntnis möglich sein soll.
4. Neunzehntes Jahrhundert: Dieser Stufe, die wir einen konservativen erfahrungsbezogenen Aktivismus nennen, schließt sich diejenige des in der Mitte des 19. Jh. einsetzenden progressiven aktivistischen Empirismus an. Der erste Vertreter dieser Denkrichtung ist der Mathematiker, Physiker und (Moral-) Philosoph William Whewell, der in seiner Auseinandersetzung mit dem naturwissenschaftlichen → *Positivismus* John Stuart Mills zu der Überzeugung gelangt, daß die erfahrungswissenschaftliche Induktion zu einem wesentlichen Teil von vorempirischen Bestimmungen abhängig ist und daher naturwissenschaftliche Theorien gleichsam nur »auf Probe« konstruiert werden, d. h. der nachträglichen Rechtfertigung bedürfen. Aber diese Rechtfertigung fließt eben nicht einfach aus der »äußeren Erfahrung«; in sie

geht wesentlich die »progressive Intuition« (W. WHEWELL) des Erkenntnissubjekts ein. – Der progressive Aktivismus blüht um die Jahrhundertwende auf. Einer seiner führenden Exponenten ist Ernst MACH, der naturwissenschaftliche Theorien als nach denkökonomischen Prinzipien und letztlich zur Befriedigung menschlicher Lebensbedürfnisse konstruierte Modelle »oberhalb« jener »Realität« betrachtete, die uns unsere Sinnesempfindungen vermitteln.

II. Zweite Entwicklungslinie: Konventionalismus

1. Euklid bis Gauß: Um die Entstehung des zweiten zur Erkenntnistheorie des Systematischen Neopragmatismus führenden Entwicklungsstranges, des Konventionalismus, verstehen zu können, werfen wir einen Blick auf die Mathematikgeschichte. EUKLIDS berühmtes Parallelenaxiom galt bis zum Ausgang des 18. Jh. als für die Geometrie unabdingbare, feststehende Wahrheit. Erst Carl Friedrich GAUSS gelangte zu der Einsicht, daß eine korrekt aufgebaute (deduktive) Geometrie möglich ist, die auf einem dem Parallelenaxiom widersprechenden Axiom zusammen mit den übrigen Axiomen EUKLIDS beruht. Damit war das Tor aufgestoßen zur formalen Axiomatik mit dem Prinzip der Wahlfreiheit der Axiome (unter der Forderung ihrer inneren Widerspruchslosigkeit). Den bisherigen »Begründungsstilen« (Seinsverankerung der Axiome, zugänglich im Evidenzerlebnis; ihre transzendentale Begründung als apriorische Wahrheiten, ihre Begründung durch »progressive« Induktion) war eine folgenreiche konventionalistische Konkurrenz entstanden. Denn was seitdem, zumindest in der Mathematik, wesentlich die Wahl konkreter Axiomensysteme bestimmt, beruht auf Entscheidungen und Übereinkünften, zu denen sich die zuständigen Wissenschaftler zusammenfinden.

2. Poincaré und Duhem: Henri POINCARÉ formuliert diesen zunächst »konservativ« zu nennenden Konventionalismus für die Geometrie; MILHAUD und LE ROY übertragen ihn auf die mathematische Physik. Er bleibt aber vorerst eine Epistemologie, die uns keine Kriterien der nunmehr wesentlich in die Entscheidungstätigkeit des Subjekts gelegten Leitlinienbildung des Theorienwandels zur Hand gibt. Einen Schritt in diese progressiv-konstitutive Richtung unternimmt 1905 Pierre DUHEM, indem er Strategien der Theorieanpassung an neue Erfahrungswirklichkeit vorschlägt, deren Leitmomente in einer teils konkret-wissenschaftsgeschichtlichen, teils denkökonomisch-ästhetischen Orientierung liegen. Bewährte Theorien sollen bei Unstimmigkeiten mit der Erfahrung als ganze (»holistisch«) und dabei vor allem in ihren axiomatischen Grundlagen geprüft und geändert werden können – nach Kriterien ihrer bestmöglichen, symmetrischsten, einfachsten (»Simplizismus«) mathematischen Strukturierung. Lediglich Mathematik und Logik waren von solcher Infragestellung dispensiert.

3. Der Falsifikationismus – (a) Poppers methodologischer Falsifikationismus (→ Falsifikation; → Falsifizierbarkeit, zwei Bedeutungen von): Nicht zuletzt aus der Auseinandersetzung mit dem progressiven Konventionalismus DUHEMS entsteht ein methodologischer Falsifikationismus (K. R. POPPER), bei welchem das unvermeidliche dezisional-konventionale Moment der Theorienbildung und des Theorienwandels in die Basissätze, die auf singuläre Ereignisse bezogenen Hypothesen kleinsten Geltungsumfanges, verlegt wird (→ *Kritischer Rationalismus*; dieser Name ist das deutsche Synonym zu »Methodologischer Falsifikationismus«). Theorienfortschritt soll nach dieser Lehre in der Theorienbewährung infolge methodisch angesetzter, aber mißlungener Falsifikationsversuche liegen. Die Tatsache, daß es dabei immer nur durch Beschluß und Übereinkunft festgesetzte Basissätze sind, die mit bestimmten (vor allem experimentell herbeigeführten) Beobachtungsergebnissen konfrontiert werden, gewichtet der Falsifikationist nicht dahin, daß hierdurch das Konzept der »Erkenntnis um der Erkenntnis willen« zugunsten einer konventionalistischen oder pragmatischen Version von »Erkenntnis« aufgegeben werden müsse.

(b) Die »raffinierte« Spätform: Popper und Lakatos: Dies gilt, abgeschwächt vielleicht, auch für die Spätform des methodologischen Falsifikationismus (K. R. POPPER und I. LAKATOS), die LAKATOS als »raffinierten« (»sophisticated«) Falsifikationismus von dessen »naiver« Vorform abhebt. Im raffinierten methodologischen Falsifikationismus wird Erfahrungswissenschaft als umfassendes (letztlich historisch kontingentes; DUHEM!) Forschungsprogramm gedeutet, innerhalb dessen als Teilprogramme bestimmte theoretische Kernstrukturen durchgehalten, durch »negative Heuristik« gegen übereifrige »Falsifikation« geschützt werden. Wird dergestalt die Kontinuität des Theorienwandels gesi-

chert, so angeblich dessen Progression durch eine »positive Heuristik«, eine auf längere Sicht angelegte Forschungsstrategie, die sich an neuen Fragestellungen orientiert, informationsvermehrende Wirklichkeitsmodelle entwirft und die gleichzeitig auf die Ausgangstheorie zurückwirkt, indem sie den (»negativ-heuristisch«) um deren Kern errichteten »Schutzbereich« dahin modifiziert, daß dieser seine Schutzfunktion (z. B. durch Einführung verborgener Wirkfaktoren) optimal erfüllt. Obgleich jedoch der »raffinierte Falsifikationismus« die Entscheidungsanteile des Erkenntnissubjekts ins Licht rückt, läßt auch er das Wohin und Wozu der Theoriendynamik offen.

III. Dritte Entwicklungslinie: Pragmatismus und Neopragmatismus

1. Älterer und prä-holistischer Pragmatismus: Denken als mögliches Handeln (Peirce), als etwas, dessen letztes Ziel Handeln sei (James), dessen Wert in seiner Brauchbarkeit bestehe (F. C. S. Schiller), und Denken als Instrument humaner Daseinsbewältigung (Dewey) – hierin drückt sich die Grundhaltung des älteren, anglo-amerikanischen → *Pragmatismus* aus. In ein erweitertes pragmatistisches Paradigma gehören ein Voluntarismus (H. Dingler), später sich in einen → *Konstruktivismus* (P. Lorenzen) ausformend, sowie ein →*Operationalismus*: Handeln wurde hier zum Operieren und Konstruieren auf der Grundlage von Willensentscheidungen.

2. Neopragmatismus: Duhems »progressiver Konventionalismus« (vgl. II.2) hatte sowohl den (ersten) Wiener Kreis als auch den jungen W. V. Quine beeinflußt. Während Quine den naturalistischen Holismus der »Theorienjustierung« (aufgrund »widerspenstiger Erfahrung«) nicht nur übernahm, sondern auf Mathematik und Logik ausdehnte, erweiterte ein anderer bedeutender Mitbegründer des Neopragmatismus, Morton G. White, den Duhem-Quineschen naturalistischen (deskriptiven) Holismus zu einem naturalistisch-ethischen (deskriptiv-normativen) Holismus, den er später »Korporatismus« nannte. Nach White gibt es auch – gegenüber deskriptiv-normativ »gemischten« Aussagenkörpern – »widerspenstige Moral- und Wertgefühle«, die zur »Justierung« dieser Aussagenkörper und dabei möglicherweise zur Verwerfung auch deskriptiver (definitorischer, empirischer oder metaphysischer) Prämissen führen können.

3. Verflechtungen und Transformationen: Die neopragmatische Bewegung wurde durch ein verstärktes Aufkommen »diachronischer« (historisierender) Betrachtungsweisen in der Erkenntnis- und Wissenschaftstheorie verstärkt. Interesse gewannen seit Beginn der 70er Jahre zunehmend einerseits der Relativismus P. Feyerabends (→ *Relativismus [2];* → *Erkenntnistheorie, anarchische*), andererseits Thomas S. Kuhns »Paradigmatischer Rekonstruktivismus«, der Wissenschaftsevolution als eine Abfolge von durch intellektuelle »Revolutionen« eingeleiteten »normalwissenschaftlichen Phasen« (der Ausprägung sogenannter »Paradigmen«) betrachtet, ohne uns zielbestimmende Gesetzlichkeiten in diesem Geschehen aufzuweisen oder uns Zielkriterien für künftiges gestaltendes Eingreifen in den Entwicklungsgang zur Hand zu geben. Mit den genannten Lehren eng verflochten waren u. a. die Kybernetikbewegung (→ *Kybernetik*) unter Ausbildung operationaler Wissenschaften wie Nutzen-, Spiel-, Entscheidungstheorie, Handlungstheorien, Planungswissenschaft (→ *Planung*), Normenlogik (→ *Norm*) sowie die Bewegung des sogenannten Neuen Strukturalismus, der für einen nicht an Aussagensysteme, sondern mengentheoretische Strukturen gebundenen Theoriebegriff (→ *Theorie*) argumentierte. Diese vielfältigen Verflechtungen und Transformationen drängten zur systematischen Integration der entscheidenden neopragmatischen Ideen. Es galt, eine neue »Forschungslogik der Praxis« aufzubauen. Es ist die Erkenntnislehre des »Systematischen Neopragmatismus«, die sich dieser besonderen Aufgabe zuwandte.

C. Systematischer Neopragmatismus

I. Der »Pragmatische Entschluß«

Die Absage an das vorpragmatische, wesentlich empiristische Begründungsdogma kann nicht selbst im Stil solchen Begründens geschehen. Sie bedarf eines pragmatischen Apriori, eines Grundbeschlusses. Dieser lautet etwa: »Beschließe über dasjenige, was du unter ›Erkenntnis‹ verstehen willst, immer nur bezüglich der Absichten, Zwecke und Ziele, die du dir als einzelner oder als Mitglied einer oder mehrerer hinreichend intentionshomogener Gruppen für eine gewisse Zeitspanne gesetzt hast. Versuche also nicht, auf Intentionslosigkeit des Erkennens, auf eine Erkenntnis, die nicht ein ›Wissen wozu‹

erzeugt, zu intendieren.« Dabei darf indes weder die Intentionalitätsforderung durch nachträgliche Einbeziehung erneut verabsolutierter Intentionen unterlaufen (1. Supplement) noch der Pragmatische Entschluß selbst als schlechterdings verbindliche Norm verabsolutiert werden (2. Supplement).

II. »Allgemeine Modelltheorie«
Den Systematischen Neopragmatismus konstituiert außer dem »Pragmatischen Entschluß« eine »Allgemeine Modelltheorie«, die als epistemologisch wichtigsten Teil eine im Sinne der → *Semiotik* pragmatisierte Metatheorie (= Theorie über wissenschaftliche Theoriebildungen) enthält. Hiernach sind auch wissenschaftliche Theorien Modelle (→ *Modell*), die zwar entsprechend dem Abbildgedanken der klassischen Epistemologie bestimmten Originalen als ihren Gegenstandsbereichen zugeordnet sind, deren Originalabbildung jedoch mehrfach zu relativieren ist: Modelle auch und besonders in der Gestalt von Theorien erfüllen ihre Abbildungsfunktion immer nur für bestimmte Subjekte (die Modellhersteller und/oder Modellbenutzer), in bestimmten Zeitspannen der Originalrepräsentation und zu bestimmten Zwecken und Zielen.
Sowohl in ihrer attributentheoretischen Darstellungsweise von Original O und (Theorie-) Modell M (von O), die formal der mathematischen Struktur entspricht, als auch bezüglich der M-Einbettung in das System der pragmatischen Variablen k, t, Z (→ *Modell*) geht die Allgemeine Modelltheorie mit ihrer ersten Veröffentlichung 1965 dem »Neuen Strukturalismus« zeitlich voran. J. D. Sneed legte seine strukturalistische Theorieexplikation 1971 vor, W. Stegmüller seine darauf aufbauende »Theoriendynamik« (Bd. 2.2) 1973, C. U. Moulines seine »Theoriekern«-Einbettung in die von ihm mit SC (= scientific community) und h (= historical interval) bezeichneten pragmatischen Variablen 1979, Stegmüller dann (Bd. 2.3) 1986 seine formal-definitorische Ergänzung der Moulinesschen Definition durch Einführung der pragmatischen Variablen F (einer theoriendynamischen Zielvariable in Gestalt der pragmatischen Auszeichnung bestimmter »Theoriekern«-Anwendungen). 1983 wendete K. Wuchterl (in Stachowiak, Modelle) die Allgemeine Modelltheorie auf die vergleichende Analyse Kuhnscher Paradigmen an.

III. Technologietheorie
Theorien leisten noch keine operativen Prognosen; sie sagen uns nicht, was wir unter Verwendung theoretischer Voraussagen zu tun haben, um gewünschte tatsächliche Zustände herzustellen. Dies leisten erst Technologien. Sie gehen von bestimmten Zielzuständen aus und fragen nach kausal relevanten Anfangszuständen, aus denen mittels geeigneter Hypothesen und Antezedenzbedingungen (→ *Erklärung*) jene Zielzustände herleitbar sind. Dieses Ursachenwissen ermöglicht es einem Akteur, durch Herstellen geeigneter Anfangszustände Technologie – das ist auf eine bestimmte ihrer intendierten (Ziel-)Anwendungen spezialisierte Technologietheorie – in (Physiko-, Bio-, Psycho- und Sozio-)Technik umzusetzen (→ *Planung*). Um die formal-pragmatische Explikation von »Technologietheorie« haben sich im Rahmen des Systematischen Pragmatismus besonders L.-M. Alisch und L. Rössner bemüht (in Stachowiak, Modelle).

IV. Epistemologie und Ethik
Die Erkenntnistheorie des Systematischen Neopragmatismus konkretisiert Morton G. Whites Konzept der engen Verbindung von Epistemologie und Ethik auf die Praxis von Wissenschaftsanwendung und Wissenschaftsplanung in der Interdependenz von Wissenschaft und Gesellschaft. Sie begnügt sich nicht mit dem pragmatisch-logischen Aspekt der Explikation von »Theorie«, »Technologie« und weiteren, besonders im »Neuen Strukturalismus« entwickelten formalen Rekonstruktionen (»Theorienevolution«, »Wissenschaftsfortschritt«, »Paradigma« usw.), sondern ist um systematische Klärung inhaltlich-normativer Fragen im Zusammenhang der Prozesse der Wissensproduktion und Wissensverwertung bemüht. Hierzu gehören: kritische Orientierungen einer allgemeinen philosophischen Pragmatik, philosophisch-anthropologische Vergewisserungen, ethische Grundentscheidungen, auf technologische Alternativen für technische Implementationen bezogenes »Folgenwissen«, ein auf Kommunikation und diskursische Konsensfindung bezogenes »Regelwissen«, ein Wissen von – unter unvermeidlicher geschichtlicher Kontingenz – Notwendigem und Wünschenswertem sowie weitere Orientierungshilfen im Blick etwa auf politisch-ethische Bedingungen sozialen Wandels.

V. Ontologie als Systemdynamik

Der Neopragmatismus als Perspektivismus (→ *Relativismus*) und Kohärentismus (→ *Wahr und falsch; Wahrheit*) weist ein ganzheitlich-dynamisches Seinsverhältnis auf. Erkennen und Handeln bilden eine Systemeinheit, Erkenntnis- und Aktionssubjekte sind ins Gesellschaftlich-Geschichtliche eingebunden, die Erkenntnissysteme sind zu ihren Objektsystemen auf komplizierte Weise rückgekoppelt, beide sind zusammengefügt zu Megasystemen innerhalb dynamischer Hierarchien. Es ist gerade die Pluralität pragmatischen Entscheidungsverhaltens, die uns die Wirklichkeit als ein dynamisches Ganzes begreifbar macht.

Herbert Stachowiak

Duhem, P.: Ziel und Struktur der physikalischen Theorien. (Aus dem Franz.) (1906) 1908 = 1978. – *Lakatos, I./Musgrave, A. (Hg.):* Kritik und Erkenntnisfortschritt. Kolloquium London 1965. (Aus dem Engl.) (1970) 1974. – *Moore, G. E.:* Principia Ethica. (Aus dem Engl.) (1903) 1970. – *Moulines, C. U.:* Theory-nets and the evolution of theories. The example of Newtonian mechanics. In: Synthese 41, 1979. – *Sneed, J. D.:* The logical structure of mathematical physics. 1971, [2]1980. – *Stachowiak, H.:* Allgemeine Modelltheorie. 1973. – *Ders.:* Gedanken zu einer allgemeinen Theorie der Modelle. In: Studium Generale 18, 1965. – *Ders.:* Modelle, Konstruktion der Wirklichkeit. 1983. Hierin insbesondere: *Alisch/Rössner; Wuchterl.* – *Ders.:* Pragmatik. [W] – *Stachowiak, H.* zusammen mit *Ellwein, Th./Herrmann, Th./Stapf, K.:* Bedürfnisse, Werte und Normen im Wandel. Bd. 1; 2. 1982. Hierin insbesondere: *Stachowiak,* Programm '80. Bd. 1. – *Stegmüller, W.:* Die Entwicklung des neuen Strukturalismus. In: *Ders.,* Probleme und Resultate [...]. Bd. 2.3. [H] – *Ders.:* Probleme und Resultate [...]. Bd. 2.2.; 2.3. [H] – *White, M.:* Toward reunion in philosophy. 1963. – *Ders.:* What is and what ought to be done. 1981. – *Wuchterl, K.:* Pragmatismus als Modelltheorie. Zur Aktualität der neopragmatischen Erkenntnistheorie von H. Stachowiak. In: Philosophisches Jahrbuch der Görres-Gesellschaft 86/2, 1979.

Herbert Stachowiak

Erklärung

Neben zahlreichen Verwendungen im Alltagssprachgebrauch, so z. B. im Sinne von Offenlegen (Zollerklärung, Liebeserklärung) oder Klarlegen (Texterklärung, Erklärung der Funktionsweise eines Gerätes), gibt es vor allem zwei Arten wissenschaftlicher Erklärungen: 1. Erklärungen von (Natur-)Gesetzen greifen auf allgemeinere Gesetze oder Gesetzesmengen zurück; 2. Erklärungen von Tatsachen (Einzelereignissen, empirischen Regelmäßigkeiten, Trends) benutzen ebenfalls Gesetze, machen aber nach herrschender wissenschaftstheoretischer Auffassung immer auch von singulären (Anfangs-)Bedingungen Gebrauch, die einen besonderen Einzelfall beschreiben. Ob sich Gesetzeserklärungen von Tatsachenerklärungen grundsätzlich unterscheiden, wird noch kontrovers diskutiert. Eine Lösung dieses Problems hängt u. a. auch davon ab, ob die Grundfrage der Methodologie der Tatsachenerklärung befriedigend beantwortet werden kann: Läßt sich die Struktur einer erfahrungswissenschaftlich angemessenen Tatsachenerklärung syntaktisch und semantisch kennzeichnen – und wenn ja, welche Angemessenheitsbedingungen (Adäquatheitskriterien) müssen erfüllt sein, damit alle Scheinerklärungen ausgeschlossen werden?

Bereits Aristoteles hatte die Angabe des »Warum«, der Gründe oder Ursachen eines Ereignisses als Grundprinzip der wissenschaftlichen Erklärung aufgefaßt. Berkeley und Kant sahen die Rückführung des einzelnen Geschehens auf allgemeine Regeln, Gesetze und Prinzipien als Grundschema des Erklärens an. Als erster versuchte wohl Mill ein systematisches, formales Modell der Erklärung auszuarbeiten, bei dem das zu erklärende Ereignis den Naturgesetzen logisch untergeordnet wird. Seitdem ist gerade diese Subsumtionsidee in wissenschaftstheoretischen Erörterungen des Erklärungsbegriffs immer wieder aufgegriffen worden. So stellte das Einordnen und Verknüpfen der Einzelerscheinungen in bzw. durch allgemeine Gesetze und Regeln das definierende Kennzeichen von Erklärungen etwa bei Husserl und Wundt dar, während Empiriokritizisten und klassische Positivisten in der Erklärung nur die Angabe einer möglichst vollständigen und einfachen Beschreibung sahen.

Nach weiteren unvollständigen Untersuchungen, so von Campbell, Ducasse, Jevons und Cohen/Nagel, beginnt die moderne Diskussion um ein adäquates Erklärungsschema mit Popper (Logik der Forschung), der einen Begriff der sogenannten Kausalerklärung definierte als deduktive Ableitung des einen Vorgang oder Sachverhalt beschreibenden Satzes aus mindestens je einer Gesetzeshypothese und einer singulären Anfangs- oder Randbedingung, deren Vorliegen die Anwendbarkeit der Gesetze auf den Erklärungsfall sicherstellen soll. Die Bezeichnung »Kausalerklärung« ist dabei terminologisch mißverständlich; denn als Gesetze kommen nicht nur Sukzessionsgesetze, sondern auch Koexistenzgesetze in Betracht, bei denen nicht ohne weiteres eine (kausale) Ursache-Wirkungs-Beziehung unterstellt werden kann.

Vor allem hat die systematische Monographie von HEMPEL/OPPENHEIM eine bis heute noch nicht beendete Diskussion um die Adäquatheitsbedingungen wissenschaftlicher Erklärungen im Rahmen einer präzisen Modellsprache ausgelöst. Eine deduktiv-nomologische Erklärung (D-N-Erklärung) nach dem sogenannten Hempel-Oppenheim-Schema (H/O-Schema, vgl. POPPER, Naturgesetze)

$$\frac{\begin{array}{l} G_1, G_2, \ldots, G_k \\ A_1, A_2, \ldots, A_l \end{array}}{E}$$

ist eine logische Ableitung eines das zu erklärende Ereignis beschreibenden Satzes (Explanandum) aus einer endlichen Prämissenmenge (Explanans), die mindestens ein striktes, also deterministisches (potentielles) allgemeines Gesetz, welches das nomologische Wissen wiedergibt, und mindestens eine singuläre Anfangsbedingung (Antezedens) enthält. Die logische Ableitbarkeit des Explanandum E aus der Konjunktion G der Gesetze $G_1, G_2, \ldots, G_k$ und der Konjunktion A der Anfangsbedingungen $A_1, A_2, \ldots, A_l$, also die Struktur $(G,A) \vdash E$, genügte jedoch noch nicht zur Ausschaltung aller unerwünschten Pseudoerklärungen. Der schließlich von HEMPEL/OPPENHEIM vorgeschlagene Erklärungsbegriff kann durch die folgende Definition gekennzeichnet werden:

Ein geordnetes Tripel von Sätzen (G,A,E) ist eine D-N-Erklärung für einen singulären Satz E genau dann, wenn gilt:
(1) G ist eine Konjunktion von Gesetzen und ist wahr.
(2) A ist eine Konjunktion singulärer, empirisch gehaltvoller und wahrer Sätze.
(3) E ist aus G und A logisch deduzierbar.
(4) Es existiert mindestens eine G-verträgliche Menge K von Basissätzen, aus der A, aber nicht E logisch deduzierbar ist.

Die Bedingungen (1) bis (4) geben (in hier leicht veränderter Form) alle von HEMPEL/OPPENHEIM geforderten Adäquatheitsbedingungen wieder. Insbesondere die Bedingung (4) hat in der Folgezeit viel Kritik herausgefordert und ist von zahlreichen Autoren durch Alternativvorschläge ersetzt worden. Sie sollte gewährleisten, daß keine Scheinerklärungen in Form von – wie es HEMPEL/OPPENHEIM nannten – Selbsterklärungen zugelassen werden müssen. Totale Selbsterklärungen sind jene Tripel (G,A,E), bei denen E schon aus A allein ableitbar ist, mithin G überflüssig wird; also liegt ein unannehmbarer Fall von Pseudoerklärung vor. Partielle Selbsterklärungen sind Tripel (G,A,E), für die ein Satz S existiert, der sowohl aus A als auch aus E ableitbar ist. Demnach muß E partiell gemeinsamen Gehalt mit A aufweisen. HEMPEL/OPPENHEIM konnten zeigen, daß die Elimination aller partiell selbsterklärenden Tripel nur noch solche Erklärungen zuläßt, bei denen das Explanandum E allein aus G ableitbar ist – eine unerwünschte Konsequenz; denn gegen diese sogenannten »rein theoretischen« Erklärungen wird ja ebenfalls von einigen Autoren der Scheinerklärungsvorwurf erhoben. Somit schienen HEMPEL/OPPENHEIM gezwungen, bestimmte Arten von partiellen Selbsterklärungen zuzulassen.

Nach vielen gescheiterten Vorschlägen zahlreicher Autoren (über die Diskussion siehe besonders STEGMÜLLER, Bd. 1; LENK; KÄSBAUER; HÖLL) lag es nahe zu glauben, daß man die Suche nach einem syntaktisch-semantisch befriedigenden Erklärungsbegriff zugunsten stark pragmatisierter Kennzeichnungen aufgeben müsse (so STEGMÜLLER), was aber von LENK als voreilig und heuristisch unerwünscht zurückgewiesen wurde.

Diese Empfehlung aufgreifend, schlug KÜTTNER (Ein verbesserter [...] Erklärungsbegriff) eine gegenüber den Vorschlägen von HEMPEL/OPPENHEIM und allen folgenden Autoren bis hin zu CUPPLES verbesserte Deutung der partiellen Selbsterklärungen vor, die erstmals auch eine Motivation dessen brachte, was KÄSBAUER (schon in STEGMÜLLER, Bd. 1) als »aussagenlogische Unabhängigkeit von Antezedens und Explanandum« forderte. Aufgrund eines die Symmetrie abrundenden Zusatzvorschlages von HÖLL gelangt man zu folgender Kennzeichnung (KÜTTNER, Solution): Zunächst werden die als quantorenfrei vorausgesetzten Sätze A und E durch die ihnen logisch äquivalenten irreduziblen adjunktivon Normalformen ersetzt, deren Glieder Verifikatoren genannt werden. Da etwaige gesetzesunverträgliche Verifikatoren nicht wirklich zu einer Selbsterklärung verwendet werden können, ist die Selbsterklärungsprüfung nur für G-verträgliche Verifikatoren von A und E vorzunehmen. Ein Erklärungsargument wird nunmehr genau dann als *selbsterklärend* definiert, wenn mindestens ein Basissatz existiert, der sowohl von einem G-verträglichen Verifikator von A als auch von einem G-verträglichen Verifikator von E logisch impliziert wird. Ein Argument (G,A) ⊢ E ist also genau dann *nicht* selbsterklärend, wenn es kein Paar G-verträglicher Verifikatoren von A und E mit gemeinsamen Basissätzen gibt. Dieses Kriterium schließt neben den partiellen auch die totalen Selbsterklärungen aus; denn jede totale Selbsterklärung ist immer auch eine partielle. Es liefert eine klare, sinnvoll begründete, intuitiv plausible und zugleich weitestgehend liberale Fassung der Idee der logischen Unabhängigkeit von Antezedens und Explanandum. Man gelangt daraufhin zu folgender Definition:

> Ein geordnetes Tripel von Sätzen (G,A,E) ist eine *(wahre) D-N-Erklärung* für einen singulären Satz E genau dann, wenn gilt:
> (1) G ist eine Konjunktion von Gesetzen und ist wahr.
> (2) A ist eine Konjunktion singulärer, empirisch gehaltvoller Sätze und ist wahr.
> (3) E ist aus G und A logisch deduzierbar.
> (4) Es gibt kein Paar G-verträglicher Verifikatoren von A und E mit gemeinsamen Basissätzen.
> (5) E ist nicht schon allein aus G deduzierbar.

Zusätzlich zur Bedingung (4), die alle Arten von Selbsterklärungen abwehrt, ist hier noch die Bedingung (5) angeführt. Sie schließt die sogenannten »rein theoretischen« Erklärungen aus. Dadurch wird gewährleistet, daß die singulären Anfangsbedingungen nicht überflüssig werden können: eine reine Allspezialisierung von G oder eine logische Abschwächung einer solchen Allspezialisierung soll nicht eine befriedigende Erklärung darstellen können.

Wegen der – wie auch in der Definition von Hempel/Oppenheim – geforderten Wahrheit des Explanans ist in diesem durch die Bedingung (3) als deduktiv gekennzeichneten Fall auch die Wahrheit des Explanandum gesichert.

Für erfahrungswissenschaftliche Anwendungen wird man von diesem »idealen« Begriff der wahren D-N-Erklärung abgehen müssen, da kein Wahrheitskriterium für strikte Allsätze zur Verfügung steht, aus logischen Gründen wohl auch nicht zur Verfügung stehen kann. Darauf nachdrücklich hingewiesen zu haben ist die grundlegende Erkenntnis Poppers antipositivistischer Wissenschaftstheorie. Die seit Hempel/Oppenheim traditionell im Rahmen einer präzisen Modellsprache geführte Diskussion ignorierte diese Problematik weitgehend. Es ist aber möglich, aus dem Begriff der wahren D-N-Erklärung weitere, für die Wissenschaftspraxis relevante D-N-Erklärungsbegriffe zu gewinnen, und dies ist auch notwendig; denn wir müßten sonst einräumen, daß mangels eines Wahrheitsnachweises der Gesetze überhaupt keine Erklärungen möglich sind.

Wird in den Bedingungen (1) und (2) nur gefordert, daß G und A als wahr *akzeptiert* sind (wie auch immer ein entsprechender Akzeptanzbegriff zu präzisieren ist), erhält man den *pragmatisch-epistemischen* Typ der wahren D-N-Erklärung. Fordert man weder Wahrheit noch Akzeptanz, so ergibt sich der Typ der *potentiellen* D-N-Erklärung: E wäre erklärt (könnte erklärt werden), wenn A vorläge. Spezialformen dieser Typen entstehen schließlich, wenn Gesetze mit besonderen Kennzeichen vorliegen. Stehen unbeschränkte Verallgemeinerungen von Gesetzescharakter (universelle nomologische Hypothesen) nicht zur Verfügung, können für D-N-Argumente auch Quasi-Gesetze (Albert), d. h. solche mit eingeschränktem Geltungsbereich, herangezogen werden. Dann könnte man von einer *Quasi-Erklärung* (Lenk) sprechen, die in einem deduktiven Argument auf quasinomologischer Grundlage besteht. Da noch kein allgemein akzeptiertes Kriterium für Gesetzesartigkeit vorliegt und für weite erfahrungswissenschaftliche Bereiche (etwa die theoretischen Sozialwissenschaften) keine umfassenden Gesetze bekannt sind, ist dieser Typ einer deduktiven quasinomologischen Erklärung von erheblicher wissenschaftspraktischer Bedeutung (vgl. Lenk). Wird der Zusammenhang zwischen Antezedens-Ereignis und einem späteren Explanandum-Ereignis über ein deterministisches Sukzessions- und Nahwirkungsgesetz (Ablaufgesetz) hergestellt, spricht man von *Kausalerklärung* in einem engeren Sinn als dem Poppers. Diese hervorhebende Kennzeichnung gegenüber

Argumenten mit einem Koexistenzgesetz (Zustandsgesetz) ist aber problematisch, weil bei Verkleinerung der Grundzeitperiode eine als Koexistenzgesetz formulierte Allaussage durchaus auch in ein Sukzessionsgesetz übergehen kann.

Kontrovers ist noch, ob die verschiedenen Formen der Handlungserklärungen, der intentionalen, teleologischen, dispositionalen sowie der historisch-genetischen und narrativen Erklärungen auf den Typ der deduktiv-nomologischen Gesetzeserklärung zurückgeführt werden können (vgl. im einzelnen STEGMÜLLER, Bd. 1).

Seit POPPER (Logik der Forschung) und vor allem seit HEMPEL/OPPENHEIM wird auch diskutiert, ob Argumente, die zur Stützung des Explanandum wesentlich nichtdeterministische (statistische, probabilistische, stochastische) Gesetze enthalten, zu den Erklärungen zu rechnen sind. Wiederum lassen sich zwei analoge Arten unterscheiden: 1. Die Ableitung einer statistischen Gesetzesaussage aus einem Explanans geschieht deduktiv. Dieser deduktiv-statistische Erklärungstyp scheint keine neuen Probleme aufzuwerfen. 2. Der Schluß auf Einzelereignisse aus statistischen Gesetzen kann nicht deduktiv vollzogen werden, sondern erfolgt induktiv. Den entsprechenden induktiv-statistischen Anordnungen *(I-S-Systematisierungen)* wird vielfach die Erklärungsfähigkeit aberkannt. Die Frage ist also, ob man gerechtfertigt von *probabilistischen* Tatsachen- oder *Ereigniserklärungen* sprechen kann.

Sei etwa ein statistisches Gesetz p(H,F)=r gegeben, wodurch behauptet wird, daß für alle Objekte mit der Eigenschaft F auch die Eigenschaft H mit der Wahrscheinlichkeit oder relativen Häufigkeit $0 \leqq r \leqq 1$ auftritt, dann scheint man bei Vorliegen von F im Einzelfall auch mit der r entsprechenden induktiven Wahrscheinlichkeit auf die Eigenschaft H dieses Einzelfalls schließen zu können. Beispielsweise könnte man mit hoher Wahrscheinlichkeit (also praktisch sicher) die Heilung H einer Person a dadurch erklären wollen, daß die von einer bestimmten Erkrankung betroffenen Personen mit gleicher hoher Wahrscheinlichkeit genesen, wenn sie einer Penicillin-Behandlung F unterzogen werden, und daß dies bei unserer bestimmten Person geschehen ist. Es können dann aber offenbar Ausnahmen auftreten, und es ist sogar logisch möglich, daß für die Nichtgenesenen ebenfalls ein statistisches Gesetz herangezogen werden kann, welches mit entsprechend hoher Wahrscheinlichkeit behauptet, daß aufgrund zusätzlicher Informationen unsere Person zu jenen gehört, die höchstwahrscheinlich nicht geheilt werden. Es tritt der scheinbar paradoxe Fall auf, daß sowohl Ha (die Person a wird geheilt) als auch ¬ Ha (die Person a wird nicht geheilt) mit hoher induktiver Wahrscheinlichkeit gestützt werden können. Der I-S-Systematisierung in der elementaren Form

$$\frac{\begin{array}{l}p(H,F)=r;\ r \text{ genügend nahe bei } 1\\ Fa\end{array}}{Ha} \quad \text{(nahezu sicher)}$$

kann dann offenbar eine Anordnung mit den Prämissen {p(¬H,F*)=q; q ebenso genügend nahe bei 1, Fa} und der »Konklusion« ¬Ha alternativ zur Seite gestellt werden. Damit verfügt man über je eine starke Stütze für die beiden einander ausschließenden Ereignisse Ha und ¬ Ha. Im Erklärungsfall ist uns zwar bekannt, welches von beiden vorliegt, doch wäre die entsprechende »Erklärung« dadurch entwertet, daß ja auch für das alternative Ereignis eine gleich gute Erklärung angegeben werden kann.

Als Ausweg aus dieser Mehrdeutigkeitsproblematik haben CARNAP, HEMPEL, SALMON und später STEGMÜLLER Vorschläge darüber entwickelt, wie relevante zusätzliche Informationen über das offenbar benötigte Hintergrundwissen heranzuziehen sind. JEFFREY (in SALMON) hat nun noch bemerkt, daß die »Güte« einer statistischen Erklärung nicht davon abhängig gemacht werden kann, ob der im statistischen Gesetz ausgedrückte Zusammenhang eine hohe Wahrscheinlichkeit r aufweist. Die Beantwortung der Frage, wie es zu einem bestimmten Ereignis kam, hängt von der Art des Zufallsprozesses ab. Ist ein Ereignis nur mit niedriger Wahrscheinlichkeit zu erwarten, so kann die Systematisierung nicht dadurch entwertet oder sinnlos werden, wenn sie genau das auch ausdrückt. Die Forderung, daß r in p(H,F) = r nahe bei 1 zu sein habe, muß daher fallengelassen werden (HEMPEL, Nachwort). STEGMÜLLER (Bd. 4.2) hat die Untersuchungen von HEMPEL, JEFFREY und SALMON weitergeführt und für eine Preisgabe des Begriffs der statistischen Erklärung von Einzeltatsachen plädiert. Je nachdem, ob eine (noch) nicht akzeptierte oder eine akzeptierte Tatsache vorliegt, spricht er von statistischer

Begründung oder von statistischer Tiefenanalyse. *Statistische Begründungen* seien Argumente, die von einem zur Zeit t im akzeptierten Wissen enthaltenen Prämissenpaar {p(H,F)=r, Fa} ausgehen und rationale Gründe dafür liefern, daß Ha eher als ¬ Ha zu *erwarten* ist. Diese Systematisierungsform sei dann aber für Erklärungen nicht geeignet, denn diese setzten ja ein gegebenes Explanandum voraus: die Frage, ob Ha oder ¬ Ha, wäre im Erklärungsfall schon vorab entschieden.
Statistische Tiefenanalysen werden Untersuchungen genannt, die von einer akzeptierten Tatsache Ha ausgehen. Will man das statistische Gesetz p(H,F)=r heranziehen, muß auch Fa gelten. Jetzt kann offenbar (nur noch) die Frage gestellt werden: »Wie ist es zu verstehen, daß dieses Objekt a, welches ein F ist, auch ein H ist?« Eine solche Frage (er-)klärt aber nicht, warum Ha eingetreten ist und nicht nicht eingetreten ist, denn gemäß p(¬H,F)=r mit $r \leqq 1$ hätte ebensogut ¬Ha vorliegen können. Dies ist offenbar STEGMÜLLERS Motivation, statistische Analysen akzeptierter Tatsachen nicht »Erklärungen« nennen zu wollen. Das Problem besteht nämlich darin, zu zeigen, welcher durch eine tiefere Analyse zu ermittelnde statistische Prozeß geeignet ist, unser Wissen, daß das Objekt a mit dem Merkmal F auch das Merkmal H hat, zu untermauern. Anstelle einer Erklärung ist ein statistisches Situationsverständnis zu liefern. Mithin liege, meint STEGMÜLLER, auch kein Argument für Ha vor. Dies ist vor allem deshalb plausibel, weil (gemäß JEFFREYS [in SALMON] Überlegungen) das Ereignis Ha mit dem Ereignis Fa durch ein statistisches Gesetz mit (sehr) niedriger Wahrscheinlichkeit verbunden sein kann.
Zu diskutieren bliebe allerdings, ob die durch die statistische Tiefenanalyse zusätzlich gewonnenen Wahrscheinlichkeitsaussagen zusammen mit p(H,F)=r und Fa nicht doch in einigen Fällen ein erklärendes Argument für Ha liefern. Es sind hierfür notwendige Bedingungen wie folgt zu erfüllen:

Ein Quadrupel (p(H,F)= r, Fa, K, Ha) ist eine *I-S-Erklärung (probabilistische Ereigniserklärung)* für Ha nur dann, wenn gilt:

(1) K ist eine Klasse von n>0 probabilistischen Elementaraussagen, deren Elemente $p(H,F \cap C_i)= q_i$ (i = 1, ..., n) die Tiefenanalyse von p(H,F)=r bilden, wobei die C_i eine homogene Minimalzerlegung (siehe Näheres bei STEGMÜLLER, Bd. 4.2, 339 ff.) von F bezüglich G erzeugen.

(2) Das Objekt a gehört genau zu einer engeren Bezugsklasse $F \cap C_j$, $1 \leqq j \leqq n$.

(3) $p(H,F \cap C_j)= q_j \geqq r$ und q_j liegen nahe genug bei 1.

Die Bedingung (3) garantiert dabei, daß die Tiefenanalyse von p(H,F)= r nicht zu einer geringeren Wahrscheinlichkeit q_j gegenüber r geführt hat, also nicht irrelevant war, und daß q_i genügend groß ist, damit wir wirklich von einer »Erklärung« sprechen können. Ist die homogene Minimalzerlegung absolut gültig und ist die Zugehörigkeit von a zu $F \cap C_j$ wahr, liegt eine *wahre* probabilistische Ereigniserklärung *(I-S-Erklärung)* vor. Ist die Minimalzerlegung nur epistemisch homogen und $a \in F \cap C_j$ zur Zeit t akzeptiert, haben wir den *pragmatisch-epistemischen* Typ der I-S-Erklärung.
Wenn »gewisse Eigentümlichkeiten sich wiederholender Folgen von Ereignissen« vorliegen, gesteht auch STEGMÜLLER (Bd. 4.2, 357) eine (statistische) Erklärbarkeit zu. Beispiele hierfür sollen offenbar logisch zwischen den statistischen Gesetzen und den Einzeltatsachen liegen. Eine systematische Analyse dieser Fälle ist allerdings nicht erfolgt. Klar ist nur, daß es sich um einen Subsumtionsvorgang unter statistische Gesetze handelt.
Trotz zugegebener pragmatischer Relativität der Formulierung wird die Möglichkeit echter objektiver probabilistischer Ereignis*erklärungen* unter einem objektiven Wahrscheinlichkeitsbegriff bei vielen mathematischen Statistikern, von denen einige auch nichtpersonalistische Wahrscheinlichkeitstheorien vertreten, durchaus noch diskutiert: sie hängt davon ab, ob man (beispielsweise bei radioaktiven Zerfallsprozessen) von objektiven Wahrscheinlichkeitsgesetzen statt von bloßen Erwartungshypothesen sprechen kann.

Michael Küttner/Hans Lenk

Acham, K.: Analytische Geschichtsphilosophie. 1974. – *Ders. (Hg.):* Methodologische Probleme der Sozialwissenschaften. 1978. – *Albert, H. (Hg.):* Theorie und Realität. Ausgewählte Aufsätze. 1964, veränd. ²1972. – *Apel, K.-O.:* Die Erklären-Verstehen-Kontroverse in transzendentalpragmatischer Sicht. 1979. –*Beckermann, A.:* Gründe und Ursachen. 1978. – *Carnap, R.:* Logical foundations of probability. 1950, ²1962. – *Cupples, B.:* Three types of explanation. In: Philosophy of Science 44, 1977. – *Eberle, R./Kaplan, D./Montague, R.:* Hempel and Oppenheim on explanation. In: Philosophy of Science 28, 1961. – *Hempel, C. G.:* Aspects [...]. 1965. [W] –

Ders.: Aspekte [...]. 1977. Darin: Nachwort 1976. [W] – *Hempel, C. G./Oppenheim, P.:* Studies [...]. 1948. [W] – *Höll, W.:* Logische Bedingungen deduktiv-nomologischer Erklärungen. Diplomarbeit Mannheim 1978. – *Käsbauer, M.:* Definitionen der wissenschaftlichen Erklärung. In: Erkenntnis 10, 1976. – *Kaplan, D.:* Explanation revisited. In: Philosophy of Science 28, 1961. – *Kim, J.:* On the logical conditions of deductive explanation. In: Philosophy of Science 30, 1963. – *Küttner, M.:* Ein verbesserter deduktiv-nomologischer Erklärungsbegriff. In: Zeitschrift für allgemeine Wissenschaftstheorie 7, 1976. – *Ders.:* A solution to ruling out all partial and total self explanations in D-N arguments. In: 6. International Congress of logic, methodology and philosophy of science. Hannover 1979. – *Lenk, H.:* Erklärung, Prognose, Planung. Skizzen zu Brennpunktfragen der Wissenschaftstheorie. 1972. Hierin: Zur Logik von Erklärung und Prognose. (1969). – *Pasternack, G. (Hg.):* Erklären, Verstehen, Begründen. 1985. – *Popper, K. R.:* Logik der Forschung. 1935, [8]1984. [W] – *Ders.:* Naturgesetze und theoretische Systeme. (1948) In: *Albert, H. (Hg.),* Theorie und Realität. [2]1972. – *Rescher, N.:* Scientific explanation. 1970. – *Riedel, M.:* Verstehen oder Erklären? 1978. – *Salmon, W. C. (Hg.):* Statistical explanation and statistical relevance. 1971. – *Schwemmer, O.:* Theorie der rationalen Erklärung. 1976. – *Stegmüller, W.:* Probleme und Resultate [...]. Bd. 1; 2.2; 4.2. [H] – *v. Wright, G. H.:* Erklären und Verstehen. 1974.

Michael Küttner/Hans Lenk/H.S.

Explikation

lat. explicatio: Auseinanderfaltung, Entwicklung, Erörterung, Verdeutlichung, Erklärung. – Bedeutungsähnlich: *Explanation,* lat. explanatio: Aus(einander)breitung, Aus(einander)legung, Entwicklung, Verdeutlichung, Erklärung; zu lat. planus: eben, flach

Einleitung. Zur Standarddefinition
In allen mir bekannten Lexika wird *Explikation*, Rudolf CARNAP folgend, etwa folgendermaßen definiert:

> Explikation ist ein Prozeß, in dem ein vorgegebener, nicht hinreichend klarer Begriff – das *Explikandum* – durch einen ihm ähnlichen, ihm aber an Exaktheit überlegenen Begriff – das *Explikatum* – ersetzt wird. *(D-1)*

Diese lexikalische Definition dürfte einen weitverbreiteten Sprachgebrauch beschreiben. Aber aus der Carnapschen Idee der Explikation läßt sich mehr machen. In der Formulierung dieses Ansatzes ausgedrückt: für die Idee der Explikation läßt sich ein besseres Explikatum geben, dann nämlich, wenn die ihr zugrundeliegenden methodologischen Annahmen durch bessere ersetzt werden. Wenn man einsieht, *daß die Weiterentwicklung eines Begriffs nur im Zusammenhang mit Theorieentwicklung möglich ist: daß eine geglückte Explikation nur einen Teilaspekt einer geglückten Theorienentwicklung darstellt.* Faßt man Explikation so auf, gewinnt man ein sehr nützliches intellektuelles Werkzeug.
Der Sprachgebrauch, den Definition *D-1* beschreibt, krankt an zwei Irrtümern: (1) CARNAP machte seinen Vorschlag im Zusammenhang mit Bemühungen, gewisse Grundbegriffe der formalen Wissenschaften zu klären. Die Überbetonung von Exaktheit wird daraus verständlich, aber nicht gerechtfertigt. (2) Viele Philosophen, insbesondere die Anhänger von WITTGENSTEINS Spätphilosophie, meinen, daß Begriffe wichtiger sind als Hypothesen oder Theorien, Gebrauch (use) wichtiger als Wahrheit. Deshalb bekommen sie den Kontext, in dem sich Explikationen vollziehen, und damit auch die Idee der Explikation nicht in den Griff. Von diesen beiden Irrtümern kann man sich in zwei Schritten befreien.

A. Der erste Schritt zur Verbesserung
»Explikation« wurde in *D-1* als Bezeichnung für eine bestimmte Art von Handlung verwendet. Oft wird der Ausdruck auch für das Resultat, also synonym mit »Explikatum« gebraucht. Der Ausdruck »Explikation« ist somit doppeldeutig; er bezeichnet sowohl den Vorgang (Prozeß) als auch das Ergebnis (Produkt).

I. Explikation als Prozeß
Für einen Begriff eine Explikation zu geben ist rationales Problemlösen. Problemlösen kann als eine Sequenz folgender Momente aufgefaßt werden. (a) *Analyse der Problemsituation:* Zunächst ist das Ziel anzugeben, im vorliegenden Fall das Ziel der Erkenntnisbestrebungen. Dann sieht man sich um, ob es bereits – im Hintergrundwissen – einen Begriff gibt (oder, wie wir sagen würden: ob es eine Theorie gibt), der für die vorgesehene Art von Untersuchung brauchbar sein könn-

te. Gibt es einen solchen – was meistens der Fall ist, denn wir starten immer schon auf einem hohen Niveau, niemals von nichts –, dann existiert ein Explikandum. Man wird es dann zunächst etwas klären wollen, etwa durch informelle Erklärungen und durch Beispiele seiner Verwendung. (CARNAP nennt diese Phase »clarification of the explicandum«.) Meist wird man feststellen, daß das Explikandum für die vorgesehene Verwendung als intellektuelles Werkzeug gewisse Mängel aufweist. (b) Deshalb schlägt man vor, das Explikandum durch eine verbesserte Version der Grundidee zu ersetzen. Allerdings bezieht sich dieser Vorschlag nur auf den vorgesehenen Tätigkeitsbereich. Ein solcher *Vorschlag* beinhaltet immer ein kreatives Moment. (c) Es ist zu *prüfen*, ob gute Gründe für den Vorschlag sprechen, d. h., die *Leistungsfähigkeit* von Explikandum und Explikatum in bezug auf das Ziel der betreffenden Erkenntnisanstrengungen ist zu vergleichen. (d) Das Resultat dieses Vergleichs bietet eine *Entscheidungsgrundlage* dafür, ob man anstelle des alten mit dem neuen Begriff arbeiten soll. Bei der Prüfung wird es sich wesentlich um eine Kosten-Nutzen-Analyse handeln: Nutzen in Form von Erkenntnisgewinn und Kosten in Form von entgangenem Erkenntnisgewinn. Wenn das Explikatum dem Explikandum in einem bestimmten Problemlösungsbereich überlegen ist, dann wird es sich in diesem Bereich auch durchsetzen. Das ist ein objektiver Prozeß, genauso, wie (KUHN möge verzeihen) das Ablösen einer Theorie durch eine leistungsfähigere Theorie ein objektiver Prozeß ist.

Bei vielen geglückten Explikationen wird es Bereiche geben, in denen der alte Begriff ein besseres intellektuelles Werkzeug darstellt als der neue; aber diese Bereiche – meistens innerhalb der Alltagspraxis – sind für die Forschung irrelevant. Zum Beispiel die im Satzkalkül definierten Konnektive (Verknüpfungen) als Explikata der Konnektive der Umgangssprache können verschiedene Nuancen, die mit den Konnektiven der Umgangssprache ausdrückbar sind, nicht wiedergegeben. P. F. STRAWSON erregte seinerzeit große Aufmerksamkeit, als er das betonte. Aber das ist keine relevante Kritik der Explikata, denn diese sind für einen ganz bestimmten Bereich – Mathematik einschließlich formaler Logik – vorgesehen und nicht für umgangssprachliche Kommunikation.

II. Explikation als Produkt

Worin besteht nun – bei einer geglückten Explikation – die Überlegenheit des Explikatums gegenüber dem Explikandum? Vor allem darin, daß der verbesserte bzw. der »neue« Begriff tatsächlich ein besseres intellektuelles Werkzeug zur Bewältigung der gestellten theoretischen Probleme ist, daß er in diesem ganz bestimmten Sinn *fruchtbarer* ist als der »alte« Begriff. Worin genau diese größere Fruchtbarkeit besteht, kann nur mit Bezugnahme auf den betreffenden Problembereich angegeben werden. Bei Explikationen in den Naturwissenschaften heißt »fruchtbarer« vor allem, daß man mit Hilfe des Explikatums Naturgesetze aufstellen kann, die sich mit Hilfe des Explikandums nicht formulieren lassen. (Den relevanten Begriff der »Fruchtbarkeit« klärt man jedoch am besten anhand von Beispielen, s. u.)

Gewisse Faktoren tragen wesentlich zur Fruchtbarkeit bei und sind in gewissen Kontexten sogar notwendige Bedingungen für Fruchtbarkeit: (a) *Zunahme an Exaktheit* (non-ambiguity [Nicht-Doppeldeutigkeit]) und *Zunahme an Präzision* (an empirischem Informationsgehalt: Allgemeinheit und/oder Bestimmtheit). Diese Zunahme ist jedoch nicht Selbstzweck (wie es die Definition *D-1* impliziert), sondern die Präzision soll nur soviel zunehmen, wie es für den gegebenen Zweck, das Lösen dieser bestimmten Art von Problemen, erforderlich ist. Denn die Präzisionserhöhung bringt auch Kosten: sie würde schließlich das Explikatum unnötig kompliziert und schwerhantierlich machen. Eine andere Eigenschaft, die zur Fruchtbarkeit beiträgt und bei Explikation im Kontext naturwissenschaftlicher Forschung zur notwendigen Bedingung wird, ist, (b) daß die *Feststellungsmethoden realisierbar* sind: die Verfahren, mit deren Hilfe festgestellt werden soll, ob ein bestimmtes System, ein bestimmter Zustand, Prozeß usw. einen Fall darstellt, der die Eigenschaft exemplifiziert, für die das Explikatum (siehe Welt-3) ein intellektuelles Modell darstellt (zum Beispiel: ob für ein bestimmtes Lebewesen die Bezeichnung »Piscis« zutreffend ist oder ob ein Paar von Körpern die Eigenschaft »*x* ist wärmer als *y*« exemplifiziert). (c) Bereits wegen dieser Forderung nach Realisierbarkeit der Feststellungsmethoden soll das Explikatum so *einfach* wie möglich sein, d. h. so einfach, wie es mit der Forderung nach dem im vorliegenden Fall notwendigen Grad von Präzision vereinbar ist. (d) Um sicherzugehen, daß es sich in einem vorliegenden Fall tatsächlich um die Explikation des angegebenen Explikandums (und nicht um die Explikation eines anderen Begriffs oder um einen »ganz neuen« Begriff) handelt, muß ein »genügender« Grad von *Ähnlichkeit* zwischen Explikandum und Explikatum verlangt werden. Diese notwendige Bedingung wird von Definition *D-1* korrekt erfaßt. Wieviel Ähnlichkeit ist zweckmäßig? Die sicheren positiven Fälle der Extension des Explikandums sollen wiederum sichere positive Fälle der Extension des Explikatums sein, und gleiches gilt von den sicheren negativen Fällen (zum Beispiel: eine notwendige Bedingung dafür, daß »Piscis« ein Explikatum für den umgangssprachlichen Begriff »Fisch« sein kann, ist, daß der Karpfen als Piscis im Sinne des Explikats qualifiziert wird, die Katze aber nicht). Im Vagheitsgebiet des semantischen Spektrums des Explikandum soll durch das Explikatum eine scharfe Grenze gezogen werden – gemäß der Forderung nach Non-Ambiguität und Präzisionserhöhung; zum Beispiel ist die Frage, ob der Wal ein Fisch im Sinne von »Piscis« ist, mit Hilfe des Explikatums eindeutig entscheidbar. (Das bedeutet natürlich nicht, daß damit nahegelegt würde, in anderen Kontexten, etwa im wirtschaftlichen Kontext, den Walfang nicht unter »Fischerei« zu subsumieren. Das Explikatum soll ja keinesfalls das Explikandum in solchen Bereichen ersetzen, wo das Explikandum – sei es ein intuitiver Begriff der Umgangssprache oder ein Begriff, der zu einem weniger entwickelten Stadium der betreffenden wissenschaftlichen Theorie gehört – genügend gut oder sogar besser funktioniert als das Explikatum.) Für den Systemzusammenhang »Wirtschaft« ist die genaue zoologische Ortsbestimmung des Wales gleichgültig; es wäre pedantisch und daher nicht sachgemäß, für den Walfang einen zoologisch »korrekten« Oberbegriff zu bilden, etwa »Wasserwirbeltierfang«, worunter der Fang sowohl von Fischen als auch von im Wasser lebenden Säugetieren subsumiert werden könnte.

Weil ein Teil der Pointe einer Explikation darin liegt, im Vagheitsgebiet des Explikandums eine scharfe Grenze zu ziehen, sind Explikandum und Explikatum immer verschiedene Begriffe. Kurz: Ähnlichkeit ist eine notwendige Bedingung für eine geglückte Explikation; aber Präzisionserhöhung ist keinesfalls das Hauptanliegen einer Explikation, wie es die Definition *D-1* nahelegt. Nicht einmal in der Mathematik.

Ein weitverbreiteter Irrtum ist die Annahme, daß Explikation einfach eine Art von Definition ist. Wenn der Vorschlag gemacht wird, für bestimmte Aufgabenbereiche das Explikandum durch einen anderen Begriff zu ersetzen, dann muß dieser weiterentwickelte, dieser »neue« Begriff irgendwie eingeführt werden. Gewöhnlich geschieht das, indem man ihm eine bestimmte Bezeichnung gibt und diesen Ausdruck (den Designator des neuen Begriffs) mittels einer expliziten Definition einführt (→ *Definition*). Das ist aber nur *eine* der Möglichkeiten. So kann z. B. in den Geisteswissenschaften das Explikatum eines bestimmten Epochenbegriffs durch eine größere Textmenge eingeführt werden; rekursive Definitionen, Postulatsysteme usw. können zur Einführung von Begriffen herangezogen werden.

III. Zusammenfassung

Explikation ist *Begriffsweiterentwicklung*, der Vorschlag oder der Versuch, einen vorhandenen Begriff – sei es ein Begriff der Umgangssprache oder ein Begriff, der ein bestimmtes Stadium der Wissenschaftsentwicklung repräsentiert – für die Arbeit an bestimmten theoretischen Problemen durch eine verbesserte Version, d. h. durch einen »neuen«, aber dem »alten« doch verwandten Begriff (das Explikatum) zu ersetzen. Eine solche Substitution ist rational, wenn das Explikatum tatsächlich ein besseres, ein leistungsfähigeres intellektuelles Werkzeug für diese Art von Problemlösungsvorhaben darstellt. Was mit »besser« gemeint ist, wird durch Angabe der Adäquatheitskriterien präzisiert. *(D-2)*

B. Verbesserung – Explikation – des mit Definition D-2 eingeführten Explikationsbegriffs durch methodologische Überlegungen

Rudolf Carnap und diejenigen analytischen Philosophen, die sich mit dem Begriff der Explikation befaßt haben, haben primär einen Sprachgebrauch verfeinert und präzisiert. Der Terminus »Explikation« erscheint nicht ganz ungefährlich. Denn er legt die Vorstellung nahe, der in einem bestimmten Begriff sozusagen verborgene Inhalt würde entfaltet, ausgebreitet und dabei geklärt – eine Vorstellung, die wiederum den Essentialismus nahelegt: die (irrige) Annahme, es gäbe so etwas wie eine wahre Definition eines bestimmten Ausdrucks. Richtig verstanden ist die Idee der Explikation jedoch geradezu ein Gegenmittel gegen den Essentialismus. Um diesen Zweck erfüllen zu können, muß diese Idee allerdings verbessert, selbst noch »expliziert« werden. Hier wird ein bestimmtes Explikatum von »Explikation im Sinne CARNAPS« vorgeschlagen. Diesem Vorschlag liegen folgende sehr allgemeine methodologische Hypothesen zugrunde: Bei Erkenntnisfortschritt handelt es sich primär um die Verbesserung von Theorien bzw. um die Ablösung einer Theorie durch eine Nachfolgetheorie mit größerem Problemlösungsvermögen und nur sekundär – als Nebenprodukt – um die Verbesserung von Begriffen, um Explikation. Erkenntnisfortschritt ist nur durch das ständige Zusammenspiel von kreativer Imagination und kritischer Überprüfung zu erreichen. Einem Begriff – im Sinne einer Welt-3-Entität und nicht im Sinne eines psychischen Phänomens, einer mentalen Entität wie »Einstellung«, »set«, »attitude« usw. (Begriff im psychologischen Sinn) – liegt eine bestimmte Hypothese/Theorie zugrunde; jeder Begriff ist theorienabhängig. *Eine Weiterentwicklung von Begriffen ist nur möglich im Zusammenhang mit Theorienkonstruktion:* wenn eine Theorie durch eine verbesserte Version der »alten« bzw. durch eine »neue« Theorie, jedenfalls eine Nachfolgertheorie, ersetzt wird. Auch der vorliegende Explikationsversuch illustriert das. Dem Carnapschen Begriff der Explikation liegen bestimmte methodologische Auffassungen (gewöhnlich als »logischer Empirismus« bezeichnet) zugrunde. Hier wird versucht, diesen Explikationsbegriff zu verbessern, indem er auf eine tragfähigere methodologische Auffassung (auf POPPERS evolutionäre Methodologie) basiert wird. Es wird behauptet, *daß ein Explikationsversuch nur im Zusammenhang mit der Kreation einer »tieferen« Hypothese/Theorie glücken kann.* Mit der Konstruktion einer »tieferen« Theorie wird meistens – als Nebeneffekt – eine ganze Reihe von Explikationen geleistet: Begriffe, die ein früheres Stadium der betreffenden Disziplin kennzeichnen, werden dann durch ein System neuer Begriffe ersetzt. Wird eine Theorie durch eine »tiefere« Theorie ersetzt (→ *Theorie*), dann ergibt sich als unbeabsichtigte Konsequenz dieser Handlung ein System von geglückten Explikationen. Diese These kann nur anhand von Beispielen plausibel gemacht werden.

C. Beispiele

I. »Warm«

Illustration der These durch Ausarbeitung eines der Beispiele in CARNAPS *klassischem Text: der Explikation von »warm«, »wärmer als« usw. durch den Begriff »Temperatur«:* In der Umgangssprache gibt es Ausdrücke für Eigenschaften von Körpern, Gasen etc., denen qualitative Begriffe zugrunde liegen wie »kalt«, »warm« oder komparative Begriffe wie »*x* ist wärmer als *y*«. Es sind phänomenologische Begriffe, denn die ihnen zugeordneten Feststellungsmethoden sind zunächst subjektive Empfindungen von Wärme und Kälte durch den Hautsinn. Die umgangssprachlichen Ausdrücke erhalten ihren Sinn durch ostentative Bezugnahme. Das Kind lernt sie mit der Primärsprache durch solche Hinweise. Bereits bei handwerklichen Aufgaben besteht das Bedürfnis nach Feststellungsmethoden, die objektiv im Sinne von intersubjektiv sind. Solche sind aber nur erreichbar, wenn an die Stelle der phänomenologischen Begriffe theoretisch definierte Begriffe treten. Die Intersubjektivität bietet entscheidende Vorteile: sie erleichtert die Kommunikation, hilft Dispute objektiv zu entscheiden und vermeidet paradoxale Situationen wie z. B. bei dem berühmten Dreigefäßeversuch. (Wird die eine Hand in kaltes, die andere Hand in warmes Wasser gehalten und werden anschließend beide Hände in dasselbe Gefäß gehalten, dann erscheint das gleiche Wasser der einen Hand warm, der anderen kalt.) Die Intersubjektivität ist notwendige Bedingung für die Chance, Naturgesetze finden zu können. Immer muß jedoch unterschieden werden zwischen Begriff (Explikation) und Feststellungsmethoden, Verfahren, mit deren Hilfe festgestellt werden kann, ob einem reellen System die Eigenschaft, zu der der Begriff den Zugang vermittelt, tatsächlich zukommt. Im vorliegenden Beispiel soll ein und derselbe theoretische Begriff »Temperatur« Feststellungsmethoden steuern, die so verschiedene Temperaturen (oder ein so verschiedenes Maß an thermostatischen Zuständen) messen wie etwa unsere Bluttemperatur und die Temperaturen von Sternen, bei denen es sich um Millionen von Celsiusgraden handelt (also um Eigenschaften, die man sich, von unserer Lebenswelt, dem Mesokosmos, ausgehend, gar nicht vorstellen kann). Von den verschiedenen Meßmethoden muß gefordert werden, daß sie im Überdeckungsbereich, d. h. in dem Bereich, wo mehr als eine Feststellungsmethode möglich ist, die gleichen Zahlenwerte liefern. Bereits aus diesen Überlegungen geht hervor, daß die Idee, ein Begriff könne mittels einer Meßmethode, einer Feststellungsmethode definiert werden (Idee der sogenannten »operationellen Definition«; → *Definition*), unsinnig ist.

Die Explikation der phänomenologischen Begriffe »warm« etc. ist deswegen als Beispiel so interessant, weil hier, im Gegensatz zu dem, was bei den anderen Grundgrößen der Fall ist, die zu messende Größe Temperatur nur in der Theorie existiert. Es gibt ein Urmeter und ein Urkilogramm, aber keinen Urgrad. Der erste wichtige kreative Schritt ist die Hypothese, daß es »wärmeabhängige« Eigenschaftsänderungen gibt, und die Bewährung dieser Hypothese. »Echte« Thermometer gab es bereits 1654, aber der Begriff »Temperatur« wurde erst um 1800 entwickelt.

Der nächste kreative Schritt ist die Entdeckung der praktischen Konstanz der Schmelzpunkte und vor allem (gegen Ende des 17. Jh.) FAHRENHEITS Idee, daß es eine Kälte gebe, die nicht mehr zu überbieten sei: die Vorstellung, der Begriff vom »absoluten Nullpunkt«. Es begann die Suche nach einer von der Thermometersubstanz unabhängigen Skala. Im Anfangsstadium ist die Problemsituation folgendermaßen: Man brauchte Thermometer, vor allem für die Wetterkunde, und suchte nach einer Theorie, die den Instrumentenbau anleiten könne. Die gesuchte Theorie/Hypothese sollte einen Erklärungsansatz bieten (1) für die Kausalverbindung zwischen mehr oder weniger erhitzten Substanzen als Stimuli und Sinnesempfindungen von mehr oder weniger warm/heiß und (2) für die Kausalverbindung vom Zustand einer Substanz des Mehr-oder-weniger-erhitzt-Seins zu bestimmten Eigenschaftsänderungen, der Ausdehnung usw. Zunächst wurde die Hypothese aufgestellt, daß »Wärme« ein gewichtloses Medium sei, das alle Körper durchdringe, und zwar so, daß eine Volumeneinheit der Substanz *x* gleich viel »Wärme« enthält wie das gleich große Volumen der Substanz *y* bei gleich großer (mit empfindlichen Thermometern gemessener) Wärme/Temperatur. Die Entdeckung der Schmelzwärme von Eis (1760) falsifizierte diese Theorie und verwies das vorgeschlagene Explikatum ins Kuriosakabinett der Wissenschaftsgeschichte.

Der entscheidende kreative Schritt ist die Konzeption einer Theorie, die einen neuen *theoretischen* Begriff der »Temperatur« einführt, und zwar konzipiert als *Bewegungsenergie* (die schließlich die durchschnittliche Bewegungsenergie wird) der Moleküle und Atome und das Maß der Temperatur in diesem Sinne (der Explikatum-Eigenschaft) als Maß für die Stärke dieser Bewegung. Die Verbindung der Begriffe »Wärme« und »Volumen« in der Arbeit der Thermometermacher war oberflächlich. Erst in der Thermodynamik wird der Begriff »Temperatur« wirklich mit anderen physikalischen Begriffen integriert – darin auch zeigt sich der Wert eines Explikatums oder, genauer gesagt, der ihm zugrundeliegenden neuen Theorie –, und erst der in der Theorie der statistischen Mechanik konzipierte Begriff stellt die geglückte Explikation dar.

Doch zurück zum anderen Aspekt, zur Suche nach dem absoluten Nullpunkt. Der kreative Schritt war die Hypothese (die sich bewährte), daß ein Gas, dessen Moleküle idealisiert als ausdehnungslose Massenpunkte ohne gegenseitige Wirkung gedacht werden, sich beim Akühlen mit jedem Celsiusgrad (die Skala war willkürlich festgelegt worden und enthält auch heute noch Minusgrade, was ebenso unsinnig ist wie Minussekunden) um den 273,15ten Teil des Volumens zusammenzieht, das es am Eispunkt hatte. Ferner die Konjektur, daß sich das linear vollzieht und somit das Gas bei einer Temperatur von minus 273,15° C sein Volumen auf Null reduziert haben müsse und damit der absolute Nullpunkt erreicht sei. Ein deutliches Beispiel, wie eine Theorie die Konstruktionen von deskriptiven Systemen anleitet, denn nun konnte man – dank der Theorie – eine absolute Temperaturskala definieren. Die Meßmethoden, Feststellungsmethoden in der Gasthermometrie basierten dann auf der »Zustandsgleichung«: das Produkt von Druck und Volumen einer gegebenen Gasmenge ist der absoluten Temperatur proportional. Diese Theorie hatte sich bereits vor 1850 bewährt.

Weitere schöpferische Leistungen folgten. Der nächste Schritt war die Einführung des Begriffs des Schwarzen Körpers in die Physik (durch KIRCHHOFF um 1860) und schließlich MAX PLANCKS Formel der spektralen Verteilung der Strahlung des Schwarzen Körpers. Die kreative Konjektur, daß die elektromagnetische Strahlung nur in ganzzahligen Vielfachen von Energiequanten auftrete, war die Geburtsstunde der Quantenphysik. Die Formel erlaubt es theoretisch, alle Temperaturen vom absoluten Nullpunkt an mittels Strahlungsmessung zu bestimmen. Aus praktischen Gründen wird jedoch bei der Feststellungsmethode eine Vergleichsmessung durchgeführt. In der optischen Pyrometrie wird schließlich auf einen psychophysikalischen Vergleich zurückgegriffen: man vergleicht die Helligkeit einer bestimmten Strahlenquelle (z. B. der Goldpunkttemperatur) mit der Intensität der zu messenden Strahlenquelle – im Prinzip auch mit derjenigen eines Sternes in der gleichen Wellenlänge. So hilft das menschliche Auge bei der Bestimmung der Temperatur von Sternen, während wir im Mesokosmos Wärme mit dem Hautsinn empfinden. Man sieht, wie weit sich das Explikatum – dank der erfolgreichen Theorienentwicklung – vom Alltagsbegriff entfernt hat. Die Feststellungsmethode ist weniger subjektiv, aber dafür desto mehr theoretisch.

Das historische Beispiel der Reihe von Explikationsschritten von den Begriffen »warm«, »*x* ist wärmer als *y*« zum Begriff der Temperatur als durchschnittliche Bewegungsenergie und den modernen Meßmethoden zeigt erstens, daß es nur durch das Zusammenspiel von kreativen Konjekturen und folgender kritischer Prüfung möglich ist, intellektuelle Werkzeuge – primär: Theorien/Konjekturen – zu verbessern, und daß auch die Entwicklung von Feststellungsmethoden für die physikalischen Eigenschaften, die durch die theoretischen Begriffe erschlossen worden sind, nur dank erfolgreicher Theorienentwicklung möglich wird. Damit zeigt das Beispiel auch, wie falsch der Induktivismus ist und wie irrig die Vorstellung ist, daß im Zentrum des Erkenntnisfortschritts Begriffe stehen und nicht Theorien.

II. »Fisch«

Ein *zweites Beispiel*, das in CARNAPS klassischem Text behandelt wird, ist die *Explikation des umgangssprachlichen Begriffs »Fisch« durch den Begriff »Piscis« der biologischen Theorie* (Wirbeltier, Kiemenatmung und Abwesenheit von Thermostatregelung der Körpertemperatur). Es wird gesagt, das Explikatum sei ein besseres Werkzeug für die biologische Forschung, weil die durch die Definitionseigenschaften des Begriffs »Piscis« ausgezeichneten Organismen neben diesen Eigenschaften noch viele andere wichtige Eigenschaften gemeinsam haben, so daß mit Hilfe des Explikatums Gesetze gefunden werden können, die man mit Hilfe des Explikandums nicht hätte finden können. Die Behauptung ist richtig. Sie verstellt jedoch den Blick auf den Gang des Erkenntnisfortschritts. Zuerst kommt die kreative Konjektur, wenn man versucht, Tiere nach ihrer »Verwandtschaft« zu klassifizieren. Sobald eine entsprechende Theorie konzipiert ist, ergibt sich daraus automatisch die Explikation im Sinne eines Vorschlags, im Kontext der biologischen Forschung anstelle des umgangssprachlichen Begriffs »Fisch« den biologischen Begriff »Piscis« zu verwenden.

Überall, wo es um rationales Problemlösen im Erkenntnisbereich geht, wo eine Theorie konzipiert, verbessert oder durch eine bessere ersetzt wird, also überall dort, wo Erkenntnisfortschritt stattfindet, treten – *als Nebenprodukte* – Explikationen auf. Wenn der Erkenntnisfortschritt groß ist, wenn die neue Theorie wesentlich »tiefer« ist als diejenige, die sie ersetzt, dann bilden die Explikata, die mit dieser Theorie eingeführt werden, ein System. Dann kann die Theorie auch erklären, warum diese Explikata bessere intellektuelle Instrumente sind als die Explikanda.

Beispiele von geglückten Explikationen gibt es also überall, wo es Erkenntnisfortschritt gibt. Wir haben im vorigen Abschnitt nur Beispiele aus den Naturwissenschaften erwähnt. Berühmte Beispiele aus den formalen Wissenschaften, aus der Mathematik, sind B. RUSSELLS Explikation des Begriffs »natürliche Zahl« und A. TARSKIS Explikation des Wahrheitsbegriffs für formalisierte Sprachen. Ein bekanntes Beispiel aus der Methodologie ist die Explikation des Begriffs »beschreibender Satz« oder »Satz der empirischen Wissenschaft« durch den Begriff der empirischen Signifikanz bzw. durch das Demarkationskriterium (→ *Wissenschaftlichkeit*). Eine enorme Sekundärliteratur gibt es zu C. G. HEMPELS Versuch, ein Explikat des Begriffs »adäquate Kausalerklärung« zu geben. Diese Aufzählung könnte beliebig lang fortgesetzt werden.

D. Mißbrauch

Wie jede andere Methode kann auch die Explikation mißbraucht werden. Von den zahllosen Beispielen sollen ein paar populäre Fälle erwähnt werden.

I. »Bruttosozialprodukt«
Der Begriff des Bruttosozialprodukts (BSP) wird von Politikern und Journalisten oft als Explikatum des Begriffs »materieller Wohlstand« oder »Volksvermögen« angeboten. Darauf wird dann eine ganze UNO-Statistik mit Vergleichen von Pro-Kopf-Einkommen aufgebaut, die als eine Art »Wohlstandsvergleiche« verwendet werden. De facto ist der Begriff des BSP jedoch bestenfalls ein Explikat für den Begriff des »Tätigkeitsvolumens einer Nation«. Wird BSP als Explikat des Begriffs »materieller Wohlstand« angeboten, dann erfüllt er nicht die notwendigen Bedingungen jeder Explikation: ein Mindestmaß an Ähnlichkeit zwischen Explikandum und Explikatum. Das kann anhand von Beispielen leicht gezeigt werden: so werden etwa Produktivitätserhöhungen durch den Einsatz von elektrischen Heimmaschinen vom BSP nicht erfaßt. Oder: Würde z. B. ein Autoreifen erfunden, der eine viel längere Lebensdauer aufweist als die bisherigen und auch Treibstoff sparen hilft, dann würde die Substitution der bisher verwendeten Reifen durch den neuen Reifen zweifellos einen Beitrag leisten zur Erhöhung des materiellen Wohlstandes der Gesellschaft, in der er Breitenwirkung hat. Im BSP würden jedoch nur die Anschaffungskosten erscheinen – und selbst wenn ex hypothesi der Ersparungseffekt bei weitem die höheren Anschaffungskosten aufwiegen würde, würde die Einführung des neuen Produkts zu einer Reduktion des BSP führen müssen, also genau das Gegenteil der tatsächlichen Wirkung ausweisen.

II. »Intelligenzquotient«
Viel Mißbrauch wird auch mit dem Intelligenzquotienten (IQ) als Explikat des umgangssprachlichen Begriffs »Intelligenz« getrieben. IQ ist eine Bezeichnung für den Begriff des aktuellen Problemlösungsvermögens einer Person. Die Feststellungsmethoden basieren auf Vergleichen von erbrachten Leistungen in standardisierten Prüfsituationen. Damit kann man recht gute Prognosen über die komparative Leistungsfähigkeit von Individuen machen. Da aber die Feststellungsmethoden nur wenige Problemlösungsarten erfassen können, während das Leben die verschiedensten Anforderungen stellt, kann der IQ bestenfalls gewisse Aspekte des viel weiteren umgangssprachlichen Begriffs »Intelligenz« explizieren. Kreativität z. B. wird nicht erfaßt. Das hindert jedoch nicht, daß der Begriff IQ als Explikat gewisser Leistungspotentialsforderungen in gewissen Kontexten sehr nützlich sein kann.

III. »Sexualität«
Wenn bei einer Explikation der Ausdruck, der das Explikandum bezeichnet, auch zur Bezeichnung des Explikatums verwendet wird, dann wird dadurch dieser Ausdruck doppeldeutig. Diese Doppeldeutigkeit kann nur durch den Kontext behoben werden. Das gibt oft Anlaß zu Mißinterpretationen. Wird z. B. bei der Lektüre von Freuds Vorlesungen der Ausdruck »Sexualität« dort, wo er für das Explikatum steht (das ein viel weiterer Begriff ist als das Explikandum), als Bezeichnung von Sexualität im umgangssprachlichen Sinn verstanden, muß der Leser schließen, daß gewisse Hypothesen, die dort aufgestellt werden, offensichtlich falsch sind. In Wirklichkeit hat er aber den Text völlig mißverstanden. (Woraus nicht folgt, daß die Hypothesen, korrekt interpretiert, richtig sein müssen.)

E. Unberechtigte Vorwürfe gegen den Begriff der Explikation oder gegen bestimmte Explikata
Eine weitverbreitete Forderung lautet, daß im Namen der Wissenschaftlichkeit das Explikatum das Explikandum *überall* ersetzen soll, auch im Kontext der Umgangssprache. Das mag in bestimmten Fällen berechtigt sein. Als allgemeine These aber ist es falsch. So ist z. B. die Celsiusskala der Thermometrie gewiß unlogisch, aber praktisch. Die Kelvinskala dagegen ist wissenschaftlich exakt, aber unhandlich. Deshalb werden beide Skalen nebeneinander weiterleben. Und auch künftige Generationen werden lieber bei 24° C schwimmen gehen als bei 297° K. Daß das rational ist, kann eine Kosten-Nutzen-Analyse zeigen.
Manchmal wird ein bestimmter Begriff, der im Kontext als Explikatum fungiert, einer Kritik unterzogen, die darauf beruht, daß nicht verstanden wird, daß es sich um eine Explikation – für einen ganz bestimmten Problemlösungsbereich – handelt, und deshalb auch nicht eingesehen wird, daß in dem vorliegenden Fall (wie bei jeder Explikation) zuerst eventuelle Doppeldeutigkeiten des Explikandum-Ausdrucks behoben werden müssen, ehe ein Explikationsvorschlag gemacht werden kann. Ein gutes Beispiel aus der formalen Semantik ist Tarskis sogenann-

te semantische Definition der Wahrheit – ein klassisches Beispiel einer geglückten Explikation. Das Explikatum ist vorgesehen für eine bestimmte formalisierte Sprache, wobei eine Regel angegeben wird, wie von dieser Sprache zu einer bestimmten Klasse von formalisierten Sprachen generalisiert werden könne. Man begegnet nun sehr oft dem Vorwurf, diese Definition tauge nichts, denn damit würden gewisse gewöhnliche Anwendungen von »Wahrheit« nicht erfaßt. Der Vorwurf übersieht, daß es sich um die Explikation des Begriffs der Wahrheit von *Satzzeichen* (als Ausdrucksgestalten) oder von Propositionen handelt, daß also die mannigfaltigen anderen Anwendungen von »wahr« (wie z. B. »eine wahre Freude«, »die Stunde der Wahrheit«, »Ich bin die Wahrheit, spricht der Herr«, »in vino veritas« usw.) gar nicht zum Explikandum gehören.

Gerard Radnitzky

Carnap, R.: Logical foundations of probability. 1950, ²1962. – *Carnap, R./Stegmüller, W.:* Induktive Logik und Wahrscheinlichkeit. 1959. – *Hanna, J. F.:* An explication of »explication«. In: Philosophy of Science 35, 1968. – *Hempel, C. G.:* Grundzüge der Begriffsbildung in der empirischen Wissenschaft. (Aus dem Engl.) (1952) 1974. – *Popper, K. R.:* Objektive Erkenntnis. (1972) ⁴1984. [W] – *Radnitzky, G.:* The internal rate of profit as a measure of profitability. An example of an explication. In: Erhvervsøkonomisk Tidsskrift (Kopenhagen) 28, 1964. – *Ders.:* Entre Wittgenstein et Popper. [...]: le vrai, le faux, l'hypothèse. 1987.

Gerard Radnitzky

Falsifikation

zu lat. falsus: ungegründet, grundlos, irrig, falsch

So eng wie wohl kein anderer Begriff ist der der *Falsifikation* mit Poppers Lehre vom *Fallibilismus* (der unüberwindbaren, prinzipiellen Fehlbarkeit menschlicher Realitätserkenntnis) verbunden. Seit Poppers »Logik der Forschung« (1935) hat der Kritische Rationalismus unermüdlich sein falsifikationistisches Wissenschaftsprogramm gegen Empiristen, Positivisten, Instrumentalisten, Konstruktivisten und andere propagiert: Man trachte danach, Theorien möglichst strengen Prüfungen zu unterwerfen, denn falsifizierte Theorien üben einen unausweichbaren Druck auf Erfahrungswissenschaftler aus, nach verbessertem Ersatz zu suchen und somit wissenschaftlichen Fortschritt zu gewährleisten.
Die Logik der Falsifikation beruht zunächst auf einer leicht einsehbaren Voraussetzung: (Natur-)*Gesetze* mit streng raum-zeitlich unbegrenztem Geltungsanspruch lassen sich auch durch noch so viele Tatsachenaussagen *nicht verifizieren*. Wenn nun gerade ihnen das besondere Interesse der theoretischen Erfahrungswissenschaften gilt, liegt es nahe, die Diskrimination konkurrierender Gesetzeshypothesen durch Falschheitsnachweis zu leisten. Hierfür scheint es nämlich zu genügen, eine einzige widerlegende Instanz zu finden. Diese *Asymmetrie zwischen Verifizierbarkeit und Falsifizierbarkeit* empirisch gehaltvoller, strikter Allsätze erlaubt es, Falsifikation als ein neben der Bestätigung alternatives Resultat eines Gesetzesüberprüfungsvorgangs durch die folgende Definition zu beschreiben (vgl. Küttner):

> Ein Gesetz G ist genau dann falsifiziert, wenn gilt:
> (1) Die Allspezialisierung G' von G ist logisch äquivalent mit der Konditionalaussage W' → D'.
> (2) Die Anwendungsbedingung ist erfüllt, d. h., es existiert ein wahres singuläres Antezedens A, aus dem W' logisch folgt.
> (3) Es existiert ein wahrer singulärer Satz E, aus dem die Negation von D' logisch folgt.

Diese Definition für Falsifikation eines Gesetzes ist weiter als der von Popper (Naturgesetze) vorgeschlagene »Nachprüfungsvorgang« durch Prognosededuktion mit falsifizierendem Ergebnis, da E gemäß Bedingung (3) logisch stärker sein kann als jede aus Gesetz und Antezedens erhältliche deduktiv-nomologische Prognose (zur Vergleichbarkeitserleichterung ist die Symbolik wie unter → *Erklärung* und → *Prognose, Voraussage* gewählt worden), zugleich ist sie *streng auf das Gesetz gerichtet*, während die Falschheit einer Prognose in manchen prognostischen Argumenten *nur das Explanans* $\{G,A\}$ eines deduktiv-nomologischen Arguments *falsifiziert*.
Die formallogische Präzisierbarkeit des Falsifikationsbegriffs täuscht jedoch über die *Falsifikationsproblematik in erfahrungswissenschaftlichen Anwendungen* weitgehend hinweg. Einige der in Modellsprachen unproblematischen Voraussetzungen sind tatsächlich

nicht erfüllbar und zwingen letztlich zu einer relativistischen Position:
1. Die Falsifikation eines Gesetzes setzt die *Wahrheit* aller Sätze voraus, die in A die Anwendungsbedingung und in E die falsifizierende Instanz beschreiben. Ohne daß damit das Falsifizierbarkeitsprinzip als *Abgrenzungskriterium* in Frage gestellt wäre (es geht dort nur um die logische Möglichkeit der Falschheit wissenschaftlicher Sätze gegenüber metaphysischen), muß doch ein gesicherter Wahrheitsnachweis auch der singulären Sätze bestritten werden, will man an einem korrespondenztheoretischen Wahrheitsbegriff festhalten. Die Auszeichnung einer unproblematisch wahren empirischen Basis muß als gescheitert angesehen werden und wurde gegen alle Zweisprachenkonzeptionen von POPPER auch immer wieder zugunsten des Prinzips der Theorieabhängigkeit allen Beobachtens scharf bekämpft. Ein falsifiziertes Gesetz ist folglich nur – relativ zu intersubjektiv überprüfbaren Akzeptanzentscheidungen über die falsifikationsherbeiführenden Basissätze – als *vorläufig falsch* zu kennzeichnen. (Eine gewisse Nähe zu konsenstheoretischen Wahrheitskonzepten ist dabei nicht zu übersehen.) Die prinzipielle Möglichkeit vorschneller Falsifikationen führt dann konsequenterweise dazu, daß der Vorgang des Falsifizierens kein Gesetz endgültig ausscheidet. Ohnehin vertreten Kritische Rationalisten im allgemeinen die Auffassung, daß als falsch erkannte Theorien weiterhin Erklärbarkeitskraft besitzen, wenn keine bessere Alternative zur Verfügung steht (vgl. ALBERT); schließlich ist der (vorläufige) Falschheitsnachweis nur für bestimmte Anwendungen erfolgt.
2. Das Urteil, ein Gesetz sei falsifiziert, setzt weiterhin voraus, daß Gesetze im Rahmen von Falsifikationsversuchen überhaupt genügend *streng isolierbar* sind. Weite Bereiche der in der Theoriebildung fortgeschrittenen Erfahrungswissenschaften (wie theoretische Physik u. a., auch die theoretische Nationalökonomie) sind jedoch besser dadurch charakterisiert, daß *hochkomplexe Aussagensysteme* aus Gesetzesanwärtern, Randbedingungen und (teils auch metaphysischem) Hintergrundwissen im Experiment oder der Untersuchung als Gesamtheit zur Debatte stehen. Damit bedarf es der mehr oder weniger willkürlichen Annahme über die Gültigkeit einer nicht immer bekannten Reihe weiterer Behauptungen. Eine Falsifikation einzelner Gesetze relativ zur Akzeptanz anderer Gesetzeshypothesen, von denen – aus Vergangenheitserfahrung extrapoliert – eher zu erwarten ist, daß sie sämtlich in strengem Sinne falsch sind, höhlt die ursprüngliche Intention aber weitgehend aus. So vermag man im »geläuterten Falsifikationismus« von LAKATOS keine Falsifikationen im engeren Sinne mehr zu sehen. Um dem genannten Problem und allen darauf fußenden *holistischen Positionen* wenigstens zum Teil entgehen zu können, muß der Kritische Rationalismus wohl größeres Interesse an *isolierbaren Miniaturtheorien* als an (etwa axiomatisch aufgebauten) Theoriekomplexen und -hierarchien haben.
3. Falsifikation von Gesetzen kann nur im Rahmen der sogenannten *Aussagenkonzeption* erfolgen, denn von Theorien, die nicht aus (Klassen von) Behauptungssätzen über die Realität bestehen, kann auch nicht sinnvoll gesagt werden, sie seien falsifizierbar. In jüngerer Zeit ist demgegenüber von SNEED und auch von STEGMÜLLER u. a. vorgeschlagen worden, Theorien durch Angabe eines *mengentheoretischen Prädikats* zu charakterisieren. Damit sollten auch die (zu vage formulierten) Vorstellungen über das antifalsifikatorische Forschungsinteresse des »normalen« Erfahrungswissenschaftlers von KUHN präzisiert werden. Bei näherer Untersuchung dieser Nicht-Aussagen-Konzeption stellt sich aber heraus, daß hinter den eine Theorie definierenden Bestandteilen sehr wohl noch falsifikationsfähige Aussagen verborgen sind, wenn auch ein degenerierter Falsifikationsbegriff verbleibt: als widerlegbare Behauptungen treten Aussagen über die Zugehörigkeit von Anwendungsfällen zur Klasse aller möglichen intendierten Anwendungen auf. Nicht die Theorie soll in Frage gestellt werden, sondern ihr Anwendungsbereich wird auf sie abgestimmt. Die normalwissenschaftliche Forschung werde – dies bewußt und durchaus rational – von *Immunisierungsstrategien* geleitet.
4. Schließlich muß bei Akzeptanz der Aussagenkonzeption ein direkter Realismus derart vorausgesetzt werden, daß sich die Prädikate in den Gesetzen auf reale Eigenschaften beziehen. Wenn aber einerseits Gesetze selbst der Physik wie der Ökonomik typischerweise *idealisierte Begriffe* (wie Massepunkt, Vakuum; vollkommene Information, Rationalverhalten) enthalten, andererseits sich auf *idealisierende Modelle* (vereinfachte und verfälsch-

te Abbildungen von Realitätsausschnitten) beziehen, liegt allenfalls nur ein *indirekter Realitätsbezug* vor. Damit ist aber die prinzipielle Falsifizierbarkeit in Frage gestellt: Wie kann sich denn je eine Gravitationstheorie über Massepunkte nach Konfrontation mit der erfahrbaren Wirklichkeit als falsch erweisen, wenn es derartige Massepunkte überhaupt nicht gibt? Wie kann eine ökonomische Theorie des Rationalverhaltens überprüft werden, wenn sie sich bekanntermaßen auf ein »unrealistisches« Modell bezieht?
Der (zumeist) nur indirekte Realitätsbezug erfahrungswissenschaftlicher Theoriebildung scheint die entscheidende Hürde für ein empirieorientiertes Falsifikationsprogramm zu sein. Genaugenommen geben solche Theorien gar nicht mehr vor, falsifizierbare Aussagen über die Realität zu machen; bestenfalls können sie als pragmatische Realitätsannäherungskonstrukte aufgefaßt werden. Eine *andere Art von Asymmetrie* ersetzt jene zwischen Verifikation und Falsifikation: Falsifikation ist offensichtlich nicht möglich, aber es kann im prognostisch erfolgreichen Anwendungsfall von *Bestätigung* oder *Bewährung* gesprochen werden. Der Ausweg, Verdrängung der nur bestätigungsfähigen Theorien über die Suche nach logisch gehaltvolleren Kandidaten zu erreichen, vermag den intuitiv bestechenden Grundansatz POPPERS höchstens dann zu ersetzen, wenn es gelingt, einen adäquaten komparativen Begriff des empirischen Gehaltes zu präzisieren.

Michael Küttner

Albert, H.: Theorien in den Sozialwissenschaften. In: *Ders. (Hg.),* Theorie und Realität. Ausgew. Aufsätze. 1. Aufl. 1964; nur in der veränd. 2. Aufl. 1972. – *Juhos, B.:* Die methodologische Symmetrie von Verifikation und Falsifikation. In: Zeitschrift für allgemeine Wissenschaftstheorie 1, 1970. – *Küttner, M.:* Gesetzesüberprüfung und Strukturgleichheitsthese. In: *Albert, H./ Stapf, K. (Hg.),* Theorie und Erfahrung. 1979. – *Kuhn, Th. S.:* Die Struktur wissenschaftlicher Revolutionen. (1962) [2]1976. [W] – *Lakatos, I.:* Falsifikation [...]. In: *Ders./Musgrave, A. (Hg.),* Kritik und Erkenntnisfortschritt. Kolloquium London 1965. (Aus dem Engl.) (1970) 1974. – Auch in: *Ders.,* Die Methodologie der wissenschaftlichen Forschungsprogramme. (Philosophische Schriften. 1) 1982. – *Oetjens, H.:* Sprache, Logik, Wirklichkeit. 1975. – *Popper, K. R.:* Logik der Forschung. 1935, [8]1984. [W] – *Ders.:* Naturgesetze und theoretische Systeme. 1948. In: *Albert, H. (Hg.),* Theorie und Realität. Ausgew. Aufsätze. 1. Aufl. 1964, veränd. [2]1972. – *Schmid, M.:* Falsifizierbarkeit oder Falsifikation? In: Zeitschrift für allgemeine Wissenschaftstheorie 3, 1972. – *Sneed, J. D.:* The logical structure of mathematical physics. 1971. – *Stegmüller, W.:* The structuralist view of theories. 1979.

Michael Küttner/H.S.

Falsifizierbarkeit, zwei Bedeutungen von

zu lat. falsus: ungegründet, grundlos, irrig, falsch

Einleitung
Die technischen Termini »falsifizierbar« (»empirisch widerlegbar«) und »Falsifizierbarkeit« (»empirische Widerlegbarkeit«) wurden von Karl POPPER zuerst in der Zeitschrift »Erkenntnis« (3, 1933, 426 f.) und in »Logik der Forschung« (1934) eingeführt im Zusammenhang mit seiner Lösung des von ihm so benannten *Abgrenzungsproblems:* ein Kriterium soll gefunden werden, das uns gestattet, empirisch-wissenschaftliche Sätze (Theorien, Hypothesen) von anderen, insbesondere von pseudowissenschaftlichen, vorwissenschaftlichen, metaphysischen Sätzen zu unterscheiden. (Das Abgrenzungsproblem ist von dem noch wichtigeren Wahrheitsproblem zu unterscheiden: auch falsche [falsifizierte] Theorien, wie zum Beispiel die Rayleigh-Jeansschen und die Wiensche Strahlungsformeln oder BOHRS Atomtheorie von 1913 können offenbar den Charakter von empirisch-wissenschaftlichen Behauptungen haben.)
Obwohl es (nach TARSKI und POPPER) kein Wahrheitskriterium geben kann, so gibt es, nach POPPERS Vorschlag, ein Abgrenzungskriterium: das *Kriterium der Falsifizierbarkeit.* POPPERS Vorschlag ist: Ein Satz (oder eine Theorie) ist dann und nur dann empirisch-wissenschaftlich, wenn er falsifizierbar ist.

A. »Falsifizierbarkeit« im logischen Sinne
Aber wann ist ein Satz falsifizierbar? Es ist für die gegenwärtige Diskussion von größter Wichtigkeit, daß die Falsifizierbarkeit im Sinne von POPPERS Abgrenzungskriterium eine rein logische Angelegenheit ist. *Sie hat es nur mit der logischen Struktur von Sätzen und von Klassen von Sätzen zu tun.* Und sie hat *nichts* zu tun mit der Frage, ob eine vorgeschlagene experimentelle Falsifikation als solche anerkannt wird oder nicht.

I. Die These

Ein Satz (oder eine Theorie) ist nach POPPER falsifizierbar dann und nur dann, wenn es wenigstens *einen* Basissatz gibt, der mit ihr in logischem Widerspruch steht. Es ist wichtig, daß nicht gefordert wird, daß der fragliche Basissatz wahr ist: die Klasse der Basissätze ist dadurch gekennzeichnet, daß ein Basissatz ein logisch mögliches Ereignis (einen möglichen Sachverhalt) beschreibt, von dem es seinerseits logisch möglich ist, daß es beobachtet werden könnte. (Ein solches Ereignis kann als eine *Falsifikations*möglichkeit bezeichnet werden.)

II. Vier Beispiele

Um diese Überlegungen weniger abstrakt zu machen, sollen hier vier Beispiele gegeben und diskutiert werden: zwei von falsifizierbaren Sätzen und zwei von nichtfalsifizierbaren Sätzen.

(1) »Alle Schwäne sind weiß.« Diese Theorie ist falsifizierbar, da sie z. B. dem folgenden Basissatz widerspricht (der, nebenbei bemerkt, falsch ist): »Am 16. Mai 1934 stand ein schwarzer Schwan zwischen 10 und 11 Uhr morgens vor dem Denkmal der Kaiserin Elisabeth im Volksgarten in Wien.«

(2) EINSTEINS Prinzip der Proportionalität von träger und (passiv) schwerer Masse. (Dieses »Äquivalenzprinzip« ist, wie es scheint, wahr, obwohl es kürzlich angegriffen wurde.) EINSTEINS Äquivalenzprinzip widerspricht vielen Falsifikationsmöglichkeiten, also Ereignissen, deren Beobachtung logisch möglich ist, aber trotz aller Bemühungen, eine solche Falsifikationsmöglichkeit experimentell zu realisieren (Roland EÖTVÖS erfand diese Experimente), scheinen bisher die Experimente das Äquivalenzprinzip auf das genaueste zu bestätigen.

(3) »Alle menschlichen Handlungen sind egoistisch, von Selbstinteresse gesteuert; und jene Handlungen, die es scheinbar nicht sind, werden im selbstischen Interesse unternommen, sich selbst oder anderen als selbstlos zu erscheinen.« Diese Theorie ist weit verbreitet: sie hat behavioristische, psychoanalytische, individualpsychologische, utilitaristische, vulgärmarxistische, religiöse (»sich das Himmelreich verdienen«) und wissenssoziologische (»Erkenntnis ist von Interesse gesteuert«) Varianten. Es ist klar, daß die Theorie und alle ihre Varianten nicht falsifizierbar sind: sie sind pseudowissenschaftliche Ideologien.

(4) Ein reiner Existentialsatz wie Rudolf CARNAPS berühmtes Beispiel: »Es gibt eine Farbe (›Drommetenrot‹), deren Anblick Entsetzen erregt.« Oder vielleicht: »Es gibt eine Zeremonie, deren genaue Ausführung den Teufel zu erscheinen zwingt.« Solche Sätze sind nicht falsifizierbar. (Sie sind, im Prinzip, verifizierbar: Es ist nicht logisch unmöglich, eine Zeremonie zu finden, deren Ausführung zum Erscheinen einer menschenähnlichen Gestalt mit Hörnern und einem Pferdefuß führt. Und wenn die Wiederholung der Zeremonie von einem Zeitpunkt an nicht dasselbe Resultat hätte, so wäre das keine Falsifikation, denn vielleicht wurde ein unscheinbares, aber essentielles Merkmal der richtigen Zeremonie weggelassen.)

Wie diese Beispiele zeigen, bedeutet Falsifizierbarkeit im Sinne des Abgrenzungskriteriums nicht, daß eine Falsifikation praktisch durchgeführt wurde oder durchgeführt werden kann oder daß sie, wenn sie durchgeführt wurde, unproblematisch ist. Falsifizierbarkeit bedeutet nichts anderes als eine logische Beziehung zwischen der fraglichen Theorie und der Klasse der Falsifikationsmöglichkeiten oder der Klasse der Basissätze. Die Falsifizierbarkeit ist also relativ zu dieser Klasse. Wenn diese Klasse als gegeben angesehen werden kann, so ist die Falsifizierbarkeit eine Sache der reinen Logik, der logischen Struktur der fraglichen Theorie.

Daß die Klasse der Falsifikationsmöglichkeiten (oder der Basissätze) gegeben sein muß, kann man am besten an unserem Beispiel (1) zeigen.

Wir haben oben gesagt, daß der Satz »Alle Schwäne sind weiß« falsifizierbar ist. Wie aber, wenn jemand, wann immer ihm ein nicht-weißer Schwan gezeigt wird, sich auf den Standpunkt stellt, daß dieser Vogel kein Schwan ist, da es ja für Schwäne »wesentlich« oder »essentiell« sei, daß sie weiß sind?

Eine solche Handlung läuft darauf hinaus, nicht-weiße Schwäne als logisch unmöglich zu erklären (also auch als unbeobachtbar) und ihr Auftreten damit aus der Klasse der Falsifikationsmöglichkeiten auszuschließen.

Relativ zu dieser so geänderten Klasse der Falsifikationsmöglichkeiten wird natürlich der Satz »Alle Schwäne sind weiß« nicht-falsifizierbar. Um solche Dinge zu vermeiden, können wir nach POPPERS Vorschlag verlangen, daß jemand, der den empirisch-wissenschaftlichen Charakter einer Theorie vertritt, angibt, unter welchen Bedingungen er bereit wäre, diese Theorie als falsifiziert anzusehen; das heißt, er soll wenigstens eine, womöglich aber einige Falsifikationsmöglichkeiten beschreiben.

B. »Falsifizierbarkeit« im praktischen Sinne
Wir kommen nun zu einem zweiten Sinn von »falsifizierbar« und »Falsifizierbarkeit«, der von POPPERS logischem Abgrenzungskriterium der Falsifizierbarkeit deutlich unterschieden werden muß, wenn es nicht zu Verwirrungen kommen soll.
Man kann die Frage aufwerfen: Ist eine Falsifikation jemals so zwingend, daß man die fragliche Theorie als falsifiziert (und daher als falsch) ansehen muß? Gibt es nicht immer einen Ausweg für den, der die fragliche Theorie retten will?

I. Darlegung des Sachverhaltes
POPPER hat immer wieder betont, bereits in der ersten Auflage der »Logik der Forschung« (1934), ja sogar in dem kürzlich veröffentlichten Buch »Die beiden Grundprobleme der Erkenntnistheorie« (geschrieben 1930–1933, veröffentlicht 1979), daß *in diesem Sinn* auch die besten empirisch-wissenschaftlichen Theorien nicht als falsch *erweisbar* sind; sie sind also in diesem Sinn *nicht falsifizierbar.* »Jedes theoretische System kann nämlich vor einer empirischen Falsifikation geschützt werden, und das sogar auf verschiedenen Wegen.« (Grundprobleme, 353) »Es sind ja immer gewisse Auswege möglich, um einer Falsifikation zu entgehen – etwa ad hoc eingeführte Hilfshypothesen ...« (Logik der Forschung, 1. Aufl., 13; spätere Aufl., 16) »... ein zwingender logischer Beweis für die Unhaltbarkeit eines Systems kann ja nie erbracht werden ...« (Logik der Forschung, 1. Aufl., 20; später 22 f.)
Wir müssen also zwei Bedeutungen der Ausdrücke »falsifizierbar« und »Falsifizierbarkeit« unterscheiden:
(1) »Falsifizierbar« als ein technischer Terminus im Sinne des Abgrenzungskriteriums der Falsifizierbarkeit: Das ist ein rein logischer Begriff, der auf einer logischen Relation zwischen der fraglichen Theorie und der Klasse der Basissätze (oder der von diesen beschriebenen Falsifikationsmöglichkeiten) beruht.
(2) »Falsifizierbar« in dem Sinne, daß die fragliche Theorie endgültig oder zwingend falsifiziert werden kann: POPPER hat immer betont, daß auch eine im ersten Sinn falsifizierbare Theorie im zweiten Sinn niemals falsifizierbar ist. (Er hat deshalb gewöhnlich den Ausdruck »falsifizierbar« nur im ersten, technischen Sinn verwendet und im zweiten Sinn meistens nicht von der Falsifizierbarkeit gesprochen, sondern von der Falsifikation einer Theorie und den Schwierigkeiten, eine Theorie zu falsifizieren.)
Es ist klar, daß der zweite Sinn das Suffix »...bar« und das Suffix »...barkeit« in einem viel unbestimmteren Sinn verwendet als der erste Sinn. Während es die prinzipielle *logische Möglichkeit* einer Falsifikation ist, auf die sich der erste Sinn bezieht, so ist es der *endgültige praktische experimentelle Nachweis* der Falschheit, auf den sich der zweite Sinn des Ausdrucks »falsifizierbar« bezieht.

II. Die Kritik an POPPER
Es gibt eine ganze Literatur, die auf der Nichtbeachtung dieses Unterschiedes beruht. Immer wieder wird behauptet, daß POPPERS Abgrenzungskriterium unanwendbar ist, weil empirisch-wissenschaftliche Theorien nicht endgültig falsifiziert werden können.
(Und, was weniger wichtig ist, immer wieder wird behauptet, daß die Entdeckung der Nicht-Falsifizierbarkeit im zweiten Sinn eine neue Errungenschaft ist, die POPPERS Theorie widerlegt, und daß POPPER diese Nicht-Falsifizierbarkeit übersehen hat – während sie ja von POPPER selbst von Anfang an und immer wieder und wieder betont wurde.)
Anstatt die beiden Bedeutungen »Falsifizierbarkeit$_1$ = prinzipiell Möglichkeit der Falsifikation« und »Falsifizierbarkeit$_2$ = Schwierigkeit des experimentellen Nachweises der Falschheit« zu unterscheiden, wurde die ironische Unterscheidung von Popper$_0$, Popper$_1$, Popper$_2$ usw. gemacht (das heißt von verschiedenen Autoren, die POPPER heißen und sich flagrant widersprechen und die nicht in Einklang gebracht werden können). Und die Schwierigkeiten – in manchen Fällen Unmöglichkeiten – einer endgültigen praktischen Falsifikation wurden als eine logische Unmöglichkeit des vorgeschlagenen Abgrenzungskriteriums hingestellt.
Alles das wäre unwichtig, wenn es nicht als Entscheidung dafür verwendet worden wäre, den Rationalismus in der Wissenschaftslehre aufzugeben und sich in einen bodenlosen Irrationalismus zu stürzen. Wenn aber die Wissenschaft selbst nicht rational vorgeht, ist es dann nicht hoffnungslos, ein rationales Vorgehen von den Menschen zu erwarten? So hat der gänzlich haltlose Angriff auf einen nicht-

verstandenen logisch-technischen Terminus zu weitgehenden und unheilvollen philosophischen und politischen Konsequenzen geführt.

III. Ein Beispiel: Rutherfords Falsifikation von Thomsons Atommodell

Als Abschluß soll hier nur noch bemerkt werden, daß die schon von POPPER betonte Unsicherheit jeder Falsifikation nicht allzu ernst genommen werden sollte (wie gleichfalls schon von POPPER betont wurde). Es gibt eine Unzahl von wichtigen Falsifikationen, die so »endgültig« sind, wie es der Gemeinspruch »Irren ist menschlich« – also die allgemeine menschliche Fehlbarkeit (Fallibilismus) – zuläßt. Und wir dürfen natürlich nicht vergessen, daß jede Falsifikation ihrerseits immer wieder überprüft wird. Der schlagende Eindruck einer Falsifikation – die Falsifikation von THOMSONS Atommodell, die Ernest RUTHERFORD zur Aufstellung des Kernmodells führte – soll hier in RUTHERFORDS Worten beschrieben werden:

»Es war bei weitem das unglaublichste und das unglaubhafteste Ereignis meines Lebens. Es war genauso unglaubhaft, wie wenn ich ein Geschoß aus einem 37-cm-Geschütz gegen ein Seidenpapier gefeuert hätte, und es von dem Seidenpapier zurückgeprallt wäre und mich getroffen hätte. Das war es, das mir die Idee eines Atoms mit einem winzigen, aber sehr massiven Zentrum gab, das eine elektrische Ladung trägt.« (In: NEEDHAM/PAGEL, 68 f.)

RUTHERFORDS Formulierung ist ganz ausgezeichnet. Es ist nicht unmöglich – sicher nicht logisch unmöglich –, daß ein Geschoß aus einer Riesenkanone an einem Seidenpapier abprallt und reflektiert wird; und zwar mit einer berechenbaren und nicht geringen Wahrscheinlichkeit. So etwas ist nicht logisch unmöglich, und daher ist die Falsifikation der J. J. Thomsonschen Theorie (nach der die Atome eben eine solche seidenpapierartige Wand bilden würden) nicht endgültig oder »bewiesen«. Aber RUTHERFORD und einige andere Physiker, zum Beispiel Niels BOHR, nahmen an, daß eine andere Theorie wohl besser wäre als die von J. J. THOMSON. Sie schlugen daher vor, die Thomsonsche Theorie als falsifiziert anzusehen und durch das Kernmodell des Atoms zu ersetzen.

Große Wissenschaftler machen eben solche kühnen Vorschläge!

Sehr häufig braucht es längere Zeit, bis eine Falsifikation sich durchsetzt. Sie setzt sich gewöhnlich erst durch, wenn die falsifizierte Theorie durch den Vorschlag einer neuen und besseren verdrängt wird. Nach einer Bemerkung von MAX PLANCK muß man auch dann manchmal warten, bis eine neue Generation von Wissenschaftlern aufwächst; das ist aber durchaus nicht immer so. Es war weder so mit RUTHERFORDS neuem Atommodell noch mit der Anerkennung von subatomaren Partikeln wie dem Elektron von THOMSON, durch das die Theorie des unteilbaren Atoms falsifiziert wurde.

Das sind nur zwei von den zahlreichen Beispielen von wissenschaftlichen Revolutionen, die durch geglückte Falsifikationen eingeleitet wurden. Entscheidend ist wohl KEPLERS »Astronomia Nova«; sie zeigt die Fruchtbarkeit seiner zahlreichen Falsifikationen seiner eigenen Hypothesen.

Die nichtverstandene logisch-technische Bedeutung der Falsifizierbarkeit im ersten Sinn, im Sinne des Abgrenzungskriteriums, hat zu zwei historischen Legenden Anlaß gegeben. Die erste, unwichtigere Legende ist, daß POPPER die Nicht-Endgültigkeit der Falsifizierung von Theorien übersehen hat, daß er übersehen hat, daß Theorien niemals (im zweiten Sinn) falsifizierbar sind.

Aber das wurde von POPPER seit 1930 und seit 1932 immer wieder betont. Die zweite, wichtigere Legende ist, daß Falsifikationen in der Wissenschaftsgeschichte keine Rolle spielen. Aber sie spielen in der Geschichte der Wissenschaft eine Hauptrolle, trotz ihrer Nicht-Endgültigkeit. Darauf kann jedoch hier nicht weiter eingegangen werden.

Karl Popper

Albert, H.: Traktat über kritische Vernunft. 1968; 4., verbess. Aufl. 1980. – *Andersson, G.:* Kritik und Wissenschaftsgeschichte. 1988. – *Ders.:* Sind Falsifikationismus und Fallibilismus vereinbar? In: *Radnitzky, G./Andersson, G. (Hg.),* Voraussetzungen und Grenzen der Wissenschaft. (Aus dem Engl.) (1979) Verbess. und erw. dt. 1981. – *Bartley, W. W., III.:* The Philosophy of Karl Popper. Teil 1: Biology and evolutionary epistemology. Teil 2: Consciousness and physics: quantum mechanics, probability, indeterminism, and the mind-body problem. Teil 3: Rationality, criticism, and logic. In: Philosophia 6–8, 1976–1982. – *Lakatos, I./Musgrave, A. (Hg.):* Kritik und Erkenntnisfortschritt. Kolloquium London 1965. (Aus dem Engl.) (1970) 1974. – *Levinson, P. (Hg.):* In pursuit of truth. Essays on the philosophy of Karl Popper on the occasion of his 80th birthday. 1982. – *Needham, J./Pagel, W. (Hg.):* Background of modern science. 1938 = 1975. – *Popper, K. R.:* Logik der Forschung. 1935, [8]1984. [W] – *Ders.:* Die beiden Grundprobleme der Erkenntnistheorie. 1930 bis 33, 1979. [W] – *Ders.:* Realism and the aim of science. In: *Bartley, W. W., III. (Hg.),* Postscript to the logic of scientific discovery. Bd. 3. 1982. – *Radnitzky, G./Andersson, G. (Hg.):* Fortschritt und Rationalität der Wissenschaft. (1978) 1980. [W] – *Dies. (Hg.):* Voraussetzungen und Grenzen der Wissenschaft. (1979) 1981. [W] – *Schilpp, P. A. (Hg.):* The philosophy of Karl Popper. Bd. 1; 2. 1974.

Gunnar Andersson/Gerard Radnitzky/ Karl Popper

Funktion(alismus)

lat. functio: Verrichtung; griech. érgon

A. Geschichtliches

Der Begriff *Funktion* bezeichnet im bis heute gebräuchlichen älteren Sinn die einem Teil innerhalb eines geordneten Ganzen (eines »Systems«) zukommende Aufgabe oder die ihrer Erfüllung dienenden Tätigkeiten oder Verrichtungen; in einem neueren, erst seit Ende des 17. Jh. in Mathematik und Physik terminologiebildenden Sinne bezeichnet *Funktion* die Abhängigkeit einer Größe f von anderen Größen $g_1,\ldots,g_n$, wobei dann f eine »Funktion von« $g_1,\ldots,g_n$ heißt (eine Redeweise, deren genauer Sinn erst im 20. Jh. unter Rückgriff auf das Verfahren der Abstraktion präzisiert wurde, s. u.).

Im Codex Iustinianus (ca. 530 n.Chr.) heißt »functio« die einer Person oder Institution obliegende öffentliche Aufgabe mit den zu ihrer Wahrnehmung erforderlichen Pflichten, Amtshandlungen und Tätigkeiten. In diesem noch heute (in enger Verbindung mit dem soziologischen Rollenbegriff) gebräuchlichen Sinn verwendend den Funktionsbegriff auch Thomas von Aquin, wo es um Personen (»Funktionsträger«) und Institutionen geht. Für die Tätigkeiten oder Leistungen der Seele, die Thomas »operationes animae« nannte, gebrauchen erst Campanella und Vives den Terminus »functiones animae«. Descartes und Spinoza stellen diesem die »functiones corporis« gegenüber, das Wort »functio« ähnlich verwendend wie Platon (Staat, 352 d ff.) und Aristoteles (Nikomachische Ethik I,7) das griechische Wort »érgon« für die spezifischen Aufgaben und Verrichtungen von Körperorganen, aber auch von Personen, die ein bestimmtes Handwerk oder eine bestimmte Wissenschaft betreiben. Gemeint sind dabei Leistungen, Arbeitsweisen oder Tätigkeiten von Teilen innerhalb eines Ganzen, dem sie mit ihrer Funktion »dienen«, indem sie ihren spezifischen Beitrag zum »Funktionieren« des Ganzen leisten.

B. »Funktion« in verschiedenen Bereichen

Die Wirkung der gleichen Tätigkeit innerhalb verschiedener Systeme kann jedoch verschieden sein, und die den Sinn einer Funktion bestimmenden nächsthöheren Ganzen bilden oft selbst wieder Teile übergeordneter Systeme, so daß Funktionen im allgemeinen Fall nur als Elemente von Funktionshierarchien charakterisierbar sind (→ *System, Systemtheorie*).

I. In der Physiologie

Dies ist insbesondere in der Physiologie deutlich geworden, wo die Morphologie nicht nur Strukturen zu erforschen, sondern auch die »übergreifende Einheit, in der prozeßhafte und formhafte Äußerungen des Lebens harmonisch gegliedert sind« (A. Benninghoff), als funktionelles System zu beschreiben hat. Die Arbeit an diesem Programm hat deutlich gemacht, daß Funktion, Geschehen (Prozeß) und Form einander nicht restlos bestimmen, sondern bei vorgegebener Funktion (etwa eines Sinnesorgans) dessen Gestaltung innerhalb eines von der Funktion offengelassenen Freiheitsraumes variieren kann. Nachdem andererseits vorgegebene Funktionen nicht auf beliebige Weise realisiert werden können, bleibt statt eines Primats des einen über das andere ein Bereich wechselseitiger Unabhängigkeit, innerhalb dessen in der Nachfolge von H. Driesch vor allem J. von Uexküll »biologische Funktionen« (Lebensvorgänge) als »Zeitgestalten« im Unterschied zu den räumlichen Formen zu kennzeichnen versucht hat; sie sind weder aus den organischen Formen noch aus physikalischen Umweltbedingungen deduzierbar.

II. In der Psychologie und Soziologie

In der physiologisch orientierten Psychologie des ausgehenden 19. Jh. stellte C. Stumpf der Wundtschen Strukturanalyse der Bewußtseinsvorgänge eine auf teleologische Analyse und Beschreibung gerichtete Funktionspsychologie gegenüber, die bei W. James unter darwinistischem Einfluß die Aufgabe erhält, die Phänomene und Leistungen des Bewußtseins als Funktionen sowohl physiologischer Vorgänge als auch der Bedürfnisse des biologischen Organismus in (und damit seinerseits abhängig von) seiner sozialen Umwelt zu erklären. Als Schule etablierte sich der psychologische Funktionalismus in den dreißiger Jahren vor allem in der Chicagoer Schule J. R. ANGELLS, doch spricht man heute nach der faktischen Durchsetzung dieser Betrachtungsweise bei Untersuchungen aus einem sehr breiten Spektrum von Ansätzen und Richtungen (FREUD, MCDOUGALL, PIAGET), seit einiger Zeit immer stärker auch aus Ethnologie und Soziologie (DURKHEIM, PARSONS, LUHMANN), von »funktionaler (oder »Funktions-«)Analyse«.

Terminologische Neubildungen wie »Strukturfunktionalismus« zeigen an, daß der Gegensatz zwischen Strukturalismus und Funktionalismus zunehmend der gemeinsamen Abgrenzung gegenüber dem älteren »Substanzdenken« weicht, das auf philosophisch-theoretischer Ebene schon E. CASSIRER 1910 für überwunden erklärt hatte.

III. In Kunst und Architektur

Die starke Diffusion des Terminus »Funktionalismus« läßt erkennen, daß er sich heute kaum noch zur Bezeichnung irgendeiner »Schule« oder einer Strömung verwandter Schulrichtungen (»-ismus«) aus den genannten Gebieten eignet. Davon unberührt geblieben ist bisher die (wohl weitgehend unabhängig von der genannten Gebrauchsweise entstandene) Verwendung des Ausdrucks »Funktionalismus« in Kunst- und Architekturgeschichte. Kurioserweise sind beide sachlich nicht sonderlich treffend: in der Kunstgeschichtsschreibung hat man als »funktionale Kunstinterpretation« die Betrachtungsweise H. WÖLFFLINS bezeichnet, die sich mit gleichem Recht auch als »strukturelle« charakterisieren ließe; in der Architekturgeschichte bezeichnet »Funktionalismus« die Programmatik progressiver Architektur (-theorien) der zwanziger Jahre, nach der die Form eines Bauwerks, allgemeiner: das Design eines Gebrauchsgegenstandes, seiner intendierten Funktion dienlich sein sollte – eine Forderung, die einen weiten Gestaltungs- und auch Qualitätsspielraum beläßt und durch das vielzitierte Wort »form follows function« höchst mißverständlich wiedergegeben wird.

C. »Funktion« in den exakten Wissenschaften

Leichter überschaubar, da enger und präziser, ist der Funktionsbegriff in den exakten Wissenschaften. In der Physik z. B. heißt eine Erscheinung »Funktion« anderer, wenn sie von diesen in dem Sinne »abhängt«, daß die für die erstere gefundenen Meßwerten aus den für die übrigen gefundenen Meßwerte nach einem »Gesetz« berechenbar sind. E. MACH hat gefordert, diese funktionale Abhängigkeit gänzlich auf die mathematischen Größenbeziehungen zu beschränken und darüber hinaus keine »kausale Abhängigkeit« (»reale Verursachung«) der funktional abhängigen Größe anzunehmen. Im Sinne dieses Vorschlags sieht P. LORENZEN (in LORENZEN, Lehrbuch) die Aufgabe der sogenannten Kausalerklärung nur noch in der Verbesserung empirisch nicht bewährter funktionaler Erklärungen: Ist S_0 eine physikalisch beschreibbare Situation, S_1 die nach einer Zeitspanne Δt gemäß einem Verlaufsgesetz F aus S_0 berechenbare Situation (also $S_1 = F[\Delta t, S_0])$ und weicht die faktisch vorgefundene Situation S_2 von S_1 ab, so heißt ein »korrigierendes« Verlaufsgesetz G mit $S_2 = G(\Delta t, S_1)$ eine »Kausalerklärung« für S_2. Ersichtlich soll auf diese Weise aber nur für die Abweichung von den erwarteten Werten oder Situationen eine »Kausalerklärung« geliefert werden, die damit immer relativ zur bereits vorliegenden funktionalen (»nomologischen«) Erklärung mittels F bleibt und eine neue, F und G verknüpfende funktionale Erklärung zum Ergebnis hat.

D. »Funktion« in der Mathematik

In der klassischen Analysis verzichtete man – nach der Einführung von »functio« im von da an üblichen mathematischen Sinn durch J. BERNOULLI und G. W. LEIBNIZ und EULERS Präzisierung des Begriffs im Sinne der heutigen »analytischen Funktion« – seit Mitte des 19. Jh. gänzlich auf die Forderung einer Darstellung durch Rechenausdrücke oder noch allgemeinere »Terme« einer Wissenschaftssprache (»ideale Tabellen«, »willkürliche Funktionen« LOBACHEVSKYS und DIRICHLETS, 1834/1837). So definiert man auch heute noch häufig eine »Funktion« f mit der Menge M als Definitionsbereich und der Menge N als Wertebereich als »Zuordnung«, die mit jedem Element x aus M ein Element f(x) aus N als den »Wert von f für das Argument x« verknüpft, und legt dabei ausdrücklichen Wert auf die Überflüssigkeit einer Zuordnungs*vorschrift*. Ohne Verzicht auf die Allgemeinheit der damit erreichbaren Aussagen über Funktionen läßt sich jedoch die Forderung nach prinzipieller Darstellbarkeit aufrechterhalten und ein (im Unterschied zur Erklärung von »Funktion« durch »Zuordnung«) methodisch zirkelfreier Zugang zum Funktionsbegriff über das Abstraktionsverfahren angeben. Aussagen über Funktionen (von n-tupeln $x = \langle x_1,\ldots,x_n \rangle$) sind dabei Aussagen über die darstellenden konkreten Terme, deren »Wertgleichheit« eine Äquivalenzrelation ist. Mit der Erklärung $T_1(x) \underset{x}{\sim} T_2(x) \leftrightharpoons (\forall x)\ (T_1\ (x) = T_2(x))$ und für eine Aussage $\mathfrak{U}\ [f(x)]$ über eine Funktion f als $\mathfrak{U}\ [\iota_x T(x)] \leftrightharpoons (\forall U)\ (T(x) \underset{x}{\sim} U(x) \rightarrow \mathfrak{U}_x\ [U(x)])$ über alle zum konkret genannten Term T(x) äquivalenten Terme ist dann durch →*Abstraktion* eine Erklärung der Funktionen als abstrakter Gegenstände geliefert und damit eine Basis verfügbar, auf der sich die Beziehungen zum Relationsbegriff und insbesondere zum Begriff der Zuordnung methodisch einwandfrei erklären lassen.

Christian Thiel

Bauch, B.: Wahrheit, Wert und Wirklichkeit. 1923. – *Benninghoff, A.:* Form und Funktion. In: Zeitschrift für die gesamte Naturwissenschaft 1 und 2, 1935/36 und 1936/37. – *Carlsson, G.:* Betrachtungen zum Funktionalismus. (Aus dem Engl.) (1962). In: *Topitsch, E. (Hg.),* Logik der Sozialwissenschaften. 1965; veränd. [10]1980. – *Cassirer, E.:* Substanzbegriff und Funktionsbegriff. 1910, [5]1980. – *Frege, G.:* Funktion, Begriff, Bedeutung. Fünf logische Studien. Hg. und eingel. von *G. Patzig*. 1962, [6]1986. – *Lorenzen, P.:* Differential und Integral. 1965. – *Ders.:* Einführung in die operative Logik und Mathematik. 1955, [2]1969. – *Ders.:* Lehrbuch der konstruktiven Wissenschaftstheorie. 1987. – *Quine, W. v. O.:* Mengenlehre und ihre Logik. (Aus dem Engl.) (1963, 1969) 1973. – *Schmidt, J.:* Mengenlehre. Bd. 1: Grundbegriffe. 1966, [2]1974.

Christian Thiel/H.S.

Geisteswissenschaften

A. Der Bereich der Geisteswissenschaften

Die *Geisteswissenschaften* haben sich aus dem Bereich der »Humaniora« herausentwickelt, die institutionell die universitären Nachfolger eines Teils der artes liberales waren (→ *Wissenschaftsgeschichte: Geisteswissenschaften*). Zedler formuliert 1735 in seinem Universal-Lexikon: »Humaniora oder Humanitatis Studia werden die freien Künste geheißen, welche uns zur Erlernung höherer Fakultäten geschickt machen. Man versteht aber gemeiniglich unter diesen Humanioribus die Philosophie, Historie, Antiquitäten, Poesie, Oratorie, Grammatic und Sprachen, gleich als ob sie den Menschen von den übrigen Tieren unterscheideten.« (Zedler, Bd. 13, Sp. 1155; vgl. hierzu auch Diemer, Differenzierung 183 ff.) Die heute in Übernahme angelsächsischer (»humanities«) und französischer (»sciences humaines«) Terminologie gebräuchlich gewordene Bezeichnung »Humanwissenschaften« bezieht sich im Gegensatz zu dieser alten Benennung nicht auf den Bildungszweck (Humaniora = die Wissenschaften, die den sie Lernenden menschlicher machen), sondern auf den Gegenstand; sie sind die Wissenschaften, die das Humane zum Objekt haben. Deswegen gilt die Bezeichnung »Humanwissenschaften« heute häufig als Oberbegriff über Geisteswissenschaften und Sozialwissenschaften. Welche Disziplinen dabei im einzelnen zu den Geisteswissenschaften und welche zu den Sozialwissenschaften gerechnet werden, ist unterschiedlich, obwohl es historische Trends zu verzeichnen gibt. So war etwa die Geschichtswissenschaft zwischen dem Zweiten Weltkrieg und den siebziger Jahren durch eine Entwicklung in Richtung Sozialwissenschaft gekennzeichnet, die sich im letzten Jahrzehnt umgekehrt zu haben scheint (s. unten B.II.1.). Jedenfalls läßt sich wohl sagen, daß neben den geisteswissenschaftlichen Kerndisziplinen (Geschichts- und Sprachwissenschaften) heute »Literatur- und Kunstwissenschaft, Philosophie, Pädagogik und Psychologie, Jurisprudenz, Politologie und Theologie, schließlich noch Ethnologie und Geographie« (Kimmerle, Bedeutung 22 ff.; Kimmerle, Philosophie 22 f.) mindestens zum Teil zu den Geisteswissenschaften gerechnet werden können, da sie an der Arbeitsweise der Geschichts- und Sprachwissenschaften teilhaben.

I. Bereichsbestimmung nach dem Gegenstand

Die Bezeichnung »Geisteswissenschaften« fungiert von ihrem Wortsinn her zunächst einmal im Rahmen einer vorgegebenen Wissenschaftsklassifikation als Abgrenzungsbezeichnung (vgl. Kedrow; Weingartner/Dorn, in Speck, 757–761). Unter Zugrundelegung der in unserem Jahrhundert gängigen Vorstellungen kann man die Gesamtheit »Wissenschaft« aufteilen in die *Formal*wissenschaften (Logik, Mathematik, Informatik) und die *Real*wissenschaften, die sich wiederum in Naturwissenschaften, Technikwissenschaften, Sozialwissenschaften und Geisteswissenschaften aufteilen lassen. Das Kriterium, nach dem diese Unterteilung vorgenommen wird, ist das des Gegenstandsbereiches: die Naturwissenschaften befassen sich mit der Natur, die Technikwissenschaften mit der Technik, die Sozialwissenschaften mit der Gesellschaft und die Geisteswissenschaften mit dem menschlichen Geist und seinen Produkten (mit dem »subjektiven« und dem »objektiven« Geist, wie HEGELS Bezeichnungen lauten). Ein ähnliches Einteilungsprinzip, das sich auf den Gegenstandsbereich bezieht, liegt der klassisch gewordenen Definition der Geisteswissenschaften zugrunde, die E. ROTHACKER in seiner »Logik und Systematik der Geisteswissenschaften« von 1926 gibt: »Die Wissenschaften, welche *die Ordnungen des Lebens* in Staat, Gesellschaft, Recht, Sitte, Erziehung, Wirtschaft, Technik und *die Deutungen der Welt* in Sprache, Mythus, Kunst, Religion, Philosophie und Wissenschaft zum Gegenstand haben, nennen wir *Geisteswissenschaften.*« (ROTHACKER, Logik und Systematik 3) Allerdings fungieren hierbei offenkundig nicht der Begriff des Geistes, sondern die Begriffe »Ordnungen des Lebens« und »Deutungen der Welt« als bereichsbestimmend. Enger am ursprünglichen, von HEGEL und SCHELLING beeinflußten Wortsinn von Geisteswissenschaften lag da die Bestimmung, die bereits 1862 Hermann VON HELMHOLTZ in seiner Heidelberger Prorektoratsrede gegeben hatte, indem er sie als die Beschäftigung mit Religion, Recht, Staat, Sprache, Kunst und Geschichte bezeichnete, und das hieß für ihn: als diejenigen Wissenschaften, »deren Gegenstand sich wesentlich aus psychologischer Grundlage entwickelt und die daher unter dem Namen der *Geisteswissenschaften* passend zusammengefaßt werden« (HELMHOLTZ, 163).

All diesen Versuchen, die Wissenschaften durch eine Beziehung auf ihren Gegenstandsbereich zu unterteilen, ist darüber hinaus aber auch gemeinsam, daß die Geisteswissenschaften in Absetzung und bewußter Gegenüberstellung zu den *Naturwissenschaften* bestimmt werden: als Versuch, »dem seit Galilei und Newton erfolgreich etablierten Wissenschafts-Paradigma der Naturwissenschaften [...] noch im Rahmen des neuzeitlichen Begriffs der Wissenschaft ein alternatives oder komplementäres Paradigma methodischer Forschung zur Seite bzw. entgegenzustellen« (APEL, in SPECK, 247). Die Geisteswissenschaften definieren und konstituieren sich, zumindest seit dieser Terminus im letzten Jahrhundert üblich wurde, vermutlich aber bereits im 18. Jh. (→ *Wissenschaftsgeschichte: Geisteswissenschaften*), explizit als Alternativ- und Gegenwissenschaften zu den erfolgreichen neuen Naturwissenschaften. Ähnliches intendierten auch der auf alte Vorbilder zurückgehende Begriff der »Humanwissenschaften« (s. oben A.; vgl. HAVET), der heute in der genannten geänderten Bedeutung wieder stärker vertreten ist (vgl. WALTER-BUSCH), sowie der Begriff der »Kulturwissenschaften«, wie ihn H. RIKKERT (Kulturwissenschaft) 1899 vorgeschlagen hat.

II. Bereichsbestimmung nach der Methode

Indessen ist offenkundig, daß eine Bestimmung des Begriffes »Geisteswissenschaften« aufgrund einer Bezugnahme auf den Gegenstandsbereich weder hinreichend klar ist noch das leistet, was sie leisten soll. Denn zum einen wäre dazu eine Lösung des Körper-Geist-Problems nötig (vgl. ECCLES/ZEIER), zum anderen dürfte es dann auch keine wissenschaftlichen Disziplinen geben, die sich sowohl mit Natur als auch mit Geist befassen (wie etwa die moderne Psychologie), und schließlich ist auch nicht jede Beschäftigung mit Geist bereits Geisteswissenschaft. Daher liegt es nahe, die Bestimmung nicht über den Gegenstandsbereich, sondern über die verwendeten Methoden vorzunehmen. Ganz im Sinne der skizzierten Absetzung der Geisteswissenschaften von den Naturwissenschaften erfolgen die gängigen Bezeichnungen der spezifischen Methoden von Naturwissenschaften und Geisteswissenschaften durch Paare von Reflexionsbegriffen. So ist es spätestens seit DROYSEN und DILTHEY (Ideen über eine beschreibende und zergliedernde Psychologie [1894]) üblich, den *erklärenden* Naturwissenschaften die *verstehenden* Geisteswissenschaften gegenüberzustellen, und damit ist gemeint, daß sich die Geisteswissenschaften auf einzelne Ereignisse und Handlungen von Menschen in Gegenwart und Vergangenheit beziehen, die sie zunächst zu beschreiben und deren Sinn sie sodann zu verstehen versuchen, während die Naturwissenschaften Ereignisse der objektiven Welt in allgemeine, »Gesetze« genannte Zusammenhänge einzuordnen und so kausal zu erklären unternehmen. Im Gegensatz zu den Naturwissenschaften also, die *»nomothetisch«* (Gesetze setzend) verfahren, kann man das Vorgehen der Geisteswissenschaften als *»idiographisch«* (einzelnes beschreibend) bezeichnen (Windelband, Geschichte und Naturwissenschaft; und stellenweise in anderen Werken) oder als *»individualisierend«* im Gegensatz zu dem *»generalisierenden«* Vorgehen der Naturwissenschaften (Rickert, Die Grenzen, und stellenweise in anderen Werken; vgl. Flach/Holzhey). Oder man kann – in der Rothacker-Tradition stehend – den *empirisch-analytisch* verfahrenden Naturwissenschaften, die sich durch ihr »feste[s] Rückgrat [...] in Mathematik und Experiment« (Rothacker, Logik und Systematik 3) auszeichnen, die *hermeneutisch* verfahrenden Wissenschaften gegenüberstellen (Habermas, Erkenntnis und Interesse).

Die Schwierigkeit, die sich auch aus diesem Versuch ergibt, Wissenschaftsgruppen voneinander abzugrenzen, manifestiert sich in der Organisation von Universitäten und Akademien seit dem Ende des letzten Jahrhunderts deutlich. Die Nachfolgerin der alten Artistenfakultät, die Philosophische Fakultät der Humboldtschen Universität, umfaßte noch beides, Geistes- und Naturwissenschaften. Die großen Erfolge der naturwissenschaftlichen Forschung in der zweiten Hälfte des 19. und am Anfang des 20. Jh. und das damit verbundene quantitative personelle wie institutionelle Wachstum der naturwissenschaftlichen Disziplinen führten jedoch dazu, daß die alte Philosophische Fakultät geteilt wurde, und zwar entweder in eine Philosophisch-naturwissenschaftliche und eine Philosophisch-geisteswissenschaftliche oder in eine Naturwissenschaftliche und eine Philosophische Fakultät. Die Akademien der Wissenschaften verwendeten dagegen traditionsgemäß statt der Bezeichnung »geisteswissenschaftliche Klasse« die Bezeichnung »historisch-philologische Klasse« zur Absetzung von der »naturwissenschaftlichen Klasse«. Erst bei jüngeren deutschen Akademiegründungen läßt sich auch der Ausdruck »geisteswissenschaftliche Klasse« finden. In diesen institutionellen Zusammenhängen geschehen die Bestimmungsversuche durch weitere Aufteilung des Gesamtbereichs der Wissenschaften in Untergruppierungen, die dann zu übergeordneten Verbänden neu zusammengeschlossen werden. Offenkundig sind, wie man an dieser Nomenklatur sieht, die historischen und die philologischen Wissenschaften nicht erst heute die dominanten Disziplinen in den Geisteswissenschaften.

III. Bereichsbestimmung durch Aufzählung der Einzeldisziplinen

Die Aufsplitterung des Gesamtbereiches der Wissenschaft hat zu einer Vielzahl von Einzeldisziplinen geführt, die die Grenzen sowohl der Gegenstandsbereiche von Natur und Geist bzw. Kultur als auch die der verwendeten Methoden wie Verstehen und Erkennen etc. übergreifen. Daher drängt es sich heute auf, *die Bedeutung des Begriffes »Geisteswissenschaften«* einstweilen nicht mehr intensional über bestimmte allgemeine Merkmale, die explizit (oder unter der Hand) normativ zu wirken beginnen, sondern *extensional und quasi-empirisch* zu bestimmen, indem diejenigen Gruppen von Disziplinen genannt und diskutiert werden, die heute als Geisteswissenschaften gelten. Anhand von dort auftauchenden wissenschaftstheoretischen Problemen lassen sich besser allgemeine Züge der Geisteswissenschaften herausarbeiten. Von der Diskussion der geisteswissenschaftstheoretischen Probleme im allgemeinen und in den einzelnen Disziplinen ist die sich an die Geisteswissenschaften anschließende *Philosophie der Geisteswissenschaften* wohl zu unterscheiden. Daher sollen zunächst die geisteswissenschaftstheoretischen Hauptprobleme exponiert und anhand der einzelnen Disziplinen diskutiert werden. Erst dann wird zu den philosophischen Weiterungen übergegangen.

B. Die methodologische Eigenart der Geisteswissenschaften

Die Problematik der methodologischen Eigenart und Eigenständigkeit der Geisteswissenschaften ist nach wie vor offen. Mithin wird darüber, was in den geisteswissenschaftlichen Disziplinen betrieben wird (und betrieben werden soll), weiterhin gestritten. Dies verhält sich nicht zufällig so, sondern die Geisteswissenschaften sind in einem strikten Sinne nicht-paradigmatische Wissenschaften im Sinne Kuhns (→ *Wissenschaftsgeschichte: Geisteswissenschaften*). Dies heißt selbstverständlich nicht, daß sie über keine Objektivitätsstandards verfügten, sondern nur, daß in den Geisteswissenschaften unterschiedliche methodologische Konzeptionen und Leitvorstellungen koexistieren. Besser als durch das *Fehlen* von Paradigmen ließen sich daher die Geisteswissenschaften durch den für sie konstitutiven *Pluralismus* von Paradigmen kennzeichnen.

I. Erklären und Verstehen
Seit der genannten Entgegensetzung von »Erklären« und »Verstehen« durch den Historismus, durch DILTHEY und den Neukantianismus wird in der Theorie der Geisteswissenschaften immer wieder die Frage diskutiert, ob es in ihnen so etwas wie *Erklärung* gebe und geben könne.

1. Das Problem der Erklärung: Zwar war für DILTHEY noch klargewesen, daß die Geisteswissenschaften eben deswegen nicht erklärende Wissenschaften seien, weil Erklärung eine bloß hypothetisch-kausale Erkenntnis fördere, während die verstehenden Geisteswissenschaften durch die Identität von Erkenntnissubjekt und Erkenntnisobjekt »eine feste allgemeingültige Grundlage« (DILTHEY, Ideen 146) suchten. Da aber durch die These von der strukturellen Identität von Erklärung und Prognose in den Naturwissenschaften, wie sie 1935 von POPPER und 1948 von HEMPEL/OPPENHEIM formuliert wurde (vgl. STEGMÜLLER, Probleme und Resultate 153 ff.), Wissenschaftlichkeit schlechthin eng an die Erklärungsleistung einer Theorie gekoppelt wurde, galt eine gewisse Zeit hindurch die Erklärung als eigentliches Ziel und zentrale Funktion wissenschaftlicher Theorie überhaupt (vgl. LENK). Wenn nämlich gilt, daß Wissenschaft dann etwas leistet, wenn sie Prognosen ermöglicht, und wenn darüber hinaus gilt, daß Prognose und Erklärung strukturell identisch sind, dann ist in jeder Theorie so viel Wissenschaft, als Erklärungskraft in ihr ist.

Das Wort »Erklärung« hat in der heutigen Wissenschaftstheorie verschiedene Bedeutungen (→ *Erklärung*). Die gängigste Auffassung von wissenschaftlicher Erklärung ist diejenige, die als »D-N-Erklärung« bezeichnet wird und von POPPER (Logik der Forschung) und HEMPEL/OPPENHEIM (245 ff.) formuliert worden ist. Unter »Erklärung« wird dabei die Ableitung (daher »D« = »deduktiv«) des Explanandums, d. h. des Satzes, der das zu erklärende Ereignis beschreibt, aus dem Explanans verstanden. Dieses besteht aus einem oder mehreren Gesetzen (daher »N« = »nomologisch«), d. h. Sätzen von der logischen Form von All-Sätzen, und den Anfangs- bzw. Randbedingungen, d. h. Sätzen von der logischen Struktur von singulären Sätzen. Das Schema der D-N-Erklärung, wegen seiner Formulierung durch HEMPEL/OPPENHEIM (249) auch das »H-O-Schema« genannt (vgl. STEGMÜLLER, Probleme und Resultate 75), sieht – in Schlußform geschrieben – so aus:

$$\left.\begin{array}{l} A_1, A_2 \ldots A_n \\ G_1, G_2 \ldots G_n \end{array}\right\} \quad \text{Explanans}$$
$$\overline{}$$
$$E \qquad \text{Explanandum}$$

Diesem Verständnis von »Erklärung« liegt zum einen die propositionale Wissenschaftskonzeption (DIEMER, Wissenschaftsbegriff) zugrunde, nach der Wissenschaft als System von Sätzen aufzufassen ist, zum anderen können aber nach demselben Muster auch Prognosen formuliert werden: Prognosen sind aus Gesetzen und Randbedingungen ableitbare Aussagen über noch nicht eingetretene Ereignisse. Daraus resultiert die erwähnte These von der strukturellen (logischen) Identität von Erklärung und Prognose, die allerdings heute bezweifelt wird (vgl. LENK, 57; STEGMÜLLER, Probleme und Resultate 179 ff.).

Damit ein in der dargestellten Weise formulierter Schluß als wissenschaftliche Erklärung gelten kann, muß (1) das Explanandum logisch aus dem Explanans folgen, muß (2) das Explanans allgemeine Gesetze enthalten, die für die Ableitung des Explanandums tatsächlich benötigt werden, und muß (3) das Explanans empirischen Gehalt haben, d. h., es muß prinzipiell durch Experiment oder Beobachtung überprüfbar sein. Diesen drei logischen »conditions of adequacy« (HEMPEL/OPPENHEIM, 247 f.) fügen HEMPEL/OPPENHEIM als empirische Adäquatheitsbedingung hinzu, daß (4) die Sätze, die das Explanans bilden, wahr sein müssen (248).

In den Geisteswissenschaften (und z. T. auch in den Sozialwissenschaften) ergibt sich nun das Problem, daß die Adäquatheitsbedingungen (2) und folglich auch (1) und (4) entweder nur selten oder – aus prinzipiellen Gründen – nie erfüllt sind, sofern die Geisteswissenschaften »idiographisch« und »individualisierend« verfahren. Zwar spielt Gesetzeswissen im naturwissenschaftlichen Sinne auch in den Geisteswissenschaften eine Rolle, aber eher als Wissen im Rahmen von Hilfsdisziplinen. Das Verstehen historischer, literarischer, sprachlicher und allgemeinkultureller Zusammenhänge, das das Proprium der Geisteswissenschaften ausmacht, bezieht sich immer auf einzelnes, das zwar im allgemeinen Zusammenhang steht, sich aber eher in gegenseitiger Wechselwirkung mit diesem erhellt. Dieses aus der Tradition als »hermeneutischer Zirkel« bekannte reziproke Verhältnis des Einzelnen und des Allgemeinen im Zusammenhang des Sinnverstehens (DILTHEY, Entstehung 330; s. unten B.II.2.) besagt, daß es sich beim Verstehen von geistigen Produkten nicht um einen einmaligen Akt, sondern um einen fortschreitenden Prozeß handelt (hermeneutische »Spirale«, vgl. STEGMÜLLER, Das Problem der Induktion 27), in dem das zu Verstehende gleichsam als Text aufgefaßt wird: wir verstehen das einzelne Element des Textes nicht, ohne das Ganze des Kontextes verstanden zu haben und umgekehrt. Dieser Prozeß ist nicht durch eine formale Logik abzubilden. »Wenn wir nun sehen, daß Denkgesetze und Denkformen in jedem Teile der Wissenschaft Geltung haben und auch in den Methoden gemäß der Stellung des Erkennens zur Wirklichkeit eine weitgehende Verwandtschaft besteht, so treten wir mit dem Verstehen in Verfahrungsweisen ein, die keine Art Analogie mit naturwissenschaftlichen Methoden haben.« (DILTHEY, Entwürfe 218 f.)

Die Diskussion über die Möglichkeit, in den Geisteswissenschaften Gesetze zu formulieren und zu benutzen, hat u. a. dazu geführt, in diesen Disziplinen gesetzesartige Aussagen aufzusuchen, deren Adäquatheitsbedingungen allerdings gegenüber denjenigen naturwissenschaftlicher Gesetze erheblich abgeschwächt sind. Insbesondere die Einschränkung des Allgemeinheitscharakters, d. h. des Allquantors in der Gesetzesaussage, auf räumlich und zeitlich beschränkte Gebiete führt dazu, daß wir es in den Bereichen der Geisteswissenschaften und gewisser Sozialwissenschaften im engeren Sinne mit »Quasigesetzen« zu tun haben (vgl. KANITSCHEIDER, in SPECK, 258–268).

2. Handlungstheorie: Ein anderer Aspekt des methodologischen Problems der Geisteswissenschaften kommt in den Blick, wenn man als den eigentlichen Gegenstand der wissenschaftlichen Betätigung nicht mehr Ereigniszusammenhänge, sondern menschliche Handlungen und Handlungszusammenhänge (→ *Handlung[stheorie]*) betrachtet. Durch handlungstheoretische Überlegungen erhalten die Geisteswissenschaften ein neues Aufgabenfeld. Hier werden Handlungen und Verhaltensweisen von Handlungssubjekten nach Maßgabe der üblichen bzw. verbindlichen Handlungsnormen erklärt. Dabei ist die Einschätzung der Handlungssituation durch den Handelnden zu berücksichtigen (DRAY). Wir nennen solche Erklärungen »rationale Erklärungen«, da sie ein rationales (= normenkonformes) Verhalten der Subjekte unterstellen, deren Handlungen bzw. Verhaltensweisen es zu erklären gilt. Eine solche Erklärung verfährt nach dem Muster: »P tut x, weil es in der Situation, wie P sie sieht, angemessen (= normenentsprechend) ist, x zu tun.«

Diese Analyse trifft in der Tat recht genau – genauer jedenfalls als das »covering law«-Modell (s. unten B.II.) – das zumindest in den historischen Geisteswissenschaften praktizierte wissenschaftliche Erklärungsverfahren. Indessen sind in den nichthistorischen Disziplinen durchaus auch andere Formen von Erklärungen anzutreffen. So sind etwa im engeren Sinne statistische Erklärungen (bei Wort- und Buchstabenstatistiken) und strukturalistische Erklärungen, die anstelle allgemeiner Gesetze sich durchhaltende Strukturen z. B. des menschlichen Verhaltens oder der menschlichen Sprache als Explanans benutzen, in den Literatur-, Kunst- und Sprachwissenschaften häufig anzutreffen. Schließlich muß zumal die intentionale Erklärung erwähnt werden, die mit Hilfe des praktischen Syllogismus die Probleme der rationalen Erklärung zu lösen versucht. Der praktische Syllogismus, wie v. WRIGHT ihn formuliert, stellt eine Kombination von kausaler und teleologischer Erklärung dar. Er soll damit das formale Modell für die spezifisch geisteswissenschaftliche Erkenntnis bereitstellen, sofern es sich dabei um das auf Verstehen aufbauende Erklären von Handlungen handelt (vgl. v. WRIGHT). Die formale Struktur des praktischen Syllogismus, der anderen Formen teleologischer und kausaler Erklärung gegenüber den Vorzug besitzen soll, weder universelle Gesetzesaussagen zu beinhalten noch rational handelnde Menschen vorauszusetzen, sieht so aus:

(1) P beabsichtigt, y herbeizuführen.
(2) P ist überzeugt, y nur herbeiführen zu können, indem er x tut.

---

(3) P tut x.

Indessen wird auch dieser Schluß formal zwingend nur unter der Voraussetzung, daß zusätzlich eine generelle Prämisse bzw. eine »normative Rationalitätsbedingung« (Kulenkampff, in Speck, 278) eingeführt wird von der Art »Für alle P gilt: wenn P eine Person ist, die y herbeizuführen beabsichtigt und überzeugt ist, dies nur durch das Tun von x bewerkstelligen zu können, dann tut sie – rationalerweise – x«. Diese Prämisse aber hätte wiederum den Status eines Gesetzes, so daß auch aus dem praktischen Syllogismus keine eigenständige geisteswissenschaftliche Methode als Reformulierung des Verstehens resultierte. Andererseits aber handelt es sich – genauer besehen – dabei gar nicht um Erklärungen im engeren Sinne. Denn entweder sind es Selbsterklärungen, d. h., die allgemeinen Prämissen beinhalten genau nur den Fall des Explanandums – was etwa bei historischen oder künstlerischen Explananda zuweilen bis zur Absurdität sinnfällig ist, z. B. wenn auf die Frage »Warum hat Picasso sich vom Kubismus fortentwickelt, Braque dagegen nicht?« in Erklärungsabsicht geantwortet würde: »Weil alle Personen in genau der Situation Picassos, die es für richtig gehalten hätten, sich zur Herbeiführung einer neuen Kunstform anderer als kubistischer Mittel zu bedienen, dies tun würden bzw. getan haben würden, alle Personen in der Situation Braques dagegen nicht.« Oder die Erklärungen sind nicht deduktiv schlüssig, d. h., es folgt aus ihnen nicht »P tut (notwendiger- oder rationalerweise) x«, sondern »Es ist von P zu erwarten bzw. zu fordern, daß er x tut«, was durchaus vereinbar wäre mit der Tatsachenfeststellung »P tut non-x«.

Mit der Folgerung auf die Erwartbar- bzw. Einforderbarkeit von Handlungen und Verhaltensweisen erweist sich aber auch der praktische Syllogismus als reflexiv: er macht das Verhalten von P dadurch einsehbar oder verstehbar, daß er Rückschlüsse auf den Erklärenden bzw. Verstehenden eröffnet (was hält er für zu erwarten?). Reflexivität ist nun aber seit je ein Charakteristikum der Geisteswissenschaften. Bereits Dilthey hatte großes Gewicht darauf gelegt, daß das Verstehen in den Geisteswissenschaften in diesem Sinne als »Nacherleben« (Dilthey, Entwürfe 213 ff. und stellenweise) reflexiv sei: im Verstehen der Lebensäußerungen anderer verstehen wir uns letztlich selbst. Verstehen schließt Applikation auf den eigenen Lebens- und Geisteszusammenhang mit ein (Gadamer, Wahrheit und Methode 291 ff.). Die »Kraft der Reflexion« (Habermas, Zu Gadamers [...] 50 ff.; vgl. Franzen) läßt die Geisteswissenschaften nicht »Produktions-«, sondern »Reflexionswissen« erzeugen (Kimmerle, Philosophie 22 ff.).

II. Die einzelnen Geisteswissenschaften

Die allgemein skizzierten Methodenprobleme finden in den einzelnen Geisteswissenschaften ihren Niederschlag, und zwar in disziplinenspezifischer Brechung, wobei eine gewisse Einheitlichkeit sich – oft unausgesprochen – schon daraus ergibt, daß die historischen wie die philologischen Kerndisziplinen der Geisteswissenschaften im engeren Sinne Textwissenschaften sind.

1. Die historischen Wissenschaften: In den historischen Wissenschaften tauchen die Methodenfragen vordringlich im Gewand des *Theorieproblems* auf. Zwar trifft nicht zu, daß die Geschichtswissenschaften ein theoretisches Defizit hätten, wie man das oft hören konnte, aber bei näherer Betrachtung erweist sich, daß ihre theoretischen Voraussetzungen direkt oder indirekt durch die großen philosophischen Entwürfe von Hegel bis Heidegger bereitgestellt wurden. »Das Bewußtsein eines theoretischen Ungenügens, ja einer Sinnentleerung bisheriger Geschichtswissenschaft kam erst unter den besonderen Bedingungen der Epoche nach dem II. Weltkrieg zustande.« (Schieder, in Schieder/Gräubig, IX.) Als auslösende Faktoren hierfür sind mit Sicherheit die Internationalisierung der Diskussion und damit die weltweite Rezeption sowohl angelsächsischer Geschichtstheorie (vgl. Acham, in Schieder/Gräubig, 102–147; Acham) als auch des Historischen Materialismus oder der französischen »Annales«-Tradition mit der Konzeption totaler Geschichte als Strukturgeschichte (vgl. Braudel, in Schieder/Gräubig, 164–204; Schulin, Traditionskritik) anzusehen.

Das Problem, vor dem die historischen Wissenschaften im weiteren und die Geschichtswissenschaft im engeren Sinne sich sehen, ist: Muß Geschichtswissenschaft als möglichst getreue Wiedergabe des Geschehenen oder als empirisch validierte Theorie des Geschichtsverlaufs aufgefaßt werden? Die Theorie des Geschichtsverlaufs müßte aber, wenn der Ausdruck »Theorie« im Zusammenhang von Wissenschaft sinnvoll sein soll, über die Beschreibung einzelner Ereignisse und Ereignisfolgen hinausgehende generelle Annahmen bzw. »Gesetze« enthalten. Diese Vorstellung allgemeiner Gesetze in der Geschichtswissenschaft wird zum einen in formaler Hinsicht, zum anderen in verschiedenen inhaltlichen Varianten immer wieder diskutiert.

In einem stark beachteten Aufsatz über »The Function of General Laws in History« hat HEMPEL 1942 die These formuliert, daß generelle Gesetze in der Geschichtswissenschaft eine völlig analoge Funktion zu den Gesetzen in den Naturwissenschaften ausübten (»covering law«-These), allerdings seien in den historischen Wissenschaften die generellen Gesetzeshypothesen häufig nicht explizit formuliert und oft nicht kausal, sondern statistisch gemeint (HEMPEL, 231 ff.). Historische Erklärungen seien so eher »Erklärungsskizzen« (»explanation sketch«, ebd., 238) als vollständige Erklärungen. Gegen diese These lassen sich viele Einwände geltend machen, die aber alle in der einen Gegenthese zusammenzufassen sind: »Historische Erklärungen erfüllen die ›covering law‹-These nicht« (DONAGAN, in BAUMGARTNER/RÜSEN, 189). Denn entweder handelt es sich dabei um »Selbsterklärungen« der oben (B.I.2.) dargestellten Art, d. h., das »Gesetz« ist nichts als die um einen Allquantor angereicherte Explanandum-Aussage selbst, oder aber die Gesetzesaussagen sind mindestens insofern nicht spezifisch generell, als sie keine Prognosen zulassen, wie POPPER in seiner Historizismus-Kritik zeigt (POPPER, Das Elend des Historizismus 94 ff.).

Geht man indessen nicht formal, sondern in inhaltlicher Hinsicht von der Existenz allgemeiner Gesetze bzw. allgemeiner Strukturen in der Geschichte aus, deren Auffindung und Formulierung Aufgabe der Geschichtswissenschaft sei, dann stellt sich die Frage anders, nämlich als Frage nach der *Universalgeschichte* (vgl. SCHULIN, Universalgeschichte) oder der Berechtigung substantialistischer Geschichtsphilosophie christlich-eschatologischer oder hegelisch-marxistischer Provenienz. Denn wenn es Gesetze der Geschichte gibt und wenn diese erkannt werden können (und nur insofern sind sie geschichts*wissenschaftlich* von Interesse), dann folgt daraus – mindestens prinzipiell – auch die Möglichkeit, den weiteren Verlauf der Weltgeschichte und u. U. auch ihr Ende bzw. Ziel vorauszusagen. Sowohl die Geschichtstheorie und -wissenschaft des Historischen Materialismus (vgl. ENGELBERG/KÜTTLER) als auch z. B. die aus der »Annales«-Tradition schöpfende strukturalistische französische Geschichtstheorie der »longue durée« (vgl. BRAUDEL, in SCHIEDER/GRÄUBIG; zur Kritik hieran vgl. GROH, ebd., 311–351) sind in der Tat dieser oder ähnlicher Auffassung. Daß sich hieraus, faßt man die vollständige Erkennbarkeit der allgemeinen Gesetze des Geschichtsverlaufs als konstitutiv für die historischen Wissenschaften auf, eine Menge von Paradoxien ergeben, die mit der Reflexivität auch des historischen Wissens und der damit verbundenen Möglichkeit kontrazyklischen Handelns (»self destroying prophecies«) zusammenhängen, ist evident. Daher ist wohl auch eher von einer regulativen Funktion der Idee einer im Prinzip vollständig erkennbaren Geschichtsrealität auszugehen, die gleichsam den allgemeinen Rahmen der Interpretation abgibt und die historische Kontinuität gewährleistet (vgl. BAUMGARTNER/RÜSEN).

Eine Konsequenz aus dieser Einsicht in die Unmöglichkeit, generelle Gesetze der Geschichte, selbst wenn sie existieren sollten, zu erkennen, ist eine gewisse Rückkehr zu quasiidiographischen Auffassungen. Historische »Erklärungen« sollen dieser Ansicht zufolge weder durch die Verwendung genereller Gesetzeshypothesen noch durch die Beziehung auf regulativ fungierende Gesamtkonzepte hohen Allgemeinheitsgrades, sondern durch eine bestimmte, »narrativ« genannte Erzählstruktur gekennzeichnet sein (DANTO); historische Erklärung (die nun dem »Verstehen« entgegenzusetzen sinnlos wäre) besteht im »Erzählen von Geschichten« (LÜBBE). Damit setzt sich die wissenschaftstheoretische Reflexion der Geschichtswissenschaft explizit von der »substantialistischen Geschichtsphilosophie« ab und erlaubt eine genauere Analyse der spezifischen Typen narrativer Rede und Erzähl-Erklärung (vgl. SCHIFFER).

Davon bleibt unberührt, daß die tägliche Arbeit des Historikers, die gleichsam die »normal science« ausmacht, in der Regel ebensowenig in der Formulierung genereller Gesetzeshypothesen besteht wie die des Naturwissenschaftlers. Sein Tun ist vielmehr die »methodenstrenge Quellenbenutzung, die ein Erbteil der philologischen Vorväter der Historie« (SCHIEDER, in SCHIEDER/GRÄUBIG, VIII) ist. Die historischen Wissenschaften sind insofern in der Tat idiographisch geblieben. Daran haben auch die interessanten und vielbeachteten Versuche zu einer »erneuerten Historik« (RÜSEN) nichts ändern können, die »eine systematische Rekonstruktion der geltenden allgemeinen Prinzipien geschichtswissenschaftlicher Arbeit« (ebd., 44) beabsichtigten. Trotzdem nimmt aber mit zunehmender Überschneidung und Überlappung aller Disziplinen auch in den historischen Wissenschaften der aus anderen Wissenschaften, zumal den Wirtschafts- und Sozialwissenschaften, importierte Anteil an zumindest statistischer Theoretisierung zu, wenn auch gewisse politisch induzierte Gegenbewegungen sich gerade in jüngster Zeit beobachten lassen.

2. Die philologischen und literaturwissenschaftlichen Disziplinen: In den philologischen und literaturwissenschaftlichen Disziplinen stellen sich die wissenschaftstheoretischen bzw. methodologischen Probleme etwas anders. Die Sprachwissenschaften sind, nachdem sie zuvor Sprachgeschichte bzw. diachrone Linguistik waren, inzwischen in starkem Maße zu systematisch-synchronen Wissenschaften mit hohen Theorieanteilen geworden. Das äußert sich zum einen darin, daß die allgemeine Linguistik sich nicht mehr vordringlich mit Semantik und Syntax und deren historischem Hintergrund, sondern auch mit der Pragmatik, d. h. mit den Regeln der Verwendung sprachlicher Zeichen befaßt (vgl. WUNDERLICH, Pragmatik). Die von DE SAUSSURE schon um die Jahrhundertwende getroffene Unterscheidung zwischen »langue« und »parole« (vgl. DE SAUSSURE) wird systematisch fruchtbar gemacht. Zum anderen aber übt die Theorie der Hervorbringung (»Generierung«) sprachlicher Zeichen (»linguistische Kompetenz«), die sogenannte »generative« oder »Transformations-Grammatik«, die sich in »Chomskys Revolution in der Linguistik« (SEARLE, in GREWENDORF/MEGGLE, 404–438) niedergeschlagen hat (vgl. CHOMSKY), eine allgemein theoretisierende Wirkung auf die sprachwissenschaftlichen Disziplinen aus. Auch die einschlägigen sprachphilosophischen Arbeiten im Zusammenhang der sprachanalytischen Tradition, die die Pragmatik in Form einer Sprechakttheorie thematisierten (AUSTIN; SEARLE; vgl. GREWENDORF/MEGGLE), sind in der Linguistik stark rezipiert worden (vgl. FINKE). Daraus resultiert generell zunächst eine scheinbare Frontstellung zwischen einer diachronen und einer strukturalistisch-funktionalistischen bzw. systematischen wissenschaftlichen Beschäftigung mit Zeichen, Zeichensystemen und Texten.

Im Hintergrund dieser Entgegensetzung steht letztlich die philosophische Kontroverse um die Vereinbarkeit von Strukturalismus und historischem, insbesondere marxistischem Denken, wie sie exemplarisch von SARTRE und LÉVI-STRAUSS geführt wurde (vgl. WEINRICH, 182 f.).

Diese starke Theoretisierung der Sprachwissenschaften in den sechziger Jahren, die im russischen, tschechischen und französischen, aber auch im angelsächsischen Bereich schon erheblich früher begonnen hatte als in der Linguistik der deutschsprachigen Länder (vgl. WEINRICH), hat sich auch auf die Literaturwissenschaften ausgewirkt, insofern diese nun von zwei zusätzlichen Seiten her unter Theoretisierungsdruck gerieten. Die sich im Prinzip hermeneutisch und als Kunstwissenschaft verstehende Literaturwissenschaft (→ *Wissenschaftsgeschichte: Geisteswissenschaften*) soll zum einen von historisch-soziologischer, zum anderen von strukturalistisch-linguistischer Theorie her die Elemente zur eigenen Theoriebildung übernehmen. Literaturwissenschaft wird damit einerseits als theoretisch-historische Sozialwissenschaft der Rezeption (vgl. WARNING) ebenso wie der Produktion literarischer Texte (vgl. PHILIPPI, in GRIMM/HERMAND, 508–530), andererseits aber als allgemeine linguistisch-strukturalistische Textwissenschaft und nur noch in einem eingeschränkten Sinne als wissenschaftliche Interpretationsbemühung um das »sprachliche Kunstwerk« (KAYSER) aufgefaßt. Infolgedessen wird auch »Trivialliteratur« zum »Forschungsproblem« (KREUZER, in GRIMM/HERMAND, 463–486), und es entsteht eine »generative Poetik« (LEVY, in BLUMENSATH, 106–117).

Das »klassische« methodologische Problem von Verstehen versus Erklären bzw. von idiographischem versus nomothetischem Verfahren stellt sich dementsprechend einerseits in der analog schon bei den im engeren Sinne historischen Wissenschaften beobachteten Form als Frage nach der Möglichkeit sprach- und literatur*geschichtlicher* Gesetze. Diese sind indessen, wo sie überhaupt vorkommen (z. B. als Gesetze der Lautverschiebung), keine spezifisch-allgemeinen Gesetze, sondern eher Regeln über einen eingegrenzten Bereich und lassen außerdem Ausnahmen zu, so daß man höchstens von historisch-statistischen, nicht aber von kausalen Erklärungen sprechen kann, die durch solche »gesetzmäßigen« Zusammenhänge geleistet werden. Es handelt sich dabei ebenso wie bei literaturwissenschaftlichen Regelmäßigkeiten (z. B. im Stilwandel) eher um generalisierte Merkmalsbefunde, die zum Zweck der Klassifikation und Epochalisierung erhoben wurden. Eine Rückanwendung dieser Generalisierung zum Zweck der »Erklärung« einzelner Befunde erfüllte nun ganz eindeutig den Tatbestand einer Selbsterklärung. Es ergeben sich hier also ähnliche Überlegungen zur nur regulativen Funktion allgemeiner gesetzesähnlicher Aussagen wie bei den im engeren Sinne historischen Wissenschaften.

Andererseits äußert sich das methodologische Problem aber auch auf die folgende Weise: Einer Vielfalt von in historischem und gesellschaftlichem Kontext situierten sprachlichen Erscheinungen, deren Identität durch die Vermittlung von Sinn gewährleistet ist, wird – sowohl in der Linguistik als auch in den Literaturwissenschaften – ein hypothetisches Konstrukt eines allgemeinen Regelsystems der Hervorbringung und Rezeption von Zeichen und Texten unterlegt. Das auf diese Weise gewonnene Allgemeine (»Struktur«, »System«, »Funktion«, »Regel«) wird am empirisch gegebenen und beschriebenen literarischen Material überprüft. Indessen erfüllt auch dieses Vorgehen nicht die Kriterien bzw. Merkmale einer Erklärung in den Naturwissenschaften. Zum einen handelt es sich nämlich bei der Überprüfung des Allgemeinen am Besonderen nicht um einen Falsifikationsversuch im engeren Sinne, da sich für ein strukturalistisch verstandenes Allgemeines gar keine Falsifikationsmöglichkeiten denken lassen; zum anderen sind auch hier Prognosen o. ä. nicht möglich. Folglich ist es üblich geworden, in dem strukturalistischen Vorgehen mehr ein Analyse- und Beschreibungs- als ein Erklärungsinstrument zu sehen, das außerdem von seinem theoretischen Hintergrund her ebenfalls eine regulative Funktion ausübt, die in der Aufforderung besteht, Sprache und Literatur im systemischen Zusammenhang zu sehen. Das wiederum hat zur Konsequenz, daß auch der historische Zusammenhang strukturalistisch mitbedacht wird, so daß der Schein einer Ahistorizität des strukturalistischen Ansatzes verschwindet. Hierbei gerät der Begriff des *Funktionswandels* in eine zentrale Stellung: Aufgrund verschiedener synchroner Schnitte in verschiedenen Epochen läßt sich dann feststellen, wie sich die Funktion der Literatur im Gesamtsystem ändert (vgl. Genette, in Blumensath, 71–88, hier 84 ff.).

Das für die philologischen Wissenschaften im allgemeinen, aber für die Literaturwissenschaften im speziellen charakteristische wissenschaftliche Verfahren bleibt daher – trotz starker allseitiger Theoretisierung – die *Interpretation*. In der Interpretation wird einem Text oder einem Textensemble, der oder das mit sprachlich (d. h. semantisch-syntaktisch) bereits interpretierten Zeichen arbeitet, ein Sinnzusammenhang im historischen und soziokulturellen Kontext pragmatisch zugeordnet. Dabei können in Ergänzung zu hermeneutischen Überlegungen (»hermeneutischer Zirkel«, s. oben I.1.), die den Prozeß fortschreitender Hypothesen*bildung* (Heuristik) beschreiben, analytisch-methodische Schritte zur *Systematisierung und Überprüfung* der Interpretationshypothese(n) in Ansatz gebracht werden; hermeneutisches und analytisches Verständnis von Interpretation schließen sich jedenfalls nicht aus, sondern verhalten sich eher »komplementär« (Göttner; Göttner, Art. »Interpretation« in Speck). Wie nun wiederum der Zusammenhang und der Inhalt der Interpretationshypothesen aussieht, ist eine Frage der regulativ fungierenden Theorie. Die Auffassungen reichen von extrem realistischen Konzeptionen bis zur poststrukturalistischen Theorie reiner Intertextualität kodierter Diskurse (Kristewa, in Blumensath, 243–262).

Allerdings ist auch im Bereich der philologischen und der Kunst- bzw. Musikwissenschaften (vgl. Dahlhaus) ein gewisser Methodenpluralismus zu beobachten. Kunst- und literatursoziologische Methoden werden ebenso benutzt wie strukturalistische oder systemische Verfahren (vgl. Dufrenne, in Havet, Bd. 1). Die historische (diachrone) Betrachtungsweise wird mit synchroner Funktionsanalyse gekoppelt; und in den Musikwissenschaften koexistieren – mehr oder minder friedlich – historische mit theoretischen und analytischen Methoden, Textkritik mit archivarischer Forschung, Organologie und Ikonographie mit Musikästhetik (vgl. Duckles, 839 ff.). Es gibt gar bereits Ansätze zu einer »Enzyklopädie der Literaturwissenschaft« (Weimar), die aber die Herkunft aus der geisteswissenschaftlichen Hermeneutik nicht verleugnen. Die Theoretisierung der historisch-philologischen Disziplinen hat offensichtlich zu einer Besinnung auf ihre wesentlichen Merkmale geführt.

C. Philosophie der Geisteswissenschaften

Es läßt sich also aus den in den einzelnen geisteswissenschaftlichen Disziplinen festgestellten Merkmalen geisteswissenschaftlicher Tätigkeit die allgemeine Einsicht gewinnen, daß weder der Gegensatz von »Verstehen« und »Erklären« noch der zwischen »idiographischem« und »nomothetischem« bzw. zwischen »individualisierendem« und »generalisierendem« Verfahren die Geisteswissenschaften in Absetzung von den Naturwissenschaften hinlänglich kennzeichnet. Andererseits trifft auch die einheitswissenschaftliche These von der methodologischen Identität aller wissenschaftlichen Verfahrensweisen den tatsächlichen Zustand und die in den einzelnen geisteswissenschaftlichen Disziplinengruppen befolgten Methoden nicht. Vielmehr scheint die Differenz auch hierzu gleichsam nochmals »quer« zu verlaufen. Da nun weder Gegenstandsbereich noch Methode ein hinreichendes Kriterium abgeben, und da auch die These von der Unabtrennbarkeit, d. h. Einheitlichkeit beider Wissenschaftsgruppen nicht zu halten ist, ist die wesentliche Differenz nicht wissenschaftsintern zu suchen, sondern wissenschaftsextern. Es ist die *Philosophie der Geisteswissenschaften*, die sich damit befaßt.

I. Gadamer

Entsprechend der historischen Tatsache, daß die heutigen Geisteswissenschaften zumindest bis zum Beginn der Neuzeit als »artes«, d. h. als trainierbare Fertigkeiten, und nicht als Wissenschaften im engeren Sinne galten (→ *Wissenschaftsgeschichte: Geisteswissenschaften*), hat sich ihre Metareflexion zunächst als »Kunstlehre des Verstehens« von zumal biblischen Texten herausgebildet, die »Hermeneutik« heißt (vgl. GADAMER/BOEHM, Philosophische Hermeneutik). Aufgrund der Ausweitung ihres Anwendungsbereiches auf alle historisch-philologischen Wissenschaften fand diese Art geisteswissenschaftlicher Metareflexion ihren Höhepunkt im 19. Jh. (vgl. HENRICHS; WACH).

Neben die Vermittlung von Methoden und Techniken des Textverstehens tritt allerdings in zunehmendem Maße in der hermeneutischen Diskussion die philosophische Reflexion der Bedeutung des Verstehens als gleichwertiges Lehrziel. Durch die Einbeziehung der Phänomenologie HUSSERLS und der damit verbundenen Kritik an der naiven, z. T. psychologistischen Auffassung von Wahrnehmung, Reflexion und Begriff (vgl. GADAMER, Kleine Schriften, Bd. 1, 140 ff.) wird das Verstehen von HEIDEGGER in »Sein und Zeit« (1927) als eine wesentliche Daseinsform (»Existential«) des Menschen in der Welt aufgewiesen: Als Verstehen verhält sich das Dasein auslegend zur Welt; der hermeneutische Zirkel (s. oben B.I.1. und B.II.2.) beschreibt nicht etwa nur eine methodische Vorgehensweise und Schwierigkeit historisch-philologischer Wissenschaft, sondern in ihm manifestiert sich die fundamentale »Vor-Struktur« des Verstehens als eine Form des In-der-Welt-Seins. »Diltheys Verstehen als nachverstehende Auslegung fixierter Objektivationen des Lebens wird fundiert im Selbstverstehen, das gewesene Möglichkeit neu zur Entscheidung stellt und sich auf Zukunft hin entwirft. Die Geisteswissenschaften werden aus ihrer ›historischen‹ Ausrichtung auf die fixierten Objektivationen und die Dimension der Vergangenheit herausgedreht.« (PÖGGELER, 24) Wenn Verstehen die Weise ist, in der der Mensch sich alltäglich zu Welt verhält, und Auslegung die methodisch gesicherte Form des Verstehens insbesondere von Texten, dann ist die traditionelle Hermeneutik bis DILTHEY die Methodologie dieses Textverstehens einschließlich der Reflexion von dessen philosophischer Bedeutung, während die philosophische Hermeneutik die Reflexion auf die fundamentalontologischen Bedingungen dieses Zusammenhanges von Weltverhalten, Verstehen und geisteswissenschaftlicher Methodologie darstellt.

Da aber unter diesem Gesichtswinkel die Hermeneutik zu einer philosophischen Disziplin wird, die nicht mehr an die Reflexion der Geisteswissenschaften gebunden ist, erfolgt auch eine Universalisierung der Hermeneutik, die hinter die Trennung von Geisteswissenschaften und Naturwissenschaften zurückgeht. GADAMER legt in seinen unter dem Titel »Wahrheit und Methode« 1960 erschienenen »Grundzügen einer philosophischen Hermeneutik« die »Sprache als Horizont einer hermeneutischen Ontologie« frei (GADAMER, Wahrheit und Methode 415 ff.). Und die Historisierung der wissenschaftstheoretischen Diskussion auch der Naturwissenschaften, wie sie im Gefolge Th. S. KUHNS geschehen ist, führt dazu, daß »in den Wissenschaften selbst sich die hermeneutische Dimension als die eigentlich tragende und begründende« (GADAMER, in HOLZHEY, 101) erweist; das Verstehen, früher irrtümlicherweise als Spezifikum der Geisteswissenschaften dargestellt, ist in diesem Sinne wissenschaftsübergreifend und -fundierend in einem. Die Geisteswissenschaften werden damit durch ihre Funktion bestimmbar: in ihnen verstehen wir uns auch in jenen sonst unerkannt wirksamen Traditionszusammenhängen explizit, die unser Vorverständnis und Vor-Urteil bestimmen. Daß wir indessen darüber nicht frei bestimmen und verfügen können, sondern in einen wirkungsgeschichtlichen Zusammenhang eingerückt sind, der »mit uns geschieht«, ist die Selbstbescheidung, die für die philosophische Hermeneutik hieraus folgt.

II. Habermas und Apel

Dies jedoch ist der Philosophie der Geisteswissenschaften, wie sie von seiten der Kritischen Theorie betrieben wird, im gleichen zuviel und zuwenig: Einerseits sei der »Universalitätsanspruch der Hermeneutik« (Habermas, Universalitätsanspruch 120 ff.) insofern zurückzuweisen, als diese an die umgangssprachliche Kommunikation gebunden und daher zu einem Verstehen des Sinnes systematisch verzerrter Kommunikation nicht in der Lage sei, der sich nur unter dem Zugriff einer psychoanalytisch geprägten »Tiefenhermeneutik« dem Verständnis eröffne (vgl. Zimmerli, in Simon-Schaefer/Zimmerli, Wissenschaftstheorie 340–358). Andererseits werde durch die Selbstbescheidung der philosophischen Hermeneutik aber die emanzipatorische Kraft der Reflexion in den Geisteswissenschaften zu niedrig eingeschätzt, wie Habermas, marxistische Wissenschaftsauffassung aufgreifend, betont. Das die Geisteswissenschaften leitende praktische Erkenntnisinteresse, das quasi-naturgeschichtlich zu verstehen ist, ist ein Interesse an der »Erhaltung und Erweiterung der Intersubjektivität möglicher handlungsorientierender Verständigung« (Habermas, Technik und Wissenschaft 158) und läßt sich inhaltlich durch das bestimmen, was Habermas in Anlehnung an K.-O. Apel das »Kommunikationsapriori« nennt (vgl. Riedel, 30 ff.), nämlich die in jeder Kommunikation vorausgesetzte Idee einer idealen Kommunikationsgemeinschaft, das regulative Prinzip, »universale Verständigung im Rahmen einer unbegrenzten Interpretationsgemeinschaft herbeizuführen« (Habermas, Universalitätsanspruch 154). Die Geisteswissenschaften haben, so verstanden, nun vordringlich die Aufgabe, mit Hilfe einer Kommunikationstheorie (in Anlehnung an die moderne Linguistik, s. oben B.II.2.) und einer Theorie der Gattungsevolution (unter Beachtung der Probleme substantialistischer Geschichtsphilosophie, siehe oben B.II.1.) diese Kriterien eines »guten Lebens« für die gegenwärtige und zukünftige menschliche Gesellschaft als regulative Vorstellungen herauszuarbeiten (vgl. Zimmerli, Art. Jürgen Habermas). Und K.-O. Apel sieht explizit die Funktion der Geisteswissenschaften darin, »normativ-rekonstruktiv« zu arbeiten, d. h. die Idee der erstrebenswerten zukünftigen Gesellschaft aus der historischen und transzendentalpragmatischen Rekonstruktion geisteswissenschaftlicher Gegenstände zu gewinnen. Den Rahmen hierzu sollen freilich – ebenso wie in der Konzeption von Habermas – die »kritisch-rekonstruktiven Sozialwissenschaften« (Apel, in Speck, 250 f.) abgeben.

Ob diese »ideologiekritische« Einbettung der Geisteswissenschaften nun die dialektisch gedeuteten Theoriebestände einer an Piaget orientierten Evolutionslogik (Habermas, Rekonstruktion) oder ohne Umformung direkt diejenigen der Politischen Ökonomie von Marx (Kimmerle, Philosophie) als theoretischen und methodologischen Bezugsrahmen verwendet, jedenfalls werden die Geisteswissenschaften deswegen für notwendig gehalten, weil sie die den Naturwissenschaften aufgrund ihres Wertfreiheitscharakters verschlossene Funktion der normativen Rekonstruktion zu erfüllen haben. Diese ist eine Konkretisierung der prinzipiellen Reflexivität (s. oben B.I.2.) der Geisteswissenschaften.

III. Methodenpluralismus

Die Geisteswissenschaften sind als eine Gruppe historisch gewachsener wissenschaftlicher Disziplinen im Fächerkanon unseres Wissenschaftssystems anzusehen, die eine Vielfalt von Methoden (→ *Methode*) anwenden und sich mit einer Vielzahl von Gegenständen befassen. In einzelnen Fällen ist die Mischung methodischer Elemente so stark und der Gegenstand so vieldeutig, daß eindeutige Disziplinenzuordnungen kaum mehr möglich sind (z. B. in der modernen Psychologie). Auch der Versuch, die Geisteswissenschaften als ganzheitlich orientierte Wissenschaften von einem stärker analytischen Wissenschaftsverständnis der Naturwissenschaften zu unterscheiden (Seiffert), läßt sich heute angesichts holistischer Tendenzen in den Naturwissenschaften (Evolutionstheorie, Selbstorganisationstheorie u. ä.) und starker analytisch-strukturalistischer Anteile der

Geisteswissenschaften kaum mehr mit Aussicht auf Erfolg aufrechterhalten. Dadurch fällt letztlich auch die selbstverständniskonstituierende Abgrenzung gegenüber den Naturwissenschaften dahin. Man wird heute eher von einem Verhältnis »verschränkt wechselseitiger Dienstleistungen« (ZIMMERLI, in SIMON-SCHAEFER/ZIMMERLI, Theorie 349 ff.) oder einem »dialektischen Modell der Methodenvermittlung« (APEL, in SPECK, 251) auszugehen haben. Analytischem Zugriff eröffnen sich die konstitutiven Merkmale der Geisteswissenschaften jedoch nicht. Zwar lassen sich die Verfahrensweisen der Geisteswissenschaften oft recht präzise mit dem für die Naturwissenschaften entwickelten Instrumentarium der analytischen Wissenschaftstheorie beschreiben. Bestehen bleibt indessen das Problem geisteswissenschaftlicher Theoriebildung und damit das der geisteswissenschaftlichen Gesetze und Erklärungen. Hier läßt sich die Differenz nur negativ formulieren: Die Verfahrensweisen in den Geisteswissenschaften lassen sich durch die verfügbaren methodologischen Modelle in der analytischen Wissenschaftstheorie nicht genau genug wiedergeben.

Hinreichende Auskunft über Eigenart und Berechtigung der Geisteswissenschaften bzw. geisteswissenschaftlicher Methoden erhält man einzig von der Philosophie der Geisteswissenschaften, deren Inhalte oft durch Projektion in die Geisteswissenschaften selbst für methodische Merkmale der einzelnen geisteswissenschaftlichen Disziplinen gehalten wurden. Die Hauptdifferenz liegt in der Funktion: Geisteswissenschaften dienen – im Unterschied zu den Naturwissenschaften – zur reflexiven historischen, gesellschaftlichen und kulturellen Selbstvergewisserung, zur »Identitätspräsentation« sich selbst und anderen Subjekten gegenüber (LÜBBE, 168 ff.). Diese Funktion kann inhaltlich unterschiedlich ausgefüllt werden; sie ist aber – gerade angesichts einer problematisch werdenden Entwicklung in den Naturwissenschaften – in unserem spezialisierten Wissenschaftssystem auch institutionell und organisatorisch unverzichtbar.

Speziell im Zusammenhang mit dem Aufkommen der neuen Technologien hat die Funktionsfrage seit Beginn der achtziger Jahre erneut Nahrung gefunden. Im Anschluß daran hat O. MARQUARD 1985 die These von der »Unvermeidlichkeit der Geisteswissenschaften« mit einem *Kompensationsmodell* des Verhältnisses zwischen Geistes- und Naturwissenschaften begründet. Diesem ebenso wie dem *Konvergenzmodell* (SCHEIBE; WILD) hat W. Ch. ZIMMERLI das *Integrationsmodell* entgegengesetzt (ZIMMERLI, Die »neuen« Technologien; Einheit oder Vielheit), das die Aufgabe der Geisteswissenschaften darin sieht, die neuen Fragestellungen der technologischen Welt mit denen der Tradition und der Lebenswelt zu vermitteln.

Walther Ch. Zimmerli

Acham, K.: Analytische Geschichtsphilosophie. 1974. – *Apel, K.-O.:* Die Entfaltung der »sprachanalytischen« Philosophie und das Problem der »Geisteswissenschaften«. In: Philosophisches Jahrbuch der Görres-Gesellschaft 72 II, 1965. *Engl.:* Analytic Philosophy of Language and the Geisteswissenschaften. Dordrecht: Reidel 1967. – *Ders.:* Das Verstehen (eine Problemgeschichte als Begriffsgeschichte). In: Archiv für Begriffsgeschichte 1, 1955. – *Ders. u. a.:* Hermeneutik und Ideologiekritik. 1971. – *Austin, J. L.:* Zur Theorie der Sprechakte. (How to do things with words.) (1962, 1975) 1972, ²1979. – *Baumgartner, H. M.:* Kontinuität und Geschichte. 1972. – *Ders./Rüsen, J. (Hg.):* Seminar: Geschichte und Theorie. 1976. – *Blumensath, H. (Hg.):* Strukturalismus in der Literaturwissenschaft. 1972. – *Boeckh* s. *Hermeneutik.* – *Bollnow, O. F.:* Die Methode der Geisteswissenschaften. 1950. – *Borinski, L.:* Das Problem der Begriffsbildung in den Geisteswissenschaften. (Joachim-Jungius-Gesellschaft, Sitzungsberichte 2, 1) 1984. – *Chomsky, N.:* Strukturen der Syntax. (Aus dem Engl.) (1957) 1973. – *Dahlhaus, C.:* Grundlagen der Musikgeschichte. 1977. – *Danto* s. *Geschichtstheorie.* – *Diemer, A. (Hg.):* Beiträge zur Entwicklung der Wissenschaftstheorie im 19. Jahrhundert. (Studien zur Wissenschaftstheorie 1) 1968. Darin: *Ders.*, Die Differenzierung der Wissenschaften in die Natur- und Geisteswissenschaften und die Begründung der Geisteswissenschaft als Wissenschaft. – *Ders. (Hg.):* Der Wissenschaftsbegriff. Historische und systematische Untersuchungen. (Studien zur Wissenschaftstheorie 4) 1970. Darin: *Ders.*, Der Wissenschaftsbegriff in historischem und systematischem Zusammenhang. – *Dilthey, W.:* Gesammelte Schriften. Darin: Ideen über eine beschreibende und zergliedernde Psychologie (1894). Bd. 5. – Die Entstehung der Hermeneutik (1900). Bd. 5. – Entwürfe zur Kritik der historischen Vernunft. Bd. 7. – *Ders.:* Weiteres s. *Auswahl zentraler Literatur* [W] – *Dray, W. H.:* Laws and explanation in history. 1957, 1964. – *Duckles* s. *Wissenschaftsgeschichte: Geisteswissenschaften.* – *Eccles, J. C./Zeier, H.:* Gehirn und Geist. 1980. – *Engelberg, E./Küttler, W. (Hg.):* Probleme der geschichtswissenschaftlichen Erkenntnis.

1977. – *Finke, P.:* Grundlagen einer linguistischen Theorie. 1979. – *Flach, W./Holzhey, H. (Hg.):* Erkenntnistheorie und Logik im Neukantianismus. 1980. – *Flashar, H./Lobkowicz, N./Pöggeler, O. (Hg.):* Geisteswissenschaft als Aufgabe. 1978. – *Franzen, W.:* Die Geisteswissenschaften und die Praxis. In: Man and World 9, 1976. – *Gadamer* s. *Hermeneutik.* – *Gadamer/Boehm* s. *Hermeneutik.* – *Giesen, B./Schmid, M. (Hg.):* Theorie, Handeln und Geschichte. 1975. – *Göttner, H.:* Logik der Interpretation. 1973. – *Grewendorf, G./Meggle, G. (Hg.):* Linguistik und Philosophie. 1974. – *Grimm, R./Hermand, J. (Hg.):* Methodenfragen der deutschen Literaturwissenschaft. 1973. – *Habermas, J.:* Erkenntnis und Interesse. [Aufsatz] 1968. [W] – *Ders.:* Zur Logik der Sozialwissenschaften. 1967. [W] – *Ders.:* Zu Gadamers »Wahrheit und Methode«. In: *Apel u. a.*, Hermeneutik und Ideologiekritik. 1971. – *Ders.:* Der Universalitätsanspruch der Hermeneutik. In: *Apel,* ebd. – *Ders.:* Zur Rekonstruktion des Historischen Materialismus. 1976. [W] – *Hartmann, N.:* Das Problem des geistigen Seins. 1933, ²1949, ³1962. – *Havet, J. (Hg.):* Main trends of research in the social and human sciences. Teil 2. Human sciences. Bd. 1; 2. 1978. – *v. Helmholtz, H.:* Über das Verhältniss der Naturwissenschaften zur Gesammtheit der Wissenschaften. 1862. In: *Ders.*, Vorträge und Reden. Bd. 1. ⁵1903. – *Hempel, C. G.:* The function of general laws in history. 1942. In: *Ders.*, Aspects [...]. 1965. [W] – *Ders./Oppenheim, P.:* Studies [...]. 1948 [W] – *Henrichs, N. (Hg.):* Bibliographie der Hermeneutik. 1968, ²1972. – *Holzhey, H. (Hg.):* Interdisziplinär. 1974. – *Hubig, Ch.:* Handlung, Identität, Verstehen. Von der Handlungstheorie zur Geisteswissenschaft. 1985. – *Ineichen, H.:* Erkenntnistheorie und geschichtlich-gesellschaftliche Welt. Diltheys Logik der Geisteswissenschaften. 1975. – *Interpretation.* = Sprache und Literatur in Wissenschaft und Unterricht 17, 1986, Nr. 57. – *Johach, H.:* Handelnder Mensch und objektiver Geist. Zur Theorie der Geistes- und Sozialwissenschaften bei Wilhelm Dilthey. (Studien zur Wissenschaftstheorie 8) 1974. – *Kayser, W.:* Das sprachliche Kunstwerk. 1948, ¹⁶1973. – *Kedrow, B. M.:* Klassifizierung der Wissenschaften. Bd. 1; 2. 1975; 1976. – *Kimmerle, H.:* Die Bedeutung der Geisteswissenschaften für die Gesellschaft. 1971. – *Kimmerle, H.:* Philosophie der Geisteswissenschaften als Kritik ihrer Methoden. 1978, 1980. – *Körner, K.-H./Stickel, G.:* Strukturalismus. In: *Stammerjohann, H. (Hg.),* Handbuch der Linguistik. 1975. – *Krämer, H.:* Grundsätzliches zur Kooperation zwischen historischen und systematischen Wissenschaften. In: Zeitschrift für philosophische Forschung 32, 1978. – *Kuhn, Th. S.:* Die Struktur wissenschaftlicher Revolutionen. (1962) ²1976. [W] – *Lenk, H.:* Erklärung, Prognose, Planung. 1972. – *Lindauer, M. (Hg.):* Wie erkennt der Mensch die Welt? Geistes- und Naturwissenschaften im Dialog. 1984. – *Litt, Th.:* Das Allgemeine im Aufbau der geisteswissenschaftlichen Erkenntnis. 1941, ²1959, ³1980. – *Lübbe, H.:* Geschichtsbegriff und Geschichtsinteresse. 1977. – *Marquard, O.:* Über die Unvermeidlichkeit der Geisteswissenschaften. 1985, wieder abgedruckt in: *Ders.*, Apologie des Zufälligen. 1987. – *Misch, G.:* Lebensphilosophie und Phänomenologie. 1930, ²1931 = 1967. – *Patzig, G./Scheibe, E./Wieland, W. (Hg.):* Logik, Ethik, Theorie der Geisteswissenschaften. 1977. – *Pawlowski, T.:* Methodologische Probleme in den Geistes- und Sozialwissenschaften. (Aus dem Polnischen) 1975. – *Perpeet, W.:* Erich Rothacker. Philosophie des Geistes aus dem Geist der Deutschen Historischen Schule. 1968. – *Pöggeler* s. *Hermeneutik.* – *Popper, K. R.:* Das Elend des Historizismus. (1944) ⁵1979. [W] – *Ders.:* Logik der Forschung. 1935, ⁸1984. [W] – *Rickert, H.:* Die Grenzen der naturwissenschaftlichen Begriffsbildung. 1896–1902, ⁵1929. – *Ders.:* Kulturwissenschaft und Naturwissenschaft. 1899 = 1927 = Olms in Subskr., RUB 1986. – *Riedel* s. *Hermeneutik.* – *Ritter, J.:* Die Aufgabe der Geisteswissenschaften in der modernen Gesellschaft. In: Jahresschrift 1961 der Gesellschaft zur Förderung der Universität Münster. 1961. – *Rothacker, E.:* Einleitung in die Geisteswissenschaften. 1920, ²1930 = 1972. – *Ders.:* Logik und Systematik der Geisteswissenschaften. 1926 = 1947, 1965. – *Rüsen* s. *Geschichtstheorie.* – *de Saussure, F.:* Grundfragen der Allgemeinen Sprachwissenschaft. (Aus dem Franz.) (1916, ²1922) 1931, ²1967. – *Scheibe, E.:* Gibt es eine Annäherung der Naturwissenschaften an die Geisteswissenschaften? In: Universitas 42, 1987. – *Schieder/Gräubig* s. *Geschichtstheorie.* – *Schiffer, W. (Hg.):* Theorien der Geschichtsschreibung und ihre erzähltheoretische Relevanz. 1980. – *Schmidt, S. J.:* Zum Dogma der prinzipiellen Differenz zwischen Natur- und Geisteswissenschaften. 1975. – *Ders.:* Literaturwissenschaft als argumentierende Wissenschaft. 1976. – *Schulin, E.:* Traditionskritik und Rekonstruktionsversuch. 1979. – *Ders. (Hg.):* Universalgeschichte. 1974. – *Searle, J. R.:* Sprechakte. (1969) 1971, 1983. – *Seiffert, H.:* Einführung in die Wissenschaftstheorie. Bd. 2. [E] – *Simon-Schaefer, R./Zimmerli, W. Ch.:* Theorie zwischen Kritik und Praxis. J. Habermas und die Frankfurter Schule. 1975. – *Dies. (Hg.):* Wissenschaftstheorie der Geisteswissenschaften. 1975. – *Speck, J. (Hg.):* Handbuch wissenschaftstheoretischer Begriffe. [L] – *Spranger, E.:* Grundlagen der Geisteswissenschaften. Beiträge zur Wissenschaftslehre. 1980. – *Stegmüller, W.:* Probleme und Resultate [...]. Bd. 1. Zit. nach der Ausg. von 1974. [H] – *Ders.:* Das Problem der Induktion. s. *Hermeneutik.* – *Troeltsch* s. *Geschichtstheorie.* – *Thiel, M. (Hg.):* Enzyklopädie der geisteswissenschaftlichen Arbeitsmethoden. 1967 –. [H] – *Wach* s. *Hermeneutik.* – *Walter-Busch, E.:* Labyrinth der Humanwissenschaften. 1977. – *Warning, R. (Hg.):* Rezeptionsästhetik.

1975. – *Weimar, K.*: Enzyklopädie der Literaturwissenschaft. 1980. – *Weinrich, H.*: Literatur für Leser. 1971. – *Wild, W.*: Naturwissenschaften und Geisteswissenschaften – immer noch zwei getrennte Kulturen? In: Universitas 42, 1987. – *Windelband* s. *Geschichtstheorie*. – *v. Wright* s. *Hermeneutik*. – *Wunderlich, D.*: Linguistische Pragmatik. 1972, [2]1975. – *Ders.*: Wissenschaftstheorie der Linguistik. 1976. – *Zedler, J. H.*: Universal-Lexikon. Bd. 1–64; Suppl.-Bd. 1–4. 1732–54 = 1962–63. – *Zimmerli, W. Ch.*: Paradigmawechsel und Streitbehebung. In: *Simon-Schaefer/Zimmerli*, Wissenschaftstheorie der Geisteswissenschaften. – *Ders.*: Ist die kommunikationstheoretische Wende ein Ausweg aus dem Hermeneutikstreit? In: *Simon-Schaefer/Zimmerli*, Theorie zwischen Kritik und Praxis. – *Ders.*: Jürgen Habermas. In: *Speck, J. (Hg.)*: Grundprobleme der großen Philosophen. [G] – *Ders.*: Die »neuen« Technologien und die Aufgaben von Geisteswissenschaften und Philosophie. In: *Ders.*, Neue Technologien und die Herausforderung an die Geisteswissenschaften. 1987. – *Ders.*: Einheit oder Vielheit der Kulturen? Geistes- und Naturwissenschaften in einer techno-logischen Welt. In: Physikalische Blätter 44, 1988.

Walther Ch. Zimmerli/H.S.

Geist-Leib-Problem (Mind-body problem)

Einleitung

Von den Zeiten der alten Griechen bis in unsere Gegenwart sind enorme geistige Anstrengungen unternommen worden bei dem Versuch zu verstehen, wie jene innere Erleuchtung, die jeder von uns als Selbst-Bewußtheit (self-consciousness) erkennt, also als das Wissen davon, daß wir wissen, zu der davon sehr verschiedenen materiellen Welt, der Welt von Physik, Chemie und Biologie (vgl. Popper/Eccles), in Beziehung steht. Bei einem Vergleich zeigt sich, daß diese innere Welt solche immateriellen Dinge wie unsere Wahrnehmungen enthält – visuelle Bilder mit ihrem Licht und ihrer Farbe, Geräusche, Berührungen, Gerüche, Schmerzen –, unsere Gedanken, Gefühle, Erinnerungen, Vorstellungen, Absichten und Träume. Bis vor kurzem wurde dieses Problem das »Leib-Seele-« oder »Geist-Leib-Problem« genannt, weil – auf einem primitiven Niveau des Verstehens – der ganze Körper derjenige Teil der materiellen Welt ist, den wir bewußt erfahren. Jedoch hat die Hirnforschung festgestellt, daß alle bewußten Erfahrungen und Handlungen primär vom Gehirn abhängen und daß der Körper nur sekundär von der Kommunikation vom Körper zum Gehirn berührt wird, wie es mit Sinnesorganen wie Auge und Ohr geschieht – und vom Gehirn zum Körper bei willentlichen Bewegungen.

So verschiebt sich das Geist-Leib-Problem in das *Geist-Gehirn-Problem*. In allen bewußten Erfahrungen und Handlungen sind die damit verknüpften physikalisch-chemischen Ereignisse in dem, was wir die Nervenapparatur des Gehirns nennen (vgl. Popper/Eccles).

A. Der neuronale Widerpart im Geist-Gehirn-Problem

Es ist nun möglich, die Gehirnkomponenten sehr viel schärfer zu definieren. Niedrigere Ebenen des Zentralnervensystems spielen eine wesentliche Rolle als Transmissionsleitungen für alle Sinne (Sehen, Hören, Tastsinn usw.), für alle willentlichen Handlungen sowie beim Prüfen der Ebenen des Bewußtseins, etwa in erregten oder niedergedrückten Zuständen oder im Schlaf. Nun scheint es jedoch wahrscheinlich, daß nur die Operationen der Nervenapparatur der höchsten Ebene im Gehirn, der Großhirnrinde, zu den bewußten Erfahrungen *direkt* in Beziehung stehen. So haben wir nun zu erforschen, wie die Großhirnrinde diese unglaubliche Funktion erfüllen kann, der materielle Widerpart unserer wundervoll reichen, lebenslangen Erfahrungen zu sein; Erfahrungen, die wahrgenommen und ausgedrückt werden in der Sprache und in anderen symbolischen Formen wie etwa in der Kunst, in Erinnerungen und Gedanken, in Träumen und Gefühlen und nicht zuletzt in schöpferischen Leistungen.

In der menschlichen Großhirnrinde gibt es etwa zehntausend Millionen Grundeinheiten, die Nervenzellen; sie sind in sehr komplexen Verknüpfungsmustern angeordnet, die wir bislang noch sehr wenig genau verstehen. Wenn sie hinreichend gereizt wird, feuert eine Nervenzelle kurze elektrische Nachrichten entlang ihrer Übermittlungsleitung, dem Axon, ab. Dieses Axon verzweigt sich so, daß es mit vielen anderen Nervenzellen durch einen engen Oberflächenkontakt, genannt Synapse, verbunden ist. Die erregenden Nervenzellen üben eine synaptische Tätigkeit aus, die darauf abzielt, die von ihnen anvisierten Nervenzellen zu reizen, so daß diese ihrerseits wieder Impulse abfeuern. Die Nervenzellen der anderen Klasse, die hemmenden Nervenzellen, sind darauf gerichtet, die Erregung der von ihnen anvisierten Nervenzellen zu dämpfen, so daß dort die Entladung von Impulsen verhindert wird.

Die bloße Zahl und die Komplexität der neuronalen Verknüpfungen [neuronal composition] in der Großhirnrinde sind abschreckend, wenn die Herausforderung darin besteht, ein materiales Substrat für die geistige Welt mit seiner Ordnung und seiner charakteristischen Erfahrung der Einheit zu bieten.

Eine äußerst wichtige neue Entdeckung aufgrund radioaktiver Markierungsmethoden [radio-tracer] ist, daß die große, gefaltete Fläche der Großhirnrinde – etwa 2500 cm^2 in der Fläche und 3 mm in der Dicke – aus kleinen vertikalen Elementen oder Moduln zusammengesetzt ist, die der Funktion dienen, Kommunikationseinheiten innerhalb der Rinde darzustellen (SZENTÁGOTHAI; ECCLES, The human mystery; The human psyche).

Das durchschnittliche Modul ist eine Säule von etwa 2500 Nervenzellen, die etwa 0.25 mm im Durchmesser mißt und sich auf die ganze Dicke der Rinde erstreckt. Es gibt etwa vier Millionen Moduln; jedes ist verbunden mit etwa 50 anderen Moduln in wechselndem Grad der Stärke (Divergenz) und erhält gleichfalls einen variablen Input von etwa 50 anderen (Konvergenz). Wenn es einen starken Input erhält, kann ein Modul innerhalb einer Hundertstelsekunde eine Output-Entladung von Impulsen erzeugen. Als Folge dieser Divergenz und Konvergenz kann jedes einzelne Modul an einer fast unendlichen Zahl modularer Erregungsmuster teilnehmen, die in Raum und Zeit innerhalb eines kleinen Sekundenbruchteils entwickelt werden können (ECCLES, The human mystery; The human psyche). Es ist behauptet worden, daß diese erregungsmustererzeugende Kapazität der Nervenapparatur der Großhirnrinde eine unterscheidende Leistung verleiht, die mehr als ausreichend für lebenslange Bewußtseinserfahrungen ist.

Ein äußerst herausforderndes Problem besteht darin, die Änderungen in den modularen Verknüpfungen (und damit potentiell in der Struktur) als Antwort auf Erfahrungen (Lernen) und die Speicherung dieser Erfahrungen (Gedächtnis) zu erklären. In einer neuerdings entwickelten Theorie des Gedächtnisses (ECCLES, The human mystery; The human psyche) wird eine Lösung dieses Problems vorgeschlagen. Sie beruht auf der selektiven Überernährung bekannter synaptischer Mechanismen, die Moduln miteinander verknüpfen, die innerhalb etwa eines Millimeters zusammenliegen.

B. Theorien zum Geist-Gehirn-Problem

Bisher hat es eine Bewertung der Vorgänge in der Nervenapparatur des Gehirns (Nervenzellentätigkeit und Impulsentladungen) in dem Sinne gegeben, daß man sie für das materielle Substrat des Geistes hält. Im Prinzip besteht hinsichtlich dieser materialistischen Bewertung allgemeine Übereinstimmung. Die nachdrückliche Diskussion betrifft die Art, in der diese Vorgänge in der Nervenapparatur in den geistigen Erfahrungen des Subjekts zum Ausdruck kommen. Die Realität dieses Problems scheint nicht mehr in Frage zu stehen. Wir haben uns weit von der Philosophie Gilbert RYLES und seiner Nachfolger entfernt, die bemüht waren, alle diese Probleme von Geist und Gehirn als Scheinprobleme zu diskreditieren, die lediglich aus einer Kategorienverwechslung in sprachlichen Ausdrükken entstünden.

Ebenso brauchen wir nicht ernsthaft die radikalen Philosophien des Behaviorismus und des radikalen Materialismus in Betracht zu ziehen, die das Geist-Gehirn-Problem auf materialistische Erklärungen des Verhaltens zurückführen, einschließlich des »verbalen Verhaltens« und des »konditionierten Verhaltens«. Diese Philosophien eliminieren alle Erfahrungen des Bewußtseins, weil sie rein subjektiv seien, daher als der Objektivität ermangelnd ignoriert werden müßten und so rationalen Überlegungen unzugänglich blieben.

Diese extremen Überzeugungen sind attraktiv für Philosophen, die sich in der Wissenschaft nicht auskennen, weil sie nicht nur das Geist-Gehirn-Problem eliminieren, sondern ebenso das Problem des evolutionären Ursprungs und der Entwicklung des Geistes. Der Kosmos wird reduziert auf die altertümliche Einfachheit, die er vor dem Beginn des Lebens hatte. Die Hirnforscher finden diesen extremen Reduktionismus jedoch absurd (vgl. POPPER/ECCLES).

Subjektive Bewußtseinserfahrungen werden objektiv, wenn sie mit anderen durch intersubjektive Kommunikation, zum Beispiel in der Sprache, geteilt werden. So werden sie objektiv und erfaßbar für rationale Kritik und wissenschaftliches Experimentieren, wie es etwa in den Wissenschaften von der Wahrnehmung – Sehen, Hören, Tasten, Schmerz – und von den geistigen Zuständen – Aufmerksamkeit, Absicht, Erinnerung, Schlaf, Träume, Gefühle, Halluzinationen und so fort – geschieht.

Weitere Überlegungen wendet man daher den Philosophien zu, die die Realität des Bewußtseins und geistiger Phänomene im ganzen akzeptieren und so die Wirklichkeit und Wichtigkeit des Geist-Gehirn-Problems einräumen.

Es gibt eine Vielfalt vorgeschlagener Lösungen, aber sie können in zwei verschiedene Kategorien eingeordnet werden: die materialistischen Theorien auf der einen und die dualistisch-interaktionistischen auf der anderen Seite.

Den materialistischen Theorien zufolge wird die Realität geistiger Zustände anerkannt, aber sie spielen eine *völlig unfruchtbare Rolle.* Das gesamte Verhalten, einschließlich des sprachlichen Ausdrucks, ist ganz das Produkt der Nervenapparatur des Gehirns. So bewahren diese Theorien die *Geschlossenheit der materialistischen Welt des Gehirns.* Hier gibt es kein Problem geistiger Ereignisse, die die Arbeit der Nervenapparatur tatsächlich ändern, das heißt: kein Problem einer nichtphysischen Instanz, die die physischen Vorgänge des Gehirns modifiziert, die den Gesetzen der Physik, wie man sie zur Zeit versteht, entgegengesetzt wären. Im Gegensatz dazu sind nach der dualistisch-interaktionistischen Theorie alle geistigen Vorgänge in einer von der physischen Welt des Gehirns unterschiedenen Welt zu suchen (das dualistische Konzept), aber sie stehen mit ihr in Wechselwirkung, und zwar in einer Weise, die offenbar nicht in Übereinstimmung mit den gegenwärtigen physikalischen Gesetzen steht. Man nimmt an, daß in speziellen Regionen des Gehirns (den sogenannten Verbindungsbereichen) die physikochemischen Operationen der Nervenapparatur Einflüssen durch die nichtmateriellen geistigen Ereignisse offenstehen. Die beiden verschiedenen Kategorien des Dualismus sind gegenseitiger Wechselwirkung unterworfen.

C. Die materialistischen Theorien des Geist-Gehirn-Problems

I. Darstellung

1. Panpsychismus: Der Panpsychismus ist eine sehr alte Theorie, die bereits durch die frühesten griechischen Philosophen entwickelt wurde, die behaupteten, daß »die Seele mit allem in der ganzen Welt in Beziehung steht«. Philosophen wie SPINOZA und LEIBNIZ traten für verschiedene Formen des Panpsychismus ein. Im wesentlichen war ihre Überzeugung, daß alle Dinge einen inneren psychischen und einen äußeren materialen Aspekt hätten. So ist das Bewußtsein mit aller Materie in einem vorpsychischen Zustand verknüpft und wurde mit der zunehmenden Komplexität des Gehirns entwickelt, um zur Selbst-Bewußtheit des menschlichen Gehirns zu werden. Die moderne Physik läßt jedoch »Erinnerung« oder »Identität« in bezug auf elementare Partikel – Elektronen, Protonen, Neutronen – nicht zu; und daher scheint die panpsychistische Lehre vom »Vorbewußtsein« solcher Partikel unzulässig zu sein.

2. Epiphänomenalismus: Der Epiphänomenalismus wurde zuerst von T. H. HUXLEY vorgeschlagen. Er unterscheidet sich vom Panpsychismus darin, daß geistige Zustände nur solchen Lebewesen zugeschrieben werden, die geistähnliches Verhalten zeigen, wie etwa Lernen oder intelligentes und zweckbewußtes Reagieren. Alle Spielarten des Epiphänomenalismus haben als zentralen Grundsatz die These, daß die geistigen Prozesse hinsichtlich der Kontrolle des Verhaltens völlig wirkungslos sind. Die Nervenapparatur arbeitet unbeeinflußt durch die damit verknüpften geistigen Zustände.

3. Die psychoneurale Identitätstheorie: Wie der Panpsychismus wurde auch diese Theorie zuerst durch griechische Philosophen entwickelt. Beide Theorien sind oft miteinander verknüpft worden, so von SPINOZA und in neuerer Zeit von RENSCH. Die subtilste Form der Theorie wurde durch FEIGL gegeben. Geistige Prozesse werden als real oder als Dinge in sich betrachtet. Man vermutet, daß sie die Eigenschaft einer sehr kleinen und ausgewählten Gruppe materieller Ereignisse (vor allem von Nervenvorgängen im Gehirn) und wahrscheinlich besonderer Regionen des Gehirns sind. Die Bewußtseinserfahrungen kennt man von innen: *Wissen durch Vertrautheit,* während die »identischen« physischen Ereignisse von außen durch Beschreibung bekannt sind: *Wissen durch Beschreibung* der Nervenvorgänge im Gehirn. Diese Vorgänge, beschrieben von den Nervenforschern, entpuppen sich als die Erfahrungen, die wir durch unser Bewußtsein wahrnehmen. So postuliert die Schlüsselbehauptung im wesentli-

chen einen Parallelismus bzw. einen inneren und einen äußeren Aspekt, und entsprechend lautet eine andere Bezeichnung für diese Theorie auch »Biperspektivismus«.
Die Hirnforscher finden die Identitätstheorie attraktiv, weil sie ihnen die Zukunft überläßt. Es wird eingeräumt, daß unser gegenwärtiges Verständnis des Gehirns völlig ungeeignet ist, mehr als eine grobe Erklärung dafür zu bieten, wie das Gehirn den ganzen Reichtum und die wundervolle Vielfalt von Wahrnehmungserfahrungen erzeugt, oder wie die geistigen Ereignisse oder Gedanken die ungeheure Breite und Fruchtbarkeit haben können, die unsere geistvollen Einsichten in ihrer Einwirkung auf die Welt erreichen.
4. Promissorischer Materialismus: All diese Fragen werden jedoch in Betracht gezogen von der Theorie, die *»promissorischer« [versprechender] Materialismus* genannt worden ist (Popper/Eccles). Diese Theorie leitet sich von den großen Erfolgen der Hirnforschung ab, die unzweifelhaft mehr und mehr von dem enthüllen, was sich im Gehirn bei der Wahrnehmung, in der Kontrolle der Bewegung sowie in Zuständen der Bewußtheit und der Bewußtlosigkeit abspielt. Das Ziel dieser Forschungsprogramme ist es, eine immer vollständigere und zusammenhängendere Erklärung dafür zu geben, wie die gesamte Leistung und Erfahrung eines Tieres und eines menschlichen Wesens durch die Wirkungsweise der Nervenapparatur des Gehirns begriffen werden können. Gemäß dem promissorischen Materialismus wird der wissenschaftliche Fortschritt die Phänomene, die scheinbar mentale Begriffe zu ihrer Erklärung benötigen, allmählich einschränken, so daß nach einiger Zeit alles in den materialistischen Begriffen der Hirnforschung beschreibbar sein wird. Der Sieg des Materialismus über den Mentalismus wird vollständig sein.
Ich betrachte diese Theorie als jeder Grundlage entbehrend. Je mehr wir wissenschaftlich über das Gehirn erfahren, desto klarer unterscheiden wir zwischen den Vorgängen im Gehirn und den geistigen Erscheinungen – und desto einzigartiger und wunderbarer werden die geistigen Erscheinungen.

II. Kritische Bewertung der materialistischen Theorien

Alle diese Varianten materialistischer Theorien sind scharf kritisiert worden (Popper/Eccles; Eccles, The human psyche).
Großer Aufwand ist damit getrieben worden, daß diese Theorien sich in Übereinstimmung mit den heute bekannten Naturgesetzen befänden. Jedoch wird dieser Anspruch widerlegt durch zwei äußerst gewichtige Überlegungen.
Erstens: Es gibt keine Beziehung zwischen Materie und Bewußtsein. Nirgends in den Gesetzen der Physik oder in den Gesetzen der abgeleiteten Wissenschaften, Chemie und Biologie, gibt es irgendeine Beziehung zum Bewußtsein oder zu geistigen Vorgängen. Ungeachtet der Komplexität der elektrischen, chemischen oder biologischen Apparatur gibt es in den »Naturgesetzen« keinerlei Hinweis darauf, daß dieses seltsame nichtmateriale Ding – Bewußtsein oder Geist – auftaucht, das von allen Materialisten, außer den Panpsychisten, unbegründet als vorhanden angenommen wird.
Zweitens: Es gibt eine biologische Evolution des Bewußtseins. Alle materialistischen Theorien des Geistes stehen im Konflikt mit der biologischen Evolution. Da sie alle die kausale Wirkungslosigkeit des Bewußtseins *per se* [von sich aus] behaupten, versäumen sie es völlig, der biologischen Evolution des Bewußtseins Rechnung zu tragen, die eine unleugbare Tatsache ist.
Da ist zunächst das Auftauchen des Bewußtseins und dann seine allmähliche Entwicklung mit der wachsenden Komplexität des Gehirns. Gemäß der Evolutionstheorie werden in der natürlichen Selektion nur diejenigen Strukturen und Prozesse entwickelt, die bedeutsame Hilfe für das Überleben leisten. Wenn das Bewußtsein kausal ohnmächtig ist, dann kann seine Entwicklung durch die Evolutionstheorie nicht begründet werden. Entsprechend zur biologischen Evolution konnten geistige Zustände und Bewußtsein *nur* dann erzeugt und entwickelt werden, *wenn sie kausal wirksam waren,* Änderungen in Nervenvorgängen im Gehirn – mit den darauf folgenden Änderungen im Verhalten – hervorzurufen. Dies kann *nur* dann geschehen, *wenn* die Nervenapparatur des Gehirns offen ist gegenüber Einflüssen von den geistigen Vorgängen der Welt der bewußten Erfahrungen, was die grundlegende Behauptung der dualistisch-interaktionistischen Theorie ausmacht.
Schließlich ist die wirksamste Kritik aller materialistischen Theorien des Geistes die ihrer Schlüsselbehauptung, daß die Vorgänge in der Nervenapparatur des Gehirns *eine notwendige und hinreichende Erklärung der To-*

talität sowohl der Leistung als auch der bewußten Erfahrung eines menschlichen Wesens bieten. So wird zum Beispiel das Wollen einer willentlichen Bewegung als völlig abhängig von Vorgängen in der Nervenapparatur des Gehirns betrachtet, wie auch alle anderen die Erkenntnis betreffenden Erfahrungen.
Gemäß diesem starren Determinismus ist unsere Fähigkeit, uns frei für eine Handlung gegen eine andere zu entscheiden, eine Illusion. Konsequenterweise werden moralische Verantwortlichkeit und rationale Argumentation ausgeschaltet (vgl. Lucas). Dies ist ein absurder Preis, der für die Bewahrung der Geschlossenheit der physischen Welt in Übereinstimmung mit dem »Naturgesetz«, wie es zur Zeit verstanden wird, gezahlt werden soll, besonders da diese materialistischen Theorien im Gegensatz stehen zu den gegenwärtigen Gesetzen der Physik und zur Evolutionstheorie, wie sie oben beschrieben wurde.

D. *Die dualistisch-interaktionistische Theorie von Popper und Eccles*

Diese Theorie ist gewissermaßen die altertümlichste Formulierung des Geist-Körper-Problems, denn sie wurde in mancher Form von griechischen Denkern seit Homer allgemein vertreten. Sie wurde durch Descartes entwickelt, der versuchte, eine detaillierte Operationsweise zu bestimmen, was dahin führte, daß sie zugunsten einiger Formen des Parallelismus zurückgewiesen wurde. In ihrer modernen Form unterscheidet sie sich von allen parallelistischen Theorien genau durch die Voraussetzung, die materielle Welt des Gehirns müsse gegenüber geistigen Einflüssen offen sein. Die kausale Wirksamkeit dieser geistigen Einflüsse erscheint in zahllosen Handlungen des täglichen Lebens, wo Gedanken als Handlungen oder in den Rückrufen des Gedächtnisses auf Wunsch ausgedrückt werden. Es ist beruhigend festzustellen, daß die kausale Wirksamkeit geistiger Zustände von der Evolutionstheorie abgeleitet werden kann.
Der sich seiner selbst bewußte Geist wird als ein unabhängiges Gebilde betrachtet, als eine Existenz in der zweiten Welt, die einen Zustand in der Wirklichkeit besitzt, gleichwertig dem des Gehirns mit seiner Existenz in der ersten Welt. Dies ist ein strenger Dualismus.
Eine kurze Skizze dieser Hypothese mag wie folgt gegeben werden. Der sich seiner selbst bewußte Geist ist aktiv damit beschäftigt, aus der Vielzahl aktiver Zentren auf dem höchsten Niveau der Tätigkeit des Gehirns, vor allem der Verbindungsmoduln, die im wesentlichen in der sprachdominanten Hirnhälfte angesiedelt sind, zu »lesen«. Der sich seiner selbst bewußte Geist wählt von diesen Moduln nach Aufmerksamkeit und Interesse aus und integriert von Augenblick zu Augenblick seine Auswahl, um sogar den flüchtigsten Erfahrungen Einheit zu geben. Weiterhin wirkt der sich seiner selbst bewußte Geist auf diese Nervenzentren und modifiziert dabei die dynamischen raum-zeitlichen Muster der Modul-Aktivitäten.
So wird behauptet, daß der sich seiner selbst bewußte Geist eine überlegene interpretative und kontrollierende Rolle auf die nervlichen Vorgänge ausübt.
Eine Schlüsselkomponente der Hypothese ist die, daß die Einheit der bewußten Erfahrung durch den sich seiner selbst bewußten Geist und nicht durch die Nervenapparatur der Verbindungsregionen der Hirnrinde hergestellt wird.
Die Philosophie eines strengen dualistischen Interaktionismus, wie sie hier entwickelt wurde, hat mich dazu geführt, Mutmaßungen über die am weitesten fortgeschrittenen Begriffe anzustellen, die zur Zeit über die Struktur und das Funktionieren des Neocortex verfügbar sind. Man muß sich vergegenwärtigen, daß wir erst seit 1977 einige Kenntnisse über die Grundeinheit der Wirksamkeit des Neocortex: das Modul, besitzen.
Ich habe mich bemüht, die Darstellung so einfach wie möglich zu halten. Aber wie sollten wir erwarten, eine einfache Lösung dieses größten Problems, dem wir uns gegenübersehen, zu finden? Ich erhebe nicht den Anspruch, eine Lösung angeboten zu haben, sondern vielmehr den Anspruch, in allgemeinen Umrissen den Weg gezeigt zu haben, auf dem die Lösung kommen könnte. In einigermaßen geheimnisvoller Weise entwickelte sich das menschliche Gehirn mit Eigenschaften einer völlig anderen Ordnung, als wir sie bei irgend etwas anderem in der Natur finden. (Zum Abschnitt *D.* vgl. Popper/Eccles; Eccles, The human psyche; The human mystery.)

John Eccles
(Aus dem Englischen von *Helmut Seiffert*)

Brelage, M.: Die Schichtenlehre Nicolai Hartmanns. In: Studium Generale 9, 1956. – *Eccles, J. C.:* Das Gehirn des Menschen. Sechs Vorlesungen. (Aus dem Engl.) [4]1979. – *Ders.:* The human mystery. 1979. Dt.: Das Rätsel Mensch. 1982. – *Ders.:* The human psyche. 1980. Dt.: Die Psyche des Menschen. 1985. – *Eccles, J. C./ Robinson, C. N.:* Das Wunder des Menschseins. Gehirn und Geist. 1985. – *Eccles, J. C./Zeier, H.:* Gehirn und Geist. 1980. – *Feigl, H.:* The »mental« and the »physical«. 1967. – *Hartmann, N.:* Der Aufbau der realen Welt. Grundriß der allgemeinen Kategorienlehre. 1940, ³1964. – *Ders.:* Einführung in die Philosophie. 1949, 7. Aufl. o.J. – *Ders.:* Das Problem des geistigen Seins. 1933, ³1962. – *Lucas, J. R.:* The freedom of the will. 1970. – *Ornstein, R./Thompson, R. F.:* Unser Gehirn. (Aus dem Engl.) Ro 1986. – *Popper, K. R./Eccles, J. C.:* Das Ich und sein Gehirn. (Aus dem Engl.) (1977) 1982, 1987. – *Ryle, G.:* Der Begriff des Geistes. (Aus dem Engl.) (1949) 1969. – *Schrödinger, E.:* Geist und Materie. (Aus dem Engl.) (1958) 1959, ³1965, Neuausg. 1986. – *Searle, J. R.:* Geist, Hirn und Wissenschaft. (Aus dem Engl.) (1984) 1986. – *Szentágothai, J.:* The neuron network of the cerebral cortex: a functional interpretation. In: Proceedings of the Royal Society London. B 201. 1978. – *Wilczek, G.:* Geist und Materie. 1985.

John Eccles/H.S.

Geschichtstheorie

griech. historía, historíē (zu hístōr: kundig; verwandt: griech. oîda: wissen; lat. vidẹre: sehen; dt. wissen): Erkundigung, Kunde, Kenntnis, auch schon: Geschichte, Geschichtserzählung, -darstellung; lat. histọria.
Dt. Geschichte: ahd. gi-sciht, mhd. geschiht: Ereignis, Geschehnis, später auch: Erzählung von Geschehenem

Das Wort »Geschichte«, eigentlich »Geschehenes«, hat heute drei Bedeutungen:

1. das Geschehen (Ereignisse und Zustände), das Gegenstand der Betrachtung wird (Geschichte im engeren Sinne),
2. die Schilderung des Geschehenen (Geschichtsschreibung),
3. das Wissen vom Geschehenen, das das Geschehene selbst *und* dessen Schilderungen kritisch verarbeitet (Geschichtswissenschaft).

(4. Als vierte Stufe könnte man noch die kritische Betrachtung der Geschichtswissenschaft hinzufügen, die nun allerdings in keinem Fall »Geschichte« genannt wird: nämlich die Geschichts[wissenschafts]-theorie, also das, was Gegenstand dieses Artikels ist.)

A. Was ist Geschichte?

I. Geschichtlichkeit und Historismus

1. Historienfilm und historisches Bewußtsein: Durch den Geschichtsunterricht früher und durch das Fernsehen heute wird dem Laien ein Bild von »Geschichte« vermittelt, das man etwa so umschreiben kann: eine bunte, wilde Welt von Ereignissen, durcheinanderwirbelnde Kostüme, Säbel, Pferde, Blut und Rauch – und hinter alldem der ewig gleiche Mensch mit seinen Leidenschaften und Begierden. Geschichte als Karl-May-Land: Old Shatterhand erlebt die turbulentesten Dinge, aber er bleibt immer der gleiche Old Shatterhand.
Eine solche Auffassung von »Geschichte« wird leider gerade durch die Grundbedeutungen des Wortes: »Ereignis, Geschehen« und »Erzählung von Ereignissen« unterstützt.
Was dagegen »Geschichte« wirklich ist, zeigt sich in wesentlich schlichteren Sachverhalten: ein Kind empfindet die Wohnung seiner Großeltern als irgendwie »anders« als die Wohnung seiner Eltern; die Möbel sind »altmodisch«, die ganze Wohnung »riecht« anders. Oder: ein Norddeutscher lernt Süddeutschland kennen. Die Häuser und Kirchtürme sehen anders aus, die Menschen »sind« und sprechen anders. Erst recht gilt dies natürlich für ein Auslandserlebnis. Oder: das Kind besucht einen Klassenkameraden, der einer anderen sozialen Schicht entstammt. Wiederum das Erlebnis des Andersartigen: die vielen Selbstverständlichkeiten von zu Hause werden jetzt plötzlich als »Stil« der eigenen Familie, des eigenen Lebenshintergrundes wahrgenommen.
Die meisten Menschen wissen nicht, daß das, was sie so jeden Tag praktisch erleben, »Geschichte« ist, weil es ihnen *so* niemand erklärt. Sie leben tatsächlich in ihrer Geschichte, haben aber kein Geschichtsbewußtsein.
Geschichte ist also zu verstehen als Nebeneinander von mindestens zwei als verschiedenartig erlebten *Lebenssituationen*. Was hierbei »verschiedenartig« heißt, ergibt sich aus unseren Beispielen von selbst.
Unter »Geschichtsbewußtsein« oder »historischem Bewußtsein« verstehen wir demgemäß das Erfahren und Verstehen der Existenz einer *Mehrheit* verschiedenartiger Lebenssituationen. Historisches Bewußtsein ist also weder bloße Kenntnis äußerer Ereignisse der Vergangenheit noch bloßes tatsächliches Erfahren der Geschichte, sondern es ist nur da gegeben, wo das im Alltag tatsächlich Erlebte als »geschichtlich« verstanden wird.

Wie unsere Beispiele zeigen sollten, vollzieht sich Geschichte nicht nur – wie es die populäre Vorstellung will – in der zeitlichen Dimension. Geschichte ist vielmehr auch das gleichzeitige Nebeneinander verschiedenartiger Regionen, Länder und Gesellschaften und zum dritten das Nebeneinander sozialer Gruppen im weitesten Sinne innerhalb einer Gesellschaft: von Schichten, Konfessionen, politisch-gesellschaftlichen Überzeugungen.
Eine Lebenssituation, die zeitlich oder räumlich oder sozial abgrenzbar ist, wollen wir als »historische« oder »geschichtliche« »*Einheit*« bezeichnen. Solche Einheiten sind z. B.: die römische Geschichte, das Zeitalter des Zweiten Weltkrieges, die Musik BACHS, der »Sturm und Drang«, der Calvinismus, die deutsche Studentenbewegung von 1967 bis 1969. Diese Beispiele zeigen: eine »historische Einheit« kann räumlich eng, zeitlich weit begrenzt sein und umgekehrt. Sie kann in jeder Hinsicht weit oder eng gefaßt sein.
Den Sachverhalt, daß das ganze menschliche Leben aus einer Vielfalt von Lebenssituationen, von »historischen Einheiten« also besteht, nennen wir die *»Geschichtlichkeit«* des Menschen.
2. Der Historismus: Die meisten Musikfreunde schätzen heute Musik jedes Zeitalters. Sie schalten ihr Radio ein und genießen das, was gerade gesendet wird: sei dies nun eine Motette von SCHÜTZ, eine Kantate von BACH, eine Oper von MOZART, ein Streichquartett BEETHOVENS, eine Sinfonie BRUCKNERS oder ein Violinkonzert von BARTÓK.
Nicht anders geht es demjenigen, der sich einen Kunstkalender an die Wand hängt und sich in diesem Monat an einem REMBRANDT, im nächsten Monat an einem PICASSO, dann an einem UTRILLO, dann an einem MONDRIAN, an der Zeichnung eines siebenjährigen Kindes, an einer altchinesischen Tuschearbeit oder an einer äthiopischen Passionsdarstellung erfreut.
Diese »Offenheit nach allen Seiten« ist alles andere als selbstverständlich; so hat es Zeiten gegeben, in denen bestimmte Kunst einfach abgelehnt wurde, sei dies nun der »gotische« Stil (dieser Name eines Völkerwanderungsstammes wurde in der Bedeutung von »barbarisch« gebraucht wie noch heute ein anderer Stammesname, nämlich »vandalisch«), die Barockdichtung, die »moderne« Kunst.
Das uns im Alltag heute so geläufige allseitige Musik- oder Kunstverständnis ist ein anschauliches Beispiel für das, was wir als »Historismus« bezeichnen:
»Historismus« ist die konsequent auf alle Sachgebiete und Lebensbereiche angewendete Überzeugung, daß alle untereinander vergleichbaren historischen Einheiten nicht nur *verschiedenartig,* sondern auch *gleichwertig* sind. Dies bedeutet also, daß nicht nur verschiedene Zeitalter, sondern auch gleichzeitig bestehende regionale und ethnische Gebilde, Staaten, Nationen, Völker, Rassen – ferner auch Religionsgemeinschaften, Gesellschaftsschichten, politische und weltanschauliche Gruppierungen und so fort – *gleichwertig* sind und man nicht die eine Einheit gegen die andere abwerten darf.
Es ist schon hier leicht zu ersehen, daß die Bedeutung des Historismus weit über die einer geschichtstheoretischen Lehrmeinung hinausgeht. Denn er enthält ein ganzes Programm der Toleranz, des Humanismus, des Liberalismus. Wir werden darauf zurückkommen.
Das Programm des Historismus ist in Leopold VON RANKES klassischen Worten enthalten: »Ich aber behaupte: jede Epoche ist unmittelbar zu Gott, und ihr Wert beruht gar nicht auf dem, was aus ihr hervorgeht, sondern in ihrer Existenz selbst.« (V. RANKE, 7)

II. Nichthistoristische Geschichtslehren
Der Historismus ist eine späte Frucht des menschlichen Geistes. Erst etwa seit dem 18. Jh. hat der Mensch gelernt, historistisch zu denken. Denn: das »Natürliche« ist zweifellos, daß man seine eigene Lebenswelt bejaht, fremde aber ablehnt; daß man andere Meinungen nicht als genauso berechtigt anerkennt, sondern als falsch oder gar verbrecherisch bekämpft.
Diese Haltung ist noch heute die des unaufgeklärten, unreflektierten Alltagsmenschen. Bis ins 18. Jh. hinein – und außerhalb der historistischen Tradition weitgehend auch bis heute – war diese Auffassung auch die der Wissenschaft. Dementsprechend gab und gibt es vor und neben dem Historismus auch mehrere nichthistoristische Geschichtskonstruktionen.
1. Lineare Geschichtstheorien: Hierunter sind solche Geschichtstheorien zu verstehen, nach denen sich die Geschichte »einsinnig«, in einer bestimmten Richtung fortbewegt.
(a) Die Fortschrittstheorie: Nach ihr wird die Welt im Laufe der Zeit immer »besser«. Aus primitiven Anfängen entwickelt sie sich zu immer Höherem. Wissenschaft und Kunst schreiten fort. In der Musik etwa gilt BACH als

vollkommener als SCHÜTZ und BEETHOVEN als vollkommener als BACH.

(b) Die Verfallstheorie: Sie bietet das Gegenbild zur Fortschrittstheorie. Nach ihr wird die Welt im Laufe der Zeit immer »schlechter«. Am Anfang stand ein »Goldenes Zeitalter«, eine »Heroenzeit« o. ä., von dem aus die Menschheit immer mehr herabsank. Wissenschaft und Kunst verfallen. Die Kunst etwa sinkt von der klassischen Kunst der Antike zu REMBRANDT, von REMBRANDT zu PICASSO herab. Sehr oft gehört zur Verfallstheorie der Versuch, das »Goldene Zeitalter« wieder zurückzurufen. Von diesem Bestreben der Verfallstheorie zeugen die zahlreichen geschichtlichen Interpretationswörter auf »Re-«: Renaissance, Re-form(ation), Re-stauration, Re-volution und so fort.

(c) Heilsgeschichtliche Theorien: Diese Theorien sind mit den Fortschrittstheorien insofern vergleichbar, als sie eine Bewegung der Geschichte zum »Besseren« annehmen. Jedoch fassen sie den Fortschrittsgedanken in zweierlei Hinsicht feiner: Einmal werden konkret bestimmte »Stufen« oder Zeitalter unterschieden, in denen sich der Aufstieg vollzieht, und zum anderen wird das *Ziel* der Geschichte konkret beschrieben – daher eben »heils«geschichtlich.

Von solchen heilsgeschichtlichen Auffassungen seien nur drei erwähnt, von denen die dritte noch heute eine überraschende und praktisch nicht ganz unwichtige Aktualität hat:

- JOACHIM VON FIORE (1131–1202) unterschied die drei Zeitalter des Vaters, des Sohnes und des Heiligen Geistes.
- Georg Wilhelm Friedrich HEGEL (1770 bis 1831) unterschied die orientalische, die griechisch-römische und die christliche Welt als Kindheit, Mannes- und Greisenalter des Geistes.
- Karl MARX (1818–1883) unterschied vier Gesellschaftsstufen: die Sklavenhalter-, die feudale, die kapitalistische und die kommunistische Gesellschaft, wobei die jeweils nächstfolgende Stufe aus der jeweils vorhergehenden durch den Konflikt zwischen Produktionsverhältnissen und Produktivkräften entsteht.

Es wird deutlich, daß heilsgeschichtliche Theorien nicht unbedingt reine Fortschrittstheorien sein müssen. Ganz sicher gilt das nicht für JOACHIM VON FIORE und auch wohl für HEGEL nicht. Beide Theorien schillern in gewisser Weise zwischen gewöhnlichen Fortschritts- und tiefer begründeten Gleichwertigkeitstheorien.

2. Zyklische Geschichtstheorien: Während die linearen Geschichtstheorien grundsätzlich von einem einmaligen Ablauf in der Geschichte (ein Fortschritts-, ein Verfallsprozeß, die einmalige Abfolge von Zeitaltern) sprechen, gehen die zyklischen Geschichtstheorien davon aus, daß sich bestimmte Abläufe in der Geschichte immer wiederholen – und daß man daher durch Analogiebildung die Weiterentwicklung der gegenwärtigen Situation vorhersagen kann. Also zum Beispiel: die antike und die westeuropäisch-nordamerikanische neuzeitliche »Kultur« lassen sich parallelisieren. So, wie die antike Kultur sich in den hellenistischen Eklektizismus und Enzyklopädismus auflöste und schließlich den Barbaren zum Opfer fiel, so wird es auch uns gehen; das hellenistische Zeitalter haben wir erreicht, das barbarische steht vor der Tür. Vertreter solcher zyklischer Theorien sind vor allem Oswald SPENGLER (1880–1936) und Arnold TOYNBEE (1889–1975).

3. Analytische Geschichtstheorien: Hierunter versteht man Geschichtstheorien, die von der analytischen Philosophie nahestehenden Wissenschaftstheoretikern vertreten werden. Diese Art Geschichtstheorien sind genaugenommen überhaupt keine Geschichtstheorien. Denn sie beschäftigen sich mit der Geschichte nicht um ihrer selbst willen, sondern betrachten sie nur als Materiallager für die Ableitung allgemeiner, überhistorischer Gesetze. Analytische Geschichtstheoretiker betreiben daher in der Regel auch keine historischen Studien, sondern begnügen sich mit einem schlichten Ereigniswissen, wie es etwa der »Ploetz« vermittelt. Ihnen fehlt ein eigenständiger Begriff des »Geschichtlichen«.

III. Die historische Methode

Nach welcher Methode arbeitet nun eine Geschichtswissenschaft, die sich den Leitsatz zu eigen gemacht hat: Alle historischen Einheiten sind verschiedenartig, aber gleichwertig? Um dieses Programm zu erfüllen, muß man offensichtlich jede historische Einheit in ihrer jeweiligen Eigenart so genau wie möglich zu erfassen versuchen. Hierbei bedient sich die Geschichtswissenschaft zweier ineinandergreifender, eine Einheit bildender Methoden: der historisch-philologischen Quellenforschung und der historischen Interpretation.

1. Quellenforschung: »Quellen« im weitesten Sinne sind Gegenstände, aus denen die Geschichtsforschung die Beschaffenheit einer bestimmten historischen Einheit erschließt. Hierzu gehören z. B. Aufzeichnungen aller Art wie Urkunden, Akten, Rechnungen, Notizen, Tagebücher, Briefe; Geräte; Gebäude; Kunstwerke jeder Sparte; literarische und wissenschaftliche Äußerungen aller Art.

Es wäre mithin ein Irrtum zu glauben, »Quellen« seien nur solche Materialien, die selbst bereits Geschichte erzählen, also nur Annalen, Chroniken und Geschichtsdarstellungen aller Art. Gerade solche Quellen nämlich, die selbst bereits etwas – scheinbar tischfertig – erzählen, sind zur Erforschung der geschichtlichen Wahrheit denkbar ungeeignet; denn vielleicht sagen sie aus irgendwelchen Gründen gar nicht die Wahrheit, oder sie geben die Sachverhalte verzerrt wieder.

Das Vorgehen des Historikers ist daher am ehesten dem des Kriminalisten vergleichbar. So, wie der Detektiv aus kleinsten Hinweisen, Spuren, Indizien den Hergang der Tat allmählich rekonstruiert, so hält sich auch der Geschichtsforscher an Gegenstände, deren Absicht es ursprünglich gar nicht war, nun gerade den Sachverhalt zu überliefern, den der Historiker sucht. Das klassische Beispiel: Eine Rechnungsbucheintragung über irgendein banales Geschäft des Alltags gibt einen Beleg dafür, daß ein berühmter Künstler zu dem fraglichen Zeitpunkt an dem betreffenden Ort gewesen sein muß.

Die Quellen, die ausdrücklich etwas erzählen wollen, kommen also erst in zweiter Linie in Betracht. Natürlich sind sie trotzdem nützlich; so können sie z. B. dazu dienen, größere Mengen an Information vorläufig zu gliedern, Schneisen durch einen Urwald zu schlagen.

Wir nennen nun Quellen, die dem (Kriminalisten oder) Historiker als Indizien dienen, »unabsichtlich überliefernde« Quellen und Quellen, die selbst ausdrücklich etwas erzählen möchten, »absichtlich überliefernde« Quellen.

In den letzten Jahren ist die »oral history« (»mündliche Geschichte«) in Gebrauch gekommen. Hierunter versteht man die (mündliche) Befragung »kleiner Leute« über vergangene Ereignisse oder Zustände und die Aufzeichnung von deren Erzählungen auf Tonband. Die »oral history« gehört also insofern zur »absichtlichen Überlieferung«, als sie ja ausdrücklich etwas berichten will. Damit trifft aber auch auf sie das methodische Mißtrauen zu, von dem die Rede war. Soviel Aufschlußreiches ein Augenzeuge auch berichten kann – es ist doch immer gefärbt durch die Erinnerung (und zusätzlich noch durch die Fragen des Interviewers). So paradox es klingt: Aktenstücke *aus* dem Jahre 1933 sagen über die Wirklichkeit der Ereignisse jenes Jahres ungleich Genaueres aus als heute gegebene mündliche Berichte *über* das Jahr 1933 – und das, obwohl das eine »toter Buchstabe«, das andere »lebendiges Wort« zu sein scheint. Mündliche Äußerungen sagen mehr über den Zeitpunkt des *Sprechens* aus als über die Zeit, *über* die sie berichten.

2. Historische Interpretation: In dauernder Wechselwirkung mit dem Erschließen von Quellen steht ihre Interpretation, d. h. die Erfassung eines gemeinten Sinnes. Bei sprachlichen Quellen ist also ein eingehendes Verständnis der Sprache erforderlich, in der sie geschrieben sind.

Hierfür nur ein Beispiel: In einem Brief schreibt Johann Sebastian Bach (1685–1750), daß es ihm »anfänglich gar nicht anständig sein wollte, aus einem Kapellmeister ein Kantor zu werden«, also vom Hof in Köthen in das Leipziger Thomaskantorat überzusiedeln. Was heißt das? Bedeutet es, daß der Kantorenberuf ein unehrenhafter, eben im heutigen Sinne »unanständiger« Beruf gewesen sei? Wohl kaum! Hier muß man vielmehr wissen, daß das Wort »anständig« zu Bachs Zeit eine andere Bedeutung hatte als heute; es hieß soviel wie »standesgemäß«, »angemessen«. Bachs Äußerung ist also – über seine persönliche Biographie hinaus – ein Beitrag zur Sozialgeschichte des Musikers im 18. Jh. Aber: um die Information zu erschließen, die dieses Quellenstück bietet, muß man es richtig verstehen.

Quellenerfassung und Quelleninterpretation stützen sich also gegenseitig in steter Wechselwirkung (→ *Hermeneutik*).

B. Geschichtstheorie heute: drei Thesen zur Kritik des Historismus und ihre Widerlegung

Seit etwa 1970 ist die geschichtstheoretische Diskussion in ein neues Stadium eingetreten. Die historisch-hermeneutische Methode – und insbesondere der Historismus – wurden grundsätzlich in Frage gestellt. Die Kritik läßt sich in drei Thesen fassen:

– Die Geschichtswissenschaft muß zur historischen (manche sagten sogar: zur systematischen) *Sozial*wissenschaft werden.
– Die Geschichtswissenschaft war bisher »theorielos«. Sie bedarf einer theoretischen Fundierung. (Man sieht: die historisch-hermeneutische Methode wird als »Theorie« gar nicht zur Kenntnis genommen.)
– Der Historismus ist politisch fragwürdig.

Diskutieren wir diese Thesen in je einem Abschnitt.

I. »Die Geschichtswissenschaft muß Sozialwissenschaft werden«

Seit 1970 mehrten sich die Stimmen von Historikern, die forderten, die Geschichtswissenschaft müsse Sozialwissenschaft werden. Diese Koppelung der Begriffe »Geschichte« und »sozial« ist, genau betrachtet, eigentlich seltsam. Ist denn alles, was Gegenstand der Geschichtswissenschaft werden kann, auch »sozial«? Hier ist offensichtlich eine Klärung vonnöten.
Geschichtswissenschaft – das ist, beim Wort genommen, die Wissenschaft von der Geschichte überhaupt, das heißt: von jedem Gegenstand, der überhaupt Gegenstand historischer Betrachtung sein kann. Nun beschäftigt sich aber die »Geschichtswissenschaft« genannte Disziplin an unseren Hochschulen keineswegs mit *allen* Gegenständen, sondern nur mit einer engen Auswahl. Geschichtswissenschaft umfaßt praktisch lediglich: politische Geschichte unter Einschluß der Militärgeschichte; Verfassungsgeschichte; Sozialgeschichte; Wirtschaftsgeschichte; dazu noch etwa Kirchen- und Rechtsgeschichte, soweit sie unter politischer, sozialer und wirtschaftlicher Perspektive von Belang sind. Außerhalb der sogenannten Geschichtswissenschaft stehen also z. B.: Geschichte der Literatur, der Kunst, der Musik; der Mathematik; der Medizin; der Chemie; der Geodäsie.
Der seinem Anspruch nach umfassende Ausdruck »Geschichtswissenschaft« deckt demnach nur einen zwar wichtigen, aber inhaltlich doch sehr kleinen Ausschnitt aus dem Gesamtbereich dessen, mit dem sich eine Geschichtswissenschaft – als »Wissenschaft von der Geschichte überhaupt« – beschäftigen müßte. Diese Einengung der Geschichtswissenschaft auf einen beschränkten Kreis von Gegenständen erklärt sich ihrerseits geschichtlich: Geschichtswissenschaft wurde ursprünglich im Interesse von Fürsten betrieben und richtete sich daher auf die für die Auftraggeber wichtigen Gegenstände.
Unsere obigen Beispiele sollten zeigen: Geschichte ist die Vergangenheitsdimension jedes nur denkbaren Sachbereiches überhaupt. Dementsprechend werden die meisten »Fachgeschichten« auch dort betrieben, wo die Fächer systematisch angesiedelt sind: also die Literaturgeschichte in der Literaturwissenschaft, die Musikgeschichte in der Musikwissenschaft, die Mathematikgeschichte in der Mathematik, die Medizingeschichte in der medizinischen Fakultät, die Geodäsiegeschichte in der Geodäsie und so fort.
Die Geschichtswissenschaft im umfassenden Sinn des Wortes geht also weit über das hinaus, was im Vorlesungsverzeichnis ausdrücklich so bezeichnet wird; in Wahrheit ist die geschichtliche Forschung über alle Fachbereiche hinweg verstreut. Hieraus ergibt sich, daß die Forderung, die Geschichtswissenschaft müsse zur Sozialwissenschaft werden, wissenschaftslogisch gegenstandslos ist. Denn »*Sozial*wissenschaft« können nur Wissenschaften sein, die sich mit *sozialen* Gegenständen beschäftigen, dagegen *nicht* solche Disziplinen, die sich mit *nichtsozialen* Gegenständen beschäftigen. Sachgebiete wie die Musik oder die Mathematik haben gewiß auch soziale Aspekte, gehen hierin aber nicht auf. Die Geschichte der Musik oder der Mathematik kann daher niemals »Sozialwissenschaft« sein – diese Vorstellung ist vielmehr absurd.

II. »Die Geschichtswissenschaft bedarf einer theoretischen Fundierung«

In den methodologischen Äußerungen der Historiker seit 1970 findet sich immer wieder eine seltsame Demutsgebärde gegenüber der Methodik als »systematisch« verstandener Wissenschaften wie Sozialwissenschaften, Linguistik und andere: Es »kann der Historiker von den systematischen Sozialwissenschaften lernen. Darüber hinaus muß er für seine Arbeit die in diesen Wissenschaften entwickelten Forschungstechniken, Methoden der Hypothesen- und Modellbildung und speziellen Theorieentwürfe zur Kenntnis nehmen ...« (Rürup, 8 f.). Im gleichen Atemzug wird der in Jahrzehnten zu größter Exaktheit und Reife entwickelte historisch-hermeneutische Methodenapparat des Historikers zu einer bloßen Angelegenheit des »gesunden Menschenverstandes« – also Lieschen Müllers – herabgewürdigt.

Historiker, die ihren eigenen Fundus so einschätzen, gleichen einem Bäcker, der gern lernen möchte, noch feineres Gebäck herzustellen, sich zu diesem Zweck aber nicht an einen Konditor, sondern an einen – Schuster wendet. Dieser Vergleich soll es schon andeuten: die zum Stein der Weisen emporgelobten Methoden der Sozialwissenschaften sind für die diffizilen Probleme der historischen Forschung in Wahrheit nicht besser, sondern weniger geeignet als die historisch-hermeneutische Methode. So verwundert es dann auch nicht, daß solche Historiker mit ihrer Hochachtung vor fremden Methoden päpstlicher als der Papst sind. Viele Sozialwissenschaftler sind nämlich ihrerseits der Überzeugung, daß sie nur durch die historische Methode zu einer Verfeinerung ihrer Erkenntnisse über soziale Sachverhalte gelangen können.

III. »Der Historismus ist politisch fragwürdig«

In früheren Jahrzehnten wurde dem Historismus öfter »Relativismus« vorgeworfen, d. h. eine Haltung des Allesverstehens und Allesverzeihens, ein Ausweichen vor an klaren Normen des Richtig oder Falsch, Gut oder Schlecht orientierten Feststellungen. Diese Kritik mochte berechtigt sein oder nicht; jedenfalls traf sie das, was der Historismus wirklich wollte: nämlich die Gleichwertigkeit aller historischen Einheiten anerkennen.
Heute treffen wir auf eine ganz andere, auf den ersten Blick unverständliche Kritik am Historismus. Man wirft ihm gerade nicht Relativismus vor, sondern das genaue Gegenteil: er habe sich in Wirklichkeit zum Handlanger des deutschen Nationalismus oder gar Chauvinismus, Imperialismus und Kapitalismus gemacht.
Eine solche Unterstellung geht an der Grundposition des Historismus offensichtlich völlig vorbei. Denn eine Methodologie und Philosophie, die die Gleichwertigkeit aller historischen Einheiten auf ihre Fahne geschrieben hat, kann ja gerade nicht einen bestimmten Staat oder eine bestimmte Klasse für besser halten als andere. Gerade der Historismus muß von seinen Voraussetzungen her für das Eigenrecht jeder Nation und jeder Gruppe, jeder Religion und jeder Weltanschauung innerhalb einer Gesellschaft eintreten. Es liegt überhaupt nicht in seiner Linie, sich einer metaphysischen Überzeugung unterzuordnen. Denn wie alles andere in der Welt können auch solche Überzeugungen für ihn nur Gegenstand relativierender Analyse sein. Eine »Typologie der Weltanschauungen« (wie bei DILTHEY) liegt dem Historismus näher als die Identifikation mit einer bestimmten Weltanschauung. Der Historismus muß eben deshalb außerhalb jeder metaphysischen Voraussetzung stehen, weil ja auch jede solcher möglichen Voraussetzungen potentiell Gegenstand seiner Forschung ist, durch ihn also »vergegenständlicht« wird.
Der Historismus lehnt also seiner Grundvoraussetzung nach jede Interpretation der Geschichte gemäß einem alles durchwaltenden Prinzip ab. Damit läßt er sich keiner anderen Geschichtstheorie an die Seite stellen. Er ist nicht linear insofern, als er in der Geschichte keinen einsinnigen Prozeß – Fortschritt oder Verfall – sieht. Er ist keine Heilsmetaphysik, da er kein »Ziel« der Geschichte kennt. Er ist auch keine Zyklentheorie, da er nicht an eine gesetzmäßige Wiederkehr immer gleicher oder ähnlicher Abläufe glaubt.
Der Historist geht vielmehr von einer *Offenheit* der Geschichte aus. Es gibt keinerlei Möglichkeit, den Ablauf der Geschichte vorherzusagen, weil der Mensch selbst offen in seine Zukunft ist und nicht weiß, was alles er noch denken und tun wird. Geschehene Geschichte kann daher immer nur nachträglich als in bestimmter Weise geschehen erforscht und interpretiert werden. Künftige historische Prozesse kann niemand voraussehen, weil der Mensch immer wieder Neues, Unerwartetes ersinnt. Das ist, wenn man so will, die einzige »metaphysische« Voraussetzung, die der Historismus machen muß.
Auch die vielbesprochene Theorie von Thomas S. KUHN ist im Grunde Historismus. Denn ihr Kern ist die Feststellung, daß alle in der Wissenschaftsgeschichte hervorgetretenen Denkstile – analog den Kunststilen – zwar verschiedenartig, aber gleichwertig sind (→ *Wissenschaftsgeschichte, allgemein*).

C. Der Historismus als ethisches Prinzip

Der Historismus ist ganz offensichtlich nicht nur eine erkenntnistheoretische Methode, sondern eine praktische Haltung, ein ethisches Prinzip. Denn die Lehre von der Gleichwertigkeit aller jeweils zueinander in Beziehung gesetzten historischen Einheiten bedeutet Liberalität, Fairneß, Toleranz.
Das Programm des Historismus ist also nichts anderes als das Programm des Liberalismus im besten Sinne des Wortes: das Programm des Eintretens für die Andersdenkenden, des

Pluralismus, der Vorurteilsfreiheit, der Toleranz, des Eintretens für das Recht jedes Individuums und jeder Gruppe auf Selbstverwirklichung.
Der Historismus hat zur Zeit keine besonders gute Presse. Überall da, wo er offen unter seinem Namen auftritt, wird er beschimpft. In dem Augenblick aber, da er sich mit allerlei Verkleidungen kostümiert, wird er allenthalben hoch gepriesen: als Antikolonialismus, als Ablehnung christlich-europäischer Missionierung der dritten Welt, als Antirassismus, als Begeisterung für »Alternatives« in jeder Form, für Folklore (der Historist HERDER war der erste Volksliedsammler), für Dialektliteratur, Regionalisierung, Stadtteilautonomie, als Engagement in Sozialarbeit, Jugend- und Altenarbeit, Gefängnisarbeit, als Eintreten für »Minderheiten« überhaupt, als Feminismus. Diese Liste erfaßt so gut wie alles, was es an »progressiven« Ideen heute gibt. Und alles dies wäre undenkbar ohne den Historismus, der vor zweihundert Jahren entstand.

Helmut Seiffert

Acham, K.: Analytische Geschichtsphilosophie. 1974. – *Berding, H.:* Bibliographie zur Geschichtstheorie. 1977. – *Bernheim, E.:* Lehrbuch der Historischen Methode und der Geschichtsphilosophie. 1889, 5/6 1914 = 1960. – *Borowski, P./Vogel, B./Wunder, H.:* Einführung in die Geschichtswissenschaft. Teil 1: 1975, 4 1980; Teil 2: 1975, 2 1980. – *v. Brandt, A.:* Werkzeug des Historikers. 10 1983. – *Brunner, O./Conze, W./Koselleck, R. (Hg.):* Geschichtliche Grundbegriffe. [L] – *Danto, A. C.:* Analytische Philosophie der Geschichte. (Aus dem Engl.) (1965) 1974, stw 1980. – *Dopheide, R.:* Wie finde ich Literatur zur Geschichtswissenschaft. 1980. – *Droysen, J. G.:* Historik. Vorlesungen über Enzyklopädie und Methodologie der Geschichte. Hg. v. *R. Hübner.* 1937, 8 1977. – *Dass.:* Historisch-kritische Ausgabe v. *P. Leyh.* Bd. 1–3. 1977– . Studienausgabe. Textausgabe v. *P. Leyh.* 1977. – *Faber, K.-G.:* Theorie der Geschichtswissenschaft. 1971, 5 1982. – *Gerber, U./Bosch, M. (Hg.):* Geschichte als Überlieferung und Konstruktion. Loccum: Evangelische Akademie 1976. – *Hartmann, N.:* Das Problem des geistigen Seins. 1933, 2 1949, 3 1962. – *Hedinger, H.-W.:* Einführung in die Theorie der Geschichtswissenschaft. WB in Subskr. – *Ders.:* Subjektivität und Geschichtswissenschaft. 1969. – *Heer, H. (Hg.):* Geschichte entdecken. Erfahrungen und Projekte der neuen Geschichtsbewegung. 1985. – *Heussi, K.:* Die Krisis des Historismus. 1932. – *Hintze, O.:* Soziologie und Geschichte. 2 1964, 3 1982. – *Iggers, G. G.:* Deutsche Geschichtswissenschaft. (Aus dem Engl.) (1968) 1971. – *Ders.:* Neue Geschichtswissenschaft. (Aus dem Engl.) (1975) 1978. – *Kocka, J. (Hg.):* Theorien in der Praxis des Historikers. (Geschichte und Gesellschaft, Sonderheft 3) 1977. – *Koselleck, R. (Hg.):* Historische Semantik und Begriffsgeschichte. 1979. – *Kuhn, Th. S.:* Die Struktur wissenschaftlicher Revolutionen. (1962) 2 1976. [W] – *Litt, Th.:* Die Wiedererwekkung des geschichtlichen Bewußtseins. 1956. – *Meinecke, Fr.:* Die Entstehung des Historismus. (Werke 3) 4 1965. – *Ders.:* Zur Theorie und Philosophie der Geschichte. (Werke 4) 1959, 2 1965. – *Meran, J.:* Theorien in der Geschichtswissenschaft. Die Diskussion über die Wissenschaftlichkeit der Geschichte. 1985. – *Niethammer, L. (Hg.):* Lebenserfahrung und kollektives Gedächtnis. [...] »Oral History«. 1980. – *Nipperdey, Th.:* Gesellschaft, Kultur, Theorie. Ges. Aufs. zur neueren Geschichte. 1976. – *Nohl, H.:* Das historische Bewußtsein. 1979. – *v. Ranke, L.:* Über die Epochen der neueren Geschichte. 1854 = WB 1954, 1982. – *Rossi, P. (Hg.):* Theorie der modernen Geschichtsschreibung. st 1986. – *Rürup, R. (Hg.):* Historische Sozialwissenschaft. 1977. – *Rüsen, J.:* Für eine erneuerte Historik. Studien zur Theorie der Geschichtswissenschaft. 1976. – *Schieder, Th.:* Geschichte als Wissenschaft. 1965, 2 1968. – *Ders./Gräubig, K. (Hg.):* Theorieprobleme der Geschichtswissenschaft. 1977. – *Schmid, Th.:* »Oral history« [...]. In: Merkur 397, 1981. – *Schoeps, H.-J.:* Was ist und was will die Geistesgeschichte. 1959, 2 1970. – *Schulze, W.:* Soziologie und Geschichtswissenschaft. 1974. – *Seiffert, H.:* Einführung in die Wissenschaftstheorie. Bd. 2; 3. [E] – *Spengler, O.:* Der Untergang des Abendlandes. 1923 = dtv 1972. – *Thiel, M. (Hg.):* Enzyklopädie der geisteswissenschaftlichen Arbeitsmethoden. Bd. 10. 1974. [H] – *Toynbee, A. J.:* Der Gang der Weltgeschichte. (Aus dem Engl.) Bd. 1; 2. Bd. 1: 1949, 5 1961; Bd. 2: 1958. – *Troeltsch, E.:* Der Historismus und seine Probleme. 1922 = 1961, 2 1977. – *Ders.:* Der Historismus und seine Überwindung. 1924 = 1966, 2 1979. – *Wehler, H.-U.:* Geschichte als Historische Sozialwissenschaft. 1973. – *Ders.:* Historische Sozialwissenschaft und Geschichtsschreibung. 1980. – *Ders. (Hg.):* Geschichte und Soziologie. 1971, 1976. – *Windelband, W.:* Geschichte und Naturwissenschaft. 1894. In: *Ders.*, Präludien. Bd. 2. 9 1924. – *Wittram, R.:* Anspruch und Fragwürdigkeit der Geschichte. 1969. – *Ders.:* Das Interesse an der Geschichte. 1958, 3 1968.

Helmut Seiffert

Gesetz

griech. nómos; lat. lex

A. Geschichtlich

I. Worterklärung

Wie schon SPINOZA (Tractatus, 3, 58) erkannte, beruht der Begriff »Gesetz«, wie er in den

Wissenschaften – vornehmlich in der Form »Naturgesetz« – benutzt wird, auf einer Metapher aus dem gesellschaftlichen (politischen, juristischen) und religiösen Leben. Auch etymologisch kommt diese Tatsache zum Ausdruck: »nómos« z. B. stammt vom Verb »némō« (= ich teile Weideland aus [Hofmann, 219], vgl. »Nomade«) und bedeutete ursprünglich das »Zugeteilte«, »Gesetzte« und erst nach einem Bedeutungswandel »Gesetz« im Sinne von »auferlegter Verpflichtung«, bis es dann in die Wissenschaft in seinem heutigen Sinne übernommen wurde.

II. Die zwei Bedeutungen von »Gesetz«

Da in der Bibel der Schöpfer der Welt zugleich auch Gesetzgeber (im moralischen und rituellen Sinne) ist, werden dort die in der Natur herrschenden Regelmäßigkeiten – wie etwa Folge von Tag und Nacht – und das unter den Naturelementen herrschende Gleichgewicht – wie etwa die gegenseitige Begrenzung von Wasser und Erde am Meeresufer – als Befolgen göttlicher Gebote gedeutet (Hiob u. a.). Daß auch dem frühgriechischen Denken ähnliche Vorstellungen nicht fremd waren, bezeugt das bekannte Fragment von Anaximander, nach dem für Abweichungen vom regelmäßigen Weltlauf »gerechte Strafe und Buße« gezahlt werden (Diels^{5}, 12 B 1), oder der berühmte Ausspruch von Heraklit, nach dem die Sonne das Maß ihres Umlaufs nicht überschreitet, damit die Erinnyen, die Schergen der Gerechtigkeitsgöttin Dike, sie nicht bestrafen (Diels^{5}, 22 B 94).

Der Begriff einer göttlichen Weltvernunft (»logos«), der schon für Heraklit als Grundlage eines Weltgesetzes galt, wurde von den deterministisch denkenden Stoikern entmythologisiert und als ein »das All durchdringendes, vernünftiges, ewiges Gesetz« gedeutet. Die eigentliche Spaltung dieses Begriffes in eine »lex naturae« (Lukrez, De rerum natura, v. 58) und eine »lex naturalis« (Cicero, De re publica II 1), d. h. in ein kosmologisch-physisches »Naturgesetz« und in ein juristisch-politisches »natürliches Gesetz« (»Naturrecht«), erfolgte systematisch erst im römischen Rechtsdenken, das auch zuerst über das Wesen der juristischen Gesetzgebung und ihre Entstehungsgeschichte reflektierte.

III. Die geschichtliche Entwicklung

1. Antike: Wenn man von der im pythagoräischen Begriff des »Kosmos« implizierten Auffassung von Gesetzlichkeit – wie sie auch im Term »Astro*nomie*« zum Ausdruck kommt – und von einigen pythagoräischen (Saiten-Intervalle) und aristotelischen (kinematisch-dynamische Bewegung), meist nur qualitativ oder komparativ formulierten Gesetzlichkeiten absieht, so kann man feststellen, daß *die antike Wissenschaft* nur drei quantitative Gesetze kannte: das Hebelgesetz der Mechanik, das Auftriebsgesetz der Hydrostatik und das Reflexionsgesetz der Optik. Von Archimedes und anderen Naturforschern der Antike wurden sie nicht »Gesetze«, sondern »Theoreme« oder »Prinzipien« genannt; denn einerseits galten sie zwar als experimentell verifizierbar, andererseits aber sah man in ihnen aus Postulaten, die als notwendig erkannt wurden, mathematisch-deduktiv ableitbare Sätze. Die dieser Tatsache zugrundeliegende Nicht-Differenzierung zwischen logisch-mathematischen und empirischen Gesetzlichkeiten ist verantwortlich dafür, daß die antike Auffassung vom Wesen eines Gesetzes sich von der modernen grundsätzlich unterscheidet. Sie führte auch zu konzeptuellen Problemen, wie sie besonders in Verbindung mit Archimedes' Ableitung des Hebelgesetzes von Wissenschaftstheoretikern und Historikern eingehend studiert wurden (vgl. z. B. Stein; Reimann).

2. Neuzeit: Der *neuzeitliche* philosophisch-wissenschaftstheoretische Begriff des Gesetzes als eines gedanklichen Schemas, Phänomene (Objekte, Ereignisse) der Natur in eine vornehmlich mathematisch formulierbare Beziehung zu bringen, konnte erst nach Überwindung der aristotelisch-scholastischen Lehre von den substantiellen Formen auftreten. Entscheidende Schritte in dieser Richtung wurden von Kepler, Galilei und Descartes zu Beginn des 17. Jh. gemacht. Zwar tauchte der Gedanke, eine mathematische Funktionsabhängigkeit zwischen physikalisch meßbaren Größen aufzustellen, schon früher auf, wie z. B. in Tartaglias Abhandlung (1546) über die Schießkunst, in der die ballistische Reichweite als Funktion der Winkeleinstellung einer Kanone ausgedrückt wird; doch handelte es sich in diesen Fällen eher um eine praktische Regel als um eine bewußte Formulierung eines physikalischen Gesetzes. Dieser Schritt wurde erst von Kepler mit der Aufstellung seiner drei Gesetze der Planetenbewegung (Astronomia nova; Harmonices mundi) gemacht, als er von den »leges celeritatis et tarditatis« (Astronomia nova, 3, 149; Epitome, 6, 373) sprach. Obgleich Kepler

wiederholt betonte, daß ein Gesetz dieser Art durch die mit ihm verbundene Zusammenfassung der Vielheit von Raum-Zeit-Zuständen die Aufgabe erfüllt, die Mannigfaltigkeit der Erscheinungen »in einem Bündel zusammenzubinden« (»uno fasciculo colligare«), war der Ausgangspunkt seiner Konzeption eines Gesetzes nicht, wie später bei MACH, die Erfüllung einer denkökonomischen Funktion, sondern vielmehr der theologisch bedingte Gedanke, daß in diesem Zusammenbündeln die menschliche Erkenntnis im Geist den Akt nachvollzieht, wie Gott das die Welt zusammenhaltende Wesensband geknüpft hat.
Auch DESCARTES begann seinen *Discours* (1637) mit der Erklärung, daß er »Gesetze, die Gott in die Natur gelegt hat« (»loix, que Dieu a tellement establies en la nature«), gefunden habe und es als seine Aufgabe ansehe, zu beschreiben, wie aufgrund dieser Gesetze Gott die Natur sich aus dem Chaos entwikkeln ließ; hätte Gott mehrere Welten geschaffen, so wären in allen dieselben Naturgesetze (»loix de la nature«) gültig. In den *Principia Philosophiae* (1644) leitete DESCARTES die Gesetze der Bewegung, wie das Trägheitsgesetz oder die Stoßgesetze, aus der Unveränderlichkeit Gottes und seiner Handlungsweise ab (»[...]ex[...]immutabilitate Dei[...]leges naturae cognosci possunt«) (DESCARTES, 6, 41; 7, 318, 380; 8, 62).
Der Gedanke, daß alle physikalischen Phänomene kausal – und nicht anthropozentrisch-teleologisch wie bei ARISTOTELES und den Scholastikern – in unveränderlichen, von Gott der Natur eingeprägten Gesetzen ihre Erklärung finden, ermöglichte es DESCARTES, gleichzeitig gläubiger Katholik und konsequenter Mechanist zu sein und die biblisch-theologische Gesetzesmetapher auf einen mechanistisch-mathematischen Begriff des Naturgesetzes anzuwenden. Mit der Auffassung, daß das Gesetz (als Explanans) Grundlage für Erklärungen bietet, es aber selbst aus allgemeineren Prinzipien ableitbar ist, erreicht die Entwicklung des neuzeitigen Gesetzesbegriffs bei DESCARTES ihre klassische Vollendung.
Schon bei DESCARTES' Zeitgenossen GALILEI tritt das theologische Moment in den Hintergrund. Beim Aufstellen einer Fülle von physikalischen Gesetzen, welche – wie z. B. das Gesetz des freien Falls – im Rahmen der klassischen Physik auch heute noch als gültig gelten, ignorierte GALILEI bewußt Fragen nach dem Wesen der Dinge und beschränkte sich auf die Frage, *wie* sie uns erscheinen (Galilei 5, 187). Wenn er auch damit die Grundlagen der mathematischen Physik gelegt hat, so benutzte er doch fast niemals den Ausdruck »Gesetz«, sondern folgte in der Darstellung seiner Entdeckungen über die Abhängigkeit des Weges von der Zeit beim freien Fall, über die Abhängigkeit der Periode eines Pendels von seiner Länge, über die Abhängigkeit der Schwingungszahl einer Saite von ihrer Länge, Spannung und Dichte der euklidisch-archimedischen Tradition, die Resultate als mathematische Proportionen in Form von Theoremen und Korollarien zu schreiben.
Der cartesianische Gesetzesbegriff wurde von SPINOZA, der in seinem mechanistischen Determinismus so weit ging, selbst die noch von DESCARTES zugelassene Existenz des freien Willens zu leugnen, pantheistisch verallgemeinert; auch menschliche Affekte und geistige Phänomene unterwarf er »den allgemeinen Gesetzen der Natur« und erklärte letztere, die bei DESCARTES als von Gott willkürlich festgelegt und im Prinzip noch als aufhebbar galten, als ewig, universell, unaufhebbar und, als in der Natur verankert, notwendig: »quidquid fit, id secundum leges et regulas, quae aeternam necessitatem et veritatem involvunt, fit« (Tractatus 3, 83). In voller Erkenntnis der Entwicklungsgeschichte des klassischen Gesetzesbegriffs betonte SPINOZA die schon erwähnte metaphorische Benutzung dieses Begriffes in den Naturwissenschaften: »verum enim vero quoniam nomen legis per translationem ad res naturales applicatum videtur« (Tractatus 3, 58).
Unter dem Einfluß von DESCARTES und SPINOZA verdrängte der Term »Gesetz« (lex, loi) den früher üblichen Ausdruck »Regel« (regula). Zunächst geschah dies in Traktaten über den Stoß in der Mechanik. Christopher WREN gab seiner Arbeit über den elastischen Stoß den Titel »Lex naturae de collisione corporum« (1668), und John WALLIS benutzte in seinem Traktat über den unelastischen Stoß wiederholt den Ausdruck »leges motus«, den auch NEWTON bekanntlich in seinen *Principia mathematica* (1687) häufig gebrauchte. Mit der Verbreitung der Newtonschen Physik und ihrer Terminologie verliert der Term »Gesetz«, zuerst in der Physik und anschließend in den anderen Naturwissenschaften, allmählich seine ursprünglich normative theologische Komponente, obgleich in der darauf folgenden Diskussion über die Frage, ob die tatsächlichen Gesetze der Natur notwendig oder

nur kontingent wären, ob also in jeder denkbaren Welt dieselben Gesetze (Leibniz, Malebranche, Boyle, Whiston, Clarke, Baxter, Toland) gelten müßten oder verschieden sein könnten, theologische Argumente eine bedeutende Rolle spielten.

In der Philosophie der *französischen Aufklärung*, z. B. bei d'Alembert (Einleitung), wird das Gesetz als Ausdruck von Beziehungen zwischen positiv gegebenen und sinnlich wahrnehmbaren Elementen aufgefaßt und seine notwendige Gültigkeit als aus der unmittelbaren Erfahrung durch Beobachtung dieser Beziehungen an den Körpern erfaßbar betrachtet. Gegen diese Auffassung erhob bekanntlich Hume den Einwand, daß die Naturgesetze zwar nur durch Erfahrung entdeckbar sind, daß aber die durch sie ausgedrückte immanente notwendige Verknüpfung von Phänomenen selbst nicht wieder Gegenstand von Beobachtungen ist; vielmehr entsteht nach Hume die Idee eines Gesetzes durch die Gewohnheit der Menschen, wiederholt aufeinanderfolgende Ereignisse als notwendig verknüpft zu betrachten (Hume, IV, 1; VII, 1). Kant, der im Erkennen von Naturgesetzlichkeiten ein Hauptproblem der Wissenschaftstheorie sah und dieses Problem erstmals systematisch durchforschte, argumentierte, daß die Aufstellung apriorischer Aussagen über die Natur dadurch ermöglicht wird, daß die Gesetze der Natur nicht objektiv in den Dingen selbst, sondern nur in Beziehung auf das erkennende Subjekt existieren: »... der Verstand schöpft seine Gesetze nicht aus der Natur, sondern schreibt sie dieser vor« (Prolegomena, § 36).

Die *kritisch-idealistische* Auffassung des Gesetzesbegriffes, nach der die einzelnen Naturgesetze Spezialisierungen allgemeiner, vom Verstand entworfener Gesetze der Verknüpfungen von Erscheinungen sind, wodurch letzteren erst ihre Gesetzmäßigkeit gegeben und dadurch Erfahrung ermöglicht wird, wurde vom *Neukantianismus* übernommen. Um jedoch die Aufgabe der Gesetze in den Wissenschaften, die in der Schaffung einer Gesamtordnung unter den Gegebenheiten besteht, erfüllen zu können, müssen nach ihm die Begriffe, die zur Formulierung der Gesetze benutzt werden, über das Gegebene hinaus durch Idealbegriffe ersetzt werden, denn nur durch sie können gesetzliche Strukturverhältnisse scharf erfaßt werden (Liebmann, Natorp, Cohen, Cassirer, Bauch).

Dagegen wird im *objektiven Idealismus*, dem Hegel seine klassische Ausprägung gab, den Gesetzen, obgleich als einem geistigen Prinzip entsprungen anerkannt, objektive Existenz nicht abgesprochen (Hegel, 2, 121; 4, 624). Nach Hegel ist das Gesetz das Dauerhafte, das Bleibende und das Identische in der Erscheinung, eine Auffassung, der auch Emile Meyerson, wenngleich im Rahmen einer grundsätzlich anderen philosophischen Richtung, Ausdruck gab.

Die Klassiker der *dialektisch-materialistischen Philosophie* (Marx, Engels, Lenin) sowie ihre modernen Exegeten (Hörz, Griese) beziehen sich auf Hegel, wenn sie einerseits dem Gesetz eine von der Erkenntnis des Menschen unabhängige Existenz zuschreiben, es aber andererseits als eine Spiegelung objektiver Zusammenhänge im Bewußtsein des Menschen auffassen (Lenin 14, 150; Griese).

Mit der Abwendung von der Metaphysik im *Empiriokritizismus* und → *Positivismus* des ausgehenden 19. Jh. wurden Gesetze als denkökonomische Zusammenfassungen definiert. Wie z. B. Ernst Mach betonte, besteht die Naturwissenschaft in der Nachbildung der Tatsachen in Gedanken oder in dem begrifflich quantitativen Ausdruck derselben; die Naturgesetze sind nichts anderes als die dabei verwendeten »Nachbildungsanweisungen« (Mach, 478). Die Überzeugung, daß solche Nachbildungsanweisungen überhaupt möglich sind, ist der Inhalt des Kausalgesetzes, das eine Abhängigkeit der Erscheinungen voneinander behauptet. Gesetze haben ihren Grund in der Ökonomie des Denkens, denn eine bloß zusammenhanglose Veränderung ohne feste Anhaltspunkte, wie sie z. B. im Gesetz der Erhaltung der Masse oder der Energie zum Ausdruck kommt, wäre nicht faßbar und nachbildbar.

B. Systematisch

Da der Begriff des Gesetzes – in der nichtnormativen Bedeutung – eine zentrale Rolle in allen Erfahrungswissenschaften spielt und in den Spezialwissenschaften, wenn auch nicht expliziert definiert, weitgehende Anwendung findet, sieht es die moderne Wissenschaftstheorie als ihre Aufgabe an, eine genaue Explikation dieses Begriffes zu geben und ihn nach unterschiedlichen Merkmalen oder Anwendungsgebieten zu klassifizieren. Zu diesem Zwecke ist es nützlich, die Funktion der Gesetze in der Bildung und Struktur wissenschaftlicher Theorien zu untersuchen.

Die Hauptanwendungsgebiete von wissenschaftlichen Gesetzen sind *Erklärung* und *Voraussage* (Prognose, Retrodiktion). Denn seitdem der Essentialismus in der Naturerklärung, wie er z. B. von ARISTOTELES vertreten wurde, an Boden verloren hatte, begann das »Gesetz« anstelle des »Wesens« oder der »substantiellen Form« der Dinge seine explikatorische Rolle zu spielen. Schon BERKELEY betonte, daß eine Erklärung in den Wissenschaften »lediglich darin besteht, die Konformität zu zeigen, die jede einzelne Erscheinung mit den allgemeinen Gesetzen der Natur besitzt« (T. 1, 62, 104). Auch nach J. St. MILL (Buch 3, Kap. 12) besteht eine wissenschaftliche Erklärung lediglich in einer Subsumtion unter Gesetze.

I. Das deduktiv-nomologische Modell

Die moderne Analyse des Erklärungsbegriffes schließt sich zumeist dem deduktiv-nomologischen Modell (*»D-N-Modell«*) von HEMPEL/OPPENHEIM an, nach dem eine (deterministische) Erklärung eines Explikandums E (d. h. eines speziellen Ereignisses oder Sachverhaltes in einer bestimmten Stelle in Raum und Zeit) darin besteht, daß aus zweierlei Aussagen (Prämissen), Aussagen über Antecedensbedingungen (Randbedingungen, Anfangsbedingungen) und Aussagen über Gesetzesmäßigkeiten, E *logisch* abgeleitet wird. Da nach der allgemein anerkannten »strukturellen Gleichheitsthese« Erklärungen und Voraussagen dieselbe logische Struktur besitzen und sich nur in temporalen Aspekten unterscheiden, folgt aus dem Vorhergehenden, daß auch allen Voraussagen Gesetze zugrunde liegen. Und da in allen wissenschaftstheoretischen Auffassungen Erklärungen oder Voraussagen Hauptzwecke jeder Theorieaufstellung sind – auch im Rahmen eines reinen Instrumentalismus (DEWEY, JAMES) ist Voraussage der Zweck einer Theorie –, ist es verständlich, warum Gesetze in jeder auf Theorien aufgebauten Erfahrungswissenschaft von vorherrschender Bedeutung sind. Dabei wird das metatheoretische *»Prinzip der Nomologisierbarkeit«* (»principle of lawfulness«) vorausgesetzt, welches behauptet, daß jedes Ereignis nomologisierbar ist, d. h., Instanz einer oder mehrerer Gesetzesformeln werden kann.

Dieses Prinzip, das übrigens nicht mit dem Kausalgesetz identisch ist (vgl. etwa BUNGE, 305), hat sich in der Geschichte der Wissenschaften überwältigend bestätigt und als von so großem heuristischem Wert gezeigt, daß es selbst Gesetzformulierungen induzierte (z. B. in der Elementarteilchen-Physik das Baryonenanzahl-Erhaltungs-Gesetz). Das eventuell akute Versagen des Prinzips in bezug auf die in der modernen relativistischen Kosmologie entdeckten Singularitäten (HAWKING, PENROSE) bezeichnet wohl nur ein Übergangsstadium zur Aufstellung heute noch unbekannter Gesetzlichkeiten (vgl. etwa KANITSCHEIDER).

II. Bedingungen der Gesetzesartigkeit

Um zu einer adäquaten Explikation des Gesetzesbegriffes zu kommen, kann man die Merkmale zu identifizieren versuchen, die denjenigen Prämissen des (deduktiv-nomologischen) Modells, die nicht spezielle Tatsachenfeststellungen (Antecedensbedingungen) sind, zuzuschreiben wären, damit das Explikandum aus den Prämissen logisch folgt. Dies ist der Sinn der Frage nach den (hinreichenden und notwendigen) Bedingungen, welche eine Aussage zu erfüllen hat, um als »Gesetz« zu funktionieren.

Obgleich diese Frage, das sogenannte *»Gesetzesartigkeitsproblem«*, schon seit den dreißiger Jahren von zahlreichen Wissenschaftstheoretikern (POPPER, REICHENBACH, GOODMAN, HEMPEL, NAGEL, PAP, BRAITHWAITE, STEGMÜLLER) eingehend studiert wurde, kann man auch heute noch nicht von einer allgemein akzeptierten Lösung sprechen.

Die Bedingungen der Gesetzesartigkeit von Aussagen werden oft in *syntaktische, semantische* und *pragmatische* eingeteilt.

Es herrscht fast allgemeine Übereinstimmung, daß jede Gesetzesaussage die syntaktische Form einer All-Aussage (Allsatz, mit dem All-Quantor beginnend) haben oder wenigstens äquivalent mit einer solchen sein muß. Denn aus singulären Sätzen allein können nur tautologische Folgerungen gezogen werden, die nie als Erklärungen gelten können. Eine Ausnahme bildet die 1977 von DRETSKE vertretene These, daß Gesetze nicht intensionale Relationen zwischen Extensionen, sondern extensionale Relationen zwischen Intensionen oder Eigenschaften ausdrücken und somit singuläre Aussagen sind; anstelle der traditionellen Formulierung »Alle A sind B« soll demnach das Gesetz lauten: »A-heit impliziert B-heit.« DRETSKES These wurde 1978 von NIINILUOTO eingehend untersucht und ihre Argumentation als unzureichend (»inconclusive«) befunden.

Da aber offenbar nicht jede All-Aussage (wie z. B. »Alle Äpfel in diesem Korbe sind rot«) ein Gesetz ist, muß ein Kriterium gefunden werden, welches unter den All-Aussagen die Gesetze aussondert. Zu diesem Zwecke führte Nelson GOODMAN 1947 den metatheoretischen Begriff »gesetzesartig« (»lawlike«) ein, womit er Aussagen bezeichnete, die alle Merkmale eines Gesetzes besitzen, außer evtl. dem Merkmal der Wahrheit (GOODMAN, The problem). Die letztgenannte Abstraktion von Wahrheit beruht auf folgender Überlegung: Da es zahlreiche Aussagen gibt, die wahr sind, aber keine Gesetze sind, kann Wahrheit keine *hinreichende* Bedingung für Gesetzesartigkeit sein; da andererseits die Geschichte der Wissenschaft reich an Aussagen ist, die schließlich falsifiziert wurden, also heute nicht mehr als wahr gelten, denen aber Gesetzesartigkeit nicht abgesprochen werden kann (oder soll), ist Wahrheit keine *notwendige* Bedingung für Gesetzesartigkeit. Ein »Gesetz« wird nun definiert als eine Aussage, die *gesetzesartig und wahr* ist. Alle Gesetze sind also gesetzesartige Aussagen, aber nicht alle gesetzesartigen Aussagen sind Gesetze. Vom Standpunkt des Falsifikationismus ist also die Eigenschaft einer Aussage, ein Gesetz zu sein, immer zeitbedingt, die Eigenschaft, gesetzesartig zu sein, dagegen nie, vorausgesetzt natürlich, die noch zu besprechenden Merkmale der Gesetzesartigkeit enthalten keine temporellen Hinweise.

Das Problem der Gesetzesartigkeit ist eines der grundlegendsten (und schwierigsten) Probleme der Theorie der Erfahrungserkenntnis (STEGMÜLLER, Probleme und Resultate 1, 1. Aufl., verb. Neudr. 274), da seine Lösung eine Voraussetzung für eine erfolgreiche Explikation des Begriffes der wissenschaftlichen Erklärung und für die Beantwortung anderer wichtiger wissenschaftstheoretischer Probleme ist (wie z. B. des Problems der induktiven Bestätigung). Das Problem besteht darin, Kriterien zu finden, die gesetzesartige Aussagen von nicht-gesetzesartigen (sogenannten *akzidentellen* oder *kontingenten*) Aussagen absondern. Generalität (Allsatzcharakter) ist, wie schon bemerkt, eine notwendige, aber nicht hinreichende Bedingung für Gesetzesartigkeit. Im Gegensatz zu GOODMAN (The problem 115), REICHENBACH und HEMPEL (HEMPEL/OPPENHEIM, 265), die auch allgemeine analytische Sätze, wie z. B. »Jeder Baum ist ein Baum«, zur Klasse der gesetzesartigen Aussagen zulassen, wird letztere oft nur auf nicht-analytische Aussagen beschränkt. In diesem Falle scheiden mathematische Theoreme, Definitionen, Tautologien usw. von vornherein aus. Zahlreiche Lösungsversuche des so reduzierten Gesetzesartigkeitsproblems sind von STEGMÜLLER (Probleme und Resultate 1, 1. Aufl., verb. Neudr. 300–319) eingehend diskutiert worden. Um Aussagen wie die oben erwähnte (»Alle Äpfel in diesem Korbe sind rot«) aus der Klasse der gesetzesartigen auszuschließen, wurde z. B. die Bedingung aufgestellt, daß sich die Aussage nicht auf bestimmte Objekte, Orte oder Zeitpunkte beziehen darf. In diesem Falle dürften jedoch z. B. die von KEPLER entdeckten Regelmäßigkeiten, die sich ja auf die Planeten unseres Sonnensystems beziehen, nicht »Gesetze« genannt werden. Um dieser Schwierigkeit auszuweichen, schlug CARNAP vor, zwischen *fundamentalen* und *abgeleiteten* gesetzesartigen Aussagen zu unterscheiden (CARNAP, Application) und die erwähnte Bedingung nur für die ersteren aufzustellen; NEWTONS Gravitationsgesetz wäre eine fundamentale, jedes der Keplerschen Gesetze eine abgeleitete gesetzesartige Aussage. Dieser Vorschlag führt aber, falls der zugrunde gelegte Individuumsbereich, wie in der Endlichkeitshypothese des Universums, endlich ist, zu ernsten Schwierigkeiten. Ein anderer Vorschlag besteht in der Forderung, daß gesetzesartige Aussagen induktiv bestätigungsfähig sein müssen; ein weiterer darin, daß eine modale Sprachweise erfordert wäre, da eine nur extensionale Sprache niemals die logische Sonderstellung von Gesetzen vis-à-vis kontingenten All-Aussagen zum Ausdruck bringen könnte. Daß letztere Behauptung auf einem Mißverständnis der extensionalen Aspekte unserer Begriffe beruht, wurde von POPPER (Note) eingehend erörtert. Nach POPPER ist eine gesetzesartige Aussage eine *streng universelle* und nicht nur *numerisch universelle* Aussage, d. h. von frei variierbarer Extension und nicht durch numerische Aufzählung determinierbar. Eine kritische Untersuchung der verschiedenen Lösungsversuche des Gesetzesartigkeitsproblems, auf die in ihrer Gesamtheit hier nicht eingegangen werden kann, führt zu dem Ergebnis, daß eine Aussage genau dann gesetzesartig ist, wenn sie vor Überprüfung aller ihrer Einzelfälle annehmbar ist und wenn außerdem ihre Annahme nicht von der Überprüfung von von vornherein bestimmten Einzelfällen abhängt (STEGMÜLLER, Probleme und Resultate 1,

1. Aufl., verb. Neudr. 313). Damit zeigt sich aber, daß die Frage nach dem Kriterium der Gesetzesartigkeit aufs engste mit dem noch nicht gelösten *Problem der induktiven Bestätigungsfähigkeit* zusammenhängt, einem Problem, das mit dem Goodmanschen Problem der übertragbaren oder projektierbaren Prädikate äquivalent ist (GOODMAN, Tatsache).

III. Die Klassifizierung der Gesetze
Das Problem der Klassifizierung der Gesetze ist, verglichen mit dem Gesetzesartigkeitsproblem, verhältnismäßig einfach, wenn auch nicht ganz unproblematisch. Zu dieser Klassifizierung kann man entweder auf die verschiedenen Arten der Erklärungen, bei denen die Gesetze benutzt werden, oder auf die verschiedenen Kategorien der Begriffe, die in den Gesetzen benutzt werden, Bezug nehmen. So wird ein singulärer Sachverhalt z. B. oft durch eine induktiv-statistische Erklärung (IS-Modell) begründet, in deren Prämissen probabilistisch-statistische Verallgemeinerungen auftreten, die nicht zu den Antecedensbedingungen gehören. Dementsprechend kann man *statistische* Gesetze von *deterministischen* Gesetzen unterscheiden; wenn letztere die Form »Alle A sind B« haben, so lauten die statistischen Gesetze: »Es besteht die Wahrscheinlichkeit von p %, daß ein A ein B ist.« Manchmal ist es nicht leicht zu entscheiden, ob die Erklärung (oder Voraussage) eines Ereignisses auf einem statistischen Gesetz beruht oder ob sie eine unvollständige Begründung mittels eines deterministischen Gesetzes ist, in der nicht alle Antecedensbedingungen angeführt werden. Ein etwaiges Beispiel ist der Konflikt zwischen der probabilistischen Interpretation der Quantenmechanik und der deterministischen Theorie der verborgenen Parameter. Ähnlich kann man zwischen *Sukzessions*-Gesetzen und *Koexistenz*-Gesetzen differenzieren, wobei erstere über zeitlich aufeinander folgende Ereignisse, letztere über gleichzeitig stattfindende Ereignisse Aussagen machen. Wie PAP (129) hervorgehoben hat, kann diese Klassifikation zu Schwierigkeiten führen, wenn Dispositionsprädikate in der Gesetzesformulierung vorkommen. Wenn man bereit ist, eine scharfe Unterscheidung zwischen observablen und theoretischen Begriffen zuzulassen, kann man zwischen *empirischen* und *theoretischen* Gesetzen unterscheiden, und zwar gelten nach CARNAP (Einführung, 226) Gesetze als empirisch, wenn die darin vorkommenden Terme als Observable anzusehen sind, die mit »relativ einfachen Verfahren« gemessen werden können; und als theoretisch, wenn sie nur theoretische Terme enthalten. Analogerweise kann man mit CARNAP (Einführung, Kap. 5) zwischen *klassifikatorischen, topologischen* und *metrischen* Gesetzen unterscheiden, je nachdem sie nur qualitative, komparative oder quantitative Begriffe enthalten. Eine besonders in der Physik beliebte Klassifikation ist die nach den Objekten orientierte Unterscheidung in *Mikro*-Gesetze, *Makro*-Gesetze und *kosmologische* Gesetze. Dazu ist zu bemerken, daß es wohl keine scharfe Grenze zwischen Mikro- und Makro-Gesetzen geben kann, da z. B. gewisse Mikrophänomene in der Quantenmechanik makroskopische Effekte verursachen. Ein wissenschaftstheoretisch viel tieferes Problem ist die Frage nach der prinzipiellen Möglichkeit von kosmologischen Gesetzen, d. h. gesetzesartigen Aussagen über das Weltall (Universum) als Ganzes. Da, wie vorher angedeutet, Gesetzesartigkeit induktive Bestätigungsfähigkeit voraussetzt, letztere aber die Möglichkeit der Wiederholung gleichartiger Fälle zur Voraussetzung hat, scheint es logisch unmöglich zu sein, Gesetze über das Weltall zu formulieren, da das Universum *per definitionem* nur einmal gegeben ist. Bekanntlich hat aber die moderne → *Kosmologie* der letzten Jahrzehnte sich nicht nur den Ruf einer höchst respektablen Wissenschaft errungen, sie wird heute sogar als eine der aktivsten und erfolgreichsten Wissenschaften gefeiert. Daß trotz der unerfüllbaren Voraussetzung einer generalisierenden Induktion kosmologische Gesetze aufgestellt werden können, ist der allgemeinen Relativitätstheorie EINSTEINS zu verdanken. Denn dadurch, daß in ihr die Geochronometrie der Raum-Zeit des Universums mit der Gravitation in Beziehung gesetzt wird, können auf diesem Umwege Aussagen über die geometrische Struktur des Universums als Konsequenzen der Theorie des Gravitationsfeldes deduziert werden.

Max Jammer

Acham, K.: Analytische Geschichtsphilosophie. 1974. – *d'Alembert, J. l. R.:* Traité de dynamique. 1743, [2]1758. Abhandlung über Dynamik. Dt. 1899. – *Berkeley, G.:* A treatise concerning the principles of human knowledge. 1710. Eine Abhandlung über die Prinzipien der menschlichen Erkenntnis. 1869, verb. Nachdr. 1979. –

Bunge, M.: Scientific Research. Bd. 1. 1967. – *Carnap, R.:* On the application of inductive logic. In: Philosophy and Phenomenological Research 8, 1946/47. – *Ders.:* Einführung in die Philosophie der Naturwissenschaften. 1969, 1974, 1986. – *Cicero, M. T.:* De re publica. – *Descartes, R.:* Œuvres (*Adam/Tannery*). 1897–1913, 1964–1967; 1969– , 1974– . – *Diels, H. (Hg.):* Die Fragmente der Vorsokratiker. Griech. u. dt. Bd. 1–3. 1903– ; 1964– . – *Dretske, F. I.:* Laws of nature. In: Philosophy of Science 44, 1977. – *Galilei, G.:* Le Opere (*Favaro*). 1890–1909, 1929 bis 1939; 1964–1968. – *Goodman, N.:* Tatsache, Fiktion, Voraussage. (Aus dem Engl.) (1955) 1975. – *Ders.:* The problem of counterfactual conditionals. In: Journal of Philosophy 44, 1947. – *Griese, A.:* Der philosophische Gesetzes-Begriff und die dialektisch-materialistische Entwicklungstheorie. In: Deutsche Zeitschrift für Philosophie 19, 1971. – *Hegel, G. W. F.:* Sämtliche Werke (*Glockner*). 1927–1930; 1956–1959. – *Hempel, C. G.:* Aspects of scientific explanation. 1965. Aspekte [...]. 1977. [W] – *Ders./Oppenheim, P.:* Studies in the logic of explanation. 1948. [W] – *Hofmann, J. B.:* Etymologisches Wörterbuch des Griechischen. 1950. – *Hume, D.:* An enquiry concerning human understanding. 1748, ³1758. Eine Untersuchung über den menschlichen Verstand. Nachdr. 1973. – *Kanitscheider, B.:* Singularitäten, Horizonte und das Ende der Zeit. In: Philosophia Naturalis 16, 1977. – *Kant, I.:* Prolegomena zu einer jeden künftigen Metaphysik. 1783. – *Kepler, J.:* Opera omnia. 1858–1871 = Olms 1971. Gesammelte Werke. 1938 – . – *Ders.:* Astronomia nova. 1609. Neue Astronomie. 1929. – *Ders.:* Epitome astronomiae Copernicanae. 1618–1621; 1953. (Abriß der kopernikanischen Astronomie.) – *Ders.:* Harmonices mundi libri V. 1619. Welt-Harmonik. 1939 = 1967. – *Krohn, W.:* Zur Geschichte des Gesetzesbegriffs in Naturphilosophie und Naturwissenschaft. In: *Hahn, M./Sandkühler, H. J. (Hg.),* Gesellschaftliche Bewegung und Naturprozeß. 1981. – *Lenin, W. I.:* Werke. Berlin/DDR 1955–1971. – *Lukrez, T. (L.) C.:* De rerum natura. – *Mach, E.:* Die Mechanik. 1883, ⁸1921. – *Mill, J. St.:* A system of logic ratiocinative and inductive. 1843. System der deduktiven und induktiven Logik. 1872 bis 1873. – *Newton, I.:* Philosophiae naturalis principia mathematica. 1687, ³1726 (*Koyré/Cohen/Whitman* 1972). Mathematische Prinzipien der Naturlehre. 1872 = WB 1963. – *Niiniluoto, I.:* Dretske on laws of nature. In: Philosophy of Science 45, 1978. – *Pap, A.:* Analytische Erkenntnistheorie. 1955. – *Popper, K. R.:* Note on natural laws and contrary-to-fact conditionals. In: Mind 58, 1948. – *Ders.:* Das Elend des Historizismus. (1944) ⁵1979. [W] – *Ders.:* Logik der Forschung. 1935, ⁸1984. [W] – *Reichenbach, H.:* Elements of symbolic logic. 1947, 1960, 1980. – *Reimann, D.:* Historische Studie über Ernst Machs Darstellung der Entwicklung des Hebelsatzes. In: Quellen und Studien zur Geschichte der Mathematik. Abt. B. Bd. 3. 1936. – *Schrödinger, E.:* Was ist ein Naturgesetz? 1962, ²1967. – *Spinoza, B.:* Opera (*Gebhardt*). Winter 1925, ²1973; Meiner 1965 – . – *Ders.:* Tractatus theologico-politicus. 1670. Theologisch-politischer Traktat. 1979. – *Stegmüller, W.:* Der Begriff des Naturgesetzes. In: Studium Generale 19, 1966. – *Ders.:* Probleme und Resultate. Bd. 1; 2. [H] – *Stein, W.:* Der Begriff des Schwerpunktes bei Archimedes. In: Quellen und Studien zur Geschichte der Mathematik. Abt. B. Bd. 1. 1930. – *Tetens, Holm:* Was ist ein Naturgesetz? In: Zeitschrift für allgemeine Wissenschaftstheorie 13, 1982.

Max Jammer/H.S.

Handlung(stheorie)

griech. prãxis; lat. ạctio

A. Situationsbestimmung

Im Zuge der »Rehabilitierung der praktischen Philosophie« in der letzten Dekade haben sich Philosophie und Wissenschaftstheorie vermehrt den Problemen des Handelns, genauer: der explikativen Analyse von Handlungsbegriffen, der Rekonstruktion von Handlungsbeschreibungen und Handlungserklärungen sowie den Versuchen zur Ausbildung einer philosophischen bzw. einer interdisziplinär integrierten Handlungstheorie zugewandt.

Die wissenschaftstheoretische Analyse hat sich dabei vor allem an Behaviorismusproblemen entwickelt, d. h. an der Frage, ob das menschliche Handeln objektiv behavioristisch vom Beobachterstandpunkt aus als äußerlich beschreibbares Verhalten hinreichend gekennzeichnet und erklärt werden kann. Als Ergebnis scheint sich derzeit anzudeuten, daß rein behavioristische Ansätze nicht genügen, eine voll entwickelte analytisch-philosophische Erfassung und eine sozialwissenschaftliche Analyse absichts-, bedeutungs- und sinnvoller Handlungen zu liefern, die von Normen, Werten, Konventionen, Symbolen usw. geleitet werden und unter Umständen einem Rationalitätsprinzip oder Rationalitätsmodell unterliegen. Soweit in den Sozialwissenschaften das alltägliche und lebensweltliche Erfassen, Beschreiben, Verstehen und Beobachten von Handlungen neben gesetzes- und modelltheoretischen Handlungskonzepten eine Rolle spielt – und dies dürfte beim derzeitigen Entwicklungszustand der Sozialwissenschaft bis auf weiteres noch unerläßlich sein –, ist auch die wissenschaftliche Erfassung des Handelns wenigstens zum Teil mit Common-sense-Modellen, aber auch mit sozialphilosophischen Deutungen verbunden.

B. Problemaufriß

I. Der Doppelaspekt des Handelns

Handlungen weisen mindestens einen doppelten, wenn nicht einen drei- oder vierfachen Deutungsspielraum auf.

Der Mensch nimmt seine Handlungen nämlich nicht nur wahr wie einen außerhalb von ihm ablaufenden Bewegungsprozeß, wie eine objektiv feststellbare und intersubjektiv nachprüfbare Ereignisfolge, sondern er erlebt sein Handeln auch (und dies ist ein Charakteristikum des *Handelns* gegenüber bloßem *Sich-Verhalten* bzw. gegenüber objektiv beschreibbaren Bewegungen) als von ihm gesetzte, gewollte und zumeist bewußt initiierte zielorientierte Tätigkeit.

Dieser Doppelaspekt des Handelns, der zum Teil dem objektivierenden Zugriff einer nur an äußerlichen Verhaltenskennzeichen und -merkmalen orientierten Verhaltenswissenschaft entgeht, spiegelt sich zugleich in den philosophischen Handlungsproblemen wie auch in den wissenschaftstheoretisch-methodologischen Diskussionen wider. Die Erklärung des menschlichen Handelns etwa durch offensichtlich zunächst nur intern zugängliche Motive, Absichten, Beweggründe und normengeleitete Entschlüsse führt zu dem methodologischen Problem, wie das menschliche Handeln im Lichte seiner Gründe und eventueller Ursachen überhaupt in wissenschaftlichen und philosophischen Kategorien sprachlich und theoretisch erfaßt werden kann, wie die teleologisch-intentionalen Erklärungsansätze sich gegenüber kausalen Erklärungsversuchen mit Hilfe von Gesetzesschemata verhalten, wie praktische Begründungen, normative Orientierungen sich rational rekonstruieren und eventuell handlungstheoretisch objektivieren oder gar wissenschaftlich erklären und überprüfen lassen.

Die methodologische Diskussion scheint zu ergeben, daß allgemeine Verhaltenserklärungen des Handelns z. T. wie auch erfahrungswissenschaftliche Handlungserklärungen (oder zumindest Quasi-Erklärungen) möglich zu sein scheinen, daß diese wissenschaftliche Erfassung von Handlungen aber keineswegs alle Deutungsaspekte des menschlichen Handelns umfassen kann – insbesondere nicht die Aspekte der Selbstdeutung, der normativen Handlungsbegründung durch das handelnde Wesen selbst und auch nicht die kulturell-kontextuellen Lebensweltaspekte sowie die für die normative Regelung nötigen ethischen Beurteilungen. Über das sehr wohl wissenschaftlich erfaßbare gesetzesstrukturelle (oder wenigstens quasi-gesetzesstrukturelle) Moment des Handelns hinaus umfaßt dieses offensichtlich wesentlich auch nicht wissenschaftlich deutbare, sondern nur einer philosophischen Interpretation zugängliche Aspekte, die unverzichtbar für jedes tiefergehende Verständnis des Phänomens »Handeln« sind. Der erwähnte Doppelcharakter des Handlungsbegriffes hat also zur Folge, daß über die wissenschaftstheoretische Problematik einer Methodologie der Handlungserklärung hinaus und außer der sprachlich-begrifflichen Klärung der Handlungstermini eine philosophisch deutende Rekonstruktion von Handlungskonzepten zu erarbeiten ist, die philosophisch-anthropologische, lebensweltlich-kontextuelle, historische, kulturelle und weitere Einflußfaktoren berücksichtigen muß.

II. Erkennen, Deuten, Diskutieren sind selbst Handlungen

Weil das Erkennen, das Deuten und das (rationale) Diskutieren selbst Handlungen sind, findet sich über den theoretischen Aspekt des objektgebundenen und über den Bereich des praktischen Handelns hinaus auch noch das Problem des »transzendentalen Handelns« (Kaulbach, in Lenk, Handlungstheorien 2 II, 649 ff.: nach Kant, Kritik der reinen Vernunft, B 143, 181; AA XI, 515), das bei der Konstitution von Gegenständen, bei der Vereinigung von Vorstellungen im Erkenntnisprozeß, beim Vollziehen und Überprüfen sowie sprachlich-begrifflichen Erfassen von Erkenntnisvorgängen nötig ist. Über die allgemeine, aber ein wenig vordergründige Kennzeichnung des Menschen als »handelnden Wesens« (Gehlen; Schütz) oder des »symbolisch handelnden Wesens« (Cassirer) hinaus ist also der Mensch auch das bewußt »transzendental handelnde Wesen«, das sein eigenes Erkennen und Denken als ein Handeln reflektieren und demgemäß in metawissenschaftliche, philosophische Überlegungen einzubetten hat.

Der Mensch ist zugleich »das normativ begründeten (und begründenden) Handelns fähige Wesen«, das sein Handeln nicht nur an Wert- und Normenentscheidungen ausrichtet, also normativ orientiert, sondern zugleich zumindest rudimentär begrifflich und theoretisch zu rechtfertigen in der Lage ist und moralisch zu verantworten hat.

Jener schon erwähnte Mehrfachcharakter des Handelns erweist sich somit in einer tiefergehenden Analyse als zumindest dreifach strukturiert: dem theoretisch-wissenschaftlichen, auf Erklärungen ausgerichteten Aspekt steht nicht nur der praktisch-normative gegenüber, sondern auch der transzendentale. (Dabei mag hier zunächst der wissenschaftlich-theoretische Aspekt so weit gefaßt sein, daß er die historischen und lebensweltlichen Einflußfaktoren mit umfaßt, der praktische Aspekt mag im weiteren Sinne die Erlebnismomente mit umgreifen. Philosophische Probleme durchdringen natürlich alle drei Schichten.) Dieser mindestens dreifache Charakter der Handlungsaspekte dürfte kennzeichnend für das Handeln des *Menschen* sein – eher als die Merkmale und Strukturen einer bloß zielorientierten Tätigkeit, die sich zweifellos zumindest in rudimentären Ansätzen auch bei Primaten oder Delphinen findet. Erst angesichts der angedeuteten differenzierten Vielfalt der Handlungsaspekte unter Einschluß des Erkennens, Beurteilens, Rechtfertigens und des bewußt normengeleiteten Entscheidens kann der traditionelle Versuch der Definition des Menschen als des »handelnden Wesens« wirklich erfolgreich unterscheiden und dann vielleicht als zureichend angesehen werden. Die philosophische Analyse des Handelns und der Handlungen muß daher mindestens diese Dreiheit der Aspekte berücksichtigen: sie kann sich weder auf die Methodologie der Handlungserklärungen und auf begriffliche Propädeutik allein noch lediglich auf das objektiv verhaltenswissenschaftlich kontrollierbare Entscheidungsverhalten einschränken.

III. Interdisziplinäre Integration ist nötig, jedoch schwierig

Auf der anderen Seite kann die philosophische Handlungsinterpretation wiederum nicht unabhängig und ohne weitreichende Berücksichtigung von Resultaten der Verhaltenswissenschaften durchgeführt werden. Der Zwang zu einer interdisziplinären Koordination und wechselseitigen Berücksichtigung der Ergebnisse für eine integrative theoretische Analyse des Handelns wird hier unmittelbar deutlich. Dies gilt um so mehr, als sich viele sehr unterschiedliche Wissenschaften direkt oder mittelbar mit dem menschlichen Handeln befassen – nicht nur Geistes- und Sozialwissenschaften, sondern auch Verhaltens- und Naturwissenschaften.

Im Schnittpunkt so vielfältiger Disziplinen entwickelt sich, so scheint es, ein nahezu unübersichtliches Gewirr verschiedener disziplinärer Aspekte, unterschiedlicher Ansätze, die sich alle aus je einem anderen disziplinären Blickwinkel dem Handeln widmen. Obwohl uns das Handeln vertraut scheint, gibt es immer noch keine einheitliche *Handlungstheorie*, in der die unterschiedlichen wissenschaftlichen und philosophischen Ansätze zur Erfassung, Beschreibung, Erklärung, Rechtfertigung und Voraussage von Handlungen integriert sind. Eine allgemeine Handlungstheorie ist heute noch ebensowenig in Sicht wie 1951, als ein interdisziplinäres Team das Pionierwerk *Toward a General Theory of Action* (PARSONS u.a.) veröffentlichte.

Wie damals gilt noch heute: Die Schwierigkeiten einer interdisziplinären Integration der Wissenschaften vom Handeln, der Handlungswissenschaften, sind groß, scheinen kaum überwindbar. Zu vielfältig sind die Gesichtspunkte: Das Handeln bzw. Bedingungen, Faktoren, Teilprobleme menschlicher Handlungen werden analysiert von Psychologen – besonders Tiefen- und Entwicklungspsychologen, Gruppendynamikern, Sozialpsychologen und Verhaltenspsychologen sowie Lerntheoretikern –, Soziologen, Kulturanthropologen und Ethnologen, Ethologen (Verhaltensforschern), Linguisten und vergleichenden Sprachwissenschaftlern, von Juristen, Moral-, Sozial-, Handlungsphilosophen, Handlungslogikern im engeren Sinne, Wert- und Normenlogikern, System- und Planungswissenschaftlern, Entscheidungstheoretikern und mathematischen Spieltheoretikern, Ökonomen, Politologen, Historikern, auch von Humanbiologen, Genetikern, naturwissenschaftlichen Anthropologen, Molekularbiologen, Neurologen, Neurophysiologen, Biokybernetikern, Arbeitsphysiologen, psychosomatischen Medizinern, Psychiatern, Arbeitswissenschaftlern, Sportwissenschaftlern, Verkehrswissenschaftlern, Stadtplanern usw. usw. – Es ist deutlich, daß einzelwissenschaftliche Theorien allein die Probleme des Handelns nicht angemessen erfassen können, weil diese sich als typisch interdisziplinär erweisen und die Grenzen jeder methodologisch abgrenzbaren Einzelwissenschaft überschreiten. Der Ansatz einer einzelnen Disziplin läßt unvermeidlich jeweils bestimmte handlungsrelevante Faktoren und Bedingungen der jeweiligen Situation, aber auch wesentliche Aspekte bzw. Phasen des Handlungsverlaufs und seiner Entwicklung selbst außer acht: So haben beispielsweise verhaltenspsychologische Ansätze die soziokulturellen und kulturhistorischen Bedingungen und Entwicklungen sowie die Faktoren der Situationsbedeutungen, auf welche Handelnde reagieren, weitgehend unbeachtet gelassen. Die Teilerfolge der Lern- und Verhaltenstheorien sollen nicht abgeleugnet werden, obwohl sie von den Anhängern dieser neobehavioristischen Ansätze im allgemeinen überschätzt werden, obwohl ihre Ergebnisse, im wesentlichen fast ausschließlich aus Laborexperimenten von Routineverhaltensweisen gewonnen, dementsprechend einen eingeschränkten Anwendungs- und Gültigkeitsbereich besitzen. Es kann jedenfalls keine Rede davon sein, daß alle Varianten des menschlichen Handelns in komplexen Feldsituationen und vielfältig verschiedenen Kulturzusammenhängen durch die allzu einfache statistische Beziehung von unabhängigen Input- und abhängigen Outputvariablen der Verhaltenstheorien – etwa nach SKINNER – differenziert erklärt werden könnten.

Auf der anderen Seite lassen nicht nur manche sogenannte Verhaltenstheorien biologische und genetische, besonders ethologisch und sozio-biologisch zu erfassende Vorprogrammierungen und physiologische Bedingungen unvertretbar außer acht, sondern dies gilt auch von vielen soziologischen (etwa strukturell-funktionalen) Ansätzen, die z. T. sogar äußere Sachgegebenheiten geographischer, klimatischer, ökologischer und technologischer Art ungerechtfertigterweise kaum berücksichtigen. Die Bedingungen komplexen Handelns sind interdisziplinär verflochten und demgemäß nur in der Vielfalt interdisziplinärer Perspektiven und interdisziplinärer Kooperation zu erfassen. Konsequenzen für eine allgemeine Handlungstheorie – zumindest für eine als Sammeldisziplin verschiedener fachdisziplinärer Ansätze aufzubauende und zu integrierende Handlungswissenschaft – sind aus dieser Einsicht noch nicht, wenigstens nicht umfassend, gezogen worden. Die fachdisziplinäre Beschränktheit und mangelnde Präzision sowie teilweise der noch mangelhafte empirische und nomologische Gehalt mancher Theorien – etwa solcher des sozialen Handelns im Anschluß an WEBER und PARSONS – ergänzen die These von der Notwendigkeit einer interdisziplinären Ergänzung und Erweiterung verschiedener disziplinärer Handlungstheorien. Die bisher weitgehend unbeachteten Aspekte aus angrenzenden Wissenschaften müssen jeweils hinzugenommen werden. Grundlagendisziplinen wie die Philosophie des Handelns, die Methodologie bzw. die Wissenschaftstheorie von Handlungserklärungen (vgl. BECKERMANN, Analytische Handlungstheorie 2; LENK, Handlungstheorien 2 II) und -prognosen sowie die philosophische Analyse von Beschreibungs- und Identifizierbarkeitskriterien (vgl. ebd. und MEGGLE, Analytische Handlungstheorie 1), etwa ausgehend von alltagssprachlichen Handlungsdarstellungen, -erklärungen und -rechtfertigungen, die Handlungslogik der Verknüpfungen, der verschiedenen Negationen und der Ableitbarkeit von Handlungsaussagen sowie sprachwissenschaftliche Disziplinen zur Entwicklung einer angemessenen und präziseren Beschreibung von Handlungsweisen müssen ebenso mitwirken wie die Praxeologie (vgl. z. B. in LENK, Handlungstheorien 1), deren Hauptthema das effiziente Handeln ist.

Wenn noch keine überzeugende interdisziplinär integrierte Handlungstheorie existiert, so muß für die notwendige interdisziplinäre Zusammenarbeit bei der Bearbeitung handlungstheoretischer Ansätze, für die Sammlung, Konfrontation und Integration von Methoden und Ergebnissen aus unterschiedlichen Disziplinen der relevanten Formal-, Verhaltens und Handlungswissenschaften eine methodologische Grundlage geschaffen werden, die wenigstens die Vorbedingungen für die Entwicklung einer solchen Theorie verbessert. Materialien, Methoden und Ansätze müssen gesammelt, verglichen und kontrastierend, koordinierend und konstruierend analysiert werden. Die Zusammenarbeit interdisziplinär interessierter Fachwissenschaftler mit Kollegen der für das Thema relevanten Nachbar- und Grundlagendisziplinen sollte angeregt werden. Hierbei wächst einer speziellen Wissenschaftstheorie der Handlungswissenschaften eine bedeutsame Aufgabe zu.

IV. Wissenschaftliche Handlungserklärungen

Für die Wissenschaftstheorie ist natürlich die Problematik der *wissenschaftlichen* Handlungs*erklärungen* von besonderer Bedeutung. (Auf die Common-sense-Erklärungen des Handelns im Alter unter Verwendung sogenannter naiver Verhaltenstheorien [vgl. LAUCKEN] kann an dieser Stelle nicht weiter eingegangen werden.) Die wissenschaftliche Erklärung von Handlungen wurde vorrangig unter den Gesichtspunkten behandelt, ob Handlungen sich nomologisch-naturalistisch, d. h. unter Verwendung von generellen Gesetzen, erklären lassen und ob hierzu ein besonderes Rationalitätsmodell, ein Rationalitätsprinzip erforderlich ist, das jedes Handeln einer Person als entscheidungstheoretisch rationales, aufgrund methodisch systematischer Einschätzung und Bewertung der Situation und der Problemlösungsprozesse, auffaßt. Im Zusammenhang damit wurden Modelle des intentionalen Handelns der analytischen Handlungsphilosophie für eine intentionale oder teleologische Handlungserklärung etwa unter Verwendung des sogenannten praktischen Syllogismus (v. WRIGHT; CHISHOLM) in die Methodologie der Handlungserklärungen übernommen.

Neuerdings scheinen Möglichkeiten einer Gesetzes- oder Quasi-Gesetzeserklärung von Handlungen eine präzisere Gestalt anzunehmen und die Sondermodelle der rationalen und der intentionalen Handlungserklärung als Spezialfälle in sich aufzunehmen (vgl. BECKERMANN, Gründe; SCHMID, nach CHURCHLAND). Die Verbindung von Handlungsbegriffen und Verhaltensausdrücken in ein und demselben Handlungsgesetz hatte schon früher in Kritiken des rein verhaltenstheoretischen Erklärungsmodells Eingang gefunden (SHER; LENK, Pragmatische Philosophie). Selbst wenn man nicht nur deterministische Handlungsgesetze der Art »Jeder Handelnde in jeder Situation des Typs S wird mit Gewißheit auf die Reizmerkmale R mit dem Verhalten V reagieren« für eine Gesetzeserklärung erwarten, sondern auch probabilistische oder nicht einmal quantifizierbare allgemeinere Erwartungshypothesen zugrunde legen kann, selbst wenn man unter Umständen nur Quasi-Gesetze mit raumzeitlich eingeschränktem Anwendungsbereich verwenden kann, sind Handlungserklärungen mittels Gesetzen bzw. Quasi-Gesetzen grundsätzlich durchaus möglich. CHURCHLAND hat bereits 1970 versucht, ein allgemeines Handlungsgesetz für Erklärungen von Handlungsaussagen wie folgt zu skizzieren:

»Für alle Personen (Handlungssubjekte) x, für alle Einsetzungsinstanzen in Handlungsnamenvariable A und für alle Zielzustände Ψ gilt:

Wenn 1.) x Ψ wünscht und
wenn 2.) x glaubt, daß A tun einen Weg für ihn darstellt, unter den obwaltenden Bedingungen Ψ herbeizuführen, und
wenn 3.) es keine Handlung gibt, die x für einen gleichermaßen geeigneten oder vorzuziehenden Weg zur Realisierung von Ψ unter den gegebenen Umständen hält, und
wenn 4.) x keine anderen Wünsche hat, die den Wunsch nach Ψ übergreifen, verdrängen oder ausschalten, und
wenn 5.) x weiß, daß er A tun kann, und
wenn 6.) x in der Lage ist, A zu tun,
dann tut x A (wird x A tun).«

Selbstverständlich wären hier noch Zeitindizes anzubringen hinsichtlich des aktualisierten Wunsches und der auszuführenden Handlung – etwa derart: Wenn x in der Zeit t_1 einen aktualisierten Wunsch hat, dann wird er zu einer nachfolgenden Zeit t_2, die in charakteristischem Maße dem Wunsche zeitlich nachgeordnet ist, A tun.

CHURCHLAND gibt auch noch Abwandlungen dieses Gesetzes an für den Fall, daß x keinen Zielzustand Ψ zu realisieren, sondern nur A zu tun wünscht: (1) würde dann zu: »x wünscht A zu tun«; Ψ würde nicht mehr erwähnt, und (2) und (3) würden wegfallen.

CHURCHLAND erörtert schließlich noch den Fall, daß unter Weglassung von (5) und (6) der Schluß gezogen wird: »Dann versucht x A zu tun.« Für den allgemeinsten Fall sollte die deterministische Form des Gesetzes sinnvollerweise generell ersetzt werden durch »Dann versucht x A zu tun« oder »Dann tendiert x zu der Handlung A«, d. h., x wird überproportional oft (entweder mit statistisch signifikanter Häufigkeit oder gar mit praktischer Sicherheit) die Handlung A ausführen. Man kann also die Konjunktion der Teilaussagen (1) bis (4) als Vorgabe eines Kriteriums des intentionalen Handelns auffassen mit der Bedeutung, daß x beabsichtigt, Ψ herbeizuführen, indem er A tut, falls diese Absicht nicht von anderen für x unerfüllbaren oder unerfüllten Faktoren abhängt. Zweckerklärungen, Zielerklärungen, selbst Werterklärungen sind dann in naheliegender Weise offensichtlich auf diese Art der Erklärung aufgrund von Intentionen bzw. Wünschen zurückzuführen.

Kritisch ist allerdings zu bemerken: Churchland hat nicht beachtet, daß nicht nur Gesetze im strikten Sinne des Wortes zur Beschreibung von Handlungsregularitäten benutzt werden, sondern daß eingeschränktere, kulturell oder sozial bestimmte Regularitäten wie Normen, institutionelle Strukturierungen, Regeln ebenfalls zum Erklären von Handlungen benutzt werden. Auch werden sehr häufig – etwa in den Sozialwissenschaften und anschließend daran auch in der umgangssprachlichen Argumentation – Quasi-Gesetze (man denke etwa an Max Webers berühmte These vom Zusammenhang der Entwicklung protestantischer Ethiken mit dem Geist des kapitalistischen Unternehmertums) verwendet oder nur empirische Generalisierungen und Modellkonstruktionen noch eingeschränkterer Art. Häufig können Handlungen eben nicht ohne Rückgriff auf sozial-historische Individuennamen und auf soziokulturelle Variablen erklärt werden.
Diese erwähnten andersartigen Hypothesen oder Wenn-dann-Aussagen, die nicht strikten Gesetzescharakter aufweisen, sind jedoch von entsprechender (relativ) allgemeiner Struktur und berühren also nicht die logische Form der Handlungserklärung. Nur differenzierende Zusätze im einzelnen sind zu berücksichtigen. Die Struktur solcher Handlungserklärungen ist vom logischen Standpunkt aus die gleiche wie bei Gesetzeserklärungen im engeren Sinne des Wortes. Dabei wird es oft nötig sein, statistische Regelmäßigkeiten oder Wahrscheinlichkeitsaussagen zu berücksichtigen und die Konklusion des erklärenden Arguments in statistischer (wenn auch meist qualitativer) Form vorzulegen (→ *Erklärung*).
Für die nicht bewußt auf rationaler Entscheidung basierenden oder wenigstens die nicht als rationale deutbaren Handlungen, etwa für unüberlegte Spontanhandlungen und nicht überlegte Routinehandlungen, muß dieses Handlungserklärungsschema noch genauer analysiert und variiert werden, um hinsichtlich seiner Allgemeinheit und Adäquatheit für Handlungserklärungen jeder Art beurteilt werden zu können (zur Abwandlung vgl. Beckermann, Gründe 108; Schmid, 69). Zweifellos stellt es aber einen wichtigen Erklärungsansatz dar, der Weiterentwicklungen und Alternativentwürfe bzw. Konkurrenzauffassungen anregen dürfte.

V. Drei Kontroversen in der analytischen Handlungsphilosophie

Die wissenschaftstheoretischen Probleme der Handlungserklärungen entwickelten sich in enger Wechselwirkung mit der Diskussion in der analytischen Handlungsphilosophie, die durch mindestens drei Kontroversen geprägt wird. Es sind die Kontroversen:

1. Kausalisten gegenüber Logischen Intentionalisten;
2. Partikularisten gegenüber Generalisten (oder Repetitionisten);
3. Pluralisten gegenüber Reduktionisten.

1. Kausalisten gegenüber Logischen Intentionalisten: Während die Logischen Intentionalisten (z. B. A. I. Melden, C. Taylor, R. Taylor, G. H. v. Wright) glauben, daß es eine logische Verbindung zwischen dem Begriff einer Handlung und dem Begriff ihrer motivierenden Absicht gibt insofern, als die Intention und die Handlung selbst nicht logisch unabhängig voneinander beschrieben werden können, meinen Kausalisten (wie R. M. Chisholm, A. Danto, D. Davidson), daß es logisch unabhängige innere Ursachen gibt, die kontingent die Handlung bewirken. Neuere Diskussionen (Thalberg, Gebauer sowie Lenk, in Lenk, Handlungstheorien Bd. 2 I) führen wohl zu dem Ergebnis, daß beide aber bis zu einem gewissen Grade recht haben: Logische Intentionalisten haben insofern recht, als sie behaupten, daß es eine begriffliche Verbindung zwischen der Beschreibung einer Handlung und der Beschreibung ihrer »Gründe«, »Motivation« und/oder ihrer mentalen Komponenten gibt – und zwar allgemein deshalb, weil die Menge dieser Komponenten nicht als logisch unabhängige Handlungsursache aufgefaßt werden kann. Als Komponenten sind sie unerläßlicher Teil der Handlungsbeschreibung. Jedoch können und würden einzelne Komponenten von unabhängig davon beschreibbaren, z. B. unter anderem physiologischen Ereignissen abhängen, die durchaus möglicherweise als kausale, obwohl nicht logisch notwendige Bedingungen einer zu einer Handlung zugeordneten Bewegung konstruiert werden können.
2. Partikularisten gegenüber Generalisten (oder Repetitionisten): Während Partikularisten wie M. Brand, Danto und Davidson (in Meggle [Hg.]) Handlungen als einzige und einzelne unwiederholbare konkrete Ereignisse auffassen, die eindeutig in Raum und Zeit identifiziert werden können, meinen Genera-

listen wie CHISHOLM (in BINKLEY; in LAMBERT) und besonders A. GOLDMAN, daß in einzelnen Handlungsereignissen nur allgemeine Handlungseigenschaften oder Handlungstypen exemplifiziert werden. CHISHOLM z. B. deutet Handlungen als Abstrakta, d. h. als wiederholbare, instantiierbare, nicht wörtlich und zeitlich eindeutig zu kennzeichnende Entitäten, die von Feststellungen und Sätzen, d. h. Beschreibungen, abhängen. (Er meint, daß dies übrigens auch für Ereignisse und Tatsachen zutrifft.)
Auch diese Kontroverse scheint sich heute zum großen Teil als eine terminologische zu erweisen. Die Bezugsglieder einer Handlungsbeschreibung und ihrer Komponenten können zu einem einzelnen Ereignispunkt in Raum und Zeit zugeordnet werden, obwohl ihre Beschreibung allgemeine Ausdrücke von Handlungseigenschaften/Handlungstypen zu berücksichtigen hat, ohne die eine Kennzeichnung der Handlung unmöglich wäre.
3. Pluralisten gegenüber Reduktionisten: Während Reduktionisten (wie wiederum unter anderen CHISHOLM, DANTO, DAVIDSON) behaupten, daß es nur eine einzige Art von Entitäten (nämlich »Körperbewegungen«) gibt, die eine Handlung kennzeichnen, und daß jede Feststellung über Handlungen auf Feststellungen über solche primitiven Elementarbewegungen reduziert werden kann, ordnen Pluralisten (in erster Linie GOLDMAN) notwendig verschiedene Handlungen den verschiedenen Handlungsbeschreibungen zu, selbst wenn zwei derartige Beschreibungen sich auf ein und dieselbe Bewegung beziehen.
Man kann leicht verstehen, daß beide Positionen, wörtlich und strikt verstanden, in große Schwierigkeiten führen. Weder die einseitige reduktionistische Position, die nur physische Bewegungen kennt, noch die ausufernde Welt überquellender ontologischer Handlungstypen, welche das Sparsamkeitsprinzip von OCKHAMS »Rasiermesser« verletzen, können die verzweigten Varianten der wirklichen Handlungsvielfalt und ihre Verbindung mit Konzepten und Beschreibungen zutreffend erfassen.

VI. Der beschreibende oder interpretatorische Ansatz

Ein beschreibender oder interpretatorischer Ansatz kann jedoch anscheinend mit diesen Schwierigkeiten fertig werden, ohne auf eine zu einfache oder auf eine zu luxurierend überquellende Ontologie von Handlungsentitäten zurückzugreifen.

THALBERG schlägt vor, Handlungen nicht als Summe von Bewegungen und zusätzlichen mentalen Akten (z. B. Willensakten) zu verstehen, sondern die mentalen Phänomene, die mit der Handlung und ihrer Kennzeichnung unauflöslich verquickt sind, als notwendige Ingredienzien, als Komponenten oder konstituierende Teile der Handlung aufzufassen. (Konstitutive Teile können nicht Ursachen darstellen.) Die Menge der Komponenten definiert und identifiziert sozusagen die Handlung als solche. THALBERG unterscheidet jedoch nirgendwo in allgemeiner Weise zwischen verschiedenen Arten von Handlungskomponenten: die physiologischen oder physikalischen Komponenten werden auf gleicher methodischer (und ontologischer?) Ebene mit den psychischen und psychologischen oder gar sozialen Faktoren behandelt. Zweifellos hat man auch eine semantische Dimension zu ergänzen, um diese ontologischen Schwierigkeiten zu vermeiden und darüber hinaus die Besonderheiten der Sozialwissenschaften zutreffend zu erfassen. Handlungen sind nicht einfach physische Bewegungen. Dies war schon länger bekannt, wenn man »harte« Reduktionisten und Materialisten einmal ausnimmt. Aber was würde übrigbleiben, wenn man die physische Bewegung von einer Handlung subtrahiert? Was muß zu einer physischen Bewegung hinzuaddiert werden, um daraus eine Handlung werden zu lassen (WITTGENSTEIN, § 621)? Nach WITTGENSTEIN »nichts« – das heißt: nichts, das in einem ontologischen Sinne existiert, kein zusätzlicher psychischer Akt wie ein besonderer Willensakt o. ä. (PRICHARD). Doch gewiß ist eine bloß physische Bewegung (z. B. eine Reflexbewegung) als solche noch keine Handlung. Daher muß etwas ergänzt bzw. hinzugefügt werden – jedoch nicht notwendig etwas Physisches oder im ontologischen Sinne Mentales, kein zusätzlicher Akt, der in der Tat die Frage nach dem Handlungscharakter wieder aufwerfen oder in einen Zirkel führen würde. (Sicherlich gibt es hierbei zwar – und gewöhnlich ist das auch der Fall – besondere Nervenimpulse, materielle und physiologische Komponenten usw., durch die sich absichtsvolle Handlungen von Reflexen unterscheiden, aber erstens sind diese hinzugefügten Faktoren nicht selbst innere Akte [Handlungen], und zweitens sind sie von einer gewählten Deutung abhängig oder bestehen selbst aus einer Beschreibung.)

Kurz: eine Handlung ist nicht eine ontologische Entität, sondern ein interpretatorisches Konstrukt, eine semantisch gedeutete Entität; Handlungen sind semantisch geladen. Sie können begrifflich nur auf einer semantischen Ebene analysiert werden, sie sind nicht einfach Begriffe der Objektsprache, sondern theoretische Begriffe, die sich wesentlich auch auf Interpretationen, Perspektiven, Konzepte beziehen. Sie sind Interpretationskonstrukte von (oder: samt; oder: über) beobachtbaren Bewegungen (und die Bewegungen sind das, was man höchstens beobachten kann). Erst die Interpretation oder die Beschreibung, die zu ergänzen ist, läßt aus einer einfachen physischen Bewegung eine Handlung werden und ist dafür verantwortlich, daß sie als solche, als *Handlung*, gekennzeichnet werden kann. Die rein physische (beobachtbare) Bewegungsform könnte bei verschiedenen Handlungen durchaus dieselbe sein (etwa ein Speerwurf als Kriegs- oder Jagd- oder Kultritual- oder Sporthandlung). Die Unterschiede und verschiedenen Möglichkeiten, die Handlung zu einem besonderen Handlungsbereich zuzuordnen, hängen von der u. a. sozial beeinflußten Definition der Situation, vom sozialen Kontext und der Umgebung mit allen ihren Normen, Regeln, Traditionen, Werten, Bezugsrahmen, Bezugsgruppen ab, die eine entscheidende Rolle spielen – schon bei der Wahrnehmung und um so mehr bei aktivem Sich-Orientieren, Reagieren und Handeln. Auch jede mögliche wissenschaftliche Kennzeichnung und Klassifikation von Handlungen, noch vor jeder erklärenden Analyse, hängt von einem Beschreibungsrahmen ab, der u. a. von konstitutiven Regeln umrissen wird. Sowohl für den Handelnden als auch für den beobachtenden Partner und ebenso für den beobachtenden analysierenden Wissenschaftler sind Handlungen daher Interpretationskonstrukte, die aus Konstituenten bestehen, welche z. T. der eigentlichen Objektsprache angehören, aber *auch* aus solchen Konstituenten, die von theoretischen Perspektiven oder gar metasprachlichen Begriffen abhängen. Handlungsbegriffe sind theoretische Begriffe mit interpretatorischem Charakter. Alle Handlungen sind Interpretationskonstrukte, perspektivisch, kontext- und begriffsabhängig.

Die Komponententheorie (THALBERG) muß also modifiziert werden, um diesen theoretisch-interpretatorischen Charakter der Handlungsbegriffe zu berücksichtigen. Die Komponententheorie ist daher zu erweitern in Richtung auf eine deskriptive interpretatorische Konstituententheorie der Handlung. Nur auf diese Weise kann der abgeänderte Komponentenansatz die methodologischen Schwierigkeiten und Widersprüche, wie sie oben erwähnt wurden, überwinden.

Hans Lenk

Arendt, H.: Vita activa. 1960, [3]1982. – *Beckermann, A.:* Gründe und Ursachen. 1977. – *Ders. (Hg.):* Analytische Handlungstheorie. Bd. 2. Handlungserklärungen. 1977, stw 1984. – *Binkley, R./Bronaugh, R./Marres, A. (Hg.):* Agent, action and reason. 1971. – *Brennenstuhl, W.:* Handlungstheorie und Handlungslogik. 1975. – *Bubner, R./Cramer, K./Wiehl, R. (Hg.):* Handlungstheorie. (Neue Hefte für Philosophie 9, 1976.) – *Cassirer, E.:* Philosophie der symbolischen Formen. [W] – *Chisholm, R. M.:* On the logic of intentional action. In: *Binkley u. a.* – *Ders.:* Some puzzles about agency. In: *Lambert.* – *Churchland, P. M.:* Der logische Status von Handlungserklärungen. In: *Beckermann (Hg.).* – *Danto, A. C.:* Analytische Handlungsphilosophie. 1979. – *Ders.:* Basis-Handlungen. In: *Meggle (Hg.).* – *Davidson, D.:* Handlung und Ereignis. (Aus dem Engl.) 1985. – *Ders.:* Handlung, Gründe und Ursachen. In: *Giesen/Schmid (Hg.).* – *Ders.:* Handeln. In: *Meggle (Hg.).* – *Ders.:* Die logische Form von Handlungssätzen. ebd. – *Funk-Kolleg* Praktische Philosophie/Ethik. Reader: Bd. 1; 2. (f 6854; 6855) 1980, 1981. Dialoge: Bd. 1; 2. (f 6856; 6857) 1984. – *Gebauer, G.:* Überlegungen zu einer perspektivischen Handlungstheorie. In: *Lenk (Hg.),* Handlungstheorien. Bd. 2 I. – *Gehlen, A.:* Der Mensch. 1940, [12]1978. – *Giesen, B./Schmid, M. (Hg.):* Theorien, Handeln und Geschichte. 1975. – *Goldman, A. I.:* Handlungstheorie. (A theory of human action.) (1970) 1980. – *Habermas, J.:* Theorie des kommunikativen Handelns. Bd. 1; 2. 1981. – *Ders.:* Vorstudien und Ergänzungen [...]. 1984. [W] – *Hubig, Ch.:* Handlung, Identität, Verstehen. Von der Handlungstheorie zur Geisteswissenschaft. 1985. – *Johach, H.:* Handelnder Mensch und objektiver Geist. 1974. – *Kant, I.:* Kritik der reinen Vernunft. A = 1. Aufl. 1781; B = 2. Aufl. 1787 [hier zit.]. – *Kaulbach, Fr.:* Einführung in die Philosophie des Handelns. 1982. – *Lambert, K. (Hg.):* The logical way of doing things. 1969. – *Laucken, U.:* Naive Verhaltenstheorie. 1974. – *Lenk, H.:* Die philosophische Handlungstheorie. [...]. In: Information Philosophie 2/1987. – *Ders.:* Pragmatische Philosophie. 1975. Darin vor allem: Interdisziplinäre Aspekte von Handlungstheorien; Werte und Handlungsanalysen. – *Ders. (Hg.):* Handlungstheorien interdisziplinär. Bd. 1–4. 1977–1984. Darin *Ders.:* Handlung als Interpretationskonstrukt (2 I); Handlungserklärung und

Handlungsrechtfertigung (2 II). – *Meggle, G.:* Handlungstheoretische Semantik. 1986. – *Ders. (Hg.):* Analytische Handlungstheorie. Bd. 1: Handlungsbeschreibungen. 1977, stw 1984. – *Morris, C. W.:* Pragmatische Semiotik und Handlungstheorie. (Aus dem Engl.) (dt. Auswahl) 1977. – *Münch, R.:* Theorie des Handelns. 1982. – *Parsons, T./Shils, E. A. (Hg.):* Toward a general theory of action. 1951, 1962. – *Poser, H. (Hg.):* Philosophische Probleme der Handlungstheorie. 1982. – *Prichard, H. A.:* Moral obligation. 1949. – *Rehbein, J.:* Komplexes Handeln. 1977. – *Remane, A.:* Die biologischen Grundlagen des Handelns. 1951. – *Ritsert, J. (Hg.):* Gründe und Ursachen gesellschaftlichen Handelns. 1975. – *Ropohl, G.:* Ein systemtheoretisches Beschreibungsmodell des Handelns. In: *Lenk (Hg.),* Handlungstheorien. Bd. 1. – *Seiffert, H.:* Handlungstheorie. Kap. 1 in: *Ders.,* Einführung in die Wissenschaftstheorie. Bd. 3. 1985. [E] – *Schmid, M.:* Handlungsrationalität. 1979. – *Schütz, A.:* Gesammelte Aufsätze. Bd. 1: 1971; Bd. 2: 1972. – *Sher, G.:* Causal explanation and the vocabulary of action. In: Mind 82, 1973. – *Thalberg, I.:* Perception, emotion and action. 1977. – *Türk, K. (Hg.):* Handlungssysteme. 1978. – *Werbik, H.:* Handlungstheorien. 1978. – *Wittgenstein, L.:* Philosophische Untersuchungen. 1953, [2]1958. – *v. Wright, G. H.:* Erklären und Verstehen. (Aus dem Engl.) (1971) 1974, [2]1984. – *Ders.:* Handlung, Norm und Intention. Untersuchungen zur deontischen Logik. (Teilw. aus dem Engl.) 1977. – *Ders.:* Norm und Handlung. Eine logische Untersuchung. (Aus dem Engl.) (1963) 1979.

Hans Lenk/H.S.

Hermeneutik

griech. hermēneutikḗ (téchnē): Auslegekunst; lat. ars interpretandi; zu griech. hermēneúein: erklären; lat. interpretare

Einleitung. Die Bedeutung des hermeneutischen Problems

Die *Hermeneutik* ist in den letztvergangenen Jahren immer mehr in den Vordergrund geisteswissenschaftlicher Methoden- und Prinzipienreflexion gerückt. Zwei wissenschaftstheoretische Tendenzen finden darin ihren Ausdruck: einerseits der Versuch, unter dem Titel einer hermeneutischen Methodologie den sogenannten Geistes- und Gesellschaftswissenschaften ein eigenständiges Methoden- und Forschungsideal »verstehender« bzw. »interpretierender« Erkenntnis zu verschaffen, damit zugleich die Geisteswissenschaften als eigenständigen und einheitlichen Wissenschaftstyp auszuweisen; andererseits das Bestreben, diesen Wissenschaftstyp von den »nomologischen« Naturwissenschaften mit ihrem auf gesetzliche Erklärungen und mathematische Ableitungen ausgerichteten Wissenschaftsideal abzugrenzen. Wilhelm Dilthey, einer der Väter der Wissenschaftstheorie der modernen Geisteswissenschaften, hat diese Problemstellung mit seinem Diktum: »Die Natur erklären wir, das Seelenleben verstehen wir« (Dilthey, 5, 144) – nämlich jeweils in den Natur- und den Geisteswissenschaften – klar vorgezeichnet.

Dem Bestreben zur hermeneutischen Konsolidierung der Geisteswissenschaften begegnet jedoch noch immer – und kräftiger denn je – das einheitswissenschaftliche Wissenschaftsideal, das, ausgehend vom Wiener Kreis, in der modernen analytischen Wissenschaftstheorie fast ausschließlich das Feld behauptet und sich zur hermeneutischen Problemstellung vorwiegend negativ verhält (Abel, in Albert, Theorie und Realität; Stegmüller, 1, 360–375). Hermeneutik steht hier allgemein für Pseudo-Methodologie unexakter, zurückgebliebener, der Willkür und Spekulation ausgelieferter Wissenschaftlichkeit, die durch logisch-mathematische Formalisierung ersetzt werden sollte, um den sogenannten Geisteswissenschaften erst zum Rang ernsthafter Wissenschaft zu verhelfen.

Der Gegenstoß eines hermeneutischen Einheitswissenschaftsideals, das gerade die spekulative, ja willkürliche, logisch-mathematisch nicht formalisierbare Grundlagenproblematik in allen Wissenschaften, auch den exakten und axiomatischen Formalisierungen zugänglichen, thematisiert, bahnt sich heute erst an.

Als Paradigmen von Hermeneutikkonzeptionen halten sich dabei immer noch die alten Muster der Verstehens- und Interpretationspraxis der alten »hohen Fakultäten« Theologie, Jurisprudenz und Medizin mit ihren psychagogisch-forensisch-therapeutischen Applikationsansprüchen durch. Neben ihnen behauptet das philologisch-historische Verstehensparadigma der »niederen« bzw. propädeutischen Philosophischen Fakultät weiter seine theoretisch-zetetische Relevanz. Relativ neu ist dagegen der Zuzug handwerklich-technischer Verstehensparadigmen (im Sinne des Könnens und Beherrschens von Kunstkniffen und Techniken) als Muster von Hermeneutikkonzeptionen. Sie alle konkurrieren in der modernen Hermeneutikdiskussion um die Kandidatur zu einer allgemeinen oder universalen bzw. philosophischen Hermeneutik als Grundlagentheorie der Geisteswissenschaften oder – allgemeiner – aller Wissenschaften schlechthin.

A. Zur Geschichte der Hermeneutik

Einer Orientierung über die Lage tut gut, sich der geschichtlichen Implikationen hermeneutischer Konzeptionen, Muster, Methoden und Praktiken zu versichern, um diese Lage angemessen zu verstehen und zu interpretieren. Darin erweist sich hermeneutische Praxis ganz unmittelbar.

I. Antike

1. Hermes: Das Wort »Hermeneutik« verweist – nach der herrschenden Meinung – auf den Götterboten HERMES der griechischen Mythologie. Wie der schnelle Gott, dessen geflügelte Schuhe einst die deutschen Bahnhöfe zierten, die Botschaften und Weisungen der Götter den Menschen überbrachte, so sollte die in der antiken Wissenschaft entwikkelte hermēneutikḗ téchnē – die Wissenschaft der interpretierenden Sinnvermittlung (EBELING) – den Sinn altgewordener und somit verfremdeter Texte oder fremder Sprachen in das gegenwärtige Idiom, die vertraute Sprache übertragen und übermitteln helfen, daneben aber auch die göttlichen Zeichen und Weisungen in Orakeln und in den Naturphänomenen deuten. Und wie die Weisheit der Götter schon immer als »höher denn menschliche Einsichtsfähigkeit« angesehen wurde – und die Orakel von Priestern auch mit Fleiß als vieldeutig auslegbar oder geflissentlich »zweideutig« formuliert wurden –, so gewöhnte man sich auch bei den Texten und Kunstdokumenten daran, in ihnen eine höhere Sinnfülle, ja einen Sinnüberschuß zu vermuten und vorauszusetzen, der je nur partiell »auszuschöpfen« war. Die gepflegte Dunkelheit mancher Dichter und die listige Formulierungskunst routinierter Vertragsanwälte und Makler verliehen solcher Sinnüberschußhypothese zu allen Zeiten auch menschliche Plausibilität.

2. Die alexandrinischen Philologen: So mußte eine wissenschaftliche, methodische Bemühung um den Sinn von Texten, Dokumenten und Naturerscheinungen auf Eindämmung, Kanalisierung und möglichst »Vereindeutigung« der Gesichtspunkte und Wege aussein, durch die und auf denen man vorgeblichen Sinn eruieren und fixieren konnte.

Diese Funktion übernahm zunächst die berühmte Lehre vom vierfachen (oder mehrfachen) Schriftsinn bei den *alexandrinischen Philologen,* die auch in der christlichen Schriftauslegung kanonische Geltung erhielt. Man brachte die Unterscheidung von vier Sinnarten: des wörtlichen, des allegorischen, des moralischen und des (zum Göttlichen bzw. Unsagbaren) hinführenden Sinns später auf den Merkvers: »Littera gesta docet, quid credas allegoria; moralis quid agas, quo tendas anagogia« (Der buchstäbliche Sinn lehrt die Fakten, die Allegorie den Glaubensinhalt, der moralische Sinn das, was zu tun ist, und der hinführende Sinn das, wonach du streben sollst).

Aber rigorosere Ansprüche mußten demgegenüber auf Eindeutigkeit beharren. Ein einziger und genuiner Sinn mußte vor allem dort vorausgesetzt werden, wo schon die Dokumente und Texte auf Vermittlung nur eines – und eines bestimmten – Sinnes angelegt waren. Das galt vor allem in den wissenschaftlichen Texten. Die Entstehung der Logik selbst verdankt sich ja diesem Bemühen, durch Normierung der Darstellungsformen den Sinn und die Bedeutung von Wörtern und Sätzen zu fixieren.

3. Aristoteles: So findet sich denn auch im *aristotelischen Organon* eine seit alters her prominente Schrift »Über die Hermeneutik« (Peri hermeneias, lat.: De interpretatione), die dies Problem behandelt.

Sie beginnt mit der kategorischen Feststellung: »Die Sprache ist Zeichen und Gleichnis für die seelischen Vorgänge, die Schrift wieder für die Sprache. Und wie nicht alle dieselben Schriftzeichen haben, bringen sie auch nicht dieselben Laute hervor. Die seelischen Vorgänge jedoch, die sie eigentlich bedeuten sollen, sind bei allen die gleichen, und auch die Dinge, die sie nachbilden, sind die gleichen« (De interpretatione 16a; übers. v. P. GOHLKE). Dreierlei wird damit für die folgende Zeit wegweisend festgelegt: 1. Identischer Sinn läßt sich in Laut- und Schriftsprachen verschiedentlich darstellen und umgekehrt aus vielfältiger sprachlicher Einkleidung als identischer entnehmen; 2. Der Sinn von Sätzen ist das, was man bei ihrem Gebrauche denkt; 3. Was man denkt, ist ein Abbild von Dingen.

So umstritten eine solche Sinnlehre bis heute sein mag, bildete sie doch seit der Antike – besonders über die pergamenischen Philologen vermittelt – das Alternativmodell zur

Lehre vom mehrfachen (und damit tendenziell beliebigen) Sinn sprachlicher Dokumente. Das hatte Folgen für die Ausbildung dogmatischer und zetetischer Hermeneutikkonzeptionen.

II. Scholastik

Die Scholastik hat das Hermeneutikproblem als solches nicht im Sinne systematischer Lehre disziplinär gefördert. Wohl aber hat der Universalienstreit, in dem es ja um die ontologische Selbständigkeit und Realität von Sinngebilden ging, die hermeneutisch relevanten Ontologien herausgeklärt. So behauptete der *Neuplatonismus* die absolute Unabhängigkeit, Selbständigkeit und Realität von Sinn (als ideelles Sein) vor und neben aller sprachlichen und zeichenhaften Dokumentierung. Vom Neuplatonismus inspiriert sind noch die Sinn- und Bedeutungslehre der Logizisten, etwa Bernard Bolzanos, Gottlob Freges und Bertrand Russells, die auf diese Weise die Absolutheit logischer und mathematischer Gebilde und sprachlich zu fassender wahrer Gedanken und Sätze sichern wollten. Der *Neuaristotelismus* der Hochscholastik betonte die Identität von Sinn und Zeichen, wenn er die Subsistenz des Universale in re, d. h. in den Dingen, behauptete. Wieviel Zeichen, soviel Sinn! Das erweiterte gegenüber dem Neuplatonismus die Sinnmöglichkeiten, da neue Zeichen auch neuen Sinn erzeugten, während im Neuplatonismus immer nur derselbe Sinn mannigfach darstellbar erschien. Der *Nominalismus* schließlich ließ den Sinn den Zeichen folgen, d. h., er betonte die kreative Natur der Zeichen, die tendenziell vielfach deutbar wurden. So beförderte er nachhaltig den modernen Glauben an die unendliche Machbarkeit von Sinn sowohl im Produzieren von Zeichen und Texten wie im Verstehen und Auslegen derselben. Gewiß sind diese Sinnontologien auch im heutigen Hermeneutikgespräch präsent, wenn auch nicht angemessen durchschaut und bewußt.

III. Renaissance und 17. Jahrhundert

Die Renaissance, die mit dem »Wiederaufnehmen der klassischen Bildung« vor ähnlichen Problemen stand wie die antike Welt gegenüber ihren eigenen sich verfremdenden Altertümern, knüpfte auch an die hermeneutische Methodologie der Alten an. Mit der Erschließung ältester Texte für die Bereicherung des Wissens auf allen Gebieten mußte die Hermeneutik als Methodologie der Sinnversicherung sowohl praktisch geübt wie auch Gegenstand neuer Reflexion werden. Zweierlei Interessen brachen sich dabei Bahn: das Interesse einer genauen Erforschung und Ausschöpfung des (einzigen und bestimmten) Sinnes dieser Literaturen; dies führt zur Ausarbeitung einer *»zetetischen«*, d. h. forschenden Hermeneutik. Daneben bestand aber auch das Interesse an der Anwendung und Fruchtbarmachung des Sinnes und der Gehalte dieser Texte für die je gegenwärtigen Problemlagen, mit denen es die verschiedenen Disziplinen zu tun hatten. Hier kam es darauf an, dogmatisierten Sinn, die Autorität der alten Texte und Klassiker für die Entscheidung und Lösung von Fragen und Problemen zu nutzen. Und dies vor allem in den *»dogmatischen«* Disziplinen der Jurisprudenz und Theologie, die ja wesentlich der Praxis und der Applikation verpflichtet waren. Dieses Interesse führt zur Ausbildung einer »dogmatischen« Hermeneutik, die in Texten verfügbaren Sinn verfügbar hält und auf Probleme anwendet. Als Hauptmittel dazu erwiesen sich bei den Theologen die Lehre vom mehrfachen Schriftsinn, bei den Juristen die Lehre von der Unterscheidung von Gesetzessystematik (*ratio legis*) und (historischem) Willen des Gesetzgebers sowie von der deklarativen (*Literalsinn*), extensiven und restriktiven Auslegungsmöglichkeit des Gesetzestextes, Lehren also, die sämtlich bis heute in Geltung sind und ständig verfeinert wurden (vgl. Dilthey, 5, 317 ff.).

1. Übersetzen: Humphrey und andere: Die Domäne der zetetischen Hermeneutik war zunächst das *Übersetzen* der alten griechischen und lateinischen Texte in die neueren Idiome. Übersetzen erscheint heute als exemplarisch dogmatische Interpretationstätigkeit nach den Regeln der »großen« Wörterbücher und Grammatiken und der Muster klassischer Übersetzungen. An ihnen gemessen, sind Übersetzungen gut oder schlecht, zuweilen »frei« oder gar »revolutionär« (wie Heideggers Vorsokratiker-Übersetzungen). Dies setzt einen Entwicklungsstand der Philologien voraus, von dem die Renaissance weit entfernt war.

Ihm wollte der Oxforder Theologieprofessor Laurentius Humphrey mit seinen »De ratione interpretandi libri III« (Basel 1559) erstmalig eine wissenschaftliche Grundlage verschaffen. Er weist darauf hin, daß das griechische Wort »Hermeneia« eben auch Übersetzen bedeute, und er wundert sich, daß noch niemand daraus eine Wissenschaft gemacht habe, wo doch sonst zu seinen Zeiten alle Wissenschaften blühten. Im übrigen fordert er vom Übersetzer bzw. Interpreten, »zuallererst die höchste Kenntnis sowohl der göttlichen wie der menschlichen Dinge zu erwerben, damit der Interpret über die Wissenschaften und über die Disziplin der vielen und großen Dinge unterrichtet sei«. Noch hundert Jahre später verfaßte Pierre Daniel HUET in Frankreich eine Hermeneutik als Übersetzungslehre, in der er zugleich einen Überblick über das Geleistete lieferte; es sind seine »De interpretandi libri II« (1661 u. ö.). Für ihn kommt es wesentlich darauf an, daß der Übersetzer (und Interpret) den »Charakter des Autors [...] durch keinerlei Weglassen schmälert, durch keine Zutat vermehrt, sondern ihn gänzlich und sich selbst in jeder Beziehung ganz ähnlich möglichst treu darstellt«.

2. *Analyse: Alsted und andere:* Aber das Übersetzen ist nur die Probe auf ein Verständnis, das der Philologe überhaupt an seinen Texten beweisen muß. Philologische Forschung ist wesentlich nichts anderes als dies, solches Verständnis des einen und genuinen Sinnes zu sichern. Und dem dienten die meisten hermeneutischen Versuche dieser Zeit, die dafür Regeln geben wollten. Damit begann FRANCISCUS DE SANCTO (Franciscus Sanctius Brocensis) in einer kleinen Schrift »De autoribus interpretandis sive de exercitatione« (Antwerpen 1581). Er nennt diese Tätigkeit *»Analysis«* des Textes, und sie besteht für ihn darin, »das ganze Werk, das sie zur Erklärung (explicandum) vornimmt, vom Haupt her zu rekonstruieren, d. h. zuerst das Problem aufzufinden, nämlich was es eigentlich sei, worum es geht. Dann die Argumente, womit das bestätigt wird, anzuschauen und sie auf die Topoi zurückzuführen, woher sie genommen sind. Schließlich die Gesetze der Disposition zu bemerken und in ihr die Argumentationen und die Methode zu betrachten. Auch ist darauf zu achten, ob der Autor nach systematischer Methode (methodo doctrinae) oder prudenziell (methodo prudentiae) vorgegangen ist.« Insbesondere nimmt die Interpretation der Dichter bei ihm große Rücksicht auf die Stilarten und Gattungen.

In Heinrich ALSTEDS großer »Encyclopaedia septem tomis distincta« (Herborn 1630, S. 2341, 2. Aufl. 1649) wird solcher Textanalyse unter dem Stichwort »Analysis« ein ganzer Abschnitt gewidmet. Dort heißt es: »Der Zweck der Analyse ist es, die Schriften anderer richtiger zu verstehen, kräftiger sich einzuprägen und nachahmend glücklicher zum Ausdruck zu bringen.«

Jeder Versuch, daraus eine neue Disziplin im Kanon der »trivialen« Disziplinen der Philosophischen Fakultät zu machen, mußte die Stellung der Hermeneutik gegenüber den drei Fächern Rhetorik, Grammatik und Logik klären. Das Votum des Mannes, der zuerst eine allgemeine Hermeneutik aufbauen wollte, ging dahin, sie als Teil der Logik zu etablieren. Johann Konrad DANNHAUER, protestantischer Theologe von einiger Berühmtheit und Autor einer »Hermeneutica sacra«, schrieb dazu eine Schrift »Idea boni interpretis et malitiosi calumniatoris« (1630), in der er einerseits bewies, daß es eine »philosophische Wissenschaft vom Interpretieren« geben müsse, daß sie ebenso allgemein und auf alle Fakultätsobjekte anwendbar sein müsse wie die Grammatik, daß sie aber von Grammatik und Rhetorik verschieden sei und mithin nur ein Teil der Logik sein könne. Letzteres deswegen, weil Logik allgemein nur aus wahren Prinzipien auf wahre Konklusionen schließt, Hermeneutik aber auch den Sinn falscher Sätze erforscht.

Eine solche Einordnung der Hermeneutik in die Logik erschien allerdings nur möglich, wenn die Logik nicht als rein formale Disziplin aufgefaßt wurde. Dies aber war seit der ramistischen Reform, die auf eine Verschmelzung von Logik und Rhetorik hinauslief, der Fall. Gleichwohl zeigte sich alsbald die Tendenz, die Hermeneutik erst in den angewandten Teil der Logik abzudrängen, sie dann aber wieder gänzlich aus der Logik zu verdrängen.

So blieb ihre Zuordnung zu den trivialen Disziplinen zumindest umstritten, und ihr Verhältnis zu ihnen und zu dem, was sich aus ihnen entwickelt hat, ist es noch heute. Da aber die hermeneutische Problematik unübersehbar wichtig und mit zunehmender Entfaltung der philologisch-historischen Forschung immer wichtiger wurde, bot sich als elegante Lösung der Versuch einer Verselbständigung oder Etablierung als universaler Wissenschaft an. Dies geschah in drei Schüben von jeweils einem halben Jahrhundert Abstand, dem sich ein letzter Schub in unseren Tagen anschloß.

IV. Die vier Wellen der allgemeinen Hermeneutik seit dem 17. Jahrhundert

1. *Ende des 17. Jahrhunderts: von der Hardt und andere:* Die erste »Welle« allgemeiner

Hermeneutik brandete gegen Ende des 17. Jh. heran. Hermann VON DER HARDT initiierte sie mit seinen »Elementen einer universalen Exegese« im Jahre 1691; es folgten die »Gedanken über Interpretation« des J. DE RAEI von 1697, die »Dissertation über die Interpretation« des J. G. MEISTER von 1698, das »Kompendium der profanen Hermeneutik« von Johann Heinrich ERNESTI von 1699. Dann wurde es still um die allgemeine Hermeneutik.

2. Mitte des 18. Jahrhunderts: Chladenius und andere: Die zweite Welle rollte um die Mitte des 18. Jh. Sie begann mit der »Einleitung zur richtigen Auslegung vernünftiger Reden und Schriften« des Johann Martin CHLADENIUS von 1742. Ihr folgten im Jahre darauf die »Elemente einer universalen Hermeneutik« des Joachim Ehrenfried PFEIFFER. 1756 verfaßte Johann Andreas GROSCH eine programmatische »Dissertation darüber, daß die Hermeneutik in allen Disziplinen eine und dieselbe ist«, und wiederum im Jahre darauf veröffentlichte George Friedrich MEIER seinen berühmten »Versuch einer allgemeinen Auslegungskunst«, in welchem die universale Hermeneutik – sicher nicht ohne Blick auf LOCKES »Semantikḗ« – als Teil der allgemeinen Zeichenlehre etabliert werden sollte. Aber auch danach wurde es wieder gänzlich still um die Sache. Für MEIERS allgemeine Zeichen-Hermeneutik war die Zeit längst nicht reif, sie wurde es erst für Ernst CASSIRERS »Philosophie der symbolischen Formen«. Und für eine allgemeine Methodologie des Erfassens fremder Gedanken war ein »selbstdenkendes Zeitalter« wie die späte Aufklärung, die gerade mit der Entscheidung der »Querelle des anciens et des modernes« zugunsten der Moderne für die absolute Superiorität dieser Moderne gegenüber allen vorausgegangenen Epochen votiert hatte, nicht mehr günstig. CHLADENIUS hatte diese Haltung schon vorausnehmend artikuliert: »In der Philosophie brauchen wir umso mehro die Auslege-Kunst so sehr nicht, nachdem jeder seine eigene Kraft zu denken brauchen soll, und ein solcher Lehrsatz, den man durch vieles Auslegen aus einer philosophischen Schrift herauskriegen muß, uns nicht sonderliche Dienste tun kann, weil es hernach erst die Frage sein wird, ob er wahr ist, und wie man ihn beweisen sollte, worinnen die eigentliche Kunst der Philosophie besteht.« Da »die Wissenschaften, die auf Auslegung gebauet, gar sehr sind verderbet worden«, so sei es dahin gekommen, »daß man kein ander Mittel gesehen, der Sache zu helfen, als daß man die Auslegungen überhaupt wegschmisse, und die Sache ganz von vorne anfinge«.

Mochte dies für die genuin philosophische Arbeit gelten, wo es um spekulative Erörterungen und den Aufbau von Denksystemen ging, so konnte es doch keineswegs eine Maxime für die expandierenden geisteswissenschaftlichen Disziplinen sein, die die geschichtlich-gesellschaftliche Welt in allen ihren Dokumenten erfassen und verstehen wollten. Hier war längst nicht mehr – im Geist der Renaissance – der einzelne Autor als Persönlichkeit und Schöpfer eines Werkes Gegenstand des Interesses und der Forschung. Hinter ihm und durch ihn hindurch wirkend hatte das 17. und 18. Jh. den übergreifenden »Geist der Zeit« und der Kulturen, des Volkes, der Nationen, der Gesetze und zivilisatorischen Institutionen entdeckt und zur geschichtsphilosophischen und philosophiegeschichtlichen Kategorie ersten Ranges entwickelt (GELDSETZER, Geistesgeschichte). Die faktische hermeneutische Arbeit hatte eine neue Tiefendimension erobert, die es nun auch in der hermeneutischen Reflexion und Theorie zu explizieren galt.

3. Im 19. Jahrhundert: Schleiermacher und andere: Dies wird das große Thema der dritten hermeneutischen Bewegung im 19. Jh., die aus den spekulativen Voraussetzungen des deutschen Idealismus und seines Geist-Begriffes erwächst. Dieser selbst ist ein Amalgam aus neuplatonischer Hypostasierung psychischer Vermögen, wie sie die abendländische Theologie tradiert hatte, und stoischer Hypostasierung der Rechtsordnung, wie sie in der kontinentalen Jurisprudenz lebendig geblieben ist. Beide Traditionen werden nun säkularisiert, d. h. als Hintergrundideologie philosophischer und allgemein geisteswissenschaftlicher Theoriebildung ausgebeutet. Mit dem Einfluß theologischer und juristischer Gedanken- und Methodenparadigmata auf die Philosophische Fakultät und ihre Disziplinen gewinnt auch die dazugehörige theologische und juristische Hermeneutik, die kontinuierlich präsent geblieben war, paradigmatische Valenz in den Geisteswissenschaften. Das hat die unmittelbare Folge, daß damit in dieser dritten hermeneutischen Bewegung auch die dogmatischen und applikativen Momente theologischer und juristischer Hermeneutik in den Geisteswissenschaften wieder mehr zum Tragen kommen. Nicht mehr nur die Erkenntnis und Erforschung der Inhalte der Dokumente des Geistes interessiert, sondern daneben der Nutzen, die Anwendung, die Lehre für das Leben, die aus solchen Quellen fließen. So beginnt die Philosophische Fakultät unter Führung der aszendierenden Altphilologie die Apotheose des vorbildlichen griechischen Menschentums zu betreiben, einen Heroen- und Geniekult der Klassiker zu institutionalisieren, einen enzyklopädisch-systematischen Kanon klassischer humanistischer Bildung festzulegen bzw. zu dogmatisieren und diesen Bildungskanon durch die neue Aufgabenstellung der Gymnasiallehrerausbildung pädagogisch-didaktisch anzuwenden.

In der hermeneutischen Theorie macht sich das als Akzentuierung der Unterscheidung zwischen einer *»niederen«* – nämlich analytischen, kritischen, grammatischen, technischen oder wie immer genannten – und einer *»höheren«*, freieren, divinatorischen, kongenialen, mit »Kunst« und Takt bzw. Gespür zu übenden Hermeneutik bemerkbar. Sie beruht auf dem Gedanken, daß es der gleiche allgemeine Geist, ja Weltgeist ist, der den Autor, seine Zeit und den Ausleger und seine Zeit inspiriert, in ihnen gleichzeitig oder überzeitlich west und immer das Gleiche »zum Ausdruck« bringt. Der neuplatonische statische Ideenrealismus der Scholastik wird hier dynamisiert zu einem allgemeinen Psychismus der Produktion und Reproduktion von Sinngebilden.

Da aber die Kenntnisse über die Vorgeschichte der allgemeinen Hermeneutik rudimentär sind, wird diese Genialitätshermeneutik, wie sie vor allem von Schleiermacher, aber auch von Ast und anderen formuliert wird, als Neuansatz der Hermeneutik überhaupt vorgetragen und aufgenommen. In der Tat stellt sie aber nur eine Verschmelzung der philologisch-zetetischen – auf die Erforschung des einen und bestimmten Sinnes von Dokumenten ausgerichteten – und der theologisch-juristisch-dogmatischen – auf Applikation autoritativ hergestellten Sinnes ausgerichteten – Hermeneutik dar. Auf dieser Grundlage kann nun – trotz vertiefter philologisch-historischer Einzelforschung – jede einigermaßen entwickelte philosophische Position ihr eigenes Klassikerbild entwerfen; ja, auch die neuentwickelten Positionen des deutschen Idealismus selbst entgehen nicht dieser hermeneutischen Behandlung. Linke und Rechte, Junge und Alte streiten sich um die rechte Interpretation des wahren Kant, Fichte, Hegel und wollen sie dabei – nach Kants beiläufiger Maxime – besser verstehen, als jene sich selber verstanden haben (Kant, B 370).

Auch dieses Erbe der dritten hermeneutischen Bewegung ist uns bis heute erhalten geblieben. Es erlaubt uns die Schematisierung und den Überblick über die möglichen Deutungsrichtungen der Klassiker gemäß den metaphysischen Positionen, die sich gerade durch solche Widerspiegelung in den Klassikern in ihrer eigentlichen Substanz verdeutlichen.

4. Von Dilthey bis zur Gegenwart: (a) Dilthey: Die gegenwärtige Lage der Hermeneutik kann als eine vierte hermeneutische Bewegung angesprochen werden. Sie wurde eingeleitet durch Diltheys Versuch, die Hermeneutik als Methodologie der Geisteswissenschaften überhaupt neu zu etablieren (Dilthey, 7; 5, I; Zöckler). Sein Unternehmen stand ganz im Zeichen des in der zweiten Hälfte des 19. Jh. sich ausbreitenden *Psychologismus*, in welchem die psychologischen Hypostasen des deutschen Idealismus gleichsam wieder auf den Boden empirisch-positivistischer Kontrollierbarkeit heruntergeholt wurden. Hier wird der Geist der Zeiten oder der allgemeine Geist zum Allgemein-Menschlichen, das sich in den Dokumenten der Geschichte ausweist. Hermeneutische Arbeit – Verstehen – wird nunmehr unter das Ideal der identischen Reproduktion fremden Seelenlebens in allen seinen Formen und Möglichkeiten gestellt. Der Interpret wird zum Schauspieler, der die historischen Dokumente als dramaturgische Anweisungen benutzt und auf der Bühne der Geisteswissenschaften mit neuem Leben erfüllt. Dieser wegen des Mangels an Adäquations- bzw. Identitätskriterien zwischen Produktion und Reproduktion von Sinn gänzlich illusorische Ansatz wurde gleichwohl von Heidegger radikalisiert und zugleich kritisch überwunden.

(b) Heidegger: Grundmodell des Verstehens ist bei Heidegger nicht mehr ein irgendwie regelgeleitetes Ausschöpfen vorgegebenen Sinnes aus Dokumenten, sondern – im Einklang mit einem elementaren Wortsinn – der praktische, handwerklich-künstlerische Umgang mit Zeug, der sich gerade nicht theoretisch – und also durch hermeneutische Kanons – vermitteln lassen soll. In solchem hand-festen Umgang bauen sich nach Heidegger überhaupt alle Bewandtniszusammenhänge von Sinn erst auf, und die theoretischen Sinnstif-

tungen literarisch-geisteswissenschaftlicher Interpretationen stellen erst ein sehr spätes Glied im Verweisungszusammenhang universaler hermeneutischer Welt-Konstitution dar (HEIDEGGER, 143, 147, 151).
Ineins damit wird Verstehen zu einem Grundanthropinon, einem fundamentalontologischen Existenzial. Hermeneutik – was immer sie auch selber sei – wird somit unhinterfragbare Metaphysik. HEIDEGGERS Position ist ein Hermeneutizismus, gemäß welchem die ontologische Seinsfrage – und alle Fragen überhaupt – zur Sinnfrage wird. Der so restituierte Neuplatonismus der Sinngebilde gewinnt beim späten HEIDEGGER mystische Züge: Verbergung und Entbergung von Sinn wird zum schicksalhaften Spiel des Wahrheitsgeschehens vor und jenseits aller philosophischen und einzelwissenschaftlichen Bemühung um seine Interpretation, denen gegenüber dichtendes Sagen als Auslegung der Welt ohnehin uneinholbaren Vorsprung erhält.
(c) Gadamer: Die heute wohl prominenteste hermeneutische Theorie von GADAMER ist auf diesem Boden entstanden. Sie behält den universalen Geltungsanspruch des Hermeneutischen bei und akzentuiert die »wissenschaftlich« und »methodisch« uneinholbare Eigenart der hermeneutischen Erfahrung bzw. des Verstehens, wie sie sich paradigmatisch in der Begegnung mit dem Kunstwerk zeigen soll (GADAMER, Wahrheit und Methode). Die Pointe dieser Theorie ist jedoch ihre Restitution der dogmatischen Autorität der Klassiker und ihrer Interpretationsgeschichte als nicht hinterfragbarer und unentbehrlicher Leitfäden und »Vorurteile« jeder Verstehensbemühung. Damit knüpft GADAMER bewußt an die lange verschüttete Tradition der Rhetorik und ihrer Kultur autoritativer »Gemeinplätze« sowie die juristische dogmatische Hermeneutik an, in der sich rhetorisches Argumentieren noch am ehesten lebendig erhalten hat.
Ihre von HEIDEGGER übernommene neuplatonische Komponente kommt dadurch zum Ausdruck, daß GADAMER die in Traditionen »wirkungsgeschichtlich« unser je gegenwärtiges Bewußtsein bedingenden Sinngehalte zu einem Sinnhorizont hypostasiert (GADAMER, I, 127). Diesem soll in der hermeneutischen Bemühung der Sinnhorizont des Gegenwartsbewußtseins und der darin enthaltenen Vor-Urteile konfrontiert werden: gelingendes Verstehen wird dann »Horizontverschmelzung« von Sinn (GADAMER, Wahrheit und Methode 289).
Die Kritik an diesem Hermeneutikkonzept hat vor allem am Universalitätsanspruch und an der Restauration des Vorurteils bzw. der Autoritäten angesetzt. Während letztere überhaupt als ein gegenaufklärerisches Attentat auf die Errungenschaften modernen, emanzipatorischen, voraussetzungslosen und kritischen Denkens angeprangert wird, soll das Verstehen überall dort seine Grenze finden, wo seine eigenen Bedingungen mit den Mitteln nichthermeneutischer Einzelwissenschaften zu hinterfragen sind. Diese Bedingungen sollen vor allem als Störfaktoren und Impedimente freier und zwangloser hermeneutischer Kommunikation sichtbar gemacht werden, also im Aufweis sozialer, besonders interessengebundener und herrschaftlicher Strukturen sowie tiefenpsychologischer Bedingungsmechanismen der Artikulation von Rede (vgl. HABERMAS, in BUBNER/CRAMER/WIEHL, I).
Kommt in dieser Kritik der alte Antagonismus geisteswissenschaftlicher Verstehensmethodologie und naturwissenschaftlicher Erklärungsmethodologie wieder zur Geltung, so stellt der einheitswissenschaftliche Universalitätsanspruch szientistischer Wissenschaftstheorie, wie er in der Tradition des Wiener und Berliner Kreises in der analytischen Philosophie und im sogenannten Kritischen Rationalismus gepflegt wird, die Hermeneutik gänzlich in Frage, indem sie entweder als verkappte bzw. unexakte Form »vorläufiger« Hypothesenentwicklung und Erklärungsskizzierung der szientistischen Methodologie subsumiert oder als überständige Gestalt vor- und nichtwissenschaftlichen »theologischen« Denkens denunziert wird (vgl. ALBERT, Traktat; wesentlich wohlwollender GOMPERZ).
(d) Betti: Nicht zuletzt ist auf die Konzeption des italienischen Juristen Emilio BETTI hinzuweisen, der die »Hermeneutik als allgemeine Methodik der Geisteswissenschaften« (BETTI) konzipiert und sie in einer imponierenden Summe ausgearbeitet und vorgelegt hat. Neben dem Versuch der Formulierung allgemeiner Verstehensregeln verdient besonders seine Typologie einer auf Erkenntnis gerichteten, einer nachbildenden und einer nach Normen handlungsanleitenden Hermeneutik Beachtung.

B. Zur Systematik der Hermeneutik

I. Die architektonische Stellung der Hermeneutik

Die hier ungeklärte Lage macht einen Großteil der Schwierigkeiten des heutigen Hermeneutikproblems aus. Die Ansätze zu einer disziplinären Verselbständigung neben Logik, Rhetorik und Grammatik sind nicht zum Tragen gekommen. Ebenso ist der Versuch der Eingliederung in die Logik – oder eine der beiden anderen älteren Trivialdisziplinen – gescheitert. Da Logik und Grammatik – letztere als Gesamt der Philologien – sich zu Einzelwissenschaften verselbständigt haben, die Rhetorik aber seit langem stagniert, scheint es nicht unangemessen, die moderne Hermeneutikbewegung als eine Renaissance der Rhetorik in neuem wissenschaftstheoretischem Gewande zu deuten. Hierfür spricht auch, daß sie mit der Rhetoriktradition sowohl die formallogischen wie die inhaltlich-philologisch-grammatischen Bestände jener Disziplinen integriert.

Wie bei allen »Y-iken« überwiegt gegenüber den objektorientierten »X-ologien« auch bei der Hermeneutik der methodologische Charakter (vgl. GELDSETZER, Einleitung 11.). Sie hat daher kein bestimmtes und besonderes Objekt, sondern ist ubiquitär einsetzbar. Sie stellt Regeln auf und reflektiert auf deren Quellen, Anwendbarkeit, Effizienz und Grenzen.

Folgende Unterscheidungen erscheinen dabei als nützlich: Als *Hermeneutizismus* ist die metaphysische Verabsolutierung eines »hermeneutischen Philosophierens« anzusprechen, wie sie z. B. durch HEIDEGGER inauguriert wurde. *Hermeneutik* ist die (methodologisch orientierte) Disziplin des Umgangs mit sinnhaften Dokumenten. Als *hermeneutische Kanonik* kann man das für einzelne bestimmte Sinnbezirke entwickelte Regelgesamt der Auslegung bezeichnen. *Interpretation, Auslegung, Verstehen* (zuweilen auch nach älterem Sprachgebrauch: *Explikation*) heiße die sinnregional bestimmte, nach kanonischen Regeln ausgeführte Sinndeutung einzelner Dokumente. Leider wird für alles dieses oft unterschiedslos der Ausdruck »Hermeneutik« verwendet.

II. Die Typen der Hermeneutik

Die Typen der Hermeneutik sind: zetetische und dogmatische Hermeneutik. Die Rede von der allgemeinen oder gar universalen Hermeneutik verdeckt, daß es sich dabei um zwei verschiedene Typen des Umgangs mit sinnhaltigen Dokumenten handelt. Der eine ist auf die Erforschung (zetein = griech.: forschen) eines präsumptiven, unbekannten Sinnes von Dokumenten ausgerichtet; der andere auf die Anwendung eines immer schon bekannten und ad hoc näher fixierten Sinnes ausgezeichneter Dokumente (dogma) auf bestimmte Problemlagen und Fragen.

1. Die dogmatische Hermeneutik: Die dogmatische Hermeneutik entstand aus der Methodologie der Applikation dogmatischer Wissensbestände auf die disziplinaffinen Problemlagen der höheren Fakultäten. So sind *theologische* und *juristische Hermeneutik* ihre Muster geblieben, die es mit der Aufbereitung des Sinnes der heiligen Texte bzw. der geltenden Gesetze zum Zwecke der Beantwortung religiöser Sinnfragen und Gewissensfragen (die bekanntlich einst bis in die Fragen alltäglicher Lebensführung hineinreichten) und der Entscheidung von »Fällen« zu tun haben. Zu diesen tritt in der Neuzeit und bis heute mehr und mehr die *applikative* Dimension der *Lehre* in den → *Geisteswissenschaften* der Philosophischen Fakultät hinzu, die die einstige Anwendungsfunktion sprachlichen *Übersetzens* und Tradierens in den Philologien zugunsten der Didaktik und Pädagogik längst überwuchert hat.

In der religiösen Verkündigung, in der juristischen Fallentscheidung, in der Lehre und im Unterricht sowie beim Übersetzen kann es nicht (oder nur ausnahmsweise) zweifelhaft sein, was der Sinn des heiligen Textes, der Gesetze, der klassischen Textbücher oder der Wörter und grammatischen Figuren ist, denn dieser Sinn wird je und je durch die autoritativen Kommentare, die Präjudizien und die herrschende Lehrmeinung, das universitäre und schulische Curriculum und die angesehenen Wörterbücher und Grammatiken festgestellt und für verbindlich erklärt. Der Fachmann muß ihn kennen. Er liest die Bibel, das Gesetz, das Lehrbuch und die Klassiker, gar das Wörterbuch nicht, um ihn zu erforschen, sondern um sich seiner zu vergewissern. Sein Problem ist die Anwendung auf den Fall und die Konstruktion des Falles in dogmatikaffinen Kategorien. In der Konstruktion des Falles wird dieser immer schon im Lichte der Dogmatik interpretiert – die eigentliche dogmatische Interpretation – und damit gelöst, entschieden, beantwortet. In logischer Perspektive handelt es sich dabei immer um eine Subsumtion von Einzelnem (Fall) unter Allgemeines (Sinn des Gesetzes). Dabei spielen freilich Erfahrung und Takt die Hauptrolle, was nur durch Übung erreichbar ist. Dennoch wäre es falsch, daraus zu schließen, daß dogmatische Hermeneutik keine eigentümlichen

Regeln hätte. Sie bestehen eben darin, aufzuzeigen, wie man sich das nötige Wissen über die Dogmatik und die herrschende Lehrmeinung beschafft und wie man mit diesem Wissen umgeht; insbesondere: welchen Grad an Festigkeit und Sicherheit bzw. »Sinnoffenheit«, Bestimmbarkeit oder Vagheit, Hypothetizität oder Umstrittenheit dieses Wissen hat. Solches Wissen ist unter den Bedingungen der Wissenschaftsspezialisierung pädagogisch-didaktisches und curriculares Fachwissen geworden und hat insofern seinen hermeneutisch-kanonischen Charakter verschleiert. Um so mehr ist es geboten, sich daran zu erinnern, daß Studienpläne und Fachcurricula in hermeneutischer Perspektive nichts anderes als hermeneutische Canones zur Ertüchtigung des Wissensanwenders sind.
Die Humboldtsche »Einheit von Forschung und Lehre« und erst recht die neuerliche Devise vom »Forschenden Lernen« haben den eigentlich dogmatischen Charakter alles lehrbaren Wissens ziemlich unsichtbar gemacht. Und doch ist sich der gute Theologe, Jurist oder Lehrer dessen immer bewußt. Er weiß vor allem, was man als Gehalt des Evangeliums, der Gesetze oder einer Lehrmeinung gerade noch vertreten kann, ohne die Sache zu verleugnen oder den Sinn zu alterieren. Innerhalb dieser Grenzen aber fühlt er sich frei, diesen Gehalt ad hoc festzulegen, wie es gerade das zu lösende Problem oder die Fassungskraft des Schülers erfordert.
(a) Kanonische Spielräume: Die einzelnen Disziplinen haben sich jeweils besondere Regeln gegeben, um sich diese für die Anwendung erforderlichen *kanonischen Spielräume* – wie man sie nennen könnte – freizuhalten. Die Lehre vom vierfachen (oder vielfachen) Schriftsinn ist bei den Theologen berühmt. Die gleiche Funktion erfüllen in der Jurisprudenz die Lehre von der Alternative von »Willen des Gesetzgebers« bzw. »Sinn des Gesetzes« sowie die Lehre von der wahlweise deklarativen, restriktiven oder extensiven Rechtsauslegung. In der Philosophie lassen sich alle wichtigeren Begriffe gemäß der Interpretation der Klassiker schematisieren, so daß auch hier ein breites Spektrum von Bedeutungsnuancen für die Ad-hoc-Festlegung in der Lehre zur Verfügung steht. Entsprechendes gilt für das Begriffsarsenal der Wissenschaften überhaupt, nur wird diese Tatsache unter dem Eindruck falscher Exaktheits- und Eindeutigkeitsideale zu leicht übersehen oder verdrängt.
(b) Wahrheit ist nicht Kriterium: Ein weiteres – und nicht das geringste – Spezifikum dogmatischer Hermeneutik ist, daß sie *nicht unter Wahrheitskriterien* steht (wie die zetetische), sondern unter Kriterien der technischen Perfektion und Effizienz. Das heißt zunächst, daß sie »immer zum Zuge gelangt« (non-liquet[»nicht klar«]-Verbot), daß also eine dogmatische Auslegung eines dogmatisch gesicherten Textes zumindest mittels einer der möglichen Kanons erfolgreich sein muß, und dies bei Strafe des Verlustes der Kanonizität des Textes. Dies vorausgesetzt, ist jede dogmatische Auslegung nicht wahr oder falsch, sondern gut oder schlecht, fachgerecht oder stümperhaft, elegant oder überzwerch, geschickt oder umständlich und im Grenzfall noch zulässig oder unzulässig.
(c) Fachgebundenheit: Schließlich ist jede dogmatische Hermeneutik streng disziplinär bzw. *fachgebunden*. Ihre Regeln beziehen sich ausschließlich auf das Fach und seine affinen Anwendungsprobleme. Hier ist eine gewisse Borniertheit geradezu Tugend, und jede Fachüberschreitung – etwa zum Zwecke der Gewinnung neuer Auslegungsperspektiven – gilt für die Dogmatik als gefährlich. Der gute Theologe, Jurist und Lehrer »bleibt bei seinem Leisten« und verwässert nicht das Dogma, das Gesetz oder das Curriculum durch »Allotria«. Doch gilt dies nur für den dogmatischen Alltag, gleichsam die »normale Dogmatik«. Die Erweiterung der dogmatischen Canones (zumeist durch Übernahme zetetischer Interpretationsergebnisse) – quod licet Iovi, non licet bovi – ist allemal eine dogmatische Revolution und dient zum Schutz vor dogmatischer Erstarrung.
2. *Die zetetische Hermeneutik:* Die zetetische Hermeneutik ist demgegenüber die Methodologie der Erforschung des präsumptiven einen, genuinen und wahren Sinnes beliebiger Dokumente. Sie ist daher nicht anwendungsorientiert, sondern bleibt theoretisch.
Aus der dogmatischen Hermeneutik entstanden, setzt sie deren Regeln voraus und erweitert sie. Auch bei ihr stehen im Mittelpunkt die Regeln, die angeben, wie man sich das Wissen verschafft, das man zur Sinnerforschung benötigt. Dazu genügt jedoch kein einzelnes Fachcurriculum, sondern je nach Aufgabe braucht es deren viele oder alle und mehr. Zetetische Hermeneutik ist daher tendenziell *interdisziplinär* und universell: sie bedient sich dogmatischen Fachwissens als hypothetischer Wissensvorgaben, geht aber

nicht darin auf. Da es jedoch universale Curricula und enzyklopädisches Studium nicht (mehr) gibt, sieht es so aus, als gäbe es auch keine zetetischen Hermeneutikregeln, d. h., als bliebe alles der Genialität, dem Takt und der Divination überlassen. Aber der gegenwärtige Zustand der zetetischen Hermeneutik ist nur Ausdruck einer Verwilderung, ja eines Chaos spezialisierter und geradezu »zyklopischer« Fachstudienorganisation ohne philosophischen-zyklopädisches Band. Der gewiegte Forscher verschafft sich jedoch benötigtes Fachwissen ohne curriculares Studium außerhalb seines Faches: er fragt die Kollegen, er liest einschlägige Literatur, er verschafft sich Begriffsdefinitionen, er überprüft Theorien.

Von dogmatischen Interpretationsmöglichkeiten ausgehend oder diese durch neue Sinnantizipationen erweiternd, eliminiert die zetetische Interpretation alternative Deutungen zugunsten des wahren Sinnes. Sie steht daher unter Wahrheitskriterien. Das heißt zunächst, daß sie nicht immer Erfolg haben kann, sondern daß es auch Scheitern gibt (non liquet [»nicht klar«]). Dies entweder dann, wenn keine oder ungenügende Wissensvorgaben vorhanden sind (der Interpret ist zu dumm oder zu ungebildet) oder es kein einschlägiges Fachwissen gibt, oder dann, wenn alternative bzw. mehrere Interpretationen gleich wahrscheinlich sind. Als Wahrheitskriterium kommt nur ein Kohärenzkriterium in Frage: Diejenige Interpretation ist die wahre (natürlich respektive der falschen), die alles vorhandene einschlägige Wissen über das zu interpretierende Dokument in einen kohärenten – logisch und inhaltlich stimmigen – Zusammenhang bringt und so seinen Sinn konstruiert. Ein Korrespondenz-(oder Adäquatheits-)Kriterium der Wahrheit ist hier untauglich, weil es keinen Sinn »an sich« des Dokumentes neben und außerhalb des durch die Interpretation konstruierten Sinnes gibt, so daß zwei Sinne zu unterscheiden, zu vergleichen oder gar zu verschmelzen wären. Die zetetische Interpretation besteht somit in der Aufstellung von Hypothesen über Dokumente, die deren Sinn konstruieren und ihn zugleich mit (tendenziell) sämtlichem verfügbarem Wissen (den einschlägigen Theorien) in eine logisch kohärente Verbindung bringen. Die heute weithin geübte Methode der »logischen Rekonstruktion« des Sinnes von Texten betont mit Recht den formalen Aspektdieses zetetischen Unternehmens und hat das formale Instrumentarium für die Wahrheitsprüfung wesentlich bereichert. Die Bezeichnung ist jedoch insofern irreführend, als es sich – analog zur »historischen Rekonstruktion« – genaugenommen um »Konstruktion« handelt, die kein irgendwie geartetes »Original« von Sinn außer sich behält.

III. Interpretation in Logik, Mathematik und Naturwissenschaft

Die Rede von der Interpretation experimenteller Daten, statistischer Erhebungen, naturwissenschaftlicher Phänomene sowie von der Interpretation mathematischer oder logischer Formalismen und Systeme durch Modelle ist weit verbreitet. In der Tat besteht auch eine gewisse Kontinuität der Rede von der »interpretatio naturae« seit Augustinus bis heute. Gleichwohl hat das nicht zum Ausbau einer »naturwissenschaftlichen Hermeneutik« geführt.

Der Grund dafür dürfte in der neuzeitlichen »Entsinnlichung« der Natur liegen, die nicht mehr als Ausdruck und Manifestation göttlicher Sinnstiftung betrachtet, sondern als sinnleerer Realitätsbereich gerade vom sinnhaften Bereich der Kultur und der geistigen Phänomene unterschieden wird. → *Mathematik* und formale (extensionale) → *Logik* aber gelten seit der quadrivialen Zuordnung zur Naturwissenschaft als deren genuine Methodologie. Unter dem Eindruck solcher Denkgepflogenheiten ist dann auch die intensionale Logik – die doch gerade eine Lehre von Sinn und Bedeutung der Begriffe, Sätze und Kalküle ist – wie auch eine logizistisch begründete Mathematik nur ansatzweise unter hermeneutischen Aspekten analysiert worden (vgl. Husserl, 2, 23 ff.; Lipps; Bollnow, in Delius/Patzig; Naess; Trapp). Der Versuch dürfte sich heute mehr denn je lohnen.

Bei Logik und Mathematik als eigentlichen Geisteswissenschaften dürfte der Bezug zur Hermeneutik auf der Hand liegen. Bei den mathematischen Gleichungen oder in den logischen Formalisierungen geht es regelmäßig um Analoga sprachlicher Übersetzungen fixierten Sinns von einem bestimmten in andere bestimmte Darstellungs- und Ausdrucksdokumente »salvo sensu«. Die Interpretation formaler Systeme bzw. Kalküle durch inhaltliche bzw. anschauliche Modelle ist eine Anwendung ihres Singehaltes (eben der formalen Strukturen) auf den Inhaltssinn der Mo-

delle, wodurch deren Sinngehalt strikter fixiert wird (vgl. KOPNIN/POPOWITSCH, bes. Kap. 5; R. HEISS, in MARX, 7–21; HASSENSTEIN, in MARX, 100–123; KISIEL).
Was die Daten und Fakten der Naturwissenschaften betrifft, so sind sie freilich nicht interpretierbar, sofern man sie mit der Natur selbst identifiziert, denn diese hat per definitionem keinen Sinn. Wohl aber erhalten sie als Resultate artifizieller Arrangements und menschlicher Eingriffe in die Natur einen Sinn, den dann die Subsumtion unter die einschlägigen Theorien näher festlegt.
In allen diesen Fällen dürfte es sich um Verfahren einer – wie gesagt: noch unformulierten – dogmatischen Hermeneutik handeln. Denn es geht hier um Sinnapplikation, die unter den Kriterien technischer Richtigkeit und Perfektion, unter non-liquet-Verbot (Theorien sind zu exhaurieren! Der Übergang zu neuen Theorien bedeutet eine Krise der Dogmatik.) und unter dem Angebot alternativer oder mehrfacher Sinnstiftung (Variation der Bedeutung axiomatischer Grundbegriffe im Lichte von Basismetaphysiken, duale Deutungsmuster wie z. B. wellen- bzw. quantenmechanische Interpretation der mikrophysikalischen Daten, Konkurrenz klassischer und relativistischer Interpretation der kosmologischen Beobachtungsdaten usw.) stehen.

IV. Der hermeneutische Zirkel

Der hermeneutische Zirkel oder auch »Zirkel des Verstehens« ist eine in der neueren Hermeneutik vielfach verhandelte Thematik. Es war wohl der Schellingianer Friedrich AST, der zuerst ausdrücklich darauf hinwies, »daß nämlich das Einzelne nur durch das Ganze, und umgekehrt das Ganze nur durch das Einzelne verstanden werden kann«, und dies einen »Zirkel« nannte. Diese Beobachtung ist sicher zutreffend. Die alte philologische Unterscheidung von Sinn und Bedeutung (sensus und significatio) bei Sätzen und Kontexten sowie Wörtern gibt das klassische Beispiel dafür: Der Sinn eines Satzes bzw. eines Kontextes (des »Ganzen«) setzt sich aus den Bedeutungen der Wörter (des »Einzelnen«) zusammen. Die Bedeutung der einzelnen Wörter ist aber ihrerseits nur im Lichte des Gesamtsinnes zu bestimmen (auffällig besonders da, wo die Wörter selbst mehrere Bedeutungen besitzen). Und dieses Verhältnis setzt sich natürlich auf allen Stufen der Kontextualität bis zur Interpretation ganzer Kulturen und Zeitalter fort.

Die Frage ist, ob dies im logisch-methodologischen Sinne ein vitiöser oder gar perniziöser Zirkel ist, der die hermeneutische Erkenntnis grundsätzlich in Frage stellt, oder nicht; ob also jede Interpretation eine petitio principii darstellt, die zu Beweisendes voraussetzt und umgekehrt.
Daß dem so sei, wird vielfach, wenn nicht geradezu behauptet, so doch insinuiert. Daß dem nicht so sei, wird ebenso mannigfaltig darzulegen versucht. Berühmt ist HEIDEGGERS Version, die aus der Not eine Tugend machen möchte: »Dieser Zirkel des Verstehens ist nicht ein Kreis, in dem sich eine beliebige Erkenntnisart bewegt, sondern er ist der Ausdruck der existenzialen Vor-Struktur des Daseins selbst.« Er bleibe ein Zirkel, aber er sei unvermeidlich und gelte für jede Erkenntnisweise, erst recht auch naturwissenschaftliche und mathematische. »Das Entscheidende ist nicht, aus dem Zirkel heraus-, sondern in ihn nach der rechten Weise hineinzukommen« (HEIDEGGER, 153; vgl. SEEBOHM). Nach STEGMÜLLER handelt es sich überhaupt nicht um einen Zirkel, sondern um ein allgemeinwissenschaftliches »Dilemma«, das theoretisch zu einer »Mythologie« hochstilisiert worden sei (STEGMÜLLER in HÜBNER/MENNE; vgl. MARALDO).
Es scheint jedoch, daß die Rede vom Zirkel eine unzulässige logische Metapher darstellt und die Qualifikation als Dilemma dem Sachverhalt ebenfalls nicht gerecht wird. Das Verhältnis des Sinnganzen zum Bedeutungselement und vice versa ist ersichtlich kein logisches Verhältnis von Beweisgrund und Ableitung; und ebensowenig lassen sie sich als gleichwertige Lemmata unterscheiden und gegenüberstellen.
Vielmehr ist hier das Einzelne integrierender Bestandteil des Ganzen und das Ganze die Einheit des verschiedenen Einzelnen. Ihr logisches Verhältnis ist die Identität von Allgemeinem und Besonderem, d. h. die Zugehörigkeit des Einzelnen zur Extension des Allgemeinen und das Enthaltensein des Allgemeinen in der Intension des Einzelnen. Jede Interpretation stellt daher eine logische Subsumtion dar, bei der man sich der Identität des Allgemeinen und Besonderen versichert. Und in diesem Verfahren ist der Ausgang vom Allgemeinen zur Deduktion des Einzelnen oder der Ausgang vom Einzelnen zur Induktion des Allgemeinen nur eine Frage der beliebigen Perspektivenwahl, die zwangsläufig zum gleichen Ergebnis: der Aufstellung

einer artikulierten Theorie (bzw. Hypothese) führt. Als Theorie muß eine Interpretation nur logisch kohärent sein, d. h., sie muß als »zetetische« Interpretation in den Gesamtkontext des Wissens, als »dogmatische« in den Kontext der dogmatischen Bereichstopoi eingepaßt und auch in sich selbst stimmig sein. Dann läßt sie sich immer gleichsam von oben nach unten wie von unten nach oben darstellen und lesen. Ihr Entstehungszusammenhang mag dabei in der abwechselnden Perspektivenwahl von Deduktion und Induktion noch so sehr »zirkelhafte« oder auch »dilemmatische« Züge aufweisen – dies kommt bei jeder Hypothese und Theorieaufstellung vor –, für die logische Prüfung auf »zetetische Wahrheit« bzw. »dogmatische Güte« (was dem allgemeinen wissenschaftstheoretischen »Rechtfertigungskontext« entspricht) spielt dies keine Rolle.

Dies wird auch dadurch unterstrichen, daß sich aus dem Zirkelargument keine Widerlegung einer bestimmten Interpretation herleiten läßt. Im Gegenteil dient die »duale« Demonstrierbarkeit (nicht »Beweisbarkeit«) einer Interpretation vom Einzelnen zum Ganzen und umgekehrt gerade als Bestätigung. Eine zetetisch falsche bzw. dogmatisch schlechte Interpretation beruht in der Regel auf einer unzulässigen (reflektierenden oder bestimmenden) Subsumtion, d. h. der widersprüchlichen Verbindung eines unpassenden Allgemeinen mit dem jeweiligen Besonderen oder umgekehrt. Die daraus folgende Nichtidentität von Allgemeinem und Besonderem oder von Sinn und Bedeutung macht sich als Inkohärenz oder logische Widersprüchlichkeit bemerkbar. Die falsche bzw. schlechte Interpretation enthält genaugenommen zwei unverträgliche Theorien bzw. Hypothesen (oder Ansätze zu solchen), während sie eine einzige zu sein vorgibt.

Lutz Geldsetzer

Albert, H.: Traktat über kritische Vernunft. 1964, veränd. ⁴1980. – *Ders. (Hg.):* Theorie und Realität. Ausgew. Aufs. 1964, veränd. ²1972. – *Apel, K.-O.:* Das Verstehen. In: Archiv für Begriffsgeschichte 1, 1955. – *Ders. u.a.:* s. *Geisteswissenschaften.* – *Betti, E.:* Allgemeine Auslegungslehre als Methodik der Geisteswissenschaften. 1967. – *Ders.:* Die Hermeneutik als allgemeine Methodik der Geisteswissenschaften. 1962, ²1972. – *Boeckh, A.:* Enzyklopädie und Methodenlehre der philologischen Wissenschaften. 1877, ²1886 = 1966. – *Bollnow, O. Fr.:* Studien zur Hermeneutik. Bd. 1: 1982; Bd. 2: 1983. – *Ders.:* Das Verstehen. 1949. – *Bubner, R./Cramer, K./Wiehl, R. (Hg.):* Hermeneutik und Dialektik. Bd. 1; 2. 1970. – *Buchstabe und Geist.* Zur Überlieferung und Edition philosophischer Texte. 1986. – *Coreth, E.:* Grundfragen der Hermeneutik. 1969. – *Delius, H./Patzig, G. (Hg.):* Argumentationen. Festschrift für J. König. 1964. – *Diemer, A.:* Elementarkurs Philosophie. Bd. 2: Hermeneutik. 1977. [H] – *Dilthey* s. *Geisteswissenschaften.* – *Ebeling, G.:* Art. Hermeneutik. In: Die Religion in Geschichte und Gegenwart. 3. Aufl. Bd. 3. – *Gadamer, H.-G.:* Kleine Schriften. Bd. 1: ²1976; Bd. 2: ²1979; Bd. 4: 1977. [W] – *Ders.:* Philosophie oder Wissenschaftstheorie? In: *Holzhey, H. (Hg.),* Interdisziplinär. 1974. – *Ders.:* Wahrheit und Methode. Grundzüge einer philosophischen Hermeneutik. 1960, ⁴1975. – *Ders./Boehm, G. (Hg.):* Die Hermeneutik und die Wissenschaften. 1978. – *Dies. (Hg.):* Philosophische Hermeneutik. 1976. – *Geldsetzer, L.:* Einleitung [...]. 1975. [G] – *Ders.:* Art. Geistesgeschichte. In: *Ritter, J. (Hg.),* Historisches Wörterbuch der Philosophie. Bd. 3. 1974. [L] – *Ders.:* Logik. 1987. – *Ders.:* Logik der Interpretation. In: 9. Deutscher Kongreß für Philosophie. Düsseldorf 1969. Hg. von *L. Landgrebe.* 1972. – *Ders. (Hg.):* Series Hermeneutica I–V. In: *Ders. (Hg.),* Instrumenta Philosophica 1965 bis 71. – *Gerber, U. (Hg.):* Hermeneutik als Kriterium für Wissenschaftlichkeit? 1972. – *Göttner* s. *Geisteswissenschaften.* – *Gomperz, H.:* Interpretation. Logical analysis of a method of historical research. Den Haag 1939. – *Ders.:* Über Sinn und Sinngebilde. 1929. – *Gründer, K.:* Reflexion der Kontinuitäten. 1982. – *Habermas, J.:* Erkenntnis und Interesse. [Aufsatz] 1968. [W] – *Ders.:* Zur Logik der Sozialwissenschaften. 1967, stw 1985. [W] – *Heidegger, M.:* Sein und Zeit. 1927, ¹⁵1979. – *Henrichs, N.:* Bibliographie der Hermeneutik. ²1972. – *Hübner, K./Menne, A. (Hg.):* Natur und Geschichte. 1973. – *Hufnagel, E.:* Einführung in die Hermeneutik. 1976. – *Husserl, E.:* Logische Untersuchungen. (s. *Phänomenologie)* – *Kant, I.:* Kritik der reinen Vernunft. A = 1. Aufl. 1781; B = 2. Aufl. 1787. – *Kisiel, Th.:* Zu einer Hermeneutik naturwissenschaftlicher Entdeckung. In: Zeitschrift für allgemeine Wissenschaftstheorie 2, 1971. – *Kopnin, P. W./Popowitsch, M. W.:* Logik der wissenschaftlichen Forschung. 1969. – *Lipps, H.:* Untersuchungen zu einer hermeneutischen Logik. 1938, ⁴1976. – *Maraldo, J. C.:* Der hermeneutische Zirkel. 1974. – *Marx, W. (Hg.):* Verstehen und Auslegen. 1968. – *Naess, A.:* Interpretation and preciseness. Bd. 1. Oslo 1948. – *Nassen, U. (Hg.):* Klassiker der Hermeneutik. 1982. – *Ders. (Hg.):* Texthermeneutik. 1980. – *Pöggeler, O. (Hg.):* Hermeneutische Philosophie. 1972. – *Ricoeur, P.:* Hermeneutik und Psychoanalyse. (Aus dem Franz.) (1969) 1974. – *Ders.:* Hermeneutik und Strukturalismus. (Aus dem Franz.) (1969) 1973. – *Riedel, M.:* Verstehen oder Erklären? 1978. – *Rodi, F.:* Diesseits der Pragmatik. Gedanken zu einer Funktionsbestimmung der hermeneutischen Wissenschaften. In: Zeitschrift für allgemeine Wissenschaftstheorie 10, 1979. – *Schmucker-Hartmann, J.:* Logik des Verstehens. 1979. – *Seebohm, Th. M.:* Zur Kritik der hermeneutischen Vernunft. 1972. – *Seiffert, H. W.:* Untersuchungen zur Methode der Herausgabe deutscher Texte. 1963, ^{2}1969. – *Seiffert, H.:* Einführung in die Wissenschaftstheorie. Bd. 2. [E] – *Stegmüller, W.:* Probleme und Resultate der Wissenschaftstheorie und Analytischen Philosophie. Bd. 1–4. [H] – *Ders.:* Der sogenannte Zirkel des Verstehens. In: *Ders.*, Das Problem der Induktion. (1971) Der sogenannte Zirkel des Verstehens. (1974) WB 1975. Zuerst in *Hübner/Menne*. – *Szondi, P.:* Einführung in die literarische Hermeneutik. 1975. – *Ders.:* Hölderlin-Studien. Mit einem Traktat über philologische Erkenntnis. 1967, 1970. – *Trapp, R.:* Art. Exaktheit. In: *Braun, E./Radermacher, H. (Hg.)*, Wissenschaftstheoretisches Lexikon. 1978. [L] – *Wach, J.:* Das Verstehen. Bd. 1: 1926; Bd. 2: 1929; Bd. 3: 1933 = Bd. 1–3. 1966. – *Warnach, V. (Hg.):* Hermeneutik als Weg heutiger Wissenschaft. Ein Forschungsgespräch. 1971. – *v. Wright, G. H.:* Erklären und Verstehen. (Aus dem Engl.) (1971) 1974, ^{2}1984. – *Zöckler, Ch.:* Dilthey und die Hermeneutik. 1975.

Lutz Geldsetzer/H.S.

Historisch/systematisch

Einleitung. Zu den Begriffen

Die beiden Wörter »historisch« und »systematisch« sind Adjektive zu Substantiven, die beide in unserem Lexikon eigene Artikel erhalten haben (→ *Geschichtstheorie;* → *System, Systemtheorie*).

Ihre beiden Grundwörter, »Historie«/»Geschichte« und »System«, werden als solche nicht aufeinander bezogen; sie stehen neutral zueinander. Erst ihre Adjektive gehen eine merkwürdige Verbindung ein, indem sie sich zu einem Gegensatzpaar formieren. Das Paradoxe dieses Vorganges besteht darin, daß er ausgelöst wurde, weil seit dem 18. Jh. die *historische Methode* als wissenschaftliche Vorgehensweise neu entstand (→ *Geschichtstheorie*) – dieses Ereignis aber den scheinbar gar nicht berührten Begriff *»systematisch«* in ganz bestimmter Weise modifizierte.

»Systematisch« bedeutet ursprünglich einfach »nach Art eines Systems«, »geordnet (darstellend oder dargestellt)«, »planmäßig, folgerichtig (vorgehend)«, wie es uns auch in der Alltagssprache geläufig ist. Als dann aber das historische Bewußtsein und im Zusammenhang damit die historische Methode entstanden, bekam »systematisch« auf einmal den Beiklang eines Pendants, eines Gegenbegriffes zu »historisch« mit der Bedeutung »nicht historisch«, »ahistorisch«, »nur das Problem als solches ins Auge fassend, ohne Rücksicht auf die zeitlich-genetische Dimension«.

In vielen Zusammenhängen erhielt »systematisch« so etwas Schwebendes, Doppeldeutiges. So kann man die theologische Disziplin »Systematische Theologie« einerseits vorhistoristisch als »systemförmige Theologie« auffassen, andererseits aber auch als »direkt die Probleme angehende« Theologie, und zwar im Gegensatz zur »Historischen Theologie«, die die Dogmen geschichtlich beschreibt, statt selbst dogmatisch zu diskutieren.

In den → *Geisteswissenschaften*, insbesondere im Gefolge Diltheys, wurde es dann üblich, ausdrücklich so benannte »historisch/systematische« Abhandlungen bestimmter Probleme zu schreiben, indem das jeweilige Problem zunächst in seiner historischen Entwicklung und dann erst im Sinne der eigenen Auffassung des Autors dargestellt wurde.

Das Musterbeispiel einer solchen historisch/systematischen Darstellung ist die »Einführung in die Philosophie« von Nicolai Hartmann, die zunächst die wichtigsten Probleme der Philosophiegeschichte behandelt und dann mit den folgenden charakteristischen Worten zur systematischen Abhandlung der Philosophie überleitet: »An Hand der Kantischen Erkenntnisphilosophie sind wir schon tief in das Erkenntnisproblem hineingekommen. So bietet sich hier der Übergang zu einer systematischen Betrachtung [...]. Wir wenden uns damit dem heutigen Stand der Philosophie zu« (67) – also der Diskussion der Probleme, wie Hartmann selbst sie sieht und nicht, wie die bisher beschriebenen klassischen Philosophien sie sehen *(→ Philosophie)*.

A. Der Gegensatz »historisch/systematisch«

I. Historisches und systematisches Denken

Das Begriffspaar »historisch/systematisch« ist also erst anwendbar, seit es das historische Bewußtsein und die historische Methode (→ *Geschichtstheorie*) gibt. Erst seither kann man etwas »historisch« sehen und dadurch das »Systematische« vom Historischen als nicht mehr das schlechthin Selbstverständliche, sondern als etwas Besonderes absetzen.

Vor dem Beginn des historischen Bewußtseins war das gesamte Denken gewissermaßen von selbst »systematisch« – ohne daß man das wußte. Man hatte nicht die Möglichkeit, einen Gegenstand »historisch«, das heißt: als ihn selbst, objektiv vor sich hinzustellen, sondern massierte ihn sozusagen gleich in die eigene Denkwelt mit ein. Hierfür nur zwei Beispiele:
In früherer Zeit, insbesondere in der Antike, pflegten Philosophen die Lehren ihrer Vorläufer nicht »objektiv« um ihrer selbst willen darzustellen, sondern so, wie es ihnen in ihr eigenes Denksystem paßte. Ein Hof-Historiograph früherer Jahrhunderte stellte die politische Geschichte nicht »neutral« dar, sondern – auftragsgemäß – im Lichte der Interessen seines eigenen Fürstenhauses.
Noch heute ist der »systematische« Standpunkt für den normalen Alltagsmenschen der natürliche: Man sieht die Welt nicht objektiv, sondern im Lichte der eigenen Vorstellungen und Interessen. Man hat ein festgefügtes Weltbild, man weiß genau, was wahr und falsch, was gut und schlecht ist. Wer anderer Meinung ist oder auf andere Weise lebt, vertritt nicht andere – grundsätzlich ebenso berechtigte – Meinungen oder Lebensformen, sondern er hat unrecht und ist ein minderwertiger Mensch.
Der Alltagsmensch empfindet also das »systematische« Denken als das gleichsam »natürliche« Denken. »Systematisch denken« heißt demnach: Es liegt eindeutig fest, was als »wahr« und was als »falsch« zu gelten hat.

II. Historische und systematische Disziplinen
Wenn wir das Vorlesungsverzeichnis einer beliebigen Universität anschauen, dann werden wir bald feststellen, daß es – dem Gesagten entsprechend – zwei grundlegend voneinander unterschiedene Wissenschaftsgruppen gibt: die historischen Wissenschaften und die systematischen Wissenschaften.
Die *historischen Wissenschaften* beschäftigen sich mit Gegenständen, die nur in einer bestimmten historischen Ausprägung existieren und daher überhaupt nicht anders als historisch studiert werden können. Am eindeutigsten zu demonstrieren ist das auf dem Gebiet der *Kunst* als eines Gegenstandes der Wissenschaft: Es gibt keine Kunst oder Musik »an sich«, sondern nur konkrete Werke der Kunst oder Musik, die jeweils in einer geschichtlichen Situation entstanden sind und nur in der so geprägten besonderen Gestalt zu erfassen sind: als Malerei REMBRANDTS und PICASSOS, als Musik BACHS und BEETHOVENS. Man kann zwar Kunst- und Musikwissenschaft auch »systematisch« betreiben: etwa als Physik und Chemie der Modelliermaterialien oder der Malfarben, als Mathematik des Tonsystems oder als Akustik und so fort – aber das »Eigentliche« der Kunst und Musik läßt sich so nicht erfassen.
Eine ganz andere Fragestellung verfolgen jedoch die *systematischen Wissenschaften*. Sie gehen nicht von zu interpretierenden historischen Zeugnissen aus, sondern von einem jeweils aktuellen Problemzusammenhang, der immer auf die Form oder Formulierung gebracht werden soll, die der jeweiligen Gegenwart am angemessensten und richtigsten erscheint. Während für die geschichtlichen Wissenschaften die geschichtlichen Zeugnisse jeweils unüberholbare, durch ihr Alter nicht zu beeinträchtigende Werte darstellen (REMBRANDT, BACH), ist für die systematische Fragestellung die Geschichte nichts anderes als das Kabinett jeweils veralteter Fassungen des Systems oder einzelner Problemkomplexe oder auch von Einzelantworten auf Einzelfragen, die als solche nicht mehr interessieren. Für den Musikwissenschaftler ist die Betrachtung bestimmter Werke bestimmter Komponisten ein selbstverständlicher möglicher primärer Inhalt seiner Arbeit. Ein Mathematiker hingegen betrachtet nicht das Werk von GAUSS, um sich an dessen Genialität zu erbauen, sondern er schafft neue Mathematik.
Die Architekten und Bauingenieure beschränken sich nicht darauf, gegebene Bauwerke wie etwa das Ulmer Münster oder den Eiffelturm in ihrer Konstruktion zu interpretieren, sondern sie bauen selbst neue Brükken, Fernsehtürme, Olympiastadien. Die Mediziner bestaunen nicht Robert KOCH oder Ferdinand SAUERBRUCH als geniale Ärzte, sondern sie vollbringen selbst neue medizinische Leistungen.

III. »Wahrheit« in Kunst und Wissenschaft
Um diesen Unterschied zwischen historischen und systematischen Wissenschaften im hier gegebenen engen Rahmen klären zu können, vereinfachen wir das Problem insofern ein wenig, als wir als historische Wissenschaften nur die Kunstwissenschaften in Betracht ziehen. Dann können wir nämlich sagen: Der Unterschied zwischen historischer und systematischer Wissenschaft beruht im wesentli-

chen darauf, daß Kunst und Wissenschaft einen verschiedenen Begriff der *Wahrheit* haben.
Wie wir sahen, kann die Kunst nicht außerhalb ihrer geschichtlichen Zeugnisse existieren. Jedes Kunstwerk ist in einer bestimmten geschichtlichen Situation entstanden und aus ihr nicht ablösbar. Es kann nicht »systematisch« verstanden werden wie ein mathematischer Gedankengang, sondern nur aus dem Zusammenhang des Kunstwollens und der Kunstnormen, des »Stils« des jeweiligen Zeitalters (und gegebenenfalls seiner Gesellschaft). Die Kunst trägt jeweils ihre Wahrheit in sich selbst. Ein einfaches Beispiel hierfür sind Franz MARCS blaue Pferde. Der Sinn eines Bildes, auf dem solche Pferde dargestellt sind, läßt sich nicht am Wahrheitsbegriff der Wissenschaft messen. Der Satz »Es gibt blaue Pferde« ist – als Satz der Wissenschaft verstanden – eine falsche Aussage. Franz MARCS Bilder dagegen sind nach ihren eigenen Maßstäben »wahr«. In der Kunst kann es also viele »Wahrheiten« geben, die einander nicht ausschließen. REMBRANDT kann neben PICASSO bestehen, BACH neben BEETHOVEN, Ikonen neben chinesischer Tuschekunst.
Ganz anders die Wissenschaft: Sie muß – im übertragenen Sinne – wirklich danach fragen, ob der Satz »Es gibt blaue Pferde« wahr ist oder nicht. Die Lehren historischer Mathematiker werden nicht in ihrem Sosein betrachtet, sondern unbarmherzig auf ihre Wahrheit oder Falschheit im Lichte des gegenwärtigen Bewußtseins befragt.

B. Historische und systematische Wahrheit
Die Philosophie ist ein Bereich, in dem historische und systematische Fragestellung in sonderbarer Weise aufeinandertreffen.
Wie in vielen Disziplinen, so hielt auch in der Philosophie der Historismus (→ *Geschichtstheorie*) im 19. Jh. seinen Einzug. Während es bis dahin in der Philosophie eine selbstverständliche Vorstellung war, daß frühere philosophische Konzeptionen – oder, wie man damals sagte: Systeme – unvollkommen seien und man selbst daher erst die »wahre« Philosophie zu schaffen habe, gewann jetzt die Auffassung die Oberhand, Aufgabe der akademischen Philosophie sei zunächst die möglichst adäquate, hermeneutisch korrekte Erfassung (→ *Hermeneutik*) dessen, was frühere Philosophen gesagt hatten – wobei dann die Frage nach dem »gut« oder »schlecht«, dem »wahr« oder »falsch« dessen, was ein historischer Philosoph gesagt hatte, völlig entfiel. Der philosophische Historismus betrachtete also die Schriften der Meister nicht anders als Kunstwerke, die ihre Wahrheit jeweils in sich tragen (→ *Philosophie*). Betrachten wir ein Beispiel:

I. Kants »synthetische Urteile a priori«
In der Einleitung der »Kritik der reinen Vernunft« findet man die berühmte Behauptung KANTS, es gebe »synthetische Urteile a priori«, d. h. Urteile, »deren Wahrheit wir einzusehen vermögen, obwohl wir sie einerseits logisch nicht beweisen können [synthetisch], andererseits aber auch zu ihrer Stützung keine Beobachtungsdaten benötigen [a priori]« (STEGMÜLLER, XXVII). KANT führt für seine Behauptung auch Beispiele an, deren Erörterung hier allerdings zu weit führen würde.
Der historistisch denkende Philosoph nimmt nun KANTS Behauptung für bare Münze. Er stellt nicht ihren Wahrheitsgehalt in Frage, sondern bemüht sich lediglich, ihren gemeinten Sinn zu erfassen. Er sagt – cum grano salis – gleichsam: »Der große KANT kann nicht irren« – ganz in dem Sinne, wie der Musikhistoriker mit unbezweifelbarem Recht sagen kann: »In der Musik des großen BACH ist jede Note, so, wie sie ist, richtig.«
Ganz anders der systematisch denkende Philosoph, etwa der logische Empirist unseres Jahrhunderts, der KANTS Behauptung schlichtweg für falsch erklärt. KANT wird hier aus der pietätvoll konservierenden historischen Atmosphäre erbarmungslos in die Ebene gegenwärtiger systematischer Auseinandersetzung gezogen. Man fragt nicht mehr danach, wer KANT ist und wann er gelebt hat; man nimmt nur seine Meinung zu einem Problem als solche – als sei er der Kollege im Zimmer nebenan – und diskutiert ganz ungerührt darüber, ob sie richtig oder falsch ist; ja, man scheut sich nicht, schlankweg zu behaupten, KANT sei logisch und mathematisch ungenügend informiert gewesen, erreiche also den Standard heutiger Einsicht in diese Dinge nicht. Es gibt nur eine »Wahrheit«, und diese Wahrheit ist für unsere Zeit, für KANTS Zeit und für alle anderen Zeiten immer die gleiche; KANTS Aussagen können daher in keiner Weise »an sich selbst« gemessen werden, sondern nur daran, ob sie – absolut genommen – wahr oder falsch sind.
In diesem Zusammenhang spielt es keine Rolle, ob nun wieder andere moderne Philosophen den Empiristen die Richtigkeit ihrer

Argumente bestreiten und der Sache nach KANT wieder näher kommen. Denn diese Philosophen unterscheiden sich in der »systematischen« Art und Weise, wie sie an das von KANT aufgeworfene Problem herangehen, formal überhaupt nicht von ihren empiristischen Gegnern; sie wollen KANTS These nicht rechtfertigen, um KANT den ihm zukommenden Heiligenschein zurückzugeben, sondern weil sie sie – ohne Ansehen einer Person – für sachlich richtig halten.

II. Der Begriff der historischen Tatsache

Selbstverständlich sind die Begriffe »wahr« und »falsch« auch im Bereich der historischen Aussagen nicht einfach außer Kraft gesetzt. Das ergibt sich aus dem Begriff der historischen *Tatsache*. Eine historische Aussage ist nur und immer dann wahr, wenn sie mit den – quellenkritisch erhobenen – geschichtlichen Tatsachen in Übereinstimmung steht. Daher wären die folgenden historischen Aussagen eindeutig falsch: »Die *Kleine Nachtmusik* wurde von HAYDN geschrieben.« – »HEGEL veröffentlichte seine *Phänomenologie des Geistes* im Jahre 1799.« – »Eine Frauenkirche ist eine Kirche, die nur von Frauen betreten werden darf.« – »KANT hat gesagt: ›Es gibt keine synthetischen Urteile a priori.‹«

Nicht nur im systematischen, sondern auch im historischen Bereich gibt es also die Begriffe »wahr« und »falsch«. Aber: im historischen Bereich beziehen sie sich nur auf die Übereinstimmung mit quellenkritisch-hermeneutisch erhobenen Gegebenheiten, die wir nachträglich nur interpretieren, nicht aber ändern können; im systematischen Bereich hingegen beziehen sie sich auf Aussagen, die heute und hier, also aktuell, gelten sollen. Wir müssen daher zwischen historisch wahren Aussagen oder *historischen Wahrheiten* und systematisch wahren Aussagen oder *systematischen Wahrheiten* unterscheiden.

»KANT hat gesagt: ›Es gibt synthetische Urteile a priori‹« wäre also eine historisch wahre Aussage über einen Satz, dessen Urheber für ihn die systematische Wahrheit in Anspruch genommen hat.

Wir können zusammenfassen: Die Metaaussage »KANT hat gesagt: ›Es gibt synthetische Urteile a priori‹« ist eine *historisch wahre* Aussage genau dann, wenn KANT diesen Satz tatsächlich gesagt hat. Ob dagegen die Objektaussage: »Es gibt synthetische Urteile a priori« eine *systematisch wahre* Aussage ist oder nicht, ist nicht schon dadurch positiv entschieden, daß KANT diese Aussage tatsächlich getan hat – mag KANT auch ein noch so bedeutender Philosoph gewesen sein. Über die Wahrheit oder Falschheit dieser Objektaussage kann vielmehr lediglich die aktuelle Diskussion entscheiden.

»Historische« und »systematische« Wahrheit sind voneinander unabhängig. Das heißt: der Satz »KANT hat gesagt: ›Es gibt synthetische Urteile a priori‹« ist *historisch wahr* unabhängig davon, ob wir den Satz: »Es gibt synthetische Urteile a priori« als *systematisch wahr* anerkennen *oder nicht*. Und umgekehrt: der Satz »Es gibt synthetische Urteile a priori« bzw. »Es gibt keine synthetischen Urteile a priori« muß auf seine *systematische* Wahrheit oder Falschheit unabhängig von dem *historischen* Tatbestand geprüft werden, welche Aussage KANT selbst für wahr hielt.

III. Historisches und systematisches Denken im Vergleich

1. Einige Einzelbeispiele: (1) In einer wissenschaftlichen Darstellung vertreten Zitate und Referate dessen, was andere Autoren zu einem Thema gesagt haben, die *historische* Wahrheit. Solange der Autor andere Autoren zitiert, stellt er seine eigene Ansicht zurück. Er gibt nur wieder, was die anderen Autoren gesagt haben – mag er es nun billigen oder nicht. Er darf als Meinung eines anderen nur wiedergeben, was dieser wirklich gesagt hat, auch wenn der Referierende es für systematisch falsch hält. Die eigenen Ausführungen des Autors hingegen vertreten die *systematische* Wahrheit (bzw. Falschheit) – nämlich das, was er selbst nach bestem Wissen und Gewissen, nach eigenem Dafürhalten über eine Sache zu sagen weiß.

(2) Eindeutig »historisch« arbeitet der Übersetzer oder Redakteur. Er nimmt die Texte so hin, wie er sie bekommt – auch wenn er in vielem anderer Meinung sein mag als der zu übersetzende oder zu redigierende Autor. Aber in diesem Fall kommt es darauf an, den Text so herauszubringen, wie der andere es nach seinem Dafürhalten wünscht.

(3) Ein letztes Beispiel, in dem das Gemeinte vielleicht besonders plastisch deutlich wird: In unserem Alltag gibt es immer wieder kurzfristige (gedruckte) Informationen und (handschriftliche) Aufzeichnungen, die nur für kurze Zeit einen aktuellen Nutzen haben und dann »wertlos« werden. Beispiele wären etwa die Bahn-Kursbücher, die alle halbe Jahre wechseln, oder Notizkalender, in de-

nen Adressen stehen, die bekanntlich relativ schnell veralten und dann unbrauchbar werden. Wer das alte Kursbuch oder den Kalender mit überholten Aufzeichnungen wegwirft, handelt *systematisch:* ihn interessiert nur das aktuell Wahre. Gleichwohl wird nicht jedermann alte Kursbücher wegwerfen; denn sie können ja in künftigen Zeiten wertvolle Dokumente für das Streckensystem, die Fahrplanstruktur, die Fahrzeiten, die Zugarten in der heutigen Gegenwart (und künftigen Vergangenheit) sein. Mit welchem Interesse sehen wir uns heute ein Kursbuch von 1880 an! Ähnliches gilt für den Notizkalender: die aktuell uninteressante, überholte Adresse des Freundes bildet doch ein Zeugnis von dessen Lebensweg, das historisch interessant sein kann.

2. Ein Grundbeispiel – Architektur und Baugeschichte: Auf wissenschaftstheoretischer Ebene läßt sich der Unterschied zwischen dem historischen und dem systematischen Denken sehr treffend an den beiden Hochschulfächern »Architektur« und »Baugeschichte« zeigen.

Die Architektur ist ein systematisches Fach, in dem die Studenten lernen sollen, nach welchen heute aktuellen Gesichtspunkten man neue, noch nicht existierende Bauten errichten sollte. Die Baugeschichte hingegen ist ein historisches Fach, das sich damit beschäftigt, bereits vorhandene Bauwerke so zur Kenntnis zu nehmen, wie sie sind: sie zu vermessen, in ihrer Struktur zu begreifen, ihre Entstehungsgeschichte zu erforschen und so fort.

In der Architektur lernt man zum Beispiel, nach welchen Himmelsrichtungen welche Zimmer eines neu zu bauenden Wohnhauses zu legen sind: Schlafzimmer nach Osten, Wohnzimmer nach Süden oder Westen, nach Norden nur Neben- und Atelierräume. Der Bauhistoriker hingegen hat es nur mit Gebäuden zu tun, die bereits bestehen, also zum Beispiel mit mittelalterlichen oder barocken Bürgerhäusern. Er wird dann feststellen, daß hier die Raumdisposition keineswegs heutigen Normen folgt. Maßgebend ist nicht die Himmelsrichtung, sondern etwa die Lage zur Straße: »gute« Räume zur Straße, Nebenräume zum Hof. Es entsteht so ein klarer Widerspruch zwischen systematischer und historischer Aussage. Der Architekt sagt: »Das Wohnzimmer soll nach Süden oder Westen liegen.« Der Bauhistoriker sagt: »In historischen Häusern richtet sich der Grundriß nach der Lage zur Straße. Liegt die Straße im Norden, so liegt auch das Wohnzimmer im Norden.«

C. Historische Aussagen – systematische Aussagen – Normen

Hier wird allerdings deutlich, daß es zwei verschiedene Arten systematischer Aussagen gibt.

Aussagen wie »Zweimal zwei ist vier« oder »Jeden Morgen geht die Sonne auf« sprechen – genau wie eine historische Aussage – von *Tatsachen*, also von Sachverhalten, die bereits bestehen. Nur sind diese Tatsachen – anders als historische Tatsachen – immer und überall der Fall, sie sind »überzeitlich«. Eine systematische Aussage anderer Art ist die des Architekten: »Das Wohnzimmer *soll* nach Süden oder Westen liegen.« Diese Aussage bezieht sich auf einen Sachverhalt, der noch nicht verwirklicht ist; denn das Haus, in bezug auf welches sie getan wird, soll ja erst – nach ihrer Maßgabe – gebaut werden. Einen solchen Satz nennt man eine *Norm*.

Wir können also drei verschiedene Arten von Sätzen unterscheiden:

1. Historische Aussagen *	} = *Ist-Aussagen*
2. Systematische Aussagen	
a. Systematische Tatsachenaussagen *	
b. Normen	= *Soll-Aussagen*

Hierbei lassen sich also die historischen Aussagen (1.) und die systematischen Tatsachenaussagen (2.a.) wiederum zu den *Ist*-Aussagen zusammenfassen – gegenüber den Normen (2.b.) als *Soll*-Aussagen.

Für das Problem »historisch : systematisch« ist natürlich die Unterscheidung zwischen 1. und 2. die grundlegende. Der Unterschied zwischen Tatsachen (1. und 2.a.) und Normen (2.b.) gehört in die Modallogik (→ *Logik;* → *Modalität*).

Der Wohnhausbau liefert uns Beispiele für jede der drei Aussagenarten:

1. Historische Aussage:
   »Der Grundriß richtet sich nach der Lage zur Straße.«
2. Systematische Aussagen:
   a. Systematische Tatsachenaussage:
      »Die Nordwand eines Hauses bekommt sehr wenig Sonne.«
   b. Norm:
      »Das Wohnzimmer soll zur Sonnenseite hin liegen.«

D. Nicht billigen und nicht leugnen

Zwischen einer historischen und einer systematischen Aussage besteht in folgendem Sinne ein Widerspruch:

In der historischen Sicht können wir *nicht leugnen*, daß man früher die gute Stube zur Straße hin baute, *obwohl* dies unserer heutigen Norm für das Bauen widerspricht. In der systematischen Sicht müssen wir *nicht billigen*, daß man die gute Stube zur Straße hin baut, *obwohl* dies in früheren Zeiten der Fall war.

Das »Nicht leugnen« bedeutet die Aufforderung an uns, zur historischen Wahrheit zu stehen, auch wenn sie uns nicht paßt. Das »Nicht billigen« bedeutet die Aufforderung an uns, das zu verwirklichen, was wir für richtig halten, auch wenn andere Menschen (Zeiten, Gesellschaften, Gruppen) darüber anders denken.

Die Unterscheidung zwischen historischem und systematischem Gesichtspunkt ist kein Relativismus; denn sie betont ja, daß wir einen eigenen Standpunkt einnehmen können und müssen. Sie ist aber auch kein Dogmatismus; denn sie erkennt die Existenz auch solcher Lebenswelten und Lehrmeinungen an, mit denen der Betrachter sich nicht identifiziert. Was in der Geschichte geschehen ist, können wir nicht leugnen; aber andererseits müssen wir es auch nicht billigen. Aus dem Nichtleugnen dessen, was geschehen ist, erwächst die historische Fragestellung. Aus dem Nichtbilligen dessen, was gegeben ist, erwächst die systematische Fragestellung.

Hinsichtlich der Geschichte sind wir an das gebunden, was tatsächlich der Fall gewesen ist. Im Bereich unseres eigenen Denkens können wir prinzipiell selbst bestimmen, was der Fall sein soll. Die »systematische Wahrheit« ist insofern unserem eigenen Denken anheimgegeben, als wir nach eigenem Wissen und Gewissen entscheiden können und müssen, was wir als wahr gelten lassen wollen, ohne dabei an die Aussagen historischer Autoritäten gebunden zu sein. Denn diese Aussagen verpflichten uns nur historisch, nicht aber systematisch. Daß KANT die Existenz von synthetischen Urteilen a priori behauptet hat, sind wir genötigt festzustellen. Dagegen sind wir nicht genötigt, unsererseits die Existenz synthetischer Urteile a priori anzuerkennen, sondern wir können diese Frage nach bestem Wissen und Gewissen selbst entscheiden. Gelangen wir dann ebenfalls zur Anerkennung der Existenz synthetischer Urteile a priori, so nicht, um KANT unsere Reverenz zu erweisen, sondern weil uns eine selbständige systematische Überlegung dazu veranlaßt.

Diese Hinweise dürften genügen, um klarzumachen, daß die Trennung zwischen dem historischen und dem systematischen Gesichtspunkt so etwas wie *die Gewaltenteilung in der Erkenntnis* ist. Sie erlaubt uns und zwingt uns, sauber zwischen dem zu unterscheiden, was tatsächlich der Fall ist, und dem, was wir als unsere Wahrheit behaupten wollen.

Helmut Seiffert

v. Engelhardt, D.: Historisches Bewußtsein in der Naturwissenschaft. 1979. – *Hartmann, N.:* Einführung in die Philosophie. 1949, 7. Aufl. o.J. – *Kant, I.:* Kritik der reinen Vernunft. A = 1. Aufl. 1781; B = 2. Aufl. 1787 [hier zit.]. – *Klein, H.-D./Oeser, E. (Hg.):* Geschichte und System. Festschrift E. Heintel. 1972. – *Krämer, H.:* Grundsätzliches zur Kooperation zwischen historischen und systematischen Wissenschaften. In: Zeitschrift für philosophische Forschung 32, 1978. – *Rickert, H.:* Kulturwissenschaft und Naturwissenschaft. 1899 = 1927 = Olms in Subskr., RUB 1986. – *Seiffert, H.:* Einführung in die Wissenschaftstheorie. Bd. 2. Teil 2, Kap. 3. [E] – *Stegmüller, W.:* Hauptströmungen der Gegenwartsphilosophie. Bd. 1. [H] – *Weier, W.:* Geistesgeschichte im Systemvergleich. Zur Problematik des historischen Denkens. 1984. – *Windelband, W.:* Geschichte und Naturwissenschaft. 1894. In: *Ders.*, Präludien. Bd. 2, [9]1924.
Vgl. auch die Literaturverzeichnisse zu den Artikeln: *Geisteswissenschaften, Geschichtstheorie, Philosophie, Wissenschaftssoziologie.*

Helmut Seiffert

Ideologie

zu griech. idéa, eĩdos: Aussehen, Urbild, Idee

A. Definition

I. Heutiger Sprachgebrauch

Ideologie ist der Begriff, den man heutzutage in der Regel dazu benutzt, um politische Weltanschauungen zu kennzeichnen. Die Grenzen für die Anwendung des Begriffs sind unscharf: auf der einen Seite bezeichnet man Parteiprogramme demokratischer Parteien in unseren Staaten noch nicht als Ideologien, auf der anderen Seite verwendet man den Begriff auch nicht dazu, um philosophische Weltanschauungen überhaupt zu charakterisieren. Man kann sagen, daß es im politischen Sprachgebrauch heute üblich geworden ist, mit dem Begriff »Ideologie« diejenigen Auffassungen zu bezeichnen, die sich auf *politisch-ethische Grundwerte staatlicher Verfassungen* beziehen. So sagt man, es gebe eine Ideologie des marxistischen Kommunismus als politische Weltanschauung, welche die staatliche Verfassung kommunistischer Staaten legitimiert. In vergleichbarer Weise spricht man auch von einer Ideologie der liberalen Demokratie, um zum Ausdruck zu bringen, daß auch dies eine Staatsform ist, die auf bestimmten politischen und sozialen Grundwertvorstellungen fußt. So, wie der Begriff heute gebraucht wird, kann man sagen, daß es in einem politisch und wertend *neutralen* Sinn geschieht. Es handelt sich um eine deskriptiv gemeinte Bezeichnung, deren Sinn allein durch den Bedeutungsbereich aktueller politischer Weltanschauungen eingegrenzt wird.

II. Ursprünglicher Sprachgebrauch

Diese wertneutrale Verwendung des Begriffs »Ideologie« ist jedoch neueren Datums. Der Begriff ist *ursprünglich* einmal als *normativ-wertender* Begriff in die Welt gesetzt worden, ein Umstand, der auch heute noch im Sinn seiner personalisierten Form – im Begriff des »Ideologen« – nachschwingt. Auch heute bezeichnet man mit dem Wort »Ideologe« nicht einfach jemanden, der sich als Anhänger eines bestimmten Staatsverständnisses – eines liberal-demokratischen oder eines marxistisch-kommunistischen – zu erkennen gibt; man versteht darunter – mit offenbar negativem Beigeschmack – einen Menschen, der etwa im politischen Wahlkampf anderen Leuten ihren Realitätssinn durch hetzerisch oder utopisch gemeinte Wunschversprechungen auszutreiben sucht. Und auch der Begriff »Ideologie« hat seit seiner Erfindung die längste Zeit hindurch einen wertenden Sinn gehabt, wenn auch nicht den eindeutig negativen, der im heutigen Wortgebrauch des »Ideologen« steckt.

B. »Ideologie« vor Marx

I. Das neuzeitliche Wissenschaftsverständnis

Der Sache nach ist der Ideologiebegriff eng mit der Entstehung des neuzeitlichen Wissenschaftsverständnisses verbunden. Wie läßt sich das Wissenschaftsverständnis, das sich in der europäischen Kultur ungefähr seit dem 16. Jh. entwickelt hat und das zu einer folgenreichen Umgestaltung unseres Weltbildes und zu einer tiefgreifenden Veränderung der gesellschaftlichen und wirtschaftlichen Verhältnisse geführt hat, einigermaßen allgemein umreißen? Ich glaube: am ehesten dadurch, daß man die neugewonnene *Wissenschaftlerfreiheit* als eine Individualfreiheit herausstellt und indem man die *empirische Methode* nennt als den Inbegriff aller systematisch angestellten Verfahren zur Befragung der Natur. Beide wurden zu Postulaten, die sich im 16. Jh. zugleich gegen herrschende Traditionen richteten: im Fall der Wissenschaftlerfreiheit gegen die Lehrautorität der christlichen Kirche, im Fall der empirischen Methode gegen das essentialistische Weltbild der mittelalterlichen Philosophie und Theologie – letzteres deshalb, weil die empirische Methode den Wirklichkeitsbegriff von der Annahme allein dem Denken zugänglicher allgemeiner Wesenheiten auf die sinnlich wahrnehmbare Welt »gegebener« Singularitäten übertrug. Das neue Wissenschaftsideal wurde sehr schnell in den Rang eines normativen Maßstabes für Rationalität überhaupt erhoben. Daß es sich bei dieser Auseinandersetzung nicht bloß um den Streit zwischen weltanschaulichen Richtungen bzw. zwischen Intellektuellenparteien gehandelt hat, macht noch heute der Hinweis auf das Schicksal Galileo Galileis und Giordano Brunos deutlich. Der Kampf um die geistigen Einstellungen der Menschen war schon immer ein politischer Kampf, denn er entschied stets über die herrschenden Legitimationsformen politischer Machtausübung. Insofern war auch der Kampf um die Durchsetzung des neuzeitlichen Wissenschaftsverständnisses von Anfang an gleichbedeutend mit dem Einsatz für ein neues politisches Prinzip, dasjenige der Individualfreiheiten des politischen Liberalismus. Und die Kritik an der mittelalterlichen Theologie und Philosophie, die im Namen der neuen Wissenschaftsauffassung vorgetragen wurde, verband sich im politischen Rahmen mit dem Kampf gegen die gesellschaftlichen und staatlichen Institutionen des Feudalismus. Aber der entscheidende Bezugspunkt der Auseinandersetzung war nicht ein politischer, sondern ein philosophischer: die Suche nach der Wahrheit. Denn nur aus der Überzeugung, daß die individuelle Wissenschaftlerfreiheit und die Verwendung empirischer Methoden den besseren Weg zur Wahrheit weisen, hat man die Auflehnung gegen traditionelle Autoritäten in Philosophie, Wissenschaft und Politik gerechtfertigt.

II. Francis Bacon und Destutt de Tracy

Derjenige Philosoph, der in dieser Absicht das neuzeitliche Wissenschaftsverständnis philosophisch und propagandistisch vertrat, war Francis BACON. Er hat mit seinem Begriff des »Idols« den der Ideologie vorgeprägt. Idole waren für ihn falsche Grundauffassungen der Menschen in sozialer, philosophischer und politischer Hinsicht. Falsche Auffassungen dieser Art werden nach BACON in der Regel durch Tradition und gesellschaftliche Vorurteile, die sich im Bewußtsein der Öffentlichkeit bilden, bewirkt. Der Maßstab für das »richtige« Bewußtsein ist ihm zufolge empirisch überprüfbares Wissen.

Auf BACONS Begriff des Idols geht der Begriff der Ideologie zurück, der in der vorrevolutionären Phase der französischen Aufklärer von DESTUTT DE TRACY entwickelt wurde. In Anlehnung an die sinnesphysiologische »Erklärung« des menschlichen Denkens wendet sich DESTUTT DE TRACY religions- und metaphysikkritisch gegen Auffassungen, in denen tradierte Autoritäten die Rolle der ausschlaggebenden Legitimationsquellen bilden. Er ist einer der philosophischen Vertreter der französischen *Aufklärung*, die deren ideenpolitisches Programm unter Berufung auf das neuzeitliche empirische Wissenschaftsideal mitformuliert haben. Er gilt als der eigentliche Erfinder des Begriffs der Ideologie in seiner modernen Bedeutung.

C. »Ideologie« bei Marx und Engels

Unser moderner Gebrauch des Begriffs geht aber zweifelsohne auf Karl MARX und Friedrich ENGELS, die philosophischen und wissenschaftlichen Begründer des sozialistischen Kommunismus, zurück. Im *Marxismus* des 20. Jh. hat man sich allerdings der neutralisierten Verwendung des Ideologiebegriffs angeschlossen. Man versteht ihn auch hier weitgehend als *wertneutralen* Kennzeichnungsbegriff für politische Weltanschauungen der verschiedensten Art. Man bezeichnet selbst die eigene, nämlich die marxistische Weltanschauung in der Regel als eine Ideologie. Diesen Sinn hatte der Begriff bei MARX und ENGELS *nicht*. (Er wurde von MARX in der Phase übernommen und weiterentwickelt, in der er mit Friedrich ENGELS zusammenarbeitete.) Man kann MARX' Begriff der Ideologie mit einer Kurzformel definieren als »notwendig falsches Bewußtsein«.

I. Der Marxsche Ideologiebegriff

1. »Falsches Bewußtsein«: MARX (und mit ihm ENGELS) versteht unter »falschem Bewußtsein« nun nicht Theorien, Meinungen und Auffassungen, die man nach normalen Maßstäben als falsch bezeichnen würde (»falsch« nach Maßgabe der üblichen Unterscheidung zwischen wahren und falschen Aussagen). Das ist ein wichtiger Hinweis, weil MARX den klassischen Maßstab des Ideologiebegriffs, das Postulat der Wissenschaftlerfreiheit und die Parteinahme für die empirische Methode, in einem entscheidenden Punkt abändert. Für ihn wird zum positiven Maßstab der Bewertung von Theorien und anderen philosophischen Aussagesystemen eine ganz bestimmte – von ihm als »materialistisch« ausgegebene – Anthropologie. Das neuzeitliche empirische Wissenschaftsverständnis rückt für ihn selbst noch in die Reihe derjenigen theoretischen Behauptungen über die Welt, die nach Maßgabe seines neuen Kriteriums dem Verdacht ausgesetzt sind, »ideologisch« zu sein. Wie sieht sein neuer anthropologischer Maßstab aus? MARX geht davon aus, daß die den menschlichen Wesen angemessene Lebensform in Verhaltensweisen besteht, in denen körperliche und geistige Tätigkeiten noch nicht auseinandergetreten sind. Für unseren Zusammenhang ist es sekundär, ob man sich unter dem Marxschen anthropologischen Ideal – sowohl geschichtlich als auch im Hinblick auf seine mögliche Verwirklichung – etwas Sinnvolles vorstellen kann. Wir wollen lediglich festhalten, daß seine mehr oder weniger »metaphysische« Grundauffassung vom »Wesen des Menschen« in ihrem Kern durch eine derartige Auffassung von einer »Einheit von körperlicher und geistiger Arbeit« geprägt ist. Beeinflußt durch Gedanken Jean-Jaques ROUSSEAUS, teilt er die Meinung, daß die europäische Zivilisation im Grunde seit der Antike als eine Art Abfall von der »ursprünglichen« Natur des menschlichen Wesens zu interpretieren sei. Das ist der Grund, warum MARX auch diejenigen philosophischen und wissenschaftlichen Theorien bzw. theoretischen Grundeinstellungen als »ideologisch« – und zwar im abwertenden Sinn des »falschen Bewußtseins« – kritisiert, für die die Kriterien für Rationalität im »Innenbereich« der »geistigen Tätigkeit« allein angesiedelt sind. Nach MARX sind Theorien und philosophische Lehren in dem Maße wahr, in dem sie ein Bewußtsein davon darstellen, daß die »Aufhebung« der »naturwidrigen« Trennung von geistiger und körperlicher Arbeit das »richtige« Ziel der Menschheitsgeschichte als Geschichte der Gattung ist. »Ideologisch« ist ihm zufolge also auch ein »Bewußtsein« (mit diesem Begriff bezeichnet MARX Aussagensysteme aller Art, wissenschaftliche, philosophische, politische), welches im Rahmen der politischen Philosophie die angestrebte Verbesserung der gesellschaftlichen Umstände entsprechend der Tradition der Aufklärung von einer Art Umdenken der Menschen erwartet. In dem mit F. ENGELS gemeinsam verfaßten Buch »Die deutsche Ideologie« (1845/46) macht MARX diesen Vorwurf den meisten der ihm nahestehenden Philosophen seiner Zeit. Es sind dies die bekanntesten Vertreter des deutschen Linkshegelianismus, Ludwig FEUERBACH, Max STIRNER und Bruno BAUER. Ihnen hält er vor, daß sie erkannt hätten, daß die falschen Auffassungen der Menschen, die sie kritisierten, nicht in deren Köpfen zustande gekommen seien, sondern allein als Reflexe der gesellschaftlichen Umstände, in denen sie jeweils lebten. Wenn man aber die falschen gesellschaftlichen und philosophischen Ideen der Menschen als Reflexe ihrer gesellschaftlichen Umwelt verstehe, dann reiche es nicht, wenn man die Kritik nur gegen die Ideen richte. Wenn z. B. FEUERBACH im christlichen Bild von Gott die »entfremdete« Form eines »wahren« Menschenbildes sehe, dann sei es absolut unzureichend, es bei dieser kritischen Einsicht zu belassen, indem man die Menschen lediglich dazu auffordere, sich künftig entsprechend der »wahren« Ansicht zu verhalten. Man müsse vielmehr – so MARX – diese geistig-theologische Entfremdung als einen Spezialfall der viel allgemeineren gesellschaftlichen Entfremdung sehen. Und die gesellschaftliche Entfremdung bestehe nicht in falschen Theorien über die Gesellschaft, sondern in einem falschen Zustand der Gesellschaft, einem Zustand, in dem sich die Gesellschaft als falsch organisiert erweist. Damit kommt ein weiteres Begriffsverhältnis ins Spiel, welches im Rahmen des Marxschen Verständnisses der Ideologie eine wichtige Rolle spielt und das durch ihn auch zu erheblicher Popularität gekommen ist: das Verhältnis *Überbau-Unterbau.* Zum »Unterbau« gehört nach MARX alles, was auf einer bestimmten historischen Entwicklungsstufe der Menschheit die *ökonomische* Struktur der Gesellschaft bestimmt. Zum »Überbau« gehören die jeweiligen philosophischen, juristischen, religiösen und allgemein auch die wissenschaftlichen Auffassungen. Das Verhältnis Überbau-Unterbau soll nun so verstanden werden, daß der Überbau eine adäquate bzw. nicht-adäquate Spiegelung der Verhältnisse des Unterbaus darstellt. Im Fall einer nicht-adäquaten Spiegelung des ökonomischen Unterbaues im Überbau spricht MARX von »falschem Bewußtsein« bzw. von Ideologie.

2. *»Notwendig falsches Bewußtsein«:* Warum hat MARX den Terminus »falsches Bewußtsein« noch durch das Attribut »notwendig« erweitert? Die »Notwendigkeit« bezieht sich auf eine bestimmte Qualität der Stufen des Geschichtsprozesses, den die Menschheit im Laufe ihrer Entwicklung durchzumachen hat. Nach MARX ist jede Entwicklungsstufe durch ein bestimmtes Niveau in der Entwicklung der Produktivkräfte gekennzeichnet. Zu jedem historischen Stand der Produktionsverhältnisse gehört eine bestimmte Form des »gesellschaftlichen Bewußtseins« als »Überbau«. Diesen Zusammenhang kennzeichnet MARX mit dem Prädikat »notwendig«. Ideologien im Sinn des »falschen Bewußtseins« sind ihm zufolge insofern »notwendig«, als sich darin derjenige Stand der Produktionsverhältnisse spiegelt, welcher zu der jeweils gegebenen historischen Phase der Menschheitsgeschichte gehört. Und sofern die Menschheitsgeschichte bisher immer noch unter der Herrschaft der Trennung von körperlicher und geistiger Arbeit steht, kann es in den Überbau-Formen kein »wahres Bewußtsein« geben. So ist z. B. die Theologie (MARX denkt dabei an die christliche) ein hervorragendes Beispiel eines »falschen Bewußtseins« seiner Zeit, weil sie den historischen Stand der Trennung von körperlicher und geistiger Arbeit wiedergibt, auf dem die Menschen nicht erkennen können, daß sie ihr kollektives wie individuelles Schicksal selbst nach Maßgabe der normativen Grundidee einer Einheit von körperlicher und geistiger Arbeit gestalten. Es bedürfe einer revolutionären Umgestaltung des ökonomischen Unterbaus, damit ein historischer Stand der Menschheitsentwicklung erreicht werde, welcher der Idee angemessen sei, die die menschheitliche Selbstbestimmung in einem kollektiven Ausmaß zum Inhalt hat. Nach MARX hat das »falsche Bewußtsein« jedoch nicht bloß den Charakter, den jeweiligen Stand der Produktionsverhältnisse zu spiegeln. Es dient darüber hinaus jeweils der Klasse, die unter der Bedingung gegebener Produktionsverhältnisse den größten

Vorteil davon hat, zur Legitimierung bzw. Rechtfertigung ihrer Herrschaftsinteressen.

II. Bewertung des Marxschen Ideologiebegriffes

Auch wenn man berücksichtigt, daß die Ausdrücke »wahr« und »falsch« bei MARX nicht die normale Bedeutung haben, kann man feststellen, daß er eine wichtige Erkenntnis zum Ausdruck bringt. Durch das Begriffsverhältnis Überbau-Unterbau hebt er die immense Bedeutung des ökonomischen Bereichs für die Geschichte der Neuzeit hervor. Er hat richtig gesehen, daß die Verhaltensformen der europäischen Menschen etwa seit dem 16. Jh. zunehmend durch die Entwicklung in Richtung auf den ökonomischen Kapitalismus geprägt wurden. Es ist dies eine Entwicklung, die zusammenfällt mit der Entstehung der liberalen Denk- und Handlungsfreiheiten. Die Herauslösung der einzelnen Menschen aus ihren mittelalterlichen traditionellen Bindungen in Familie, Gemeinde und Staat setzte, über einen historischen Zeitraum von etwa dreihundert Jahren verteilt, zugleich enorme produktive Fähigkeiten frei, die sich in erster Linie in Wissenschaft, Technik und Wirtschaft zeigten. Zur Richtschnur des Verhaltens der einzelnen wurde zunehmend der individuelle Nutzen.

Ihm lag und liegt stets eine egoistische Wertorientierung zugrunde, die von Anfang an in einem Gegensatz zur offiziellen Moral stand, die seit alters eine Gruppenmoral und aufgrund der europäischen Tradition hauptsächlich vom Christentum geprägt war. Es ist ohne Frage so, daß speziell die bedeutenden Philosophen der Neuzeit von DESCARTES bis zu den Vertretern des Deutschen Idealismus sich mit der neuzeitlichen Bedeutung des Wirtschaftlichen nicht auseinandergesetzt haben. Man kann sagen, daß sie von ihrer philosophischen Interessenlage her bis zu Beginn des 19. Jh. eingebunden waren in die Tradition der klassischen Themenbereiche, die von der antiken und der mittelalterlichen Philosophie vorgegeben waren. Der Mangel an Interesse für die neuentstandene Wichtigkeit des ökonomischen Bereichs ist nicht bloß bei den neuzeitlichen Philosophen auszumachen. Die Wissenschaft der Ökonomie ist selbst eine relativ späte Entwicklung des europäischen Geistes, spät relativ zur historischen Entwicklung des ökonomischen Kapitalismus. Im Grunde handelt es sich um ein Mißverhältnis, welches bis in unsere Gegenwart hinein besteht: um das Mißverhältnis zwischen der realen Bedeutung des wirtschaftlichen Faktors und seiner moralisch-ethischen Einschätzung im Bewußtsein der Öffentlichkeit. Auch heute hat man in Philosophie und Literatur weitgehend ein abwertendes Verhältnis zum Bereich des ökonomischen Handelns und Verhaltens – speziell zu der dahinterstehenden egoistischen Nutzen-Ethik –, obwohl man mittlerweile – und nicht zuletzt durch MARX – sich hat darüber belehren lassen, daß die wirtschaftliche Basis im Zweifelsfall unsere philosophischen und wissenschaftlichen Einstellungen mitbedingt. MARX selbst ist ein Kronzeuge dafür, wie schwer es fällt, den mit der Einsicht in die neuzeitliche Bedeutung des Wirtschaftlichen verbundenen Geist eines »geregelten Egoismus« entsprechend zu akzeptieren, denn er war derjenige ökonomische Theoretiker des 19. Jh. der seine Verdammung der kapitalistischen Wirtschaftsformen am nachdrücklichsten mit Argumenten aus der Tradition der altruistischen Moralauffassung begründet hat. Ihm gebührt aber das Verdienst, mit seinem Ideologiebegriff und speziell dem Begriffsverhältnis Überbau-Unterbau die neuzeitliche Bedeutung des Wirtschaftlichen gegenüber den anderen, rein theoretischen Interessen der Wissenschaftler und Philosophen hervorgehoben zu haben. Der kritische Kern der Überbau-Unterbau-Relation liegt m. E. darin, daß die fest in der europäischen Tradition verwurzelte – und wie ich meine: scheinheilige – Geringschätzung des Ökonomischen dadurch revidiert wird. Es ist offensichtlich, daß MARX seinen Begriff der Ideologie – und damit auch das Verhältnis Überbau-Unterbau – in den entscheidenden Punkten anders verstanden wissen will. Sein Verständnis enthält jedoch große Schwächen. Da ist zunächst kritisch darauf hinzuweisen, daß MARX nicht sieht, daß die jeweilige ökonomische Basis einer bestimmten historischen Epoche der Menschheitsgeschichte (der Unterbau) uns auch nur auf dem Weg über bestimmte ökonomische *Theorien* bekannt sein kann. Wie MARX die Kriterien für seinen Begriff des Überbaus gewählt hat, lassen sich ökonomische Theorien genausogut auch zum Überbau rechnen, und zwar schlicht deshalb, weil es sich um Theorien handelt, die zum kulturellen Umfeld einer bestimmten historischen Epoche ebenso gehören wie die philosophischen, juristischen oder religiösen. Und ob man sich auf die richtige ökonomische Theorie bei der

Erklärung von »Überbau«-Phänomenen bezieht oder nicht, ist eine Frage, die man nicht nach Art von MARX auf dem Weg über weltanschauliche Präferenzen lösen kann, sondern allein durch innerwissenschaftliche Klärung gemäß akzeptierter Kriterien für wissenschaftliche Rationalität. Ein weiterer kritischer Punkt betrifft MARX' Voraussetzung einer normativen Anthropologie, d. h. jener Annahme von einer »ursprünglichen Einheit des Menschen«, die durch die Ungetrenntheit der verschiedenen Arbeitsvorgänge charakterisiert sein soll. MARX hat diesen seinen Maßstab für den Ideologiebegriff nie ausdrücklich zum Gegenstand einer normativ-ethischen Diskussion gemacht. Das müßte man aber tun, denn bevor man ihn akzeptiert, müßte man sich über die Wünschbarkeit einer Gesellschaft geeinigt haben, deren wichtigstes Kennzeichen in der modernen Arbeitsteilung liegen soll. Eine derartige normative Diskussion könnte aber gerade zu dem Ergebnis kommen, daß entscheidende Fortschritte der europäischen Zivilisation das Ergebnis der Entwicklung zu arbeitsteiligen Produktionsprozessen sind.

D. Mannheims Wissenssoziologie

In diesem Jahrhundert ist der Ideologiebegriff nicht bloß in die Sprache der Politik eingewandert, sondern über Einflüsse, die vom Marxismus her generell auf die Sozialwissenschaften eingewirkt haben, in den Begriffsapparat bedeutender soziologischer Schulen. In erster Linie ist die *Wissenssoziologie* Karl MANNHEIMS zu nennen. MANNHEIM hat zwar nicht den anthropologischen Maßstab des Marxschen Ideologiebegriffs in seinen eigenen übernommen; er hat aber den von MARX herausgestellten Gesichtspunkt, daß Theorien, die als Überbau-Phänomene zu klassifizieren sind, gesellschaftliche Machtansprüche spiegeln, ins Extrem getrieben. In der Verlängerung von skeptischen Folgerungen NIETZSCHES geht MANNHEIM davon aus, daß es absolut scheinhaft ist, an die Möglichkeit wissenschaftlicher Wahrheit zu glauben. Für ihn drücken alle wissenschaftlichen, philosophischen und religiösen Theorien und Auffassungen Machtinteressen gesellschaftlicher Gruppen aus. Er meint dies nicht einmal wie MARX als eine kritische Feststellung, sondern er sieht darin sogar positiv den Sinn wissenschaftlicher Theoriebildung. Man könne aber Theorien so lange nicht verstehen, wie man sie abblende von ihren gesellschaftlichen Motiven. Die Wissenssoziologie soll diejenige Wissenschaft sein, die den Zusammenhang zwischen den theoretischen Aussagen in bestimmten Wissenschafts- und Weltanschauungsbereichen mit den zugrundeliegenden gesellschaftlichen Interessen wiederherstellt. Sie hat mit dieser Auffassung entscheidenden Anteil an der Neutralisierung des Wortgebrauchs, die, was den Begriff der Ideologie angeht, in unserer Gegenwart vorherrschend geworden ist. Gegen das Mannheimsche Verständnis des Ideologiebegriffs kann man im Grunde kritisch nur einwenden: Die Wissenschaft macht sich philosophisch wie gesellschaftlich überflüssig, wenn es ihr nicht mehr gelingt, ihre Existenz dadurch zu rechtfertigen, daß es ihr in erster Linie um die Erkenntnis der Wahrheit geht. Die bekannten Schwierigkeiten, die man sowohl mit der Formulierung als auch mit der Verwirklichung dieser Aufgabe hat, können nicht ohne weiteres als Einwand gegen die Aufgabenstellung selber genommen werden.

Die marxistischen Schulen dieses Jahrhunderts haben – vor allem in Westeuropa – im philosophischen und innertheoretischen Bereich den Ideologiebegriff im Sinn von MARX weiter verwandt. Sie arbeiten deshalb auch in der Regel alle mit einer mehr oder weniger fragwürdigen normativen Anthropologie, einer Vorstellung vom »wahren Wesen« des Menschen, die den gleichen Einwänden ausgesetzt ist wie die von MARX selbst. Man unterstellt häufig, daß eine gleichsam selbstevidente Einigkeit darüber besteht, wie das »menschenwürdige« Dasein in einer »besseren« Gesellschaft auszusehen hat. Theorien – speziell solche aus dem Bereich der Gesellschaftswissenschaften –, die eine derartige »bessere« Gesellschaft nicht zum positiven Maßstab ihrer Beurteilung gegebener gesellschaftlicher Realitäten machen, werden in Anlehnung an das Vokabular von MARX als Ideologien bezeichnet.

E. »Ideologie« heute

Will man am Ideologiebegriff als einem normativ-kritischen Begriff weiterhin festhalten, dann bietet es sich an, wieder an die Position der *Aufklärung* anzuknüpfen. Der Umweg über MARX und den Marxismus stellt sich dann als eine Art Irrweg dar, auf dem die Orientierung am neuzeitlichen Wissenschaftsverständnis verlorengegangen ist. Eine solche Anknüpfung an die aufklärerischen Anklänge des Ideologiebegriffs liegt

z. B. in der »Weltanschauungsanalyse« des Philosophen und Soziologen Ernst TOPITSCH vor.

In den Diskussionen der modernen Wissenschaftstheoretiker ist deutlich geworden, daß es schwer ist, eindeutige Kriterien für die Trennung wissenschaftlicher von nichtwissenschaftlichen Aussagen anzugeben. Das heißt im Hinblick auf die mögliche Verwendung des Ideologiebegriffs: daß es ebenfalls schwer ist, wissenschaftliche von ideologischen Auffassungen und theoretischen Behauptungen zu unterscheiden. Es ist darüber hinaus deutlich geworden, daß das Bekenntnis zur wissenschaftlichen Rationalität seinerseits auf bestimmten metaphysischen Annahmen basiert, die selbst nach Kriterien der wissenschaftlichen Rationalität nicht begründbar sind. Insofern wird man zugeben müssen, daß es in der Tat problematisch geworden ist, das moderne Wissenschaftsverständnis zu einem normativen Maßstab für die Unterscheidung zwischen wahrheitsfähigen Theorien und Ideologien zu machen. Gleichwohl lassen sich zwei seiner wichtigsten Kennzeichen nach wie vor herausstellen, die im Sinn einer solchen Unterscheidung benutzt werden können: die Bedeutung, die auf dem Postulat der Individualfreiheit der Forscher und Wissenschaftler liegt, und die positive Wertung einer dauernden *kritischen* Einstellung gegenüber zur Diskussion gestellten Theorien. Es gibt auch heute noch genügend philosophische, weltanschauliche, politische und religiöse Auffassungen, die im Rahmen ihres Theorie- und Weltverständnisses einen vergleichbaren Stellenwert für Freiheit und Kritik nicht kennen und nicht zulassen. Auf sie – so schlage ich vor – sollte man nach wie vor den Begriff der Ideologie in einem negativwertenden Sinn beziehen, in einem Sinn, welcher in der Verlängerung der europäischen Aufklärung das Rationalitätsverständnis der neuzeitlichen Wissenschaften als einen unvermindert positiven Maßstab akzeptiert.

Werner Becker

Albert, H.: Ökonomische Ideologie und politische Theorie. 1954, ^{2}1972. – *Arendt, H.:* Ideologie und Terror. In: *Piper, K. (Hg.),* Offener Horizont, Festschrift für Karl Jaspers. 1953. – *Barion, J.:* Ideologie, Wissenschaft, Philosophie. 1966. – *Ders.:* Was ist Ideologie? 1964, ^{3}1974. – *Barth, H.:* Wahrheit und Ideologie. 1945, ^{2}1961 = 1974. – *Bell, D.:* The end of ideology. 1960, ^{2}1961, ^{4}1965. – *Böhler, D.:* Metakritik der Marxschen Ideologiekritik. 1971. – *Brunner, O.:* Das Zeitalter der Ideologien: Anfang und Ende. In: *Ders.,* Neue Wege der Verfassungs- und Sozialgeschichte. 1956, ^{2}1968. – *Galtung, J.:* Methodologie und Ideologie. (Aus dem Engl.) (1977) 1978. – *Geiger, Th.:* Ideologie und Wahrheit. 1953. – *Kelsen, H.:* Aufsätze zur Ideologiekritik. 1964. – *Lemberg, E.:* Ideologie und Gesellschaft. 1971. – *Lenk, K. (Hg. und Einl.):* Ideologie. Ideologiekritik und Wissenssoziologie. 1961, ^{8}1978; ^{9}1984. – *Lichtheim, G.:* Das Konzept der Ideologie. 1973. – *Lieber, H.-J.:* Philosophie, Soziologie, Gesellschaft. Gesammelte Studien zum Ideologieproblem. 1965. – *Ludz, P. Ch.:* Ideologiebegriff und marxistische Theorie. 1976, ^{2}1977. – *Lübbe, H.:* Zur Geschichte des Ideologiebegriffs. In: *Ders.,* Theorie und Entscheidung. 1971. – *Mannheim, K.:* Ideologie und Utopie. 1929, ^{7}1985. [W] – *Marx, K./Engels, F.:* Die deutsche Ideologie. (1846) 1932. In: *Dies.,* Werke. Bd. 3. ^{4}1969. – *Plamenatz, J.:* Ideologie. (Aus dem Engl.) (1970) 1972. – *Popper, K. R.:* Die offene Gesellschaft und ihre Feinde. (1944) Bd. 1; 2. ^{6}1980. [W] – *Topitsch, E.:* Mythos, Philosophie, Politik. 1969. – *Ders.:* Sozialphilosophie zwischen Ideologie und Wissenschaft. 1961, ^{2}1966. – *Ders./Salamun, K.:* Ideologie. Herrschaft des Vor-Urteils. 1972. – *Zeltner, H.:* Ideologie und Wahrheit. 1966.

Werner Becker/H.S.

Induktion

lat. inductio: Hineinführung, Hineinleitung; griech. epagōgē

A. Geschichtliches

ARISTOTELES stellte die Induktion als eine Methode dar, die es erlaubt, von beobachteten Einzelfällen zu allgemeinen Gesetzen (Formen) aufzusteigen. In diesem Sinne nannte er die Induktion ein Freilegen des Allgemeinen im Besonderen. Im Mittelalter wurde die Induktion von verschiedenen Schulphilosophen diskutiert, und verschiedene Formen der eliminierenden Induktion (s. unten) wurden vorgeschlagen. Bei der Entstehung der modernen Naturwissenschaft versuchte Francis BACON die Induktion als die Methode der neuen Wissenschaft darzustellen. Im 18. Jh. kritisierte HUME die Induktion mit dem Argument, daß es nicht möglich ist, sie rational zu begründen. Ohne auf diese Kritik einzugehen, gab J. St. MILL im 19. Jh. eine Darstellung verschiedener Methoden, wobei er besonders die eliminierende Induktion betonte. Die empiristisch ausgerichtete Wissenschaftsphilosophie hat im 20. Jh. die Induktion unter Einbeziehung der Wahrscheinlichkeitstheorie diskutiert. Der wichtigste Kritiker des modernen Induktivismus ist Karl POPPER.

B. Darstellung

I. Formen der Induktion

Es gibt zwei rein deduktive Verfahren, die mathematische Induktion und die vollständige Induktion, die traditionell induktiv genannt werden. Bei der unvollständigen Induktion geht die induktiv gewonnene Konklusion über die induktiven Prämissen hinaus. Die gewöhnlichsten Formen der unvollständigen Induktion sind aufzählende, eliminierende und voraussagende Induktionen.

1. Mathematische Induktion: Bei der mathematischen Induktion wird bewiesen, daß eine bestimmte Eigenschaft auf jede natürliche Zahl n (1, 2, 3 usw.) zutrifft. Um das zu beweisen, sind zwei Prämissen notwendig:

(1) Diese Eigenschaft trifft auf $n = 1$ zu.
(2) Wenn diese Eigenschaft auf $n = k$ zutrifft, so trifft sie auch auf $n = k + 1$ zu.

Mit diesen Prämissen und einem Axiom der Theorie der natürlichen Zahlen folgt rein deduktiv die Konklusion, daß die Eigenschaft auf jede natürliche Zahl zutrifft.

2. Vollständige Induktion: Bei vollständiger Induktion wird aus der Prämisse, daß auf jedes Element in einer Menge M mit endlich vielen Elementen $(a_1, a_2, \ldots, a_k)$ eine bestimmte Eigenschaft zutrifft, geschlossen, daß diese Eigenschaft auf alle Elemente der Menge zutrifft. Schematisch dargestellt:

a_1 hat die Eigenschaft E	Ea_1
a_2 hat die Eigenschaft E	Ea_2
. . . .	. . .
a_k hat die Eigenschaft E	Ea_k
Alle x in M haben die Eigenschaft E.	$\bigwedge_{x \in M} Ex$

3. Unvollständige Induktion: Bei unvollständiger Induktion geht die induktiv gewonnene Konklusion über die Prämissen hinaus. Wenn in der Wissenschaftstheorie von Induktion gesprochen wird, vor allem, wenn Induktion in Gegensatz zur Deduktion gestellt wird, dann ist die unvollständige Induktion gemeint. Das Problem, die Induktion zu begründen oder zu rechtfertigen, tritt nur bei der unvollständigen Induktion auf. Im Gegensatz dazu sind mathematische Induktion und vollständige Induktion deduktive Verfahren, die von der deduktiven Logik gefaßt werden.

Die gewöhnlichsten Formen der unvollständigen Induktion sind die induktive Verallgemeinerung und die voraussagende Induktion.

(a) Induktive Verallgemeinerung: Die induktive Verallgemeinerung ist ein Schluß von einer Teilmenge auf eine Gesamtmenge. Die Prämissen sagen aus, daß für alle Elemente einer Teilmenge eine gewisse Eigenschaft zutrifft, daß diese Eigenschaft für alle Elemente in der Gesamtmenge zutrifft. Gewöhnlich bestehen die Prämissen aus Sätzen über »beobachtete Fälle«: Durch Beobachtung ist festgestellt worden, daß für alle Elemente der Teilmenge eine bestimmte Eigenschaft zutrifft. Gewöhnlich ist die Konklusion eine allgemeine Hypothese über unendlich viele Elemente einer Gesamtmenge. Das klassische Beispiel ist der induktive Schluß:

Schwan a_1 ist weiß	$Sa_1 \wedge Wa_1$
Schwan a_2 ist weiß	$Sa_2 \wedge Wa_2$
. . . .	. . . .
Schwan a_k ist weiß	$Sa_k \wedge Wa_k$
Alle Schwäne sind weiß	$\bigwedge_x (Sx \rightarrow Wx)$

(b) Voraussagende Induktion: Die voraussagende Induktion ist ein Schluß von einer Teilmenge auf eine andere Teilmenge. Die Prämissen besagen, daß für alle Elemente einer Teilmenge eine gewisse Eigenschaft zutrifft, die Konklusion, daß für alle Elemente einer anderen Teilmenge dieselbe Eigenschaft zutrifft. Wie bei induktiver Verallgemeinerung bestehen im allgemeinen die Prämissen aus Sätzen über »beobachtete Fälle«, die Konklusion aus Sätzen über »unbeobachtete Fälle«. Ein einfaches Beispiel einer voraussagenden Induktion ist:

Schwan a_1 ist weiß	$Sa_1 \wedge Wa_1$
Schwan a_2 ist weiß	$Sa_2 \wedge Wa_2$
. . . .	. . . .
Schwan a_k ist weiß	$Sa_k \wedge Wa_k$
Schwan a_{k+1} ist weiß	$Sa_{k+1} \wedge Wa_{k+1}$

Hier besteht die erste Teilmenge M_1 aus den Elementen a_1, a_2 bis a_k und die zweite Teilmenge M_2 aus dem einzigen Element a_{k+1}. Natürlich ist es auch denkbar, daß die zweite Teilmenge aus mehreren Elementen besteht.

Die voraussagende Induktion ist als eine Abschwächung der induktiven Verallgemeinerung zu verstehen. Der Schritt von Prämissen über endlich viele beobachtete Fälle zu einer allgemeinen Hypothese wurde als zu gewagt und riskant empfunden. Man meinte aber, daß der Schluß auf die nächsten beobachteten Fälle weniger problematisch und riskant sei, und zog deshalb die voraussagende Induktion der induktiven Verallgemeinerung vor. So meinte man, daß es gewagt sei, von der Tatsache, daß die beobachteten Schwäne weiß waren, zu schließen, daß alle Schwäne weiß sind, daß es aber sicher sei zu schließen, daß die nächsten Schwäne, die beobachtet werden, auch weiß sind.

(c) Relative Häufigkeiten und Wahrscheinlichkeiten: Vollständigkeitshalber sei erwähnt, daß die Prämissen der vollständigen und unvollständigen Induktion aus Sätzen über relative Häufigkeiten bestehen können und die Konklusion aus einem statistischen Gesetz bestehen kann. Als Beispiel stellen wir uns vor, daß in der (beobachteten) Teilmenge *M'* 50% der Schwäne weiß waren. Daraus wird durch eine Variante der induktiven Verallgemeinerung geschlossen, daß die Wahrscheinlichkeit, daß ein Schwan in der Gesamtmenge *M* weiß ist, 0,5 ist. Durch Einbeziehung von Sätzen über relative Häufigkeiten und Wahrscheinlichkeiten sind verschiedene Varianten der früher erwähnten Induktionsformen denkbar.

(d) Eliminierende (oder ausschaltende) Induktion: Die eliminierende Induktion sei wegen ihrer geschichtlichen Bedeutung erwähnt. Sie wird im Gegensatz zu der aufzählenden Induktion gesehen. Bei der aufzählenden Induktion werden die gleichen Eigenschaften in den Prämissen und in der Konklusion genannt. Bei der eliminierenden Induktion dagegen werden in den Prämissen Eigenschaften genannt, die in der Konklusion nicht vorkommen. Damit hofft man, gewisse bei der aufzählenden Induktion mögliche Hypothesen ausschalten oder eliminieren zu können, um damit einen höheren Grad der Sicherheit zu erreichen. Als Beispiele seien J. St. MILLS Methoden der Übereinstimmung und des Unterschieds gegeben. (Andere Formen der eliminierenden Induktion sind die kombinierte Methode von Übereinstimmung und Unterschied, die Methode der Resterscheinungen, die Methode der begleitenden Veränderung.)

Übereinstimmung

Fall	Faktoren	Erscheinungen
1	ABEF	abe
2	ACD	acd

A ist wahrscheinlich die Ursache von a.

Unterschied

Fall	Faktoren	Erscheinungen
1	ABC	a
2	BC	–

A ist ein unerläßlicher Teil der Ursache von a.

Um ein konkretes Beispiel vor Augen zu haben, kann *A* der Faktor »Nikotinverbrauch« und *a* die Erscheinung Krebs sein.

II. Zuverlässigkeit der Induktion

1. Verifikationismus: Bei deduktiven Schlüssen ist die Konklusion mit logischer Notwendigkeit wahr, wenn die Prämissen wahr sind (→ *Deduktion*). Ursprünglich stellte man sich vor, daß auch induktive Schlüsse diese Eigenschaft haben, d. h., daß die induktiv gewonnene Konklusion wahr ist, wenn die Induktion korrekt durchgeführt ist.

2. Probabilismus: Kritiker des verifikationistischen Induktivismus waren der Auffassung, daß induktiv gewonnene Konklusionen nur wahrscheinlich sind. Viele meinten aber, daß, wenn die Induktion von »genügend vielen« Fällen unterstützt ist, die Wahrscheinlichkeit der Konklusion sehr groß ist (nahe eins), einige meinten sogar, daß der Wahrscheinlichkeitsgrad sich der Wahrheit »in the long run« asymptotisch nähern kann.

3. Pragmatismus: Schon HUME behauptete, daß durch die Induktion weder Wahrheit noch Wahrscheinlichkeit erreicht werden kann, daß aber induktiv gewonnene Konklusionen das Beste sind, was zur Verfügung steht, um sich im Leben orientieren zu können. Obwohl wir die Wahrheit oder Wahrscheinlichkeit der Induktion nicht rational zeigen können, müssen wir uns in der Praxis daran halten. Laut HUME ist der Glaube an die Induktion eine Eigenschaft der menschlichen Natur. In der modernen Diskussion des Induktivismus kommen mehrere Varianten des Humeschen Argumentes vor.

III. Entdeckung und Überprüfung

Ist Induktion eine Methode, um wissenschaftliche Hypothesen zu entdecken, oder ist sie nur eine Methode, um anders gefundene Hypothesen zu überprüfen? Die erste – und optimistischere – Auffassung ist die ursprünglichere. Man stellte sich vor, daß erfahrungswissenschaftliche Hypothesen durch Induktion von beobachteten Einzelfällen gewonnen werden könnten.

Kritiker wiesen darauf hin, daß wissenschaftliche Hypothesen über das Beobachtbare hinausgehen, nicht nur so, daß – wie bei der unvollständigen Induktion – von einer Teilmenge auf eine Gesamtmenge (oder eine andere Teilmenge) geschlossen wird, sondern auch so, daß in wissenschaftlichen Hypothesen Eigenschaften vorkommen, die nicht direkt beobachtbar sind, die nur hypothetisch angenommen werden, um etwas Beobachtbares erklären zu können. Aus solchen Gründen haben viele Wissenschaftler und Philosophen verneint, daß die Induktion eine tatsächlich verwendete Entdeckungsmethode ist.

Einige moderne Wissenschaftstheoretiker sind aber der Auffassung, daß die Induktion eine Methode ist, um wissenschaftliche Hypothesen zu »unterstützen« oder zu überprüfen. So ist die Hypothese, daß alle Schwäne weiß sind, desto mehr »induktiv unterstützt«, je mehr weiße Schwäne tatsächlich beobachtet werden. Nach dieser Auffassung können auch Hypothesen über theoretische, nicht beobachtbare Entitäten durch Überprüfung deduktiver Konsequenzen induktiv unterstützt werden.

IV. Probleme des Induktivismus

Um induktive Schlüsse zu rechtfertigen, sind verschiedene Formen eines Induktionsprinzips aufgestellt worden. Eine allgemeine und recht vage Formulierung besagt, daß Induktionen zuverlässig sind, weil die Natur gleichförmig ist. Diese Gleichförmigkeit erlaubt uns zu erwarten, daß auch morgen die Sonne aufgehen wird. Eine bestimmtere Formulierung besagt: Wenn viele Elemente einer Menge *M* unter sehr verschiedenen Umständen observiert worden sind und wenn für alle diese Elemente (ohne Ausnahme) die Eigenschaft *E* zutraf, dann besitzen alle Elemente der Menge *M* die Eigenschaft *E*.

Warum aber ist ein Induktionsprinzip annehmbar? Offenbar kann die Induktion nicht dadurch begründet werden, daß die Erfahrung zeigt, daß ein Induktionsprinzip zuverlässig ist. Jede solche Begründung ist zirkulär, denn sie versucht die Induktion induktiv zu begründen und besagt nur, daß die Erfahrung uns zeigt, daß wir aus der Erfahrung lernen können. Aus solchen Gründen haben HUME und POPPER verneint, daß Induktion Wahrheit oder Wahrscheinlichkeit wissenschaftlicher Hypothesen begründen kann.

Ist es möglich, eine »induktive Logik« aufzustellen, die ohne ein Induktionsprinzip auskommt? Ist es z. B. möglich, die »induktive Unterstützung« wissenschaftlicher Hypothesen mit der Wahrscheinlichkeitstheorie ohne irgendein Induktionsprinzip zu messen? Eine Schwierigkeit liegt darin, daß gemäß den gewöhnlichen Deutungen der Wahrscheinlichkeitstheorie die Wahrscheinlichkeit einer allgemeinen Hypothese gleich Null ist. Das impliziert, daß auch die bedingte Wahrscheinlichkeit einer allgemeinen Hypothese, gegeben (endliche) empirische Evidenz, gleich Null sein muß. Deshalb scheint es nicht möglich, mit Wahrscheinlichkeitstheorie und »induktiver Logik« zwischen verschiedenen allgemeinen wissenschaftlichen Hypothesen zu unterscheiden, denn alle haben die Wahrscheinlichkeit Null. Diese Kritik zielt gegen den Versuch, den Induktivismus als eine Methode der Überprüfung der wissenschaftlichen Hypothesen aufrechtzuerhalten.

Auch die pragmatischen Rechtfertigungsversuche des Induktivismus sind kritisiert worden. POPPER z. B. ist der Auffassung, daß wissenschaftliche Hypothesen fallible Vermutungen sind, die sich durch strenge Überprüfung bewähren können. Die Methode der Wissenschaft ist nicht Induktion, sondern »Vermutung und Widerlegung« (Conjectures and Refutations) (→ *Falsifikation*). Diese kritische Methode ist in der Praxis das Beste, was uns zur Verfügung steht (→ *Kritischer Rationalismus*).

Gunnar Andersson

Barker, St.: Induction and hypothesis. 1957. – *Carnap, R.:* Logical foundations of probability. 1950, [2]1962. – *Ders./Stegmüller, W.:* Induktive Logik und Wahrscheinlichkeit. 1959. – *Essler, W. K.:* Induktive Logik. 1970. – *Ders.:* Wissenschaftstheorie. Bd. 3. [H] – *Kneale, W.:* Probability and induction. 1949, 1952. – *v. Kutschera, F.:* Wissenschaftstheorie. Bd. 1. 1972. – *Kyburg, H. E. J./Nagel, E. (Hg.):* Induction. Some current issues. 1963. – *Lakatos, I. (Hg.):* The problem of inductive logic. 1968. – *Mill, J. St.:* A system of logic ratiocinative and inductive (System der deduktiven und induktiven Logik). 1843. – *Popper, K. R.:* Logik der Forschung. 1935, [8]1984. [W] – *Reichenbach, H.:* Wahrscheinlichkeitslehre. 1935. – *Rescher, N.:* Induktion. 1980. – *Schilpp, P. A. (Hg.):* The philosophy of Rudolf Carnap. 1963. – *Stegmüller, W.:* Das Problem der Induktion. (1971) Der sogenannte Zirkel des Verstehens. (1974) WB 1975. – *Vetter, H.:* Wahrscheinlichkeit und logischer Spielraum. 1967. – *Will, U.:* Induktion und Rechtfertigung. 1985. – *v. Wright, G. H.:* The logical problem of induction. 1941, [2]1957 = 1979.

Gunnar Andersson/H.S.

Information(stheorie)

lat. informatio: Formung, Bildung, Darlegung

A. Das Wort

Umgangssprachlich bezeichnet das Wort »Information« eine Nachricht bzw. eine Serie von Nachrichten, die das Wissen des Empfängers vermehrt. Wissenschaftliche Informationstheorien legen demgegenüber einen (auf unterschiedliche Weise) mathematisch und/oder formal-logisch präzisierten Informationsbegriff zugrunde. In der nachrichtentechnischen Informationstheorie bezeichnet das Wort »Information« in einer der möglichen Deutungen den Informationsgehalt einer Symbolfolge, ausgedrückt als die Mindestanzahl der zur eindeutigen Kodierung (= Zuordnung eines Zeichenvorrats zu einem anderen Zeichenvorrat) dieser Symbolfolge (im Mittel) erforderlichen Zeichen. Der nachrichtentechnische Informationsbegriff wird insbesondere in der mathematischen Theorie der zufälligen Prozesse präzisiert und ausgebaut. Er erfährt spezifische Verallgemeinerungen in den Theorien der semantischen und der pragmatischen Information (→ *Semiotik*).

B. Definition der Information

Die auf R.V. L. Hartley (1928) zurückgehende, von C. E. Shannon (1949) (vgl. Shannon/Weaver) verbesserte und zu einer weitverzweigten Theorie ausgebaute Definition der Information soll hier explizit auf einen Kommunikationsprozeß (d. h. einen Prozeß des Informationsaustausches) gemäß dem Schaubild bezogen werden. Dabei wird vereinfachend angenommen, daß die Kommunikation von *E* zu *P* (im »bidirektoralen« Fall auch zurück von *P* zu *E*) (a) in (diskreten) Zeittakten, (b) stochastisch erfolgt (d. h. vermittelst solcher Systemereignisse, die lediglich nach Wahrscheinlichkeiten auftreten).

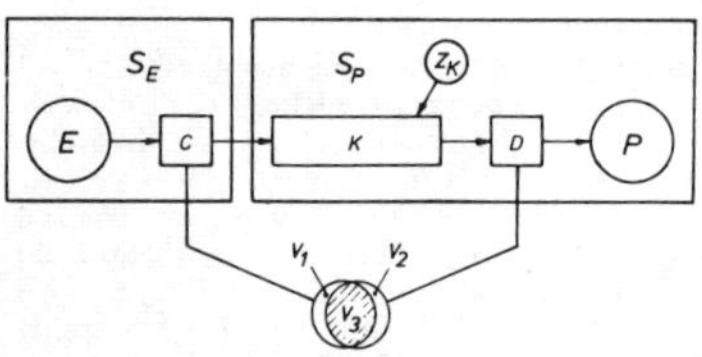

Schaubild. Grundschema der Kommunikation: die (einseitig) gerichtete Nachrichtenübertragung

Zeichenerklärung: *E* = Expedient (Nachrichtenquelle, Sender). – *C* = Kodierer mit Zeichenvorrat V_1. – *K* = Kanal. – *D* = Dekodierer mit Zeichenvorrat V_2. – V_3 = (genügend groß zu wählender) gemeinsamer Zeichenvorrat von V_1 u. V_2. – *P* = Perzipient (Nachrichtensenke, Empfänger). – z_K = (auf K wirkende) Störquelle. – Außer z_K sind in der Regel weitere Störquellen zu berücksichtigen. – S_E = Expedient-System. – S_P = Perzipient-System.

Weitere Erläuterungen im Text.

Eine von *E* nach *P* expedierbare Nachricht – als sprachlich vermittelbares internes Zeichen (→ *Modell*) werde als durch eine Symbolfolge strukturell repräsentiert gedacht; *C* und *D* sollen über denselben Kode der Zeichenzuordnung verfügen, die diese Repräsentation leistet. Die Symbolfolge werde aus den Elementarsymbolen $E_1, E_2, \ldots, E_n$ gebildet. Sie möge die Symbolzahl oder Länge U haben. In ihr soll ferner das Elementarsymbol E_1 genau P_1-mal, das Elementarsymbol E_2 genau P_2-mal usw., schließlich das Elementarsymbol E_n genau P_n-mal vorkommen; mithin $\sum_{v=1}^{n} P_v = U$. Dann beträgt die Anzahl der über dem Repertoire der Elementarsymbole bildbaren Symbolfolgen der soeben festgesetzten Struktur (bei freier Anordnung der Symbole):

$$N_U = \frac{U!}{P_1!\, P_2! \ldots P_n!} .$$

Nach Hartley/Shannon wird nun das hierdurch vermittelte Informationsangebot L durch den dyadischen Logarithmus ld N_U definiert, der (nach der sogenannten *Stirlingschen Formel*) für hinreichend großes U (und dementsprechend hinreichend große P_v) durch $L = U \cdot \mathrm{ld}\, U - \sum_{v=1}^{n} P_v \cdot \mathrm{ld}\, P_v$ angenähert werden kann. Führt man $p_v = P_v/U$ als relative Häufigkeiten (»Belegungsdichten«) ein, so geht L in $L = U \cdot (-\sum_{v=1}^{n} p_v \cdot \mathrm{ld}\, p_v) = U \cdot H$ über, über, wo

$$H = -\sum_{v=1}^{n} p_v \cdot \mathrm{ld}\, p_v$$

der mittlere Informationsgehalt je Symbol derjenigen (genügend langen!) Symbolfolge heißt, die aus den $E_1, E_2, \ldots, E_n$ mit den Belegungsdichten $p_1, p_2, \ldots, p_n$ gebildet ist.

Im Kommunikationsprozeß *E→P* (s. Schaubild) ist H ein Maß der »Ungewißheit«, die bei *P* vor dem Empfang einer (bestimmten, konkreten) Symbolfolge bezüglich der Belegungsverteilung der Elementarsymbole die-

ser Folge vorliegt und die durch deren Empfang beseitigt wird. H ist auch deutbar als der mittlere (aus den Einzelinformationsgehalten ld $1/p_v$ bei Gewichtung derselben mit den jeweiligen Symbolhäufigkeiten p_v gemittelte) »Erwartungswert« der sämtlichen Einzelinformationsgehalte.
In thermodynamischer Analogie (s. unten E.IV.) wird die durch H quantifizierte Unbestimmtheit auch *Entropie* und die sie beseitigende Informationsmenge *Negentropie* (= negative Entropie) genannt. Informationszuwachs ist gemäß dieser Analogie als ein (durch Entropiedifferenzen ausdrückbarer) Zuwachs an Bestimmtheit, Geordnetheit, Organisiertheit (→ *Organisation*) oder auch als eine Verringerung der Vielfalt zufälliger Möglichkeiten zu deuten.
H wird gemessen in bit (= binary digit oder dyadische Ziffer). Bei gleichen Häufigkeiten der E_v ($p_v = p = 1/n$) wird H zu $H_{Max} = -\text{ld}\, p = \text{ld}\, n$. In diesem Fall erhält man z. B. für n = 4 einen Informationsgehalt von 2 bit. Dies ist gleichzeitig die Mindestanzahl der mit ja oder nein zu beantwortenden Fragen, die jemand stellen müßte, um eine bestimmte unter vier gleich möglichen Antworten als die richtige von den übrigen unterscheiden zu können (»Quizfragen«). Kodierungstheoretisch betrachtet, gibt H auch die Mindestzahl von Binärzeichen an, die zur Kodierung einer (als Nachricht übermittelten) Symbolfolge benötigt werden (vgl. A.). (Die Nachrichtentechnik macht indes zwecks Kompensierung von Störungen häufig von der Verwendung zusätzlicher, über jene Mindestzahl hinausgehender Zeichen Gebrauch. Man spricht dann von »redundanter Kodierung«.)
Die obige Definition der Information kann wahrscheinlichkeitstheoretisch interpretiert und verallgemeinert werden. Hiernach repräsentiert das endliche Schema

$$\begin{pmatrix} E_1, E_2, \ldots, E_n \\ p_1, p_2, \ldots, p_n \end{pmatrix}$$

die Unbestimmtheit eines Versuchs α, dessen Ergebnis oder Ausgang eines der Ereignisse E_v ist; p_v gibt die (z. B. über einem sogenannten Maßraum definierte) Wahrscheinlichkeit des Versuchsausganges E_v an. H ist jetzt deutbar als ein Maß der Unbestimmtheit des Ausganges von α. Liegen zwei solche Versuche, α und β, mit n bzw. m Ausgängen vor, so lassen sich diese zu genau einem Versuch αβ von n·mAusgängen zusammensetzen. Man gelangt so zu einem exakt quantifizierbaren Begriff der »Transinformation« (auch Wechsel-, Wirkinformation oder »Entropie zusammengesetzter Ereignisse« genannt), der kommunikationstheoretisch zur strukturellen Beschreibung von Informationsübertragungsprozessen, z. B. im Rahmen der mathematischen Untersuchung bi- und multidirektoraler Kommunikationsprozesse (etwa innerhalb von Gruppen), verwendet werden kann.

C. *Weitere Definitionen des Informationsbegriffes*

I. *»Seinsbezogene« Definitionen: kombinatorische, dynamische und topologische Definition*

Schon Shannon hatte auf die Möglichkeit eines Informationsbegriffs hingewiesen, bei dem Unbestimmtheit auch auf nicht-zufällige, d. h. nicht auf dem Wahrscheinlichkeitsbegriff beruhende Weise beseitigt werden kann. Von dieser Möglichkeit machen die kombinatorische, die dynamische und die topologische Definition der Information Gebrauch.
Die kombinatorische Definition (vgl. die Herleitung der Entropieformel in B.) geht von einer endlichen Elementmenge aus, bei der die zur Beseitigung von Unbestimmtheit führenden Auswahlen nicht (notwendig) statistischen Gesetzmäßigkeiten folgen. Das dynamische Konzept trägt dem Fall einer nichtwahrscheinlichkeitstheoretischen Informationsdefinition bei unendlichen Gesamtheiten Rechnung. Information wird hier als eine (nicht spezifisch statistische, sondern) statistischen *und* dynamischen (d. h. mittels Differentialgleichungen beschriebenen) Systemen gemeinsame Eigenschaft bestimmt, die den Grad der Kompliziertheit und Organisiertheit dieser Systeme charakterisiert. Der Begriff der »topologischen Information« (N. Rashevsky) gestattet die Untersuchung informationeller Eigenschaften von Systemen, die nicht metrischer, sondern lage- oder anordnungsbezogener Art sind. Mit Hilfe dieses Informationsbegriffs gelang es z. B., die Informationsmenge der einen Organismus konstituierenden Moleküle sowie den Informationsgehalt des Organismus aufgrund der »Topologie« dieser Moleküle zu bestimmen und die für Organismen charakteristische Eigenschaft der Entropieverminderung bei Systemvereinigungen theoretisch verständlich zu machen.

II. Weitere Definitionsmöglichkeiten
Die bisher genannten Informationsbegriffe lassen sich sämtlich auf mengentheoretische Grundbegriffe zurückführen; sie sind primär »seins-« und nicht handlungsbezogen. Ihnen gegenüber eröffnet der von A. N. KOLMOGOROW eingeführte Begriff der *»algorithmischen* Information« den Zugang auch zu operational-konstruktivistischen Informationskonzepten. Schließlich kann der wissenschaftliche Informationsbegriff in seinen verschiedenen Spielarten nicht nur überhaupt ohne Voraussetzung der Wahrscheinlichkeitstheorie definiert bzw. expliziert werden; es ist auch möglich und sinnvoll, ihn umgekehrt dem Wahrscheinlichkeitsbegriff als einer diesem gegenüber noch fundamentaleren Kategorie zugrunde zu legen bzw. ihn »oberhalb« der Abstraktionsebene der Begriffe »Wahrscheinlichkeit« und »Information« axiomatisch einzuführen (INGARDEN/URBANIK [1962]).

III. Sonstige Unterscheidungsmöglichkeiten
Weitgehend unabhängig von den oben unterschiedenen Grundarten der Explikation des Informationsbegriffs gibt es sehr zahlreiche Möglichkeiten, diesen Begriff qualitativ sowie in seinem Objekt- und Kommunikationsbezug zu unterscheiden und die verschiedenen Informationsarten zu klassifizieren. Nach der »Kontextdefinition der Kybernetik« (→ *Kybernetik*) ist dabei grundsätzlich einerseits zwischen formaler und materialer (auf die Einzelwissenschaften angewandter), andererseits zwischen syntaktischer, semantischer und pragmatischer (→ *Semiotik*) Informationstheorie zu unterscheiden. In Richtung auf ihre technischen Anwendungen wird die Informationstheorie durch die auf ihr aufbauenden Informationstechnologien und -techniken fortgesetzt. Einer der Kernbereiche der physikotechn(olog)ischen Anwendungen der statistischen Informationstheorie ist die Technologie bzw. Technik der elektronischen Datenverarbeitung.

D. Anwendung der Informationstheorie in den verschiedenen Disziplinen
Der großen Allgemeinheit der dargelegten informationstheoretischen Begriffsbildungen sowie überhaupt der Universalität der Kategorie »Information« entspricht es, daß sich der Anwendungsbereich der Informationstheorie über so gut wie alle wissenschaftlichen Disziplinen erstreckt, in denen natürliche oder künstliche informationelle Systeme quantitativ analysiert bzw. technologisch entwickelt werden. Infolge dieser Spannweite trägt das informationstheoretische Konzept wesentlich zur strukturellen Vereinheitlichung der Wissenschaften bei. Insbesondere half es, die Kluft zwischen → *Naturwissenschaften* und → *Geisteswissenschaften* zu verringern, indem es beide Wissenschaftsgruppen einer vergleichsweise einheitlichen quantitativ-strukturellen Betrachtungsweise zu unterziehen ermöglicht. Die Durchdringung der einzelnen wissenschaftlichen und technischen Disziplinen mit informationstheoretischen Methoden ist dabei unterschiedlich weit fortgeschritten. Als Hauptdomäne darf nach wie vor das Gebiet der Nachrichten- und kybernetischen Automatentechnik gelten. In anderen Disziplinen haben sich die Verfahren der statistischen Informationstheorie zunehmend neben »klassischen« Forschungsmethoden durchgesetzt. So sind z. B. entstanden: in der Genetik eine »Informationsgenetik« mit dem zentralen Begriff des »genetischen Code«, überhaupt in der Biologie eine »Informationsbiologie«; in der (empirischen) Psychologie eine »Informationspsychologie«; in der Pädagogik eine »Kybernetische Pädagogik«, die zum wesentlichen Teil »Informationspädagogik« ist; in der Ästhetik eine auf Musik, Pantomime, Malerei, Architektur angewandte »Informationsästhetik«. Auch in den philologischen Wissenschaften sind zunehmend quantitative Verfahren der Informationstheorie zur Anwendung gelangt. Die hier gewonnenen Resultate beziehen sich hauptsächlich auf statistische und topologische Eigenschaften von Texten (Redundanzuntersuchungen, stilistische Textvergleiche, strukturelle Dramenforschung und dergleichen), reichen jedoch bis in die semantische Zeichendimension, wobei die »informationsphilologische« Forschung eng mit empirisch-informationspsychologischen Analysen verbunden wird, die auf Erschließung von Regelmäßigkeiten der Aufnahme und Verarbeitung von Zeichen und Zeichenverknüpfungen zielen. In den damit umrissenen Forschungsbereich gehören auch Probleme der maschinellen Sprachenübersetzung. In der Soziologie und Politikwissenschaft haben informations- und kommunikationstheoretische Verfahren zu neuartigen Möglichkeiten der Analyse sozialer und politischer Kommunikationssysteme geführt.

E. Der Nutzen der Informationstheorie für die Philosophie

I. In Semantik und Pragmatik

1. Semantik: Im Zusammenhang der Nutzbarmachung der Informationstheorie für die Philosophie sind in erster Linie logische und wissenschaftstheoretische Untersuchungen anzuführen.

Unter Verwendung eines induktionslogischen (→ *Induktion*) Wahrscheinlichkeitsbegriffs, wie ihn CARNAP bereits seiner induktiven → *Logik* zugrunde gelegt hatte, definierten BAR HILLEL/CARNAP 1953 ein Maß der semantischen Information von Sätzen, die allerdings in einer extrem einfachen Logiksprache formuliert sind. Die hierauf beruhende Theorie bietet als rein extensionale Theorie zudem kaum Hilfen zur Behandlung intensional-semantischer, also auf Bedeutungs- und Sinnzusammenhänge Bezug nehmender Fragen.

2. Pragmatik: Auf pragmatischer Ebene wird über den Kommunikationsbezug (s. Schaubild) hinaus vor allem der Begriff des »Wertes« (des Nutzens) einer Nachricht (für deren Empfänger) relevant. Durch diesen Begriff wird das Informationskonzept nach qualitativ-inhaltlichen Gesichtspunkten relativiert. So hat z. B. P. GÄNG 1967 ein auf motiv- und präferenztheoretischen Überlegungen beruhendes Maß der *Pragmatischen Information* eingeführt, das die so erweiterte Informationstheorie mit nutzen- und spieltheoretischen Gesichtspunkten in enge Verbindung bringt und im übrigen eine exakte Verallgemeinerung der Shannonschen Informationsdefinition darstellt.

II. In der Erkenntnistheorie

In der Erkenntnistheorie ist das Informationskonzept mit dem Versuch verbunden worden, zwischen den kon(tro)versen Validierungsverfahren für erfahrungswissenschaftliche Theorien, die einerseits durch den Falsifikationismus (→ *Falsifikation*) K. R. POPPERS, andererseits den Verifikationismus (insbesondere der induktionslogischen Bestätigungstheorie R. CARNAPS) geprägt sind, zu vermitteln. Unter Verwendung von Begriffsbildungen der Carnapschen Bestätigungstheorie definierten J. HINTIKKA und J. PIETARINEN einen Typus von Aussagen, die sie Konstituenten nennen und für die sie einen Informationsbegriff derart einführen, daß Information als zu maximierender abstrakter Nutzen deutbar wird. Ein wichtiger Zug des Popperschen Falsifikationismus ist hiermit herausgehoben: Die informationsreichsten neuen Beobachtungen im Zusammenhang der Prüfung einer Theorie sind gerade solche, die bislang bevorzugte induktive Generalisationen falsifizieren. Die Poppersche Methode der Theorienprüfung ist mithin nicht nur für die Aufdeckung falscher Hypothesen von Bedeutung; sie stellt auch ein Verfahren dar zum Auffinden solcher Beobachtungen, die in einem wohldefinierten Sinne am informationsreichsten sind. Dabei bleibt der Hintikkasche Ansatz an eine klassisch-epistemologische »Information als solche« gebunden, d. h., sein Nutzenkonzept ist nicht pragmatisch relativiert (→ *Erkenntnistheorie, neopragmatische*). Insbesondere finden spezifizierende, interessenabhängige Zielfunktionen der Theorienbildung keine Berücksichtigung. Hiermit hängt der in der Wahl der Wertebelegung des sprachrelativen zweiparametrigen (λ, α; → *Induktion*) Unbestimmtheitssystems der von HINTIKKA und PIETARINEN verwendeten Induktionslogik zum Ausdruck kommende *Dezisionismus* zusammen, der nur durch Einbettung des Erkenntnisprozesses in eine systematische Pragmatik aufgehoben werden kann.

III. In der Psychologie

Eine nicht unwesentliche Rolle für epistemologische Untersuchungen kommt der informationspsychologischen Analyse der Erkenntnisprozesse im Rahmen eines kybernetischen Modells des Regelungssystems »Mensch–Außenwelt« zu. Eine solche Analyse vermag vor allem das kreiskausal »vermaschte« Zusammenspiel perzeptueller, motivationaler und operativ-kogitativer Funktionen im Erkenntnissubjekt aufzuzeigen und der Subjekt-Objekt-Relation der → *Erkenntnistheorie* eine mehr lernbezogene adaptative Fassung zu geben.

IV. In der Naturphilosophie

Auch andere Zweige der Philosophie sind durch Einbeziehung informationstheoretischer Überlegungen gefördert worden. Ein Beispiel hierfür bietet die Naturphilosophie. Schon in der klassischen Thermodynamik hatte L. BOLTZMANN dem für die Beschreibung thermodynamischer Ausgleichsvorgänge fundamentalen Entropiebegriff eine informationelle Bedeutung gegeben. Nach BOLTZMANN ergibt sich die Entropie eines thermodynamischen Systems, als ein Maß der »Unordnung« dieses Systems, nämlich als

$$\overline{H} = -k \cdot \sum_{i=1}^{m} p(x_i) \cdot \ln p(x_i),$$

wo die x_i die auf die Systemteilchen bezogenen Mikrozustände und $p(x_i)$ ihre Auftretenswahrscheinlichkeiten bezeichnen (k = *Boltzmannsche Konstante*). Bei Gleichwahrscheinlichkeit $p(x_i) = p = 1/m$ geht dieser Ausdruck in $\overline{H} = -k \cdot \ln p = k \cdot \ln m$ (nach M. PLANCK in $S = k \cdot \ln W$ [Energie/Temperatur]) über, wo W die sogenannte Wahrscheinlichkeit des Systemzustandes kennzeichnet. Der *zweite Hauptsatz der Thermodynamik* besagt nun, daß die Entropie eines sich selbst überlassenen, nach außen abgeschlossenen Systems immer nur zu-, nie dagegen abnehmen kann (und zwar, wie 1929 L. SZILAND gezeigt hat, auch dann, wenn dieses System intelligente Wesen enthält).
Der Vergleich der thermodynamischen Entropieformel $\overline{H} = -k \cdot \ln p$ mit der Formel für den bereits von SHANNON »Entropie« genannten (vgl. oben B.) mittleren Informationsgehalt je Symbol einer bei gleich wahrscheinlichem Auftreten der Elementarsymbole vorliegenden Nachricht, nämlich $H_{Max} = -\text{ld}\, p$, legt unbeschadet der Konstanten k, der unterschiedlichen Wahl der Basis des Logarithmensystems und der Dimension von $\overline{H}$ (die bei Gleichsetzung von Temperatur und Energie verschwindet) eine auch inhaltlich enge Inbeziehungsetzung beider Entropien mit einer Reihe interessanter Folgerungen nahe. Hiernach würde z. B. der (thermodynamischen) Prognose des »Wärmetodes« des Universums die (informationstheoretische) Prognose des einmal eintretenden Aufgezehrtseins aller nur denkbaren Information entsprechen. Dieser *»Informationstod«* könnte, wiederum in enger Analogie zur Thermodynamik, nur durch Informationszufuhr »von außen«, durch außerweltliche Neuschöpfung von Information, abgewendet oder aufgehalten werden. Es ist dies vergleichbar der für das Funktionieren eines Regelkreises (→ *Kybernetik*) notwendigen ständigen Informationszufuhr, die erforderlich ist, um die durch Einwirken von Störungen (z) auf die Regelstrecke bedingte informationelle Entropiezunahme derselben auszugleichen. So lassen sich auch im Fließgleichgewicht (→ *System, Systemtheorie*) befindliche metabolierende Organismen als mit der Fähigkeit ausgestattet auffassen, ihrer Umwelt Negentropie zu entnehmen, »Ordnung aufzusaugen« (E. SCHRÖDINGER), um sich im Leben zu halten. Auch die stammesgeschichtliche Entwicklung der Lebewesen läßt sich in dieser Weise mit dem Entropiebegriff in Verbindung bringen, desgleichen Prozesse gesellschaftlicher Steuerung und Regelung.

Herbert Stachowiak

Bar Hillel, Y./Carnap, R.: Semantic information. In: The British Journal for the Philosophy of Science 4, 1953/54. – *Gäng, P.:* Pragmatische Information. In: Grundlagenstudien aus Kybernetik und Geisteswissenschaft 8, 1967. – *Hintikka, J./Pietarinen, J.:* Semantic information and inductive logic. In: *Hintikka, J./Suppes, P. (Hg.),* Aspects of inductive logic. Amsterdam: North Holland 1966. – *Jaglom, A. M./Jaglom, I. M.:* Wahrscheinlichkeit und Information. (Aus dem Russ.) (1957) Berlin/DDR: Deutscher Verlag der Wissenschaften 1960, [2]1965. – *Meyer-Eppler, W.:* Grundlagen und Anwendungen der Informationstheorie. 1959, [2]1969. – *Peters, J.:* Einführung in die allgemeine Informationstheorie. 1967. – *Schrödinger, E.:* Was ist Leben? (Aus dem Engl.) (1944) 1946, [2]1951. – *Seiffert, H.:* Information über die Information. 1968, [3]1971. – *Shannon, C. E./Weaver, W.:* Mathematische Grundlinien der Informationstheorie. (Aus dem Amerik.) (1949) 1976. – *Stachowiak, H.:* Denken und Erkennen im kybernetischen Modell. 1965, [2]1969 = 1975. – *Steinbuch, K.:* Automat und Mensch. [3]1965. – *Stock, W. C.:* Wissenschaftliche Informationen – metawissenschaftlich betrachtet. 1980. – *Ursel, A. D.:* Information. Eine philosophische Studie. (Aus dem Russ.) 1970. – *v. Weizsäcker, C. F.:* Sprache als Information. In: Die Sprache. 5. Folge des Jahrbuchs Gestalt und Gedanke. 1959. – *Young, J. F.:* Einführung in die Informationstheorie. 1975. – *Zemanek, H.:* Elementare Informationstheorie. 1959.

Herbert Stachowiak/H.S.

Interesse

lat. interesse: dazwischen sein

A. Einleitung

Der Begriff »Interesse«, der in der Ethik und in der politischen Philosophie seit dem 17. Jh. eine Rolle spielt, wurde in die neuere wissenschaftstheoretische Diskussion vornehmlich durch Vertreter der (neomarxistischen) »kritischen Theorie«, zumal durch Jürgen HABERMAS (geb. 1929) eingeführt. MARX und ENGELS zogen den Begriff heran, um die Entstehung der → *Ideologie* zu erklären, wobei ihnen als »ideologisch« alle unzutreffenden Behaup-

tungen galten, deren Richtigkeit einer sozialen Klasse zum Vorteil gereichen würde und die im Zweifelsfall eben deswegen aufgestellt und vertreten werden. Nach der Jahrhundertwende gingen einzelne Marxisten dazu über, auch ihrer Meinung nach zutreffende Behauptungen auf ein Interesse zurückzuführen; so führten sie z. B. die Entstehung der modernen Naturwissenschaft auf wirtschaftlich begründete technische Interessen zurück, oder sie meinten etwa in Anschluß an LENINS These von der Parteilichkeit der Philosophie, das Proletariat vertrete den Marxismus aus einem Interesse an revolutionärer Veränderung.
Ohne sich dessen voll bewußt zu sein, knüpften sie damit teilweise an KANTS und FICHTES Lehre von einem »Interesse der Vernunft« an: Laut KANT werden in der Philosophie bestimmte Fragen gestellt und bestimmte Antworten bevorzugt, weil die Vernunft ein »theoretisches Interesse« an einem in sich geschlossenen, stimmigen System sowie ein »praktisches Interesse« an der Verwirklichung sittlicher Ideale hat. Nach FICHTE wird der Streit zwischen dem »Idealisten« und dem »Dogmatiker« (Realisten) danach entschieden, ob man an Vernunft und Fortschritt oder an einer unaufgeklärten Herrschaft der Dinge über das Ich interessiert ist.

B. Zur Begriffsgeschichte

I. Kant, Fichte, Marx

Die Bedeutung der Aussage »A hat ein Interesse an B« schwankt dabei zwischen jener der Aussage »A meint, daß B für ihn bzw. seinesgleichen von Vorteil wäre« und jener der Aussage »A hat an B ein spontanes Wohlgefallen«. KANT deutet das Vernunftinteresse noch als einen natürlichen Hang; bei FICHTE entspringt die Entscheidung für den »Idealismus« schon der bewußten »Einsicht«, daß dieser »Standpunkt« der Emanzipation des Ichs vom Zwang der Dingwelt und damit der Freiheit dienen würde.
Ähnlich beschreibt MARX Ideologien teils als mehr oder minder bewußte Lügen im Interesse der kapitalistischen Klasse, teils als Gedanken, die sich nahezu zwangsläufig aus der Interessenlage des Kapitalisten ergeben.

II. Die Kritische Theorie

In den dreißiger Jahren entwickelten dann Max HORKHEIMER und Herbert MARCUSE die Unterscheidung zwischen einer »traditionellen« und einer »kritischen« Theorie. Während die erstere, die ungeachtet aller Unterschiede für die Philosophie von DESCARTES bis HUSSERL charakteristisch war, bloß das jeweils Bestehende analysiert und erklärt, damit aber auch rechtfertigt und bejaht, ist für die letztere, die auf die Linkshegelianer und MARX zurückgeht, bezeichnend, daß sie darüber hinaus ebenso das analysierte Phänomen wie sich selbst in ihrem sozio-politischen Kontext zu verstehen sucht und auf diese Weise das Bestehende in seiner Irrationalität entlarvt. Die Wahl zwischen den beiden Theorietypen wird dabei ähnlich wie bei FICHTE durch den Hinweis auf eine Interessenlage gedeutet: Wer ein »Interesse an vernünftigen Zuständen« hat, entscheidet sich für die »kritische« Theorie.

III. Habermas

In Anknüpfung an diese Unterscheidung und in Auseinandersetzung mit HUSSERL entwikkelte Jürgen HABERMAS in den sechziger Jahren eine Analyse der Wissenschaft, die auf dem Begriff »erkenntnisleitender Interessen« aufbaut. Danach ist die Wissenschaft nicht etwa interessenlos oder bloß an Wahrheit im Sinne einer Korrespondenz von Aussage und Sachverhalt interessiert, sondern die Naturwissenschaften werden von einem Interesse an Naturbeherrschung, die Geisteswissenschaften von einem Interesse an einer Orientierung im jeweiligen historischen Kontext und die Sozialwissenschaften sowie die Philosophie – allerdings nur im Idealfall – von einem Interesse an der Emanzipation von Zwängen »geleitet«. Letzteres besagt, daß der jeweilige Wissenschaftstypus seine Gegenstände so betrachtet (bzw. im transzendentalphilosophischen Sinne »konstituiert«), seine Standards so bestimmt und seinen Fortschritt so deutet, wie das zugehörige Interesse es nahelegt.

C. »Interesse« bei Habermas

HABERMAS' Interessentheorie unterscheidet sich von ihren marxistischen Vorgängern dadurch, daß sie nicht von empirischen, sondern von »transzendentalen« Interessen spricht und die letzteren deswegen nicht Ideologien, sondern Wissenschaft »erklären«. Daß die Interessen »transzendental« seien, besagt zunächst nicht mehr, als daß sie nicht willkürlich angesetzt, ja strenggenommen nicht einmal ins Bewußtsein gehoben werden können, sondern in »anthropologischen Konstanten«

gründen und insofern für die Wissenschaften, ja deren Gegenstände »konstitutiv« sind. Naturwissenschaften gibt es, weil der Mensch sich, um überleben zu können, mit der Natur auseinandersetzen, d. h. sie seinen Bedürfnissen anpassen muß; Geisteswissenschaften wurzeln in dem Umstand, daß der Mensch ein geschichtliches Wesen ist und seine Gegenwart nur aus seiner Vergangenheit zu deuten vermag; Sozialwissenschaften und Philosophie verdanken ihren Ursprung der Tatsache, daß der Mensch nach Freiheit strebt.

Diese Konzeption führt es mit sich, daß die »erkenntnisleitenden Interessen« nicht als Phänomene aufgewiesen oder gar empirisch aufgezeigt werden können. Daß etwa der einzelne Wissenschaftler kein Interesse »verspürt« oder die Begründer der modernen Astronomie und Physik im 17. Jh. an Naturbewältigung kaum dachten, widerspricht ihr nicht. Vielmehr ist HABERMAS' Konzept demjenigen von KANTS »transzendentaler Deduktion« verwandt: er bietet eine Konstruktion an, von welcher Aussagen über Eigenschaften der Wissenschaft bzw. über Unterschiede zwischen Wissenschaften »abgeleitet« werden können, und legt nahe, daß sie von keiner anderen Konstruktion abgeleitet werden könnten.

D. Kritik

Damit sind aber auch die Grenzen, ja Schwäen der Theorie von den »erkenntnisleitenden Interessen« gekennzeichnet. Erstens ist die logische Struktur einer solchen »transzendentalen Deduktion« höchst undurchsichtig; dies war schon bei KANT der Fall und ist es noch mehr bei HABERMAS, da dieser ja nicht ein Apriori menschlicher Erkenntnis überhaupt, sondern bestimmter historischer Erkenntnisformen ableiten, d. h. erklären will. Erklärungen durch Transzendentales sind ja Deduktionen, deren Prämissen durch die Richtigkeit der Konklusionen erwiesen werden sollen – was logisch höchstens dann korrekt sein könnte, wenn umgekehrt die Aussagen über die »transzendentalen Voraussetzungen« aus den »zu erklärenden« Gegebenheiten (bzw. den entsprechenden Aussagen) deduziert werden könnten. Zweitens setzt HABERMAS' Theorie alles andere als selbstverständliche Darstellungen der Natur-, Geistes- und Sozialwissenschaften voraus. So muß er z. B. die Naturwissenschaften extrem operationalistisch und die Sozialwissenschaften nach dem Modell der Psychoanalyse deuten. Drittens schließlich ist es HABERMAS nie gelungen, darzustellen, was eigentlich ein »transzendentales Interesse« sein soll; während es sinnvoll erscheint, von nicht bewußt zu machenden Erkenntnisformen zu sprechen, scheint es dem Begriff des Interesses wesentlich zu sein, daß jemand erlebbar interessiert ist.

Dennoch ist nicht zu leugnen, daß die Auseinandersetzungen um HABERMAS' Theorie der »erkenntnisleitenden Interessen« zu einer wesentlich differenzierteren Auffassung darüber geführt haben, in welchem Sinne Interessen in der Wissenschaft legitim sind.

Nikolaus Lobkowicz

Dallmayr, W. (Hg.): Materialien zu Habermas' [Aufsatz] »Erkenntnis und Interesse«. 1974. – *Diderot, D.:* Art. Interesse. In: *Ders.*, Enzyklopädie. dtv 1969. – *v. Ferber, Ch.:* Die gesellschaftliche Rolle des Interesses. In: Deutsche Universitätszeitung 13, 1958. – *Gabriel, G.:* Definitionen und Interessen. 1972. – *Geldsetzer, L.:* Interesse, Vorurteil, Kritik. In: *Rombach, H. (Hg.)*, Wissenschaftstheorie. Bd. 2. [H] – *Habermas, J.:* Erkenntnis und Interesse. [Buch] 1968, stw [5]1973. [W] – *Ders.:* Theorie und Praxis. 1963, stw 1978. [W] – *Horkheimer, M.:* Traditionelle und kritische Theorie. (1937) In: *Ders.*, Kritische Theorie. Bd. 2: 1968 (in einem Bd. [3]1977). – *Huber, B.:* Der Begriff des Interesses in den Sozialwissenschaften. 1958. – *Hübner, K., u. a.:* Die politische Herausforderung der Wissenschaft. 1976. – *Kaiser, J. H.:* Die Repräsentation organisierter Interessen. [2]1978. – *Lunk, G.:* Das Interesse. Bd. 1; 2. 1926/27. – *Marcuse, H.:* Philosophie und kritische Theorie. In: *Ders.*, Kultur und Gesellschaft. Bd. 1: 1965. – *Massing, P./Reichel, P. (Hg.):* Interesse und Gesellschaft. 1977. – *Mittelstraß, J.:* Über Interessen. In: *Ders. (Hg.)*, Methodologische Probleme einer normativ-kritischen Gesellschaftstheorie. 1975. – *Neuendorff, H.:* Der Begriff des Interesses. 1973. – *Oppenheimer, F.:* System der Soziologie. Bd. 1: 1922/24 = 1964; Bd. 2: 1926 = 1964. – *Willms, B.:* Institutionen und Interesse. In: *Schelsky, H. (Hg.)*, Zur Theorie der Institution. 1970, [2]1973.

Nikolaus Lobkowicz/H.S.

Kausalität

zu lat. causa: Fall, Ursache, Grund; griech. aitía, aítion

A. Begriffsgeschichte

Das Wort »Kausalität« bezeichnet ein bestimmtes Verhältnis mehrerer Ereignisse zueinander; und zwar jenes Verhältnis, bei dem wir ein oder mehrere Ereignisse als »Ursache«, andere als »Wirkung« ebendieser Ursache bezeichnen. Es ist dies eine der möglichen Weisen, die Frage »Warum?« mit einem »Weil« zu beantworten.

I. Aristoteles

ARISTOTELES und, ihm folgend, die Philosophen des Mittelalters unterschieden vier Typen solcher Warumfragen, Weil-Antworten und Ursachen: das »Was« *(causa formalis)*, das »Woraus« *(causa materialis)*, das »Wodurch« *(causa efficiens)* und das »Wozu« *(causa finalis)*. Die neuzeitliche Wissenschaft hat von diesen vier Ursachen nur die dritte, die Wirkursache, als Gegenstand der Forschung übriggelassen und den Begriff der Kausalität, wie schon das späte Mittelalter, das diesen Fachterminus prägte, auf das Verhältnis der Hervorbringung eines Ereignisses durch ein anderes Ereignis beschränkt.

II. Rationalismus

Der Rationalismus des 17. Jh. hat dann auch diesen Begriff fallengelassen und den Gedanken einer echten Hervorbringung von Endlichem durch Endliches als eines ontologischen Verhältnisses aufgegeben, da sich ein solches gar nicht denken lasse. Was tatsächlich stattfinde, sei vielmehr eine ständige Verursachung bestimmter Ereignisse anläßlich anderer Ereignisse durch den Schöpfer aufgrund allgemeiner, von ihm selbst geschaffener Gesetze *(Occasionalismus)*. Nach LEIBNIZ ist jede endliche Substanz durch die Summe der Zustände definiert, die sie durchläuft. Gott, der diese so definierten Substanzen schafft, hat die Welt so eingerichtet, daß die Zustände der verschiedenen Substanzen einander so entsprechen wie parallel geschaltete Uhren. Hier ist jeder Gedanke an ein Ursach-Wirkungsverhältnis aufgegeben zugunsten des Gedankens eines gesetzmäßigen Zusammenhangs der Ereignisse. An die Stelle des Begriffs einer innerweltlichen Ursache tritt der Gedanke eines »durchgängigen Zusammenhangs aller Begebenheiten der Sinnenwelt nach unwandelbaren Naturgesetzen« (KANT).

III. Hume und Kant

David HUME ging, entsprechend seinem empiristischen Ansatz, noch weiter: Gesetzmäßigkeit und Notwendigkeit sind nach HUME unsere interpretatorischen Zutaten zu dem, was wir tatsächlich beobachten, nämlich den faktischen Regelmäßigkeiten in der Aufeinanderfolge ähnlicher Ereignisse. KANT bemerkte, daß auf diese Weise das, was wir tatsächlich meinen, wenn wir von Ursachen sprechen, unbestimmt bleibt. Der Gedanke einer echten Gesetzmäßigkeit, der doch für die mathematischen Naturwissenschaften konstitutiv ist, ergibt sich nicht aus empirischen Verallgemeinerungen. Außerdem wird keineswegs jede regelmäßige Aufeinanderfolge von Ereignissen von uns als Ursach-Wirkungsverhältnis interpretiert. Niemand hält das Fallen des Barometers für die Ursache des Sturmwetters. So verlegte KANT die Gesetzmäßigkeit und Notwendigkeit des Kausalzusammenhangs zwar mit HUME in die »Interpretation«. Diese selbst tritt jedoch nach KANT nicht zur Erfahrung als »Zutat« hinzu, sondern sie ist in dem Sinne »a priori«, daß erst durch sie so etwas wie Erfahrung von Natur überhaupt möglich wird. Ohne die Voraussetzung eines durchgängigen Kausalzusammenhangs der Naturereignisse würden wir diese gar nicht von Halluzinationen unterscheiden können. Wir hätten keine Kriterien für das, was unter gegebenen Umständen möglich oder unmöglich ist. Wenn aber zu jeder Zeit alles möglich ist, wenn auch Sinnestäuschungen nicht verursacht sein müssen und also auch nicht experimentell kontrolliert werden können, dann gibt es gar keine Wissenschaft und keine objektive Natur.

B. Darstellung

I. Zwei Tendenzen

Die auf KANT folgenden Diskussionen sind durch zwei gegenläufige Tendenzen bestimmt: die »idealistische«, die das Ursach-Wirkungsverhältnis als einen logischen Zusammenhang auf das Identitätsprinzip zurückführt, und die »empiristische«, die den Ursach-Begriff zu eliminieren und durch den Gesetzes- bzw. Funktionsbegriff zu ersetzen sucht. Der Grund für diese divergierenden Auffassungen liegt darin, daß die paradigmatische Phänomenbasis für den Kausalitätsbegriff selbst eine doppelte ist.

1. Subjektiv: Es handelt sich einerseits um die Erfahrung, in der wir uns handelnd selbst als Ursache jener Veränderungen erleben, die wir initiieren. Wenn wir etwas verändern wollen, müssen wir erst »uns selbst bewegen«. Wenn wir den Willen dabei als Ursache bezeichnen, so ist er jedenfalls keine Humesche Ursache, da der Willensakt gar nicht unabhängig von dem, was er bewirkt, definierbar ist. Die Erfahrung des Bewirkens ist fundamental und auf nichts Fundamentaleres reduzierbar. Sie ist das Paradigma aller Kausalitätsvorstellungen des Common sense und der auf die Antike zurückgehenden philosophischen Tradition. Ein Ding wirkt auf ein anderes Ding und bewirkt in ihm Veränderungen, so, wie wir auf andere Dinge wirken – und dabei übrigens auch deren Widerständigkeit und Rückwirkung erfahren. Es handelt sich hier nicht eigentlich um einen Analogieschluß; die Analogie wird vielmehr bei jedem Handeln unmittelbar erlebt. Wir selbst benutzen ja, um auf andere Dinge zu wirken, Mittel. Unsere Organe sind einerseits Teile unserer selbst, andererseits aber Dinge in der Welt, und als solche können wir sie durch andere Dinge verlängern und verstärken, so daß wir mittels solcher Dinge Veränderungen bewirken. Die *Gestaltpsychologie* hat darüber hinaus gezeigt, daß auch dort, wo wir selbst nur Beobachter sind, Kausalbeziehungen, wie z. B. Schleudern, Schieben, Ziehen usw., unmittelbar wahrgenommen werden, und zwar ohne daß dabei der Gedanke einer gesetzmäßigen Verknüpfung eine Rolle spielt.

2. Objektiv: Das zweite Paradigma, das zur sukzessiven Eliminierung des Kausalitätsbegriffs führt, ergibt sich aus der programmatischen Reduktion der Welt auf einen »objektiven«, subjektlosen, kontinuierlichen Prozeß, dessen verschiedene Stadien in funktionale Beziehungen zueinander gesetzt werden können, ohne daß dabei die Worte »Ursache« und »Wirkung« verwendet werden müßten. Zwischen zwei voneinander unabhängige und als »Ursache« und »Wirkung« bezeichnete Ereignisse lassen sich stets weitere Sachverhalte einschieben. Es hat keinen Sinn, den Zustand eines senkrecht fallenden Körpers zu einem Zeitpunkt t_1 als Ursache seines Zustandes im Zeitpunkt t_2 zu kennzeichnen. Wir können die Zustände nur durch Differentialgleichungen aufeinander beziehen. Aber können wir nicht die Gravitation als »Ursache« bezeichnen? Die allgemeine Relativitätstheorie gibt uns die Möglichkeit, die Zustandsveränderungen der Welt in geometrischen Funktionsgleichungen auszudrücken und aus Gesetzen abzuleiten, in deren Formulierung dynamische Begriffe keine Verwendung finden. Wenn in der Fassung von Naturgesetzen Bedingungen für das Eintreten eines Ereignisses genannt werden, so ist die Auszeichnung einer dieser Bedingungen als Ursache und die Herabsetzung der anderen zu »Randbedingungen« nur eine Folge der subjektiven Interessenperspektive des Beobachters.

II. Das Fragen nach der Ursache

Es ließe sich nun denken, daß wir, der Unvergleichbarkeit der Paradigmata Rechnung tragend, grundsätzlich von zwei Bereichen der Wirklichkeit ausgehen und den Begriff der Kausalität auf das Handeln von Menschen beschränken, genauer gesagt: auf den jeweiligen Anfang des Handelns. In diesem Sinne schreibt etwa Bertrand Russell: »Nichts kann wirken außer einem Willensakt« (191).

Aber dieser Versuch stößt auf zwei Schwierigkeiten. Erstens scheint es auf den ersten Blick unwahrscheinlich, daß mit dem menschlichen Wollen eine völlig neue, analogielose dynamische Kategorie in eine sonst rein geometrisch determinierte Welt einbricht. Zweitens aber läßt sich tatsächlich das Stellen von Fragen, die nur mit Kausalantworten zu beantworten sind, auch mit Bezug auf die Welt materieller Prozesse gar nicht unterbinden. Und zwar stellen wir solche Fragen immer dann, wenn im Verlauf natürlicher Prozesse Ereignisse auftreten, die von dem, was wir aufgrund unserer bisherigen Kenntnisse des Prozesses hätten erwarten müssen, abweichen. Wenn ein senkrecht fallender Körper fortfährt zu fallen, so suchen wir dafür nicht nach einer Ursache. Wohl aber, wenn ein ruhender Körper zu fallen beginnt oder wenn ein fallender plötzlich seine Richtung ändert. Ein Windstoß mag dann die Ursache der Richtungsänderung sein, also die Interferenz zweier voneinander unabhängiger Prozesse miteinander, die sich nicht noch einmal aus einem Naturgesetz höherer Ordnung ableiten läßt. In diesem Sinne sind Ereignisse, nach deren Ursache wir fragen, »zufällig«. Solche zufälligen Interferenzen haben eine aufdringliche Analogie mit jener Interferenz, die jede unserer Einwirkungen auf die Natur darstellt. Tendenziell zielt unser Begriff des Naturgesetzes auf Eliminierung des Ursachbegriffs. Jedes Naturgesetz höherer Allgemeinheit reduziert die Notwendigkeit, diesen Begriff zu verwenden. Es reduziert die Gegenstände, über die man »sich wundert« und die man deshalb zu erklären sucht. Ein Wesen, das die Welt als einheitlichen, unter einem einzigen Gesetz stehenden Naturprozeß begriffe, könnte des Begriffs der Ursache überhaupt entraten. (Es sei denn, es fragte noch einmal nach dem Grund für die Geltung dieses einen Gesetzes.) Aber die Welt so begreifen heißt von der Existenz handelnder Wesen in der Welt absehen.

III. Kausalität und Handlung

Als handelnde Wesen, die sich selbst als interferierende Ursachen erfahren, sind wir jedoch nicht nur imstande, »zufällige« Interferenzen voneinander unabhängiger Ereignisverläufe kausal zu interpretieren. Wir können auch mit Bezug auf »normale« und kontinuierliche Verläufe immer dann von Kausalität sprechen, wenn wir unser handelndes Eingreifen in den Naturverlauf als möglich denken können. Denn immer dann – aber auch nur dann – müssen wir ein *Post hoc* vom *Propter hoc* unterscheiden. Warum nehmen wir nicht an, daß das Fallen des Barometers Ursache des Sturmes ist? Deshalb nicht, weil wir ja das Barometer zerschlagen können und weil wir annehmen, daß der Sturm dennoch eintritt. Würden wir hingegen annehmen, daß unser Zerschlagen des Barometers den Sturm aufhalten würde, so wäre diese Annahme gleichbedeutend damit, daß wir das Fallen des Barometers tatsächlich für die Ursache des Sturmes hielten. Etwas für eine Ursache halten heißt es gedanklich in einen Handlungskontext versetzen. Nur eine solche »interventionistische« Interpretation der Kausalität kann auch die Asymmetrie erklären, die das Kausalverhältnis von einem bloß gesetzmäßigen Funktionszusammenhang unterscheidet.

Im Unterschied zu einem solchen sind ja Ursache und Wirkung nicht vertauschbar. Warum nicht? Wir tun etwas, indem wir etwas anderes tun. Diese Reihenfolge ist nicht umkehrbar. Sie ist gewiß nicht umkehrbar, wo wir es mit sogenannten *Basishandlungen* zu tun haben, d. h. Handlungen, die nicht getan werden, indem man etwas anderes tut. Solche Handlungen gehen offenbar jenem »anderen« voraus, also die Bewegung der Hand der Bewegung der Türklinke. Aber auch bei komplexeren Handlungen gibt es eine »natürliche« Reihenfolge beim Erlernen von Handlungsweisen. Man kann eben nicht erst lernen, die Periode eines Pendels zu verändern und anschließend dessen Länge. Es geht nur umgekehrt.

Kritiker der interventionistischen Auffassung haben diese als »bloß pragmatisch« bezeichnet. Verteidiger haben geltend gemacht, daß wir die pragmatische Perspektive nicht überschreiten können, sondern Wissenschaften als spezialisierte Handlungsmöglichkeiten zu verstehen haben. Tatsächlich muß es jedoch zu denken geben, daß es eine Reihenfolge im Erwerb von Handlungsweisen gibt, die nicht in den Intentionen des Handelnden oder in der Natur von Handlungen, sondern in der »Natur der Dinge« begründet ist. Diese Natur der Dinge selbst nach Analogie eines Handlungszusammenhangs zu verstehen wird meistens noch als *Anthropomorphismus* bezeichnet. Die Anthropomorphismusfurcht beruht jedoch häufig auf der Annahme, menschliches Handeln sei mit dem Geschehen in der Natur gänzlich unvergleichbar. Aber diese Annahme ist unbegründet. Denn wenn wir in den Gang der Ereignisse willentlich handelnd eingreifen können, dann offenbar nur deshalb, weil der Gang der Ereignisse nicht von ganz anderer Art als das Handeln selbst ist. Hierin scheint es begründet zu sein, daß wir in unserer Weltorientierung auf den Begriff der Kausalität nicht verzichten können.

Robert Spaemann

Aristoteles: Physik-Vorlesung (*Grumach/Flashar* Bd. 11), 2. Buch, 3.–6. Kap. WB [4]1983. – *Bunge, M.:* Kausalität. Geschichte und Probleme. (Aus dem Amerik.) (1959) 1987. – *Essler, W. K.:* Wissenschaftstheorie. Bd. 4. [H] – *Frank, Ph.:* Das Kausalgesetz und seine Grenzen. 1932. – *Hume, D.:* An enquiry concerning human understanding. 1748, [3]1758. Eine Untersuchung über den menschlichen Verstand. Nachdr. 1973. – *Jonas, H.:* Wahrnehmung, Kausalität und Teleologie. In: *Ders.*, Organismus und Freiheit. (1966) 1973. – *Kant, I.:* Kritik der reinen Vernunft. A = 1. Aufl. 1781; B = 2. Aufl. 1787. – *König, J.:* Bemerkungen über den Begriff der Ursache. In: *Ders.*, Vorträge und Aufsätze. 1978. – *Lang, A.:* Das Kausalproblem. Bd. 1. Geschichte des Kausalproblems. 1904. – *Mackie, J. L.:* The cement of the universe. 1974. – *Michotte, A.:* Die Kausalitätswahrnehmung. In: Handbuch der Psychologie. Bd. 1. 1966. – *Posch, G.:* Kausalität. 1980. – *Russell, B.:* Logic and mysticism. 1918. Mystik und Logik. 1952. – *Sachsse, H.:* Kausalität, Gesetzlichkeit, Wahrscheinlichkeit. 1979. – *Scheibe, E.:* Bemerkungen über den Begriff der Ursache. In: *Holz, H. H. (Hg.)*, Vom Geist der Naturwissenschaft. 1969. – *Ders.:* Ursache und Erklärung. In: *Krüger, L. (Hg.)*, Erkenntnisprobleme der Naturwissenschaften. 1970. – *Schneider, H. J.:* Die Asymmetrie der Kausalrelation. In: *Mittelstraß, J./Riedel, M. (Hg.)*, Vernünftiges Denken. 1978. – *Stegmüller, W.:* Probleme und Resultate [...]. Bd. 1. [H] – *Titze, H.:* Der Kausalbegriff in

Philosophie und Physik. 1964. – *Wentscher, E.:* Geschichte des Kausalproblems in der neueren Philosophie. 1921. – *v. Wright, G. H.:* Causality and determinism. 1974.

Robert Spaemann/H.S.

Konstruktivismus

zu lat. construere: zusammenfügen, erbauen

A. Definition
Der *Konstruktivismus* (konstruktiv[istisch]e Wissenschaftstheorie) ist ein Versuch, einen begründeten und zirkelfreien Aufbau der Wissenschaften, insbesondere der Naturwissenschaften und der Mathematik zu leisten. Dabei spielen »Konstruktionsregeln« für die Erstellung von Meßgeräten eine zentrale Rolle. Der Konstruktivismus versteht sich heute wesentlich als Gegenposition zum → *Kritischen Rationalismus*.

B. Geschichtliche Entwicklung
Vorläufer des Konstruktivismus ist die methodische Philosophie Hugo DINGLERS (1881 bis 1954). Im Anschluß an die Grundlagenkrise innerhalb der Mathematik gegen Ende des 19. Jh. versucht DINGLER eine »konstruktive« Begründung der → *Mathematik* und vor allem der Physik. DINGLERS Anliegen wird von Paul LORENZEN (geb. 1915), der als der eigentliche Begründer des heutigen Konstruktivismus gelten kann, aufgegriffen. LORENZEN versucht schon das sprachanalytische und logische Fundament konstruktiv zu erarbeiten, auf welchem eine konstruktive Begründung der Mathematik und der Physik, wie sie DINGLER vorschwebte, überhaupt erst möglich ist. Kernpunkt ist dabei ein *konsensustheoretischer* Begründungs- bzw. Wahrheitsbegriff, wie er ähnlich auch von der »Kritischen Theorie der Frankfurter Schule«, als deren wichtigster Vertreter heute Jürgen HABERMAS gelten kann, verwendet wird. Gleichzeitig wird in der von LORENZEN gegründeten »Erlanger Schule der Wissenschaftstheorie« der Anwendungsbereich des Konstruktivismus ausgedehnt. So entsteht vor allem die Protophysik der Zeit (Peter JANICH), und außerdem werden jetzt auch sozialwissenschaftliche Fragestellungen aufgegriffen.
Heute wird der Konstruktivismus vor allem an den philosophischen Fakultäten/Fachbereichen der Universitäten Erlangen, Konstanz und Marburg vertreten. Eine gute Einführung in die konstruktivistische Wissenschaftstheorie bieten JANICH/KAMBARTEL/MITTELSTRASS; zur Kritik am Konstruktivismus siehe u. a. ALBERT (Traktat 190 ff.) sowie KIRCHGÄSSNER.

C. Darstellung
I. Die Protophysik
Bei seinem Versuch zum Aufbau der exakten Wissenschaften und speziell der Physik ging DINGLER von der Überlegung aus, daß man, bevor man mit Hilfe von Messungen physikalische Theorien überprüfen kann, zuerst einmal wissen muß, wie die Meßgeräte zu erstellen sind, die dabei verwendet werden sollen. Die Theorien, die die Herstellung von Meßgeräten ermöglichen, können dann aber nicht durch Messungen widerlegt werden, die erst mit Hilfe dieser Meßgeräte erhalten werden. Daher unterscheidet DINGLER und mit ihm der heutige Konstruktivismus zwischen der empirischen Wissenschaft Physik, die auf den Ergebnissen von Längen-, Masse- und Zeitmessungen beruht, und einer nicht-empirischen (a priorischen) Theorie der Messung, der »Protophysik«. Diese ist der Physik logisch vorgeschaltet und »begründet« diese.
Die ersten Begriffe werden innerhalb der Protophysik exemplarisch, d. h. mit Hilfe von Beispielen und Gegenbeispielen eingeführt, wobei nur das (vorwissenschaftliche) Alltagsvokabular zugelassen ist. In der Geometrie, der »Protophysik der Längenmessung«, wird z. B. so der Begriff des starren Körpers eingeführt. Aufbauend auf diesen ersten Begriffen wird zunächst das vorgeometrische Vokabular, wie z. B. Flächen, Kanten, Ecken, eingeführt. Hierzu verwendet man Definitionen, die besagen, wann z. B. eine Seite eines starren Körpers eine »Fläche« genannt werden kann, und es werden handwerkliche Verfahren (*normierte Handlungen*) angegeben, die die Herstellung dieser protophysikalischen Gegenstände (zumindest innerhalb bestimmter Toleranzgrenzen) ermöglichen. So können z. B. »Flachen« dadurch erzeugt werden, daß drei starre Körper mit jeweils einer Seite so lange gegeneinander abgeschliffen werden, bis jeweils zwei dieser Seiten bei gegenseitiger Berührung und für beliebige Verschiebungen bis auf Überlappungen aufeinanderpassen. Der Übergang von der Ebene der Herstellungsverfahren zur Ebene der Ideen, die hinter diesen Verfahren stehen, wird *Ideation* genannt. So ist z. B. eine Fläche

eine partielle Realisation der Idee »Ebene«. Durch Ideation wird das eigentliche geometrische Vokabular gewonnen, z. B. Ebene, Linie, Punkt. Dies ermöglicht dann die Durchführung von Längenmessungen und damit – zusammen mit der Protophysik der Zeit und der Masse – den Aufbau der empirischen Wissenschaft Physik.

Das hier skizzenhaft vorgestellte Verfahren der Protophysik ermöglicht einen zirkelfreien Aufbau: jeder Schritt ist verständlich, ohne daß auf Begriffe zurückgegriffen wird, die bisher noch nicht eingeführt sind oder die mit Hilfe einer impliziten Definition eingeführt werden. Bezeichnet man diese schrittweise Verständlichkeit als »Begründung«, so kann man von einem *schrittweise begründeten Aufbau* sprechen. Die Sätze der Protophysik ergeben sich aus Unterscheidungen, die allein mit Hilfe des vorwissenschaftlichen Vokabulars verständlich gemacht werden, aus Definitionen, die auf diesen Unterscheidungen aufbauen, und aus Handlungsanweisungen, die angeben, wie man Realisationen der protophysikalischen Ideen erzeugen kann. An keinem Punkt werden Axiome eingeführt, die »einer Begründung weder fähig noch bedürftig sind«, wie dies für die Axiome der klassischen Geometrie behauptet wurde. Da außerdem Meßgeräte und zu messende Gegenstände im gleichen Arbeitsgang hergestellt werden, kann diese Protophysik auch nicht durch Messungen, welche mit Hilfe dieser Meßgeräte durchgeführt werden, widerlegt werden.

Die Protophysik ermöglicht so die Rekonstruktion der *euklidischen Geometrie* und damit den Aufbau der klassischen Physik. Eine nicht-euklidische Geometrie läßt sich bisher damit nicht aufbauen. Es ist auch nicht zu sehen, wie ein solcher Aufbau aussehen könnte. Folglich kann die moderne relativistische Physik in dieses Wissenschaftskonzept (noch) nicht eingebaut werden. Dies führte bei DINGLER zu einer vehementen, oft auch polemischen Ablehnung der relativistischen Physik und insbesondere der Arbeiten ihres Begründers, Albert EINSTEIN. Auch heute aber existiert noch das Problem des Verhältnisses zwischen relativistischer Physik und konstruktivistischer Protophysik. Zwar wird zumindest die spezielle Relativitätstheorie wegen ihrer kaum bezweifelbaren empirischen Bewährung nicht mehr rundweg abgelehnt; es ist jedoch nach wie vor nicht zu sehen, wie eine konstruktivistische Begründung der nicht-euklidischen Geometrie bzw. der relativistischen Physik aussehen könnte. Der Beitrag der Protophysiker hierzu steht noch aus (s. JANICH, Die Protophysik der Zeit und das Relativitätsprinzip 347).

II. Der konstruktivistische Begründungsbegriff

Ein weiteres Problem ergibt sich für die Protophysik daraus, daß dann, wenn man den Anspruch der → *Begründung* durchgängig aufrechterhalten will, auch die ersten Schritte begründet werden müssen, d. h. die Unterscheidungen und Handlungsanweisungen, die am Anfang stehen. Nun gilt jedoch, daß jede Begründungsbemühung, die sich in irgendeiner Weise als Ableitung von Sätzen aus Sätzen versteht, notwendigerweise in einer von drei Sackgassen endet: dem unendlichen Regreß, dem Zirkel oder einem dogmatischen Abschluß (ALBERT, Traktat 9 ff.). Dies gilt auch dann, wenn außersprachliche Handlungen in die Argumentationskette mit einbezogen werden: die Anweisungen, denen diese Handlungen genügen, sind wiederum Sätze, die zu begründen sind. DINGLER hat diese Problematik gesehen. Um dennoch eine »Vollbegründung« zu erreichen, sucht er den Ausweg in seinem *Willen*; sein Wille ist das einzige, dessen er sich a priori absolut sicher ist. Seine Begründungsbemühung findet damit letztlich einen dogmatischen (dezisionistischen) Abschluß.

Die *Erlanger Schule* unter LORENZEN hat diese dezisionistische Wendung DINGLERS nicht mitgemacht. Es wird vielmehr eine sprachanalytische und logische Absicherung des Unternehmens durch die »Vorschule des vernünftigen Redens« (Logische Propädeutik) und die Protologik versucht. Zentrales Kernstück dieser Bemühungen und damit des gesamten heutigen Konstruktivismus ist eine neue, auf einem konsensustheoretischen Wahrheitsbegriff beruhende Theorie der Begründung. Unabhängig von der Anfangsproblematik war ein solcher Begründungsbegriff spätestens zu dem Zeitpunkt notwendig, als das konstruktivistische Programm auch auf Fragestellungen außerhalb der Naturwissenschaften und der Mathematik ausgedehnt wurde: der Rückgriff auf normierte Handlungen, der die Protophysik prägt, ist z. B. in den Sozialwissenschaften in analoger Weise nicht möglich. Auch die Unterscheidung zwischen Protowissenschaft und Wissenschaft kann hier nicht in gleicher Weise wie bei der

Physik durchgehalten werden: es ist völlig unklar, wie z. B. eine nicht-empirische Theorie der Messung in den Sozialwissenschaften aussehen sollte, auf welcher dann die empirischen Sozialwissenschaften aufbauen könnten.

Kernpunkt der konstruktivistischen Auffassung ist heute folgender Begründungsbegriff: Ein Satz soll dann als »begründet« (bzw. »wahr«) gelten, wenn ihm im unvoreingenommenen Diskurs (in der idealen Sprechsituation) jeder Sachkundige und Gutwillige zustimmen kann. Ein solcher unvoreingenommener Diskurs ist u. a. dadurch gekennzeichnet, daß er von allen Teilnehmern undogmatisch, zwanglos und nicht persuasiv geführt wird: zwischen allen Teilnehmern soll absolute Symmetrie herrschen. Wenn eine wissenschaftliche Theorie im konstruktivistischen Sinne als begründet gelten soll, so müssen die ersten Sätze dieser Theorie, die ja ihrerseits nicht wieder aus anderen Sätzen abgeleitet werden können, in einem solchen Diskurs Zustimmung finden können. In schrittweisem Aufbau sollen dann auf diesen ersten Sätzen *schrittweise begründete Theorien* entstehen, wobei bei jedem Schritt nur auf solche Hilfsmittel zurückgegriffen werden darf, die entweder bei diesem Aufbau bereits zur Verfügung gestellt wurden oder die uns aus der vorwissenschaftlichen Praxis bereits zur Verfügung stehen. Diese vorwissenschaftliche Praxis bildet das *lebensweltliche Apriori*, auf das jede wissenschaftliche Bemühung aufbauen muß bzw. welches von keiner Wissenschaft hintergangen werden kann.

III. Konsequenzen aus dem konstruktivistischen Begründungsbegriff

Aus dem von den Konstruktivisten verwendeten Begründungsbegriff ergibt sich eine Reihe schwerwiegender Konsequenzen.

1. Ablehnung der Wertfreiheitsthese: Dafür, ob ein Satz im unvoreingenommenen Diskurs als wahr akzeptiert wird oder nicht, spielt es im Prinzip keine Rolle, ob dieser Satz eine Aussage über die Wirklichkeit oder ein Werturteil beinhaltet. Die Verfahren zur Begründung theoretischer und zur Rechtfertigung praktischer Sätze fallen zusammen. Damit ist die prinzipielle Dualität zwischen Tatsachenaussagen und Wertbehauptungen aufgehoben. Konsequenterweise wendet sich der Konstruktivismus daher auch gegen die Forderung nach Wertfreiheit der Wissenschaften. Gemäß dem hier verwendeten Begründungsbegriff können Wertbehauptungen begründet werden; ist diese Möglichkeit gegeben, so ist nicht einzusehen, weshalb bei der wissenschaftlichen Tätigkeit auf die Begründung von Werturteilen verzichtet werden sollte.

2. Ablehnung des Theorienpluralismus: Wenn es möglich ist, für die ersten Sätze in einem Diskurs (zumindest vorläufig) Wahrheit zu reklamieren und auf diesen Sätzen wissenschaftliche Theorien schrittweise aufzubauen, so können diese Theorien nicht beliebig sein. Daher wenden sich die Konstruktivisten scharf gegen den theoretischen Pluralismus (Theorienpluralismus), der in ihren Augen lediglich dazu führt, daß Wissenschaft als eine gesellschaftlich isolierte Spielwiese für wenige Privilegierte verstanden wird und sich nicht mehr an den gesellschaftlichen Zwecken orientiert, sondern zum Selbstzweck wird. Das mit dem theoretischen Pluralismus verbundene Toleranzgebot, das z. B. vom Kritischen Rationalismus erhoben wird, wird vom Konstruktivismus lediglich als Toleranz gegenüber Argumenten akzeptiert; Toleranz gegenüber Theorien oder gar Toleranz gegenüber Begründungen wird explizit abgelehnt. Als Begründung darf nur gelten, was dem konstruktivistischen Begründungsbegriff entspricht, und als Theorie ist nur zugelassen, was zumindest prinzipiell als schrittweise begründete Theorie (im Rahmen des konstruktivistischen Verständnisses) rekonstruiert bzw. dargestellt werden könnte.

3. Teilweise Ablehnung bisheriger wissenschaftlicher Theorien: Das bedeutet nicht, daß alle bisherige Wissenschaft, soweit sie dem Programm des Konstruktivismus nicht entspricht, zu verwerfen wäre. Viele (die meisten?) wissenschaftlichen Theorien sind im Sinne des Konstruktivismus rekonstruierbar. Andererseits aber gibt es Teile der heutigen Wissenschaften, die im konstruktivistischen Programm keinen Platz haben. Dies gilt z. B. für Teile der Mathematik oder, wie oben schon erwähnt, für die nicht-euklidische Geometrie. Aber auch Teile der Sozialwissenschaften sollten nach der Ansicht führender Konstruktivisten in der heute betriebenen Art und Weise nicht mehr fortgeführt werden. So behauptet z. B. Friedrich KAMBARTEL, daß rationale Ökonomie als quantitativ-empirische Wissenschaft nicht möglich ist, d. h., daß die heute betriebene Volkswirtschaftslehre nicht oder höchstens z. T. als vernünftige wissenschaftliche Tätigkeit aufgefaßt werden kann. Die Konstruktivisten glauben von ihrem wissenschaftstheoretischen Fundament aus beurteilen zu können, wie die einzelnen Wissenschaften sich ihrer jeweiligen Gegenstände annehmen sollten. Für die Abgabe solcher Urteile glauben die Konstruktivisten keine detaillierten Kenntnisse der einzelnen Wissenschaften zu benötigen. Dies gilt besonders für die Sozialwissenschaften.

D. Zur Kritik am Konstruktivismus

I. Zur Begründung des konstruktivistischen Begründungsbegriffs

Bevor man den konstruktivistischen Begründungsbegriff überhaupt anwenden kann, muß man sich für seine Verwendung entscheiden. Will man nicht in einen Zirkel oder einen infiniten Regreß geraten, kann diese Entscheidung nicht im Sinne dieses Begründungsbegriffs »begründet« werden. Hier kommt unausweichlich ein Element individueller Entscheidung hinein. Da für und gegen eine solche Entscheidung Argumente vorgebracht werden können, bedeutet dies nicht, daß hier »rein dezisionistisch« vorgegangen werden müßte oder daß hier »Vernunft« keine Rolle spielen würde. Wohl aber heißt dies, daß man um eine solche Entscheidung nicht herumkommt.

II. Zur Entscheidung zwischen konkurrierenden Theorien

Die klassische Begründungsidee wollte die Idee der Wahrheit mit der Idee der Sicherheit verknüpfen: man wollte sichergehen, daß diejenigen Sätze, die man als wahr bezeichnete, auch »wahr« waren und nicht andere Sätze, die das Gegenteil behaupten. Solche Sicherheit aber läßt sich nur bei analytisch wahren Sätzen erreichen; bei empirisch gehaltvollen generellen Aussagen ist das unmöglich. Dies gilt auch bei Verwendung des konstruktivistischen Begründungsbegriffs. Berücksichtigt man außerdem, daß es sich im Wissenschaftsbereich immer nur um faktische Diskurse handelt, von denen man nie genau weiß, wieweit sie den idealen Bedingungen entsprechen, so ergibt sich zusätzlich, daß man nie sicher sein kann, ob die als wahr deklarierten Sätze tatsächlich wahr im Sinne des konstruktivistischen Begründungsbegriffs sind. Insofern bleibt alle gewonnene Wahrheit vorläufig (hypothetisch). Vor diesem Hintergrund aber wird die Ablehnung des theoretischen Pluralismus problematisch: Teilnehmer verschiedener faktischer Diskurse können sich unter Berufung auf den gleichen (konstruktivistischen) Begründungsbegriff auch bei echtem Bemühen um Unvoreingenommenheit auf verschiedene, sich widersprechende erste Sätze einigen und darauf verschiedene, sich widersprechende Theorien aufbauen. Wie aber soll zwischen solchen Theorien entschieden werden, wenn beide gleichermaßen konstruktivistisch begründet sind? Ist bei empirisch gehaltvollen Theorien hier nicht die – wie auch immer im einzelnen konzipierte – Bewährung an der Wirklichkeit das einzige vernünftige Kriterium? Bei der Behandlung solcher Fragen, über die von konstruktivistischer Seite bisher wenig nachgedacht wurde, ergeben sich für den Konstruktivismus die gleichen Schwierigkeiten wie bei allen anderen wissenschaftstheoretischen Konzeptionen, die auf einer nicht-realistischen Wahrheitstheorie aufbauen.
Noch schwieriger wird die Situation bei normativen Theorien. Wie soll zwischen zwei sich widersprechenden Werturteilen entschieden werden, wenn die Vertreter beider Positionen behaupten, ihrem Standpunkt würden sich unter den idealen Bedingungen alle Gutwilligen und Informierten anschließen?

III. Begründung gleich Verständigung?

Im Rahmen des Konstruktivismus wird der Begründungsbegriff faktisch auf einen *Verständigungsbegriff* reduziert: Theorien sollen, basierend auf gemeinsamer lebensweltlicher Orientierung, schrittweise aufgebaut werden; bei keinem Schritt dürfen wissenschaftliche Hilfsmittel verwendet werden, die bei den vorherigen Schritten nicht bereits zur Verfügung gestellt wurden. Auf diese Weise rekonstruierte Theorien können jedem Gutwilligen und Sachkundigen verständlich gemacht werden. Angesichts der heute gerade in den Sozialwissenschaften häufig gepflegten Unverständlichkeit kann man einer solchen Forderung nur zustimmen. Ihre Durchsetzung würde viele wissenschaftliche Diskussionen erheblich entlasten. Daß man eine Theorie verstehen kann, bedeutet aber noch lange nicht, daß man ihr deshalb auch zustimmen muß. Daher können weitergehende Ansprüche, insbesondere Ansprüche auf Wahrheit der in diesem Rahmen verständlich dargestellten Aussagen, auf der Basis dieses Begründungsbegriffs kaum eingelöst werden. Insgesamt ist damit die konstruktivistische

Wissenschaftstheorie eine Theorie, die angibt, wie eine wissenschaftliche Theorie (z. B. in einem Lehrbuch) dargestellt werden sollte. Sie sagt aber nur wenig darüber aus, wie man solche Theorien überprüfen kann. Und da die Entstehung einer Theorie im Forschungsprozeß sich nach anderen Prinzipien abspielt als die Darstellung einer solchen Theorie in einem Lehrbuch, sagt der Konstruktivismus kaum etwas darüber aus, wie man eine wissenschaftliche Theorie gewinnen kann, wie man also sinnvoll forscht.

Gebhard Kirchgässner

Abel, B.: Grundlagen der Erklärung menschlichen Handelns. Zur Kontroverse zwischen Konstruktivisten und kritischen Rationalisten. 1983. – *Albert, H.:* Konstruktion und Kritik. Aufsätze. 1972, [2]1975. – *Ders.:* Traktat über kritische Vernunft. 1968, verb. [4]1980. – *Asouzu, I.:* Kritische Betrachtung der konstruktiven Wissenschaftstheorie. 1984. – *Böhme, G. (Hg.):* Protophysik. 1975. – *Brouwer, L. E. J.:* Over de Grondslagen der Wiskunde. 1907. – *Dingler, H.:* Die Ergreifung des Wirklichen. 1969. – *Düsberg, K. J.:* Zur Messung von Raum und Zeit. Eine Kritik der sogenannten Protophysik. 1980. – *Einführung* in den Konstruktivismus. 1985. – *Friedmann, J.:* Kritik konstruktivistischer Vernunft. 1981. – *Haas, G.:* Konstruktive Einführung in die formale Logik. 1984. – *Inhetveen, R.:* Konstruktive Geometrie. 1983. – *Jacobs, K.:* Besprechung der Bücher Kamlah/Lorenzen, Logische Propädeutik und Lorenzen/Schwemmer, Konstruktive Logik, Ethik und Wissenschaftstheorie. In: Perspektiven der Philosophie. Neues Jahrbuch 6, 1980. – *Janich, P.:* Die Protophysik der Zeit und das Relativitätsprinzip. In: Zeitschrift für allgemeine Wissenschaftstheorie 9, 1978. – *Ders.:* Die Protophysik der Zeit. 1969, 1980. – *Ders./Kambartel, F./Mittelstraß, J.:* Wissenschaftstheorie als Wissenschaftskritik. 1974. – *Kambartel, F. (Hg.):* Praktische Philosophie und konstruktive Wissenschaftstheorie. 1974. – *Ders./Mittelstraß, J. (Hg.):* Zum normativen Fundament der Wissenschaft. 1973. – *Kamlah, W./Lorenzen, P.:* Logische Propädeutik. Vorschule des vernünftigen Redens. 1967, [2]1973. – *Kirchgässner, G.:* Zwischen Dogma und Dogmatismusvorwurf. Bemerkungen zur Diskussion zwischen Kritischem Rationalismus und konstruktivistischer Wissenschaftstheorie. In: Jahrbuch für Sozialwissenschaft 33, 1982. – *Klüver, J.:* Operationalismus. 1971. – *Lorenzen, P.:* Differential und Integral. Eine konstruktive Einführung in die klassische Analysis. 1965. – *Ders.:* Einführung in die operative Logik und Mathematik. 1955, [2]1969. – *Ders.:* Konstruktive Wissenschaftstheorie. 1974. – *Ders.:* Lehrbuch der konstruktiven Wissenschaftstheorie. 1987. – *Ders.:* Metamathematik. 1962, [2]1980. – *Ders.:* Methodisches Denken. 1968, stw 1974. – *Ders./Schwemmer, O.:* Konstruktive Logik, Ethik und Wissenschaftstheorie. 1973. – *Mittelstraß, J. (Hg.):* Methodenprobleme der Wissenschaften vom gesellschaftlichen Handeln. 1979. – *Pelz, W.:* Die konstruktive Wissenschaftstheorie der Erlanger Schule. 1980. – *Schwemmer, O.:* Philosophie der Praxis. 1971, 1980. – *Seiffert, H.:* Einführung in die Wissenschaftstheorie. Bd. 1. [E]

Gebhard Kirchgässner/H.S.

Kosmologie

zu griech. kósmos: Ordnung, Weltordnung, Welt; lat. mundus

A. Begriffsgeschichte

Die *Kosmologie* muß als die älteste philosophische Disziplin angesehen werden. Ihre Ansätze finden sich in frühgeschichtlichen Mythen, wobei es sich im wesentlichen um anthropomorphe und soziomorphe Modellübertragungen aus dem alltäglichen Erfahrungsbereich handelte, mit denen versucht wurde, den größten damals überschaubaren Teil der Realität zu erfassen. Bis ins 18. Jh. (Chr. Wolff) wurde sie als Teil der speziellen Metaphysik geführt. Doch schon die Versuche im 19. Jh., auf der Basis der Gravitationstheorie Newtons eine klassische Kosmologie aufzubauen, zeigten ihre Abspaltung von der Philosophie an (wie schon viele Einzelwissenschaften vorher). Mathematische Analysen ergaben jedoch, daß auf der Basis der Newtonschen Gesetze eine unendliche, statische, mit Sternen homogen besetzte Welt logisch unmöglich ist, weil das Gravitationspotential in jedem Punkt einen unbestimmten Wert hätte. Mit Einsteins erstem kosmologischem Modell, dem Zylinderuniversum (1917), ist die Inauguration der physikalischen Kosmologie als Wissenschaft vollzogen. Es gelingt ihm, ein quantitatives, von den Widersprüchen der Newtonschen Extrapolation freies Universum (statisch, homogen und geschlossen) aufzubauen. In der seitdem vorherrschenden relativistischen Kosmologie als physikalischer Lehre von dem großräumigen materialen und raumzeitlichen Aufbau der Welt im ganzen sind große theoretische und empirische Fortschritte erzielt worden. Dabei bedient sie sich der gleichen methodologischen Grundsätze wie die lokale Physik, sie besitzt aber einige Besonderheiten, die mit ihrem speziellen Objektbereich zusammenhängen.

B. Theorie der Kosmologie

Da der Gegenstand der Kosmologie *direkt* unzugänglich ist und mit ihm nicht experimentiert werden kann, muß die ankommende Information (Licht aller Wellenlängen, Neutrino-, später vielleicht auch Gravitationsstrahlung) möglichst intensiv aufgeschlossen werden. Dabei kommt der *Theorie* eine ausgezeichnete Stellung zu, da sie allein in der Lage ist, die Kopplung zwischen den lokalen informationstragenden Phänomenen und der Globalstruktur herzustellen.

I. Die Methode der Kosmologie

Konkret geht die Kosmologie dabei so vor, daß unter Verwendung einer Randbedingung, z. B. der *Uniformität*, aus den allgemeinen Feldgleichungen der Gravitation einfachere Beziehungen, in diesem Fall die sogenannten *Friedman-Gleichungen*, abgeleitet werden, die man der Beschreibung zugrunde legt.

$$\left(\frac{\dot{R}}{R}\right)^2 = -\frac{k}{R^2} + \frac{\lambda}{3} + \frac{8\pi}{3} G\varrho$$

$$2\frac{\ddot{R}}{R} = -\left(\frac{\dot{R}}{R}\right)^2 - \frac{k}{R^2} - \lambda - 8\pi Gp$$

Dabei wird die kosmische Materie in Form einer *perfekten Flüssigkeit* idealisiert, d. h., man verwendet ein Modellobjekt, bei dem die Galaxien zuerst als Gas nichtwechselwirkender Teilchen beschrieben werden (wobei die innere Struktur der Galaxien unberücksichtigt bleibt) und dann auch noch die Teilchenstruktur des Gases vernachlässigt wird. Unter alleiniger Verwendung der 4-Geschwindigkeit u^α, der Dichte der Masseenergie ϱ und des kinetischen Drucks p der Galaxien erhält man einen einfachen Ausdruck für den Energie-Spannungstensor, $T_{\alpha\beta} = (\varrho+p)\, u_\alpha u_\beta + pg_{\alpha\beta}$, bei dem auf Momente wie Scherung, Anisotropiedruck, Rotation und Zähigkeit explizit verzichtet wird. Infolge der durch die Einsteinschen Feldgleichungen ausgesprochenen Koppelung der Materie mit der Struktur der Raumzeit besitzen die Friedman-Welten eine zeitabhängige physikalische Geometrie mit konstanter räumlicher Krümmung, die durch das Linienelement von ROBERTSON und WALKER beschrieben wird:

$$ds^2 = -dt^2 + R^2(t)\, \frac{dr^2 + r^2(d\vartheta^2 + \sin^2\vartheta\, d\varphi^2)}{\left(1 + \frac{kr^2}{4}\right)^2}$$

Die aus diesem Grund mit dem Namen FRIEDMAN-ROBERTSON-WALKER gekennzeichneten Welten (FRW) genügen der Doppelbedingung der *Homogenität* (für jeden Ereignispunkt des Universums gibt es eine raumartige Hyperfläche, auf der die physikalischen Bedingungen gleich sind) und *Isotropie* (in keinem Ereignispunkt kann eine Richtung durch lokale Messungen ausgezeichnet werden).

Durch die Einführung eines *Modellobjektes* wird, methodisch gesehen, eine Klasse von physikalisch möglichen Welten ausgesondert, die, wenn man die kosmologische Konstante λ in den Friedman-Gleichungen gleich Null setzt, es im Prinzip gestatten, durch Bestimmung der beiden empirischen Parameter H_o (Expansionsgeschwindigkeit) und q_o (Expansionsbeschleunigung) eine Funktion R(t) auszuzeichnen, welche die tatsächliche großräumige raumzeitliche Struktur des Universums wiedergibt. Dabei bedeutet der Gebrauch des uniformen Modellobjektes keineswegs eine apriorische Vorentscheidung, wie gelegentlich behauptet wurde. Die astrophysikalische Erfahrung kann es erzwingen, daß die Entscheidung $\lambda=0$ revidiert wird (GUNN/TINSLEY), sie kann sogar die gesamte Klasse der FRW-Welten zum Scheitern bringen. In diesem Fall muß das Modellobjekt geändert werden. Der Energiespannungsausdruck schließt dann z. B. Tensoren für die Rotation und die Scherung der kosmischen Flüssigkeit ein, und die Dynamik der Welt wird durch die kompliziertere *Raychaudhuri-Gleichung* beschrieben.

II. Das Problem der Apriorizität

Als Ansatzpunkt für die These, daß die Kosmologie apriorische Elemente enthält, wird manchmal die Tatsache ins Feld geführt, daß die Homogenität der Materieverteilung und der Raumzeit lokal nicht überprüfbar ist. Es ist richtig, daß nur die *lokale* Isotropie empirisch bestätigt ist, also die isotrope Galaxienverteilung vom terrestrischen Standpunkt aus betrachtet. Daraus folgt die Homogenität nur dann, wenn man das sogenannte *Kopernikanische Prinzip* hinzuzieht, wonach unserem Beobachtungsort im Universum keine ausgezeichnete Stellung zukommt. Erst aus der *globalen* Isotropie ist die Homogenität ableitbar. Die lokale Isotropie ist noch mit der Negation des Kopernikanischen Prinzips vereinbar (ELLIS). Das Kopernikanische Prinzip ist zwar nur unter Schwierigkeiten, aber grundsätzlich doch der indirekten unabhängigen Erfahrungskontrolle unterwerfbar (Bahcall/Schmidt), es hat somit eher den Charakter einer vorläufig festgesetzten Randbedingung, die man aus Einfachheitsgründen beibehält, solange nicht Erfahrungsumstände dagegen sprechen. Die Aktivierung von inhomogenen und anisotropen Modellen, welche dem Kopernikanischen Prinzip nicht mehr genügen, ist jederzeit möglich.

III. Deskriptives Problem und explanative Fragestellung

In der Kosmologie ist es wie auch in der lokalen Physik sinnvoll, das *deskriptive* Problem von der *explanativen* Fragestellung zu unterscheiden. Betrifft die erste die Beschreibung des metrischen und topologischen Aufbaus der Welt im großen und der Bewegungsform (Dynamik) der Materie im ganzen, so will die zweite wissen, *warum* unsere Welt gerade durch ein bestimmtes Modell (z. B. ein Element der Klasse der FRW-Welten) erfolgreich beschrieben werden kann. Es gibt Wissenschaftstheoretiker, die die Möglichkeit von *Erklärungen* in der Kosmologie wegen der Einzigkeit des Objektes leugnen (Munitz). Da Erklärungen notwendig Gesetze voraussetzen, jedes Gesetz aber dasjenige unter vielen Systemen (bzw. Prozessen) heraushebt, was allen gemeinsam ist, scheint der Gesetzesbegriff im Fall der Kosmologie zu degenerieren, womit angesichts der *Einzigkeit* des Universums kosmologische Erklärungen unmöglich werden. Nun ist es sicher richtig, daß infolge dieser Einzigkeitsvoraussetzung der relativistischen Standard-Kosmologie (der Begriff des Weltensembles taucht nur im Rahmen der Erklärung der großen Zahlenkoinzidenzen mittels des sogenannten anthropischen Prinzips auf; Carter) es kein Kriterium mehr gibt, welches die Trennung von nomologischen und akzidentellen De-facto-Eigenschaften möglich macht. Randbedingungen haben hier den gleichen Status wie Gesetze. Dies macht jedoch nicht jenen Typ von Erklärung unmöglich, der nur von innerweltlichen Koppelungen der kosmischen Zustände Gebrauch macht, nämlich *genetische Erklärungen*. Wenn man mit Erfolg ein Element der Klasse der FRW-Welten bestimmt hat, kann man fragen, ob es einen gesetzesartigen Zusammenhang gibt, wonach ein Universum *notwendig* zu späten Zeiten hoch-symmetrisch wird. Nun zeigt sich tatsächlich, daß man eine Welt zu frühen Zeiten stark chaotisch starten kann, z. B. mit einer Kasner-Metrik

$$ds^2 = -dt^2 + t^{2p_1} dx^2 + t^{2p_2} dy^2 + t^{2p_3} dz^2,$$
$$\Sigma p_i = \Sigma(p_i)^2 = 1,$$

die in dieser Form entlang der x- und y-Achse mit verschiedenen Raten expandiert, entlang der z-Achse aber kontrahiert. Wenn man in eine solche Vakuum-Lösung etwas Materie hineingibt, dann bewirkt diese nach einer charakteristischen Zeit, daß die Metrik in eine bestimmte Friedman-Welt übergeht. Da also ein chaotischer Frühzustand nun mit einem symmetrischen Spätzustand verbunden werden kann, ist eine Antwort auf die Frage möglich, *warum* das Universum gegenwärtig die raumzeitliche Struktur besitzt, die wir effektiv beobachten. Ungeachtet dieser wissenschaftstheoretischen Konsequenz, daß kosmologische Erklärungen sinnvoll sind, ist die chaotische Kosmologie heute auf thermodynamische Schwierigkeiten gestoßen (Barrow/Matzner).

IV. Das Problem der Anfangssingularität

Das größte begriffliche Rätsel der Kosmologie ist zur Zeit die *Anfangssingularität*. Eine Singularität in der Raumzeit bedeutet eine Pathologie in der Mannigfaltigkeitsstruktur, welche sich darin äußert, daß z. B. die Geschichte eines sich frei bewegenden Teilchens nicht über ein finites Intervall der Eigenzeit fortgesetzt werden kann. Diese sogenannte *geodätische Unvollständigkeit* der Mannigfaltigkeit bedeutet nicht selbstverständlich, daß am Endpunkt der Weltlinie unendlich hohe Krümmung herrscht, in den allermeisten Lösungen ist dies jedoch der Fall. Die hohe physikalische Bedeutsamkeit der Singularitäten entsteht durch die Entdeckung einer Reihe von mathematischen Sätzen, die besagen, daß diese entarteten Raumzeitstellen unter sehr realistischen Bedingungen unvermeidlich sind (Hawking/Penrose). Wenn neben der Gültigkeit der Einstein-Gleichungen in der Raumzeit *M* die Energiedichte in jedem Punkt nicht negativ ist, *M* nicht zu speziell symmetrisch ist, es keine geschlossenen zeitartigen Kurven gibt und *M* einen Punkt P enthält, dessen Vergangenheitslichtkegel rekonvergiert, dann ist *M* geodätisch unvollständig. Gerade die letzte Bedingung der Rekonvergenz der Lichtkegel ist durch die Entdeckung der 2,7 K-Strahlung empirisch gefestigt. Dies ist elektromagnetische Strahlung, die aus allen Richtungen gleichmäßig auf die Erde einfällt und der Strahlungsintensität eines Schwarzen Körpers von 2,7 K entspricht. Ihr

Spektrum ist nicht durch Überlagerung von Strahlungen, die in Quellen verschiedener Temperatur erzeugt wurden, zusammensetzbar. Es ist ein Strahlungskontinuum, das Information von dem Zustand der Welt liefert, als diese um den Faktor 1500 kleiner war und das Weltalter den 10^5ten Teil des heutigen Wertes betrug.
Die *epistemologische* Bedeutung der Singularitäten-Theoreme liegt darin, daß es sich bei den Aussagen über den Urknall um *stabile Extrapolationen* handelt. Das gegenwärtige Datenmaterial mit seinen unvermeidlichen Ungenauigkeiten erlaubt damit eine Retrodiktion über den vergangenen Zustand, bei dem sich die Meßfehler nicht zu riesigen Divergenzen in der Vergangenheit entwickeln. Unsere heutige Welt ist nicht mit jedem Zustand, sondern nur mit einer beschränkten Klasse von Zuständen in der Vergangenheit vereinbar.
Das *ontologische* Problem, das sich an diese mathematischen Existenzsätze anschließt – sie geben noch keine Auskunft über Größe, Form und Ort der Singularitäten in der Mannigfaltigkeit –, besteht darin, ob man diese Voraussage der Relativitätstheorie als realistisch ansieht oder als Anzeichen für die Geltungsgrenze der Theorie begreift. Die zweite Deutung wird im allgemeinen bevorzugt, d. h., Singularitäten sind danach keine Elemente der Natur, sondern sie zeigen eine zu starke Extrapolation des relativistischen Raumzeitkonzeptes an. Im Bereich zwischen 10^{-15} cm und 10^{-33} cm muß der Übergang zu einer noch unbekannten Quantenbeschreibung der Raumzeit erfolgen (HAWKING/ELLIS).
Auf der anderen Seite wurde auch das ontologische Ernstnehmen der Singularitäten befürwortet (MISNER) mit dem Argument, daß es nicht sinnvoll sei, einer äußerst bewährten Theorie zu mißtrauen, weil an einer Stelle ihre Voraussagen so revolutionär sind, daß sie auf philosophische Vorurteile stoßen. Man sollte vielmehr selbst dann, wenn die Anfangssingularität vom bösartigsten Typ ist, wo *alle* Materie in endlicher Eigenzeit unendlich hohe Dichte erfährt, diese Aussage annehmen, ja, wenn möglich, die Anfangssingularität nicht als Indikator von Unwissen, sondern als Quelle kosmologischer Information ansehen. Das letzte ist allerdings nur möglich, wenn man MISNERS spezielle Form der kosmischen Singularität verwendet, wie sie im Mixmaster-Universum beschrieben ist (vgl. dazu KANITSCHEIDER).
Jüngste Untersuchungen haben jedoch Möglichkeiten aufgewiesen, unter Einbeziehung von Relativitätstheorie und Quantenfeldtheorie eine reguläre Phase auch für die Frühzeit des Universums aufrechtzuerhalten (BROUT) und damit das *genetische Prinzip* des LUKREZ zu bekräftigen, wonach Entstehungs- und Vernichtungsprozesse in der Natur nicht tatsächlich vorkommen, sondern, wenn sie scheinbar auftauchen, als epistemische Artefakte der überdehnten Verwendung einer Theorie gedeutet werden müssen.

Bernulf Kanitscheider

Bahcall, J. N./Schmidt, M.: Does the fine-structure constant vary with cosmic time? In: Physical Review Letters 19, 1967. – *Barrow, J. D./Matzner, R. A.:* The homogeneity and isotropy of the universe. In: Monthly Notices Royal Astron. Society 181, 1977. – *Boßhard, St. N.:* Erschafft die Welt sich selbst? 1985. – *Brout, R., u. a.:* The causal universe. In: General Relativity and Gravitation 10, 1, 1979. – *Carter, B.:* Large number coincidences and the anthropic principle in cosmology. In: *Longair, M. S. (Hg.),* International Astron. Union Symposium 63, 1974. – *Charon, J.:* Geschichte der Kosmologie. 1970. – *Ellis, G. F. R., u. a.:* The expansion of the universe. In: Monthly Notices Royal Astron. Society 184, 1978. – *Frese, W.:* Die Sache mit der Schöpfung. Eine Geschichte der Kosmologie von der Mythologie zur Astrophysik. 1973. – *Fritzsch, H.:* Vom Urknall zum Zerfall. 1983. – *Gunn, J. E./Tinsley, B. M.:* An accelerating universe. In: Nature 257, 1975. – *Hausdorff, F.:* Zwischen Chaos und Kosmos. 1898 = 1976. – *Hawking, St./Ellis, G. F. R.:* The large-scale structure of space-time. 1973. – *Hawking, St./Penrose, R.:* The singularities of gravitational collapse and cosmology. In: Proceedings of the Royal Society London A 3/4, 1970. – *Jantsch, E.:* Die Selbstorganisation des Universums. Vom Urknall zum menschlichen Geist. 1979, dtv 1982. – *Kanitscheider, B.:* Der Gesetzesbegriff in der Kosmologie. In: *Haller, R./Götschl, J. (Hg.),* Philosophie und Physik. 1975. – *Ders.:* Kosmologie. Geschichte und Systematik in philosophischer Perspektive. 1984. – *Ders.:* Philosophisch-historische Grundlagen der physikalischen Kosmologie. 1974. – *Ders.:* Vom absoluten Raum zur dynamischen Geometrie. 1976. – *Ders.:* Das Zeitproblem bei geodätischer Unvollständigkeit. In: *Ders. (Hg.),* Sprache und Erkenntnis. 1976. – *Koyré, M.:* Von der geschlossenen Welt zum unendlichen Universum. (Aus dem Engl.) (1957) 1969. – *Lovell, B.:* Das unendliche Weltall. Geschichte der Kosmologie. (1981) 1983. – *Misner, Ch.:* Absolute Zero of time. In: Physical Review 186, 5, 1969. – *Munitz, M. K.:* The logic of cosmology. In: British Journal for Philosophy of Science 13, 1962. – *Stegmüller, W.*: Hauptströmungen der Gegenwartsphilosophie. Bd. 2. [H] – *Sticker, B./Krafft, F. (Hg.)*: Bau und Bildung des Weltalls. 1967. – *Treder, H.-J.*: Relativität und Kosmos. 1968, ^{2}1970. – *Wolff, Ch.*: Cosmologia generalis. 1736. Werke II 4 (Olms).

Bernulf Kanitscheider/H.S.

Kritische Theorie

griech. kritikós: zum Beurteilen gehörig; zu krínein: unterscheiden

A. Die formale Bedeutung des »Kritischen«

Als »kritische« Theorie läßt sich allgemein jede Theorie bezeichnen, die sich kritisch mit bereits vorhandenen Theorien oder mit der Wirklichkeit – sei es die natürliche, sei es die gesellschaftliche – auseinandersetzt. Unter diesem globalen Aspekt betrachtet, gibt es wohl kaum eine Theorie, die nicht auch ein kritisches Moment enthält, insofern sie beansprucht, bestehende Anschauungen zu verbessern.

Daß dies so ist, läßt sich leicht erkennen, wenn man z. B. das dialektische Dreiphasenschema der Wissenschaftsentwicklung oder die trial-and-error-Methode des → *Kritischen Rationalismus* betrachtet. Im dialektischen Schema sind Antithese wie auch Synthese gedacht als Resultate einer kritischen Einstellung der These bzw. These und Antithese gegenüber, und im Kritischen Rationalismus wird der Kritizismus explizit zum Grundprinzip rationaler Erkenntnis erhoben. »Kritik« ist in beiden Modellen als metatheoretischer Beschreibungsbegriff anzusehen. Er bezeichnet ein in Form kritizistischer Methodologien zur Norm erhobenes Verhalten der erkennenden Subjekte zu den von ihnen aufgestellten Theorien.

Auf der Ebene der Objekttheorie kann man als kritische Theorien all jene Theorien bezeichnen, die auf dem Boden von normativen Vorstellungen gegenüber einer gegebenen Wirklichkeit einen kritischen Standpunkt einnehmen. Solche Theorien können eine Kritik der Welt insgesamt beinhalten bzw. eine Kritik an der existentiellen Situation des Menschen überhaupt, wie es einige Formen der *Existenzphilosophie* tun, die als Antwort darauf einen heroischen humanistischen Nihilismus entwickelt haben, sie können aber auch die Kritik auf die vom Menschen geschaffene Welt, die Gesellschaft, richten.

Kritische Gesellschaftstheorien hat es im Verlauf der historischen Entwicklung immer gegeben, auch wenn sie implizit kritisch waren, ohne sich explizit so zu nennen. Da *der Begriff »kritisch« rein formal nur die Ablehnung des jeweils Bestehenden bezeichnet,* kann man in dieser Hinsicht sowohl progressive, emanzipatorische als auch reaktionäre oder totalitäre Theorien als kritische bezeichnen, insofern sie einen bestehenden Gesellschaftszustand ablehnen. So hat sich z. B. auch der Faschismus als eine kritische Theorie verstanden. Die historische Niederlage dieser Bewegung in Europa hat jedoch dazu geführt, daß als kritische Theorien im allgemeinen Sprachgebrauch fast ausschließlich die sich als progressiv empfindenden Theorien notwendiger Gesellschaftsveränderung bezeichnet werden. Das liegt einerseits daran, daß wir Geschichte immer noch als Fortschrittsgeschichte begreifen – auch wenn dieser Geschichtsoptimismus in zunehmendem Maße brüchig wird –, und andererseits am historischen Wirken einer Denkschule, für die die allgemeine Bezeichnung »kritische Theorie« zum Eigennamen geworden ist.

B. Die Frankfurter »Kritische Theorie«

Diese »Kritische Theorie« der *Frankfurter Schule* hat ihre größte Wirkung in den sechziger Jahren und in der ersten Hälfte der siebziger Jahre erzielt. Mit ihr sind in erster Linie verbunden die Namen Max HORKHEIMER, Herbert MARCUSE, Theodor W. ADORNO und Jürgen HABERMAS.

Bedeutung und Grenzen des Denkansatzes der Kritischen Theorie werden deutlich, wenn man sich die philosophischen Grundpositionen vor Augen führt, von denen die Frankfurter Schule ausgegangen ist.

Als erstes ist die Beeinflussung durch MARX zu nennen. Aber die Marxrezeption der Frankfurter Schule ist nie bis zum harten Kern der Marxschen Theorie, der ökonomischen Theorie des »Kapital«, vorgedrungen, die das Fundament für MARX' Entfremdungs-, Revolutions- und Emanzipationstheorie bildet, sondern hat sich auf die allgemeinen gesellschaftskritischen Aussagen der Marxschen Theorie beschränkt.

Der zweite Bezugspunkt der Kritischen Theorie ist die Kritik an der Erkenntnistheorie des Neopositivismus, dem ein ethischer Irrationalismus vorgeworfen wird. Diese Kritik hat bewirkt, daß die Frankfurter Schule im erkenntnistheoretischen Streit zwischen analytischer Philosophie und hermeneutischer Geisteswissenschaftstheorie sich auf die Position der Verstehenstheoretiker stützte, ohne sie entscheidend weiterentwickeln zu können.

I. Die älteren Frankfurter

1. Horkheimer: Der Name »Kritische Theorie« leitet sich her von einem programmatischen Aufsatz Max HORKHEIMERS aus dem Jahr 1937, in welchem dieser in der Konfrontation zwischen traditioneller und kritischer Theorie den Grundgedanken einer kritischen Gesellschaftstheorie herausgestellt hat.
Als traditionelle Theorien bezeichnet HORKHEIMER all jene empirischen Theorien, die die Erweiterung unseres Tatsachenwissens zum Ziel haben. Diese Theorien sind alle, auch wenn sie den Menschen bzw. die Gesellschaft zum Gegenstand haben, nach dem Vorbild naturwissenschaftlicher Theoriebildung ausgerichtet. Die wissenschaftstheoretische Reflexion richtet sich in diesen Disziplinen auf das Auffinden allgemeiner normativer Verfahrensregeln, die das Aufstellen bzw. Überprüfen empirischer Hypothesen ermöglichen sollen. Diese Regeln sind notwendigerweise rein formal, da sie für die Wissenschaften insgesamt Gültigkeit beanspruchen.
Dieses Verfahren wird von HORKHEIMER kritisiert, jedoch nicht wegen irgendwelcher nachweisbarer Fehler innerhalb des Regelgebäudes, sondern im Hinblick auf eine verengte Sichtweise der Wirklichkeit. Denn indem die analytische Wissenschaftstheorie sich darauf beschränkt, rein formal die Regeln einer allgemeinen Wissenschaftslogik aufzustellen, versäumt sie es nach Ansicht HORKHEIMERS, die über die reine Wissenschaftslogik hinausführende Frage nach der Wirklichkeit selbst zu stellen. Wissenschaftliche Vernunft versteht sich damit nach HORKHEIMER nicht mehr als Gesamtvernunft, sondern als partielle Vernunft. Sie will lediglich den Fortschritt der Erfahrungswissenschaften als wertfreier Wissenschaften sicherstellen.
Richtige Aussagen über die Wirklichkeit, die aus zutreffenden Theorien abgeleitet sind, lassen sich umformen in technologische Anweisungen, d. h., wahre bzw. bewährte Theorien lassen sich instrumentalisieren. Mit Hilfe dieses instrumentalisierten Erfahrungswissens können Menschen die Welt verändern, sie können sowohl im naturwissenschaftlichen als auch im sozialwissenschaftlichen Bereich Handlungsanweisungen für zielgerichtetes technisches Handeln formulieren. Aber: die Ziele menschlichen Handelns, konkret also die Frage, ob ein angestrebter zukünftiger Zustand besser ist als der gegenwärtig vorhandene, bleiben außerhalb der wissenschaftlichen Rationalität. Die Handlungsziele werden im vorwissenschaftlichen Raum der Gesellschaft formuliert und ohne irgendeine vernünftige Kontrolle von den Wissenschaftlern akzeptiert, die sich im Hinblick auf normative Fragen für unzuständig erklären. HORKHEIMERS Schlußfolgerung lautet daher: Die traditionelle Theorie hat sich losgelöst von der neuzeitlichen Entwicklung des Denkens als eines Prozesses der Durchsetzung von immer mehr Vernunft in der Wirklichkeit. Rationalität verkümmert unter der Forderung nach Wertfreiheit zur Zweck-Mittel-Rationalität. Das aber ist eine halbierte Rationalität bzw. nur noch *instrumentelle Vernunft,* die für beliebige Zwecke, also gleichermaßen vernünftige wie unvernünftige, einsetzbar ist.
Dagegen streitet die Kritische Theorie. Ihr Grundinteresse ist das Interesse an einer vernünftigen Gesellschaft. Sie betrachtet daher die bestehende Wirklichkeit nicht instrumentalistisch als vorgegeben: »... die kritische Anerkennung der das gesellschaftliche Leben beherrschenden Kategorien enthält zugleich seine Verurteilung« (HORKHEIMER, Kritische Theorie 2, 157).
Die bestehenden Tatsachen in der Gesellschaft werden von der Kritischen Theorie als Produkte menschlicher Tätigkeit begriffen, »die grundsätzlich unter menschliche Kontrolle gehören und jedenfalls künftig unter sie kommen sollen« (ebd., 158), sie verlieren damit den Charakter bloßer Tatsächlichkeit, den ihnen die traditionelle Theorie verleiht, indem sie ihr Interesse lediglich auf die Organisation des Wissens richtet. Denn dadurch bleiben ihre Theorien dem Gegenstandsbereich bloß äußerlich, weil die Tatsachen nicht auf ihr historisches Gewordensein und die in ihnen liegenden und sie verändernden Spannungsmomente hin untersucht werden. Das bedeutet in Hinsicht auf die kritische Gesellschaftstheorie: Die bestehende Gesellschaft soll nicht nur zutreffend beschrieben werden, damit man technisch erfolgreich in ihr handeln kann, vielmehr wird sie zugleich kritisch gemessen an der normativen Vorstellung einer nicht nur denkbaren, sondern real als möglich nachzuweisenden herrschaftsfreien und gerechten Gesellschaft. Aus dieser Kon-

frontation des Bestehenden mit der normativen Idee einer vernünftigen Gesellschaft läßt sich die Unvernünftigkeit der Wirklichkeit erkennen, ihre Antagonismen und »Widersprüche« werden sichtbar. Die »Widersprüche«, d. h. die existierenden Gegensätze und Inhomogenitäten, die von der traditionellen Theorie als factum brutum hingenommen werden, mit dem man »rechnen« kann, bilden den Zentralpunkt einer kritischen Theorie der Gesellschaft. An ihnen wird die Willkür des Wirklichen deutlich, hier ist der Ansatzpunkt dafür, das Gegebene als etwas Gewordenes und sich weiter Veränderndes zu begreifen und zugleich die konkrete Möglichkeit einer Veränderung in Richtung auf eine vernünftige Gesellschaft aufzuzeigen.

Dieses Programm ist allerdings von der Kritischen Theorie nie zur Gänze verwirklicht worden. Die Frankfurter Schule erreichte ihre größte Publizität und meinungsbildende Wirkung im Versuch von Habermas, in Auseinandersetzung mit der analytischen Philosophie die wissenschaftstheoretische Möglichkeit einer kritischen Gesellschaftstheorie zu begründen. An die Stelle einer ausgeführten, auf die aktuelle gesellschaftliche Lage bezogenen Theorie der Gesellschaft, die in erfolgreiches Handeln umsetzbar sein müßte, wie sie Marx im »Kapital« für seine Zeit aufgestellt hatte, trat die Reflexion über die Möglichkeit des kritischen Bewußtseins. Theorie wurde zu ihrer eigenen Metatheorie und konnte sich von dieser ersten Fragestellung nicht mehr entfernen.

2. (Horkheimer und) Adorno: In dieser Weise sind z. B. die Beiträge Adornos zur Kritischen Theorie zu bewerten. In der von ihm gemeinsam mit Horkheimer verfaßten »Dialektik der Aufklärung« wird die Horkheimersche Kritik an der traditionellen Theoriebildung, die auf die neopositivistische Wissenschaftsphilosophie bezogen war, erweitert zur globalen *Vernunftkritik*. Der Vorwurf gegen die Aufklärung ist, daß sie in einen Widerspruch zwischen Intention und Verwirklichung gerät. Ihr Anspruch richtet sich auf die Befreiung des Menschen aus der Bindung an irrationale mythische Vorstellungen, die ihm die Unveränderlichkeit der Wirklichkeit suggerieren. Aber anstelle der Befreiung des Menschen von den irrationalen Autoritäten fällt die Aufklärung in den Mythos zurück: »Denn Mythologie hat in ihren Gestalten die Essenz des Bestehenden: Kreislauf, Schicksal, Herrschaft der Welt als die Wahrheit zurückgespiegelt und der Wahrheit entsagt. In der Prägnanz des mythischen Bildes wie in der Klarheit der wissenschaftlichen Formel wird die Ewigkeit des Tatsächlichen bestätigt und das bloße Sein als der Sinn ausgesprochen, den es versperrt.« (Horkheimer/Adorno, Dialektik der Aufklärung 33)

Aufklärung führt damit ebenso zur Knechtung des Menschen wie der Mythos, der wissenschaftliche Fortschritt schlägt um in gesellschaftlichen Rückschritt, insofern die Technik es ermöglicht, den Menschen immer perfekter zu manipulieren und zu unterdrücken. Der Aufklärung wohnt also ein dialektischer Widerspruch inne, aber die Widersprüche der Wirklichkeit erscheinen unter dem von der Logik ausgesprochenen Diktat der Widerspruchsfreiheit nicht mehr in der Theorie. »Der dialektische Widerspruch drückt die realen Antagonismen aus, die innerhalb des logisch-szientistischen Denksystems nicht sichtbar werden.« (Adorno, in Positivismusstreit, 33)

Aus dieser These von der Dialektik des Fortschritts, der zum Rückschritt wird, hat Adorno schließlich die Vorstellung einer »negativen Dialektik« abgeleitet, einer Dialektik des Verfalls bzw. der fortschreitenden Entfremdung.

3. Marcuse: Herbert Marcuse hat in seinen Schriften den Grundgedanken der Kritischen Theorie durch die Aufnahme von Erkenntnissen der *Psychoanalyse* mit einer neuen Nuance versehen. In seinem Werk »Der eindimensionale Mensch« untersucht er die der Wissenschaft vorgeworfene halbierte Vernunft im Hinblick auf ihre Auswirkungen im Bewußtsein der Menschen, die im Spätkapitalismus in einem auf ständige Konsumausweitung angelegten Wirtschaftssystem leben. Er stellt gewichtige Unterschiede zur Marxschen Ausgangslage fest. Die Entfremdung hat ihren Charakter geändert: die Menschen werden nicht mehr unterdrückt durch die Reduzierung ihres Konsums auf das Existenzminimum, sondern – im Gegenteil – durch das Verführen zum Konsum um des Konsums willen. Die Repression erfolgt durch Entsublimierung: die Menschen denken nur noch in Kategorien des Konsums, ihr Bewußtsein wird »eindimensional«, und sie sind zur Emanzipation und Selbstbefreiung nicht mehr fähig. Durch die weitgehende Integration der Arbeiterschaft, der ursprünglich revolutionären Klasse, in das Konsumsystem ist das von Marx gesehene Subjekt einer mögli-

chen Gesellschaftsveränderung verschwunden. Allenfalls in nicht integrierten Randgruppen der Gesellschaft, bei den Studenten, die noch nicht im Produktionsprozeß stehen, oder bei den Intellektuellen könnte ein neues revolutionäres Subjekt entstehen.
MARCUSES Anweisung zum praktischen Handeln mit dem Ziel einer Gesellschaftsveränderung lautet daher, sich dem Konsum und der dadurch bewirkten Selbstentfremdung zu verweigern, alternative Lebensformen und eine neue Sensibilität zu entwickeln. Aber dieses Alternativmodell der Gesellschaft, »eine Gesellschaft ohne Krieg, ohne Ausbeutung, ohne Unterdrückung, ohne Armut und ohne Verschwendung« (MARCUSE, in STARK, 15), bleibt leider ebenso wünschbar wie abstrakt. Konkrete Überlegungen, wie eine solche Gesellschaft organisiert sein müßte, und wie der konkrete Weg aus der Gegenwart in die wünschbare Zukunft aussehen soll, finden sich bei MARCUSE nicht. Es fehlt also jedes technische Wissen über Möglichkeiten der Veränderung – das ist nicht zuletzt eine Folge der Abwertung des sogenannten instrumentellen Wissens.

II. Habermas

1. »Analytische Wissenschaftstheorie und Dialektik«: Jürgen HABERMAS, eine Generation jünger als die Vorgenannten, hat sich bei seinem Versuch einer wissenschaftstheoretischen Fundierung der Kritischen Theorie auf die oben dargestellten Grundpositionen gestützt. In Anknüpfung an zwei Grundsatzreferate von POPPER und ADORNO auf der Tübinger Tagung der Deutschen Gesellschaft für Soziologie 1961 entwickelte er in einem programmatischen Aufsatz (»Analytische Wissenschaftstheorie und Dialektik«) in expliziter Gegenüberstellung mit der traditionellen Wissenschaftstheorie die Hauptthesen einer gesellschaftskritischen dialektischen Theorie. Die Unterschiede zwischen den beiden theoretischen Konzepten versuchte er in vier Bereichen zu verdeutlichen.
(a) Im Hinblick auf das Verhältnis von *Theorie und Gegenstand* sieht er folgenden Unterschied der Konzeptionen: Die analytische Wissenschaftstheorie verfährt dem Gegenstand gegenüber völlig indifferent. Das Zusammenstimmen der Gesetzeshypothesen mit empirischen Gleichförmigkeiten ist prinzipiell zufällig, da die Theorien dem Gegenstandsbereich äußerlich bleiben. Die dialektische Theorie dagegen versichert sich der Angemessenheit ihrer Kategorien an den Gegenstand von Anbeginn an.
HABERMAS hat hier den Horkheimerschen Vorwurf der »Äußerlichkeit« wieder aufgenommen und in »Zufälligkeit« der Richtigkeit von Theorien umgeformt. Aber dieser Vorwurf gegen die analytische Wissenschaftstheorie ist nicht stichhaltig. Offensichtlich bewirkt das antilogische Dialektikverständnis der Frankfurter Schule ein Mißverstehen der analytischen Position. Denn die Forderung nach Widerspruchsfreiheit der Aussagen schließt das Bemühen um eine dem Gegenstand angemessene Theorie nicht nur nicht aus, sondern es ist Vorbedingung für jede anwendbare Theorie.
(b) In Hinsicht auf das Verhältnis von *Theorie und Erfahrung* erblickt HABERMAS den Unterschied zwischen den Konzeptionen darin, daß die analytischen Verfahrensweisen nur einen Typ von Erfahrung dulden, die beliebig reproduzierbare experimentelle Erfahrung, während die dialektische Theorie auf die vorwissenschaftliche Erfahrung der Lebenswelt zurückgreift.
Auch hier ist die Position der analytischen Wissenschaftstheorie zu eng ausgelegt. Rückgriff auf vorwissenschaftliche Erfahrung ebenso wie die fortlaufende Korrektur des theoretischen Ansatzes durch neue Erkenntnisse sind gerade im Ansatz des Kritischen Rationalismus ausdrücklich legitimiert.
(c) In bezug auf das Verhältnis von *Theorie und Geschichte* liegt die Differenz zwischen den Wissenschaftstypen nach HABERMAS darin, daß die analytische Wissenschaftstheorie keine spezifisch historischen Ablaufgesetze anerkennt, sondern nur universal gültige, während die dialektische Theorie die Existenz solcher Gesetze postuliert: »Historische Gesetzmäßigkeiten dieses Typs bezeichnen Bewegungen, die sich, vermittelt durch das Bewußtsein der handelnden Subjekte, tendenziell durchsetzen.« (HABERMAS, in POSITIVISMUSSTREIT, 164) Aus der Formulierung wird ersichtlich, daß hier eine Verwechslung von Gesetz und Trend, also einer individuellen Größe, vorliegt.
(d) Als letzten Bereich stellt HABERMAS das Verhältnis von *Theorie und Praxis* heraus. Während die analytischen Verfahrensweisen unter dem Hinweis auf den Dualismus von Tatsachen und Entscheidungen die wissenschaftliche Begründung von Normen für unmöglich erklären, will die dialektische Theorie unter Berufung auf den objektiven Zu-

sammenhang der Geschichte und die daraus abgeleiteten Gesetze des historischen Geschehens Orientierungen im praktischen Handeln erschließen und Normen des Handelns legitimieren. Während die analytische Theorie durch die Abstinenz im normativen Bereich einem blinden und irrationalen normativen Dezisionismus Vorschub leistet, hat die dialektische Theorie sich zur Aufgabe gestellt, die Normen vernünftigen Handelns mit Hilfe historischer Interpretationen aus der kritischen Beschreibung der Tatsachen herzuleiten.

Die hier unterstellte Unfähigkeit zur Diskussion normativer Fragen trifft mindestens für den Kritischen Rationalismus nicht zu; zugleich muß an der Praxiskonzeption der dialektischen Theorie bemängelt werden, daß sie den Dualismus von Tatsachen und Entscheidungen nicht durch geschichtsphilosophische Konstruktionen überspringen kann. Ihre Ableitung von Normen aus Tatsachen bleibt zirkulär, sie setzt die abzuleitenden Normen schon in der Beschreibung des objektiven Zusammenhanges der Geschichte voraus.

Zusammenfassung: Die vorgetragenen Thesen stellen den Versuch dar, HORKHEIMERS Programm wissenschaftstheoretisch zu operationalisieren. Aus zwei Gründen hat dieses Konzept den Widerspruch des POPPER-Schülers Hans ALBERT herausgefordert. Zum einen hat HABERMAS im Kritischen Rationalismus den falschen Adressaten für seinen Angriff auf die halbierte Rationalität traditioneller Theoriebildung angesprochen, zum anderen ist die wissenschaftstheoretische Fundierung der Kritischen Theorie von ihm nicht geleistet worden. Die Kontroverse zwischen ALBERT und HABERMAS, unter der irreführenden Bezeichnung *»Positivismusstreit«* in die Literatur eingegangen, brachte keine zusätzliche Klärung des Problems. Aus heutiger Sicht erscheint der »Positivismusstreit« als eine erste, von zahlreichen Mißverständnissen geprägte Phase der Rezeption moderner analytischer Wissenschaftstheorie durch die primär geisteswissenschaftlich orientierte dialektische Philosophie.

2. *»Erkenntnis und Interesse«:* HABERMAS hat im Anschluß an diesen ersten wissenschaftstheoretischen Versuch im zweiten Zugriff eine Theorie der Klassifikation der Wissenschaften unter Berücksichtigung der Kritischen Theorie entwickelt, die durch die Verbindung von *Interessen* und zugeordneten Wissenschaftstypen gekennzeichnet ist.

HABERMAS unterscheidet drei Grundinteressen – das technische, das praktische und das emanzipatorische –, die sich auf drei Bereiche des menschlichen Lebens erstrecken: Arbeit, Sprache und Herrschaft. Diesen Bereichen und Interessen sind drei Wissenschaftstypen samt ihren Methoden zugeordnet. Dem technischen Interesse entsprechen die systematisch nach dem Vorbild der Naturwissenschaften verfahrenden technischen Disziplinen. Sie bringen instrumentelles Wissen hervor. Aus dem praktischen Interesse dagegen entstehen die hermeneutischen Wissenschaften, in denen es um das Verstehen von Sinn geht, nicht jedoch um das Aufstellen deduktiver Theorien. Die emanzipatorischen Wissenschaften – also die Kritische Theorie – erwachsen aus einem emanzipatorischen Interesse, ihnen gelingt es, die beiden heterogenen Verfahren der erstgenannten Disziplinen zu vereinen.

An dieser Typologie ist Folgendes problematisch: Insgesamt interpretiert sie die Wissenschaften einseitig funktionalistisch. Aus der Funktionszuweisung für verschiedene Disziplinen sollen nämlich einzelne Denkmethoden in ihrer Anwendung dergestalt gegeneinander abgegrenzt werden, daß logisch-systematisches Denken nur in instrumentell verwertbaren Theorien seinen Ort hat, nicht aber in hermeneutischen Überlegungen und umgekehrt. Der alte Streit zwischen Erklären und Verstehen wird in dieser Theorie noch einmal variiert. Nun kann aber die nachträgliche Verwendung von Tatsachenwissen – in technischer, praktischer oder emanzipatorischer Absicht – nicht darüber entscheiden, welche Erkenntnismethoden zu seiner Gewinnung gerechtfertigt sind. Das beste Beispiel gegen die erkenntnistheoretisch normierende Auslegung der Typologie durch HABERMAS ist die Marxsche Theorie (→ *Marxismus*), die dem methodischen Standard traditioneller Theoriebildung gehorcht und zugleich kritische Gesellschaftstheorie ist.

C. Fazit

Das Interesse an einer vernünftigen gesellschaftlichen Wirklichkeit begründet keine neue und gegenüber der traditionellen Theoriebildung formal anders geartete Theorie, sondern führt zu inhaltlich anderen Hypothesen, zu umfassenderen Theorien, die gleichwohl formal den allgemeinen normativen Regeln des wissenschaftlich korrekten Denkens gehorchen.

Der Versuch der Frankfurter Schule, wissenschaftstheoretisch die Kritische Theorie als einen neuen Typus von Wissenschaft zu konstituieren, muß als gescheitert angesehen werden. Damit ist aber das Programm, über die Bedingungen einer vernünftigen Gesellschaft nachzudenken, nicht widerlegt. Im Gegenteil, gerade durch den Widerspruch, den die Kritische Theorie mit ihren wissenschaftstheoretischen Thesen provoziert hat, hat sie es vermocht, die philosophische Diskussion auf das Thema der *praktischen Vernunft* zu lenken. Unzweifelhaft ist die gegenwärtig noch virulente Diskussion über die vernünftige Begründung von Normen durch die Kritische Theorie initiiert worden.

Roland Simon-Schaefer

Adorno, Th. W.: Philosophie und Gesellschaft. Fünf Essays. 1984. – *v. Friedeburg, L./Habermas, J. (Hg.):* Adorno-Konferenz 1983. 1984. – *Gamm, G. (Hg.):* Angesichts objektiver Verblendung. Über die Paradoxien Kritischer Theorie. 1985. – *Geuss, R.:* Die Idee einer Kritischen Theorie. Habermas und die Frankfurter Schule. (Aus dem Amerik.) 1983. – *Geyer, C.-F.:* Aporien des Metaphysik- und Geschichtsbegriffs der Kritischen Theorie. 1980. – *Geyer, C.-F.:* Kritische Theorie. 1982. – *Gmünder, U.:* Kritische Theorie. Horkheimer, Adorno, Marcuse, Habermas. 1985. – *Gripp, H.:* Jürgen Habermas. 1984. – *Habermas, J.:* s. *Auswahl zentraler Literatur* [W] – *Hesse, H.:* Vernunft und Selbstbehauptung. Kritische Theorie als Kritik der neuzeitlichen Rationalität. 1984. – *Honneth, A./Joas, H. (Hg.):* Kommunikatives Handeln. Beiträge zu J. Habermas. 1986. – *Honneth, A./Wellmer, A. (Hg.):* Die Frankfurter Schule und ihre Folgen. 1986. – *Horkheimer, M.:* Zur Kritik der instrumentellen Vernunft. 1967. – *Ders.:* Kritische Theorie. Bd. 1; 2. 1968, in einem Bd. [3]1977. – *Ders./Adorno, Th. W.:* Dialektik der Aufklärung. 1947, 1969, 1980. – *Huke-Didier, E.:* Die Wissenssoziologie Karl Mannheims in der Interpretation durch die Kritische Theorie. 1985. – *Kimmerle, G.:* Verwerfungen. Vergleichende Studien zu Adorno und Habermas. 1986. – *Kritik* und Interpretation der Kritischen Theorie. 1975. – *Löbig, M. (Hg.):* Adorno-Symposion 1984. 1984. – *Marcuse, H.:* Der eindimensionale Mensch. (1964) [20]1985. [W] – *Ders.:* Ideen zu einer kritischen Theorie der Gesellschaft. 1969. – *Maurer, R. K.:* Jürgen Habermas' Aufhebung der Philosophie. 1977. – *Maus, H.:* Die Traumhölle des Justemilieu. 1981. – *McCarthy, Th.:* Kritik der Verständigungsverhältnisse. Zur Theorie von Jürgen Habermas. (1978) 1980. – Der *Positivismusstreit* in der deutschen Soziologie. 1969, [11]1984. [W] – *van Reijen, W.:* Philosophie als Kritik. Einführung in die Kritische Theorie. 1984. – *Schmidt, A.:* Zur Idee der Kritischen Theorie. 1979. – *Simon-Schaefer, R./Zimmerli, W. Ch. (Hg.):* Theorie zwischen Kritik und Praxis. Jürgen Habermas und die Frankfurter Schule. 1975. – *Stark, F. (Hg.):* Revolution oder Reform? Herbert Marcuse und Karl Popper. Eine Konfrontation. 1971. – *Theunissen, M.:* Gesellschaft und Geschichte. Zur Kritik der Kritischen Theorie. 1969. – *Ders.:* Kritische Theorie der Gesellschaft. 1969, [2]1981. – *Wellmer, A.:* Zur Dialektik von Moderne und Postmoderne. Vernunftkritik nach Adorno. 1985. – *Ders.:* Kritische Gesellschaftstheorie und Positivismus. 1969. – *Wiggershaus, R.:* Die Frankfurter Schule. Geschichte, theoretische Entwicklung, politische Bedeutung. 1986, dtv 1988. – *Zimmerli, W. Ch.:* Jürgen Habermas. In: *Speck, J. (Hg.),* Grundprobleme der großen Philosophen. [G] – *Zimmermann, R.:* Utopie, Rationalität, Politik. Zu [...] Marx und Habermas. 1985.

H.S.

Kritischer Rationalismus

griech. kritikós: zum Beurteilen gehörig; zu krínein: unterscheiden

Der *Rationalismus* vertritt die Auffassung, daß wir mit Hilfe unserer Vernunft in der Lage sind, die Wirklichkeit zu erkennen und angemessen zu handeln. Der *klassische Rationalismus* geht davon aus, daß es möglich ist, sicheres Wissen zu erreichen. Der *kritische Rationalismus* bestreitet diese Möglichkeit. Beide Auffassungen treten in verschiedenen Formen auf. Die Unterscheidung zwischen den beiden Arten des Rationalismus und die Bezeichnung »kritischer Rationalismus« wurden von Karl Popper in seinem Werk »Die offene Gesellschaft und ihre Feinde« im Jahre 1944 eingeführt.

A. Der klassische Rationalismus in geschichtlicher Entwicklung

I. Antike und Mittelalter

Schon im griechischen Denken findet man Formen des Rationalismus, und zwar bereits in der Philosophie der sogenannten »Vorso kratiker«. Dort findet sich auch schon der Gesichtspunkt (nämlich bei Xenophanes), daß das durch die Vernunft erlangte Wissen teilweise »hypothetisch« ist – d. h.: nicht als absolut sicher gelten kann –, ein Gesichtspunkt, der im heutigen kritischen Rationalismus auf das gesamte Wissen ausgedehnt wird.

Nach SOKRATES, der die Beschränktheit des menschlichen Wissens und die Fehlbarkeit der Vernunft stark betont hatte, bildete sich im griechischen Denken ein klassischer Rationalismus aus, der scharf zwischen echtem Wissen und bloßem Meinen oder Glauben unterschied, wobei das echte Wissen dadurch charakterisiert wurde, daß es begründet und seine Wahrheit daher sichergestellt sei. Nach ARISTOTELES *weiß* man etwas, wenn man den *Grund* erkennt, warum es so ist, und damit die *Gewißheit* hat, daß es nicht anders sein kann. Mit dieser Wissensdefinition ist bei ihm eine Unterscheidung zwischen einem *mittelbaren* Wissen verbunden, das man durch *Beweis* – d. h. durch logische Folgerung aus bestimmten obersten Voraussetzungen – erlangt, und dem *unmittelbaren* Wissen dieser Voraussetzungen, der Prinzipien, deren Wahrheit unmittelbar *einsehbar* sein muß. Die Aristotelische Wissensdefinition und das damit verbundene Erkenntnisideal haben im philosophischen Denken bis heute nachgewirkt. Noch heute gibt es ganz ähnliche Formulierungen für den Begriff des Wissens und Begründungsforderungen für die Erkenntnis, die daran anknüpfen. Das Musterbeispiel für ein Wissen dieser Art ist seit dem Altertum die *euklidische Geometrie*, die als axiomatisch-deduktives System aufgebaut ist, d. h. als ein System, in dem aus den obersten Sätzen (den Axiomen oder Postulaten) alle anderen Sätze logisch gefolgert (deduziert), d. h. unter Verwendung logischer Regeln abgeleitet sind. Alle Sätze dieses Systems scheinen in ihrer Wahrheit gesichert zu sein, die obersten durch unmittelbare Einsicht, die anderen durch logische Ableitung. In der modernen Auffassung über derartige Systeme wurde die Forderung nach unmittelbarer Einsicht in die Wahrheit der Axiome aufgegeben, weil man ihre Fragwürdigkeit erkannt hat.

Der *klassische Rationalismus* war schon in der Antike der Kritik ausgesetzt. Vor allem die Skeptiker wiesen darauf hin, daß man ein Wissen, das diesem Ideal entspricht, tatsächlich nicht erreichen könne. Die Einsicht in die Wahrheit der obersten Sätze könne stets auf Illusion beruhen. Damit erweise sich auch der Unterschied zwischen sogenanntem Wissen und bloßem Meinen als illusorisch und daher unhaltbar. Trotzdem blieb ARISTOTELES mit seiner Auffassung auch für das mittelalterliche Denken bestimmend, und auch noch nach der Entstehung der neuzeitlichen Wissenschaft im 16. und 17. Jh. blieb das von ihm formulierte Erkenntnisideal wirksam.

II. Neuzeit

1. Zwei Ausprägungen: In der neuzeitlichen Philosophie finden wir den klassischen Rationalismus in zwei Ausprägungen: dem *Intellektualismus* (vertreten z. B. durch DESCARTES, PASCAL und SPINOZA) und dem *Empirismus* (vertreten z. B. durch BACON, LOCKE und BERKELEY). Der Intellektualismus wird meist einfach »Rationalismus« genannt.

(a) Intellektualismus: Für den Intellektualismus ist die intellektuelle *Intuition*, d. h. die klare und gewisse Einsicht der Vernunft, die Quelle aller unmittelbaren Erkenntnis. Durch sie sind alle allgemeinen Wahrheiten erreichbar, also diejenigen Aussagen, die man heute oberste theoretische Aussagen nennen würde. Zu den übrigen Wahrheiten – und damit zu den besonderen oder Tatsachenaussagen – gelangt man durch → *Deduktion*, durch die logische Ableitung aus denjenigen Erkenntnissen, die durch unmittelbare Einsicht gewonnen wurden. Durch ein Zusammenspiel von *Intuition* und *Deduktion* ist also jede Wahrheit erreichbar und sicherbar.

(b) Empirismus: Für den Empirismus ist dagegen die *Erfahrung*, d. h. die unter Umständen durch Instrumente und Experimente unterstützte Beobachtung, die Quelle aller unmittelbaren Erkenntnis. Durch sie sind alle besonderen Wahrheiten erreichbar, also diejenigen Aussagen, die man heute Beobachtungs- oder Tatsachenaussagen nennen würde. Zu den übrigen Wahrheiten – und damit zu den theoretischen Aussagen – gelangt man durch → *Induktion*, durch eine Art der Ableitung, die von der Deduktion zu unterscheiden ist. Durch ein Zusammenspiel von *Beobachtung* und *Induktion* ist also jede Wahrheit erreichbar und sicherbar.

2. Hume: Im 18. Jh. entwickelte David HUME eine *skeptizistische* Art des Empirismus, und zwar vor allem dadurch, daß er die Möglichkeit der Induktion in Frage stellte und damit die Möglichkeit echter allgemeiner Erkenntnis bezweifelte. Dann versuchte Immanuel KANT, der, wie er selbst sagte, durch HUME aus seinem dogmatischen Schlummer geweckt worden war, eine *Synthese des Intellektualismus und des Empirismus,* welche die Schwierigkeiten, mit denen diese Richtungen nicht fertig wurden, überwinden sollte. Einerseits hatte HUME gezeigt, daß man die Naturgesetze nicht aus der Erfahrung ableiten könne. Andererseits war nicht einzusehen, wie man solche Gesetze mit Sicherheit erkennen könne, falls sie der Wirklichkeit außerhalb des menschlichen Geistes angehören, wie das im klassischen Rationalismus bisher angenommen wurde. Der Erfolg der Newtonschen Theorie schien aber die Sicherheit einer solchen Erkenntnis zu erweisen.

3. Kant: KANT löste das Problem dadurch, daß er den *Realismus* – den Glauben an die Erkennbarkeit der Wirklichkeit –, der bisher mit dem klassischen Rationalismus verbunden war, aufgab und durch den sogenannten transzendentalen *Idealismus* ersetzte, einen Idealismus, der auf der *transzendentalen* Fragestellung beruhte, einer Fragestellung also, die sich auf die Bedingungen der Möglichkeit der Erkenntnis bezieht. Die Gewißheit der allgemeinen Erkenntnisse erklärte er damit, daß sie sich nicht auf eine außerhalb des menschlichen Geistes bestehende Wirklichkeit beziehen, sondern nur die Formen unserer Erfahrung ausdrücken, die in der Struktur des menschlichen Erkenntnisvermögens verankert sind. Was unserer Erfahrung zugänglich ist, ist nur die sogenannte empirische Realität: die durch diese Formen geprägte Welt der Erscheinungen. Gewiß ist unsere Erkenntnis nur insoweit, als unser Verstand seine Gesetze der Natur »vorschreibt«. Die durch KANT formulierte Grundfragestellung lautet: »Wie sind synthetische Urteile a priori möglich?«, d. h. Aussagen, die inhaltliche (also: nicht bloß logische) Erkenntnis enthalten, wahr und gewiß sind und in ihrer Geltung nicht von der Erfahrung abhängen. Sie sind nach KANT möglich, weil sie nur die im menschlichen Erkenntnisvermögen verankerten Formen aller möglichen Erfahrung zum Ausdruck bringen. Damit soll auch die Schwierigkeit des Empirismus behoben sein, denn Aussagen dieser Art brauchen nicht aus Beobachtungsaussagen abgeleitet zu werden. Sie werden vielmehr in jeder Erfahrungserkenntnis vorausgesetzt. Beispiele dafür sind: das Kausalprinzip, also die Aussage, daß alle Ereignisse Ursachen haben, und die Aussagen der Mathematik. Für die praktische Vernunft spielt der sogenannte *kategorische Imperativ* eine analoge Rolle: »Handle stets so, daß die Maxime deines Willens zum Prinzip einer allgemeinen Gesetzgebung erhoben werden könnte!«, was bedeutet, daß man sich in seinen Entscheidungen stets nach Regeln richten sollte, die allgemeine Vernunftgesetze zum Ausdruck bringen. KANT hat also bei seiner Lösung dieser Probleme versucht, sowohl der Allgemeingültigkeit der wissenschaftlichen Erkenntnis als auch den allgemeinen Forderungen der Moral Rechnung zu tragen. Die Verschmelzung von Wahrheit und Gewißheit im Begriff des synthetischen Urteils a priori zeigt aber, daß er mit seiner Auffassung im Rahmen des klassischen Rationalismus blieb.

4. Kants Nachwirkung: Die Kantsche Auffassung hat – sowohl hinsichtlich der darin formulierten Fragestellung als auch hinsichtlich der von ihm angebotenen Antwort – die Philosophie bis heute befruchtet. Sie hat zur Verteidigung, zur Abwandlung und zum Widerspruch angeregt. In der Wissenschaft haben vor allem zwei Entwicklungen dazu beigetragen, daß seine Lösung des Erkenntnisproblems auf Widerspruch stieß: die Entdekkung nichteuklidischer Geometrien durch BOLYAI, LOBATSCHEWSKY und GAUSS und die Formulierung einer nichtnewtonschen Physik durch Albert EINSTEIN. Beides hängt insofern zusammen, als die Einsteinsche Theorie eine nichteuklidische Geometrie enthält, während die Newtonsche Theorie im Rahmen der euklidischen Geometrie konstruiert war. Außerdem wurden Widersprüche in den Grundlagen der Mathematik – nämlich in der Mengenlehre – entdeckt, und die Quantentheorie erwies sich als unvereinbar mit dem Kausalprinzip. Im Bereich der Naturwissenschaften hat EINSTEIN selbst schon erkenntnistheoretische Konsequenzen aus seinen Entdeckungen gezogen, die mit der Kantschen Auffassung unvereinbar waren. Und hinsichtlich der Mathematik hat Bertrand RUSSELL, der die erwähnte Entdeckung in der Mengenlehre gemacht hatte, daraus gefolgert, daß damit die letzte »Provinz der Gewißheit« in der menschlichen Erkenntnis verschwunden sei. Beide Konsequenzen enthalten eine Kritik des im Kantschen Denken noch vorhandenen klassischen Rationalismus.

B. Der kritische Rationalismus

Diese Problemsituation ist der Ausgangspunkt für den *kritischen Rationalismus*, den Karl POPPER in den dreißiger Jahren dieses Jahrhunderts entwickelt hat. Er hat dabei nicht nur die Kantsche Philosophie und die mit ihr unvereinbaren wissenschaftlichen Entdeckungen, sondern auch moderne philosophische Strömungen wie den logischen Positivismus des »Wiener Kreises« (einen an den Resultaten der modernen mathematischen Logik orientierten Empirismus) in Betracht gezogen. Er knüpfte an die Kantsche Frage nach den Bedingungen der Möglichkeit der Erkenntnis an und entwickelte eine Wissenschaftslehre, die eine neue Antwort auf die Frage gibt, wie wir aus der Erfahrung lernen können. In dieser Lehre wird der klassische Rationalismus und damit auch das schon durch ARISTOTELES formulierte Wissensideal aufgegeben, das auf der Suche nach einem absolut sicheren Fundament der Erkenntnis beruht und in dem daher Wahrheit und Gewißheit miteinander verschmolzen sind. Eine solche sicher begründete Erkenntnis kann es nach POPPER nicht geben. Daher ist die Reaktion des Skeptizismus – schon der antiken Skepsis – auf den klassischen Rationalismus eine durchaus rationale Antwort. Wenn es ein dem antiken Ideal entsprechendes Wissen nicht geben kann, dann ist das, was man dafür hält, bloße Meinung und steht auf der gleichen Stufe wie beliebige andere Meinungen. Während der Rationalist hier also als Dogmatiker erscheint, kann der Skeptiker darauf verweisen, daß dieser Dogmatismus den Anforderungen des klassischen Rationalismus nicht entspricht. Beide aber, der Dogmatiker wie der Skeptiker, halten an einer wesentlichen Voraussetzung dieser Art von Rationalismus fest: nämlich der, daß nur mit absoluter Gewißheit wahre Urteile (Aussagen, Auffassungen) den Anspruch machen können, echte Erkenntnisse zu sein.

I. Fallibilismus

Die Pointe des kritischen Rationalismus besteht darin, diese gemeinsame Voraussetzung der dogmatischen und der skeptischen Form des klassischen Rationalismus der Kritik zu unterwerfen, denn diese Voraussetzung hat offenbar zu Schwierigkeiten geführt, die sonst nicht überwunden werden können. Die mit dem klassischen Wissensideal verbundene Forderung nach sicherer Begründung ist schon deshalb fragwürdig, weil jede Erkenntnis, die man für eine solche Begründung benutzen will, selbst wieder in Frage gestellt werden kann. Man gerät so also in eine Situation, die der des Barons Münchhausen entspricht, als er versuchte, sich am eigenen Schopf aus dem Sumpf zu ziehen.

Diese Münchhausen-Situation läßt sich vermeiden, wenn man die Forderung nach absoluter Begründung und damit auch das alte Erkenntnisideal aufgibt und einen konsequenten *Fallibilismus* vertritt, also die Auffassung, daß der Mensch bei der Lösung seiner Probleme stets fehlbar ist, sich also immer irren kann, so daß keine Erkenntnis jemals absolut sicher ist. Die klassische Forderung nach Sicherheit durch absolute Begründung ist »utopisch«, d. h., ihre Erfüllung liegt nicht im Bereich menschlicher Möglichkeiten. Also muß man sie aufgeben und der Erkenntnis eine bescheidenere Zielsetzung geben. Das Streben nach absoluter Begründung – in der Hoffnung, sichere Wahrheit zu erlangen – ist mit dem Streben nach Wahrheit im Sinne der Erkenntnis der Beschaffenheit unserer Wirklichkeit – und damit auch ihrer Gesetze – nicht vereinbar.

Schon bei KANT hatte das Streben nach absoluter Begründung dazu geführt, daß derjenige Teil des Wissens, der als absolut gewiß gelten sollte – der daher in den synthetischen Urteilen a priori zum Ausdruck kam –, nicht mehr den Anspruch machen konnte, etwas über die Wirklichkeit auszusagen. Damit wurde also der mit dem Realismus verbundene Wissensanspruch geopfert. Später gingen Kantianer wie Hugo DINGLER darin noch weiter. Sie suchten die Naturgesetze als tautologisch zu deuten, als Aussagen, die keinerlei Informationsgehalt haben und daher überhaupt kein inhaltliches Wissen darstellen, ebenso wie etwa die Sätze der Logik. Dabei wird der Anspruch auf inhaltliche Erkenntnis vollkommen geopfert, damit man der Gewißheitsforderung nachkommen kann. Das ist gewiß ein Ausweg aus den Schwierigkeiten des klassischen Rationalismus. Aber er führt, einfach ausgedrückt, zu einer Wissenschaft ohne Wissen.

II. Vermutungswissen

Eine andere Möglichkeit ist die von Karl POPPER entwickelte: weiter nach Erkenntnis und damit nach inhaltlicher Wahrheit zu streben, aber den Anspruch auf absolute Begründung und damit auf Gewißheit aufzugeben. Unser gesamtes Wissen besteht dann aus Hypothesen, deren Wahrheit nie sicher ist (»Vermutungswissen«), die wir aber dennoch strengen Prüfungen aussetzen können, damit sie sich bewähren können. Dabei können wir aber nie sicher sein, daß sie auch zukünftigen Prüfungen immer standhalten werden. Als Beispiel mag die Newtonsche Mechanik dienen. Sie hat etwa 200 Jahre lang das physikalische Denken beherrscht, bis die Einsteinsche Theorie an ihre Stelle trat. Warum wurde die

Newtonsche Auffassung so lange als sicher akzeptiert? Weil sie eine solche Fülle von Tatsachen einheitlich erklärte, daß man sich kaum vorstellen konnte, es seien Irrtümer in ihr enthalten. Sie ließ sich daher ohne Schwierigkeit im Sinne des klassischen Erkenntnisideals deuten. Nun zeigte sich aber, daß die Einsteinsche Theorie außer den Tatsachen, die mit Hilfe der Newtonschen erklärbar waren, noch weitere erklären (und sogar vorhersagen) konnte, mit denen die Newtonsche nicht fertig wurde. Überdies ist sie mit der Newtonschen unvereinbar, so daß nicht beide zugleich wahr sein können. Man kann sich hier zwar so helfen, daß man behauptet, die Newtonsche Theorie sei nur annähernd wahr, sie liefere also sogenannte approximative Erklärungen, aber das bedeutet u. a. auch, daß sie – strenggenommen – falsch ist. Überdies taucht die Frage auf, wie wir ausschließen können, daß eines Tages mit der Einsteinschen Theorie dasselbe geschieht wie mit der Newtonschen. Auch sie könnte durch eine Theorie mit höherer Erklärungskraft abgelöst werden, in deren Licht sie nur als annähernd wahr erscheinen würde. Wir haben also Anlaß, auch ihre Wahrheit nicht als gewiß (als absolut gesichert) anzusehen, sondern als nur »hypothetisch«. Die Wissenschaft ist voller Beispiele ähnlicher Art. Sogar die Mathematik ist nicht frei davon. Angesichts der Tatsache, daß auch die erfolgreichsten Theorien der Wissenschaften mit Schwächen behaftet zu sein pflegen, scheint es vernünftig zu sein, keine Theorie für sakrosankt zu erklären, gleichgültig, ob sie Bestandteil einer Wissenschaft, der Philosophie oder des Alltagswissens ist, auch wenn wir hoffen dürfen, daß sich in manchen Fällen frühere Theorien als ausgezeichnete Annäherungen erweisen.

III. Wahrheitsbegriff

Im kritischen Rationalismus wird also die Suche nach inhaltlicher Erkenntnis und damit auch die Suche nach Wahrheit nicht aufgegeben, wohl aber die Suche nach absoluten Begründungen und damit nach Gewißheit. Das bedeutet u. a. also auch eine Aufgabe des Kantschen transzendentalen Idealismus und eine Wiederbelebung des *kritischen Realismus*, der für den Rationalismus vor KANT charakteristisch war (kritisch im Gegensatz zum sogenannten naiven Realismus, der schon mit den Sinnestäuschungen nicht fertig wird). Mitunter wird nun behauptet, es sei unstatthaft, weiter den *Wahrheitsbegriff* zu verwenden, wenn man die Idee eines *Wahrheitskriteriums* geopfert habe, wie das im kritischen Rationalismus in der Tat geschehen ist. Überdies sei nicht einmal eine zufriedenstellende *Wahrheitsdefinition* verfügbar. Nun würde allerdings die Forderung, nur Begriffe zu verwenden, für die eine Definition vorliegt, wie schon PASCAL wußte, zu ganz ähnlichen Schwierigkeiten führen wie die oben erörterte Begründungsforderung. Bei einer Definition müssen nämlich immer Begriffe verwendet werden, die dann wieder zu definieren wären, und das unendlich so weiter; die Forderung führt also zu einem *unendlichen Regreß* und ist daher unhaltbar. Überdies gibt es Wahrheitsdefinitionen, mit denen man sich zufriedengeben könnte. Wie steht es aber um das geforderte Wahrheitskriterium? Mit einem solchen Kriterium ist hier ein sicheres Anzeichen der Wahrheit gemeint, so daß sein Vorliegen es erlauben würde, für die betreffenden Aussagen (Theorien usw.) mit Gewißheit einen Wahrheitsanspruch zu machen. Eine Pointe deskritischen Rationalismus ist aber gerade darin zu sehen, daß es ein solches Anzeichen nicht gibt. Nun pflegt man heute auch für andere Begriffe keine derartigen Kriterien zu fordern. Es ist daher nicht einzusehen, wieso eine solche Forderung gerade in bezug auf den Wahrheitsbegriff sinnvoll wäre. Auch für sogenannte Beobachtungsaussagen wird diese Forderung vom kritischen Rationalismus zurückgewiesen. Auch sie sind, wie die Geschichte der Wissenschaft zeigt, stets dem Irrtum und damit der Korrektur unterworfen. Es läßt sich zeigen, daß dennoch wissenschaftlicher Fortschritt möglich ist, wenn die Forschung sich an dem Ziel orientiert, eine Erkenntnis wirklicher Zusammenhänge zu erreichen.

C. Erkenntnis- und andere Probleme

Die Wissenschaften versuchen Erkenntnisprobleme zu lösen. Ihre Erkenntnispraxis ist ein Spezialfall menschlicher Praxis, menschlichen Problemlösungsverhaltens. Es gibt aber noch viele andere Arten von Problemen und damit andere Arten menschlicher Praxis in allen sozialen Bereichen: in der Kunst, der Wirtschaft, dem Recht, der Politik usw. Der klassische Rationalismus wurde zwar vor allem im Hinblick auf Erkenntnisprobleme for muliert, er läßt sich aber grundsätzlich auch auf andere Arten von Problemen ausdehnen. Auch hier kann man versuchen, nach sicheren Begründungen zu suchen, um vollkommene Lösungen zu erlangen, etwa für moralische, politische, rechtliche, wirtschaftliche oder soziale Probleme. Nun gehen in die Lösungen anderer Probleme stets auch Erkenntnisse ein – und damit Anschauungen über die Beschaffenheit wirklicher Zusammenhänge –, und zwar deshalb, weil man z. B. die Wirkungen menschlicher Handlungen, rechtlicher Bestimmungen, politischer Entscheidungen, institutioneller Vorkehrungen oder sozialer Ordnungen beurteilen muß, um solche Probleme angemessen zu lösen. Aber auch abgesehen davon, führt die Forderung nach absoluter Begründung, um mit Sicherheit bestmögliche Lösungen zu erreichen, auch außerhalb des Erkenntnisbereichs zu unüberwindlichen Schwierigkeiten. Auch hier läßt sich der klassische Rationalismus nicht durchhalten. Wir haben also Anlaß, auch hier die Begründungsforderung zu opfern und zum kritischen Rationalismus überzugehen.

Hans Albert

Abel, B.: Grundlagen der Erklärung menschlichen Handelns. Zur Kontroverse zwischen Konstruktivisten und kritischen Rationalisten. 1983. – *Albert, H.:* Konstruktion und Kritik. Aufs. 1972, ²1975. – *Ders.:* Kritik der reinen Erkenntnislehre. 1987. – *Ders.:* Kritische Vernunft und menschliche Praxis. Mit einer autobiographischen Einleitung. RUB 1977. – *Ders.:* Traktat über kritische Vernunft. 1968, verb. ⁴1980. – *Ders.:* Traktat über rationale Praxis. 1978. – *Ders.:* Transzendentale Träumereien. Karl-Otto Apels Sprachspiele und sein hermeneutischer Gott. 1975. – *Ders.:* Die Wissenschaft und die Fehlbarkeit der Vernunft. 1982. – *Andersson, G.:* Kritik und Wissenschaftsgeschichte. 1988. – *Bartley, W. W., III.:* Flucht ins Engagement. (Aus dem Engl.) (1962) 1964, verb. ²1987. – *Gadenne, V.:* Theorie und Erfahrung in der psychologischen Forschung. 1984. – *Gleiser, S.:* Eine politökonomische Analyse des Kritischen Rationalismus. 1979. – *Habermehl, W.:* Historizismus und Kritischer Rationalismus. 1980. – *Keuth, H.:* Realität und Wahrheit. Zur Kritik des Kritischen Rationalismus. 1978. – *Magee, B.:* Karl Popper. (Aus dem Engl.) 1986. – *Müller, K. F./Stadler, F./Wallner, F. (Hg.):* Karl Popper – Versuche und Widerlegungen. 1986. – *Nordhofen, E.:* Das Bereichsdenken im Kritischen Rationalismus. Zur finitistischen Tradition der Popperschule. 1976. – *Pähler, K.:* Qualitätsmerkmale wissenschaftlicher Theorien. Zur Logik und Ökonomie der Forschung. 1986. – *Popper, K. R.:* s. *Auswahl zentraler Literatur* [W] – *Popper, K. R./Lorenz, K.:* Die Zukunft ist offen. 1985. – Der *Positivismusstreit* [...]. 1969, ¹¹1984. [W] – *Salamun, K. (Hg. und Einl.):* Was ist Philosophie? Neuere Texte [...]. 1980, erw. ²1986. – *Spinner, H. F.:* Ist der Kritische Rationalismus am Ende? 1982. – *Watkins, J. W. N.:* Freiheit und Entscheidung. 1978.

Hans Albert/H.S.

Kybernetik

griech. kybernḗtēs: Steuermann; kybernētikḗ (téchnē): Steuermannskunst; zu kybernân: Steuermann sein;
lat. gubernator: Steuermann; ars gubernandi: Steuermannskunst; zu gubernare: Steuermann sein, lenken, regieren

A. Das Wort

Im Sinne der Wortherkunft kann nach L. Couffignal unter *Kybernetik* (vorbehaltlich zahlreicher zusätzlicher Charakteristika) allgemein »die Kunst der Handlungssteuerung oder Handlungsregelung« verstanden werden.

B. Geschichtliches

In Anlehnung an den philosophie- und wissenschaftsgeschichtlich wohl ältesten Gebrauch des Wortes kybernētikḗ durch Platon im Dialog »Kleitophon« (dessen Echtheit allerdings zweifelhaft ist) und in der »Politeia« (um 380–375) verwendete 1834 A. M. Ampère das Wort »cybernétique« zur Bezeichnung der Regierungskunst. Bereits 1785 hatte J. Watt zur automatischen Regulierung von Dampfmaschinen den Fliehkraftregler (»governor« = Zentrifugalregulator) erfunden. Diesem Beginn einer für die neuere Kybernetik bedeutsamen Regelungstechnik folgte 1868 die erste theoretische Untersuchung kreiskausaler (Rückkopplungs-)Prozesse durch J. C. Maxwell. 1925 wurde von R. Wagner biologisches, 1933 von R. Frisch volkswirtschaftliches Regelungsgeschehen systematisch beschrieben. 1941 entwarf H. Schmidt auf bio-anthropologischer Grundlage das Programm einer »Allgemeinen Regelungskunde« mit dem praktischen Ziel, möglichst viele menschliche Funktionen durch Automaten zu »objektivieren«. Indes leitete erst das 1948 erschienene Buch N. Wieners »Cybernetics or control and communication in the animal and the machine« eine sich weltweit verbreitende Kybernetikbewegung ein, wobei der Regelungs- und Rückkopplungsgedanke mit dem inzwischen (1948/49) von C. E. Shannon in Anlehnung an Vorstellungen von R. V. L. Hartley weiterentwickelten mathematischen Konzept einer quantitativen (statistischen) Theorie der Information

(→ *Information[stheorie]*) und der Kommunikation fruchtbar verbunden wurde.

C. Definition

Die näheren Bestimmungen dessen, was Kybernetik sei, gehen weit auseinander. Sinnvoll scheint die folgende, nach zunehmender Bereichsausdehnung gestufte *Kybernetikdefinition:* Kernbereich der Kybernetik (K_0) ist die formale Theorie der geregelten (in kreisrelationalen Funktionsabläufen die Angleichung von Ist-Werten an Soll-Werte leistenden) dynamischen Systeme (→ *System, Systemtheorie*). Die Vereinigung von K_0 mit der formalen (syntaktisch-statistischen) Informationstheorie führt zur Kybernetik im engeren Sinne (K_1). Von Kybernetik im weiteren Sinne (K_2) sprechen wir, wenn K_1 um den materialen (auf einzelwissenschaftliche und technische Anwendungen bezogenen) Aspekt ergänzt wird, von Kybernetik im weitesten Sinne (K_3), wenn zu K_2 noch Theorien (→ *Theorie*), Technologien (→ *Technologie*) und Techniken (→ *Technik*) folgender Gegenstandsbereiche hinzugenommen werden: a) der (abstrakten und konkreten) Automaten, b) des Entscheidungsverhaltens von Akteuren, das auf der Ebene von konkurrentem bzw. kooperativem Agieren formal die Spieltheorie untersucht, c) der allgemeinen Systeme und Modelle (→ *Modell*). K_3 öffnet sich schließlich zum »Einbettungsbereich der Kybernetik«: auf der Seite der theoretischen Grundwissenschaften zur → *Mathematik*, Mathematischen → *Logik*, → *Semiotik* und zur Theorie der künstlichen (Wissenschafts-) Sprachen, auf der Anwendungsseite zu der mit »Operations Research« (→ *Organisation;* → *Planung*) bezeichneten Gruppe technologisch-operativer Modellentwicklungen und auf der metatheoretisch-philosophischen Seite zur Wissenschaftstheorie, zur Werttheorie (→ *Wert*) und zur Deontik (→ *Norm*). Dieser Teil des »Kybernetik-Rahmens« ist seinerseits verbunden mit einer Philosophie der Technik, einer integral-operationalen (»kybernetischen«) Anthropologie und einer Theorie des gesellschaftlichen Wandels.

D. Die Rückkopplung

Grundlegend für die formale Regelungstheorie (K_0) ist der Begriff der *Rückkopplung*, d. h. der kreisförmigen Zusammenschaltung zweier oder mehrerer Übertragungsglieder eines Systems derart, daß die Ausgangsgrößen eines jeden Systemgliedes Eingangsgrößen des unmittelbar folgenden Gliedes sind. Unter Regelung wird dann ein Rückkopplungsvorgang verstanden, bei dem die zu regelnde Größe fortwährend mit einer anderen Größe, der Führungsgröße, verglichen und dieser angenähert wird. Man unterscheidet zwischen *Festwertregelung* und *Folgeregelung*. Der Istwert der Regelgröße wird bei der Festwertregelung mit einem konstanten, bei der Folgeregelung mit einem veränderlichen Sollwert verglichen. Die formale Regelungstheorie betrachtet die Systemstrukturen als aus gewissen Elementarstrukturen aufgebaut. Deren Grundtyp zeigt der im Schaubild dargestellte Regelkreis.

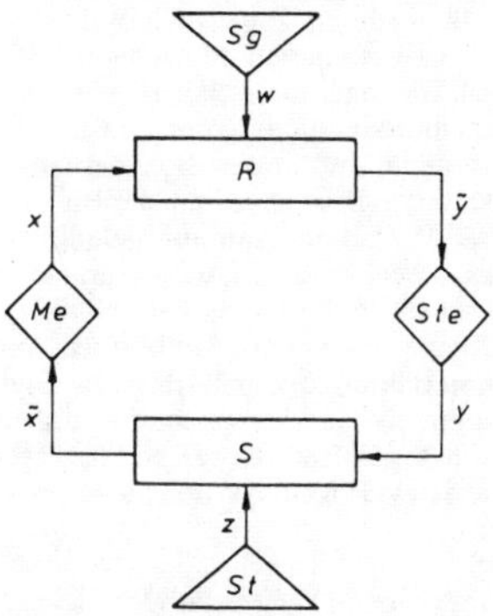

Zeichenerklärung:

- Sg Soll(wert)geber
- w Führungsgröße, Sollwert der zu regelnden Größen
- R Regler
- ỹ Input-Stellgröße
- Ste Stellort ("Effektor" von R)
- y Output-Stellgröße
- S Regelstrecke (das gegen Störungen zu regelnde System)
- St Störquelle
- z Störgröße
- x̃ Input-Meßgröße
- Me Meßort ("Perzeptor" von R)
- x Output-Meßgröße, Istwert der zu regelnden Größe
- x-w = x_w heißt Regelabweichung. Unter Regelung wird die fortwährende Minimierung von x_w verstanden.

Schaubild. Allgemeines Regelkreisschema als vielfach inhaltlich belegbare Variablenstruktur. Weitere Erläuterungen im Text.

Er stellt einen durch Rückkopplung geschlossenen Wirkungskreis einer Regelung dar. Dabei ist die Regelstrecke die der jeweiligen Aufgabe entsprechend vom Sollgeber her zu beeinflussende (zu »regelnde«) Anlage, der Regler das System derjenigen im Gesamtwirkungsweg des Regelkreises liegenden Übertragungsglieder, die die Regelstrecke beeinflussen. Letztere steht unter dem im Prinzip ständigen Einfluß von (»auszuregelnden«) Störgrößen. Die Übergangsstelle von der Regelstrecke zum Regler heißt Meßort, die Übergangsstelle vom Regler zur Regelstrekke Stellort (zu den Begriffen der Regelungstechnik vgl. auch DIN 19226). Die an den Regelkreis zu stellenden Hauptforderungen sind seine Stabilität sowie seine Fähigkeit zur möglichst schnellen Ausregelung von Störgrößen.

Man unterscheidet zwischen Einfach- und Mehrfachregelkreisen. Ein Mehrfachregelkreis besitzt (innere) Regelkreise 2., 3., ..., n-ter Ordnung, derart, daß sich ein Regelkreis ($v+1$)-ter Ordnung (für $v = 1,2,\ldots,n\text{-}1$; der betrachtete Mehrfachregelkreis gilt als Regelkreis 1. Ordnung) nur über einen Teil der Systemglieder des nächstübergeordneten Regelkreises erstreckt. Dabei können die inneren Regelkreise miteinander verkoppelt sein. Eine noch höhere Komplexitätsstufe erreichen Mehrfachregelungssysteme, die sich in meist vielfach rückgekoppelter Weise aus Einfach- und Mehrfachregelkreisen zusammensetzen. Die Sollwerte der in einem Mehrfachregelungssystem gleichzeitig zu regelnden Größen brauchen dem System nicht von außen gegeben zu sein; sie können sich bei selbstoptimierenden Systemen auch aus immanenten Systemzuständen ergeben. Bereits der Sollwert eines für sich betrachteten Einfachregelkreises kann derart parametrisiert sein, daß der Regelkreis gemäß gewissen Kriterien seinen unter den jeweiligen Umständen optimalen Sollwert aus einem Sollwert-Repertoire aufsucht (Optimalwertkreise).

Dem adaptionsfähigen lebenden Organismus kommt das *homöostatische System* am nächsten. Hierunter ist in der Regelungstheorie ein komplexes Mehrfachregelungssytem S zu verstehen, dessen sämtliche zu regelnde Größen innerhalb bestimmter Umgebungen ihrer optimalen Sollwerte in folgender Weise variieren können: Wird ein Regelungsuntersystem S_1 von S derart durch äußere Störungen belastet, daß die Regelungs-Istwerte von S_1 von den zugehörigen optimalen Regelungs-Sollwerten stark abweichen, und gelingt es S_1 nicht, diese Störungen selbststabilisierend hinreichend auszuregeln, so wird ein zweites Regelungsuntersystem S_2 von S in Richtung auf Restabilisierung von S_1 und damit auch von S kompensatorisch wirksam. Dieses Wirksamwerden äußert sich für S_2 darin, daß sich die Regelgrößen-Istwerte des zweiten Teilsystems je in bestimmter Richtung und bestimmtem Grade von ihren unter Normalbedingungen optimalen Sollwerten entfernen. Auf diese Weise können lebenswichtige Grundparameter des Gesamtsystems in den für das Weiterbestehen desselben zulässigen Grenzen gehalten werden. Es ist eines der wichtigsten Ziele der Regelungstheorie, die Möglichkeiten der physikotechnischen Nachahmung organismischen selbstoptimierenden und selbststabilisierenden Verhaltens zu untersuchen.

E. Kybernetische System- und Modellbildungen

Die kybernetischen System- und Modellbildungen entfalten ihre volle Leistungsfähigkeit erst durch die (zu K_1 führende, s. C.) Vereinigung des Regelungsaspekts (s. D.) mit dem informationellen Aspekt (→ *Information[stheorie]*). Letzterer hebt unter den Übertragungsvorgängen innerhalb der Regelungs- und homöostatischen Systeme die Informationsflüsse und die sich in den zentralen operativen Einheiten jener Systeme abspielenden Informationsverarbeitungsprozesse derart heraus, daß diese Prozesse exakter mathematischer, logischer, zeichentheoretischer usw. Behandlung zugänglich werden. Auf diese Weise lassen sich Informationsflüsse innerhalb wichtiger faktischer Regelungssysteme quantitativ analysieren. Solche Regelungssysteme sind in der Biokybernetik (des Menschen) z. B. die Systeme der Blutzucker- und der Muskelinnervationsregelung, der visuellen Wahrnehmungsoptimierung und dergleichen, in der Psychokybernetik vor allem Kognitionssysteme der Mensch-Außenwelt-Interaktion, in der Wirtschafts- und Soziokybernetik marktwirtschaftliche, unternehmungsorganisatorische, gesellschaftsplanerische usw. Regelungs- und Steuerungsprozesse.

I. Kybernetische Systemanalyse

Kybernetische Systemanalyse ist dabei eng verbunden mit computerunterstützter *Systemsimulation*. Diese stellt ein quasi-experimentelles Verfahren dar, nicht-reproduzierbare komplexe Geschehensabläufe auf physikotechnische Modelle abzubilden, an denen im Zeitraffertempo das originalseitige Systemverhalten unter wechselnden Bedingungen studiert werden kann. Ziel dieser Modelldarstellung ist nicht nur die Vermehrung theoretischen Wissens, sondern vor allem die Gewinnung von Strategien für (physiko-, bio-, psycho- und sozio-)technisches Handeln. Doch werden auch die automatischen Informationswandler selbst der Modellanalyse unterzogen, indem man sie auf mathematische Strukturen abbildet, um Probleme der Algorithmisierung (Rückführung von Aufgaben der Informationsverarbeitung auf Folgen entscheidbarer Grundoperationen) und Programmierung (Aufstellung von Lösungsvorschriften für Informationsverarbeitungsaufgaben) zu klären und damit zur Herstellung noch leistungsfähigerer Automaten beizutragen.

II. Kybernetik im weitesten Sinne

Zur Kybernetik der K_3-Stufe gehören außer der Automatentheorie wesentlich die Entscheidungs- und Spieltheorie sowie die Allgemeine System- und Modelltheorie (vgl. C.). Die (kybernetische) *Entscheidungstheorie* ebenso wie die *Spieltheorie* beruhen auf einem ökonomischen Rationalitätskonzept, demzufolge jeder der zu einem Interaktionsfeld gehörigen Akteure dem Prinzip der Nutzenmaximierung folgt. Diese starke Voraussetzung mitsamt ihren methodologischen Implikationen stellt eine der für K_3-Modellbildungen charakteristischen idealtypischen Vereinfachungen dar, von der ausgehend versucht werden muß, durch schrittweise Erweiterung der Variablen- und Parameterstruktur ohne Verlust an operationaler Exaktheit genügende Realitätsangleichung der betreffenden Modelle zu erreichen. »Realitätsangleichung« wird dabei relativ zu bestimmten Operationszielen bestimmter modellierender Subjekte und zu bestimmten Zeitspannen der Original-Modell-Abbildung verstanden (→ *Modell;* → *Erkenntnistheorie, neopragmatische*). K_3-Modelle sind in diesem operationalen Sinne in ihren Einzelheiten wie in ihrer Gesamtstruktur vollkommen übersehbare (und damit dem Descartesschen Prinzip eines sich durch Klarheit und Deutlichkeit auszeichnenden Erkenntnisverfahrens genügende) Explikate (→ *Explikation*) bzw. technische Realisationen komplexer Rückkopplungszusammenhänge.

F. Kybernetik und Philosophie

Das Verhältnis von Kybernetik und → *Philosophie* stellt sich in grundsätzlicher Weise unterschiedlich dar, je nachdem, ob der Einfluß der Kybernetik auf die Philosophie oder aber die Deutung und Beurteilung der Kybernetik aus philosophischer Sicht im Vordergrund steht.

I. Der Einfluß der Kybernetik auf die Philosophie

Fraglos verstärkte die in der Mitte des 20. Jh. einsetzende »kybernetische Bewegung« die pragmatischen ebenso wie die holistischen Tendenzen der zeitgenössischen (neopragmatischen) Erkenntnistheorie. Als Allgemein- und Integrationswissenschaft half sie, Gegensätze der Betrachtungsweisen und Denkmethoden zu überwinden, z. B. den Ende des 19. Jh. schroff hervorgetretenen Gegensatz zwischen naturwissenschaftlichem Erklären (→ *Erklärung*) und geisteswissenschaftlichem Verstehen (→ *Hermeneutik*). Sie förderte interdisziplinäres Vorgehen, brachte Theorie und Praxis in ein enges Wechselverhältnis (ohne sich hierbei einer im Verbalen verbleibenden → *Dialektik* bedienen zu müssen); sie schärfte schließlich den Blick für die notwendige Einbeziehung ethisch-normativer Fragen in die Erkenntnistheorie und in die Wissenschaftsphilosophie.

II. Philosophische Kritik am kybernetischen Denken

Umgekehrt setzte bald philosophische Kritik am kybernetischen Denken ein. Besonders aus sozialphilosophischer Sicht erhob sich der Verdacht, daß die soziokybernetischen Modellbildungen überwiegend zur ideologischen (→ *Ideologie*) Rechtfertigung bestehender gesellschaftlicher Ordnungen beitragen und durch harmonisierende Konfliktregelungen zugunsten der Herrschenden das kapitalistische System stabilisieren helfen würden. Auch gegen die Mensch-Maschine-Analogie erhoben sich Bedenken: die durchgängige Operationalisierung des Menschen und seiner sozialen Institutionen – bis hin zur totalen Gesellschaftsplanung durch eine allgewaltige »Regierungsmaschine« – wurde befürchtet. Eine rechenhaft-technomorphe, rein zweck- und nutzenorientierte, nur auf »Systemrationalität« angelegte Welt könnte an die Stelle dieser unserer menschlichen Welt treten, in der es noch Vieldimensionalität des Denkens und Erlebens sowie ein seelisch-geistiges Sein des Menschen und seine Geborgenheit im Glauben an die Transzendenz gebe.

III. Fazit

Die hiermit angedeutete Auseinandersetzung dürfte inzwischen ihre Schärfe verloren und einer realistischeren Einschätzung sowohl der Fortschrittsmöglichkeiten als auch der Gefahren der Kybernetik Platz gemacht haben. Weder hat die Kybernetik die Philosophie – oder auch nur eines ihrer Teilgebiete, etwa die → *Wissenschaftstheorie* – okkupiert, noch vermochte philosophische Kritik sich der Entwicklungsdynamik der von der Kybernetikbewegung getragenen wissenschaftlichen und metawissenschaftlichen Innovationen ernsthaft entgegenzusetzen. Das Instrumentarium der kybernetischen Methoden ist nicht mehr und nicht weniger »manipulierbar« als jedes andere auch; es bietet aber den Vorteil vollständiger Transparenz und dürfte damit minimal »ideologieanfällig« sein. Die kybernetischen Methoden geben dem in das Kommunikationszeitalter eingetretenen Menschen, der sich der Grenzen der Ressourcen seines irdischen Lebensraumes bewußt geworden ist, ein Instrumentarium zur Hand, aus eigener Kraft seine Zukunftsprobleme zu bewältigen. Gerade darin, daß die kybernetische Analyse gesellschaftlich tiefgreifende Verhaltensänderungen als unabwendbar erweist, stellt sie infolge ihrer spezifischen, mensch- und praxisbezogenen Rationalität ein optimales Konzept dar zur Lösung der die Menschheit bedrängenden – selbstgemachten – Probleme.

Herbert Stachowiak

Ashby, W. R.: Einführung in die Kybernetik. 1974. – *Couffignal, L.:* Kybernetische Grundbegriffe. (Aus dem Franz.) 1962. – *v. Cube, F.:* Was ist Kybernetik? 1967, [3]1970 = 1971. – *v. Ditfurth, H. (Hg.):* Informationen über Information. Probleme der Kybernetik. 1969. – *Ducroq, A.:* Die Entdeckung der Kybernetik. (Aus dem Franz.) 1959. – *Flechtner, H.-J.:* Grundbegriffe der Kybernetik. 1966, [5]1970 = 1972 = 1984. – *Frank, H.:* Kybernetik und Philosophie. 1966, [2]1969. – *Hassenstein, B.:* Biologische Kybernetik. Eine elementare Einführung. [4]1973. – *Klaus, G.:* Wörterbuch der Kybernetik. Bd. 1: 1967, [4]1976; Bd. 2: 1979. – *Lange, O.:* Ganzheit und Entwicklung in kybernetischer Sicht. 1969. – *Röhler, R.:* Biologische Kybernetik. 1974. – *Sachsse, H.:* Einführung in die Kybernetik. 1971, [2]1974. – *Schmidt, H.:* Die anthropologische Bedeutung der Kybernetik. (Grundlagenstudien aus Kybernetik und Geisteswissenschaft, Beiheft zu Bd. 6) 1965. – *Stachowiak, H.:* Denken und Erkennen im kybernetischen Modell. 1965, [2]1969 = 1975. – *Ders.:* Rezente Gedanken zur Kybernetik. In: Grundlagenstudien aus Kybernetik und Geisteswissenschaft 23, 1982. – *Stegmüller, W.:* Probleme und Resultate [...]. Bd. 1. [H] – *Steinbuch, K.:* Automat und Mensch. 1961, [3]1965. – *Ders./Moser, S. (Hg.):* Philosophie und Kybernetik. 1970. – *Weizenbaum, J.:* Die Macht der Computer. 1979. – *Wiener, N.:* Kybernetik. (Aus dem Amerik.) (1948, 1961) 1963, [2]1965, Ro 1968. – *Ders.:* Gott & Golem Inc. (1964) 1965.

Herbert Stachowiak/H.S.

Lebenswelt

Für uns ist die Welt wesensmäßig zunächst nur als *Umwelt* gegeben. Wir erfahren die Welt praktisch nur als umweltlich, und von daher ist sie für uns seiend. Ich lebe bewußt in die Umwelt hinein, sie ist daher für mich die »Welt«, in der ich im weitesten Sinne heimisch bin. Dabei hat sie immer einen neuen Inhalt und ein neues Gesicht für mich.

Weil dieselbe Welt, also die Umwelt, für verschiedene Personen da ist, die praktisch darauf bezogen sind, so ist sie für Alle nicht dieselbe Welt. Die verschiedenen Menschen stehen in verschiedenen Verhältnissen mit den Anderen zur Umwelt.

Die niederste Stufe der Umwelt ist das *»Heim«* im engsten Sinne. Es ist mein Haus oder meine Wohnung mit meiner Familie, wo dabei das Heim schon etwas von der Welt ist. Diejenigen, die zu meinem Heim als Angehörige zählen, haben in einer Weise dasselbe Heim, in anderer Weise aber sehen sie es von verschiedenen Aspekten aus. Wir brauchen dabei bloß an Vater-, Mutter-, Sohnfunktion zu denken. Dabei kann für jeden ein Unterschied der Stimmung sein; jeder kann ein anderes Gemüt haben, wobei es dann Freiheit und Unfreiheit, Glück und Unglück gibt.

Was wir soeben vom engsten Heim gesagt haben, läßt sich auch auf erweiterte Größen von Heimen übertragen, was wir dann die *»Heimwelt«* nennen können. In der Umwelt und in der Heimwelt kämpft der Mensch ums Dasein. Er lebt nicht bloß in seine Umwelt hinein und nimmt sie einfach hin, wie sie ist, sondern er will sich und seine Umwelt gestalten und willentlich beherrschen, so daß sie ihn befriedigt. Er will in seinem Handeln und Neugestalten sich selbst genugtun als Mensch.

In meinen Beschäftigungen und Handlungen habe ich ein → *Interesse*, zu dem ich in Beziehung gesetzt bin. Ich bin eine interessierte Person, und so ist mein Korrelat die »interessante«, die bedeutsame Umwelt. Unsere Umwelt gliedert sich also nach den Bedeutsamkeiten, den Interessen, die sich typisieren.
In der Umwelt sind wir in der Praxis. Dazu gehört die Zeit in der Form der Gegenwart. Die Erfahrungsgegenwart ist die Gegenwart der Erfahrungswelt, die erfahren ist als Zeitwelt mit Gegenwart, Vergangenheit und Zukunft. Die Erfahrungsgegenwart ist der Seinsboden für alle gegenwärtigen und werden könnenden praktischen Möglichkeiten, also für alle Vorhaben, Zwecke, Handlungen.
Dies zeigt, daß die Philosophie als universale Wissenschaft Wissenschaft vom Menschen in seiner menschlichen Praxis ist.
Die praktische Umwelt hat mehrere Aspekte. Sie ist sachlich und personal, und personal ist sie im individuell personalen und im sozialpersonalen Sinne. In der personalen Umwelt finde ich gegenüber der bloßen materiellen Natur personale Gebilde, wie z. B. Meinungen, Meinungsgebilde, Werke verschiedener Stufen. Weiter finde ich in ihr Personen und Personengemeinschaften. Sowohl die Personen, wie auch die Personengemeinschaften sind als Wirklichkeiten gesetzt. Darüber hinaus haben wir noch Kulturobjekte, die Erzeugnisse, im weitesten Sinne von Personen erzeugte Gebilde, sind. Diese Erzeugnisse sind vorgegeben, sie weisen aber auf das Erzeugen zurück. Wir stellen somit fest, daß das Subjekt sich als erzeugendes verhält.
Nun müssen wir aber weiter feststellen, daß die Praxis unmittelbar mit unserer Leiblichkeit verbunden ist. Ich bin ein in der Welt leiblich verwurzeltes Ich. Daraus ergibt sich: die Welt erfasse ich durch Stimmungen, und die Welt hat Ausdruck.
Weil wir die Welt durch Stimmungen erfassen, weil die Anderen Ausdruck haben, überträgt sich der Ausdruck auf die ganze Welt und damit auch auf die körperlichen Dinge. Die puren Körper, die res extensa, sind in Wirklichkeit eine Abstraktion, ein »Absehen-von«.
Die Umwelt, so, wie ich sie zunächst erfahre in lebendig-ursprünglicher Historizität, ist eine »mythische« Umwelt. Sie hat ihre wichtigen Personen, ihre Helden, ihre Bösen, exemplarische Taten und Vergehen.
Es gibt keine Erfahrung, keine Wahrnehmungen, die wirklich »rein wahrgenommenes« Reales gäbe. Jede Erfahrung, was immer sie zu Gesicht bekommt, enthält ein Mit- und Vorwissen dessen, was dem Erfahren selbst zugehört, ohne es dabei schon zu Gesicht zu bekommen. Der Seinssinn, in dem der Gegenstand allein Thema ist, ist sein Horizont. Wenn auch der Horizont immer offenbleibt und so also der Seinssinn des Gegebenen nie definitiv, sondern eben nur als Horizont gegeben ist, in dem das Gegebene sich hält, so hat er doch die Struktur einer gewissen Bestimmtheit.
Es stellt sich nun die Frage, wie kann ich – und eigentlich: wie muß ich – zu einer übergreifenden Einstimmigkeit kommen. Dazu müssen wir aufdecken, welche Struktur eine Welt als Heimwelt und aber auch als eine einstimmige Welt überhaupt haben muß. Dies ist die kritische Analyse der Heimwelt im Horizont fremder Heimwelten. Dies ist die Kritik einer universalen Erfahrung, in der sich alle Heimwelten verbinden in der Erfahrung einer einstimmigen wahren Welt.
Das Gemeinsame der Welt überhaupt ist dann das, was am allgemeinsten zu verstehen ist. Wenn ich eine fremde Welt kennenlerne, dann vollziehe ich keine eigentliche Synthesis mit der meinen, ich erweitere nicht einfach meine Welt, sondern ich unterscheide in »der« Welt meine Heimwelt und die Fremdwelt.
Wenn wir auch nur mit einem Objekt beschäftigt sind, sei es in praktischem oder theoretischem Tun, so ist doch immer schon in Mitgeltung *Welttotalität.* Horizonthaftigkeit ist Welthaftigkeit.
Die Welt läßt sich nicht in derselben Richtung wie die Horizonte finden, sie ist über die Horizonte hinaus als Boden und Ziel. Diese Eigenheit der Welt bezeichnet Husserl mit dem Wort »Transzendenz«. Die Transzendenz der Welt, die hier gemeint ist, liegt nicht in der bloßen Einseitigkeit, in der Unvollkommenheit perspektivischer Darstellung und offenen Horizonthaftigkeit überhaupt. Wenn Husserl »Welt« sagt, meint er nicht die offene Horizonthaftigkeit überhaupt, sondern einen Totalhorizont, der allen Horizonten transzendent ist. Die Welt ist Boden alles Seienden und Ziel aller Gerichtetheit des Ich. Sie ist das ursprünglich Vorgegebene, das alles Gegebene transzendiert, über alles einzelne Gegebene hinaus ist, und ineins damit ist sie als solche auf das Ich verwiesen.
In der Bewegung, in der das Ich die Welt als den Horizonten transzendent erfährt, als das,

worausher und woraufhin es das Seiende und sich selbst versteht, zeigt sich uns ein tieferer Sinn von »Transzendenz« an. Es bedeutet nicht schlechthin, daß die Welt »über« den Horizonten und »über« dem Ich steht, sondern, da sie ja zugleich »Vermögen« des Ich ist, daß das Ich kontinuierlich sich selbst auf die Welt hin übersteigt. Transzendenz ist Boden, Bewegung und Ziel zugleich des welthabenden und in-der-Welt-seienden Ich.

Die Welt ist uns gegeben als Welthaftigkeit, oder Weltbegriff, oder Weltgesetz, nicht also als ein Seiendes, sondern als das, worin alles Seiende ist und verstanden wird, und als solche ist sie für das Seiende »bodengebend«. Was bedeutet dies eigentümliche Sein der Welt als Transzendenz, als Boden und Bewegung zugleich des Ich, als »Vermögen« des Ich? Welt meldet sich als »boden-gebende« in der Spannung zwischen der Gegebenheit und der Mitgemeintheit.

Die unendliche Welt als Idee ist mir gegeben als Idee der Endlosigkeit der sich erweiternden Welterfahrungen durch eine endlose Reihe von Anderen hindurch.

Die Heimwelt, die auch das Grundstück für die Struktur der übergreifenden objektiven Welt ist, ist grundwesentlich her von der Sprache bestimmt. Wir erfahren nicht nur sinnlich eine konkrete Gegenwartswelt, sondern wesentlich sind für unsere Erfahrung die unvollständig oder gar nicht anschaulich nachverstandenen sprachlichen Erkenntnisgebilde.

Die Welt als bodengebende, als das universale Worin, als das An-sich-Apriori, diese Welt, oder nein: die Welt, kann ich *auslegen*. Damit thematisiere ich die Welt, damit ist die Welt selbst mein Thema. Mein Thema ist übrigens nicht mein Welt-Bild. Dieses gehört selbst – oder vielleicht sogar: allenfalls – zu meinem Thema. Dann müssen wir aber feststellen, daß in der Thematisierung der Welt, in derjenigen Thematisierung, die die Welt selbst zum Thema hat, diese mir nie endgültig gegeben ist. Gegeben ist sie mir immer nur in Mittelbarkeiten. Und auch das Thema »Welt« ist eine Mittelbarkeit.

Die Welt als Totalhorizont ist mir gewiß als Antizipation endgültiger Einstimmigkeit. Ich werde Welt aber nie vollkommen erkennen, sie nie vollkommen bestimmen können. Das hat gar keinen Sinn, denn ich kann ja ständig Neues über sie ausmachen. Die Welt ist mir gegeben in ständiger Präsumtion nach Analogie des schon Bekannten, in systematischen Strukturen von Perspektiven. Das bedeutet, daß die Welt, wenn wir sie in ihrer Form ansehen, also in ihrer allgemeinsten Struktur, in sich selbst eine doppelte Form hat. Sie ist identische Welt, sie ist die invariante Form ihrer selbst. Da sie mir aber durch Erscheinungen hindurch erscheint, hat sie auch darin ihre Form, daß sie jeweils eine Erscheinungsform hat. Wir haben dabei eine wichtige Einsicht gewonnen, die wir nun ausdrücklich formulieren müssen: Die einzige apodiktische Erkenntnis, die wir haben, ist diejenige über das welterfahrende Leben, über das Ich-in-der-Welt, über Welthaftigkeit alles Einzelnen. Damit sehen wir gleichzeitig, daß die Lösung des Problems der Wahrheit und der Evidenz in der Welt liegt.

Die Apodiktizität kommt der Welt, dem welterfahrenden Leben zu, das sich selbst erfährt, und zwar als solches. Die Apodiktizität kann nicht adäquat sein. Keine Apodiktizität von reflektierten Erkenntnissen ist von sich aus apodiktisch, sondern hat nur teil an dieser einen und einzigen Apodiktizität. Die Welt in ihrer Apodiktizität ist das einzige, was wahr ist. Auf dem umfassenden Boden der Wahrheit der Welt erhält alle Evidenz, alle Selbstgebung und ihre Erfassung nun ihren eigentlichen Charakter und ihren ausdrücklichen Namen. Er ist nicht der der Wahrheit, sondern der der Bewahrheitung.

Jede Einzelerfahrung ist eine eingeschränkte Erfahrung auf dem Grunde der Totalgeltung der Welt, eine Erfahrung, die besondert und heraushebt, eben aus der Welt. Damit tritt jedes Neue, jede neue Erfahrung als eine Besonderung auf. Jedes Erfahrene hat die Form einer Besonderung innerhalb der vorgegebenen Welt. So ist eben alles Erfahrene Neues und Besondertes im Totalhorizont der Welt. Und das Erreichen des Erfahrenen ist Bewahrheitung, eine Bewahrheitung, die immer weitergeführt werden kann auf dem Einstimmigkeitsgrund der wahren Welt. Die Apodiktizität, die der Bewahrheitung zukommt, ist eine relative, sie bezieht sich auf die Apodiktizität der Welt, des Welterfahrens. So kommt HUSSERL zu der auf den ersten Blick widerspruchsvoll anmutenden Bezeichnung: »relative Apodiktizität«. Die relative Apodiktizität ist also das, was das Gegebene qualifiziert, wenn wir es als Besonderung an oder in der Welt zur Bewahrheitung bringen.

Gerd Brand †

Biemel, W.: Reflexionen zur Lebenswelt-Thematik. In: *Ders. (Hg.),* Phänomenologie heute. 1972. – *Boehm, R.:* Vom Gesichtspunkt der Phänomenologie. Den Haag 1968. – *Brand, G.:* Die Lebenswelt. 1971. – *Ders.:* Welt, Geschichte, Mythos und Politik. 1978. – *Claesges, U.:* Zweideutigkeiten in Husserls Lebenswelt-Begriff. In: *Ders./Held, K. (Hg.),* Perspektiven transzendental-phänomenologischer Forschung. (Phaenomenologica 49) 1972. – *Gadamer, H.-G.:* Die phänomenologische Bewegung. In: Philosophische Rundschau 11, 1963. – *Ders.:* Die Wissenschaft von der Lebenswelt. In: *Ders.,* Kleine Schriften. 3. [W] – *Hartmann, N.:* Grundzüge einer Metaphysik der Erkenntnis. 1921, [5]1965. – *Ders.:* Das Problem des geistigen Seins. 1933, [3]1962. – *Husserl, E.:* Ausgewählte Texte. Bd. 1; 2. RUB 1985; 1986. – Bd. 1: Die phänomenologische Methode. Bd. 2: Phänomenologie der Lebenswelt. (S. auch *Phänomenologie*) – *Janssen, P.:* Geschichte und Lebenswelt. 1970. – *Luckmann, Th.:* Lebenswelt und Gesellschaft. 1980. – *Ders.:* Strukturen der Lebenswelt. 1975. – *Marx, W.:* Ethos und Lebenswelt. Mitleidenkönnen als Maß. 1986. – *Matthiesen, U.:* Das Dickicht der Lebenswelt und die Theorie des kommunikativen Handelns. 1983. – *Schütz, A.:* Gesammelte Aufsätze. Bd. 1: 1971; Bd. 2: 1972; Bd. 3: 1971. – *Ders./Luckmann, Th.:* Strukturen der Lebenswelt. Bd. 1: 1979; Bd. 2: 1983. – *Ströker, E. (Hg.):* Lebenswelt und Wissenschaft in der Philosophie Edmund Husserls. 1979. – *Waldenfels, B.:* In den Netzen der Lebenswelt. 1985. – *Welter, R.:* Der Begriff der Lebenswelt. (Diss. Konstanz 1981.) 1986.

H.S.

Logik

griech. logikḗ (téchnē): Kunst der Unterredung; logikós: die Rede/die Vernunft betreffend; zu lógos: Rede, Vernunft; lat. ratio

A. Allgemeines

I. Worterklärung und Sachgeschichte

Logik ist die Theorie der Regeln gültigen Schließens. Sie entstand aus dem Bedürfnis, Aussagen als Konsequenzen oder Widerlegungen anderer Aussagen zu begründen (→ *Begründung*). Erste systematische Untersuchungen finden sich bei Aristoteles (Lehre von den Syllogismen) und den Logikern der stoischen und megarischen Schule (Diodoros; Chrysippos; Bedeutung von Satzverknüpfungen für Schlußregeln). Handbücher und Kommentare prägen die Folgezeit und werden für das Mittelalter bestimmend (Galen; Porphyr; Boethius; Petrus Hispanus; Paulus Venetus). Der Begriff der logischen Form und die sogenannte Lügner-Antinomie der Stoiker stehen im Mittelpunkt der mehr sprach- und erkenntnistheoretischen Betrachtungen. Sie wirken mit ihren oft psychologistischen Deutungen logischer Gesetze (Arnauld: Logique ou l'art de penser [...] 1685) und der für die traditionelle Logik charakteristischen Einteilung in Begriffs-, Urteils- und Schlußlehre bis in das 19. Jh. Leibniz' Untersuchungen logischer Kalküle auf der Grundlage des Identitätsbegriffs und Bolzanos Analysen der Folgerungsbeziehung sind dabei problemgeschichtlich weitestgehend unwirksam geblieben. Erst eine Neubesinnung auf den Charakter der Geltung logischer Gesetze (Frege; Husserl) und Versuche ihrer algebraischen Formulierung durch Boole, Peirce und Schröder geben der Logikentwicklung neue Impulse. Kennzeichnend für die moderne Gestalt der Logik werden die zunehmende Verwendung von Symbolen und die Behandlung logischer Fragen mit Hilfe sogenannter formaler Sprachen (Frege; Peano; Russell/Whitehead: Principia Mathematica). Lewis' Untersuchungen der seit der Antike diskutierten Möglichkeitsbegriffe, Hilberts erste, Herbrands und Gentzens weitere Studien zum formalen Beweisbegriff, die Deutung von Satzverknüpfungen durch Wahrheitstafeln von Post und Wittgenstein, Tarskis Definition eines Wahrheitsbegriffs für Ausdrücke einer formalen Sprache sowie schließlich Gödels Sätze über dessen Beziehung zum Beweisbarkeitsbegriff etablieren die mathematische Logik sowohl als Teildisziplin der → *Mathematik* als auch als Hilfsmittel der → *Philosophie* und → *Wissenschaftstheorie*. Zu ihren Disziplinen zählen heute die Beweis-, Modell-, Rekursionstheorie und Mengenlehre.

II. Symbolische Logik und Formalisierung

Unter einem Schluß läßt sich die Anerkennung der Wahrheit oder Falschheit einer Aussage aufgrund der Wahrheit oder Falschheit anderer Aussagen verstehen (→ *Deduktion*). *Gültig* ist der Schluß, wenn aus der Wahrheit dieser Aussagen die Wahrheit jener Aussage folgt. Dieser Folgerungszusammenhang wird in der symbolischen Logik mit mathematischen Mitteln unter verschiedenen Perspektiven untersucht. Da mit der symbolischen Logik Schluß*regeln* betrachtet werden, wird von den speziellen Inhalten der Aussagen, d. h.

von der speziellen Bedeutung der Begriffswörter, Beziehungs- und Eigennamen abgesehen und lediglich eine *logische Form* berücksichtigt. Mit dieser Form wird eine wahrheitsrelevante Gliederung von Sätzen oder ihrer Paraphrasierungen in Satzteile angegeben, die für eine regelgemäße Bestimmung von Folgerungszusammenhängen zwischen ihnen wesentlich ist. Der Formbegriff wird in syntaktischer Hinsicht durch den Begriff der Formel einer sogenannten formalen Sprache (f.Sp.) präzisiert. Eine f.Sp. ist durch uninterpretierte Grundzeichen, das *Alphabet*, und Regeln bestimmt, nach denen aus den Grundzeichen in konstruktiver Weise die *Formeln* als Folgen solcher Grundzeichen zusammengesetzt zu denken sind. Zusammen mit Regeln zur Auszeichnung der herleitbaren Formeln stellt die formale Sprache ein *formales System* dar. Mit ihrer Hilfe können gewisse Aspekte von Beweisen untersucht werden, die allein auf einer Umformung von Zeichenreihen beruhen, denn unter syntaktischem Gesichtspunkt erscheinen *Beweise* lediglich als bestimmte endliche Folgen von Formeln (*Syntax* einer f.Sp. → *Semiotik*). Die Regeln der Formelbildung sind im Hinblick darauf gewählt, daß Formeln bei einer *Interpretation* der Grundzeichen in Aussagen über einen Objektbereich übergehen. Durch sie wird allgemein die kategoriale Funktion von Grundzeichen in Formeln bestimmt (als Eigennamen, Funktions- oder Beziehungsnamen, Wahrheitswertnamen oder Redeteile wie »wenn..., dann...«, »Es gibt...«, »nicht...»; *Semantik* einer f.Sp. → *Semiotik*). Speziell wird angegeben, mit welchem Eigennamen auf welchen Gegenstand eines Objektbereiches Bezug genommen werden soll, mit welchem Funktionsnamen auf welche Funktion etc. Wie der Begriff der Form, so hängt auch der Begriff der Interpretation davon ab, unter welchen Gesichtspunkten ein Folgerungszusammenhang zu analysieren ist. Mit ihm findet der Begriff der logischen Form eine nähere semantische Bestimmung: mit dem Interpretationsbegriff wird sogleich auch ein Wahrheitsbegriff für Formeln angegeben, mit dem festgelegt ist, auf welche Weise der einer Formel zugeordnete Wahrheitswert von ihrem Aufbau aus Teilausdrücken und deren Bedeutung funktional abhängt. Auf dieser Grundlage wird es dann möglich, den Sinn der Rede, daß eine Formel (eine Aussage, ein Satz) aus anderen Formeln (Aussagen, Sätzen) semantisch folgt, exakt zu fassen. Die bei logischen Analysen zu stellende Frage nach dem Zusammenhang von syntaktischer Herleitbarkeit einerseits (Beweisbarkeit) und semantischer Folgerung andererseits wird durch die sogenannten Korrektheits- und Vollständigkeitssätze beantwortet (s. u.).

Die *Formalisierung* eines Argumentationszusammenhangs besteht im Entwurf eines formalen Systems, an dem sich mit einer passenden Semantik der Zusammenhang modellhaft untersuchen läßt. Die Adäquatheit der Modellierung hängt davon ab, wie genau die zu analysierenden Aspekte berücksichtigt werden können. Da formale Systeme mit ihrer Syntax und Semantik selbst zum Gegenstand mathematischer Untersuchungen gemacht werden können, wird es möglich, im Anschluß an die Definition eines *Theoriebegriffs,* genauere Einsichten über die *Widerspruchsfreiheit, Axiomatisierbarkeit, Entscheidbarkeit* und *Charakterisierungsstärke* von Theorien sowie über allgemeinere *methodologische Probleme* zu gewinnen – etwa über den *Zusammenhang von Theorien* und ihre *Falsifizierbarkeit* (→ *Falsifizierbarkeit, zwei Bedeutungen von*), über Definitionen (→ *Definition*) oder die Struktur von *Erklärungen* (→ *Erklärung*). Im einzelnen sind dies Themen der mathematischen *Modell- und Beweistheorie.*

Bei allen Untersuchungen dieser Art ist zur Vermeidung von Widersprüchen strikt eine Sprachstufung zu beachten und zwischen der Sprache, die Objekt der Untersuchung ist, das ist die *Objektsprache*, und der *Metasprache* zu unterscheiden, in der man sich auf die zu untersuchende Sprache bezieht. (Man betrachte hierzu den Satz:

»Der in dieser Zeile in Anführungszeichen stehende Satz ist falsch«

und versuche die Frage nach seinem Wahrheitswert zu beantworten.) Im Kontext der Metasprache kann das komplexe Verhältnis der Objektsprache zu ihrem Gegenstandsbereich selbst wieder Thema von Analysen werden. Eine mathematische Darstellung dieser Beziehung ist möglich und wird unter strukturellen Gesichtspunkten von der Modelltheorie geleistet.

Im Rahmen der symbolischen Logik ist eine weitergehende Klärung der Gründe für die Gültigkeit von Schlüssen, wie sie sich z. B. im Zusammenhang der vernünftigen Rede auf einem pragmatischen Hintergrund zeigen, nicht möglich. Fragen nach der Geltung logischer Regeln als Vernunftregeln kann und will die mathematische Logik nicht beantworten. Ihre Gegenstände sind vielmehr die in mathematischen Begriffen konstruktiv faßbaren formalen Strukturen von Argumentationszusammenhängen, die unabhängig von besonderen Sachbezügen sind. In diesem Sinne ist die Logik heute weder als Lehre vom Denkgeschehen noch als Theorie fundamentaler Formen natürlicher Sprachen zu verstehen, wenngleich sie zu ihrem Auf- und Ausbau beiden Bereichen auch Anregungen entnimmt und auf deren Terminologie normierend zurückwirkt. Gleichwohl kommt den logischen Regeln in der Ordnung und Begründung von Erkenntnis eine entscheidende Bedeutung zu, die aus der symbolischen Konstruktion der logischen Form im Kontext interpretationsfähiger formaler Systeme allein nicht zu begreifen ist. Neben den Versuchen einer mathematischen Exaktifizierung bedarf das Phänomen der Logik der weiteren Aufklärung durch die → *Erkenntnistheorie*, die *Sprachphilosophie* (→ *Sprache, allgemein und philosophisch*) und die *Philosophie der Logik*, in der auf die die Vernunft betreffenden Elemente der »Überredungskunst« und die zugrundeliegenden formalen Regeln alles Denkens unter Berücksichtigung der verschiedenen Erkenntnisvermögen reflektiert wird.

B. Grundzüge der klassischen Logik
I. Aussagenlogik

Eine Aussage drückt einen Sachverhalt aus. Je nachdem, ob dieser besteht oder nicht, ist die Aussage wahr (w) oder falsch (f) (→ *wahr und falsch; Wahrheit*). Daß jeder Aussage mindestens einer der beiden Wahrheitswerte w oder f zukommt (*Prinzip vom ausgeschlossenen Dritten*), ist eine Voraussetzung, die die *klassische* und in diesem Sinne *zweiwertige Logik* von einer mehrwertigen und der intuitionistischen Logik unterscheidet. Nicht vorausgesetzt ist hingegen, daß stets zu entscheiden ist, welcher Wahrheitswert einer Aussage zukommt. Allen Logiken gemeinsam ist, daß den Aussagen auf jeden Fall nicht mehr als ein Wahrheitswert zugeordnet sein kann, was sich im klassischen *Prinzip vom ausgeschlossenen Widerspruch* äußert.

Aussagenlogische Sprachen (a.l.Sp.) dienen dem Zweck, Schlußregeln zu untersuchen, deren Gültigkeit sich aus der Zusammensetzung komplexer Aussagen aus anderen Aussagen und *Satzoperatoren* wie »...oder...«, »wenn..., dann...«, »nicht...« (als Kurzform für: »es ist nicht der Fall, daß...«) erklären läßt. Das *Alphabet einer a.l.Sp.* enthält deshalb zum einen sogenannte *Aussagenvariablen* p,q,r,..., die stellvertretend für den Wahrheitswert von Aussagen stehen, und zum anderen *Zeichen für die Operatoren* (sogenannte *logische Konstanten*). Diese werden metasprachlich durch »$\neg$« (für »nicht«; *Negation*), »$\vee$« (für: »oder«; *Disjunktion*), »$\rightarrow$« (für: »wenn..., dann«; *Subjunktion*) mitgeteilt. Weitere sind »$\wedge$« (für: »und«; *Konjunktion*) und »$\leftrightarrow$« (für: »genau dann..., wenn«; *Bisubjunktion*). Der Aufbau von Formeln wird durch einen *Kalkül* festgelegt, d. h. durch ein System von Regeln zum Umgang mit Zeichen.

Eine aus den Grundzeichen des Alphabets gebildete Zeichenkette heißt eine *a.l. Formel* dann und nur dann, wenn sie nach folgenden Regeln aufgebaut ist: (1) Jede Aussagenvariable ist eine Formel; (2) Sind A und B Formeln, so auch $\neg A$, $(A \vee B)$, $(A \rightarrow B)$ usw. Welchen Wahrheitswert einer Aussage welche Aussagenvariable vertreten soll, wird durch eine *Wahrheitswertbelegung* V festgelegt, die jeder Variablen einen der Wahrheitswerte w oder f zuordnet. Eine derartige Belegung läßt sich eindeutig zu einer *Bewertung* komplexer Formeln mit einem Wahrheitswert fortsetzen, wenn nur bekannt ist, wie der Wahrheitswert von Formeln der Form $(A \rightarrow B)$, $(A \vee B)$, $\neg A$, $(A \wedge B)$ aus den Wahrheitswerten von A und B berechnet werden kann. Hierzu deutet man die Operatoren als Funktionen über der Menge der Wahrheitswerte (als sogenannte *Wahrheitsfunktionen*), deren Bedeutung in *Wahrheitstafeln* festgelegt wird. Durch sie wird ein bestimmter Gebrauch der umgangssprachlichen Operatoren »...oder...«, »nicht...« etc. normiert:

A	B	$(A \vee B)$	$(A \wedge B)$	$(A \rightarrow B)$
w	w	w	w	w
w	f	w	f	f
f	w	w	f	w
f	f	f	f	w

A	$\neg A$
w	f
f	w

Erläuterung: Wenn A und B Formeln mit den links notierten Wahrheitswerten sind, so hat die Verknüpfung den jeweils unter ihr stehenden Wahrheitswert.

Man sagt, daß eine Belegung V eine Formel A *erfüllt*, in Zeichen: $V \models A$, wenn A durch V den Wahrheitswerttafeln nach mit dem

Wahrheitswert w zu bewerten ist. Als Bewertung der Formel $(((p \vee q) \wedge \neg p) \rightarrow q)$ erhält man z. B. unabhängig von der Belegung der Aussagenvariablen stets den Wahrheitswert w. Formeln dieser Art heißen *Tautologien*. Charakteristisch für die zweiwertige Aussagenlogik sind u. a. die Tautologien der Form $(\neg A \vee A)$ und $(\neg\neg A \rightarrow A)$ (Satz vom ausgeschlossenen Dritten bzw. Satz von der doppelten Negation). Neben den Tautologien sind die *Kontradiktionen* als die Formeln ausgezeichnet, denen bei jeder Wahrheitswertbelegung der Aussagenvariablen der Wahrheitswert f zukommt. Von den *a.l. wahren* Formeln, den Tautologien, und den *a.l. falschen* Formeln, den Kontradiktionen, sind die *a.l. indeterminierten* (oder kontingenten) Formeln zu unterscheiden, die weder a.l. wahr noch a.l. falsch sind. $(p \vee q)$ ist ein Beispiel für eine a.l. indeterminierte Formel, $\neg (p \vee \neg p)$ ist ein Beispiel für eine Kontradiktion.

Mit Rückgriff auf den Begriff der Belegung läßt sich der Folgerungsbegriff folgendermaßen präzisieren: *Eine Formel A folgt aus einer Menge von Formeln T (T impliziert A),* in Zeichen: $T \Rightarrow A$, wenn A von jeder Belegung erfüllt wird, die alle Elemente aus T erfüllt. Im Falle $T \Rightarrow A$ heißen die Elemente aus T auch *Prämissen* und A eine *Konsequenz oder Konklusion*. Ist T endlich, etwa $T = \{A_1,\ldots,A_n\}$, so schreibt man auch $A_1,\ldots,A_n \Rightarrow A$ und nennt im Falle $A \Rightarrow B$ die von der Formel A bezeichnete Bedingung *hinreichend* für B und B *notwendig* für A. Zwei Formeln A und B heißen *a.l. äquivalent*, wenn sowohl $A \Rightarrow B$ als auch $B \Rightarrow A$ gilt, kurz: $A \Leftrightarrow B$. Wie die Äquivalenzen $(A \vee B) \Leftrightarrow (\neg A \rightarrow B)$ und $(A \wedge B) \Leftrightarrow \neg(A \rightarrow \neg B)$ zeigen, läßt sich zu jeder Formel mit $\vee$ oder $\wedge$ eine äquivalente Formel finden, die nur noch die logischen Konstanten $\neg$ und $\rightarrow$ enthält. Nicht nur die 16 möglichen zweistelligen Wahrheitsfunktionen, sondern auch die beliebiger Stellenzahl n, wovon es 2^{2^n} Stück gibt, lassen sich durch $\neg$ und $\rightarrow$ repräsentieren. Man nennt $\{\neg, \rightarrow\}$ deshalb ein *vollständiges Operatorensystem*. $\{\neg,\vee\}$ und $\{\neg,\wedge\}$ sind in diesem Sinne ebenfalls vollständig. Nach Untersuchungen von P. Nicod und H. M. Sheffer gibt es auch einelementige vollständige Operatorensysteme. Die Aussagenlogik, verstanden als Menge aller Tautologien, ist als axiomatisierte Theorie in einem formalen System darstellbar. *Axiome* sind z. B. alle Tautologien der Form $(A \rightarrow (B \rightarrow A))$, $(A \rightarrow (B \rightarrow C)) \rightarrow ((A \rightarrow B) \rightarrow (A \rightarrow C))$ und $((\neg B \rightarrow \neg A) \rightarrow (A \rightarrow B))$. Die einzige *Herleitungsregel* dieses Systems ist die sogenannte Abtrennungsregel, die auf die stoische Schlußregel des modus ponens zurückgeht: Wenn A, dann B. Nun A; also B. Nach dieser Regel ist die Formel B als herleitbar zu betrachten, wenn die Formeln $(A \rightarrow B)$ und A herleitbar sind (s. II.: *Prädikatenlogik*), wobei alle Herleitungen von Axiomen ihren Ausgang zu nehmen haben. Läßt sich der formallogische Zusammenhang von Aussagen mit Hilfe eines solchen Systems und dessen Semantik adäquat analysieren, so spricht man auch von einem *wahrheitsfunktionalen* Zusammenhang, da im Rahmen dieses Systems die Wahrheitswerte komplexer Sätze allein durch die Wahrheitswerte der Teilsätze und ihrer Verknüpfungen determiniert erscheinen. Die Menge der Tautologien ist in dem Sinne *entscheidbar*, daß durch die mechanische Erstellung einer Wahrheitstafel zu einer Formel entschieden werden kann, ob sie eine Tautologie ist oder nicht.

II. Prädikatenlogik

Die Sprache der Aussagenlogik ist für viele Zwecke zu arm. Schlüsse, die aufgrund begrifflicher Verhältnisse gelten, z. B. »McCoy ist Priester; alle Priester unterliegen der Schweigepflicht; also unterliegt auch McCoy der Schweigepflicht«, lassen sich aussagenlogisch nicht als Folgerungszusammenhänge darstellen. Zur Untersuchung von Regeln derartiger Schlüsse dient eine *prädikatenlogische Sprache* (p.l.Sp.).

In das *Alphabet* sind Zeichen P,Q,R,... für einstellige Attribute wie »...ist ein Priester«, aber – je nach Zweckbestimmung – auch für mehrstellige Attribute aufzunehmen, z. B. für »...ist größer als...« oder »...liegt zwischen...und...«. Sie heißen nach Stellenzahl unterschiedene *Prädikatkonstante*. Die Analyse von Schlüssen der angeführten Art erfordert darüber hinaus zur Repräsentation von Eigennamen sogenannte *Individuenkonstanten* a,b,c,... und *Quantoren:* und zwar zur Wiedergabe von Redeteilen wie »Alle...« einen Allquantor, mitgeteilt durch »$\bigwedge$«, und für »Es gibt...« einen Existenzquantor, mitgeteilt durch »$\bigvee$«. Hinzu kommen die *logischen Konstanten* der Aussagenlogik. Werden die einstelligen Prädikatkonstanten P,S durch die Attribute »...ist ein Priester« bzw. »...unterliegt der Schweigepflicht« gedeutet, und a als Eigenname für McCoy, so lassen sich die Sätze »McCoy ist Priester« und »Alle Priester unterliegen der Schweigepflicht« gemäß der

Paraphrasierung: »Für alle Gegenstände x gilt: wenn x ein Priester ist, dann unterliegt x der Schweigepflicht« in einer prädikatenlogischen Sprache formal durch P(a) bzw. $\bigwedge x(P(x) \rightarrow S(x))$ wiedergeben. Hier ist x eine Individuenvariable, der im Symbolismus die Funktion der Verweisung des Relativpronomens »das« auf das Pronomen »etwas« in der umgangssprachlicheren Fassung zukommt: »Wenn etwas ein Priester ist, dann unterliegt das der Schweigepflicht«. Individuenvariablen werden in vielen Fällen auch Attributsnamen hinzugefügt, um als Platzhalter für Eigennamen zu dienen: »x ist ein Priester«. Eine solche Rolle kommt ihnen gelegentlich auch in algebraischen Gleichungen wie $y=x^2$ zu.

Von besonderer Bedeutung werden die Variablen dort, wo es darauf ankommt, den pronomialen Bezug von Quantoren zum Ausdruck zu bringen. Dieser Bezug ist z. B. bei Aussagen mit sogenannter multipler Quantifikation von Bedeutung: Es ist wahr, daß es zu jeder natürlichen Zahl eine Zahl gibt, die größer als diese ist. Die semantische Form dieser Aussage findet in der prädikatenlogischen Sprache in der Formel $\bigwedge y \bigvee x R(x,y)$ ihren Ausdruck, wenn R als »...ist größer als...« gedeutet wird, wobei diese Form von der Wahrheit des Inhalts her zu bestimmen ist. Bereits die einfache Vertauschung der Variablen hinter den Quantoren führt zur Form einer falschen Aussage über den Bereich der natürlichen Zahlen: $\bigwedge x \bigvee y\ R(x,y)$. Gleichfalls falsch ist die Aussage zu der Form $\bigvee y \bigwedge x\ R(x,y)$. Man sagt, daß Quantoren mit Variablen ($\bigwedge x$, $\bigvee y$) diese Variablen im nachfolgenden Klammerausdruck binden, den man ihren Bereich (»scopus«) nennt. Dementsprechend unterscheidet man in Formeln *das gebundene vom freien Vorkommen einer Variable.* Z. B. kommt die Variable y in der Formel $\bigvee x\ R(x,y)$ frei vor. x kommt in dieser Formel gebunden vor, und das gleiche gilt für die Formel $\bigwedge x\,(R(x,y) \rightarrow \bigvee y\ T(x,y))$. Formeln, in denen sämtliche Variablen gebunden vorkommen, dienen zur symbolischen Repräsentation der logischen Form von Aussagen. Sie werden deshalb auch *formale (p.l.) Sätze* genannt. Formeln mit freien Variablen stellen hingegen die Form von *Aussageformen* dar, die als Bild der logischen Struktur von Begriffen oder Beziehungen zu deuten sind. Man nennt dabei eine aus Grundzeichen zusammengesetzte Zeichenreihe eine *prädikatenlogische Formel,* wenn sie nach folgenden Regeln aufgebaut ist: (1) Ist U eine n-stellige Prädikatkonstante und sind $t_1,\ldots,t_n$ *Terme* (= Individuenvariable oder -konstante), so ist $U(t_1,\ldots,t_n)$ eine Formel. (2) Sind A und B Formeln und ist v eine Variable, so sind $\neg A$, $(A \rightarrow B)$, $\bigwedge vA$, $\bigvee vA$, $(A \wedge B)$ etc. Formeln.

Neben den bisher erwähnten Grundzeichen kann das Alphabet einer p.l. Sprache nach Stellenzahl unterschiedene *Funktionskonstanten* zur Darstellung funktionaler Abhängigkeiten von Gegenständen enthalten. Diese lassen sich auch definitorisch einführen, sofern man eine zur Formalisierung von Eindeutigkeits- und Anzahlaussagen wichtige zweistellige Prädikatkonstante für die *Gleichheit* auszeichnet. Da diese wie die Quantoren und die a.l. Konstanten stets auf dieselbe Weise gedeutet wird, zählt man sie ebenfalls zu den logischen Konstanten.

Die Behandlung von Anzahlaussagen (»Es gibt mindestens/höchstens/genau eine bestimmte Anzahl verschiedener Gegenstände einer gewissen Art«) und die Untersuchung von Theorien, deren Aussagen quantifizierte Gleichungen sind (z. B. die Gruppen- oder Körpertheorie), werden in derart erweiterten formalen Systemen möglich. Weiterhin nimmt man gegebenenfalls noch *Sonderzeichen für* die Behandlung von *Kennzeichnungen* und *Klassenverhältnissen* hinzu (»dasjenige x mit der Eigenschaft...«, »die Klasse aller x mit der Eigenschaft...«) und modifiziert den Formelbegriff entsprechend.

Ein großer Teil mathematischer und nichtmathematischer Argumentationen läßt sich bereits mit Hilfe einer Sprache formalisieren, die nicht mehr als die erwähnten Grundzeichen enthält. Man nennt Sprachen dieser Art *Sprachen 1. Stufe (Ordnung).* Durch die Eigenschaften des für diese Sprachen definierten Folgerungs- und Beweisbegriffs zeichnen sie sich vor *reichhaltigeren Sprachen* aus (Sätze von LINDSTRÖM). Eine *Erweiterung* kann aber z. B. dann nützlich werden, wenn man *Quantifikationen* nicht nur über Gegenstände, sondern auch *über Eigenschaften,* oder allgemeiner: Beziehungen, behandeln möchte, etwa bei der Formalisierung der Theorien der natürlichen und der reellen Zahlen. Zu diesem Zweck sind Variablen auch für Eigenschaften und Beziehungen sowie die dafür passenden Quantoren einzuführen. In dieser Weise erweiterte Sprachen heißen dann *Sprachen 2. Stufe.* Viele metasprachliche Sätze, die für mathematische Untersuchungen über und mit Sprachen 1. Stufe von Bedeutung sind, lassen sich nicht mehr ohne weiteres auf solche 2. Stufe übertragen (z. B. der Vollständigkeitssatz, der Endlichkeitssatz und die Sätze von LÖWENHEIM-SKOLEM). Für andere Erweiterungen bleibt ihre Gültigkeit hingegen erhalten, etwa für Sprachen, mit denen Ausdrücke »unendlicher Länge« oder spezielle Quantoren behandelt werden können, z. B. »es gibt überabzählbar viele...«.

Die komplexere Struktur p.l. Formeln erfordert eine differenziertere Deutung als die von a.l. Formeln. An die Stelle der Wahrheitswertbelegungen für a.l.Sp. treten bei einer p.l.Sp. L die sogenannten *L-Strukturen*. L-Strukturen M=(*M*,I) bestehen aus einer nichtleeren Menge *M* von Individuen, oft als *Universum von* M bezeichnet, und einer *Interpretationsabbildung* I, die den Individuen- und Prädikatkonstanten von L gemäß ihrer syntaktischen Kategorie Gegenstände aus *M* bzw. Eigenschaften oder Beziehungen von Elementen aus *M* zuordnet. Extensional lassen sich diese allgemein als Mengen von n-Tupeln aus Elementen von *M* verstehen, wodurch eine präzise mengentheoretische Behandlung des folgenden Wahrheitsbegriffs möglich wird.

Eine Formel *R(a,b) heißt wahr in M (M erfüllt R(a,b), M ist Modell von R(a,b)),* in Zeichen: M ⊨ R(a,b), wenn die a und b durch I zugeordneten Gegenstände a^I, b^I aus *M* (in dieser Reihenfolge) in der Beziehung R^I zueinander stehen. *M* sei z. B. die Menge der natürlichen Zahlen, R^I die Größer-Relation, a^I die Zahl 10 und b^I die Zahl 5. »M ⊨ R(a,b)« drückt dann aus, daß zehn größer als fünf ist. Die Bedeutung der Quantoren ist so festgelegt, daß *∧xQ(x) bzw. ∨xQ(x) in M wahr* sind, wenn Q^I auf alle Gegenstände aus *M* bzw. auf mindestens einen Gegenstand aus *M* zutrifft. Durch Erweiterung der Interpretationsabbildung I zu einer *Belegung von Individuenvariablen* kann der Wahrheitsbegriff rekursiv auf komplexe Formeln ausgedehnt werden. Hierzu definiert man zu einer L-Struktur M=(*M*,I) den Begriff einer x-Varianten M^x_g=(*M*,I^x_g) von M dadurch, daß I^x_g der Variablen x aus der Sprache L den Gegenstand g aus *M* zuordnen, sonst aber mit I übereinstimmen soll. Mit Rückgriff darauf läßt sich dann z. B. für allquantifizierte Formeln genauer festlegen: M ⊨ ∧xQ(x) genau dann, wenn M^x_g⊨ Q(x) für alle x-Varianten von M. Anstelle von »(*M*,I^x_g) ⊨ Q(x)« sagt man auch: »g erfüllt Q(x) in M« und schreibt gelegentlich »M ⊨ Q(x)[g]«. Entsprechendes gilt auch für die Behandlung des Existenzquantors. Demgemäß ist ∧x(P(x)→S(x)) wahr in M, wenn jeder Gegenstand von *M* mit der Eigenschaft P^I auch die Eigenschaft S^I hat. Die Erweiterungen führen zum Begriff des Modells für p.l. Sätze A allgemein: Eine L-Struktur M heißt Modell von A, in Zeichen: M ⊨ A, wenn A in M wahr ist. Analog zum Folgerungsbegriff der Aussagenlogik heißt ein *p.l.Satz A eine Folgerung aus der Satzmenge T,* i. Z.: T ⇒ A, wenn jede L-Struktur, die Modell aller Sätze aus T ist, auch A erfüllt. Da eine L-Struktur, in der alle Sätze aus T wahr sind, ein *Modell* von T heißt, bedeutet die Aussage »T ⇒ A« kurz: Jedes Modell von T ist ein Modell von A. Z. B. gilt für den eingangs erwähnten Schluß: P(a), ∧x(P(x)→S(x))⇒S(a). Hierin drückt sich aus, daß ein Satz der Form S(a) ganz unabhängig von der speziellen Deutung von P,S und a durch eine L-Struktur M stets eine Folgerung aus den gegebenen Prämissen ist. Bei alledem ist vorausgesetzt, daß die Bedeutung der logischen Konstanten Negation, Disjunktion, Subjunktion etc. wie in der Aussagenlogik erhalten bleibt, also insbesondere: M ⊨ ¬A genau dann, wenn es nicht der Fall ist, daß M ⊨ A; M ⊨ (AvB) genau dann, wenn M ⊨ A oder M ⊨ B usw. Auch metasprachlich wird die a.l. Normierung beibehalten. Ist jede L-Struktur Modell einer Formel, so heißt diese Formel *allgemeingültig* oder *p.l.wahr.* Die *p.l.Äquivalenz zweier Sätze* wird analog zur Aussagenlogik definiert.

Unter einer *Theorie* T kann man nun ganz allgemein eine Satzmenge verstehen, die gegenüber ihren Folgerungen abgeschlossen ist. T heißt *konsistent* oder *erfüllbar*, wenn es eine L-Struktur gibt, die ihre Sätze erfüllt, und *vollständig*, wenn von jedem Satz gilt, daß entweder er oder seine Negation zu T gehört. Eine *Theorie T_1 kann man stärker als eine Theorie T_2* nennen, wenn jede Folgerung aus T_2 auch eine Folgerung aus T_1 ist. Mit diesen Begriffen lassen sich Theorien und ganz allgemein auch beliebige Satzmengen hinsichtlich der aus ihnen zu ziehenden Folgerungen vergleichen. (Sinngemäß gelten die Definitionen auch für die Aussagenlogik.) Was die Charakterisierungsstärke von Theorien betrifft, die in einer Sprache erster Stufe formuliert sind *(elementare Theorien)*, so besagen die *Sätze von Löwenheim-Skolem u. a.*, daß keine derartige Theorie mit einem unendlichen Modell alle ihre Modelle bis auf Isomorphie

eindeutig beschreiben kann. Hingegen gibt es Theorien, deren abzählbare Modelle allein untereinander isomorph sind ($\aleph_0$-kategorische Theorien, wobei $\aleph_0$ die Mächtigkeit der Menge der natürlichen Zahlen ist) u. a.
Im Zusammenhang mit der Diskussion von Theorien stellt sich die Frage, ob man ihre Folgerungen nicht schrittweise – ausgehend von einer übersichtlichen, möglichst endlichen Menge von Axiomen – als herleitbar kennzeichnen und so die unbestimmte Rede von *allen* L-Strukturen in der Definition der Begriffe der Folgerung und Allgemeingültigkeit vermeiden kann. Man nennt dabei eine Menge von Sätzen ein *Axiomensystem* einer Theorie T, wenn die Menge der Folgerungen aus dieser Menge mit T identisch ist. Die *Herleitungs- oder Beweisrelation* (→ *Deduktion*) als Beziehung zwischen Satzmengen T und Sätzen A soll dabei *korrekt* sein, d. h., jeder aus T syntaktisch herleitbare Satz (= aus T formal beweisbare Satz = *Theorem von T*) soll aus T semantisch folgen. Die weiter unten angeführten Herleitungsregeln sind in diesem Sinne *wahrheitskonservierend*. Die für Sprachen erster Stufe definierte Beweisrelation ist nicht nur korrekt, sondern auch *vollständig*, d. h., zu jeder semantischen Folgerung A aus T gibt es einen syntaktischen Beweis von A aus T (GÖDELS Vollständigkeitssatz). Man nennt dabei *A aus T beweisbar*, in Zeichen: $T \vdash A$, wenn es eine endliche Folge von Sätzen gibt, deren letztes Glied A ist und deren Folgenglieder aus T oder p.l.Axiome sind oder aufgrund der beiden im folgenden angeführten Regeln per definitionem aus Sätzen herleitbar sind, die ihnen in dieser Folge vorangehen. *P.l.Axiome* sind dabei zunächst alle p.l.Sätze der drei Formen, die am Ende des Abschnitts über Aussagenlogik angegeben sind. Hinzu kommen alle Formeln der Form $(\bigwedge vD \rightarrow D')$, wobei höchstens v in D frei vorkommt und D' gegebenenfalls an dieser Stelle eine Individuenkonstante enthält, sonst aber mit D identisch ist.
Die p.l. *Herleitungsregeln* lauten: (1) Sind A und $(A \rightarrow B)$ herleitbar, so auch B (*Abtrennungsregel*). (2) Sind D und D' wie oben und kommt die in Rede stehende Konstante in $(A \rightarrow \bigwedge vD)$ nicht vor, so ist diese Formel herleitbar, falls $(A \rightarrow D')$ es ist (*Regel der hinteren Generalisierung*).
Die Regeln und Axiome beziehen sich auf eine Sprache mit Negation und Subjunktion als logischen Grundzeichen. Je nach zugrundeliegender Sprache gibt es Modifikationen dieses *Hilberttyp-Beweisbegriffs* und andere in vielen Punkten gleichwertige Konzeptionen (z. B. Sequenzenkalkül). Die *Prädikatenlogik* als Menge aller p.l. wahren Sätze enthält die Sätze, die der Definition nach aus der leeren Menge allein herleitbar sind, d. h. aus Axiomen oder aus diesen durch Regelanwendung. In diesem Sinne wird dann die Prädikatenlogik und mit ihr die Aussagenlogik als formales System darstellbar.
Als eine wichtige Eigenschaft der Beweisrelation sei das sogenannte *Deduktionstheorem* erwähnt: Für Satzmengen T und Sätze A,B gilt $T \vdash (A \rightarrow B)$, falls $T \cup \{A\} \vdash B$. Eine Satzmenge T heißt *widerspruchsfrei*, wenn es mindestens einen Satz gibt, der nicht aus ihr herleitbar ist. Das ist z. B. für eine Theorie T aus dem o. a. formalen System der Fall, wenn für einen Satz A der Satz $(A \wedge \neg A)$ aus T nicht beweisbar ist. Aufgrund der Korrektheit und Vollständigkeit ist nun ein Satz A genau dann aus T syntaktisch herleitbar, wenn er eine semantische Folgerung aus T ist, so daß eine Theorie genau dann semantisch konsistent ist, wenn sie syntaktisch widerspruchsfrei ist.
Besonders für algebraische und topologische Untersuchungen formaler Sprachen erster Stufe sind die *Endlichkeitssätze* von Bedeutung: Ein Satz folgt aus einer Satzmenge, wenn es eine endliche Teilmenge dieser Satzmenge gibt, aus der der Satz folgt; eine Satzmenge hat ein Modell, wenn jede ihrer endlichen Teilmengen konsistent ist. U. a. mit diesen Sätzen läßt sich die Existenz sogenannter *Nicht-Standardmodelle* nachweisen, z. B. für die elementare Theorie der PEANO-Arithmetik; das sind Modelle, die nicht zur Struktur der natürlichen Zahlen isomorph sind. Speziell zur PEANO-Arithmetik konnte gezeigt werden, daß sie unvollständig ist, falls sie konsistent ist (*1. Unvollständigkeitstheorem*, GÖDEL/ROSSER) und ihre Konsistenz nicht mit den Mitteln dieser Theorie allein bewiesen werden kann (*2. Unvollständigkeitstheorem*, GÖDEL). Ein weiterer Problemkreis wird durch die Frage eröffnet, ob man bei beliebig vorgelegtem p.l.Satz stets entscheiden kann, ob er p.l.wahr ist. Es läßt sich zeigen, daß es im Gegensatz zur Aussagenlogik hier kein allgemeines Entscheidungsverfahren geben kann, so daß die Prädikatenlogik in diesem Sinne nicht entscheidbar ist. Der einschlägige Begriff des Verfahrens ist mit Hilfe verschiedener anderer Begriffe expliziert worden, die sich im wesentlichen als äquivalent erwiesen haben, z. B. dem Begriff der rekursiven

Funktionen, der Turing-Maschinen, der Berechenbarkeit und dem des Kalküls. Während der Berechenbarkeitsbegriff nur intuitiv zu präzisieren ist, läßt sich der Begriff der rekursiven Funktion mathematisch exakt fassen. Jede rekursive Funktion ist anerkanntermaßen berechenbar. Es ist die *Churchsche These,* daß letztlich auch jede berechenbare Funktion rekursiv ist.

III. Modallogik

In der Modallogik wird die Rolle der sogenannten *Modaloperatoren* »Es ist notwendig, daß...« und »Es ist möglich, daß...« untersucht. Da weder eine aussagenlogische noch eine prädikatenlogische Sprache ausreicht, Folgerungszusammenhänge zu untersuchen, in denen ein Modus des Bestehens oder Nicht-Bestehens von Sachverhalten zu berücksichtigen ist, sind in eine modallogische Sprache neben a.l. bzw. p.l. Bestandteilen noch zwei Grundzeichen für diese als Satzoperatoren zu verstehenden Moduskennzeichen aufzunehmen. Sie werden im allgemeinen durch »$\Box$« für »notwendig« und »$\Diamond$« für »möglich« mitgeteilt.

Untersuchungen mit Modaloperatoren in formalen Systemen gehen auf Lewis zurück (über die *strikte Implikation* $\Box(A\rightarrow B)$). Die Deutung der Modaloperatoren erfolgt in Anlehnung an Leibniz: eine Aussage ist dann notwendig wahr zu nennen, wenn sie unter allen Umständen wahr ist, die in gewisser Hinsicht, z. B. in logischer, physikalischer oder historischer, möglich sind. Präzisiert wird diese Vorstellung durch den *Begriff des Weltensystems.* Es wird eine Menge $\underline{\underline{W}}$ sogenannter *Welten* eingeführt, die jene Umstände repräsentieren sollen. Über $\underline{\underline{W}}$ ist eine zweistellige (sogenannte Erreichbarkeits-)-*Relation* R erklärt, durch die bestimmt ist, wann eine Welt noch als zulässige Variante einer anderen Welt gelten kann, etwa in zeitlicher Hinsicht. Ein Weltensystem ist ein Paar $W=(\underline{\underline{W}},R)$. Es wird durch eine Funktion F zu einer *Modalstruktur* $W=(W,F)$ erweitert. F belegt die Aussagenvariablen mit Mengen von Welten, in denen sie den Wahrheitswert Wahr haben. Die Wahrheit einer m.l.Formel A in W wird auf eine Welt $u\in\underline{\underline{W}}$ relativiert. Ist A wahr in W bei u, so schreibt man $W\models_u A$, was für Aussagenvariable A durch $u\in F(A)$ definiert ist. Die Interpretation der a.l. Operatoren überträgt sich analog der Aussagenlogik. Hinzu kommt: $W\models_u\Box A$ genau dann, wenn $W\models_v A$ für alle $v\in\underline{\underline{W}}$ mit uRv. Der Möglichkeitsoperator wird geradeso gedeutet, daß $\Diamond A$ mit $\neg\Box\neg A$ äquivalent ist. A ist *modallogisch (m.l.) wahr*, wenn $W\models_u A$ für alle W und $u\in\underline{\underline{W}}$.

Abhängig von den Eigenschaften von R lassen sich nun *verschiedene Notwendigkeitsbegriffe* unterscheiden und die Modalstrukturen in dieser Hinsicht klassifizieren. Diese Eigenschaften bestimmen auch, welche m.l. Formeln in einer Klasse von Strukturen gelten (in traditioneller Bezeichnungsweise): (K)($\Box(A\rightarrow B)\rightarrow(\Box A\rightarrow\Box B)$): keine Einschränkung über R; (T)($\Box A\rightarrow A$): R reflexiv; (4)($\Box A\rightarrow\Box\Box A$): R transitiv; (B)($A\rightarrow\Box\Diamond A$): R symmetrisch; (5)($\Diamond A\rightarrow\Box\Diamond A$): R euklidisch.

Abhängig von R's Eigenschaften lassen sich die in einer Klasse von Modalstrukturen m.l. wahren Formeln auch als ein *formales System* beschreiben. Als herleitbar betrachtet man zunächst alle a.l. wahren Formeln. Herleitungsregeln sind die a.l. Abtrennungsregel sowie die Regel: Wenn A herleitbar ist, so auch $\Box A$. Zu den bekanntesten Systemen gehören die Systeme *S4* und *S5* von C. I. Lewis: S4 hat zusätzlich die Axiome K,T und 4. S5 hat die Axiome von S4 sowie zusätzlich B oder, als äquivalent hierzu nachzuweisen: K,T,5. Man kann zeigen, daß ein Satz in S4 genau dann herleitbar ist, wenn er in allen Modalstrukturen m.l.wahr ist, deren Relation reflexiv und transitiv ist, entsprechend für S5: reflexiv, transitiv und symmetrisch ist. *Vollständigkeitsergebnisse* dieser Art stammen von S. A. Kripke. Weitere Modifikationen der Relation R führen zu einer Vielfalt von Systemen, deren Zusammenhang verbandstheoretisch untersucht werden kann. Für eine m.l. Untersuchung des klassischen Beweisbarkeitsbegriffs wurde das in Anlehnung an Gödel so genannte System *G* ($=K+\Box(\Box A\rightarrow A)\rightarrow\Box A$) entworfen. Ein *m.l.System über einer p.l.Sprache* erhält man, wenn man neben K und T (formuliert für p.l.Formeln) noch die sogenannte *Barcan-Formel* ($\bigwedge x\Box F(x)\rightarrow\Box\bigwedge xF(x)$) zu den p.l.-Axiomen hinzunimmt. Die Regeln sind denen der Modallogik über einer p.l. Sprache analog. Diskussionen um die inhaltliche Interpretation dieser Formel und die Deutung von Individuenkonstanten finden sich in der philosophisch-linguistischen Literatur unter den Themen *»transworld identity»* und *»world bound individuals«*. Auch für diese formalen Systeme ist von Kripke eine Semantik entwickelt worden.

Die Deutung der Welten als Zeitpunkte und R als Früher-Relation hat zu verzweigten m.l. Analysen von Entwicklungsprozessen in der *Zeitlogik* geführt. Als temporale Satzoperatoren untersucht man hier »Es wird sein, daß...« oder »Es ist zum Zeitpunkt t der Fall, daß...«. Innerhalb formaler Systeme können mit ihnen die Bedeutung der *Aristotelisch-Megarischen und Diodoreischen Modalitäten* für die logische Abhängigkeit von Aussagen studiert werden. Erstere führen auf einen Notwendigkeitsbegriff in der Form, daß A genau dann notwendig wahr ist, wenn A zu jedem Zeitpunkt wahr ist, während A nach letzteren genau dann als notwendig wahr gilt, wenn A von einem Zeitpunkt t ab zu allen späteren Zeitpunkten wahr ist. Bei geeigneter Festlegung der Zeitordnung gewinnt man ein zu *S5* äquivalentes Modalsystem. Anwendungen haben derartige Formalisierungen z. B. bei der Analyse antiker Modalauffassungen gefunden.

Die Deutung der Satzoperatoren als *deontische Operatoren:* »Es ist geboten (obligatorisch)...«, »Es ist erlaubt, daß...« und »A ist verboten« als » ¬ A ist geboten« führt in das Gebiet der *deontischen Logik (Normenlogik)*. In ihr werden Folgerungszusammenhänge (praktische Schlüsse) und Verträglichkeitsbedingungen von Normsätzen untersucht. *Normsätze* sind Aussagen über Handlungen oder Zustände, die aus- bzw. herbeizuführen aufgrund bestimmter Normen (→ *Norm*) geboten, verboten etc. ist. Prädikatenlogische Erweiterungen, die Einführung von Operatoren zur Behandlung *bedingter Normen* (z. B. »B ist unter der Bedingung A geboten«) und Zusammenhänge mit m.l.Systemen sind im Rahmen auch rechtslogischer Fragen vielfach diskutiert worden.

Epistemische Deutungen von Satzoperatoren (»S weiß, daß...«, »S glaubt, daß...«) sind Gegenstand der *epistemischen Logik*, in der mit Hinblick auf die intendierte Deutung eine Semantik und Axiomatik entworfen wird. Semantiken der erwähnten Logiken werden zur Unterscheidung von der Semantik für die klassischen Aussagen- und Prädikatenlogik auch *intensionale Semantiken* genannt, da in ihnen die Wahrheit von Sätzen nicht mehr allein vom Umfang der Prädikatkonstanten (ihrer Extension) und den Gegenständen als Interpretationen der Individuenkonstanten abhängt, sondern noch von anderen Parametern und Sinnbestimmungen (z. B. den Welten). Gänzlich andersartige Interpretationsbereiche und Wahrheitsbegriffe haben in der Linguistik und Sprachphilosophie (z. B. *Montague-Grammatik*) Anwendungen gefunden.

C. Intuitionistische Logik

Voraussetzung für die klassische Aussagen- und Prädikatenlogik ist: 1) daß ein Sachverhalt entweder besteht oder nicht und 2) daß einer Aussage, die diesen zum Ausdruck bringt, mindestens einer der Wahrheitswerte Wahr oder Falsch zukommt (*Wahrheitswertdefinitheit*), und zwar unabhängig davon, ob man das Bestehen oder Nicht-Bestehen eines Sachverhalts erkennen kann. Seinen formalen Ausdruck findet diese Voraussetzung in der Definition der o. a. Belegungsfunktion. Gegenüber dieser Auffassung läßt sich die Ansicht vertreten (Brouwer), daß mit mathematischen *Aussagen* nicht subjektunabhängige Sachverhalte zum Ausdruck gebracht werden, sondern mit ihnen etwas über subjektabhängige *mentale Konstruktionen* mitgeteilt wird. Auf der Grundlage eines solchen Verständnisses läßt sich dann z. B. die Verneinung eines Satzes nicht einfach als ein Wechsel zu einem anderen Wahrheitswert deuten, sondern muß als Unmöglichkeitserklärung für eine mental zu vollziehende Konstruktion verstanden werden. Dieser Auffassung gemäß bringt eine Aussage der Form (A → B) eine Konstruktion zum Ausdruck, die die von A bezeichnete Konstruktion in die von B ausgedrückte überführt; und eine Konstruktion zu (A ∨ B) muß entweder eine Konstruktion zu A oder eine Konstruktion zu B enthalten. Auf dieser Grundlage erweisen sich dann im Gegensatz zur klassischen Logik ¬ ¬ A und A sowie (¬ A ∨ B) und (A → B) nicht mehr als äquivalent. Auch (¬ A ∨ A) ist nicht mehr uneingeschränkt gültig.

Der Entwurf einer mengentheoretisch präzisierten Semantik geht auf S. A. Kripke zurück und basiert auf der Vorstellung, daß sich mentale Konstruktionen über *»Ergebnisstadien«* vollziehen. Diese Ergebnisstadien können als Elemente einer Menge $\underline{\underline{E}}$ gedacht werden, die durch eine reflexive und transitive Relation R geordnet ist. Ein Element e von $\underline{\underline{E}}$ kann etwa als das Wissen über die Beweisbarkeit einer Aussage zu einer bestimmten Zeit mit gewissen Mitteln und R als Relation der zeitlichen Erweiterung solchen Wissens gedeutet werden. Für ein $f \in \underline{\underline{E}}$ hätte dann eRf die Bedeutung: »Es ist möglich, ausgehend von e, zu f zu gelangen.« Wie in der Modallogik wird die Wahrheit einer Formel relativiert (hier auf Ergebnisstadien), jedoch unterscheiden sich die Semantiken in der Deutung der Negation und Subjunktion. So wird z. B. in einem intuitionistischen Modell E über $\underline{\underline{E}}$ die Wahrheit von ¬A durch ein $e \in \underline{\underline{E}}$ *erzwungen* oder *akzeptiert*, wenn A für alle T mit eRf nicht erzwungen wird, während für die Modallogik $W \models_u \neg A$ gilt, falls $W \not\models_u A$ der Fall ist. Dennoch lassen sich aber Beziehungen zwischen modallogisch und klassisch gültigen Aussagen einerseits und intuitionistischen andererseits nachweisen. Neben dieser Art von *relativistischer Semantik* sind weitere Arten mit direkterem Bezug zum Konstruktionsbegriff entwickelt worden. Die intuitionistische Logik läßt sich ebenfalls als formales System mit der Abtrennungsregel als Herleitungsregel und ein auf A. HEYTING zurückgehendes Axiomensystem entwickeln. Mit Methoden von KRIPKE, HINTIKKA und BETH sind Korrektheits- und Vollständigkeitsbeweise geführt und auch für p.l. Formeln eine intuitionistische Semantik und ein formales System entwickelt worden.

D. Dialogische Logik

Für die klassische Logik ist die Wahrheitswertdefinitheit der Aussagen vorausgesetzt. Versteht man das Behaupten einer Aussage als eine Handlung, zu der ein Verfahren gehört, mit dem der Wahrheitswert effektiv entschieden werden kann, so ist diese Voraussetzung insbesondere in Argumentationszusammenhängen problematisch, in denen ein solches Verfahren nicht verfügbar ist. Eine Deutung der logischen Junktoren unter Verzicht auf die Wahrheitswertdefinitheit von Aussagen gibt die Dialogische Logik. In ihr wird der antike Gedanke aufgegriffen, daß die Gültigkeit einer Aussage »dialogisch« in Form eines geregelten Dialogs zwischen einem *Proponenten*, der eine Aussage behauptet, und einem *Opponenten* entschieden wird, gegenüber dem die Aussage zu verteidigen ist. Hier ist vorausgesetzt, daß die Dialogpartner wissen, wie eine Aussage anzugreifen und zu verteidigen und wie über das Recht zur Behauptung einer elementaren Aussage zu entscheiden ist. Aussagen, die dem genügen, heißen *dialogdefinit*. Durch *allgemeine Argumentations- und Gewinnregeln* ist der Verlauf eines Dialogs, d. h. der Wechsel von Behauptung, Verteidigung und Angriff von Aussagen geregelt. *Spezielle Spielregeln* legen den Sinn der Junktoren fest. Je nach Formulierung der Dialogregeln wird man auf die intuitionistisch oder klassisch allgemeingültigen Formeln geführt. Als dialogisch wahr lassen sich die Aussagen auszeichnen, zu denen der Proponent über eine *Gewinnstrategie* verfügt (= Möglichkeit, den Dialog so zu führen, daß er nur die elementaren Aussagen zu behaupten braucht, die der Opponent zuvor behaupten und erfolgreich verteidigen mußte). Eine *Erweiterung auf p.l.Formeln* wird durch eine spezielle Deutung des All- und Existenzquantors vorgenommen. Behauptet z. B. der Proponent $\bigwedge x P(x)$, so ist er den Dialogregeln nach verpflichtet, bei einer beliebigen, vom Opponenten vorgenommenen Spezialisierung auf einen Gegenstand n, die Aussage P(n) zu verteidigen. Variiert n über einen Bereich konstruktiv hergestellter Gegenstände, so ist eine solche Verteidigung u. U. sogar konstruktiv möglich.

E. Mehrwertige Logiken

Neben den bisher aufgeführten Logiken gibt es weitere Sonderformen, etwa die *kombinatorische Logik*. Unter diesen Sonderformen sind insbesondere noch die *mehrwertigen Logiken* hervorzuheben. Für die Entwicklung einer Logik, die unabhängig vom Prinzip des ausgeschlossenen Dritten ist, wird im Falle einer dreiwertigen Logik (J. LUKASIEWICZ) neben den Wahrheitswerten Wahr und Falsch ein dritter Wahrheitswert (etwa: unbestimmt) eingeführt. Auch hier sind die Bedeutung der Satzoperatoren und der Tautologiebegriff über Wahrheitstafeln festgelegt. Anwendungen haben die dreiwertigen Logiken u. a. bei Unabhängigkeitsuntersuchungen von Axiomensystemen der klassischen Logik und in der Linguistik gefunden. Verallgemeinerungen auf n Wahrheitswerte, $n > 3$, sind möglich und werden im Rahmen der algebraischen Semantik genauer untersucht. Viele dieser Logiken sind zur beweistheoretischen Analyse deduktiver Systeme als formale Systeme dargestellt worden.

Hans-Georg Lichtenberg

Agazzi, E. (Hg.): Modern logic. 1981. – *Barwise, J.:* Handbook of mathematical logic. 1977, 1982. – *Blau, U.:* Die dreiwertige Logik der Sprache. 1977. – *Bochenski, I. M.:* Formale Logik. 1956, [4]1978. *(Geschichte der formalen Logik)* – *Carnap, R.:* Einführung in die symbolische Logik. 1954, [3]1968 = 1973. – *Ders.:* Grundlagen der Logik und Mathematik. (Aus dem Amerik.) (1939, 1967) 1973. – *Curry, H. B./Feys, R./Craig, W.:* Combinatory logic. Bd. 1. Amsterdam: North

Holland 1958, 1974. – *Dummett, M.:* Elements of intuitionism. 1977. – *Essler, W. K./Martinez-Cruzado, R. F.:* Grundzüge der Logik. Bd. 1: Das logische Schließen. ³1983. Bd. 2: Klassen, Relationen, Zahlen. ³1986. – *Fitting, M. C.:* Intuitionistic logic. 1969. – *Frege, G.:* Logische Untersuchungen. Hg. u. eingel. v. *G. Patzig.* 1966, erg. ²1976. – *Haas, G.:* Konstruktive Einführung in die formale Logik. 1984. – *Hermes, H.:* Einführung in die mathematische Logik. 1963, ⁴1976. – *Hilbert, D./Ackermann, W.:* Grundzüge der theoretischen Logik. 1928, ⁵1967, ⁶1972. – *Hilpinen, R. (Hg.):* Deontic logic. 1971 = 1981. – *Hinst, P.:* Logische Propädeutik. Eine Einführung in die deduktive Methode und logische Sprachanalyse. 1974. – *Hofstadter, D. R.:* Gödel, Escher, Bach. 1985. – *Kalinowski, G.:* Einführung in die Normenlogik. 1972. – *Kamlah, W./Lorenzen, P.:* Logische Propädeutik. Vorschule des vernünftigen Redens. 1967, ²1973. – *Klug, U.:* Juristische Logik. 1951, ⁴1982. – *Kneale, W./Kneale, M.:* The development of logic. 1962, 1978, Ppb. 1984. – *Kondakow, N. I.:* Wörterbuch der Logik. 1978. – *v. Kutschera, Fr.:* Einführung in die intensionale Semantik. 1976. – *Ders.:* Einführung in die Logik der Normen, Werte und Entscheidungen. 1973. – *Ders.:* Elementare Logik. 1967. – *Lenk, H.:* Kritik der logischen Konstanten. 1968. – *Lichtenberg, H.-G. (Hg.):* Texte zur Logik. WB in Subskr. – *Lorenzen, P.:* Einführung in die operative Logik und Mathematik. 1955, ²1969. – *Ders.:* Formale Logik. 1958, ⁴1970. – *Ders./Lorenz, K.:* Dialogische Logik. 1978. – *Menne, A.:* Einführung in die Logik. 1966, ⁴1986. – *Ders.:* Einführung in die formale Logik. 1985. – *Mittelstaedt, P.:* Quantum Logic. Dordrecht: Reidel 1978. – *Monk, J. D.:* Mathematical logic. 1976. – *Patzig, G.:* Die Aristotelische Syllogistik. 1959, ³1969. – *Ders.:* Sprache und Logik. 1970, ²1981. – *Quine, W. v. O.:* Grundzüge der Logik. (Aus dem Engl.) (1950, 1964) 1969, stw 1974. – *Ders.:* Von einem logischen Standpunkt. (From a logical point of view.) (1953) 1979. – *Ders.:* Philosophie der Logik. (Philosophy of logic.) (1970) 1973. – *Ders.:* Theorien und Dinge. (Aus dem Engl.) 1985. – *Rautenberg, W.:* Klassische und nichtklassische Aussagenlogik. 1979. – *Rescher, N./Urquhart, A.:* Temporal logic. 1971. – *Rogers, R.:* Mathematical logic and formalized theories. 1974. – *Rutz, P.:* Zweiwertige und mehrwertige Logik. 1973. – *v. Savigny, E.:* Grundkurs im logischen Schließen. dtv 1976, Kleine Vandenhoeck-Reihe ²1984. – *Seiffert, H.:* Einführung in die Logik. 1973. – *Ders.:* Einführung in die Wissenschaftstheorie. Bd. 1. [E] – *Stegmüller, W.:* Unvollständigkeit und Unentscheidbarkeit. Die metamathematischen Resultate von Gödel, Church, Kleene, Rosser und ihre erkenntnistheoretische Bedeutung. 1959, ²1970, ³1973. – *Strawson, P. F.:* Logik und Linguistik. (Aus dem Engl.) (1971) 1974. – *Tarski, A.:* Einführung in die mathematische Logik. 1966, ⁵1977. – *Thiel, Ch.:* Sinn und Bedeutung in der Logik Gottlob Freges. 1965. – *Thiel, M. (Hg.):* Enzyklopädie der geisteswissenschaftlichen Arbeitsmethoden. Bd. 3: 1968. [H] – *Tugendhat, E./Wolf, U.:* Logisch-Semantische Propädeutik. 1983. – *Waismann, Fr.:* Was ist logische Analyse? 1974.

Hans-Georg Lichtenberg/H.S.

Marxismus

A. Einleitung

Unter dem Begriff *Marxismus* läßt sich im Prinzip jede Theorie fassen, die sich mehr oder weniger explizit auf die Theorie von Karl MARX beruft. Doch lassen sich Unterschiede feststellen zwischen westlichen marxistischen Denkern, die mehr oder weniger stark die Marxsche Theorie transformiert haben und sich in der Regel allein auf MARX stützen, und der offiziellen marxistischen Philosophie in den sozialistischen Staaten Osteuropas und der Sowjetunion, die zur Unterscheidung von westlichen Marxismen durch die von ihr selbst verwendeten Bezeichnungen »Marxismus-Leninismus« bzw. »dialektischer und historischer Materialismus« gekennzeichnet werden kann.

Dieses philosophische System – von ihm soll im folgenden die Rede sein – zeichnet sich vor anderen marxistischen philosophischen Bemühungen eben westlicher Provenienz dadurch aus, daß – erstens – hier ein vollständiges philosophisches und weltanschauliches System vorliegt, das sich auf sämtliche existierenden wissenschaftlichen Disziplinen erstreckt und diese durchdringt, und daß – zweitens – die heutigen marxistischen Theoretiker für ihre Theorien unter einem starken Rechtfertigungsdruck vor allem gegenüber dem politischen System stehen, der sie in wesentlich stärkerem Maße, als das bei anderen Denkschulen der Fall ist, dazu zwingt, ihre Gedanken durch Herleitung aus den kanonischen Klassikertexten zu legitimieren. MARX, ENGELS und LENIN gelten als die Begründer jenes Paradigmas einer neuen wissenschaftlichen Philosophie, die es in immer neuen Bemühungen zu aktualisieren und – wenigstens in der Grundidee – als zutreffend zu erweisen gilt.

B. Die marxistische Lehre nach Marx, Engels und Lenin

Als das thematisch wie methodologisch grundlegende Werk mit Paradigmafunktion gilt »Das Kapital« (3 Bde. 1867 ff.) von Karl

Marx. Es ist immer wieder Gegenstand interpretatorischer Bemühung gewesen in der Absicht, die weltanschaulichen Grundthesen sowie die methodologische Verfahrensweise des Marxismus-Leninismus in nuce darzustellen. Eine ähnliche, wenn auch insgesamt geringere Bedeutung für das Grundkonzept des dialektischen Materialismus haben nur noch die beiden Schriften von Engels »Dialektik der Natur« (aus dem Nachlaß 1925) und »Herrn Eugen Dührings Umwälzung der Wissenschaft« (»Anti-Dühring«) (1878) sowie »Materialismus und Empiriokritizismus« (1909) von Lenin erhalten. Es scheint daher angemessen, die Grundideen des Marxismus-Leninismus aus dem Hauptwerk von Marx zu entwickeln.

I. Marx: »Das Kapital«
Das »Kapital« ist, das haben die marxistischen Interpreten immer wieder betont, inhaltlich äußerst vielschichtig. Es enthält eine systematische Theorie der kapitalistischen Gesellschaft einerseits und andererseits eine Kritik an der ökonomischen Theorie von Adam Smith bis zu Marx' Zeitgenossen, wie der Untertitel »Kritik der politischen Ökonomie« verdeutlicht. Marx hat den im »Kapital« vorgelegten Abriß der kapitalistischen Wirtschaftsweise derart aufgebaut, daß die systematische Einführung zugleich als idealtypisch vereinfachte Entwicklungsgeschichte der bürgerlichen Wirtschaftsgesellschaft gelesen werden kann. Marxisten sprechen daher von der Einheit von Logischem und Historischem im »Kapital« als der von Marx verwandten wissenschaftlichen Methode des Denkens, die dem traditionellen wissenschaftlichen Denken überlegen sein soll. Denn Marx gibt – anders als die bürgerlichen Ökonomen seiner Zeit – nicht ein statisches Modell der aktuellen ökonomischen Wirklichkeit, sondern er begreift die bürgerliche Wirtschaftsweise als ein dynamisches Phänomen, d. h. als eine historisch gewordene Wirklichkeit, die durch die ihr innewohnenden Triebkräfte Antagonismen hervorbringt, an denen sie schließlich selbst zu grunde gehen muß. In dialektischer Terminologie ausgedrückt, heißt das: Die kapitalistische Gesellschaft trägt ihre Negation, ihre Aufhebung, in sich; indem die kapitalistische Gesellschaft sich ihrem Grundprinzip gemäß entwickelt, führt sie einen Zustand herauf, der ihre Auflösung mit sich bringt.

1. Die Aspekte der Theorie des »Kapitals«: Das »Kapital« enthält demnach:

1. eine systematische Theorie der kapitalistischen Gesellschaft,
2. eine idealtypisch vereinfachte historische Herleitung des Kapitalismus,
3. eine Kritik der bürgerlichen ökonomischen Theorie,
4. eine Theorie der gesellschaftlichen Entfremdung, die aus der bürgerlichen Wirtschaftsweise resultiert,
5. eine Theorie über die zukünftige Entwicklung des Kapitalismus (Zusammenbruchstheorie, hergeleitet aus den dem System innewohnenden Trends),
6. eine Theorie über die notwendige politische Praxis, die zur Erringung des Zustandes einer unentfremdeten Gesellschaft führt (Theorie des Klassenkampfes, Revolutionstheorie),
7. eine Theorie einer befreiten kommunistischen, rational planenden Gesellschaft (sie läßt sich aus den im Gesamtwerk verstreuten Bemerkungen zu diesem Thema zusammenstellen).

Diese einzelnen, isoliert darstellbaren Aspekte der Theorie sind im »Kapital« jedoch eng miteinander verknüpft. Die Verbindung von rein deskriptiven Elementen mit kritischen, also normativen Gesichtspunkten getreu der 11. Feuerbachthese (»Die Philosophen haben die Welt nur verschieden *interpretiert*, es kömmt drauf an, sie zu *verändern*«) hat Marx in jüngster Zeit den Vorwurf eingetragen, er begehe einen naturalistischen Fehlschluß, indem er vorgebe, aus der Analyse der Fakten Normen des Handelns zu begründen, während er in Wirklichkeit diese Normen bei der Beschreibung bereits implizit zugrunde lege, mithin sei seine Verfahrensweise unwissenschaftlich, die von ihm angeblich zur Anwendung gebrachte dialektische Methode, die aus den Widersprüchen der Wirklichkeit ihre Aufhebung ableiten will, sei eine Scheinmethode. Um diese Kritik beurteilen zu können, ist es notwendig, kurz den *Aufbau des Werkes* methodisch wie inhaltlich darzustellen.

2. Die zentrale Bedeutung des Begriffes »Ware«: Das »Kapital« ist streng systematisch gegliedert. Die Darstellung steigt auf von der Darlegung einfacher Sachverhalte zu den darauf aufbauenden komplexeren Zusammenhängen. Davon zeugt bereits die Globaleinteilung des Werkes in drei Bände: 1. der Produktionsprozeß des Kapitals, 2. der Zirkulationsprozeß des Kapitals, 3. der Prozeß der kapitalistischen Gesamtproduktion. Für die Analyse der Marxschen Methode am wichtigsten ist der erste Band und darin das Kapitel über die *Ware*. MARX leitet nämlich die kapitalistische Wirtschaft aus der vorkapitalistischen, Waren produzierenden Gesellschaft her und kann damit sowohl seinen Gegenstand systematisch darstellen als auch zugleich damit in idealtypischer Vereinfachung die tatsächliche historische Entwicklung der Wirtschaftsweise darlegen.

Eine Gesellschaft kann dann als Waren produzierende Gesellschaft bezeichnet werden, wenn das einzelne Wirtschaftssubjekt nicht alle seine zum Lebensunterhalt notwendigen Güter selbst produziert, wie das in einer Gesellschaft von Robinsonen, also Selbstversorgern der Fall wäre, sondern sich auf die Herstellung eines einzigen Gebrauchsgutes spezialisiert und auf dem Markt die übrigen lebensnotwendigen Güter gegen das von ihm produzierte Gut eintauscht. Ein nützliches Gut wird demnach dann zur Ware, wenn es nicht für den Eigenverbrauch, sondern für den Tausch hergestellt wird. Die von den einzelnen Wirtschaftssubjekten produzierten Waren werden auf dem Markt nach ihrem Wert gegeneinander ausgetauscht. Solange der Tauschhandel nur sporadisch stattfindet, müssen die Tauschrelationen zwischen den einzelnen Gütern immer von neuem bestimmt werden; wird jedoch der Tausch zur festen Einrichtung, so übernimmt eine besonders dazu geeignete Ware, in der Regel ein Metall (ursprünglich auch Tiere, vgl. im Lateinischen die Wortverwandtschaft von pecus = Vieh und pecunia = Geld), die Rolle des allgemeinen Tausch- und Zahlungsmittels und wird zum Geld.

Mit der Entstehung des Geldes und der festen Etablierung des Marktes hat die Gesellschaft das Stadium der Warenproduktion erreicht mit allen Vor-, aber auch Nachteilen dieser Wirtschaftsform; denn einerseits fördert die Warenproduktion die Spezialisierung der Berufe und führt zu einer Erhöhung der Produktivität, andererseits ist in der Warenproduktion die Grundursache für die zwischenmenschliche Entfremdung zu sehen. Nach MARX liegt nämlich der Keim zur Entfremdung in der Ware. Das liegt daran, daß sich in der Ware ein Gegensatz ausdrückt, der Gegensatz von Gebrauchs- und Tauschwert. Wer eine Ware herstellt, der produziert nicht einen *Gebrauchswert* für sich, sondern für einen zukünftigen Käufer, er produziert Gebrauchswert für andere und somit *Tauschwert*. Anders ausgedrückt: Durch die Entstehung des Marktes wird die wünschenswerte Einheit (und das Gleichgewicht) von Produktion und Konsumtion aufgehoben, dazwischen schiebt sich eine Zirkulationsphase für die Güter mit der prinzipiellen Ungewißheit, ob die Ware schließlich einen Käufer findet. Das bedeutet, modern gesprochen: Der Produzent produziert nicht für eine tatsächliche Nachfrage, sondern lediglich für eine vermutete Nachfrage. MARX hat dieses Problem zu fassen versucht in der Formulierung vom Widerspruch, der in der Ware sich ausdrückt: Die Ware ist Nicht-Gebrauchswert für ihren Produzenten und Gebrauchswert für ihren Nicht-Produzenten. Anders formuliert: In der Ware drückt sich ein gesellschaftliches Verhältnis aus, dasjenige der notwendigen Verbindung von Produktion und Konsumtion, aber, und hier ist der Ansatzpunkt für die Marxsche Kritik an der Warenproduktion, aufgrund der Anonymität des Marktes bzw. der Nachfrage begreift der Warenproduzent seine Tätigkeit nicht als gesellschaftlich vermittelte und bedingte, der Sinn seines Tuns ist für ihn nicht, Gebrauchswert für die anderen Mitglieder der Gesellschaft zu schaffen, sondern Tauschwert zu produzieren. Sein Ziel ist also nicht die Bedürfnisbefriedigung der Gesellschaft, sondern der persönliche und private Gewinn auf dem Markt durch Verkauf seines Produktes.

Der Gedanke von der widersprüchlichen Einheit der Ware vereint alle wichtigen Aspekte der Marxschen Theorie miteinander. In dem von MARX geprägten Begriff des *Warenfetischismus* ist nämlich der Ansatz für zwei Theorien enthalten, die auch in der heutigen marxistischen Lehre von zentraler Bedeutung sind, für (a) eine gesellschaftskritische philosophisch-humanistische Theorie und (b) eine ökonomische Theorie der zyklischen Wirtschaftskrisen.

3. Die Theorie des Warenfetischismus:

(a) Die Entfremdungstheorie: Der gesellschaftskritische Ansatz, der im Begriff des Warenfetischismus verkörpert ist, ist die Entfremdungstheorie. Da durch die Warenproduktion um ihrer selbst willen für den Menschen die Einsicht in den gesellschaftlichen Charakter seines wirtschaftlichen Handelns verlorengeht, betrachtet er seine Mitmenschen nicht als diejenigen, für deren Nutzen er Gebrauchsgüter herstellt, sondern er

sieht in den anderen lediglich ein Mittel, um für sich persönlich Reichtum anzuhäufen. Somit setzt die Waren produzierende Gesellschaft persönlichen Egoismus und damit zwischenmenschliche Entfremdung frei.
Mit dem Begriff des Warenfetischismus lassen sich viele Erscheinungen des kapitalistischen Wirtschaftslebens bezeichnen. Darunter fallen alle Bestrebungen, Gebrauchsgüter beschleunigt veralten zu lassen und somit beschleunigt zu entwerten, etwa durch häufigen Modellwechsel, aber auch Verschleißforschung fällt darunter, wenn sie mit dem Ziel betrieben wird, keine zu langlebigen Güter herzustellen. Ebenfalls hierhin gehört das Thema Bedarfsweckung, auch die Werbung, die den Konsumenten unterschwellig mit Ängsten, Bedürfnissen und irrationalen Wünschen vollstopft.
Die marxistische Kultur- und Gesellschaftskritik hat diese Thematik inzwischen weiterentwickelt und intensiviert. Mit dieser Problematik beschäftigen sich z. B. auch HORKHEIMERS »Zur Kritik der instrumentellen Vernunft« und MARCUSES »Der eindimensionale Mensch« (→ *Kritische Theorie*). In beiden Büchern wird das Thema Wissenschaftskritik zur allgemeinen Gesellschaftskritik erweitert, zur Kritik an einer Gesellschaft, in der, wie die Verfasser meinen, unter dem alleinigen Ziel der Profitmaximierung die immer effizientere Wahl der Mittel zusammentrifft mit der totalen Irrationalität des Konsumfetischismus.
(b) Die Krisentheorie: Die zweite Theorie, die MARX aus dem Begriff des Warenfetischismus wenigstens in Ansätzen ableitet, nimmt Erkenntnisse der Theorie von KEYNES vorweg. MARX macht nämlich die Anonymität des Marktes und das als Warenfetischismus kritisierte profitorientierte Produzieren der Unternehmer verantwortlich für die zyklisch wiederkehrenden *Überproduktionskrisen.* Mit anderen Worten: Nach MARX herrscht – anders als die klassische bürgerliche Ökonomie es postulierte – *keine* Markttransparenz. Die Rückkopplung von Angebot und Nachfrage erfolgt erst, nachdem der Produzent seine Waren bereits hergestellt hat. Die dadurch bedingte Tendenz zum Auseinanderklaffen von Angebot und Nachfrage führt zum immer wiederkehrenden Wechsel von Konjunkturen und Krisen. Wie später auch KEYNES sieht MARX den Markt nicht als den Ort an, an dem der harmonische Ausgleich stattfindet, sondern unterstellt ihm eine Tendenz zum Ungleichgewicht. MARX hat aus dieser Erkenntnis die Folgerung abgeleitet, daß in der sozialistischen Gemeinschaft die Rückkopplung besser gewährleistet ist, insofern die Menschen zuerst ihren Bedarf festlegen und dann produzieren. Wir wissen allerdings heute, daß Zentralverwaltungswirtschaften keinesfalls effizienter sind als Marktwirtschaften.
Die in der Waren produzierenden Gesellschaft angelegten Probleme werden aber erst in der kapitalistischen Gesellschaft virulent. Die *kapitalistische Warenproduktion* unterscheidet sich von der vorkapitalistischen dadurch, daß auf der Seite der Produzenten der Waren eine Trennung von Kapital und Arbeit eintritt. Das bedeutet: Während in der Gesellschaft der Handwerker der einzelne Produzent Besitzer seiner Produktionsmittel (Werkzeuge, Maschinen usw.) ist, steht im Kapitalismus der Kapitalist als Besitzer von Kapital und sämtlicher Produktionsmittel dem mittellosen Arbeiter gegenüber, dessen einziger Besitz seine Arbeitskraft ist. Diese Arbeitskraft muß er an den Kapitalisten verkaufen, der ihn gemäß dem Wert der Arbeitskraft, d. h. im Verhältnis der zu ihrer Reproduktion notwendigen Kosten – und das bedeutet: gemäß dem Lebensminimum – entlohnt und dafür das Recht erwirbt, die von ihm gekaufte Arbeitskraft seinen Interessen gemäß zu nutzen. Der Arbeiter produziert mehr an Wert, als seine Arbeitskraft kostet. Diesen *Mehrwert* aber eignet sich der Kapitalist an.
Mit der Trennung von Kapital und Arbeit entwickelt sich zugleich eine immer stärkere horizontale und vertikale *Arbeitsteilung*, die einerseits zu einer enormen Entfaltung der Produktivkräfte führt, insofern jeder Arbeitsgang standardisiert wird und somit leichter und schneller ausgeführt werden kann, andererseits für den einzelnen Arbeiter eine Sinnentleerung seiner monotonen Arbeit bewirkt. Während HEGEL noch mit Blick auf die handwerkliche Produktion die Arbeit als einen schöpferischen und sinnerfüllenden Prozeß charakterisieren konnte, sieht MARX in der kapitalistischen Arbeitsteilung (vgl. Fließbandarbeit und Taylorismus) ein zusätzliches Moment menschlicher Entfremdung.
4. Beurteilung der Marxschen Theorie: MARX hat zu seiner Zeit eine Reihe von Entwicklungen beobachten können: die Tendenz zur Konzentration des Besitzes von Produktionsmitteln in den Händen von immer weniger Kapitalbesitzern, die Verelendung breiter

Bevölkerungsschichten aufgrund der Unmöglichkeit, mit der aufkommenden maschinellen Produktion konkurrieren zu können, die Entstehung einer »industriellen Reservearmee« von Arbeitslosen, da die Industrialisierung mehr Arbeitsplätze vernichtete als neue schuf. MARX hat diese Trends extrapoliert und daraus den Zusammenbruch des Kapitalismus abgeleitet. In dem durch den Kapitalismus erst produzierten und laufend vermehrten *Proletariat* hat er das mögliche Subjekt für die revolutionäre Abschaffung des Systems gesehen.
Zur wissenschaftstheoretischen Beurteilung der Marxschen Methode läßt sich feststellen: Die Darstellungsmethode im »Kapital« ist streng systematisch. Die Darstellung schreitet lückenlos voran von der Beschreibung einfacher ökonomischer Wirklichkeiten zu komplizierteren Sachverhalten. MARX verfolgt dabei sowohl das Ziel, seine Theorie rein empirisch zu begründen, indem er die »Naturgesetze der kapitalistischen Produktionsweise« darstellt, als auch andererseits die Intention, diese Wirklichkeit durch Vergleich mit der von der bürgerlichen ökonomischen Theorie postulierten Gleichgewichtstheorie (Theorie vom harmonischen Interessenausgleich und sich einpendelnden gesellschaftlichen Gleichgewicht durch den Markt) zu kritisieren und die Diskrepanz aufzuzeigen, die unter dieser Wirtschaftsform zwischen den Forderungen der bürgerlichen Klasse nach Freiheit und Gleichheit und der tatsächlich sich durchsetzenden Ungleichheit besteht. Zwischen Tatsachenbeschreibung und Kritik existiert also eine enge Verbindung, insofern MARX die Gesellschaft als ein Rückkoppelungssystem beschreibt (→ *Dialektik*), das instabil ist und auf seine Zerstörung zusteuert, und zugleich diese Aufhebung des Systems für wünschenswert erklärt. Der Versuch, der Marxschen Theorie die *Wissenschaftlichkeit abzusprechen,* muß *erfolglos* bleiben, jedoch kann man gegen sie *inhaltliche Einwendungen* erheben. MARX bleibt teilweise noch der von ihm kritisierten ökonomischen Theorie seiner Zeit verhaftet – etwa im Hinblick auf die Anwendung der objektiven Werttheorie –, seine Theorie ist also in einigen Teilen wissenschaftlich veraltet. Auch hat er nicht vorausgesehen, daß die von ihm prinzipiell richtig erkannten Steuerungsprobleme der kapitalistischen Marktwirtschaft durch entsprechende staatsinterventionistische Maßnahmen in ihren negativen gesellschaftlichen Auswirkungen – im Prinzip jedenfalls – ausgeglichen werden können, wenn der Staat bereit ist, das dazu notwendige wirtschaftspolitische Instrumentarium zu entwickeln und auch anzuwenden.

II. Engels: »Dialektik der Natur«

1. Darstellung: MARX hat die Idee der dialektischen Rückkopplung erfolgreich in seiner Theorie der kapitalistischen Gesellschaft angewandt, Friedrich ENGELS hat analog dazu in seinen Untersuchungen über die *Naturwissenschaften* zu zeigen versucht, daß die Vorstellung von der Dialektik der Wirklichkeit auch in den Naturwissenschaften ein erfolgreich verwendbares Erklärungsmodell darstellt. Er legt dar, daß die Ergebnisse der Naturwissenschaften sich dialektisch interpretieren lassen, und versucht, Grundformen der → *Dialektik* zu bestimmen. Dabei stellt er drei von ihm als »Gesetze« bezeichnete dialektische Grundbeziehungen heraus: das »Gesetz von Einheit und Kampf der Gegensätze«, das »Gesetz vom Umschlag der Quantität in Qualität« und das »Gesetz von der Negation der Negation«.
Mit dem »Gesetz von *Einheit und Kampf der Gegensätze*« wird die Einheit gegensätzlicher Momente als Wesen dialektischer Rückkopplung postuliert. Je nach Betonung von »Einheit« oder »Kampf« der Gegensätze lassen sich somit die unterschiedlichsten möglichen Entwicklungen erfassen.
Das »Gesetz vom *Umschlag der Quantität in Qualität*« – das von ENGELS herangezogene Beispiel aus den Naturwissenschaften ist die diskontinuierliche Änderung der Aggregatzustände der Elemente bei kontinuierlicher Zuführung von Wärmeenergie – ist vor allem im Bereich der Gesellschaftstheorie wichtig geworden als Stütze der These von der notwendigen Überwindung des Kapitalismus, insofern aus dem Gesetz gefolgert wurde, gesellschaftliche Entwicklung vollziehe sich notwendig im Wechsel von Evolution und Revolution.
Das »Gesetz von der *Negation der Negation*« schließlich besagt, daß alle Entwicklung eine Höherentwicklung ist dergestalt, daß die einzelnen Stadien in der Veränderung einerseits überwunden, aber zugleich auch in ihrem positiven Gehalt bewahrt werden.
2. Kritik: Diese Grundgesetze der Dialektik, die sowohl im Bereich der Natur (dialektischer Materialismus) als auch für die gesellschaftliche Entwicklung (historischer Mate-

rialismus) gelten sollen, sind allerdings durch ihren Mangel an Konkretheit als Gesetze problematisch, denn die in diesen Gesetzen behaupteten Sachverhalte lassen sich nicht als konkrete funktionale Abhängigkeiten formulieren. Die einzelnen Behauptungen sind zu allgemein und lassen zu viele Ausdeutungen zu, als daß sie – insbesondere im Bereich der Geschichte – als Grundlage für sachhaltige Prognosen angesehen werden können, bzw. da die Aussagen rein formale Beschreibungen von Entwicklungen sind, lassen sie sich auf jede mögliche Einzelentwicklung anwenden.

Das bedeutet im einzelnen: In der Formel von *Kampf und Einheit der Gegensätze* ist als sachhaltige Aussage lediglich die Feststellung enthalten, daß einander entgegengesetzte Kräfte (Naturkräfte wie auch soziale Kräfte) miteinander in einem System durch Rückkopplung verbunden sind. Aus dieser höchst allgemeinen Behauptung läßt sich aber keine konkrete Prognose herleiten.

Ebenso unbestimmt bleibt die These vom *Umschlag der Quantität in Qualität*, da der Punkt des Umschlagens der quantitativen in qualitative Veränderung aus der allgemeinen Formulierung nicht erschlossen werden kann. Damit ist es unmöglich, konkrete Prognosen abzuleiten, insbesondere die gesellschaftlich-historische These, der Kapitalismus und die bürgerliche Gesellschaft steuerten durch das quantitative Anwachsen der Produktivkräfte auf einen Punkt zu, an dem die Evolution notwendig in einen revolutionären Umbruch der Produktionsverhältnisse münde. Bei diesem Versuch, Ziele des politischen Handelns (die revolutionäre Abschaffung der bürgerlichen Gesellschaft) zu legitimieren durch Verweis auf ein vermeintlich in der Geschichte wirksames Gesetz über den Ablauf von Entwicklungsstadien, ist übersehen worden, daß Marx seine Prognose über den Untergang des Kapitalismus nicht aus einer derart allgemeinen Aussage abgeleitet, sondern durch Extrapolation von festgestellten Trends, d. h. durch Auswertung und theoretische Interpretation von Tatsachenaussagen gewonnen hat.

Das »Gesetz von der *Negation der Negation*« ist deshalb kein Gesetz im klassischen Sinne, weil »Negation« in diesem Fall keine eindeutige Handlungsanweisung ist wie z. B. in der Mathematik, sondern jedwede Veränderung gegenüber einem gegebenen Anfangszustand bezeichnet. Es bleibt daher im Bereich der geschichtlichen Entwicklung weitgehend der interpretatorischen Intention des Historikers überlassen, die Aspekte auszuwählen bzw. hervorzuheben, unter denen eine bestimmte historische Entwicklung als Negation oder als Negation der Negation betrachtet werden kann. Bei der Fülle möglicher Hinsichten im Feld historischer Interpretationen wird es daher immer möglich sein, die Formel von der Negation der Negation erfolgreich anzuwenden.

Die universale Verwendbarkeit aller drei vermeintlichen Gesetze ist somit nicht der Beweis dafür, daß es sich hierbei um universal gültige, allgemeinste Gesetze handelt, vielmehr Indiz für die Richtigkeit der gegenteiligen Ansicht, daß in den Aussagen kein konkretes nomologisches Wissen erfaßt ist.

III. Lenin

1. Darstellung: Für die Erkenntnistheorie des dialektischen Materialismus ist schließlich vor allem Lenins Schrift »Materialismus und Empiriokritizismus« von zentraler Bedeutung. Lenin kritisiert darin Ernst Machs Empiriokritizismus als subjektivistische Fehldeutung des Erkenntnisvorganges und unternimmt den Versuch, eine dialektisch-materialistische Erkenntnistheorie zu konzipieren. Kernpunkt dieser Theorie ist Lenins Abbild- bzw. *Widerspiegelungstheorie.* Sie geht davon aus, daß die Realität unabhängig und außerhalb des erkennenden Subjektes existiert und im Erkenntnisprozeß in Form von Empfindungen, Wahrnehmungen, Aussagen und schließlich Theorien in komplexer Weise widergespiegelt wird. Auf dem Boden dieser Theorie werden die erkenntnistheoretischen Bemühungen des Neopositivismus und der analytischen Philosophie als idealistische Fehlinterpretationen der Erkenntnis bekämpft mit dem Argument, die konventionellen Elemente (Zeichensysteme) würden verabsolutiert und insgesamt werde dadurch dem erkennenden Subjekt eine falsche, d. h. zu selbständige Rolle zugesprochen.

2. Kritik: Im Gegenzug kann man allerdings der Widerspiegelungstheorie vorwerfen, daß in ihr die Rolle des Subjektes im Erkenntnisprozeß systematisch unterbewertet wird – ohne Zweifel mit beeinflußt durch die wenig glücklich gewählte Metapher von der Widerspiegelung, die eine quasi naturgesetzliche Automatik eines Abbildungsprozesses suggeriert, wo in Wirklichkeit eine komplizierte Tätigkeit des erkennenden Subjektes vorliegt, deren Ergebnisse zudem, wie die Ge-

schichte des menschlichen Erkennens belegt, bisher die Wirklichkeit keineswegs so erfaßt haben, wie ein Spiegel ein empfangenes Bild zurückspiegelt. Um die Komplexität des tatsächlichen Erkenntnisvorganges zu erfassen, sind die Vertreter der Widerspiegelungstheorie daher ständig gezwungen, gegen die Logik des Bildes vom Spiegel zu argumentieren und sich von den »vulgärsoziologischen Vereinfachungen« einer reinen Reflextheorie zu distanzieren.
Zudem verbirgt sich in der Widerspiegelungstheorie ein politisch-ideologisches Problem, das Problem nämlich, in welcher Weise dem einzelnen Subjekt eine Autonomie im Denken und Handeln zugestanden werden soll angesichts einer Wirklichkeit, die in ihrer Veränderung allgemeinen dialektischen Entwicklungsgesetzen unterworfen ist, und angesichts der Behauptung, daß das Bewußtsein die Realität widerspiegeln soll. So kann sich aus der ursprünglich erkenntnistheoretischen Kritik am Subjektivismus unversehens der politische Vorwurf von Subjektivismus und Abweichlertum gegen denjenigen entwikkeln, dessen Handlungsziele nicht mit den von der offiziellen marxistischen Theorie postulierten Maximen konform gehen.

C. Fazit

Es stellt sich zum Schluß die Frage nach der Bedeutung der dialektisch-materialistischen Erkenntnistheorie für die Entwicklung der Wissenschaften.
Nach dem Selbstverständnis des dialektischen Materialismus hat MARX im »Kapital« einen neuen Typus von Wissenschaft zuerst entwickelt und mit Erfolg angewandt, der dem traditionellen bürgerlichen Denken und der bürgerlichen Erkenntnistheorie überlegen ist. Kern dieser neuen Theorie ist die These von der Dialektik der Wirklichkeit, die vermittels der dialektischen Methode erfaßt werden kann. Die von MARX implizit angewandten Ideen sind von ENGELS und LENIN expliziert und »schöpferisch weiterentwikkelt« worden. Sie gipfeln im entwickelten Denkgebäude des dialektischen und historischen Materialismus, der die fortschrittlichste Natur-, Gesellschafts- und Erkenntnistheorie darstellt.
Dieser Selbstinterpretation gemäß stellt sich die Frage nach dem Verhältnis der marxistischen Philosophie zu den Einzelwissenschaften, die Frage also, wie Theorie und Methode des dialektischen Materialismus in der wissenschaftlichen Forschung zur Anwendung kommen sollen. So sind in der DDR in den fünfziger Jahren zwischen marxistischen Philosophen und Fachwissenschaftlern mehrere Grundsatzdiskussionen geführt worden. In diesen Diskussionen, hauptsächlich ausgetragen in der »Deutschen Zeitschrift für Philosophie« in Form einer Logik-Dialektik-Diskussion und einer Diskussion über den Materiebegriff der modernen Physik, setzte sich die Ansicht der Wissenschaftler durch, die für die Eigenständigkeit der Fachdisziplinen im Bereich der Tatsachenfeststellung eintraten. Davon unberührt bleibt das Faktum, daß die Wissenschaft im sozialistischen Gesellschaftssystem aufgrund der politischen Zielsetzung des Systems und eines stärkeren Bewußtseins von der Einbettung der Wissenschaften in die Bedürfnisse der Gesellschaft inhaltlich andere Forschungsziele haben kann, als sie westlichen Wissenschaftlern vorschweben mögen.
Für die wissenschaftstheoretische Fragestellung bleibt festzuhalten: Das von den Marxisten postulierte Paradigma einer dialektisch-materialistischen Wissenschaft, die der sogenannten bürgerlichen Wissenschaft überlegen sein soll, läßt sich nicht operationalisieren und in konkrete Denkmethoden umsetzen, die der konventionellen Wissenschaft nicht schon bekannt bzw. für sie nicht durchführbar sind.

Roland Simon-Schaefer

Althusser, L.: Für Marx. 1968, es 1974. – *Bahro, R.:* Die Alternative. 1977, 1979. – *Becker, W.:* Kritik der Marxschen Wertlehre. 1972. – *Beyer, W. R.:* Tendenzen bundesdeutscher Marxbeschäftigung. 1968. – *Bloch, E.:* Das Prinzip Hoffnung. In 5 Teilen. 1959. – *Fetscher, I.:* Von Marx zur Sowjetideologie. 1957, [20]1977. – *Ders.:* Der Marxismus. Seine Geschichte in Dokumenten. 1962, [3]1983. – *Ders. (Hg.):* Grundbegriffe des Marxismus. 1976. – *Fleischer, H.:* Marxismus und Geschichte. 1969, [5]1975. – *Friedenthal, R.:* Karl Marx. 1981. – *Garaudy, R.:* Marxismus im 20. Jahrhundert. (1966) 1969. – *Habermas, J.:* Legitimationsprobleme im Spätkapitalismus. 1973. – *Ders.:* Zur Rekonstruktion des Historischen Materialismus. 1976. – *Ders.:* Theorie und Praxis. 1963, 1978. [W] – *Hahn, E.:* Vom Sinn revolutionären Handelns. 1983. – *Horkheimer, M.:* Zur Kritik der instrumentellen Vernunft. 1967. – *Ders./Adorno, Th. W.:* Dialektik der Aufklärung. 1947, 1969, 1980. – *Kolakowski, L.:* Die Hauptströmungen des Marxismus. Bd. 1–3. 1977–1979. – *Ders.:* Marxismus. 1975. – *Ders.:* Der Mensch ohne Alternative. Von der Möglichkeit und Unmöglichkeit, Marxist zu sein. 1960,

1967, 1976. – *Korsch, K.:* Marxismus und Philosophie. (1923, ^{2}1930) 1966, ^{6}1975. – *Lefèbvre, H.:* Der dialektische Materialismus. (Aus dem Franz.) (1939, ^{6}1971) 1966, ^{5}1971. – *Ders.:* Der Marxismus. (Aus dem Franz.) (1948, ^{6}1958, ^{19}1980) 1975. – *Lenk, K.:* Ideologie. 1961, ^{8}1978. – *Ludz, P. Ch.:* Ideologiebegriff und marxistische Theorie. 1976, ^{2}1977. – *Mandel, E.:* Marxistische Wirtschaftstheorie. Bd. 1; 2. (1962) 1968, ^{2}1972. – *Ders./Agnoli, J.:* Offener Marxismus. 1980. – *Marcuse, H.:* Der eindimensionale Mensch. (1964) ^{20}1985. [W] – *Marković, M.:* Dialektik der Praxis. (Aus dem Serbischen) 1968. – *Marxismus.* Die gescheiterte Philosophie unserer Epoche? 1985. – *v. Nell-Breuning, O.:* Christentum und Marxismus. 1986. – *Ders.:* Kapitalismus – kritisch betrachtet. 1986. – *Neusüß, A.:* Marxismus. 1981. – *Ders. (Hg.):* Utopie. 1968; Neuaufl. 1986. – *Petrovič, G.:* Wider den autoritären Marxismus. 1969. – *Ders.:* Die gegenwärtige Bedeutung des Marxschen Denkens. 1985. – *Schaff, A.:* Humanismus, Sprachphilosophie, Erkenntnistheorie des Marxismus. 1975. – *Schmidt, A.:* Geschichte und Struktur. Fragen einer marxistischen Historik. 1971, ^{3}1977. – *Schmitz, W.:* Was hat Karl Marx wirklich gesagt? 1984. – *Sebag, L.:* Marxismus und Strukturalismus. 1967. – *Seiffert, H.:* Marxismus und bürgerliche Wissenschaft. 1971, ^{3}1977. – *Sweezy, P. M.:* Theorie der kapitalistischen Entwicklung. 1970. – *Szczesny, G. (Hg.):* Marxismus, ernstgenommen. 1975. – *Theimer, W.:* Der Marxismus. Lehre, Wirkung, Kritik. ^{8}1985. – *Vranicki, P.:* Geschichte des Marxismus. (1961, 1971) Bd. 1; 2. 1972, 1983. – *v. Weiß, A.:* Neomarxismus. 1970. – *Zimmermann, R.:* Utopie, Rationalität, Politik. Zu Kritik, Rekonstruktion und Systematik einer emanzipatorischen Gesellschaftstheorie bei Marx und Habermas. (Habil. Konstanz) 1985.

H.S.

Mathematik

griech. mathēmatikḗ téchnē: Kunst der Gelehrsamkeit, der Mathematik; zu griech. máthēma: Gelerntes, Wissenschaft, Mathematik

Eine allgemeine Definition der Mathematik läßt sich nicht angeben, weil das, was unter Mathematik verstanden wurde, starken historischen Wandlungen unterworfen worden ist. Die im 19. Jh. anzutreffende Bestimmung der Mathematik als Größenlehre ist nach der Entwicklung der heutigen mathematischen Grunddisziplin viel zu eng; hingegen erweist sich eine der heutigen Situation entsprechende Definition als abhängig vom jeweiligen grundlagentheoretischen Standpunkt. Im allgemeinsten, heute zumeist vertretenen Fall, wird Mathematik im Gefolge des Formalismus (s. unten, C. III) als *Wissenschaft von den formalen Systemen* (Curry) verstanden.

A. Geschichte der Mathematik

Die Beschäftigung mit Mathematik reicht – an Anwendungsfällen orientiert – bis zu den babylonisch-assyrischen, ägyptischen und phönizischen Hochkulturen zurück. Die babylonischen Rechenregeln verwendeten ein auf die Sumerer zurückgehendes Sexagesimalsystem mit Positionsschreibweise; die Ägypter benutzten ein dekadisches Zahlensystem und entwickelten Verfahren zur Berechnung von Brüchen wie auch von Flächen einfacher geometrischer Figuren. Die Griechen lösten die Mathematik von der Anwendung und entwickelten sie, im 6. Jh. v.Chr. beginnend, zu einer apriorischen und beweisenden Wissenschaft. Den Höhepunkt bildet die axiomatische Darstellung, die Euklid von Alexandria (um 325 v.Chr.) der Geometrie in seinen »Elementen« gab: Ausgehend von elementaren Begriffsbildungen (Definitionen) und für evident gehaltenen Grundaussagen (Axiomen, Postulaten) leitete er deduktivgeometrische Sätze ab und schuf damit das vom Rationalismus aufgenommene und bis in die Gegenwart bedeutsame Modell einer axiomatisch aufgebauten Wissenschaft. Der Zahlbegriff und die Arithmetik erfuhren eine solche Präzisierung erst in der Neuzeit.

Einen wesentlichen Bedeutungszuwachs erfuhr die Mathematik mit der Entstehung der neuzeitlichen Naturwissenschaften. Nach der Einführung von Buchstaben in algebraischen Formeln (F. Vieta) wurde von R. Descartes 1637 die systematische Verbindung zwischen Arithmetik und Geometrie in Gestalt der analytischen Geometrie geschaffen. Die Entwicklung der Infinitesimalrechnung durch I. Newton (1665) und G. W. Leibniz (1673) verlangte eine Klärung der dabei verwendeten Begriffe der Stetigkeit, des Grenzwertes, der reellen Zahl usw. Weiter erwies sich eine nicht-euklidische Geometrie (C. F. Gauss, J. Bolyai, N. Lobatschewsky) als möglich und widerspruchsfrei, sofern die euklidische Geometrie widerspruchsfrei ist (F. Klein): einer Begründung der Mathematik auf evidente Grundaussagen im Sinne unmittelbarer Anschauung war damit der Boden entzogen. Beides führte im 19. Jh. zur Ausbildung der heutigen Grunddisziplinen der Mathematik,

der Mengenlehre und mit ihr der transfiniten Mathematik (G. CANTOR), der mathematischen Logik (G. FREGE, B. RUSSELL, D. HILBERT), der modernen Algebra (E. GALOIS, A. CAYLEY, D. HILBERT, E. NOETHER) und der Topologie (M. FRECHÉT, F. HAUSDORFF) sowie zur Ausbildung des strukturellen Standpunktes, der schließlich 1938 zum Programm der Bourbaki-Schule führte. Hinzu tritt die Entwicklung anwendungsorientierter Theorien wie der Wahrscheinlichkeitstheorie, der Informatik etc., die jedoch selbst in unmittelbarem Zusammenhang mit den übrigen Teilgebieten der Mathematik und der mathematischen Logik stehen.
Insgesamt ist die Entwicklung der Mathematik seit der Antike durch ein Ineinandergreifen von anwendungsbezogenen und mathematikimmanenten Fragestellungen gekennzeichnet. Eine Darstellung kann deshalb mehr wissenschaftsimmanenten Problemen folgen (vgl. HOFMANN; BECKER, Grundlagen) oder sozialhistorische Elemente in den Vordergrund stellen (vgl. STRUIK); I. LAKATOS hat darauf aufmerksam gemacht, daß mathematische Begriffs- und Theoriebildungen einem historischen Wandel unterliegen, der in vieler Hinsicht POPPERS Trial-and-Error-Methode analog ist (vgl. POPPER, Conjectures and refutations; LAKATOS, Beweise).

B. Bedeutung der Mathematik

Als Paradigma einer beweisenden, von der Erfahrung unabhängigen Wissenschaft hat die Mathematik seit der Antike weitreichende philosophische Bedeutung. Die pythagoreische Auffassung von der Harmonie des Kosmos stützt sich auf eine Proportionslehre; PLATON sieht in der mathematischen Erkenntnis die entscheidende Verbindung zwischen Sinnes- und Ideenerkenntnis. Die Galileische Metapher vom Buch der Natur, das in Zahlen geschrieben ist, erfährt in DESCARTES' Gedanken einer Mathesis universalis und in LEIBNIZ' Characteristica universalis eine Präzisierung, die es gestatten sollte, die Struktur der Welt mathematisch zu erfassen. Zugleich wurde das rationalistische Methodenideal an der mathematischen Beweistechnik orientiert bis hin zu der Forderung, den mos geometricus, d. h. die axiomatische Methode zur alleinigen wissenschaftlichen Methode zu erheben. In dieser Tradition stehend, spricht KANT davon, eine Naturlehre könne nur soweit Wissenschaft sein, als Mathematik darin anzutreffen sei: die *Mathematisierbarkeit* wird damit zum Kriterium der Wissenschaftlichkeit. Die Mathematisierung voranzutreiben, hat als Zielvorstellung heute längst die → *Sozialwissenschaften* erfaßt und greift beispielsweise in der Linguistik (→ *Sprache, linguistisch*) auf traditionell geisteswissenschaftliche Bereiche über. Mathematische Entscheidungstheorien sind zum unverzichtbaren Werkzeug der Ökonomie geworden.
Die Bedeutung, welche die Mathematik durch die Mathematisierung für die Wissenschaften und für unsere technisierte Lebenswelt erlangt hat, gründet sich auf ihre Sicherheit. Diese aber kommt ihr nur als apriorische Disziplin zu. Es ist deshalb notwendig, Mathematik scharf von ihrer Anwendung zu trennen, – nicht im Sinne von reiner und angewandter Mathematik, sondern als Trennung der apriorischen Mathematik vom jeweiligen Erfahrungsbereich, so daß mathematische Aussagen durch Empirie weder bestätigt noch widerlegt werden können: wenn Mathematik sicher ist, so ist sie dies, weil sie und soweit sie erfahrungsunabhängig ist!
Die Verbindung zwischen den so getrennten Bereichen wird durch *Zuordnungsregeln* (Zuordnungsdefinitionen, empirische Interpretationen) geleistet, die den mathematischen Gegenständen und Operationen empirische Gegenstände und Operationen zuordnen. Damit stellen sich zwei wissenschaftstheoretisch bedeutsame Fragen: (1) Worauf gründet sich die Sicherheit der Mathematik (Problem der Grundlagen der Mathematik)? (2) Wie und wieso ist Mathematik durch Zuordnungsregeln anwendbar (Anwendungsproblem)?

C. Grundlagen der Mathematik

Die Frage nach den Grundlagen der Mathematik als Quelle ihrer apodiktischen Gewißheit ist durch den Hinweis auf ihren beweisenden Charakter allein nicht zu beantworten, weil sich an den Beweis sofort dieselbe Frage stellen ließe. Um für die heute geläufigen Antworten eine gemeinsame Folie zu finden, kann man davon ausgehen, daß Mathematik – wie jede Wissenschaft – sprachlich formuliert ist. Sprache läßt sich als Relation mit drei Gliedern auffassen: erstens dem *Zeichensystem* der Sprache, zweitens dem *Gegenstand* oder dem Sachverhalt, auf den sich Sprache bezieht, drittens der *Gemeinschaft*, in der Sprache gesprochen wird. Je nachdem, von welchem dieser Relationsglieder ausgegangen wird, ergibt sich ein anderer Begründungsstandpunkt. Die Begründung auf den Gegenstandsbereich findet sich im *Logizismus*, der Ausgang vom Zeichensystem im *Formalismus*, während der Zugang vom denkenden Subjekt als Teil der Sprachgemeinschaft für den *Intuitionismus* und *Konstruktivismus* charakteristisch ist.

I. Logizismus

Der naheliegendste Standpunkt ist es, die Sicherheit der Mathematik ontologisch zu begründen und als Folge ihres Gegenstandsbereiches anzusehen: Die Gegenstände und Sachverhalte (beispielsweise Mengen und deren Eigenschaften) werden von Mathematikern nicht erfunden, sondern entdeckt. Da Mathematik eine apriorische Wissenschaft ist, kann es sich hierbei nicht um raumzeitliche Gegenstände handeln, aus denen durch Abstraktion mathematische Gegenstände gewonnen werden; vielmehr muß ein Für-sich-Bestehen der mathematischen Gegenstände angenommen werden, das dem Status platonischer Ideen verwandt ist; der vom Gegenstandsbereich ausgehende Begründungsansatz ist deshalb mit einem platonischen Begriffsrealismus gekoppelt. Die unverbrüchliche Geltung mathematischer Aussagen wird danach gewährleistet erstens durch eine einen Subjektivismus ausschließende Analogie zum Erfassen materieller Objekte und zweitens durch Isolation des Gegenstandsbereichs in einer zeitlosen Sphäre, so daß Aussagen über ihn a priori und unabhängig von materiellen Objekten sind. Daß dieser Objektbereich im Logizismus in logischen und nicht in mathematischen Gegenständen und Sachverhalten sui generis gesehen wird, liegt vor allem am Scheitern eines auf Evidenz rekurrierenden Begründungsdenkens: durch Rückführung aller mathematischen auf logische Begriffe und durch logische Beweise aller so umformulierten mathematischen Aussagen sollte, wie schon Leibniz gefordert hatte, eine Tieferlegung des Fundamentes erfolgen. *Axiome* der Mathematik sind damit als Theoreme der Logik zu begründen und stellen wahre Aussagen über den platonischen Dingbereich dar. Damit sind nach logizistischer Auffassung alle mathematischen Aussagen analytisch und nicht – wie Kant gemeint hatte – synthetisch a priori, weil es keinen grundsätzlichen Unterschied zwischen Mathematik und Logik gibt. So entwickelte G. Frege seine »Begriffsschrift« (1879), mit der ihm eine Fundierung der Arithmetik im Sinne des logizistischen Programms gelang (Grundgesetze der Arithmetik, 1893 und 1903); doch konnte B. Russell nachweisen, daß dieser Aufbau mengentheoretische Begriffsbildungen in den logischen Grundgesetzen einschloß, die zur berühmten *Antinomie der Mengenlehre* führen. Eine Antinomie bezeichnet einen Widerspruch, der im Gegensatz zum Scheinwiderspruch einer Paradoxie mit allgemein anerkannten Beweismitteln aus allgemein akzeptierten Voraussetzungen hergeleitet ist. Die bislang als unanfechtbarste und sicherste Wissenschaft geltende Mathematik war damit in eine Gundlagenkrise geraten, die wesentlich zur Verschärfung im Streit um die Grundlegung beitrug. Russell und N. Whitehead gelang es – in den »Principia mathematica« (1910 f.) –, diese und verwandte Antinomien durch ihre Typentheorie auszuschließen; es zeigte sich jedoch, daß dies nur über ad-hoc-Verbote hinsichtlich der Mengenbildung gelingt. Damit aber bestimmt nicht mehr der Gegenstandsbereich, welches die zu untersuchenden Sachverhalte der Mathematik sind, sondern es wird auf sprachlicher Ebene festgelegt, was ein Ding – in diesem Fall eine Menge – ist. Zum erkenntnistheoretischen Problem, wie man sich den Zugang zum platonischen Dingbereich der Mathematik und Logik denken müsse, tritt damit die Undurchführbarkeit des logizistischen Programms. Dies wird verschärft erstens durch die Verwendung des Aktual-Unendlichen in Gestalt der Voraussetzung, Mengen von unendlicher Mächtigkeit als aktual gegeben anzusehen (im Gegensatz zum Potentiell-Unendlichen, das eine unbeschränkte Fortsetzbarkeit ausdrückt); Russell führt in diesem Zusammenhang das Unendlichkeitsaxiom ein, das die Existenz aktual-unendlicher Mengen postuliert. Zweitens mußten Russell und Whitehead das Auswahlaxiom (bei jeder Klasse nichtleerer Mengen kann man aus jeder Menge einen Repräsentanten wählen) fordern. Beide Axiome sind fraglos keine logischen Aussagen und sprengen damit den logizistischen Begründungsansatz. Drittens sind gegabelte Axiomensysteme (z. B. die Erweiterung der absoluten Geometrie durch das Parallelenaxiom zur euklidischen Geometrie oder durch das hyperbolische Axiom zur hyperbolischen Geometrie; Erweiterung einer Axiomatisierung der Mengenlehre mit jeweils unterschiedlichen Folgen für die Lösung des Kontinuumsproblems) unmöglich auf logische Gesetze rückführbar; deren

Axiome müssen deshalb als Wenn-Klausel aufgefaßt werden, so daß als wahre Aussage im logizistischen Sinne beispielsweise nur formuliert werden kann: »Wenn Axiom $A_1 \ldots A_n$ der metrisch-euklidischen Geometrie, dann gilt der Satz des Pythagoras.« Der logizistische Begründungsversuch auf einen Seinsbereich platonischer Gegenstände ist damit aufgegeben, ohne daß allerdings der ontologische Standpunkt deshalb selbst hinfällig werden müßte; er findet sich vielmehr bis in die Gegenwart vertreten (vgl. STEINER).

II. Intuitionismus und Konstruktivismus

Gegen die Verwendung des Aktual-Unendlichen und die damit verbundene uneingeschränkte Verwendung des tertium non datur (→ *Logik*) wandten sich bereits L. KRONECKER und H. POINCARÉ, deren Argumente einfließen in den durch L. E. J. BROUWER 1907 begründeten und von A. HEYTING und H. WEYL fortgeführten *Intuitionismus*. Dieser stellt, KANT folgend, die konstruktive Tätigkeit des menschlichen Verstandes in den Vordergrund: Mathematik soll als natürliche Funktion des Intellekts gesehen werden, während die Sprache nur zur Mitteilung der Mathematik dient (HEYTING, Mathematische Grundlagenforschung; vgl. HEYTING, Intuitionism; sowie DUMMETT).

Das im Logizismus unbeantwortete Problem, wie mathematische Erkenntnis möglich ist, wird dadurch gelöst, daß Gegenstand der Mathematik nur sein kann, was durch Denken bestimmt, nämlich effektiv konstruiert werden kann; Eigenschaften kommen den mathematischen Gegenständen nur soweit zu, als diese durch Denken an ihnen bestimmt werden können (HEYTING). Damit aber ist der Begriff der aktual-unendlichen Menge sinnlos, weil die Konstruktion einer Menge nur als sukzessives Hinzufügen von Elementen erfolgen und darum im Denken nie zum Abschluß gebracht werden kann. Ebenso würde die uneingeschränkte Anwendung des tertium non datur eine nicht nachprüfbare und darum sinnlose Dichotomie bewirken, denn entweder ist eine mathematische Aussage bewiesen oder widerlegt oder keines von beidem, wobei es im letzten Fall sinnlos wäre, darauf beharren zu wollen, die betreffende Aussage sei aber – sozusagen absolut gesehen – entweder wahr oder falsch. Verschärft wird dies noch durch den Nachweis K. GÖDELS (s. unten), daß der dritte Fall sogar im Sinne einer nachweislichen Unbeweisbarkeit einer mathematischen Aussage auf der Grundlage eines gegebenen Axiomensystems vorkommt. Die erkenntnistheoretisch begründete intuitionistische Skepsis hat die weitere Konsequenz, daß Axiome nicht als Grundaussagen angesehen werden, sondern auf Konstruktionen zurückgeführt werden, die wiederum auf der Urintuition des Zählens beruhen. Hieraus ergibt sich auch die Ablehnung des Auswahlaxioms, weil es nicht angibt, wie die Repräsentanten aus den Mengen gewählt werden können.

Eine wesentliche Radikalisierung des intuitionistischen Standpunktes vertritt der *Finitismus* (strikter Intuitionismus, Ultraintuitionismus, positive oder negationsfreie Mathematik), der eine gänzliche Beschränkung auf finite Gegenstandsbereiche, Strukturen und Beweise und die Verwendung nur effektiv überprüfbarer Negationen fordert.

Das intuitionistische Programm und seine Durchführung ist in erkenntnistheoretischer Hinsicht befriedigender als das des Logizismus; dennoch wurde und wird es seitens der Mathematiker heftig kritisiert, weil an die Stelle klassischer mathematischer Theoreme häufig inhaltlich nur abgeschwächte Aussagen treten und die von CANTOR begründete transfinite Mathematik ausgeklammert bleibt. Schließlich sind mit intuitionistischen Mitteln Beweise zumeist wesentlich schwieriger zu führen (so sind indirekte Beweise und nicht-konstruktive Existenzaussagen nicht zulässig).

Wo sich diese Vorwürfe gegen die als zu intuitiv empfundene Art der Durchführung richten, setzen → *Operationalismus* und → *Konstruktivismus* ein, die vor allem von P. LORENZEN vorangetrieben wurden. Der Aufbau geht von *formalen Operationen* aus, um so zu einer Begründung der Zahlen zu gelangen; die Logik wird durch sogenannte Dialogspiele in einer dialogischen → *Logik* aufgebaut. Auf diese Weise ist es LORENZEN gelungen, einen Widerspruchsfreiheitsbeweis der klassischen Analysis zu erbringen. Dabei ist aber das Ziel ein ganz anderes als im Formalismus (s. unten, C.III): Es wird nicht primär gefragt, was aus einem Axiomensystem folgt, sondern woher der Bereich stammt, der axiomatisiert wird. Nicht platonische Ideen oder sprachliche Formalismen, sondern ganz bestimmte elementare Konstruktionen und Operationen konstituieren den Dingbereich

der Mathematik und sichern dessen Inhaltlichkeit. Konstruktive Mathematik sei, so betont LORENZEN, verstehbar. VICOS Argument zur Begründung des menschlichen Geschichtsverständnisses wird damit auf die Mathematik übertragen. Die Verfahren, die LORENZEN anwenden mußte, sind komplizierter als die bislang geläufigen; dafür können erheblich schwächere Voraussetzungen und Methoden an den Anfang gestellt werden.
Obwohl das konstruktivistische Programm bislang nicht auf Antinomien gestoßen ist, ist es doch in mehreren Punkten kritisiert worden. So schließen erstens die bisherigen Erfolge das künftige Auftreten von Widersprüchen nicht aus. Zweitens wird das konstruktivistische Vorgehen häufig ethisch mit dem Anspruch begründet, es allein sei moralisch gerechtfertigt, weil es auf anwendbare Mathematik bezogen sei im Gegensatz zur bloßen Spielerei formaler Ansätze – womit die Grundlagendiskussion vom mathematisch-erkenntnistheoretischen Bereich in den der Ethik verlagert wird. Drittens gibt es kein festliegendes Kriterium dafür, was als konstruktives Verfahren anzusehen ist; vielmehr gründet sich die Rechtfertigbarkeit der Verfahren auf das Ziel: So läßt LORENZEN, um im wesentlichen die ganze klassische Mathematik konstruktiv aufbauen zu können, Verfahren zu, die HEYTING oder BROUWER abgelehnt hätten; mit einem solchen Vorgehen könnte man aber ebenso die Ausweitung auf die gesamte transfinite Mathematik rechtfertigen.

III. Formalismus

Die Kritik des Intuitionismus an transfiniten Methoden der klassischen Analysis und der unreflektierten Anwendung des tertium non datur auf unendliche Dingbereiche bestand gänzlich zu Recht. Auch war es erforderlich, der Gefahr eines neuerlichen Auftretens von Antinomien zu begegnen. Andererseits wurde die von BROUWER vorgeschlagene Grundlegung als so verschwommen empfunden, daß sie unbefriedigend erscheinen mußte. Darüber hinaus wurde und wird dem Intuitionismus vorgeworfen, mit HEYTINGS Bestimmung der »Mathematik als natürliche Funktion des Intellekts« werde die Mathematik den Naturwissenschaften und der Psychologie überantwortet. So setzte sich gegen ihn HILBERTS Auffassung durch. Dessen *formalistisches Programm* verlangt eine durchgängige Axiomatisierung der Mathematik unter Absehung von allen Inhalten und fordert für diese Axiomensysteme vor allem *Widerspruchsfreiheit* und *Vollständigkeit* der Axiome. Vollständigkeit bedeutet dabei, daß jedes mathematische Theorem eines gegebenen Bereiches in der axiomatisierten Theorie entweder als Axiom oder als Ableitung enthalten ist. Um den Kritiken der Intuitionisten Rechnung zu tragen, forderte HILBERT weiter, daß Widerspruchsfreiheits- und Vollständigkeitsbeweise in einer *Metamathematik* mit finiten Verfahren geführt werden müßten. Die Zulassung des tertium non datur und des Aktual-Unendlichen in den formalen Systemen sollte dadurch gerechtfertigt werden, daß sie auf diese Weise den Charakter der abschließenden Funktion von Ideen im kantischen Sinne haben sollten. Ist dies geleistet, kann in der Mathematik jeder beliebige widerspruchsfreie Formalismus zugelassen werden; Mathematik wird damit, wie H. B. CURRY 1958 definiert hat und wie es die Mehrzahl der Mathematiker heute sieht, die Wissenschaft der formalen Systeme. Weder die Frage nach der Konstruierbarkeit noch die nach dem Dingbereich wird gestellt; vielmehr wird etwas durch widerspruchsfreie Formulierbarkeit in irgendeiner Sprache zum Gegenstand der Mathematik. Nach Auffassung des Formalismus wird damit der ontologische Bereich allein durch eine sprachliche Bedingung konstituiert, indem Widerspruchsfreiheit und Existenz identifiziert werden: Was widerspruchsfrei ist, existiert in einem platonischen Seinsbereich, nur daß sich das Begründungsverhältnis gegenüber dem Logizismus umkehrt, weil jetzt formalsprachliche Widerspruchsfreiheit den Dingbereich bestimmt. Hier liegt die Berechtigung, den Formalismus als sprachabhängig im Gegensatz zum gegenstandsabhängigen Logizismus zu kennzeichnen. Besonders deutlich wird dies am Verständnis der Axiome im Formalismus. Sie werden als *implizite Definitionen* aufgefaßt, d. h. als Aussagen, die in ihrer Widerspruchsfreiheit den Existenzbereich der mathematischen Gegenstände nicht nur konstituieren, sondern in ihren Eigenschaften zugleich vollständig festlegen. Diese Gegenstände sind damit aber im Gegensatz zur logizistischen und konstruktivistischen Auffassung *Strukturen*. Damit erhalten Axiomensysteme einen grundsätzlich anderen Status; denn statt von einem vorgegebenen, zu axiomatisierenden Bereich einer schon vorliegenden mathematischen Theorie auszugehen, kann man jetzt auch den umgekehrten Weg beschreiten und nach *Modellen*, d. h. innermathematischen Interpretationen zu einem gegebenen Axiomensystem suchen. Weiter wird es möglich, ohne Rücksicht auf einen vorgegebenen Theoriebereich vorhandene Axiomensysteme unter Wahrung der Widerspruchsfreiheit zu verändern und zu fragen, was aus den so veränderten Axiomen folgt. Eine Vielzahl der nichteuklidischen Geometrien ist auf diese Weise entstanden, weil diese Auffassung es erlaubt, formale Strukturen um ihrer selbst willen zu untersuchen. Dabei ist eine Aussage im Formalismus wahr nur relativ zum gegebenen sprachlich-axiomatischen Rahmen; sonst könnte nicht ein Axiomensystem der euklidischen neben einem der nichteuklidischen Geometrie stehen.

Die Erfolge des formalistischen Ansatzes waren zunächst beträchtlich. F. KLEIN hatte schon gezeigt, daß die nichteuklidische Geometrie widerspruchsfrei ist, wenn die euklidische widerspruchsfrei ist; HILBERT konnte zeigen, daß die euklidische Geometrie widerspruchsfrei ist, wenn die Arithmetik widerspruchsfrei ist. Es galt nun, über Beweise der relativen Widerspruchsfreiheit hinauszugelangen. 1908 bereits legte E. ZERMELO ein Axiomensystem der Mengenlehre vor, das nachweislich nicht auf die Mengenantinomien führte. Es folgten Axiomatisierungen der Aussagenlogik und der Prädikatenlogik der ersten Stufe (→ *Logik*), für die die Widerspruchsfreiheit (HILBERT/ACKERMANN) und Vollständigkeit (K. GÖDEL 1930, abgedruckt in: VAN HEIJENOORT) beweisbar sind. Die Resultate von GÖDEL (1931, ebd.) zeigten jedoch, daß für ein formales Axiomensystem der Arithmetik (und damit für jedes umfassendere Axiomensystem) ein Widerspruchsfreiheitsbeweis nicht einmal mit den Mitteln geführt werden kann, die in dem betreffenden formalen System zugelassen sind, geschweige denn mit finiten Methoden. Weiter zeigte er, daß ein solches Axiomensystem prinzipiell unvollständig ist in dem Sinne, daß es wahre Aussagen der Theorie gibt, die aus dem Axiomensystem nicht ableitbar sind. Die Unvollständigkeit bleibt auch dann bestehen, wenn man das Axiomensystem erweitert. So ist das Peanosche Axiomensystem der Arithmetik unvollständig, weil das Peano-Axiom der vollständigen Induktion (für alle Eigenschaften E natürlicher Zahlen n gilt: Wenn E(0) und E(n), so E(n+1)) ein *Schema* ist, das nicht angibt, von welchen Eigenschaften E hier gesprochen wird. Wollte man diese explizit machen, wären überabzählbar viele Axiome notwendig (Th. SKOLEM)! Es gibt also immer einen inhaltlichen Überschuß, der sich der vollständigen formalen Erfassung in einem Axiomensystem entzieht. GÖDEL hat darum eine prinzipielle Grenze aller Axiomatik aufgezeigt: der Cartesische Traum einer allesumfassenden Mathesis universalis und die Leibnizsche Hoffnung auf eine Ars inveniendi sind damit zerronnen.

Die für das Begründungsprogramm des Formalismus zentralen Forderungen des Beweises der Widerspruchsfreiheit und der Vollständigkeit der Mathematik sind also grundsätzlich nicht erfüllbar. Dies bedeutet nicht, daß Widerspruchsfreiheitsbeweise überhaupt nicht geführt werden könnten. Über die relative Widerspruchsfreiheit hinaus ist es immer möglich, Widerspruchsfreiheitsbeweise mit weiter reichenden Beweismitteln zu führen, als im System vorhanden sind. Dies bedeutet, daß das, was man »Beweisverfahren in der Mathematik« nennt, nicht mit der Verwendung der axiomatischen Methode zusammenfällt: es gibt keinen abgeschlossenen Begriff von mathematischem Beweis! So konnte GENTZEN 1934 die Widerspruchsfreiheit der Zahlentheorie mit Hilfe der transfiniten Induktion zeigen. Die verwendeten Beweismittel müssen jedoch durch eine andere Instanz als durch Widerspruchsfreiheit anerkannt werden (vgl. SCHÜTTE). In diesem Sinne ist das formalistische Begründungsprogramm gescheitert; die Sicherheit der Mathematik ist durch Rekurs auf formalsprachliche Bedingungen allein nicht zu gewährleisten.

IV. Fazit

Die Untersuchungen zur Grundlegung der Mathematik erbrachten neben zahlreichen Einzelresultaten die Erschließung gänzlich neuer Bereiche, so der axiomatischen Mengenlehre, der formalen Logik, der Theorie der rekursiven Funktionen; sie führten zur zusammenhängenden Darstellung mathematischer Wissensgebiete im strukturell-formalistischen Ansatz und zu einem neuen inhaltlichen Verständnis der Mathematik im konstruktivistischen Aufbau. Was jedoch nicht gelang, ist eine abschließende Begründung der Mathematik. Selbst wenn Mathematik weiterhin als sicherste aller Wissenschaften gelten kann, ist sie weder voraussetzungslos noch in irgendeinem absoluten Sinne in ihrer

Sicherheit begründbar: »Man muß bereits an etwas glauben, um etwas anderes rechtfertigen zu können.« (STEGMÜLLER, Metaphysik, [2]1969, 307).

D. Das Anwendungsproblem
Die eminente Bedeutung, die der Mathematik heute zuerkannt wird, liegt nicht – wie für PLATON – darin begründet, daß sie das Musterbeispiel für apriorische Erkenntnis ist, sondern in ihrer Anwendbarkeit auf die Erfahrung. Damit stellt sich die Frage, wie Mathematik anwendbar ist (Problem der Mathematisierung) und warum (Problem der ontologischen Grundlage).

I. Mathematisierung
Die neuzeitliche Entwicklung der → *Naturwissenschaften* und der → *Technik* wäre ohne eine *Mathematisierung* ihrer Theorien als Anwendung der Mathematik auf Erfahrungsgegebenes ebensowenig denkbar wie die gegenwärtige Umgestaltung der Sozialwissenschaften. Am Anfang der Entwicklung der Mathematik stand das Zuordnen und Abzählen separierbarer Gegenstände. Der nächste Schritt bestand in der quantitativen Erfassung von Längen, Flächen, Räumen, Zeiträumen und Massen. Diese z. T. schon in der Umgangssprache verfügbare quantitative Erfassung erlaubt es, die Verknüpfung der quantitativen Größen mit geeigneten mathematischen Strukturen vorzunehmen. Im einfachsten Fall bedeutet dies, als Zuordnungsregel *Meßkonventionen* einzuführen, die erstens eine *topologische Skala* festlegen, durch welche die »<«- und die »=«- Relation für Qualitäten gedeutet werden, um dann in einer *Metrik* festzulegen, was als »0« und was als Einheit (»1«) anzusehen ist, um so eine Zuordnung von Zuständen zu den reellen Zahlen vorzunehmen; nach Möglichkeit wird Additivität der Größen angestrebt (was für Länge, Masse, Zeit zutrifft, nicht aber beispielsweise für die Temperatur). Ob die Zuordnung überdies eine multiplikative Struktur ergibt, liegt an den empirischen Gegebenheiten. Gesucht werden als (Natur-)Gesetze empirisch prüfbare Beziehungen zwischen den so gewonnenen Maßzahlen, wobei das Ziel der Mathematisierung im Optimum ein System von quantitativen Aussagen ist, das als Axiomensystem dargestellt werden kann. Da diese Axiome ihren empirischen Gehalt über die Zuordnungsregeln erhalten, haben sie den Status aposteriorischer, kontingenter Aussagen und unterscheiden sich damit grundsätzlich von Axiomen der Mathematik.
Der Prozeß der Mathematisierung beginnt bei Deskriptionen eines Gegenstandsbereiches, der schon aufgrund der Deskription eine bestimmte mathematische Struktur besitzt (Beispiel: Längenmessung, wo »0« und »=« ebenso wie die Addition von Längen umgangssprachlich festgelegt werden). Wird hingegen dem Gegenstandsbereich erst durch die mathematische Struktur eine Strukturierung aufgeprägt, spricht man von *mathematischer Modellierung*. Da die Mathematik Strukturen der unterschiedlichsten Art kennt, bietet sie differenzierteste Möglichkeiten der strukturierenden Modellierung. Ob eine Modellierung fruchtbar ist und nicht Zahlenmystik, Zahlenspielerei oder Scheinpräzision, muß im Einzelfall an den inhaltlichen Forderungen geprüft werden, die an die jeweilige zu modellierende Theorie gestellt werden; die Überprüfung geht dabei von Folgerungen aus der Modellierung aus und macht beispielsweise die prognostische Relevanz zum Kriterium. Erkenntnistheoretisch wird jede Mathematisierung je nach philosophischem Standpunkt entweder als Wiedergabe einer objektiven Struktur des Dingbereiches oder als Strukturierung durch das erkennende Subjekt gedeutet. Beide Standpunkte haben ihre Schwierigkeiten, der erste mit dem Faktum der Anpassung mathematischer Strukturen an eine zu beschreibende Wirklichkeit durch Entwicklung geeigneter mathematischer Theorien, der zweite mit dem Faktum, daß schon vorhandene und aus rein innermathematischen Gründen entwickelte mathematische Theorien sich als geeignet erweisen, Strukturen in einen Gegenstandsbereich zu induzieren und so zuallererst der Erfaßbarkeit in einer mathematisierten erfahrungswissenschaftlichen Theorie zugänglich zu machen.
Alle Mathematisierungen werfen zwei Fragen auf: (1) Für welche Elemente der mathematischen Struktur gibt es eine empirische Deutung? Hierbei muß man von vornherein davon ausgehen, daß nicht alle Elemente der verwendeten mathematischen Struktur einer Deutung und Zuordnung fähig sind. So werden den Meßgrößen durchgängig reelle Zahlen zugeordnet, um beispielsweise Integral- und Differentialrechnung anwenden zu können, während Meßgrößen immer nur Proportionen auf Skalen, also allenfalls rationale Zahlen sein können; es wird also unterstellt,

daß die Punkte des Meßbereichs ein Kontinuum bilden (und die funktionalen Zusammenhänge stetig sind), obwohl nur Unstetigkeiten und Sprünge erfaßbar sind, die größer als die Meßgenauigkeit sind, während über die Kontinuität empirisch grundsätzlich nichts ausgesagt werden kann. Überdies wird vorausgesetzt, daß die Grundlagenprobleme der Mathematik für die Anwendung folgenlos sind. (2) Ist die Modellierung vollständig, d. h., haben alle für wesentlich gehaltenen Eigenschaften eines Gegenstandsbereiches eine Zuordnung zu mathematischen Strukturelementen erfahren? Abgesehen von der prinzipiell nicht beantwortbaren Frage, welche Eigenschaften als wesentlich anzusehen sind, ist es offen, ob sich alle empirisch gegebenen Eigenschaften und Relationen modellieren oder gar quantifizieren lassen. Ließe sich dies beantworten, wäre es möglich, die grundsätzlichen Grenzen der Mathematisierung anzugeben.

II. Ontologische Begründungen der Anwendbarkeit der Mathematik

Der älteste Lösungsvorschlag für die Anwendbarkeit der Mathematik stammt von Platon. Für ihn ist die raumzeitliche Wirklichkeit ein Abbild der Ideen, und zwischen Bild und Abbild steht vermittelnd die Mathematik. Schon Aristoteles hat diese Auffassung kritisiert und mathematische Gegenstände als *Abstraktionen* aus der raumzeitlichen Wirklichkeit gesehen; dann aber stellt ihre Rückanwendung kein besonderes Problem dar. Allerdings ist es nicht möglich, eine Theorie der unmittelbaren Abstraktion mathematischer Gegenstände und Sachverhalte aus der raumzeitlichen Wirklichkeit zu vertreten, weil Mathematik sonst a posteriori wäre und auf Endliches eingeschränkt werden müßte, wie der Finitismus gefordert hat; insbesondere verlöre eine so verstandene Mathematik ihr Spezifikum, Beweise und Ableitungen gerade unabhängig von der Erfahrung führen zu können. Darum wird die Abstraktionsthese heute nie in der Form einer unmittelbaren Gewinnung mathematischer Begriffe und Strukturen aus der Wirklichkeit gesehen; vielmehr wird – beispielsweise von Vertretern des dialektischen Materialismus – ein zweistufiges Verfahren entwickelt (vgl. Ruzavin): Auszugehen ist von ganzen Systemen von Sachverhalten. Eine erste Abstraktion würde zu allgemeinen empirischen Aussagen führen; eine zweite *(Widerspiegelung der Widerspiegelung)* soll zu den mathematischen Strukturen und Begriffen führen. Daß dieser Schritt nicht einfach im Abstrahieren von allem Inhaltlichen und im Übergang zur bloßen Form bestehen kann, läßt sich leicht am Unendlichkeitsbegriff klarmachen, denn weder das Potentiell- noch gar das Aktual-Unendliche ist der Erfahrung zu entnehmen, weil die Erfahrung des »Immer-so-weitermachen-Könnens« für das »Immer« bereits im Denken eine Unendlichkeit voraussetzt und hinsichtlich des »Könnens« eine Möglichkeit verlangt, die nicht erfahrungsgegeben ist. Aus diesem Grunde wird die *idealisierende Abstraktion* für den zweiten Schritt zu Hilfe genommen. Sie schafft ideelle Objekte und Strukturen auf der zweiten Abstraktionsebene und dient der Untersuchung der Eigenschaften von Begriffen von Eigenschaften materieller Objekte. Damit liegt sie ganz im Bereich des Begrifflichen und kann als apriorische Wissenschaft betrieben werden. Hier allerdings erweist sich die Bezeichnung »Abstraktion« als irreführend; denn man hat es mit Begriffsbildungen zu tun, die nicht durch Fortlassen von Bestimmungen entstehen, sondern mit Begriffen, die der menschliche Geist durch Idealisierung oder Konstruktion schafft oder die ihm – wie der Unendlichkeitsbegriff – im Denken gegeben sein müssen. Die Abstraktionstheorie leistet deshalb gar nicht das, was sie von ihrer Bezeichnung her suggeriert; vor allem aber löst sie das Problem nicht, wieso die formale Struktur der Mathematik auf das Erfahrungsgegebene anwendbar ist. Der Ausweg, die Fähigkeit des Denkens als naturgeschichtlich bedingte Anpassung an die objektiven Strukturen der Realität zu deuten, scheitert aber an erkenntnistheoretischen Einwänden.

Ein grundsätzlich anderes Modell zur Lösung des Anwendungsproblems hat Kant entwikkelt. Nach ihm ist die Mathematik eine *Konstruktion* des menschlichen Geistes, die deshalb auf empirische Gegenstände anwendbar ist, weil sie auf den Formen der Anschauung und des Denkens beruht, die zugleich Bedingung der Möglichkeit der Gegenstände der Erfahrung wie Bedingung der Möglichkeit der Erkenntnis sind. Der Ansatz bietet ein gutes Verständnis dafür, daß die Wirklichkeit durch das Erkenntnissubjekt im erkennenden Zugriff mathematisch strukturiert wird. Dennoch ist er nicht geeignet, das Anwendungsproblem zu lösen (nicht nur, weil Kant bei der transzendentalen Deduktion die Aristotelische Syllogistik als einzige und universell gültige Form der Logik voraussetzt); denn wenn die Denk- und Anschauungsformen als Formen in den Erfahrungsgegenstand Eingang finden (ihn ermöglichen), so müßten die mathematischen Strukturen auch in der Erfahrung einschränkungslos gegeben sein: ein Rad müßte als ein vollkommener Kreis, die Fläche eines Salzkristalls als ein vollkommenes Rechteck erscheinen. Wieso es jedoch Abweichungen von den für den Verstand a priori erfaßbaren Konstruktionen überhaupt geben kann, bleibt ebenso ungeklärt wie bei Platon.

Im Anschluß an den späten Wittgenstein hat Körner (1968) vorgeschlagen, das Anwendungsproblem durch die *Gegenüberstellung von scharfen mathematischen und unscharfen empirischen Begriffen* dadurch zu lösen, daß man physikalische Begriffe so behandelt, als ob sie scharfe mathematische Begriffe seien; dabei werden alle auf Empirie bezogenen Begriffe deshalb als unscharf bezeichnet, weil sie – im Gegensatz zu mathematischen Begriffen – nie vollständig definiert sind. Zuordnungsregeln bewirken also keine Identifizierung von Erfahrungsgegebenem und mathematischer Struktur, sondern den Übergang von unscharfen zu scharfen Begriffen und umgekehrt; so wird die Möglichkeit geschaffen, beide Bereiche begrifflich getrennt zu halten und dennoch eine Anwendung der Mathematik zu ermöglichen. Dabei ist es keineswegs notwendig, alle mathematischen Operationen, die nach dem Übergang vorgenommen werden, empirisch zu deuten; tatsächlich beruht ein Großteil der Fruchtbarkeit der Anwendung auf diesem Verzicht. Erst das Resultat der mathematischen Operation muß wieder in unscharfe empirische Begriffe übersetzbar sein. Verbindet man diesen Ansatz mit dem Kantischen und modifiziert diesen insofern, als sich – als Resultat der Grundlagenforschung – eine allgemeine Antwort auf die Frage, was → *Logik* ist und was als Beweisverfahren zuzulassen ist, nicht geben läßt, sondern es hier jeweils um einen Akt der Anerkennung geht, so ergibt sich eine erkenntnistheoretisch befriedigende Lösung des Anwendungsproblems.

Hans Poser

Becker, O.: Größe und Grenze der mathematischen Denkweise. 1959. – *Ders.:* Grundlagen der Mathematik in geschichtlicher Entwicklung. 1964, 1975. – *Ders.:* Mathematische Existenz. (Jahrbuch für Philosophie und phänomenologische Forschung 8, 1927) [2]1973. – *Ders./Hofmann, J. E.:* Geschichte der Mathematik. 1951. – *Bernays, P.:* Abhandlungen zur Philosophie der Mathematik. 1976. – *Brouwer, L. E. J.:* Over de Grondslagen der Wiskunde. 1907. – *Carnap, R.:* Grundlagen der Logik und Mathematik. (Aus dem Amerik.) (1939, 1967) 1973. – *Courant, R./Robbins, H.:* Was ist Mathematik? (1941, 1956) 1962, [3]1973. – *Curry, H. B.:* Outlines of a formalist philosophy of mathematics. Amsterdam: North Holland 1958. – *Dedekind, R.:* Was sind und was sollen die Zahlen? 1887, [10]1965. Stetigkeit und Irrationale Zahlen. 1872, [7]1965. Gemeinsamer Neudr. 1965, 2. Nachdr. 1969. – *Dummett, M.:* Elements of intuitionism. 1977. – *Frey, G.:* Die Mathematisierung unserer Welt. 1967, 1969. – *Grundzüge der Mathematik.* Hg. von *H. Behnke* u. a. Bd. 1–5. 1958–1968. – *van Heijenoort, J. (Hg.):* From Frege to Gödel. A source book in mathematical logic. 1967. – *Hermes, H.:* Aufzählbarkeit, Entscheidbarkeit, Berechenbarkeit. 1961, [2]1971. – *Heyting, A.:* Intuitionism. 1956. – *Ders.:* Mathematische Grundlagenforschung, Intuitionismus. Beweistheorie. 1934. – *Hilbert, D.:* Die Grundlagen der Geometrie. 1899, [12]1977. – *Ders.:* Hilbertiana. 1964. – *Ders./Ackermann, W.:* Grundzüge der theoretischen Logik. 1928, [6]1972. – *Ders./Bernays, P.:* Grundlagen der Mathematik. Bd. 1: 1934, [2]1968; Bd. 2: 1939, [2]1970. – *Hölder, O.:* Die mathematische Methode. Logisch erkenntnistheoretische Untersuchungen im Gebiete der Mathematik, Mechanik und Physik. 1924 = 1978. – *Hofmann, J. E.:* Geschichte der Mathematik. Bd. 1–3. 1953–1963. – *Inhetveen, R.:* Philosophie der Mathematik. 1987. – *Karzel, H./Sörensen, K. (Hg.):* Wandel von Begriffsbildungen in der Mathematik. 1984. – *Körner, St.:* Philosophie der Mathematik. (Aus dem Engl.) (1960) 1968. – *Kraft, V.:* Mathematik, Logik und Erfahrung. 1947, [2]1970. – *Lakatos, I.:* Beweise und Widerlegungen. (Aus dem Engl.) (1976) 1979. – *Ders.:* Mathematik, empirische Wissenschaft und Erkenntnistheorie. (Aus dem Engl.) (1978) 1982. – *Lorenzen, P.:* Differential und Integral. Eine konstruktive Einführung in die klassische Analysis. 1965. – *Ders.:* Einführung in die operative Logik und Mathematik. 1955, [2]1969. – *Ders.:* Methodisches Denken. 1968, stw 1974. – *Ders.:* Metamathematik. 1962, [2]1980. – *Mathematik Bd. 1.* Hg. von *H. Behnke* (u.a.) (Fischer Lexikon 29/1) 1964. – *Meschkowski, H.:* Einführung in die moderne Mathematik. 1964, [3]1971. – *Ders.:* Richtigkeit und Wahrheit in der Mathematik. 1976, [2]1978. – *Ders.:* Wandlungen des mathematischen Denkens. [...] 1956, [4]1969 = 1985. – *Nagel, E./Newman, J. E.:* Der Gödelsche Beweis. 1958, [2]1979. – *Rheinwald, R.:* Der Formalismus und seine Grenzen. Untersuchungen zur neueren Philosophie der Mathematik. 1984. – *Ruzavin, G. I.:* Die Natur der mathematischen

Erkenntnis. 1977. – *Schütte, K.:* Beweistheorie. 1960. Neubearb. als: Proof Theory. Springer 1977. – *Stegmüller, W.:* Metaphysik, Wissenschaft, Skepsis. 1954, [2]1969. – *Ders.:* Unvollständigkeit und Unentscheidbarkeit. Die metamathematischen Resultate von Gödel, Church, Kleene, Rosser und ihre erkenntnistheoretische Bedeutung. 1959, [2]1970, [3]1973. – *Steiner, M.:* Mathematical knowledge. 1975. – *Struik, D. I.:* Abriß der Geschichte der Mathematik. 1967. – *Thiel, Ch. (Hg.):* Erkenntnistheoretische Grundlagen der Mathematik. 1982. – *Ders.:* Grundlagenkrise und Grundlagenstreit. 1972. – *Ders.:* Philosophie und Mathematik. WB in Subskr. – *Thiel, M. (Hg.):* Enzyklopädie der geisteswissenschaftlichen Arbeitsmethoden. Bd. 3: 1968. [H] – *Waismann, Fr.:* Einführung in das mathematische Denken. 1936, [3]1970. – *Weyl, H.:* Das Kontinuum. 1918. – *Ders.:* Über die neue Grundlagenkrise der Mathematik. 1921 = 1965. – *Ders.:* Philosophie der Mathematik und Naturwissenschaft. 1928, 1949, [4]1976.

Hans Poser/H.S.

Methode

griech. metá: zu etwas hin, hodós: Weg = méthodos

Der Weg des wissenschaftlichen Vorgehens wird als Methode bezeichnet. Vom Standpunkt der heutigen Wissenschaftstheorie aus kann man sagen, daß den einzelnen Wissenschaftsbereichen Methoden zugeordnet sind, so zum Beispiel der Mathematik die deduktive Methode, den Natur- und teilweise den Sozialwissenschaften die induktive Methode, den Geisteswissenschaften und ebenfalls teilweise den Sozialwissenschaften die phänomenologische, die hermeneutische, die historische Methode (→ *Einleitung*).

Die Betrachtung und Untersuchung der Methoden heißt *Methodologie*. Wissenschaftstheorie, verstanden als Theorie aller Bereiche der Wissenschaft, und Methodologie fallen daher weitgehend zusammen (→ *Wissenschaftstheorie*).

(→ *Deduktion;* → *Induktion;* → *Phänomenologie;* → *Hermeneutik;* → *Geschichtstheorie;* → *Geistes-,* → *Natur-,* → *Sozialwissenschaften* und andere Artikel)

Helmut Seiffert

Bernheim, E.: Lehrbuch der Historischen Methode und der Geschichtsphilosophie. 1889, [5/6]1914 = 1960. – *Best, H./Mann, R. (Hg.):* Quantitative Methoden in der historisch-sozialwissenschaftlichen Forschung. 1977. – *Boeckh, A.:* Enzyklopädie und Methodenlehre der philologischen Wissenschaften. 1877, [2]1886 = 1966. – *Cassirer, E.:* Das Erkenntnisproblem [...]. [W] – *Droysen, J. G.:* Historik. (s. das Literaturverzeichnis *Geschichtstheorie*) – *Faber, K.-G.:* Theorie der Geschichtswissenschaft. 1971, [5]1982. – *Floud, R.:* Einführung in quantitative Methoden für Historiker. (1973, 1979) 1980. – *Habermas, J.:* Zur Logik der Sozialwissenschaften. [W] – *Kolakowski, L.:* Zweifel an der Methode. 1977. – *Kuhn, H.:* Traktat über die Methode der Philosophie. 1966. – *Lorenzen, P.:* Methodisches Denken. 1968, stw 1974. – *Opp, K.-D.:* Methodologie der Sozialwissenschaften. 1970, 1976. – *Radnitzky, G.:* Artikel »Metodo«. In: Enciclopedia del Novecento. Roma: Istituto della Enciclopedia Italiana. Bd. 4: 1979. – *Rüsen, J.:* Für eine erneuerte Historik. 1976. – *Stegmüller, W.:* Probleme und Resultate [...]. Bd. 1–4. [H] – *Thiel, M. (Hg.):* Enzyklopädie der geisteswissenschaftlichen Arbeitsmethoden. 1967–. [H] – *Topitsch, E.,* unter Mitarb. von *P. Payer:* Logik der Sozialwissenschaften. 1965, veränd. [10]1980. – *Wehler, H.-U.:* Geschichte als Historische Sozialwissenschaft. 1973. –

Zur *Methodologie:*

Acham, K.: Methodologische Probleme der Sozialwissenschaften. 1978. – *Albrecht, E.:* Formale Logik und Methodologie. 1965. – *Ders. (Hg.):* Wörterbuch Logik, Semiotik, Methodologie. 1983. – *Bochenski, I. M.:* Die zeitgenössischen Denkmethoden. 1954, [9]1986. – *Dahrendorf, R.:* Gesellschaft und Freiheit. 1961. – *Ders.:* Pfade aus Utopia. 1967, 1974. – *Diemer, A. (Hg.)* in Zusammenarbeit mit *L. Geldsetzer* und *F. Rotter:* Der Methoden- und Theorienpluralismus in den Wissenschaften. 1971. – *Frey, G.:* Philosophie und Naturwissenschaft. Eine Methodenlehre. 1970. – *Galtung, J.:* Methodologie und Ideologie. (Aus dem Engl.) (1977) 1978. – *Habermas, J.:* Zur Logik der Sozialwissenschaften. [W] – *Ders.:* Theorie und Praxis. [...] [W] – *Hönigswald, R.:* Die Grundlagen der allgemeinen Methodenlehre. Bd. 1. Hg. von *H. Oberer*. 1969. – *Hofmann, W.:* Gesellschaftslehre als Ordnungsmacht. Die Werturteilsfrage heute. 1961. – *Kaufmann, F.:* Methodenlehre der Sozialwissenschaften. 1936. – *König, G.:* Was heißt Wissenschaftstheorie? 1971. – *Kraft, V.:* Die Grundformen der wissenschaftlichen Methoden. 1925. – *Kromka, F.:* Sozialwissenschaftliche Methodologie. Eine kritisch-rationale Einführung. 1984. – *Kulenkampff, A. (Hg.):* Methodologie der Philosophie. 1979. – *v. Kutschera, F.:* Einführung in die Logik der Normen, Werte und Entscheidungen. 1973. – *Ders.:* Wissenschaftstheorie. Bd. 1; 2. [W] – *Menne, A.:* Einführung in die Methodologie. 1980, [2]1984. – *Myrdal, G.:* Das Wertproblem in den Sozialwissenschaften. (Aus dem Engl.) 1965. – *Opp, K.-D.:* Methodologie der Sozialwissenschaften. 1970, 1976. – *Pawlowski, T.:* Methodologische Probleme in den Geistes- und

Sozialwissenschaften. 1975. – *Popper, K. R.:* Logik der Forschung. 1935, [8]1984. [W] – *Radnitzky, G.:* Contemporary schools of metascience. 1968, 1977. [W] – *Seiffert, H.:* Einführung in die Wissenschaftstheorie. Bd. 1–3. [E] – *Thiel, M. (Hg.):* Enzyklopädie der geisteswissenschaftlichen Arbeitsmethoden. 1967– . [H] – *Weber, M.:* Methodologische Schriften. 1968. [W] – *Wuchterl, K.:* Methoden der Gegenwartsphilosophie. 1977, [2]1987.

Helmut Seiffert

Modalität

spätlat. modalitas; zu lat. modus: Art und Weise; griech. trópos

A. Erklärung der Begriffe

Modalität (nach spätlat. modalitas, welches bei Cicero und den Alten nicht nachweisbar ist) ist Fachausdruck – mit engerer bzw. genauerer Bedeutung als *modus* selbst – in folgenden zwei Verwendungsweisen:

1. Seins-Modalität: Die Art und Weise, in der etwas besteht (existiert), entsteht (wird) oder in der etwas gedacht wird. Von derartigen *ontologischen* Modalitäten der Wirklichkeit (Tatsächlichkeit, Realität, des Daseins, des Wirklichen, des Vergangenen) und des Werdens (der Möglichkeit, der Notwendigkeit, der Kontingenz, der Zufälligkeit) von Gegenständen, Sachverhalten, Ereignissen, Handlungen usw. ist folgende Bedeutung zu unterscheiden:

2. Sprachliche Modalitäten: Die Art und Weise, in der Aussagen ihrem grammatischen Subjekt das Prädikat zu- bzw. absprechen, bestimmt die sprachlichen Modalitäten.

(a) Die alethischen oder Wirklichkeits-Modalitäten: Sprachliche Modalitäten werden alethische (Wirklichkeits-)Modalitäten genannt, wenn die entsprechenden Aussagen (sogenannte Modaloperatoren wie) *notwendig, möglich, unmöglich* oder *tatsächlich* enthalten; z. B. »Es ist *möglich*, daß Bienen im September schwärmen« oder »Wasser siedet *tatsächlich* ... bei 100° Celsius«.

(b) Die deontischen oder Pflicht-Modalitäten: Deontische (Pflicht-)Modalitäten liegen vor in Aussagen der Form »Es ist *geboten*, daß Kinder in zumutbarem Ausmaß für ihre Eltern sorgen« oder »In Österreich ist jede Art von Kriegshetze *verboten*«. Die Rede von deontischen Modalitäten von Aussagen (*geboten, erlaubt, verboten, freigestellt, gleichgültig*) verdankt ihren Sinn den Modalitäten der Handlung (wie Freiheit, Notwendigkeit, Möglichkeit).

(c) Die epistemischen oder Erkenntnis-Modalitäten: Epistemische (Erkenntnis-)Modalitäten liegen vor in Aussagen wie »Es ist *bekannt*, daß das Radkersburger Russendenkmal verkleinert worden ist« oder »Es ist *beweisbar*, daß Bienenvölker ausschließlich bei Futtermangel schwärmen«. Epistemische Modalitäten von Aussagen (*es ist bekannt; es ist bewiesen; man weiß nicht, ob; man zweifelt, ob; es ist zu widerlegen* usw.) sind logisch mit sogenannten *zeitlichen* oder *temporalen* Modalitäten (es *ist nun* der Fall, daß; es *war* der Fall, daß; es *wird* der Fall sein, daß) ebenso verwandt wie z. B. mit *axiologischen*.

Mit den unter 2. genannten *sprachlichen* Modalitäten beschäftigt sich seit Aristoteles die sogenannte Modalitäten- oder Modallogik, als deren Ergebnis im besonderen die formalen Eigenschaften der logischen Modalitäten im engeren Sinne nun gut bekannt sind. Diese Modallogik(en) unterscheidet/n *assertorische, apodiktische* und *problematische* Aussagen, je nachdem, ob dem grammatischen bzw. logischen Subjekt das Prädikat tatsächlich, notwendigerweise oder möglicherweise zukommt. Am meisten fortgeschritten sind jene Teilsysteme der Modallogik, die sich mit den *reinen* Modalbegriffen von Möglichkeit und Notwendigkeit sowie mit deren Negationen (Unmöglichkeit und Unnotwendigkeit) beschäftigen. (Für nähere Ausführungen über *ontologische* Modalitäten → *Gesetz; Induktion; Prognose, Voraussage; Wahr und falsch; Wahrheit.*) Die hier folgenden Darstellungen werden die reinen Modalbegriffe und ihre logische Abhängigkeit thematisieren, nicht ohne auf die Frage der Anwendung in Wissenschaft und Wissenschaftstheorie einzugehen. Wie bereits gesagt, hat sich die Modallogik auf die reinen, logischen Modalitäten konzentriert, deren formale Eigenschaften bekannt sind, deren Interpretation für Zwecke der Anwendung aber regelmäßig zu Schwierigkeiten nicht nur ontologischer Art führt. Z. B. ist die Unterscheidung zwischen einer *de re* Modalität (wo Notwendigkeit dem Besitz einer Eigenschaft durch ein *Ding* oder ein Ereignis z. B. zugesprochen wird) und einer *de dicto* Modalität (wo Notwendigkeit einer vollständigen *Aussage* zugesprochen wird) ein heißes Eisen der Diskussion.

B. Reine Modalbegriffe

Die Modalbegriffe (der Umgangssprache) werden durch die modallogischen Operatoren (Modaloperatoren) in *reine* Modalbegriffe umformuliert. Sieht man einmal von den

Problemen einer solchen Umformung ab – sie werden sogar häufig in Abrede gestellt –, so kann ihre logische Abhängigkeit bzw. Interdefinierbarkeit anhand des folgenden Diagramms veranschaulicht werden:

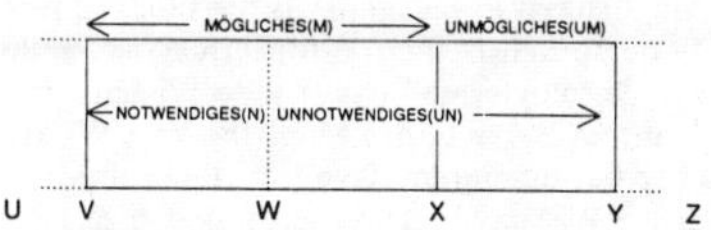

(1) Nichts kann zugleich möglich und unmöglich, nichts zugleich notwendig und unnotwendig sein, d. h., Mögliches und Unmögliches schließen einander aus, ebenso Notwendiges und Unnotwendiges; sie sind, logisch gesprochen, *kontradiktorische* Gegensätze.
(2) Nichts Notwendiges ist unmöglich, nichts Unmögliches ist notwendig, aber es kann der Fall eintreten, daß etwas zugleich nicht notwendig und nicht unmöglich ist. Diese Beziehung zwischen N und UM nennt man *konträr*: Nichts kann zugleich notwendig und unmöglich sein, das *Kontingente* (im Bereich $\overline{WX}$ z. B.) aber ist zugleich beides nicht, d. h. weder N noch UM.
(3) Einiges Unnotwendige ist möglich, einiges Mögliche ist unnotwendig, d. h., die Bereiche des Unnotwendigen und des Möglichen überschneiden sich in $\overline{WX}$. Logisch gesprochen handelt es sich um das Verhältnis der *Subkontrarietät*.
In Anlehnung an das logische Quadrat der Aristotelischen Syllogistik kann man diese Beziehungen in folgendem Schema eines Modalitätenquadrates veranschaulichen:

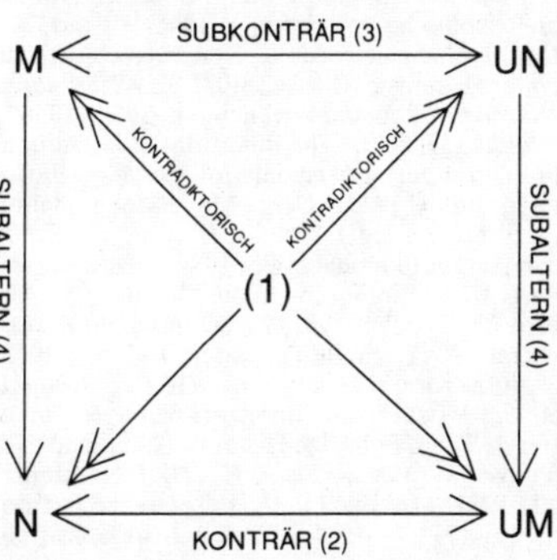

4) Daß alles Notwendige möglich ist, ist daher in einem modallogischen Kalkül (z. B. dem von O. Becker) ebenso gültig wie gilt, daß alles Unmögliche unnotwendig ist. Man könnte hier in Analogie zum logischen Quadrat von *subalternem* Verhältnis sprechen: $\overline{VW}$ ist in $\overline{VX}$, $\overline{XY}$ in $\overline{WY}$.

C. Modal-Aussagen in Logik und Ontologie
Die Modallogik nun zieht die durch Modaloperatoren (M,N,UM,UN) bestimmten *Aussagen* in Betracht. Stünde ›p‹ z. B. für »Bienen schwärmen im September«, so hieße Mp soviel wie »Es ist möglich, daß Bienen im September schwärmen«. Unter Einbeziehung der Negation (~) lassen sich folgende Definitionsäquivalenzen für diese Aussage und damit für die Modaloperatoren schlechthin angeben:

Mp	=df UN~p	=df ~N~p,	d.h. M	=df ~N~.
Np	=df UM~p	=df ~M~p,	d.h. N	=df ~M~.
N~p	=df UMp	=df ~Mp,	d.h. N~	=df ~M.
M~p	=df UNp	=df ~Np,	d.h. M~	=df ~N.

Die Reduktion auf *eine* dieser Definitionen (Äquivalenzen) ist zulässig, da durch Negation und Substitution (z. B. von ›~p‹ für ›p‹) die übrigen drei abgeleitet werden können. Diese Logik ersetzt die *inhaltliche Analyse* der Modalitätsbegriffe jedoch nicht, d. h., was wir eigentlich meinen, wenn wir eine Aussage modal bestimmen, welches also die Kriterien der Notwendigkeit bzw. Möglichkeit von etwas überhaupt sind, ist durch die Modallogik nicht zu erfahren. Man kann sich dieser Frage aber mittels des sogenannten Widerspruchsprinzips nähern, womit am Anfang einer Ontologie etwa folgende Logik stehen könnte:

(1) Was immer in sich widersprüchlich ist, ist unmöglich.
(2) Was immer derart ist, daß seine Negation widersprüchlich ist, ist notwendig.
(3) Was immer in sich widerspruchsfrei ist, ist möglich.

Bei Deutung von (1) als Definitionsäquivalenz, d. h. In-sich-Widersprüchlichsein als Unmöglichsein ansetzend und umgekehrt, ergibt sich (3) durch Umformung beider Seiten mittels Negation. Eine solche Auslegung, die der Deutung als Implikation gegenübertritt,

zeigt deutlich, wie wenig die Logik zur inhaltlichen Analyse von Modalitäten beitragen kann: nur das in sich Widersprüchliche wäre unmöglich, nur Tautologien wären notwendig, da lediglich tautologische Aussagen derart sind, daß die Negation zu einem Widerspruch führt.
Aber auch eine Deutung als Implikation, wobei Vorderglied und Hinterglied als hinreichende (*conditio per quam*) bzw. notwendige Bedingung (*conditio sine qua non*) hervortreten, entkleidet diese Anfangssätze einer (offensichtlich bloß formalen) Ontologie nicht der gleich noch zu verdeutlichenden *Unbrauchbarkeit.*
Wenn mit (3) Widerspruchsfreiheit eine hinreichende Bedingung für Möglichkeit ist, dann ist der Gebrauch von Modalitäten in der Logik und in jeder ontologischen Beschreibung von realer Wirklichkeit, als mit dieser Logik beginnend, überflüssig, da, weil zudem »keine Wirklichkeit ... die Gesetze der Möglichkeit verletzen kann« (E. Husserl), in diesem Fall Möglichkeit, Wirklichkeit und Notwendigkeit zusammenfallen, jedenfalls solange die Interdefinition von M und N akzeptiert ist und des Logikers Axiom für Aussagen »Aus Notwendigsein folgt Wirklichsein« gilt. Tatsächlich ist aber ein derartiger Möglichkeitsbegriff weit von dem entfernt, was wir gewöhnlich meinen, wenn wir einen Gegenstand, ein Ereignis, eine Handlung usw. für möglich erklären, d. h., der Möglichkeitsbegriff aufgrund von (1), (2) und (3) ist unterbestimmt, weil Widerspruchsfreiheit höchstens notwendige, aber keinesfalls hinreichende Bedingung für ontologische bzw. reale Möglichkeit ist. Dieser Minimalbedingung von Möglichkeit und damit jeder Modalität, welche für Kant »in der Tat *das wenigste* ist, was man von einem Gegenstande sagen kann«, steht gegenüber, »was in aller Absicht *in aller Beziehung* möglich ist, welches wiederum *das meiste* ist, was ich über die Möglichkeit eines Dinges sagen kann«.
Die Fundierung von Ontologie in/mittels Logik ist also unbrauchbar; der von Kant entgegengesetzte Begriff der *Möglichkeit in aller Beziehung* begründet Modalitäten zwar im Wirklichen, wenn aber *real möglich* nur das ist, dessen Bedingungen vollständig gegeben sind, dann wiederum ist der Wirklichkeitsanteil so stark, daß Mögliches sogleich auch wirklich ist, d. h. existiert bzw. geschieht, während umgekehrt das, was nicht ist bzw. geschieht, auch real unmöglich wäre.
Ist der reine Modalbegriff der Möglichkeit zu *weit* bestimmt gewesen, so ist ein Möglichkeitsbegriff, der vollständiges Gegebensein aller Bedingungen verlangt, zu *eng* – jetzt ist nur noch Wirkliches möglich, d. h., gar nichts mehr ist wirklich *möglich*. Da jedoch für reale Möglichkeit etwas mehr als die bloße innere Widerspruchsfreiheit erforderlich ist, muß die Ontologie, und damit jede Wissenschaft in ihrem Bereich, das Mögliche vom Wirklichen her fundieren. (So gliedert sich eine derartige Wissenschaft von selbst in den Zusammenhang der Geschichte dieser Problemstellung ein, die z. B. des Aristoteles Dynamis und Energeia [Möglichkeit und Wirklichkeit] ebenso umfaßt wie des Leibniz Theorie der *Kompossibilität* [des Miteinander-Möglichseins].)
Pointiert könnte man zusammenfassen: Der logische ist *conditio sine qua non* des ontologischen Möglichkeitsbegriffs und damit gewissermaßen sein Fundament, aber keineswegs ein Fundament von Ontologie, von Wissenschaft. Die Fundierung dieser *im Wirklichen* trägt dem Faktum Rechnung, daß in beschreibenden, ontologischen Aussagen stets Teilaspekte isoliert werden, während andere Momente unberücksichtigt bleiben: Modelle und Hypothesen, Prognosen und Erklärungen bedürfen der Modalitätsbegriffe, z. B. angesichts der Verifikations- bzw. Falsifikationsforderungen.

Wolfgang L. Gombocz

Beck, H.: Möglichkeit und Notwendigkeit. 1961. – *Becker, O.:* Zur Logik der Modalitäten. In: Jahrbuch für Philosophie und phänomenologische Forschung 11, 1930. – *Ders.:* Untersuchungen über den Modalkalkül. 1952. – *Broecker, W.:* Das Modalitätenproblem. In: Zeitschrift für philosophische Forschung 1, 1946. – *Faust, A.:* Der Möglichkeitsgedanke. Systemgeschichtliche Untersuchungen. Bd. 1; 2. 1931/32. – *Hartmann, N.:* Möglichkeit und Wirklichkeit. 1938, [3]1966. – *Hintikka, J. K. J.:* The intentions of intentionality and other new models for modality. Dordrecht: Reidel 1975. – *Ders.:* Models for modality. Dordrecht: Reidel 1969. – *Hughes, G. E.:* A companion to modal logic. 1984. – *Ders./Cresswell, M. J.:* Einführung in die Modallogik. (Aus dem Engl.) (1968, 1971) 1978. – *Kamlah, W./Lorenzen, P.:* Logische Propädeutik. 1967, [2]1973. 2. Aufl., Kap. V § 6 und Kap. VII. [E] – *Knuuttila, S.:* Modal logic. In: *Kretzmann, N., u. a. (Hg.)*, The Cambridge History of later medieval philosophy. 1982. – *Lenk, H. (Hg.):* Normenlogik. 1974. – *Linsky, L. (Hg.):* Reference and modality. 1971. – *Mally, E.:* Logische Schriften.

Großes Logikfragment. [vor 1944.] – *Ders.:* Grundgesetze des Sollens. 1926. Hg. v. *K. Wolf* und *P. Weingartner*. Dordrecht: Reidel 1971. – *Pape, I.:* Zur Problemgeschichte der Modalität des Werdens. In: Kant-Studien 48, 1956. – *Dies.:* Tradition und Transformation der Modalität. Bd. 1. 1966. – *Plantinga, A.:* The nature of necessity. ²1978, 1979. – *Quine, W. v. O.:* Referenz und Modalität. In: *Ders.*, Von einem logischen Standpunkt. 1979. – Auch in: *Lorenz, K. (Hg.)*, Identität und Individuation. Bd. 2. 1982. – *Schneeberger, G.:* Kants Konzeption der Modalbegriffe. 1952. – *Schütte, K.:* Vollständige Systeme modaler und intuitionistischer Logik. 1968. – *Seel, G.:* Die Aristotelische Modaltheorie. 1982. – *Seiffert, H.:* Einführung in die Wissenschaftstheorie. Bd. 3. [E] – *Smith, B.:* An essay in formal ontology. In: Grazer Philosophische Studien 6, 1978. – *Stuhlmann-Laeisz, R.:* Das Sein-Sollen-Problem. 1982. – *Waterlow, S.:* Passage and possibility. A study of Aristotle's modal concepts. 1982. – *Weidemann, H.:* Artikel »Modallogik«. In: *Ritter, J./Gründer, K. (Hg.)*, Historisches Wörterbuch der Philosophie. Bd. 6. [L] – *White, A. R.:* Modal thinking. 1982. – *v. Wright, G. H.:* An essay in modal logic. Amsterdam 1951, 1952. – *Ders.:* Handlung, Norm und Intention. Untersuchungen zur deontischen Logik. (Teilw. aus dem Engl.) 1977. – *Ders.:* Norm und Handlung. Eine logische Untersuchung. (Aus dem Engl.) (1963) 1979.

Wolfgang L. Gombocz/H.S.

Modell

lat. mọdulus; zu lat. mọdus: Maß

A. Das Wort

Das deutsche Wort »Modell« lehnt sich ursprünglich an das französische Substantiv »modèle« an, das seinerseits (ebenso wie das italienische »modello«) dem vulgärlateinischen »modellus« entstammt. Letzteres geht zurück auf lat. »modulus«, die Diminutivform von »modus« = (Normal-)Maß, Maßstab, übertragen auch: Art und Weise, Form, Vorschrift. Sieht man von der wissenschaftstheoretisch nicht relevanten Bedeutung des Wortes »Modell« in der bildenden Kunst ab (dort bezeichnet es ein im Kunstwerk nachzubildendes menschliches Individuum), so bestimmt bereits die Umgangssprache ein Modell als etwas, das für etwas anderes steht, das etwas anderes in gewisser Weise ersetzt. Modell in diesem Sinne kann sein: 1. Abbild bzw. Anzeichen (Indikator) *von* etwas (das wir »Urbild«, »Prototyp«, »Original« oder »Bezugssystem« nennen können), möglicherweise eines nur in der Vorstellung Bestehenden, z. B. erst Herzustellenden. 2. Zeichen *für* etwas – für ein »Referendum« –, und zwar aufgrund einer verabredeten Zuordnung des Zeichens zu seinem Bezeichneten.

B. Wissenschaftlicher Sprachgebrauch

Dieser umgangssprachliche Modellbegriff wird im wissenschaftlichen Sprachgebrauch sowohl erweitert als auch erheblich verschärft. Wissenschaftstheoretisch (→ *Erkenntnistheorie, neopragmatische*) zeigt sich dabei, daß es meist nicht sinnvoll ist, schlechthin einem vorgegebenen Original ein bestimmtes Modell zuordnen zu wollen. Modelle sind zwar Repräsentationen, aber sie repräsentieren ihre Originale in der Regel immer nur für bestimmte (erkennende oder/und handelnde) Subjekte (die Modellbenutzer), und zwar innerhalb bestimmter Zeitspannen (der Originalrepräsentation) sowie unter Einschränkung auf bestimmte (gedankliche oder tatsächliche) Operationen. In diesen Fällen unterliegt die Modellerstellung mithin dem Frageschema: Modell wovon, von wem (bzw. für wen), wann und wozu? Ein Modell ist hiernach eine im Sinne der → *Semiotik* pragmatische Entität, nämlich eines (mindestens) fünfstelligen Prädikats: »X ist Modell des Originals Y für den Verwender k in der Zeitspanne t bezüglich der Intention Z.« (Die Stellenzahl dieses Prädikats erhöht sich entsprechend, wenn zwischen Modellersteller und Modellverwender und demzufolge auch zwischen zwei Zeitspannen der Originalrepräsentation sowie gegebenenfalls mehreren Zwecksetzungen der letzteren unterschieden wird.)

C. Allgemeine Modelltheorie

Mit dieser Begriffsklärung ist allerdings nur erst eine Vorstufe der → *Explikation* des wissenschaftlichen Modellbegriffs erreicht. Um diese Explikation (im Sinne der »Allgemeinen Modelltheorie« [AMT]) leisten zu können, werden Modelle und Originale als endliche Klassen von Attributen (gegebenenfalls speziell als attributive Systeme) aufgefaßt und entweder in einer formalen Sprache (→ *Logik*) oder in »informeller Formalisierung« (»non-statement view«) beschrieben. Im letzteren Fall fungieren die logischen Zeichen lediglich als Abkürzungen im Rahmen einer Epissprache, d. h. einer Umgangssprache zuzüglich definierter Fachausdrücke. Im folgenden bedienen wir uns einer informellen Darstellungsweise (vgl. das Schaubild).

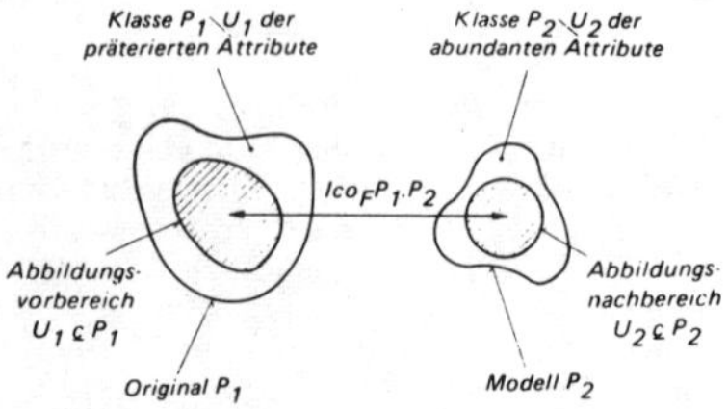

Zum Modellbegriff: P_1 und P_2 sind prädikative Beschreibungen von Attributklassen. Einzelheiten im Text.

Seien P_1 und P_2 zwei Prädikatklassen, dann nennen wir P_2 ein ikomorphes Bild von P_1, in Zeichen: $Ico_F\ P_1,P_2$, wenn es eine Unterklasse U_1 von P_1 und eine Unterklasse von U_2 von P_2 gibt, so daß jedem Element von U_1 umkehrbar eindeutig ein Element von U_2 zugeordnet werden kann (F bezeichne diese bijektive Abbildung). P_2 heißt Modell von P_1 (als Original), wenn es ein operatives Subjekt k gibt, das im Zeitintervall t bezüglich der Intention Z dreierlei ausführt: 1. die Ersetzung von P_1 durch P_2 gemäß $Ico_F\ P_1,P_2$, 2. eine Folge von Z-orientierten Operationen an P_2, 3. die Rückübertragung der Ergebnisse dieser Operationen auf P_1. Dabei kann k ein individueller Operator, ein Team oder ein geeignet programmierter Automat sein. Die Z-Orientierung der Folge der P_2-Operationen ist in vielen Fällen, z. B. bei Entscheidungsmodellen, durch eine Zielfunktion (von Entscheidungsvariablen unter restriktiven Bedingungen) präzisierbar. Die Ergebnisübertragung von P_2 auf P_1 erfolgt durch eine sogenannte Reverse der Abbildung F. Sie unterliegt bestimmten, wohlauszuweisenden Transferierungskriterien, von deren Erfülltsein die Validität des Modells bezüglich seiner originalersetzenden Funktion abhängt. Bei technischen Modellen finden sich Transferierungskriterien z. B. im Hookeschen Modellgesetz, in den Maßstabsregeln von CAUCHY und REYNOLDS. Für die semantischen Modelle der Erfahrungswissenschaften (s. unten) stehen verwickeltere Kriterien, z. B. solche der → *Falsifikation* für Hypothesen und Theorien (→ *Theorie*), zur Verfügung.

Das Schaubild verdeutlicht zwei weitere Begriffe im Zusammenhang mit wissenschaftlichen Modellbildungen: Die Differenzklasse $P_1 \setminus U_1$ (das Komplement von U_1 bezüglich P_1) repräsentiert die gemäß $Ico_F P_1,P_2$ nicht erfaßten, also von k bezüglich Z bewußt übergangenen oder präterierten Attribute von P_1, die Differenzklasse $P_2 \setminus U_2$ dagegen die Gesamtheit derjenigen Attribute, denen keine Elemente aus P_1 entsprechen, die mithin keine originalabbildende Funktion erfüllen, sondern hinzugefügte Modellbeschaffenheiten darstellen. Wir nennen $P_1 \setminus U_1$ Präteritionsklasse und $P_2 \setminus U_2$ Abundanzklasse der Original-Modell-Abbildung. Weitere, in der AMT abgehandelte Begriffe sind diejenigen der strukturellen und der materialen Originalangleichung eines Modells. Sie ermöglichen die Bestimmung von »Adäquationsmaßen« des Original-Modell-Vergleiches einschließlich der genauen Charakterisierung wichtiger Grenzfälle (Isomorphie, Isohylie, vollständige Analogie usw.). Von hier aus eröffnet sich der Weg zu weiteren Maßbestimmungen, z. B. solchen des Komplexitätsgrades sowie des Gehaltes an (syntaktischer, semantischer, pragmatischer) → *Information* von Modellen im Vergleich zu den modellierten Originalen.

D. Klassifikation der Modelle

Außer der Explikation des allgemeinen Modellbegriffs ist die Frage nach den in Wissenschaft und Technik vorkommenden Modellarten von Interesse. Die folgende Klassifikation versteht sich unter Berücksichtigung zahlreicher Bereichsüberschneidungen und Modell-Kombinationsformen.

I. Graphische Modelle

Graphische Modelle (wesentlich zweidimensionale anschauliche Originalrepräsentationen; wir unterscheiden:)

1. Bildmodelle (überwiegend ikonisch = unmittelbar originalrepräsentierend); 1.1 Bilder, Abbilder (vollikonisch, d. h. unmittelbar ihre eigene Bedeutung repräsentierend), 1.2 teilschematische Abbildungen (teils »naturalistisch«, teils schematisch), 1.3 vollschematische Abbildungen (noch wesentlich kodierungsfrei).

2. Darstellungsmodelle (deren Originalbezug eine explizite Zeichenerklärung erfordert); 2.1 Diagramme (graphische Darstellungen, z. B. von statistischen Verteilungen), 2.2 Darstellungsgraphen (Kurven als Funktionsgraphen, Pfeildiagramme usw.), 2.3 Fluidogramme (Flußdiagramme zur Darstellung zeitlicher Abläufe, insbesondere Organo- und Soziogramme, ferner Schaltbilder).

II. Technische Modelle

Technische Modelle (wesentlich dreidimensionale raum-zeitliche, materiell-energetische Repräsentationen, und zwar:)
1. Physikotechnische Modelle; 1.1 statisch-mechanische (z. B. Globus, Flugkörpermodell, Raumgittermodell eines Kristalls), 1.2 dynamisch-mechanische (z. B. Planetarium, hydrodynamische Modelle, Flugsimulator), 1.3 elektromechanische, aufgeteilt in elektrostatische (z. B. magnetische Kugel als Modell des Erdmagnetfeldes) und elektrodynamische (z. B. bei Ausstattung mit elektronischen Teilsystemen Simulationsmodelle der Weltraumforschung), 1.4 elektronische, aufgeteilt in elektronische Funktionsmodelle (z. B. elektronisch gesteuerte Organprothesen; »künstliche Schildkröte«, Homöostasemodell von ASHBY) und Computermodelle (das sind durch Digitalautomaten realisierte Programme) zur – meist »zeitraffenden« – Simulation hochkomplexer originalseitiger Prozesse, 1.5 elektrochemische (z. B. Labormodelle der biologischen Evolution, Simulationsmodell der Jupiteratmosphäre).
2. Bio-, psycho- und soziotechnische Modelle; 2.1 biotechnische Modelle (z. B. Tierversuche; Bakterien-Analogmodell zur Erforschung des Evolutions-»Mechanismus« von Mutation und Selektion), 2.2 psychotechnische Modelle (z. B. Modelle der experimentellen Tierpsychologie; sozialwissenschaftliche Modelle sogenannter subjektiver Daten), 2.3 soziotechnische Modelle (z. B. interagierende Personengruppen, die [soziale] Organisationen in spezifischen Kommunikationsbezügen repräsentieren).

III. Semantische Modelle

Semantische Modelle sind »Zeichenmodelle«, die ähnlich wie die Darstellungsmodelle (s. oben D.II.2) nur dann kommunikabel sind, wenn Übereinkünfte darüber getroffen wurden, wofür die verwendeten Zeichen stehen (welchen »Referenda« sie zugeordnet sind). Damit erfassen semantische Modelle »Realität« in der besonderen Weise von Sprache, letztere im weitesten (taxemischen, also nicht nur phonemisch-graphemischen) Sinne unter Einschluß auch des »internen« Zeichengebrauches. Der nachstehenden Einteilung liegt das Metamodell (Modell von Modellen) der semantischen Stufen (AMT) zugrunde:

Interne Modelle (der ersten semantischen Stufe, das sind innere Modellbildungen im Bereich des individuellen Wahrnehmens, Vorstellens und Denkens), gegliedert in

1.1 Perzeptionsmodelle mit der Unterteilung in Elementarmodelle (= »Perzeptionsereignisse«, für deren »Empfang« ein in Lernprozessen aufgebautes System von »Perzeptionsformen« mit »Bedeutungsbezug« zur Verfügung steht), Partialmodelle (als Teile der Außenwelt abbildenden Kombinate von Elementarmodellen der Perzeption) und das in jedem Zeitpunkt insgesamt empfangene Außenweltmodell,

1.2 kogitative Modelle, eingeteilt einmal bezüglich ihres perzeptuellen Außenweltbezuges in
1.2.1 innere Kombinationsmodelle (in denen gespeicherte und bedarfsweise abgerufene Perzeptionsmodelle zu Abbildern lediglich vorgestellter, insbesondere antizipierter künftiger Wirklichkeiten kombiniert werden) sowie
1.2.2 innere Derivationsmodelle (die schließende, folgernde oder ableitende Operationen »am Material der → *Erfahrung*« [→ *Abstraktion;* → *Deduktion;* → *Induktion;* → *Prognose, Voraussage*] einschließlich der Ergebnisse dieser Operationen darstellen),
zum anderen in 1.2.1' emotiv-kogitative Modelle (erzeugt hauptsächlich aus motivationalen Spannungszuständen, Gemütsbewegungen usw.) sowie 1.2.2' kognitiv(-kogitativ)e Modelle (die bereits nach morphologischen, syntaktologischen und semiologischen Regeln einer Sprache strukturiert sind) mit den fünf Hauptklassen der a) allokativen, b) optativen, c) imperativen, d) interrogativen und e) narrativen internen Modelle, von denen die letzteren wieder unterteilt werden können in e1) nicht-szientifische (vorwissenschaftlich-deklarative; künstlerisch-symbolische; metaphysische) und e2) szientifische Modelle.

2. Externe Modelle der zweiten, dritten usw. semantischen Stufe: Die Modelle der zweiten semantischen Stufe sind z. B. (sprech-)sprachliche Gebilde, die die Modelle der ersten Stufe zu Originalen haben. Die Modelle der dritten semantischen Stufe sind z. B. schriftsprachliche Gebilde, die der Wiedergabe der Modelle der zweiten Stufe dienen. Die Modelle der vierten Stufe modellieren z. B. in einer künstlichen Sprache Modelle der dritten

Stufe. Auf der fünften Stufe können z. B. Textmodelle in einen binären Kode übertragen und auf diese Weise computerunterstützte Wissensspeicher aufgebaut werden. Die Strukturierung des Gesamtraumes der semantischen Modellbildungen stellt dabei kein starres Ablaufschema dar; so können in den verschiedenen Modellbildungsprozessen Stufen übersprungen und mit sehr unterschiedlichen Kommunikationssystemen besetzt werden. – Das Stufenschema wird durch eine nullte semantische Stufe, diejenige der materiell-energetischen Informationsträger, abgeschlossen.

IV. Semantisch-szientifische Modelle
Die auf der ersten semantischen Stufe getroffene Einteilung der kognitiven Modelle bleibt im Aufbau des Stufensystems erhalten. Dies gilt insbesondere für die szientifischen Modelle mit den Unterarten der formal-wissenschaftlichen (→ *Mathematik;* → *Logik*), der empirisch-theoretischen (→ *Naturwissenschaften;* → *Sozialwissenschaften*), der technologischen (→ *Technologie*) und der praxeologischen Modelle (→ *Erkenntnistheorie, neopragmatische*).
Modelle, die Erfüllungsgebilde linguistischer Bedingungsgefüge (z. B. von logiksprachlich formulierten Axiomensystemen) sind, heißen in der AMT Belegungsmodelle. Im »non-statement view« des Neuen Strukturalismus (Stegmüller) wird die Position dieser »Belegungssemantik« verlassen. Dort sind Modelle spezielle (axiomatische) Strukturen und werden die mit ihrer Hilfe gebildeten Theorien wie bereits in der AMT auf pragmatische Variable (vgl. B.) relativiert (hierzu Balzer/Moulines/Sneed).

Herbert Stachowiak

Achinstein, P.: Models, analogies, and theories. In: Philosophy of Science 31, 1964. – *Addison, J. W./Henkin, L./Tarski, A.:* The theory of models. In: Proceedings 1963 International Symposium at Berkeley. Amsterdam: North-Holland 1965. – *Balzer, W./Moulines, C. U./Sneed, J. D.:* An architecture for science. 1987. – *Black, M.:* Models and metaphors. 1962, [3]1966. – *Freudenthal, H.:* The concept and the role of the model in mathematics and natural and social sciences. In: Proceedings Collected. (Division of Philosophy of Sciences.) International Union of History and Philosophy of Sciences, Utrecht 1960. Dordrecht: Reidel 1961. – *Hesse, M.:* Models and analogies in science. 1963. – *Kreisel, G./Krivine, J.- L.:* Modelltheorie. 1972. – *MacIntyre, A.:* Model Theory. In: *Agazzi, E. (Hg.),* Modern logic. 1981. – *Moulines, C. U.:* Theory-nets and the evolution of theories. The example of Newtonian mechanics. In: Synthese 41, 1979. – *Potthoff, K.:* Einführung in die Modelltheorie und ihre Anwendungen. 1981. – *Stachowiak, H.:* Allgemeine Modelltheorie. 1973. – *Ders.:* Denken und Erkennen im kybernetischen Modell. 1965, [2]1969 = 1975. – *Ders.:* Gedanken zu einer allgemeinen Theorie der Modelle. In: Studium Generale 18, 1965. – *Ders.:* Models. In: Scientific thought. Hg. von der UNESCO. 1972. – *Ders. (Hg.):* Modelle – Konstruktion der Wirklichkeit. 1983. – *Stegmüller, W.:* Probleme und Resultate [...]. Bd. 2 III. [H] – *Studium Generale* 18, 1965: Aufsätze zum Modell-Begriff in den Wissenschaften. – *Swanson, J. W.:* On models. In: British Journal for Philosophy of Science 17, 1967. – *Wartofsky, M. W.:* Models. Representations and the scientific understanding. 1979.

Herbert Stachowiak/H.S.

Naturwissenschaften

A. Ursprung und Struktur
Die moderne, d. h. experimentelle und möglichst mathematische Naturwissenschaft nahm ihren Beginn etwa um 1600, zur Zeit Galileis. Sie erwuchs aus der Verbindung des theoretischen naturphilosophischen Frageimpulses, der »wissen möchte, was die Welt im Innersten zusammenhält«, mit dem praktischen handwerklich-technischen Bemühen um die Umgestaltung der Natur zugunsten der menschlichen Lebensbedürfnisse.

I. Antike
In der Sklavengesellschaft der Antike war eine solche Verbindung auf breiterer Front nicht möglich gewesen, weil der manuelle Umgang mit Materie – und damit auch das Experiment – als eines freien Mannes unwürdig galt; Archimedes mußte so tun, als habe er seine physikalischen Erkenntnisse durch rein gedankliche Einsichten und Deduktionen gewonnen. Dementsprechend wurde theoretisch-spekulativ zwischen Materie und Geist eine solche Trennung angenommen, daß nicht einmal die griechischen Materialisten wie Leukipp und Demokrit auf den Gedanken kamen, im materiellen Naturgeschehen nach mathematischen, d. h. geistbedingten Strukturen zu suchen. Die zwanghafte Notwendigkeit, die dem materiellen Naturgeschehen zugeschrieben wurde, sollte »blind«, d. h. ohne rational erfaßbare Struktur sein. Die am Sternenhimmel beobachteten mathematischen

Regelmäßigkeiten wurden darauf zurückgeführt, daß es sich bei den Gestirnen irgendwie um eine höhere, geistigere Welt handele. Auch in China, das bis zum Mittelalter in der handwerklich-technischen Entwicklung durchweg einen Vorsprung von einigen Jahrhunderten vor Europa hatte, kam es nicht zu einer Naturwissenschaft im modernen Sinn: Die literarisch gebildete Mandarinen-Schicht distanzierte sich scharf von den »Handwerkern«, zu denen auch Ärzte und Mathematiker gerechnet wurden; die taoistische chinesische Naturphilosophie lehrte als Weg zur Natur das mystische Sich-Einfühlen und Sich-Einfügen, nicht die rationale Analyse. Die chinesische Astronomie beschränkte sich überwiegend auf eine tabellarische Erfassung der Gestirnspositionen ohne den Versuch ihrer Ableitung aus einem Weltmodell.

II. Renaissance

Im Westeuropa der Renaissance hatte der damalige Frühkapitalismus ein großes Interesse an handwerklich-technischen Verfahren zur Produktivitätssteigerung. Die Schriften der griechischen Mathematiker, die bis dahin nur mühsam auf dem Umweg über arabische Übersetzungen zugänglich gewesen waren, wurden von den Humanisten direkt aus dem Griechischen übertragen. Das Christentum hatte den Gedanken eines Schöpfergottes gebracht, der auch die materielle Welt geschaffen und »nach Maß, Zahl und Gewicht geordnet« hatte, so daß nun auch im materiellen Naturgeschehen mathematische Strukturen zu erwarten waren. (Darum noch heute der Ausdruck »Natur*gesetz*«: als Nachklang der Auffassung, daß der Schöpfergott der Natur die Normen ihres Verhaltens auferlegt habe.) Kopernikus, der die Erde als einen Planeten unter anderen ansah, hatte den Unterschied zwischen der »göttlichen« Himmelswelt, in der schon die Antike mathematische Regelmäßigkeiten gefunden hatte, und der irdischen Welt eingeebnet. In einem solchen geistigen Klima entstand die experimentell-mathematische Naturwissenschaft aus der Verschmelzung des theoretischen naturphilosophischen Frageimpulses mit dem praktischen technisch-handwerklichen Bemühen, eine Verschmelzung, wie sie etwa in der Person Galileis beispielhaft zu erkennen ist.

III. Formalismus und Weltbild

Entsprechend dieser zweifachen Wurzel sind in der Naturwissenschaft zwei Elemente zu unterscheiden, die natürlich immer miteinander verflochten sind, die aber zur Klärung vieler Fragen begrifflich auseinandergehalten werden sollten, auch wenn im konkreten Fall die Grenzen oft fließend und unscharf sind. Wir wollen sie als »Formalismus« und »Weltbild« bezeichnen. Der *Formalismus* beinhaltet Wenn-dann-Aussagen über Beziehungen zwischen Beobachtungsdaten etwa von der Art: »Wenn man einen Stein in Erdennähe losläßt, dann beobachtet man ihn 0,5 sec später 1,2 m tiefer, 1 sec später 4,9 m tiefer usw.« oder: »Wenn man am 10. Januar um 22.15 Uhr nach Nordwesten schaut, sieht man in einem Winkel von 22° über dem Horizont einen hellen Punkt.« Es handelt sich um funktionale, nicht um kausale Zusammenhänge, d. h., die eine Erscheinung wird nicht als Ursache der anderen angesehen, sondern es wird nur eine Wenn-dann-Verknüpfung ausgesprochen. Das *Weltbild* der Naturwissenschaft beinhaltet jene hypothetisch angenommenen und meist in mathematischen Modellen beschriebenen Strukturen der materiellen Welt, die als der Grund dafür angesehen werden, daß zwischen den Beobachtungsdaten die im Formalismus beschriebenen Funktionalzusammenhänge bestehen, weil sich aus den Annahmen des Weltbilds die Funktionalzusammenhänge des Formalismus durch logisch-mathematische Deduktion ableiten lassen. Zum Weltbild in diesem Sinn gehören das ptolemäische und kopernikanische Weltsystem, die Newtonsche Mechanik und Gravitationstheorie, die Quantenphysik, die Relativitätstheorie usw. Der Formalismus steht ersichtlich in größerer Nähe zum praktischen handwerklich-technischen Bemühen, das Weltbild in größerer Nähe zum theoretischen naturphilosophischen Frageimpuls.

Die Unterscheidung zwischen Formalismus und Weltbild ist u. a. deshalb wichtig, weil die wissenschaftsgeschichtliche Entwicklung der Formalismen und der Weltbilder verschieden verläuft. Die historisch aufeinanderfolgenden Weltbilder stehen oft in scharfem Gegensatz zueinander; man denke an das Verhältnis zwischen dem kopernikanischen und dem ptolemäischen Weltsystem, zwischen der Quantenphysik bzw. Relativitätstheorie und der klassischen Physik usw. Die Formalismen dagegen entwickeln sich stetig und ohne Bruch in dem Sinn, daß ein einmal als gültig erwiesener Formalismus auf dem Gebiet und für die Beobachtungsgenauigkeit, für die seine Geltung erwiesen wurde, immer gültig bleibt; wird ein neuer, besserer Formalismus entwickelt, so enthält er den alten Formalismus als Sonderfall bzw. als näherungsweise, bei geringerer Beobachtungsgenauigkeit gültige Beschreibung. Die stetige Entwicklung begründet die Sicherheit in der technischen Anwendung der Formalismen; noch heute werden Raketenbahnen nach der klassischen Physik und nicht nach der Quantenphysik oder nach der Relativitätstheorie berechnet. Daß der Übergang von einem Weltbild zum anderen oft einen Bruch, einen Umsturz bedeutet, ist darum besonders bedauerlich, weil vor allem in den Weltbildern der »Bildungswert« der Naturwissenschaft enthalten ist, d. h. ihr Beitrag zum Weltverständnis und Selbstverständnis des Menschen. Die Vorläufigkeit und Widerruflichkeit, die somit dem naturwissenschaftlichen Beitrag zur menschlichen Weltorientierung anhaften, sind aber wohl nicht größer als die Vorläufigkeit und Widerruflichkeit allen menschlichen Erkenntnisbemühens. Außerdem gibt es in der Naturwissenschaft auch zumindest Weltbildelemente, die zufolge einer engeren Verbindung zum Formalismus in ihrer historischen Entwicklung keinen Bruch, sondern eine zunehmende Verfeinerung erfahren haben; hierzu gehört der Begriff des Atoms oder in der Biologie der Begriff des Gens als des Trägers der Erbanlagen.

IV. Selbstbeschränkung der Naturwissenschaft

Eine Ergänzung ist noch zu der Redeweise vom naturwissenschaftlichen »Weltbild« zu machen: »Welt« meint ursprünglich das Ganze, das Umfassende, und in diesem Sinn bemüht sich die Philosophie um ein Weltbild, eine »Weltanschauung« in der ursprünglichen Wortbedeutung. Das »Weltbild« der Naturwissenschaft dagegen – so verstanden, wie wir diesen Ausdruck hier benutzen – bezieht sich immer nur auf einen *Teilaspekt der Wirklichkeit*, eben auf das, was die Naturwissenschaft experimentierend in den Griff bekommt. In dieser Beschränkung liegt die Stärke der Naturwissenschaft, ihre Sicherung vor vager Spekulation. Es liegt darin aber auch die Grenze der Naturwissenschaft, weil viele Fragen, deren Beantwortung dem Menschen ein dringendes Bedürfnis ist, sich der naturwissenschaftlichen Methode – zumindest gegenwärtig noch – entziehen. Hier bleibt nur der Rückgriff auf → *Philosophie*, auf Weltanschauung. Da auch Naturwissenschaftler Menschen sind, fühlen auch sie sich vor diese philosophischen Fragen gestellt, und auch sie haben das Recht zu philosophieren; aber diese Philosophie sollte man nicht als naturwissenschaftliches Weltbild, sondern eben als Naturphilosophie bezeichnen.

B. Erkenntnistheoretische Problematik

Die beschriebene Struktur der Naturwissenschaft wirft zwei erkenntnistheoretische Fragen auf: Wie rechtfertigt sich der Schluß von den nur endlich vielen Fällen, in denen sich ein Formalismus als zutreffend erwiesen hat, auf seine Geltung für alle einschlägigen Fälle? Und: Wie rechtfertigt sich der Schluß von dem Formalismus auf das ihm zugrunde gelegte Weltbild? Konkret: Wenn ich endlich viele Male einen losgelassenen Körper mit konstanter Beschleunigung fallen sah, wie rechtfertige ich meine Erwartung, daß alle losgelassenen Körper mit konstanter Beschleunigung fallen? Und wie rechtfertige ich den Schluß von diesem Formalismus des Fallgesetzes auf das Weltbild der Newtonschen Mechanik und Gravitationstheorie, wonach zwischen allen Körpern eine anziehende Kraft wirkt, welche ihrer Masse direkt und dem Quadrat der Entfernung umgekehrt proportional ist?

I. Wahrscheinlichkeit

Wir wollen die beiden Fragen an einem vereinfachenden Modell behandeln, welches zugleich zeigt, daß es sich nicht um ein spezielles Problem der naturwissenschaftlichen Erkenntnis handelt, sondern daß die grundsätzlich gleiche Problematik schon im Alltagsleben, bei der erkenntnismäßigen Orientierung in der »Lebenswelt« auftritt. Wir betrachten ein *Glücksrad* (Lotterierad), von dem wir wissen, daß seine Felder schwarz oder weiß sein können, von dem wir aber nicht wissen, wie viele Felder schwarz bzw. weiß sind. Außerdem wissen wir, daß das Rad n-mal gedreht wurde und jedesmal auf einem schwarzen Feld stehenblieb. Die Frage lautet hier: Wie rechtfertigen wir die Behauptung »Dieses Rad bleibt immer auf einem schwarzen Feld stehen«? Diese Frage entspricht im Sinn unserer Modellbetrachtung dem naturwissenschaftlichen Formalismus, da sie sich auf das direkt Beobachtbare bezieht. Die zweite Frage lautet: Wie rechtfertigen wir die Behauptung »Alle Felder des Rades sind schwarz«? Diese Frage entspricht dem naturwissenschaftlichen Weltbild, da sie sich auf

eine hypothetisch angenommene, nicht direkt beobachtete Struktur der Wirklichkeit bezieht.
Offensichtlich handelt es sich in beiden Fällen um ein Problem der *subjektiven Wahrscheinlichkeit*, d. h. einer Wahrscheinlichkeit, die nicht als relative Häufigkeit oder als Verhältnis der günstigen zu allen insgesamt möglichen Fällen aufgefaßt wird, sondern als Maß des subjektiven Für-wahr-Haltens. Man kann den Grad des subjektiven Für-wahr-Haltens einer Vermutung messen durch die Höhe des Wetteinsatzes, den eine Person auf diese ihre Vermutung zu leisten bereit ist. Bei einer fairen Wette ist die Gewinnchance gleich der Verlustchance. Die Gewinnchance ist das Produkt aus der Wahrscheinlichkeit des Gewinns und dem Betrag des Gewinns, Entsprechendes gilt für die Verlustchance, und die Gleichheit von Gewinn- und Verlustchance ermöglicht es dann, die Gewinn- bzw. Verlustwahrscheinlichkeit durch die Höhe der Wetteinsätze quantitativ zu erfassen. Es läßt sich zeigen (RAMSEY; DE FINETTI), daß für die so bestimmte subjektive Wahrscheinlichkeit die Sätze der Wahrscheinlichkeitsrechnung gelten.
Bei unserem Lotterierad, das bisher immer auf einem schwarzen Feld stehenblieb, drängt sich die Vermutung auf, daß das Rad überhaupt nur schwarze Felder habe, und aufgrund dieser Vermutung erwarten wir, daß das Rad auch in Zukunft immer auf einem schwarzen Feld stehenbleiben werde. Bei der Vermutung über die Beschaffenheit des Rades handelt es sich wahrscheinlichkeitstheoretisch um das Problem der »Wahrscheinlichkeit von Ursachen«: Gegeben ist ein Ereignis E, das von verschiedenen Ursachen U_1, U_2, U_3 ... hervorgebracht sein kann; gefragt ist nach der Wahrscheinlichkeit dafür, daß E von U_1 bzw. U_2 bzw. U_3 ... hervorgebracht wurde. Bei unserem Lotterierad ist das Ereignis E gegeben durch die n-malige Folge von »Schwarz«, und als Ursachen ziehen wir vereinfachend nur zwei in Betracht: U_1 ist ein Rad mit nur schwarzen Feldern; U_2 ist ein Rad, das außer schwarzen auch weiße Felder besitzt.
Die Wahrscheinlichkeitsrechnung unterscheidet bei der Wahrscheinlichkeit von Ursachen zwischen Apriori-Wahrscheinlichkeit und Aposteriori-Wahrscheinlichkeit. Bei unserem Lotterierad ist die *Apriori-Wahrscheinlichkeit* für U_1 bzw. U_2, die wir mit $P(U_1)$ bzw. $P(U_2)$ bezeichnen wollen, bestimmt durch das, was wir über die Struktur des Rades, d. h. über die Zahl der schwarzen und weißen Felder vermuten, *bevor* wir das Rad gedreht und die erhaltenen Farben festgestellt haben. Die *Aposteriori-Wahrscheinlichkeit*, die wir mit $W(U_1)$ bzw. $W(U_2)$ bezeichnen wollen, entspricht unserem Vermutungsstand, *nachdem* wir das Rad gedreht und die erhaltenen Farben festgestellt haben. Außerdem hat die Wahrscheinlichkeitsrechnung den Begriff der *Likelihood*, den wir mit $L(U_1)$ bzw. $L(U_2)$ bezeichnen: $L(U_1)$ bzw. $L(U_2)$ ist die Wahrscheinlichkeit, mit der das Eintreten des Ereignisses E zu erwarten ist, *wenn* wir wissen, daß U_1 bzw. U_2 wirksam ist. Bei unserem Lotterierad ist ersichtlicherweise $L(U_1) = 1$ und $L(U_2) < 1$. Unter diesen Voraussetzungen gilt für den Zusammenhang von Apriori- Wahrscheinlichkeit, Aposteriori-Wahrscheinlichkeit und Likelihood die wahrscheinlichkeitstheoretische Formel von BAYES:

$$\frac{W(U_2)}{W(U_1)} = \frac{P(U_2) \cdot L(U_2)}{P(U_1) \cdot L(U_1)}$$

Mit dieser Formel können wir zunächst nichts anfangen, da die Apriori- Wahrscheinlichkeiten unbestimmt sind; wir wissen im allgemeinen nur, daß keine der beiden Radtypen von vornherein ausgeschlossen ist, d. h., daß $P(U_1) \neq 0$ und $P(U_2) \neq 0$ gilt. Wir können jedoch folgendermaßen weiterkommen:
Wir bezeichnen mit $L_1(U_1)$ bzw. $L_1(U_2)$ die Wahrscheinlichkeit dafür, daß sich bei einmaliger Betätigung des Rades die Farbe Schwarz ergibt; mit $L_n(U_1)$ bzw. $L_n(U_2)$ die Wahrscheinlichkeit dafür, daß sich bei n-maliger Betätigung immer Schwarz ergibt. Dann ist $L_n(U_1) = [L_1(U_1)]^n = 1$. Weiter gilt $L_n(U_2) = [L_1(U_2)]^n$. Nun ist $L_1(U_2) < 1$, und daraus folgt: Wir können $L_n(U_2) = [L_1(U_2)]^n$ beliebig klein werden lassen, wenn wir nur n hinreichend groß machen. Betrachten wir nun die Formel

$$\frac{W(U_2)}{W(U_1)} = \frac{P(U_2) \cdot [L_1(U_2)]^n}{P(U_1) \cdot [L_1(U_1)]^n}$$

so erkennen wir, daß wir den Zähler des Bruches auf der rechten Seite durch Wahl eines hinreichend großen n beliebig klein machen können, und das bedeutet: Welchen Wert auch immer die unbekannten $P(U_1)$ und $P(U_2)$ haben mögen – durch ein hinreichend großes n können wir immer $W(U_2)$ beliebig klein gegenüber $W(U_1)$ werden lassen. Anders ausgedrückt: Wenn wir unser Lotterierad hinreichend oft betätigen und immer wieder Schwarz erhalten, dann geht die Aposteriori-Wahrscheinlichkeit dafür, daß das Rad weiße Felder enthält, gegen Null, auch wenn wir von der Apriori-Wahrscheinlichkeit für ein Rad mit nur schwarzen Feldern lediglich wissen, daß sie nicht gleich Null ist. Wir können also unsere Unkenntnis der Apriori-Wahrscheinlichkeiten kompensieren durch eine hinreichend oftmalige Wiederholung des Versuches.

Freilich: *Wie* groß n sein muß, *wie* oft wir den Versuch wiederholen müssen, das hängt von den unbekannten Apriori-Wahrscheinlichkeiten ab, und darum bedeutet unser Ergebnis nur: *Je* öfter wir das Rad drehen und Schwarz erhalten, *desto* größer wird die Aposteriori-Wahrscheinlichkeit für ein Rad mit nur schwarzen Feldern. Unsere wahrscheinlichkeitstheoretische Argumentation ist also nicht mehr und will nicht mehr sein als die Analyse und Rekonstruktion der Überlegungen, welche der »gesunde Menschenverstand« anstellt, wenn er sich mit unserem Problem befaßt.

Grundsätzlich gleichartig wie bei unserem Glücksrad liegen die Verhältnisse, wenn aus endlich vielen Fallversuchen auf die allgemeine Geltung des Fallgesetzes geschlossen werden soll. An sich könnte die Fallbewegung in den bisher beobachteten Fällen auch auf Zufälle zurückgegangen sein und nicht auf einen Naturfaktor, der die Körper regelmäßig nach unten bewegt. Aber je öfter wir den Versuch wiederholen, desto geringer wird die Likelihood dafür, daß Zufälle die Bewegung nach unten hervorbringen, und desto größer wird daher die Aposteriori-Wahrscheinlichkeit eines Naturfaktors. Betrachten wir dann nicht nur unsere eigenen Fallversuche, sondern auch die Bewegung der Gestirne umeinander, so gibt das Anlaß zu der Vermutung, daß der Naturfaktor die mathematische Struktur der Newtonschen Schwerkraft habe. Diese mathematische Struktur der Schwerkraft können wir natürlich (von Sonderfällen abgesehen) nicht aus unseren Beobachtungen logisch ableiten. Sie wird vielmehr von uns hypothetisch entworfen, und dann können wir ableiten: Wenn die Schwerkraft die vermutete Struktur hat, dann ist die Likelihood dafür, daß sie die beobachteten Erscheinungen hervorbringt, gleich 1.

II. Methode in Naturwissenschaft und Alltag

Aus dem Vorstehenden wird ersichtlich, daß die erkenntnistheoretische Problematik der *naturwissenschaftlichen* Methode sich *nicht grundsätzlich* von der Erkenntnisproblematik *des Alltagslebens unterscheidet.* Wenn wir etwa vor der Frage stehen, ob wir einer bestimmten Nachricht Glauben schenken sollen, dann vergleichen wir die Apriori-Wahrscheinlichkeit des Gemeldeten mit der Apriori-Wahrscheinlichkeit und der Likelihood eines Irrtums und einer Täuschung. Sogar wenn es um die Zuverlässigkeit unserer eigenen Erinnerung oder Sinneswahrnehmung geht, müssen wir gelegentlich solche Abschätzungen vornehmen. Rein logisch kommen wir dabei im Alltagsleben und in der Naturwissenschaft nie über eine wenn auch sehr hohe Wahrscheinlichkeit hinaus. Psychologisch aber kommt einmal der Punkt, wo die Wahrscheinlichkeit in Gewißheit umschlägt. Damit ist folgendes gemeint:

Die Bewußtseinszustände der Vermutung und der Gewißheit unterscheiden sich psychologisch dadurch, daß ich bei einer Vermutung meine »innere Einstellung« zu dem fraglichen Sachverhalt ganz bewußt »in der Schwebe halte«, daß ich mich nicht »festlege«; bei der Gewißheit dagegen ist diese Zurückhaltung aufgegeben, habe ich mich darauf »festgelegt«, daß es so und so ist. Nun ist es eine psychologische Gegebenheit, daß wir nicht unser gesamtes Alltagsleben ausschließlich auf Vermutungen aufbauen können; wenn wir nicht den Verstand verlieren wollen, müssen wir wenigstens bei den grundlegenden Sinneswahrnehmungen und Erinnerungen das Gefühl haben, »auf festem Boden zu stehen«. Da aber, rein logisch gesehen, die Irrtumswahrscheinlichkeit auch dort niemals exakt gleich Null ist, muß unsere psychologische Struktur so eingerichtet sein (und sie ist es erfahrungsgemäß auch), daß irgendwo bei sehr, sehr kleiner logischer Irrtumswahrscheinlichkeit der psychologische Bewußtseinszustand der »Vermutung« in den der »Gewißheit« oder »Sicherheit« umschlägt. In diesem und nur in diesem Sinn haben wir Gewißheit von unseren Sinneswahrnehmungen und Erinnerungen, und in diesem Sinn können wir auch Gewißheit über die Geltung von Naturgesetzen haben. Das ist deshalb zu beachten, weil manche heutigen Kritiker der Naturwissenschaft wegen der beschriebenen erkenntnistheoretischen Problematik die Möglichkeit sicherer naturwissenschaftlicher

Erkenntnis überhaupt ausschließen wollen. Diese Kritik wäre nur dann konsequent, wenn sie zugleich die Möglichkeit sicherer Wahrnehmungs- und Erinnerungserkenntnis ausschließen würde, da ja die Problemlage in beiden Fällen grundsätzlich die gleiche ist.

C. Methodisches
I. Falsifizierbarkeit
1. Popper: Naturgesetze sind All-Sätze, und All-Sätze können durch einzelne Beobachtungsaussagen rein logisch im Prinzip nicht bestätigt, wohl aber widerlegt werden. Darum vertrat K. R. Popper die Auffassung, daß es in der Naturwissenschaft nicht um die Bestätigung, sondern um die Widerlegung von Hypothesen gehe; die *Falsifizierbarkeit* sei jene Eigenschaft, wodurch sich die Sätze der Naturwissenschaft methodisch von anderen Sätzen unterschieden (→ *Falsifizierbarkeit, zwei Bedeutungen*). Aber wann ist eine Hypothese durch einen Beobachtungssatz endgültig widerlegt? Man kann doch immer Hilfshypothesen und Zusatzannahmen einführen, die den Widerspruch aufheben. Und der Naturwissenschaftler sieht nun einmal seinen eigentlichen Erfolg nicht in der Widerlegung, sondern in der Bestätigung seiner Hypothesen.
Popper sah Theorien, die irgendwie einen inneren Widerspruch enthalten, schon allein dadurch als falsifiziert an. I. Lakatos wies demgegenüber darauf hin, daß die Naturwissenschaft, gerade auch die theoretische Physik, gelegentlich sehr wohl mit Theorien operiert, die in ihren Grundlagen irgendwie einen Widerspruch enthalten. Wenn die Theorien zu Ergebnissen führen, die befriedigend mit der Erfahrung übereinstimmen, hofft man, daß der Widerspruch in den Grundlagen durch eine bessere Formulierung der Theorie behoben werden könne. Wesentlich ist nun folgendes: Popper verwarf widersprüchliche Theorien mit der Begründung, daß sie all- und damit nichtssagend seien, weil aus einer widersprüchlichen Theorie jede beliebige Aussage als Folgerung abgeleitet werden könne. Das ist nach der mathematischen Logik in der Tat der Fall, und man betrachtet darum in der mathematischen Grundlagenforschung die Widerspruchsfreiheit einer mathematischen Theorie als erwiesen, wenn gezeigt ist, daß sich irgendeine (formal zulässige) Aussage aus der Theorie nicht ableiten läßt.
Die erwähnten physikalischen Theorien jedoch sind in der Form, wie sie verwendet werden, innerlich widersprüchlich, und dennoch ist der Physiker der Auffassung, daß sich aus ihnen nicht jede beliebige, sondern nur ganz bestimmte Aussagen als Folgerungen ableiten lassen. Der Physiker übernimmt folglich für seine Wissenschaft nicht alle Ergebnisse der mathematischen Logik; vielmehr geht es, wie die genauere Untersuchung zeigt, um die Art und Weise, wie die mathematische Logik die Wenn-dann-Verknüpfung behandelt. Die mathematische Logik sieht den Satz »Wenn a, dann b« immer als wahr an, wenn a falsch ist. Der Satz »Wenn $2 \cdot 2 = 5$ ist, besteht der Mond aus grünem Käse« ist darum nach der mathematischen Logik ein wahrer Satz. Nach dem Sprachgebrauch der Umgangssprache und ebenso nach dem Sprachgebrauch des Physikers ist dieser Satz aber falsch; denn er sieht den Satz »Wenn a, dann b« nur dann als wahr an, wenn zwischen dem Inhalt der Aussagen a und b irgendein innerer, inhaltlicher Zusammenhang besteht. Die Frage nach dem inhaltlichen Zusammenhang von a und b wird von der mathematischen Logik ignoriert – vom rein logischen Standpunkt aus mit Recht –, und das führt im weiteren dazu, daß nach der mathematischen Logik, im Gegensatz zu der Auffassung des Physikers, aus einer widersprüchlichen Theorie jede beliebige Aussage abgeleitet werden kann. Diese Verschiedenheit der Auffassungen bedeutet, daß die mathematische Logik, entgegen verbreiteter Meinung, für die Wissenschaftstheorie der Naturwissenschaft nicht sehr geeignet sein dürfte.
2. Lakatos hat die Poppersche Auffassung fort- und umgebildet zu der Theorie der »Forschungsprogramme« (»research programmes«): Wenn eine bisher bewährte Theorie zu ersten Widersprüchen mit der Erfahrung führt, versucht man, die Widersprüche ohne Preisgabe der Grundlagen durch Zusatzannahmen, Spezifikationen usw. zu beheben. Häufen sich die Schwierigkeiten, dann wird das Vertrauen in die Grundlagen erschüttert, und man wird nach einer neuen theoretischen Grundlegung suchen; aber von einer eigentlichen Widerlegung der alten Theorie kann man erst sprechen, wenn die Schwierigkeiten einfach zu zahlreich geworden sind – die Vagheit, die in dem »zu zahlreich« steckt, läßt sich nicht beheben – oder wenn eine neue theoretische Grundlegung gefunden ist, die alle Probleme löst und, nach Möglichkeit, außerdem bisher unbeobachte-

te Phänomene richtig voraussagt. Diese Auffassung von Lakatos ist wohl die beste wissenschaftstheoretische Beschreibung der tatsächlich praktizierten naturwissenschaftlichen Forschungsmethode.

II. Hypothesen

Zur naturwissenschaftlichen Methodik gehört, so wird gewöhnlich gesagt, die Regel, im Zweifelsfall der *einfacheren* Hypothese den Vorzug zu geben. Diese Ausdrucksweise ist jedoch irreführend; denn in Wirklichkeit wird nicht die einfachere, sondern die *einheitlichere* Hypothese vorgezogen. Eine exakte Definition von »einheitlich« wäre sehr schwierig; für unsere Zwecke dürfte es genügen zu sagen: Eine Hypothese ist um so einheitlicher, je weniger voneinander logisch unabhängige Annahmen sie enthält. Die Mathematik einer einheitlicheren Hypothese ist im allgemeinen gerade nicht einfacher, sondern schwieriger als die einer weniger einheitlichen Hypothese; denn je geringer die Zahl der Voraussetzungen ist, aus denen die gewünschten Folgerungen, nämlich die beobachteten Tatsachen, abgeleitet werden sollen, desto schwieriger wird im allgemeinen die logisch-mathematische Deduktion. Unter Umständen kann jedoch die einheitlichere Hypothese auch die mathematisch einfachere sein. Wenn es z. B. nur darum geht, eine Anzahl von Meßwerten durch eine mathematische Funktion darzustellen, dann ist eine lineare Funktion $y = a \cdot x + b$ einfacher *und* einheitlicher als eine quadratische Funktion $y = a \cdot x^2 + b \cdot x + c$. Die lineare Funktion ist einheitlicher, weil in ihr nur 2 logisch voneinander unabhängige Annahmen, nämlich über die Größe der Konstanten a und b, enthalten sind, während in der quadratischen Funktion 3 unabhängige Annahmen über die Größe von a, b und c enthalten sind.

Die Bevorzugung der einheitlicheren Hypothese läßt sich wahrscheinlichkeitstheoretisch vielleicht wie folgt begründen: Die Apriori-Wahrscheinlichkeit für eine Hypothese, die n logisch voneinander unabhängige Annahmen enthält, ist gegeben durch das Produkt der n Apriori-Wahrscheinlichkeiten für die einzelnen Annahmen; sie ist also unter im übrigen gleichen Bedingungen um so kleiner, je größer n ist. Infolgedessen ist unter im übrigen gleichen Bedingungen die Apriori-Wahrscheinlichkeit und damit auch die Aposteriori-Wahrscheinlichkeit für eine einheitlichere Hypothese größer als für eine weniger einheitliche Hypothese.

III. Mathematik

Die fruchtbare Anwendung der → *Mathematik* in der Physik hängt mit folgendem zusammen: Grundlage der Arithmetik ist das Zählen als das Zusammenfassen völlig gleichartiger Einheiten, Grundlage der Geometrie ist die Gerade oder Ebene, bei der Seiten und Punkte einander völlig gleichartig sind. Diese völlige Gleichartigkeit ermöglicht bzw. erleichtert die typisch mathematische Deduktionsweise. In den empirischen Gegebenheiten ist jedoch die Gleichartigkeit niemals völlig realisiert, es gibt immer größere oder kleinere individuelle Unterschiede. Die Gegenstände der Mathematik sind also »Idealisationen«, d. h. Schöpfungen des menschlichen Geistes, und darum wurde die Mathematik immer als etwas »Geistiges« aufgefaßt. Auf die Erfahrungsgegebenheiten ist die Mathematik um so besser anwendbar, je mehr die individuellen Unterschiede vernachlässigt werden können. Nun hat die moderne Physik gezeigt, daß bei den physikalischen Elementarteilchen die Gleichartigkeit in optimaler Weise realisiert ist: ein Elektron, Proton, Photon usw. gleicht dem anderen nicht nur besser als ein Ei dem anderen, sondern es treten sogar jene realen physikalischen Effekte auf, die der Physiker als »Individualitätsverlust aufgrund von Ununterscheidbarkeit« bezeichnet. Hier ist also das ideale Anwendungsgebiet der Mathematik. Bei den materiellen Makrokörpern ist im allgemeinen keine Gleichartigkeit gegeben, weil die Makrokörper aus verschieden vielen verschiedenartigen Elementarteilchen zusammengesetzt sind. Hier müssen erst durch menschliche, d. h. geistgeleitete Tätigkeit gleich große gleichartige Körper hergestellt werden, ehe die Mathematik angewandt werden kann. Die antiken Atomisten hatten zwar den Begriff des Atoms als des kleinsten »Materieklümpchens« entwickelt, aber diese Materieklümpchen sollten im Gegensatz zu den modernen Elementarteilchen in Größe und Gestalt eine völlige, chaotische Verschiedenheit aufweisen und spiegelten damit nach heutigem Wissen gerade nicht die Struktur der Mikrowelt, sondern die Struktur der Makrowelt wider. Infolgedessen kamen die antiken Atomisten nicht auf den Gedanken, in der Materie nach »geistigen«, mathematischen Gesetzlichkeiten zu suchen.

IV. Teleologie

In der Biologie ist eine wichtige Forschungsmethode die *finale* oder *teleologische* Betrachtungsweise, d. h. die Frage, »wozu« ein Organ, eine Verhaltensweise usw. dient. Die große biologische Bedeutung der Teleologie hat oft zu der Auffassung geführt, daß das Lebensgeschehen ohne die Annahme eines planenden und lenkenden Schöpfers oder Weltordners nicht verstanden werden könne. Die moderne Evolutionstheorie dagegen interpretiert die finale Betrachtungsweise als die Frage nach dem Überlebenswert einer durch zufällige Mutation entstandenen Änderung von Bau oder Verhalten und sucht den richtenden Faktor in der natürlichen Auslese durch den »Kampf ums Dasein«.

D. Fremdbestimmung und Objektivität

Die Aposteriori-Wahrscheinlichkeit einer Hypothese hängt, wie gezeigt, stark von der Apriori-Wahrscheinlichkeit ab, und über die Apriori-Wahrscheinlichkeit können auch in die naturwissenschaftliche Hypothesenbildung »externe« Einflüsse weltanschaulicher, philosophischer und gesellschaftlicher Art hineinspielen und die Forschungsrichtung bestimmen. Man kann z. B. mit Recht sagen, daß die Antike und China die Gesetze der Physik nicht gefunden haben, weil sie nicht danach gesucht haben; aber wenn sie danach gesucht hätten, hätten sie, von Formulierungsunterschieden abgesehen, keine anderen Gesetze finden können als GALILEI und NEWTON.

Verschiedentlich wird jedoch dem Einfluß externer Faktoren auf die Naturwissenschaft eine darüber hinausgehende, die Objektivität mindernde Bedeutung zugeschrieben. Man weist z. B. darauf hin, daß die Beobachtungen, mit denen Theorien überprüft werden sollen, selbst schon wieder Theorien voraussetzen, so daß der Eindruck eines Zirkelschlusses entsteht. Tatsächlich sind jedoch die Theorien, die überprüft werden sollen, verschieden von jenen Theorien, die bei der Konstruktion der Meßinstrumente vorausgesetzt werden und schon anderweitig als zutreffend erwiesen wurden.

I. Thomas Kuhn

T. S. KUHN vertritt die Auffassung, daß bei den »wissenschaftlichen Revolutionen«, in denen ein früheres naturwissenschaftliches Weltbild von einem neuen, sehr verschiedenen Weltbild abgelöst wird, der Übergang zu dem neuen Weltbild oder *Paradigma* nicht durch Beweise entschieden werden, daß es sich dabei gar nicht um Beweis oder Irrtum handele, sondern eher um »Bekehrungserlebnisse«, für die externe Faktoren philosophischer, weltanschaulicher und gesellschaftlicher Art die entscheidende Rolle spielten. Bei den Beispielen aus der Wissenschaftsgeschichte, mit denen KUHN seine These belegen will, handelt es sich durchweg um Fälle, in denen die neue Theorie zur Zeit ihrer Aufstellung noch so wenig durchgearbeitet war, daß sich aus ihr noch nicht mehr empirisch feststellbare Funktionalzusammenhänge ableiten ließen als aus ihrer Vorgängerin. Bei einem solchen Stand der Dinge gibt es in der Tat keinen logisch zwingenden Grund, die Arbeit auf der Basis der alten Theorie aufzugeben und sich auf die neue umzustellen; in einer solchen Situation ist es eine Ermessensfrage, ob ein Forscher der alten oder der neuen Theorie mehr Aussicht auf Erfolg zubilligt. Das gilt z. B. auch für den Streit zwischen GALILEI und der römischen Kirche über das kopernikanische System.

KUHN macht nicht die von uns getroffene Unterscheidung zwischen Formalismus und Weltbild (höchstens insofern, als auch KUHN zwischen den mathematischen Formeln und ihrer begrifflichen Interpretation unterscheidet) und sieht folglich in den wissenschaftlichen Revolutionen nicht nur einen Umbruch der Weltbilder, sondern auch der Formalismen. Das ist insofern richtig, als die alten Formalismen auf den Gebieten bzw. bei der Meßgenauigkeit, für die sie nicht empirisch bestätigt waren, von den neuen Formalismen verschieden sind. KUHN weiß zwar, daß der Naturwissenschaftler die Geltung eines Formalismus nur auf den empirisch bestätigten Sach- und Genauigkeitsbereich beschränken möchte und in diesem Sinn die Abfolge der Formalismen als eine, um KUHNS Terminologie zu gebrauchen, »kumulative« Erkenntnisentwicklung ansieht, bei der das Richtige der alten Auffassung in der neuen enthalten ist. Aber KUHN meint, eine solche Einschränkung der Formalismen auf ihren jeweils empirisch gesicherten Geltungsbereich würde das Ende des wissenschaftlichen Fortschritts bedeuten, weil sie es dem Wissenschaftler verbieten würde, »wissenschaftlich« über ein noch nicht beobachtetes Phänomen zu sprechen. Sie untersage es dem Wissenschaftler, sich auf eine Theorie zu verlassen, wenn die Forschungsarbeit ein Gebiet betrete oder eine Genauigkeit suche, für die es in der bisherigen Praxis mit dieser Theorie keine Präzedenzfälle gebe; und dadurch werde wissenschaftlicher Fortschritt unmöglich.

Man wird KUHNS Fehler darin sehen müssen, daß er nicht gewillt ist, bei wissenschaftlichen Aussagen zu unterscheiden zwischen Aussagen, die als Vermutungen verstanden sein wollen, und solchen, die als sicher und bewiesen gelten sollen. Wenn der Forscher sich auf experimentell nicht abgesichertes Gebiet begibt, dann *verläßt* er sich dort nicht auf seine Theorie, sondern er nimmt sie zu seiner *hypothetischen* Arbeitsgrundlage. Er *fragt*, ob die Theorie auch dort gelte, er *prüft*, ob sich die theoretischen Ableitungen experimentell bewähren. Der Forscher kann also durchaus über ungesicherte Gebiete »wissenschaftlich« sprechen, weil zum wissenschaftlichen Sprechen nicht nur Behauptungen gehören, sondern auch Fragen und Vermutungen.

II. Feyerabend

Wenn die physikalischen Formalismen sich nicht »kumulativ« entwickelten, wie stände es dann mit der Geltung des Satzes »Ein Mensch, der im 50. Stock eines Wolkenkratzers aus dem Fenster springt, trifft mit einer solchen Geschwindigkeit auf dem Boden auf, daß er stirbt«? Nach üblicher Auffassung ist das ein Satz, in dem die Formalismen der Gravitationstheorien von ARISTOTELES, GALILEI, NEWTON und EINSTEIN übereinstimmen. P. FEYERABEND jedoch, ein radikaler Kritiker der naturwissenschaftlichen Erkenntnis, der sich selbst als »erkenntnistheoretischen Anarchisten« bezeichnet (→ *Erkenntnistheorie, anarchische*), erklärte auf entsprechende Vorhaltungen hin in der Tat, daß es keine rationale Begründung für den Fensterspringer-Satz gebe. In seinem Buch »Against Method« bezeichnete FEYERABEND es als nicht ganz leicht zu erklären, warum der erkenntnistheoretische Anarchist Hemmungen habe, aus dem Fenster zu springen, statt auf den Fahrstuhl zu warten. FEYERABEND meinte schließlich, es handele sich um irrationale anerzogene Verhaltensweisen, analog den angeborenen Verhaltensweisen der Tiere, vermöge deren z. B. kleine Kätzchen auch am Rande eines nur gemalten Loches ängstlich zurückscheuen. Kritiker wandten ein, von solchen irrationalen Hemmungen könne sich der erkenntnistheoretische Anarchist doch durch heute leicht verfügbare Drogen befreien. In der deutschen Ausgabe seines Buches, die im allgemeinen eine ziemlich unveränderte Übersetzung des englischen Originals darstellt, hat FEYERABEND dann den Fenstersprınger-Abschnitt ohne Kommentar ersatzlos gestrichen.

III. Habermas, Erlanger und Starnberger Schule

Von einem anderen Gesichtspunkt her und in einem anderen Sinn bestreitet J. HABERMAS die Objektivität der Naturwissenschaft; ähnliche Auffassungen von der grundsätzlichen Technikbezogenheit aller Naturwissenschaft entwickelten P. LORENZEN und P. JANICH (»Erlanger Schule«) und G. BÖHME, W. v. d. DAELE und W. KROHN (»Starnberger Schule«).

Daß es der Naturwissenschaft um die Strukturen gehe, die der objektiven Naturwirklichkeit unabhängig vom und vorgängig zum Eingriff des Menschen zukämen, ist nach HABERMAS »objektivistischer Schein«, entspringend aus »falschem Bewußtsein« der Naturwissenschaftler. Vielmehr ist experimentelle Naturwissenschaft für HABERMAS ihrem Wesen nach nur Vorstufe und Hilfsmittel der Technik und darum ohne Weltbildrelevanz, ohne Bildungswert. HABERMAS argumentiert: Das Experiment ist erfolgskontrollierte Manipulation der Natur. Erfolgskontrollierte Manipulation der Natur ist aber Technik. Also ist experimentelle Naturwissenschaft wesentlich auf technische Anwendung hin bezogen.

Man wird entgegnen müssen, daß der Erfolg des Naturwissenschaftlers bei seinem Experiment etwas anderes ist als der Erfolg des Technikers bei seinem Eingriff in die Natur. Der Techniker hat Erfolg, wenn er durch seinen Eingriff die Natur zur besseren Befriedigung der menschlichen Lebensbedürfnisse umgestaltet. Der Naturwissenschaftler hat Erfolg, wenn die Natur auf den experimentellen Eingriff so reagiert, wie es die Theorie des Forschers voraussagt, unabhängig davon, ob die Natur dadurch zum Wohl des Menschen umgestaltet wird. Der Erfolg des Naturwissenschaftlers besteht nicht in der Umgestaltung der Natur, sondern in der Umgestaltung, d. h. Verbesserung des Bildes, das sich der Mensch von der Natur macht. Die Bedeutung etwa der Entdeckungen von KOPERNIKUS oder DARWIN besteht nicht in technischer Anwendung, sondern in der Umgestaltung unseres Weltbildes, unserer Weltanschauung.

Die moderne Naturwissenschaft ist historisch aus zwei Wurzeln entstanden: aus dem theoretischen naturphilosophischen Frageimpuls und aus dem praktischen handwerklich-technischen Bemühen um die Umgestaltung der Natur. HABERMAS leugnet die erste Wurzel und folgt damit der Linie von K. MARX, der als das Grundverhältnis des Menschen zur Natur die praktisch-tätige Gestaltung, die Arbeit ansieht. Naturwissenschaft, so, wie HABERMAS sie versteht, ist in China betrieben worden: ein hochentwickelter empirischer Formalismus im Dienst technischer Anwendung und ohne Interesse an einem zugrunde zu legenden Weltbild. Aber es ist daraus eben keine Naturwissenschaft im modernen Sinn entstanden.

Wolfgang Büchel

Arnold, F./Hartmann, M.: Geisteswissenschaft und Naturwissenschaft. 1955. – *Balzer, W./Kamlah, A. (Hg.):* Aspekte der physikalischen Begriffsbildung. Theoretische Begriffe und operationale Definitionen. 1979. – *Böhme, G./van den Daele, W./Krohn, W.:* Die Finalisierung der Wissenschaft. In: Zs für Soziologie 2/2, 1973. Jetzt in: *Diederich, W. (Hg.),* Theorien der Wissenschaftsgeschichte. 1974. – *Büchel, W.:* Gesellschaftliche Bedingungen der Naturwissenschaft. 1975. – *Ders.:* Die Macht des Fortschritts. Plädoyer für Technik und Wissenschaft. 1981. – *Carnap, R.:* Einführung in die Philosophie der Naturwissenschaften. 1969, 1974, Ullstein Materialien 1986. – *Diederich, W.:* Konventionalität in der Physik. Wissenschaftstheoretische Untersuchungen [...]. 1974. – *Feyerabend, P.:* Wider den Methodenzwang. (Against Method.) (1975) 1976; Neuausg. ³1983, stw 1986. – *Frey, G.:* Erkenntnis der Wirklichkeit. Philosophische Folgerungen der modernen Naturwissenschaften. 1965. – *Habermas, J.:* Technik und Wissenschaft als »Ideologie«. 1968. – *Hartmann, N.:* Philosophie der Natur. 1950, ²1980. – *Heisenberg, W.:* Schritte über Grenzen. Ges. Reden und Aufs. Erw. Neuausg. 1971, 1973, ⁴1977; gekürzt Serie Piper ⁵1984 = ⁶1985. – *Hempel, C. G.:* Philosophie der Naturwissenschaften. (Aus dem Engl.) (1966) 1974. – *Henke, E.:* Wahrheit. Ein philosophischer Versuch zum naturwissenschaftlichen Wahrheitsbegriff. 1984. – *Hübner, K.:* Kritik der wissenschaftlichen Vernunft. 1978, ³1986. – *Ders./Menne, A. (Hg.):* Natur und Geschichte. 1973. – *Jammer, M.:* Das Problem des Raumes. (Concepts of space.) 1960, ²1980. – *Janich, P. (Hg.):* Methodische Philosophie. Beiträge zum Begründungsproblem der exakten Wissenschaften. 1984. – *Kanitscheider, B.:* Philosophie und moderne Physik. 1979. – *Ders.:* Wissenschaftstheorie der Naturwissenschaft. (Sammlung Göschen 2216) 1981. – *Ders. (Hg.):* Moderne Naturphilosophie. 1984. – *Krüger, L. (Hg.):* Erkenntnisprobleme der Naturwissenschaften. 1970. – *Kuhn, Th. S.:* Die Struktur wissenschaftlicher Revolutionen. (1962) ²1976. [W] – *v. Kutschera, F.:* Wissenschaftstheorie. Bd. 1; 2. [W] – *Lakatos, I./Musgrave, A. (Hg.):* Kritik und Erkenntnisfortschritt. Kolloquium London 1965. (Aus dem Engl.) (1970) 1974. – *Lindauer, M. (Hg.):* Wie erkennt der Mensch die Welt? [...] Geistes- und Naturwissenschaften im Dialog. 1984. – *Mittelstaedt, P.:* Philosophische Probleme der modernen Physik. ⁶1981. – *Popper, K. R.:* Logik der Forschung. 1935, ⁸1984. [W] – *Rickert, H.:* Die Grenzen der naturwissenschaftlichen Begriffsbildung. 1896–1902, ⁵1929. – *Ders.:* Kulturwissenschaft und Naturwissenschaft. 1899 = 1927 = Olms in Subskr., RUB 1986. – *Sachsse, H.:* Naturerkenntnis und Wirklichkeit. 1967. – *Schlick, M.:* Grundzüge der Naturphilosophie. 1948. – *Schmidt, S. J.:* Zum Dogma der prinzipiellen Differenz zwischen Natur- und Geisteswissenschaft. 1975. – *Schwemmer, O. (Hg.):* Vernunft, Handlung und Erfahrung. 1981. – *Seiffert, H.:* Einführung in die Wissenschaftstheorie. Bd. 1. [E] – *Stegmüller, W.:* Probleme und Resultate [...]. Bd. 1–4. [H] – *Ströker, E./Hahn, R./Neugebauer, H. G./Püllen, K.:* Wissenschaftstheorie der Naturwissenschaften. Teil 1; 2. 1981. – *Theimer, W.:* Handbuch naturwissenschaftlicher Grundbegriffe. 1986. – *v. Weizsäcker, C. Fr.:* Aufbau der Physik. 1985, ²1986. – *Ders.:* Die Einheit der Natur. Studien. 1971, ²1981, 1982. – *Weyl, H.:* Philosophie der Mathematik und Naturwissenschaft. (Teilw. aus dem Amerik.) 1928, 1949, ³1966, ⁴1976. – *Windelband, W.:* Geschichte und Naturwissenschaft. 1894. In: *Ders.,* Präludien. Bd. 2: ⁹1924. – *Wyss, D.:* Zwischen Logos und Antilogos. Untersuchungen zur Vermittlung von Hermeneutik und Naturwissenschaft. 1980.

Wolfgang Büchel/H.S.

Norm

lat. norma: Winkelmaß, Richtschnur

A. Definition

Unter einer *Norm* verstehen wir eine Regel, ein Gesetz, eine Vorschrift, ein Prinzip, einen Maßstab, einen Befehl, eine Bitte, eine Erlaubnis oder eine Ermächtigung. Sie ist dadurch charakterisierbar, daß in ihrer sprachlichen Formulierung Ausdrücke wie »müssen«, »sollen«, »dürfen«, »richtig«, »falsch«, »gut« und »schlecht« vorkommen. Diese Ausdrücke verkörpern den Anspruch der Norm, einen *Grund für menschliches Handeln* darzustellen. Es ist diese Funktion einer Norm, Handlungen zu steuern, die eine Norm von einer Tatsache unterscheidet und gleichzeitig ihre Begründbarkeit zu einem besonderen Problem werden läßt.

B. Normausdrückende und normbeschreibende Sätze

Nicht alle Aussagen oder Sätze, in denen einer der genannten normativen Ausdrücke vorkommt, sind jedoch als Normen zu verstehen. Man muß vielmehr grundsätzlich zwischen norm*expressiven* (normausdrückenden) Sätzen (wirklichen Normen) und norm*deskriptiven* (normbeschreibenden) Sätzen unterscheiden. Während z. B. der Inhalt des normexpressiven Satzes »Man muß im Straßenverkehr rechts fahren« eine Norm ist, ist der Inhalt des normdeskriptiven Satzes »Bei den Franzosen gilt, daß man im Straßenverkehr rechts fahren muß« nicht eine Norm, sondern eine Tatsache. Sätze der letzteren Art werfen daher nicht die für die Begründung von Normen typischen Probleme auf, sondern lassen sich – prinzipiell nicht anders als sonstige soziale Tatsachen – rein empirisch belegen. Das bedeutet nicht, daß die Kriterien ihrer Wahrheit leicht angebbar wären. Bloße Konformität des äußeren Verhaltens oder die faktische Wahrscheinlichkeit von Sanktionen im Falle von Abweichungen dürfte weder hinreichende noch notwendige Wahrheitsbedingung sein. (Daß etwa der Durchschnittsdeutsche *in der Regel* täglich eine Stunde fernsieht, bedeutet nicht, daß in unserer Gesellschaft *die Regel gilt, man müsse* täglich eine Stunde fernsehen.) Als ausschlaggebend erscheint vielmehr die psychologische Bedingung, daß die betreffenden Personen in ihrer gesamten Einstellung die betreffende Norm *als Norm*, d. h. als verbindlichen Verhaltensmaßstab *anerkennen*. Diese Anerkennung manifestiert sich vor allem in den folgenden Dispositionen: in der Bereitschaft, in der Norm als solcher den *Grund* für – eigenes wie fremdes – normkonformes Verhalten zu sehen; in der Neigung, normwidriges Verhalten anderer *unter Berufung auf die Norm* zu tadeln (zu sanktionieren); in der Bereitschaft, im Fall der eigenen Normabweichung den Tadel der anderen als *gerechtfertigt* zu betrachten. Das bedeutet insbesondere: Während es für die bloße *Wirksamkeit* einer Norm ausreicht, daß sie stets von neuem aus Furcht vor Sanktionen befolgt wird, verlangt ihre *Geltung*, daß die Existenz der Norm als solche, also ihre Anerkennung, den Grund der Befolgung bildet. (Dabei ist es gleichgültig, aus welchen Motiven die so verstandene *Anerkennung* der Norm – im Unterschied zu ihrer Befolgung im Einzelfall – geleistet wird; *sie* kann durchaus rein egoistisch bedingt sein.) Und weiter: Eine Sanktionsverhängung bei einem Normverstoß muß ihrerseits in einem normativen Bezugsrahmen stehen; ihre faktische Wahrscheinlichkeit ist nicht entscheidend.

C. Geltung und Gültigkeit von Normen

Es erscheint als terminologisch zweckmäßig, von der Frage nach der *Geltung* einer Norm die Frage nach ihrer *Gültigkeit* zu unterscheiden. Dabei braucht die letztere Frage nicht etwa, wie es häufig geschieht, im Sinne der normexpressiven Frage nach der Richtigkeit, Rechtfertigungsfähigkeit oder Begründbarkeit der betreffenden Norm verstanden zu werden. Man sollte den Gültigkeitsbegriff vielmehr für solche spezifischen Normen reservieren, die aus anderen Normen logisch ableitbar sind. Das trifft insbesondere auf solche Normen zu, die im Rahmen eines *hierarchischen Normensystems* stehen, wie es etwa eine Rechtsordnung oder (zumindest nach einem gewissen Verständnis) die christliche Moral darstellt. So sind beispielsweise das Verbot der Abtreibung in der Bundesrepublik Deutschland sowie das Verbot des Ehebruchs unter Christen in dem Sinne gültige Normen, daß sie aus jeweils höherrangigen Normen des betreffenden Systems (»Du sollst die vom Parlament erlassenen Gesetze befolgen« bzw. »Du sollst den Geboten Gottes gehorchen«) in Verbindung mit den entsprechenden Tatsachenprämissen (»Das Parlament hat ein Gesetz zum Verbot der Abtreibung erlassen« bzw. »Gott hat den Ehebruch verboten«) logisch ableitbar sind.

Während der Geltungsbegriff also einer sozialen Tatsache Ausdruck gibt, hat der Gültigkeitsbegriff eine normlogische Beziehung zum Inhalt: eine Norm ist gültig oder ungültig *in Relation* zu einer anderen Norm. Diese andere Norm mag ihrerseits wiederum gültig oder ungültig sein (in Relation zu einer dritten Norm); sie mag außerdem gelten oder nicht, sie mag vom normativen (normexpressiven) Standpunkt aus richtig sein oder nicht. Daraus folgt unter anderem, daß gegenüber der letzten (höchsten) Norm eines Systems die Gültigkeitsfrage nicht mehr sinnvoll gestellt werden kann. Diese Norm muß – soll das gesamte System etwas anderes als eine Fiktion oder ein Postulat sein – ihrerseits *gelten*. Wenn sie aber gilt, so haben die aus ihr abgeleiteten *gültigen* Normen eine erhebliche normative Relevanz – nämlich die, daß sie vom Standpunkt der die geltende Basisnorm akzeptierenden Personen aus in logischer Konsequenz Geltung beanspruchen oder gelten *sollten*. Das bedeutet beispielsweise, daß das Verbot des Ehebruchs unter Christen, selbst wenn es de facto vielleicht nicht gilt, doch gültig ist, also gelten sollte.

D. Rechtfertigung von Normen

Die vieldiskutierte Frage nach der Rechtfertigungsfähigkeit oder Begründbarkeit von Normen (normexpressiven Sätzen) – und nicht nur von Sätzen *über* (die Geltung oder die Gültigkeit von) Normen – wirft schwierige erkenntnistheoretische und ontologische Probleme auf. Es ist heute zwar weitgehend anerkannt, daß die Prämissen einer Normbegründung ihrerseits mindestens *eine* Norm enthalten müssen, da sich aus ausschließlich deskriptiven Sätzen kein normativer Satz logisch gültig gewinnen läßt. Mit dieser Position ist jedoch immer noch eine Vielzahl von Normenbegründungstheorien vereinbar. So sind manche Philosophen der Auffassung, daß es transzendente Ideen des Guten, Richtigen usw. gibt, oder aber, daß in der menschlichen Natur selbst dem Individuum vorgegebene Tendenzen und Ziele angelegt sind. Andere meinen, ohne sich auf eine bestimmte Ontologie festlegen zu wollen, daß zumindest einige Normen für jedermann intuitiv erfaßbar sind oder daß die menschliche Vernunft bei richtigem Gebrauch selbst Normen erzeugen kann. Allen diesen Auffassungen ist gemeinsam, daß sich Normen prinzipiell objektiv erkennen lassen und daß sie somit nicht bloß Spiegelungen des empirisch vorfindlichen Wollens gewisser menschlicher Individuen oder Gruppen sein müssen.

I. Kategorische und hypothetische Normen

Für diese kognitivistische Sichtweise scheint insbesondere zu sprechen, daß jedenfalls gewisse, als besonders wichtig empfundene Normen (etwa: »Du sollst nicht zum bloßen Vergnügen einen Mitmenschen töten«) praktisch allenthalben sowohl akzeptiert als auch mit einem kategorischen Geltungsanspruch ausgestattet werden. In diesem Zusammenhang ist die Unterscheidung zwischen *kategorischen* und *hypothetischen* Normen von zentraler Bedeutung. Während eine hypothetische Norm auf einen faktisch vorhandenen Wunsch des Norm*adressaten* Bezug nimmt (und ihm sagt, was er tun muß, um diesen Wunsch zu realisieren), trifft das auf eine kategorische Norm nicht zu. Die Begründung bloß hypothetischer Normen (etwa: »Wenn du ein guter Pianist werden willst, so übe täglich«; auch der normative Regelkanon der Wissenschaft gehört hierher) erscheint als relativ unproblematisch: die einzige ihnen zugrundeliegende normative Prämisse, man müsse die zur Erreichung dessen, was man will, geeigneten Mittel wollen, dürfte eine fundamentale Forderung praktischer Vernunft sein. Anders dagegen steht es mit den kategorischen Normen (etwa: »Du sollst nicht töten«): Sie beanspruchen, unser Verhalten zu steuern, ganz unabhängig von unseren Wünschen und Interessen als Normadressaten. Und da sie offenkundig ebenfalls mehr als bloße Willensbekundungen des jeweils normierenden Sprechers sind (welche Autorität könnten sie als solche auch beanspruchen?), scheint der Schluß unumgänglich, daß sie in keinem notwendigen Bezug zu *irgendwelchen* empirisch gegebenen Wünschen stehen, sondern als Bestandteil einer objektiven Wirklichkeit dem Menschen erkennbar sein müssen.

Von einem empiristischen Standpunkt aus, dem die Erkennbarkeit eines objektiven Getan-werden-Sollens als mysteriös erscheint, könnte man dem Dilemma jedoch mit folgender Argumentation zu entgehen suchen: Jede Norm, jedes Sollen ist zwar in der Tat Ausdruck irgendeines empirisch faßbaren Wollens. Was hinter einer Norm steht, ist nicht eine irgendwie geartete metaphysische Realität, sondern es sind menschliche Wünsche, Bedürfnisse, Interessen, Forderungen, Ziele und Ideale. Das bedeutet jedoch nicht, daß alle Normen, die als kategorische auf die Wünsche ihrer Adressaten keine Rücksicht nehmen, deshalb nur die ganz individuellen, höchstpersönlichen Wünsche des Normierenden zur Grundlage haben könnten. Es gibt vielmehr auch solche Wünsche, Interessen und Ziele, die von einer ganzen Gruppe oder Gesellschaft von Menschen getragen und auf dem Wege der Erziehung, der Sozialisation und der öffentlichen Meinung vom einzelnen internalisiert werden. In diesem Fall wird der einzelne nicht etwa mit dem »Ich will« irgendeines Individuums, sondern mit dem in seiner Urheberschaft diffusen »Wir wollen« einer ganzen Gruppe bzw. Tradition konfrontiert. Hier liegt es dann nicht nur für den einzelnen, den Normunterworfenen, psychologisch nahe, die so konstituierte Autorität der Norm als objektiv, dem Menschen vorgegeben und rational erfaßbar mißzuverstehen; auch seitens der normgebenden Gruppe bietet es sich an, ihrem Willen durch eine derartige ideologische Legitimation zusätzlichen Nachdruck zu verleihen.

II. Intersubjektiv begründbare Normen
Wer diese Sehweise hat, braucht vor dem Problem einer normexpressiv verstandenen Normenbegründung deswegen nicht zu verzweifeln. Er kann vielmehr zeigen, daß es jedenfalls *einige* kategorische Normen gibt, die sich insofern begründen lassen, als ihre soziale Geltung im langfristigen Interesse praktisch jedes Individuums liegt. Jedes Individuum profitiert beispielsweise vom Bestehen eines generellen Tötungsverbotes; denn sein Interesse, nicht getötet zu werden, das langfristig allein durch ein solches Verbot geschützt wird, ist stärker als sein gelegentliches Interesse zu töten. Die Anerkennung dieses Verbotes durch die anderen aber erkauft sich jedes Gruppenmitglied dadurch, daß es seinerseits diese Anerkennung als Beitrag leistet. Wir haben es hier mit einer Norm zu tun, die sich zwar in ihrer Geltung rein hypothetisch begründen läßt – aber nur, weil sie im konkreten Einzelfall als kategorisches Gebot auftritt. Dieses Gebot andererseits bleibt, um sinnvoll zu sein, an die faktische (und nicht bloß gewünschte) soziale Geltung der betreffenden Norm gebunden: wo jeder andere nach Belieben tötet, wäre eine strikte Beachtung des Tötungsverbotes durch den einzelnen nichts anderes als unklug.
Zu untersuchen, welche inhaltlichen Normen sich – etwa außer dem Tötungsverbot – im einzelnen auf diese Weise begründen lassen, ist Aufgabe einer normativen Philosophie der Praxis.

Norbert Hoerster

Funk-Kolleg Praktische Philosophie/Ethik. – Reader: Bd. 1; 2. (f 6854; 6855) 1980; 1981. Dialoge: Bd. 1; 2. (f 6856; 6857) 1984. – *Gauthier, D. P.:* Practical reasoning. 1963, 1966. – *Hart, H. L. A.:* Der Begriff des Rechts. (1961) 1973. – *Kelsen, H.:* Allgemeine Theorie der Normen. 1979. – *Korff, W.:* Norm und Sittlichkeit. [2]1985. – *Krawietz, W. (Hg.):* Theorie der Normen. 1984. – *v. Kutschera, F.:* Einführung in die Logik der Normen, Werte und Entscheidungen. 1973. – *Lenk, H. (Hg.):* Normenlogik. Grundprobleme der deontischen Logik. 1974. – *Mackie, J. L.:* Ethik. (Aus dem Engl.) (1977) 1981. – *Opp, K.-D.:* Die Entstehung sozialer Normen. 1983. – *Patzig, G.:* Tatsachen, Normen, Sätze. 1980. – *Pieper, A.:* Pragmatische und ethische Normenbegründung. 1979. – *Raz, J.:* Practical reason and norms. 1975. – *Riedel, M.:* Norm und Werturteil. 1979. – *Ross, A.:* Directives and norms. 1968. – *Schleißheimer, B.:* Sein und Sollen. 1978. – *Seiffert, H.:* Einführung in die Wissenschaftstheorie. Bd. 3. [E] – *Stuhlmann-Laeisz, R.:* Das Sein-Sollen-Problem. 1983. – *v. Wright, G. H.:* Handlung, Norm und Intention. Untersuchungen zur deontischen Logik. (Teilw. aus dem Engl.) 1977. – *Ders.:* Norm und Handlung. Eine logische Untersuchung. (Aus dem Engl.) (1963) 1979.

Norbert Hoerster/H.S.

Objektivismus

zu Objekt, lat. obiectum: das Entgegengeworfene, das Entgegenstehende, der Gegenstand; griech. antikeímenon: das Entgegenliegende. – Gegenbegriff: Subjekt, lat. subiectum: das Daruntergeworfene; griech. hypokeímenon: das Darunterliegende

Der Konflikt zwischen *Objektivismus* und Subjektivismus zeigt sich sowohl in der Metaphysik als auch in der Erkenntnistheorie und in der Wissenschaftstheorie.

A. Objektivismus und Subjektivismus in der Metaphysik
Objektivismus in der Metaphysik (gewöhnlich *Realismus* genannt) ist der Standpunkt, daß die reale Welt unabhängig vom wissenden oder wahrnehmenden Subjekt existiert. Subjektivismus in der Metaphysik (gewöhnlich *Idealismus* genannt) ist der Standpunkt, daß es keine objektive Realität unabhängig vom menschlichen Geist gibt – daß die Realität aus Ideen oder Eindrücken im Geist der wissenden Subjekte besteht.
Der metaphysische Realismus ist der Standpunkt des »gesunden Menschenverstandes«, und er ist ebenso der Standpunkt, den die meisten Wissenschaftler einnehmen. Natürlicherweise führt dieser Standpunkt zu einer »realistischen« Sicht der Wissenschaft, dergemäß wissenschaftliche Theorien eine Wirklichkeit zu beschreiben suchen, die unabhängig von Erfahrung oder Experiment ist. Wissenschaftliche Realisten behaupten, daß Dinge wie Schwerkraft oder elektromagnetische Kraft, Elektronen oder Gene, die nicht direkt beobachtet oder erfahren werden können, nichtsdestoweniger in der realen Welt existieren.
Der metaphysische Idealismus auf der anderen Seite muß leugnen, daß unbeobachtbare

oder theoretische Dinge tatsächlich existieren. Er führt natürlicherweise zu einer positivistischen oder instrumentalistischen Sicht der Wissenschaft, dergemäß Termini wie »Kraft« oder »Elektron« oder »Gen« lediglich bequeme Fiktionen sind und Theorien, die solche Termini enthalten, lediglich symbolische Kunstgriffe, um Erfahrungen oder die Ergebnisse von Experimenten zu systematisieren und vorherzusagen (BERKELEY; MACH). Obwohl der metaphysische Idealist eine instrumentalistische Sicht der wissenschaftlichen Theorie annehmen muß, gilt das Umgekehrte nicht: man kann in der Wissenschaft Instrumentalist sein und in der Metaphysik Realist, so wie DUHEM es war.

B. Objektivismus und Subjektivismus in der Erkenntnistheorie

Der Objektivismus in der Erkenntnistheorie unterscheidet den objektiven Inhalt eines Aktes des Glaubens oder Wissens (die Aussage oder den Satz oder die Theorie, die jeweils geglaubt oder gewußt werden) von dem subjektiven geistigen Akt des Glaubens oder Wissens. Und er unterscheidet objektive Eigenschaften der Glaubens- oder Wissensinhalte von subjektiven Eigenschaften des Glaubenden oder Wissenden.

Den Subjektivismus in der Erkenntnistheorie kann man definieren als einen Versuch, auf die objektiven Merkmale des Glaubens oder des Wissens zu verzichten zugunsten der subjektiven Merkmale der Glaubenden oder Wissenden.

So wird zum Beispiel ein Objektivist die Wahrheit oder Falschheit (des Inhalts) eines Glaubens als eine entscheidende objektive Eigenschaft ansehen, die im Sinne seiner Übereinstimmung mit den Tatsachen oder mit dem objektiven Sachverhalt definiert werden muß. Für einen Objektivisten kann ein Glaube (oder der Inhalt eines Glaubens) selbst dann wahr sein, wenn ihm niemand wirklich anhängt, und falsch sogar dann, wenn jedermann ihm anhängt.

Die Subjektivisten auf der anderen Seite identifizieren die Wahrheit eines Glaubens mit irgendeiner subjektiven Eigenschaft des Glaubenden oder seines (Aktes des) Glaubens. Es gibt mehrere solche subjektivistischen Theorien der Wahrheit: Ein Glaube ist wahr, wenn er selbstevident ist (für den Glaubenden) oder »klar und deutlich« (für den Glaubenden) oder unbezweifelbar (für den Glaubenden) oder wenn der (Akt des) Glaube(ns) zweckmäßig oder nützlich ist (für den Glaubenden) oder wenn er mit anderen Glaubensüberzeugungen (des Glaubenden) übereinstimmt oder wenn er durch die Erfahrung (des Glaubenden) bestätigt wird. Subjektivistische Bewertungen der Wahrheit bieten eine einfache Möglichkeit an, Gewißheit darüber zu erlangen, was wahr und was falsch ist. Da wir mit Sicherheit wissen können, was für uns selbstevident ist (oder was wir nicht bezweifeln können oder was nützlich ist oder was mit unseren übrigen Glaubensüberzeugungen oder mit unserer Erfahrung übereinstimmt), können wir auch mit Sicherheit wissen, was wahr ist. Jedoch haben alle solche Theorien die relativistische Konsequenz, daß das, was für eine Person wahr *ist*, für eine andere Person falsch *sein kann* (eine Position, die man sorgfältig von der banalen Ansicht unterscheiden muß, daß das, was von einer Person für wahr *gehalten wird*, von einer anderen Person für falsch *gehalten werden kann*).

Viele Philosophen finden diese relativistische Konsequenz unannehmbar, eingeschlossen einige Subjektivisten selber, die mit viel Mühe versuchen, sie zu vermeiden (→ *Relativismus;* → *Wahr und falsch; Wahrheit*). (Wissenschaftliche Realisten unterstützen die objektivistische Vorstellung von Wahrheit und Falschheit und wenden sie auf wissenschaftliche Theorien an. Wissenschaftliche Instrumentalisten unterstützen oft eine subjektivistische Bewertung der Wahrheit für wissenschaftliche Theorien, indem sie sagen, daß eine Theorie wahr ist, wenn sie nützlich ist oder wenn sie mit der Erfahrung übereinstimmt.)

Die Objektivisten betrachten die Gültigkeit oder Ungültigkeit eines Argumentes als eine objektive Eigenschaft, die im Sinne der Unmöglichkeit, daß die Prämissen der Schlußfolgerung wahr seien und seine Konklusion falsch sei, definiert werden soll. Für einen Objektivisten mag eine Schlußfolgerung sogar dann gültig sein, wenn niemand sie als solche akzeptiert – und ungültig selbst dann, wenn jeder sie für gültig hält (→ *Logik*).

Die Subjektivisten andererseits identifizieren die Gültigkeit einer Schlußfolgerung mit der psychologischen Tatsache, daß eine Person, die an die Prämissen glaubt, sich genötigt fühlt, die Konklusion ebenfalls zu glauben. Für sie beschreibt die Logik die Weise, in der die Menschen denken oder schließen, und ihre Gesetze sind psychologisch ihrem Charakter nach. (Diese Ansicht wird allgemein *Psychologismus* genannt.) Der Haupteinwand gegen den Psychologismus lautet, daß die Menschen tatsächlich sowohl gültig als auch ungültig argumentieren und manchmal ein ungültiges Argument zwingender finden als ein gültiges. Ein Anhänger des Psychologismus müßte sagen, daß Argumente, die einem Objektivisten ungültig erscheinen, für manche Menschen »subjektiv gültig« sein können – für andere jedoch nicht. Und wieder führt der Subjektivismus zu einer relativistischen Sicht.

C. Objektivismus und Subjektivismus in der Wissenschaftstheorie

Der Konflikt zwischen Objektivismus und Subjektivismus zeigt sich in der → *Wissenschaftstheorie* in verschiedenen besonderen Zügen.

So versuchen zum Beispiel die Objektivisten, objektive Kriterien für eine befriedigende wissenschaftliche → *Erklärung* zu geben; die Forderung, daß jede Erklärung eine gültige deduktive Beweisführung sein müsse, ist die bekannteste. Auf der anderen Seite sagen die Subjektivisten, daß eine angemessene Erklärung etwas ist, das die Neugier zur Ruhe setzt und das Rätselhafte beseitigt.

Für einen Objektivisten wird die wissenschaftliche Erklärung typischerweise die Zurückführung des Bekannten oder Vertrauten auf das Unbekannte oder Unvertraute bedeuten. Für einen Subjektivisten wird die Erklärung die Zurückführung des Unbekannten oder Unvertrauten auf das Bekannte oder Vertraute bedeuten, denn nur auf diese Weise wird die Neugier befriedigt werden können. Weil das, was einem Wissenschaftler (oder einer Schule von Wissenschaftlern oder einer Generation von Wissenschaftlern) bekannt oder vertraut ist, einem anderen Wissenschaftler (oder einer anderen Schule, einer anderen Generation) unbekannt oder unvertraut sein kann, wird die Antwort auf die Frage, ob eine Erklärung angemessen ist, davon abhängen, wer sie erwägt.

Das Problem ist besonders wichtig in der Theorie der → *Sozialwissenschaften*, wo oft behauptet wird, daß die Muster der Erklärung sich von denen in den → *Naturwissenschaften* unterschieden. Oft sind diese unterschiedlichen Muster der Erklärung allein durch die Tatsache charakterisiert, daß nicht selten die Neugier durch sie befriedigt wird.

Die Objektivisten wiederum versuchen eine objektive Darstellung des Falles zu geben, wenn eine wissenschaftliche Theorie *einfacher* ist als eine andere. Die Subjektivisten setzen die Einfachheit einer Theorie mit der Leichtigkeit gleich, mit der sie verstanden oder benutzt werden kann, Faktoren, welche wiederum wahrscheinlich von Person zu Person wechseln.

Es gibt objektivistische und subjektivistische Interpretationen des Wahrscheinlichkeitskalküls und daher jedes Wahrscheinlichkeitsanspruches (→ *Wahrscheinlichkeit*).

Für einen Objektivisten bezieht sich eine Aussage wie »Die Wahrscheinlichkeit, beim Wurf dieser Münze ›Kopf‹ zu erhalten, ist 1/2« auf eine objektive Neigung beim Münzwurfexperiment (Neigungs-Interpretation) oder auf die objektive Häufigkeit von »Kopf« in einer langen Reihe von Münzwürfen (Häufigkeits-Interpretation). Für einen Subjektivisten drückt die Aussage den *Grad des Glaubens* aus, den der sie Behauptende in die Aussage »Die Münze wird ›Kopf‹ zeigen« setzt, gemessen vielleicht an den Gewinnchancen an »Kopf«-Würfen, die er bereit ist zu akzeptieren. In der subjektivistischen Interpretation ist eine Wahrscheinlichkeitsaussage in der Wissenschaft überhaupt keine Aussage über den objektiven Stand der Dinge, wohl aber eine Rechenschaft über die Unkenntnis des objektiven Standes der Dinge beim Wissenschaftler.

Alan Musgrave
(Aus dem Englischen von *Helmut Seiffert*)

Deutscher, M.: Subjecting and objecting. 1983. – *Dewey, J.:* The Objectivism-Subjectivism of modern philosophy. In: Journal of Philosophy 38, 1941. – *Ingarden, R.:* Betrachtungen zum Problem der Objektivität. In: Zeitschrift für philosophische Forschung 21, 1967. – *Kuntze, F.:* Die kritische Lehre von der Objektivität. 1906. – *Popper, K. R.:* Objektive Erkenntnis. [...] (1972) [4]1984. [W] – *Steger, W.:* Das Problem der Objektivität in der Wissenschaft. 1936. – *Strasser, St.:* Objectiviteit en objectivisme. Nijmegen 1947. – *Waldschmitt, L.:* Bolzanos Begründung des Objektivismus in der theoretischen und praktischen Philosophie. 1937.

H.S.

Operationalismus

lat. operari: arbeiten; zu lat. opus: Werk, Arbeit; griech. érgon

A. Geschichtliches

Als wissenschaftstheoretischer Begriff wurde »Operationalismus« zuerst 1927 durch den amerikanischen Physiker P. W. BRIDGMAN in die Diskussion eingeführt. BRIDGMAN wollte die insbesondere durch die spezielle Relativitätstheorie EINSTEINS bewirkte Revolutionierung zentraler physikalischer Begriffe wissenschaftstheoretisch fundieren und gelangte dadurch zum Programm des Operationalismus; dieses läßt sich schlagwortartig durch die Forderung charakterisieren, daß wissenschaftliche Begriffe nur so formuliert werden dürfen, daß jederzeit darüber entschieden werden kann, ob der Begriff zutrifft oder nicht – die Begriffe müssen, um es in der durch BRIDGMAN eingeführten Terminologie auszudrükken, operationalisierbar sein. Sind sie es nicht, so müssen die Begriffe und die mit ihnen gebildeten Aussagen als sinnlos gelten.

B. Der Begriff

I. In den Naturwissenschaften und in der Mathematik

1. In der Physik: In dieser Allgemeinheit klingt die operationalistische Forderung nahezu trivial; die wissenschaftstheoretischen Analysen haben jedoch gezeigt, daß das operationalistische Programm in der von BRIDGMAN angestrebten Radikalität sehr problematisch ist, und daß es auf tiefliegende erkenntnistheoretische Probleme insbesondere der → *Naturwissenschaften* und der → *Mathematik* verweist. Zwei fast gleichlautende Aussagen von EINSTEIN und HEISENBERG, jeweils im Kontext wissenschaftstheoretischer Begründungen neuer physikalischer Theorien, illustrieren, inwiefern mit dem operationalistischen Programm durchaus ein fundamentaler Aspekt wissenschaftlicher Theorie- und Begriffsbildung angesprochen wurde, der nicht unbedingt selbstverständlich zu erfüllen ist. Zuerst EINSTEIN: »Der Begriff ›gleichzeitig‹ existiert für den Physiker erst dann, wenn die Möglichkeit gegeben ist, im konkreten Fall herauszufinden, ob der Begriff zutrifft oder nicht.« (EINSTEIN, 14) Völlig analog HEISENBERG in einem anderen theoretischen Kontext: »Wenn man sich darüber klarwerden will, was unter dem Wort ›Ort eines [...] Elektrons‹ [...] zu verstehen sei, so muß man bestimmte Experimente angeben, mit deren Hilfe man den Ort des Elektrons zu messen gedenkt; anders hat dies Wort keinen Sinn.« (HEISENBERG, 174)

BRIDGMAN verschärft in seinem operationalistischen Programm diese durch EINSTEIN und HEISENBERG betonte fundamentale Verbindung wissenschaftlicher Begriffsbildung mit der Angabe von Verfahren zur (experimentellen) Bestimmung der jeweiligen Gültigkeit des Begriffs durch die Identifizierung von Begriffen mit ihren Bestimmungsverfahren: der physikalische Begriff der Länge *ist* die Klasse aller äquivalenter Längenmessungen.

Das operationalistische Programm läßt sich vorerst als eine methodologische Position begreifen. Vor allem die Diskussionen um die sogenannte Kopenhagener Deutung der Quantentheorie, deren wichtigste Vertreter BOHR, HEISENBERG und PAULI waren, zeigte jedoch sehr rasch, daß hierdurch wichtige erkenntnistheoretische Fundamente der Physik angesprochen waren: nicht nur die Aufgabe des Kausalprinzips wurde operativ damit begründet, daß kausal formulierte Quantentheorien operational nicht nachweisbar seien und sein könnten, sondern der Begriff der (mikro)-physikalischen Realität wird grundsätzlich dadurch definiert, daß die Struktur und gegebenenfalls sogar die Existenz physikalischer Objekte erst durch den operativen Zugriff konstituiert werden.

2. In der Mathematik: Die zeitlich nahezu parallel verlaufende Grundlagendiskussion in der → *Mathematik* läßt sich ebenfalls anhand der operationalistischen Position charakterisieren: Im Gegensatz zu einer als »platonistisch« zu kennzeichnenden Haltung, die von der Konzeption einer unabhängig vom erkennenden Subjekt existierenden und strukturierten mathematischen Realität ausgeht – die »Logizisten« und »Formalisten« RUSSELL, HILBERT, V. NEUMANN waren ihre wichtigsten Vertreter –, bestand das operationalistische Programm der »Intuitionisten« (BROUWER; WEYL) und »Konstruktivisten« (LORENZEN) explizit darin, daß mathematische Objekte ihre Existenz erst durch die mathematische Konstruktion erhalten und daß keine mathematischen Aussagen zugelassen werden dürfen, die nicht operativ nachvollzogen werden können. Dieses operationalistische Programm beinhaltete eine radikale Umstrukturierung der gesamten Mathematik und läßt sich etwa an der Mengenlehre illustrieren: Gemäß den platonistischen Konzeptionen sind in der axiomatischen Mengenlehre Mengen beliebiger Größe – »Mächtigkeit« – zugelassen, da sie widerspruchsfrei postulierbar sind; die Operationalisten lassen grundsätzlich keine Mengen zu, die eine höhere Mächtigkeit als die der Menge der natürlichen Zahlen haben, da nur diese Mengen operativ aufweisbar sind.

3. Fazit: Auf die hiermit angesprochenen Grundprobleme mathematisch-naturwissenschaftlicher Erkenntnis wird noch zurückzukommen sein. Festzuhalten bleibt, daß die methodologischen Forderungen BRIDGMANS und der mathematischen Operationalisten nach radikaler Umgestaltung ihrer Wissenschaften sich so nicht durchgesetzt haben: Die Bridgmanschen Forderungen erwiesen sich für die Physik als unangemessen restriktiv, da die theoretische Physik auch Begriffe zuläßt und zulassen muß, denen keine unmittelbare operative Nachweisbarkeit zukommt; ähnlich war und ist der weit überwiegende Teil der Mathematiker nicht bereit, auf die Leistungen der platonistischen Mathematik in axiomatischer Absicherung zu verzichten. Außerdem zeigt die Geschichte der Physik, daß diese und die anderen Naturwissenschaften den operationalistischen Forderungen immer so weit Genüge getan haben, daß die prinzipielle Operationalisierbarkeit naturwissenschaftlicher Theorien ständig gewahrt war.

II. In den Sozialwissenschaften

Dies ist durchaus anders in den → *Sozialwissenschaften*, soweit sie als empirisch-analytische Wissenschaften verstanden werden. Hier stellte das operationalistische Programm die Wissenschaftler, sofern sie am Vorbild der Naturwissenschaften orientiert waren, vor gänzlich neue Aufgaben, weil einerseits von einer zumindest prinzipiellen Operationalisierbarkeit der wichtigsten Grundbegriffe – wie in der Physik – nicht die Rede sein konnte, andererseits hierin eben der Schlüssel zu liegen schien, die Sozialwissenschaften methodologisch auf eine den Naturwissenschaften äquivalent exakte Grundlage zu stellen. Als methodologisches Programm spielte deshalb der Operationalismus zeitweilig in den Sozialwissenschaften eine eher noch größere Rolle als in der Physik, für die er ursprünglich entwickelt war; häufig jedoch wurde in der sozialwissenschaftlichen Adaption des operationalistischen Programms die Operationalisierung von Begriffen einseitig darin gesehen, sozialwissenschaftliche Begriffe auf Beobachtungs*daten* zu reduzieren (LUNDBERG; OPP); unterschlagen wurde dabei das zentrale Problem der Beobachtungs*verfahren* (experimentelle Methode in der Physik, mathematische Konstruktion in der Mathematik), was für die Sozialwissenschaften vor allem das fundamentale Problem der Gewinnung von Begriffen aus hermeneutischem Vorverständnis heraus beinhaltet. Das operationalistische Programm verkommt bei dieser Reduktion leicht zu einem unreflektierten Behaviorismus. Die mittlerweile schon fast als klassisch zu bezeichnende Definition des Lernziels von MAGER für die Erziehungswissenschaften zeigt allerdings, daß einer solchen Reduktion durchaus entgangen werden kann.

C. Kritik

I. Überspitzungen

Wie alle radikalen Programme hat sich auch der Operationalismus mit seinen notwendigerweise einseitigen Konzeptionen, wie bereits angedeutet, als methodologische Totalorientierung nicht durchsetzen können; unbestritten bleibt freilich die Notwendigkeit – besonders in den Sozialwissenschaften –, immer wieder auf die Operationalisierbarkeit einzelner Fundamentalbegriffe zu reflektieren. Damit wird jedoch nicht der Anspruch erhoben, daß jeder wissenschaftliche Begriff operationalisierbar sein müsse und daß anderenfalls die Begriffe und die mit ihnen gebildeten Aussagen sinnlos wären. Diese zweifellos überspitzte Forderung muß wissenschaftshistorisch aus der sinnkritischen Diskussion, inauguriert durch den logischen → *Positivismus*, in der ersten Hälfte dieses Jahrhunderts verstanden werden, wo es der Traum der analytischen Philosophie war, ein formales Sinnkriterium zu formulieren, das ein für allemal sinnlose von sinnvollen Aussagen zu unterscheiden gestatten sollte. Dieser Traum erwies sich als nicht realisierbar; die radikale Formulierung des operationalistischen Programms durch BRIDGMAN schien jedoch diesem Traum zu genügen. Unter diesem Aspekt gehört die überspitzte Formulierung des operationalistischen Programms zu den mittlerweile historisch überholten Positionen der analytischen Philosophie.

II. Der richtige Kern: Wissenschaft als Tätigkeit

Nach wie vor fundamental jedoch ist der erkenntnistheoretische Aspekt, auf den der Operationalismus verweist: Die durch ihn angelegte Interpretation der Wissenschaften und insbesondere der Naturwissenschaften, die letztlich auf KANT zurückzuführen ist, begreift → *Wissenschaft* nicht so sehr als Erkenntnis einer an sich seienden Realität und damit als primär kontemplativ-passiven kognitiven Akt – eine Interpretation, die der

Begriff der → *Theorie* (»schauen«) nahelegt –, sondern als *Tätigkeit*, als aktive und praktische Auseinandersetzung des erkennenden Subjekts mit seiner insbesondere natürlichen Umwelt: Wissenschaft wird hier zu einem regelgeleiteten System von Handlungen. Mit KANT läßt sich deshalb der Operationalismus als die wissenschaftstheoretische Position beschreiben, nach der wir nur verstehen, was wir auch machen können (und umgekehrt natürlich).

III. Marcuses Kritik

Tätigkeit freilich ist hier in einem sehr bestimmten Sinne zu verstehen, nämlich dem der praktisch-technischen Tätigkeit, die, wenn man so will, durch instrumentelle Vernunft im Sinne der Kritischen Theorie bestimmt wird.

Hier setzt auch eine sehr fundamentale Kritik MARCUSES an: Er identifiziert den Operationalismus mit dem Behaviorismus und sieht darin das Grundprinzip des technisch-eindimensionalen Denkens, das ausschließlich den Kategorien der Zweckrationalität gehorcht und – nicht zuletzt durch den Erfolg der Naturwissenschaften – zum Prinzip der Rationalität überhaupt erhoben wird. Diesem Primat der technischen Vernunft stellt MARCUSE das Prinzip der kritischen Rationalität gegenüber, das sich den Prinzipien des zweckrationalen, operationalisierten Denkens entzieht und als kritisch-aufklärerisches Moment unverzichtbar ist, soll die Gesellschaft nicht endgültig in den Zwängen der technischen Vernunft ersticken. Er deutet sogar das Prinzip einer Naturwissenschaft an, die nicht gemäß den operationalistischen Prinzipien verfährt. Den Warnungen MARCUSES und der Kritischen Theorie insgesamt vor einer Hypostasierung der operationalistischen Zweckrationalität zum allein legitimen Vernunftprinzip überhaupt ist so nur zuzustimmen, da hier, um mit HABERMAS zu sprechen, Technik und Wissenschaft zur → *Ideologie* werden. Die häufig ebenfalls überspitzte Kritik MARCUSES verdeckt andererseits den durch den Operationalismus sichtbar gemachten fundamentalen Zusammenhang von wissenschaftlicher Erkenntnis und alltäglicher, handwerklich-technischer Praxis, der insbesondere der Naturwissenschaft ihre eigentliche Legitimität gibt. Auf diesen Zusammenhang hat in jüngster Zeit vor allem RUBEN aufmerksam gemacht, für den die fundamental operationalistische Komponente naturwissenschaftlicher Erkenntnis sowohl die eigentliche erkenntnis- und gesellschaftstheoretische Fundierung der Naturwissenschaften als auch ihre praktische Nichthintergehbarkeit markiert. Die vielbeschworene Vermittlung von wissenschaftlicher Theorie und Praxis hat hier ihr erkenntnistheoretisches Fundament.

Abschließend sei noch auf zwei wissenschaftliche Richtungen hingewiesen, die in jüngster Zeit das Programm des Operationalismus auf unterschiedliche Weise fortführen; beide Richtungen bezeichnen sich als »Konstruktivismus«, ohne freilich bewußt an die Tradition des mathematischen → *Konstruktivismus* anzuschließen. Beide Wissenschaftsrichtungen befinden sich gegenwärtig in einer z. T. lebhaften Entwicklung, so daß über sie nichts Endgültiges gesagt werden kann.

Bei der einen konstruktivistischen Position handelt es sich um eine an der → *Wissenssoziologie* orientierte soziologische Schule. Modellhaft dafür ist die von BERGER/LUCKMANN vorgegebene Position, wonach Realität als Ergebnis »sozialer Konstruktion« aufzufassen ist und die Aufgabe einer konstruktivistischen Soziologie darin besteht, rekonstruktiv diese Konstruktionsprozesse zu erfassen. Es geht also um die – durchaus auch kulturabhängigen – Konstruktionsstrategien der sozialen Subjekte, die (soziale) Realität und damit den genuinen Gegenstand der Soziologie ausmachen. Dies gilt auch für die Erzeugung von Wissen, insbesondere naturwissenschaftlicher Erkenntnis und der dadurch konstituierten Realität (KNORR-CETINA).

Die zweite Richtung entwickelte sich aus der allgemeinen → *Systemtheorie*, insbesondere ihrer biologischen Konkretisierung. In z. T. bewußter Anlehnung an die erkenntnistheoretischen Positionen KANTS gilt hier: »Wir erzeugen daher buchstäblich die Welt, in der wir leben, indem wir sie leben.« (MATURANA, 269) Gemeint ist damit, daß jedes System – organisch, psychisch oder sozial – seine Umwelt ausschließlich dadurch »erkennt«, daß es »Konstruktionen« *für sich* entwirft, die in die systemimmanenten Strukturen eingepaßt werden; nur so ist Erkennen möglich, und es gibt keine erkennbare Realität außerhalb der Konstruktionen des erkennenden Systems. Dieses Programm des »Radikalen Konstruktivismus« (SCHMIDT) wird gegenwärtig in verschiedenen Einzeldisziplinen von der Biologie bis zur Soziologie und Literaturwissenschaft verfolgt.

Jürgen Klüver

Balzer, W./Kamlah, A. (Hg.): Aspekte der physikalischen Begriffsbildung. Theoretische Begriffe und operationale Definitionen. 1979. – *Benjamin, A. C.:* Operationalismus. 1955. – *Berger, P. L./Luckmann, Th.:* Die gesellschaftliche Konstruktion der Wirklichkeit. (Aus dem Engl.) (1966) 1969. – *Bridgman, P. W.:* Die Logik der modernen Physik. (Aus dem Engl.) (1927, 1980) 1932. – *Brouwer, L. E. J.:* Over de Grondslagen der Wiskunde. 1907. – *Carnap, R.:* Physikalische Begriffsbildung. 1926. – *Dingler, H.:* Methodik statt Erkenntnistheorie und Wissenschaftstheorie. In: Kant-Studien 41, 1936. – *Einstein, A.:* Grundzüge der Relativitätstheorie. 1963, [5]1979 = 1982. – *Heisenberg, W.:* Über den anschaulichen Inhalt der quantentheoretischen Kinematik und Mechanik. In: Zeitschrift für Physik 43, 1927. – *Hempel, C. G.:* Aspects [...]. 1965. Aspekte [...]. 1977. [W] – *Ders.:* Grundzüge der Begriffsbildung in der empirischen Wissenschaft. (Aus dem Engl.) (1952) 1974. – *Klüver, J.:* Operationalismus. 1971. – *Knorr-Cetina, K.:* Die Fabrikation von Erkenntnis. Zur Anthropologie der Naturwissenschaft. (Aus dem Engl.) (1981) 1984. – *Lorenzen, P.:* Einführung in die operative Logik und Mathematik. 1955, [2]1969. – *Lundberg, G. A.:* Operational definitions in the social sciences. In: American Journal of Sociology 47, 1942. – *Marcuse, H.:* Der eindimensionale Mensch. (1964) [20]1985. [W] – *Maturana, H. R.:* Erkennen. Die Organisation und Verkörperung von Wirklichkeit. (Aus dem Engl.) 1982. – *Opp, K.-D.:* Methodologie der Sozialwissenschaften. 1970, 1976. – *Ruben, P.:* Dialektik und Arbeit der Philosophie. 1978. – *Schmidt, S. J. (Hg.):* Der Diskurs des Radikalen Konstruktivismus. 1987. – *Stegmüller, W.:* Probleme und Resultate [...]. Bd. 2 I. [H] – *Weyl, H.:* Philosophie der Mathematik und Naturwissenschaft. 1928, 1949, [4]1976.

Jürgen Klüver/H.S.

Organisation

zu griech. órganon, lat. organum: Gerät, Werkzeug

A. Das Wort

Organisation ist die (relationale) → *Struktur* einer zu einem System geordneten Gesamtheit von Elementen und Subsystemen (→ *System, Systemtheorie*). In zweiter Linie bezeichnen wir mit »Organisation« die Tätigkeit des Organisierens, d. h. des Herstellens einer solchen Ordnungsstruktur.

B. Engere Bedeutung

Eine engere Bedeutung des Wortes »Organisation« knüpft an dessen Herkunft aus dem griech. »órganon« = Werkzeug, Gerät (vgl. érgon = Werk, Handlung, Wirkung) an und stellt den Organisationsbegriff in einen teleologischen Zusammenhang (→ *Teleologie*). Hiernach wird eine – jetzt als dynamisch (zeitabhängig) zu betrachtende – Systemstruktur als »Organisation« oder »organisiert« bezeichnet, wenn das sie tragende System auch noch die Eigenschaft der Zielstrebigkeit besitzt. In diesem Fall steht es zumeist in einem funktionalen Zusammenhang mit einem übergeordneten (Mega- oder Super-) System, für das es »lebensdienliche« Leistungsbeiträge erbringt. Letztere können sich über Phasen der Dynamik des Supersystems oder über deren Gesamtverlaufsdauer erstrecken.

C. Organisation im kybernetischen Sinne

Eine sich nicht nur im Verbalen bewegende Analyse des allgemeinen Phänomens »dynamischer Organisation« (gemäß B.) ermöglicht die Theorie der Steuerungs- und Regelungssysteme sowie die dieser (im Regelungsaspekt als Teildisziplin) zuzuordnende → *Kybernetik* (K_1 als Kybernetik im engeren Sinne). Steuerungs- und regelungstheoretisch werden insbesondere die Bedingungen untersucht, unter denen sich Systeme »ergodisch« organisieren, d. h. in zeitlich fortschreitender Unabhängigkeit von ihren Anfangszuständen nach vorgegebenen »Führungsfunktionen« bzw. selbstregulatorisch (»selbstorganisierend«) entwickeln. Auch die homöostatische Systemorganisation (→ *Kybernetik,* D.) gehört in diesen Zusammenhang.

Ähnlich allgemein lassen sich Begriffe und Methoden der → *Informationstheorie* mit Vorteil auf die Analyse organisierter Systeme ansetzen. Ein (natürlicher oder künstlicher) »Molesscher Organismus«, wie wir nach A. A. Moles ein beliebig (nicht notwendig zielstrebig) organisiertes System von genügend hoher struktureller und funktioneller Komplexität nennen wollen, kann informationstheoretisch als Nachricht mit einem grundsätzlich berechenbaren, zumindest abschätzbaren (Shannonschen) Informationsgehalt gedeutet werden. Diese Deutung leuchtet unmittelbar ein, wenn man sich vergegenwärtigt, daß Organisiertheit eine Ordnungseigenschaft ist, die in graduierbarer Weise zum Zustand statistisch willkürlicher Elementenverteilung kontrastiert, die also für jeden, der sie erstmals feststellt, mit einem entsprechend hohen Überraschungswert verbunden ist.

Zur Berechnung des Grades der Organisiertheit oder (strukturellen) Komplexität eines Organismus bedarf es der Abbildung desselben auf eine endliche Folge von Zeichen bekannter Vorkommenshäufigkeiten, die erst die Bildung der entsprechenden Formeln ermöglicht (solche Formeln sind z.B. von A. A. Moles, H. v. Förster, M. J. Klein, K. M. Chailow und H. Stachowiak angegeben worden). Gegenüber der strukturellen Komplexität, die es lediglich mit der Anordnung der Systemteile (»besteht aus«) – einbezüglich der zeitlichen Änderung dieser Anordnung und gegebenenfalls mit unterschiedlichen Bedeutungsbelegungen von Systemelementen und -relationen – zu tun hat, die also die syntaktische bzw. semantische Stufe (→ *Semiotik*) nicht überschreitet, setzt die auf den Leistungs- und Zielaspekt des »Organismus« Bezug nehmende funktionelle Komplexität (»dient zu«) ihrer strukturell-quantitativen Erfassung erheblich größere Schwierigkeiten entgegen, da im Falle der funktionellen Komplexität pragmatische Relativierungen wie der Zielbezug von Systemteilen unter (womöglich konfligierenden) Wert- und Nutzenerwägungen erforderlich werden (zu diesem Problembereich hat vor allem W. R. Ashby Grundlegendes beigesteuert).
Schließlich ist bei der gebietsübergreifenden Behandlung des Phänomenbereichs »Organisation« noch der im weitesten Sinne automatentheoretische Aspekt hervorzuheben. Hierher gehören z. B. Theorien der Algorithmierung von Steuerungs- und Regelungsprozessen der auf hochkomplexe Systeme bezogenen computerunterstützten Simulation einschließlich der Entwicklung automatischer Optimierungsstrategien (z. B. der sogenannten Razor-Search-Methode von J. W. Bandler und A. MacDonald) sowie Verfahren der Organisationskybernetik, die es (in der von H. Frank vorgeschlagenen Fassung einer Theorie und Technologie des »Befähigens«) mit dem Delegieren von organisierenden Tätigkeiten an Fremdsysteme, insbesondere an Automaten, mittels »Organisieralgorithmen« zu tun hat.

D. Erscheinungsweisen von »Organisation«

I. Organisierte Systeme

Konkrete Betrachtungen der Erscheinungsweisen von »Organisation« wenden sich den innerhalb der verschiedenen wissenschaftlichen Domänen untersuchten »organisierten Systemen« zu. In einer ersten, groben Einteilung können wir die letzteren nach 1. natürlich vorgegebenen, 2. technisch hergestellten und 3. in geschichtlich-sozialen Zusammenhängen »bewirkten« Systemen unterscheiden.
1. Natürlich vorgegebene Systeme: Zu einer umfassenden Theorie der natürlichen Organisation gibt es zahlreiche, recht weit in die Wissenschafts- und Philosophiegeschichte (zumindest bis J. H. Lambert, um 1770) zurückreichende Vorleistungen, aus denen die von L. v. Bertalanffy 1938 begründete Allgemeine Systemtheorie eine Art Fazit gezogen hat. Diese Theorie befaßt sich vor allem mit Eigenschaften der dem Prinzip der »Äquifinalität« unterworfenen »offenen« Systeme, denen Gerichtetheit, Gestalt, Ganzheit – kurz: Organisiertheit – eignet. Von den natürlich-»bionomen« (K. E. Rothschuh) Systemen ausgehend, wie sie vor allem die biologisch-medizinischen Wissenschaften untersuchen, eröffnen sich, unterstützt durch die moderne Technik der »miniaturisierten« programmgesteuerten Informationswandler, zahlreiche Möglichkeiten der physiko-technischen Herstellung künstlicher Systeme mit Organfunktionen.
2. Technisch hergestellte Systeme: Zu den interessantesten Forschungen der hiermit befaßten Wissenschaft, der Bionik (eines Teilgebietes der → *Kybernetik* im weiteren Sinne), ist das Entwerfen von Simulationsmodellen zum Funktionsbereich der Selbstorganisation zu zählen.
3. In geschichtlich-sozialen Zusammenhängen bewirkte Systeme: »Organisation« im sozialkulturellen Bereich ist vor allem Untersuchungsgegenstand der (Organisations-)Soziologie. Soziale Organisationen sind zweckorientierte und aufgabenspezialisierte gesellschaftliche Einheiten, die insgesamt die Kontinuität des institutionellen Ganzen einer Gesellschaft garantieren. Sie sind (im Unterschied zu den »Institutionen«, zu denen auch abstrakte gesellschaftliche Entitäten wie Recht, Privateigentum und dergleichen zu rechnen sind) an konkrete Trägergruppen gebunden, von deren Mitgliedern unter Verteilung von Rollenfunktionen, Kompetenzen, Befehlsgewalten usw. bestimmte Arbeitsabläufe erwartet werden. Meist interdependiert dieses »formal« vorprogrammierte Funktionennetzwerk mit »informalen«, auf persönlichen Zu- und Abneigungen, Interessengemeinsamkeiten usw. der in der Organisation zusammengefaßten Individuen beruhenden Beziehungen.

II. Spekulative Theorien
Von der diese Zusammenhänge untersuchenden Organisationstheorie sind diejenigen weitgehend spekulativen Theorien wohlzuunterscheiden, die ohne ausdrückliche Bloßlegung ihres Denk- und Methodenansatzes wesentliche Eigenschaften natürlicher Organe und Organismen auf gesellschaftliche Gebilde übertragen. Die Gefahr solchen Analogisierens liegt in der stillschweigenden Unterstellung, gesellschaftlichen Organisationen, ja der Gesellschaft insgesamt – oder dem Staat als Herrschaftseinheit bzw. völkerrechtlichem Aktionssubjekt – kämen natürliche Attribute wie Zielgerichtetheit, Integrations- und Homöostasefähigkeit in einem absoluten und essentiellen Sinne zu, so daß für diese Sozialgebilde eo ipso dieselben oder ähnliche Gesetze wie für die natürlichen Organismen gelten würden. Derartige »organizistische Staats- und Gesellschaftslehren« sind bereits in der Antike zu finden und durchziehen das sozial- und rechtsphilosophische Denken bis in die Gegenwart. Als »biomorphe Modellbildungen« (E. Topitsch) bieten sie reichlich Stoff für ideologiekritische (→ *Ideologie*) Analysen, die keineswegs vor gewissen Ausprägungen des zeitgenössischen soziologischen »Strukturfunktionalismus« und der sozialkybernetischen Modellbildungen haltzumachen brauchen. Philosophische, insbesondere erkenntnis- und wissenschaftstheoretische Kritik hat dabei ihre Korrektivfunktion nicht nur dem erkennenden (historischen oder systematischen) Nachvollzug sozialer Organisationsformen, sondern vor allem auch den im Rahmen gesellschaftlichen Handelns, speziell gesellschaftlicher → *Planung* vorgelegten Organisationsentwürfen zuzuwenden und deren Wertprämissen und Konstruktionsprinzipien ins Licht zu rücken.

E. Philosophische Kritik
Philosophische Kritik an Gedanken- und Aussagesystemen über »Organisation« und »Organisiertheit« ist selbst nach kategorialen Ordnungen, Perspektiven und »geistigen Standorten« (K. Mannheim), nach »Weltanschauungen« (K. Jaspers) und »Denkformen« (H. Leisegang) »organisiert«, und es ist eine der wichtigsten Aufgaben philosophischer Analyse, diese ebenso grundlegenden wie unterschiedlichen Strukturtypen der »Organisation unseres Erkennens« miteinander zu vergleichen, ihren basalen Wertsystemen nachzuspüren und durch Aufdeckung verborgener Wechselbeziehungen den »paradigmenübergreifenden« philosophischen Diskurs zu fördern.

Herbert Stachowiak

Ackoff, R. L./Emery, F. E.: Zielbewußte Systeme. 1975. – *Ashby, W. R.:* Einführung in die Kybernetik. 1974. – *v. Bertalanffy, L.:* Vorläufer und Begründer der Systemtheorie. In: *Systemtheorie.* 1972. – *Ders.:* General systems theory. In: General Systems Yearbook 1, 1956. – *Bohm, D.:* Die implizite Ordnung. Grundlagen eines dynamischen Holismus. (Aus dem Engl.) 1985. – *Grochla, E. (Hg.):* Handwörterbuch der Organisation. 1969, ²1980. – *Kirsch, W.:* Entscheidungsprozesse. Bd. 1–3. 1970 bis 1971. – *Ders.:* Einführung in die Theorie der Entscheidungsprozesse. 2., durchges. und erg. Aufl. der Bde. 1–3 als GA. 1977. – *Lange, O.:* Ganzheit und Entwicklung in kybernetischer Sicht. 1969. – *Leisegang, H.:* Denkformen. 1928, ²1951. – *Luhmann, N.:* Funktionen und Folgen formaler Organisation. 1964. – *Ders.:* Organisation und Entscheidung. 1978. – *Mayntz, R.:* Bürokratische Organisation. 1968. – *Dies.:* Soziologie der Organisation. 1963. – *Moles, A. A.:* Produkte. Ihre funktionelle und strukturelle Komplexität. In: [Zeitschrift] Ulm 6, 1962. – *Plenge, J.:* Drei Vorlesungen über die allgemeine Organisationslehre. 1919. – *Rothschuh, K. E.:* Theorie des Organismus. 1959. – *Stachowiak, H.:* Artikel »Organisationskybernetik«. In: *Grochla. – Türk, K. (Hg.):* Organisationstheorie. 1975. – *Ders.:* Soziologie der Organisation. 1978.

Herbert Stachowiak/H.S.

Phänomenologie

zu griech. phainómenon: das Erscheinende, das Phänomen

A. Einleitung
I. Allgemeines
Phänomenologie heißt ein philosophisches Arbeitsprogramm, das Edmund Husserl (1859–1938) in erkenntnis- und wissenschaftstheoretischer Absicht entwickelt hat, wobei anthropologische und ethische sowie geschichtstheoretische Motive zunehmend Bedeutung gewinnen, auch wenn Husserl zu diesen letzteren Themen selbst keine gesonderten Schriften mehr publizierte.
Husserls Werke werden seit 1950 durch das von Pater H. L. van Breda gegründete Husserl-Archiv in Löwen als »Husserliana« (im folgenden: Hua; bisher 26 Bände) herausgegeben.

Die Phänomenologie wird als eine eigentümliche philosophische Einstellung gekennzeichnet und versteht sich zugleich als eine Methode und Methodologie für weitreichende konkrete Analysen, die bis in die verschiedensten Einzelwissenschaften hineinwirken wollen. Diese Spannung hat zu einer sehr aspektreichen Realisierung der Phänomenologie geführt, deren thematische und methodische Mannigfaltigkeit die Einheit dieser Philosophie nicht immer leicht erkennen läßt. Im 20. Jh. konnte der Begriff »Phänomenologie« gleichermaßen zur Kennzeichnung einer philosophischen Strömung und zu einem weithin gehandhabten Schlagwort werden, das sowohl starke Zustimmung als auch heftige Ablehnung signalisiert, oft aber auch nur ein vordergründiger Allerweltsbegriff ist.

II. Phänomenologie als kritisches Korrektiv
Als kritisches Korrektiv gegenüber konstruierten oder konstruierenden Theorien, geschichtlichen Traditionen und sozialen Verbindlichkeiten, die sich vermittelnd und insofern möglicherweise verfälschend zwischen menschliche Erfahrung und Welt stellen, erfüllt der phänomenologische Hinweis auf das ursprünglich Gegebene, das ursprüngliche Sehen, Sehen-lassen oder (sich) Zeigen eine aufklärende Funktion. Als letztes und einziges Wort aber ist solch ein Hinweis möglicherweise ein Dogma, und gerade deshalb hat der phänomenologische Ansatz notwendigerweise weitere methodische Verarbeitungen und Modifikationen nach sich gezogen. Dabei sind zwei gegenläufig mögliche Fehleinschätzungen in Rechnung zu stellen.
1. Vorläuferschaften vernachlässigt: Motiviert durch das Ursprünglichkeits- und Sachlichkeitspathos und den Appell zum Neuanfang werden zunächst *historische Vorläuferschaften vernachlässigt* (vgl. Linke; Troeltsch). Insbesondere die Vorgeschichte des Begriffs »Phänomenologie« selbst wird kaum thematisiert.
»Phänomenologie« ist wie Psychologie, Anthropologie und Gnoseologie ein neueres griechisches Kunstwort aus in der Antike bereits vorliegenden Teilen. Die »klassischen« Belege für den Neologismus sind Lambert (1764), Kant (1770 und 1772 in Briefen und 1786) und Hegel (1807). Der Terminus zieht sich aber seit Ende des 18. Jh. sowohl durch die psychologisch-geisteswissenschaftliche wie die naturwissenschaftliche Literatur, meist ohne ausdrückliche Beziehung auf die drei klassischen Stellen. Um die Jahrhundertwende bezeichnet Phänomenologie (ohne Bezug auf Husserl) methodische Voruntersuchungen noch diesseits der Trennung in Natur- und Geisteswissenschaften (vgl. Windelband, 3–17: »Phänomenologie des Wissens«). W. T. Krug (Handwörterbuch der philosophischen Wissenschaften, 2. Aufl. 1832–38, Bd. 3, S. 200), der »Phänomenologie« nicht gesondert bucht, definiert unter »Phänomen«: »›Phänomenologie‹ ist also eine Erscheinungslehre, und kann in somatische (Phänomenologie der Körper oder Lehre von den Erscheinungen der äußeren Natur) und in psychische (Phänomenologie des Geistes oder Lehre von den Erscheinungen der inneren Natur) eingetheilt werden [...].«
Husserl hat den Terminus »Phänomenologie« also nicht erfunden, und es wirken Phänomenologiebegriffe anderer Autoren bis in die 20er Jahre weiter, die trotz der damals gegebenen breiteren Entfaltung von Husserls Werk aus anderen Traditionen stammen, aber vergleichbar sind. Obwohl Husserl sich um die Aufarbeitung der an den Terminus »Phänomenologie« gebundenen wissenschaftlichen und philosophischen Traditionen nicht bemüht, ergibt sich doch zunehmend eine Rückbesinnung auf geschichtliche Zusammenhänge überhaupt. Es ist gerade die in seinem Aufsatz »Philosophie als strenge Wissenschaft« (1910/11) reklamierte eigenständige Position in der bisherigen Philosophiegeschichte, die ihn auf den Weg historischer Untersuchungen führt. Dieses Motiv wird sich dann in aller Breite in seinem Spätwerk »Die Krisis der europäischen Wissenschaften und die transzendentale Phänomenologie« von 1935/36 auswirken. Sachlich begründet ist diese Entwicklungsmöglichkeit aber in einem systematischen Lehrstück Husserls, nämlich dem der Intentionalität des Bewußtseins, das mit seiner immanenten Zeitlichkeit und seiner Intersubjektivität resp. seiner intersubjektiven Verflechtung einen Erfahrungsbegriff entfaltet, der notwendigerweise und aus der Sache zu historischen Problemen führt. Falsch ist es daher, hier von Konversionen zu sprechen (vgl. Orth, in Biemel [Hg.]). Voraussetzung für eine angemessene Erfassung der phänomenologischen Bewegung des 20. Jh. ist ein genaues Studium der Philosophie- und Wissenschaftsgeschichte des 19. Jh.
2. Einschlägige Positionen einbezogen: Nach der Devise, es komme auf ein eigenständiges Sehen an, werden im Zuge der Entwicklung

auch *mehr oder weniger einschlägige* Positionen, denen man Authentizität und Aktualität zusprechen zu dürfen glaubt, *in die Phänomenologie einbezogen*. Das führt zu einem embarras de richesse (Qual der Wahl) bezüglich der historischen Bedeutsamkeit, wobei die Offenheit der geschichtlichen Entwicklung mit Bevorzugung von Zukunftsperspektiven besonders betont wird, und hat Verlegenheiten wegen zu großer Auswahlmöglichkeiten zur Folge. Vor allem in der französischen Literatur ist diese Tendenz spürbar. HUSSERL figuriert dabei als der große Stifter und ist »ganz einfach der größte Philosoph, der seit den Griechen erschienen ist« (GRANEL, 613). Sein Werk darf dabei gleichwohl frei interpretiert werden und droht seinen einheitlichen Sinn zu verlieren: die Geschichte der Phänomenologie sei zum großen Teil die Geschichte der Abweichungen von HUSSERL (vgl. RICOEUR, 836).

Demgegenüber ist festzuhalten, daß HUSSERL eine relativ fest umschriebene Lehre ausgearbeitet hat, die bei allen Entwicklungen und Funden aus dem Nachlaß ihren Sinn bewahrt (vgl. JANSSEN).

Wichtige seiner Arbeiten sind zu seinen Lebzeiten nur bruchstückhaft oder gar nicht erschienen, so das 2. und 3. Buch der »Ideen zu einer reinen Phänomenologie und phänomenologischen Philosophie« (Hua IV und V, 1952). Die Bewertung des Nachlasses mit zahlreichen Arbeitsmanuskripten ist schwierig und kann bei Teilpublikationen zu fragwürdigen Akzentsetzungen führen.

HUSSERL verbindet ausdrücklich wie keiner seine gesamte philosophische Arbeit in allen ihren Gestalten mit dem Begriff Phänomenologie und macht zudem ebenso ausdrücklich am Konzept dieses Forschungstitels methodisch verständlich, warum Modifikationen in einzelnen Lehrgehalten und Verfahrensweisen notwendig sind. Die Tatsache, daß im 20. Jh. Phänomenologie ein weithin bekanntes Schlagwort ist, gründet in HUSSERLS ständiger Bemühung, seine philosophische Konzeption an diesem Begriff zu erarbeiten.

III. Voraussetzungen

1. Franz Brentano: Voraussetzung für HUSSERLS Phänomenologiekonzeption ist die Aufbereitung des Phänomenbegriffs durch seinen Lehrer Franz BRENTANO (1838–1917). Dieser übernimmt den Ausdruck Phänomen von A. COMTE und verwendet ihn im Sinne von Tatsache gegen KANTS Unterscheidung von phainómenon und nooúmenon (vgl. BRENTANO; COMTE). Die Erforschung solcher Phänomene ist die Aufgabe der Wissenschaften (BRENTANO, Auguste Comte 111). In seiner »Psychologie vom empirischen Standpunkt« von 1874 führt dann BRENTANO den Unterschied zwischen physischen und psychischen Phänomenen ein: »Die gesamte Welt unserer Erscheinungen zerfällt in zwei große Klassen, in die Klasse der physischen und in die der psychischen Phänomene.« (BRENTANO, Psychologie) Die physischen Phänomene sind die durch die äußere, die psychischen die durch die innere Wahrnehmung zugänglichen Phänomene (BRENTANO, Psychologie 136ff.). Entsprechend ihrer Gegebenheit über die innere Wahrnehmung (von der »inneren Beobachtung« streng zu unterscheiden; BRENTANO, Psychologie 40ff.) sind die psychischen Phänomene – im Gegensatz zu den physischen – prinzipiell unmittelbar evident (BRENTANO, Psychologie 137, 196). Die die psychischen Phänomene auszeichnende Eigenart ist die »intentionale (auch wohl mentale) Inexistenz eines Gegenstandes« (BRENTANO, Psychologie 124f.), d. h., daß die »Vorstellungen«, als welche die psychischen Phänomene letztlich charakterisiert werden und die nicht mit dem Vorgestellten verwechselt werden dürfen (BRENTANO, Psychologie 111ff.), stets eine Beziehung auf einen Inhalt oder eine »immanente Gegenständlichkeit« haben (BRENTANO, Psychologie 124ff.). Der Begriff des psychischen Phänomens ist eher zu erweitern als der des physischen, weil die physischen Phänomene über Empfindung und Phantasie psychische Phänomene, zumindest Inhalte psychischer Phänomene sein können, was umgekehrt nicht möglich ist (BRENTANO, Psychologie 140). Die »äußere« Wahrnehmung ist deshalb überhaupt nur Wahrnehmung in einem von der »inneren« abgeleiteten Sinne (BRENTANO, Psychologie 137, 140). Dem psychischen Phänomen kommt allein gesicherte wirkliche Existenz zu (BRENTANO, Psychologie 137): »Erkenntnis, Freude, Begierde bestehen wirklich; Farbe, Ton, Wärme nur phänomenal oder intentional.« (BRENTANO, Psychologie 129). (Eine analoge Verwendung von »phänomenal« gegen »phänomenologisch« bei HEIDEGGER, Sein und Zeit 37.)

Statt von psychischen Phänomenen kann man auch von »psychischen Akten« oder vom »Bewußtsein« sprechen (BRENTANO, Psychologie 142). Es gilt dann, »daß kein psychisches Phänomen bestehe, welches nicht [...] Bewußtsein von einem Objekte ist« (Brentano, Psychologie 143). Psychische Phänomene, nicht nur auf Erkenntnisphänomene eingeschränkt (Brentano, Psychologie 142), gewinnen so einen erkenntnistheoretischen Vorrang. Erkenntnistheoretische Untersuchungen müssen also Hand in Hand mit psychologischen (deskriptiv psychologischen, nicht genetisch naturwissenschaftlichen) gehen. Brentanos umfassende und ausschließende Unterscheidung zwischen physischen und psychischen Phänomenen kann bei Husserl so immerhin zu einer immanenten Unterscheidung innerhalb eines neuen Phänomenbegriffs werden, der jede denkbare Gegebenheit umfaßt, die stets in Akten des Bewußtseins fundiert ist (vgl. Logische Untersuchungen II 1, 364ff., §§ 9ff.). Brentano wird entsprechende Untersuchungen, die der Grundlegung einer angemessenen, nicht naturalistisch verkürzten Psychologie und der Erkenntnistheorie dienen, auch gelegentlich als deskriptive Psychologie (im Gegensatz zur genetischen) und »(beschreibende) Phänomenologie« bezeichnen, wobei er aber letzteren Terminus zugunsten von »Psychognosie« verwirft.

2. Meinong und andere: A. von Meinong (1853–1920) entwickelt auf dieser Grundlage die sogenannte Gegenstandstheorie – ein Disziplintitel, den Brentano ebenfalls verwirft. Meinong unterscheidet entsprechend bestimmten Grundklassen von Bewußtseinsakten (Vorstellen, Denken, Fühlen, Begehren) bestimmte Klassen von Gegenständen: Objekte, Objektive, Dignitative und Desiderative. Ch. von Ehrenfels (1859–1932) liefert wichtige Beiträge für die Fundierung von Bewußtseinsakten und Gegenständen und entwickelt den Begriff der Gestaltqualität.

Die Spannung zwischen zwei Motiven, dem Psychologismus einerseits und einem kritischen Objektivismus andererseits, ist erkennbar. Im Hinblick auf den polnischen Brentano- und Stumpf-Schüler Kazimierz Twardowski (1866–1938) wird diese Frage in der neueren polnischen Forschung mit Poppers Drei-Welten-Theorem in Verbindung gebracht (vgl. Paczkowska). Twardowski möchte die objektive Erkenntnis gegen den Psychologismus durch eine Lehre von psychischen Produkten retten. Diese selbständigen Gebilde ermöglichen eine objektive und eigenständige Logik, ohne daß ihr Bezug zu psychischen Realitäten geleugnet werden muß. Twardowski will damit auch Husserls spätere Form der Psychologismusüberwindung, die platonistisch auszufallen drohe, modifizieren. Eine solche Gebilde-Lehre hatte freilich schon früher der mit Husserl vielfach verbundene ältere Brentano-Schüler Carl Stumpf (1848–1936) skizziert und sich dabei auch des Terminus Phänomenologie bedient (vgl. Stumpf, Erscheinungen 28ff.; Einteilung 26ff., 32ff.).

B. Husserl

Sicherlich zieht Husserl die weitreichendste Konsequenz aus Brentanos Phänomenauffassung und gibt damit dem Terminus »Phänomenologie« einen neuen Sinn. Phänomene der Phänomenologie sind auch all diejenigen Phänomene, auf die die »längst bekannten Wissenschaften« ausgehen – seien es Psychologie, Naturwissenschaft, historische und Kulturwissenschaften, kurz: »alle Wissenschaften von Realitäten« (Hua III, 3). »Wie verschieden in solchen Reden der Sinn des Wortes Phänomen sei und welche Bedeutung er irgend noch haben mag, es ist sicher, daß auch die Phänomenologie auf all diese ›Phänomene‹ und gemäß allen Bedeutungen bezogen ist.« (Hua III, 3) Aber dies geschieht in »einer ganz anderen Einstellung«, die den »Sinn von Phänomen« modifiziert, und »als so modifizierter tritt er in die phänomenologische Sphäre ein« (Hua III, 3), nämlich bewußt »doppelsinnig« als »Korrelation von Erscheinen und Erscheinendem« (Hua II, 14). Die dies berücksichtigende Einstellung ist die Epoché, die zu den »phänomenologischen Reduktionen« führt (Hua III, 5). Der Terminus Phänomen ist ohne den Terminus Epoché nicht denkbar.

In den »Logischen Untersuchungen« steht »Phänomenologie« noch zusammen mit dem konkurrierenden Titel »deskriptive Psychologie«. Gerade aber durch psychologische Analysen sah Husserl sich »zu kritischen Reflexionen über das Wesen der Logik und zumal über das Verhältnis zwischen der Subjektivität des Erkennens und der Objektivität des Erkenntnisinhaltes gedrängt« (Logische Untersuchungen I, S. VII). Ausgehend von mathematischen und logischen Grundlagenproblemen war er mit den »Logischen Untersuchungen« von 1900/01 zu einer Art von Drei-Welten-Theorem gekommen, das freilich von der Phänomenologie sowohl skizziert als auch problematisiert wird. Die Dreigliederung in »körperliche« und »geistige Tatsa-

chen« sowie einen Bereich logischer Geltungen war unter verschiedenen Namen bekannt (vgl. Hua XXII, 206; Hua XII, S. XXVII). In den Prolegomena unterscheidet HUSSERL einen »Zusammenhang der *Sachen*« und einen »Zusammenhang der *Wahrheiten*« (Logische Untersuchungen I, 228); gegeben sind uns diese beiden im *Erkennen* (229), d. h. in Denkakten. In diesen Denk- und Erlebnisakten erscheinen intentional mögliche Tatsachen und mögliche Wahrheiten. Intentionalität ist der Titel für ihre Gebungsweise und ihren Zusammenhang. Es kommt nun alles darauf an, diesen Bereich als »phänomenologische Sphäre« weder naturalistisch zu mißdeuten noch ihn abstrakt konstruierend zu formalisieren. Sowohl der ontologische Status als auch die logische Theorie müssen aus dieser Sphäre zuallererst entfaltet werden. Innerhalb dieser Sphäre können dann bestimmte Bereiche abgehoben und auf ihre eigenständige Struktur untersucht werden. Ein solcher abhebbarer Bereich ist auch das Logische, dem die Funktion einer »Wissenschaftslehre«, einer »Wissenschaft von der Wissenschaft« (26) zukommt. Es geht um das Erfordernis eines »systematischen Zusammenhanges im theoretischen Sinne«, um die »Idee des Wissens als Systematik«, denn das »Reich der Wahrheit ist kein Chaos« (15). Diese »Einheitsform hat ihre hohe teleologische Bedeutung für die Erreichung des obersten Erkenntnisziels« und korrespondiert letztlich »dem Begriff der Methode« (25). (Der Terminus »Teleologie« zieht sich durch HUSSERLS Gesamtwerk als Ausdruck für die innere Regelstruktur von Erfahren und Erkennen und spielt noch in dem Werk »Formale und transzendentale Logik« eine große Rolle.)
Diese Idee der Wissenschaft taucht auf als eine Vorwegnahme durch das um Wahrheit bemühte Bewußtsein. Damit ist auch eine folgenschwere Voraussetzung der Phänomenologie markiert, daß nämlich so etwas wie formale und wesentliche Regelstrukturen als solche unabhängig von faktischen Verflechtungen und Kontingenzen heraushebbar sind, die dann verbindlichen Orientierungen dienen. Der Sinn der Husserlschen Widerlegung des Psychologismus liegt in der Bewährung dieser Idee und in dem Nachweis der Unabhängigkeit solcher wesenhafter Größen von faktischen psychischen Umständen im Sinne der genetischen Psychologie. Die Methoden der ideierenden Abstraktion zur Gewinnung ideal-objektiver Bedeutungen und Gegenstände sowie Bedeutungs-, Gegenstandskategorien und Aktstrukturen stehen im Mittelpunkt (ORTH, Ideation). Bald nach den »Logischen Untersuchungen« wird HUSSERL die deskriptive Psychologie selbst in diese Psychologismuskritik einbeziehen.
Besonders die Teile II 1 und 2 der »Logischen Untersuchungen« wurden wegen ihrer konkreten Analysen von der zeitgenössischen Kritik als Rückfall in den Psychologismus angesehen, ein harter Vorwurf, nachdem FREGE die »Philosophie der Arithmetik« schon als solchen kritisiert hatte, was HUSSERLS Antipsychologismus mit motivierte.
Die zweite Voraussetzung, durch welche HUSSERL wieder auf Psychologisches zurückgeführt zu werden scheint, ist der für prinzipiell einlösbar gehaltene Anspruch auf mögliche Selbstgegebenheit – auch der formalen Größen (hier: kategoriale Anschauung) – im bewußten Erleben durch »originäre Anschauung« oder »erfüllende Anschauung«. Schon in der »Philosophie der Arithmetik« unterscheidet HUSSERL im Anschluß an BRENTANO »eigentliche« und »uneigentliche« (»symbolische«) Gegebenheit von Zahlen und Zahlenkomplexen und fordert die Fundierung des Symbolischen, das er für unvermeidlich hält, in der eigentlichen Anschauung (Hua XII, 193). Wichtig ist, daß HUSSERL diese beiden Voraussetzungen (Ansatz regelhaft wesentlicher Formen und ursprünglich »leibhafte« Gegebenheit) verbindet (vgl. TUGENDHAT). Diese Doppelheit macht auch den phänomenologischen Begriff von »strenger Wissenschaft« aus. Dabei handelt es sich nicht um letzte statische Gegenüberstellungen, sondern um Momente, die im intentionalen Geflecht des Erlebens und Erfahrens enthalten sind. (HUSSERLS Erfahrungsbegriff ist weiter als der empiristische und umfaßt alle Begegnisse möglichen Erlebens, nicht nur sinnliche Erkenntnisse.)
Dieses Intentionalgeflecht steht unter dem Begriff der Fundierung, die nicht mit Grundlegung und Begründung im logischen Sinne verwechselt werden darf. Innerhalb des intentionalen Fundierungszusammenhanges gibt es abstrakte (unselbständige) und konkrete (selbständige) Momente, d. h. solches, das nie ohne anderes erfaßt werden und existieren kann (abstrakt), und solches, das als solches verstanden wird und existiert (konkret). Konkretion ist deshalb sozusagen ein methodologischer Wertbegriff der Phänomenologie. (In HUSSERLS Begriff »konkret« liegt

aber die Spannung zwischen selbständig Einzelnem und Zusammenhang aller möglichen Momente. So ist die Einheit aller Intentionen eigentlich konkret, für uns aber nur ein Name des Konkreten, der abstrakt ist; vgl. Hua III, 36, 202; Hua VIII, 194ff., 213ff.)

Die Phänomenologie hat solche Konkretion zum Thema und heißt als solche auch Erkenntnistheorie, die, »eigentlich gesprochen, gar keine Theorie« ist. Denn sie hat in »theoretischem Sinne nichts zu erklären« wie die Logik und die »Theorie der Theorie«; sie will »aufklären« und »verstehen« (Logische Untersuchungen II 1, 21). Als Phänomenologie der Erkenntnis ist sie »nicht Wissenschaft im prägnanten Sinne einer Einheit aus theoretischer Erklärung« (20). Phänomenologische Untersuchungen müssen sich deshalb »gleichsam im Zickzack« bewegen (17; Formale und transzendentale Logik 111), das heißt, daß »alle Begriffe, bzw. Termini, in gewisser Weise im Fluß bleiben, immerfort auf dem Sprunge, sich gemäß den Fortschritten der Bewußtseinsanalyse [...] zu differenzieren« (Hua III, 206; vgl. Formale und transzendentale Logik 155; Erfahrung und Urteil 3).

Ein vermittelnder Begriff, der das Moment des Geltungshaften und des Erlebnismäßigen, des Gehaltlich-Objektiven und des Subjektiven verbindet, ist der des Sinnes. Er ist bei Husserl ein restierender, gleichsam für die Verständigung stets vorrätiger Begriff und spielt im Rahmen der phänomenologischen Philosophie eine wichtige Rolle (Logische Untersuchungen II 1, 52ff.; Hua III, 303ff.).

Hier knüpft die Hermeneutik an. »Ursprünglichkeit« der Beschreibung muß weder bedeuten, auf letzte Urelemente zurückzukommen, noch, auf ausgeformte Abstraktionen, sondern das zu treffen, was in einem konkreten Zusammenhang spontan und authentisch erfahren wird. Hier spielt das Motiv der Urteilskraft und Applikation eine Rolle.

Versuche, die »phänomenologische Sphäre«, die hinsichtlich ihres ontologischen und logischen Status immer noch Unbestimmtheiten aufweist, zu präzisieren, führen Husserl zwischen den »Logischen Untersuchungen« und den »Ideen« (I) zur Verbindung bereits erarbeiteter, aber radikalisierter phänomenologischer Methoden mit Motiven der neukantischen Philosophie (vgl. Seebohm; Kern; Orth, Bedeutung). Er wendet die ideierende Abstraktion als eidetische Reduktion auf das Bewußtsein selbst an und kommt dabei zu einem Bewußtseinsbegriff als einer »absoluten Seinsregion« (Hua III, 72), die nicht als eine »absolute Realität«, was Widersinn wäre, zu verstehen ist, sondern als letzte Sinngebung (Hua III, 114). Damit hat das Bewußtsein einen onto-logischen Status, d. h., nur von ihm her kann der Sinn möglicher Realität, möglicher Wirklichkeit zuallererst ausgewiesen werden. Dabei wird die Intentionalität zum »phänomenologischen Hauptthema« (Hua III, 303ff.) als *die* Bestimmung des Bewußtseins. Dieses Bewußtsein als nicht mehr hintergehbares »reines Residuum« wird im Kantischen Sinne »transzendental« und »apriorisch« genannt, wobei sich Husserl allerdings die eigene Definition dieser Termini ausdrücklich vorbehält (Hua III, 73). Die eidetische Reduktion, die jenes transzendentale Bewußtsein herausstellt, heißt in Anbetracht ihres Themas und Zieles auch transzendental-phänomenologische Reduktion. Sie sieht von den empirischen und faktischen Geltungen ab und macht keinen begründenden Gebrauch von ihnen; insofern ist sie Epoché. Sie vernichtet aber durchaus nicht die Welt, sondern behält deren Gehalt als »bloßes Phänomen«. Die Struktur des Bewußtseins läßt sich darstellen als Cogitatio, d. h. Erlebnismannigfaltigkeit, die sich nach Noesis (Vollzug) und Noema (Vollzogenem, gemeintem Inhalt) gliedern läßt. Während die Noese dem Bewußtsein reell immanent ist, handelt es sich bei dem Noema um eine Transzendenz in der Immanenz (mit dem gelegentlichen Index der Außenweltlichkeit). Eine andere Transzendenz in der Immanenz ist diejenige des Ich, auf das alle Erlebnisse sich beziehen und das im Sinne des Kantischen »ich denke, das alle meine Vorstellungen muß begleiten können« verstanden wird (Hua III, 138; Hua I, 117). Noesis und Noema stehen in einer – ja, wie es scheint: in *der* – intentionalen Beziehung. Aus der Phänomenologie ist damit eine Konstitutionsphilosophie geworden. Das Schema des transzendentalen Bewußtseins wird auch in der Form ego – cogito – cogitatum dargestellt. Zu den reellen Noesen gehören noch als ebenfalls reelle Momente die sensuellen und stofflichen Empfindungsinhalte, die sogenannten hyletischen Daten (Hua III, 207ff., 241 ff.), ein Theorem, das die realistischen Reste aus der phänomenologischen Erkenntnistheorie Brentanoscher Provenienz beseitigt (das lobt Cassirer 3, 227ff.). Schließlich ist die gesamte Bewußtseinsmannigfaltigkeit durch immanente Zeitlichkeit gekennzeichnet, die als ursprünglich gegeben jeder Zeitform vorausliegt (Hua III, 196ff.; vgl. Hua X). Obwohl Zeitlichkeit als ursprüngliches Strömen und »lebendige Gegenwart« (dazu HELD) verstanden wird, bauen sich auch in ihr Regelstrukturen auf nach »Retention Jetzt Protention«. Wesenhafte Geltungsstrukturen, Idealitäten werden als Überzeitlichkeit im Sinne von Allzeitlichkeit verstanden (Hua VI, 367f.; Erfahrung und Urteil 313). Die damit garantierte Möglichkeit der »Wiedererinnerung« ist Voraussetzung jeder verbindlichen Orientierung (Formale und transzendentale Logik 251). Innerhalb der Bewußtseinsmannigfaltigkeit gibt es so den »›teleologischen Gesichtspunkt‹ ihrer Funktion, ›synthetische Einheit‹ möglich zu machen« (Hua III, 213; vgl. Hua I, 77ff.). Sie bekundet sich z. B. in der Parallelität von Noese und Noema und in der Möglichkeit, das Noema als Cogitatum zum Gegenstand eigener Untersuchungen zu machen, von ihm als Leitfaden auf entsprechende Noesen zurückzuschließen.

Dies ist auch der systematische Ansatzpunkt für die »regionalen Ontologien« als phänomenologische Deskription und Analyse bestimmter Seinsbereiche, die in einem jeweiligen möglichen regionalen Apriori gründen. Von hier leiten sich sogenannte Bindestrichphänomenologien her. Ein Musterbeispiel dafür ist die phänomenologische Ontologie der Kunst des Polen Roman INGARDEN (1893 bis 1970). Insbesondere die Göttinger und Münchener Phänomenologie haben die Möglichkeit solcher Ontologien wahrgenommen und sich – soweit sie die systematischen Voraussetzungen abblendeten – dem Vorwurf der Naivität ausgesetzt.

Naivität bedeutet aber bei HUSSERL das Unterlassen des Versuchs eines »radikalen Selbstverstehens und prinzipieller Selbstrechtfertigung« (Formale und transzendentale Logik 137). Dennoch: »Naives Erfahren und Urteilen geht in Wesensnotwendigkeit voraus.« (246) Ebenso können Wissenschaften im wohlverstandenen Sinne »naiv« sein, z. B. die »naiv geradehin theoretisierende Mathematik« (165). Der »Wahn eines absolut verbürgenden Evidenzgefühls« wird folgerichtig abgelehnt (250). Es ist »Evidenzkritik« nötig, weil »Evidenz zunächst eine naiv betätigte und ›verborgene Methode‹ ist« (177). Es geht hier um »intentionale Kritik« (178), die sich in Schritten möglicher »Bewährung« und »Entwährung« vollzieht (109f.). Es »scheidet sich immer wieder (!) vermeinte und echte Evidenz«, d. h., daß »die Kritik selbst wieder in Kritik genommen werden muß« (111). In diesem Sinne kann von einem phänomenologischen Falsifikationismus gesprochen werden, der sich freilich an einem intentionalen Erfahrungsbegriff und seiner Entfaltbarkeit wesentlich orientiert: »Evidenz ist in einem allerweitesten Sinne eine Erfahrung von Seiendem und So-Seiendem, eben ein Es-selbst-zu-Gesicht-Bekommen« (Hua I, 52). Evidenz ist die Intentionalität selbst und damit eine kritische Instanz (STRÖKER, Evidenzprinzip 30). Daß das erlebende Bewußtsein einen prinzipiellen Zugang zu sich selbst hat und in dieser Selbsterfahrung (»immanente Wahrnehmung«) Erkennen und »Existenz« (nicht nur »Essenz«) übereinstimmen, nennt HUSSERL eine »ausgezeichnete Sachlage« (Hua III, 107). Es handelt sich um eine apodiktische Evidenz, deren Unmöglichkeit unausdenkbar ist (ratio essendi und ratio cognoscendi fallen zusammen); aber apodiktische Evidenz muß nicht adäquate Evidenz sein (Hua I, 62). Vor einer »apodiktischen Naivität« ist zu warnen (Hua I, 178). (Der Begriff »Abschattung« bei der Dingerfahrung meint die Unmöglichkeit gleichzeitiger allseitiger, adäquater Erfassung; Hua III, 92ff., 242ff.)

Mit »Verschiebungen der Intentionalität« (Formale und transzendentale Logik 158) und »intentionalen Implikationen« (Hua VIII, 123) ist zu rechnen und deshalb mit der »Gefahr der Äquivokation« (Formale und transzendentale Logik 157), aber auch mit »Äquivokationen [...] aus Wesensgründen« (158). Die Erfahrung, das Bewußtsein bildet so eine »Art Historizität«, eine »Sinnesgenesis« (184) oder »intentionale Genesis« (185), die zu »Sedimentierungen« (255; Hua VI, 379f.) führt. (Diese Genesis ist von der empirischen oder sogenannten genetischen Psychologie streng zu unterscheiden.) Begründet ist dies in der Horizontstruktur des Erfahrens und des Bewußtseins und damit aller Intentionalität (205ff.; Hua I, 86). Es ist »dieses in jedem Bewußtsein liegende Über-sich-hinaus-Meinen« (Hua I, 84). Wer die sogenannte phänomenologische Wesensschau nicht mißverstehen will, muß diese Horizontstruktur mit berücksichtigen (Formale und transzendentale Logik 177 mit Verweis auf Ideen I).

Eine neukantische Interpretation der Phänomenologie (sozusagen als gehaltvollerer phänomenologischer Neukantianismus) verkürzt

deshalb schon den Ansatz von 1913. Die Bedingungen, unter denen HUSSERL in die transzendentale Phänomenologie eingetreten ist, sind in der Tat andere als diejenigen, unter denen er in ihr verbleiben und weiterarbeiten konnte. Das intentionale Motiv wurde freilich zunächst gerne im Sinne des neukantischen erkenntnistheoretischen Idealismus gedeutet. (Vgl. FINK, Die phänomenologische Philosophie [...], ein von HUSSERL autorisierter Aufsatz. HUSSERL ist von Zeitgenossen oft – in positiver oder negativer Absicht – zum Kantianismus gerechnet worden.) Ohne Rückfall in den »Göttinger« regionalen Ontologismus kann jedoch eine das Ich relativierende Betrachtung angestellt werden (vgl. PATOČKA; vgl. Hua IV, 97ff., §§ 22–29).
Zwar war die Bedingung der Gegenüberstellung eines transzendentalen Ichbegriffs und einer von ihm her formal zu definierenden Welt ein notwendiger und nicht mehr zu verlierender methodischer Ausgangspunkt; aber seine konsequente intentionale Analyse (Hua I, 19, 83, 86; Hua VIII, 123ff.) mußte das Ausgangsmodell verwandeln. Schon der Intentionalitätsbegriff der »Ideen« als Bewußtsein-von (Noesis – Noema) besagt ja nicht nur, daß das Bewußtsein auch noch die Eigenart hat, sich auf etwas zu beziehen; vielmehr *ist* es dieser Bezug. Auch die reell immanenten hyletischen Daten unterstreichen diesen Weltcharakter des Bewußtseins in seiner kontingenten Gehaltlichkeit als Einheit von Erscheinen und Erscheinendem. HEIDEGGERS Begriff (Existential) des In-der-Welt-Seins (des Daseins) ist insofern eine konsequente Übersetzung von HUSSERLS Begriff der Intentionalität (vgl. SARTRE; TUGENDHAT; OLAFSON). Die Weltlichkeit des Bewußtseins wird ferner unterstrichen durch die Lehre von der »Generalthesis der natürlichen Einstellung« (vgl. ORTH, Generalthesis). Hat HUSSERL hier noch versucht, einen Bereich des sogenannten natürlichen Seinsglaubens zu skizzieren (Hua III, 57ff.), um zu wissen, wovon die transzendentale Reduktion abzusehen und was sie einzuklammern hat, so wird er später mit seiner Theorie der »Lebenswelt« den Bereich der elementaren alltäglichen menschlichen Welterfahrung positiv herausarbeiten. (Der Terminus »Lebenswelt« taucht nach 1918 bei HUSSERL auf; Hua IV, 372ff.; vgl. auch STRÖKER, Lebenswelt; ORTH, Bedeutung 163ff., 249f.)
Mit der Reduktion auf die Lebenswelt hat HUSSERL seine transzendentale Reduktion nicht revoziert, es ist vielmehr eine methodische »Umkehrung der ursprünglichen Reduktionsfolgen« (MÜLLER, 80), um sie »fehlerfrei« zu machen (GADAMER, 31). Es geht nicht um *die* Lebenswelt, sondern um Lebenswelten als »subjektiv-relative« »Verkehrskreise« tatsächlich lebender Subjekte (Hua VI, 141) und »ihre allgemeine *Struktur*« als Lebenswelt (Hua VI, 142). (Auf die Schwierigkeiten der Auffassung der Lebenswelt im Verhältnis zu Sonderwelten weist MARX, Vernunft, hin.)
Die Lebenswelt ist »Thema eines theoretischen Interesses« (Hua VI, 158ff.), »zunächst als ein spezielles wissenschaftstheoretisches Thema« (Hua VI, 126) und damit kein Rückzug von den Wissenschaften, sondern ein Versuch, diese verständlicher und brauchbarer zu machen. Lebenswelt ist ein durchschnittlicher, einfacher und immer schon fungierender menschlicher Orientierungszusammenhang als der elementarste, aktuell funktionsfähige Intentionalitätstyp konkreter menschlicher Subjektivität. Für ihn ist charakteristisch, daß er einen theoriefreien universellen Seinsglauben in einem umweltlichen Welthorizont praktiziert und eine konkret überschaubare Intersubjektivität darstellt als »erste und niederste Stufe der Vergemeinschaftung« (Hua I, 156). Als theoriefrei ist die Lebenswelt von (falschen) Idealisierungen frei und dient insofern als Boden von Orientierungen. Schon nach den »Ideen« (I) »lebt« »die natürliche Weltbetrachtung naiv im Vollzug der [...] Generalthesis« und »kann also nie widersinnig werden. Der Widersinn entsteht erst, wenn man philosophiert« (Hua III, 135). Das erinnert an die Auffassung vom »menschlichen Weltbegriff« (AVENARIUS 1891) im Empiriokritizismus, ist aber die Umwendung dieses Motivs in einer transzendentalen Reflexion (Hua IX, 474). Die Lebenswelt kann sowohl synchron als auch diachron in Rechnung gestellt werden. Synchron zeigt sie die unvermeidlich praktizierte Abhängigkeit des jeweils aktuellen wissenschaftlichen Tuns von jeweils unproblematisierten Haltungen und Verhältnissen, diachron zeigt sie Stufen von Idealisierungen und Theoretisierungen und macht die Genesis der Wissenschaften mit ihren entscheidenden Weichenstellungen im Kontext verständlich. Das letztere ist Hauptthema der »Krisis« (Hua VI), die die Entwicklung der modernen wissenschaftlichen Kultur mit ihren gegenwärtigen theoretischen und moralischen Problemen

seit GALILEI klären will. Dabei wird mit dem Motiv der Rationalität das Motiv moralischer Verantwortlichkeit verbunden (zur Rolle der Ethik vgl. FUNKE). In der Lebensweltlehre zusammen mit der Frage nach der intentionalen Genesis liegt auch das Programm einer Wissenschaftsforschung.

HUSSERLS Bewußtseinsbegriff entfaltet sich schließlich zu dem der »cogitativen Typen« (vgl. Hua I, 27, 87; im ganzen ORTH, Husserls Begriff. – Für die Gewinnung möglicher cogitativer Typen spielt die Methode der »Variation« eine Rolle; Hua I, 105. Vgl. »Abwandlung«; Hua IX, 72ff.). Diese sind als abgrenzbare Intentionalsysteme (gleichsam mögliche Welten und Erfahrungssysteme) anzusehen und machen das einfache Schema »transzendentales Ich einerseits – Welt andererseits« als ausschließliches Modell hinfällig. Das Begründungsproblem verliert damit seine Eindimensionalität. HUSSERLS Phänomenologie arbeitet vier absolute, weil unvermeidliche Basen der Begründung aus, die als bestimmte cogitative Typen verstanden werden können:

1. das transzendentale Bewußtsein als ego cogito cogitatum, die allgemeine Regelstruktur (Hua III; Hua I);
2. die immanente Zeitlichkeit mit ihrem Ichpol (Hua X);
3. das faktische habitualisierte Monaden-Ich, das den konkreten Menschen darstellt, der in jeder Begründung fungierend im Spiel ist (Hua I);
4. die konkrete transzendentale Intersubjektivität (Hua I; XIII; XIV; XV) als Name für alle möglichen Verflechtungen in intensionaler Funktion. Die Intersubjektivität definiert die Objektivität. Sie trägt dem Tatbestand Rechnung, daß die einzelmenschliche Intentionalität vielfach verflochten ist mit Intentionalitäten anderer Subjekte, eine Verflechtung, die genetisch zu untersuchen ist. Die aktuelle Gegenüberstellung von Menschen und ihre Kommunikabilität setzen bereits Intersubjektivität voraus (Hua I, 150; ORTH, Anthropologie; zur Intersubjektivität: Hua XIII; XIV; XV; HELD, Problem).

Die vier genannten Absoluta stehen im Verhältnis gegenseitiger Korrektur zueinander. Die Lehre von den cogitativen Typen zeigt: Die »Evidenz der Selbstgebung hat ihre Abwandlungsgestalten«, und »so braucht nicht jede Evidenz die Gestalt des spezifischen Ichaktes zu haben« (Formale und transzendentale Logik 253). Die herkömmliche konstitutive Problematik wird um die genetische erweitert, indem die Selbstkonstitution des Ich als (transzendentale) Genesis studiert wird (Hua I, 109). Schon 1910/11 war das Programm eines »Studiums« des *»ganzen* Bewußtseins« in »allen seinen Gestaltungen« (Philosophie als strenge Wissenschaft 301) aufgestellt worden. Der in der transzendentalen Reduktion der »Ideen« gewonnene Bewußtseinsbegriff erscheint in HUSSERLS Spätwerk als eine »Äquivokation«, wenn auch als eine »wesensmäßige« (Hua VI, 188; Hua XV, 586). So verbindet HUSSERL den transzendentalen Bewußtseinsbegriff mit dem sprachanalytischen der »occasionellen Bedeutungen« (Logische Untersuchungen II 1, 79ff.; vgl. Formale und transzendentale Logik 157ff.), die nur im Kontext und vom jeweiligen Standpunkt aus definierbar sind (wie Pronomina, Orts- und Zeitadverbien). Das »transzendentale Bewußtsein« situiert sich damit. In diesem Sinne wird ein »Apriori des Psychophysischen« angesetzt (Hua IX, 326), zu welchem Lokalisation und Leiblichkeit gehören (Hua IV, 153; Hua V, 109ff.), ein »biologisches Apriori« (Hua VI, 482). HUSSERL nennt das die »persönliche Undeklinierbarkeit« des Ich, das nicht überspringbar ist und lediglich im Hinblick auf die cogitative Typik verständlich wird, also keine isolierende Absolutsetzung eines transzendentalen Ich erlaubt, da »jedes transzendentale Ich [...] notwendig als Mensch in der Welt konstituiert sein muß« (Hua VI, 189f.). Damit ist die Transzendental-Phänomenologie eine eigentümliche Verbindung mit der Analyse konkreter und kontingenter Verhältnisse eingegangen und erhält eine anthropologische Dimension (vgl. ORTH, Anthropologie 125), die das transzendentale Motiv beibehält, aber sich nicht »von lähmenden Ängsten vor [...] dem Psychologismus« irritieren läßt (Formale und transzendentale Logik 155; Hua I, 174). Aus dem horizontalen Modell »Ich – Welt« oder »Noesis – Noema« ist ein vertikales Modell geworden, das die gesamte Bewußtseinsgestalt einschließlich aller ichlichen und nicht-ichlichen Momente als Einheit des Erscheinens und Erscheinenden in seiner Genesis untersucht.

C. Die phänomenologische Bewegung

Sowohl durch die Wirkung bedeutender Autoren wie durch bestimmte Formen der Institutionalisierung hatte die Phänomenologie bereits um 1930 ein weltweites Ansehen gewonnen (vgl. GURVITCH; RYLE; ILLEMANN).

Die bekannten Autoren waren neben HUSSERL Max SCHELER (1874–1928) und Martin HEIDEGGER (1889–1976) sowie Alexander PFÄNDER (1870–1941). Insbesondere die Namenstrias HUSSERL – SCHELER – HEIDEGGER suggerierte die Einheit einer Bewegung, obwohl die drei Autoren erhebliche sachliche Meinungsverschiedenheiten erkennen lassen und in ihren Arbeiten das Unterscheidende auffälliger ist als die Einheit. (HUSSERLS Ausspruch 1931: »meine Antipoden Scheler und Heidegger« bei SCHUHMANN, 379, 382; vgl. ORTH [Hg.], Husserl, Scheler, Heidegger).

I. Die Münchener und der Göttinger Zirkel

Institutionell wird die Einheit einer phänomenologischen Bewegung zunächst durch lockere Zirkel etabliert, die an den Universitäten in München (1901) und in Göttingen (1905) entstehen. In München sind es Studenten von Theodor LIPPS, der eine antinaturalistische Erlebnispsychologie vertrat, die Psychologie als philosophische Grunddisziplin ansah und von HUSSERL in den »Logischen Untersuchungen« von 1900/01 als Psychologist kritisiert wurde. Im Anschluß an dieses Werk HUSSERLS wenden sich die Münchener LIPPS-Schüler – vor allem um PFÄNDER und DAUBERT – kritisch gegen ihren Lehrer LIPPS. Es wird hier die für die Phänomenologie charakteristische Spannung zwischen dem Interesse für konkrete Bewußtseins- und Erlebnisanalysen resp. Beschreibungen einerseits und dem Interesse für verbindliche ontologische Sachforschung andererseits greifbar, zu welcher später noch die Spannung zwischen transzendentaler Bewußtseinstheorie und konkreter Forschung hinzukommen wird. Das Entstehen eines Göttinger Zirkels am Ort von HUSSERLS damaliger Lehrtätigkeit ist wesentlich durch Initiativen der Münchener mit veranlaßt. Neben der Göttinger und Münchener Phänomenologie spricht man auch von der Freiburger (einsetzend mit der Lehrtätigkeit HUSSERLS in Freiburg seit 1916), die aber nicht mehr im selben Sinne institutionell ist und eher als Bezeichnung für eine Phase in HUSSERLS eigener Entwicklung anzusehen ist (vgl. BIEMEL, Phasen; SPIEGELBERG).

II. Das »Jahrbuch«

Von besonderer Bedeutung für die institutionelle Einheit ist die Herausgabe eines gemeinsamen Publikationsorgans durch Edmund HUSSERL: Das »Jahrbuch für Philosophie und phänomenologische Forschung«, 11 Bände, 1913 bis 1930 bei Niemeyer in Halle. Als Herausgeber wirken neben HUSSERL Moritz GEIGER, Alexander PFÄNDER, Adolf REINACH und Max SCHELER, schließlich nach dem Tod REINACHS (1917) und SCHELERS (1928) auch Martin HEIDEGGER und Oskar BECKER. Das Jahrbuch enthält umfangreiche philosophische Monographien zu philosophischen und einzelwissenschaftlichen Grundlagenproblemen, die von der Ästhetik bis zur Mathematik reichen. HUSSERLS »Ideen« (Buch 1, 1913), SCHELERS »Ethik« (1913 und 1916) und HEIDEGGERS »Sein und Zeit« (1927) erscheinen im Jahrbuch, auch HUSSERLS »Formale und transzendentale Logik« (Bd. X, 1929 = Hua XVII) und seine von HEIDEGGER edierten »Vorlesungen zur Phänomenologie des inneren Zeitbewußtseins« (Bd. IX, 1928 = Hua X) aus 1905 sowie 1929 als Sonderband die HUSSERL-Festschrift.

III. Husserl, Scheler, Heidegger, Merleau-Ponty

Trotzdem schreibt SCHELER 1913/14 zur Darstellung der Gruppe um das Jahrbuch in einem Artikel »Phänomenologie und Erkenntnistheorie« für die Zeitschrift »Die Geisteswissenschaften«, der erst posthum erschien: »Es gibt keine phänomenologische ›Schule‹«. Es handele sich um »einen Kreis von Forschern, die eine gemeinsame *Haltung* und *Einstellung* gegenüber den philosophischen Problemen einheitlich beseelt«; aber für alles aufgrund dieser Einstellung Gefundene und auch »für die Theorie von der Natur dieser ›Einstellung‹« sei jeder gesondert verantwortlich (SCHELER X, 379; Eb. AVÉ-LALLEMANT, in GOOD, 267–284; Ders., in ORTH [Hg.], Neuere Entwicklungen 90–123). Diese Einstellung gehe jeder Methode voraus. HUSSERLS Devise »zu den Sachen selbst« scheint der einzige Einheitspunkt der Phänomenologie zu sein. Damit will man sich frei machen vom Diktat indirekter Methoden und vermittelter Annahmen, d. h., »der unmittelbarste Erlebnisverkehr mit der Welt selbst« charakterisiert nach SCHELER die Phänomenologie (X, 380). In diesem Sinne ist sie »radikalster Empirismus und Positivismus« (X, 381). HUSSERL formuliert entsprechend in den »Ideen zu einer reinen Phänomenologie und phänomenologischen Philosophie« (1. Buch 1913): »Sagt ›Positivismus‹ soviel wie absolut vorurteilsfreie Gründung aller Wissenschaften auf das ›Positive‹, d. i. originär zu Erfassende, dann sind *wir* die echten Positivisten« (Hua

III, 46). »Ausgang« ist das, »was vor allen Standpunkten liegt«, das »vor allem theoretisierenden Denken selbst Gegebene« (ebd.). SCHELER bezeichnet deshalb die »phänomenologische Philosophie« als »eine fortwährende Entsymbolisierung der Welt« (X, 384). Und nach HEIDEGGER »muß nun« 1927 in »Sein und Zeit« »der formale Phänomenbegriff zum phänomenologischen entformalisiert werden« (35), es geht um »Fernhaltung alles nicht-ausweisenden Bestimmens« (ebd.). Darin zeigt sich jedoch neben der Berufung auf ursprüngliche Gegebenheiten auch das Bewußtsein für das Problem des Zugangs. SCHELER sagt ausdrücklich: »... selbstgegeben ist nicht gleich unbezweifelbar unumstößlich« (X, 384). Und für HEIDEGGER ist das »Thema einer ausdrücklichen Ausweisung« offensichtlich »solches, was sich zunächst und zumeist gerade nicht zeigt«, d. h. verdeckt oder verstellt ist (Sein und Zeit 35). Am deutlichsten arbeitet HUSSERL diese Doppelheit heraus: »Am *Prinzip aller Prinzipien:* daß *jede originär gebende Anschauung eine Rechtsquelle der Erkenntnis* sei, daß *alles*, was sich uns *in der ›Intuition‹ originär* (sozusagen in seiner leibhaften Wirklichkeit) *darbietet, einfach hinzunehmen sei, als was es sich gibt,* aber auch *nur in den Schranken, in denen es sich da gibt,* kann uns keine erdenkliche Theorie irremachen« (Hua III, 52). (»Die phänomenologische Deskription blickt auf das im strengsten Sinn Gegebene hin, auf das Erlebnis, so wie es in sich selbst ist«, 1903; Hua XXII, 207. Parallelstellen: Philosophie als strenge Wissenschaft 301; Hua VIII, 42; vgl. DILTHEYS Satz der Phänomenalität, 1890; 5, 90.)

Die Berücksichtigung der »Schranken« aber, in denen sich etwas gibt, führt HUSSERL von vorneherein auf den Weg der Methode – besonders der sogenannten Reduktionsmethoden, die nicht als das einfache Vorweisen von Unbezweifelbarkeiten charakterisiert werden dürfen, sondern elaborierte und artifizielle Maßnahmen zur Erkenntnisgewinnung und -sicherung bedeuten. Auf ihre Weise beschreiten auch SCHELER und HEIDEGGER den methodischen Weg. Die Verfahren des Erschließens (von Zugängen) bei SCHELER lassen – auch aufgrund der Unabgeschlossenheit seines Werkes – nicht leicht eine einheitliche Charakterisierung zu und reichen von Aktanalysen (im Hinblick auf originäre Anschauungen) über Weltanschauungsanalysen bis zur Wissenssoziologie, Ideologiekritik und zu Metaphysikentwürfen. HEIDEGGERS Methode ist die (szientismuskritische) Auslegung und Hermeneutik des Daseins und seiner Geschichtlichkeit bis hin zur Seinsgeschichte (das Dasein ist dabei sowohl Gegenstand der Auslegung wie auch selbst auslegend).

Bei HUSSERL war aus dem horizontalen Modell »Ich – Welt« oder »Noesis – Noema« ein vertikales Modell geworden, das die gesamte Bewußtseinsgestalt einschließlich aller ichlichen und nicht-ichlichen Momente als Einheit des Erscheinens und Erscheinenden in seiner Genesis untersucht.

Bei HEIDEGGER führt das über den Intentionalitätsbegriff als In-der-Welt-Sein des Daseins zu einer Aufsprengung der Phänomenologie selbst nach »Sein und Zeit«, bei Maurice MERLEAU-PONTY (1908–1961), wenn nicht dazu, dann zumindest zu einer Absage an den egologischen transzendentalen Idealismus unter Neuaufnahme alter Motive aus den Anfängen der Phänomenologie, nämlich der deskriptiven Psychologie, z. B. der Gestaltpsychologie, die HUSSERL noch als psychologistisch kritisiert hatte. Die Rolle der Leiblichkeit und leibbezogenen Wahrnehmung erfährt eine starke Betonung (MERLEAU-PONTY; Näheres zur Entwicklung: WALDENFELS). Damit verbindet MERLEAU-PONTY viele neuere Forschungs- und Deutungsmotive, so die Psychoanalyse und den Strukturalismus. Der strukturalistische Oppositionsbegriff ermöglicht zudem eine neue Deutung der Dialektik.

Trotz seiner Idealismus- und Reduktionskritik erkennt MERLEAU-PONTY die grundlegende Rolle der Reduktion und charakterisiert sie im Anschluß an FINK als das »Erstaunen angesichts einer Welt« (MERLEAU-PONTY, 10). Weil »unsere Existenz so gänzlich benommen ist von der Welt, daß sie nicht im gleichen Moment, in dem sie der Welt sich zuwirft, sich selber als solche zu kennen vermag«, bedarf es, »um ihre Faktizität zu erkennen und uns zuzueignen, des Feldes der Idealität« (ebd. 12). Reduktion und Intentionalität seien die zusammenhängende Hauptentdeckung der Phänomenologie und manifestierten sich besonders in der menschlichen Sprache (ebd. 14).

IV. Phänomenologische Reduktion und die Wissenschaften

Diese Grundfähigkeit des Menschen, sich von etwas zu unterscheiden und sich damit darauf zu beziehen, darf zwar nicht hypostasiert werden; sie ist aber die Voraussetzung dafür, überhaupt Probleme haben oder stellen zu können und an ihrer Lösung zu arbeiten. Um Reduktion als eine bestimmte Methode durchführen zu können, muß diese Grundfähigkeit als »Einstellung« bewußt werden. Deshalb spricht HUSSERL schon zu Beginn der Entwicklung seiner Reduktionslehre (1907) von einem »Zirkel« der »erkenntnistheoretischen Epoché« (Hua II, 48f.). Nur wenn man von der Reduktion im Sinne jener Grundeinstellung spricht, ist der Singular möglich; als Methodeninstrumentarium fordert sie den Plural. Schon in den »Ideen« von 1913 erfolgt die erste Nennung im Plural: »Wir werden eine Methode ›phänomenologischer Reduktionen‹ ausbilden« (Hua III, 5, 6, 7). Die »Operation« (!) als »transzendentale Epoché«, die zum transzendentalen Bewußtsein führt, ist in »verschiedene Schritte (!) der ›Ausschaltung‹, ›Einklammerung‹ zu zerlegen«, so »sprechen wir von transzendentalen oder phänomenologischen Reduktionen« (!) (Hua III, 73). »Das transzendentale ›Absolute‹, das wir uns durch die Reduktionen (!) herauspräpariert (!) haben, ist in Wahrheit nicht das ›Letzte‹« (Hua III, 198). Die Reduktionsmethode erweist sich hier als operativ und präparatorisch, d. h. als eine artifizielle und elaborierte Verfahrensweise, die nicht auf absolute Letztheiten führt, sondern konditionell organisierte, konditionierte Forschungspräparate liefert und damit Fragen und Antworten bestimmbar macht. Eine Reduktionsmethode kann auch abstraktiv genannt werden und auf etwas führen, was es so konkret gar nicht gibt, sondern lediglich eine Erklärung für Probleme – eine Möglichkeit liefert. So reduziert HUSSERL auf die »primordi(n)ale Eigenheitssphäre« des Ich im Sinne einer »Reduktion durch Abstraktion« (Hua I, 125), um einen Ich-Typ herauszupräparieren, der völlig frei von intersubjektiven Momenten ist und den es faktisch nicht gibt, von dem aus aber der Sinn der Intersubjektivität verständlich werden kann.

Auch im Hinblick auf → *Logik* und → *Mathematik* gibt es mehrere mögliche Reduktionsrichtungen. Der »wissenschaftstheoretisch« eingestellte Logiker hat eine »Reduktion auf eine Analytik reiner Sinne« zu vollziehen, wenn er über die auf eine mathesis universalis erweiterte Mathematik hinauskommen will. Die »formale Mathematik« hat aber »ihr Eigenrecht« »im Sinne jener reduzierten Reinheit« vom Sinnhaften; »aber die eigentlich logische, d. h. wissenschaftstheoretische Intention« ist davon zu unterscheiden (Formale und transzendentale Logik 125).

Die Reduktionen dienen der Gewinnung von konditionierten Orientierungsmöglichkeiten und sind somit Voraussetzung jeder → *Wissenschaft.* Auch im vor- und außerwissenschaftlichen Bereich gibt es solche – durch Tradition und Umstände – relativ abgegrenzten Orientierungstypen, die reduktiv gedeutet werden können. HUSSERL verbindet solche Reduktionsweisen gerne mit entsprechenden »Einstellungen« (z. B. der natürlichen, naturalen, kulturalen, personalen, mundanen, transzendentalen usw., vgl. Hua IV, 332ff.). Die jeweils gefundenen Letztheiten sind meist präparierte und elaborierte Letztheiten. HUSSERL sieht geradezu »das Erzieherische der phänomenologischen Reduktion« »darin, daß sie uns überhaupt für die Erfassung von Einstellungsänderungen empfänglich macht« (Hua IV, 179; Hua V, 130). Es gibt aber kein Diesseits oder Jenseits möglicher Einstellungen. Die auch von phänomenologischer Seite am sogenannten Reduktionismus in den Wissenschaften geübte Kritik kann deshalb durchaus eine Selbsttäuschung über die Methode der Wissenschaften sein, welche die Phänomenologie selbst zu begründen versucht. Die Kritik am Reduktionismus ist nur dann gerechtfertigt, wenn er seinen eigenen methodischen Sinn abblendet. Dann gilt: »Positive Wissenschaft ist Wissenschaft in der Weltverlorenheit« (Hua I, 183).

Für HUSSERL ist »neben der phänomenologischen Reduktion die eidetische Intuition die Grundform aller besonderen transzendentalen Methoden«, die »beide den rechtmäßigen Sinn einer transzendentalen Phänomenologie durchaus bestimmen« (Hua I, 106). Freilich wird das in der Intuition als originär Angesehene gerade durch den artifiziellen Charakter der Reduktion in seinem Anspruch als konkrete Letztheit relativiert und damit auch der phänomenologische Zugriff auf ursprüngliche »leibhafte« Unmittelbarkeit. → *Wissenschaftstheorie* ist Reduktionstheorie. Ihre philosophische Voraussetzung ist das »freie Fragen des auf sich selbst gestellten Daseins« (HEIDEGGER, Phänomenologie und Theologie 31). Aber dieses Dasein findet sich immer schon in verschiedenen Orientierungssituationen, und deshalb können seine Fragen von Fall zu Fall sehr unterschiedlich organisiert sein.

Besonders in den Vereinigten Staaten sind phänomenologische Gesichtspunkte auch für die Wissenschaftstheorie und für die → *Naturwissenschaften* wirksam geworden, wie umgekehrt das Einwirken wissenschaftstheoretischer und naturwissenschaftlicher Motive auf die Phänomenologie nachweisbar ist. Joseph J. KOCKELMANS und Theodore J. KISIEL haben einen Überblick über »Phenomenology and Natural Sciences« zu geben versucht. Patrick A. HEELAN hat HEISENBERGS Quantenmechanik mittels des Intentionalitätstheorems interpretiert und Beiträge zur Rolle der phänomenologischen Theorie des Raumes geliefert, um das Verhältnis der menschlichen Raumanschauung und des Raumbegriffs der Physik zu bestimmen. Probleme technischer Medialität im wissenschaftlichen Forschungsprozeß behandelt Don IHDE mit phänomenologischen Methoden, deren »Technik« er umgekehrt verständlich zu machen sucht.

Ernst Wolfgang Orth

Avenarius, R.: Der menschliche Weltbegriff. 1891. – *Becker, O.:* Mathematische Existenz. (Jahrbuch für Philosophie und phänomenologische Forschung 8, 1927) [2]1973. – *Biemel, W.:* Die entscheidenden Phasen der Entfaltung von Husserls Phänomenologie. In: Zeitschrift für philosophische Forschung 13, 1959. – *Ders. (Hg.):* Festschrift für Jan Patocka. (Phaenomenologica 72) Den Haag: Nijhoff 1976. – *Brentano, F.:* Auguste Comte. (1869) In: *Ders.,* Die vier Phasen der Philosophie. 1895, 1926 = 1968. – *Ders.:* Psychologie vom empirischen Standpunkt. Bd. 1–3. Bd. 1: 1874, [2]1924, [3]1955, Meiner 1973. Bd. 2: 1911, [2]1925, [3]1959, Meiner 1971. Bd. 3: 1928, [2]1968, Meiner 1974. – *Cassirer, E.:* Philosophie der symbolischen Formen. [W] – *Claesges, U./ Held, Kl. (Hg.):* Perspektiven transzendentalphänomenologischer Forschung. (Phaenomenologica 49) Den Haag: Nijhoff 1972. – *Dilthey, W.:* Gesammelte Schriften. [W] – *v. Ehrenfels, Ch.:* Über Gestaltqualitäten. In: Vierteljahrsschrift für wissenschaftliche Philosophie 14, 1890. – *Fink, E.:* Die phänomenologische Philosophie Edmund Husserls in der gegenwärtigen Kritik. In: Kant-Studien 38, 1933. – *Funke, G.:* Kritik der Vernunft und ethisches Phänomen. In: Phänomenologische Forschungen 9, 1980. – *Gadamer, H.-G.:* Die phänomenologische Bewegung. In: Philosophische Rundschau 11, 1963. – *Good, P. (Hg.):* Max Scheler im Gegenwartsgeschehen der Philosophie. 1975. – *Granel, G.:* Artikel »Edmund Husserl«. In: Encyclopaedia Universalis 8. Paris 1971. – *Gurvitch, G.:* Les tendences actuelles de la philosophie allemande. 1930. – *Gurwitsch, A.:* The field of the consciousness. 1964. – *Ders.:* Die mitmenschlichen Begegnungen in der Milieuwelt. 1977. – *Heelan, P. A.:* Quantum mechanics and objectivity. A study of the physical philosophy of Werner Heisenberg. Den Haag 1965. – *Ders.:* Space-perception and the philosophy of science. 1983. – *Ders.:* Toward a new analysis of the pictorial space of Vincent van Gogh. In: Art Bulletin 54, 1972. – *Heidegger, M.:* Sein und Zeit. 1927, [15]1979. – *Ders.:* Phänomenologie und Theologie. 1927/28, 1970. – *Held, Kl.:* Lebendige Gegenwart. (Phaenomenologica 23) Den Haag: Nijhoff 1966. – *Ders.:* Das Problem der Intersubjektivität und die Idee einer phänomenologischen Transzendentalphilosophie. In: *Claesges/Held.* – *Husserl, E.:* Husserliana (= Hua). *Edmund Husserl:* Gesammelte Werke. Auf Grund des Nachlasses veröffentlicht vom Husserl-Archiv (Louvain) [Löwen] unter Leitung von *H. L. van Breda.* Bd. 1 –. Den Haag: Nijhoff 1948-. – *Ders.:* Erfahrung und Urteil. 1939; (Hg. *Landgrebe*) [4]1972. – Formale und transzendentale Logik. 1929; (Hua 17) 1974, 1977. – Ideen zu einer reinen Phänomenologie und phänomenologischen Philosophie I – III. 1913; (Hua 3–5) 1950–1952, 1971. – Logische Untersuchungen I, II 1, II 2. 1900 bis 1901; (Hua 18) 5. bzw. 4. Aufl. 1968. – Philosophie als strenge Wissenschaft. 1910/11; (Hg. *Szilasi*) (Hua 25) 1965. – Die phänomenologische Methode. Ausgew. Texte Bd. 1. (RUB 8084) 1985. – Phänomenologie der Lebenswelt. Ausgew. Texte Bd. 2. (RUB 8085) 1986. – *Ihde, D.:* Experimental Phenomenology. 1977. – *Ders.:* Technics and Praxis. 1978, 1979. – *Illemann, W.:* Husserls vor-phänomenologische Philosophie. 1932. – *Ingarden, R.:* Edmund Husserl. Briefe an R. I. (Phaenomenologica 25) Den Haag: Nijhoff 1968. – *Janssen, P.:* Edmund Husserl. Einführung in seine Phänomenologie. 1976. – *Kern, Iso:* Husserl und Kant. Eine Untersuchung über Husserls Verhältnis zu Kant und zum Neukantianismus. (Phaenomenologica 16) Den Haag: Nijhoff 1964. – *Kockelmans, J. J./Kisiel, Th. J.:* Phenomenology and the natural sciences. Essays and translations. 1970. – *Landgrebe, L.:* Der Weg der Phänomenologie. 1979. – *Linke, P. F.:* Das Recht der Phänomenologie. In: Kant-Studien 21, 1917. – *Marx, W.:* Vernunft und Welt. (Phaenomenologica 36) 1970. – *Ders.:* Die Phänomenologie Edmund Husserls. Eine Einführung. UTB 1987. – *v. Meinong, A.:* Über Gegenstände höherer Ordnung. In: Zeitschrift für Psychologie und Physiologie der Sinnesorgane 21, 1899. – *Merleau-Ponty, M.:* Phänomenologie der Wahrnehmung. (Aus dem Franz.) (1945) 1966, 1976. – *Misch, G.:* Lebensphilosophie und Phänomenologie. 1931. – *Müller, W. H.:* Die Philosophie Edmund Husserls. 1956. – *Noack, H. (Hg.):* Husserl. 1973. – *Olafson, Fr. A.:* Consciousness and intentionality in Heideggers thought. In: American Philosophical Quarterly 12, 1975. – *Orth, E. W.:* Anthropologie und Intersubjektivität. In: Phänomenologische Forschungen 4, 1977. – *Ders.:* Bedeutung, Sinn, Gegenstand. Studien zur Sprachphilosophie E.

Husserls und R. Hönigswalds. 1967. – *Ders.:* Einführung in die Phänomenologie. WB in Subskr. – *Ders.:* Artikel »Generalthesis«. In: *Ritter, J. (Hg.),* Historisches Wörterbuch der Philosophie. Bd. 3. [L] – *Ders.:* Husserls Begriff der cogitativen Typen und seine methodologische Reichweite. In: Phänomenologische Forschungen 1, 1975. – *Ders.:* Artikel »Ideation, ideierende Abstraktion«. In: *Ritter, J./Gründer, K. (Hg.),* Historisches Wörterbuch der Philosophie. Bd. 4. [L] – *Ders.:* Kulturphilosophie und Kulturanthropologie als Transzendentalphänomenologie. In: Husserl Studies 4, 1987. – *Ders. (Hg.):* Husserl, Scheler, Heidegger in der Sicht neuer Quellen. (Phänomenologische Forschungen 6/7) 1978. – *Ders. (Hg.):* Neuere Entwicklungen des Phänomenbegriffes (Phänomenologische Forschungen 9) 1980. – *Ders.:* Phänomenologische Forschungen. Hg. im Auftrag der Deutschen Gesellschaft für phänomenologische Forschung. Bd. 1–. 1975–. – *Paczkowska, E.:* On a theory of objective knowledge before Popper. In: Reports on Philosophy 3, 1979. – *Dies.:* Twardowski's refutation of psychologism. In: Zeszyty Naukowe Uniwersytetu Jagiellonskiego 6, 1976. – *Patočka, J.:* Der Subjektivismus und die Möglichkeit einer »asubjektiven« Philosophie. In: Philosophische Perspektiven 2, 1970. – *Ders.:* Epoché und Reduktion. Einige Bemerkungen. In: *Bucher, A. J., u. a. (Hg.),* bewußt sein. Gerhard Funke zu eigen. 1975. – *Plessner, H.:* Phänomenologie. Das Werk Edmund Husserls (1899–1938). In: *Ders.,* Zwischen Philosophie und Gesellschaft. 1953, 1979. – *Ricoeur, P.:* Sur la Phénoménologie. In: Esprit 21, 1953. – *Ryle, G.:* Phenomenology. In: Proceedings of the Aristotelian Society. Supplem. Bd. 11, 1932. – *Sartre, J.-P.:* Die Transzendenz des Ego. (Aus dem Franz.) (1936/37) 1964. – *Schapp, W.:* In Geschichten verstrickt. 1953, ²1976, ³1985. – *Scheler, Max:* Gesammelte Werke. Bd. 1–. 1954–. – *Schütz, A.:* Der sinnhafte Aufbau der sozialen Welt. (1932, 1960) 1974, 1981. – *Schuhmann, K.:* Husserl-Chronik. Den Haag: Nijhoff 1977. – *Seebohm, Th. M.:* Die Bedingungen der Möglichkeit der Transzendentalphilosophie. 1961. – *Spiegelberg, H.:* The phenomenological movement. Bd. 1; 2. (Phaenomenologica 5; 6) 1960, ²1971, in einem Bd. ³1982. – *Ströker, E.:* Husserls Evidenzprinzip. In: Zeitschrift für philosophische Forschung 32, 1978. – *Dies. (Hg.):* Lebenswelt und Wissenschaft in der Philosophie Edmund Husserls. 1979. – *Stumpf, C.:* Erscheinungen und psychische Funktionen. 1907. – *Ders.:* Zur Einteilung der Wissenschaften. 1907. – *Troeltsch, E.:* Die Revolution in der Wissenschaft. In: Schmollers Jahrbuch für Wirtschafts- und Sozialwissenschaften 2, 1921. – *Tugendhat, E.:* Der Wahrheitsbegriff bei Husserl und Heidegger. 1967, ²1970. – *Twardowski, K.:* Zur Lehre vom Inhalt und Gegenstand der Vorstellungen. 1894. – *Waldenfels, B.:* Phänomen und Struktur bei Merleau-Ponty. In: Phänomenologische Forschungen 9, 1980. – *Ders.:* Phänomenologie in Frankreich. 1983. – *Windelband, W.:* Prinzipien der Logik. In: *Ruge, A. (Hg.),* Encyclopädie der philosophischen Wissenschaften. 1912.

Ernst Wolfgang Orth/H.S.

Philosophie

griech. philosophía: Wißbegier, geistiges Streben, wissenschaftliche Beschäftigung, im Leben sich bewährende Bildung, Weltweisheit; zu griech. phílos: lieb, geliebt, liebend, Freund, Liebhaber, und sophía: Verstehen, Wissen, Kenntnis, Einsicht, Klugheit, Weisheit; Grundbedeutung also: Liebe zum Wissen/zur Weisheit

Einleitung. Zur Begriffsgeschichte

Aus der Grundbedeutung des Wortteiles sophía und der Bedeutung des ganzen Wortes im klassischen Griechischen ergibt sich, daß das Wort »Philosophie« ursprünglich einen weiten Gegenstandsbereich abdeckt. Es ist einerseits zwar stets auf das Wissen, das Denken, die Einsicht bezogen, andererseits aber auch auf das praktische Leben, dem solche Einsicht dienen soll.

Philosophie und → *Wissenschaft* – als um Einsicht bemühtes Durchdringen von Welt und Leben – sind zunächst nicht getrennt. Die antiken und mittelalterlichen Philosophen waren gleichzeitig Universalwissenschaftler. Erst allmählich lösten sich die einzelnen Wissenschaften aus der Philosophie. Noch LEIBNIZ war gleichzeitig Philosoph und vielseitiger Fachwissenschaftler. Erst seit der Zeit HEGELS begannen sich Nurphilosoph und Nurwissenschaftler zu trennen. Die letzte Fachwissenschaft, die sich aus der Philosophie löste, war wohl die Pädagogik; Begründer der modernen Erziehungswissenschaft in den zwanziger Jahren unseres Jahrhunderts, wie NOHL, LITT und SPRANGER, waren von Haus aus noch Philosophen. Dies nur als Verdeutlichung dafür, daß Philosophie und Fachwissenschaften von jeher eng verknüpft waren. Es ist daher begreiflich, wenn manche Philosophen Philosophie und → *Wissenschaftstheorie* in enge Beziehung bringen wollen (→ *Einleitung*).

Ein Lexikon zur Wissenschaftstheorie braucht sich mit der Philosophie als solcher nicht ausführlich zu befassen. Im Mittelpunkt dieses Artikels steht daher ein besonderer Aspekt der Philosophie: nämlich der Gegensatz zwischen *historischem und systematischem Denken* (→ *Historisch/systematisch*) und damit ihre *Lebensbezogenheit*, die, wie gezeigt, in der Grundbedeutung angelegt ist und die es als nicht zufällig erscheinen läßt, daß »philosophy« im Englischen nicht nur »praktische Lebensweisheit«, »Gleichmut«, sondern geradezu »Strategie«, »Kurs«, »Politik« bedeuten kann.

A. Der Historismus in der Philosophie
I. Philosoph ist jeder

Herman Nohl beginnt mit folgender merkwürdiger Erfahrung: Immer wenn er jemandem auf dessen Frage hin, was er von Beruf sei, sagte, er sei Philosoph, antwortete der andere: das sei er auch, denn er denke oft über Gott und die Welt nach.

»Nachdenken über Welt und Leben« – das ist die Definition des Wortes »Philosophie«, die man von den meisten Menschen zu hören bekäme, würde man sie fragen. Der Bauer bei der Feldarbeit, der Schlaflose, der Kreis von Schülern oder Studenten, der ganze Nächte hindurch über Grundfragen des Lebens diskutiert – alle diese Menschen »philosophieren« und nennen dies meist auch so.

»Das Philosophieren«, »die Philosophie« – das ist etwas, was sich in jedem Menschen ursprünglich und neu aufbaut, das keiner Vorbildung, keiner Wissenstradition bedarf, weil es sich einfach aus der Tatsache ergibt, daß der Mensch in seiner natürlichen und sozialen Welt lebt. Jeder Mensch ist unmittelbar zur Philosophie, weil er sein Leben lebt. »Das Philosophieren« ist unabhängig von dreitausend Jahren philosophischer Tradition und Schulung im akademischen Sinne (vgl. Jaspers, Einführung, mit dem Hinweis auf das Philosophieren von Kindern!). Die menschliche Neigung und Fähigkeit zu philosophieren ist daher einem anderen für unsere Existenz grundlegenden Sachverhalt vergleichbar: dem des Gewissens.

So, wie der Mensch einen Kompaß in sich trägt, der ihm, unabhängig von der Beeinflussung durch andere Menschen (im Gegenteil oft gegen die Meinung der Mehrheit), sagt, was gut und böse ist, so hat er in sich den Wunsch, sein Leben zu verstehen und zu deuten. Diesen unabweisbaren Wunsch könnte man, ebenso wie das Gewissen, *»apriorisch«*, das heißt erfahrungsunabhängig nennen. Das bedeutet natürlich nicht, daß die *Inhalte* des Philosophierens, die gerade durch die Lebenserfahrung vermittelt werden, erfahrungsunabhängig seien. Gemeint ist vielmehr, daß die Neigung zu philosophieren nicht erst dadurch angeregt werden muß, daß wir das Philosophieren anderer Menschen, insbesondere der sogenannten Klassiker der Philosophie, kennen müßten.

Wenn es für diese Auffassung vom »Philosophieren« noch eines Beweises bedürfte, so läge er darin, daß seit zweieinhalb Jahrtausenden auch von der Schulphilosophie ein Mann hoch gepriesen wird und geradezu als die Inkarnation der Philosophie schlechthin gilt, der doch genauso philosophiert hat, wie wir es hier jedermann zugestehen: nämlich Sokrates.

Sokrates philosophierte, indem er diskutierte. Und zwar, in die heutige Welt übertragen, keineswegs etwa mit Habermas, Apel, Lorenzen, Hans Albert oder Stegmüller, sondern mit Berthold Beitz, Rolf Rodenstock, Ernst Breit, dem General Altenburg, mit Willy Brandt, Helmut Kohl, mit Gutsbesitzern, Bauern, Arbeitern, Angestellten, Handwerksmeistern und -gesellen, kleinen Kaufleuten, gewiß auch mit Behinderten, Rentnern, Arbeitslosen und Alternativen. Er fragt sie nach Begriffen oder Problemen, die ihnen aus ihrem jeweiligen Lebensumkreis vertraut sind, und entwickelt im Gespräch eine Klärung der Gedanken (vgl. Martin).

Auf den ersten Blick scheint ein solcher Umgang mit philosophischen Laien ein Verschenken möglichen Weisheitspotentials zu sein, denn um wieviel intelligentere Diskussionen könnten doch die genannten Fachphilosophen führen! Nun – die Gespräche des Sokrates, aufgezeichnet durch seine Schüler, insbesondere Platon, leben noch heute und haben Sokrates den Ruf des größten Philosophen aller Zeiten eingetragen. Der Verzicht auf Fachphilosophen zugunsten der Lebensfachleute, die er befragte, hat seiner Philosophie also offenbar nicht geschadet.

II. Das Paradox der Schulphilosophie: nicht selbst denken, sondern Selbstdenker lesen

Die Philosophie nun, wie sie herkömmlicherweise an unseren Universitäten betrieben wird, hat sich vom sokratischen Begriff des Philosophierens weit entfernt.

Philosophieren – das ist nach Meinung der Universitätsphilosophie nicht etwa das eigene Nachdenken über das gelebte Leben, sondern das Lesen von *Texten*, die Autoren, genannt »philosophische Klassiker«, geschrieben haben.

Dies nun bringt den akademischen Philosophiebetrieb in eine merkwürdige Paradoxie, die die Grundverlegenheit der Schulphilosophie ausmacht. Denn: wer auch nur einen flüchtigen Blick in die Schriften philosophischer Klassiker wirft, wird feststellen, daß diese Philosophen in der Regel genau das gleiche tun wie jeder philosophische Laie: *sie sagen einfach, was sie* über ein Problem *denken*. Zitate und Anmerkungen wird man bei ihnen in der Regel vergebens suchen (vgl. KAUFMANN).
So entsteht ein grotesker Widerspruch, der nachdenklichen Studenten sofort auffallen muß: der philosophische Seminarbetrieb zwingt den Studenten, *nicht einfach zu sagen,* was er denkt, sondern einen Text zu *interpretieren*, dessen Autor *einfach sagt,* was er denkt.
In einem philosophischen Seminar wird über den Begriff der Freiheit nicht etwa so diskutiert, wie dies ein Freundeskreis aus der Fülle praktischer und oft bitterer Erfahrung heraus tun würde – womöglich illegal in einem Staate, in dem es Freiheit nicht gibt. Weit gefehlt. Es wird exzerpiert, zitiert, referiert, interpretiert, kollationiert und kompariert, was Autoren von CALVIN über DESCARTES, HOBBES, SPINOZA, LOCKE, ROUSSEAU, KANT und LOTZE bis hin zu HEIDEGGER und SARTRE über die Freiheit gesagt haben – und das, obwohl alle diese Autoren für sich doch auch nur gesagt haben, was sie selbst über den Begriff der Freiheit denken, nicht anders als die Mitglieder jenes Freundeskreises.
Philosophen, die in Gymnasien Philosophie unterrichten, berichten übereinstimmend, daß Schüler in entsprechender Weise reagieren: »Die Schüler interessiert es wenig, wie Hegel oder Marx die Freiheit definieren oder wie die Entwicklungsgeschichte des Begriffes verläuft; sie wollen wissen, was Freiheit *ist*!« Ja, sie »finden ihre Fragen [durch die akademische Arbeitsweise] nicht wirklich philosophisch aufgegriffen« (J. HENGELBROCK in Allgemeine Zeitschrift für Philosophie 5, 1980, 55, 56; vgl. auch MARTENS; ferner in der Zeitschrift für Didaktik der Philosophie stellenweise).
Welche Ironie: Gerade die doch vermeintlich so »zünftige« Arbeit an Klassikertexten wird als »nicht wirklich philosophisch« eingestuft. Es fällt schwer, hier nicht an das boshafte Wort von A. KAPLAN zu denken, »daß es mit der Philosophie, der Weisheitsliebe, stehe wie mit anderen Arten der Liebe: ›Die Professionellen sind jene, die am wenigsten davon wissen‹« (zit. bei LENK, 102).
Arthur SCHOPENHAUER schreibt im Rahmen seiner erbarmungslosen Analyse der Schulphilosophie, die bis heute nicht aufgearbeitet worden ist: »Der Bücherphilosoph [...] berichtet, was Dieser gesagt und Jener gemeint und was dann wieder ein Anderer eingewandt hat u.s.w. Das vergleicht er, wägt es ab, kritisirt es und sucht so hinter die Wahrheit der Sachen zu kommen [...]. Man könnte sich wundern über die viele Mühe, die so Einer sich giebt; da es scheint, daß, wenn er nur die Sache selbst ins Auge fassen wollte, er durch ein wenig Selbstdenken bald zum Ziele gelangen würde.« (Parerga und Paralipomena II, Kap. 22 [Selbstdenken], § 263, in Zürcher Ausgabe 10, 542)

III. Selbstdenken ist imitatio formalis

Nun ist die Schulphilosophie um eine Rechtfertigung des Paradoxons, daß wir uns Selbstdenkern wie ARISTOTELES und KANT dadurch nähern sollen, daß wir auf das Selbstdenken verzichten, nicht verlegen: »Das Recht auf eigene Gedanken haben nur die großen Philosophen. Wir kleinen Geister können nur ehrfürchtig vor ihren Texten stehen.« Deshalb entwickeln die meisten Philosophen auch keine eigenen Denkwerkzeuge, sondern bedienen sich der vorgefertigten Methode eines Meisters: »Seit jeher besteht die Philosophie aus ›Schulen‹.« (R. SPAEMANN in LÜBBE, 96) Dieser Verzicht auf das eigene Querfeldeindenken ist zweifellos bescheiden. Aber es ist eine Bescheidenheit der Lumpe (GOETHE), die im Grunde nicht anders zu bewerten ist, als wenn jemand sagen würde: »Ein Gewissen zu haben ist nur etwas für bedeutende Menschen, etwa die Männer des 20. Juli. Der kleine Mensch braucht kein Gewissen zu haben, sondern nur seinem Führer zu folgen.«
Nun kann überhaupt kein Zweifel daran bestehen, daß wir alle von den großen Denkern zu lernen haben. Aber was wir von ihnen zu lernen haben, ist nicht das Nachbeten ihrer inhaltlichen Aussagen, also zum Beispiel: »Kant hat gesagt, es gebe synthetische Urteile a priori – also *gibt* es synthetische Urteile a priori.« Etwas anderes sollen wir von den Großen lernen: das *sapere aude*, den Mut, selbständig zu denken. Also: »Weil Kant den Mut zu neuen Gedanken gehabt hat, kann ich ihn auch haben.« Auf eine lateinische Formel gebracht: von uns gefordert ist nicht die *imitatio materialis,* sondern die *imitatio formalis*

der Klassiker – nicht ihre inhaltliche, sondern ihre formale Nachahmung, die Nachahmung ihrer Denk*haltung*, ihres Mutes zu neuartigen Gedanken (vgl. KAUFMANN).

IV. Mannesmut vor Klassikerthronen

Ein Student also, der sich diese Unbefangenheit des eigenen Denkens bewahrt hat, wird sehr oft bei der Lektüre eines Klassikertextes, zu der ihn ein Seminar nötigt, spontan ausrufen: »Aber das alles könnte man doch viel klarer, geordneter und präziser formulieren! So, wie es da steht, klingt es nicht nur unklar und ›veraltet‹, sondern geradezu falsch. Zumindest hat der Verfasser seinen Text nicht genügend durchgefeilt; bei einiger Bemühung hätte er bessere Formulierungen finden können.«

Ungeheuerlich in den Ohren eines Schulphilosophen. Aber hierin spricht sich das aus, was wir als die Apriorizität des Problembewältigungs-Motivs beschrieben haben. Jede Person ist unmittelbar – nicht nur zu Gott, sondern auch zu den Fragen und Problemen, die Natur und Gesellschaft aufwerfen. Daher kann er auch jeden noch so ehrwürdigen Text vor den Richtstuhl seines eigenen aus Erfahrung und Denkfähigkeit gebildeten Urteils ziehen – getreu dem *sapere aude,* das KANT übersetzt hat: »Habe Mut, dich deines eigenen Verstandes zu bedienen.«

Der hervorragend klare Artikel über KANT, den Günther PATZIG (Immanuel Kant) zu einem Handbuch beigesteuert hat und der konsequent der Maxime vom Selbstdenkerstolz vor Klassikerthronen folgt, wird von Rezensenten daraufhin kritisiert, daß er »bisweilen nur schwer mit den Kantischen Überlegungen in Einklang zu bringen« sei (in Philosophische Rundschau 26, 1979, 65). Fiat eruditio, et pereat philosophia. Als ob es darauf ankäme, des Klassikers Buchstaben um jeden Preis Reverenz zu erweisen – und nicht vielmehr auf die Klärung des jeweils zur Debatte stehenden Problems ohne jede Rücksicht darauf, wer wann was zum Thema gesagt hat.

Dieser Sachverhalt, daß ein Klassikertext auch gegen den Strich gebürstet werden muß, wenn es um die Klärung der Sache selbst geht, ließe sich an Hunderten, ja Tausenden von Beispielen aus der gesamten Literatur der philosophischen Klassiker demonstrieren. (Vgl. das im Artikel → *Historisch/systematisch,* Abschnitt B.I., erörterte Beispiel der »synthetischen Urteile a priori« KANTS. Ein anderes Beispiel wäre ARISTOTELES' Begriff der »Zweckursache« [Metaphysik V 2, 1013 a], der mit den heutigen Denkmitteln präziser formuliert werden kann, als ARISTOTELES das tat.)

Nun wird gewiß nicht jeder Student oder junge Wissenschaftler bereit und in der Lage sein, überkommene philosophische Denkweisen radikal in Frage zu stellen. Weitaus die meisten, die sich mit Philosophie beschäftigen, werden es bequemer finden, die Denkwerkzeuge derjenigen philosophischen Schule zu übernehmen, in die sie durch Zufall oder auch dank bewußter Wahl (was die Macht des Schuldenkens ja nur unterstreichen würde) beim Studium hineingekommen sind.

Denn es ist ungleich mühsamer und unbequemer, den Weg querfeldein zu nehmen und sich ein eigenes Denken von Grund auf neu aufzubauen. Dies würde bedeuten, daß man nichts ungeprüft läßt, daß man jeden einzelnen Sachverhalt in seiner eigenen persönlichen Sprache neu formuliert, daß man nicht mit unaufgelösten, undurchschauten Formeln irgendeiner Schulherkunft operiert, sondern alles durch das Sieb eigener Einsicht gehen läßt und in seinen eigenen Denkzusammenhang einschmilzt, so, wie SCHOPENHAUER es ausgedrückt hat (Parerga und Paralipomena II, Kap. 22, § 261, in Zürcher Ausgabe 10, 541):

»Obgleich er [der »Selbstdenker«] nämlich viele Kenntnisse nöthig hat und daher viel lesen muß; so ist doch sein Geist stark genug, dies Alles zu bewältigen, es zu assimiliren, dem Systeme seiner Gedanken einzuverleiben und es so dem [...] zusammenhängenden Ganzen seiner [...] Einsicht unterzuordnen; wobei sein eigenes Denken, wie der Grundbaß der Orgel, stets Alles beherrscht und nie von fremden Tönen übertäubt wird [...].«

Daß nun nicht jeder Student jene Paradoxie, daß er nicht selbst denken, sondern das Selbstdenken anderer Personen zur Kenntnis nehmen soll, in ihrer ganzen Schärfe empfindet, ist kein Widerspruch zur Apriorizität der Fähigkeit zu eigenem Denken. Auch die Apriorizität des Gewissens wird ja nicht durch die Tatsache widerlegt, daß es gewissensschwache Menschen gibt.

Ein letzter Einwand: »Daß es gerade Studienanfänger sind, denen Texte von Klassikern mißfallen, ist doch nur ein Beweis ihrer Unwissenheit und Unreife. Mit wachsendem Verständnis für die Klassiker wird auch die Ehrfurcht vor ihren Leistungen wachsen – so, wie gerade erwachsene Menschen die Qualitäten ihrer Eltern erst richtig schätzen lernen.«

Diese Argumentation trifft die Sache nur halb. Es ist zwar richtig, daß man die Klassiker mit wachsender Einsicht besser versteht. Dies betrifft jedoch nur den – natürlich zu Recht bestehenden – Anspruch der Klassiker, als historische Erscheinung ernst genommen zu werden (vgl. Abschnitt B). Jedoch gilt es gerade nicht für den angeblichen, ihnen von den Schulphilosophen nur unterstellten Anspruch der Klassiker, auch das heutige Denken inhaltlich zu bestimmen. Was das betrifft, wird eine ständige Arbeit an den Problemen selbst eher dazu führen, einen solchen Anspruch sezierend in Frage zu stellen. Philosophisches Reifen – das heißt eben nicht: immer neues Lesen der Klassiker, bis man das, was sie sagen wollen, endlich in sich, als den End- und Selbstzweck alles philosophischen Bemühens, adäquat verstanden hat. Sondern es heißt, daß man – in ständiger Arbeit *an den Problemen selbst* – sich die Denkwerkzeuge erwirbt, mit denen man umgekehrt auch die Schwächen klassischer Gedankengänge im Lichte heutiger Einsicht offen beim Namen nennen lernt.

B. Der Dogmatismus in der Philosophie

Im Abschnitt A war unsere Front gegen den Historismus in der Philosophie, d. h. gegen das unkritische Sichanlehnen an die Texte der Klassiker gerichtet.

Es ist dies aber nur die eine Seite der Sache. In diesem Abschnitt B muß daher die Front auf der entgegengesetzten Seite aufgebaut werden; wir müssen das gute Recht der Klassikerlektüre gegen den anderen großen Feind wirklichen Philosophierens, den Dogmatismus, verfechten.

I. Philosophie als gegebene menschliche Leistung

Selbst dann, wenn die philosophischen Klassiker für das aktuelle Philosophieren völlig überflüssig wären (sie sind es nicht, wie unten gezeigt werden wird), hätten sie doch eine Bedeutung, die über ihre eigentlich philosophische Funktion weit hinausgeht.

Denn: die gegebenen philosophischen Texte in ihrer Gesamtheit bilden ja einen Teilbereich dessen, was wir die »geistigen Hervorbringungen des Menschen« zu nennen pflegen. Solche Hervorbringungen sind etwa Bauwerke, Kunstwerke, Institutionen aller Art – und nicht zuletzt eben auch sprachliche, das heißt: dichterische oder wissenschaftliche Texte.

Alle solche Hervorbringungen nun, und mithin auch die Schriften der Philosophen aller Zeiten, sind Gegenstand der historisch-philologischen Erforschung und Erschließung. Es steht daher außer Frage, daß die Philosophiegeschichte – verstanden als Erfassung der philosophischen Texte als geschichtlicher, nun einmal gegebener Zeugnisse – ein gänzlich unanfechtbarer Bereich der wissenschaftlichen Forschung ist. Und wir können noch einen Schritt weiter gehen: Aufgabe der Philosophiegeschichte ist es, die Texte der Philosophen so exakt wie möglich zu erschließen. Das bedeutet nicht nur die sorgfältige quellenkundlich-philologisch-hermeneutische Bearbeitung des einzelnen Textes, sondern auch das Herstellen und immer detailliertere Herausarbeiten von Zusammenhängen: von Traditionen, Entwicklungslinien, Abhängigkeiten, geschichtlicher Entwicklung einzelner Begriffe, von Motiven, Gedankengängen, Ideen, Prinzipien usw., und all dies soweit wie möglich unabhängig von eigenen Interpretationen, Tendenzen und Interessen des Forschenden.

Auf diese Weise entsteht eine strukturierte, mit der Zeit immer besser durchforstete *Landschaft der philosophischen Literatur*, die gleichzeitig einen Teilbereich des großen Landes der Geschichte überhaupt bietet und so den Platz der Philosophie innerhalb der sonstigen Hervorbringungen des Menschen deutlich werden läßt.

II. Das Dilemma des Fleischwolfes

Nun wird mancher Leser an der hier ausgesprochenen strikten Trennung zwischen dem Gegebenen und den eigenen Gedanken, an der freundlichen Distanz gegenüber dem Material Anstoß nehmen. Er wird sagen, daß historisches Wissen und systematische Einsicht ständig ineinander *verschränkt* werden müßten, so daß das Neue in einem dialektischen Prozeß aus dem Alten hervorgehen könne.

Ob der Idealfall einer solchen Durchdringung, in dem beide Seiten wirklich gleichwertig wären, jemals verwirklicht worden ist, sei dahingestellt. Abgesehen hiervon bleibt jedoch auch die Frage, ob eine solche ideale Verschränkung überhaupt wünschenswert wäre. Herauskommen könnte nämlich ein »Zitatdenken«, ein preziöser Vortrag angeblich eigener Gedanken, die doch in Wahrheit durch das Denken eines oder mehrerer Klassiker vorgeprägt sind. Eine strikte Trennung scheint da schon angemessener zu sein: auf der einen Seite eine saubere, als solche offengelegte Exegese eines Klassikers im Horizont seines geschichtlichen Ortes – und auf der anderen Seite ein klares Selbstdenken ohne Anleihen bei anderen Autoren (vgl. Zeitschrift für allgemeine Wissenschaftstheorie 3, 1972, 50).

Nachdem wir im Teil A so eingehend den windelweichen Historismus kritisiert haben, müssen wir nun auch deutlich sagen: Es gibt viele selbstbewußte Philosophen, für die unser gesamter Teil A gegenstandslos ist, denen man nicht gerade den Vorwurf machen kann, sie versänken im bloßen Referieren anderer Autoren und hätten keine eigene Konzeption. Aber diese großen Selbstdenker verfallen statt dessen in den entgegengesetzten Fehler: sie können sich nicht in andere philosophische Positionen hineinversetzen, es entgeht ihnen völlig die Vielfalt und der Reichtum der verschiedensten Ansätze und Denkmöglichkeiten, die das Betrachten der Philosophie eines bestimmten Zeitalters auch reizvoll machen können. Sie haben keinen Sinn für Nuancen der Ideenentwicklung, für die Eigenart bestimmter Traditionen, für die geschichtliche Erklärung heutiger Denkzusammenhänge.

Ein Dogmatiker ist also ein Philosoph, der das historische Material zwar kennt, es aber lediglich als *Steinbruch* benutzt, also nach seinem Gutdünken ausschlachtet: das Passende mitnimmt, das Unpassende liegen läßt.

Wohl der anschaulichste Fall einer solchen dogmatischen Philosophie aus der jüngeren Vergangenheit ist der → *Marxismus*, für den die Geschichte zwar eine große Rolle spielt, der sie aber nur benutzt, um seine Theorie zu stützen, und nicht bereit ist, Geschichtliches in seinem Eigen-Sinn und seinem Eigenwert zu erfassen. Hiermit ist der Gegenpol zum Historismus erreicht: der Historist gibt sich dem historischen Gegenstand, in unserem Fall also einem von einem Klassiker geprägten Begriff (Zweckursache, synthetische Urteile a priori) um seiner selbst willen hin und vergißt das Hinterfragen vor dem Richtstuhl seines eigenen Denkens; dem Dogmatiker kann man einen solchen Kotau vor dem Überlieferten nicht vorwerfen – dafür aber opfert er es der eigenen Ansicht rücksichtslos auf. Ein einfaches Beispiel wäre die marxistische Geschichtsphilosophie, die aus willkürlich ausgewählten und interpretierten Materialien eine Abfolge von vier Geschichtsepochen konstruiert: die der Sklavenhalter-, der Feudal-, der kapitalistischen und der kommunistischen Gesellschaft (vgl. SEIFFERT, Bd. 2).

Der Unterschied liegt also in Folgendem: Der Historist liefert sich Klassikerbegriffen wie der »Zweckursache« oder den »synthetischen Urteilen a priori« völlig unkritisch aus, er erklärt sie unbesehen für sinnvoll, weil große Männer sie geprägt haben (→ *Historisch/systematisch)*. Der Dogmatiker umgekehrt konstruiert unbekümmert einen Begriff der »feudalen Gesellschaft«, ohne die Geschichte daraufhin zu befragen, was ein »feudum« denn nun genau ist und ob man den Begriff »feudal« wirklich so verallgemeinernd benutzen kann.

Angesichts solcher Versuche, die Geschichte in das Prokrustesbett der eigenen Lehre einzuspannen, muten Aufforderungen, das Material und das Eigene einander durchdringen zu lassen, ein wenig wie das Anerbieten jenes Wolfes aus der Fabel an, einen Augenblick auf das Fleisch aufpassen zu wollen. Denn wer den Wölfen einer dogmatischen Philosophie das Fleisch historischer Sachverhalte anvertraut, darf sich nicht wundern, wenn sie es so verzehren und verwerten, wie es ihnen selbst genehm ist, nicht aber, wie es der historischen Wahrheit entspricht.

Es liegt auf der Hand, daß die historistische und die dogmatische Haltung in der Philosophie starke Affinitäten zu der fachlichen Herkunft aufweisen. So wird man den Historismus mehr bei Philosophen geisteswissenschaftlicher Herkunft, den Dogmatismus mehr bei Philosophen finden, die von Haus aus Mathematiker oder Naturwissenschaftler sind. Dies hängt mit der völlig verschiedenen methodischen Ausrichtung der jeweiligen »Heim«-Disziplinen zusammen: der Blick des Geisteswissenschaftlers richtet sich auf die Fülle des in der Geschichte tatsächlich Verwirklichten, während Mathematiker und Naturwissenschaftler in erster Linie nach dem jeweils aktuell Wahren fragen.

So läßt sich das Problem von Historismus und Dogmatismus in der Philosophie letzten Endes auf ein allgemein wissenschaftstheoretisches Problem zurückführen, das den gesamten Kosmos der Wissenschaften betrifft: auf den Gegensatz von historischem und systematischem Denken (→ *Historisch/systematisch*).

C. Der Selbstdenker in der philosophischen Landschaft

Der philosophische Selbstdenker ist alles andere als ein Historist; das sahen wir im Abschnitt A. Er ist aber auch alles andere als ein Dogmatiker, der ständig mit Scheuklappen herumläuft und von der reichen philosophischen Landschaft um sich her nichts sieht, wie wir das im Abschnitt B schilderten. Nicht zufällig bemerkte SCHOPENHAUER, daß der Selbstdenker »viele Kenntnisse nöthig hat und daher viel lesen muß« (wie oben, 541).

Der Selbstdenker lebt also mitten in einer solchen gestalteten, durch philologisch-kritische Ausgaben der Klassiker und durch Sekundärliteratur über alle möglichen Gegenstände und unter allen denkbaren Fragestellungen gebildeten literarischen Landschaft, in der er sich frei bewegt. Wenn er an einem bestimmten Problem arbeitet, so hat er den jeweils einschlägigen Teil der Landschaft vor seinen Augen. Er hat ein Bewußtsein dafür, was es zu dem Gegenstand »gibt«, und er kann sich ein Bild des Forschungsstandes erarbeiten.

Und trotzdem bleibt seine Haltung von der des bloßen Schulphilosophen streng unterschieden. Denn er liest und erarbeitet zwar alles Wichtige, aber er versinkt nicht in dem Gelesenen, er gibt sich ihm nicht hin, er identifiziert sich nicht damit. Er bleibt immer auf Distanz. Er läßt sich nicht von einem bestimmten Autor oder seiner Tradition vereinnahmen, sondern er prüft ganz kühl alles und behält (nur) das Beste. Er ist nicht »engagiert«, wenn man »engagieren« mit »In-Dienst-Nehmen« übersetzt.

Der Selbstdenker vermeidet damit nicht nur den Historismus, das Sichausliefern an die großen Meister der Vergangenheit ohne kritische Distanz, sondern zugleich auch den Dogmatismus, das Sehen nur noch einer einzigen Lehre. Der Selbstdenker blickt kühl auf die Landschaft, distanziert sich von ihr und entwirft in unabhängiger Würdigung alles zur Kenntnis Genommenen seinen eigenen Gedankenzusammenhang.

Sehr oft wird gerade der produktive, um eigene Ideen und Gedanken nicht verlegene Philosoph die Literatur nur noch »negativ« lesen: das heißt daraufhin, ob er einen Gedanken, den er ohnehin schon hat, nicht schon anderswo findet, und dann paradoxerweise glücklich sein, seinen Gedanken nirgends zu finden – im Gegensatz zum Bücherphilosophen, der sich keinen Gedanken vorstellen kann, den er nicht anderswo gelesen hat.

Helmut Seiffert

Adorno, Th. W.: Eingriffe. 1963. – *Ders.:* Philosophische Terminologie. Bd. 1: 1973; Bd. 2: 1974. – *Ders.:* Stichworte. 1969. – *Anders, G.:* Über die Esoterik der philosophischen Sprache. Jetzt in: Das Argument 128, 1981. – *Aristoteles:* Metaphysik. – *Brandt, R.:* Die Interpretation philosophischer Werke. Eine Einführung in das Studium antiker und neuzeitlicher Philosophie. 1984. – *Buchstabe und Geist.* Zur Überlieferung und Edition philosophischer Texte. 1986. – *Diderot, D.:* Enzyklopädie. Philosophische und politische Texte aus der »Encyclopédie«. dtv 1969. – *Geldsetzer, L.:* Einleitung. Die Entwicklung der Philosophie seit Beginn des 19. Jahrhunderts. § 1. Die allgemeinen Tendenzen. In: *Vorländer, K.*, Die Philosophie in der ersten Hälfte des 19. Jahrhunderts. Völlig neu bearb. von *L. Geldsetzer.* 1975. – *Grossner, Cl.:* Verfall der Philosophie. Politik deutscher Philosophen. 1971. – *Habermas, J.:* Philosophisch-politische Profile. 1971, erw. [3]1981. – *Hartmann, N.:* Einführung in die Philosophie. Vorlesung 1949. Osnabrück o.J. – *Ders.:* Der philosophische Gedanke und seine Geschichte. RUB 1977. – *Ders.:* Philosophische Gespräche. 1954. – *Heckmann, G.:* Das sokratische Gespräch. 1981. – *Hochkeppel, W. (Hg.):* Die Antworten der Philosophie heute. 1967. – *Jaspers, K.:* Einführung in die Philosophie. Zwölf Radiovorträge. 1950, 1953, Neuausg. 1971. – *Ders.:* Kleine Schule des philosophischen Denkens. 1965, Neuausg. 1974. – *Ders.:* Was ist Philosophie? Ein Lesebuch. 1976, dtv 1980. – *Kamlah, W./Lorenzen, P.:* Logische Propädeutik. 1967, [2]1973. – *Kaufmann, W.:* Revolution in der Philosophie? In: *Salamun.* – *Kraft, V.:* Einführung in die Philosophie. 1950, [2]1967. – *Landmann, M.:* Was ist Philosophie. [4]1986. – *Lanz, J.:* Begriffsgeschichte im Großversuch. [Zum Wörterbuch von *J. Ritter* (L)] In: Archiv für Begriffsgeschichte 22, 1978. – *Lenk, H.:* Wozu Philosophie? Eine Einführung in Frage und Antwort. 1974. – *Lübbe, H. (Hg.):* Wozu Philosophie? Stellungnahmen eines Arbeitskreises. 1978. – *Marquard, O.:* Abschied vom Prinzipiellen. Philosophische Studien. RUB 1981. – *Martens, E.:* Einführung in die Didaktik der Philosophie. 1983. – *Martin, G.:* Sokrates: Das Allgemeine. In: *Speck, J. (Hg.),* Grundprobleme [...]. Philosophie des Altertums und des Mittelalters. 1972, [3]1983. [G] – *Nohl, H.:* Einführung in die Philosophie. 1935, [8]1977. – *Nordhofen, E. (Hg.):* Philosophen des 20. Jahrhunderts in Portraits. 1986. – *Patzig, G.:* Die aristotelische Syllogistik. 1959, [3]1969. – *Ders.:* Immanuel Kant: Wie sind synthetische Urteile a priori möglich? In: *Speck, J. (Hg.),* Grundprobleme [...]. Philosophie der Neuzeit. Bd. 2. 1976, [2]1982. [G] – *Piaget, J.:* Weisheit und Illusionen der Philosophie. (Aus dem Franz.) 1985. – *Plessner, H.:* Zwischen Philosophie und Gesellschaft. Ausgew. Abhandlungen und Vorträge. 1953, st 1979. – *Rorty, R.:* Der Spiegel der Natur. Eine Kritik der Philosophie. (Aus dem Amerik.) (1979) 1981. – *Rosenberg, J. F.:* Philosophieren. Ein Handbuch für Anfänger. (Aus dem Amerik.) (1984) 1986. – *Russell, B.:* Probleme der Philosophie. (Aus dem Engl.) (1912, 1962) es 1967. – *Salamun, K. (Hg. und Einl.):* Was ist Philosophie? Neuere Texte [...]. 1980, erw. ^{2}1986. – *Schickel, J. (Hg.):* Grenzenbeschreibung. Gespräche mit Philosophen. 1980. – *Schlick, M.:* Die Probleme der Philosophie in ihrem Zusammenhang. Vorlesung 1933/34. stw 1986. – *Schnädelbach, H.:* Morbus hermeneuticus. Thesen über eine philosophische Krankheit. In: Zeitschrift für Didaktik der Philosophie 3, 1981. – *Schopenhauer, A.:* Parerga und Paralipomena. Zit. nach: Zürcher Ausgabe. Werke in 10 Bänden. 1977. – *Seiffert, H.:* Einführung in die Wissenschaftstheorie. Bd. 1–3. [E] – *Speck, J. (Hg.):* Grundprobleme [...]. [G] – *Stegmüller, W.:* Hauptströmungen [...]. Bd. 1–3. [H] – *Thiel, Ch./Wolandt, G. (Hg.):* Zugänge zur Philosophie. 1979. – *Wein, H.:* Kentaurische Philosophie. Vorträge und Abhandlungen. 1968. – *Wohlgenannt, R.:* Der Philosophiebegriff. Seine Entwicklung von den Anfängen bis zur Gegenwart. 1977.

Helmut Seiffert

Planung

A. Das Wort

Die Worte »Planung« bzw. »Planen« bezeichnen das systematische Erarbeiten von Ziel- und Aktionsmodellen für rationale Akteure, denen diese Modelle als Entscheidungshilfen zur zielgerichteten Veränderung von Ausschnitten ihrer Außenwelt dienen. Dabei gilt ein (individueller oder überindividueller) Akteur als »rational«, wenn er die seine Handlungsrichtung bestimmende Soll-Ist-Differenz zwischen der von ihm antizipierten und der empirisch konstatierten Außenwelt unter der Forderung eines je optimalen Zweck-Mittel-Verhältnisses (größtmögliche Wirksamkeit der zielrealisierenden Maßnahmen bei kleinstmöglichem Mitteleinsatz) auf einen als zulässig festgesetzten Schwellenwert zu reduzieren sucht.

An definitionsähnlichen Charakterisierungen dieser Art ist besonders mit Bezug auf den komplexen und schwierigen Planungsbegriff Kritik geübt worden. In der Tat müßte in eine logisch befriedigende explikatorische (»reale«, empirisch-retrospektive) bzw. definitorische (»nominale«, normativ-prospektive) Bestimmung des »Gemeinnamens« oder Prädikators »Planung« (z. B. mittels eines sogenannten mengentheoretischen Prädikats; → *Logik*) eine Anzahl exakt spezifizierter Existenz-, Eigenschafts- und Beziehungsbedingungen eingehen (in deren Auswahl selbstverständlich ein je dominantes Vorverständnis von »Planung« zum Ausdruck kommt). Eine hinreichend vollständige derartige Bestimmung erreicht den Status (der Struktur) einer allgemeinen Planungstheorie.

B. Planung setzt Aufklärung voraus

Da *Planung* die »Außenbestimmtheit« und zumal die Zufälligkeit des Geschehens eindämmen, nämlich eigenaktive rationale Zukunftsbewältigung ermöglichen soll, ist es nicht verwunderlich, daß so etwas wie »Planungsrationalität« geschichtlich erst in der Aufklärung Gestalt gewinnt: Planen setzt mündige, rational und selbstverantwortlich handelnde Entscheidungsträger voraus. Die kritische Verarbeitung der Ereignisse und Folgen der Französischen Revolution in Verbindung mit Konzepten des sogenannten »utopischen Sozialismus« (C. H. Saint-Simon u. a.) führte schon in der ersten Hälfte des 19. Jh. zu der Forderung nach planerischer Gestaltung gesellschaftlicher Verhältnisse auf der Grundlage wissenschaftlicher Einsichten. Mit Max Webers Unterscheidung von zweck- und wertrationalem (gegenüber traditionalem und emotionalem) Handeln wird das Problem der Planungsrationalität auf eine wissenschaftlich-kausalanalytische Stufe gehoben. Bei Karl Mannheim ist Planung notwendiges Instrument der besonders krisenanfälligen Industriegesellschaften. Daß indes gesellschaftliche Planung, wenn sie dem Menschen dienen und nicht von Negativfolgen belastet sein soll, über den rein technologischen Aspekt hinaus einem komplexen Umfeld von historischen, politisch-ethischen und philosophisch-erkenntnistheoretischen »Vergewisserungen« einzubetten ist und das Problem der Herrschaft(slegitimität) zu berücksichtigen hat, gehört zu den erst in jüngerer Zeit fundiert gewonnenen Einsichten.

C. Planungstheoretische Modelle

Die gegenwärtig diskutierten planungstheoretischen Grundmodelle reichen vom vergleichsweise zielindifferenten »muddling through«-Konzept nach dem Lernprinzip von »Erfolg und Irrtum« (K. R. Popper) bis zum Konzept gesellschaftlicher Gesamtplanung. Letztere meint nicht bürokratische Zentralplanung in totalitär verfaßten Gesellschaften, sondern eine möglichst umfassende, auf rationalen Formen der Konfliktbewältigung beruhende »Selbststeuerung« der Gesellschaft auf der Grundlage der Artikulation individueller Bedürfnisse und Wertpräferenzen. In einer Anzahl »mittlerer« planungstheoretischer Konzepte wird für liberal verfaßte Demokratien das Prinzip des sich selbst reproduzierenden offenen Marktmechanismus mit dem Prinzip marktkontrollierender Wirtschafts- und Sozialplanung eng verknüpft. Allen diesen Grundkonzepten ist gemeinsam, daß Planung helfen soll, Bedürfnisse zu befriedigen, Freiheit und Wohlfahrt zu sichern und in rationaler Vorsorge künftigen Gefahren zu begegnen. Die globalen Gefährdungen der Menschheit infolge der bereits spürbaren Verknappung der natürlichen Ressourcen, der wachsenden Umweltbelastung und der Überbevölkerung bei gleichzeitig extrem unterschiedlicher Verteilung von Armut und Reichtum unter den Völkern sind ein starkes Argument für die Notwendigkeit der künftigen Implementation transnationaler Planungsmodelle. Dies hätte allerdings auch bei vorläufiger Beschränkung auf bestimmte (z. B. technologische) Planungsbereiche einen entsprechenden Wandel im bislang herrschaftsbestimmten System der internationalen Beziehungen in Richtung auf normen- und sanktionsgeregelte Selbstkontrolle zur Voraussetzung. Abgesehen von der drastischen Möglichkeit des »Lernens aus der eingetretenen Katastrophe« ist hier wohl ein geschichtlich längerer Adaptionsprozeß anzusetzen. Eine seiner wesentlichsten Voraussetzungen dürfte die fortschreitende Verwissenschaftlichung der politischen Entscheidungsvorbereitung im Legislativ- wie Exekutivbereich sein (vgl. unten E) – allerdings unter strikter Vermeidung sowohl unvernünftiger Erwartungen der einen wie opportunistischer Versprechungen der anderen Seite.

Mit der funktionellen und zeitlichen (den »Planungshorizont« betreffenden) Extension der erwähnten Planungsmodelle hängt eng die Wahl der Planungsmethoden zusammen. Je langfristiger und je ziel- und aktionsvariabler wissenschaftlich unterstützte Planung ist, desto umfassender und differenzierter ist das zu verwendende Planungsinstrumentarium (vgl. unten D), und desto vielfältiger sind die Verknüpfungsmöglichkeiten innerhalb desselben. Im folgenden soll das System der »Kernbegriffe« (lediglich des deskriptiven Basisteils) eines theoretischen Planungsmodells angedeutet werden, das auf beliebige, auch hochkomplexe adaptive Planungssysteme anwendbar ist und handlungsanleitende Ist-Soll-Vergleiche zwischen Planungssystemen ermöglicht. Grundlage des Modells ist ein kybernetisches Handlungskonzept (→ *Kybernetik*), das zunächst betrachtet werden soll.

D. Planungstheoretische Kernbegriffe

I. Akteur und Außenwelt

Hiernach ist der Akteur der Planung im Sinne von Abschnitt A ein jetzt auch als Aktionssubjekt (AS) bezeichnetes Handlungssystem, das mit seiner Außenwelt (AW) interagiert.

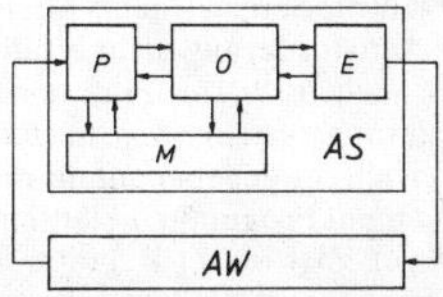

Schaubild 1. Grundschema eines K-strukturierten Aktionssubjekts (AS) in der Interrelation mit seiner Außenwelt (AW). Näheres im Text.

Gemäß *Schaubild 1* ist AS mit den »Randorganen« Perzeptor (P) und Effektor (E) sowie mit einem Operator (O)- und einem Motivatorsystem (M) der inneren Informationsverarbeitung ausgestattet. In aufeinanderfolgenden Regeldurchläufen (→ *Kybernetik*) empfängt P aus AW informationelle Inputs, gibt andererseits E an AW informationelle und energetische Outputs ab. Der Operator O erarbeitet in gleichfalls wiederholten Regeldurchläufen Optimalmodelle für E, und zwar unter (prioritätensetzenden) Kriterien aus M. M (bei überindividuellen AS sprechen wir von »Syntalisator«) ist andererseits über P an die Außenwelt des Aktionssubjekts adaptiert.

II. Die Grundoperationen des Akteurs

Wir betrachten jetzt den Fall eines sich speziell in einer Planungssituation befindenden Aktionssubjekts AS. Dieser Fall liegt vor, wenn AS in der nachstehenden »pragmatischen Ordnung« folgendes leistet: 1. die Ausgrenzung eines Aktionsobjekts (AO) als spezifiziertes Teilsystem seiner Außenwelt; 2. eine rationale Präferenzbewertung (»dynamische Gewichtung«) der Strukturfaktoren seines Steuerungssystems M; 3. aus dieser Präferenzbewertung (dem ersten der Operator-Arbeitstakte): den Aufbau eines Satzes von Zielkriterien, denen die künftige (Ziel-)Außenwelt bezüglich AS genügen soll; 4. die Entwicklung (mindestens) eines hinreichend nach Teiloperationen spezifizierten Ablaufplanes zur Herstellung der Zielaußenwelt, wobei AS für jeden der in Betracht kommenden Ablaufpläne prüft, (a) ob die Wahl der Mittel zielrelativ vertretbar ist (die Kriterien hierfür sind »feedback-dynamisch« an die Strukturbasis von M, die »Vitalmotive« von AS, gebunden), (b) falls Vertretbarkeit der Mittel vorliegt, ob der zu prüfende Ablaufplan ökonomisch optimal ist, d. h. die sparsamsten Mittel verwendet. Liegt Nichtvertretbarkeit der Mittelwahl vor, so modifiziert AS die Zielkriterien; ist auch hiernach die Vertretbarkeitsforderung nicht erfüllt, modifiziert AS auch noch die Präferenzstruktur seines Steuerungssystems; 5. je nach Ausgang des Prüfverfahrens gegebenenfalls die (iterative, nach einem Programm ablaufende) Optimierung der Ziel-Mittel-Relation bei nunmehr festgehaltenen Zielkriterien und Auswahl des optimalen Ablaufplans; 6. nach Implementationsentscheidung Eingabe der Operationenfolge des Optimalplans in den planrealisierenden Effektor; 7. Bewertung des plangerecht veränderten Aktionsobjekts AO unter besonderer Berücksichtigung der in der Implementationsphase auf AW wirkenden, von AS nicht vorhergesehenen Störungen und gegebenenfalls Einleitung eines neuen Regeldurchlaufes nach denselben Arbeitstakten.

III. Adaptive Planung

Jede sich in der beschriebenen Weise vollziehende Entscheidungsvorbereitung rational handelnder Akteure wollen wir »(adaptives) Planen« nennen. Im adaptiven Planen wirken Zielfindung, Aktionsplanung und -durchführung sowie Handlungskontrolle in einer ebenso wertungsbewußten wie lernorientierten Weise zusammen. Das adaptive Planungsmodell will das (kybernetische) Prinzip der »gegliederten und überschaubaren dynamischen Ganzheit« planungstheoretisch fruchtbar machen und die systematische Charakterisierung solcher Planungskonzepte ermöglichen, die lediglich Teilaspekte und/oder prozessuale Verkürzungen »adaptiver Planung« darstellen.

IV. Delegation von Planungsaufgaben

Für überindividuelle Aktionssubjekte wird von einem bestimmten Komplexitätsgrad der Planungsaufgabe an das Delegieren von Planungsfunktionen an fremde menschliche oder maschinelle Funktionsträger unabdingbar. Den Fall, daß ein mit gesellschaftlicher Planung befaßtes überindividuelles Aktionssubjekt seine Planungsaufgaben vollständig – bis auf Richtlinien-, Kontroll- und Entscheidungskompetenz – an ein besonderes Planungssubjekt (PS) delegiert, stellt *Schaubild 2* dar.

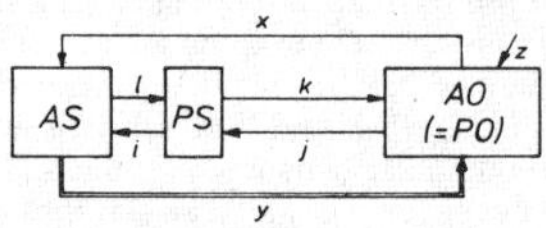

Schaubild 2. Grundschema eines adaptiven Planungssystems mit ausgegliedertem Planungssubjekt. Dabei kennzeichnen x, i, j, k und l informationelle Flüsse, z die auf das Aktions-/Planungsobjekt einwirkenden Störungen und y den informationell-energetischen (auch monetären) Implementationsfluß. Näheres im Text.

Der »beplante« gesellschaftliche Objektbereich ist jetzt sowohl Aktions- wie Planungsobjekt (AO = PO). Aufgrund eigener Präferenzen sowie (über x gewonnener) Nachrichten aus AO gibt AS, z. B. eine Unternehmungsleitung, weitgehend intuitiv konzipierte, zumeist nur grob vorgeordnete Oberziele (über l) an PS und löst damit in PS die in II. dargestellte Abfolge der ziel- und aktionsplanerischen Arbeitstakte 3 bis 5 aus. PS entnimmt (über j, k) aus dem »beplanten« Gesellschaftsbereich nach einer geeigneten Selektionsstrategie die für seine Zielkriterien nötigen »objektiven« und »subjektiven Daten« – letztere sind individuelle Bedürfnis- und Werteinstellungsdaten der »beplanten« Menschen – und verarbeitet dieses »Datenmodell« zusammen mit weiterem planungsrelevantem Wissen unter den für das Planungsvorhaben zu beachtenden Nebenbedingungen (insbes. Rechtsvorschriften) zu einem Zielkriteriensatz für den Aktionsplan. Ein solcher Kriteriensatz kann z. B. aus einer mindestens komparativen, möglichst jedoch quantitativen Bewertungsstruktur eines nach Haupt-, Zwischen- und Unterzielen sowie (operationalisierten) Zielelementen hierarchisierten Zielsystems bestehen. Zu dem Kriteriensatz bzw. einem nicht zu großen Repertoire alternativer solcher Kriteriensätze erstellt PS die zugehörigen optimalen Aktionspläne und meldet die so erarbeiteten Gesamtplanalternativen (über i) an AS. AS entscheidet sich für eine der Alternativen oder setzt den Entscheidungsvorbereitungsprozeß in PS erneut in Gang. Nach getroffener Planentscheidung veranlaßt AS (über y) die Planimplementation, prüft nach Ablauf einer festgesetzten Auswirkungsphase dieser Implementation (über x) den Planerfolg und leitet gegebenenfalls eine neue Planungsphase bezüglich AO ein.

E. Gesamtgesellschaftliche Planung

I. Modell einer demokratischen Gesellschaft

Betrachtet man die Exekutivfunktionen des Regierungs-/Verwaltungssystems einer sich selbst steuernden freiheitlich-demokratischen Gesellschaft als (adaptive) Planungsfunktionen, so könnte diese Gesellschaft wie folgt strukturiert sein *(Schaubild 3)*.

Eine Gesamtheit G von Bedürfnis- und Werteinstellungsträgern konstituiert als primärer Auftraggeber an das politisch-administrative System »sein« handlungsbefugtes Aktionssubjekt E über folgende (hier nur in erster Näherung beschriebene) Wahl- und Entscheidungsakte: Der G-»Artikulator« A – das sind primär die verfassungsmäßigen politischen Parteien, sekundär einflußreiche Verbände, Bürgerinitiativen usw. – aggregiert und transformiert die in großer Zahl aus G anfallenden individuellen Präferenzen. A ruft in Verbindung mit den Massenmedien Wandlungen des Systems W der gesamtgesellschaftlichen Grund- und Orientierungswerte hervor. Der über A mehrheitlich gebildete Legislativ-Akteur L trifft unter Orientierung an W und in Verbindlichkeit gegenüber dem stabilisierenden Grundrechtssystem GG Entscheidungen über Veränderungen, insbesondere den innovativen Wandel des Rechtsnormensystems. Diese Entscheidungen dynamisieren gemeinsam mit z. T. unmittelbar aus W fließenden Wandlungen des Systems der nicht-kodifizierten Verhaltensregulative (der »subsistenten« sozialen Normen) das gesamtgesellschaftliche Normensystem N. Die Wirksamkeit des Rechtsnormensystems sichert das Judikativsystem J. N ist an W rückgekoppelt: Normenwandel induziert seinerseits Wertewandel.

II. Ein idealtypisches Modell wissenschaftsgestützter Gesellschaftsplanung

Unmittelbare Handlungssteuerung bezüglich der durch N belassenen Spielräume leistet die Exekutive E. Sie handelt gemäß dem hier »idealtypisch« entworfenen Planungskonzept in ihrer Steuerungsfunktion genau dann »planungsrational«, wenn sie zur Lösung eines Implementationsproblems, das seiner Natur nach sowie gemessen an der Relevanz und den zu erwartenden Folge»kosten« der Implementation wissenschaftlicher Bearbeitung bedarf, ihre Entscheidungsvorbereitung im Umfang des Anteils dieser Bearbeitung an ein beratendes wissenschaftliches Planungs-

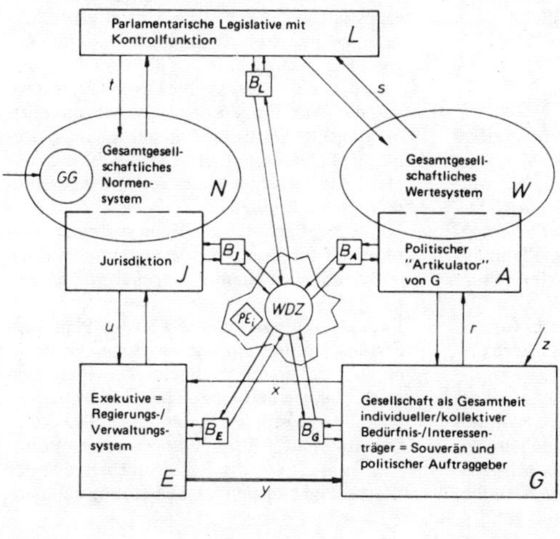

Schaubild 3. Umriß-Soziogramm (des Idealtypus) einer sich selbst steuernden demokratischen Gesellschaft (zum WDZ-System vgl. II.). In kybernetischer Interpretation bildet der Informationsfluß r–(A) → s–(L) → t–(J) → u den u-Eingang für den Regler E als selbstoptimierenden Sollwert für E aus. E »regelt« über y die Regelstrecke G unter »Realisierung« der Sollwertstruktur u mittels Informationen, die E aus G über x »abfragt«. Die einfach geschäfteten Pfeile deuten Informationsflüsse an, der doppelt geschäftete Pfeil verweist auf Informationsflüsse *und* nicht-informationelle Flüsse. z ist Störgröße für G (auf die Kennzeichnung weiterer Störgrößen wurde verzichtet). Näheres im Haupttext.

subjekt B_E delegiert. Dieses steht mit einem zentralen Wissenschaftssystem WDZ (»Wissenschaftliches Dienstleistungszentrum«) über die in *Schaubild 3* angedeuteten Informationsflüsse in Verbindung. In WDZ werden bedarfsweise Problemlösungseinheiten PE_i (i=1,...,n) gebildet.
Damit ist aber noch keineswegs die »Planifikation« einer sich selbst rational steuernden demokratischen Gesellschaft auf den im Sinne des hier vorgelegten Modells erforderlichen Stand gebracht. Es ist darüber hinaus vielmehr notwendig, ebenso an die aktiven Subsysteme L, J, A sowie an den Auftraggeber der politisch-administrativen Aktivitäten, die gesellschaftliche Basis G selbst, Planungssubjekte B_L, B_J, B_A und B_G anzuschließen (s. *Schaubild 3*), die gleichfalls mit WDZ verbunden sind. Dieses wissenschaftliche Planungssystem, seinerseits offen gegenüber metawissenschaftlich-philosophischer Reflexion, wäre institutionell abzusichern und in das Interdependenzsystem wechselseitiger gesellschaftlicher Kontrolle einzubeziehen. Es wäre auf einzelne Struktureinheiten der gesellschaftlichen Subsysteme (G, A, L, J, E) zu »diversifizieren«.
Eine einschließlich ihres Sozialisationsgebarens derart planerisch-rational und prospektiv orientierte Gesellschaft wäre das genaue Gegenteil einer »durchrationalisierten« oder »verplanten« Gesellschaft. Sie würde sich vielmehr den existentiellen Minimalrahmen sichern können, innerhalb dessen sie ihren Mitgliedern ein planungsfreies, unkontrolliert-intuitives, auf Bedürfniserfüllung abgestimmtes Zusammenleben gewährleistet.

F. Der weitere Aufbau einer Theorie adaptiver Planung

Nach Abschnitt D ist der weitere Aufbau einer Theorie »adaptiver Planung« vorgezeichnet. In ihr wären einmal die Schwerpunktbereiche der Ziel- sowie der Aktions- (=Durchführungs-)planung unter Berücksichtigung der zwischen beiden Planungsmodi bestehenden engen Wechselbeziehungen aus dem schon heute reichlich verfügbaren Sach- und Methodenwissen zu formieren, wobei auf vorhandene wissenschaftstheoretische Orientierungshilfen (→ *Erkenntnistheorie, neopragmatische*) zurückgegriffen werden kann. Andererseits sind auf den wohlzuunterscheidenden Ebenen der Grundlagenforschung, der theoretisch-technologischen Forschung und der angewandten Technologie(n) die zahlreichen planerischen Einzelmethoden und -techniken, die sich bis heute zu einem im Ganzen noch nicht gut zusammengefügten Instrumentarium angehäuft haben, nach ihren verschiedenen Kombinationsformen und Verwendungsmöglichkeiten zu sondieren und auf einzelne Sektoren der Unternehmungs- sowie der gesellschaftlichen Planung zu beziehen. Zur letzteren zählen wir insbesondere die großen Sektoren der geosozialen Planung (Bevölkerungs-, Ernährungs-, Siedlungs-, Verkehrsplanung usw.), der sozialökonomischen Planung (»ordoökonomische« Planung, Energieversorgungsplanung, Finanzplanung usw.) und der sozialkulturellen Planung (Erziehungs-, Ausbildungs-, Wissenschaftsplanung usw.).
Besondere Aufmerksamkeit hat eine Planungstheorie in dem hier vertretenen Sinne den computerisierbaren Planungsmethoden zuzuwenden. Von erheblicher Bedeutung ist die Entwicklung von Modelltypen der computerunterstützten Simulation komplexer Systeme mit Optimierungsalgorithmen (vgl. den Funktionsablauf gemäß Abschnitt D), die durch mathematische, im allgemeinen vektorielle Zielfunktionen (M → O in der K-Struktur nach *Schaubild 1*) gesteuert werden. In der gesellschaftsplanerischen Simulation sind diese Zielfunktionen meist sogenannte »Nutzenfunktionen«, die durch Aggregation individueller Präferenzen gewonnen werden. (Logisch-mathematische Aggregationsprobleme, auf die K. J. Arrow bereits 1951 hingewiesen hat, lassen sich grundsätzlich durch eine vertretbare »Milderung« gewisser axiomatischer Bedingungen lösen. Dagegen bietet die Erfassung und Interpretation der »subjektiven Präferenzdaten« – von Fragen der Informationsverarbeitungskapazität der Datenerhebungssysteme, des Datenschutzerfordernisses und dergleichen abgesehen – noch erhebliche methodologische Probleme, z. B. solche, die in oft anzutreffenden Konflikten zwischen »moralischen Präferenzen« befragter Individuen und deren faktischem Präferenzverhalten liegen.)
Eine → *Wissenschaftstheorie* der Planungswissenschaft besteht erst in Anfängen. In ihr müßten außer einer allgemeinen Planungsmethodologie und einer Theorie der planerischen Prognostik wenigstens Techniktheorie, Deontik und Entscheidungstheorie, politische Ethik sowie die Reflexionsbereiche der Werte- und Normenvergewisserung zueinan-

der in Beziehung gesetzt werden, wenn das Phänomen »Planung« in der ganzen Breite und Tiefe seiner Problematik metatheoretisch und metapraxeologisch bearbeitet werden soll.

Herbert Stachowiak

Bechmann, A.: Nutzwertanalyse, Bewertungstheorie und Planung. 1978. – *Braun, G. E.:* Methodologie der Planung. 1977. – *Churchman, C. W.:* Philosophie des Managements. Ethik von Gesamtsystemen und gesellschaftliche Planung. (1968) 1973, [2]1980. – *van den Daele, W./Krohn, W./Weingart, P. (Hg.):* Geplante Forschung. 1979. – *Flohr, H.:* Rationalität und Politik. 1975. – *Gäfgen, G.:* Theorie der wirtschaftlichen Entscheidung. 1963, [3]1974. – *Jantsch, E. (Hg.):* Perspectives of planning. Paris: OECD 1969. – *Kaiser, J. H. (Hg.):* Planung. Bd. 1–6. 1965–1972. – *Kirsch, W.:* Entscheidungsprozesse. Bd. 1–3. 1970–1971. – *Ders.:* Einführung in die Theorie der Entscheidungsprozesse. 2., durchges. und erg. Aufl. der Bde. 1–3 als GA. 1977. – *Lau, Ch.:* Theorien gesellschaftlicher Planung. Eine Einführung. 1975. – *Lenk, H.:* Erklärung, Prognose, Planung. 1972. – *Lompe, K.:* Gesellschaftspolitik und Planung. 1971. – *Luhmann, N.:* Politische Planung. Aufsätze zur Soziologie von Politik und Verwaltung. 1971, [3]1983. – *Masuch, M.:* Kritik der Planung. 1982. – *Mayntz, R./Scharpf, F. W. (Hg.):* Planungsorganisation. 1973. – *Müller, N./Stachowiak, H. (Hg.):* Problemlösungsoperator Sozialwissenschaft. Bd. 1; 2. 1987. – *Raiffa, H.:* Einführung in die Entscheidungstheorie. (Aus dem Amerik.) 1973. – *Ronge, V./Schmieg, G. (Hg.):* Politische Planung in Theorie und Praxis. 1971. – *Schäfers, B. (Hg.):* Gesetzliche Planung. 1973. – *Scharpf, F. W.:* Planung als politischer Prozeß. 1973. – *Stachowiak, H.:* Allgemeine Modelltheorie. 1973. – *Ders.:* Grundriß einer Planungstheorie. (Dt. und Engl.). In: Kommunikation 1, 1970. – *Ders.* zus. mit *Ellwein, Th./Herrmann, Th./Stapf, K.:* Bedürfnisse, Werte und Normen im Wandel. Bd. 1; 2. 1982. Hierin insbes.: *Stachowiak, H.*, Programm '80 (Bd. 1). – *Stachowiak, H. (Hg.):* Werte, Ziele und Methoden der Bildungsplanung. 1977. – *Tenbruck, F. H.:* Zur Kritik der planenden Vernunft. 1972. – *Vente, R. E.:* Planung wozu? 1969.

Herbert Stachowiak/H.S.

Positivismus

lat. pọsitus: gesetzt; griech. thetós; zu lat. pọnere: setzen; griech. títhēmi

A. Begriffsklärung

Unter *Positivismus* versteht man eine wissenschaftstheoretische Position, die das »Positive« zum Prinzip allen wissenschaftlichen Wissens macht, wobei das Wort »positiv« hier (in der Regel) nicht das Gegenteil des Negativen, sondern das »Gegebene«, *Tatsächliche, unbezweifelbar Vorhandene* bezeichnet: die »positiven« Tatsachen oder das, was man »positiv« weiß.

Der Positivismus faßt das *Positive* (in diesem Sinne) als *Ursprung* und als *Rechtfertigungsgrund* all unserer *Erkenntnis* auf. Damit grenzt er sich einerseits gegen die *Metaphysik* ab, der er vorwirft, bloß Erdachtes und spekulativ Konstruiertes als Wissen auszugeben; der andere Gegner ist der *Skeptizismus*, demzufolge es kein sicheres, unbezweifelbares Wissen geben soll. Der Positivismus hält also sicheres Wissen auf der Basis des Positiven für effektiv möglich und vertritt darum keine bloß leere Forderung nach einem solchen Wissen.

Das Wort »Positivismus« wird manchmal auch *abschätzig* als Name für eine bestimmte Wissenschaftspraxis verwendet. Man meint dann damit die gedanken- und *theorielose Tatsachenforschung* – die »Faktenhuberei« in der Geschichte ebenso wie die Beschränkung der Soziologie auf Umfragetechnik oder der Psychologie auf Verhaltensbeobachtung. Es empfiehlt sich aber, um Irreführungen zu vermeiden, von Positivismus *nur dort* zu sprechen, wo es sich um eine philosophische oder wissenschaftstheoretische Position handelt, die eine solche Wissenschaftspraxis *rechtfertigt* oder sogar *ausdrücklich fordert.*

Völlig *verfehlt* hingegen wäre die Vorstellung, der Positivismus bestünde einfach darin, die *Methoden der → Naturwissenschaften* für alle Wissenschaften für *verbindlich* zu erklären. Dabei würde nicht zwischen diesen Methoden und ihrer positivistischen Interpretation unterschieden, die keineswegs zwingend ist; zugleich würde damit die Tatsache übersehen, daß man sehr wohl die *Eigenständigkeit geistes-* oder *kulturwissenschaftlicher Methoden* vertreten und zugleich *Positivist* sein kann.

B. Die Entwicklung des Positivismus

Positivismus ist in der Gegenwart fast ein Schimpfwort; niemand wird sich heute selbst als Positivist bezeichnen – Positivisten sind immer die anderen. Dies war nicht immer so.

I. Comte

Bei Auguste Comte (1798–1857), dem Begründer des Positivismus, werden die Ausdrücke »philosophie positive«, »l'esprit positif« und »positivisme« durchaus bejahend gebraucht. COMTE hat selbst fünf Bedeutungen von »positiv« unterschieden und sich und seine Lehre damit identifiziert: das *Tatsächliche* im Gegensatz zum bloß Eingebildeten, das *Nützliche* im Gegensatz zum Müßigen, das *Gewisse* und nicht Unentschiedene, das *Genaue* und nicht Unbestimmte und schließlich die »fünfte Anwendung«, die er für besonders wichtig hält: »das *Gegenteil von negativ* [...]. In dieser Hinsicht gibt sie eine der höchsten Eigenschaften der neuzeitlichen wahren Philosophie an, indem sie zeigt, daß diese von Hause aus nicht dazu bestimmt ist, zu zerstören, sondern zu organisieren.« (COMTE, 87)

Durch diese positive Zielsetzung, aber auch durch die *optimistische* Grundhaltung in der → *Wissenschaftstheorie*, die sich des Erfolgs im Sinne aller Bedeutungen von »positiv« sicher ist, unterscheidet sich der Positivismus deutlich vom Empirismus der englischen und französischen Aufklärungsphilosophie, der wesentlich kritisch war und in der Wissenschaftsinterpretation dem *Skeptizismus* zuneigte (vor allem bei David HUME). Der Grund für den Optimismus COMTES ist nicht in Fortschritten der Erkenntnistheorie selbst zu suchen, sondern in dem außerordentlichen Erfolg der empirisch-mathematischen Naturwissenschaften seit GALILEI und NEWTON, der den Skeptizismus der Aufklärer Lügen zu strafen schien.

In der geistigen und politischen Situation nach der Französischen Revolution trat der kritische Impuls der Aufklärung ohnehin in den Hintergrund, und so konnte COMTE mit großem publizistischem Erfolg der wissenschaftlich begründeten »positiven« Philosophie vor allem positive, d. h. konstruktive und nützliche Aufgaben zuweisen. Wenn man unter → *Szientismus* eine Position versteht, die die Wissenschaften – vor allem die Naturwissenschaften – selbst zur Grundlage und zum einzigen Maßstab unseres Wissens und Handelns macht, dann kann man den Positivismus mit einem gewissen Recht als *szientistisch gewordenen Empirismus* bezeichnen (Jürgen HABERMAS); was er dessen skeptizistischen Tendenzen entgegenzusetzen hat, ist ja nichts anderes als der anscheinend unbezweifelbare Fortschritt der Naturwissenschaften, den man nur noch zu erklären brauche, um im Besitz der einzig angemessenen Wissenschaftstheorie zu sein.

II. Der Wiener Kreis

1. Sensualistischer und realistischer Positivismus: Das philosophische Grundproblem des Positivismus läßt sich als die Frage formulieren: Was ist das Positive, das da zum Prinzip gemacht werden soll? Hier muß man eine sensualistische und eine realistische Version unterscheiden. Der *sensualistische* (lat. sensus: Gefühl, Empfindung, Wahrnehmung) Positivismus interpretiert das Positive oder unbezweifelbar Gegebene als den Inhalt unserer sinnlichen Wahrnehmung; er spricht von Sinnesdaten (sense data), Erlebnisgegebenem, Wahrnehmungen usw. und versucht, alles wissenschaftliche Wissen darauf zurückzuführen. Der *realistische* (lat. res: das Ding, die Sache) Positivismus hingegen versucht das Problem, daß der Sensualismus in der Erkenntnistheorie die Intersubjektivität der Wissenschaft durch deren Begründung auf ein im Prinzip nur privat Erlebbares gefährdet, dadurch zu umgehen, daß er das Positive als den Inbegriff der erfahrbaren Dinge, Zustände und Ereignisse in der Welt interpretiert. Damit scheint er die Intersubjektivität des Wissens von vornherein nicht in Frage zu stellen, handelt sich aber dadurch das Problem ein, wie sich die Dinge selbst und unsere Erfahrung von ihnen zueinander verhalten.

2. Logischer Positivismus: In unserem Jahrhundert wurden *beide Typen* des Positivismus durch den sogenannten logischen Positivismus des »Wiener Kreises« der 30er Jahre (CARNAP; SCHLICK; NEURATH u. a.) abgelöst. Er entsteht nicht – wie manchmal behauptet wurde – durch eine einfache Kombination von sensualistischem oder realistischem Positivismus mit einer nicht-empiristischen Interpretation der formalen Logik, sondern *er interpretiert das Positive selbst als etwas »Logisches«,* d. h. als Inbegriff *sprachlicher* Gebilde, die er in den *»Protokollsätzen«* der Erfahrungswissenschaft gefunden zu haben glaubte: was die Forscher in Form von Sätzen bei ihren Beobachtungen und Experimenten protokollieren, dies sollte die einzige und sichere Basis allen wissenschaftlichen Wissens sein. Der logische Positivismus behauptete, daß die *logisch-sprachliche* Ebene der Wissenschaft nicht unterschreitbar sei, und er folgte darin weitgehend den Thesen des »Tractatus« von Ludwig WITTGENSTEIN, der aber selbst kein Positivist war. Nicht Erfahrungen und Dinge, sondern *Aussagen* machen den Besitz der Wissenschaften aus – nur sie kann man z. B. in Lehrbüchern festhalten. Und weil man Aussagen wieder nur durch Aussagen begründen oder kritisieren kann, eignen sich nur Aussagen (Urteile, Sätze, Behauptungen) als wissenschaftliches Fundament.

C. Kritik

Was nun die Kritik am Positivismus betrifft, so ist festzuhalten, daß es vor allem die *Tradition des logischen Positivismus selbst* war, die hier die wichtigsten und durchschlagendsten Argumente hervorbrachte; damit hat diese Denkrichtung ihrer Herkunft in kritischem Aufklärungsdenken alle Ehre gemacht. Die möglichen Einwände gegen den Positivismus kann man typisierend in methodologische, erkenntnistheoretische und wissenschaftsphilosophische einteilen, wobei die beiden ersten Argumentgruppen den Empirismus generell betreffen.

I. Methodologische Einwände

Zunächst kann man durch Reflexion auf die Methoden der → *Wissenschaft* zeigen, daß die Protokollsätze keineswegs unbezweifelbar oder unrevidierbar sind; vor allem Karl R. Popper zeigte, daß die von ihm so genannten *Basissätze immer auch kritisierbar bleiben* und letztlich nur durch gemeinsame Festsetzung einer weiteren Revision »bis auf weiteres« entzogen werden.

Popper hat ferner darauf aufmerksam gemacht, in welchem Maße die Beobachtungssätze der empirischen Forscher von ihrem theoretischen Vorwissen und Vorverständnis vom Beobachtungsfeld abhängen: *wir sehen Einzeltatsachen* immer schon *»im Lichte von Theorien«* (vgl. K. R. Popper, Logik der Forschung, insbes. V. Kap.). Paul K. Feyerabend hat dieses Argument dann verschärft zu der These, daß es überhaupt keine theorieunabhängige Identifikation von Einzeltatsachen gebe, daß man demzufolge verschiedene Theorien auch nicht an ein und derselben Tatsache überprüfen könne und daß man deswegen in eine Konkurrenz verschiedener Theorien um das analoge Gegenstandsfeld eintreten müsse (Theorien-Pluralismus).

II. Erkenntnistheoretische Einwände

Die im engeren Sinne erkenntnistheoretischen Argumente konzentrieren sich auf die Konstitution des »Positiven« selbst und können sich dabei eine Nebenbedeutung des Wortes zunutze machen: unter dem Positiven versteht man in manchen Verwendungen (das »positive Recht«) auch das *Gesetzte, Erzeugte* (lat. ponere: setzen, legen, stellen). In der Tat ist ja das, was uns als der Bereich unbezweifelbarer Tatsachen erscheinen mag, in manchen Bereichen *durch unser Handeln* selbst erst *hervorgebracht* – so im Bereich der sozialen Wirklichkeit –, aber dies braucht ja seine Tatsächlichkeit nicht einzuschränken. Wichtiger ist wohl der Hinweis darauf, in welchem Maße dieses vermeintlich rein Tatsächliche *interpretationsabhängig* ist: vor allem unsere Sprache und unser vorwissenschaftliches Weltverständnis legen in vielerlei Hinsicht vor aller Erfahrung fest, was uns dann in der Wissenschaft als rein objektive Gegenständlichkeit erscheint. Die Wissenschaft handelt eben nicht von den »Dingen an sich« (Kant), d. h. von der Welt, wie sie handlungs-, sprach- und interpretationsunabhängig uns entgegentritt. Diese Abhängigkeiten mit zu bedenken, definiert die Aufgabe einer nicht-positivistischen Erkenntnistheorie.

III. Wissenschaftsphilosophische Einwände

Die wissenschaftsphilosophischen Argumente schließlich stützen sich auf Überlegungen zum Verhältnis von Wissenschaft und theoretisch-praktischem Weltverhalten überhaupt. Der Positivismus ist besonders dort *unakzeptabel*, wo er *szientistisch* ist, d. h. wissenschaftliche Rationalität zum Maßstab von Rationalität überhaupt macht. Weil Wissenschaft ihrerseits der rationalen Begründung und Rechtfertigung bedarf, kann sie selbst nicht das »Positive« und das Maß aller Dinge sein. »Positiv« ist auch eine normative Kategorie, und die Normen der Wissenschaft müssen mit den Normen zusammenstimmen, die wir für unser vor- und außerwissenschaftliches Leben und Handeln zu akzeptieren bereit sind (→ *Norm*). Dies bedeutet nicht, daß beide Bereiche einfach denselben Normen zu folgen hätten; sicher untersteht das wissenschaftliche Handeln anderen Regeln als etwa denen der demokratischen Willensbildung. Gleichwohl sind die Normen der Wissenschaft nicht der moralisch-praktischen Kritik entzogen, so, wie es umgekehrt denkbar ist, daß wir unsere moralischen Überzeugungen im Lichte neuer wissenschaftlicher Erkenntnis verändern. So gesehen ist Positivismuskritik Kritik am Absolutheitsanspruch der Wissenschaft.

Herbert Schnädelbach

Ayer, A. J.: Sprache, Wahrheit und Logik. (Aus dem Engl.) 1970. – *Comte, A.:* Discours sur l'esprit positif. 1844. Rede über den Geist des Positivismus. 1956, [3]1979. – *Czapiewski, W. (Hg.):* Verlust des Subjekts? Zur Kritik neopositivistischer Theorien. 1975. – *Haller, R.:* Neopositivismus. WB in Subskr. – *Juhos, B.:* Formen des Positivismus. In: Zeitschrift für allgemeine Wissenschaftstheorie 2, 1971. – *Kahl, J.:* Positivismus als Konservatismus. 1976. – *Kaila, E.:* Der logistische Neupositivismus. Eine kritische Studie. Turku 1930. – *Kambartel, F.:* Erfahrung und Struktur. 1968. – *Kamitz, R. P.:* Befreiung vom Dogma. 1973. – *Kraft, V.:* Der Wiener Kreis. 1950, [2]1968. – *Krüger, L. (Hg.):* Erkenntnisprobleme der Naturwissenschaften. 1970. – *Mohn, E.:* Der Logische Positivismus. 1977. – *Popper, K. R.:* Logik der Forschung. 1935, [8]1984. [W] – Der *Positivismusstreit* [...]. 1969, [11]1984. [W] – *Schlick, M.:* Allgemeine Erkenntnislehre. [2]1925 = 1979. – *Schnädelbach, H.:* Erfahrung, Begründung und Reflexion. Versuch über den Positivismus. 1971. – *Stegmüller, W.:* Probleme und Resultate [...]. Bd. 2. [H]

Herbert Schnädelbach/H.S.

Pragmatismus

zu griech. prãgma: Handeln, Tat, Tatsache; lat. factum

A. Die Wortbedeutung

I. Die Alltagsbedeutung

In der Alltagssprache und in der Publizistik begegnet uns das Wort *Pragmatismus* gegenwärtig zur Kennzeichnung bestimmter Auffassungen von Politik. Der Führungsstil eines Politikers wird beispielsweise als »Pragmatismus« bezeichnet, seine politischen Entscheidungen als »pragmatisch« und er selbst als ein »Pragmatiker«. Positiv ist mit diesen Bezeichnungen gemeint, der betreffende Politiker verfahre und denke »praktisch«, er treffe seine Entscheidungen danach, ob sie sich hier und heute bewähren, und lasse sich nicht von umfassenden Heilsplänen, sondern vom augenblicklich Zweckvollen leiten. Wichtig und wahr ist ihm, was funktioniert, was kurzfristig günstige Wirkungen zeitigt. Er beurteilt eine politische Idee danach, ob sie sich in der »Praxis« verwerten läßt und welchen Nutzen sie abwirft. Negativ besagt die Rede vom politischen Pragmatiker, daß er sich nicht an einer übergreifenden Theorie oder Ideologie orientiert, sondern sich nach den gerade gegebenen Erfolgsaussichten richtet. Er paßt sich der jeweiligen Situation geschickt an und scheidet Forderungen, die ihm realpolitisch fragwürdig erscheinen, aus seinen Überlegungen aus. Er denkt kaum über den Tag hinaus und trachtet nur nach dem unmittelbaren Nutzeffekt, dem Barwert, dem »cash-value« seiner Handlungen.

II. Die ursprüngliche philosophische Bedeutung

Noch in dieser zwielichtigen, vagen Verwendung des Wortes Pragmatismus und seiner Ableitungen scheinen Momente seiner ursprünglichen Bedeutung erhalten geblieben zu sein. Ursprünglich bezeichnete das Wort nämlich eine spezifische philosophische Denkweise, die sich in den siebziger Jahren des vorigen Jahrhunderts in den Vereinigten Staaten von Amerika herausgebildet hatte. Die ziemlich kruden Vorstellungen, die man sich bis vor kurzem in Europa von dieser pragmatischen Philosophie machte, ließen sie als eine besonders krasse Abart des Nützlichkeitsdenkens, des Utilitarismus, erscheinen. Selbst Bertrand Russell wertete die Philosophie des Pragmatismus lange Zeit als »Händler-Philosophie« ab und meinte, die Wahrheitsliebe sei in Amerika vom Geist des Kommerzes verdunkelt, »dessen philosophischer Ausdruck der Pragmatismus ist«. Solche schwerwiegenden Fehldeutungen bestimmen auch heute noch überwiegend das Verständnis des Pragmatismus bis in die umgangssprachliche Verwendung des Wortes hinein. Auf die kürzeste Formel gebracht, versteht man auch innerhalb der Philosophie unter Pragmatismus vielfach die These, wahr sei, was nütze. An dieser vereinfachenden Auslegung der pragmatischen Philosophie sind allerdings einige seiner Gründungsväter nicht ganz unschuldig.

B. Die Entstehungsgeschichte

Der Begriff Pragmatismus leitet sich von dem griechischen Wort prãgma: das Handeln, das Tun, her. Im Pragmatismus soll also offensichtlich die Betonung von der Theorie, dem Denken und Betrachten, auf das aktive Tun, das Handeln oder auf die praktischen Folgen des Denkens und Erkennens gelegt werden. Geprägt wurde das Wort Pragmatismus im Sinne einer neuen Philosophie zuerst von dem amerikanischen Philosophen und Logiker Charles Sanders Peirce (1839–1914), der auch der eigentliche Begründer des Pragmatismus ist. Zwar tauchen die Worte Pragmatismus oder pragmatisch schon vorher bei europäischen Philosophen auf, etwa bei SCHOPENHAUER, aber in einem vom Gebrauch im amerikanischen Pragmatismus abweichenden Sinne. PEIRCE übernahm das Wort von KANT und verwendete es anfangs nur gesprächsweise. Erst ab 1902 erscheint es unter seiner Autorschaft im Druck. Als das Wort eine immer verschwommenere Bedeutung annahm und zu einem philosophisch-literarischen Modewort entartete, gab PEIRCE »seinem Kind den Abschiedskuß« und benutzte für seine Theorien fortan den Begriff »Pragmatizismus«, von dem er zu Recht annahm, daß er »häßlich genug ist, um vor Kindsräubern sicher zu sein«. Schon der Freund und Gönner von PEIRCE, der amerikanische Philosoph und Psychologe William JAMES (1842–1910), der neben PEIRCE als der wichtigste Repräsentant des amerikanischen Pragmatismus gilt, verallgemeinerte für seine Zwecke den Begriff Pragmatismus erheblich, und in dieser Verallgemeinerung wurde die pragmatistische Philosophie bislang in Europa vorwiegend diskutiert. Als durch gewisse Popularisierungen der Pragmatismus immer mehr in den Ruch kam, er hebe bloß erfolgorientiertes Tun und Machen auf seinen Schild und degradiere geistfeindlich das Denken, wählte JAMES für seine Philosophie die Ausdrücke »empirischer Radikalismus« oder »radikaler Empirismus«. Auch John DEWEY (1859–1952), der über die Philosophie hinaus starke politische Interessen hatte und vor allem auf pädagogischem Gebiet als praktischer Reformer hervortrat, nannte seine Philosophie »Instrumentalismus«. Theorien sind ebenso wie der Intellekt oder Logik und Ethik Mittel der Anpassung des Menschen an wechselnde Gegebenheiten, sie sind Instrumente, wie es die Glieder und Zähne sind. Gelegentlich nannte DEWEY diese Denkweise auch »Experimentalismus«.

Zu diesem klassischen Dreigestirn des Pragmatismus ist auch noch der in England geborene Ferdinand Canning Scott SCHILLER (1864–1937) hinzuzuzählen, der seinen Pragmatismus wiederum »Humanismus« nannte. Unsere Erkenntnis ist in allen ihren Formen und Zielen, so erklärte SCHILLER, auf den Menschen bezogen und kann nicht über das Menschliche, das Humane, hinausgehen. Nicht anders wie für JAMES und DEWEY muß Wahrheit sich als lebensfördernd, befriedigend, »nützlich« erweisen.

C. Der Begriff

I. Handeln und Erkennen

Der amerikanische Pragmatismus, die bisher einzige eigenständige Philosophie auf amerikanischem Boden, hat zwar das Handeln, das Tun, die Praxis ausdrücklich auf seinen Schild gehoben, erkennt aber gleichwohl das Handeln als *von Theorie* und Denken durchdrungen und *gesteuert*. Handeln wird vielfach selbst als eine rationale und rational kontrollierte Verhaltensweise im weitesten Sinne definiert. Schon das Kontrollieren und *Überprüfen von Theorien* an der Erfahrung, an der Wirklichkeit, sowie das Experimentieren auch mit Gedanken *gilt als ein Handeln*. Wenn DEWEY sagt, »die Selbstberichtigung eines intellektuellen Gehaltes durch ein ihm gemäßes Handeln in gutem Glauben ist das ›Absolute‹ der Erkenntnis«, dann kommt darin dem berichtigenden Handeln selbst ein Erkenntniswert zu. *Erkennen ist* demnach *selbst eine Form des Handelns,* nämlich des Machens und Herstellens. Selbst die *Wahrheit* wird nach Auffassung der Pragmatisten nicht bloß erschaut, passiv erkannt, sondern *gemacht, hergestellt;* Sachverhalte werden »wahr gemacht«. JAMES drückt es so aus: »Die Wahrheit einer Vorstellung ist keine feste Eigenschaft in ihr. Wahrheit geschieht einer Vorstellung. Sie wird wahr, wird durch Ereignisse wahr *gemacht*.« Mit der bloßen Feststellung der Wahrheit ist es also dem Pragmatismus nicht getan; er stellt danach seine »übliche Frage«: »Angenommen, eine Vorstellung oder eine Annahme seien wahr, welchen konkreten Unterschied macht dieses Wahrsein im wirklichen Leben eines Menschen? Wie kann die Wahrheit verwirklicht werden? Welche Erfahrungen würden anders sein als die, die man machen würde, wenn die Annahme falsch wäre? Was, kurz gesagt, ist der Barwert der Wahrheit in experimentellen Begriffen?« JAMES gibt damit zu verstehen, daß sich der Pragmatismus um einen abstrakten, absoluten Wahrheitsbegriff nicht kümmert, auch nicht um die Suche nach solch abstrakter Wahrheit, sondern einzig um den Wert bestimmter, konkreter Wahrheiten für den Menschen und wie diese »Wahrheiten im Plural« zu verwirklichen, nicht bloß festzustellen sind.

II. Wahrheit und Nützlichkeit

Nicht ohne weiteres läßt sich der Wahrheitsbegriff des Pragmatismus auf die Gleichung reduzieren, »die Wahrheit« sei gleich Nützlichkeit oder Nutzen, wenn auch JAMES gelegentlich diesen Eindruck erweckt. Es gibt gewiß auch für den Pragmatismus von JAMES und DEWEY banale oder nutzlose Wahrheiten. Der Pragmatismus trifft nicht die Feststellung, Wahrheit sei nützlich, sondern er erhebt die Forderung, *Wahrheiten, die nützlich sind,* zu *verwirklichen*. Mit SCHILLER und DEWEY weiß sich JAMES einig, daß »Wahrheit eine der Arten des Guten ist und nicht [...] eine vom Guten verschiedene Kategorie«.

Die an die mittelalterliche Verschmelzung des Wahren (verum) und Guten (bonum) zu Einem (unum) gemahnende Identifizierung der Kategorien ist bei PEIRCE schon im Bereich der Logik angedeutet, in der für ihn auch das »soziale Prinzip« tief verwurzelt ist. PEIRCE zufolge lehrt der Pragma tismus, das von uns Gedachte in Begriffen dessen zu deuten, was wir zu tun bereit sind; die Logik oder die Lehre von dem, was wir denken sollten, muß ihm zufolge demnach die Anwendung der Lehre dessen sein, was wir bewußt zu tun wählen, »und das ist Ethik«.

Der pragmatistische Rück-Blick auf die sozialen Bindungen und ethischen Verpflichtungen der »Experimentiergemeinschaft« der Wissenschaftler hat in den letzten Jahren die Aufmerksamkeit und Neubewertung des Pragmatismus durch die kritischen Marxisten zur Folge gehabt. Karl-Otto APEL zählt neben → *Marxismus* und Existenzialismus den Pragmatismus zu den drei Philosophien der Gegenwart, die »wirklich funktionieren«. Die »öffentlichen Angelegenheiten (Politik, Wirtschaft, Wissenschaft, Technik)« werden »pragmatischen Kriterien der Beurteilung zugänglich«.

Bei der spärlichen frühen Kritik des Pragmatismus durch europäische Denker hatte man sich allzusehr auf den pragmatischen Wahrheitsbegriff eingelassen (z. B. Max SCHELER, der offenbar von den Schriften PEIRCES nur durch Zitate bei JAMES Kenntnis hatte) und dabei die englischen Worte »utility« oder »useful« ganz im Sinne materiellen Nutzens oder barer Nützlichkeit übersetzt. Dazu können allerdings einige Formulierungen namentlich bei JAMES oder DEWEY verleiten, so, wenn vom »practical cash-value«, vom »praktischen Barwert« die Rede ist und Gedanken danach beurteilt werden, ob sie »work« (»funktionieren«), ob sie »profit« (»Nutzen bringen«), »satisfaction« (»Befriedigung«) bringen, ob sie »pay« (»sich auszahlen«) – obwohl auch solche Formulierungen im erläuternden Kontext der Autoren ihren dem Finanzwesen entliehenen Unterton weitgehend verlieren.

Bei PEIRCE hingegen können solche fragwürdigen Deutungen gar nicht erst auftauchen. Auch er versteht allerdings Wahrheit nicht als eine starre Eigenschaft, sondern als einen Prozeß, den Prozeß der Forschung, in dessen Verlauf wir unsere Ideen und Vorstellungen klären bis zum »dritten Grad der Klarheit«. Die pragmatische Maxime dazu lautet bei PEIRCE: »Überlege, welche Wirkungen, die denkbarerweise praktische Bedeutung haben könnten, wir dem Gegenstand unseres Begriffs in unserer Vorstellung zuschreiben. Dann ist unser Begriff dieser Wirkungen das Ganze unseres Begriffs des Gegenstandes.« Zugleich damit wird die pragmatistische Methode – und als reine Methode wollten alle Pragmatisten ihre Philosophie verstanden wissen – als ein logisches Verfahren zur Klärung unserer Vorstellungen und zur Sinngebung von Begriffen ausgewiesen. PEIRCE war vor allen Dingen Logiker und Naturwissenschaftler, der lange Jahre für die »Amerikanische Küstenwache« geodätische Forschungsarbeiten durchführte. Seine pragmatische Maxime steht im Zusammenhang mit der später von ihm entwickelten Zeichentheorie und seiner Schlußlehre, die er als Abduktionslehre neben die Schlußlehren der Deduktion und Induktion stellte; in einem abduktiven Schluß soll von der Wirkung – mit Wahrscheinlichkeit – auf die Ursache geschlossen werden. In der Verbindung mit der Abduktionslehre wird die pragmatische Maxime dahingehend präzisiert, daß ein Satz nur durch ganz bestimmte Handlungsweisen als gehaltvoll oder gehaltlos zu erweisen ist. In den Arbeiten von JAMES und DEWEY ist oft irreführend von beliebigen Konsequenzen die Rede, die ein Satz oder eine Annahme zeitigen müsse, um von Bedeutung zu sein. In dieser erweiterten Form müßte aber die pragmatische Maxime auch zur Zulassung irrationaler oder unsinniger Annahmen führen. Annahmen oder allgemeine theoretische Sätze haben nach der Maxime von PEIRCE deshalb nur dann Sinn, wenn sie mit einer Handlungsanweisung verknüpft sind, wobei er Handeln vielfach als Experimentieren deutete. Die damit festgelegte gegenseitige Durchdringung von Theorie und Praxis gibt dem Pragmatismus einen dynamischen Impuls.

III. Theorie und Praxis im Pragmatismus

Die unvoreingenommene Beobachtung, die den Pragmatismus als eine *progressive, aktiv weltgestaltende philosophische Theorie* erscheinen läßt, stimmt auch mit dem Selbstverständnis der klassischen Pragmatisten gut überein. Die Stärke eines scholastischen Systems sieht beispielsweise JAMES in dessen Prinzipien, dessen Grund-Sätzen; für den Pragmatismus, und namentlich für den radikalen Empirismus, liegt, nach JAMES, diese Stärke hingegen im Ergebnis, im Ausgang. »Nicht, woher das Denken kommt, sondern, wohin es führt, gilt es zu entscheiden.« Er spricht vom Pragmatismus auch einmal als von einer »genetischen Theorie dessen, was mit Wahrheit gemeint ist«. Pragmatistisch wird auf die »letzten Dinge« geschaut, auf die »Früchte«; mit dem Begriff des »Entwurfs« verbindet sich das »unbestimmte Vertrauen in die Zukunft«, und die Wirklichkeit selbst ist für den Pragmatismus »immer noch im Entstehen«, so, wie unsere Ideen »Prospektiven« (DEWEY) sind. Diese Blickrichtung auf eine machbare Zukunft erscheint europäisch-abendländischem Denken als ein besonders amerikanischer Zug, und wenn JAMES des öfteren erklärt, an der pragmatistischen Methode sei »absolut nichts Neues«, SOKRATES, ARISTOTELES, LOCKE, BERKELEY und HUME hätten sich schon ihrer bedient, so mag das teilweise berechtigt sein; die höchst bewußte Anwendung und die Analyse dieser Methode hingegen war doch wohl etwas philosophisch Neues, nicht weniger als das Vertrauen, das die Pragmatisten in sie als eine welt- und zukunftgestaltende Methode setzten. Ist Klarheit, Erkenntnis, Wissen durch experimentelles Handeln in der Wirklichkeit zu gewinnen, so scheint im Pragmatismus wie im Marxismus ein Arbeitswissen oder, wie Max SCHELER es genannt hat, ein Herrschafts- und Leistungswissen dominierend. DEWEY wandte seine pragmatistische Auffassung in zahlreichen Schriften und mit persönlichem Einsatz auf alle möglichen Lebenserscheinungen an und verteidigte anfangs den Sowjet-Marxismus gegen seine Kritiker. Später wurde er selbst einer der schärfsten Kritiker des Status quo des sowjetischen Marxismus-Leninismus, dessen verheerende Deformationen er durchschaute. Ihn traf die härteste Polemik der sowjetischen Marxisten. Denn sie witterten in der bürgerlichen »Erfolgsphilosophie« die Konkurrenz zum Sozialismus. Auch bei DEWEY gab es die Tendenz vom Denken zum Handeln, von der Theorie zur theoriegesteuerten Praxis, von der bloßen Interpretation der Welt zu ihrer Veränderung durch die Tat, durch Leistungswissen. Tatsächlich hatte sich für DEWEY Philosophieren auch in publizistischen, sozialpsychologischen und pädagogischen praktischen Eingriffen in die Realität zu bewähren. Er verglich das sittliche Handeln mit Kunstfertigkeiten und glaubte es durch diesen Vergleich auf die Erde zurückzubringen; und wenn die Moral dann doch noch zum Himmel strebe, »so ist es der Himmel der Erde und nicht der einer anderen Welt«. Tugenden sind ihm nicht Privatbesitz, sowenig wie es Laster sind; sie sind ihm wirksame Anpassungen persönlicher Fähigkeiten an Kräfte der Umwelt. Solche Einsichten erzwingen praktische Konsequenzen. DEWEY setzte in eigenen Experimentalschulen in Chicago und New York, die in der ganzen Welt Nachahmungen fanden, seine Theorien in Praxis um. »Wo das intellektuelle Amerika imstande war, die europäischen Fesseln zu brechen, wurde man frei für einen neuen Blick, vor allem dank William James und John Dewey«, schrieb später der einst dem Pragmatismus so überaus kritisch gegenüberstehende Bertrand RUSSELL.

IV. Pragmatismus und analytische Philosophie

Nicht nur in der Anerkennung der wissenschaftlichen Methode als einer philosophischen Methode zeigt der Pragmatismus Verwandtschaft mit dem → *Positivismus* und Empirismus. Die hohe Bewertung der Rolle der → *Logik* und → *Semiotik* (Zeichenlehre) namentlich bei PEIRCE ist ein weiteres Verbindungsglied, in dem auch umgekehrt logische Positivisten (z. B. R. CARNAP, ungeachtet seiner Kritik an DEWEYS Wahrheitsbegriff) sich mit dem Pragmatismus einig wissen konnten. Anders indes als der logische Positivismus oder Empirismus durchschaute und thematisierte der Pragmatismus die soziale Bedingtheit und Verflochtenheit alles Erkennens und Handelns. Und sosehr es ihm auch um ein an der Erfahrung kontrolliertes Wissen ging, teilte er doch nicht die brüske Ablehnung der Metaphysik, wie es im Empirismus und logischen Positivismus der dreißiger Jahre insbesondere üblich war. JAMES, der ja auch mit bedeutenden Arbeiten zur Religionsphilosophie hervortrat, betonte, daß man aufgrund pragmatischer Prinzipien keinerlei Hypothese zurückweisen könne, solange sich daraus nützliche Konsequenzen für das Leben ergäben. Wenn die Annahme von Gott »zufriedenstellend funktioniert«, dann ist sie ja, nach JAMES, wahr, und es kommt nur noch darauf an, diese Hypothese so zu bestimmen und auszugestalten, daß sie mit allen anderen Wahrheiten zufriedenstellend funktioniert. Was im übrigen die menschliche Erfahrung betrifft, so glaubte JAMES keineswegs, daß sie die höchste im Universum vorkommende Erfahrung sei. Auch PEIRCE, der anfangs die Metaphysik ablehnte und sie als »Mondschein« bloßstellen wollte, ließ sie später in »gereinigter« Form zu, sofern sie sich der Nachprüfung durch erfahrungswissenschaftliche Mittel nicht entzog. Inwieweit PEIRCE diese eingeschränkte Metaphysik in manchen seiner Überlegungen gelten ließ, ist schwer zu entscheiden. Jedenfalls war er im Laufe seines Lebens des öfteren gleichzeitig, wie Charles W. MORRIS bemerkt, Realist, Idealist und Pragmatist. Für John DEWEY hingegen bestand die künftige Aufgabe der Philosophie, die er als »die allgemeine Erziehungstheorie« bestimmte, darin, »die menschlichen Vorstellungen von der Moral und den sozialen Kämpfen ihrer Zeit zu klären«; der Pragmatismus liefere für dieses Ziel das methodische Rüstzeug.

D. Würdigung

Der Pragmatismus als eigenständige amerikanische philosophische Bewegung ist längst an sein Ende gekommen. Seine Nachwirkungen auf die gegenwärtige europäisch-amerikanische Philosophie und Gesellschaftstheorie sind nicht unbeträchtlich, wenn auch eher indirekt. Daß der Pragmatismus zur Zeit seiner Blüte um den Ersten Weltkrieg und auch noch danach für das westeuropäische Denken so folgenlos blieb, hat verschiedene Gründe. Vor allem wohl den, wie MORRIS vermutet, daß am Ende der dreißiger Jahre – die für den Pragmatismus insofern von besonderer Bedeutung waren, als in dieser Zeit die wichtigsten Werke der großen Pragmatisten herausgegeben und veröffentlicht wurden (die ersten sechs Bände von PEIRCES »Collected Papers«, DEWEYS »Theory of Valuation«, »Logic« oder »Freedom and Culture«) – durch den Ausbruch des Zweiten Weltkrieges die Bekanntschaft und die Beschäftigung mit dem Pragmatismus in Europa unterblieb. Mit dem Zweiten Weltkrieg traten die Vereinigten Staaten in eine neue Phase ihrer Geschichte ein: sie wurden zur ersten Weltmacht. Inzwischen hatten die verschiedensten in die USA emigrierten Denkerschulen europäischer Provenienz dort zunehmend an Einfluß gewonnen: der logische Positivismus oder Empirismus, die englische analytische Sprachphilosophie, aber auch die → *Phänomenologie* und, bis zu einem gewissen Grade, selbst die Existenzphilosophien. In der Begegnung mit diesen Denkrichtungen sowie in teilweiser Verschmelzung mit ihnen hob sich die Wirkung einer geschlossenen pragmatistischen Bewegung zum großen Teil auf. Bei Kriegsende herrschte auf dem Gebiet der Philosophie eine völlig andere Situation als in den dreißiger Jahren. Auch die bisherige gegenseitige Isolation von europäischem und amerikanischem Denken, von den Kulturen der Alten und der Neuen Welt, hatte zugunsten einer wechselseitigen Durchdringung ihr Ende gefunden.

Die Ideen des Pragmatismus haben aber in vielen Bereichen des gegenwärtigen Philosophierens unterschwellig Wirkung getan, z. B. in der Logik, in der Wissenschaftstheorie, in der Ethik. Darüber hinaus finden sich in der → *Wissenschaftsgeschichte*, der Pädagogik und den Verhaltenswissenschaften sowie in einem Zweig der modernen Ästhetik pragmatistische Gedanken und Theoreme. Namentlich durch westliche kritische Neo-Marxisten, deren Bemühungen eine allgemeine »Rehabilitation« der praktischen Philosophie mit zu verdanken ist, wurde eine vertiefte Neubeschäftigung mit dem Pragmatismus angeregt, dessen Einsichten in die grundlegende Funktion einer Experimentier- und Kommunikationsgemeinschaft der Sinnsuchenden für viele Bereiche der gegenwärtigen Philosophie maßgebend wurden. Schließlich hat der Pragmatismus über die Arbeiten der Neo-Pragmatisten, vor allem derjenigen von George Herbert MEAD (1863–1931) und Charles W. MORRIS, zum Ausbau der modernen, interdisziplinären Pragmatik Entscheidendes beigetragen.

Willy Hochkeppel

Apel, K.-O.: Der Denkweg von Ch. S. Peirce. 1975. – *Blau, J. L.:* Philosophie und Philosophen Amerikas. 1957. – *Böhler, D.:* Rekonstruktive Pragmatik. 1985. – *Ders./Nordenstam, T./Skirbekk, G. (Hg.):* Die pragmatische Wende. Frankfurter Pragmatik oder Wittgenstein-Pragmatik? 1986. – *Eilert, H.:* Nachwort zu *William James:* Die Vielfalt religiöser Erfahrung. (Engl. 1902; 1978) Deutsch von *H. Eilert*. 1979. –

James, W.: Der Pragmatismus. Ein neuer Name für alte Denkmethoden. Vortr. (Aus dem Engl.) (1907) 1908 = 1977. – *v. Kempski, J.:* Ch. S. Peirce und der Pragmatismus. 1952. – *Marcuse, L.:* Amerikanisches Philosophieren. 1959. – *Martens, E. (Hg.):* Texte der Philosophie des Pragmatismus. 1975. – *Morris, Ch. W.:* Pragmatische Semiotik und Handlungstheorie. (Aus dem Engl.) (Dt. Ausw.) 1975, stw 1977. – *Peirce, Ch. S.:* Schriften. Bd. 1: 1967; Bd. 2: 1970. – *Ders.:* Vorlesungen über Pragmatismus. 1973. – *Rorty, A. (Hg.):* Pragmatic philosophy. 1966. – *Scheffler, I.:* Four pragmatists. 1974. – *Stachowiak, H. (Hg.):* Pragmatik. [W] – *Thayer, H. S.:* Meaning and action. A critical history of pragmatism. 1968.

Willy Hochkeppel/H.S.

Prognose, Voraussage

griech. prógnōsis: Vorauswissen

Prognosen zu erstellen wird neben Erklärungen zu liefern als eine der wichtigsten Aufgabenbereiche erfahrungswissenschaftlicher Tätigkeit angesehen. In einigen wissenschaftstheoretischen Konzeptionen (etwa Konventionalismus oder Instrumentalismus) hat die Prognoseerstellung sogar einen Primat inne, weil den Theorien die Erklärungsleistung entweder entschieden abgesprochen oder sie als nebensächlich betrachtet wird. »Savoir pour prévoir« war z. B. das erkenntnistheoretische Postulat von Comte. Darin drückten sich die offensichtlichen Erfolge der modernen → *Naturwissenschaften* bei Vorhersagen künftiger Ereignisse als Grundanliegen früherer wie späterer empiristischer und positivistischer Erkenntnisprogramme aus: Beschreibungswissen als Basis für Prognosen, welche ihrerseits einer effizienteren Erwartungsbildung und Zukunftsplanung zu dienen hatten. Einstellen auf die bzw. Gestalten der Zukunft machten Prognosen großen Umfangs auch in allen nichtnaturwissenschaftlichen Bereichen erforderlich. Mit futurologischen Ansätzen etablierte sich sogar eigens eine Zukunftsforschung in den Bereichen Technik, Wirtschaft und Politik mit dem Ziel, Extrapolationen über Jahrzehnte und selbst Jahrhunderte zu liefern. Große Hoffnungen bezüglich der Treffsicherheit von Zukunftsvorhersagen mit immer detaillierteren quantitativen, dynamischen Modellen für Wirtschaft und Politik sind allerdings in jüngerer Zeit nachdrücklich enttäuscht worden, so daß Warnungen vor historizistischer oder prognostizistischer Wissenschaftsauffassung – seit langem von Popper immer wieder ausgesprochen – nur zu berechtigt erscheinen.

Für alle folgenden Erörterungen ist es notwendig, den Begriff der (erfahrungs-)*wissenschaftlichen Prognose* auszuzeichnen. Prognosen gelten nach allgemeiner wissenschaftstheoretischer Auffassung nur dann als wissenschaftlich, wenn sie analog den Erklärungen (→ *Erklärung*) mit Hilfe von Gesetzen (→ *Gesetz*) und bestimmten Anfangsbedingungen gewonnen wurden. In diesem Sinne spricht man von *bedingten* Prognosen. Unbedingte (d. h. bedingungslose) Vorhersagen lassen sich nicht von Prophezeiungen abgrenzen und werden daher als unwissenschaftlich abgetan. Eine bislang nicht diskutierte Sonderstellung nehmen gemäß dieser Zweiteilung jene Prognosen ein, deren Bedingtheit allein durch singuläre Anfangsbedingungen hergestellt ist. Für wissenschaftliche Prognosen erscheint diese Bedingtheit als zu rudimentär, während sie zugleich zur Unterscheidung von Prophezeiungen ausreichen würde.

Weiterhin ist Prognose als Äußerung eines Satzes über ein vorhergesagtes Ereignis von einer *prognostischen Systematisierung* zu unterscheiden. Letztere besteht in einer Anordnung (häufig in einem Argument), welche(s) die Bedingungen und den Prognose-Satz enthält. Um die Analogie zwischen Erklärungen und Prognosen auch sprachlich möglichst weitgehend aufrechterhalten zu können, soll unter Prognose im folgenden eine solche Anordnung verstanden werden.

Vor allem seit Popper (Logik der Forschung) ist die Frage nach einem engen logischen Zusammenhang zwischen Prognose und Erklärung immer wieder diskutiert worden. Popper behauptet nämlich das, was seit der grundlegenden Arbeit von Hempel/Oppenheim Strukturgleichheitsthese genannt wurde: Zu jeder (erfolgreichen) Erklärung gibt es eine Prognose mit gleicher logischer Struktur und umgekehrt.

Diese Formulierung scheint in erster Sicht eine völlig abwegige Behauptung aufzustellen, die leicht zu widerlegen ist: Zu den korrekten Erklärungen sind auch jene zu rechnen, die ausschließlich sogenannte Koexistenzgesetze enthalten. In diesen Fällen müssen die Anfangsbedingungen und das zu erklärende Ereignis dieselbe zeitliche Datierung aufweisen, während man von Prognosen einen Schluß auf ein gegenüber den Anfangsbedingungen in der (nahen oder fernen) Zukunft liegendes Ereignis erwartet.

Die Ablehnung der Strukturgleichheitsthese auf diese Weise ist allerdings vorschnell. POPPER hatte einen viel weiter gefaßten Prognosebegriff, und wir müssen uns für die Kennzeichnung von Prognosen von der offensichtlich dem Alltagssprachgebrauch entlehnten, aber hinderlichen Einschränkung befreien, derzufolge jede Prognose eine Vorhersage über ein in der Zukunft liegendes, mithin noch unbekanntes Ereignis liefert. Der Unterschied besteht darin, daß gemäß der *engeren* Auffassung die Prognose vorliegen muß, *bevor* das vorhergesagte Ereignis *auftritt*, während die *weitere* Auffassung nur fordert, die Prognose frage »nach gewissen soweit *unbeachteten* logischen Folgerungen« (POPPER, Naturgesetze) aus Gesetzen und Anfangsbedingungen. Diese können dann auch in Gegenwart und Vergangenheit relativ zur Prognose-Erstellung liegen.

Für die gesamte Diskussion seit POPPER und HEMPEL/OPPENHEIM war zunächst der Unterschied in der pragmatischen *Gegebenheit* relevant: Bei Erklärungen ist das Explanandum gegeben, gesucht ist gemäß der Subsumtionsidee des Erklärens ein Explanans (bestehend aus singulären und wesentlich generellen Prämissen). Bei Prognosen ist umgekehrt das Explanans gegeben, gesucht ist das Explanandum (das man dann terminologisch treffender »Prädikandum« nennen könnte). Gemäß der Strukturgleichheitsthese läge mithin nur ein Unterschied darin, daß beim Vorgang des Erklärens jene Sätze gegeben/gesucht sind, die beim Vorgang des Prognostizierens gesucht/gegeben sind. Vor der weiteren Auseinandersetzung mit der Strukturgleichheitsfrage wird, ausgehend von dieser Gegebenheitskennzeichnung, eine Systematik der prognostischen Anordnungen entwickelt. Wie auch im Falle der Erklärungen sollen Prognosen von deterministischen und probabilistischen Gesetzen und Quasi-Gesetzen nicht diskutiert werden, sondern nur Vorhersagen singulärer Ereignisse.

Deduktiv-nomologische Prognosen sind Argumente mit wahrheitskonservierender Ableitung des gesuchten Explanandums aus gegebenen Prämissen, welche mindestens ein deterministisches Gesetz und singuläre Anfangsbedingungen enthalten. Zur Abwehr von Scheinprognosen können zunächst dieselben Adäquatheitsbedingungen herangezogen werden wie im Fall der Abwehr von Scheinerklärungen. (Hätte man Gründe, jeweils divergierende Adäquatheitsbedingungen zu wählen, wäre eine Diskussion der Strukturgleichheitsthese von vornherein gegenstandslos.)

Induktiv-statistische Prognosen können als das angesehen werden, was STEGMÜLLER (Bd. 4 II) *statistische Begründungen* genannt hat. Gegeben sei ein Ereignis Fa (dem Objekt a kommt eine Eigenschaft F zu). Herangezogen werde ein Wahrscheinlichkeitsgesetz $p(H, F) = r$, welches behauptet, daß mit Wahrscheinlichkeit r jedes Objekt, das F hat, auch H hat. Gesucht sind die *rationalen Gründe,* die dazu berechtigen, für das bestimmte Objekt a ebenfalls zu *erwarten*, daß es H hat. Einleuchtend ist, daß r mindestens größer 0,5 sein muß (sonst wäre eher $\neg$Ha zu vermuten); für verschärfte Anforderungen sollte r nahe bei 1 liegen. Weiterhin darf kein auf a zutreffendes, gegenüber F logisch stärkeres Merkmal F^* existieren, für welches ein Wahrscheinlichkeitsgesetz $p(H, F^*) = q$ mit $q < r$ gilt, damit der Fall ausgeschlossen bleibt, daß etwaige für a relevante Zusatzinformationen das Eintreten von Ha mit geringerer Wahrscheinlichkeit behaupten. (Die zusätzliche Bedingung in STEGMÜLLERS Begriff der statistischen Begründung, daß irrelevante Merkmalsverstärkungen auszuschließen sind, wird von ihm selbst als nebensächlich betrachtet, von HEMPEL [Nachwort] in Anlehnung an SALMON entschieden abgelehnt.) Die von STEGMÜLLER ausschließlich intendierten Anwendungen der statistischen Begründungen sind Schlüsse (in einem nicht-deduktiven Sinn) auf ein noch unbekanntes Ereignis. Es liegen dann die Gegebenheitsumstände so vor, daß von statistischen Einzelfallprognosen gesprochen werden kann.

Zur weiteren Unterteilung sowohl der D-N-Prognosen als auch der I-S-Prognosen führen wir eine *zeitliche Datierung* von Antezedens- und Konsequens-Bestandteil im Gesetz *relativ zueinander* ein. Man erhält eine *Sukzessionsprognose*, wenn ein Sukzessionsgesetz vorliegt, wenn also das Konsequens jeweils zeitlich nach dem Antezedens auftritt. Eine *Koexistenzprognose* liegt vor, wenn ein Koexistenzgesetz gegeben ist, wenn also Antezedens und Konsequens auf denselben Zeitpunkt oder Zeitraum bezogen sind. Eine *Retrodiktionsprognose* liegt vor, wenn das Gesetz einen rückschauenden Zusammenhang liefert, wenn also das Konsequens jeweils zeitlich vor dem Antezedens auftreten muß. Retrodiktionsprognose ist eine gegenüber der herrschenden Terminologie ungewöhnliche Bezeichnung, da unter Retrodiktionen zumeist eigenständige Systematisierungen neben Erklärungen und Prognosen verstanden werden, wofür es aber keine plausible Veranlassung gibt, wenn man – wie hier – einen weiten Vorhersagebegriff unterlegt.

Jede der 2 x 3 bis jetzt gefundenen prognostischen Systematisierungen kann nun noch im Hinblick auf einen *zweiten Zeitbezug* weiter untersucht werden: den der Prognose*erstellung relativ zu den Ereignissen*. Traditionell ist demgegenüber die zeitliche Relation zwischen Ereignissen und der Prognose*äußerung* zum Unterscheidungskriterium gemacht worden (STEGMÜLLER, Bd. 1). Dies täuscht aber über die eigentliche Problematik hinweg. Die Prognoseerstellung ist ein *einmaliger* Vorgang, damit zeitlich klar datierbar. Prognoseäußerungen sind demgegenüber *wiederholbare* Aussagen oder Niederschriften prognostischer Systematisierungen. Nur für den Ersteller ist die Unterscheidung zwischen gegebenen und gesuchten Sätzen relevant. Der Äußerer (der mit dem Ersteller identisch sein kann) nennt die *gesamte* vorliegende Systematisierung, wenn er eine wissenschaftliche, daher bedingte Prognose gegenüber einem oder mehreren Empfängern abgibt. Für ihn gibt es keinen gesuchten Satz mehr. Wäre die Zeitrelation zwischen Auftreten des prognostizierten Ereignisses und der Äußerung relevant, müßte sich der wissenschaftstheoretische Status ein und derselben Prognose ändern, wenn sie einmal vor, zum zweiten Mal nach dem Eintreten des vorhergesagten Ereignisses geäußert wird, ein unbefriedigendes Resultat. (Gleiches gilt analog für Erklärungen: Der Äußerer sucht ja kein Explanans mehr; er oder ein anderer Ersteller muß es vorher schon gefunden haben, damit das Argument überhaupt vorgetragen werden kann.) Liegt die Prognoseerstellung zeitlich vor dem Eintritt des Explanandum-Ereignisses, dann wollen wir von einer »echten« *Zukunftsvorhersage*, einer *Ex-ante-Prognose* sprechen. Ist das nicht der Fall, liegt eine *Ex-post-Prognose* vor. Da wir wegen der Gegebenheitsanforderung das Vorliegen des Antezedens-Ereignisses benötigen, gibt es bei Koexistenz- und bei Retrodiktionsprognosen keine effektiven Ex-ante-Prognosen. Damit wird die Kennzeichnung jedoch nicht trivial; sie spricht vielmehr eine (etwa in den theoretischen → *Sozialwissenschaften*) übliche Unterscheidung nach den beiden wichtigsten Zwecken von Prognosen an: mit Ex-ante-Prognosen können bedingte Zukunftsvorhersagen gemacht werden; es liegt der Paradefall der wissenschaftlichen Vorhersage vor als Schluß von vergangenen auf zukünftige Ereignisse unter Benutzung mindestens eines Sukzessionsgesetzes. Durch Ex-post-Prognosen lassen sich Sukzessions-, Koexistenz- und Retrodiktionsgesetze unmittelbar im Zuge der Systematisierungserstellung auf ihre (vorläufig weitere) *Gültigkeit* überprüfen.

Nach dieser Unterteilung der prognostischen Argumente wenden wir uns wieder der Strukturgleichheitsfrage zu. Es sind nun mehrere unterschiedliche Haltungen möglich:

1. Es besteht *keine* Strukturgleichheit, denn die statistischen Prognosen von Einzelereignissen sind nach STEGMÜLLER (Bd. 4 II) als statistische Begründungen (noch) nicht akzeptierter Ereignisse aufzufassen, für die es keine – auch nur strukturähnliche – Systematisierungsform im Erklärungsfall gibt. Möglicherweise kann überhaupt nicht sinnvoll von einer statistischen Einzelfallerklärung gesprochen werden (so jedenfalls gemäß STEGMÜLLERS Auffassung); dann ist das Resultat noch offensichtlicher.

2. Die Strukturgleichheitsfrage bezieht sich *nur auf Argumente*, und es ist zweifelhaft, ob mangels einer Logik der Induktionsschlüsse auf Einzeltatsachen statistische Einzelfallvorhersagen Argumentform haben. Zählt man nur deduktiv-nomologische (oder deduktiv-quasi-nomologische) Systematisierungen zu den Argumenten, dann besteht die Strukturgleichheit derart, daß im Erklärungs- wie Vorhersage-Fall jeweils ein Argument $\{G, A\} \vdash E$ vorliegt, wobei G die Konjunktion der Gesetze $G_1, G_2, \ldots, G_k$ und A die Konjunktion der singulären Antezedensbedingungen $A_1, A_2, \ldots, A_l$, sowie E das zu erklärende bzw. zu prognostizierende Ereignis darstellen. Ein Unterschied liegt nur in der pragmatischen Gegebenheit. Der häufig akzeptierte Mannigfaltigkeitsgrund zur Zurückweisung der Strukturgleichheitsthese ist nicht stichhaltig, weil die Beispiele dafür, daß es neben Erklärungen und Vorhersagen noch andere Systematisierungsformen gibt, unser Problem überhaupt nicht berühren: Wenn E gegeben ist, dann ist $\{G, A\} \vdash E$ immer eine Erklärung, falls die entsprechenden Adäquatheitsbedingungen erfüllt sind. Wenn G und A gegeben sind, dann ist $\{G, A\} \vdash E$ immer eine Prognose (im weiten Sinn), falls ebenso die gleichen Adäquatheitsbedingungen erfüllt sind.

3. Die Strukturgleichheitsfrage ist trotz des weiten Prognosebegriffs auch im D-N-Fall verneinend zu beantworten, weil das sogenannte *Ursachenargument* gilt: Unter Erklärungen will man nur solche Argumente verstehen, die sogenannte Realgründe für das Auftreten eines Ereignisses liefern, denn es ist eine »Warum«-Frage befriedigend zu beantworten, also eine Kausalerklärung abzugeben. Bei Prognosen läßt man hingegen auch bloße Erkenntnisgründe zu, wie sie etwa durch Indikator-»Gesetze« (das Barometer zeigt Wetteränderungen gesetzmäßig an) oder Symptom-»Gesetze« (Krankheitszeichen deuten auf Krankheiten hin) gegeben werden. Es handelt sich hier selbstverständlich um eine Willkürlösung zuungunsten der Strukturgleichheitsthese, da man an die in Prognosen verwendbaren nicht-singulären Sätze einfach geringere Anforderungen stellt als im Erklärungsfall, wofür immerhin einiges spricht.

4. Man akzeptiert die Gründe zur Verwerfung gemäß dem Ursachenargument, hält aber an einer *Teilthese* fest, derart, daß jedes »Erklärungsargument für eine deduktive Vorhersage des Explanandum-Ereignisses hätte verwendet werden können, wenn die im Explanans angeführten Gesetze und speziellen Fakten zu einem früheren Zeitpunkt bekannt gewesen und in Betracht gezogen worden wären. In diesem Sinne ist eine D-N-Erklärung eine potentielle D-N-Vorhersage.« (Hempel, Aspekte 43) Diese Teilthese ist aber offensichtlich auch nicht haltbar. Läßt man Koexistenzgesetze für Erklärungen zu, wogegen kein plausibler Einwand vorgebracht werden kann, dann gilt sie nicht, weil keine die Umstände des Gegebenseins von G und A erfüllende Prognose möglich ist: A kann nicht gegeben sein, wenn das entsprechende Antezedens-Ereignis gleichzeitig mit dem Explanandum-Ereignis auftritt, die Erstellung aber davor stattzufinden hat.

5. Es ist eine Teilthese formulierbar, die akzeptabel ist und die Gegebenheitsunterschiede beachtet: Jedes erklärende D-N-Argument ist ein prognostisches D-N-Argument, wenn statt E das Explanans {G, A} gegeben ist. Diese Reformulierung der Teilthese käme aber der Preisgabe der eigentlichen Intention gleich. »Echte« Zukunftsvorhersagen mit Sukzessionsgesetzen werden überhaupt nicht erfaßt, denn sie behauptet nur noch für Erklärungen gegebener Ereignisse, daß sie prognostischen Argumenten gegenüber strukturgleich seien.

6. Man hält die Debatte zwischen Wissenschaftstheoretikern für irrelevant und fragt danach, ob die Erfahrungswissenschaftler gemäß der Strukturgleichheitsthese oder einer Teilthese verfahren. Dies führt jedoch auch nicht zum Ziel, da dann auf triviale Weise These und Teilthese (in beliebiger Formulierung) falsch wären: unter Erfahrungswissenschaftlern herrscht zu große Konfusion hinsichtlich dessen, was Erklärung und Prognose genannt wird, als daß bloßes deskriptives Nachzeichnen Aufschluß brächte.

7. Es bleibt wohl nur übrig, die von nahezu allen Diskutanten (Hempel und Stegmüller sind vor allem zu nennen) längst abgeschriebene *umgekehrte Teilthese* in abgeschwächter Form zu vertreten: Jede adäquate D-N-Prognose mit Gesetzen, welche Realgründe in Koexistenz- oder Sukzessionsbeziehung wiedergeben, ist auch eine D-N-Erklärung, wenn *nach Eintritt des prognostizierten Ereignisses dieses als gegeben gewählt wird und das Explanans der Prognose hinzugezogen wird.* Diese Teilthese hat gegenüber anderen Formulierungen über ihre Gültigkeit hinaus noch den Vorzug, daß es intuitiv befriedigender erscheint, prognostische Argumente nach Realisierung des vorhergesagten Ereignisses darauf zu befragen, ob mit gleichen Prämissen auch befriedigende Erklärungen abgegeben werden können. Die umgekehrte Teilthese hingegen fragt nach etwas Kontrafaktischem, nämlich, ob eine gegebene Erklärung auch eine befriedigende Prognose hätte sein können, wenn das Argument vor dem Ereigniseintritt aufgestellt worden wäre.

8. Nach Rezeption der zahlreichen kontroversen Meinungen und der offensichtlichen Schwierigkeiten, die Problematik überhaupt erst einmal adäquat zu formulieren, liegt es nahe, sich den beiden folgenden Fragen zuzuwenden: Handelt es sich bei der Strukturgleichheitsfrage tatsächlich um eine Gleichheits*these*, also -behauptung, oder liegt nicht eher bei den Befürwortern eine *Norm* vor, derart, daß der Prognosebegriff gerade so zu definieren ist, daß sich strukturelle Gleichheit zwischen Erklärungen und Prognosen ergibt (Urban)? Ist die Strukturgleichheit im Rahmen methodologischer Erörterungen wirklich *von Belang?* Beide Fragen lassen sich aus der Sicht der Popperschen Methodologie gemeinsam beantworten: Zentral für Poppers Konzeption ist die Falsifikation von Gesetzen. Der *Vorgang des Erklärens* kann jedoch *nicht* zu Gesetzes*falsifikationen* führen, da im

Falle einer gescheiterten Erklärung (für ein gegebenes E und ein herangezogenes G ist das zur Deduktion nötige A nicht aufgetreten) *lediglich* die *Anwendungsbedingung* des Gesetzes *nicht erfüllt* ist. *Der Vorgang des Prognostizierens* hingegen *führt zu* einer *Falsifikation*, wenn A und G gegeben sind und ¬E statt des deduzierten E eintritt. Vorhersagen können also Gesetze überprüfen und gegebenenfalls falsifizieren; daher besteht erhebliches *Interesse* daran, den Prognosebegriff so zu formulieren, daß jedes erklärende Argument bei Änderung der Gegebenheitsunterschiede auch ein prognostisches ist. Die *Strukturgleichheits(teil)norm* ist offenbar höchst *wünschenswert.*

Aber auch diese Haltung ist zurückzuweisen. Neben Erklärungen und Prognosen gibt es noch die *Gesetzesüberprüfung im engeren Sinne,* wenn man die Gegebenheitsumstände auf neue Weise symmetrisch aufbaut. Erklärungen haben E gegeben, G und A sind gesucht. Prognosen haben A gegeben (weil man von bestimmten Ereignissen auf andere schließt), G und E sind gesucht. Überprüfungen haben G gegeben (weil das Gesetz und nur dieses zwecks Bestätigung oder Falsifikation untersucht wird), A und E sind gesucht. Diese *Eigenständigkeit der überprüfenden Argumente* erlaubt es, die aus falsifikationslogischen Gründen aufgestellte Gleichheitsnorm oder -teilnorm zwischen Erklärungen und Prognosen zugunsten eines an die erfahrungswissenschaftliche Praxis angenäherten, umfassenderen Prognosebegriffs aufzugeben (KÜTTNER).

Den wissenschaftlichen Prognosen fällt demnach keine aus anderen als Vorhersagezwekken stammende wissenschaftstheoretische Belastung zu. Entsprechend lassen sich zahlreiche Liberalisierungen vorschlagen, die auf dem Hintergrund der Strukturgleichheitsdiskussion zunächst unannehmbar erschienen. So wird man in den »gesetzesarmen« empirischen Wissenschaften (Sozialwissenschaft, Ökonomie, Makrometeorologie u. a.) häufig Schlüsse aus empirischen Regelmäßigkeiten als Prognosen ansehen wollen. Desgleichen werden zu den Prognosen auch Systematisierungen gezählt, die von einem *noch nicht vorliegenden* Antezedens ausgehen. Man erhält dann zunächst die Form »Wenn das mit A zu beschreibende Ereignis einmal eintreten wird, dann wird auch das mit E beschriebene Ereignis eintreten«. Ohne nähere zeitliche Datierung scheint das wertlos zu sein, doch kann durch eine zusätzliche Prognose ein Schluß auf ein datiertes A erfolgen, so daß über das Gesetz auch eine Datierung von E erfolgt. Indem prognostizierte Ereignisse als Antezedensbedingungen weiterer Prognosen verwendet werden, gelangt man zu *verketteten Prognosen.* Sonderformen hiervon sind die *endogenen* (eigendynamischen) *Wachstums-, Ausbreitungs-* und *Entwicklungsprognosen.* Das Eintreffen des prognostizierten Ereignisses wird im allgemeinen als eine Bestätigung des verwendeten Gesetzes, Quasi-Gesetzes oder der empirischen Regelmäßigkeitshypothese aufgefaßt. Dies ist aber vor allem bei *zeitraumüberwindenden Vorhersagen* problematisch: Vergeht zwischen A und E (längere) Zeit, so vermögen nicht beachtete oder nicht auszuschließende weitere Ereignisse so einzuwirken, daß das prognostizierte Ereignis entweder *nur deshalb* eintritt (Bestätigung des Gesetzes zu Unrecht) oder *gerade deshalb nicht* eintritt (Falsifikation des Gesetzes zu Unrecht). Wichtige Beispiele hierfür aus sozialwissenschaftlichem Bereich sind die *selbsterfüllenden* und *selbstzerstörenden* Prognosen. Handelndes *Reagieren* von Personen(gruppen) nach Prognoseäußerung *sorgt erst für* den *Eintritt bzw. Nichteintritt* des prognostizierten Ereignisses. Die Möglichkeit menschlichen Handelns hat Anlaß gegeben, sogenannte *techn(olog)ische Anwendungen* ebenfalls als die Struktur $\{G, A\} \vdash E$ erfüllende Systematisierungen anzusehen (POPPER, Naturgesetze). E sei in diesem Fall ein gewünschtes Ereignis, das mit Hilfe G und (*herstellbaren* sowie *nicht herstellbaren* Anfangsbedingungen zusammen in) A als realisierbar abgeleitet werden könne. Es handelt sich dabei um (die in der Wirtschaftswissenschaft diskutierten) *Ziel-Mittel-Probleme unter Berücksichtigung von* unbeeinflußbaren *Daten.* BROCKE plädiert dafür, diese »Wie ist es möglich, daß ... auftritt«-Fragen als *technologische Prognosen* aufzufassen und durch ein besonderes Schema wiederzugeben, bei dem der Schluß auf einen undatierten singulären Konditionalsatz erfolge und *nicht* die *Prognose eines* faktisch *eintretenden Ereignisses* gegeben werde. Diese Begriffsbestimmung erscheint aber künstlich: Soll mit *Herstellbarkeitsvorhersagen* nur eine Behauptung verbunden sein, daß ein bestimmtes Ziel in Abhängigkeit beeinflußbarer und nicht beeinflußbarer Voraussetzungen *irgendwann* einmal herbeigeführt werden kann, würde eine reine Spezialisierung des Gesetzes genügen. Eine solche Behauptung entspräche jedoch nicht der Intention von Zielerreichungsproblemen. Ziele sind *immer* Ziele für *bestimmte* Zeitpunkte, Zeiträume oder Höchstzeitvorgaben. Somit ist das herzustellende Ereignis aber datiert. Es ist – wie POPPER vorgeschlagen hat – ein deduktiv-nomologischer Schluß für ein gegebenes (in diesem Fall in der datierten Zukunft liegendes gewünschtes) Ereignis zu konstruieren. Die Prämissen liefern ein Herstellungsexplanans für eine *Herstellbarkeitserklärung*.

Michael Küttner

Albert, H. (Hg.): Theorie und Realität. Ausgewählte Aufsätze. 1964, veränd. ²1972. – *Brocke, B.:* Technologische Prognosen. 1978. – *Hartmann, N.:* Das Problem des geistigen Seins. 1933, ³1962. – *Hempel, C. G.:* Aspects of scientific explanation. 1965. Aspekte [...]. 1977 [W] – *Ders.:* Nachwort 1976. In: *Ders.,* Aspekte. 1977. [W] – *Ders./Oppenheim, P.:* Studies in the logic of explanation. 1948. [W] – *Knapp, H. G.:* Logik der Prognose. 1978. – *Küttner, M.:* Gesetzesüberprüfung und Strukturgleichheitsthese. In: *Albert, H./Stapf, K. H. (Hg.),* Theorie und Erfahrung. 1979. – *Lenk, H.:* Erklärung und Voraussage in der Diskussion über das Problem ihrer Strukturidentität. In: *Ders.,* Erklärung, Prognose, Planung. 1972. – *Popper, K. R.:* Logik der Forschung. 1935, ⁸1984. [W] – *Ders.:* Naturgesetze und theoretische Systeme. 1948. In: *Albert, H.,* Theorie und Realität. 1964, ²1972. – *Salmon, W. C. (Hg.):* Statistical explanation and statistical relevance. 1971. – *Seiffert, H.:* Die Paradoxie der Voraussage. In: *Ders.,* Einführung in die Wissenschaftstheorie. Bd. 1. [E] – *Stegmüller, W.:* Probleme und Resultate [...]. Bd. 1; 4 II. [H] – *Urban, P.:* Zur wissenschaftstheoretischen Problematik zeitraumüberwindender Prognosen. 1973.

Michael Küttner/H.S.

Rationalismus

zu lat. ratio: Verstand, Vernunft; griech. noũs

A. Inhaltliche und formale Rationalitätsideen

Man hört heute oft die Bemerkung, daß die Astrologie, das Tischrücken, die Akupunktur, die Annahme einer Seele oder eines Schöpfergottes, der fortwährend in die Schöpfung eingreift, »irrational« sind. Der Hintergedanke ist dabei der, daß die angeführten Ideen bekannten Ergebnissen oder grundlegenden Annahmen der Wissenschaften widersprechen. Viele Historiker halten die Homerischen Epen für »rationaler« als die vorhergehenden Mythen, weil die Homerischen Krieger nicht mehr so wild und brutal sind wie ihre Vorläufer, weil sie abergläubische Bräuche wie den Seelenkult aufgegeben haben und weil der vorhomerische Götterhaufen durch die Herrschaft des Zeus einigermaßen geordnet worden ist. Gleichermaßen wurde der Sieg des Zeus über die Titanen (HESIOD, Theogonie 687ff., 819, 888) als die Ankunft eines neuen und »rationalen« Zeitalters begrüßt, in dem Gesetze an die Stelle der Willkür einzelner Götter traten. Zahlreiche Forscher, FARRINGTON und NESTLE unter ihnen, preisen den »Rationalismus« der Vorsokratiker, und damit meinen sie, daß die Vorsokratiker weder Götter noch unpersönliche psychische Prinzipien zur Erklärung der Welt verwendet haben – sie waren Materialisten. Selbst die Kirchenväter haben ihre eigenen »vernünftigen« Ideen mit den »wilden Spekulationen« der Gnostiker verglichen und ihre größere Rationalität betont. In diesen und ähnlichen Fällen heißt also »rational sein« einen bestimmten *Inhalt* akzeptieren. Irrationalität aber ist die Annahme eines von diesem Inhalt verschiedenen und ihm widersprechenden Inhalts.

Schon zu Beginn der abendländischen Philosophie brachte man die bevorzugten Inhalte mit einem dem Menschen innewohnenden *Vermögen* in Verbindung, nämlich der Vernunft: rational ist, was die Vernunft entdeckt, wenn sie die Welt ungestört durch andere Vermögen untersucht. Der nächste Schritt war die Annahme, daß die Vernunft vernünftige Inhalte im Verlauf ihrer Tätigkeit nicht einfach feststellt, sondern einem chaotischen Material (von Gedanken, Eindrücken, Erinnerungen) aufzwingt: die Vernunft konstituiert Inhalte, indem sie ihre Operationen mit einer gewissen Regelmäßigkeit ausführt. Rational sein heißt nun nicht Inhalte akzeptieren oder Vermögen einsetzen, rational sein heißt sich – entweder automatisch oder aufgrund bewußter Beschlüsse – an *Regeln* (Maßstäbe) halten. Diese *formale* Auffassung der Rationalität ist heute unter analytischen Philosophen und Wissenschaftstheoretikern weit verbreitet, wenn auch nicht immer klar formuliert.

B. Begründung dieser Ideen

Identifiziert man die Rationalität mit einem bestimmten Inhalt, wie etwa dem Buddhismus, oder einem wissenschaftlich fundierten

Materialismus, dann erhebt sich die Frage, warum gerade dieser Inhalt bevorzugt werden soll. Eine Antwort, die auf Protagoras und Herodot zurückgeht, lautet: *Wir sind daran gewöhnt, und die Sache gefällt uns.* Ernsthafte Rationalisten halten diese Antwort für ungenügend. Nicht die Neigung, sondern *Gründe* sollen entscheiden. Gründe aber unterscheiden sich von Neigungen durch gewisse allgemeine Züge.

Ist so das Akzeptieren von Inhalten der Gewohnheit und dem Geschmack entzogen und einer geregelten Prozedur unterworfen, so erhebt sich doch wieder die Frage, warum die gewählte Prozedur vor anderen möglichen Prozeduren ausgezeichnet wird. Die Antworten auf diese Frage sind gelegentlich sehr kompliziert. Sie lassen sich aber im Grunde auf die folgenden drei Antworten reduzieren: die Prozedur ist »rational«; sie ist notwendig zum Aufbau einer Praxis oder einer Institution, die gewisse ausgezeichnete Eigenschaften besitzt; sie hat erwünschte Folgen.

Die erste Antwort ist entweder zirkulär, oder sie verweist auf allgemeinere Prinzipien. Diese werden entweder begründet oder ohne Begründung verwendet. Eine Begründung führt entweder zu einem unendlichen Regreß, oder man verwendet Intuition, Selbstbegründung oder transzendentale Deduktion, um dem Regreß zu entgehen. Intuition und Selbstbegründung sind Spezialfälle der Antwort des Protagoras, die transzendentale Deduktion (die gelegentlich bei der »Begründung« logischer und erkenntnistheoretischer Prinzipien eingesetzt wird) gehört zur zweiten Antwort.

Die zweite Antwort führt zurück zu inhaltlichen Prinzipien und zum Problem ihrer Wahl. Sie löst das Problem der Begründung nicht, sie verschiebt es. Ich erkläre die Situation am Beispiel der These, daß rationale Prozeduren durch eine Analyse der Wissenschaften gewonnen werden. Warum werden die Wissenschaften gewählt? Weil sie erfolgreich sind. Bleibt man hier schon stehen, dann haben wir wieder die Antwort des Protagoras: Rationalitätsideen werden akzeptiert, weil sie einem Unternehmen angehören, dessen Ergebnisse uns gefallen. Drängen wir auf eine Erklärung, dann müssen wir die zugrundeliegenden Kriterien des Erfolgs feststellen und untersuchen, ob die Wissenschaften diesen Kriterien genügen. Damit sind wir bei der dritten Antwort angelangt.

Diese dritte Antwort enthält, wie eben festgestellt, zwei Komponenten: Erfolgskriterien und den Nachweis, daß ein gewisses Unternehmen den Kriterien genügt.

Die Begründung von Erfolgskriterien ist von derselben Art wie die Begründung von Rationalitätsideen, d. h., wir treffen wieder auf Antwort eins, zwei und drei und auf die mit diesen Antworten verbundenen Probleme. Ein weiteres Problem kommt hinzu, denn die Praktiken, auf die man sich im Verlauf der zweiten Antwort beruft, haben nur selten jene Einheitlichkeit und Kohärenz, die die Ableitung einer eindeutigen Gruppe von Kriterien gestatten würden. (Das ist ein grundlegender Einwand: Will man Rationalitätsprinzipien aus einer Analyse der Wissenschaften gewinnen, dann müssen die Wissenschaften eine gewisse Einheitlichkeit besitzen. Das philosophische Bild der Wissenschaften ist natürlich kohärent in hohem Maße. Die wissenschaftliche Praxis hingegen ist ein sich ständig ändernder historischer Prozeß, von dem wir lokale Faustregeln, aber keinesfalls universelle Prinzipien abstrahieren können. Selbst der Common sense kann in Manien übergehen [Puritanismus, Cargo Cults, Wissenschaftsgläubigkeit], und diese herrschen nicht aufgrund von Gesetzen, sondern eben aufgrund von – oft als Gesetze verbrämten – Faustregeln.)

Die zweite Komponente der dritten Antwort, nämlich der Nachweis des Erfolgs, ist relativ einfach bei Brücken und Häusern; er ist sehr schwer zu führen für komplexe Praktiken und Institutionen wie die Wissenschaften, und er ist hier auf vielen Gebieten überhaupt noch nicht geführt worden. Der Grund ist, daß uns oft die zum Feststellen von Erfolg nötigen Vergleichsmaßstäbe fehlen. Zum Beispiel wissen wir, was ein Bürger westlicher Länder verlangt, wenn er sagt, er wolle gesund sein. Wir haben aber keine Ahnung, wie die Pygmäen ihr Wohlbefinden verstehen. Auch ist nicht einmal der an westlichen Kriterien gemessene Erfolg der wissenschaftlichen Medizin erwiesen, denn es gibt kaum Untersuchungen, bei denen dieselbe, nach wissenschaftlichen Kriterien definierte Krankheit in einer Gruppe wissenschaftlich und in einer Vergleichsgruppe nach anderen Methoden (Akupunktur etc.) behandelt und das Endergebnis wieder wissenschaftlich festgestellt wird. Gründet man die Rationalität auf »die« Wissenschaften und rechtfertigt man das Verfahren durch Hinweis auf den Erfolg der Wissenschaften, dann baut man also

auf Gerüchte und Märchen, nicht aber auf Tatsachen.
Bleibt jener Teil der ersten Antwort, der Prinzipien einfach annimmt oder verwendet, ohne eine Rechtfertigung zu versuchen.
Ein solches Vorgehen braucht nicht willkürlich zu sein. Man kann sich entscheiden, es aufgrund seiner Folgen zu beurteilen: Prinzipien mit unerwünschten Folgen werden eliminiert. Das ist wiederum die dritte Antwort, und damit sitzen wir wiederum inmitten der Probleme, die mit dieser Antwort verbunden sind. Versucht man die Probleme zu überwinden, indem man Lücken im Prüfungsverfahren durch passende Annahmen schließt und der Entwicklung folgt, die aus diesen Maßnahmen hervorgeht, dann tritt man den zu bewertenden Rationalitätsideen nicht als ein »objektiver Kritiker« entgegen, sondern man überläßt sie ihrem Schicksal im Rahmen der Lebensform, an die man sich gewöhnt hat. Nur beschreibt man eben die Entfaltung dieser Lebensform auf eine etwas ungewöhnliche Weise, als geschehe sie an einem archimedischen Punkt, außerhalb aller Traditionen. Das wird besonders klar, wenn man sich die Folgen einer einschneidenden Kritik genauer überlegt. Man nimmt gewöhnlich an, daß eine solche Kritik zu einer Situation führt, die eine freie Entscheidung gestattet – die Kritik wird akzeptiert oder abgelehnt, weil man nicht bereit ist, dem kritisierenden Verfahren größere Autorität zuzuschreiben als dem kritisierten Gegenstand. Freiheit besteht aber nur dann, wenn die Entwicklung vom anfänglichen Zweifel zur voll entwickelten Kritik umgekehrt werden kann. Umkehren lassen sich aber nur sehr einfache und triviale Fälle, z. B. alle jene Formen der Kritik, in denen schon die Verschiedenheit des *Wortlauts* alternativer Formulierungen genügt, um die weniger populäre Formulierung zu verdrängen. Geht die Kritik tiefer, dann ist eine Rückkehr zum Ausgangspunkt zwar auf dem Papier möglich, nicht aber in der Praxis (die wirkungsvolle Kritik eines naiven Gottesbegriffs ändert einen naiven Glauben auch dann, wenn man entscheidende Mängel an ihr entdeckt). In solchen Fällen handelt es sich nicht mehr um einen Eingriff, der eine Lebensform von außen, also auf »objektive« Weise verändert, sondern um eine irreversible immanente Entwicklung der Lebensform selbst.
Ergebnis: Die Antwort des PROTAGORAS ist nach wie vor die einzige brauchbare Antwort auf die Frage nach den Gründen einer bestimmten Begründung.

Paul Feyerabend

→ *Kritischer Rationalismus;* → *Rationalität;* →*Wissen.*

Duerr, H. P. (Hg.): Versuchungen. Bd. 1: 1980; Bd. 2: 1981. – *Feyerabend, P.:* Erkenntnis für freie Menschen. 1979. Veränd. Ausgabe 1980. – *Ders.:* Probleme des Empirismus. (Ausgew. Schriften. Bd. 2.) 1981. – *Ders.:* Wider den Methodenzwang. (Aus dem Engl.) (1975) 1976; Neuausgabe ³1983, stw 1986. – *Ders.:* Farewell to Reason. 1987. – *Kierkegaard, S.:* Unwissenschaftliche Nachschrift. 1846. dtv 1975–1977. – *Mill, J. St.:* Über die Freiheit. 1859. WB ⁴1973. – *Sextus Empiricus:* Outlines of Pyrrhonism. Grundriß der pyrrhonischen Skepsis. 1968. – *Wittgenstein, L.:* Philosophische Untersuchungen. 1953, ²1958 = 1960.
Vgl. auch die Literaturverzeichnisse zu den Artikeln *Erkenntnistheorie, anarchische* sowie *Relativismus (2).*

Paul Feyerabend/H.S.

Rationalität

zu lat. ratio: Verstand, Vernunft; griech. noûs

Einleitung
Rationalität ist Handeln und Urteilen (action and opinion) in Übereinstimmung mit der Vernunft. Was dies genau bedeutet, ist Gegenstand der Diskussion zwischen Rationalisten und anderen Philosophen. Daher gibt es die *Theorie der Rationalität.*
Die drei Zugänge zur Theorie der Rationalität sind:

- Panrationalismus
- Kritischer Rationalismus
- Pankritischer Rationalismus.

Gemäß den ersten beiden dieser Zugänge müssen rationales Handeln und Urteilen gerechtfertigt werden. Daher würde die Theorie der Rationalität sich damit befassen, wie ein jeweils betrachtetes Handeln oder Urteilen zu rechtfertigen – das heißt zu verifizieren, zu bestätigen, sicherer zu machen, zu stärken, für gültig zu erklären, sich seiner zu vergewissern, als sicher zu erweisen, annehmbar zu machen, wahrscheinlich zu machen, überleben zu helfen, zu verteidigen – wäre.

A. Der Panrationalismus

I. Die Voraussetzungen des Panrationalismus

Der *Panrationalismus* dominiert traditionsgemäß und ist bis heute die verbreitetste Auffassung von der Rationalität geblieben. Er wurde bereits von EPIKTET (Diskurse, Kap. 2) ausdrücklich vorgetragen und verbindet zwei Voraussetzungen:

1. Ein Rationalist akzeptiert *alle* Positionen, die durch Anrufung der Autorität der Vernunft gerechtfertigt werden können.
2. Ein Rationalist akzeptiert *nur* diejenigen Positionen, die durch Anrufung der Autorität der Vernunft gerechtfertigt werden können.

Aber welches ist die *Natur* der Autorität, die ein Rationalist anruft, um seine Handlungen und Ansprüche zu rechtfertigen? Hier differieren die Panrationalisten untereinander. Ihre Antworten fallen in zwei Hauptkategorien:

1. *Intellektualismus* (oder Rationalismus), gemäß dem die rationale Autorität im Intellekt oder in der Vernunft liegt. Der Rationalist rechtfertigt sein Handeln und Urteilen, indem er die intellektuelle Intuition oder die Kraft der Vernunft anruft. Diese Position wird den Lehren der Philosophen DESCARTES, SPINOZA und LEIBNIZ zugeschrieben.
2. *Empirismus* (oder Sensualismus), gemäß dem die rationale Autorität in der Sinneserfahrung liegt. Der Empirist rechtfertigt sein Handeln und Urteilen, indem er die Sinneswahrnehmung anruft. Diese Position wird den Lehren der Philosophen LOCKE, BERKELEY, HUME und – in neuerer Zeit – MACH zugeschrieben.

II. Das Scheitern des Panrationalismus und seine Gründe

Heute ist man weithin davon überzeugt, daß der Panrationalismus gescheitert ist. Hierfür gibt es vier Hauptgründe:

1. Reine Vernunft und Sinneswahrnehmung sind nicht wirklich autoritativ: Die beiden vorgeblichen Autoritäten – reine Vernunft und Sinneswahrnehmung – sind nicht wirklich autoritativ. Beide sind dem Irrtum unterworfen. Sinneswahrnehmungen z. B. sind psychologisch und physiologisch unrein: sie sind theoriegetränkt, dem Irrtum und der Täuschung unterworfen.

2. Reine Vernunft und Sinneswahrnehmung sind zu eng und zu weit zugleich: Selbst wenn wir von diesen Schwierigkeiten absehen – reine Vernunft und Sinneswahrnehmung sind ungeeignet dafür, das zu erfüllen, was man von ihnen verlangt. Im besonderen sind sie *zu eng und zu weit zugleich.* Wie KANT durch seine *Antinomien der reinen Vernunft* zeigte, können klare und deutliche Ideen der Vernunft gegensätzliche Schlußfolgerungen rechtfertigen. So lassen sie zuviel ein: sie sind zu weit. Die Sinneswahrnehmung andererseits ist, wie HUME gezeigt hat, ungeeignet, naturwissenschaftliche Gesetze, die Kausalität, die Erinnerung und die Existenz anderer Personen und der Außenwelt zu beweisen. Sie schloß zuviel aus: so war sie zu eng für den Zweck, um den es ging.

3. Die beiden Voraussetzungen des Panrationalismus sind unvereinbar: Die beiden Voraussetzungen für den Panrationalismus – daß *alle* und *nur* die Positionen, die durch die Anrufung der Autorität der Vernunft gerechtfertigt werden können, akzeptiert werden sollten – sind miteinander unvereinbar, sie können nicht gleichzeitig vertreten werden. Wenn wir daher das zweite akzeptieren, müssen wir das erste rechtfertigen. Aber die erste Voraussetzung ist nicht rechtfertigbar durch Sinneswahrnehmung, geistige Intuition oder durch irgendeine andere rationale Autorität, welche auch immer vorgeschlagen werden kann.

Und mehr: jede derartige Rechtfertigung des Verfahrens, die Ergebnisse des Argumentierens zu akzeptieren, würde, selbst wenn sie *per impossibile* (unter Annahme des Unmöglichen) durchgeführt werden könnte, zwecklos sein, wenn es nicht bereits anerkannt worden wäre, daß eine Rechtfertigung zumindest hier akzeptiert würde – welche strittig sein mag. Wenn daher die erste Voraussetzung nicht gerechtfertigt werden kann – sei es theoretisch oder praktisch –, so verbietet die zweite Voraussetzung, daß jemand sie vertritt. Noch schlimmer: die zweite Voraussetzung kann auch nicht durch Anrufung rationaler Kriterien oder Autoritäten gerechtfertigt werden. Daher erklärt sie ihre eigene Unhaltbarkeit und muß, (gerade) wenn sie korrekt ist, zurückgewiesen werden.

4. Grenzen der Rationalität: Keine Version des Panrationalismus kann das althergebrachte Argument, betreffend *die Grenzen der Rationalität*, zu Fall bringen, das auf SEXTUS EMPIRICUS und die antiken Skeptiker zurückgeführt werden kann, und zwar des Inhalts, daß es wesentliche Begrenzungen der Rechtfertigung gibt. Dieses Argument stellt einen Kommentar zu der Tatsache dar, daß jede Ansicht durch Fragen wie »Woher weißt

du das?« – »Gib mir einen Grund an!« oder »Beweise es!« angefochten werden kann. Wenn solche Einwände angenommen werden, indem man weitere Gründe zitiert, die die angefochtenen rechtfertigen, können umgekehrt diese in Frage gestellt werden. Und so fort in alle Ewigkeit. Doch wenn die Bürde der Rechtfertigung ständig auf Gründe höherer Ordnung verschoben wird, so kann man die ursprünglich in Frage gestellte Behauptung niemals wirkungsvoll verteidigen.
Ebensogut hätte man die Verteidigung erst gar nicht zu beginnen brauchen; es entsteht ein unendlicher Regreß. Um die ursprüngliche Schlußfolgerung zu rechtfertigen, muß man schließlich bei etwas haltmachen, das einer Infragestellung nicht offensteht, für die man Rechtfertigungsgründe nicht liefert und nicht zu liefern braucht. So etwas – ein Standard, ein Kriterium oder eine Autorität – würde den Stillstand für eine rationale Diskussion bedeuten.
In bezug auf solche Haltepunkte gibt es mehrere Möglichkeiten. Sie können einmütig als wirklich selbstevident anerkannt werden (wie in der Tat sowohl Intellektualismus als auch Empirismus für ihre jeweiligen Standards sich das erhofft haben); in diesem Falle wäre die einzige Frage, ob sie *wirklich* sicher wären – oder aber jedermann nur sicher zu sein schienen. Eine andere Möglichkeit wäre, daß diese letzten Standards zu Streitgegenständen würden: daß entweder sie als nicht sicher empfunden würden oder daß verschiedene Personen verschiedene Standards als sicher betrachten würden.
Hier entsteht der endgültige *Relativismus:* irgendein Weg, unter konkurrierenden letzten Haltepunkten durch Anrufung eines allgemeinen gemeinsamen Standards rational zu entscheiden, wird nun im Prinzip ausgeschlossen. Denn nun ist die Vernunft relativiert auf die Haltepunkte oder Standards jedes einzelnen – und deshalb kann sie unter verschiedenen Standards nicht mehr entscheiden. Daher werden verschiedene Haltepunkte – d. h. Standards, Kriterien, Voraussetzungen, Konventionen, Dogmen, Glaubensartikel – durch verschiedene Individuen eingenommen und definieren unvereinbare Gemeinschaften. Durch was auch immer wir erklären können, wie solche Differenzen entstehen – die Vernunft kann sie nicht mehr beseitigen.
Der *Fideist* (von lat. fides: Glaube) oder Irrationalist genießt dieses Argument, und dies kann er tun ohne Rücksicht darauf, ob er selbst die Argumentation ernst nimmt: seine einzige Sorge ist, ob dieses Argument vom Standpunkt des Rationalisten aus wirksam ist.
Der Anspruch des Fideisten ist einfach: Weil ein schließliches Innehalten bei rationaler Rechtfertigung unvermeidlich ist und nicht mit objektiver und universaler Vernunft gemacht werden kann, muß es mit Unvernunft, subjektiv und teilweise geschehen. Daher bindet sich der Fideist bewußt – und zwar endgültig, fraglos, subjektiv – an eine bestimmte Lebensart oder an bestimmte Voraussetzungen oder an eine bestimmte Autorität oder Tradition, die beansprucht, die Kompetenz oder das Recht zu besitzen, solche Entscheidungen für ihn zu treffen. KIERKEGAARD vertritt in seinem Werk »Furcht und Zittern« (1843) eine solche Haltung.
Für den Fideisten sind die Grenzen der Rechtfertigung innerhalb irgendeiner Position durch die Beziehung zu dem Objekt oder Anspruch definiert, hinsichtlich dessen eine Bindung eingegangen oder auferlegt wird, in bezug auf die die Argumentation beendet wird. Und wenn – weil die Begrenzung eine logische ist – alle Menschen sie teilen, wenn niemand der subjektiven Bindung entgehen kann, dann kann niemand rational dafür kritisiert werden, daß er eine solche Bindung eingegangen ist, ohne Rücksicht darauf, wie eigentümlich sie ist. Wenn man muß, dann *kann* man auch; so hat jeder Irrationalist eine Entschuldigung für seinen subjektiven Irrationalismus; er hat ein »tu quoque« (du auch)- oder Bumerang-Argument. Auf jeden Kritiker kann der Irrationalist erwidern: »tu quoque« – ihn daran erinnernd, daß Leute, deren Rationalität ähnlich begrenzt ist, nicht andere beschimpfen sollten, die diese Begrenzung anerkennen. Die Begrenzung ist um so wirkungsvoller, wenn sie von der Bemerkung begleitet wird, daß in jenen Dingen, die am meisten von Bedeutung sind – die jeweiligen letzten Standards und Prinzipien –, die Vernunft inkompetent ist; und daß diejenigen Angelegenheiten, die die Vernunft entscheiden kann, vergleichsweise wenig wichtig sind.

B. Der kritische Rationalismus

Die erwähnten Schwierigkeiten sind ernst; und daher trieben sie viele Panrationalisten in völligen Irrationalismus. Andere wieder haben versucht, eine alternative Theorie der Rationalität zu schaffen. → *Kritischer Ratio-*

nalismus ist eine Bezeichnung, die oft auf zwei recht verschiedene Versuche, dies zu tun, angewendet wird.
Einer von ihnen ist mit der britischen »Analytischen Philosophie« und dem amerikanischen »Neopragmatismus« verknüpft; hier ist das Werk von Philosophen wie Ludwig WITTGENSTEIN, Sir Alfred AYER, Willard V. QUINE und Morton WHITE zu nennen. Die zweite Form des Kritischen Rationalismus (II) ist mit dem Werk von Sir Karl POPPER verknüpft.
Diese beiden Versionen haben einen wichtigen Zug gemeinsam: beiden gestehen von Anfang an zu, daß Prinzipien und Standards der Rationalität nicht rational gerechtfertigt werden können. Dies ist der Grund, weshalb man beide Richtungen »kritisch« nennt.

I. Analytische Philosophie und Neopragmatismus
Die erste Version des Kritischen Rationalismus hat zwei Hauptzüge.
1. Rechtfertigung weder möglich noch nötig: Obwohl sie alles andere im Sinne der Standards rechtfertigt, so hält sie doch daran fest, daß die Grundstandards der Rationalität nicht nur nicht gerechtfertigt werden können, sondern auch nicht gerechtfertigt zu werden brauchen. AYERS Darstellung dieses Punktes ist besonders klar. In »The Problem of Knowledge« (1956), geschrieben unter WITTGENSTEINS Einfluß, behauptet AYER, daß die Standards der Rationalität Befreiung von der Notwendigkeit der Rechtfertigung genießen. Er argumentiert, es sei unmöglich, sie als irrational zu bezeichnen, weil sie die Standards erst setzen, auf denen jedes derartige Urteil beruhen müßte. Hiergegen gibt es jedoch einen offensichtlichen Einwand: Es trifft zu, daß, *wenn* bestimmte Standards der Rationalität korrekt *sind*, dann keine anderen korrekten rationalen Standards existieren können, die mit ihnen in Konflikt stehen; dieses »wenn« jedoch bezeichnet eine entscheidende Annahme: dies ist genau das, was strittig ist. So geht diese Sichtweise von einer falschen Voraussetzung aus. Sie ist selbst eine Variante des Fideismus und daher keine Antwort darauf.
2. Beschreibung von Standards: Die erste Version des Kritischen Rationalismus behauptet auch, daß die neue Verpflichtung des Philosophen – nachdem die Rechtfertigung der Standards einmal aufgegeben wurde – darin besteht, die Standards zu beschreiben. »Standards«, hier im weitesten Sinne verstanden, schließen nicht nur die Prinzipien verschiedener Ideologien ein, sondern ebenso die verschiedener akademischer Disziplinen und die verschiedener »Lebensstile« oder »Sprachspiele«, wie sie manchmal von Wittgensteinianern genannt werden. Es wird dann eine gegenstandsneutrale Beschreibung aller Standards versucht, und zwar in dem Sinne, daß keinem bestimmten Satz von Standards eine Autorität gegenüber irgendeinem anderen eingeräumt wird. Ein offensichtlicher Einwand hiergegen ist, daß nicht nur die Rechtfertigung aufgegeben worden ist: die Kritik wird ebenso aufgegeben, und daher wird eine Bewertung unmöglich.

II. Popper
Die zweite Version des Kritischen Rationalismus ist durch Sir Karl POPPER geschaffen worden und wird in seinem Werk »Die offene Gesellschaft und ihre Feinde« (Kap. 24) angekündigt.
POPPERS Position ist nicht neutral. Vielmehr fordert er, daß der Rationalist seine Position auf einen irrationalen Glauben an die Vernunft gründen muß: er muß sich selbst an die Vernunft »binden«. Ganz unähnlich der ersten Version des Kritischen Rationalismus ist POPPERS Philosophie *kritisch in der Absicht*; und er beschreibt die Rationalisten als »jene Leute, die bereit sind, alles in Frage zu stellen und zu kritisieren – eingeschlossen ihre eigene Tradition«.
In POPPERS Position liegen zwei Schwierigkeiten: Sie erscheint widerspruchsvoll, da nicht klar ist, wie jemand eine Position kritisieren kann, an die er sich irrational gebunden hat. Und sie bietet überhaupt keine Lösung der Probleme der Grenzen der Rationalität an: ganz im Gegenteil, sie ist ausgesprochen fideistisch.
Keine dieser beiden Versionen des Kritischen Rationalismus handelt daher von dem Problem der Grenzen der Rationalität.

C. Der pankritische Rationalismus
Der pankritische Rationalismus ist ein radikaler Versuch, das Problem der Grenzen der Rationalität durch die Verallgemeinerung und die Korrektur von POPPERS Ansatz zu bewältigen.

I. Er gibt jede Rechtfertigung auf
Der pankritische Rationalismus *gibt jede Rechtfertigung, welche auch immer, auf:* nicht nur versucht er nicht, die Standards zu recht-

fertigen; er versucht auch nicht, irgend etwas anderes im Sinne der Standards zu rechtfertigen. Der Rationalist wird hier nicht als jemand gesehen, der irgendeine besondere Garantie, Autorität oder Rechtfertigung für seine Handlungen und Meinungen hat. Die Rationalität findet sich vielmehr in der *Kritik*.
Ein Rationalist wird charakterisiert als jemand, der *alle* seine Positionen – einschließlich der Standards, Ziele, Entscheidungen, sogar einschließlich seiner grundlegenden Weltanschauung – der Kritik offenhält; als jemand, der nichts vor der Prüfung und Kontrolle durch rationale oder irrationale Rechtfertigung schützt; als jemand, der keiner Instanz verpflichtet, an nichts gebunden ist. Dies geht sogar über POPPERS Kritischen Rationalismus hinaus, in dem es immer noch eine Verpflichtung gegenüber der, einen Glauben an die Vernunft gibt.
Manche Philosophen mögen gegen diese Position einwenden, daß sie schlicht unmöglich sei. Sie werden darauf bestehen, daß alle Kritik sich auf etwas beziehen muß, was erwiesenermaßen als gerechtfertigt angesehen werden muß und was daher jenseits jeder Kritik steht.
Der pankritische Rationalist wird diesen Einwand begrüßen, weil er ihm Gelegenheit gibt, die Originalität seiner eigenen Position zu spezifizieren. Der besondere Charakter seiner Position – darauf wird er bestehen – liegt in ihrer völlig neuen Trennung von Rechtfertigung und Kritik. Der pankritische Rationalist räumt ein, daß in fast allen herkömmlichen und modernen Philosophien – sowohl denjenigen, die sich selbst kritisch genannt haben, als auch denjenigen, die dies nicht getan haben – die Idee der Kritik mit der der Rechtfertigung vermengt worden ist. In HUMES Empirismus z. B. zeigt man, um eine Theorie zu kritisieren, daß sie nicht durch Sinneserfahrung gerechtfertigt werden kann. HUME benutzt diese gleiche »justifikationistische« (Rechtfertigungs-)Strategie der Kritik überall: Er nimmt eine Idee nach der anderen – die Ideen von Gott, der Seele, des Gedächtnisses, anderer geistiger Gegenstände, der äußeren Welt – und fragt, ob sie durch Sinneswahrnehmung gerechtfertigt werden kann. Wenn das der Fall ist, akzeptiert er sie; wenn nicht, so weist er sie entweder zurück oder deutet an, daß sie vernünftigerweise zurückgewiesen werden sollte. Ähnlich erklärt die Vermengung von Rechtfertigung und Kritik in AYERS Denken, warum er sich der *Beschreibung* der Standards zuwandte, wenn ihre Rechtfertigung mißlungen war. Denn die Kritik erscheint nur als eine *Alternative* zur Rechtfertigung, nachdem die beiden Begriffe voneinander getrennt worden sind.
Der pankritische Rationalist räumt auch ein, daß alle Kritik »im Sinne von« etwas ist. Aber dieses »etwas«, in dessen Sinne die Kritik erhoben wird, braucht nicht als gerechtfertigt oder jenseits jeder Kritik angesehen zu werden. Beispiele solcher »nonjustifikationalen« (nicht auf Rechtfertigung bezogenen) Kritik gibt es in allen Bereichen, sowohl innerhalb als auch außerhalb der Wissenschaften. Hier soll nur ein klares Beispiel erwähnt werden: POPPERS Beschreibung des Prüfens einer wissenschaftlichen Theorie.
Um eine bestimmte Theorie zu prüfen, bestimmt man, welche Arten von Ereignissen mit ihr unverträglich sein würden, und dann arrangiert man Experimente, um zu versuchen, solche Ereignisse hervorzurufen. Angenommen nun, die Prüfung fiele gegen die Theorie aus: Was ist geschehen? Die Theorie ist zweifellos im Sinne der Prüfung kritisiert worden: die Theorie ist nun *problematisch* in dem Sinne, daß sie falsch ist in bezug auf die Prüfungsberichte; wohingegen der Prüfungsbericht im Augenblick unproblematisch sein mag. In diesem Fall kann die Theorie vorläufig und mutmaßlich zurückgewiesen werden, weil sie mit etwas, das unproblematisch oder weniger problematisch ist, in Konflikt gerät. Beweist oder befestigt oder rechtfertigt dies die Zurückweisung der Theorie? *Überhaupt nicht.* Prüfungsberichte sind hier hypothetisch, kritisierbar und revidierbar – jeden Augenblick –, geradeso wie alles andere. Sie können problematisch *werden*: sie sind selbst der Kritik durch die Prüfung ihrer eigenen Konsequenzen unterworfen.

II. Unendlicher Prozeß gegen unendlichen Regreß

Dieser *Prozeß* des Prüfens und der versuchten Falsifizierung ist natürlich potentiell unendlich: die Kritik kann man unbegrenzt kritisieren. Die Rationalität ist in diesem Sinne nicht begrenzt. Aber hieraus entsteht kein unendlicher *Regreß*, weil es im ganzen System überhaupt keine Frage des Beweises oder der Rechtfertigung von irgend etwas gibt. Dieser Ansatz mag bei jemandem, der daran nicht gewöhnt ist, ein unbehagliches Gefühl des Schwimmens, des Keinen-festen-Grund-Findens hervorrufen. Aber hierdurch entsteht kein Paradox. So wird das *tu quoque*-Argument geschlagen: Keine Bindung ist notwendig; alle Bindungen können kritisiert werden. Das neue Problem der Rationalität – der Kritik und des Wachstums des Wissens – wird nun das Problem der *Ökologie der Rationalität*. Anstatt Autoritäten zu setzen, in deren Sinne Handeln und Urteilen garantiert und kritisiert werden sollen, zielt man darauf ab, ein philosophisches Programm zur Förderung der Kreativität und gegen den intellektuellen Irrtum zu entwerfen. In einem solchen Programm kann die herkömmliche Frage: »Woher weißt du das?« legitimerweise gar nicht entstehen. Denn wir wissen es nicht. Eine andere Frage tritt an die erste Stelle: »Wie können unser Leben und unsere Institutionen so eingerichtet werden, daß sie unsere Positionen, Handlungen, Urteile, Glaubenshaltungen, Ziele, Vermutungen, Entscheidungen, Maßstäbe, Verfahrensweisen, herkömmlichen Gewohnheiten – seien sie rechtfertigbar oder nicht – optimaler Überprüfung aussetzen, um soviel Irrtum wie irgend möglich zu neutralisieren und zu eliminieren?«

Es trifft sich, daß diese Bewertung der Rationalität der neodarwinistischen Bewertung der Evolution und der Anpassung in Form von blinder (ungerechtfertigter) Variation und selektiver Wahrnehmung parallel läuft: evolutionäre Anpassung ist auch ein Wissensprozeß. Die Frage nach der Rechtfertigung von Handeln und Urteilen ist so unerheblich wie irgendeine Frage danach, ob eine bestimmte Mutation gerechtfertigt ist. Das Problem ist vielmehr die Lebensfähigkeit der Mutation oder des beabsichtigten Handelns oder Urteilens. Die Frage wird dadurch geklärt, daß man die Mutation dem Druck der natürlichen Auslese aussetzt – oder versuchter Kritik und Widerlegung. Bloßes Überleben in diesem Prozeß garantiert nicht das endgültige Überleben: eine Art, die Tausende von Jahren überlebt, kann trotzdem noch aussterben. Und eine Theorie, die Generationen überlebt hat, kann schließlich doch widerlegt werden – so, wie es mit Newtons Theorie der Fall war. Hier stellt die Kritik die Segel des Denkens. Mögliches Handeln und Urteilen wird durch Konfrontation mit der Wirklichkeit von der Spreu befreit.

William Warren Bartley, III
(Aus dem Englischen von *Helmut Seiffert*)

Albert, H.: Traktat über kritische Vernunft. 1968, verb. ⁴1980. – *Andersson, G. (Hg.):* Rationality in science and politics. 1984. – *Ayer, A. J.:* The problem of knowledge. 1956. – *Bartley, W. W., III:* Flucht ins Engagement. (Aus dem Engl.) (1962) 1964, verb. ²1987. – *Ders./Radnitzky, G. (Hg.):* Evolutionary epistemology, rationality, and sociology of knowledge. 1986. – *Burrichter, C./Inhetveen, R./Kötter, R. (Hg.):* Technische Rationalität und rationale Heuristik. 1986. – *Hegselmann, R.:* Normativität und Rationalität. 1979. – *Hesse, H.:* Vernunft und Selbstbehauptung. Kritische Theorie als Kritik der neuzeitlichen Rationalität. 1984. – *Klages, H.:* Rationalität und Spontaneität. 1967. – *Lenk, H. (Hg.):* Zur Kritik der wissenschaftlichen Rationalität (Festschrift Hübner). 1986. – *Neumann, W.:* Zur Kritik rationalen Denkens. 1985. – *Popper, K. R.:* Logik der Forschung. 1935, ⁸1984. [W] – *Ders.:* Objektive Erkenntnis. [...] (1972) ⁴1984. [W] – *Ders.:* Die offene Gesellschaft und ihre Feinde. (1944) Bd. 1; 2. ⁶1980. [W] – *Rudolph, E./Stöve, E. (Hg.):* Geschichtsbewußtsein und Rationalität. 1982. – *Schmid, M.:* Handlungsrationalität. 1979. – *Schnädelbach, H. (Hg.):* Rationalität. Philosophische Beiträge. 1984.

William Warren Bartley, III/H.S.

Relativismus (1)

zu lat. relatus: zurückgetragen, auf etwas bezogen

A. Die Definition des Relativismus

Der *Relativismus* ist nicht so sehr eine Lehrmeinung als vielmehr eine ganze Klasse von Lehrmeinungen, die trotzdem eine gewisse zentrale Kernidee miteinander teilen. Jemand ist ein Relativist in bezug auf ein Ding, eine Variable, eine Bewertung, einen Wahrheitswert, einen Bereich usw. Wenn er der Meinung ist, daß X »ist relativ zu ...«, so bedeutet das, daß X *variiert mit* einem anderen Ding, einer Variablen und so fort.

Diese vorläufige und schematische Definition ist jedoch etwas zu breit, um der zugrundeliegenden Idee die Bezeichnung »Relativismus« zu gewinnen, und sie muß ein wenig eingeengt werden, damit sie angemessen wird. Denn diese Definition würde automatisch jeden, der an irgendeine Art von funktionaler Wechselwirkung glaubt, in eine Art Relativisten verwandeln. Aber jemand, der z. B. glaubt, daß – ceteris paribus – der Wert einer bestimmten Ware, die zum Verkauf angeboten wird, mit dem angebotenen Preis steige, wird normalerweise nicht »Relativist« genannt, weil er dies meint. Jemand wird nur dann ein Relativist, wenn er an eine Art funk-

tionaler Wechselwirkung und Veränderbarkeit in einem Bereich glaubt, in dem es eine Art Annahme auf den ersten Blick gibt, daß eine solche Veränderbarkeit oder funktionale Abhängigkeit *keine* Geltung haben sollte.
Um es einfach auszudrücken: Der Relativismus ist dem Absolutismus gegenübergestellt; und wo es keine Annahme von absoluter Geltung oder Unveränderlichkeit (Invarianz) gibt, dort spricht man nicht von Relativismus. Jemand, der die unstreitige Überzeugung vertritt, daß, je mehr Kleidung er trägt, desto wärmer es ihm sein wird, wird normalerweise nicht als Relativist eingestuft. Mit anderen Worten: Der Relativismus wird nur dort von Bedeutung, wo er – zu Recht oder zu Unrecht – einer entgegengesetzten Erwartung widerspricht.
Es ist fair zu sagen, daß der Relativismus zu jener Klasse philosophischer Lehren gehört, welche – gelinde gesagt – mild erschreckend und in gewisser Weise parasitär sind in bezug auf den *Skandal*, den sie hervorrufen. Wo es einen solchen Skandal überhaupt nicht gibt, selbst in Überresten oder in der Erinnerung nicht, scheint der Relativismus keine Anwendung zu haben.
So scheinen z. B. die Menschen heutzutage keine Invarianz der *Grammatik* zu erwarten. Die Grammatik regiert die Form, nicht den Inhalt des Sprechens, und während man erwartet, daß die Wahrheit einheitlich ist, erwartet man dies von der grammatischen Form nicht. Daher erschreckt auch niemanden die Feststellung der Verschiedenheit der Grammatik. Interessanterweise war es Chomskys These von der Universalität einer einzigen Grammatik, die die Zeitgenossen als paradox beeindruckte. Auf diesem Gebiet scheint es, daß gerade Verschiedenheit und nicht Einheitlichkeit die allgemeine Erwartung ist.
Wenn diese Voraussetzung einer entgegengesetzten Erwartung die Reichweite der anfänglichen Definition ein wenig einengt, so ist es auch wieder notwendig, die Reichweite zu vergrößern, wenn die schließlich angebotene Bewertung der intuitiven Bedeutung nahekommen soll, die diesem Terminus normalerweise zugeschrieben wird. Die Ausweitung entsteht folgendermaßen: Jemand wird für einen Relativisten gehalten, wenn er glaubt, daß in einem bestimmten Bereich Veränderbarkeit begegnet, selbst dann, wenn er sozusagen keinen Kontrollmechanismus dieser Variation im einzelnen beschreiben kann, oder selbst wenn er nicht die unabhängige Variable angibt, von der die Variable, mit der er es zu tun hat, eine Funktion ist. Jemand, der z. B. glaubt, daß die Moralität von Zeitalter zu Zeitalter variiert, muß nicht unbedingt auch eine Theorie über die Identität der Faktoren haben, die diese Veränderung bestimmen.
Da die Termini »Relativist« und »Relativismus« tatsächlich gebraucht werden, würde solch eine Person mit ihren Ansichten sich für einen solchen Einschluß qualifizieren, selbst wenn sie keine Ansichten über das Prinzip hegt, das der Verschiedenheit zugrunde liegt, wenn sie kein Bedürfnis empfindet, danach Ausschau zu halten – und vielleicht selbst dann, wenn sie leugnet, daß es ein solches Prinzip überhaupt gibt. So scheint es, daß die Veränderbarkeit als solche (oder vielmehr, wie gezeigt, die Veränderbarkeit in einem Zusammenhang, in dem es zumindest mild skandalös ist) eine hinreichende Bedingung für die Zuschreibung des Relativismus ist.
Nichtsdestoweniger: obwohl es offensichtlich nicht eingeschlossen ist in die Mindestvoraussetzungen des Relativismus, ist doch der Verfolg jenes Prinzips, das der Veränderbarkeit zugrunde liegt, die Identifikation mit der herrschenden Variablen und die Spezifizierung der funktionalen Beziehung, durch die sie die abhängige Variable beherrscht, solch ein wichtiger Strang im relativistischen Denken, daß es vernünftig erscheint, es in die Diskussion mit einzuschließen, wenn auch mit den gegebenen Qualifikationen.
Relativismus im minimalen Sinne (d. h. die bloße Behauptung der Veränderbarkeit in einem Bereich, in dem sie nicht erwartet wird) ist dem Vorwurf ausgesetzt, eine recht schwächliche Lehre zu sein; es ist plausibel zu behaupten, daß sie den Versuch mißbilligt, das zugrundeliegende Prinzip zu finden, das die Veränderbarkeit regiert, und daß interessante und wichtige Formen des Relativismus versuchen, es auszumachen.
Nehmen wir z. B. eine Theorie der Moral, die wir in den Werken David Humes finden. Hume war ein deskriptiver und normativer Relativist, was die konkreten Werte bestimmter Kulturen anbetrifft; er glaubte jedoch ebenfalls, daß er das zugrundeliegende Prinzip identifiziert habe, das diese Mannigfaltigkeit regierte: in jeder Kultur wurde das, was das Leben in seinen einzelnen Umständen lebenswert machte, moralisch bewertet. (Dieses unveränderliche zugrundeliegende Prinzip stützte er sowohl normativ als auch

soziologisch, als empfehlenswert *und* als tatsächlich wirksam.)
Insoweit man sagt, daß die Veränderbarkeit lediglich als Beweis der Relativität in Fällen zählt, in denen sie einer entgegengesetzten Erwartung widerspricht, mag man sehr wohl fragen, ob *irgendeine* entgegengesetzte Erwartung für diesen Zweck genügen wird. Die Antwort ist: nein. Jemand, der sein Hemd anzieht in der Erwartung, daß es ihm paßt, dann aber feststellt, daß es nicht mehr paßt, weil es in der Wäsche eingelaufen ist, wird deshalb nicht Relativist aufgrund dessen, daß er nunmehr an die Veränderbarkeit der Größe seines Hemdes glaubt. Es entsteht so die Frage, ob es möglich ist, die *Art* der entgegengesetzten Erwartung anzugeben, die die Veränderbarkeit in Relativität verwandelt. Ich zweifle daran, daß man dies mit Genauigkeit tun kann; jedoch ist es vernünftig zu sagen, daß die entgegengesetzte Erwartung von Belang ist, wenn sie auf einem Gebiet begegnet, das zu menschlichen Urteilen und Institutionen in Beziehung steht, wo die Veränderbarkeit sozusagen menschliche Normen infiziert, von denen man vorher angenommen hatte, daß sie hiervon frei seien. Sowohl Urteile wie Institutionen sollen, wie man sagt, *Normen* ausdrücken oder verkörpern (→ *Norm*). Es ist die Veränderbarkeit von Normen – eher als andere Dinge –, die den Kern des Relativismus ausmacht.

B. Die Typologie des Relativismus
In Anbetracht dieser allgemeinen Charakterisierung des Relativismus ist es möglich, zu einer systematischen Typologie der mehr spezifischen Lehre vorzudringen, die man innerhalb des Genus »Relativismus« vorfindet.

I. Deskriptiver und normativer Relativismus
Die erste allgemeine binäre Unterscheidung ist die zwischen *deskriptivem* und *normativem* Relativismus. Die einfache Behauptung, daß die Veränderbarkeit besteht, daß Individuen, Gemeinschaften, Zeitalter usw. *tatsächlich* eine bestimmte Angelegenheit auf verschiedene Art beurteilen, ist *deskriptiver* Relativismus. Wenn man der Beobachtung jedoch ein »und das mit Recht« hinzufügt und damit bekräftigt, daß die Abweichung berechtigt sei, dann erreicht man das, was man *normativen* Relativismus nennen könnte: also die Sehweise, daß Normen nicht einfach nur de facto variieren, sondern auch sozusagen de jure. Dann behauptet man, daß es in der Natur des jeweiligen Gebietes liegt, daß das, was »tatsächlich« gültig ist, sich mit der Identität dessen wandelt, der das Urteil abgibt. Mit anderen Worten: daß die Verschiedenheit des Urteils über ein und denselben Gegenstand nicht die Folge von Irrtum oder unzutreffender Information zu sein braucht, sondern verträglich ist mit beiden von zwei unverträglichen Urteilen, die korrekt sind.
Die Unterscheidung zwischen deskriptivem und normativem Relativismus, obwohl wichtig und scheinbar einfach, gibt Anlaß zu beträchtlichen Komplikationen, und diese Unterscheidung wird oft verwischt.
Es ist jedoch nicht leicht zu sehen, wie einer Urteilshandlung andere Normen zugerechnet werden können als diejenigen, die sie tatsächlich beherrschen. Um ein Beispiel zu geben: Jemand, der plausibel behauptet, daß der Geschmack von Gesellschaft zu Gesellschaft verschieden ist, der jedoch im gleichen Atemzug glaubt, daß es eine »objektive« Norm guten Geschmackes gibt, ist daran gebunden zu sagen, daß die Beurteilung einer ästhetisch mißleiteten Gesellschaft »eigentlich« durch andere Normen geleitet werden sollte als durch diejenigen, die tatsächlich angewendet werden. Jemand, der die Sache so sieht, setzt sich dem Vorwurf aus, daß er fälschlicherweise die Aktivität in der anderen Gesellschaft, die er dem ästhetischen Urteil angleicht, und seine Normen, wie sie in seiner eigenen anerkannten Begriffswelt geübt werden, miteinander gleichsetzt. Wie R. G. Collingwood es ausdrückte: Einige moderne politische Denker, die die griechische Staatstheorie kritisierten, verhielten sich wie Leute, die das griechische Wort für »Boot« mit »Dampfschiff« übersetzen und dann beklagen, daß die griechische Theorie von den Dampfschiffen so irrig gewesen sei.
Es ist leicht, den Übergang vom deskriptiven zum normativen Relativismus durch die Perspektive zu finden, daß es *keine* Norm gibt, die über die gewöhnlichen, täglichen, untersten Normen, die im Konflikt miteinander sind, zu Gericht sitzen könnte. Wenn tatsächliche Urteile in einem gegebenen Bereich variiert werden *und* wenn man annimmt, daß es keine höhere Norm gebe oder geben könne, die der Maßstab für diese abweichende, verschiedene Bewertung sein kann, dann wird sehr oft der Schluß gezogen, daß alle diese Urteile der ersten Ordnung gültig sind – einfach aufgrund der Abwesenheit einer Norm der zweiten Ordnung, die sie begreiflicher-

weise für *un*gültig erklären könnte. So wird der Relativismus sozusagen verabsolutiert: normativ sowohl wie deskriptiv gemacht, durch eine Art *faute de mieux*(in Ermangelung eines Besseren)-Arguments.
Wenn dies – verstärkt durch Skeptizismus – der gewohnte Weg aus der tatsächlichen Verschiedenheit auf einen normalen Relativismus hin ist, dann gibt es auch ein Argument, zumindest ebenso vertraut und beliebt, das erklärt, daß der normative Relativismus widerspruchsvoll oder inkonsequent ist. Ein normativer Relativismus, der behauptet, daß, sagen wir, alle Normen relativ sind und gültig für – aber nur für – diejenigen, die sie bejahen (oder für einige passend definierte Kategorien von Leuten), stellt tatsächlich eine Behauptung auf, die implizit Gültigkeit für jedermann beansprucht. Aber dies widerspricht dem Inhalt der Behauptung selbst, die ja das Recht bestreitet – und zwar gegenüber jedem –, Behauptungen außerhalb ihrer eigenen Kategorie, wie diese auch immer definiert sei, aufzustellen.
Dies hat ersichtlich eine Ähnlichkeit mit dem Paradox des Kreters, in dem eine Person, die selbst zur Klasse der Kreter gehört, die Wahrheit der von Kretern ausgesprochenen Behauptungen verneint. Jeder Versuch, dieses Paradox durch eine Variante der »Typentheorie« zu lösen, die ein Urteil oder eine Aussage davon ausschließt, selbst ein Element der Klasse jener Gegenstände zu sein, auf welche es oder sie angewendet wird, ermangelt der Plausibilität, wenn er unternommen wird, um dem Relativismus zu helfen: es ist überhaupt nicht klar, warum diejenigen, die den Relativismus – in der einen oder der anderen Form – für andere behaupten, selbst Befreiung davon zugesichert bekommen sollten.
Dies ist überhaupt kein akademisches oder rein logisches Problem. Viele Glaubenssysteme enthalten in der Tat relativistische Lehren über den Glauben derjenigen, die *anderen* Systemen anhängen, nehmen selbst jedoch auf irgendeine Weise das »heimische« Glaubenssystem aus.
Wenn die Typentheorie angerufen würde, um das Paradox zu lösen, so würde dies zu einer *anderen* Typenhierarchie für jedes Glaubenssystem führen. Die Logik müßte ethnozentrisch sein; der Aufstieg zu einem höheren logischen »Typ« würde, im Interesse der Zulassung einer Ausnahme, verschiedene Gruppen für einen solchen Aufstieg für jede ausgenommene relativistische Theorie auswählen.

II. Klassifikation nach Einheiten, denen Veränderlichkeit zugeschrieben wird

Es gibt andere wichtige Weisen, in denen Relativismen klassifiziert werden können. Eine Typologie würde sie durch die Einheiten klassifizieren, in deren Form der Relativismus ausgedrückt wird. Zum Beispiel: Die Veränderbarkeit in Urteilen kann historischen Epochen, Kulturen, Rassen, Nationen, Klassen, verschiedenen ethnischen oder politischen Untergruppen, Individuen – und schließlich sogar Stimmungen oder selbst Augenblicken im Leben von Individuen – zugeschrieben werden. Obwohl die Einheiten bei dieser Art von Klassifikation nach der Größe geordnet werden können, wäre es falsch anzunehmen, daß es hier nur ein Spektrum gibt. Da gibt es z. B. die Möglichkeit, entsprechend verschiedenen Spektra, in mehreren Dimensionen geschnittene Einheiten herauszuheben: Klassen und Nationen etwa schneiden einander rechtwinklig.

III. Klassifikation nach der Art des Gegenstandes

Eine andere wichtige Klassifikation von Relativismen bezieht sich auf die *Art* des Urteils oder Gegenstandes, auf den der Relativismus, wie man glaubt, angewendet wird. Man kann eine relativistische Sichtweise hinsichtlich ästhetischer, moralischer, politischer, metaphysischer, religiöser und wissenschaftlicher Lehrmeinungen hegen; aber man kann sie ebenso hegen in bezug auf gewöhnliche Wahrnehmungsgegenstände, hinsichtlich Begriffen eher als hinsichtlich Theorien und so fort.
Es ist offensichtlich: Wenn jemand dieses Spektrum oder diese Spektra gegen dasjenige stellt, das in Form der *Einheiten* ausgesprochen wird, in dessen Sinn der Relativismus angeblich arbeiten soll, so erhält man einen sehr großen Bereich möglicher Relativismen. Wenn man weiterhin dies gegen die Dimension stellt, die die Verschiedenheit der Theorien verzeichnet, die die Natur des zugrundeliegenden Gesetzes spezifizieren, wo die Theorie versucht, den Zusammenhang zwischen den kontrollierenden Faktoren und dem relativen, variablen Element zu identifizieren, dann bereichert man seinen Bereich der Verschiedenheit von Relativismen weiter.
Relativismen hinsichtlich Begriffen (→ *Begriff*) und Wissenschaften (→ *Wissenschaft*) werden als radikaler und skandalöser angese-

hen als die gewohnten und weiter verbreiteten Relativismen über moralische, ästhetische und politische Urteile, die uns in einer Welt begegnen, deren Bestandteile oder Begriffsentwicklungen für unveränderlich gehalten werden.
In neuerer Zeit wurden relativistische Lehren entwickelt von
– R. G. Collingwood, der sich mit »absoluten Voraussetzungen« (grundlegenden Begriffsentwicklungen und Problemformulierungen) wissenschaftlicher Epochen befaßte;
– W. v. O. Quine, der gegenüber dem Begriffsrelativismus von einem allgemeinen → *Pragmatismus* aus argumentiert, in dem alle Begriffe als Werkzeuge gesehen werden, die man nach ihrer Wirksamkeit beurteilt, und ebenso eine mehr spezifische Lehre der Unmöglichkeit verläßlicher Sprachübersetzung ausarbeitete, die die Begriffe jeder Sprache als auf ihren eigenen Bereich begrenzt bestimmt;
– P. Winch, der von Wittgensteinschen Voraussetzungen her argumentiert, daß die Normen dessen, was »real« ist, jeder Sprache und Kultur innewohnen, so daß es nicht eine einzige Realität für alle »Lebensformen« geben kann;
– Th. Kuhn, der von der angeblichen Unvereinbarkeit verschiedener wissenschaftlicher »Paradigmen« auf die Unmöglichkeit ihrer Bewertung im Sinne des jeweils anderen Paradigmas argumentiert;
– P. Feyerabend, der enthusiastisch für eine Art freudiger Zurückweisung aller Normen und Standards eintritt; eine Ansicht, die – aufgrund seiner eigenen Voraussetzungen – trivialerweise unwiderleglich wird (→ *Relativismus [2]*).

C. Wichtige relativistische Positionen
Unter den modernen Relativisten sind vielleicht die Fälle von Quine und Kuhn besonders interessant, und diese beiden bilden gewissermaßen Spiegelbilder voneinander. Quine scheint sich selbst bereitwillig als einen Relativisten einzuordnen, obwohl er in Wirklichkeit keiner ist; Kuhn weist diese Charakterisierung zurück, obwohl er ihr in Wahrheit logischerweise nicht entgehen kann.

I. Quine
Quines These: »Übersetzung ist unmöglich« folgt ziemlich zwingend aus seiner behavioristischen Einstellung gegenüber Begriffen; da wir niemals genug Verhaltensgewißheit haben, um sicher zu sein, daß zwei Begriffe synonym sind (Quine steht in jedem Fall der Synonymität und dem damit verbundenen Begriff der »Analytizität« ablehnend gegenüber), können wir niemals sicher sein, daß eine Übersetzung korrekt ist. Jedoch, obwohl dies Quine zu einem bereitwillig angenommenen interkulturellen oder intersprachlichen Relativismus führt, nimmt seine Hintergrundtheorie eindeutig nicht nur an, daß alle Menschen und alle Kulturen, sondern selbst auch alle lebenden Organismen grundlegend mit einem und demselben Unternehmen befaßt seien, das auch die einzige wirklich ernsthafte Tätigkeit sei, nämlich die begriffliche Interpretation empfangener Stimuli mit Blick auf Anpassung und Voraussage zu leisten. So steht hinter seinem Oberflächenrelativismus ein nicht einleuchtender und tiefgehender Absolutismus, die Natur menschlicher und biologischer Ziele und Tätigkeiten betreffend. Eine einzige beherrschende Norm lauert hinter der Vielfalt der Anpassungen.

II. Kuhn
Kuhns Fall ist der genau entgegengesetzte. Kuhn leugnet mit einigem Nachdruck die relativistische Lehre, die den Fortschritt in der Wissenschaft oder seine Verknüpfung mit der empirischen Wirklichkeit leugnet. Jedoch sind zwei Voraussetzungen zentral in seinem Werk: (1) Es kann kein Wissen ohne ein »Paradigma« geben, das die Interpretation bloßer Daten leitet, die aus sich selbst heraus niemals zu Wissen werden können. (2) »Paradigmen« sind miteinander unvereinbar und können nicht in den Begriffen voneinander beurteilt werden. (Dies ist eine ihrer definierenden Eigenschaften, die sie von bloßen Theorien unterscheidet, die – innerhalb eines gegebenen Paradigmas – eben im Sinne ihrer Vereinbarkeit mit durch das Paradigma ausgewählten Tatsachen bewertet werden *können.*)
Aber wissenschaftliche Entwicklung ist, nach Kuhns eigenem Urteil, eine Abfolge von Paradigmen. Doch können sie nicht *miteinander* verglichen werden, aufgrund des Satzes (2). Aber sie können nicht im Sinne ihrer Treue zur *Welt* bewertet werden, denn direkte Kenntnis der Welt, nicht vermittelt durch *irgendein* Paradigma, wird ausgeschlossen durch Satz (1). Wir könnten lediglich ein Paradigma mit »der Welt«, wie sie durch ein anderes Paradigma gesehen wird, vergleichen, was uns zurück zu der ersten Entscheidung führt. Alle Wahlen sind nunmehr geschlos-

sen, alles Einordnen von Paradigmen, das allein bloßen »Wandel« in positiven »Fortschritt« verwandeln könnte, ist ausgeschlossen. Dieser Schluß folgt unausweichlich aus KUHNS Hauptthesen, obwohl es nicht so scheint, als ob KUHN dies psychologisch angenommen hätte.
So unterliegt eine Theorie, die unausweichlich relativistisch ist, wenn sie zusammenhängend dargeboten wird, einer Position, die – in der offiziellen Formulierung ihres Autors – nicht den Anspruch erhebt, relativistisch zu sein.

Ernest Gellner
(Aus dem Englischen von *Helmut Seiffert*)

Collingwood, R. G.: Denken. Eine Autobiographie. (Aus dem Engl.) (1939, 1944) 1955. – *Feyerabend, P.:* Wider den Methodenzwang. (Aus dem Engl.) (1975) 1976; Neuausgabe ³1983, stw 1986. – *Gellner, E.:* Relativism and the social sciences. 1985. – *Hume, D.:* Enquiries concerning human understanding and concerning the principles of morals. 1777. Neudr. London 1902, überarb. London 1975. – *Kuhn, Th. S.:* Die Struktur wissenschaftlicher Revolutionen. (1962) ²1976. [W] – *Quine, W. v. O.:* Von einem logischen Standpunkt. (Aus dem Engl.) 1979. – *Ders.:* Ontologische Relativität. (Aus dem Engl.) (1969, 1971) 1975. – *Ders.:* Wort und Gegenstand. (Word and object.) (Aus dem Engl.) (1960, 1976) 1980. – *Strasser, P.:* Wirklichkeitskonstruktion und Rationalität. Ein Versuch über den Relativismus. 1980. – *Stüben, P. E.:* Relativismus, Anarchismus und Rationalismus. 1985. – *Wein, H.:* Das Problem des Relativismus. 1950. – *Westermarck, E.:* Ethical relativity. 1932 = 1981. – *Winch, P.:* Die Idee der Sozialwissenschaft und ihr Verhältnis zur Philosophie. (Aus dem Engl.) 1966, 1974.

Ernest Gellner/H.S.

Relativismus (2)

zu lat. relatus: zurückgetragen, auf etwas bezogen

A. *Historisches Material zur Problemklärung*

Bei HERODOT (Historien 3, 38) finden wir die folgende Geschichte:
»Als Dareios König war, ließ er einmal alle Griechen seiner Umgebung zu sich rufen und fragte sie, um welchen Lohn sie bereit wären, die Leichen ihrer Väter zu verspeisen. Die aber antworteten, sie würden das um keinen Preis tun. Darauf rief Dareios die indischen Kalatier, die die Leichen der Eltern essen, und fragte sie in Anwesenheit der Griechen – durch einen Dolmetscher erfuhren sie, was er sagte –, um welchen Preis sie ihre verstorbenen Väter verbrennen möchten. Sie schrien lauf auf und baten ihn inständig, solche gottlosen Worte zu lassen. So steht es mit den Sitten der Völker, und Pindar hat meiner Meinung nach Recht, wenn er sagt, die Sitte sei aller Wesen König.«
Sie ist aller Wesen König – aber verschiedene Wesen wählen verschiedene Könige:
»Wenn man die Völker der Erde aufforderte, sich unter all den verschiedenen Sitten die trefflichsten auszuwählen, so würde jedes nach genauer Untersuchung doch die eigenen allen anderen vorziehen. So sehr ist jedes Volk davon überzeugt, daß seine Lebensformen die besten sind.«
Die Überzeugung ist nicht unsinnig. Zum Verhalten des KAMBYSES, der Tempel niederriß und Bräuche verspottete, hat HERODOT folgendes zu sagen:
»Mir ist völlig klar, daß Kambyses gänzlich wahnsinnig war; sonst hätte er sich nicht an Tempeln und Bräuchen vergriffen.«
Überzeugungen, Sitten, Gesetze sind zwar nicht allgemein akzeptiert – aber sie sind verbindlich in einem engen Bereich, und nur ein Wahnsinniger würde sie verspotten oder versuchen, sie zu beseitigen.
Auch PROTAGORAS, dem HERODOT vielleicht gefolgt ist, betont sowohl die *Relativität* der Sitten und Gesetze als auch ihre *Verbindlichkeit*. Ohne Gesetze können die Menschen nicht leben und Staatswesen nicht bestehen. Menschen, die Gesetze wiederholt brechen, »sind zu töten als eine Krankheit am Leibe der Stadt« (PLATON, Protagoras 322d, sowie die »rationale« Parallele 325b). PROTAGORAS hat sich auch als Gesetzgeber betätigt – er hielt es für sinnvoll, die Gesetze einer Stadt ihren Bedürfnissen entsprechend zu erfinden oder bestehende Gesetze zu verbessern.
Die Auffassung, die diesen Zitaten und Verhaltensweisen zugrunde liegt, ist die folgende: Gesetze, Sitten, Lebensformen sind zwar *nicht allgemein verbindlich,* aber sie *gelten* doch *in beschränkten Bereichen.* Ich nenne diese Auffassung den *Relativismus des Protagoras.*
Der Relativismus des PROTAGORAS paßt in eine Welt, die aus verschiedenen Abteilungen besteht, wobei in jeder Abteilung besondere Natur- und Sozialgesetze in Kraft sind. Die Welt der Homerischen Helden ist

von dieser Art. In der »Ilias« (15, 184ff.) heißt es:

»Denn wir sind drei Brüder, die Kronos zeugte mit Rhea:
Zeus, ich selbst (Poseidon) und Hades, der unterirdische König.
Dreifach teilte sich alles, und jeglichem ward von der Herrschaft.
Mich nun traf's, auf immer das graue Meer zu bewohnen,
Als wir gelost. Den Hades traf das nächtliche Dunkel.
Zeus dann traf der Himmel umher in Äther und Wolken;
Aber die Erd' ist allen gemein, und der hohe Olympos.
Nimmer folg' ich demnach Zeus' Fügungen; sondern geruhig
Bleib er, wie stark er auch ist, *in seinem beschiedenen Drittel.*«

Wie die politische Welt zerfällt hier auch die *Natur* in Regionen mit verschiedenen (Natur-)Gesetzen, und die Götter erhalten ihre Kraft von diesen Gesetzen, nicht umgekehrt. (Die aufgezählten Bereiche Himmel, Erde, Meer, zu denen bei Hesiod die Nacht hinzutritt, sind die Vorläufer der vier Elemente Feuer, Erde, Wasser, Luft. Die ursprüngliche Bedeutung dieser Elemente ist also eine räumliche.) *Moira* ist der *räumliche* Teilbereich, der einem Gott, seiner Herrschaft und seinen Idiosynkrasien zugeordnet ist. Die Macht der Götter ist beschränkt, und keiner kann sich brüsten, das Ganze geschaffen zu haben und zu beherrschen. Auch der frühe Sinn von *nomos* entspricht dieser regionalen Auffassung der Zuständigkeit oder, abstrakt gesprochen, des Geltens: in der *Ilias* hat das Verbum *nemein* (urverwandt mit dem deutschen *nehmen*) unter anderem den Sinn von »verteilen«, »zuteilen«.

Der Aggregatcharakter der Homerischen Welt wiederholt sich in den *Gegenständen*, die sie bewohnen. Es gibt weder Begriffe, die den menschlichen Leib oder die menschliche Seele gedanklich zu einer Einheit zusammenfassen, noch Darstellungsmittel, die eine solche Einheit optisch vorführen könnten. Sowohl begrifflich wie auch in Abbildungen ist der Mensch eine Gliederpuppe, zusammengesetzt aus relativ isolierten Elementen (Oberarm, Unterarm, Leib, Hals, Kopf mit separat eingesetztem Auge usw.) und durchsetzt von Ereignissen (Gedanken, Gefühlen, Vorstellungen), die sehr wohl in der Außenwelt entstehen und ihr angehören können. Das zeigt sich zum Beispiel daran, daß »die Verben für Tun und Machen bei Homer sehr viel weniger Aktivität implizieren als die entsprechenden Wörter bei uns. *prättein* ist eigentlich ›einen Weg zurücklegen‹, aber daß man dabei weniger an die eigentliche Anstrengung denkt als daran, daß es dabei ›gut geht‹, zeigt noch die im Attischen erhaltene Wendung *eũ prắttō:* ›es geht mir gut‹« (Snell, 47).

Auch die Homerische *Weltanschauung* ist »substanzlos«; in der Religion regiert der Eklektizismus, fremde Götter und Mythen werden ohne Zögern übernommen, verschiedene Fassungen derselben Geschichte existieren friedlich Seite an Seite, und selbst die neuen Welterklärungsschemata der Ionier sind den älteren Ideen gegenüber sehr tolerant. Es gibt keine *Erkenntnis*, die eine Einheit hinter der Vielfalt erfaßt, keine allgemeine *Wahrheit*, die sich auf eine solche Einheit bezöge, aber es gibt *Kenntnisse* oder Wahrheit*en*: in verschiedenen Situationen auf verschiedene Weise gewonnen und geltend nach den für diese Situationen zuständigen Gesetzen. *Wissen* ist die *Summe* oder die *Liste* aller Kenntnisse aus allen Bereichen. Nur die Götter haben ein Wissen in diesem Sinn, aber nicht darum, weil ihr Blick in die Tiefe dringt oder weil sie Konjekturen (Mutmaßungen) aufstellen, die die Welt im ganzen unter einen einheitlichen Gesichtspunkt bringen, sondern weil sie allein alle Abschnitte des Weltlaufs *überblikken*.

Der Relativismus des Protagoras paßt genau auf eine Welt dieser Art. Die Protagoreer waren nicht lässige Kerle, die aus purer Faulheit eine reale Einheit durch vielfache Meinungen ersetzten. Ihre Philosophie gab die Züge der Welt wieder, in der sie lebten. Die Phantasterei lag auf der Seite ihrer Gegner. Denn in einer Welt, die aus relativ selbständigen Bereichen besteht, ist die Annahme eines universellen Geltens sowohl *leer (absurd)* – es gibt ja keine alles durchdringenden Züge, die eine solche Annahme wahr machen könnten – als auch *tyrannisch* – denn nur mit Gewalt kann man soziale Traditionen mit verschiedenen Sitten unter den Hut einer Philosophie bringen. Der Einwand, daß fast die gesamte abendländische → *Philosophie* von der Annahme einer umfassenden Wahrheit (→ *Wahr und falsch; Wahrheit*) geleitet ist, und daß die Wissenschaften (→ *Wissenschaft*) ohne diese Annahme nicht leben können, hat nur dann Stoßkraft, wenn man zeigen kann, daß die wissenschaftliche und philosophische Forschung, von dieser Annahme inspiriert, wirklich eine umfassende Wahrheit zutage gefördert hat. Das aber ist nicht der Fall.

Der Regionalismus der Phänomene wurde nie überwunden, weder von den Philosophen noch von den Wissenschaftlern. Wo eine einheitliche Weltbetrachtung vorzuliegen scheint, da haben wir entweder bescheidene Erfolge in einem engen Bereich und Versprechungen für den Rest, die aber so formuliert werden, als handle es sich schon um Resultate (z. B. die Behauptung, daß die gesamte Chemie ein Teil der Physik sei), oder die Unterdrückung von Phänomenen, die nicht in den akzeptierten Rahmen passen (das gilt besonders für die sogenannten → *Sozialwissenschaften*, die nur darum keinen allzu großen Schaden anrichten, weil der Common sense oder die Künste die fehlenden Bestandteile aufbewahren). Von allem Anfang an haben Rationalisten ihre Wünsche mit den Tatsachen verwechselt und sich Zugeständnisse *erschlichen*, statt klar für ihre Position *zu argumentieren* (→ *Rationalismus*).

Zum Beispiel verspottet XENOPHANES die traditionelle Gottesauffassung mit der folgenden Bemerkung (DIELS/KRANZ, Fragmente 11,15,16):

»Die Äthiopier bilden ihre Götter schwarz und stumpfnasig, die Thraker blauäugig und rothaarig... Wenn Kühe, Pferde und Löwen Hände hätten und damit malen könnten, dann würden die Pferde pferdeähnliche und die Kühe kuhförmige Göttergestalten schaffen...«

und setzt ihr seine eigene, »aufgeklärte« Theorie entgegen (ebd. 23,25,26):

»Einen Gott gibt es, weder an Gestalt noch an Gedanken den Sterblichen ähnlich. Immer bleibt er am selben Ort und ohne Bewegung. Nicht geziemt sich's für ihn, zu wandeln hierhin und dorthin, denn ohne Mühsal lenkt er das All durch die Kraft seines Geistes.«

Man beachte die *unmenschlichen* Züge dieses Gottesmonstrums. Schon TIMON sagt (Diogenes Laertius 9.18):

»Xenophanes, der den alten Homer mit bescheidener Bescheidenheit zu Boden warf und – siehe da – einen unmenschlichen Gott erbaute, rund, bewegungslos, ohne Schmerz und Leiden und klüger als die Klugheit selbst...«

Dieser Gott paßt zu den Prätentionen der sich langsam versammelnden Gruppe von Intellektuellen, denn auch diese bilden sich ein, die Welt »ohne Mühsal«, einzig »durch die Kraft ihres Geistes« lenken zu können. Er ist ein Regional- oder Parteigott. Aber das Argument gegen andere Regionalgötter schreibt ihm eine viel größere Autorität zu. Dieses Argument nimmt an, daß (a) eine Gottesauffassung, die sich von Volk zu Volk ändert, *nirgends gilt* und daß (b) eine Gottesauffassung, der lokale Züge fehlen, *überall gilt.* (a) stimmt nur dann, wenn die regionale Auffassung des Geltens bereits verworfen und durch ein universelles Gelten ersetzt wurde, d. h., (a) stimmt nur dann, wenn das Argument, das es einleitet, bereits überflüssig geworden ist. Aber die regionale Auffassung überlebt bei HERODOT und PROTAGORAS und noch viel länger im griechischen Common sense. Ihre Vertreter werden nicht überzeugt, sondern behandelt, als fehle es ihnen an Verstand. Nicht mit Argumenten, sondern mit Spott, intellektueller Überheblichkeit, Mangel an Perspektive (b!) beginnt der Aufstieg des → *Rationalismus* im Abendland. Nicht mit Argumenten, sondern mit Spott, intellektueller Überheblichkeit, Mangel an Perspektive haben seither Rationalisten, Wissenschaftler und andere Gegner des Relativismus ihren Standpunkt durchzusetzen versucht. PARMENIDES z. B. erklärt alles für Schein, was seinem (nicht regionalen) Seinsbegriff widerspricht. PLATON gibt offen zu, daß nur Vorspiegelungen, nicht aber Argumente eine Brücke herstellen können zwischen der »Wahrheit« seines politischen Rationalismus und dem Leben der Menschen. In Spezialfächern, wie etwa in der Astronomie und in der reinen Mathematik, führen das Beharren auf abstrakten Prinzipien und das Beiseiteschieben bekannter Phänomene zu einer Verbesserung (vgl. PLATON, Staat 530b; Epinomis). Aber der Erfolg ist regional und wird von Mißerfolgen in der Medizin (vgl. Über die alte Medizin, Kap. 15), in der Geographie (vgl. die Kritik des HERODOT an HEKATAEUS), in der Ethik und von einer Reihe von »Grundlagenkrisen« in der reinen Mathematik mehr als ausgeglichen. Die Vielfalt von Konjekturen, die aus diesen Mißerfolgen hervorging, veranlaßte die *Skeptiker*, alle Geltungsansprüche aufzugeben. So entstand der *skeptische Relativismus*, der das Gelten durch die Willkür besonderer Gruppen oder besonderer Individuen ersetzt.

Während die *Universalisten* ihre Gegner einfach verspotteten oder an der Nase herumführten, versuchten die *Skeptiker* ihren Standpunkt mit Hilfe von Argumenten plausibel zu machen. Z. B. verwiesen sie darauf, daß die Vertreter einer universellen Wahrheit in verschiedene Schulen aufgespalten waren, daß jede der Schulen grundlegenden Problemen gegenüberstand und nur in einem kleinen Bereich ihres Wahrheitsanspruchs Erfolge aufweisen konnte; auf zweifache Weise also zerfiel der Bereich der Forschung in Regionen. Die Skeptiker verwiesen weiterhin darauf, daß viele Menschen und selbst die Tiere nach Prinzipien leben, die sich von den Prinzipien der Wahrheitssucher unterscheiden; daß aber ein genaues Studium ihres Lebens nicht nur Nachteile, sondern auch Vorteile zutage fördert, und zwar sowohl Vorteile, die der anders Lebende nicht als Vorteile erkennt und erst bemerkt, wenn er sein Leben ändert (es gibt also keine »objektive« Beurteilung von Vorteilen), als auch Vorteile, die allgemein erkennbar sind (Erfolge in der Medizin, in der Kunst des menschlichen Zusammenlebens usw.). Noch entscheidender ist die Überlegung, daß die Menschen *einfach das Recht haben*, ihr Leben aufgrund ihrer eigenen Traditionen zu gestalten. Damit sind wir wieder beim Relativismus des PROTAGORAS angelangt, der das Gelten nicht entfernt, aber regional begrenzt.

Ich erkläre nun ganz kurz einige Prinzipien dieser Lehre.

B. Prinzipien des Relativismus

Verglichen werden nicht Sätze oder Ideen oder philosophische Standpunkte, die ja erst auf einem reichen Hintergrund von Reaktionen, Einstellungen, Perzeptionen usw. verständlich werden, sondern Gesamtheiten von Ideen, Reaktionen etc., also *Lebensformen* oder *Traditionen*. Von ihnen gilt:

1. Traditionen sind *weder gut noch schlecht;* sie *sind* einfach. »Objektiv«, d. h. unabhängig von einer Tradition, gibt es keine Wahl zwischen einer humanitären Einstellung und dem Antisemitismus. Der → *Rationalismus* z. B. ist nicht ein Schiedsrichter zwischen Traditionen, er ist selbst eine Tradition; er ist daher weder gut noch schlecht; er *ist* einfach.

2. Traditionen haben *erwünschte oder unerwünschte Züge nur*, wenn man sie *auf Traditionen bezieht,* d. h., wenn man sie als Teilnehmer einer Tradition betrachtet und aufgrund der Werte dieser Tradition beurteilt. Die Urteile der Teilnehmer *klingen »objektiv«*, weil die Teilnehmer und die projizierende Tradition nicht erwähnt werden. Sie *sind »subjektiv«*, weil sie von der verwendeten Tradition abhängen sowie von der Weise, in der die Teilnehmer diese Tradition einsetzen. Ähnlich *klingt* das Urteil: »Dieser Tisch ist einen Meter lang« objektiv, denn es spricht nur über den Tisch, *hängt aber ab* von der Wahl einer Maßeinheit.

Diese Abhängigkeit unserer Urteile von einem beschränkten Teil der sozialen Welt tritt hervor, sobald Teilnehmer verschiedener Traditionen einander gegenüberstehen. In einer solchen Situation kann man entweder *auf unreflektierte Weise* reagieren – man verdammt einfach die Tradition, deren Werturteile den eigenen nicht entsprechen; oder *intelligent*, d. h., man gibt die Traditionsabhängigkeit von Werten zu – genauso, wie die Physiker nach Entdeckung der Abhängigkeit aller Raumzeitangaben vom Koordinatensystem die »Relativität« der einfachsten Sätze über Längen und Zeitintervalle zugegeben haben. Wer die Veränderung nicht ausführt, der kann sich nicht der Zugehörigkeit zu einer besonderen Schule besonders kluger Philosophen rühmen, die den ethischen Relativismus überwunden hat – genauso wie ein Physiker, der noch immer absolute Längenbegriffe verwendet, sich nicht damit brüsten kann, daß er einer besonderen Schule besonders kluger Physiker angehört, die die physikalische Relativität überwunden hat. Er (sie) ist einfach widerspenstig oder dumm oder beides.

3. These 1 und These 2 charakterisieren den Relativismus des *Protagoras*. Dieser Relativismus ist *vernünftig*, denn er beachtet die *Vielzahl von Traditionen und Werten*. Er ist *zivilisiert*, denn er nimmt *nicht* an, daß das winzige (intellektuelle) *Dorf*, in dem man wohnt, am *Nabel der Welt* liegt und daß seine seltsamen Sitten Maßstäbe für die ganze Welt sind. Er ist außerdem *klug*, denn er schließt nicht aus der Unvollständigkeit unserer Rede (kein Hinweis auf Traditionen und Teilnehmer) auf ihre »Objektivität«.

4. Die Wechselwirkung von Traditionen besteht entweder in einem *freien Austausch* von Ideen, Glaubensannahmen, Produkten oder in einem *gelenkten Austausch*. Die Regeln eines gelenkten Austausches werden beiden Partnern vor dem Austausch aufgezwungen und durch den Austausch selbst nicht verändert. Die Traditionen, die an einem gelenkten Austausch teilnehmen, sind also nicht die Herrinnen ihres Geschicks. Beispiel eines gelenkten Austausches ist eine *rationale Diskussion*. Ein freier Austausch erlaubt es den Teilnehmern, die Prinzipien des Austausches während des Austausches aufgrund der im Austausch gesammelten Erfahrungen zu modifizieren. Man kann die allgemeinen Züge eines gelenkten Austausches vorhersehen,

nicht aber die allgemeinen Züge eines freien Austausches. Und da ein freier Austausch zwischen Traditionen in einer freien Gesellschaft eine wichtige Rolle spielt, so sind auch die allgemeinen Züge einer freien Gesellschaft nicht im vorhinein bekannt: eine freie Gesellschaft genügt keinem intellektuellen Modell, außer rein zufällig.

5. Eine *freie Gesellschaft* ist eine Gesellschaft, in der *alle Traditionen gleiche Rechte* und gleichen Zugang zu den Zentren der Erziehung und anderen Machtzentren haben. Traditionen können (aufgrund eines freien Austausches) vorübergehend auf ihre Rechte verzichten, aber vergessen sollte man sie darum nicht. Eine freie Gesellschaft hat also ein umfassenderes Gedächtnis als selbst die beste Demokratie der Gegenwart; und sie setzt dieses Gedächtnis auch entschiedener ein. Eine freie Gesellschaft beruht ferner nicht auf einem klar formulierten Glauben oder auf einer »freiheitlichen« Philosophie. Sie beruht z. B. nicht auf rationalen Überlegungen; sie hat aber eine *Schutzstruktur* (im einfachsten Fall: eine Polizei). Die Schutzstruktur gibt der Gesellschaft keinen *Inhalt*, bewahrt sie aber vor störenden Einflüssen. Sie funktioniert wie ein Eisengitter, nicht wie eine Überzeugung. Die Schutzstruktur wird durch einen offenen Austausch eingeführt, kann also nicht unabhängig von einem solchen Austausch beschrieben und verteidigt werden.

6. Eine freie Gesellschaft *trennt Staat und Traditionen,* also auch *Staat und Wissenschaft.* Die Demokratien von heute sind keine freien Gesellschaften. Sie können in freie Gesellschaften verwandelt werden, indem man das Urteil von Fachleuten durch Bürgerinitiativen ersetzt, an denen alle von einem bestimmten Fachurteil betroffenen Bürger, also auch die Fachleute selbst, teilnehmen. Die Erkenntnistheorie und die → *Wissenschaftstheorie*, die sich die Aufgabe stellen, durch Instruktion der Bürger zwischen dem Bürger und den Wissenschaften in einer für die Wissenschaften vorteilhaften Weise zu vermitteln, sind in einer freien Gesellschaft nicht nur *überflüssig*, sondern auch *schädlich*: wie eiserne Vorhänge schieben sie sich zwischen den Bürger und die Gesellschaft und ersetzen ein direktes Verständnis der letzten durch Einbläuen der neuesten intellektuellen Moden. Freie Bürger können es sich aber nicht leisten, die Ideologie Unfreier, nämlich der Experten (die Sklaven ihrer Berufsideologie sind), unbesehen zur eigenen zu machen.

Zur regionalen Auffassung der Welt vgl. Kap. 17 von Feyerabend (Methodenzwang) sowie Kap. 3 von Feyerabend (Empirismus). Die antike Situation erläutern Heinimann, Dover und Cornford. Die moderne Situation wird beschrieben in Primas. Die Prinzipien des Relativismus werden etwas genauer erklärt in Feyerabend (Erkenntnis).

Paul Feyerabend

Cornford, M.: From religion to philosophy. 1965. – *Diels, H./Kranz, W. (Hg.):* Die Fragmente der Vorsokratiker. Bd. 1–3. 12. bzw. 11. Aufl. 1966 bzw. 1964. – *Dover, K. J.:* Greek popular morality in the time of Plato and Aristotle. 1975, 1978. – *Duerr, H. P. (Hg.):* Versuchungen. Bd. 1: 1980; Bd. 2: 1981. – *Feyerabend, P.:* Erkenntnis für freie Menschen. 1979. Veränd. Ausgabe 1980. – *Ders.:* Probleme des Empirismus. 1981. Besonders Kap. 3. – *Ders.:* Wider den Methodenzwang. (Aus dem Engl.) (1975) 1976; Neuausgabe ^{3}1983, stw 1986. – *Heinimann, F.:* Nomos und Physis. 1945, WB ^{5}1986. – *Kierkegaard, S.:* Unwissenschaftliche Nachschrift. 1846. dtv 1975–1977. – *Mill, J. St.:* Über die Freiheit. 1859. WB ^{4}1973. – *Primas, H.:* Chemistry, quantum mechanics und reductionism. Perspectives in theoretical chemistry. Springer 1981. – *Sextus Empiricus:* Outlines of Pyrrhonism. Grundriß der pyrrhonischen Skepsis. 1968. – *Snell, B.:* Die alten Griechen und wir. 1966. – *Wittgenstein, L.:* Philosophische Untersuchungen. 1953, ^{2}1958 = 1960.
Vgl. auch die Literaturverzeichnisse zu den Artikeln → *Erkenntnistheorie, anarchische* sowie *Rationalismus.*

Paul Feyerabend/H.S.

Semiotik

zu griech. sẽma, sẽmeĩon: Zeichen; lat. signum

Semiotik stand als Lehre von den Zeichen bzw. von der Bezeichnung (Signifikation) seit jeher in der Nähe der Sprachtheorie und -philosophie, da die Sprache das umfassendste Zeichensystem darstellt, das nicht nur Kommunikation ermöglicht, sondern zugleich über zeichenvermittelte Kommunikation nachzudenken gestattet (→ *Sprache, allgemein und philosophisch;* → *Sprache, linguistisch*). Das Wort als Zeichen erfüllt in besonderem Maße die Beziehung des Stehens-für-etwas (*aliquid stat pro aliquo*), die das Hauptcharakteristikum des Zeichens ausmacht. Doch hat die moderne Semiotik auch mannigfache Theorien nichtsprachlicher Zeichen entwickelt und damit nicht nur Linguistik und Kommunikationstheorie, sondern die verschiedensten kulturwissenschaftlichen Disziplinen wie Ästhetik, Kulturanthropologie, Psychoanalyse etc. befruchtet.

A. Aspekte und Relationen des Zeichens

Die traditionelle Zeichentheorie ging aus von einem *zweistelligen Zeichenbegriff*, d. h. von der genannten Relation »etwas steht für etwas« und dem damit gegebenen Begriffspaar »Bezeichnendes« (signans) und »Bezeichnetes« (signatum). Unter diesem Gesichtspunkt betrachtet, sind die verschiedensten Signifikationen, etwa durch Buchstaben, Noten, Wörter, Zahlen, Markierungen, Signale, heraldische oder allegorische Darstellungen, aber auch Spuren, Symptome und Anzeichen, dadurch vergleichbar, daß in ihnen sinnlich wahrnehmbare Signifikanten auf nicht in gleicher Weise wahrnehmbare Signifikate bezogen werden können. Unabhängig von der Frage, ob die Beziehung (wie bei Signalen) im Rahmen eines Regelsystems verabredet oder (wie bei Spuren) als Hinweis zu entdecken ist, bleibt überall die formale Struktur des Zusammenhangs von signans und signatum dieselbe.

Allerdings hat sich innerhalb der → *Philosophie* vor allem im Hinblick auf die Sprache seit dem Platonischen Dialog »Kratylos« (vgl. Derbolav) die Diskussion darüber erhalten, in welchem Maße das (Wort-)Zeichen in einer »natürlichen« oder willkürlich gesetzten Beziehung zur bezeichneten Sache steht. Hier hat die moderne Semiotik unter dem Einfluß des amerikanischen Philosophen (und Begründers des → *Pragmatismus*) Ch. S. Peirce durch Einführung eines universalen, aber mannigfach differenzierten Zeichenbegriffs zu wichtigen Unterscheidungen geführt. Hervorgehoben sei hier die Unterscheidung zwischen *ikonischen, indexikalischen* und *symbolischen* Zeichen, die sich im Gegensatz zu zahlreichen anderen von Peirce eingeführten terminologischen Bestimmungen in einem weiten Anwendungsbereich der Semiotik durchgesetzt hat.

I. Das ikonische Zeichen

Das *ikonische* Zeichen (von griech. eikṓn: Bild, Abbild) steht dadurch in einer unmittelbar wahrnehmbaren Beziehung zur bezeichneten Sache, daß es Elemente ihrer Struktur abbildhaft in seiner eigenen Gestalt wiedergibt. Viele Verkehrszeichen und Hinweisschilder, wie etwa das bekannte Fußgängerschild, sind Ikone, doch müssen auch Landkarten, Baupläne und graphische Darstellungen, die ihre Gegenstände nicht imitatorisch abbilden, sondern schematisch repräsentieren, zu den ikonischen Zeichen gerechnet werden. Diese Beziehung ist nicht auf visuelle Wahrnehmbarkeit beschränkt; alle sprachlichen Versinnlichungen von Wirklichkeitsstrukturen, seien sie in lautmalerischer oder syntaktischer Weise oder (z. B. »Dick & Doof«) in einer Mischung aus verschiedenen Elementen gebildet, gehören ebenso zu den ikonischen Zeichen wie die musikalische Wiedergabe von Signalen und Geräuschen. In einem weiten, dann freilich immer weniger aussagekräftigen Sinn können alle technisch reproduzierten Bilder und Töne als ikonische Zeichen verstanden werden, und man kann dann kulturkritisch von einer bedrohlichen »Ikonisierung« der Erlebnisweise durch die modernen Medien sprechen. Doch auch dort, wo der Begriff des ikonischen Zeichens eingeschränkt ist auf die informative, abbildhafte Verkürzung von Gegenstandsstrukturen, wie sie vorzugsweise in Schaubildern verwendet wird, kann man eine zunehmende Dominanz des ikonischen Zeichens im technisch vermittelten Kommunikationsprozeß feststellen.

II. Das indexikalische Zeichen

Während für den Objektbezug des ikonischen Zeichens die unmittelbar wahrnehmbare Strukturähnlichkeit mit der bezeichneten Sache gilt, ist das *indexikalische* Zeichen charakterisiert durch die Unmittelbarkeit des Zusammenhangs mit einem konkret Vorkommenden. Als sichtbare Wirkung einer Ursache verweist der Rauch auf das Feuer, der Fingerabdruck auf den Täter; aber auch die Nummer an der Zimmertür steht in einem realen Bezug zur gemeinten Sache, was auch für das in einer konkreten Situation gesprochene Demonstrativpronomen oder den ausgestreckten Zeigefinger gilt. Daß Ikonizität und Indexikalität in keinem Ausschließungsverhältnis zueinander stehen, sondern verschiedene Aspekte bedeuten, die in einem Zeichen vereinigt sein können, sei an zwei Beispielen verdeutlicht: Verschiedene, in einem Depot beisammenstehende ikonische Verkehrsschilder werden erst zu indexikalischen Zeichen, wenn sie an Ort und Stelle konkret mögliche Vorkommnisse wie Steinschlag, Seitenwind usw. bezeichnen. Entsprechendes gilt für den Fingerabdruck. Er ist, an der Mordwaffe entdeckt, indexikalischer Hinweis auf den Täter aufgrund des Abdrucks der Hautrillen, während er als Archivbild nur noch ikonisches Zeichen ist.

III. Das symbolische Zeichen
Von dem zuletzt genannten Beispiel aus kann nun auch deutlich gemacht werden, wie mit Hilfe des differenzierten Begriffsapparates der Semiotik die alte Frage nach dem Maß der »natürlichen« Verbindung des Zeichens mit der bezeichneten Sache beantwortet werden kann: die engste strukturelle Beziehung ist gegeben im Fall des ikonischen Index mit kausaler Beziehung zum Signifikat, also bei der abbildhaften Spur. Die vielleicht reinsten Fälle dieser Beziehung sind Spiegelbild und Schatten, die nicht zufällig schon bei PLATON als Methaphern für das Verhältnis von Wesen und Erscheinung auftreten. Jedoch ist festzuhalten, daß mit Ikon und Index noch nicht das Zeichen im engeren Sinn beschrieben ist, das konstitutiver Bestandteil jeder höher entwikkelten Zeichensprache ist: das (auch von PEIRCE so genannte) *Symbol* als derjenige Signifikant, der unabhängig von ikonischer Ähnlichkeit und realem Bezug zu einer gegebenen Sache in beliebiger Setzung nach konventionellen Regeln dauernd eine bestimmte Gegenstandsart repräsentiert, wie dies vorzugsweise die mathematischen Symbole tun. An dieser Bestimmung ist vor allem der Begriff »Gegenstandsart« zu betonen. Das Symbol als Zeichen im engeren Sinne steht nicht für einen individuellen Gegenstand, sondern für ein allgemeines Objekt oder eine Klasse von Gegenständen. Es ist hierbei Bestandteil eines Systems, in dem Zeichen nach bestimmten Regeln Gegenstände oder Relationen von Gegenständen potentiell bezeichnen. Dies gilt z. B. für alle Wörter eines Wörterbuches, sofern sie nicht als Eigennamen für individuelle Personen, Orte, Ereignisse usw. stehen. Dabei ist allerdings festzuhalten, daß dieser in der Semiotik von PEIRCE als spezieller Terminus gebrauchte Symbolbegriff nur auf die hier skizzierten Funktionen bezogen werden kann und neben Ikon und Index nur einen Teilaspekt des Zeichens heraushebt. Daneben sind zahlreiche andere Symbolbegriffe möglich und tatsächlich in Gebrauch, die zwar sämtlich mit Hilfe der zweistelligen Relation »Zeichen – Bedeutung« erfaßbar, für eine semiotische Theorie jedoch von unterschiedlicher Relevanz sind, z. B. der Symbolbegriff in der Literaturwissenschaft.

Schon die Hervorhebung von drei Teilaspekten des Zeichens durch Ikon, Index und Symbol bei PEIRCE ist ein Hinweis darauf, daß die moderne Semiotik im Unterschied zur traditionellen Theorie der Zweistelligkeit des Zeichens (J. LOCKE, Chr. WOLFF, J. H. LAMBERT u. a.) von einer *triadischen* Struktur ausgeht. Durch die Einführung des Begriffs *Interpretant* hat PEIRCE den Zusammenhang von Zeichen und der im Zeichenbenutzer vorausgesetzten Anwendungsmöglichkeit herausgehoben. Das Zeichen verweist ja nicht nur im Sinne eines bloßen Repräsentationsverhältnisses auf den gemeinten Sachverhalt, sondern seine volle Bedeutung ergibt sich erst daraus, daß es im Verweis auf eine Sache zugleich einen bestimmten Effekt in demjenigen bewirken soll, der den Verweisungsvorgang aufnimmt. Das Stehen-für-etwas muß also erweitert werden um die Dimension des Zeichenbenutzers, der mit dem Zeichen etwas anfängt. In diesem Sinn bestimmt PEIRCE das Zeichen als »something which stands *to somebody for something in some respect or capacity*«. Dies kann auch in einer sinngemäßen Erweiterung der Formel »aliquid stat pro aliquo« durch den Zusatz *»ad usum alicuius«* ausgedrückt werden. Hierbei ist nicht das faktische Vorhandensein einer von dem Zeichen Gebrauch machenden Person entscheidend, sondern vielmehr der im Zeichen angelegte *Appell*, auf bestimmte Weise angenommen zu werden. So ist denn auch mit dem Begriff »Interpretant« nicht der das Zeichen interpretierende Benutzer gemeint, sondern die Reaktionsweise oder die Verhaltensdisposition im Sinne eines Antwortschemas, das den im Zeichen implizierten möglichen praktischen Konsequenzen Rechnung trägt. Dies läßt sich besonders am Beispiel solcher Verkehrszeichen verdeutlichen, in denen die Repräsentation eines Sachverhaltes im Sinne einer Warnung gegeben ist: das Zeichen »Seitenwind« ist auf ein die besonderen Umstände berücksichtigendes Verhalten hin angelegt, und dieses kann dann als Interpretant des Verkehrszeichens angesehen werden.

B. Die drei Dimensionen der Semiotik
Damit ist neben dem *semantischen* Bezug des Zeichens (Objektbezug) der *pragmatische* (Interpretantenbezug) in der amerikanischen Semiotik erschlossen und – auf den Gedanken von PEIRCE aufbauend – vor allem von Ch. W. MORRIS zum Bestand eines dreigliedrigen semiotischen Systems gemacht worden.

Ausgehend von der Unterscheidung von drei Komponenten des Zeichenvorgangs (Semiose), nämlich dem *Zeichenträger* als der konkret-materiell erscheinenden Zeichengestalt, dem *Designat* als dem Objekt, auf das im Zeichen Bezug genommen wird, und dem *Interpretanten* unterschied MORRIS die drei Dimensionen der Semiotik: *Syntaktik, Semantik* und *Pragmatik*.

I. Syntaktik

Aufgabe der *Syntaktik* ist es, die formalen Relationen der Zeichen untereinander »unter Absehung von ihren Beziehungen zu Objekten und Interpreten« zu untersuchen; eine Aufgabe, die für die Sprache durch → *Logik* und Grammatik unabhängig von semiotischen Theorien seit der Antike formuliert ist, in der modernen Linguistik und der mathematischen Logik jedoch durch die Semiotik neue Anstöße erfuhr.

II. Semantik

Die *Semantik* als zweite semiotische Disziplin untersucht die Beziehung zwischen den Zeichen und den Objekten, auf die sie sich beziehen können. Auch diese Aufgabe ist in der Sprachwissenschaft in der traditionellen Gestalt der »Bedeutungslehre« lange vor der Etablierung eines semiotischen Systems bearbeitet worden und tritt schon seit dem Ende des 19. Jh., vor allem in Frankreich, unter den Namen »Semantik« oder »Semasiologie« auf. Daß auch diese beiden Begriffe (wie »Semiotik«) unter Verwendung des griechischen Wortstamms *sêm* die Bezeichnungs- und Bedeutungsfunktion der Sprache thematisieren, weist auf eine terminologische Vielfalt hin, die insbesondere die begriffliche Unterscheidung von Semantik und Semiotik erschwert hat. So sind um die Mitte dieses Jahrhunderts unter dem Eindruck eines in den USA bis an die Grenzen der Sektenbildung gehenden Semantik-Booms zeichentheoretische Untersuchungen geschrieben worden, die sich nicht der Kennzeichnung »Semiotik«, sondern des damaligen Modeworts »Semantik« bedienten.

III. Pragmatik

Inzwischen haben sich jedoch die Morrissche Einteilung und die Einordnung der Semantik als semiotischer Teildisziplin weithin durchgesetzt. Hand in Hand damit erfolgte eine intensive Zuwendung zu der lange Zeit wenig beachteten dritten semiotischen Dimension, der *Pragmatik*, die von MORRIS als »die Wissenschaft von der Beziehung der Zeichen zu ihren Interpreten« definiert wurde. Ähnlich wie im Zusammenhang mit der Semantik ist auch hier zu unterscheiden zwischen einer primär linguistischen und einer primär (sprach-)philosophischen Pragmatik, doch ist für beide kennzeichnend die Konzentration auf den *Handlungscharakter* des in der konkreten Situation gesprochenen Wortes bzw. eines gegebenen Zeichens. Hier wird erst ganz deutlich, wie das Zeichen, vorzugsweise das Wort-Zeichen, nicht einfach einen Sachverhalt repräsentiert, sondern durch die Besonderheit dieser Repräsentation innerhalb einer bestimmten Situation etwas bewirkt. Allerdings reicht die Vielfalt möglicher Ansätze, die sich des (nun gleichfalls zu modischer Beliebtheit gekommenen) Begriffs »Pragmatik« bedienen, von den einfachsten behavioristischen Reiz-Reaktions-Theorien (Reaktion als Zeicheninterpretant) bis zu den anspruchsvollsten Untersuchungen der Bedingungen der Möglichkeit herrschaftsfreier Kommunikation. Was diese Variationsbreite ermöglicht, ist die außerordentliche Weite des linguistischen und nicht-linguistischen Kommunikationsbegriffs, der für jeden zeichen-pragmatischen Ansatz zentral ist; läßt sich doch jede Kommunikation von den einfachsten Verständigungsprozessen im Tierreich bis zum Briefwechsel von GOETHE und SCHILLER primär als zeichen-vermittelte Interaktion fassen.

C. Die Aktualität der Semiotik

Hier liegt denn auch die Wurzel für die *Aktualität* der Semiotik und im besonderen der Pragmatik. Die beherrschende Stellung der modernen Medien und der durch sie vermittelten Massenkommunikation, der immer stärker betonte Charakter der technischen Nachrichtenübermittlung als Modell für die Vorgänge zwischenmenschlicher Kommunikation, die in Reklame und Propaganda sichtbar gewordenen Möglichkeiten der Manipulation von Zeichen und durch Zeichen, die Verfeinerung des Reaktions- und Selbststeuerungsvermögens technischer Apparate und die daraus gezogenen Konsequenzen für Lern- und Verhaltenspsychologie – diese und viele andere Fragen eines Zeitalters der totalen Information (→ *Information[stheorie]*) haben in der einen oder anderen Weise mit semiotischen Problemstellungen zu tun und finden von hier aus, wenn auch keine Lösung, so doch begriffliche Erhellung. Darüber hinaus gibt es weiter ausgreifende Ansätze, wie etwa die Schriften Umberto Ecos, die das Ganze der Kultur als Kommunikationsphänomen mit semiotischen Kategorien zu erfassen versuchen. Auch der seit etwa Mitte der siebziger Jahre in Deutschland sich wachsender Beliebtheit erfreuende Diskursbegriff geht teils direkt, teils durch Vermittlung französischer Autoren auf MORRIS und seine Theorie der Diskurstypen zurück, ist jedoch zugleich auch Bestandteil jener strukturalistischen Terminologie, die durch den linguistisch-semiologischen Ansatz von F. DE SAUSSURE angeregt wurde. Damit wird eine weitere Komponente in dem noch immer schwer überschaubaren Beziehungsfeld, das die Semiotik zusammen mit Linguistik, Kommunikationstheorien usw. bildet, sichtbar: der französische *Strukturalismus*, in den sechziger Jahren herrschende Strömung in Paris mit starker internationaler Ausstrahlung, kann als eine Sonderentwicklung innerhalb der unser Jahrhundert philosophisch kennzeichnenden Gesamtbewegung betrachtet werden, die in dem intensiven, so noch nie dagewesenen wissenschaftlichen und außerwissenschaftlichen Interesse für sprachliche und allgemein zeichenvermittelte Kommunikationsvorgänge besteht. Daß die von SAUSSURE beeinflußten Autoren von »Semiologie« sprechen, ist als bloß terminologischer Unterschied nebensächlich. Wichtiger ist – im Vergleich zu den primär von PEIRCE und MORRIS beeinflußten Vertretern – die dominierende Rolle des Begriffspaars Signifikant/Signifikat und die damit zum Ausdruck kommende Beibehaltung des zweistelligen Zeichenbegriffs in der Semiologie. Das entscheidende Kennzeichen dieser semiotisch-linguistischen Richtung jedoch ist die Herausarbeitung von Systemen oder Strukturen, in denen, wie SAUSSURE sagte, »die Elemente sich nach bestimmten Regeln gegenseitig im Gleichgewicht halten«. »Zeichen wirken und gelten nicht vermöge eines in ihnen selbst enthaltenen Wertes, sondern ihre Geltung beruht auf ihrer gegenseitigen Stellung.« Dies kann man sich verdeutlichen an einem Akkord, der ein Gefüge von Relationen zwischen den einzelnen Tönen darstellt. Der »Wert« des einzelnen Tones besteht nicht an sich, sondern ergibt sich aus den Beziehungen zu den umliegenden Tönen im Sinne eines »beziehungsreichen Gleichgewichts von Gliedern, die sich gegenseitig bedingen«. Für das Zeichensystem der Sprache ist dabei die Beziehung zwischen Gegensatzpaaren (*oppositionelle Relation*) als grundlegend herausgearbeitet worden. Die von hier aus erfolgte Ausweitung des methodischen Prinzips, mit solchen Gegensatzpaaren strukturelle Beziehungen komplizierter »humanwissenschaftlicher« Phänomene zu erfassen, hat die über die Linguistik hinausführende strukturalistische Bewegung in Gang gebracht. Ausgehend von phonologischen, d. h. lautlichen Gegensatzpaaren, wie l und r oder s und th, die nur für bestimmte Sprachen bedeutungskonstitutiv sind, hat man solche Beziehungen wechselseitiger Formierung auch in anderen Gegenstandsbereichen aufgesucht. So hat Cl. LÉVI-STRAUSS im Programm einer »Strukturalen Anthropologie« das Prinzip der linguistischen Strukturanalyse auf das kulturanthropologische Problem der Verwandtschaftsbeziehungen angewandt. Sein Versuch, »die Gesellschaft in ihrer Gesamtheit zu interpretieren auf der Basis einer Theorie der Kommunikation«, erfordert einen sehr weiten Kommunikationsbegriff, der auf dem Gedanken des Austauschs nicht nur von Nachrichten, sondern zugleich von Waren und Partnern basiert.

D. Zeichen und Verstehen

Da jedes in kommunikativer Absicht gesetzte Zeichen auf Verstehen oder Verständigung hin angelegt ist, muß schließlich als ein letzter Problemkreis der Semiotik das *Verstehen* innerhalb der zeichenvermittelten Kommunikation aufgeführt werden. In semiotischen Kategorien ausgedrückt, ist damit zunächst noch einmal das Verhältnis von Zeichen und Zeichenbenutzer – die pragmatische Dimension – angesprochen. Zugleich ist damit jedoch auch der Geltungsbereich der Verstehenslehre, also der → *Hermeneutik*, betroffen. Es gibt Ansätze, diese als Unterdisziplin der Semiotik anzusehen und ihr die Linguistik als Nachbardisziplin zuzuordnen. Dafür spricht, daß auch jede Verstehenslehre einzusetzen hat bei sprachlichen oder nichtsprachlichen Bedeutungsträgern, die als Zeichen aufgefaßt werden können. Allerdings steht bei einer solchen Zuordnung ein wesentlicher Aspekt der Hermeneutik in Gefahr, zugunsten eines *funktionalistischen Verstehensmodells* verlorenzugehen. Sofern nämlich die Hermeneutik nicht nur eine Technik der Interpretation im Sinne des richtigen Beziehens einzelner Sprach- und Textelemente auf Regelsysteme wie Codes, »Sprachspiele« oder

Diskurstypen bedeutet, muß gefragt werden, ob die hierüber hinausgehenden Leistungen mit semiotischen Kategorien erfaßbar sind. Eine Abgrenzung, über deren Bedeutung in der derzeitigen Diskussion noch wenig Klarheit besteht, müßte vor allem berücksichtigen, daß die semiotisch orientierte Linguistik und Kommunikationstheorie vorzugsweise mit *Funktionsmodellen* arbeitet, die den Kommunikationsvorgang als eine zwischen einem »Sender« und einem »Empfänger« stattfindende Bezugnahme auf einen Sachverhalt auffassen. Seit Karl Bühlers berühmtem »Organon-Modell der Sprache«, in dem zwischen Ausdrucks-, Appell- und Darstellungsfunktion des Sprachzeichens unterschieden wurde, sind verschiedene Versuche der weiteren Differenzierung eines solchen Funktionsmodells unternommen worden, von denen Roman Jakobsons Kommunikationsmodell (sechs sprachliche Funktionen: referentielle, emotive, konative, phatische, metasprachliche und poetische Funktion) wohl die stärkste Wirkung gehabt hat. Trotz einer solchen (im Prinzip noch weiter zu steigernden) Differenzierung bleibt als Grundvoraussetzung einer solchen Betrachtungsweise erhalten, daß letztlich doch die *Funktionalität* des Zeichens als solche thematisiert ist, also die Frage nach den Möglichkeiten und Mitteln, wie das (sprachliche) Zeichen seine jeweilige Funktion als Element innerhalb eines vorgegebenen Bezugs- oder Regelsystems erfüllt, wobei dann die ästhetische Funktion des Zeichens als ein mehrdeutiges »Changieren« zwischen einzelnen Codes aufgefaßt werden kann.

Der hierbei vorausgesetzte Verstehensbegriff impliziert in der Regel statische, nicht historisch variable Bezugssysteme. Hier kommt nun einer primär historisch orientierten Verstehenstheorie die Aufgabe zu, diejenigen Kategorien zu entwickeln, mit deren Hilfe Sinnzusammenhänge überhaupt erst erschlossen und in Beziehung zum jeweiligen Interpreten gesetzt werden können. Da sich dessen Standort jedoch in dem Maße verändert, in dem neu erschlossene Sinnzusammenhänge die Voraussetzungen seiner bisherigen Fragestellungen modifizieren, ist die historische Variabilität von Sinn grundsätzlich nicht terminiert. Die hermeneutische Frage nach der Bedeutsamkeit einer Äußerung fragt deshalb prinzipiell über die Funktion eines Wortzeichens innerhalb eines festliegenden Codes hinaus, ohne allerdings auf die semiotisch-kommunikationstheoretische Klärung des elementaren funktionalen Zusammenhanges verzichten zu können.

Frithjof Rodi

Semiotik:
Albrecht, E. (Hg.): Wörterbuch Logik, Semiotik, Methodologie. 1983. – *Apel, K.-O.:* Szientismus oder transzendentale Hermeneutik? Zur Frage nach dem Subjekt der Zeicheninterpretation in der Semiotik des Pragmatismus. In: *Ders.,* Transformation der Philosophie. Bd. 2. – *Ders.:* Der Denkweg von Charles Sanders Peirce. Eine Einführung in den amerikanischen Pragmatismus. 1975. – *Ders.:* Transformation der Philosophie. Bd. 1; 2. 1973, Neuausgabe stw 1976. – *Bense, M.:* Allgemeine Theorie der Zeichen. 1967. – *Ders.:* Das Universum der Zeichen. 1984. – *Ders./Walther, E. (Hg.):* Wörterbuch der Semiotik. 1973. – *Bühler, K.:* Die Axiomatik der Sprachwissenschaften. 1933 = 1969, ²1976. – *Ders.:* Sprachtheorie. Die Darstellungsfunktion der Sprache. 1934, ²1965 = 1982. – *Derbolav, J.:* Platons Sprachphilosophie im »Kratylos« und in den späteren Schriften. 1972. – *Durz, K. D. (Hg.):* Zur Terminologie der Semiotik. Bd. 1. Völlig überarb. ³1986. – *Eco, U.:* Einführung in die Semiotik. (Aus dem Ital.) 1972, ⁵1985 = 1987. – *Ders.:* Das offene Kunstwerk. 1973. – *Ders.:* Semiotik. Entwicklung einer Theorie der Zeichen. (Aus dem Engl.) 1986. – *Ders.:* Zeichen. Einführung in einen Begriff und seine Geschichte. (Aus dem Ital.) (1973) 1977. – *Eschbach, A.:* Zeichen, Text, Bedeutung. Bibliographie [...]. 1974. – *Ders./Rader, W.:* Semiotik-Bibliographie. Bd. 1: 1976. – *Greimas, A. J.:* Über den Sinn. Semiotische Überlegungen. (Aus dem Franz.) 1986. – *Holenstein, E.:* Linguistik, Semiotik, Hermeneutik. 1976. – *Ders.:* Einführung: Von der Poesie und der Plurifunktionalität der Sprache. In: *R. Jakobson,* Poetik. Ausgewählte Aufsätze 1921–1971. (stw 262) 1979. – *Jäger, L.:* Zeichen und Verstehen. Aachener Saussure-Kolloquium 1983. 1986. – *Jakobson, R.:* Aufsätze zur Linguistik und Poetik. (Aus dem Engl.) 1974. – *Lévi-Strauss, C.:* Strukturale Anthropologie. (Aus dem Franz.) Bd. 1: 1967, 1977; Bd. 2: 1975, 1977. – *Morris, Ch. W.:* Grundlagen der Zeichentheorie. Ästhetik und Zeichentheorie. (Aus dem Amerik.) (1938, 1939) 1972 = 1980. – *Ders.:* Pragmatische Semiotik und Handlungstheorie. (Aus dem Engl.) (Deutsche Ausw.) 1977. – *Ders.:* Zeichen, Sprache und Verhalten. (Aus dem Amerik.) (1946) 1973 = 1981. – *Nöth, W.:* Handbuch der Semiotik. 1985. – *Peirce, Ch. S.:* Schriften. Bd. 1: 1967; Bd. 2: 1970. – *Ders.:* Über die Klarheit unserer Gedanken. 1968, ³1985. – *de Saussure, F.:* Grundfragen der Allgemeinen Sprachwissenschaft. (Aus dem Franz.) (1916, ²1922) 1931, ²1967. – *Schneider, H. J.:* Pragmatik als Basis von

Semantik und Syntax. 1975. – *Sebeok, Th. A.:* Encyclopedic dictionary of semiotics. Teil 1–3. Berlin: Mouton de Gruyter 1986. – *Ders.:* Theorie und Geschichte der Semiotik. 1979. – *Walther, E.:* Allgemeine Zeichenlehre. Einführung in die Grundlagen der Semiotik. 1974, [2]1979. – *Die Welt der Zeichen.* Klassiker der modernen Semiotik. Hg. von *Krampen, M./Oehler, K./Posner, R./v. Uexküll, T.* 1981. – *Wittgenstein, L.:* Philosophische Untersuchungen. 1953, [2]1958 = 1960. – *Zeitschrift für Semiotik.* Jahrgang 1–, 1979–. – *Zima, P. V. (Hg.):* Textsemiotik als Ideologiekritik. 1977.

Frithjof Rodi/H.S.

Semantik:
Brekle, H. E.: Semantik. 1972, [3]1982. – *Delius, H.:* Self-Awareness. A semantical inquiry. 1981. – *Frege, G.:* Funktion, Begriff, Bedeutung. Fünf logische Studien. Hg. und eingel. von *G. Patzig.* 1966, [6]1986. – *Heringer, H. J./Öhlschläger, G., u. a.:* Einführung in die Praktische Semantik. 1977. – *Hörmann, H.:* Meinen und Verstehen. Grundzüge einer psychologischen Semantik. 1976, 1978. – *Jackendoff, R.:* Semantic and cognition. [2]1985. – *Kreiser, L.:* Deutung und Bedeutung. Zur logischen Semantik philosophischer Terminologie. 1986. – *Kronasser, H.:* Handbuch der Semasiologie. 1952, [2]1968. – *v. Kutschera, F.:* Einführung in die intensionale Semantik. 1976. – *Lutzeier, P. R.:* Linguistische Semantik. 1985. – *Lyons, J.:* Semantik. (Aus dem Engl.) (1977) Bd. 1: 1980; Bd. 2: 1983. – *Meggle, G.:* Handlungstheoretische Semantik. 1986. – *Palmer, F.:* Semantik. 1977. – *Rothacker, E./Saile, G.:* Ich weiß nicht, was soll es bedeuten. Grundfragen der Semantik. 1986. – *v. Savigny, E. (Hg.):* Probleme der sprachlichen Bedeutung. 1976. – *Schifko, P.:* Bedeutungstheorie. 1975. – *Schmidt, S. J.:* Bedeutung und Begriff. 1969. – *Tugendhat, E./Wolf, U.:* Logisch-semantische Propädeutik. 1983. – *Ullmann, St.:* Grundzüge der Semantik. (Aus dem Engl.) 1967.

H.S.

Sozialwissenschaften

Einleitung. Allgemeines
Im allgemeinsten Sinne sind *Sozialwissenschaften* jene Wissenschaften, die die menschliche Gesellschaft, gesellschaftliche Gruppen, einzelne Individuen in ihrer Beziehung zu anderen oder Einrichtungen und Institutionen von Gesellschaften sowie materielle und kulturelle »Güter« als Ausdruck des Zusammenlebens von Menschen zum Gegenstand haben.
Diese Definition deutet bereits darauf hin, daß für die Sozialwissenschaften kein eindeutiger Gegenstandsbereich angegeben werden kann. Angemessener ist es indessen, auf die den Sozialwissenschaften gemeinsame *Perspektive* abzuheben: Gegenstände unterschiedlichster Art können für die Sozialwissenschaften thematisch sein, sofern an ihnen ein sozialer Aspekt erkennbar ist bzw. untersucht wird.
Während eine Abgrenzung gegenüber den → *Naturwissenschaften* im allgemeinen als selbstverständlich unterstellt wird, sind die Abgrenzungen der Sozialwissenschaften gegenüber den Geistes- bzw. den Kulturwissenschaften (→ *Geisteswissenschaften*) häufig umstritten. Wie diese Abgrenzungen vollzogen werden, hängt (meist) von der theoretischen Ausdeutung des Verhältnisses von Individuum, Geist und Gesellschaft ab. Wo das Individuum als gesellschaftlich geprägtes gesehen wird, erscheinen auch die Geistes- und Kulturwissenschaften als Teil der Sozialwissenschaften. Kulturelle Schöpfungen erscheinen dann als Äußerungsform der Gesellschaft, und die Gesellschaft wird durch die Kulturschöpfungen deutbar. Wo zwischen Individuum und Gesellschaft eine deutliche Grenze gesetzt wird und zwischen beiden allenfalls ein Beeinflussungsverhältnis besteht, gelten die Kulturschöpfungen als je individuelle. Als Ausdruck schöpferischer Individuen erscheinen sie als Produkte des menschlichen Geistes und werden danach zum Gegenstand von Geistes- oder Kulturwissenschaften, die sich damit von den Sozialwissenschaften abheben.
Diese Unterscheidung verweist auf einen Begriff von Sozialwissenschaften im engeren Sinne: Zu ihnen zählen vor allem die Wirtschaftswissenschaften (mit ihren Unterdisziplinen), die Soziologie, die Politologie, die Sozialpsychologie. Eine konsistente, allgemein akzeptierte Systematik der Sozialwissenschaften existiert aber auch in diesem engeren Bereich keineswegs.
Die Termini »Sozialwissenschaften« und »Gesellschaftswissenschaften« werden häufig unterschiedslos verwendet, obwohl in beiden Begriffen Unterschiedliches benannt wird. »Sozialwissenschaften« zielen auf ein »Soziales« ab, also auf Mechanismen sozialen Handelns oder Verhaltens; »Gesellschaftswissenschaften« unterstellen einen Begriff der »Gesellschaft« als eines kohärenten Ganzen, dessen Einzelerscheinungen zwar für sich untersucht werden, deren letztes Verständnis aber erst durch ihre Einordnung in den gesellschaftlichen Gesamtzusammenhang möglich

ist. Von »Gesellschaftswissenschaften« wird durchgängig daher vor allem im Rahmen marxistischer Theorieansätze (→ *Marxismus*) gesprochen.

A. Drei Auffassungen

Bei aller theoretischen und methodischen Vielfalt, die traditionell das Bemühen kennzeichnet, die »Gesellschaft« oder das »Soziale« wissenschaftlich zu erfassen, lassen sich doch drei grundsätzlich verschiedene Auffassungen unterscheiden.

I. Der biologische Reduktionismus

Die Formen und Prozesse der menschlichen Gesellschaft werden auf biologische Anlagen der Menschen zurückgeführt. Die Sozialwissenschaften werden damit zu einem Teil der Biologie. (In neuerer Zeit lebt dieser Ansatz in der sogenannten »Soziobiologie« [O. Wilson] wieder auf.)

Der auf biologische Anlagen des Menschen rekurrierende Ansatz (biologischer Reduktionismus) geht davon aus, daß der Mensch Resultat einer naturgeschichtlichen Entwicklung ist und daß seine Lebensprozesse durch seine physiologische Basis determiniert werden. In seiner primitivsten Form versucht dieser Ansatz historische Vorgänge und Gestaltungen unmittelbar aus biologischen Anlagen – z. B. Kriege aus menschlicher Aggressivität – abzuleiten. In abgewandelter Form erscheint der Ansatz dort, wo er sich mit Lerntheorien verbindet, die dann allerdings einen biologischen Reduktionismus unmöglich machen (Homans), jedoch u. U. versuchen, »Soziales« aus individualpsychologischen Gesetzmäßigkeiten zu erklären (psychologischer Reduktionismus). Implizit, wenn auch meist ohne naturwissenschaftlich-exakten Anspruch, erscheint er überall dort, wo in sozialwissenschaftliche Theorien anthropologische Aussagen einfließen (z. B. Gewinnstreben, Machthunger, Egoismus usw.).

II. Die Gesellschaft als Natur

Analog zu den Naturwissenschaften werden historisch invariante Gesetze des menschlichen Zusammenlebens bzw. der Gesellschaft vorausgesetzt und gesucht. Die Gesellschaft erscheint dann wie die Natur als ein gesetzmäßiger Zusammenhang.

Die Sozialwissenschaften werden damit ihrem Anspruch nach zu tendenziell exakten Wissenschaften. Wo sie die Exaktheit der Naturwissenschaften nicht erreichen, erscheint dies als historischer Rückstand und/oder als Resultat der außerordentlichen Komplexität des Gegenstandes. Die Geschichte wird in diesem Ansatz der Naturgeschichte vergleichbar: ihre Entwicklung ist prinzipiell aus dem Wirken ahistorischer Gesetzmäßigkeiten erklärbar. Diese Gesetzmäßigkeiten sind aber als etwas Gesondertes darzustellen und darstellbar. Der »reinen« Theorie steht damit die historische Deskription als eigener Arbeitsbereich gegenüber.

III. Die Gesellschaft als menschliche Schöpfung

Die Gesellschaft erscheint als menschliche Schöpfung. Sie ist daher nur als historisch gemachte zu denken. Die Objektivität des Gegenstandes entspricht der Objektivität von durch Menschen geschaffenen Dingen, die als geschaffene veränderlich sein sollen.

In ihrer konsequenten Form lehnt diese Konzeption damit alle Arten historisch invarianter Gesetzmäßigkeiten ab. Alle gesellschaftlichen Erscheinungen sind nur in ihrer geschichtlichen Entwicklung zu verstehen, und diese Entwicklung ist ein Prozeß, in dem ständig Neues entsteht. Die Sozialwissenschaften sind damit methodisch von den Naturwissenschaften unterschieden: »Theorie« ist dann nicht mehr das Auffinden der zu erschließenden invarianten Gesetzmäßigkeiten, sondern die Reflexion über den sozialwissenschaftlichen Erkenntnisprozeß selbst.

Während die erste Auffassung dort, wo sie Anwendung findet, (noch) nicht die notwendigen Vermittlungsschritte zwischen der biologisch-physiologischen Basis und komplexen sozialen Strukturen eindeutig klären konnte, führen die beiden anderen Ansätze dort, wo sie streng durchgehalten werden, zu je charakteristischen Schwierigkeiten. Der »exakte«, auf historische Invarianten ausgehende Ansatz hat letztlich Schwierigkeiten mit der Einbindung menschlicher Reflexivität. Die Vorwürfe gegen ihn weisen meist darauf hin, daß selbst konstant wirkende Mechanismen dann, wenn sie Gegenstand des Bewußtseins geworden sind, veränderbar werden. Die Schwierigkeit, Prognosen zu erstellen, und das häufige Scheitern sozialtechnischer Programme lägen dann anders als beispielsweise bei der Meteorologie oder der Geologie nicht allein an der Komplexität des Gegenstandes, sondern an dessen charakteristischer Fähigkeit, sich auf sich selbst reflexiv zu beziehen.

Der historische Ansatz steht demgegenüber

in der Schwierigkeit, Begriffe verwenden zu müssen, die ihrem Anspruch nach ahistorisch und universell gültig sind. Ohne sie ist kein historischer Vergleich möglich. Die Feststellung, daß alle Begriffe, die zu einem bestimmten Zeitpunkt verwendet werden, historisch entstanden sind, kann dagegen kein Einwand sein, da er nichts über den immanent notwendigen Gültigkeitsanspruch aussagt. Wo der historische Ansatz sich nicht auf einen prinzipiellen Erkenntnisskeptizismus zurückzieht, steht er damit in der Gefahr, mit seinen eigenen Voraussetzungen in Widerspruch zu geraten.

Die Auseinandersetzung aller drei Ansätze, z. T. ihre Vermengungen, durchziehen die Geschichte und die heutige Entwicklung der Sozialwissenschaften. Lösungsversuche finden sich in den unterschiedlichsten theoretischen Konzeptionen.

B. Methoden der Erkenntnis

Teilweise im Zusammenhang mit dem Gegenstandsverständnis lassen sich in den Sozialwissenschaften mehrere grundlegende methodologische Orientierungen unterscheiden. Sie differenzieren das Feld der Sozialwissenschaften weiter.

I. Erklärendes Vorgehen

1. Ahistorische Gesetzmäßigkeiten: Dieser methodische Ansatz lehnt sich seinem Anspruch nach an die Vorgehensweise der Naturwissenschaften an. Nach ihm sollen allgemeine, ahistorisch gültige Gesetze bzw. Gesetzmäßigkeiten aufgefunden werden, mit deren Hilfe konkrete, partikulare Vorgänge als Wirkung dieser Gesetze in bestimmten historischen Konstellationen erklärt werden können. In seiner strengsten Form müßte dieser Anspruch, vergleichbar den exakten Naturwissenschaften, durch Experimente eingelöst werden. Experimente aber werden meist schon durch die Unmöglichkeit, die gesellschaftlichen Randbedingungen zu kontrollieren, unmöglich gemacht. Das Experiment muß daher ersetzt werden durch den Vergleich und – nach Möglichkeit – die Messung von ohnehin ablaufenden Prozessen oder bewußt induzierten Veränderungen.

Die Komplexität gesellschaftlicher Zustände macht es mithin schwer, den Erklärungsansatz in aller Strenge durchzuhalten. Ohne als Endziel universelle und ahistorisch gültige Gesetzmäßigkeiten aufzugeben, kann es für die Forschung daher naheliegen, zunächst nach Gesetzmäßigkeiten mittlerer Reichweite zu suchen (*middle range theories*), deren Erklärungsanspruch sich auf begrenzte zeitliche und räumliche Verhältnisse beschränkt (MERTON).

Die Erkenntnis der Historizität und der begrenzten Gültigkeit gesellschaftlicher Regelmäßigkeiten kann schließlich dazu führen, daß der universelle Gesetzesanspruch aufgegeben wird und prinzipiell eine Konzentration auf theoretische Erklärungen für begrenzte Bereiche (ökonomisches Wachstum, Sozialisation, abweichendes Verhalten u. ä.) stattfindet, wobei der analog den Naturwissenschaften formulierte methodische Anspruch, vor allem der der Falsifikation von aus allgemein formulierten Theorien abgeleiteten Hypothesen (→ *Kritischer Rationalismus*), nicht aufgegeben wird (POPPER).

Die Versuche, die Sozialwissenschaften auf eine exakte Basis zu stellen, d. h. Gesetzmäßigkeiten zu finden, richten sich aber in der Regel auf Mechanismen (z. B. Zins, Macht, Konkurrenz o. ä.), deren Wirken sich von naturgesetzlichen Prozessen grundsätzlich unterscheidet. In der Beobachtung empirisch vorfindlicher Gesellschaften wird zunächst nach einfachen funktionellen Zusammenhängen gefragt, die durch die Annahme zusätzlicher intervenierender Variablen an Komplexität gewinnen. Auf diese Weise wird schrittweise ein theoretisches Gebäude errichtet, dessen Funktionieren durch ceteris-paribus-Annahmen darstellbar ist. Solche Theorien lassen sich, was ab einer bestimmten Komplexitätsstufe sinnvoll ist, formalisieren und u. U. in Gleichungssystemen ausdrücken. Die Differenz zu naturwissenschaftlichen Theorien besteht dann darin, daß Messungen konkreter Phänomene zwar Aussagen über eine bestimmte historische Realität ermöglichen, aber keineswegs in die theoretischen Aussagen integriert werden. Theorien sind also nicht abhängig von Meßverfahren und Meßergebnissen wie in den Naturwissenschaften, sondern von der Plausibilität und Widerspruchsfreiheit der Grundannahmen und der Konstruktionen. Am weitesten entwickelt ist diese Form theoretischer Konstruktionen in der ökonomischen Theorie.

2. Historische Verlaufsgesetze: Ein anderer Typus von Gesetzesannahmen ist heute weitgehend aus den Sozialwissenschaften verschwunden: der Typus historischer Verlaufsgesetze, wonach die Entwicklung menschlicher Gesellschaften mit Notwendigkeit charakteristische Entwicklungsstadien durchmacht (COMTE; SPENCER; später SPENGLER; TOYNBEE) – sei es in der Form unilinearer Fortschritts- oder Dekadenztheorien, sei es in der Form von Kreislauftheorien. Implizit sind Reste solcher Gesetzesannahmen in Theorien gesellschaftlicher Modernisierung und in ökonomischen Wachstumstheorien enthalten.

II. Verstehende Ansätze
Verstehende Ansätze gehen davon aus, daß das Geflecht der sozialen Beziehungen nur aus den Intentionen derer einsichtig zu machen ist, die sie gestalten. Was die Menschen nach diesem Ansatz auszeichnet, ist also die bewußte Intentionalität; dies unterscheide Gesellschaft konstitutiv vom Gegenstand der Naturwissenschaften. Teil dieses Verstehensprozesses sei auch, wie die handelnden Menschen ihre natürliche und gesellschaftliche Umwelt interpretieren, denn nur als interpretierte werde sie für den Menschen handlungsrelevant. Ebenso erscheinen gesellschaftliche Institutionen in diesem Kontext immer schon als interpretierte. Zugleich wird deutlich, daß die Interpretationen – als sich historisch entwickelnde – soziale Realität selbst konstituieren. Die Individuen schaffen die Realität, die so durchgängig historisch ist und keine ahistorischen Gesetzmäßigkeiten kennt.
Die Tätigkeit des interpretierenden Sozialwissenschaftlers unterscheidet sich nicht prinzipiell von den ohnehin ablaufenden Alltagsinterpretationen der Handelnden. Sie ist nur systematischer, erfaßt mehr Material, ist im Idealfall vorsichtiger und kritischer gegenüber den eigenen begrifflichen Voraussetzungen. Für die Richtigkeit von Interpretationen gibt es keine Möglichkeit eines Beweises. Mit der Menge der interpretierten Erfahrungen wächst jedoch die Kompetenz, auf deren Basis zwischen besseren und schlechteren Interpretationen unterschieden werden kann. Neue Erfahrungen werden immer schon im Kontext existenter Begriffe interpretiert. Da diese Begriffe in bestimmten Gesellschaften zu bestimmten Zeiten erlernt wurden, ist die Interpretation ebenfalls zeit- und gesellschaftsgebunden. Diese Zeitgebundenheit bedeutet nicht, daß Interpretationen notwendig »falsch« seien, sondern daß die gleichen Erscheinungen zu verschiedenen Zeiten mit Hilfe verschiedener Begriffe und unter verschiedenen Aspekten betrachtet werden. Mit der gesellschaftlichen Entwicklung verändern sich mithin auch die sozialwissenschaftlichen Interpretationen.

III. Phänomenologische Ansätze
Die Bezeichnung stammt ursprünglich von HUSSERL (→ *Phänomenologie*) und wurde von Alfred SCHÜTZ auf das Gebiet der Soziologie übertragen, wo sie explizit als eigener Ansatz verstanden wird. Er besteht darin, daß in der Anschauung des Gegenstandes von dem abstrahiert wird, was ihm zufällig ist; auf diese Weise soll ein reines Bild bzw. ein reiner Begriff des Gegenstandes gewonnen werden. Dieser »phänomenologischen Reduktion« liegt die Vorstellung zugrunde, man könne eine eigene Wesenssphäre gesondert darstellen (*Essentialismus*).
Sieht man lediglich auf das Vorgehen, so wird deutlich, daß der phänomenologische Ansatz verbreiteter ist als jene Richtungen, die sich selbst als phänomenologisch bezeichnen. Die in den unterschiedlichsten sozialwissenschaftlichen Richtungen verbreitete Suche nach Grundbegriffen, besonders das Bemühen, Begriffe eindeutig darzustellen, ist ebenfalls ein abstrahierendes Vorgehen, das seinen Ausgangspunkt in der Anschauung hat (z. B. die Frage, was denn Tausch, Preis, Macht usw. sei). Die Suche nach den Grundbegriffen, die nur exemplarisch dargestellt werden können, ist in diesem Sinne letztlich ein phänomenologisches Vorgehen und steht häufig am Anfang der sozialwissenschaftlichen Begriffsbildung (etwa bei M. WEBER), wenn es dieser um Eindeutigkeit geht. Sie ist damit Ausgangspunkt auch der entsprechenden Theoriebildungen.
Phänomenologisch gewonnene Begriffe sind am empirischen Material nur auf ihre Plausibilität und Nützlichkeit, also diskursiv, überprüfbar und erklären somit selbst nichts.

IV. Deskription
Die Beschreibung gesellschaftlich-historischer Sachverhalte ist eine der zentralen, wenn auch wissenschaftsimmanent häufig unterschätzten Aufgaben der Sozialwissenschaften. Über Deskriptionen erst wird Gesellschaft zum Bewußtsein gebracht; in ihnen wird positives sozialwissenschaftliches Wissen aktualisiert. Deskriptionen stellen zugleich über die unmittelbare Erfahrung hinaus das Material dar, mit dessen Hilfe sozialwissenschaftliche Theorien konstruiert werden.

Deskriptionen enthalten zunächst »objektive«, d. h. prinzipiell verifizierbare Daten, deren Sammlung und Zusammenstellung Grundlage aller weiteren Bearbeitung ist. Erst durch die Herstellung eines Zusammenhanges dieser Daten wird eine Deskription zu mehr als einer Sammlung. Die Herstellung des Zusammenhangs bedarf aber theoretischer Vorannahmen. Daher ist es möglich, jede Deskription als zumindest implizit theoriehaltig anzusehen und sie von theoretischen Positionen her zu kritisieren. Jede Deskription ist damit im Prinzip auch mit den genannten methodischen Problemen konfrontiert. In der sozialwissenschaftlichen Praxis ist der Zusammenhang zwischen den Deskriptionen und den expliziten theoretischen Aussagen jedoch keineswegs immer eindeutig.

C. Theoretische Ansätze

Die Vielfalt und die wechselseitige Abgeschlossenheit der verschiedenen Sozialwissenschaften voneinander machen es unmöglich, alle vorhandenen theoretischen Ansätze auch nur aufzulisten. Viele Theorien spielen nur in Teilbereichen von Disziplinen eine Rolle (z. B. Geldtheorien in der Ökonomie oder Theorien abweichenden Verhaltens in der Soziologie usw.). Einige theoretische Ansätze überschreiten jedoch engere disziplinäre Grenzen und beanspruchen, genuin sozialwissenschaftliche zu sein. Auch wenn sie selten den Gesamtbereich der Sozialwissenschaften erfassen, so beleuchten sie doch häufig einen großen Teil von ihnen unter einem Aspekt. Mit ihrer Hilfe werden oft zugleich interdisziplinäre Zusammenhänge herstellbar, die durch Grenzziehung der Einzeldisziplinen leicht ausgeblendet werden. Aus den genannten Gründen können hier allerdings nur einige dieser Ansätze dargestellt werden.

I. Behaviorismus

Da innerpsychische Vorgänge anderer Individuen durch »Verstehen« nicht objektiv kontrollierbar erfaßt werden können, läßt der Behaviorismus als wissenschaftliche Aussagen nur solche über äußerlich sichtbares Verhalten (behavior) zu. Die Beobachtung und ihre Kontrolle sollen in der experimentell verfahrenden Psychologie ein streng erfahrungswissenschaftliches Vorgehen gewährleisten. Verfahren, die nichtsichtbare Bewußtseins- oder Gefühlsvorgänge zu erfassen beanspruchen, also vor allem die »Introspektion«, gelten als unwissenschaftlich. In seiner strengen Form, wie er vor allem von seinem Begründer J. B. Watson formuliert wurde, ist der Behaviorismus heute in seinem methodischen Absehen von Bewußtseinsvorgängen abgemildert.

Zentrale Kategorie ist das »Lernen«, das in seiner einfachsten Form durch das »stimulus(S)-response(R)-Modell« erklärt wird. Reiz und Reaktion werden durch Gratifikationen in einen für den Organismus »erstrebenswerten« Zusammenhang gebracht (*Konditionierung*) und verfestigen sich zu Verhaltensmustern. Inzwischen sind diese einfachen S-R-Modelle durch die Einführung von Annahmen über die Wirksamkeit intervenierender (zwischen Reiz und Reaktion »vermittelnder«) Variablen ausgebaut worden.

Verstanden als sozialwissenschaftlicher Ansatz, will der Behaviorismus den gesamten Bereich des menschlichen Verhaltens durch das Erlernen von Verhaltensmustern (habits) erklären. Der Behaviorismus orientiert damit die Forschung auch außerhalb der experimentellen Psychologie auf die Beobachtung und genaue Erfassung des sichtbaren Verhaltens und seiner Verfestigungen. Soziale Entwicklungsprozesse werden als Folge positiv oder negativ gratifizierender Faktoren beschrieben. Vertreter des Behaviorismus finden sich heute außer in der Psychologie vor allem in der Sozialpsychologie, in der Pädagogik und in der Soziologie.

II. Funktionalismus und Systemtheorie

Systemansätze sind in fast allen Sozialwissenschaften weit verbreitet. Ihr paradigmatischer Ausgangspunkt war die Vorstellung des lebendigen Organismus, in dem die spezialisierten Teile je spezifische Funktionen im Leben des Ganzen erfüllen. Der Unterschied zu Vorstellungen von Maschinen als Systemen besteht darin, daß erstens ein »soziales« System bei schlechter Funktionserfüllung einzelner seiner Teile keineswegs sofort zusammenbrechen muß und daß es sich zweitens bis zu einem gewissen Grade selbst reguliert und seine eigenen Bestandteile reproduziert. Exemplarisch für eine Selbstregulation, die das biologische Ausgangsparadigma weit hinter sich gelassen hat, sind die Gleichgewichtskonzeptionen in den ökonomischen Wissenschaften.

Für Theoriebildungen im Rahmen von Systemvorstellungen sind jedoch zusätzliche Annahmen nötig, in denen das System und seine funktionalen Bestandteile definiert werden. Der Struktur-Funktionalismus von T. PARSONS, der weite Verbreitung vor allem in der amerikanischen Soziologie fand, fragt beispielsweise nach dem Beitrag (Funktion) von Strukturelementen zur Erreichung oder Erhaltung eines bestimmten Systemzustandes (Integration, Anpassung an die Umwelt etc.). Solche Definitionen können eine normative Wendung enthalten, wenn das als Systemganzes Definierte selbst als Wert erscheint. Bestimmte gesellschaftliche Erscheinungen sind dann, wie in dem ursprünglichen Organismus-Paradigma, als pathologische bestimmbar. Systemansätze haben auf diesem Wege die Tendenz, immer dann in die politische Sprache hineinzuwirken, wenn sich diese nicht mehr unmittelbar auf ethische Kategorien beruft. In der Soziologie gibt es Bemühungen, durch die Fortentwicklung des funktionalistischen Ansatzes der Gefahr normativer Vorentscheidungen innerhalb von Systemtheorien zu entgehen (LUHMANN).

Besonders bedeutsam sind Systemansätze in jenen Sozialwissenschaften, die, wie z. B. die Betriebswirtschaftslehre, ein besonders enges Verhältnis zur Praxis haben bzw. an der Lösung praktischer Fragestellungen beteiligt sind. Dort sind die Ziele eines konkreten Systems (z. B. Betrieb) in der Regel vorgegeben und erscheinen für die Forschung nicht weiter klärungsbedürftig.

III. Kulturanthropologie

Sie kann bis zu einem gewissen Grade unter die Systemansätze subsumiert werden. Entwickelt wurde sie vor allem in der angelsächsischen Ethnologie (MALINOWSKI; RADCLIFFE-BROWN). Ihr Ausgangspunkt war das Funktionieren sogenannter »primitiver«, abgeschlossener Kulturen. Religion, Moral, Ökonomie, politische und soziale Organisation wurden zusammengenommen als ein einheitliches System angesehen, ohne daß einem dieser Faktoren systematische Priorität zukam. Integriert sind die einzelnen Individuen in das Ganze durch Erziehung; in ihr wird die umgebende Kultur »verinnerlicht« und erscheint dann als positive Selbstverständlichkeit. Der ethnologische Ausgangspunkt der Kulturanthropologie stellte jene Begriffe (z. B. Integration, Tradierung von Normen und Werten usw.) zur Verfügung, mittels deren auch moderne Gesellschaften und Subkulturen untersucht wurden. Der kulturanthropologische Ansatz hat so, vermittelt vor allem über die amerikanische Soziologie, weite Verbreitung gefunden. Er wird u. a. in der Minoritätenforschung und in der Modernisierungsforschung verwendet und ist heute nicht mehr nur in Ethnologie und Soziologie, sondern auch in der Pädagogik, der Sozialpsychologie und der Politologie anzutreffen.

IV. Strukturalismus

Seinen Ausgangspunkt hatte der Strukturalismus in den Sprachwissenschaften (SAUSSURE). Für den Strukturalismus ist es Aufgabe der Sozialwissenschaften, zur Darstellung sozialer Realität nach dem Vorbild der Sprachgrammatik einen Satz von Grundelementen bzw. Grundbeziehungen von Elementen zu suchen, indem von den konkreten Inhalten abstrahiert wird. Auch in ihrer spezifischen historischen Ausprägung erscheint dann die soziale Realität als eine Kombination der ursprünglichen Elemente, die erst innerhalb eines strukturierten Systems ihre Bedeutung erhalten. Diese Kombinationen sind dann in Regeln faßbar und als solche verständlich, ohne daß damit ein Determinationszusammenhang postuliert wäre. Die historische Untersuchung erscheint hier als eigenes abgesondertes Forschungsfeld. Der methodisch-wissenschaftliche Anspruch des strukturalistischen Ansatzes besteht vor allem in seiner methodischen Strenge.

Durch LÉVI-STRAUSS in die Ethnologie eingeführt, war der Strukturalismus wirksam bis in die Psychoanalyse (LACAN) und den Marxismus (ALTHUSSER). Er fand vor allem im französischen Sprachgebiet erhebliche Verbreitung und war dort Ausgangspunkt von Theorien, die das Etikett »Strukturalismus« nicht mehr für sich beanspruchen. Dem Strukturalismus vergleichbare Ansätze finden sich in den Sozialwissenschaften überall dort (z. B. in der Ethnomethodologie), wo grundlegende, nicht weiter reduzierbare, empirisch auffindbare Elemente und Kombinationsmöglichkeiten von Elementen gesucht werden und die soziale Realität als eine solche Kombination (Struktur) erscheint.

V. Historischer Materialismus

Seine historisch enge Bindung an die sozialistische Bewegung hat ihn zum Gegenstand erbitterter Kontroversen werden lassen, in denen er über Gebühr vereinfacht und mißverstanden wurde. Von Anhängern und Feinden wurde er überdies als geschlossener dargestellt, als er es je war.

Methodischer Ausgangspunkt des historischen Materialismus (MARX, ENGELS; → *Marxismus*) sind die materiellen Interessen und die materielle Reproduktion der Gesellschaft, die gegenüber anderen gesellschaftlichen Bereichen Priorität haben bzw. sich diese weitgehend funktional zuordnen. So ist etwa die gesellschaftliche Produktion als Basis dem ideologisch-kulturellen Überbau vorgeordnet. Die »objektiven« Interessen werden von den individuellen Bedürfnissen unterschieden und aus der ökonomisch-politischen Verfassung von Gesellschaften abgeleitet. Die historisch notwendige Auseinandersetzung von Produktivkräften und Produktionsverhältnissen erzeugt Konflikte (*Klassenkämpfe*) und treibt die gesellschaftliche Entwicklung voran. Die Menschen sind einerseits Repräsentanten der objektiven Interessen und zugleich von ihnen historisch geprägt, andererseits beziehen sie sich reflexiv auf die von ihnen gemachte Gesellschaft und auf sich selbst. Dieser reflexive Bezug (*Praxis*) führt zu Veränderungen der politisch-ökonomischen Verfassung der Gesellschaft und zur u. U. nicht intendierten »bestimmten Negation« dieser Verfassung, die dann ihrerseits wieder Ausgangspunkt neuer Veränderungen ist (*Dialektik*).

Implizit oder explizit war der historische Materialismus vor allem seit den 90er Jahren des 19. Jh. mehrfach Ausgangspunkt für Versuche, die einzelnen sozialwissenschaftlichen Themenstellungen auf einen Begriff von Gesellschaft (vor allem »bürgerliche Gesellschaft«) zu beziehen. Dies gilt auch für Bemühungen, spezifisch kulturelle und geistesgeschichtliche Entwicklungen in ihren ökonomisch-politischen Zusammenhängen zu untersuchen.

VI. Psychoanalyse

Die Psychoanalyse wurde zunächst als individualpsychologisches Verfahren entwickelt, in dem ein bestimmtes pathologisches Verhalten auf unbewußte psychische Strukturen zurückgeführt wird. Dabei wird vom manifesten Verhalten, vor allem von sprachlichen Äußerungen, auf solche Strukturen zurückgeschlossen. Bei der Bildung dieser Strukturen kommt der Lebensgeschichte der Individuen besondere Bedeutung zu: in einer »Analyse« wird z. B. auf verdrängte seelische Konflikte, traumatische Erlebnisse, unbewältigten Verzicht von Triebbefriedigung des Patienten zurückgegangen. Das Bewußtmachen von sedimentierten Strukturen und ihren Verformungen soll den Patienten in die Lage versetzen, seine psychische Entwicklung anzunehmen und psychische Probleme aufzuarbeiten.

Kern des theoretischen Systems der Psychoanalyse ist zum einen die Vorstellung einer stufenförmigen Entwicklung der *Libido*, zum anderen die Annahme dreier psychischer Instanzen: Das *Es* präsentiert die unbewußten Triebregungen, das *Über-Ich* vertritt die als Gewissen verinnerlichten gesellschaftlichen Normen, und das *Ich* fungiert im Falle gegensätzlicher Strebungen als vermittelnde Instanz.

Schon ihr Gründer (S. FREUD) hatte die Psychoanalyse zur Erklärung gesellschaftlicher Entwicklungen und Phänomene herangezogen. Bestimmte Mechanismen und Gestaltungen des Unbewußten sollten für bestimmte Gesellschaften bzw. Teile solcher Gesellschaften als Erklärungsansatz für gesellschaftliches Handeln dienen können. Der psychoanalytische Ansatz und vor allem die psychoanalytische Begrifflichkeit (z. B. *Verdrängung, Verinnerlichung, Fetischismus*) haben weit über das ursprüngliche Ziel hinaus in die Erklärung komplexer gesellschaftlicher Phänomene hinein Eingang gefunden: in die Soziologie, die Politologie, die Literaturwissenschaften, die Pädagogik usw. Seine Terminologie hat auch in andere Theorieansätze hinübergewirkt, etwa in die strukturell-funktionale Systemtheorie und die Kulturanthropologie (s. oben).

VII. Philosophische Anthropologie

Gemeinsam ist den sonst sehr unterschiedlichen Ansätzen der Vertreter der philosophischen Anthropologie die Reflexion über den Menschen als ein Wesen, das auf Gesellschaftlichkeit hin angelegt ist. Gesellschaftlicher Zusammenhalt und gesellschaftliche Konflikte erscheinen als Lebensäußerungen des Individuums – sowohl als Grundbefindlichkeiten als auch in der Konfrontation mit geschichtlichen Situationen.

Besonders einflußreich war die Konzeption Arnold GEHLENS, nach der der Mensch fast vollständig »plastisch« (formbar) ist und durch die historischen Institutionen geformt wird. Die geschichtliche Entwicklung wird damit zwar von Individuen vollzogen, die aber selbst vollständig gesellschaftlich geprägt sind. Andere Vertreter der philosophischen Anthropologie versuchten stärker bestimmte menschliche Wesenszüge in ihrer Widersprüchlichkeit, in ihren labilen Gleichgewichten zu erfassen und von daher Deutungen der Gesellschaft vorzunehmen (z. B. PLESSNER). Gemeinsam ist der philosophischen Anthropologie insgesamt die Reflexion auf die Rolle des Individuums in und sein Verhältnis zu der Gesellschaft, die meist explizit ethische Reflexionen einschließt. Die Auswirkungen dieser Reflexionen auf die übrigen Sozialwissenschaften sind meist intensiver, als es in diesen deutlich gemacht wird.

Nicht alle hier erwähnten theoretischen Ansätze sind in jedem Fall voneinander strikt abzugrenzen. Vielfach werden einzelne Theoriestücke in andere Konzeptionen integriert. Was sich bei bestimmten Denkern oder in bestimmten Schulen kristallisiert, findet sich überdies häufig auch bei anderen, ohne daß es bei diesen zum Programm gemacht würde und ohne daß direkte Beeinflussungen vorliegen müssen. Großenteils blicken theoretische Ansätze, wenn sie ihr Etikett erhalten, bereits auf eine längere Tradition zurück, so daß das Neue dieser Ansätze vor allem in ihrer systematischen und programmatischen Darstellung besteht.

D. Einzeldisziplinen

I. Fachspezifische Ansätze

Die disziplinäre Aufgliederung der Sozialwissenschaften muß unter zwei Aspekten gesehen werden, die zwar in Wechselbeziehungen zueinander stehen, aber einander nicht gleichzusetzen sind: einem akademisch-institutionellen und einem inhaltlich-theoretischen.

Vielfach wird das Feld der Sozialwissenschaften als arbeitsteiliger Zusammenhang verstanden: Jede Einzeldisziplin bearbeitet ein besonderes Gebiet; in der Summe der Resultate der Einzeldisziplinen werde schließlich eine Gesamtschau auf die Gesellschaft möglich. Direktere Zusammenhänge zwischen den ausspezialisierten Einzeldisziplinen könnten durch interdisziplinäre Zusammenarbeit hergestellt werden. Diesem idealisierten, im wesentlichen den → *Naturwissenschaften* angelehnten Bilde gegenüber stellt sich die Situation in den Sozialwissenschaften sehr viel komplexer dar. Es sind zunächst spezifische theoretische Ansätze, die bereits innerhalb der Einzeldisziplinen Vergleichbarkeit und Kooperation erschweren. Wo fachübergreifende Konzeptionen auftauchen, etwa in den oben dargestellten theoretischen Ansätzen, stellen sich in der Regel die etablierten disziplinären Grenzziehungen selbst in Frage. Denn in diesen Grenzziehungen sind implizit theoretische Vorentscheidungen mit institutionalisiert. Die Trennung von Wirtschaftswissenschaften und Soziologie etwa impliziert für die Wirtschaftswissenschaften eine Konzentration auf die rein ökonomischen Beziehungen, für die Soziologie legt dies eine Beschäftigung mit den nichtökonomischen sozialen Beziehungen nahe. Ein bestimmter theoretischer Ansatz legt also fest, was er erklärt und was er nicht mehr zu erklären beabsichtigt und anderen überläßt.

II. Spezialisierte Kompetenzen

Ein weiteres Problem der institutionalisierten Wissenschaften ist, daß diese spezielle Kompetenzen schaffen. Diese Kompetenzen bestehen einerseits in der Kenntnis der Geschichte und Situation des eigenen Faches und andererseits in der durch die wissenschaftliche Arbeit erworbenen Fertigkeit, die fachspezifischen Methoden anzuwenden. Mit diesem Kompetenzwachstum verbindet sich jedoch auch die Gefahr einer Hypostasierung der Spezialisierung: In den Arbeiten einzelner Disziplinen beispielsweise werden die von anderen Fächern bearbeiteten Randbedingungen nicht mehr berücksichtigt, so daß in ihnen der weitere gesellschaftliche Zusammenhang nicht mehr erscheint. Es entstehen so z. B. Darstellungen der Wirtschaftsgeschichte, die die Geschichte von Naturwissenschaft und Technik, von Politik und geistigen Strömungen nicht mehr berücksichtigen. Überdies enthält die Ausspezialisierung die Gefahr, daß die Grundlagendiskussionen weitgehend fachimmanent geführt werden. Das Postulat, die Grundlagenprobleme würden erst verständlich, wenn die entsprechenden Wissenschaften eingehend studiert seien, verwechselt aber den Erkenntnisweg mit der Darstellung. *Erkannt* werden die Grundlagenprobleme sicherlich erst nach einem solchen eingehenden Studium, ihre *Darstellung* ist aber meist einfacher und für alle Sozialwissenschaftler verständlich. Die disziplinäre Abkapselung verhindert damit eine gemeinsame sozialwissenschaftliche Erörterung der Grundprobleme und verdeckt den möglichen Zusammenhang der Sozialwissenschaften.

III. Institutionalisierung

Die Grenzen der einzelnen Sozialwissenschaften voneinander sind häufig stärker durch akademische Institutionalisierungen

als durch inhaltlich-theoretische Kriterien bestimmt. Besonders gravierend wird dies für jene Wissenschaften, die thematisch eigentlich zu den Sozialwissenschaften zählen müßten.
Die Jurisprudenz z. B. war seit alters her primär eine Einrichtung zur Ausbildung praktisch tätiger Juristen. Nach dem seit Anfang des 19. Jh. wieder aufgegebenen Versuch, unter dem Titel »Staatswissenschaften« eine sozialwissenschaftliche Disziplin unter Einschluß der Jurisprudenz herzustellen, blieben die Rechtswissenschaften fast nur über die Rechtsphilosophie und später die Rechtssoziologie den Sozialwissenschaften verbunden. Obwohl die Jurisprudenz sich zentral mit gesellschaftlichen Regelsystemen befaßt, blieb ihr Zusammenhang zu den übrigen Sozialwissenschaften damit sporadisch.
Die Geschichtswissenschaften lehnten lange Zeit eigenständige Sozialwissenschaften, die sie damals als ahistorische Gesetzeswissenschaften ansahen, ab (Treitschke). Diese Ablehnung beinhaltete zugleich eine theoretische Vorentscheidung: der Rahmen jeder Gesellschaft sei der Staat, seine Entwicklung einschließlich der Auswirkungen staatlicher Maßnahmen sei zu beschreiben und damit Aufgabe der Geschichtswissenschaft. In Deutschland war es weitgehend die historische Schule der Nationalökonomie, die nochmals die Gesellschaft als Ganzes erfassen wollte, einschließlich der Kultur- und Rechtsgeschichte, aber getrennt von der den Staat in den Mittelpunkt stellenden Geschichtsschreibung. Mit der Auflösung der historischen Schule der Nationalökonomie, mit der Etablierung der Wirtschaftswissenschaften und ihrer Unterdisziplinen (ökonomische Theorie, Wirtschaftspolitik, Sozialpolitik, Finanzwissenschaft) und, getrennt von ihnen, der Soziologie ging die ursprüngliche Einheit der Sozialwissenschaft verloren. Die ursprüngliche Einheit umschreibt aber, was heute noch als Sozialwissenschaften im engeren Sinne verstanden wird, und sie läßt verständlich erscheinen, weshalb trotz ihrer Gegenstände Jurisprudenz und Geschichtswissenschaft nicht hinzugerechnet werden.
Das Schwergewicht unter den Sozialwissenschaften nehmen die wirtschaftswissenschaftlichen Disziplinen im engeren Sinne ein. Sie sind heute meist einschließlich der Soziologie in eigenen »wirtschafts- und sozialwissenschaftlichen« Fakultäten zusammengefaßt, sofern die Soziologie nicht in die Philosophische Fakultät eingebunden ist. Dieses Schwergewicht erklärt sich gewiß zu einem großen Teil aus der praktischen Bedeutung der Wirtschaftswissenschaften.
Die Aufteilung des Arbeitsgebiets der historischen Schule der Nationalökonomie einerseits, die Ausspezialisierung der sozialpsychologischen Reflexion aus der Philosophie und der Psychologie andererseits haben zur Konstruierung des Faches Soziologie geführt, das über keine verbindliche Theorie und über keinen verbindlichen Arbeitsgegenstand verfügt, sondern eine Vielzahl theoretischer Richtungen und Arbeitsschwerpunkte umfaßt. Die Pluralität der Soziologie sicherte ihr gleichzeitig einen z. T. erheblichen Einfluß auf andere Wissenschaften, die in einzelnen ihrer Arbeitsschwerpunkte in engeren Kontakt zu den Sozialwissenschaften kamen: so etwa die → *Geisteswissenschaften*, die sich seit der zweiten Hälfte des 19. Jh. vorwiegend um das »Wesen« ihres je eigenen Gegenstands bemüht hatten; so auch die Pädagogik, die sich von einer primär philosophischen Disziplin und Anleitung für die erzieherische Praxis zu einer sozialwissenschaftlichen entwickelte, was nicht selten auch in der Umbenennung zur »Erziehungswissenschaft« deutlich wurde. Sozialwissenschaftliche Einflüsse sind ebenfalls in der Geographie – auch unter dem Einfluß von Ethnologie und Wirtschaftswissenschaften – erheblich geworden.
Eine jüngere sozialwissenschaftliche Disziplin, die Politologie, wurde – vor allem unter amerikanischem Einfluß – erst nach dem Zweiten Weltkrieg in Deutschland institutionalisiert. Sie ist in erster Linie über ihren Gegenstand definiert und nicht über ihre Methoden, so daß ihre Grenzen, etwa gegenüber der Zeitgeschichte, der Sozialphilosophie, dem Staatsrecht, der Wirtschafts- und Sozialpolitik sowie der Soziologie offen sind.

E. Das Verhältnis zur Praxis

Die verschiedenen Sozialwissenschaften haben sehr unterschiedliche Bezüge zur gesellschaftlichen Praxis. Diese unterschiedlichen Bezüge haben Rückwirkungen auf die Art des Vorgehens, die Art des Umgangs mit Theorie und die Kompetenzausgrenzungen. Umgekehrt ist davon abhängig, welchen Einfluß praktische Probleme auf den Fortgang der Wissenschaft haben. Diese Unterschiedlichkeit der Praxisbezüge ist nicht für die Sozialwissenschaften allein charakteristisch. Sie durchzieht das ganze akademische

Fächerspektrum, ist aber für die Sozialwissenschaften besonders gravierend.
Drei Typen von Praxisbezug lassen sich im Bereich der Sozialwissenschaften unterscheiden:

I. Der klassische Zusammenhang von Wissenschaft und Praxis in Theologie, Jurisprudenz und Medizin

Im ersten Typus erscheint der Zusammenhang zwischen Wissenschaft und Praxis besonders eng: Historisch ist das akademische System primär als Ausbildungsinstitution für bestimmte spezialisierte Tätigkeiten entstanden, für Theologen, Juristen und Mediziner. Forschung gehörte nicht unmittelbar zu seinen Aufgaben. Das implizierte, daß die unmittelbare Bedeutung der Praxis weitgehend in die akademische Tätigkeit hineinreichte und ständige Wechselwirkungen zwischen akademischer Ausbildung und Praxis bestanden. Als fachlich kompetent galten nicht nur jene, die unmittelbar in akademischen Positionen tätig waren, sondern auch die Praktiker. Dieses Praxisverhältnis war und ist weitgehend gültig für die klassischen Fakultäten: die theologische, die juristische und die medizinische. Es gilt heute auch für wichtige praxisorientierte Sozialwissenschaften wie Wirtschaftspolitik, Sozialpolitik, Betriebswirtschaftslehre, Arbeitswissenschaft usw. Nicht selten sind dies gerade Fächer, die bei der spezialisierten Bearbeitung eines gesellschaftlichen Problembereichs unter praktischen Intentionen entstanden sind.

II. Die Trennung von Wissenschaft und Praxis in »philosophischer« Sicht

Ein zweiter Typus von Praxisbezogenheit verweist auf die Genesis der modernen → *Wissenschaft* aus – im modernen Verständnis – philosophischen Bemühungen. Wissenschaft dient danach dem Bemühen um die Findung von »Wahrheit« und nicht dem von praktischen Problemlösungen. Die wahre Erkenntnis konnte dabei als Wert für sich gelten oder sollte aufklärerisch zurückwirken auf die Gesellschaft. Mit der Ausspezialisierung der Wissenschaften und dem Verdichten der Kompetenzgrenzen stellte sich diese Absicht in neuer Form. Die wissenschaftliche Kompetenz war im wesentlichen jenen vorbehalten, die in den akademischen Institutionen forschend tätig waren. Stellungnahmen von außen mußten als inkompetente Eingriffe erscheinen und den Prozeß der Wahrheitssuche verzerren. Das hier strukturell gesetzte Postulat der Wissenschaftsfreiheit hatte jedoch Rückwirkungen auf das Verhältnis der Wissenschaft zur Gesellschaft. Denn strenggenommen waren – anders als in dem ersten Typus – die Wissenschaftler nur noch in ihren Disziplinen, aber nicht mehr in entsprechenden Praxisbereichen kompetent. Angelegt war damit die Möglichkeit eines Bruchs zwischen Wissenschaft und Gesellschaft: Wissenschaft konnte zur esoterischen, nur von einem kleinen Kreis von Menschen verstandenen und gesellschaftlich irrelevanten Tätigkeit werden. Gesellschaftlich wirksam wurde sie allenfalls durch Personen, die in ihr ausgebildet waren, in ihr denken gelernt hatten und dann in bestimmte Praxisfelder eintraten. Da die Wissenschaft sich weitgehend unabhängig von diesen Praxisfeldern entwickelt hatte, konnte zwischen der Ausbildung und der folgenden praktischen (beruflichen) Tätigkeit ein nur lockerer Zusammenhang bestehen. Damit zog sich die Wissenschaft den Vorwurf der »Praxisferne« zu. Dieses Problem traf vor allem die theoretischen Disziplinen in den Sozialwissenschaften, also auch die theoretische Ökonomie und große Teile der Soziologie.
Andererseits konnte die gleiche Konstellation von Praxis und Theorie dazu führen, daß vor allem die Sozialwissenschaftler, z. T. auch die Historiker, als für gesellschaftliche Probleme allein wissenschaftlich Kompetente präskriptiv in die Politik eingreifen wollten. Kraft ihrer wissenschaftlichen Tätigkeit hielten sie sich für besonders befähigt, der Gesellschaft mitzuteilen, was politisch getan werden müsse. Damit gerieten die Wissenschaftler aber in einen notwendigen Konflikt mit jenen politischen Kräften, deren Intentionen sie widersprachen.

III. Das Prinzip der Wertfreiheit

Ein Lösungsversuch für diesen Konflikt war die – eigentlich nur im Kontext der Sozialwissenschaften bedeutsam gewordene – Konzeption der Wertfreiheit. Deren Bedeutung wird grundlegend ersichtlich aber erst in einer dritten Form des Praxisverhältnisses, der für praktische Zwecke Informationen bereitstellenden Deskription.
Diese Art von Deskription fand erst mit der Entwicklung der Staatswissenschaften Eingang in den akademischen Bereich. Sie war zuvor durch Reiseberichte, Staatsbeschreibungen, diplomatische Berichte usw. wahrgenommen worden. Zweck der Deskription war

es, eine informationelle Basis für politische Entscheidungen zu schaffen. Mit der Entwicklung der empirischen Sozialforschung (Enquêten, Umfragen u. ä.), die Resultat der erweiterten Rolle des staatlichen Handelns selbst ist, wurde die Erfassung des Ist-Zustandes zunehmend akademisch organisiert bzw. galt als »wissenschaftlich«. Selbst ohne Verfälschung der Resultate konnten Wissenschaftler versuchen, die Ergebnisse ihrer Forschungen so darzustellen, daß bestimmte Maßnahmen als die einzig möglichen erschienen. Mit diesem Anspruch auf Wissenschaftlichkeit konnte sich so der im zweiten Typus des Praxisbezuges dargestellte präskriptive Anspruch der Wissenschaftler verbinden.
Hieraus resultierten politische Konflikte, in denen regelmäßig auch die Wissenschaftlichkeit der Forschungsergebnisse angezweifelt wurde. Nur durch die Konzeption einer »wertfreien Forschung« konnten die Sozialwissenschaften von diesen Konflikten isoliert werden. In klassischer Weise ist diese Position von Max WEBER formuliert worden. Nach ihm steuern Werte zwar die Erkenntnis, insofern sie Grundlage des Erkenntnisinteresses sind. Die Erarbeitung des Materials und seine Darstellung aber sollen in einer Weise erfolgen, die selbst keine Wertentscheidungen suggeriert. Denn die Frage der Gültigkeit von Werten könne wissenschaftlich nicht entschieden werden. Damit war, wie es dem deskriptiven Ansatz zukommt, die sozialwissenschaftliche Erkenntnistätigkeit wieder in eine dienende Rolle verwiesen worden. Wissenschaft solle zwar wahre (richtige) Erkenntnis zutage fördern. Praktisch-politische Entscheidungen seien aber wissenschaftlich nur nach ihren Motiven, Konsequenzen und ihrer Effizienz zu beurteilen, nicht jedoch nach ihrer Berechtigung.
Die Sozialwissenschaften haben den im Werturteilsstreit (WEBER/SCHMOLLER; vgl. ALBERT/TOPITSCH) angelegten Konflikt nicht verbindlich entschieden. In verwandelter Form wurde er im sogenannten »Positivismusstreit« wiederaufgegriffen (HABERMAS/ALBERT; vgl. DER POSITIVISMUSSTREIT): Die eine Position versteht die Sozialwissenschaften nur als Medium der Selbstaufklärung der Gesellschaft, in der bisher undurchschaute gesellschaftliche Zwänge erkannt und emanzipatorisch überwunden werden sollten. Die sozialwissenschaftliche Forschung hat somit ein praktisches Erkenntnisinteresse. Ihr Adressat ist eine reflektierende Öffentlichkeit. Herrschaftsfreiheit als Bedingung sozialwissenschaftlicher Diskurse wird damit angestrebtes Strukturprinzip der Gesellschaft. Die Gegenposition beharrt demgegenüber auf einem stärker instrumentellen, an den Naturwissenschaften orientierten Verständnis der Sozialwissenschaften, die für die Lösung sozialer Probleme Vorschläge anbieten wollen, indem sie über die Wahl wirksamer Mittel informieren (POPPER; ALBERT; → *Kritischer Rationalismus*). Bei der gesellschaftlichen Weiterentwicklung durch praktisch-politisches Handeln verbiete die prinzipielle Fehlbarkeit der Vernunft und Vorläufigkeit unserer Erkenntnis gesamtgesellschaftliche Entwürfe und zwinge zu einer Strategie der kleinen Schritte (piece meal social engineering), die jederzeit revidiert werden kann.

Otto Bayer/Erhard Stölting

Acham, K. (Hg.): Methodologische Probleme der Sozialwissenschaften. 1978. – *Albert, H. (Hg.):* Theorie und Realität. Ausgew. Aufs. 1964, veränd. ²1972. – *Albert, H./Topitsch, E. (Hg.):* Werturteilsstreit. 1971, mit Bibliogr. ²1979. – *Barnes, J. A.:* Who should know what? Social science and ethics. 1979. – *Bohnen, A.:* Individualismus und Gesellschaftstheorie. 1975. – *Bonss, W./Honneth, A. (Hg.):* Sozialforschung als Kritik. Das sozialwissenschaftliche Potential der Kritischen Theorie. 1982. – *Dahrendorf, R.:* Gesellschaft und Freiheit. 1961. – *Ders.:* Pfade aus Utopia. 1967, 1974. – *Durkheim, E.:* Frühe Schriften zur Begründung der Sozialwissenschaften. (Aus dem Franz.) 1981. – *Ders.:* Die Regeln der soziologischen Methode. (Aus dem Franz.) (1895) 1961. – *Eberlein, G./Kroeber-Riel, W./Leinfellner, W. (Hg.):* Forschungslogik der Sozialwissenschaften. 1974. – *Habermas, J.:* s. *Auswahl zentraler Literatur* [W] – *Hartmann, H. (Hg.):* Moderne amerikanische Soziologie. 1967, ²1973, dtv ²1973. – *Hintze, O.:* Soziologie und Geschichte. Ges. Abhandlungen zur Soziologie, Politik und Theorie der Geschichte. ²1964, ³1982. – *Hochkeppel, W. (Hg.):* Soziologie zwischen Theorie und Empirie. 1970. – *Hondrich, K. O./Matthes, J. (Hg.):* Theorienvergleich in den Sozialwissenschaften. 1978. – *v. Kempski, J.:* Brechungen. Kritische Versuche zur Philosophie der Gegenwart. 1964. Neuausg. 1987. – *Ders.:* Recht und Politik. Studien zur Einheit der Sozialwissenschaften. 1965. Neuausg. 1987. – *König, R. (Hg.):* Handbuch der empirischen Sozialforschung. [W] – *Konegen, N./Sondergeld, Kl.:* Wissenschaftstheorie für Sozialwissenschaftler. UTB 1985. – *Lazarsfeld, P.:* Am Puls der Gesellschaft. Zur Methodik der empirischen Soziologie. 1968. – *Lenk, H.:* Zwischen Wissenschaftstheorie und Sozialwissenschaft. stw 1986. – *Lewin, K.:* Feldtheorie in den Sozialwissenschaften. (Aus dem Amerik.) Bern: Huber 1963. Jetzt: Feldtheorie. Klett-Cotta. 1982. – *Ders.*: Wissenschaftstheorie. Bd. 1; 2. (Kurt-Lewin-Werkausg. 1; 2) 1981; 1983. – *Linton, R.*: Gesellschaft, Kultur und Individuum. Interdisziplinäre sozialwissenschaftliche Grundbegriffe. (Aus dem Amerik.) (1945, [5]1961) 1974. – *Luhmann, N.*: Soziologische Aufklärung. Aufs. Bd. 1–3. Bd. 1: 1970, [4]1974. Bd. 2: 1975, [2]1982. Bd. 3: 1981. – *Mackenzie, N. (Hg.)*: Führer durch die Sozialwissenschaften. 1966. – *Marten, H.-G.*: Sozialbiologismus. 1983. – *Matthes, J.*: Einführung in das Studium der Soziologie. 1973, [3]1981. – *Mead, G. H.*: Geist, Identität und Gesellschaft. (Mind, self and society.) 1968, stw 1973. – *Merton, R. K.*: Social theory and social structure. Enlarged Edition. 1949, 1968. – *Mills, C. W.*: Kritik der soziologischen Denkweise. (Aus dem Engl.) 1963. – *Neusüß, A. (Hg. u. Einl.)*: Utopie. 1968. Neuaufl. 1986. – *Opp, K.-D.*: Methodologie der Sozialwissenschaften. 1970, Neuausg. 1976. – *Parsons, T.*: Beiträge zur soziologischen Theorie. (Aus dem Engl.) 1964, [3]1973. – *Ders.*: Zur Theorie sozialer Systeme. (Aus dem Engl.) 1976. – *Patzelt, W. J.*: Grundlagen der Ethnomethodologie. [...] Soziologie des Alltags. 1987. – *Pawlowski, T.*: Methodologische Probleme in den Geistes- und Sozialwissenschaften. (Aus dem Polnischen) 1975. – *Popitz, H.*: Der Begriff der sozialen Rolle als Element der soziologischen Theorie. 1967. – *Popper, K. R.*: s. *Auswahl zentraler Literatur* [W] – *Der Positivismusstreit* [...]. 1969, [11]1984. [W] – *Schelsky, H.*: Auf der Suche nach Wirklichkeit. Ges. Aufs. 1965. – *Seiffert, H.*: Einführung in die Wissenschaftstheorie. Bd. 1–3. [E] – *Stachowiak, H./Müller, N. (Hg.)*: Problemlösungsoperator Sozialwissenschaften. 1986. – *Thiel, Ch.*: Grundlagenkrise und Grundlagenstreit. Studie über das normative Fundament der Wissenschaften am Beispiel von Mathematik und Sozialwissenschaft. 1972. – *Thiel, M. (Hg.)*: Enzyklopädie der geisteswissenschaftlichen Arbeitsmethoden. 1967–. [H] – *Thomas, W. I.*: Person und Sozialverhalten. (Aus dem Amerik.) 1965. – *Topitsch, E. (Hg.)* unter Mitarb. von *P. Payer*: Logik der Sozialwissenschaften. 1965, veränd. [10]1980. – *Weber, M.*: s. *Auswahl zentraler Literatur* [W] – *Weingarten, E./Sack, Fr./Schenkein, J. (Hg.)*: Ethnomethodologie. Beiträge zu einer Soziologie des Alltagshandelns. 1976.

Otto Bayer/Erhard Stölting/H.S.

Sprache, allgemein und philosophisch

In philosophisch-wissenschaftstheoretischer Sicht unterscheiden wir heute drei Bedeutungen von »Sprache«. In der Reihenfolge zunehmender Weite sind dies:

A. Die menschliche Sprache als konkretes Gebilde: als Gegenstand der Sprachwissenschaft oder Linguistik.

B. Die menschliche Sprache in logisch-abstrahierender Betrachtung: als Gegenstand der logischen Sprachanalyse.

C. »Sprache« in allgemeinem Sinne als ein System von Zeichen, die keine sprachlichen Gebilde mehr sein müssen: als Gegenstand der allgemeinen Zeichentheorie (→ *Semiotik*).

A. Sprache als konkretes Gebilde

I. Geschichtliche (diachronische) Sprachbetrachtung

Die Grunderfahrung des Wissenschaftlers ist die »babylonische Verwirrung« der Sprachen, also das Nebeneinander verschiedener natürlicher Sprachen. Denn seit dem Mittelalter mußte jeder Wissenschaftler von seiner Muttersprache aus zumindest Latein, später auch Griechisch lernen. Hieraus erklärt es sich, daß die moderne Sprachwissenschaft seit Anfang des 19. Jh. zunächst historische Sprachwissenschaft war. Ihr Ausgangspunkt war der Vergleich der verschiedenen indogermanischen Sprachfamilien und der Teilsprachen jeweils einer solchen Familie. So gelangte man zur vergleichenden und historische Längsschnitte bildenden Lautlehre, Formenlehre oder Etymologie.

Die geschichtliche Betrachtung der Sprache gibt sich nicht damit zufrieden, die Existenz eines Wortes wie »Bruder« einfach hinzunehmen. Sie fragt vielmehr danach, wie es zu dieser Lautgestalt gekommen sei, und erkennt, daß es sich hier um ein indogermanisches Wort handelt, dessen ursprüngliche Lautgestalt durch das lateinische »frater« ziemlich genau wiedergegeben wird und das über die Zwischenstufen »brōthar« und »bruoder« zum neuhochdeutschen »Bruder« wurde.

II. Systematische (synchronische) Sprachbetrachtung

Erst gegen Ende des 19. Jh. begann man die Sprache – von allem Geschichtlichen absehend – als ein »System« zu betrachten (→ *Historisch/systematisch*). Die synchronische Sprachwissenschaft registriert z. B., welchen Bestand an »Lauten« eine gegebene Sprache heute tatsächlich hat, wie viele Lautfolgen man aus diesen Lauten theoretisch bilden könnte, daß jedoch in keiner Sprache alle solchermaßen theoretisch möglichen Lautfolgen ausgenutzt werden. (Erst hierdurch werden die verschiedenen Wortvorräte der einzelnen Sprachen – als jeweils verschiedene Auswahl aus der Gesamtheit aller theoretisch möglichen Lautfolgen – realisiert. So ist die Lautfolge /batt/ im Deutschen unausgenutzt, im Englischen [geschrieben but] aber vorhanden.) Man stellt weiter fest, daß in der Regel durch Ersetzung eines Lautes durch einen anderen ein anderes Wort entsteht, etwa Macht: Nacht; daß es aber auch Laute gibt, die zwar verschieden klingen, aber doch als »derselbe« Laut gelten, weil ihre Auswechslung das Wort nicht verändert. Beispiele wären das Zäpfchen- und das Zungen-r oder der ach- und der ich-Laut. Das, was gleichbleibt, wenn wir verschiedene Lautvarianten füreinander einsetzen, nennt der synchronische Sprachwissenschaftler ein »Phonem«. Im Falle unserer Beispiele »r« und »ch« wird das Phonem durch den *Buchstaben* (bzw. Doppelbuchstaben) gekennzeichnet, der bei verschiedener Aussprache gleichbleibt.

Für den diachronischen Sprachforscher ist ein heute gegebener Sprachzustand in allen Einzelheiten ein Produkt geschichtlicher Entwicklungen, für den synchronischen Linguisten hingegen eine Struktur, ein »Strickmuster« gleichsam, das als gegeben hingenommen und als nun einmal so beschaffen untersucht wird. (Das Begriffspaar »diachronisch/synchronisch« entspricht also dem Begriffspaar »historisch/systematisch« *[→Historisch/systematisch])*.

Jedoch muß betont werden: trotz dieser total verschiedenen Blickrichtung haben diachronische und synchronische Sprachwissenschaft gemeinsam, daß sie die konkret gegebene menschliche Sprache in ihren technischen Einzelheiten in den Blick nehmen.

B. Sprache in logischer Betrachtung

Die logische Betrachtung amputiert und präpariert die lebendige Sprache. Sie sieht von bestimmten konkreten Details ab.

I. Der formale Aspekt: Abstraktion

So interessiert sie sich zum Beispiel nicht für Laute oder Phoneme und auch nicht für die grammatischen Formen etwa von Substantiven oder Verben. Die kleinste Einheit, die den logischen Sprachanalytiker noch interessiert, ist das *Wort*. Aber auch auf dieser Ebene folgt er dem Prinzip des Amputierens und Ausblendens. Er interessiert sich nämlich nicht für die situationsbedingten, sozialen, regionalen oder gar für die dichterisch-atmosphärischen Schattierungen von Wörtern, sondern er macht weitgehend Gebrauch von dem mathematisch-logischen Prinzip der *→Abstraktion*. Das heißt: er setzt sprachliche Ausdrücke gleich, die aus sprach*wissenschaftlicher* Sicht nicht gleichgesetzt werden können: etwa »heuer« = »dieses Jahr«; »Weiher« = »Teich«; »Roß« = »Pferd« = »Gaul«; einen Gedichtvers gleich seiner Umformung in Prosa und so fort. Das klassische Beispiel ist die Gleichsetzung von Ausdrücken wie »Schimmel« = »weißes Pferd«. Eine solche Gleichung ist in sprach*analytischer* Sicht nichts anderes als etwa die Gleichung »Hypotenuse = längste, dem rechten Winkel gegenüberliegende Seite des rechtwinkligen Dreiecks«, d. h. die Ersetzung des einen Ausdrucks durch einen als gleichwertig angenommenen anderen Ausdruck.

Zwei Sätze wie

»In diesem Jahr bindet der Schornsteinfeger an jedem Sonnabend einen lila Schlips um«

und

»Heuer wird an jedem Samstag von dem Kaminkehrer eine violette Krawatte angelegt«

sind also in sprach*analytischer* Betrachtung gleichzusetzen, während der Sprach*wissenschaftler* für jedes einzelne Wortpaar angeben könnte, warum die beiden Ausdrücke einander eben nicht gleichzusetzen sind: teils handelt es sich um regionale Eigenheiten, teils auch um Unterschiede in der Sprachschicht: »violett«, »Krawatte«, »anlegen« sind »vornehmer« als »lila«, »Schlips«, »umbinden«. Auch die aktivische und passivische Konstruktion sind aus sprachwissenschaftlicher Sicht und insbesondere stilistisch nicht gleichzusetzen.

II. Der inhaltliche Aspekt: Prädikation

Als das zentrale Anliegen der logischen Sprachanalyse kann man die »Prädikation« ansehen.

1. Die Prädikation: Die Grundunterscheidung, von der alle Sprachanalyse auszugehen hat, ist die zwischen »Gegenstand« und »Wort«; wir sprechen *mit Wörtern* unserer Sprache *über Gegenstände*. »Gegenstand« ist hierbei im weitesten Sinne zu verstehen: nicht nur als leicht abgrenzbares Gebilde wie Pferd, Baum, Buch oder Tisch, sondern auch als abstraktes Gebilde im Sinne von »Thema« einer Examensarbeit, einer Diskussion und so fort oder im Sinne von »Tagesordnungspunkt« einer Sitzung.

»Prädikation« bedeutet nun nichts weiter als: »einem Gegenstand ein Wort zusprechen«. Das kann, je nach Beschaffenheit des Gegenstandes, leichter oder schwerer sein. Besonders deutlich wird die Leistung des Zusprechens, des Prädizierens an »Skalenprädikaten« wie »Bach« : »Fluß« : »Strom«; »Vordergrund« : »Hintergrund«; »jung« : »alt«; »kalt« : »warm« : »heiß«; »groß« : »klein«; »nah« : »weit«. In allen diesen Fällen haben wir es auf den ersten Blick mit unbestimmten, weil nicht quantitativ in Metern, Jahren, Graden, Zentimetern, Kilometern genau festlegbaren Abgrenzungen zu tun. Und trotzdem wissen wir im praktischen Leben meist genau, ob wir einen bestimmten Menschen als jung oder alt, einen Hund als klein oder groß, die Temperatur im Zimmer als warm oder kalt, einen Ort als nah oder weit bezeichnen sollen. Denn es geht hierbei jedesmal darum, in einer bestimmten *Situation* mit praktischen Folgen zu urteilen. »Kalt« oder »warm« entscheidet zum Beispiel darüber, ob wir auf dem Gang zur Arbeit oder zur Schule einen Anorak anziehen müssen oder nicht, und »nah« oder »weit« darüber, ob ein Ort für eine Tagesradfahrt bequem erreichbar ist oder nicht.

Hier zeigt sich, daß der Prädikation ein »hermeneutisches« Moment innewohnt, d. h., daß sie es mit dem Verstehen, der Interpretation einer Alltagssituation als so oder so beschaffen zu tun hat. In der Tat läßt sich die sprachanalytische Methode als Synthese logischer und hermeneutischer Elemente auffassen. Nur – diese Alltagshermeneutik, die der Prädikation zugrunde liegt, hat nichts mit einer spezifisch sprachwissenschaftlichen Interpretation von Wörtern und Sätzen zu tun.

2. *Die »Wortarten« der logischen Sprachanalyse:* Die für die Prädikation benutzten Wörter werden »Prädikate« (im logischen, nicht im sprachwissenschaftlichen Sinne) oder (um diese Verwechslung auszuschließen) auch »Prädikatoren« genannt. Prädikatoren können nicht nur (in sprachwissenschaftlicher Terminologie) Substantive, sondern auch Adjektive, bestimmte Adverbien oder Verben sein: »Pferd«, »rot«, »ungeduldig« (als Adjektiv und Adverb), »klappern«. Hier zeigt sich wieder der abstrahierende Charakter der Sprachanalyse. Der Unterschied zwischen Nomina (Substantiven und Adjektiven) und Verben wird eingeebnet: »dies klappert« und »dies ist ein Klapperer« werden kurzerhand gleichgesetzt.

Der *Prädikator* ist die zentrale »Wortart« der logischen Sprachanalyse. Außerdem gibt es noch:

– *Eigennamen* (Bedeutung etwa die gleiche wie in Alltag und Sprachwissenschaft);
– *Indikatoren* (»Zeigewörter«): relative, nur aus der Situation heraus verständliche Wörter wie »ich«, »dieser«, »hier«, »gestern«;
– *Junktoren* (»Verknüpfungswörter«): »und«, »oder«, »wenn«, »weil«.
– *Quantoren* (etwa »Größenanteilswörter«): »alle«, »einige«, »kein«, »manche«, »viele«, »nur«, »auch«, »immer«.

Bei den letzten beiden »Wortarten« ist die enge Verbindung mit der → *Logik* deutlich, denn »Junktor« und noch mehr »Quantor« sind Termini der formalen Logik und haben mit spezifisch sprachlichen Problemen nichts mehr zu tun.

Der Unterschied zwischen Sätzen wie
»Nicht alle Schüler konnten schwimmen:
Alle Schüler konnten nicht schwimmen«
oder
»Er konnte nicht nur singen:
Er konnte nur nicht singen«
ist nicht sprachlicher Natur. Hier geht es lediglich um logische Sachverhalte, die man ebensogut durch logische Symbole oder zeichnerische Diagramme zum Ausdruck bringen kann.

C. *Sprache im Sinne von »Zeichensystem« allgemein*

Buchstaben, aber auch die ihnen entsprechenden Laute bzw. Phoneme nennen wir gewöhnlich »Zeichen«. Jedermann weiß jedoch, daß sprachliche Zeichen nur ein Unterfall von »Zeichen« überhaupt sind. Es gibt zahlreiche nichtsprachliche Zeichen. Wenn ein Radfahrer links abbiegen will, streckt er den linken Arm seitlich aus. Jedermann versteht dies als »Zeichen«. Auch in anderen Bereichen gibt es solche nichtsprachlichen Zeichen: etwa im Sport, bei Bauarbeiten, beim Militär – überall da, wo man sich wegen großer Entfernungen nur optisch verständigen kann. Ein System aller in einem bestimmten Bereich gebräuchlicher Zeichen nennen wir auch im Alltag »Zeichensprache«.

Das Wort »Sprache« wird also auch dann verwendet, wenn es gar nicht um Sprachzeichen – also um Buchstaben bzw. Laute, Wörter, Sätze – geht. Man spricht so auch von »Sprachen« in der → *Mathematik* oder in der Logik. Im weiteren Sinne reden wir schließlich von Programmier»sprachen«, Maschinen»sprachen«, Computer»sprachen«, wo nur noch die Zuordnung zwischen bestimmten »Befeh-

len« und Operationen in den Rechnern gemeint ist.
Die Wissenschaft von der »Sprache« in diesem weitesten Sinne geht dann in die allgemeine Zeichentheorie oder→*Semiotik* über.

Helmut Seiffert

Apel, K.-O.: Die Entfaltung der »sprachanalytischen« Philosophie und das Problem der »Geisteswissenschaften«. In: Philosophisches Jahrbuch der Görres- Gesellschaft 72 II, 1965. *Engl.:* Analytic Philosophy of Language and the Geisteswissenschaften. Dordrecht: Reidel 1967. – *Ders. (Hg.):* Sprachpragmatik und Philosophie. 1976, stw 1982. – *Arens, H.:* Sprachwissenschaft. Der Gang ihrer Entwicklung von der Antike bis zur Gegenwart. Bd. 1; 2. 1955, ²1969 = 1974. – *Bühler, K.:* Die Axiomatik der Sprachwissenschaften. 1933, 1969, 1976. – *Ders.:* Sprachtheorie. Die Darstellungsfunktion der Sprache. 1934, ²1965 = 1982. – *Chomsky, N.:* Aspekte der Syntax-Theorie. (Aspects of the theory of syntax.) (1965) 1969, 1973. – *Coseriu, E.:* Einführung in die Allgemeine Sprachwissenschaft. 1986. – *Ders.:* Synchronie, Diachronie und Geschichte. Das Problem des Sprachwandels. (Aus dem Span.) (1958) 1974. – *Fodor, J. A./Katz, J. J.:* Sprachphilosophie und Sprachwissenschaft. In: Kursbuch 5. 1966. – *Gadamer, H.-G. (Hg.):* Das Problem der Sprache. 1967. – *Gauger, H.-M.:* Sprachbewußtsein und Sprachwissenschaft. 1976. – *Ders.:* Wort und Sprache. 1970. – *Gipper, H.:* Denken ohne Sprache? 1971. – *Ders.:* Gibt es ein sprachliches Relativitätsprinzip? 1972. – *Ders.:* Sprachwissenschaftliche Grundbegriffe und Forschungsrichtungen. 1978. – *Hayakawa, S. I.:* Sprache im Denken und Handeln. Allgemeinsemantik. (Aus dem Amerik.) (1939, 1972) 1967, ⁵1976. – *Helbig, G.:* Geschichte der neueren Sprachwissenschaft. 1970, 1974. – *Hörmann, H.:* Psychologie der Sprache. 1967, ²1977. – *v. Humboldt, W.:* Über die Verschiedenheit des menschlichen Sprachbaues. 1836, 1860 = 1968. – *Kainz, Fr.:* Psychologie der Sprache. Bd. 1. ³1962. – *Ders.:* Über die Sprachverführung des Denkens. 1973. – *Kamlah, W.:* Von der Sprache zur Vernunft. 1975. – *Ders./Lorenzen, P.:* Logische Propädeutik. 1967, ²1973. – *Katz, J. J.:* Philosophie der Sprache. (Aus dem Amerik.) (1966) 1969. – *Kraus, K.:* Die Sprache. 1937, 1954, ⁴1962 = 1969, st 1987. – *Langacker, R. W.:* Sprache und ihre Struktur. (Aus dem Amerik.) (1968) 1971, ²1976. – *Leisi, E.:* Der Wortinhalt. 1952, ⁵1975. – *Liebrucks, Br.:* Sprache und Bewußtsein. Bd. 1–9. 1964–1978. – *Lorenz, K.:* Elemente der Sprachkritik. 1970. – *Luther, W.:* Sprachphilosophie als Grundlagenwissenschaft. 1970. – *Martinet, A.:* Grundzüge der allgemeinen Sprachwissenschaft. (Aus dem Franz.) (1960) 1963, ⁵1971. – *Merten, Ch.:* Sprachtheorie und Sprachpolitik im Neukonservatismus. 1985. – *Ogden, Ch. K./Richards, I. A.:* Die Bedeutung der Bedeutung. (Aus dem Engl.) (1923) 1974. – *Patzig, G.:* Sprache und Logik. 1970, ²1981. – *Ryle, G.:* Der Begriff des Geistes. (Aus dem Engl.) (1949) 1969. – *de Saussure, F.:* Grundfragen der Allgemeinen Sprachwissenschaft. (Aus dem Franz.) (1916, ²1922) 1931, ²1967. – *v. Savigny, E.:* Zum Begriff der Sprache. 1983. – *Seebaß, G.:* Das Problem von Sprache und Denken. 1979. – *Seiffert, H.:* Einführung in die Wissenschaftstheorie. Bd. 1. [E] – *Ders.:* Sprache heute. 1977. – *Thiel, M. (Hg.):* Enzyklopädie der geisteswissenschaftlichen Arbeitsmethoden. Bd. 4. Sprachwissenschaft. 1968. [H] – *Tugendhat, E.:* Vorlesungen zur Einführung in die sprachanalytische Philosophie. 1976. – *Ullmann, St.:* Grundzüge der Semantik. (Aus dem Engl.) 1967. – *Vossenkuhl, W.:* Anatomie des Sprachgebrauchs. Über die Regeln, Intentionen und Konventionen menschlicher Verständigung. 1983. – *Wandruszka, M.:* Interlinguistik. Umrisse einer neuen Sprachwissenschaft. 1971. – *Ders.:* Das Leben der Sprachen. 1984. – *Weisgerber, L.:* Zweimal Sprache. 1973. – *v. Weizsäcker, C. Fr.:* Sprache als Information. 1959. – *Wendt, H. Fr.:* Sprachen. (Fischer-Lexikon 25) 1961, 1972. – *Whorf, B. L.:* Sprache, Denken, Wirklichkeit. 1963.

Helmut Seiffert

Sprache, linguistisch

A. Grundlegendes

I. Sprache, Sprachfähigkeit, Sprachverwendung

Der Begriff »Sprache« ist eigentümlich mehrdeutig: er kennzeichnet die Fähigkeit der menschlichen Gattung, sich durch Lautäußerungen zu verständigen, ebenso die Verständigungsfähigkeit des Individuums; wir benennen zahlreiche Einzelsprachen als die jeweiligen Verständigungssysteme von Völkern, Nationen, sozialen Gruppen; und schließlich tritt neben »Sprache« als Fähigkeit oder Verständigungssystem auch noch »Sprache« in ihren jeweiligen Verwendungen bzw. Manifestationen als Äußerung, Text, Gespräch, Formulierung.

1. Die Sprachfähigkeit der Gattung: Die Sprachfähigkeit der Gattung wird von der allgemeinen Sprachtheorie untersucht: Was sind die universalen Sprachmerkmale? Wie hängen sie zusammen mit Charakteristiken der sozialen Tätigkeit, der menschlichen Wahrnehmung, der physiologischen Prozesse bei der Artikulation und Lautwahrnehmung? Was sind allgemeine Struktureigenschaften von Einzelsprachen? (Vgl. GREENBERG.)

Jedes Einzelsprachsystem hat einen charakteristischen Aufbau: die inhalts- oder bedeutungstragenden Elemente (Wörter, Morpheme) sind ihrerseits aus einem bestimmten Inventar von Einzellauten und Lautverbindungen bzw. in der Schrift aus einem Inventar von Buchstaben, Silben- oder Begriffszeichen kombiniert; andererseits werden sie zu größeren Einheiten (Phrase, Satz) zusammengefügt. Entsprechend läßt sich bei jeder Sprache ein lexikalisches, morphologisches, phonologisches bzw. graphemisches und syntaktisches Teilsystem unterscheiden. Die allgemeine Sprachtheorie untersucht insbesondere die Struktureigenschaften dieser Teilsysteme wie auch ihre Wechselwirkungen.

Jede Einzelsprache unterscheidet sich hinsichtlich ihrer Inventare und Strukturmuster von anderen Einzelsprachen: sie hat ein je spezifisches Lexikon, phonologisches und syntaktisches System (Grammatik). Mehr als 5000 Einzelsprachen wurden bisher registriert; sie lassen sich zu mehr als 30 großen Sprachfamilien zusammenfassen, von denen eine die indoeuropäische ist. Durch Sprachvergleich lassen sich die Einzelsprachen aufgrund genetischer, geographischer und typologischer (Strukturähnlichkeiten betreffender) Merkmale in Gruppen zusammenfassen, ebenso lassen sich ihre historischen Veränderungen und die wechselseitigen Einflüsse aufeinander untersuchen (Sprachtypologie, vergleichende bzw. historisch-vergleichende Sprachwissenschaft).

2. Die Sprachfähigkeit des Individuums: Jedes Individuum partizipiert an einer oder u. U. mehreren Einzelsprachen (Zwei- und Mehrsprachigkeit), es verwendet Sprache zu seinen Verständigungsakten. Die Sprachfähigkeit des Individuums ist teils Gegenstand der Sprachpsychologie bzw. Psycholinguistik unter Fragestellungen wie: Was muß dem Kind bereits angeboren sein, um innerhalb eines Reifeprozesses die Sprache seiner Umgebung zu erlernen? (Vgl. den Begriff der Universalen Grammatik in CHOMSKY, Aspects, und anderen Schriften CHOMSKYS.) Was sind die spezifischen kognitiven Prozesse und Leistungen bei der Sprachproduktion, beim Sprachverstehen, beim Spracherlernen, beim Übersetzen? Welche Rolle spielen dabei das Gedächtnis, besondere Strategien der Strukturerkennung, die jeweilige kommunikative Aufgabe, das Wissen über bestimmte Situationen?

Andererseits wird die Sprachfähigkeit des Individuums in den jeweiligen Äußerungen manifest. Solche Manifestationen der Sprachfähigkeit werden dann Gegenstand von Gesprächs- und Textanalysen. Dabei wird grundsätzlich von einer Wechselwirkung ausgegangen zwischen Sprachsystem, kognitivem System und Interaktionssystem. Bereits die systematische Analyse der sprachlichen Bedeutungen (im Rahmen der Semantik) zeigt einen engen Zusammenhang mit kulturell standardisierten Formen der Wahrnehmung, des Wissens und des praktischen Handelns. In einem konkreten Gespräch oder Text wird nun die ausgedrückte sprachliche Bedeutung noch ergänzt durch verschiedene Faktoren der Situation. Dies wird systematisch im Rahmen der Pragmatik untersucht. Die jeweilige situative Bedeutung bzw. der Sinn der Äußerung ließe sich mit der Kommunikationsabsicht des Sprechers oder Autors identifizieren, und diese macht Gebrauch von Präferenzen, Wissen, Annahmen, Wahrnehmungen in der Situation, ebenfalls von der interaktionellen Stellung der Äußerungen. Zu einem Gespräch gehört auch die interaktionelle Steuerung, z. B. die Organisierung des Sprecherwechsels und des thematischen Ablaufs, die Verwendung von Aufmerksamkeitssignalen, die Kennzeichnung einer möglichen Redeweitergabe (vgl. besonders SACKS/SCHEGLOFF/JEFFERSON zur interaktionellen Steuerung des Sprecherwechsels).

II. Sprachvarietäten

1. Die Heterogenität der Sprachen: Obwohl aus methodologischen Gründen oft die grammatische Homogenität einer Einzelsprache angenommen wird, sind doch tatsächlich alle Sprachen in sich heterogen, so, wie auch die entsprechenden Sprachgemeinschaften in sozialer Hinsicht nicht homogen sind. In jeder Sprache gibt es geographisch verschiedene Ausprägungen, die sogenannten Dialekte oder Mundarten. Daneben gibt es vertikale, sogenannte diatypische Ausprägungen: Soziolekte der verschiedenen sozialen Gruppen, Fach- und sondersprachliche Ausprägungen in den verschiedenen Berufszweigen und Institutionen, schließlich situativ-funktionale Register für die verschiedenen Arten sprachlicher Kontakte (formelle bis informelle, auf Geselligkeit bis Beeinflussung ausgehende). Aufgrund von veränderten Kommunikationsgepflogenheiten und politischen Verhältnissen, Wanderungsbewegungen, neuen Kommunikationsbedürfnissen, Kontakten mit anderen Sprachen und systematischen Regelumstrukturierungen verändern sich einzelne oder entstehen neue Varietäten. Diese können aufgrund von Ausgleichstendenzen wiederum eine Veränderung der Gesamtsprache bewirken. Die historische Entwicklung von Sprachen ist nur erklärbar durch die stete Wechselwirkung der verschiedenen heterogenen Ausprägungen (vgl. KANNGIESSER).

Die sozial bedingten Sprachvarietäten sind Gegenstand der Soziolinguistik. Untersucht wird die Verteilung sprachlicher Formen und Bedeutungszuschreibungen in verschiedenen sozialen Gruppen, der Einfluß von beruflicher Tätigkeit, Mobilität, Prestige und Anpassung, Kontakten usw. Dabei wird oft die lokale Beschränkung auf eine bestimmte Ortsgesellschaft vorgenommen. Die einzelnen Varietäten sind z. T. durch charakteristische Wahrscheinlichkeitsmaße für die Wahl von Sprachregeln charakterisierbar.

2. Nationalsprachen: Die Entstehung der europäischen Nationalstaaten seit Beginn der geschichtlichen Neuzeit ging einher mit der Entwicklung sogenannter Nationalsprachen, für die jeweils eine bestimmte dominierende Standardvarietät (oft der Dialekt einer zentralen Region oder ein Soziolekt bürgerlicher Schichten) maßgeblich wurde. Diese Hoch- oder Standardsprache galt als die kodifizierte Norm für die Schriftkultur und hat über Verwaltung und Literaturverbreitung oft zu einer tatsächlichen Vereinheitlichung der jeweiligen Sprache geführt – ein Prozeß, der durch die Entwicklung von Hörfunk und Fernsehen und die zunehmende Mobilität noch wesentlich beschleunigt wurde. Erst neuerdings lassen sich gegenläufige, antizentralistische Tendenzen beobachten, die eine teilweise Wiederbelebung von Dialekten und Mundarten zur Folge haben.

Ganz anders sind die Verhältnisse in den Ländern Asiens und Afrikas, in denen Alphabetisierung und Literalisierung, Industrialisierung und schließlich auch die Nationalstaatenbildung oft noch am Anfang stehen, entsprechend die innersprachliche Variabilität wesentlich größer und die Bildung überregionaler Verkehrssprachen oft auch Gegenstand von Planungsmaßnahmen ist.

III. Interaktion, Kommunikation, sprachliches Handeln

1. Handlungen allgemein: Jede menschliche Handlung läßt sich in folgender Weise charakterisieren: Sie hat als Gegenstand das vom jeweiligen Akteur verfolgte Ziel, nämlich eine nichtnatürliche (nicht schon aufgrund von Kausalgesetzen eintretende) Situationsveränderung; sie ist eine raumzeitlich- bzw. situationsgebundene Aktivität, die vom Akteur kontrollierbar ist; sie folgt einem Handlungsschema (oder -muster), das erlernbar, von anderen identifizierbar ist und die Wiederholbarkeit der Handlung unter gleichartigen Situationen ermöglicht; sie umfaßt charakteristische Stadien wie die Motivations-, Ziel- und Planbildung, den Entschluß und die etappenweise Ausführung mit Resultatskontrollen; sie kann auf hierarchisch geordneten Ebenen beschrieben werden, z. B. in Teilhandlungen zerlegt oder als Teil übergeordneter Handlungen betrachtet werden (vgl. besonders GOLDMAN); sie steht unter äußeren Bedingungen (Bedürfnis- und Interessenstruktur; in der Situation zugelassene und kontrollierbare Handlungen) und inneren Bedingungen (Situationswahrnehmung und -bewertung, Wissen, Überzeugungen und Motivationen des Akteurs) (vgl. insgesamt REHBEIN).

Diese Merkmale treffen auch auf sprachliche Handlungen (also die Produktion von Sprachäußerungen) zu: der Sprecher oder Autor hat eine Absicht; er kontrolliert seine artikulatorischen Tätigkeiten; er verwendet von anderen identifizierbare Satzmuster; in der spontanen Sprache sind Vorbereitungs-, Planungs- und Korrekturphänomene sichtbar; die sprachliche Handlung läßt sich auf der phonologischen, lexikalisch-morphologischen und syntaktischen Ebene der Ausdrucksseite sowie entsprechenden semantisch-pragmatischen Ebenen der Inhaltsseite beschreiben; die Handlung nimmt bestimmte Positionen in einem Gesprächsablauf oder einer Textherstellung ein; der Sprecher oder Autor berücksichtigt dabei den bereits erreichten Stand.

2. Verständigungshandlungen: Der Gegenstand von materiellen Handlungen sind gewisse materielle Objekte, an denen etwas verändert wird; der Gegenstand von *Verständigungshandlungen* sind gewisse mentale (psychische) Zustände des Adressaten und die evtl. soziale Situation mit dem Adressaten. Sprachliche Handlungen sind die am mei-

sten differenzierten Verständigungshandlungen, daneben gibt es Möglichkeiten der nichtverbalen Verständigung mit Hilfe von Gesten, Mimik, Pfiffen, optischen Arrangements.
Handlungen sind interaktiv, wenn sie auf einen Partner bezogen sind und durch korrespondierende Handlungen des Partners ergänzt werden. Sowohl materielle wie auch Verständigungs-Handlungen können interaktiv sein: z. B. das Überreichen von Gegenständen, das Gespräch; Interaktionen zur Verständigung heißen auch Kommunikationen. Ebenso können beide Arten von Handlungen auch nicht-interaktiv sein: z. B. das Hantieren an Gegenständen, das Aufschreiben von Gedächtnisstützen. Beide Arten von Handlungen können außerdem kooperativ sein oder nicht; dabei kann sich Kooperation an gemeinschaftlichen Zielen oder an gemeinschaftlichen Ausführungen bemessen.
Der primäre Modus sprachlicher Handlungen ist die face-to-face-Kommunikation auf der Basis von Lautäußerungen. Erst mit dem Aufkommen der Schrift wurde es möglich, die ursprünglich interaktive Situation aufzulösen in zwei räumlich-zeitlich getrennte Situationen, die der Produktion und die der Rezeption. Der Buchdruck erlaubte dann die massenweise Vervielfältigung und Verbreitung von Schriftprodukten. Neue technische Medien wie Funk, Tonband- und elektronische (Bild-)Speicherung führten und führen weiterhin zu weiteren Änderungen in den Kommunikationsgepflogenheiten.
Auch Taubstummensprachen können im wesentlichen als derivative Ersatzsprachen angesehen werden. Allerdings gibt es einige unter ihnen (z. B. die American Sign Language), die von Kindern wie eine andere Muttersprache erworben werden – in dieser Hinsicht sind sie natürliche Sprachen.
Gemäß der Zweckgerichtetheit sprachlicher Handlungen lassen sich einzelne Sprachfunktionen unterscheiden. Im »Organonmodell« von Bühler sind es drei elementare Sprachfunktionen: die expressive (der Sprecher drückt eigene Einstellungen aus bzw. gibt sie kund), die appellative (der Sprecher steuert das Adressatenverhalten) und die kognitive (der Sprecher stellt Sachverhalte dar). Diese drei Funktionen korrespondieren einerseits mit gewissen Sprechhandlungstypen (vgl. B.IV.) oder komplexen Gesprächs- und Textarten, in denen solche Sprechhandlungen dominant sind, andererseits sind sie Komponenten in jeder sprachlichen Handlung, wenn auch mit unterschiedlichem Gewicht.

IV. Spracherwerb

Von einer Sprache im engeren oder natürlichen Sinne (im Unterschied zu Kunstsprachen wie Esperanto, sprachlichen Mischformen wie Pidgin, formalisierten Computer- oder Logiksprachen) läßt sich erst sprechen, wenn Kinder sie als ihre primäre, sogenannte Muttersprache erwerben. Lernbarkeit durch das Kind ist eine wesentliche Eigenschaft von Sprachen.

1. Die Sprachlernfähigkeit ist angeboren: Alle gegenwärtig bekannten Menschensprachen sind voll entwickelt – was nicht heißt, daß sie nicht weiteren geschichtlichen Prozessen unterlägen –: sie gestatten die Bewältigung aller einschlägigen sozialen und individuellen Funktionen von Sprache. Auch die Unterscheidung zwischen »alten« Sprachen (z. B. mit relativ konkreten grammatischen Kategorisierungen) und »jungen« Sprachen ist allenfalls graduell und überdies auch problematisch. Deshalb ist ein Rückschluß auf phylogenetische Vorformen von Sprache kaum möglich. Andererseits sind die nach dem Menschen hochentwickeltsten Primaten, nämlich die Schimpansen, auch nach langem Training nur zu rudimentärem Sprachverhalten fähig. Jedes Menschenkind kann aber gleichsam spielend die entwickelte Sprache seiner jeweiligen Umgebung erlernen, ohne Rücksicht darauf, was die Sprache der Eltern ist. Deshalb erscheint die Annahme berechtigt, daß der neugeborene Mensch genetisch mit einer Sprachlernfähigkeit versehen ist. Alle Sprachen sind jedoch von einer komplexen Struktur, insbesondere erlauben sie die rekursive Anwendung syntaktischer Regeln, darum im Prinzip beliebige Komplexität von Sätzen, die nur durch Wahrnehmungsschwellen begrenzt wird. Deshalb kann die Sprachlernfähigkeit kein einfacher induktiver Mechanismus sein, sondern muß bereits bestimmte Strukturprinzipien menschlicher Sprachen enthalten (vgl. Chomsky, Aspects).

2. Erst- und Zweitsprache

(a) Erstspracherwerb: Für den Erstspracherwerb genügt aus den genannten Gründen die bloße Einbindung in Kommunikationen, ohne jegliche Steuerung. Das Kind entnimmt den sprachlichen Äußerungen die notwendigen Informationen, um die strukturellen Parameter seiner Sprachlernfähigkeit auf die jeweilige Einzelsprache »festzulegen«. Der

Erstspracherwerb vollzieht sich offensichtlich in gewissen Stadien, die durch Phänomene wie situationseingebundene Ein-Wort-Äußerungen, funktional gebundene Zwei-Wort-Äußerungen, funktionswortlose oder -instabile bzw. flexionslose oder -instabile Mehr-Wort-Äußerungen und schließlich grammatisch ausgebildete Mehr-Wort-Äußerungen grob umrissen sein mögen. Es scheint so, daß das Kind einen sprachlichen Reifeprozeß durchmacht, in dem es auf jeder Stufe nur die jeweils relevanten Informationen seiner Umgebung entnimmt.

Schwierigkeiten kann es allerdings geben, wenn ein Kind gleichzeitig mehreren und nicht deutlich getrennten sprachlichen Umgebungen ausgesetzt ist. Zwar ist Bilinguismus im Erstspracherwerb keineswegs selten, ohne daß es zu Interferenzen zwischen den gleichzeitig erworbenen Sprachen kommen muß, ebenso ist aber auch Semilinguismus anzutreffen, bei dem keine der beteiligten Sprachen wirklich kompetent erworben wird. Dies scheint besonders für spätere Phasen des Spracherwerbs zuzutreffen.

Der Erstspracherwerb ist nämlich mit dem Schuleintrittsalter noch keinesfalls abgeschlossen; zahlreiche Funktionswörter (z. B. für Satzverknüpfungen), ebenso der Wortschatz und mehr abstrakte sprachliche Elemente (z. B. Nominalisierungen, Aspekte, Zeitenfolge) sowie spezielle idiomatische Wendungen werden erst später ergänzt. Einige dieser Elemente korrespondieren mit der weiteren kognitiven Entwicklung, andere werden offenbar mehr oder weniger listenförmig erlernt. Gerade hier kann es zu Konflikten oder Lücken in der mehrsprachigen Situation kommen.

(b) Zweitspracherwerb: Vom Zweitspracherwerb läßt sich dann sprechen, wenn die Erstsprache strukturell bereits beherrscht wird. Die erreichbare – besonders die aktive – Kompetenz in der Zweitsprache hängt offenbar von mehr Faktoren als in der Erstsprache ab: ein Ausländer kann sich jahrelang in einer fremdsprachlichen Umgebung aufhalten, ohne in der betreffenden Sprache kompetent zu werden. Hier kann es zur Ausbildung von Pidgins kommen, von reduzierten Mischsprachformen, die für die Bewältigung fundamentaler sozialer Bedürfnisse ausreichen. Für die Vervollständigung der Zweitsprachenkompetenz ist u. a. das Alter maßgeblich, ebenso die Verwendung aktiver und z. T. metasprachlicher Lernstrategien. Die erworbene Erstsprache ist die Instanz, auf die hin die Zweitsprache mindestens intern übersetzt und von der aus sie kontrastiv definiert wird. Wichtige erstsprachliche Funktionen wie Gewinnung eines Selbst- und Fremdbildes brauchen und können von der Zweitsprache nicht mehr erfüllt werden. Der völlig ungesteuerte Zweitspracherwerb wird von einem gewissen Alter ab, das etwa in der Pubertät festzulegen wäre, nicht mehr zur vollständigen aktiven Kompetenz führen; er muß durch gesteuertes Lernen ergänzt werden. Dabei spielen Motivation und intellektuelle Bereitschaft eine wichtige Rolle.

B. Sprache in ihrer Systematik

I. Phonetik und Phonologie

Jede natürliche Sprache ist primär Lautsprache. Im Zusammenhang mit dem Atemstrom werden durch Stimmlippenbewegungen Schallaute erzeugt (Phonation), in Mund, Rachen und Nase geformt (Artikulation), durch Luftschwingungen weiter verbreitet und schließlich vom menschlichen Ohr wahrgenommen. Die Phonetik befaßt sich mit den artikulatorischen und auditiven Prozessen, z. T. auch den zugehörigen neurophysiologischen Prozessen bei der Sprachproduktion und -wahrnehmung, ebenso mit den physikalischen Signaleigenschaften der Sprachlaute. Der Lautstrom läßt sich in seinem zeitlichen Ablauf segmental gliedern, die Eigenschaften der jeweiligen Segmente und ihrer Übergänge sind mit entsprechenden artikulatorischen Stellungen und Bewegungen korrelierbar. Hinzu kommen suprasegmentale Phänomene wie Akzent und Intonation (Verlauf der Grundfrequenz, Schalldruck und Dauer der Einzelphänomene).

Die erzeugten Sprachlaute werden u. a. nach folgenden Merkmalen klassifiziert: dem jeweiligen Luftstrommechanismus (Einatmung, Ausatmung, Mundluft usw.), dem Öffnungszustand der Stimmlippen (vokalisch, nichtvokalisch), dem Anteil von Mund und Nase (oral, nasal), dem Ort, an dem Verengungen des Luftstroms stattfinden (labial, dental, velar usw.), der Art der Verengung (plosiv, frikativ usw.). Auf diese Weise erhalten einzelne in den Sprachen verwendete Laute mehrere Merkmale zugeordnet (z. B. */p/* = Ausatmung, konsonantisch, oral, bilabial, plosiv).

Sprachlaute sind erst relevant für eine Sprache, wenn sie distinktiv sind, nämlich eine Bedeutungsunterscheidung ermöglichen. Sie

werden grundsätzlich abstraktiv im Hinblick auf solche Unterscheidungen wahrgenommen (daneben werden allerdings auch sprecher- und emotionsspezifische Lauteigenschaften wahrgenommen). Z. B. bilden */tasse, kasse, passe, rasse/* usw. minimale Oppositionen im Deutschen, daher sind */t, k, p, r/* usw. sogenannte Phoneme im Deutschen. Die Phonologie befaßt sich im Unterschied zur Phonetik mit den für die Einzelsprachen charakteristischen distinktiven Lauten und den allgemeinen Struktureigenschaften phonologischer Systeme und Prozesse. Neben den distinktiven Einzellauten hat jede Einzelsprache auch charakteristische Beschränkungen der möglichen Lautkombinationen; auf diese Weise ist definierbar, was ein mögliches Wort der Sprache ist – unabhängig davon, ob die betreffende Lautkombination lexikalisiert, d. h. mit einer Bedeutung versehen ist.
Jedes phonologisch relevante Segment (also Phonem) kann durch eine Reihe distinktiver Merkmale spezifiziert werden, die ungefähr den erwähnten artikulatorischen Merkmalen entsprechen. Ebenso lassen sich phonologische Prozesse (bei Wortableitungen, Assimilationen, Vokalharmonien usw., bei Dialektverwandtschaften oder historischen Veränderungen) in Ausdrücken distinktiver Merkmale formulieren, um geeignete Verallgemeinerungen für die betroffene Klasse von Lauten zu erreichen. Etwa ist die Auslautverhärtung im Deutschen (z. B. *Band* als */bant/* gesprochen) ein Prozeß, der genau alle plosiven Konsonanten betrifft.
Phonologische Prozesse sind oft nicht unabhängig von morphologischen und syntaktischen Erscheinungen, z. B. ist die Liaison über die Wortgrenze hinweg aus syntaktischen Gründen blockiert oder zugelassen. Ablaut und Umlaut sind systematische Erscheinungen bei der Verbflexion, Nominalisierung, Komparativbildung o. ä.; in afrikanischen Sprachen zeigt eine Tonhöhendifferenz oft syntaktische Unterordnung an; Tonanstieg am Satzende kennzeichnet in vielen Sprachen den Fragesatz, zumindest sofern er nicht schon anders markiert ist.

II. Morphologie und Syntax
1. Formale Verfahren: Jede Sprache verfügt über eine Anzahl formaler Verfahren, um minimale Bedeutungseinheiten (selbständige Lexeme = Wörter oder unselbständige Morpheme) zu größeren Einheiten (wie komplexe Wörter, Phrasen oder Sätze) zu kombinieren. Üblicherweise wird dabei zwischen Morphologie und Syntax unterschieden.
(a) Morphologische Verfahren: Morphologische Verfahren stellen a) komplexe Wörter oder b) bestimmte Wortformen in einem syntaktischen Zusammenhang her. Zur ersten Gruppe gehören *Wortableitungen* (z. B. Kombinationen eines Wortes mit Präfix oder Suffix oder bestimmte phonologische Veränderungen; dabei wird oft auch die lexikalische Kategorie des Wortes verändert, z. B. *gut* → *Güte*) und *Wortzusammensetzungen* (Kombination von zwei oder mehr Wörtern, z. B. aufgrund attributiver Beziehung). Diese Verfahren haben oft nur eingeschränkte Produktivität, sie sind charakteristisch für die Möglichkeiten lexikalischer Kreativität in einer Sprache. Zur zweiten Gruppe gehört die *Flexionsmorphologie*, die in den verschiedenen Sprachen unterschiedlich stark ausgeprägt ist. Die Kasusmorphologie am Nomen orientiert sich an der syntaktischen Rolle des Nomens; hinzu kommen eventuell Pluralbildungen. Die Verbmorphologie (Modus, Aspekt, Tempus, eventuell Person) orientiert sich an der Rolle des Verbs als Prädikat und den jeweiligen Zuschreibungsmodalitäten, die für ein Prädikat in Frage kommen.
(b) Syntaktische Verfahren: Syntaktische Verfahren sind in der Regel unbeschränkt produktiv, oft auch rekursiv, d. h. auf das jeweilige Ergebnis wieder anwendbar (z. B. einen Relativsatz zum Bestandteil eines Relativsatzes bilden, ein Genitivattribut zu einem Genitivattribut bilden, eine Koordination erweitern). Mit Hilfe von Phrasenstrukturregeln läßt sich die Bildung komplexer Phrasen beschreiben, z. B.

Artikel	+ Nomen (N)	→ Nominalphrase(NP),
Verb(V)	+ NP	→ Verbalphrase(VP),
NP	+ VP	→ Satz.

Mit Hilfe dieser drei Regeln sind alle einfachen Sätze mit transitivem Verb wie z. B. *der Junge sah ein Pferd* beschreibbar; den Regeln entsprechend ergibt sich dabei diese Phrasengliederung:
$((\textit{der Junge})_{NP}(\textit{sah}(\textit{ein Pferd})_{NP})_{VP})_{Satz}$.

Oft läßt sich in der Kombination einer der Ausdrücke als Funktor ansehen. Z. B. ist der Artikel ein Funktor, der aus einem rechtsstehenden N eine NP herstellt, das transitive Verb ein Funktor, der aus einer NP eine VP (von der Kategorie der intransitiven Verben) herstellt, und die VP ein Funktor, der aus einer linksstehenden NP einen Satz herstellt. Man kann dies kategorialgrammatisch wie folgt formulieren: Artikel = NP/N, transitives Verb = VP/NP, VP = NP\Satz. Die drei erwähnten Phrasenstrukturregeln erhalten damit die triviale Form:

NP/N + N → NP,
VP/NP + NP → VP,
NP + NP\Satz → Satz.

Man erkennt, daß sich bei der Kombination des Funktors mit einem Argument der geeigneten Kategorie durch Kürzung unter dem Schrägstrich automatisch die richtige Ergebniskategorie ergibt. Entsprechend lassen sich das attributive Adjektiv als N/N-, das Modalverb ebenso wie das normale Adverb als VP/VP-, das Satzadverb als Satz/Satz-Funktoren verstehen; selbst eine komplexe syntaktische Funktion wie das Passiv läßt sich als VP/V-Funktor darstellen.

2. Syntaktische Grundkategorien

(a) Nomen und Verb: Alle Sprachen verfügen über die lexikalischen Kategorien Nomen und Verb und die entsprechenden syntaktischen Phrasen; außerdem haben sie entweder Adjektive oder Adpositionen (Prä- bzw. Postpositionen), oft auch beides. Zum syntaktischen Bezugsbereich des Nomens gehören Attribute, zum Bezugsbereich des Verbs Adverbiale und Objekte. Die Kombinierbarkeit dieser Kategorien läßt sich durch kontextfreie Regeln von der oben angegebenen Art beschreiben. Hinzu kommen Transformationen, die einen syntaktischen Kontext berücksichtigen: Umstellungsregeln (für thematische Anknüpfung, Emphase oder Gewichtigkeit der Satzglieder), Kongruenzregeln (z. B. für Subjekt-Verb-Kongruenz) und Tilgungsregeln (für Ellipsen).

(b) Subjekt, Verb, Objekt: Die verschiedenen Sprachen lassen sich typologisch u. a. nach der jeweiligen Stellung von Subjekt (S), Verb (V) und direktem Objekt (O) einordnen. Damit kongruieren Stellungen der Adposition (P), des Possessivs, des Adjektivs (A), des Relativsatzes (R) usw. Es lassen sich zwei Haupt-Sprachtypen unterscheiden:

a) SOV-Sprachen: S+V, O+V, NP+P, A+N, R+N usw.

b) alle übrigen Sprachen mit zu den eben genannten Stellungstypen jeweils spiegelbildlichen Stellungen: V+O, P+NP, N+A, N+R usw.;

je nach der Stellung von S unterscheidet man dabei VOS-, VSO- und SVO-Sprachen.

Jede einzelne Sprache kann in einem bestimmten historischen Zustand auch Merkmale verschiedener Sprachtypen aufweisen. Die sprachtypologische Syntaxforschung ist besonders durch GREENBERG und neuerdings durch KEENAN und durch COMRIES Untersuchungen geprägt worden.

3. Moderne Syntaxforschung: Die moderne Syntaxforschung wurde besonders durch die Arbeiten CHOMSKYS zur generativen Transformationsgrammatik geprägt. Diese Ansätze sind seit den frühen Veröffentlichungen CHOMSKYS (Strukturen; Aspekte) ständig weiterentwickelt worden. Merkmale dieser Entwicklung sind:

(1) Berücksichtigung einschlägiger Phänomene aus möglichst vielen Sprachen;
(2) hoher Grad an Regelgeneralisierung, um allgemeine Struktureigenschaften von Sprachen ausdrücken und damit auch die Lernbarkeit von Sprachen strukturell charakterisieren zu können;
(3) präzise mathematische Formulierung der Regeltypen, u. a., um eine Hierarchie von Grammatiktypen und eventuelle Äquivalenzen von Grammatiktypen begründen zu können;
(4) Berücksichtigung der semantischen und funktionalen Auswirkungen und Fundierungsmöglichkeiten von Syntax – dafür sind besonders die generative Semantik (LAKOFF; ROSS; MCCAWLEY; FILLMORE) und die neueren Richtungen der relationalen und der funktionalen Grammatik eingetreten (vgl. DIK);
(5) präzise Zuordnung semantischer Interpretationen zu syntaktischen Kategorien und Funktionen – dafür ist besonders die kategorialgrammatische Orientierung eingetreten (MONTAGUE; CRESSWELL).

III. Semantik

Die moderne linguistische Semantikforschung steht in engem Zusammenhang mit der philosophischen → *Logik*, für die besonders die Ideen von FREGE, TARSKI und CARNAP maßgeblich waren. Ihre Grundbegriffe sind Proposition, Wahrheit und Referenz.

1. Die Proposition: Eine Proposition ist das, was ein (Aussage-)*Satz* relativ zu einer *Verwendungssituation sagt* bzw. bedeutet; die jeweilige Proposition kann beim *Wechsel des Satzmodus* (Deklarativ, Interrogativ, Imperativ, Optativ o. ä.), unter verschiedenen emphatischen oder Satzanknüpfungsbedingungen (Änderung der Wortstellung) und bei der

indirekten Rede *konstant bleiben*. Sie ist z. B. im *daß*-Satz erwähnbar. Die Formulierungen
Max putzt vermutlich seine Brille.
Putzt Max denn seine Brille?
Max, putz mal deine Brille!
Würde Max nur seine Brille putzen!
drücken alle die Proposition aus, daß Max seine Brille putzt. Eine kontingente oder informative Proposition kann unter bestimmten Umständen (d. h. in bestimmten möglichen Welten) wahr, unter anderen Umständen falsch sein, und zwar »lernen« wir aus der Proposition, wie die Welt beschaffen sein muß, damit die Proposition in ihr wahr ist. Eine Proposition kann deshalb auch als Funktion aus der Menge der möglichen Welten in die Menge der Wahrheitswerte angesehen werden. Äquivalente Propositionen haben die gleiche Klasse logischer Folgerungen – dieser Umstand wird auch heuristisch verwendet, um festzustellen, ob zwei Sätze in Paraphrasenbeziehung stehen.
Singulare definite Nominalphrasen (oder auch: Terme) referieren jeweils auf ein Individuum; sie können aber a) abhängig von der Verwendungssituation und b) abhängig von der jeweils betrachteten Welt u. U. auf verschiedene Individuen referieren und in einigen Welten auch überhaupt nicht. Die einfache Prädikation kennzeichnet, ob ein Individuum in gewissen Welten eine bestimmte Eigenschaft hat bzw. zu einer Klasse von Individuen mit dieser Eigenschaft gehört. Eine bestimmte Eigenschaft zu haben ist daher eine Funktion, die – angewendet auf eine NP – eine Proposition herstellt. Dieser Referenzbegriff ist auf andere Arten von Nominalphrasen leicht erweiterbar. Die verwendeten Kennzeichnungen (Attribute, Nomina) können auch prozedural verstanden werden: sie befähigen den Hörer, gewisse mentale Operationen durchzuführen, um den gemeinten Referenten herauszufinden.
Jeder Satz ist nach syntaktischen Regeln aufgebaut; die durch ihn ausgedrückte Proposition ergibt sich aus den Bedeutungen der Bestandteile des Satzes nach Maßgabe ihrer syntaktischen Beziehungen (sowie des Verwendungskontextes). Dieses kompositionelle Prinzip für die Satzbedeutung, das üblicherweise auf FREGE zurückgeführt wird, wird in strikter Weise in der intensionalen Semantik beachtet, durch die eine kategoriale Syntax (etwa bei MONTAGUE oder CRESSWELL) ergänzt wird. Jeder syntaktische Ausdruck gehört zu einer einfachen oder abgeleiteten syntaktischen Kategorie, ihr entspricht in der intensionalen Semantik ein einfacher oder abgeleiteter semantischer Typ, mit dem die Rolle des Ausdrucks bei der Komposition der Proposition charakterisiert wird.
Sowohl die syntaktischen Beziehungen wie auch die Proposition selbst können prozedural verstanden werden: sie befähigen den Hörer a) die Proposition zu rekonstruieren und b) herauszufinden, was in einer als relevant betrachteten Welt der Fall ist. Dies schließt nicht nur ein, was die Proposition selbst für diese Welt »besagt«, sondern auch, was alle ihre Folgerungen relativ zu einem jeweils vorhandenen Wissensbestand »besagen«.
2. Die lexikalische Einheit: Die Grundeinheiten desjenigen Teils der Semantik, der den syntaktischen Aufbau von Sätzen interpretiert, sind die lexikalischen Einheiten. Jedoch sind diese nicht notwendig elementar. In der semantischen Komponentenanalyse werden lexikalische Einheiten ihrerseits in eine Konfiguration mehr elementarer Propositionsfunktionen zerlegt. Zum Beispiel

Stute(x)	→	Pferd (x) & ausgewachsen(x) & weiblich(x);
x erhitzt y	→	x verursacht, daß es zustandekommt, daß y heiß ist;
x sucht y	→	x versucht, daß es zustandekommt, daß x y findet.

Von Semantikern wie KATZ und BIERWISCH wird die Auffassung vertreten, daß die elementaren Bedeutungskomponenten schließlich elementaren mentalen Prozeduren der Wahrnehmung, Klassifikation und Präferenzbildung entsprechen.
Im Rahmen der Komponentenanalyse lassen sich verschiedene semantische Probleme genauer klären:
a) Widersprüchlichkeit, Mehrdeutigkeit, Folgerungsbeziehungen und Paraphrasierbarkeit von Sätzen,
b) lexikalische Relationen wie Synonymie (*Hospital – Krankenhaus*), Antonymie (*hoch – tief*), Hyponymie (*rot – farbig*) und Konversität (*kaufen – verkaufen*) und damit
c) der Aufbau ganzer lexikalischer Felder.
Für Bezeichnungen natürlicher Art wie *Pferd, Kamel, Vogel* usw. versagt im allgemeinen die Komponentenanalyse. Hier wird statt dessen eine nominale Auffassung vertreten: die jeweilige Gattung wird prototypisch benannt. Ein Prototyp wird dabei durch eine Liste kontextueller Merkmale definiert, von

denen im Einzelfall nicht alle, aber doch eine gewisse Anzahl zutreffen müssen.
3. Die semantische Unbestimmtheit: Eine allgemeine Eigenschaft natürlicher Sprachen (im Unterschied zu künstlichen Sprachen) ist ihre mehr oder weniger große semantische Unbestimmtheit. Die Ausdrücke der Sprache können einerseits mehrdeutig, aber dennoch kommunikativ eindeutig sein und andererseits vage. Zur Mehrdeutigkeit gehören die Polysemie (z. B. die verschiedenen Bedeutungsvarianten von *Buch* in: *er hat ihm das Buch an den Kopf geworfen, er hat das Buch voriges Jahr geschrieben, das Buch verkauft sich gut*), die referentielle Vieldeutigkeit (besonders bei den indexikalischen Ausdrücken wie: *ich, dort*), die elliptische Vieldeutigkeit (*das Brett ist zu lang* – bezogen auf einen Verwendungszusammenhang; *die Temperatur stieg an* – bezogen auf einen abgrenzbaren Körper), die metaphorische Mehrdeutigkeit (*er liegt auf der Straße, sie ist ein Elefant*). Vage Ausdrücke können zwar u. U. präzisiert werden, aber in der Regel ist dies für die Verständigung nicht erforderlich, manchmal eher hinderlich. Zu den Vagheitsphänomenen gehören die Inexaktheit (*rund, rechteckig*), die Randbereichsunschärfe bei den Namen natürlicher Arten (wie weit kann etwas vom jeweiligen Prototyp abweichen, z. B. ein Vogel, ein Spiel, ein Stuhl?) und die Relativität vieler Adjektive, Adverbien, Modalverben usw. (*nahe, schwer, viel, talentiert, können* – bezogen auf welchen Maßstab bzw. welche Dimension?).
Alle Sprachen sind semantisch flexibel und deshalb produktiv. Die Ausdrücke sind oft vage, in ihrer spezifischen Bedeutung kontextabhängig; viele Ausdrücke haben soziale oder emotionale Nebenbedeutungen (Konnotationen), mit denen z. B. Bewertungen nahegelegt werden können (*Altersheim* oder *Seniorenheim, Bande* oder *Gruppe, Arbeitgeber* oder *Dienstherr*), solche Bewertungen können zur Normalbedeutung werden (z. B. *Dirne*). Metaphern können okkasionell gebildet und verstanden werden, Bedeutungen können aber auch metaphorisch erweitert werden. Aus Metaphern können sich feste Idiome entwickeln, die in der Regel auch syntaktisch verfestigt sind und deren Bedeutung nicht mehr kompositionell erschließbar ist (z. B. *ins Gras beißen* für *sterben*).

IV. Pragmatik; Sprechakte
1. Sprechsituationen: In mehrerer Hinsicht setzt die sinnvolle Durchführung einer Semantiktheorie die Bezugnahme auf mögliche *Sprechsituationen* voraus. Im allgemeinen drückt ein Satz nicht isoliert, sondern erst relativ zu einer Verwendungssituation eine Proposition aus. Dies ist besonders deutlich bei den indexikalischen Ausdrücken (*ich schweige jetzt; dort sitzt mein früherer Trainer*). Ein Satz ist auch nicht in allen Situationen sinnvoll verwendbar. Der Satz *drüben regnet es* verlangt: es muß ein räumlicher Bereich lokalisierbar sein, der gewissen Bedingungen für die Verwendung von *drüben* genügt. Die sinnvolle Behauptbarkeit von Sätzen läßt sich z. T. auf Bedingungen der sinnvollen Zuschreibung von Prädikaten zurückführen. Auf abstrakte Dinge (z. B. Ideen) sind in der Regel keine konkreten Adjektive (*rot, rechteckig*) anwendbar. Prädikate sind nur dann sinnvoll anwendbar, wenn ein entsprechendes Individuum existiert. Verschiedene solcher Verwendungsbedingungen wurden als Präsuppositionen in die Semantik inkorporiert (besonders Existenzpräsuppositionen bei definiten Nominalphrasen, Faktizitätsbedingungen bei faktiven Verben und Adjektiven und bei Cleft-Sätzen [engl. cleft: Spalte], z. B. *es ist Anja, die im Garten schaukelt* → jemand schaukelt im Garten). Daneben werden pragmatische Präsuppositionen unterschieden, nämlich weitere Annahmen, die ein Sprecher bei der Äußerung notwendiger- oder kontingenterweise macht (*schließ das Fenster* → das Fenster ist offen).
2. Sprechakte: Die Anwendbarkeit eines Satzes hängt auch vom Satzmodus ab. In der logisch orientierten Semantik blieb der Satzmodus lange Zeit uninterpretiert. Ein Satz drückt nun nicht nur eine Proposition, sondern auch ein *Sprechakt*potential bezüglich dieser Proposition aus – also die Klasse sprachlicher Handlungen, die mit der Äußerung des Satzes möglich sind. Die Typologie von Sprechakten orientiert sich z. T. an den Satzmodi.
Jeder vollständige Sprechakt hat eine propositionale Komponente und eine Illokution, die den Handlungstyp kennzeichnet. In den expliziten performativen Formeln vom Typ *ich stelle hiermit fest..., ich gebe zu, daß...* wird der jeweilige Sprechakt durch das Verb bezeichnet. U. a. solche Formeln waren Ausgangspunkt der philosophischen Sprechakttheorien von AUSTIN und SEARLE, die die Entwicklung in der Linguistik maßgeblich beeinflußt haben.

Sprechakte lassen sich u. a. nach folgenden Kriterien unterscheiden: Welche Einschränkungen bestehen für die Proposition, welche Voraussetzungen in den objektiven Umständen und den subjektiven mentalen Einstellungen, welche Veränderungen der mentalen Einstellungen und der sozialen Situation erzeugt der Sprechakt? Zur Klassifikation von Sprechakten dienen weiterhin: die mögliche Position in einem Gesprächsablauf, die eventuelle institutionelle Einbindung des Sprechaktes, die grammatischen Mittel zur Sprechaktrealisierung.

3. Die Typologie der Sprechakte nach Searle: Die bekannteste Typologie von Sprechakten ist die von SEARLE. Assertive stellen dar, was der Fall ist; Direktive stellen dar, was der Adressat herstellen soll; Commissive stellen dar, was der Sprecher herstellen soll (herzustellen sich verpflichtet); Expressive stellen Emotionen und Einstellungen des Sprechers dar; Deklarationen stellen dar, was allein durch die Äußerung zum Faktum gemacht wird (z. B. stellt die Taufe das Faktum her, daß jemand einen bestimmten Namen trägt). Diese Typologie hat u. a. zwei Mängel: a) Fragen erscheinen als Untertyp der Direktive, obwohl sie nicht zu einer bestimmten Handlung, sondern allenfalls zu einer Auswahl zwischen Antwortalternativen auffordern; vom Satzmodus her werden aber in allen Sprachen Fragen und Aufforderungen unterschieden. b) Das Versprechen bildet einen eigenen Typ der Commissive ohne weitere Unterdifferenzierungen, obwohl es in keiner Sprache einen zugehörigen Satzmodus gibt und das Versprechen in der Regel als Voraussage für eine eigene Handlung verstanden werden kann.

4. Eine linguistisch orientierte Typologie der Sprechakte: Sie würde unterscheiden: a) Feststellungen (Assertive), b) Aufforderungen im weiteren Sinne (Direktive) und c) Fragen (Interrogative). Bei den Feststellungen gibt der Sprecher üblicherweise zu verstehen, daß er eine Proposition p für wahr hält, bei den Aufforderungen: daß er p relativ zu einem Interesse I für wünschenswert hält, bei den Fragen: daß er p für unentschieden bzw. unvollständig hält. Im Hinblick auf den Adressaten intendiert der Sprecher üblicherweise, daß dieser diese Einstellungen übernimmt, bei den Feststellungen: daß er p für wahr hält, bei den Aufforderungen: daß er p relativ zu I für wünschenswert hält (und gegebenenfalls versucht, p wahr zu machen), bei den Fragen: daß er p für unentschieden bzw. unvollständig hält (und gegebenenfalls versucht, p zu entscheiden bzw. zu vervollständigen).

Die Expressive (Kundgaben) und Deklarationen sind lediglich Unterarten der Feststellungen, und zwar unter Verwendung der besonderen Satzformen »*ich* + Einstellungsverb + abhängiger Satz bzw. NP« bei den Kundgaben bzw. »*ich* + Sprechaktverb + abhängiger Satz bzw. NP« als explizite performative Formel bei den Deklarationen. Für den Fall der Kundgaben sind die Feststellungen nur vom Sprecher verifizierbar; für den Fall der Deklarationen werden sie durch die Tatsache der Äußerung verifiziert.

Durch einen Sprechakt lassen sich indirekt auch andere Sprechakte realisieren, z. B. wenn entsprechende Präferenzen, Voraussetzungen, Normen oder der Bezug auf sequentiell benachbarte Sprechakte ausgedrückt werden. So können Fragen oder Feststellungen wie *kannst du nicht die Tür schließen?, es wäre schön, wenn du die Tür schließt, du sollst die Tür schließen, die Tür steht offen* als Aufforderungen verstanden werden, z. T. kraft konventioneller oder formelhafter Benutzung entsprechender Satzmuster für einen solchen sekundären Zweck, z. T. kraft kontextuell bedingter Schlußfolgerungen.

Derartige Schlußfolgerungen, sogenannte Implikaturen, sind allgemein aufgrund konversationell unterstellter Maximen möglich. Ein Sprecher kann sie dem Hörer nahelegen, ohne sich wirklich auf sie festzulegen. *Er soll mit heißer Ware handeln* – der Sprecher legt z. B. nahe, daß er den Inhalt der Mitteilung für unbestätigt hält, sich von ihm distanziert o. ä. Die kommunikative Funktion von Konnotationen und rhetorischen Figuren ist mit Hilfe des Begriffs der kontextuellen Implikatur näher analysierbar.

Bei der Analyse von Gesprächsabläufen sind neben den einzelnen Sprechakten auch konventionelle Sprechaktabfolgen (-sequenzen) wie Frage–Antwort, Grußpaare, Vorwurf–Rechtfertigung, Bestätigung–Rückbestätigung u. ä. zu beachten, außerdem zusammenhängende Sprechaktkomplexe, die z. B. als Argumentation, Beschreibung oder Erzählung klassifizierbar sind.

Dieter Wunderlich

(Der Beitrag wurde 1980 abgeschlossen.)

Austin, J. L.: Zur Theorie der Sprechakte. (How to do things with words. 1955.) (1962, 1965, ²1976) RUB 1972, ²1979. – *Ders.:* Wort und

Bedeutung. (Philosophical papers.) (1961, ²1970) 1975. – *Bach, E.:* Syntactic theory. 1974. – *Bailey, Ch.-J. N./Shuy, R. M.:* New ways of analyzing variation in English. 1973. – *Bierwisch, M.:* Kognitive Linguistik. 1985. – *Ders.:* Strukturalismus. Geschichte, Probleme und Methoden. In: Kursbuch 5, 1966. Auch in: *Ihwe, J. (Hg.),* Literaturwissenschaft und Linguistik. Bd. 1: 1971. – *Bloomfield, L.:* Language. 1933, revid. 1950, ¹⁴1979. – *Brown, R. O.:* A first language: The early stages. 1973. – *Bruner, J.:* From communication to language. In: Cognition 3/3, 1975. – *Bühler, K.:* Sprachtheorie. Die Darstellungsfunktion der Sprache. 1934, ²1965 = 1982. – *Chomsky, N.:* Aspekte der Syntax-Theorie. (Aspects of the theory of syntax.) (1965) 1969, 1973. – *Ders.:* Lectures on government and binding. 1981. – *Ders.:* Regeln und Repräsentationen. (Rules and representations.) (1980) 1981. – *Ders.:* Strukturen der Syntax. (Syntactic structures.) (1957) 1973. – *Ders./Halle, M.:* The sound pattern of English. 1968. – *Clark, E. S.:* First language acquisition. 1977. – *Comrie, B.:* Language universals and linguistic typology. 1981. – *Cresswell, M. J.:* Die Sprachen der Logik und die Logik der Sprache. (Logics and languages.) (1973) 1979. – *Davidson, D./Harman, G. (Hg.):* Semantics of natural language. Dordrecht: Reidel 1972, ²1973. Darin: *Lewis, D.*, General semantics; sowie: *Stalnaker, R. C.*, Pragmatics. – *Dik, S. C.:* Functional grammar. 1978, 1982. – *Gazdar, G.:* Pragmatics. 1979. – *Goldman, A. I.:* Handlungstheorie. (A theory of human action.) (1970) 1980. – *Greenberg, J. H. (Hg.):* Universals of human language. Bd. 1–4. 1978. – *Ders. (Hg.):* Universals of language. 1963, ²1966. – *Grice, H. P.:* Logic and conversation. In: *Cole/Morgan (Hg.),* Speech Acts. 1975. – *Gutknecht, Ch.:* Grundbegriffe und Hauptströmungen der Linguistik. 1977. – *Hyman, L. M.:* Phonology. 1975. – *Jackendoff, R.:* X̄ Syntax: A study of phrase structure. 1977. – *Jakobson, R./Halle, M.:* Fundamentals of language. 1956, 1971, ²1980. – *Kanngießer, S.:* Aspekte der synchronen und diachronen Linguistik. 1972. – *Katz, J. J.:* Semantic theory. 1972. – *Klein, W.:* Variation in der Sprache. 1974. – *Labov, W.:* Sociolinguistic patterns. 1972, 1973. – *Lyons, J.:* Einführung in die moderne Linguistik. (Aus dem Engl.) (1968) 1971, ⁵1980. – *Ders.:* Semantik. (Aus dem Engl.) (1977) Bd. 1: 1980; Bd. 2: 1983. – *Ders.:* Die Sprache. (Aus dem Engl.) (1981) 1983. – *Maas, U./Wunderlich, D.:* Pragmatik und sprachliches Handeln. 1972, ³1974. – *Matthews, P. H.:* Morphology. 1974, 1976. – *McNeill, D.:* The acquisition of language. 1970. – *Montague, R.:* Formal philosophy. Selected papers. 1974. – *Palmer, F.:* Grammatik und Grammatiktheorie. (Aus dem Engl.) (1971, ³1973) 1974. – *Pinkal, M.:* Semantische Vagheit. In: Linguistische Berichte, Heft 70, 1980; 72, 1981. – *Radford, A.:* Transformational syntax. 1981, 1982. – *Rehbein, J.:* Komplexes Handeln. 1977. – *Ruhlen, M.:* A guide to the languages of the world. 1976. – *Sacks, H./Schegloff, E./Jefferson, G.:* A simplest systematics for the organization of turntaking for conversation. In: Language 50, 1974. – *Sapir, E.:* Die Sprache. (Aus dem Engl.) (1921) 1961, ²1972. – *de Saussure, F.:* Grundfragen der Allgemeinen Sprachwissenschaft. (Aus dem Franz.) (1916, ²1922) 1931, ²1967. – *Searle, J. R.:* Ausdruck und Bedeutung. (Aus dem Amerik.) (1979) 1982. – *Ders.:* Sprechakte. (Aus dem Engl.) (1969) 1971, 1983. – *Shuy, R. W./Bailey, Ch.-J. N. (Hg.):* Toward tomorrow's linguistics. 1973. – *Trubetzkoy, N. S.:* Grundzüge der Phonologie. 1958. – *Wunderlich, D.:* Arbeitsbuch Semantik. 1980. – *Ders.:* Grundlagen der Linguistik. 1974. – *Ders.:* Studien zur Sprechakttheorie. 1976.

Dieter Wunderlich/H.S.

Struktur

lat. structura: Bauen, Bauart, Bau, Bauwerk, Zusammenfügung, Ordnung

A. Der vielfältige Begriff der Struktur

Als *Struktur* bezeichnet man die Manifestation einer bestimmten Ordnung in einem vorgegebenen Bezugsrahmen. Die zugrundeliegende Ordnung wird dabei durch den umfassenderen und vielschichtigen Begriff des Systems (→ *System, Systemtheorie*) umschrieben. Jeder Bezugsrahmen führt nicht zu beliebigen, sondern zu einer bestimmten Vielfalt von Strukturen. Das Studium der zulässigen Strukturen vermittelt oft erst die Möglichkeit, über den Bezugsrahmen selbst Aussagen zu machen. Im Großen unterscheiden wir physische, abstrakte und gesellschaftlich-kulturelle Strukturen.

I. Physische Strukturen

Für *physische Strukturen* ist der Bezugsrahmen durch Raum und Zeit gegeben. *Abstrakte Strukturen*, wie etwa Denkstrukturen, sind in einen logischen Bezugsrahmen gestellt, der von Raum und Zeit unabhängig sein kann (wie es manchmal in Träumen und Visionen offenkundig ist). *Gesellschaftliche und kulturelle Strukturen* manifestieren sich wohl in Raum und Zeit, weisen darüber hinaus aber noch weitere Dimensionen auf, die sich aus der Art der Beziehungen (Zusammengehörigkeit, Verpflichtung, Affekt usw.) ergeben. Physische Strukturen können räumliche oder Prozeßstrukturen sein.

1. Räumliche Strukturen: Westliches Denken hat sich stets bevorzugt am Begriff der *räumli-*

chen Struktur orientiert, deren Ordnung sich im Raum als *Form* manifestiert. Der Leitgedanke war dabei die Rückführung von Materiestrukturen auf letzte, unteilbare Strukturelemente, für welche schon DEMOKRIT die Bezeichnung »Atome« einführte. In der Antike, wie in der Neuzeit, wurde immer wieder versucht, unteilbare Bausteine als letzte räumliche Strukturelemente zu finden – eine Suche, die sich heute im Bereich subatomarer Teilchen und ihrer Strukturelemente fortsetzt und bei den (von dem amerikanischen Nobelpreisträger Murray GELL-MANN in Anlehnung an JOYCES »Finnegan's Wake« so benannten) *Quarks* angelangt ist.

2. *Prozeßstrukturen:* Im Gegensatz zur soliden räumlichen Struktur läßt sich eine *Prozeßstruktur* grundsätzlich nicht auf Bauelemente zurückführen. Man denke etwa an den Zusammenfluß zweier Wasserströme, die eine stehende Welle bilden. Die bei konstanten Strömungsverhältnissen stabile Struktur bleibt makroskopisch dieselbe, besteht aber mikroskopisch aus immer neuen Wassermolekülen. Ändern sich die an der Struktur beteiligten Prozesse, wie zum Beispiel Durchflußmenge oder -geschwindigkeit, so ändert sich auch die Struktur. Ein weiteres Beispiel für eine Prozeßstruktur ist die von dem späteren Nobelpreisträger Dennis GABOR schon 1948 theoretisch entdeckte *Holographie.* Sie liefert eine dreidimensionale, im Raum als schwebend erscheinende stehende Lichtwelle, die aus der Illuminierung eines Interferenzmusters mit kohärentem Licht entsteht.

II. Abstrakte Strukturen

Die moderne Naturwissenschaft ist im Begriff, die Materiewelt vollends in Prozeßstrukturen aufzulösen. Das Atommodell des frühen 19. Jh. sah noch wie ein Miniatur-Sonnensystem aus, mit einem soliden Atomkern als »Sonne«, ebenso soliden Elektronen als »Planeten«, und leerem Raum zwischen ihnen. Seither zeigt sich aber immer deutlicher, daß auch subatomare Teilchen nur dann als solid wahrnehmbar beobachtet werden, wenn der Beobachtungsprozeß sie dazu »herausfordert«. Sogar Quarks erscheinen in einigen der neueren Theorien als Prozeßstrukturen, die sich in gewissen Resonanzbereichen interaktiver energetischer Prozesse manifestieren. Mit den Teilchenbeschleunigern der modernen Hochenergiephysik lassen sich fast beliebig viele neue »Teilchen« finden, die sofort wieder zerfallen und die viel eher als Ereignisse denn als Bausteine aufgefaßt werden können. Dem materiellen Universum ist gewissermaßen der Boden ausgeschlagen worden. In den Mittelpunkt des Interesses rückt nun die Frage, warum gewisse Strukturen relativ stabil sind und andere nicht, oder, mit anderen Worten, die Frage nach den Prinzipien der Selbstorganisation natürlicher Prozesse und Strukturen. Heute ist nur so viel sicher, daß diese Frage nicht durch Reduktion auf eine Ebene beantwortet werden kann, sondern nur durch die Erforschung der spezifischen Ordnungsprinzipien, die jeder Ebene einer vielschichtigen Wirklichkeit ihr Gepräge geben, sowie durch die Erforschung ihrer Beziehungen zueinander.

III. Gesellschaftliche und kulturelle Strukturen

Im Alltagsbereich unserer Sinneswelt wählt man in der Regel einen Kompromiß und spricht von räumlichen Strukturen, soweit sie für praktische Bedürfnisse als statisch erscheinen, und von *Raum-Zeit-Strukturen,* sofern sich ihre Form dynamisch verändert oder ihre Konstituenten ständig erneuert werden. Das systematische Studium solcher dynamischer Strukturen ist noch verhältnismäßig jung; seine Pioniere waren der Engländer d'Arcy Wentworth THOMPSON und der Schweizer Arzt Hans JENNY.

B. Gleichgewichtsstrukturen und dissipative Strukturen

Eine tiefergehende makroskopische Unterscheidung ist aber jene zwischen *Gleichgewichtsstrukturen* und *dissipativen* (verteilenden, zerstreuenden) *Strukturen.* Gleichgewichtsstrukturen befinden sich in oder nahe ihrem Gleichgewichtszustand (der für physische Systeme durch das thermodynamische Gleichgewicht bei maximalem Entropiegehalt bestimmt wird). Dissipative Strukturen, die ihren Namen vom laufenden Energieaustausch mit der Umgebung haben, befinden sich fern von ihrem Gleichgewichtszustand, wo ein neues Ordnungsprinzip in Erscheinung tritt.

I. Gleichgewichtsstrukturen

Eine Struktur im Gleichgewichtszustand ist im wesentlichen eine räumliche Struktur ohne Dynamik. Die Prozesse, die in diesem Zustand ablaufen, gehen lediglich auf statistische Schwankungen zurück und laufen reversibel (umkehrbar) ab. Konzentrierte sich das Studium von Gleichgewichtsstrukturen bisher vor allem auf ihren Aufbau aus einheitlichen Zellen und auf ihre Symmetrieeigenschaften, so tritt in letzter Zeit der Aspekt der Wertigkeit – der möglichen Beziehungen, die sich aus jedem strukturellen Kennzeichen ergeben – in den Vordergrund. Beispiele für Gleichgewichtsstrukturen sind Kristalle. Sie bewahren ihre mikroskopische Grundstruktur, die aber makroskopisch wachsen kann. In geeigneter Sättigungslösung können Kristalle ins Unbestimmte weiterwachsen.

Das thermodynamische Gleichgewicht entspricht dem Zustand der höchsten Entropie (geringsten Arbeitsfähigkeit und niedersten Ordnung), der gleichzeitig der wahrscheinlichste Zustand ist. Je niedriger die Temperatur, desto ausgeprägter wird die räumliche Strukturierung. Deshalb ähnelt auch der vielbeschworene »Wärmetod« – die Akkumulierung von Entropie im Universum – in den Worten des Physikers Carl Friedrich VON WEIZSÄCKER »nicht einem Brei, sondern einer Versammlung von komplizierten Skeletten«. Die Ausbildung kosmischer Strukturen, von Sternen bis zu Galaxien und Galaxiehaufen, die im wesentlichen auf die Schwerkraft zurückgeht, ist durchaus mit einer Entropiezunahme im Universum vereinbar.

II. Dissipative Strukturen

Fern vom Gleichgewichtszustand tritt bei physischen Systemen ein neues Ordnungsprinzip auf, das 1967 vom späteren Nobelpreisträger Ilya PRIGOGINE an chemischen Reaktionssystemen entdeckt und von ihm *»Ordnung durch Fluktuation«* benannt wurde. Es liegt der Selbstorganisation von dissipativen Strukturen zugrunde, die im ständigen Austausch mit ihrer Umwelt stehen und dadurch ihr inneres Ungleichgewicht aufrechterhalten. Eine dissipative Struktur »arbeitet« ständig und erzeugt Entropie, die aber laufend gegen freie Energie aus der Umgebung ausgetauscht wird.

Dissipative Strukturen weisen Eigenschaften auf, die sie von Gleichgewichtsstrukturen grundlegend unterscheiden. So wachsen sie nicht ins Unbestimmte weiter, sondern finden selbst die ihrer Funktion (d. h. den in ihnen ablaufenden Prozessen) gemäße Größe und Form. Die *gegenseitige Entsprechung von Funktion und Struktur* ist ein Grundgesetz der dissipativen Selbstorganisation. Damit etabliert eine dissipative Struktur auch eine Autonomie von der Umwelt, die als erste Stufe zur Entwicklung von Bewußtsein angesprochen werden kann.

Dissipative Strukturen halten nie still, sondern oszillieren auch bei globaler Stabilität auf charakteristische Weise, z. B. in sogenannten *Grenzzyklen* (rhythmischen Pulsationen, die im Phasenraum als geschlossene Zyklen aufscheinen). Solche Vibrationen spielen auch in der biologischen (metabolischen wie neuronalen) Kommunikation eine wesentliche Rolle. So erhöht sich z. B. der Ausscheidungsrhythmus von zyklischem AMP in manchen Amöben, wenn das Nahrungsangebot knapp wird; der schnellere Rhythmus bildet das Signal für den zeitweisen Zusammenschluß der Amöben zum Schleimpilz, der sich als Ganzes fortbewegt.

In einer dissipativen Struktur treten laufend Fluktuationen auf, die von ihrer Umgebung innerhalb der Struktur entweder unterdrückt oder verstärkt werden und durchdringen. Im letzteren Falle wird die Struktur instabil, und die Fluktuationen treiben das System in eine neue Struktur (Systemevolution; → *System, Systemtheorie*). Bei flexibler Koppelung der Substrukturen werden aber auch noch relativ große Fluktuationen unterdrückt, weit jenseits der Schwelle, an der die Struktur nach makroskopischen Kriterien eigentlich instabil werden sollte. Sie verharrt in einem Zustand der *Metastabilität*. Man kann sogar ganz allgemein sagen, daß dissipative Strukturen nie wirklich stabil sind, sondern immer metastabil und »auf dem Sprung« zu ihrer eigenen Evolution. In den vielschichtigen Systemen des Lebens werden solche metastabilen Strukturen auf hierarchischen Ebenen koordiniert. Man hat auf diese Weise z. B. den Umschlag vom ständig auftretenden »Mikrokrebs« (kleinere Populationen von Krebszellen) zum bösartigen »Makrokrebs« modellieren können.

C. Gemeinsamkeit der Strukturen des Lebens auf vielen Ebenen

Die Selbstorganisationsdynamik dissipativer Strukturen, die in ihrer einfachsten Form im Bereich chemisch-physikalischer Systeme auftritt, ist auch charakteristisch für höhere Ebenen der Evolution. Sie konnte bereits in vielen biochemischen Systemen nachgewiesen werden, aber auch in den Makrosystemen biologischen Lebens, in Ökosystemen und arbeitsteiligen Gesellschaften der Tier- und Menschenwelt.

Gründet die Selbstorganisation von Strukturen in diesen Bereichen auf einer Art der Kommunikation, die man als *metabolische Kommunikation* im weiten Sinne bezeichnen kann, so gilt die gleiche Art dissipativer Selbstorganisation grundsätzlich auch für die Strukturen, die auf *neuronaler (mentaler) Kommunikation* mit Hilfe von Zentralnervensystemen beruhen. Die metastabilen Paradigmen etwa, die in Thomas KUHNS Theorie der wissenschaftlichen Revolutionen sprunghaft evolvieren (und nicht immer, weil die alte Struktur falsifiziert worden ist), können als dissipative Strukturen im weitesten Sinne des Wortes aufgefaßt werden. Das gleiche gilt für Ideen, Pläne und Visionen und auch für jene mentalen Makrostrukturen, die die soziokulturelle Entwicklung bestimmen, d. h. für Religionen und Ideologien, Weltbilder und allgemein das Selbstverständnis des Menschen in seiner Umwelt.

Nach einem Modell des amerikanischen Neurophysiologen Karl PRIBRAM kann Wahrnehmung als Übersetzung der äußeren Realität (oder, genauer gesagt: der von dieser Realität ausgehenden Vibrationen meist elektromagnetischer Natur) in ein Hologramm verstanden werden, das seinerseits wieder in eine innere Realität, eine reine Prozeßstruktur umgewandelt wird. Dies würde eine Erklärung dafür liefern, daß wir auch auf der Grundlage teilweiser Information gestalthaft wahrnehmen und erkennen können – wie auch ein beliebiger Ausschnitt aus dem physikalischen Hologramm jeweils die Gesamtstruktur abbildet, wenn auch mit entsprechend geringerer Detailauflösung.

Erich Jantsch †

Bierwisch, M.: Strukturalismus. Probleme und Methoden. In: Kursbuch 5. 1966. Jetzt auch in: *J. Ihwe (Hg.),* Literaturwissenschaft und Linguistik. Bd. 1. 1971. (Verbess. Abdruck.) – *Burkamp, W.:* Die Struktur der Ganzheiten. 1929. – *Dahrendorf, R.:* Gesellschaft und Freiheit. 1961. – *Ders.:* Pfade aus Utopia. 1967, 1974. – *Dilthey, W.:* Ideen über eine beschreibende und zergliedernde Psychologie. 1894. In: *Dilthey, W.,* Gesammelte Schriften 5. [W] – *Foucault, M.:* Die Ordnung der Dinge. (Les mots et les choses.) (Aus dem Franz.) (1966) 1971, 1974. – *Frank, M.:* Was ist Neostrukturalismus? 1984. – *Gallas, H. (Hg.):* Strukturalismus als interpretatives Verfahren. 1971. – *Heicke, H.:* Der Strukturbegriff als methodischer Grundbegriff einer geisteswissenschaftlichen Psychologie [...]. 1928. – *Jaeggi, U.:* Ordnung und Chaos. Der Strukturalismus als Methode und Mode. 1968. – *Jantsch, E.:* Die Selbstorganisation des Universums. Vom Urknall zum menschlichen Geist. 1979, dtv 1982. – *Ders./Waddington, C. H. (Hg.):* Evolution and consciousness. Human systems in transition. 1976. – *Jenny, H.:* Kymatik. Bd. 1; 2. 1967; 1972. – *Kambartel, F.:* Erfahrung und Struktur. Bausteine zu einer Kritik des Empirismus und Formalismus. 1968. – *Krueger, F.:* Der Strukturbegriff in der Psychologie. 1924, ²1931. – *Kuhn, Th. S.:* Die Struktur wissenschaftlicher Revolutionen. (1962) ²1976. [W] – *Martinet, A.:* Grundzüge der Allgemeinen Sprachwissenschaft. (Aus dem Franz.) (1960) 1963, ⁵1971. – *Nicolis, G./Prigogine, I.:* Self-organization in non-equilibrium systems. From dissipative structures to order through fluctuations. 1977. – *Piaget, J.:* Der Strukturalismus. (Aus dem Franz.) 1973. – *Pribram, K.:* Languages of the brain. 1971 = 1982. – *Ricoeur, P.:* Hermeneutik und Strukturalismus. (Aus dem Franz.) (1969) 1973. – *Riedel, M.:* Artikel »System, Struktur.« In: *Brunner, O., u. a. (Hg.),* Geschichtliche Grundbegriffe. Bd. 6. [L] – *Rombach, H.:* Substanz, System, Struktur. Bd. 1; 2. 1965, 1966. – *Schiwy, G.:* Der französische Strukturalismus. Mode, Methode, Ideologie. 1969, ⁶1973. – *Ders.:* Neue Aspekte des Strukturalismus. 1971, 1973. – *Ders.:* Poststrukturalismus und »Neue Philosophen«. Überarb. Neuausgabe. re 1985. – *Sebag, L.:* Marxismus und Strukturalismus. (Aus dem Franz.) 1967. – *Thompson, d'A. W.:* On growth and form. 1942, 1952. Gekürzte Neuausgabe durch *J. T. Bonner.* 1969. – *Wahl, F. (Hg.):* Einführung in den Strukturalismus. 1973. – *Wellek, A.:* Ganzheitspsychologie und Strukturtheorie. ²1969.

Erich Jantsch †/H.S.

System, Systemtheorie

griech. sýstēma: das Zusammengestellte

Einleitung. Zur Begriffsbestimmung

I. Gegenständliche und gedankliche Systeme

Schon in der Antike hatte *System* eine doppelte Bedeutung. »Zusammenordnen« kann man nämlich einerseits *Gegenstände* oder »die Wirklichkeit«, andererseits aber auch *Aussagen* oder »die *Erkenntnis* der Wirklichkeit«. Ein »System« konnte daher einerseits etwas in der Welt *Vorfindliches* sein, wie etwa die Ordnung der gesamten Welt (des »Kosmos«), das musikalische Tonsystem, auch der Staat. Ein »System« konnte andererseits aber auch die Zusammenordnung von *Begriffen*, von Sätzen, von menschlichem *Wissen* über die Gegenstände sein.

Deutlich wird diese Unterscheidung an dem Beispielpaar »Planetensystem« : »Tiersystem«. In beiden Fällen meint »-system« jeweils etwas anderes. Beim »Planetensystem« steckt das »System« in den Gegenständen selbst: in der Mitte die Sonne, umkreist von Planeten verschiedener Größe, Entfernung und Umlaufszeit.

Ganz anders im Falle des »Tiersystems«: Hier ist nicht das tatsächliche Zusammenleben von Tieren in der Gegenstandswelt gemeint (etwa im Sinne des »Ökosystems«, wo eben die andere, die erste Bedeutung von »System« zugrunde liegt), sondern hier ist eine Ordnung aller überhaupt existierenden Tiere nach ihren Merkmalen gemeint, unabhängig davon, ob sie tatsächlich zusammenleben oder nicht. Dies sei an einem Beispiel verdeutlicht: Die Katzen sind eine Tierfamilie, deren Mitgliedsgruppen nach bestimmten Ähnlichkeiten in Körperbau und sonstigen Eigenschaften zusammengefaßt werden, die aber ihrem Lebensraum nach nichts miteinander zu tun haben. Jedem Laien fällt die Ähnlichkeit zwischen Hauskatze, Luchs und Löwe auf, aber er weiß genausogut, daß sie in völlig verschiedenen Umwelten leben.

Um beide Arten von Systemen zu unterscheiden, können wir sie durch ein Adjektiv kennzeichnen: das in der Wirklichkeit befindliche System als »*gegenständliches* System« und das nur in Aussagen von Wissenschaftlern existierende System als »*gedankliches* System«.

In Anlehnung an Hans Paul Bahrdt könnte man das gegenständliche System auch als *Ganzheits*-System und das gedankliche System auch als *Oberbegriffs*-System bezeichnen. Beispiel: der *Ganzheits*begriff zu »Stuhl« ist »Zimmer«, der *Ober*begriff ist »Möbel« (Bahrdt, 25; vgl. 113ff.). Also auch: der Ganzheitsbegriff zu »Tiger« ist »Dschungel«, der Oberbegriff ist »Katze«. Eine Schraube im Motor ist Teil eines gegenständlichen oder Ganzheitssystems, eine Schraube im Ersatzteilregal hingegen ist Element eines gedanklichen oder Klassifikationssystems von nach Merkmalen geordneten Schrauben verschiedener Beschaffenheit und Größe (Bahrdt, 114).

(Erkenntnistheoretische Puristen könnten einwenden, daß auch sogenannte »gegenständliche« Systeme, wie etwa das Planetensystem, nur in der Theorie der Wissenschaftler existierten. Selbst wenn dies zutreffen sollte, so würde sich hierdurch doch nichts an der Verschiedenheit der beiden beschriebenen Systemtypen ändern, denn in diesem Falle müßte man eben für das gedankliche System eine *doppelte* »Brechung« durch die menschliche Erkenntnis annehmen.)

II. Natürliche und vom Menschen geschaffene Systeme

Innerhalb des Bereichs der *gegenständlichen* Systeme müssen wir nun noch eine weitere Einteilung vornehmen: Ein gegenständliches System kann entweder ein *natürliches* Gebilde sein, wie der gesamte Kosmos, das Planetensystem, die Materie als System aus Atomen, oder es kann ein *vom Menschen geschaffenes* Gebilde sein, wie Staatenbündnisse, Einzelstaaten, das Tonsystem als die einem bestimmten historischen Musikstil zugrundeliegende Ordnung, später dann auch das Regierungssystem, Verwaltungssystem, Steuersystem, Bildungssystem und so fort.

So kommen wir zu folgender Übersicht:

1. Gegenständliche Systeme
   (a) Natürliche Systeme
   (b) Vom Menschen geschaffene Systeme
2. Gedankliche Systeme

III. Der Systembegriff seit Lambert

Obige Einteilung findet sich in etwas anderer Form auch bei dem berühmten Philosophen und Mathematiker Johann Heinrich Lambert (1728 bis 1777). Lambert unterscheidet:

1. Systeme durch die Kräfte des Verstandes:
   = »System« als Zusammenordnung von Begriffen (2)
2. Systeme durch die Kräfte des Willens:
   = »System« als vom Menschen geschaffenes Gebilde (1b)
3. Systeme durch mechanische Kräfte:
   = »System« als natürliches Gebilde (1a)

In Lamberts Systemtheorie stehen also »gegenständliches« System und »gedankliches« System noch gleichberechtigt nebeneinander *(→ Systemanalyse, A.I.)*.

Der »gegenständliche« Gebrauch des Wortes ging ein in um 1800 vielgebrauchte Zusammensetzungen wie »Regierungssystem«, »Verwaltungssystem«, »Steuersystem« und so fort (vgl. Riedel), trat dann aber im Laufe des 19. Jh. ganz zurück hinter dem »gedanklichen« Gebrauch des Wortes: ein »System« war bis um die Mitte des 20. Jh. im wesentlichen ein philosophisches Lehrgebäude und die Ordnung des Wissens in Teilgebiete und deren weitere Unterteilungen, auch als »Systematik« oder »Klassifikation« bezeichnet.

Erst die Mitte unseres Jahrhunderts erlebte eine »Renaissance« des »gegenständlichen« Systembegriffs in Gestalt der »Systemtheorie«, in der verschiedene Strömungen zusammenfließen.

Helmut Seiffert

A. Zum Wandel des Systembegriffs

In älteren Definitionen, vor allem auch aus dem Bereich der Technik, wird unter *System* eine Vielfalt von Komponenten verstanden, die untereinander in Beziehung treten. Eine modernere Auffassung, die erst in allerletzter Zeit an Boden gewinnt, betont demgegenüber das Beziehungsgefüge unter Prozessen. Darin drückt sich der Wandel von traditionellem räumlichem Strukturdenken zu einem modernen (und gleichzeitig uralten) Prozeßdenken aus. In der einen wie der anderen Sicht ist dabei jedoch wesentlich, daß es in einem System mindestens zwei Wirkungs- und Beschreibungsebenen gibt, die nicht aufeinander reduziert werden können. Die populäre Redensart »Das Ganze ist mehr als die Summe der Teile« drückt dies ebenso aus wie der Begriff der *Synergie*, der kooperativen Verstärkung von energetischen Einzelprozessen.

In einem System manifestiert sich eine *makroskopische Ordnung*, die sich nicht direkt aus den im System ablaufenden mikroskopischen Wechselwirkungen und Prozessen herleiten läßt. Der Systembegriff entspricht daher grundsätzlich nicht-reduktionistischen Denkformen, was mit dazu beiträgt, daß er in der westlichen Wissenschaft nur unter großen Schwierigkeiten Eingang findet.

B. Entwicklungslinien

I. Östliche Philosophie

Die ältesten, uns bruchstückhaft überlieferten Naturphilosophien stellten den Systembegriff in den Mittelpunkt ihres nicht-dualistischen Denkens. In der *hermetischen Philosophie*, von der wir schriftliche Aufzeichnungen aus dem 1. Jh.v.Chr. kennen, die aber auf jenen legendären Hermes Trismegistos zurückgeführt wird, der lange vor Moses in Ägypten gelebt haben soll, drückt sich dies im zentralen Entsprechungsgesetz aus: »Wie oben, so unten; wie unten, so oben.« Der Zusammenhang der Hexagramme im *I-Ging*, dem uns durch Konfuzius überlieferten, aber anscheinend mindestens 7000 Jahre alten *chinesischen* Buch des Wandels, beruht auf dem Prinzip der Evolution von Systemstrukturen im Himmel, in der Menschenwelt und in der irdischen Natur in wechselseitiger Abhängigkeit voneinander. Vor allem drückt sich im *I-Ging* auch schon das Prinzip makroskopischer Unbestimmtheit aus, das in unseren Tagen seine wissenschaftliche Fundierung findet. Der *Buddhismus*, und unter seinen vielfältigen Verzweigungen vor allem der *Taoismus*, kommen einer modernen prozeßorientierten Systemphilosophie sehr nahe. Das Systemparadigma der dissipativen (verteilenden) Selbstorganisation (s. unten), das in der westlichen Wissenschaft in den letzten Jahren zu bemerkenswerten Durchbrüchen geführt hat, erscheint im Buddhismus vorweggenommen: die Welt wird nicht von einem außenstehenden Gott (oder »System-Garanten«) erschaffen und erlöst, sondern entfaltet sich aus sich selbst und reicht in voller Entfaltung gewissermaßen asymptotisch ans Göttliche heran.

II. Antike und Mittelalter

Die westliche Wissenschaft betonte seit ihren Ursprüngen in der *griechischen Antike* die Erforschung räumlicher Struktur und deren Rückführung auf eine letzte Ebene von Komponenten (Atomismus). In reduktionistischer Sicht wird Leben auch heute noch oft als Spezialfall der Chemie angesehen, und unleugbare, wirksame Erscheinungen wie Geist und Gefühle werden aus der Betrachtung ausgeschlossen, sofern sie nicht gänzlich auf eine Ebene physikalisch meßbarer Korrelate (wie z. B. Muster elektrischer Hirnwellen) reduziert werden. Doch lebte vor allem im *Mittelalter* und in den darauffolgenden Jahrhunderten der Systembegriff in den zum Teil mystisch ausgerichteten Philosophien der Alchemie und der jüdischen Kabbala weiter und beeinflußte einige der bedeutendsten Naturforscher jener Zeit.

III. Neuzeit bis zum 19. Jahrhundert

Mit Leibniz und Kant, also im 17. und 18. Jh., fand der Systembegriff »offiziellen« Eingang in die westliche Philosophie, vorderhand allerdings nur im Sinne rein abstrakter Denksysteme. Seit Hegel und Comte im 19. Jh. findet er auch auf gesellschaftliche Systeme Anwendung. Im 20. Jh. schließlich wird die Menschenwelt aus den verschiedensten Systemperspektiven beschrieben: Soziologie (Talcott Parsons, Kurt Lewin, Niklas Luhmann), Wirtschaft (z. B. Wassili Leontieffs »Input/

Output«-Matrizen), Anthropologie (Margaret MEAD, Claude LÉVI-STRAUSS), Psychologie (Wolfgang KÖHLERS »Gestaltpsychologie« und Jean PIAGETS Entwicklungspsychologie), und so fort. Wie der französische Strukturalismus (dem LÉVI-STRAUSS und PIAGET angehören) blieben aber auch die anderen Ansätze zunächst im wesentlichen in einer statischen Systemsicht stecken, die die Anpassung an eine vorgegebene Struktur betont.

IV. 20. Jahrhundert bis 1945
Beginnend mit den zwanziger Jahren gewann die Auffassung des biologischen Organismus als offenes System (s. unten) langsam an Boden. Die Wiener Dissertation von Paul WEISS aus dem Jahre 1926 behandelt bereits den Schmetterling als offenes System. Später war es vor allem ein anderer österreichischer Biologe, Ludwig von BERTALANFFY, der diesem Konzept zum Durchbruch verhalf. Zur gleichen Zeit begann das mathematische Studium dynamischer Interaktionssysteme, dessen Pioniere der Pole Alfred LOTKA und der Italiener Vito VOLTERRA waren und das in den dreißiger Jahren von dem englischen Chemiker Alan M. TURING um wesentliche Erkenntnisse bereichert wurde. Damit wurde es möglich, einige besondere Fälle selbstorganisierender Systeme wissenschaftlich zu fassen. Mit LOTKA und VOLTERRA begann auch die Wissenschaft von den *Ökosystemen* (wörtlich aus dem Griechischen etwa mit »Haushaltssysteme« zu übersetzen) als selbsterneuernden und selbstregelnden Systemen, die durch die Wechselwirkungen zwischen Elementen verschiedener Art (z. B. biologischen Arten) gekennzeichnet sind.
1926 erschien das Buch *Holism and Evolution* des südafrikanischen Generals und Staatsmannes Jan SMUTS, das visionär eine Systemphilosophie der Evolution vorwegnahm, die sich fünfzig Jahre später bestätigen sollte.

V. Nach 1945
Unmittelbar nach dem Ende des Zweiten Weltkrieges waren es zunächst zwei parallele Entwicklungen, die zum weiteren Ausbau eines systemhaften Konzepts der Wirklichkeit beitrugen.
1. Allgemeine Systemtheorie: Auf der einen Seite gewann die Idee einer Allgemeinen Systemtheorie (engl. General System Theory) Gestalt, die die Gemeinsamkeiten physikalischer, biologischer und gesellschaftlicher Systeme aufdecken sollte. Neben Ludwig VON BERTALANFFY, der diese Idee seit den dreißiger Jahren verfolgt hatte, waren es vor allem der Wirtschaftswissenschaftler Kenneth BOULDING und der Soziologe Anatol RAPOPORT, die in Amerika zu Pionieren dieser Richtung wurden.
2. Kybernetik: Auf der anderen Seite führte die Entwicklung der → *Kybernetik* zu ihrer Anwendung auf Systeme technischer, biologischer und gesellschaftlicher Natur. Eine Serie von interdisziplinären Symposien, die zwischen 1946 und 1953 in New York abgehalten wurden, schuf die Grundlagen für eine kybernetisch aufgebaute Systemtheorie, deren hervorragendster Vertreter der englische Psychiater W. Ross ASHBY wurde. Da man aber zunächst nur die negative Rückkopplung – die Einregelung auf von außen vorgegebene Richtwerte und die Bewahrung vorgegebener Strukturen – beherrschte, kam diese Art der Systemtheorie vor allem technischen Systemen zugute. In den Bereichen des Lebens, in Biologie, Ökonomie, Soziologie und Psychologie, stiftete sie zunehmende Verwirrung. Leben ist durch das komplementäre Wirken von Strukturbewahrung und Strukturevolution gekennzeichnet. Zur negativen Rückkopplung tritt die ausgreifende, Unterschiede verstärkende, in ihren Ergebnissen nicht streng vorherbestimmte positive Rückkopplung, deren gründliches Studium aber der Simulationsmöglichkeiten moderner Großcomputer bedarf.
3. Vervollständigte Systemtheorie: Eine solchermaßen vervollständigte Systemtheorie entsteht erst in unseren Tagen. Sie geht auf den entscheidenden Durchbruch zurück, den 1967 der spätere Nobelpreisträger Ilya PRIGOGINE mit seinen Brüsseler Mitarbeitern erzielte (s. NICOLIS/PRIGOGINE). Er konnte im chemisch-physikalischen Bereich exakte Bedingungen angeben für das Auftreten dissipativer (zerstreuender, verteilender) Selbstorganisation (s. unten), d. h. für Selbstorganisation unter Aufrechterhaltung eines Austausches von Energie und Materie mit der Umgebung. Auf der Grundlage dieser Art von Systemdynamik gelang dem Göttinger Nobelpreisträger Manfred EIGEN kurz darauf eine nicht nur qualitativ, sondern auch quantitativ befriedigende Darstellung der Entstehung von Leben auf der Erde aus selbstorganisierenden und selbstreproduzierenden Molekularsystemen, die in sogenannten Hyperzyklen (s. unten) organisiert waren.

Mit der theoretischen Fundierung der Dynamik evolvierender Systeme ist der Anstoß zur Entwicklung einer erneuerten und erweiterten allgemeinen dynamischen Systemtheorie erfolgt. Die wesensverwandte (homologe) Dynamik selbstorganisierender Systeme chemisch-physikalischer, biologischer, soziobiologischer, soziokultureller, aber auch psychologischer und gedanklicher Natur führte seit der Mitte der siebziger Jahre zu ersten Ansätzen, die Evolution des Universums vom »Urknall« bis zu den Manifestationen des Menschengeistes nach fast zweieinhalb Jahrtausenden der Fragmentierung in der westlichen Wissenschaft wieder als einheitliches Gesamtphänomen zu erkennen.

C. Kennzeichnende Aspekte von Systemen

Es liegt in der Natur eines Systems, daß es nicht durch die Summe von Einzeleigenschaften beschrieben werden kann. Jedoch lassen sich wichtige Unterscheidungen treffen, indem besondere Aspekte – Ansichten des Gesamtsystems aus verschiedenen Blickwinkeln – betrachtet werden. Zu den wesentlichsten Systemaspekten gehören die im folgenden besprochenen, die in dieser Reihenfolge auch eine sich aufbauende Hierarchie von Beschreibungsebenen darstellen.

I. Umweltbeziehungen

Im herkömmlichen Sprachgebrauch bezeichnet man ein System als *offenes System*, wenn es für den Austausch von Materie mit der Umwelt offen ist; anderenfalls spricht man von einem *geschlossenen System*. (Im Englischen geht die Differenzierung noch etwas weiter: Ein *open system* ist gegenüber Energie- und Materiefluß offen; ein *closed system* ist nur für Energiefluß durchlässig, nicht jedoch für Materie; und ein *isolated system* ist sowohl für Energie wie für Materie undurchlässig). Die Beschränkung der Umweltbeziehungen auf Energie- und Materieaustausch ist jedoch für eine verallgemeinerte Systemtheorie zu eng. Man nennt daher in neuerer Sicht jedes System *offen*, das in irgendeiner Art des Austausches mit der Umwelt steht (vor allem auch in Informationsaustausch) und Neuem gegenüber offen ist; jedes andere System bezeichnet man als *abgeschlossen*.

II. Organisation (Logik)

Als (logische) Organisation bezeichnet man das Verknüpfungsmuster der im System ablaufenden Prozesse. Sie kann durch eine Art Fließschema dargestellt werden. Von besonderer Bedeutung ist *zyklische* (kreisförmig geschlossene) Organisation, vor allem auch in der Form des *Hyperzyklus*. Ein Hyperzyklus ist ein geschlossener Kreis von Umwandlungs- oder katalytischen Prozessen, in dem ein oder mehrere Teilnehmer zusätzlich autokatalytisch (d. h. selbstvermehrend) wirken. Der Hyperzyklus ist eine – möglicherweise sogar die einzige (?) – grundlegende Organisationsform für dissipative Selbstorganisation (s. unten).

Sollen die Prozesse im Zyklus in Gang gehalten werden und der Zyklus sich irreversibel (nicht umkehrbar) immer in der gleichen Richtung drehen, so ist Austausch von Energie (und gegebenenfalls Materie) mit der Umwelt erforderlich. Abgesehen von seiner Selbsterneuerung, wirkt der Zyklus dann also als Katalysator eines Einwegprozesses, in dem typischerweise energiereiche Anfangsprodukte in energiearme Endprodukte umgewandelt werden. Ein Beispiel dafür ist der Kohlenstoffzyklus (nach seinen Theoretikern auch Bethe-Weizsäcker-Zyklus genannt) im Sterninneren, der unter Rekonstitution der am Zyklus beteiligten Kohlenstoff-, Stickstoff- und Sauerstoffisotope jeweils vier Wasserstoffkerne (Protonen) in einen Heliumkern umwandelt; die dabei freigesetzte Energie ist wesentlich für die Strahlung der Sterne und auch unserer Sonne verantwortlich. Ein weiteres Beispiel ist ein natürliches Ökosystem, in dem im allgemeinen die gesamte beteiligte Materie rezirkuliert wird (einerseits durch fleisch- und pflanzenfressende Tiere und andererseits durch die Pflanzen), in der Nettowirkung aber energiereiche Photonen in energiearme (Infrarot- oder Wärmeabstrahlung) umgewandelt werden.

Ein Zyklus von Umwandlungsprozessen wirkt, im ganzen gesehen, als Katalysator eines Einwegprozesses. Ein Zyklus katalytischer Prozesse wirkt im ganzen wie ein Autokatalysator – er vermehrt sich selbst. Und ein Hyperzyklus, an dem autokatalytische Stufen beteiligt sind, wirkt in erhöhtem Maße als Autokatalysator seiner selbst – er vermehrt sich hyperbolisch (stärker als exponentiell).

Ein weiterer wichtiger Aspekt der Systemorganisation betrifft die Anordnung in einer oder mehreren Funktionsebenen. Unter vielschichtigen Systemen (engl. multi-level systems) sind vor allem *hierarchisch* geordnete von Bedeutung. In hierarchischen Systemen schließt jede Ebene alle niedrigeren Ebenen in sich ein – es bestehen also Systeme innerhalb von umfassenderen Systemen innerhalb eines Gesamtsystems. In *Kontrollhierarchien* (engl. control hierarchies) fließen Befehle nach unten und Information nach oben; technische Systeme und Diktaturen sind von dieser Art. In *autonomen Schichtensystemen* (engl. multiechelon systems) kann jede Ebene Initiative entfalten oder Ziele setzen, die dann aber von den jeweils höheren Ebenen koordiniert werden. Systeme des Lebens verbinden beide Grundprinzipien und sind durch teilweise Autonomie auf jeder Ebene und hierarchisch abgestufte Synthese gekennzeichnet. In komplexen Bioorganismen wird auf vielen Ebenen die Grundaktivität autonomer dynamischer Systeme (z. B. Motoraktivität, Aktivität von Neuronenpopulationen) unterdrückt, modifiziert oder verstärkt. Das »Leerlaufmuster« der Hirnströme etwa entspricht nicht einem Stillstand, sondern dem Alpha-Rhythmus von 8 bis 14 Hertz. Die Koordination erfolgt dabei von höherer Systemebene aus, nicht von hierarchisch höherstehenden Einheiten derselben Art. Die Aktivität von Zellen z. B. wird von Zellsystemen und in der weiteren hierarchischen Stufenleiter von Organen und vom Gesamtorganismus koordiniert; das lange gesuchte »Großmutterneuron« (auch »Tante Emma« genannt) als zentraler Koordinator oder sogar Befehlsgeber des Gehirns und des Gesamtorganismus existiert nicht.

Die teilweise Autonomie jeder Einzelebene wirkt auch in den Umweltbeziehungen. So haben die Prokaryoten (kernlose Einzeller) der Urzeit des Lebens auf der Erde den grundlegenden Oxidations-/Reduktionszyklus der Bioenergetik in Gang gesetzt. Heute, zwei Milliarden Jahre später, betreiben sie ihn noch immer, nicht nur in Gestalt kernloser Bodenbakterien und Blaualgen, sondern auch als Organellen (Mitochondrien und Chloroplaste), eingebettet in die komplexeren eukaryoten Zellen mit Kern. Ihre Autonomie, die sie sich auch nach ihrem endosymbiotischen Zusammenschluß zu komplexeren Systemen bewahrt haben, manifestiert sich u. a. in der weitgehenden Unabhängigkeit ihrer genetischen Information von jener des Gesamtorganismus.

III. Funktion

Als Funktion eines Systems bezeichnet man die Gesamtcharakteristik aller ablaufenden Prozesse. Funktion schließt also sowohl die Umweltbeziehungen wie auch die Organisation des Systems ein, darüber hinaus aber auch die kinetische Charakteristik der einzelnen Prozesse ebenso wie ihre Wechselwirkungen. Das logische Schema der Beziehungen erscheint hier also im Rahmen eines zeitlichen Ablaufes.

Von besonderer Bedeutung ist in diesem Zusammenhang die Funktion der *Autopoiese* (aus dem Griechischen für »Selbstmachen«, engl. *autopoiesis*), ein Begriff, der in den frühen siebziger Jahren von dem chilenischen Biologen Humberto Maturana eingeführt und gemeinsam mit Francisco Varela und Ricardo Uribe weiterentwickelt wurde. Autopoietisch ist ein System, dessen Funktion darauf ausgerichtet ist, sich selbst zu erneuern – wie sich eine biologische Zelle ständig im Wechselspiel von anabolischen (aufbauenden) und katabolischen (abbauenden) Prozessen erneuert. Ein autopoietisches System ist in erster Linie auf sich selbst bezogen oder *selbstreferentiell* (engl. self-referential), was auch die Anwendung dieses Begriffes auf psychologische Systeme nahelegt. Im Gegensatz dazu bezieht sich ein allopoietisches System auf eine Fremdfunktion. Alle biologischen und viele gesellschaftliche und gedankliche Systeme sind autopoietisch, während Maschinen allopoietisch sind.

IV. Struktur

Unter der Struktur eines Systems verstand man ursprünglich vor allem seine räumliche Anordnung. Im Zusammenhang mit dynamischen Systemen spricht man aber bevorzugt von einer *Raum-Zeit-Struktur* oder, mit anderen Worten ausgedrückt, von der in einem bestimmten Moment »eingefrorenen« Struktur, die sowohl die räumliche Anordnung wie auch die an jedem Punkte in diesem Moment wirkende Kinetik wiedergibt. Struktur in räumlich-zeitlicher Sicht schließt also Funktion – und damit auch Organisation und Umweltbeziehungen – des Systems ein.

Man unterscheidet *Gleichgewichtsstrukturen* und *dissipative* (zerstreuende, verteilende) *Strukturen* (→ *Struktur*). Nur eine Gleichgewichtsstruktur kann von Dauer sein – dann nämlich, wenn im Gleichgewichtszustand alle irreversiblen Prozesse zum Stillstand kommen. Eine dissipative Struktur, die sich ständig erneuert und die Austauschbeziehungen mit der Umwelt aufrechterhält, ist immer »auf dem Sprung« zu einer anderen, neuen Struktur. Im letzteren Falle ist das System nicht durch eine einzige Struktur, sondern durch eine zeitliche Abfolge von Strukturen – seine strukturelle *Evolution* – bestimmt. Der Übergang vom räumlichen Strukturdenken zum Prozeßdenken wird auch hieran ersichtlich.

V. Gesamtsystem-Dynamik

Makroskopisch, d. h. aus dem Blickwinkel des Gesamtsystems betrachtet, kann die Dynamik eines Systems – sofern dieses nicht überhaupt stagniert oder als statisch wahrgenommen wird – *fremdorganisiert* (wie etwa in einer von außen her betriebenen Maschine) oder *selbstorganisierend* sein. Natürliche Systeme sind in der Regel selbstorganisierend.

Man unterscheidet zwei grundsätzlich verschiedene Arten von Selbstorganisation, die konservative und die dissipative. *Konservative Selbstorganisation* beruht auf dem Zusammenwirken von statischen Austauschkräften wie den bekannten physikalischen Austauschkräften. Beispiele hierfür sind die Bildung von Atomkernen (starke nukleare Austauschkräfte) und Molekülen (elektromagnetische Kräfte) oder die Kondensation von Gas- und Staubwolken zu Sternen oder Galaxien (Schwerkraft). Die Dynamik zielt in diesem Falle immer auf einen Gleichgewichtszustand hin, der statisch oder auch dynamisch (wie etwa im Falle des Planetensystems) sein kann. In diesem Zustand wird Energie weder aufgewendet noch abgegeben.

Im Gegensatz dazu wird in der *dissipativen Selbstorganisation* ständig freie Energie in Entropie umgewandelt, was nur im Austausch mit der Umgebung möglich ist. Der Zweite Hauptsatz der Thermodynamik, der die irreversible, monotone Zunahme der Entropie (nicht mehr für Arbeit verwertbare Energie oder Abwärme) in einem abgeschlossenen System stipuliert, ist also hier in dieser Form makroskopisch nicht anwendbar; er gilt weiterhin in mikroskopischer Perspektive. In der dissipativen Selbstorganisation kann also im Prinzip auch ein Zustand höherer Ordnung (niedrigerer Entropie) erreicht werden. Beispiele dafür reichen von chemisch-physikalischen Reaktionssystemen bis zu biologischen, soziobiologischen und soziokulturellen Systemen.

In teilweiser Anlehnung an den englischen Anthropologen Gregory BATESON kann die Selbstorganisationsdynamik mit dem *Geist* (engl. mind) eines Systems gleichgesetzt werden. In den Umweltbeziehungen reicht der Geist also über das System hinaus. Je nach dem dominierenden Kommunikationsmechanismus kann man von metabolischem oder neuronalem (mentalem) Geist sprechen. Nicht nur jeder Organismus besitzt einen solchen systemhaft definierten Geist, sondern auch jede Zelle, jedes Ökosystem und jedes gesellschaftliche System – und darüber hinaus jedes weitere der Selbstorganisation fähige System. In der konservativen Selbstorganisation kommt der Geist des Systems zum Stillstand, sobald der Gleichgewichtszustand erreicht ist; in der dissipativen Selbstorganisation lebt und erneuert er sich ständig.

D. Zwei Grundklassen von Systemen

Die im vorigen Abschnitt eingeführten, hierarchisch angeordneten kennzeichnenden Systemaspekte lassen sich in zwei Gruppen zusammenfassen, die zwei grundsätzlich voneinander verschiedenen Klassen von Systemen entsprechen: den *strukturbewahrenden* und den *evolvierenden* Systemen. Für jede der beiden Klassen ergeben sich damit je nach gewähltem Blickwinkel verschiedene, einander entsprechende Beschreibungsebenen (was manchmal in der Literatur zu erheblicher Verwirrung führt):

Kennzeichnender Systemaspekt	*Strukturbewahrende Systeme*		*Evolvierende Systeme*
Gesamtsystemdynamik	Statisch (Keine Dynamik)	Konservative Selbstorganisation	Dissipative Selbstorganisation
Struktur	Gleichgewicht	Nahe Gleichgewicht	Dissipativ (fern vom Gleichgewicht)
Funktion	Keine oder Allopoiese	Bezug auf Gleichgewichtszustand	Autopoiese (Selbstbezug)
Organisation	Statistische Schwankungen in reversiblen Prozessen	Irreversible Prozesse auf den Gleichgewichtszustand hin	Zyklisch (Hyperzyklus), irreversible Drehrichtung
Umweltbeziehungen	Abgeschlossen oder offen (Wachstum möglich)		Offen (ständiger, ausgewogener Austausch)

I. Strukturbewahrende Systeme

Das Gleichgewichtsprinzip beherrscht einen großen Teil der konventionellen Systemtheorie, die seit den fünfziger Jahren entstanden ist. Doch ist es nur auf *mechanistische* (strukturell unveränderliche) und auf ganz bestimmte Fälle *adaptiver* (anpassungsfähiger) Systeme anwendbar.

Mechanistische Systeme sind in ihren Umweltbeziehungen durch das von ASHBY formulierte *Gesetz der erforderlichen Vielfalt* (engl. law of requisite variety) bestimmt. Es besagt, daß ein System zur Kontrolle der Umwelt über eine mindestens ebenso große Vielfalt an zweckentsprechenden Handlungsmöglichkeiten verfügen muß, wie sie die möglichen Herausforderungen seitens der Umwelt aufweisen – oder von einem zweiten System mit entsprechender Vielfalt (z. B. von einem Autofahrer) gesteuert werden muß. Dies trifft auf Maschinen zu, nicht aber auf lebende Systeme, deren Evolution im Gegenteil gerade die Fähigkeit fördert, mit dem Unerwarteten fertig zu werden, und deren Existenz z. T. auf Vertrauen und Zusammenarbeit (z. B. in der Symbiose oder in der Arbeitsteilung) beruht.

Um die im biologischen Bereich augenfällige Anpassungsfähigkeit zu erklären, führte ASHBY das Konzept der *Ultrastabilität* ein. Es stellt dar, wie sich ein System, das sich mit seiner Umwelt nicht im Gleichgewicht befindet, schrittweise durch eine Abfolge von Strukturen einem Gleichgewicht mit der Umwelt annähert, in dem es dann verharrt. Auch dies trifft nur auf gewisse Maschinen zu, nicht aber auf lebende (und allgemein dissipativ selbstorganisierende) Systeme, deren Grundkennzeichen gerade die Aufrechterhaltung eines Zustandes fern vom Gleichgewicht ist. Allerdings betonen viele konventionelle gesellschaftliche, sozialpsychologische und entwicklungspsychologische Theorien Anpassung und Einfügung in ein Gleichgewicht und stellen sich damit gegen die schöpferische, ausgreifende Dynamik des biologischen, gesellschaftlichen und kulturellen Lebens.

II. Evolvierende Systeme

Dissipative, selbstorganisierende Systeme können grundsätzlich nicht in einer einzigen Struktur verharren, sondern evolvieren durch eine Abfolge von autopoietischen Strukturen (→ *Struktur*). Der Übergang wird jeweils durch die systeminterne Verstärkung von Fluktuationen vorbereitet, die jenseits einer kritischen Größe das System über eine Instabilitätsschwelle treiben, in deren Bereich das sogenannte *Gesetz der großen Zahl* seine Gültigkeit verliert. In dieser Phase sind also nicht die Durchschnittswerte (oder, in gesellschaftlichem Systembezug, die Mehrheit) für die Zukunft des Systems ausschlaggebend, sondern im Gegenteil die durchdringenden Einzelfluktuationen (die schöpferische, aktive und mitreißende Minderheit). Man spricht daher von »Ordnung durch Fluktuation«, einem neuen Ordnungsprinzip, das – fern vom Gleichgewicht – das thermodynamische Ordnungsprinzip ablöst. Dabei besteht für jedes System beim Übergang zu einer neuen Struktur grundsätzliche Wahlfreiheit zwischen zwei oder mehreren möglichen Strukturen. Diese *makroskopische Unbestimmtheit* auf allen Ebenen selbstorganisierender Systeme ist von größter Bedeutung und liegt der in jüngster Zeit vertretenen Sicht einer *offenen Evolution* zugrunde, die weder teleologisch (zielsuchend) noch teleonomisch (zielsuchend über diskrete mögliche Prozeßnetze) ist. Die Theorie der dissipativen Selbstorganisation läßt auch die älteren Begriffe heuristischer oder zielsuchender (engl. heuristic) und zielsetzender (engl. purposive oder auch purposeful) Systeme als überholt erscheinen. Es sei hier angemerkt, daß auch die offene Evolution der Wissenschaftssysteme (Paradigmen; → *Theorie;* → *Wissenschaftsgeschichte, allgemein*) im Sinne der Theoriendynamik Thomas KUHNS der Systemdynamik dissipativer Selbstorganisation entspricht.

Diese neue Sicht liegt einer im Entstehen begriffenen allgemeinen *Systemphilosophie der Evolution* zugrunde, die versucht, in allen Phasen der Evolution des Universums und des Lebens bis zur Menschenwelt die Systembedingungen zu erkennen und die Möglichkeiten zu ihrer theoretischen Fundierung aufzuzeigen. Eigenschaften wie Stoffwechsel, Selbstreproduktion, Mutation und Selektion, die bisher dem Leben im engeren Sinne vorbehalten schienen, werden jetzt schon in präzellulären Molekularsystemen erkannt. Von besonderem Interesse ist das Zusammenwirken von evolvierenden und strukturbewahrenden Systemen im *epigenealogischen Prozeß*, der im engeren Bereich der Epigenetik von dem englischen Biologen Conrad H. WADDINGTON schon 1947 erkannt wurde. Der epigenealogische Prozeß besteht im ausgewählten und synchronisierten Abruf konservativ gespeicherter Information durch dissipative Prozesse in Abhängigkeit von den je-

weiligen Umweltbeziehungen. Dabei kann es sich um genetische Information, Traditionen, Bücher, Gesetze, Kunstwerke und andere Speicher handeln – auch um die »inneren« Speicher archetypischer Bilder und Symbole.
Das Ungleichgewichtsprinzip in der Evolution liegt dem von Thomas BALLMER und Ernst Ulrich VON WEIZSÄCKER so benannten offenen *Ultrazyklus* zugrunde, der sich in der *Koevolution* von Arten oder ganzen Prozeßstrukturen (»Nischen«) in Ökosystemen manifestiert. In einer Jäger-Beute-Beziehung profitiert nicht nur die Jägerart, sondern auch die Beuteart von der Koevolution (sie wird z. B. geschickter in der Kunst der Verstellung). Eine Gleichgewichtsplattform wird niemals erreicht – sie würde das Ende der dynamischen Beziehung bedeuten.
Eine weitere Folge davon ist die *Koevolution der Makro- und Mikrosysteme*, die fortschreitende Differenzierung von beiden Seiten in allen Phasen der Evolution. Es ist z. B. irreführend, die Evolution des Lebens auf der Erde als »Aufbau« im Sinne einer reinen Mikroevolution darzustellen. Die schon erwähnten Prokaryoten, die ersten kernlosen Einzeller auf der Erde, wandelten die Erdoberfläche und die Atmosphäre (durch Oxidation und Sauerstofffreisetzung) gründlich um, wodurch erst die makroskopischen Bedingungen für höheres Leben geschaffen wurden. Andererseits entstand auf diese Weise das weltumspannende, selbstregelnde *Gaia-System* (von seinen Entdeckern Lynn MARGULIS und James E. LOVELOCK 1974 nach der griechischen Erdgöttin benannt), das die chemische Zusammensetzung und die Temperatur der Atmosphäre seit 1,5 Milliarden Jahren weitgehend konstant hält und dabei ein hohes chemisches Ungleichgewicht in der Atmosphäre aufrechterhält.

E. Formale Darstellung von dynamischen Systemen

Die Modellierung von realistischen Systemen gibt sich oft mit dem aus einem gut beherrschten Ansatz heraus Möglichen zufrieden. Dieses Mögliche war bis vor kurzer Zeit auf Gleichgewichtssysteme und dort vor allem auf mechanistische Systeme beschränkt, wodurch den Systemen biologischen, gesellschaftlichen und kulturellen Lebens oft grobe Gewalt angetan wurde.
Die heute im Prinzip zur Verfügung stehenden Ansätze lassen sich nach ihrer Nützlichkeit auf Anwendungsbereiche aufteilen, die durch Kontinuität oder Diskontinuität sowohl in den mikroskopischen Prozessen (den »Ursachen«) wie in der Gesamtsystem-Dynamik (den »Wirkungen«) gekennzeichnet sind:

»Ursachen«	*»Wirkungen«*	*Nützliche Ansätze*
Kontinuierlich	Kontinuierlich	Systeme von Differentialgleichungen (z. B. Ökonometrie); Computersimulation von komplexen Rückkopplungssystemen (z. B. »Systems Dynamics«, s. unten).
Kontinuierlich	Diskontinuierlich	Ultrastabilität; Katastrophentheorie (ein seit Ende der sechziger Jahre von den Mathematikern René THOM und E. Christopher ZEEMAN entwickelter topologischer Ansatz, mit dem das »Umschnappen« in eine neue Struktur, nicht aber die Selbstorganisation des Systems, beschrieben werden kann).
Diskontinuierlich	Kontinuierlich	Theorie der Metastabilität dissipativer Strukturen (→ *Struktur*); statistische Kugelspiele, die Autopoiese simulieren.
Diskontinuierlich	Diskontinuierlich	Ordnung durch Fluktuation; statistische Kugelspiele, die Evolution simulieren (EIGEN/WINKLER).

F. Der Systemansatz in der gesellschaftlichen Planung

In den Studien zur gesellschaftlichen Planung war der Systemansatz bisher weitgehend auf Konzepte beschränkt, die auf den Prinzipien des Gleichgewichts und der Strukturbewahrung beruhten. Solche Modelle sind nur insofern nützlich, als der Modellentwerfer oder -benützer jeweils Strukturänderungen am Modell selbst ausdenken und vornehmen und damit Alternativen studieren kann. In diesem Lichte sind etwa die »Systems Dynamics«-Modelle komplexer, interaktiver Rückkopplungssysteme in der Entwicklung durch Jay FORRESTER zu sehen, die auch den Weltmodellen des »Club of Rome« (MEADOWS u. a.; MESAROVIĆ und PESTEL) zugrunde liegen.

Ein *humanistischer Systemansatz* wurde vor allem von C. West CHURCHMAN vorgeschlagen und entwickelt. Er beruht auf dem Bemühen, alle legitimen Gesichtspunkte pluralistisch zur Geltung zu bringen und das daraus oft resultierende Ungleichgewicht bewußt in Kauf zu nehmen. Fragen der Moral und Ethik rükken damit anstelle pseudoobjektiver Kriterien der mechanistischen Systemtheorie in den Mittelpunkt.

Die Selbstorganisationsdynamik von Ordnung durch Fluktuation schließlich findet seit der Mitte der siebziger Jahre in Studien von Aggregationen und gesellschaftlichen Systemen – von der Insekten- bis zur Menschenwelt – erste Anwendungen.

Erich Jantsch †

Ackoff, R./Emery, F. E.: Zielbewußte Systeme. (Aus dem Amerik.) 1975. – *Ashby, W. R.:* Einführung in die Kybernetik. (Aus dem Engl.) 1974. – *Bahrdt, H. P.:* Schlüsselbegriffe der Soziologie. 1984. – *Bateson, G.:* Geist und Natur. Eine notwendige Einheit. (Aus dem Engl.) (1978) 1982. – *Bergmann, J. E.:* Die Theorie des sozialen Systems von Talcott Parsons. 1967. – *v. Bertalanffy, L.:* Vorläufer und Begründer der Systemtheorie. In: *Systemtheorie.* – *Ders.:* General Systems Theory. In: General Systems Yearbook 1 (1956). – *Ders.:* General Systems Theory. 1968. – *Boßhard, St. N.:* Erschafft die Welt sich selbst? 1985. – *Churchman, C. W.:* Philosophie des Managements. Ethik von Gesamtsystemen und gesellschaftliche Planung. (Aus dem Amerik.) (1968) 1973, [2]1980. – *Ders.:* Systemanalyse. (Aus dem Engl.) 1974. – *Czayka, L.:* Systemwissenschaft. 1975. – *Dress, A.:* Selbstorganisation. Die Entstehung von Ordnung in Natur und Gesellschaft. 1986. – *Eigen, M./Schuster, P.:* The hypercycle. A principle of natural self-organization. Teil 1–3. Teil 1: Emergence of the hypercycle. In: Naturwissenschaft 64, 1977. Teil 2: The abstract hypercycle. In: Naturwissenschaft 65, 1978. Teil 3: The realistic hypercycle. In: Naturwissenschaft 65, 1978. – *Eigen, M./Winkler, R.:* Das Spiel. Naturgesetze steuern den Zufall. 1975, Serie Piper 1985. – *Händle, F./Jensen, St. (Hg.):* Systemtheorie und Systemtechnik. 1974. – *Jantsch, E.:* Die Selbstorganisation des Universums. Vom Urknall zum menschlichen Geist. 1979, dtv 1982. – *Kornwachs, K. (Hg.):* Offenheit, Zeitlichkeit, Komplexität. Zur Theorie der offenen Systeme. 1984. – *Lambert* s. *Systemanalyse* – *Laszlo, E.:* Introduction to systems philosophy. 1972, 1973. – *Lenk, H.:* Handlungstheorien [...]. Bd. 1–4. [W] – *Ders.:* Wissenschaftstheoretische und philosophische Bemerkungen zur Systemtheorie. In: *Ders.,* Pragmatische Philosophie. 1975. – *Ders./Ropohl, G.:* Systemtheorie als Wissenschaftsprogramm. 1978. – *Luhmann, N.:* Soziale Systeme. 1984. – *Ders.:* Zweckbegriff und Systemrationalität. 1968 = 1973. – *Maurin, K./Michalski, K./Rudolph, E. (Hg.):* Offene Systeme II. Logik und Zeit. 1981. – *Münch, R.:* Theorie sozialer Systeme. 1976. – *Narr, W.-D.:* Theoriebegriffe und Systemtheorie. 1969, [4]1976. – *Nicolis, G./Prigogine, I.:* Self-organization in non-equilibrium systems. From dissipative structures to order through fluctuations. 1977. – *Parsons, T.:* Zur Theorie sozialer Systeme. (Aus dem Engl.) 1976. – *Reimann, B. W.:* System und Selbstorganisation. 1974. – *Riedel, M.:* Artikel »System, Struktur«. In: *Brunner, O., u. a. (Hg.),* Geschichtliche Grundbegriffe. Bd. 6. [L] – *Ropohl, G.:* Einführung in die allgemeine Systemtheorie. In: *Lenk/Ropohl.* – *Ders.:* Eine Systemtheorie der Technik. 1979. – *Ders. (Hg.):* Systemtechnik. 1975. – *Seiffert, H.:* Systemtheorie. = 4. Kap. in: *Ders.,* Einführung in die Wissenschaftstheorie. Bd. 3. 1985. [E] – *von der Stein, A.:* Der Systembegriff in seiner geschichtlichen Entwicklung. In: *Diemer, A. (Hg.),* System und Klassifikation. 1968. – *Ders.:* System als Wissenschaftskriterium. In: *Diemer, A. (Hg.),* Der Wissenschaftsbegriff. 1970. – *Systemtheorie.* Berlin 1972. – *Tjaden, K. H. (Hg.):* Soziale Systeme. 1971. – *Türk, K. (Hg.):* Handlungssysteme. 1978. – *Vogt, R.:* Die Systemwissenschaften. 1983. – *v. Weizsäcker, E. U.:* Offene Systeme I. 1974.

Erich Jantsch †/H.S.

Systemanalyse

A. Was ist Systemanalyse?

Das Wort »System« kommt aus dem Griechischen und bedeutet »Zusammenstellung«. Unter einem System versteht man in der heutigen Wissenschaft eine Menge von Elementen, zwischen denen Beziehungen und Wechselwirkungen bestehen (→ *System, Systemtheorie*). Schon unsere Alltagserfahrung

zeigt, daß die meisten Objekte, die wir beobachten, sich bei näherer Betrachtung nicht als einzeln und ungegliedert, sondern als aus Teilen zusammengestellt und zusammenwirkend erweisen.
Mit der *Systemanalyse* werden Struktur und Funktion von Systemen untersucht. Die Systemforschung entwickelt Modelle und untersucht das dynamische Verhalten im zeitlichen Ablauf. Darüber hinaus bemüht sich die Systemforschung, generelle Prinzipien zu finden, die bei analytischer Anwendung die Struktur sichtbar machen und in der synthetischen Anwendung das Entwerfen, Gestalten und Lenken von Systemen ermöglichen. Diese synthetische Anwendung wird *Systemdesign* genannt.

I. »System« bei Johann Heinrich Lambert
Der enge Zusammenhang zwischen Analyse, Planung und Design geht schon aus den von J. H. LAMBERT geschriebenen drei Abhandlungen zum Systembegriff (hg. 1782 und 1787) hervor. LAMBERT versteht unter einem System »ein zweckmäßig zusammengesetztes Ganzes« (165/91). Er verzeichnet bei einem System:
Teile, die miteinander verbunden, teils voneinander abhängig, jedes für sich kenntlich und mit Absicht gestellt oder geordnet sind,
verbindende Kräfte zwischen den Teilen,
ein gemeinsames Band, welches aus den Teilen ein Ganzes macht,
eine allgemeine Absicht, zu der das System gestaltet, geordnet, zusammengefügt und verbunden ist (vgl. 165f./91f.).
Außerdem fordert ein System: »1. Das Beysammenseynkönnen [...] der Theile und [...] Kräfte. 2. Das Fortdauernkönnen, und damit die Bedingungen des Beharrungsstandes und Gleichgewichtes, zumal wenn das System sowohl der Grösse als der Anzahl und Anordnung der Theile nach Veränderungen zu leiden hat, oder auch solche hervorbringen soll. 3. Die Einheit, da das System ein Ganzes seyn soll, wobey jede Theile einander erfordern, voraussetzen oder nach sich ziehen« (166/92).
LAMBERT sieht »Gesetze oder Regeln, die sämtlich aus der Absicht des Systems und den Bedingungen des Beharrungsstandes abgeleitet werden, und einander mehr oder minder untergeordnet sind« (166/92). Heute wird diese Perspektive u. a. unter dem Aspekt der Systemanpassung und -erhaltung diskutiert.
LAMBERT beschäftigt sich auch mit der Errichtung eines Systems. Hierbei kann einmal die Absicht am Anfang stehen. Es können aber auch Teile oder die verbindenden Kräfte Ausgangspunkte bilden, d. h., daß er hier bereits die Möglichkeit der Selbstkonstruktion im Systemdesign anvisiert hat.
Die Beziehungen eines Systems auf ein anderes beschreibt LAMBERT als ihm »1. entweder einverleibt, 2. oder überhaupt nur damit in einige Verbindung gebracht, 3. oder Eines von dem Andern abhängig gemacht wird, 4. oder endlich, wo die Abhängigkeit wechselseitig ist« (167/93).
Zudem betrachtet LAMBERT das System in Beziehung auf die Erkenntniskräfte: dessen Theorie und dessen Vergleich mit anderen. Seine Aufteilung der Systeme in drei Hauptarten entspricht der heutigen Klassifikation *(→ System, Einleitung. III.)*: 1. theoretische Systeme, 2. soziale Systeme, 3. physikalisch-technische Systeme, und hat auch eine interessante Parallele zu POPPERS erkenntnistheoretischer Dreiteilung der Welt (POPPER, 123ff.).
»1. Systeme, die schlechthin nur durch die Kräften des Verstandes ihre Verbindung erhalten. Dahin gehört, z. E.
- Das System der Wahrheiten überhaupt,
- einzelne Systeme von Wissenschaften, Theorien, etc.
- Gedenkensarten einzelner Völker, Menschen, etc.
- Glaubensbekenntnisse, symbolische Bücher, etc.
- Erzählungen, Fabeln, Gedichte, Reden, etc.« (169/95)

Dies entspricht den heutigen *theoretischen* Systemen.
»2. Systeme, die durch die Kräften des Willens ihre Verbindung erhalten. Dahin gehören:
- Systeme von Entschliessungen,
- Verträge,
- Gesellschaften,
- Staaten.« (169/95).

Dies entspricht den heutigen *sozialen* Systemen. Die *technischen* Systeme hat LAMBERT mit den *natürlichen* Systemen zusammengestellt.
»3. Systeme, die durch die mechanischen Kräften ihre Verbindung erhalten. Dahin gehört:
- Der Weltbau,
- Einzelne Sonnen- und Planetensysteme,
- Die Erde insbesondere, und auf dieser
- Das System der drey Reiche der Natur.
- Systeme der Kunst, wohin Maschinen, Gebäude, Instrumente, etc. gerechnet werden.
- Systeme von Ursachen und Wirkungen.« (169/95)

»Hingegen giebt es allerdings auch Systeme, wobey mehr als eine Art der verbindenden Kräfte vorkömmt; und diese sind dann auf eine ganz andere Weise zusammengesetzt. Die Theile sind dabey zugleich so wie die verbindende Kräften ungleichartig, und müssen dessen unerachtet ein wohlgeordnetes Ganzes ausmachen, wenn anders das System nicht ein Flickwerk seyn soll.« (170/96)
Dies würde heute beispielsweise für ein soziotechnisches oder ein Mensch-Maschine-System zutreffen.
Die beiden ersten Kategorien der Systeme können »von Mitteln und Absichten, sofern ihre Erfindung und Anordnung von Menschen abhängt, zur Wirklichkeit gebracht werden« (171/97). »Unter den Systemen von Mitteln und Absichten, zeichnen sich [...] die Systeme von Handlungen als eine besondere und vorzügliche Classe aus. Wir können dahin 1) das System der Handlungen eines ganzen Volkes; 2) das System der Handlungen einer Gesellschaft; 3) das System der Handlungen eines einzelnen Menschen sowohl überhaupt, als in Rücksicht auf die zu wählende Lebensart, oder auch einzelne besondere Absichten rechnen.« (172/98)

II. Systemanalyse heute

1. Lambert und die Gegenwart: Wie sehr diese Ausführungen noch heute gelten – wenn auch die Bezeichnungen andere sind (z. B. »Elemente« statt »Teile«) –, zeigt der Vergleich mit einem Auszug aus einem »Wörterbuch der Soziologie« der Gegenwart zum Begriff »System«: »... einheitlich geordnetes Ganzes. Grundkategorie der modernen Soziologie zur Analyse der Wechselwirkungen aufeinander bezogenen (interdependenten) Handelns mehrerer Individuen, Gruppen oder Organisationen. Ein System besitzt ein gewisses Maß von Integration und Geschlossenheit im Verhältnis seiner Elemente zueinander (Struktur), eine es von anderen Systemen, d. h. von der Umwelt, abhebende Grenze, eine gewisse Ordnung in den Beziehungen mit anderen Systemen, eine gewisse Kontinuität und Regelmäßigkeit in den Beziehungen zwischen den Elementen des Systems.« (Hartfiel/Hillmann)
Zur Betrachtung von Systemen schlägt Lambert ein analytisches Vorgehen (»bis die Grundbegriffe und Grundsätze entwickelt sind«) vor, von da an eine synthetische Weiterentwicklung. Auch dies entspricht der heute gültigen Unterscheidung in Systemanalyse, Systemforschung und Systemdesign.
Die Systeme in einer komplexen Welt, deren »Weitläufigkeit« und »Mannigfaltigkeit« (wie Lambert es nennt) ständig zunehmen, erfordern, daß die Systemanalyse die Zusammenhänge von historischen, politischen, ökologischen Faktoren berücksichtigt. Der Sachverstand aus verschiedenen Disziplinen und die Erfahrungen der von der Analyse und Planung Betroffenen müssen zusammengebracht werden. Es kommt darauf an, bei der Systemanalyse, der Planung, dem Modellentwurf und dem Systemdesign die bedeutsamen Aspekte des Problembereichs zu berücksichtigen. Der Weg von der Analyse zu Konstruktion und Systemdesign bedeutet, Probleme zu lösen. Hierzu gehören nicht nur das Erfassen und Ordnen der bestehenden Zusammenhänge in einem System, sondern auch die Bewertung und Veränderung entsprechend den Bedürfnissen und Interessen derjenigen Menschen, die das neu entstandene System benutzen werden oder mit ihm leben.
Dementsprechend steht der Mensch im Mittelpunkt einer Systemanalyse und eines Systementwurfs, ganz gleich, ob es sich dabei um ein Mensch-Maschine-System, das auf die Anwendung neuer oder die Verbesserung alter Technologien abzielt, um ein Mensch-Institution-System oder um eine Verbindung aus beiden Modellen handelt (z. B. bei einem neuen Programm zur Brennstoffeinsparung, bei dem sich zum einen die Wünsche und Interessen der Benutzer, zum anderen die institutionellen Bedingungen in neuen Technologien niederschlagen müssen): ein Verständnis komplizierter sozialer, technischer, ökonomischer und politischer Zusammenhänge muß im Verlauf der Systemanalyse und des Entwurfs hergestellt werden.
2. Pioniere der Systemanalyse: Als Mathematiker, Astronom und Physiker erlangte J. H. Lambert Weltruhm. Seine weitblickende Arbeit über Systeme geriet jedoch fast zwei Jahrhunderte lang in Vergessenheit. Die Fachwissenschaften spezialisierten sich immer weiter, brachen ihre Untersuchungsgegenstände aus der Vernetzung heraus und untersuchten diese im einzelnen unter Abstraktion von allen anderen. Ihre technischen, wirtschaftlichen und besonders die militärtechnischen Erfolge stabilisierten ihr partikulares Erkenntnisinteresse bis über den Zweiten Weltkrieg hinaus. Mensch-bezogene Forschung und Ding-bezogene naturwissen-

schaftliche Technik fielen immer weiter auseinander.

(a) Bertalanffy: Erst 1949 veröffentlichte der österreichische Biologe Ludwig VON BERTALANFFY seine »Allgemeine Systemlehre«. Sein Ziel bestand darin, biologische und soziale Organismen in ihrer Ganzheit zu analysieren und somit die Beschränkungen der mechanistischen Forschungstradition zu überwinden. »Wenn wir einen lebenden Organismus betrachten, so beobachten wir eine erstaunliche Ordnung, Organisation, Arterhaltung unter ständigem Wandel, Regelung und offensichtliche Teleologie. In ähnlicher Form sind im menschlichen Verhalten Zielsuche und Zweckhaftigkeit nicht zu übersehen, selbst wenn wir einen strikt behaviouristischen Standpunkt akzeptieren. Konzepte wie Organisation, Zielorientierung, Teleologie etc. treten jedoch im klassischen Wissenschaftssystem nicht in Erscheinung. In der Tat wurden sie in der sogenannten mechanistischen Weltanschauung, die auf der klassischen Physik basiert, als illusionär oder metaphysisch erachtet. Dies bedeutet, zum Beispiel für einen Biologen, daß gerade die spezifischen Probleme lebender Natur offenkundig außerhalb des legitimen Wissenschaftsbereiches zu liegen scheinen.« (Zit. nach KAPPEL/SCHWARZ)

(b) Boulding: Ebenfalls scharfe Kritik an der Einseitigkeit traditioneller Forschungskonzepte übte ein weiterer Pionier der Systemtheorie, der englische Wirtschaftswissenschaftler Kenneth BOULDING. Er entwarf ein System von Systemen als analytische Basis von Strukturkonzepten für die empirische Forschungsarbeit. »Ein Skelett der Wissenschaft, in dem Sinne, daß ein Rahmen oder eine Struktur geschaffen wird, mit denen das Fleisch und Blut der einzelnen Disziplinen [...] zu einem geordneten und zusammenhängenden Körper des Wissens wird.« (BOULDING, 57)

(c) Deutsch: Karl W. DEUTSCH benutzte die wiedererwachte Systemwissenschaft für die Politologie und verband dabei die Analyse sozialwissenschaftlicher und lerntheoretischer Konzepte mit der kybernetischen Systemtheorie, wobei er seine Erkenntnisse mit Beispielen aus der realen politischen Praxis belegte. Er beschrieb sozialen Wandel und gesellschaftspolitische Konflikte als konstitutive Systemeigenschaften, womit er sich auch deutlich von der traditionellen soziologischen Systemtheorie abhob.

(d) Forrester: Nach Vorbildern aus der Biochemie und Biophysik, wo komplizierte Stoffwechselprodukte in der lebenden Zelle im Computer simuliert wurden, versuchte J. FORRESTER am MIT die komplizierten Prozesse, die sich in einer Stadt abspielen, im Modell zu simulieren. Er verwendete dafür ein Netz verknüpfter Differentialgleichungen, durch die u. a. der Transport, der Energiefluß, die Versorgung und Entsorgung einer Stadt dargestellt wurden. Als Daten verwendete er teils vorhandene Statistik, teils Schätzungen von Fachleuten. Diese Modelle wurden unter der Bezeichnung »Urban Dynamic« sehr bekannt.

Später entwickelten MEADOWS u. a. für den »Club of Rome« ein Welt-Modell, das wegen seiner teilweise düsteren Prognosen weltweites Aufsehen erregte, jedoch von wissenschaftlicher Seite erheblich kritisiert wurde (vgl. COLE).

Neuerdings hat FORRESTER ein nationales Modell der Wirtschaft der Vereinigten Staaten von Amerika entwickelt, in dem die verschiedenen Faktoren zusammengesetzt sind, die das wirtschaftliche Geschehen beeinflussen. Dabei ist die Industrie so strukturiert, daß sich die einzelnen Produktionsprozesse realitätsnah im Modell abbilden lassen. In jedem Bereich existiert ein Rechnungswesen, in dem Zahlungen vorgenommen und verbucht, Bilanzen erstellt und Steuern abgeführt werden. Zu dem Modell gehören ein komplettes Bankensystem sowie ein Bereich für den privaten Verbrauch. In dem Modell sind die heute zur Verfügung stehenden Kenntnisse über Organisationsstruktur und Verhaltensformen abgebildet. Dieses Modell wird aber nicht nur dazu benutzt, zukünftige Entwicklungen vorauszusehen, sondern auch dazu, tiefere Einblicke in das Verhalten komplexer Systeme zu gewinnen. Denn diese Systeme verhalten sich vielfach nicht so, wie es dem gesunden Menschenverstand entspricht. Die Ursache hierfür liegt in dem komplizierten Zusammenwirken der einzelnen Variablen, die anschaulich nicht ohne weiteres vorstellbar sind. »Durch Experimente mit dem systemdynamischen Modell lassen sich doch gerade diese dem anschaulichen Verstand verborgenen Ursache-Wirkungs-Zusammenhänge erkennen und analysieren.« (FORRESTER/ZICK) Eine Aussage über die Gültigkeit dieses Modells könnte erst eine verbesserte Steuerung der amerikanischen Wirtschaft erbringen. Allenfalls könnten inzwi-

schen einzelne Voraussagen über die Wirkung wirtschaftspolitischer Maßnahmen gemacht und überprüft werden. Die Leistung des Modells hängt von der gewählten Struktur, von den ausgewählten Variablen und natürlich in erster Linie von den eingegebenen Daten ab. Diese beruhen jedoch nicht nur auf Messungen, sondern zu einem großen Teil auch auf Schätzungen von Fachleuten.
3. *Institution und Organisation:* Die Begriffe »Institution« und »Organisation« wurden von LAMBERT noch nicht benutzt. Sie spielen in der heutigen Systemanalyse deswegen eine bedeutende Rolle, weil Wirtschaft und Gesellschaft in den verschiedensten Richtungen durchstrukturiert und organisiert sind. *Institution* bedeutet »in einem weiteren Sinne jegliche Form (entweder bewußt gestalteter oder ungeplant entstandener) stabiler, dauerhafter Muster menschlicher Beziehungen, die in einer Gesellschaft erzwungen oder durch die allseits als legitim geltenden Ordnungsvorstellungen getragen und tatsächlich ›gelebt‹ werden. Der Begriff ›Institution‹ bringt insbesondere zum Ausdruck, daß wiederkehrende Regelmäßigkeiten und abgrenzbare Gleichförmigkeiten gegenseitigen Sichverhaltens von Menschen, Gruppen, Organisationen nicht nur zufällig oder biologisch determiniert ablaufen, sondern auch und in erster Linie Produkte menschlicher Kultur und Sinngebung sind. Damit wächst für jede soziologische Analyse der Institutionen die Frage nach den Funktionen der einzelnen Institutionen für die Gesellschaft und nach dem Einfluß der Institutionen auf das soziale wie individuelle Leben des einzelnen Menschen in einer spezifisch ›institutionalisierten‹ Gesellschaft.« (HARTFIEL/HILLMANN) Diese zentrale Bedeutung der Institution im gesellschaftlichen Leben stellt sie für die Systemanalyse an eine Schlüsselposition. Sie ist einmal Element des sozialen Systems (z. B. des Staates), zum anderen stellen Institutionen selbst Systeme dar, in denen komplizierte Beziehungen und Netze bestehen (z. B. eine staatliche Behörde).

B. *Instrumentelle und maieutische Systemanalyse*

Im folgenden werden zwei Varianten der Systemanalyse und des Systemdesigns gegenübergestellt (vgl. KRAUCH, Systemanalyse). Die eine wird als *instrumentell*, die andere als *maieutisch* bezeichnet. Zu bedenken ist, daß jede Systemanalyse und jedes Systemdesign instrumentell ist, d. h. als Mittel dient, ein Ziel zu erreichen. Hier wird der Begriff jedoch in Anlehnung an HORKHEIMERS Kritik des instrumentellen Denkens verwendet. Ein derartig eingegrenztes Denken und Handeln entspricht nicht den Anforderungen an das Systemdesign in einer komplexen und zunehmend spannungsgeladenen Welt mit ihren unterschiedlichen Interessenlagen und Bedürfnissen.

I. *Instrumentelle Systemanalyse*

Systemanalysen beginnen häufig mit der Definition der Aufgabenstellung durch den Auftraggeber (eine Person oder Institution). Die Systemanalytiker entwerfen dann ein empirisch mehr oder weniger abgesichertes Zustandsbild, die *Ist*-Analyse oder Systemdiagnose, und entwickeln daraus den *Soll*-Zustand. Meist wird dann in einem Modell das neue System simuliert, es wird eine Reihe von Alternativentwürfen ausgearbeitet, getestet und einer Aufwand-Nutzen-Analyse unterworfen, die die Grundlage für die Entscheidung über die »beste« Lösung bildet. Der Systemanalytiker nimmt die Problemstellung vom Auftraggeber mehr oder weniger ungeprüft als vorgegeben hin und versucht dann, zu rationalisieren und zu optimieren.
Abgesehen davon, daß es dem Auftraggeber oft nicht möglich sein dürfte, das Problem genau zu definieren, kann die einseitige Vorgabe des »Soll«-Zustandes dazu führen, daß Funktionen positiv bewertet werden, die aus einer anderen Sicht als Fehlverhalten erscheinen. Beispielsweise kann eine Tätigkeit innerhalb eines Arbeitsprozesses von Auftraggeber und Planer als optimal angesehen, vom ausführenden Betroffenen aber als Hindernis empfunden werden und so den Ablauf stören. Nimmt der Systemanalytiker dies als gegeben hin, so sucht er die Fehler möglicherweise an einer falschen Stelle. Die sich aus seinem Vorgehen dann ergebenden Entscheidungsalternativen werden wertlos, weil sie entweder die wichtigen Bedingungen umgehen oder sogar Fehlerquellen hervorbringen. Durch Ausgrenzen von Teilaspekten schon während der »Ist«-Analyse können verborgene einseitige Interessen, die hinter der »Soll«-Definition stehen, leicht durch das spätere Ergebnis gerechtfertigt werden. Auch werden häufig durch eine begrenzte Problemdefinition Beziehungen zwischen dem Problemfeld und der Umwelt übersehen, so daß der innere Ablauf zwar reibungslos erscheint, der

Gesamtzusammenhang mit anderen Handlungsabläufen aber unzureichend berücksichtigt wird. Dies geschieht beispielsweise, wenn in einer Behörde Computer eingeführt werden, die zwar die innerbetriebliche Arbeit rationalisieren, aber den Kontakt mit der Öffentlichkeit verschlechtern. Derartige System analysen können deshalb anstatt zu einer Verbesserung zu einer Einengung der Werte und Normen führen, da die Resultate und Ergebnisse nicht mit den Interessen und Beurteilungen aller Betroffenen abgestimmt sind, sondern lediglich eine bestimmte Wertung berücksichtigen. In ein derartiges eingegrenztes Interessenbild müssen sich dann später die Betroffenen und Beteiligten einfügen, wodurch die Entfaltung ihrer Möglichkeiten eingeschränkt wird (vgl. REESE).

Eine derartige eingeengte »instrumentelle« Systemanalyse baut auf der Differenz zwischen dem vorhandenen »Ist«-Zustand und einem angestrebten »Soll«-Zustand auf. Damit kann dieses Verfahren auch nur zur Untersuchung, Verbesserung und Veränderung eines bestehenden Systems eingesetzt werden. Beim Entwurf neuer soziotechnischer Systeme müssen die Antizipation und die Selbstkonstruktion durch die Systembenutzer und Betroffenen einbezogen werden. Problemlösungen können nur durch aktive und dynamische Teilnahme der von dem neuen System betroffenen Menschen zustande kommen. Die Funktion des Systemanalytikers und Systemdesigners ist dabei die eines Helfers. Er sollte nicht, wie es bisher üblich ist, als Beobachter außerhalb des Problemfeldes stehen, sondern in den Analyse- und Designprozeß einbezogen werden.

II. Maieutische Systemanalyse

1963 wurde im »Center for the Study of Democratic Institutions« in Santa Barbara, California, ein Modell entwickelt, das zum Ziel hatte, den technisch-zivilisatorischen Fortschritt in einem demokratischen Sinn lenken zu können (vgl. JUNGK/MUNDT). Ausgehend von diesem Modell wurden Ansätze zur Anwendung der maieutischen Systemanalyse entwickelt, die hier im folgenden beschrieben werden soll.

Der Begriff »Maieutik« geht auf SOKRATES zurück, der seine Methode, Menschen dabei zu helfen, in ihnen Verborgenes zu erkennen, mit der Kunst der Geburtshilfe (griech. maieutikḗ téchnē) vergleicht. Nicht als Lehrender oder Wissender steht SOKRATES seinen Schülern gegenüber, sondern als Fragender, der aus ihnen Antworten und Einsichten herauslockt, die sie »nur selbst aus sich selbst entdecken« (PLATON, Theaítētos). Er tritt zum Vorteil seiner Schüler verständnisvoll in die Rolle eines kaum wahrgenommenen Helfers zurück.

SOKRATES' dialogisches Prinzip der maieutischen Befragung, das im Menschen bereits ruhende Erkenntnisse finden und aus ihm hervorholen kann, bedeutet für die maieutische Exploration bei einer Systemanalyse, noch verborgene Kritik im Problemfeld zu aktivieren und für die Zukunftsgestaltung zu nutzen. Damit steht die maieutische Systemanalyse im Gegensatz zur bisher dominierenden Entwicklung systemanalytischer Ansätze, die sich einer Eigengesetzlichkeit folgend zunehmend verselbständigen und sich normativer Kontrolle eher entziehen. Der Sokratische Gedanke, den Menschen verständnisvoll fragend zu helfen, findet in einer durch »instrumentelles Denken« bestimmten Systemanalyse wenig Platz.

Bei der maieutischen Systemanalyse ist das Untersuchungsteam in den Objektbereich integriert. Die Mitglieder des Untersuchungsbereiches (Vertreter der in Frage kommenden Institutionen, die Betroffenen und die Systemplaner bzw. -designer) werden zu Partnern der Systemanalytiker. Das bedeutet für das Untersuchungsteam, die Position eines Beobachters zu verlassen und Planer zu werden, die keine vorgefaßten Problemvorstellungen mitbringen. Die Aufgabe des Teams besteht nicht darin, das System einer »Soll«-Funktion anzupassen, sondern den Beteiligten zu helfen, ihre verborgene Kritik, ihre Interessen und Antizipationen auszusprechen. Voraussetzung dafür ist ein starkes Engagement des Untersuchungsteams, die Partner zu aktiver Teilnahme zu motivieren. Eine kontinuierliche Interaktion zwischen allen Partnern (auch im Untersuchungsteam) soll einen Lernprozeß einleiten, in dem Erfahrungen, Expertenwissen, Erwartungen gesammelt und weitergegeben werden. So können die Untersuchenden ihr Wissen ständig verfeinern und durch geschicktes Fragen auch latentes Wissen und Interesse aufdecken und die Antizipationsfähigkeit steigern.

Der maieutische Prozeß bewirkt eine verstärkte Beschäftigung mit allen Aspekten des Problembereiches, die in jedem Partner Erkenntnisse freisetzt und Verständnis für eine zukünftige Problem- und Konfliktlösung aus-

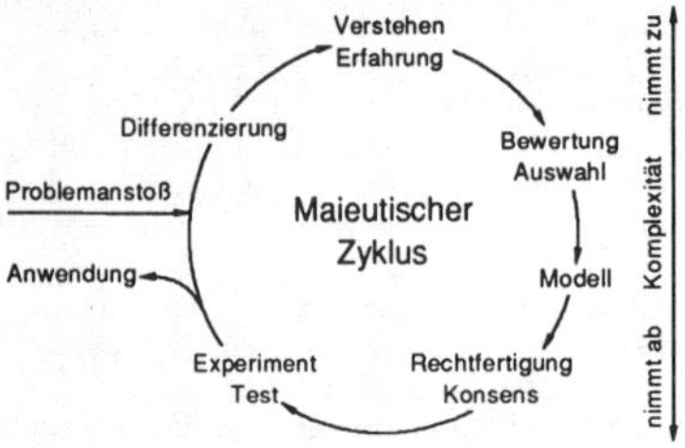

bildet. Dieser Lernprozeß der Partner soll zu einer Basis führen, auf der eine Annäherung der Interessen möglich wird, ein Konsens gefunden werden kann. In Zusammenarbeit mit den Partnern werden Modelle und Simulationen zukünftiger Wirklichkeiten entwickelt, die experimentell getestet werden. Die Modelle werden durch die Beteiligten kritisiert und verbessert. Dies bedeutet Lernen durch Erfahrung, indem die Partner ein verfeinertes Verständnis des Problems und seiner möglichen Lösungen erlangen. Diese Vorgehensweise hat sich besonders bewährt bei der Planung und dem Design von Informations- und Entscheidungssystemen.

Helmut Krauch

Boulding, K.: A conceptual framework for social science. In: *Ders.,* Beyond economics. 1968, Ppb. 1970. – *Churchman, C. W.:* Einführung in die Systemanalyse. (Aus dem Amerik.) (1968) 1970, ^{2}1971. Gekürzte Tb.-Ausg. als: Systemanalyse. (Aus dem Amerik.) 1974. – *Ders.:* Philosophie des Managements. Ethik von Gesamtsystemen und gesellschaftliche Planung. (Aus dem Amerik.) (1968) 1973, ^{2}1980. – *Ders.:* Der Systemansatz und seine »Feinde«. (Aus dem Amerik.) 1981. – *Cole, H. S. D. (u. a.):* Die Zukunft aus dem Computer? (Innovation. Hg. von *R. Jungk* und *H. Krauch*) 1973. – *Czayka, L.:* Systemwissenschaft. 1974. – *Epple, K.:* Theorie und Praxis der Systemanalyse. 1979. – *Forrester, J./Zick, H.:* Gezeiten der Weltwirtschaft. In: Bild der Wissenschaft 19, 1982. – *Greven, M. Th.:* Systemtheorie und Gesellschaftsanalyse. 1974. – *Händle, F./Jensen, St. (Hg.):* Systemtheorie und Systemtechnik. 1974. – *Hanke, M.:* Der maieutische Dialog. 1986. – *Hartfiel, G./Hillmann, K.-H.:* Wörterbuch der Soziologie. 1972, ^{3}1982. – *Heinrich, L. J.:* Systemplanung. Bd. 1; 2. 1976. – *Jungk, R./Mundt, H. J. (Hg.):* Modell für eine neue Welt. Bd. 1; 2. 1964. Bd. 1: Wege ins neue Jahrtausend. Wettkampf der Planungen in Ost und West. Bd. 2: Der Griff nach der Zukunft. Planen und Freiheit. Darin: »Fortschrittsplanung«. – *Kappel, R./Schwarz, I.:* Systemforschung 1970 bis 1980. 1981. – *Krauch, H.:* Computer-Demokratie. 1972. – *Ders. (Hg.):* Systemanalyse in Regierung und Verwaltung. 1972, unv. ^{2}1976. – *Lambert, J. H.:* Drei Abhandlungen zum Systembegriff. Hg. 1782, 1787. In: *Diemer, A. (Hg.),* System und Klassifikation. 1968. Auch in: *Händle/Jensen* (Seitenzahlen nach beiden Ausgaben in dieser Reihenfolge.) – *Platon:* Theaítētos. Übers. von *Fr. Schleiermacher*. Studienausg. (Eigler, WB) Bd. 6. – *Popper, K. R.:* Objektive Erkenntnis [...] (1972) ^{4}1984. [W] – *Reese, J. (u. a.):* Die politischen Kosten der Datenverarbeitung. 1979. – *Seiffert, H.:* Systemtheorie. = 4. Kap. in: *Ders.,* Einführung in die Wissenschaftstheorie. Bd. 3. 1985. [E] – *Systemtheorie.* Berlin 1972. – *v. Weizsäcker, E. U.:* Offene Systeme I. 1974.

Helmut Krauch/H.S.

Systematik der Wissenschaften

zu System, griech. sýstēma: das Zusammengestellte

A. Systematik in geschichtlicher Betrachtung
Einleitung

Ein Streben nach Ordnung unseres Wissens hat es schon immer gegeben. Die Grundsätze, nach denen man jeweils das Wissen ordnete, hingen stets vom Denken der betreffenden Zeitepoche ab. Ordnungen unseres Wissens finden wir z. B. in der Einteilung der *Schulfächer* oder in der systematischen Anordnung von *Büchersammlungen* und Bibliotheken aller Art. Solche Systematisierungen erscheinen uns vertraut und selbstverständlich; wir bemerken nicht, daß sie letzten Endes auf bestimmten Vorstellungen von der Ordnung unseres Wissens überhaupt und damit auf philosophischen Voraussetzungen beruhen – zumindest dann, wenn sie nicht in der bloßen Aufzählung noch relativ leicht abgrenzbarer Einzelfächer bestehen, sondern in der Formulierung der großen Bereiche des Wissens, die nur aus Interpretationen philosophischer Natur erwachsen können.

Die Klassifizierung der Wissenschaften, die heute als eine rein pragmatische Angelegenheit von Schulverwaltungen, Bibliothekaren oder Dokumentaren erscheint, ist ihrem Ursprung nach daher eine Frage zugrundeliegender philosophischer Systeme, die es zunächst überhaupt noch nicht mit jenen feinsten Verästelungen der Fachsystematik zu tun haben, wie sie uns heute als Klassifikationen vertraut sind.

Die heutige Situation einer Systematisierung der Wissenschaften ist also das Ergebnis einer

langen geschichtlichen Entwicklung. Die ersten Einteilungsversuche beginnen in der antiken Philosophie. In dem Maße, wie sich die Wissenschaften später von der Philosophie lösen, übernehmen die Wissenschaften selbst die Einteilungsprinzipien, die die Philosophie entwickelt hatte.
Seit ARISTOTELES lassen sich vier Einteilungsmodelle unterscheiden.

I. Das ontologische Modell
Das ontologische Modell unterscheidet
die *Erste Philosophie* und
die *Zweite Philosophie.*
Unter der Ersten Philosophie versteht man die *Metaphysik* bzw. die Theologie, d. h.: die Lehre vom absoluten Sein.
Unter der Zweiten Philosophie versteht man die *Physik*, d. h.: die Lehre vom veränderlichen Sein.
Die erste Bezeichnung ist eindeutig. Dagegen nicht die zweite, und zwar vor allem im Blick auf die heutige Verwendung des Wortes »Natur«, der lateinischen Übersetzung des griechischen Wortes »phýsis«. In der philosophischen Tradition bis zum 19. Jh. wird »Natur« als das Gesamt des Wirklichen, als das Ganze von Körperlichem, Lebendigem und Seelisch-Geistigem verstanden. Erst vom 18. Jh. an wird die Bedeutung des Wortes »Natur« eingeschränkt und die Naturwissenschaft als Gegenwissenschaft zum Wissen vom Seelisch-Geistigen verstanden (→ *Naturwissenschaften*; → *Geisteswissenschaften*).

II. Das anthropologische Modell
Ebenfalls von ARISTOTELES stammt die Dreiteilung:

theoretisches Wissen
praktisches Wissen
poietisches Wissen (Kunst und Herstellungswissen)

In der Tradition dieser Dreiteilung steht die in der Aufklärung aufgekommene Dreiteilung der menschlichen Grundvermögen in Denken, Fühlen und Wollen. Dementsprechend gliedert auch KANT:

Denken – Kritik der reinen (theoretischen) Vernunft
Wollen – Kritik der praktischen Vernunft
Fühlen – Kritik der Urteilskraft.

Diese Einteilung hat sich heute etwas verschoben. Der dritte Bereich ist heute zur »Ästhetik« geworden, unter der man so etwas wie die Philosophie der Kunst versteht, also eine stark inhaltsbezogene Sparte der Philosophie. Dagegen sind die beiden ersten Bereiche heute zwei Hauptdisziplinen der Philosophie:
Denken – Logik und Erkenntnistheorie
Wollen – Ethik.

Etwas anders setzte Francis BACON die menschlichen Grundvermögen an. Er unterschied:
Vernunft – Philosophie und, daraus abgeleitet, Wissenschaft
Gedächtnis – Geschichte
Phantasie – Dichtung.

Und wiederum wurden in der Folgezeit die ersten beiden Vermögen als Grundlage für eine umgreifende Einteilung verwendet:
Vernunft – Philosophie, Wissenschaft
Gedächtnis – Geschichte.

So ergibt sich wiederum eine Dreiteilung: in Philosophie (als Grundlage), Wissenschaft und Geschichte. Am Beispiel des Bereiches »Natur« sei dies erläutert:

Natur*philosophie:*	Beschäftigung mit den allgemeinen Grundlagen der Natur
Natur*wissenschaft:*	Lehre von den allgemeinen Gesetzen und Ableitung einzelner Gegebenheiten bzw. Ereignisse
Natur*geschichte:*	»Erzählung« und Beschreibung der Naturgegebenheiten und -ereignisse; hierbei ist »Geschichte« nicht oder nur sekundär im Sinne von »Beschreibung des Vergangenen« zu verstehen.

Diese Entwicklung, die sich in der zweiten Hälfte des 18. Jh. vollzog, ist wissenschaftsgeschichtlich noch zuwenig beachtet worden. Typische Beispiele sind die berühmte *Enzyklopädie* von DIDEROT und D'ALEMBERT (ab 1751) und die Ausbildung der spezifischen Bezeichnungen wie Naturwissenschaft, Rechtswissenschaft, Kunstwissenschaft; ebenso die Entwicklung der Bereichsphilosophien wie Geschichtsphilosophie (VOLTAIRE), Sprachphilosophie (HERDER), Rechtsphilosophie (Hugo GROTIUS). Mit der inneren Differenzierung der jeweiligen Bereichswissenschaften entstand eine neue Differenzierung im großen, die für die deutsche Tradition besonders bedeutsam ist: die Differenzierung in Natur- und Geisteswissenschaft.

III. Das systematische (Begründungs-) Modell

KANT sagte: »Eine jede Lehre, wenn sie ein *System*, das ist ein nach Prinzipien geordnetes Ganzes der Erkenntnis, sein soll, heißt *Wissenschaft*.« Seitdem empfindet man es als eine Selbstverständlichkeit, daß die Wissenschaft im einzelnen wie insgesamt ein *System* ausmachen müsse. Hierbei bedeutet »System« die Forderung, daß es oberste Prinzipien gebe, die *Axiome*, aus denen nach bestimmten Regeln (der → *Logik*) alle Sätze des Bereiches abgeleitet werden können. Wieweit dies im einzelnen gelingt, bleibt offen; einen klassischen Versuch stellen HILBERTS »Grundlagen der Geometrie« (1899) dar. Eine solche Ableitung aus Axiomen wird natürlich desto problematischer, je mehr man von den »harten« Natur- zu den »weichen« Geisteswissenschaften kommt.

Das Wort »System« wurde zwar schon in der Antike verwendet. Aber erst seit etwa 1600 wird es auch wissenschaftstheoretisch von Bedeutung. Zunächst bezeichnete es eine »Zusammenstellung« zu pädagogischen Zwekken, etwa als »System der Logik« oder als »System der Theologie«. Im 18. Jh. fand die Systemidee Eingang in Philosophie und Wissenschaft (man denke an LAMBERTS »Systematologie«; → *Systemanalyse*) und wird dann, wie wir sahen, durch KANT als Grundforderung proklamiert.

1. Die Trias Logik–Physik–Ethik: Nach ARISTOTELES hatte sich für die philosophische Systematik folgendes Schema herausgebildet, das eine Dreiteilung auf zwei Stufen bedeutet:

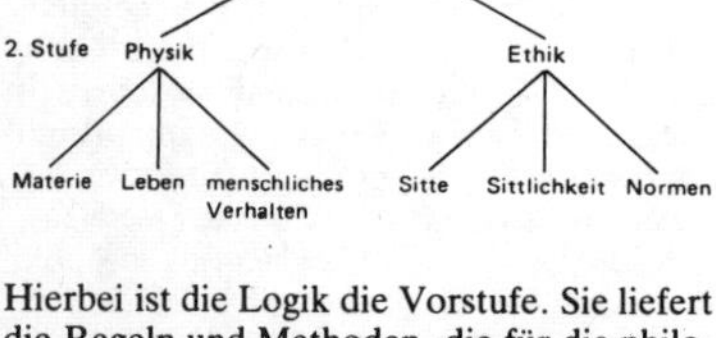

Hierbei ist die Logik die Vorstufe. Sie liefert die Regeln und Methoden, die für die philosophische und die wissenschaftliche Arbeit erforderlich sind. Physik und Ethik bilden das vor, was wir heute als Natur- und Geisteswissenschaften kennen. Dabei umfaßt die Physik die gesamte Wirklichkeit, also auch den Menschen, verstanden als gegebene Tatsache, die Ethik die geistigen und die Normen-Probleme.

2. Die Entwicklung der Geisteswissenschaften: Der Komplex von Disziplinen, den wir – vor allem in der deutschen Tradition – als Geisteswissenschaften bezeichnen, hat, seit er in der Spätantike als »Ethik« begann, eine wechselvolle Geschichte hinter sich. Die vielfältige Terminologie, die sich hieraus ergab, soll im Artikel → *Wissenschaft* genauer dargestellt werden. Das Ergebnis war jedenfalls folgendes: Die Welt der Sinngebilde ist die geschichtliche Welt. So versteht sich, vor allem seit Beginn des 19. Jh., die auf diesen Bereich bezogene Wissenschaft als *historische* bzw. *geschichtliche* Wissenschaft. Wie wir oben im Abschnitt II sahen, waren im 18. Jh. Wissenschaft und Geschichte einander gegenübergestellt worden. Im Denken des deutschen Idealismus und in dem sich durch »Realisierung« (das heißt: Anwendung auf konkrete Inhalte) entwickelnden *Historismus* wurde die Geschichte mehr und mehr »historisiert«: war sie früher mehr die Beschreibung der Einzelheiten und des Individuellen, so kommt jetzt mehr und mehr die zeitliche und auch die räumliche und gruppenbezogene *Perspektivierung* hinzu (→ *Geschichtstheorie;* → *Historisch/systematisch*). Dadurch wird es nun möglich, die Geschichte in die Gegensätzlichkeit von Geist und Natur hineinzuziehen.

So ergibt sich das neue Modell des 19. Jh.: Die *Natur* ist der Bereich, dem die Wissenschaft im engeren, strengeren Sinne zugeordnet ist; die Naturwissenschaft wird damit zur Wissenschaft par excellence. Dies ist die für das englisch-amerikanische Wissenschaftsverständnis verbindliche Leitidee: nur »science« zählt, alles andere ist lediglich allgemeine Bildung oder ähnliches (man nennt diese Auffassung → *Szientismus*). Die Geschichte verliert somit zunächst ihren Wissenschaftscharakter. Sie sucht ihn allerdings zurückzugewinnen. Daher finden sich seit dem Beginn des 19. Jh. immer wieder Versuche, »die Geschichte zum Range einer Wissenschaft zu erheben«. Die Geschichte – genauer: Geschichtswissenschaft – wird dabei der Prototyp für alle sogenannten Geisteswissenschaften. Die »südwestdeutschen« Neukantianer WINDELBAND und RICKERT teilen

den Fächerkosmos in *nomothetische* (Gesetzmäßigkeiten erfassende, Natur-) und *idiographische* (Einzelheiten beschreibende, Geistes-)Wissenschaften ein.
Die Bezeichnung der historisch-moralischen Wissenschaften als *Gesellschafts-* oder → *Sozialwissenschaften* ist zwar nicht neu, aber heute von besonderer Aktualität. Diese Konzeption geht von einer Metaphysik aus, die zu einer Ideologie führen kann: die Gesellschaft wird als der eigentliche Träger und Unterbau aller geistig-kulturellen Gebilde angesehen. Vor allem in sozialistischen Wissenschaftskonzeptionen – aber nicht nur dort – stehen entsprechende Bezeichnungen im Vordergrund. So spricht man in der DDR durchweg von »Sozialwissenschaften«. Neuerdings spricht man auch von »Kulturwissenschaften«.

IV. Das Allgemeinheitsgrad-Modell

Wir hatten darauf hingewiesen, daß die Differenzierung des Wissensgesamts ursprünglich als Gliederung *der Philosophie* angesetzt und durchgeführt worden war. Die Identität von Philosophie und Wissenschaft war auch in späteren Zeiten immer wieder unterstrichen worden; unter der Hand aber war die Philosophie mehr und mehr in den Hintergrund getreten.
Die nun zu besprechende vierte Einteilung der Wissenschaft, wie sie im Laufe der Philosophiegeschichte hervorgetreten ist, stammt von Auguste COMTE. Sie kennt nur noch *die Wissenschaften,* die nach dem Allgemeinheitsgrad eingestuft werden:

Mathematik
Astronomie
Physik
Chemie
Biologie
Soziologie.

Diese Gliederung ist in zweierlei Hinsicht bedeutsam: einerseits hinsichtlich des gegenseitigen Verhältnisses der aufgeführten Wissenschaften und andererseits hinsichtlich der hinter der ganzen Liste stehenden Idee der Wissenschaft.
1. Wesentlich ist die Idee, daß es – gemäß den allgemeinen Prinzipien des von COMTE entwickelten → *Positivismus* – einen Aufbau sowohl der Wirklichkeit als auch des Wissens gibt. Dabei ist klar, daß an die Stelle der Logik jetzt die Mathematik tritt. Mit der Astronomie beginnt der Aufbau der Wirklichkeit. Diese ist stufenweise von zunehmend komplexem Charakter: der Bereich der Physik ist komplexer als der der Astronomie, der der Chemie komplexer als der der Physik – und so fort bis hin zur Soziologie. Das heißt zugleich: Jede höhere Wissenschaft kann auf die niederen zurückgeführt werden. Diese Konzeption spielt vor allem in der englisch-amerikanischen Wissenschaft eine Rolle. Man nennt sie *Reduktionismus*. Ein solcher Reduktionismus ist letzten Endes natürlich *Physikalismus*, also die Rückführung aller Wissenschaftsgegenstände auf Physisches.
Bedeutsam gegenüber der Tradition ist, daß nun zum ersten Mal eine eigene Wissenschaft von der Gesellschaft, die *Soziologie* – das Wort stammt auch von COMTE –, geschaffen wird. Es liegt auf der Hand, daß in diesem System die Philosophie eigentlich keinen Platz mehr hat. Ihr bleibt daher nur noch eine Hilfsfunktion; sie wird Wissenschaftslogik und → *Wissenschaftstheorie.*

B. Systematik in der Gegenwart

I. Wissens- und Wissenschaftsgebiete in der Gegenwart

Wir beginnen mit einem Vorschlag, wie man die Wissens- und Wissenschaftsgebiete in gegenwärtiger Sicht etwa systematisieren könnte.

A. Allgemeines
 I. (Formale) Theoretik
  1. (Formale) Logik
  2. Mathematik
  3. Strukturdisziplinen
   (System-, Spiel-, Informationstheorie, Kybernetik)
  4. Wissenschaftstheorie
 II. Philosophie
 III. Weltanschauung und Religion
 IV. Informationswesen
  1. Information
  2. Dokumentation
  3. Medien
B. Physisches
 I. Physikalisches
 II. Chemisches
 III. Terrestrisches
 IV. Extraterrestrisches
C. Biologisches
 I. Grundlagen
 II. Bereiche
  Mikroorganismen, Pflanzen, Tiere
D. Humanes
 I. Anthropologisches
  Psychisches, Medizin

II. Soziales
  1. Gesellschaftliches
  2. Politisches
  3. Bildung
  4. Recht
  5. Wirtschaft, Arbeit, Industrie
III. Kultur
  1. Sprache
  2. Texte und Literatur
  3. Kunst
IV. Technik (und Wirtschaft)

Die hiermit vorgeschlagene Systematik ist bewußt grob und unbestimmt gehalten. Dies ergibt sich aus der Einsicht, daß jede Wissens- und Wissenschaftssystematik geschichtlich bedingt und daher jederzeit kritisierbar und stets im Wandel begriffen ist. Aus diesem Grunde kann eine solche Systematik nur solche Punkte enthalten, über die – jedenfalls zeitweise – Einigkeit zu erzielen ist. So wird kaum Streit darüber bestehen können, daß es eine Gruppe »allgemeiner« Gebiete (A.) gibt und daß es sinnvoll ist, die eigentlichen Inhaltsgebiete nach den Stufen der unbelebten Materie (B.), des außermenschlichen Lebens (C.) und des Menschen (D.) zu ordnen. Während die Gliederung innerhalb der Bereiche B. und C. noch mit Aussicht auf allgemeine Übereinstimmung versucht werden kann, ist das bei A. und D. schon sehr viel schwieriger. Vor allem in den »außermenschlichen« Bereichen B. und C. wurde viel mit Adjektiven (»Physisches«, »Chemisches«, »Terrestrisches«) gearbeitet. Diese Adjektive haben den großen Vorteil, daß sie sich sowohl auf den Gegenstand selbst als auch auf die Wissenschaft von dem Gegenstand beziehen können. Hiermit soll zum Ausdruck gebracht werden, daß unsere Systematik gleichzeitig auf die Gegenstände wie auf die Wissenschaften bezogen ist. Besonders deutlich wird dies bei dem Wort »Terrestrisches«: »Erde« würde sich einseitig auf den Gegenstand, »Geowissenschaften« ebenso einseitig auf die Wissenschaft beziehen.
Im Bereich des Humanen (D.) ist eine solche Umschreibung durch Adjektive ebenfalls sinnvoll, aber nicht mehr so dringlich, da sich bei den vom Menschen geschaffenen (nicht nur interpretierend »erkannten«) Sachgebieten eine klare Trennung zwischen Gegenstand und Wissenschaft oft erübrigt. So ist das »Recht« ohne die »Rechtswissenschaft« undenkbar, weshalb das bloße Wort »Recht« beides deckt; hier etwa »Rechtliches« zu sagen wäre unnötig und künstlich. Auch innerhalb des Abschnittes D. über den Menschen wurde versucht, eine Schichtung anzudeuten: zunächst die organischen Grundlagen in Humanbiologie und Medizin, »darüber« die sozialen Gebilde und schließlich als »höchste« Stufe die menschliche Kultur. Hierher würden natürlich auch Wissenschaft, Philosophie und Religion gehören, wären sie nicht nach A. gestellt worden. Das wiederum war aber erforderlich, da sie zwar in formaler Betrachtung (das heißt: verstanden als kulturelle Betätigung) zur Kultur (D.III.) gehören, in bezug auf ihren Inhalt aber alles umfassen und daher auch auf B., C. und D.I. und D.II. bezogen sind.

II. Allgemeine Wissenschaftstheorie
Jedem der in unserer Systematik genannten Wissensgebiete läßt sich eine Wissenschaft zuordnen. Aufgabe der → *Wissenschaftstheorie* ist es, eine Wissenschaftskonzeption zu entwickeln, die für jede jeweils gegebene Wissenschaftsdisziplin gilt. Die Wissenschaft (im Sinne dessen, was für jede einzelne Disziplin gilt) läßt sich nun unter drei Gesichtspunkten betrachten, in drei Begriffe fassen:
1. Wissenschaft als Kulturbereich – sozio-kultureller Wissenschaftsbegriff: Wir können die Wissenschaft als einen in der Gesellschaft vorfindlichen Kulturbereich unter anderen auffassen. So, wie es die Kirche, den Staat, die Wirtschaft, die Kunst und so fort als Kulturbereiche gibt, so gibt es auch die Wissenschaft – verstanden als Komplex von Menschen, Ideen, Institutionen, Apparaten. Die Wissenschaft als Kulturbereich ist dann auch Gegenstand der »Wissenschaftspolitik«: von Haushaltsberatungen und so fort.
2. Wissenschaft als Operation bzw. Aktivität – operationaler (anthropologischer) Wissenschaftsbegriff: Hier wird die Wissenschaft als Forschung, das heißt als Prozeß und als Arbeit zur Gewinnung oder Produktion wissenschaftlicher Erkenntnisse verstanden.
3. Wissenschaft als Aussagen-Gesamtheit – propositionaler Wissenschaftsbegriff: In diesem Sinne ist die Wissenschaft eine Gesamtheit oder ein System von Aussagen, die bestimmte Kriterien erfüllen müssen: sie stehen in einem logisch-rationalen Begründungszusammenhang und orientieren sich am Postulat der Wahrheit. –
Zum Verhältnis dieser drei Wissenschaftsbegriffe ist Folgendes zu sagen: Der erste ist der umfassendste, der dritte der engste; zugleich aber ist umgekehrt der dritte der fundieren-

de, auf dem sich der zweite und der erste aufbauen. Wenn man von »Wissenschaft« spricht, meint man normalerweise den dritten, weil dieser sich auf den eigentlichen Inhalt der wissenschaftlichen Arbeit bezieht.

III. Gesichtspunkte der Systematisierung in der Gegenwart

Auf welche Weise muß man heute eine Systematik herstellen? In früheren Zeiten löste man dieses Problem sehr einfach: man hatte seine philosophische Einteilung der Wissensbereiche (wir beschrieben diese Einteilungen im Abschnitt B.) und leitete hieraus das System der Wissenschaft ab. Es entstand so ein »einsinniges« Gefüge: die gegebene Systematik des Wissens bestimmte eindeutig das Wissenschaftssystem.
Heute dagegen muß sich eine Systematisierung nach mehreren Gesichtspunkten gleichzeitig richten. Diese Gesichtspunkte sind:

- systematische Ordnung nach Wissensinhalten
- pragmatische Gesichtspunkte der Organisation
- funktionelle Orientierung.

Hiernach ergeben sich drei Gesichtspunkte für den Aufbau einer Systematik:

- die Sachbereichsgliederung
- die Typologisierung
- die Funktionsorientierung.

1. Die Sachbereichsgliederung: Sie ist an der Tradition der Wissenschaftssystematik orientiert; sie geht von der Voraussetzung aus, daß es bestimmte Wirklichkeitsbereiche gibt, wie die unbelebte Natur, das Lebendige, den Menschen und seine Kultur mit Bereichen wie Sprache, Kunst, Technik, Wirtschaft usw. Von diesen Voraussetzungen aus hat sich auch die Gliederung in Natur- und Geisteswissenschaften entwickelt. Bei genauerer Differenzierung stellt sich jedoch eine Dreiteilung ein: Naturwissenschaften, Verhaltenswissenschaften, Kulturwissenschaften. Oft geht diese Sachorientierung von der Vorstellung aus, es gäbe die Fachwissenschaften als »reine« Gebilde. Für einige Disziplinen gilt dies sicherlich auch. Wie aber steht es etwa mit der Medizin? Läßt sie sich einem Bereich eindeutig zuordnen, oder ist sie nicht eher eine Interdisziplin, die sich über mehrere Ebenen erstreckt (etwa die des Physischen, des Biologischen und des Humanen)?

2. Die Typologisierung: Sie geht von der jeweiligen Gegenstandskonstitution der einzelnen Objektbereiche aus. Dabei ist jeweils »die Wirklichkeit« vorgegeben, die ihrerseits in einem jeweiligen Totalhorizont fundierender Kulturen (Euro-, Afro- usw. Kulturen) vorverstanden sein kann. Durch die jeweilige »perspektivische« Konstitution ergeben sich die Gegenstandstypen, die spezifische »Tiefen« haben: der »Oberflächlichkeit« des metrischen steht die »Tiefe« (»syn-ap-perzeptivische«) des hermeneutischen Seins gegenüber. Differenziert wird nach spezifischen Bereichsobjekttypen. Diese vier Typen sind:

- metrische Gegebenheit
- Verhalten
- Sinngebilde (Kultur)
- technische Werke.

(a) Die metrischen Wissenschaften: Ihre Charakterisierung ist ziemlich klar. Sie decken sich nicht mit den Naturwissenschaften. Vielmehr sind sie bestimmt durch die Messung dreier Grundgegebenheiten: des Stoffes (Hylometrie), des Raumes (Geometrie) und der Zeit (Chronometrie). Neuerdings versucht man diese Grundlegung in der neuen Disziplin der *Protophysik* zusammenzufassen.
(b) Die Verhaltenswissenschaften: Hier geht es zunächst um menschliches Verhalten, differenziert in Individual- und Sozialverhalten. Aber auch tierisches und pflanzliches Verhalten gehören hierher.
(c) Die Sinngebildewissenschaften: Sie entsprechen in gewisser Weise den Geisteswissenschaften – allerdings mit Unterschieden. Zunächst wird jeder Disziplin ein jeweils zugehöriger anthropologischer (menschenkundlicher) Bereich zugeordnet: jede Kulturwissenschaft (wie Sprachwissenschaft, Kunstwissenschaft usw.) hat entsprechende Anthropologien (oder auch Psychologien bzw. Soziologien) neben sich.
(d) Die technischen Wissenschaften: Sie werden üblicherweise als ein eigener Typus anerkannt. Nicht geklärt ist jedoch die Bestimmung ihres Objektbereiches und ihr allgemeiner Wissenschaftscharakter. Dazu kommt, daß sie vielfach nur als angewandte oder zumindest anwendungsorientierte (Natur-) Wissenschaft verstanden werden.
3. Die Funktionsorientierung: In der Gegenwart entwickeln sich mehr und mehr bestimmte Wissenskomplexe, die in das herkömmliche Wissenschaftssystem nicht passen. Sie gehören mehreren Wissenschaften an

oder genauer: sie greifen aus verschiedenen Disziplinen Teilbereiche oder Teilprobleme heraus, die sie unter bestimmtem, neuartigem Blickwinkel neu zusammenfügen. Das typische Beispiel ist der erst seit wenigen Jahren in ganz neuer Weise gefaßte Begriff der »Umwelt«. Die Wissenschaft von der Umwelt ist keine »eigenständige« Wissenschaft im Sinne traditioneller Gliederung. Die Thematik »Umwelt« gibt Probleme vor, die von den verschiedenen Wissenschaften bzw. Wissenschaftstypen jeweils auf deren Weise bearbeitet werden. Für die Zusammenfassung der Erkenntnisse auf den verschiedenen Ebenen braucht man dann ein Informationssystem. Andere Beispiele für funktionsorientierte Komplexe wären etwa »Verkehr« oder »Stadt«. Eine Systematik denkbarer Funktionswissenschaften gibt es nicht; sie ist nicht möglich, da sich neue funktionsorientierte Komplexe stets aus der unvorhersehbaren Entwicklung in der Gesellschaft ergeben. Sie ist deshalb auch nicht notwendig.

IV. Differenzierungen der Wissenschaften in sich

Mit der Systematisierung der verschiedenen Wissenschaften »gegeneinander« ist es jedoch noch nicht getan. Denn jede einzelne Wissenschaft besitzt *in sich* wiederum Differenzierungen, die durch die Idee der einzelwissenschaftlichen Systematik bedingt sind. Wir unterscheiden mögliche innerdisziplinäre Differenzierungen

- nach Aspekten
- nach Aufgaben
- nach Geltungsmodi.

1. Differenzierung nach Aspekten: Jede Wissenschaft hat verschiedene Aspekte/Gesichtspunkte – und zwar desto eher, je »höher« eine Wissenschaft (im Sinne von Abschnitt III.2.) steht: das Gesagte gilt also insbesondere für die Sinngebildewissenschaften. Grundsätzlich kann jede Wissenschaft – von der Physik bis zur Sprachwissenschaft – in drei Disziplinen gegliedert werden: in die

- allgemeine Disziplin
- vergleichende Disziplin
- historisch-genetische Disziplin.

Hierbei bedeutet »allgemein« die systematische Abhandlung des Gegenstandsgebietes, »vergleichend« bezieht sich auf gleichzeitig existierende Objekte, die zueinander in Beziehung gesetzt werden (etwa: Religionsvergleich, Sprachvergleich, Vergleich des politischen Systems oder des Erziehungswesens verschiedener Länder). »Historisch-genetisch« bezeichnet die Betrachtung der Entwicklung in der zeitlichen Dimension (wobei »genetisch« eher für den Bereich der außermenschlichen Natur, »historisch« eher für die Disziplinen gilt, die mit dem Menschen zu tun haben). Nimmt man diese Differenzierung ernst, dann bedeutet dies, daß es eine »Geschichtswissenschaft« im Sinne einer eigenständigen Wissenschaft nicht geben kann. Denn das Geschichtliche kann immer nur ein Aspekt sein, unter dem ein bestimmter Gegenstandsbereich betrachtet wird. (In der Tat ist die sogenannte »Geschichtswissenschaft« nichts als eine willkürliche, nur historisch erklärbare Zusammenwürfelung der geschichtlichen Aspekte verschiedener Bereichswissenschaften: sie ist praktisch eine Kombination aus politischer und militärischer Geschichte, Kirchengeschichte – soweit politisch wichtig –, Verfassungsgeschichte, Rechtsgeschichte, Sozialgeschichte und Wirtschaftsgeschichte. Alle diese geschichtlichen Disziplinen könnten theoretisch ausschließlich – und sie werden es tatsächlich ebenfalls – von der jeweils systematisch zuständigen Disziplin mit betrieben werden.)

2. Differenzierung nach der Aufgabenbestimmung: Bereits seit den Anfängen der Wissenschaft gibt es Streit darüber, was Sinn und Aufgabe der Wissenschaft sei: ob sie von rein theoretischem Charakter sei oder aber einem praktischen Interesse – und wenn ja, welchem – folge. Die Streitigkeiten zu diesem Thema gehören in die Wissenschaftsmetaphysik. Sie geraten leicht ins Ideologische. Gerade im letzten Jahrzehnt haben Richtungen an Boden gewonnen, denen zufolge die Wissenschaft stets im Dienste praktischer Interessen zu stehen habe; das Schlagwort ist *»Relevanz«*, das heißt: Erheblichkeit, Wichtigkeit, Bedeutung (der Wissenschaft für die Gesellschaft). Uns interessiert in diesem Zusammenhang vor allem die Differenzierung der *Forschung*, die für die moderne Wissenschaftspolitik bedeutsam ist. Es besteht weitgehend darin Übereinstimmung, daß sich drei Stufen unterscheiden lassen:

a) Grundlagenforschung (reine Wissenschaft)
b) angewandte Forschung (angewandte Wissenschaft)
c) Entwicklung.

3. Differenzierung nach dem Geltungsmodus: Zum Schluß sei noch auf eine Differenzierung hingewiesen, die in früheren Zeiten selbstverständlich war, dann in den Hintergrund trat und jetzt wieder neu Gewicht zu gewinnen scheint, nämlich die Einteilung in

- hypothetische Wissenschaften
- dogmatische Wissenschaften
- normative Wissenschaften.

(a) Hypothetische Wissenschaften: Wissenschaft im eigentlichen Sinne ist nur die hypothetische, d. h. eine Wissenschaft, der bewußt ist und die ausdrücklich zu verstehen gibt, daß ihre Aussagen zunächst nur Annahmen, Vermutungen sind. Für diese Wissenschaftsauffassung gelten also alle allgemeinen Aussagen, Theorien und Modelle, aber auch Einzelaussagen über Sachverhalte immer nur hypothetisch. Sie müssen sich in der Forschungspraxis bewähren. Ist dies nicht der Fall, werden sie aufgegeben.

(b) Dogmatische Wissenschaften: Bestimmend für die dogmatischen Disziplinen, die nicht Wissenschaften im strengen Sinne sind, ist der *kategorische* (behauptende) Aussagecharakter ihrer grundlegenden Sätze: »Es ist so.« Das typische Beispiel für eine dogmatische, kategorische Wissenschaft sind Teile der Theologie; aber natürlich kann auch jede einzelne andere Wissenschaft, etwa die Soziologie, dogmatisch auftreten. In der konkreten Praxis, vor allem der Geisteswissenschaften, gehen freilich beide Elemente, das hypothetische und das kategorische, leicht durcheinander. Eindeutig dogmatisch wird es, wenn zum Beispiel Politiker Theorien aus einzelnen Wissenschaften zu Dogmen deklarieren: so z. B. die Rassentheorie, die Klassentheorie, eine einseitige Umwelttheorie oder eine ebenso einseitige Vererbungstheorie.

(c) Normative Wissenschaften: Es bedarf dann nur noch eines weiteren Schrittes, um die dogmatisch-kategorische Aussage in eine entsprechende *normative* Form zu kleiden. Hier begegnen sich zwei Tendenzen, die von entgegengesetzten Voraussetzungen herkommen. Die eine stammt aus der Soziologie und entwickelt ihre Normen aus Ideologien, die andere stammt aus der Logik und Mathematik. Genauso, wie es dann (eindimensionale) Normen für das Denken gibt, muß es auch (eindimensionale) Normen für das Handeln geben. Darin aber droht der offene Horizont, der für Theorie und Praxis wichtig ist, zu versinken.

Nach Material von *Alwin Diemer †*
bearbeitet von *Helmut Seiffert*

Bühl, W. L.: Die Ordnung des Wissens. 1984. – *Dahlberg, I.:* Grundlagen universaler Wissensordnung. 1974. – *Diemer, A. (Hg.):* Beiträge zur Entwicklung der Wissenschaftstheorie im 19. Jahrhundert. (Studien zur Wissenschaftstheorie 1) 1968. – *Ders. (Hg.):* Konzeption und Begriff der Forschung in den Wissenschaften des 19. Jahrhunderts. (Studien zur Wissenschaftstheorie 12) 1978. – *Ders. (Hg.):* Die Struktur wissenschaftlicher Revolutionen und die Geschichte der Wissenschaften. (Studien zur Wissenschaftstheorie 10) 1977. – *Ders. (Hg.):* System und Klassifikation in Wissenschaft und Dokumentation. (Studien zur Wissenschaftstheorie 2) 1968. – *Ders. (Hg.):* Der Wissenschaftsbegriff. Historische und systematische Untersuchungen. (Studien zur Wissenschaftstheorie 4) 1970. – *Ders. (Hg.)* in Zusammenarbeit mit *L. Geldsetzer* und *F. Rotter:* Der Methoden- und Theorienpluralismus in den Wissenschaften. (Studien zur Wissenschaftstheorie 6) 1971. – *Dierse, U.:* Enzyklopädie. Zur Geschichte eines philosophischen und wissenschaftstheoretischen Begriffs. (Diss. Münster 1971) (Archiv für Begriffsgeschichte, Suppl. 2) 1977. – *Dutz, Kl. D. (Hg.):* Studien zur Klassifikation, Systematik und Terminologie. (Arbeiten zur Klassifikation 5) 1985. – *Engelien, G.:* Der Begriff der Klassifikation. 1971. – *Fuchs, W.:* Zur Theorie und Praxis des Realkatalogs. [Haupt-Bd.] 1941–1944. Ergänzungsband: Optimale Klassifikation und Notation. 1958. – *Fuhrmann, M.:* Das systematische Lehrbuch. 1960. – *Hacker, R.:* Bibliothekarisches Grundwissen. Unter Mitarbeit von *H. Popst* und *R. Schöller*. 1972, ²1973, ³1976, ⁴1983. (In der 1. und 2. Aufl.: *Schöller, R.:* Wissenschaftskunde. Ab der 3. Aufl. weggefallen). – *Helbig, G.:* Wissenschaftskunde. Neu bearb. v. *E. Klingner*. Teil 1; 2. Teil 1: ⁵1977. – *Hempel, C. G.:* Grundzüge der Begriffsbildung in der empirischen Wissenschaft. (Aus dem Engl.) (1952) 1974. – *Henningsen, J.:* Enzyklopädie. Zur Sprach- und Bedeutungsgeschichte eines pädagogischen Begriffs. In: Archiv für Begriffsgeschichte 10, 1966. – *Holl, O.:* Wissenschaftskunde. Bd. 1; 2. 1973. Bd. 2: ²1976. – *Kedrov, B. M.:* Klassifizierung der Wissenschaften. (Aus dem Russ.) (1961) Bd. 1: 1975; Bd. 2: 1976. – *Mittelstraß, J.:* Vom Nutzen der Enzyklopädie. In: Meyers Enzyklopädisches Lexikon 1. 1971. – *Oeser, E.:* System, Klassifikation, Evolution. [...] Biologie. 1974. – *Oppenheim, P.:* Die natürliche Ordnung der Wissenschaften. Grundgesetze der vergleichenden Wissenschaftslehre. 1926. – *Rochhausen, R. (Hg.):* Die Klassifikation der Wissenschaften als philosophisches Problem. 1968. – *Schuder, W. (Hg.):* Universitas Litterarum. Handbuch der Wissenschaftskunde. 1955. – *Schwarz, R. (Hg.):* Internationales Jahrbuch für interdisziplinäre Forschung. Wissenschaft als interdisziplinäres Problem. Bd. 1: 1974; Bd. 2: 1975. – *Seiffert, H.:* Systemtheorie. = 4. Kap. in: *Ders.*, Einführung in die Wissenschaftstheorie. Bd. 3. 1985. [E] – *Stiebling, H. M.:* Zusammenfassungs- und Klassifikationsschemata von Wissenschaften und Theorien auf semiotischer und fundamentalkategorialer Basis. (Diss. Stuttgart) 1978. – *Störig, H. J.:* Kleine Weltgeschichte der Wissenschaft. Bd. 1; 2. 1954, ²1957, ³1965. – *Tillich, P.:* Das System der Wissenschaften nach Gegenständen und Methoden. 1923. – *Totok, W./Weitzel, R.:* Handbuch der bibliographischen Nachschlagewerke. Bd. 1: 1953, ⁶1984; Bd. 2: 1986. [B] – *Wendt, B.:* Idee und Entwicklungsgeschichte der enzyklopädischen Literatur. 1941.

Helmut Seiffert

Szientismus

zu lat. scientia: Wissen, Wissenschaft

A. Der Szientismusstreit

Der Begriff *Szientismus* wurde von Philosophen geprägt, die sich selbst als Antiszientisten verstehen, er weist also eine polemische und ideologische Bedeutung auf, die abwertende Färbung trägt und auf seine Rolle als »semantisches Kampfmittel« im sogenannten Szientismusstreit verweist. In gewissem Sinne verbindet der Szientismusstreit Elemente

- des traditionellen Werturteilsstreits in den Sozialwissenschaften (Gibt es eine wertende, sogenannte normative oder kritische Sozialwissenschaft? Enthalten realwissenschaftliche Theorien Wertaussagen?)
- des Positivismusstreits (Lassen sich alle empirisch gehaltvollen [All-]Sätze ausschließlich auf Beobachtungs-, Protokollsätze bzw. auf singuläre Konstatierungen über phänomenale Qualitäten [Phänomenalismus] oder auf Aussagen über physische Dingprädikate [Physikalismus] zurückführen? Spielen nicht-verifizierbare theoretische oder gar metaphysische Elemente eine Rolle in wissenschaftlichen Theorien?)
- der soziologischen und politologischen Technokratiedebatte (Technokratiethese von der Herrschaft des Apparats und der Experten, eventuell der Experten der Verwaltung im nach dem »best scientific way« [Schelsky] auf eindeutige Lösungen hin optimierten »technischen Staat« [Schelsky; vgl. Lenk, Technokratie]).
- der neuerdings akut werdenden Fragen der Ethik angewandter und grundlagenorientierter Forschung (man denke an die Versuche zur Einflußnahme auf öffentliche Meinung und Politik durch die Atomic Scientists of Chicago ab 1945, durch die Göttinger Atomwissenschaftler 1957, an das Moratorium der Molekularbiologen von Asilomar 1975) sowie
- des öffentlich akut werdenden »Unbehagens« an Wissenschaft und Technik (Lübbe; Passmore). Der aktuellen ethischen Problematik von Humanexperimenten (Jonas; Freund; Katz; Pappworth; Lenk, Vernunft) kommt hierbei eine besondere Bedeutung zu. –

Der *Szientismusstreit im weiteren Sinne* stellt sich als ein Sammelbegriff für diese verschiedenen Auseinandersetzungen um die Rolle der Wissenschaften und insbesondere um die Möglichkeiten und Rechtfertigungen der Anwendung naturwissenschaftlicher Methoden im human- und sozialwissenschaftlichen Bereich dar. Insofern ist auch die Debatte um den psychologischen und sozialwissenschaftlichen Behaviorismus – im Grunde ein Abkömmling der traditionellen Positivismusdiskussion – von erheblichem Einfluß auf die Szientismusdebatte von heute. Snows idealtypisch pointierte Unterscheidung zwischen den »Zwei Kulturen«, der naturwissenschaftlich und der geisteswissenschaftlich orientierten – eine zweifellos wissenschaftshistorisch für die neuzeitliche Wissenschaftsentwicklung überaus folgenreiche Konfrontation –, kann, sieht man von der dichotomischen Überpointierung und Übervereinfachung ab, als säkulare Hintergrunddynamik hierzu aufgefaßt werden.

In der mit der Neuzeit und der Renaissance beginnenden Auseinandersetzung zwischen Natur- und Humanwissenschaften werden These und Problem des Szientismus, daß bzw. ob naturwissenschaftliche oder an den Naturwissenschaften abgelesene exakte Methoden auch auf die Humanwissenschaften, auch auf den Menschen als Gegenstand der Wissenschaft angewendet werden können bzw. für die Humanwissenschaften ausreichen, mit zunehmender Verve diskutiert. Im Zeitalter des Triumphes naturwissenschaftlicher Welterklärung und technologischer »Machbarkeit« sowie der »Verwissenschaftlichung« fast aller Lebensbereiche gewinnt diese Diskussion eine geradezu dramatische Aktualität.

1. Szientismus
Szientisten wurden nach globaler Definition von Gegnern des Szientismus als solche Wissenschaftler und/oder Wissenschaftstheoretiker bestimmt, welche die »Wissenschaft nur nach dem Vorbild der Naturwissenschaften treiben« wollen (LORENZEN), die »das menschliche Subjekt der Wissenschaft auf ein Objekt der Wissenschaft [...] reduzieren zu können« glauben (APEL, 110) und die meinen, »daß ihre Wissenschaft daher wertfrei sein muß, da sie keine Normen für Staat und Gesellschaft liefern kann« (LORENZEN, 60). (Die letzte Formulierung verwechselt allerdings den Szientismusstreit mit dem Werturteilsstreit der Sozialwissenschaften.) Man sollte jedoch die oben genannten verschiedenen wissenschaftsphilosophischen Debatten vom Szientismusstreit im engeren Sinne klar unterscheiden. Die Szientismusthese im engeren Sinne behauptet, daß exakte wissenschaftliche Methoden nach dem Vorbild der Naturwissenschaft in der Humanwissenschaft durchgängig anwendbar sind und zum Aufbau einer solchen nomologischen Humanwissenschaft ausreichen. PASSMORE (52, 56ff., 66f.) nennt die spezialisierte, analytisch-abstrahierende exakte Wissenschaft, die sich in mathematisierender und axiomatisierter Gestalt logifizierter Theorien verkörpert, »Aristoscience«. Er erkennt die großen Leistungen wie auch die »gegenwärtige und künftige« Notwendigkeit dieser Aristoscience an, doch auch die Gefahren, die daraus entstehen, daß diese exakten Wissenschaften insbesondere für den Bereich der Humandisziplinen verabsolutiert werden, vor allem, wenn in psychologischen und soziologischen Disziplinen die »Aristoscience« gleichsam hochstaplerisch zu einer »Snobscience« emporstilisiert wird. Der szientistische, überzogene Optimismus der einzigen besten wissenschaftlichen Lösungen der – oder gar: aller – sozialen Probleme erweist sich als ebenso undifferenzierte wie nicht praktizierbare und als eine zu sozialtechnologischen totalitären, aber mit der Weihe der Wissenschaft versehenen Manipulationen führende szientistisch-technokratische Ideologie.
Freilich sollte man *mehrere Varianten* der Szientismusthese deutlich unterscheiden.
1. Der methodologische Szientismus: Er beschränkt sich auf die These, daß exaktwissenschaftliche Methoden (manchmal lediglich naturwissenschaftliche; dies ergäbe einen naturalistischen Szientismus) in den Humanwissenschaften anwendbar und für diese ausreichend sind.
2. Der moralische Szientismus: Demgegenüber ist wenigstens noch der moralische Szientismus hervorzuheben, der verwandt ist mit einer interessanten Variante der Technokratiethese: jener von der »Normativität technischer Möglichkeiten« oder, wie LEM sagt, »dem technologischen Imperativ«, nämlich der Behauptung, der Mensch »soll das, was er verstanden hat, anwenden [...] und sich dabei keine Grenzen setzen [...]. Was man verstehen kann, das soll man auch anwenden« (TELLER); »Can Implies Ought« (OZBEKHAN). Die moralische These des Szientismus behauptet, man dürfe und müsse den Menschen, Gruppen und Institutionen bzw. Gesellschaften ebenso dem objektivierenden, erklärenden und experimentalwissenschaftlichen Zugriff unterwerfen wie etwa ein physikalisches oder chemisches System von Gegenständen. NEURATH, einer der Hauptvertreter des Wiener Kreises, wollte eine physikalistische Gesellschaftslehre aufbauen, die Grundsätze des Behaviorismus und des Neopositivismus verbindend, da man wissenschaftlich das »Verhalten der Menschen photographieren kann« und es keinen prinzipiellen Unterschied zwischen anorganischen, organisch-biologischen Wissenschaften und Humanwissenschaften gäbe.
3. Szientokratie: Eine weitere Variante des Szientismus im weiteren Sinne könnte mit den Wortungeheuern »Szientokratie« und »Epistemologokratie« umschrieben werden, mit der zentralen Behauptung, daß menschliche Beziehungen und menschliche Gesellschaften ausschließlich nach wissenschaftlichen Resultaten, Methoden, Effizienzkriterien oder nach wissenschaftstheoretischen Regeln und Begründungs- bzw. Argumentationsnormen organisiert werden könnten bzw. sollten. SIMPSON und SCHMIDT versuchten die wissenschaftsmethodologischen Normen und Werte, denen die realwissenschaftliche Diskussion folgt, zu allgemein ethischen Normen zu verallgemeinern: Werte wie Toleranz, Antidogmatismus, kritische Rationalität, Objektivität, Universalisierbarkeit, Beleg- und Überprüfungszwang, Ehrlichkeit, Respekt vor der Leistung anderer sowie persönliche Bescheidenheit, »Disinterestedness«, emotionale Neutralität seien »sowohl grundlegend als auch umfassend genug, um einen Rahmen für die Beziehung von Völkern, Gruppen und Individuen zu liefern«

(Schmidt, 652); diese *epistemologokratische* Ethikbegründung allerdings ist nicht nur zirkulär, sondern auch einseitig restriktiv. Im sogenannten → *Kritischen Rationalismus* gibt es Tendenzen, die Regeln der kritischen Prüfung und der wissenschaftlichen Auseinandersetzung auf alle gesellschaftlich-politischen Verhaltensformen und -normen zu übertragen. Auch allgemein gerät ein epistemologisches Gesellschaftsmodell in die entsprechenden Schwierigkeiten zu großer Restriktivität, Einseitigkeit und Zirkularität (Wissenschaft ist als soziale Institution organisiert und setzt als solche soziale und ethische Normen voraus).

II. Szientismuskritik

1. Kritik am methodologischen Szientismus: Die Kritik am methodologischen Szientismus hebt hervor, daß »unser theoretisches Wissen praktische Vernunft nicht ausschließt«, »daß die theoretische Vernunft selber ein normatives Fundament hat« (Lorenzen, 60), daß eine Wissenschaftlergemeinschaft bereits eine Sprachgemeinschaft und eine soziale »Interaktionsgemeinschaft« als »transzendentalhermeneutische Bedingung der Möglichkeit und Gültigkeit aller objektiv gerichteten [...] Erkenntnis« voraussetzt (Apel, 126), daß jede Interaktionsgemeinschaft eine »Interpretationsgemeinschaft« unter der Idee einer idealen Kommunikationsgemeinschaft zur Grundlage hat (ebd.) und daß man daher von den grundlegenden transzendentalen Bedingungen bei der Konzeption einer Humanwissenschaft und der Anwendung ihrer Methoden nicht absehen könne, ja, daß es keine analytisch eindeutigen, von kulturellen und geschichtlichen Traditionen unabhängigen Resultate, Lösungen und Methoden in den Humanwissenschaften gebe. Gegen den methodologischen wie den epistemologokratischen Szientismus und seine »unheilige Allianz von Wissenschaft und ›Rationalismus‹« erhob Feyerabend den Vorwurf eines imperialistischen »Chauvinismus der Wissenschaft« (Feyerabend, Methodenzwang 15, 308, 406, 409), der sich nicht nur in einer schamanen- und priesterähnlichen Prestigestellung der Wissenschaftler (vgl. Lapp; Bahrdt), sondern auch in deren »Freiheit zur Indoktrination«, einer ideologischen Unfehlbarkeitserklärung und in einem totalitären, imperialistischen »Würgegriff einer ideologisch erstarrten Wissenschaft« auf nahezu alle Gesellschaftsgebiete ausdrückt: »Menschliche Beziehungen werden [ausschließlich, *H. L.*] ›wissenschaftlich‹ behandelt und beurteilt, was zur Folge hat, daß die Fähigkeit des intuitiven, aber nicht objektivierbaren Verstehens der Mitmenschen verlorengeht: Der Mitmensch hört auf, ein Freund, ein Leidensgenosse zu sein, dem man sich hingibt und dessen Verhalten man lernt und schließlich versteht, wie man eine Sprache lernt und schließlich versteht; man sieht ihn als objektives System, stellt Verallgemeinerungen über ihn auf und betrachtet ihn, um diese Verallgemeinerungen zu überprüfen« (Feyerabend, Erkenntnis 100).

2. Kritik am moralischen Szientismus: Die Kritik am Chauvinismus und Imperialismus des methodologischen und epistemologokratischen Szientismus leitet somit über zur Kritik am moralischen Szientismus. Jonas interessierte am Problem der ethischen Vertretbarkeit von nichttherapeutischen Humanexperimenten, daß das menschliche Subjekt, das für den Forscher immer ein humaner Handlungspartner sein müsse, verdinglicht, verobjektiviert, auf einen bloßen Fall reduziert werde; Menschen aber dürften nicht in dieser Weise behandelt werden, und bloße äußere »Einwilligung« mache »diese Verdinglichung nicht rechtens«. Erst der freie, souveräne Wille zur Teilnahme am Humanexperiment und die Identifikation mit den Zielen der Forschung sowie das Verständnis und das eigene Engagement könnten diese Entpersönlichung und Verdinglichung z. T. kompensieren. Idealerweise sollten nur Selbstversuche der Forscher – die allein die idealen Versuchspersonen wären – und höchstens »zögernd« in abnehmender Reihenfolge nach dem Grad der Identifikation, der Einsicht, der Opferwilligkeit, des Engagements andere Personen zu Humanexperimenten nicht rekrutiert, sondern gebeten werden, aber möglichst nie durch Blind- oder Doppelblindversuche getäuscht werden.

3. Kritik am wissenschaftlichen Optimismus: Sowohl die Kritik am moralischen Szientismus als auch die Kritik am szientistischen Gesellschaftsmodell vereinen sich mit der in den letzten Jahren aktuell gewordenen Kritik an dem wissenschaftlichen Optimismus (Snow; Passmore, 51), an der Wissenschaftsgläubigkeit und an der weitverbreiteten Neigung, von wissenschaftlichen Experimenten und Resultaten eindeutig beste Lösungen gesellschaftlicher Probleme zu erwarten (Schelsky), wie es letztlich schon de Saint-Simon und seine Anhänger von einer wissenschaftlich optimierenden, effizienten Verwaltung der großen »Sozialmaschine« erhofft hatten. Insbesondere im Zuge der Kernenergiedebatte, der Umweltproblematik und der neuen Möglichkeiten pharmakologischer sowie molekulargenetischer Manipulation formierte sich ein *Antiscience-Movement*, das dem »Unbehagen an der Wissenschaft und Technik« polemisch Ausdruck verlieh und allzu eilfertig alle erreichten Lebensverbesserungen, sozialen Errungenschaften und Bereicherungen des menschlichen Lebens und seines Aktions- und Informationsspielraumes außer acht ließ, die der Entwicklung und Anwendung der Wissenschaften entstammten.

Übersteigerte Erwartungen, die das wissenschaftsgläubige Zeitalter an die Lösungen der Wissenschaften herantrug, überhöhte Versprechungen der Wissenschaftler selbst, Aufbauschung der Forschungsetats, fragwürdige Nebenfolgen der Technisierung und Verwissenschaftlichung bis hin zur Umweltverschmutzung und zu speziesgefährdenden Superwaffensystemen, die Ohnmacht angesichts der wissenschaftlichen Informationslawine und das Gefühl, der Fortschritt bringe mehr Probleme als Lösungen (LÜBBE) – all diese Phänomene bezeugen Orientierungsunsicherheit, einen Zauberlehrlingseffekt gegenüber dem prometheisch-mephistophelischen Instrument wissenschaftlicher Methoden um so mehr, als angesichts einer immer komplexer werdenden und durch Systemverflechtungen unübersichtlicher geratenden Welt bei zunehmender Fortschrittsgeschwindigkeit Sinnorientierung, gesicherte Wissensgrundlagen, eindeutige ethische Handlungsrechtfertigungen kaum noch möglich zu sein scheinen und die Wissenschaft trotz ihrer explosiven quantitativen Entwicklung und aggressiv-aktivistischen Ausbreitung immer weniger zur Selbstorientierung des Menschen in der Welt dienen kann, anscheinend für alle Wert-, Sinn- und Handlungsorientierung »trivial« wird (TENBRUCK).

Zweifellos führen alle die genannten und möglicherweise weitere Varianten des Szientismus zu einem Dilemma, zu ambivalenten Emotionen, Einstellungen und Beurteilungen der Wissenschaften, jedoch sind sie von den erklärten Antiszientisten zumeist pointiert-polemisch ausschließlich dichotomisch beurteilt worden: Man möchte die Humanwissenschaften gar nicht den methodologischen Regeln von Gesetzeswissenschaften unterstellen, man möchte mit den extremen Einseitigkeiten auch die Errungenschaften von Wissenschaft und Technik abschaffen, Menschen gar nicht mehr wissenschaftlichen Experimenten unterwerfen, die Wissenschaftler ihres Prestiges und Privilegs, ihrer Kontrollfreiheit entkleiden, mit der exzessiven Wissenschaftsgläubigkeit alles Vertrauen in wissenschaftliche Methoden, Regeln, Normen und Resultate abschaffen, die Wissenschaftler und Wissenschaften nicht nur der quasireligiösen Ex-cathedra-Unfehlbarkeitsstellung, sondern auch ihres sozialen Einflusses berauben, möchte »Bürgerinitiativen statt Erkenntnistheorie«, »statt Staatstheorie und Philosophie« (FEYERABEND, Erkenntnis 8, 187) auf den Schild heben, den Expertokraten der Wissenschaften und der wissenschaftlichen Technik ihre teils usurpierte, teils ungewollt zugewachsene Macht entziehen. Die Kritik zieht sich holzschnittartig auf Dichotomien zusammen. Sie erinnert an MARCUSES Kritik an der »eindimensionalen« Verfaßtheit des Lebens in der Industriegesellschaft, an seinen Appell zur »Großen Weigerung«, für ein Stillstellen des technologischen Fortschritts und des Leistungsprinzips, die ihre historische Schuldigkeit getan hätten. Technik und Wissenschaft: ja oder nein – angesichts der inhumanen und schädigenden Nebeneffekte, angesichts der Herrschaft, die sich schon in logischen Regeln und Naturgesetzen verkörpere und zur Herrschaft des Menschen über den Menschen führe (MARCUSE, Der eindimensionale Mensch), wird dann schon lieber ein dezidiertes Nein gewählt. Aber dieser Alternativradikalismus der Dichotomien ist selbst unverantwortlich und letztlich inhuman – auch wenn er auf die Rolle und Beurteilung der Wissenschaften bezogen wird.

III. Der gute Sinn der Wissenschaft

So überzogen eine Verabsolutierung der genannten szientistischen Modelle wäre, so unrealistisch und auch unter humanen Gesichtspunkten unverantwortlich wäre es, das Kind mit dem Bade ausschütten zu wollen. Man kann nicht aus der Einsicht, daß Humanwissenschaften nicht ausschließlich strikte und exakte nomologische Gesetzeswissenschaften sind, schließen, daß etwa sozialwissenschaftliche oder psychologische Gesetze in ihnen nicht vorkommen dürften. Man kann nicht aus der Kritik an der Schamanenstellung, der Überakzentuierung der Wissenschaftsgläubigkeit und der chauvinistisch-imperialistischen Ausbreitungstendenz angewandter Wissenschaften folgern, die Wissenschaften, ihre Regeln und Vertreter sollten nunmehr ausschließlich unter öffentlich-plebiszitär-demokratische Kontrolle gestellt werden und die Öffentlichkeit solle über wissenschaftliche Regeln durch Abstimmung befinden. Man kann nicht aus der Ablehnung der Verdinglichung und der Verobjektivierung des Subjekts im Humanexperiment heraus ein Verbot aller wissenschaftlichen Humanexperimente begründen. Man kann nicht aus der Einsicht, daß auch die Wissenschaft (als Institution und soziales Subsystem) von Werten und Normen geleitet wird, ableiten, daß wissenschaftliche Sätze nie ohne Wertungscharakter, nie wertfrei sind (normative Sätze lassen sich nicht empirisch überprüfen, die Überprüfbarkeit objektsprachlicher wissenschaftlicher Aussagen würde durch den Einschluß von Wertaussagen leiden, obwohl zuzugestehen ist, daß die Problemwahl, die Begriffswahl, die Auswahl von Theorien anhand methodologischer Regeln von normativen Standards, der sogenannten »Wertbasis« [Albert, 65], abhängig sind). Kaum ein philosophischer sogenannter Szientist bestreitet die Notwendigkeit praktischer Vernunft und normativ-wertender Aussagen. Der Unterschied gegenüber den Antiszientisten scheint sich in dieser Hinsicht darauf zu beschränken, daß die sogenannten Szientisten die normativen Sätze nicht in das theoretische objektsprachliche Satzsystem der Realwissenschaft selbst aufnehmen wollen – einfach aus dem Grunde, weil sonst der empirische Gehalt der Theorien und ihre Prüfbarkeit vermindert, unter Umständen ganz aufgehoben würden. An einem möglichst hohen empirischen Gehalt wissenschaftlicher Theorien muß aber auch jeder Vertreter einer gesellschaftskritischen normativen Sozialwissenschaft interessiert sein, um die Möglichkeit, Effektivität und Überprüfbarkeit der Anwendung überhaupt erhalten und verbessern zu können. Die Unerläßlichkeit praktisch-philosophischer, normativer Aussagen, Zielfestlegungen, Standards für die Wissenschaftler, aber auch für ihr von Normen geleitetes methodisch regelhaftes Vorgehen wird von den sogenannten Szientisten ebensowenig geleugnet wie die Einsicht, daß auch Wissenschaftler Menschen und Bürger mit bestimmten rechtlichen und moralischen humanen Verpflichtungen sind, denen sie auch bei der Verfolgung ihrer wissenschaftlichen Ziele Rechnung tragen (sollten).

Die Emotionalität, die Verve, die dichotomische Schwarzweißzeichnung, mit der der Szientismusstreit im weiteren Sinne, aber auch gemeinsam und in Verwechslung mit dem Positivismusstreit geführt wurde, deutet darauf hin, daß es sich eher um einen wissenschaftsideologischen Kampf als um eine sachlich-wissenschaftstheoretische Analyse handelt. Der Ausdruck »Wissenschaft« wurde dabei oft äquivok verwendet, indem nicht klar zwischen dem sozialen Subsystem, der Institution und der Forschungsorganisation, genannt »Wissenschaft«, einerseits und dem System der theoretischen Sätze der Wissenschaft oder einer wissenschaftlichen Theorie andererseits unterschieden wurde. Im ersten, dem weiteren Sinne von »Wissenschaft« gehören viele normative Kriterien, Standards, Vorschriften usw. zur empirischen »Wissenschaft« (als Organisation, Institution), im zweiten, engeren Sinne von deskriptiv-kognitiver wissenschaftlicher Theorie (besonders deren Objektsprache) freilich nicht. Die Tätigkeit und Motivation des einzelnen Wissenschaftlers (etwa lax formuliert im Sinne dessen, daß Wissenschaft das sei, »was der Wissenschaftler bzw. die Wissenschaftler tun«) wäre noch eine weitere von den genannten Bedeutungen abzuhebende Auffassung von »Wissenschaft«. Im Bereich einer wissenschaftsphilosophischen Analyse aller Phänomene, der methodologischen und sozialen Probleme der Wissenschaften und ihrer historischen Entwicklung und Anwendung spielen wissenschaftspsychologische, wissenschaftssoziologische, wissenschaftshistorische und im engeren Sinne wissenschaftstheoretische (methodologische) Gesichtspunkte zusammen. Dieses Problemgeflecht samt den zunehmenden wechselseitigen Einflüssen der genannten Teildisziplinen verleitet natürlich zu irreführenden Globaldeutungen und Mißverständnissen unter dem Pauschaletikett »Wissenschaft«. Die Beziehungen zwischen Wissenschaftsgeschichte und Wissenschaftstheorie sind seit nunmehr anderthalb Jahrzehnten besonders untersucht und betont worden, auch die wechselseitige Befruchtung zwischen Wissenschaftshistorie und Wissenschaftssoziologie. Die ebenso wesentlichen und interessanten Beziehungen zwischen Wissenschaftspsychologie und Wissenschaftstheorie sowie Wissenschaftssoziologie und Wissenschaftstheorie sind demgegenüber seit Poppers Diktum vom Unterschied zwischen Entdeckungszusammenhang und Begründungszusammenhang vernachlässigt worden und harren noch einer differenzierteren analytischen Aufarbeitung. In allen Fällen sollte man versuchen, deutlich empirische Aussagen der Wissenschaftsforschung von metatheoretisch-methodologischen und besonders normativen Regeln bzw. Rekonstruktionen der Wissenschaftstheorie zu unterscheiden. Die terminologische Klarheit würde schon gewinnen, wenn man die letzteren Aussagen »wissenschaftstheoretisch«, »methodologisch« oder »wissenschaftsphilosophisch« nennen würde, sie aber nicht in die Objektsprache und kognitive Theorie der Wissenschaft selbst einordnen, sondern zu deren Metatheorie zählen würde. Dabei können wissenschaftliche Theorien im weiteren Sinne selbst eine normative Funktion annehmen, ohne daß ihre Aussagen selbst aus normativen Sätzen bestehen. Die verschiedenen normativen Funktionen wären also auch zu unterscheiden. Entsprechendes gilt hinsichtlich der ideologiekritischen Verwendung dieser Konzepte.

B. Fazit

Die Kritik an den Modellen des Szientismus hat ergeben, daß ein absoluter Szientismus weder praktisch noch theoretisch durchführbar wäre – insbesondere bei anwendungsorientierten Wissenschaften. Man hat lernen müssen, daß ein verabsolutiertes Modell eines dickköpfigen Szientismus (»hard-headed scientism«) zu sozial schädlichen Folgen, sozialen Problemen und fallweise zu Inhumanitäten Anlaß geben kann: die sogenannten Experimente der Naziärzte mit eingeplantem fatalem Ausgang stellen ein unüberbietbares Schauerstück der Perversion sogenannter humanwissenschaftlicher Forschung und ihrer szientistischen Entartung dar. Man darf einer wissenschaftlichen Entdeckung wegen – und sei diese noch so wichtig, revolutionierend, grundlegend – keinen Menschen opfern oder irreversibel schädigen. Dies verlangen jede → *Wissenschaftsethik* und die Kodizes etwa der biomedizinischen, der psychologischen und der soziologischen wissenschaftlichen Gesellschaften und Standesorganisationen. Die moralische Kritik an einem überzogenen experimentellen Szientismus im Bereich der Humanforschung überwiegt den schwächeren methodologischen Szientismus. Dasselbe gilt auch für den epistemologokratischen Szientismus szientistischer Gesellschaftsmodelle. Die ethischen Bedenken weisen höhere Dringlichkeit auf als die Fragen der Applizierbarkeit und Durchführbarkeit der Modelle. Ein totaler methodologischer Szientismus erscheint nicht durchführbar, da geistes- und sozialwissenschaftliche Disziplinen sich nicht auf bloße naturgesetzliche Zusammenhänge reduzieren lassen, wie sich in der Diskussion der Gesetzesartigkeit von sozialwissenschaftlichen Hypothesen und der Reduktionsproblematik gezeigt hat. Dies bedeutet freilich nicht, daß man nicht heuristisch soweit wie möglich nach sozialwissenschaftlichen Gesetzen suchen sollte und die Humanwissenschaften geistes- und sozialwissenschaftlicher Provenienz auf Systeme nomologischer Hypothesen aufbauen sollte. Während ein totaler methodologischer Szientismus nicht gerechtfertigt zu sein scheint, könnte ein heuristischer Szientismus als methodologisches Postulat so fruchtbar sein, wie verhaltenstheoretische Ansätze sich in der Sozialwissenschaft bewährt haben, ohne diese völlig ausschöpfen bzw. aufbauen zu können. Man sollte die fruchtbaren Anstöße aus der Szientismusdiskussion aufnehmen, für eine differenziertere Sehweise und Beurteilung der Rolle der Wissenschaften im Leben heutiger und künftiger Gesellschaften nutzen, ohne in wissenschaftsstürmerische und antitechnische Rückfallideologien zu fliehen, ohne bei bloßen Schwarzweißzeichnungen oder beim ebenso dickköpfigen Antiszientismus wie beim extremen Szientismus zu verweilen, ohne einsinnig-lineare Lösungen für alle sozialen Probleme durch bloße Anwendung der Wissenschaft zu erhoffen, aber auch ohne den Kopf in den Sand zu stecken und auf die Möglichkeiten eines vernünftigen und humanverantwortlichen Einsatzes der Wissenschaften und ihrer »vernünftigen« Fortentwicklung zu verzichten, ohne romantische Wissenschaftsfeindlichkeit zu predigen und zu verbreiten, aber auch ohne überfliegende Heilserwartungen in die Wissenschaft und in die »Verwissenschaftlichung von allem und jedem« zu setzen. Weder die empirisch-zweckrationale »instrumentelle Vernunft« noch die »aufklärerisch-emanzipatorische« Vernunft (Horkheimer; Habermas) darf verabsolutiert werden. Als pragmatische Vernunft muß sie sich der Herausforderung durch die Entwicklung der Wissenschaften und der sozialen Praxis stellen, sie darf aber ihren praktisch-philosophischen Impuls als eine Leitidee für das sittliche Handeln im Sinne KANTS nicht außer acht lassen. Die Vernunft und die provokatorische Idee ihrer grundlegenden Einheit bleibt menschlichem Maß verpflichtet, der Rationalität wie der Humanität. In diesem Sinne kann man dem Primat der praktischen Vernunft zustimmen, ohne in Wissenschaftsfeindlichkeit zu verfallen.

Die Wissenschaft und wissenschaftstheoretische Modellkonzeptionen sollen die Welt, die Auseinandersetzung des Menschen mit ihr durchsichtiger machen, auf diese Weise zur Orientierung beitragen und durch Anwendungen dem Menschen helfen, aber weder den Menschen als Person, Individuum und Subjekt noch das gesellschaftliche Leben vergewaltigen. Es gilt, einen vernünftigen, abgewogenen Mittelweg zwischen dem extremen, aggressiven Szientismus im weiteren Sinne sowie den engeren Varianten einerseits und dem ebenso polemischen Antiszientismus und seinen bilderstürmerischen Impulsen zu finden. Extreme Hoffnungen und Behauptungen, allzu hochfliegender Optimismus und Pessimismus sollten vermieden, heuristische Anstöße fruchtbar genutzt und eine differenziertere Sicht der vielgestaltigen Phänomene der Wissenschaften und ihrer Anwendungen entwickelt werden.

Hans Lenk

Albert, H.: Traktat über kritische Vernunft. 1968, verb. [4]1980. – *Apel, K.-O.:* Szientismus oder transzendentale Hermeneutik? In: *Bubner, R./Cramer, K./Wiehl, R.*, Hermeneutik und Dialektik. 1970. Bd. 1. – *Bahrdt, H. P.:* Schamanen der modernen Gesellschaft. In: [Zeitschrift] Atomzeitalter, 1961. – *Barber, B.:* The ethics of experimentation with human subjects. In: Scientific American 234, 2, 1976. – *Beecher, H. K.:* Experimentation in man. 1959. – *Feyerabend, P.:* Erkenntnis für freie Menschen. 1979. Veränd. Ausg. 1980. – *Ders.:* Wider den Methodenzwang. (Aus dem Engl.) (1975) 1976, Neuausg. [3]1983, stw 1986. – *Freund, P. A. (Hg.):* Experimentation with human subjects. 1970. – *Hübner, K.:* Kritik der wissenschaftlichen Vernunft. 1978, [3]1986. – *Ders.:* Die Wahrheit des Mythos. 1985. – *Ders.:* Warum gibt es ein wissenschaftliches Zeitalter? 1984. – *Jonas, H.:* Philosophical reflections on experimenting with human subjects. In: *Freund. – Katz, J./Capron, A. M./Glass, E. S.:* Experimentation with human beings. 1972. – *Kuhn, Th. S.:* Die Struktur wissenschaftlicher Revolutionen. (1962) [2]1976. [W] – *Lapp, R. E.:* The new priesthood. The scientific elite and the uses of power. 1965. – *Lem, St.:* Summa technologiae. (Aus dem Polnischen) (1964) 1976. – *Lenk, H.:* Zu ethischen Fragen des Humanexperiments. In: *Ders.:* Pragmatische Vernunft. 1979. – *Ders.:* Die »Feyerabendglocke« des Szientismus. In: Conceptus 37, 1982. – *Ders.:* Pragmatische Philosophie. 1975. – *Ders.:* Pragmatische Vernunft. Philosophie zwischen Wissenschaft und Praxis. 1979. – *Ders.:* Zwischen Sozialpsychologie und Sozialphilosophie. 1987. – *Ders.:* Zwischen Wissenschaftstheorie und Sozialwissenschaft. 1986. – *Ders. (Hg.):* Technokratie als Ideologie. 1973. – *Ders./Fulda, E.:* Zur ethischen Problematik von Humanexperimenten in der sozialpsychologischen Grundlagenforschung. In: *Kruse, L./Kumpf, M. (Hg.)*, Psychologische Grundlagenforschung: Ethik und Recht. 1981. – *Lenk, H./Staudinger, H./Ströker, E. (Hg.):* Ethik der Wissenschaften. Bd. 1–5. 1984–1987. (Einzeltitel → *Wissenschaftsethik.*) – *Lorenzen, P.:* Szientismus versus Dialektik. In: *Bubner, R./Cramer, K./Wiehl, R.:* Hermeneutik und Dialektik. 1970. Bd. 1.– *Lübbe, H.:* Legitimationskrise der Wissenschaft. Über Ursachen anwachsender Wissenschaftsfeindschaft. In: Wirtschaft und Wissenschaft 4, 1976. – *Marcuse, H.:* Der eindimensionale Mensch. (1964) [20]1985. [W] – *Ders.:* Triebstruktur und Gesellschaft. (Aus dem Amerik.) 1965. – *Neurath, O.:* Wissenschaftliche Weltauffassung. 1979. – *Ozbekhan, H.:* The triumph of technology: »Can« implies »Ought«. System development corporation. Santa Monica, Calif. o.J. – *Pappworth, M. H.:* Menschen als Versuchskaninchen. 1968. – *Passmore, J.:* Science and its critics, 1978. – *Schelsky, H.:* Auf der Suche nach Wirklichkeit. 1965. – *Ders.:* Demokratischer Staat und moderne Technik. In: [Zeitschrift] Atomzeitalter, 1961. – *Ders.:* Der Mensch in der wissenschaftlichen Zivilisation. 1961. Jetzt in: *Ders.*, Auf der Suche nach Wirklichkeit. 1965. – *Schmidt:* Ethical norms in scientific method. In: Journal of Philosophy 1959. – *Simpson:* Science as morality. 1954. – *Snow, Ch. P.:* Die zwei Kulturen. (Aus dem Engl.) (1959, 1963) 1967. – *Ders.:* Die zwei Kulturen. In: *Kreuzer, H. (Hg.)*, Literarische und naturwissenschaftliche Intelligenz. Dialog über die »Zwei Kulturen«. 1969. – *Teller, E.:* Interview mit E. Teller. In: Bild der Wissenschaft 10/1975. – *Tenbruck, F. H.:* Der Fortschritt der Wissenschaft als Trivialisierungsprozeß. In: *Stehr, N./König, R.*, Wissenschaftssoziologie. 1975.

Hans Lenk/H. S.

Technik

zu griech. téchnē: Kunst; lat. ars

A. Der Begriff

I. Der Bedeutungsbereich

Das Wort *Technik* ist im 18. Jh. aus dem Französischen übernommen worden und leitet sich ab von griech. téchnē. Der griechische

Begriff bezeichnet allgemein die Kunstfertigkeit und das Kunstprodukt, das Machen und das Gemachte im Gegensatz zum Gegebenen, zur Natur, zur phýsis. Heute unterscheiden wir zwischen Kunst und Technik und verstehen die Kunstprodukte, die dem Ausdruck und der Mitteilung dienen, als Kunst im engeren Sinne; als Technik bezeichnen wir künstliche Gegenstände und Verfahren, die praktischen Zwecken dienen. Dabei verwendet die Sprache das Wort »Technik« immer noch in einem breiten Bedeutungsumfang. Bei Technik denken wir an Maschinen und Werkzeuge, aber man spricht auch von einer Technik der Organisation oder der Gesprächsführung. Bei einer Tagung heißt es: Aus technischen Gründen findet das Mittagessen um 12 Uhr statt. Es gibt eine Technik der Forschung, aber auch eine Technik des Malers (seinen charakteristischen Pinselstrich) und eine Technik des Atmens beim Sänger. Umfangreiche kulturgeschichtliche Werke sind über die Technik der Liebe geschrieben worden, es gibt Techniken der religiösen Übungen, der Meditation, der Exerzitien. Der Buddhismus ist eine umfassende technische Lehre, die dem Menschen den Weg zeigen soll, wie er zur Befreiung gelangen kann, und sie besteht aus Anweisungen, die die Körperhaltung, die Atemtechnik, die Ernährungsweise und die Gedankenführung betreffen.

II. Technik als Weise des Handelns

Offenbar muß diesen sehr verschiedenen Verwendungen des Begriffes »Technik« etwas Gemeinsames zugrunde liegen, denn sonst würden wir nicht dasselbe Wort gebrauchen. Die Gemeinsamkeit angesichts des breiten Verwendungsumfangs erklärt sich dadurch, daß wir mit »Technik« gar nicht Inhalt und Ziel eines Verhaltens bezeichnen, sondern nur die Weise des Vorgehens, die Art des Handelns, die ganz unabhängig von den Inhalten besser oder schlechter sein kann. Ein Vortrag kann technisch ausgezeichnet sein, obwohl sein Inhalt irreführend oder falsch ist, und ein Gebäude kann technisch bestens erstellt und trotzdem unbrauchbar oder häßlich sein.

Wird Technik als eine bestimmte Weise des Handelns verstanden, so muß diese Weise nun näher charakterisiert werden. Demgemäß definieren wir jetzt: Technisches Handeln ist ein Handeln, das sein Ziel nicht unmittelbar angeht, sondern Mittel verwendet und dazwischen schiebt, das über die Herstellung von Werkzeug oder die Entwicklung bestimmter Verfahren einen indirekten Weg, einen Umweg wählt, weil das Ziel über diesen Umweg leichter erreichbar ist. Robinson fängt zunächst die Fische mit der Hand; er fängt pro Tag gerade so viele, wie er für seine Ernährung braucht, denn dieses direkte Verfahren ist zeitraubend. Daher wendet er sich nun einer Methode zu, er begnügt sich eine Zeitlang mit weniger Nahrung, baut sich eine Angel und sucht die Köder. Dieser Umweg erleichtert seine Arbeit sehr, aber er verlangt zunächst eine Abwendung vom Ziel und eine Hinwendung zur Erstellung des Mittels, er verlangt Konsumverzicht. Der Charakter der Technik zeigt sich um so eindeutiger, je mehr der Umweg zunächst von dem unmittelbaren Zugang zum Ziel wegführt.

Der geeignete Umweg, das passende Werkzeug, die geschickte Methode gewähren dem, der damit umzugehen weiß, große Vorteile. Daher ist aber auch seit alters mit dem technischen Handeln die Versuchung verknüpft, diejenigen zu übervorteilen, die über diese Hilfsmittel nicht verfügen. Auch hat der Umweg zur Folge, daß die eigentliche Absicht schwerer erkennbar ist. Bereits das griechische Wort téchnē hat die Nebenbedeutung von Kriegslist, Tücke, Betrug, und technáō, künstlich verfertigen, heißt auch überlisten, heucheln, sich verstellen.

Der indirekte Weg, den die Technik wählt, um ein Ziel zu erreichen, hat den großen Vorteil, daß er sich in Abschnitte unterteilen läßt, die eine verschiedene Geschicklichkeit der Handhabung erfordern. Es sind zwei verschiedene Dinge, aus dem Feuerstein eine Speerspitze herauszuschlagen oder den Speer auf der Großwildjagd zu führen. Die arbeitsteilige Zusammenarbeit von Spezialisten führt zu einem übersummativen Effekt, bei dem das Ganze infolge der Ergänzung mehr ist als die Summe der Teile. Aufgrund der Überlegenheit der arbeitsteiligen Gruppenarbeit hat sich die Technik als gemeinschaftsbildende Kraft ausgewirkt, sie hat den Primatenstamm, der zur Menschwerdung geführt hat, an die Spitze der Evolution gebracht und den Menschen zum animal sociale gemacht.

B. Entwicklungsstufen

Ein kurzer Blick auf die Entwicklungsgeschichte der Technik soll das Gesagte veranschaulichen. Man kann *drei Epochen* unterscheiden.

I. Konsumtive Technik
Die erste Epoche ist die prähistorische der Nomaden und Jäger. Das einfache Werkzeug und das Feuer werden in Gebrauch genommen. Die Wildbeuter leben von dem, was die Natur ihnen bietet, von der Jagd, von Früchten und Wurzeln. Daher nennt man ihre Technik auch *konsumtiv*.

II. Produktive Technik
Die nächste Epoche ist durch die Seßhaftwerdung gekennzeichnet und durch eine *produktive* Technik, bei der der Lebensunterhalt durch die Bebauung des Landes erzeugt wird. Dieser technische Fortschritt ist mit einer merklichen Verlängerung des Umwegs verbunden. Der Jäger hatte seine Beute vor Augen, der Landmann darf das Saatgut nicht aufessen, sondern muß es der Erde anvertrauen, wo es erst in einem Jahr Frucht bringen wird. Dieser Konsumverzicht gelingt nur auf dem Wege der Erweiterung des Bewußtseins, bei der die Vorstellung von der Zukunft ein stärkeres Gegenwartsgewicht erhält. Die Seßhaftwerdung ist mit einer gewaltigen Steigerung der Bevölkerungsvermehrung und -dichte verbunden, es entstehen die Dörfer und Städte, das reich untergliederte Handwerk, die erhöhte Arbeitsteilung in Berufsstände, es entsteht die Schrift, die Wissenschaft und Kunst, es ist die Zeit der Agrarhochkulturen.

III. Industriezivilisation
1. Technik und Wissenschaft: Die dritte Epoche ist die der Industriezivilisation, und sie beginnt im 17. Jh. Hier kommt es zu der für die moderne Technik so bedeutungsvollen engen Zusammenarbeit von *Technik und Wissenschaft*. Bis zu diesem Zeitpunkt waren Technik und Wissenschaft getrennte Wege gegangen. Die Technik – so alt wie der Mensch – hatte man handwerklich und intuitiv betrieben, weitgehend am Vorbild der Natur orientiert. Die Wissenschaft gab es seit den frühen Griechen, und im Mittelalter hatten die Mathematik, die Mechanik und die Astronomie bereits einen hohen Stand erreicht. Aber die Wissenschaften, zusammengefaßt als die sieben freien Künste (Grammatik, Rhetorik und Dialektik, Arithmetik, Geometrie, Musik und Astronomie), dienten der Betrachtung, und es galt des freien Menschen unwürdig, sie für praktische Zwecke zu verwenden. Nun aber kommt im Gefolge der Renaissance die Möglichkeit zum Bewußtsein, die Wissenschaft systematisch in den Dienst der Praxis, der Technik zu stellen. Francis Bacon schreibt sein Novum Organon (1620), wörtlich: »Das neue Werkzeug«, und er meint damit die systematische wissenschaftliche Forschung im Dienste der Technik, und René Descartes veröffentlicht seine Schrift »Von der Methode des richtigen Vernunftgebrauchs und der wissenschaftlichen Forschung« (1637), in der der Siegeszug der verwissenschaftlichten Technik vorhergesagt wird.
2. Fruchtbare Umwege: War bislang der technische Fortschritt dem Menschen mehr oder weniger unbewußt in den Schoß gefallen, so kommt jetzt der Wert der technischen Methodik als solcher zum Bewußtsein. Damit wird das systematische Aufsuchen neuer Mittel und Verfahren selbst ein Ziel. Technik als Technik tritt in den Bereich menschlichen Strebens. Damit löst sich die Technik vom Vorbild der Natur, und es entsteht das, was wir als die moderne Technik bezeichnen. Und die Einbeziehung wissenschaftlicher *Forschung* und Entwicklung in das technische Handeln vergrößert noch einmal den *Umweg*, die *Unterteilung* in einzelne Arbeitsstufen und die Anzahl der an einem Vorhaben Beteiligten gewaltig. Die Landung auf dem Mond hat die vielfach spezialisierte Arbeit von 300000 Menschen für ein Jahrzehnt in Anspruch genommen. Die Idee von der Fruchtbarkeit der Produktionsumwege ist zu einem Schlüsselbegriff der modernen Volkswirtschaft geworden. Walter Eucken hat ausdrücklich die »Mehrergiebigkeit der Produktionsumwege« betont (Eucken, 246). Die moderne Technik der Neuzeit hat noch einmal zu einem sprunghaften Anstieg der Vermehrungsrate der Bevölkerung geführt. Und wir verdanken dieser Technik die große Steigerung des materiellen Wohlstandes, die erhöhte Mobilität, die es uns erlaubt, für zwei Tage andere Kontinente aufzusuchen, sowie den Reichtum an Information, der eine ungewöhnliche Vergegenwärtigung des räumlich und zeitlich Entfernten gestattet.

C. Der Preis der Technik
Jeder Fortschritt kostet seinen Preis. Die Vor- und Nachteile der Technik werden z. Z. lebhaft diskutiert. Nur drei Punkte seien hier hervorgehoben. Der Weg des technischen Erfolges, der weit ausholende Produktionsumweg, verbunden mit der Ablösung von dem anschaulichen und vertrauten Vorbild der Natur, hat zum Verlust der Transparenz ge-

führt. Der einzelne, der ein Glied eines großen Systems ist, verliert den Überblick über das Ganze, so daß dasjenige, was er selbst schafft, ihm hinterher als eine fremde, unverständliche und durchaus auch feindselige Macht gegenübertritt. Das ist die Entfremdung, die im krassen Fall den Sinnverlust der eigenen Arbeit zur Folge hat. Der zweite Preis für den Fortschritt besteht darin, daß mit der Vergrößerung der Systeme die Disproportionierung der Macht und ihre Konzentrierung in den Spitzen zunimmt. Das führt zu den starken sozialen Spannungen, da mit der Macht immer die Versuchung zu ihrem Mißbrauch verbunden ist. Das dritte Problem unserer modernen Technik besteht darin, daß die unerwartet großen Möglichkeiten des Machenkönnens zu einer Entfesselung von Hoffnungen, Wünschen, Ansprüchen und Bedürfnissen geführt haben, ohne Maßstäbe für die Orientierung zu liefern. Wir können offenbar mehr, als wir dürfen, das gleicht einem Sturz in die Freiheit.
Zur ethischen Bewältigung der Technik liegen bislang nur wenige Ansätze vor. Hier ist jedoch auf HEIDEGGER zu verweisen. HEIDEGGER nennt die Technik ein Entbergen des Seins. Gemeint ist das Wahrmachen, das Verwirklichen von potentiell Vorhandenem, das Entdecken von Verborgenem. Dieser Entbergung mißt HEIDEGGER einen hohen Wert zu, es ist die Aufgabe des Menschen, den er auch als den Hirten des Seins bezeichnet. Aber dieses Verwirklichen und Herstellen enthält die Gefahr, daß der tragende Grund von allem, das Sein selbst, darüber aus dem Blick gerät, daß der Mensch sich an das Hergestellte verliert und nur von dort noch alle Maßstäbe hernimmt. Das muß zur Desorientierung führen. Die Bewältigung der Technik erfordert einen Standort außerhalb des Zirkels von Erzeugen und Verwenden, sie erfordert Maßstäbe und Werte, die ganz unabhängig von allem technisch Realisierbaren sind. Der vielfältige Reichtum der Möglichkeiten ist es, der die Zielorientierung verhindert, wenn es keine von den Möglichkeiten unabhängigen Maßstäbe mehr gibt. Die Bewältigung der Technik ist ein außertechnisches Problem.

Hans Sachsse

Technologie

A. Der Begriff

Das griechische Wort *lógos* bedeutet Rede, Darstellung, Beschreibung, und mit den beiden Nachsilben *-logie* bezeichnet man allgemein die Lehre, die *Wissenschaft von* einem Gegenstand. Technologie bedeutet daher die *Wissenschaft von der Technik,* so, wie Biologie die »Wissenschaft vom Leben« und Psychologie die »Wissenschaft von der Seele« bedeuten.
Das Bedürfnis nach einer Wissenschaft von der Technik taucht mit dem Anbruch der Neuzeit auf, es ist das Ergebnis der neuen Stufe der Bewußtheit, die das technische Handeln, das man seit grauer Vorzeit mehr instinktiv betrieben hatte, zum Gegenstand der Reflexion macht. BACON hatte betont, daß die bisherigen Erfindungen – der Kompaß, die Feuerwaffen, das Seidengespinst – Geschenke des Zufalls gewesen seien. Statt dessen fordert er nun das systematische, wissenschaftliche Vorgehen angesichts technischer Aufgaben und verspricht sich davon – nicht zu Unrecht, wie wir inzwischen erfahren haben – unerwartete, große Erfolge. Es dauert jedoch noch rund 100 Jahre, bis sich die Forderungen und Prognosen von BACON sowie von DESCARTES konkret auswirken. Erst in der zweiten Hälfte des 18. Jh. entsteht in breitem Umfang die neue Wissenschaft von der Technik. Von 1751 bis 1780 erscheint die französische »Enzyklopädie der Wissenschaften, Künste und Gewerbe«, ein Reallexikon in 35 Bänden. Hier geht es um die umfassende Zusammenstellung allen Wissens zum Zweck der praktischen Verwendung jeder Art. Die Herausgeber waren sich der historischen Bedeutung dieses Werkes bewußt, und DIDEROT schreibt, es sei das Ziel, »die bisher übliche Denkweise zu verändern«. In den gleichen Jahren, 1765, wird die Dampfmaschine erfunden und 1767 die Jennyspinnmaschine, es beginnt die sogenannte *industrielle Revolution.* Die Handwerker-, Bau- und Gewerbeschulen entwickeln sich zu polytechnischen Anstalten, und 1899 verleiht der König von Preußen den Polytechnika von Aachen, Berlin und Hannover das Promotionsrecht, das ist die offizielle Anerkennung ihres wissenschaftlichen Ranges.
Die Bezeichnung »Technologie« für die neue Wissenschaft führt 1777 Johann BECKMANN ein mit seinem Buch: »Einleitung zur Technologie oder zur Kenntnis der Handwerke, Fabriken und Manufakturen, vornehmlich derer, welche mit der Landwirtschaft, Polizei und Kameralwirtschaft in nächster Verbindung stehen, nebst Beiträgen zur Kunstgeschichte von Johann Beckmann, Hofrath und

Professor der Ökonomie in Göttingen.« BECKMANN ist viel umhergereist, er hat Tabaktrockenanstalten, Windmühlen, Metallwarenerzeugungen, Kanonengießereien, Ankerschmieden, Porzellan- und Tuchfabriken besichtigt und seine Beobachtungen sorgfältig geschildert, um die in den einzelnen Werkstätten gewonnenen Kenntnisse und Praktiken der allgemeinen Verwendung zugänglich zu machen.

B. Entwicklungsstufen
I. Produkt-Technologie

Der Begriff *Technologie* wird heute in unterschiedlichem Bedeutungsumfang verwendet. Das hängt vor allem damit zusammen, daß der Begriff *Technik* in unterschiedlichem Sinn verstanden wird. Daher sind auch die Prinzipien, denen gemäß die Technologie eingeteilt wird, verschieden. Im Vordergrund steht zunächst die Lehre von der *Gütererzeugung*, und zwar erstens durch Stoffverformung, das ist die Ingenieurwissenschaft, oft auch als mechanische Technologie bezeichnet, und zweitens durch Stoffumwandlung, das ist die chemische Technologie. Bei den Gütern handelt es sich um Konsumgüter, die dem unmittelbaren Verbrauch dienen, und um Hilfsgüter, die als Organe und Werkzeuge den Spielraum der menschlichen Erfahrung und des Handelns erweitern. Konsumgüter sind Lebensmittel, Kleidung, ein großer Teil der Kunststoffprodukte, Wohnungen, Häuser. Beispiele für die Hilfsgütertechnik sind die Werkzeugtechnik, die Nachrichten- und Kommunikationstechnik, die Verkehrs- und Transporttechnik, die Schalt- und Computertechnik. Nach diesem Prinzip der Güterproduktion sind heute auch noch zumeist die Lehrstühle und Fachbereiche an den Technischen Hochschulen und Technischen Universitäten eingeteilt.

II. Methoden-Technologie

In neuerer Zeit ist, namentlich im Rahmen der chemischen Technologie, ein anderer Ansatz zur Behandlung dieses Fachgebietes entwickelt worden, der die *Verfahrenstechnik* in den Blick nimmt; die Einteilung erfolgt nicht mehr aufgrund der erzeugten Produkte, sondern aufgrund der angewendeten Methoden. Man gliedert nach den Verfahren des Stoff- und Wärmetransportes, der Stofftrennung und Stoffvereinigung sowie der technischen Reaktionsführung, die ihrerseits unterteilt wird in thermische, mechanische, kontaktkatalytische, elektrothermische, elektrochemische, photochemische und biologische Methoden. Dieser neue Ansatz hat zu bedeutenden Fortschritten für die Wissenschaft der chemischen Technologie geführt. Die vielfältigen chemischen Produktionen haben es alle mit einer nur begrenzten Zahl von Grundoperationen zu tun. Das neue Einteilungsprinzip gestattet es, die Erfahrungen, die bei sehr verschiedenen Gelegenheiten häufig nur handwerksmäßig gewonnen worden sind, systematisch zu vergleichen und von einem Produktionsbetrieb auf den anderen zu übertragen. Gleichzeitig handelt es sich um einen weiteren Schritt der Verwissenschaftlichung der Technik: die technische Methode selbst wird zum Gegenstand der Wissenschaft. Operationen wie Zerkleinern, Mischen, Verdampfen, Wärmeübergang, katalytische Reaktionsbeschleunigung, Hochtemperaturreaktionskinetik stellen nun ihre eigenen Fragen an die Grundlagenforschung. Es öffnet sich ein großer Bereich von physikalischen, chemischen, physikochemischen und biologischen Problemen, deren Bearbeitung der wissenschaftlichen Durchleuchtung der Grundoperationen dient.

Die Erforschung der Methodik führt weiterhin dazu, daß Methoden sozusagen auf Verdacht entwickelt werden, auch wenn man zunächst für sie noch keine Verwendung hat. Das maßgebende Ziel der chemischen Technologie ist es, möglichst ungewöhnliche und ausgefallene Zustandsbedingungen, manchmal nur für Bruchteile einer Sekunde, zu realisieren, um Stoffe, die unter normalen Umständen beliebig träge und beständig sind, zur Reaktion zu bringen. Zu extremen Größenordnungen ist hier die Kerntechnik vorgestoßen. Die Verfahrenstechnik mit ihrer Methodenerforschung kann nun die Instrumente und Möglichkeiten liefern, bevor man weiß, wo man sie überall einsetzen kann. Ein Fall aus der Physik ist die Entwicklung der neuartig exakten Justierung kohärenter Lichtstrahlen mittels der Lasertechnik, die man in Händen hatte, lange bevor man das weite Gebiet überblickte, auf dem die Lasertechnik mit so großem Erfolg eingesetzt werden kann.

III. Projekt-Technologie

Man kann schließlich noch von einer dritten Stufe der Technologie sprechen, die gerade in jüngster Zeit Bedeutung gewinnt, und zwar von einer Technikwissenschaft, der es nicht um einzelne Güterproduktionen oder einzelne Produktionsmethoden geht, sondern um eine Lehre vom technischen Vorgehen überhaupt.

Betrachten wir Beispiele. Es mag sich um *größere Projekte* handeln, um die Bewässerung der Sahara, um den Flug zum Mond, um den Bau einer Satellitenstadt, um die Entwicklung von Nahverkehrsmitteln. Hier stellen sich zunächst sehr allgemeine Fragen. Wie sieht die optimale Strategie aus, um an ein solches Problem heranzugehen und es zu bewältigen?

1. Planung: Offenbar spielt die Planung eine wichtige Rolle. Aber wie sieht die geeignete Planungstechnik aus? Eine große Menge von Details muß geplant werden, aber in welcher Reihenfolge soll das geschehen, und wie sind die Detailplanungen mit ihrem Zeit- und Arbeitsaufwand auf den Gesamtplan abzustellen? Hier sind besondere Methoden der Netzplantechnik entwickelt worden.

2. Risikoabschätzung: Eine weitere wichtige Aufgabe für den Entwurf der Strategie ist die Risikoabschätzung. Alle Teilschritte eines größeren Vorhabens haben ihr je verschiedenes Risiko. Wie gelingt es, die Erwartungswerte derart zu kombinieren, daß sich ihre Ungewißheit nicht potenziert, sondern gegenseitig ausgleicht? Ein mathematisch hochentwickeltes Gebiet ist Operations Research (übersetzt am besten mit Optimalplanung [MÜLLER-MERBACH]), eine diffizile Planungswissenschaft auf der Basis von sicheren bzw. mehr oder weniger wahrscheinlichen Erwartungswerten.

3. Systemtechnik: Eine weitere allgemeine Aufgabe lautet: In welchem Umfang gelingt es, ein größeres Projekt aus dem allumfassenden technisch-sozio-ökonomischen Gesamtzusammenhang herauszulösen und als getrennte Einheit zu behandeln? Anders ausgedrückt: Bis zu welchem Ausmaß muß man externe Störgrößen noch berücksichtigen, und von welcher Größe und Wahrscheinlichkeit an kann man sie vernachlässigen? Das ist eine Aufgabe der Systemtechnik, die den Behandlungsgegenstand, das Wirkungsgefüge abgrenzt. Hier steht man vor schwierigen Güterabwägungen. Setzt man den Umfang des Systems zu groß an, ist man zu gründlich, so kommt gar nichts zustande – das Universum der Möglichkeiten ist bekanntlich unendlich; faßt man das System zu eng, so können Einflüsse, mit denen man nicht gerechnet hatte, das ganze Vorhaben zum Scheitern bringen. Ein Beispiel für falsch gehandhabte Systemtechnik ist die amerikanische Prohibitionsgesetzgebung. Um das Land vor Alkoholismus zu schützen, wurden 1919 in den Vereinigten Staaten die Herstellung, der Transport und der Verkauf von Alkohol verboten – wohlgemerkt nicht der Konsum! Dabei wurde nicht bedacht, daß viele Menschen, auch wenn sie nicht süchtig sind, trotzdem auf Alkohol großen Wert legen. Die Verknappung bei großer Nachfrage führte zur illegalen Alkoholwirtschaft, und es enstand ein organisiertes Gangstertum, das, einmal entstanden, auch auf andere Wirtschaftszweige übergriff. Die Gesetzgebung hatte das System Alkoholwirtschaft zu eng verstanden. Die Amerikaner haben 1933 die Prohibition wieder abgeschafft, aber sie hatten noch viel Mühe, um mit dem organisierten Gangstertum fertig zu werden.

Infolge der Komplexität des modernen Wirkungsgefüges von Technik, Wirtschaft und Gesellschaft gewinnen die verschiedenen Ansätze zu einer allgemeinen Technologie, zu einer umfassenden Systemwissenschaft der optimalen Strategien technischen Handelns zunehmende Bedeutung. In diesem Sinne schreibt Hans LENK, daß sich unter dem Druck wachsender Rationalisierung das »technische Zeitalter« zum »technologischen Zeitalter« wandele (LENK, Philosophie).

C. Wissenschaft, Technik, Technologie

I. Die Technisierung der Wissenschaft

Angesichts dieser Verwissenschaftlichung technischen Handelns ist es wichtig, die Unterschiede zwischen Wissenschaft und Technik, zwischen Technik und Technologie nicht aus dem Blick zu verlieren. Zunächst ist aber noch festzustellen, daß nicht nur die Technik verwissenschaftlicht ist, sondern daß auch die *Wissenschaft durch und durch technisiert* ist. Die naturwissenschaftlichen Experimente sind zu umfangreichen technischen Projekten geworden. Die Sinnesorgane spielen bei der Beobachtung nur noch eine geringe Rolle im Vergleich mit den technischen Organen, von Brille, Fernrohr, Mikroskop bis zu den hochkomplizierten Experimentalanordnungen, die wir verwenden, um der Natur unsere Fragen vorzulegen. Die Technik ist zum beherrschenden Vermittler unserer Erfahrungen geworden. Für Probleme der Grundlagenforschung in der Kernphysik gibt es Untersuchungsinstitutionen vom Umfang ganzer Fabriken mit einem Ausmaß von Aufwendungen, das internationale Zusammenarbeit erfordert. Aber die Technik dient nicht nur der Vermittlung der Erfahrung, sondern sie steuert auch die Erfahrung, da uns nur dasjenige zur Kenntnis kommt, was der jeweilige Stand unseres technischen Vermögens uns bietet. So, wie das Weltbild der Naturvölker durch ihre Sinnesorgane bestimmt wird, so wird unser wissenschaftliches Weltbild durch die Möglichkeiten und den Stand unserer Technik bestimmt.

II. Die Termini Technik und Technologie

Die Beziehungen sind so eng, daß vielfach die Technik schlicht als angewandte Wissenschaft verstanden wird, daß sprachlich kein Unterschied zwischen Technik und Technologie gemacht wird. Es kommt hinzu, daß im angelsächsischen Sprachgebrauch das Wort *technics* selten verwendet wird und daß *technology* sowohl den Sinn von Technik wie von Technologie besitzt. Leider ist dieser unklare Sprachgebrauch von uns weitgehend übernommen worden, und namentlich in der Behördensprache wird meist von Technologie statt von Technik gesprochen, etwa wenn von Meerestechnologie oder Raumfahrttechnologie die Rede ist. Oder die Werbung bietet eine Einbauküche an, die mit modernster Technologie ausgestattet ist – offenbar eine sehr intelligente Küche! Trotz der engen Verflochtenheit von Wissenschaft und Technik ist es wichtig, die Begriffe auseinanderzuhalten, wenn man Mißverständnisse bezüglich der Technik vermeiden will. Wissenschaft und Technik kennzeichnen zwei grundsätzlich verschiedene menschliche Verhaltensweisen, da sie verschiedenen Zwecken dienen: der Wissenschaftler will etwas wissen, der Techniker will etwas machen, etwas bewerkstelligen. Das Ergebnis der Wissenschaft sind Aussagen, das Ergebnis der Technik sind künstliche Gegenstände und Handlungsanweisungen. Es ist aber ein großer Unterschied, ob man über Zusammenhänge nachdenkt und das Ergebnis sprachlich äußert oder ob man etwas tut. Dementsprechend unterscheiden sich auch die Suchprozesse: der Wissenschaftler sucht Erklärungen, Begründungen, der Techniker sucht das Neue, noch nicht Dagewesene, und seine Erfindung steht um so höher im Rang, je mehr sie allen gewohnten Vorstellungen, allen bekannten Zusammenhängen widerspricht.

III. Methodologie des Patents

Ein Spiegelbild der technischen Arbeit ist die Patentliteratur, der Bericht über das Neue, nicht Erwartete. Z. Z. erscheinen pro Jahr etwa eine Million Patente auf der Welt, und die Patentliteratur ist wissenschaftstheoretisch noch wenig aufgearbeitet. Ein *Patent* ist der Vertrag eines Erfinders mit einer Regierung. Der Erfinder offenbart sein Verfahren derart, daß der Fachmann in der Lage ist, es nachzuarbeiten. Als Gegenleistung gewährt die Regierung dem Erfinder für eine begrenzte Zeit, meist für 18 Jahre, in ihrem Territorium ein Monopol für die gewerbliche Verwertung. Interessant ist der logische Aufbau der Patentschrift. Zunächst wird der bekannte Stand der Technik referiert, dann wird die Erfindung geschildert, und es wird hervorgehoben, was an ihr neu und nicht erwartet ist. Es folgen die Beispiele mit Zahlenangaben nach dem Schema: Wenn du das und das tust, wirst du das und das beobachten können. Den Abschluß bilden die Ansprüche, die Aufzählung der Merkmale, für die der Erfinder Patentschutz verlangt.

Die Patentschrift bedient sich zwar zum Zweck der Mitteilung der Worte, aber sie vermeidet doch ausdrücklich, das beanspruchte Verfahren wissenschaftlich zu begründen, da sie dadurch das erfinderische Niveau reduzieren würde; denn was durch wissenschaftliche Überlegung erschlossen werden kann, ist nicht neu und daher nicht patentfähig. Die Patentschrift ist auch mit wissenschaftlichen Argumenten nicht widerlegbar. Würde der Einsprechende geltend machen, daß sie den Naturgesetzen widerspricht, so würde der Erfinder antworten: »Gerade darin besteht meine schöpferische Leistung, daß ich etwas gefunden habe, was man allgemein für unmöglich gehalten hat. Aber wenn du es nicht glauben willst, so sieh es dir an, ich habe ja Beispiele gegeben.« In strittigen Fällen kann es zum Vorführungsexperiment kommen. Auch der Wissenschaftler stützt sich auf Experimente, aber er benutzt sie immer als Glieder eines argumentativen Zusammenhangs, er muß seine Beobachtungen, wenn sie etwas besagen sollen, im Rahmen eines theoretischen Zusammenhangs deuten und interpretieren. Demgegenüber ist für die Letztbegründung technischer Sachverhalte die Verknüpfung von Begriffen bedeutungslos, die Darstellung und Bewertung erfolgt vielmehr unabhängig von jeder Argumentation durch Vorzeigen und Aufweisen. Der Erfinder braucht keinen Satz auszusprechen, sondern es genügt, wenn er während der Vorführung sagt: »Jetzt, da!«

IV. Technik ist nicht auf Wissenschaft angewiesen

Hier zeigt sich, daß Wissenschaft für die Technik nur ein Instrument ist, ein Werkzeug. Wissenschaftliche Erkenntnis ist weder das Ziel technischen Handelns noch ein Kriterium für seine Güte. Daher hat der Techniker oft auch ein recht unbekümmertes Verhältnis zu wissenschaftlichen Theorien, es kommt ihm weniger darauf an, ob sie zutreffen, als darauf, ob sie ihm in einer bestimmten Situation weiterhelfen. Und er hat auch keine Einwendungen gegen falsche Theorien, wenn sie ihn auf originelle Ideen bringen.

Wie wertvoll auch die Wissenschaft für die Technik sein mag, die Technik ist doch keineswegs auf sie angewiesen. Schon daß die Technik sich während der längsten Zeit der Menschheitsgeschichte ganz ohne die Wissenschaft entwickelt hat, muß zu denken geben. Beim Bau der gotischen Kathedralen hat kein Statiker mitgerechnet. Auch bei der modernen Technik wird die Wissenschaft als Bestimmungsgröße leicht überschätzt. Das menschliche Selbstgefühl verdankt das Neue lieber der eigenen Arbeit als dem unberechenbaren Einfall. Insbesondere nachträgliche Darstellungen, rationale Rekonstruktionen, wissenschaftstheoretische Betrachtungen und auch Festvorträge neigen dazu, den wissenschaftlichen Anteil überzubetonen. Da es der technischen Arbeit primär nicht um die Entdeckung von Zusammenhängen geht, sondern um die Befriedigung von Bedürfnissen, befaßt sie sich oftmals mit Problemen, die wissenschaftlich noch in völligem Dunkel liegen. Die technische Erforschung der Natur eilt hier auf ihren eigenen Wegen der wissenschaftlichen voraus. Die Methoden der chemischen Katalyse hatten längst großtechnische Anwendung gefunden, bevor man wissenschaftlich verstanden hatte, wie sie funktionieren; das gleiche gilt für die Polymerisationstechnik der Kunststoffherstellung und für zahlreiche andere Beispiele.

Wie kann ohne die Hilfe theoretischer Leitbilder geforscht werden, wird man fragen. Man probiert eben nach dem Verfahren von *trial and error*, von Versuch und Irrtum, mit dem ja auch die Evolution so unwahrscheinliche Erfolge gehabt hat. Man folgt Ahnungen. Eine große Hilfe ist der unberechenbare intuitive Einfall, bei dem manche Forscher mehr Glück haben und andere weniger. Trotz aller Rationalisierung ereignen sich sowohl entscheidende Impulse als auch Problemlösungen im technischen Schaffen immer noch oft genug in einem vorbegrifflichen, in einem präverbalen Bereich. Zwar bemüht man sich, besonders in den großen industriellen Forschungszentren, immer mehr, den Forschungsprozeß selbst zu organisieren und zu verwissenschaftlichen, damit er automatisch, ohne das Risiko von Zufälligkeiten die neuen Erfindungen sozusagen am laufenden Band produziert. Aber das gelingt doch nur zum Teil. Für die technische Entwicklung und die verbreitete Anwendung wissenschaftlicher Grundkonzepte ist dieses Verfahren in der Tat sehr geeignet und erfolgreich; aber es besteht immer die Gefahr, daß die Organisation die Originalität verdrängt. Die Planung fokussiert sozusagen das Licht und engt den Bereich, in dem gesucht wird, ein; das wirklich Neue aber liegt oft genug seitab vom Wege. Kreativität kann durch Verwissenschaftlichung auch blockiert werden.

Um im Rahmen der technischen Arbeit das wertvolle Instrument der Wissenschaft richtig anzusetzen, ist es wichtig, Technik und Technologie trotz ihrer engen Beziehungen nicht miteinander zu verwechseln. Die klare Fassung von Begriffen kann große praktische Bedeutung haben.

Hans Sachsse

Eucken, W.: Kapitaltheoretische Untersuchungen. 1954. – *Kapp, E.:* Grundlinien einer Philosophie der Technik. 1977, 1978. – *Kluge, Th.:* Gesellschaft, Natur, Technik. 1985. – *Kreibich, R.:* Die Wissenschaftsgesellschaft. Von Galilei zur High-Tech-Revolution. 1986. – *Lenk, H.:* Philosophie im technologischen Zeitalter. 1971. – *Ders.:* Zur Sozialphilosophie der Technik. 1982. – *Ders. (Hg.):* Technokratie als Ideologie. 1973. – *Lenk, H./Moser, S. (Hg.):* Techne, Technik, Technologie. 1973. – *Rapp, F.:* Analytische Technikphilosophie. 1978. – *Ders./Durbin, P. T. (Hg.):* Technikphilosophie in der Diskussion. 1981. – *Ropohl, G.:* Die unvollkommene Technik. 1985. – *Ders.:* Was heißt »Technologie«? In: VDI-Nachrichten 26, 1972. – *Sachsse, H.:* Anthropologie der Technik. 1978. – *Ders.:* Ökologische Philosophie. Natur, Technik, Gesellschaft. 1984. – *Ders.:* Technik und Gesellschaft. Bd. 1–3. 1974–76. – *Ders.:* Technik und Verantwortung. Probleme der Ethik im technischen Zeitalter. 1972. – *Stork, H.:* Einführung in die Philosophie der Technik. 1977. – *Tuchel, K.:* Herausforderung der Technik. 1967. – *Zimmerli, W. Ch. (Hg.):* Technik. Oder: Wissen wir, was wir tun? 1976.

Hans Sachsse/H.S.

Teleologie

zu griech. télos: Ende, Ziel, Zweck; lat. finis

A. Die Frage nach dem Zweck
Wir verstehen unter *Teleologie* oder *Finalität* die Zielgerichtetheit eines Prozesses, d. h. diejenige Eigenschaft desselben, die es erlaubt, mit Bezug auf ihn die Frage »Wohin?« oder »Wozu?« zu erörtern, oder – noch einmal anders gewendet – die Tatsache, daß die wirkliche oder mögliche Erreichung eines bestimmten Zustandes wesentlich ist für das Verstehen eines in die Richtung dieses Zustandes laufenden Prozesses.
Daß menschliche Handlungen nur so verstanden werden können, liegt auf der Hand. Die Frage ist, ob sich Teleologie auf die Interpretation menschlicher Handlungen beschränkt. Wie ist es mit dem Sprung der Katze auf die Maus? Springt sie, um die Maus zu fangen? Wie ist es mit den Stoffwechselprozessen in Organismen? Verstehen wir sie besser, wenn wir verstehen, welche Funktionen sie für die Erhaltung des Organismus oder der Spezies erfüllen? Und wie ist es mit jenen Naturprozessen, die solche Organismen und ihre Arten hervorgebracht haben? Wie ist es ferner mit Symbiosen? Trägt es etwa zum Verständnis des Bienenfluges bei, wenn wir wissen, welche Funktion die Biene für die Befruchtung der Pflanze erfüllt?
Schon vorsokratische Philosophen versuchten, die Entstehung der Arten unter Absehung von aller Teleologie als Ergebnis richtungslosen Zufalls und nachträglicher Selektion des Lebensfähigen zu erklären. ARISTOTELES hielt das für abwegig; das Phänomen der Konstanz der Arten schien ihm damit unvereinbar. Die platonisch-aristotelische Weltansicht war durchgehend teleologisch: jede »natürliche« Bewegung – die des Steines nach unten und die des Rauches nach oben – wurde als »Streben nach« gedeutet; das universale Ziel dieses Strebens war »das Gute« (PLATON) oder »Gott« (ARISTOTELES).
Jedes Wesen, indem es über den Augenblick hinaus in seiner Art zu dauern strebt, strebt danach, des Guten nach Maßgabe seiner Kapazität teilhaftig zu werden. Die christliche Philosophie bis zum 14. Jh. teilte diese Sicht, jedoch mit einer tiefgreifenden Modifikation, die die neuzeitliche Abkehr von der Teleologie vorbereitete. So lehrt THOMAS VON AQUIN, daß ein Ziel nur Ursache sein kann, insofern es antizipiert wird; antizipiert werden aber könne es nur in einem Bewußtsein. Wo also natürliche Prozesse teleologisch gedeutet werden müssen, werden sie als Resultate eines göttlichen Handelns gedeutet. Im 15. Jh. folgerte man daraus nun, daß Teleologie nur eine Sache der Theologie sei. Der Naturphilosoph habe sich an die Natur selbst zu halten und in dieser habe man es mit Kausalprozessen zu tun, deren kunstvolles Arrangement als Werk des göttlichen Maschinenbaumeisters bewundert werden könne, ohne daß dies jedoch zum Verständnis der Prozesse selbst etwas beiträgt.

B. Die Absage an die Teleologie
Die endgültige Absage an die Teleologie in der frühen Neuzeit stand dann vor allem unter dem Motiv des mangelnden Nutzens. Teleologie ist nach einem Wort Francis BACONS »wie eine gottgeweihte Jungfrau, die nichts gebiert«. Um die Natur unseren Zwecken dienstbar zu machen, müssen wir ihren Mechanismus kennen, nicht etwaige ihr selbst innewohnende Zwecke. Die neuzeitliche Naturwissenschaft einschließlich der Biologie ist von dem Bestreben geleitet, die teleologischen Deutungen, insbesondere organischer Prozesse, die sich uns natürlicherweise aufdrängen, als verzichtbar zu erweisen und demjenigen, der ihre Unverzichtbarkeit behauptet, hierfür die Beweislast zu geben (→ *Naturwissenschaften*).
Wenn hinter dieser Tendenz das Interesse an fortschreitender Naturbeherrschung steht, so gibt es allerdings auch ein ganz anderes Interesse, aus dem eine andere Beweislastverteilung folgt: das Interesse des Menschen, die Natur so zu verstehen, daß er sich selbst als Teil der Natur begreifen kann, ohne sein Selbstverständnis als handelndes Wesen aufgeben zu müssen. Daß so etwas wie Ziele in einer sonst nur kausal determinierten Welt erst durch handelnde Wesen »gesetzt« würden, beruht auf einer falschen Beschreibung der Handlung. Wir können überhaupt nur Zwecke setzen als Mittel zu Zielen, die wir in unserer Bedürfnisstruktur schon vorfinden. Erführen wir uns nicht als schon wünschend und wollend – und zwar »von Natur« –, so könnten wir uns nicht einmal die Vorstellung eines Zweckes verständlich machen. Andererseits aber können wir Tiere und Pflanzen gar nicht als natürliche Einheiten wahrnehmen, wenn wir sie nicht nach Analogie mit jener Einheit wahrnehmen, die wir selbst sind, und wenn wir nicht die solche Einheiten kon-

stituierenden organischen Prozesse funktional vom Zweck der Erhaltung und Reproduktion solcher Einheiten her verstehen.
Das, was uns die funktional-teleologische Betrachtungsweise aufdrängt, ist das Phänomen »hartnäckiger Zielverfolgung«, wobei natürliche Prozesse höchst variabel sind und auf »Umwegen« immer wieder denselben Endzustand erreichen, und zwar einen solchen, der der entdifferenzierenden Richtung der Entropie entgegengesetzt ist – unbeschadet der Tatsache, daß »aufs Ganze gesehen« die Gesetze der Thermodynamik stets in Geltung bleiben. Man kann die teleologische Sicht mit KANT als bloß »regulative« Betrachtungsweise bezeichnen oder auch als bloß »heuristisches Prinzip«, das uns die Forschungsobjekte vorgibt, im Zuge der Forschung aber einer kausaldeterministischen Erklärung zu weichen hat, die unsere Macht über die Natur vermehrt. Eine solche sukzessive Wegarbeitung der heuristischen Vorannahmen scheint allerdings auf eine Wegarbeitung des Lebendigen selbst als Gegenstand der → *Wissenschaft* hinauszulaufen.

C. Zweckmäßigkeit ohne Zweck
Das neueste Stadium auf diesem Wege ist gekennzeichnet durch die Möglichkeit, Leben mittels des kybernetischen Modells des Regelkreises zu simulieren und theoretisch zu rekonstruieren (→ *Kybernetik*). In Verbindung mit einer evolutionstheoretischen Zufallshypothese oder aber mit spieltheoretischen Überlegungen läßt sich das Entstehen solcher »zweckmäßiger« Prozesse plausibel machen, ohne auf eine handlungsanaloge Zweckgerichtetheit des Evolutionsprozesses rekurrieren zu müssen. Man spricht, wenn man solche »Zweckmäßigkeit ohne Zweck« bezeichnen will, auch von »Teleonomie«.
Man muß sich jedoch klarmachen, daß die Rekonstruktion lebendiger Finalität durch kybernetische Modelle uns zwar tiefere Einblicke in das tatsächliche Funktionieren organischer Prozesse gewährt, daß jedoch der Versuch, auf diese Weise Leben zu »erklären«, nur in einen Zirkel führt. Denn nur der lebendige Betrachter, der einerseits die Vorstellung von »Gerichtetheit« schon mitbringt und der andererseits Zustände eines Systems zu verschiedenen Zeitpunkten miteinander vergleicht und ihre Gleichartigkeit feststellt, läßt ein System zum System werden. Im übrigen konstituiert sich uns jene kausal determinierte »Objektivität«, auf die wir Leben zu reduzieren suchen, immer erst in Handlungszusammenhängen, d. h. in teleologischen Kontexten. Um einen gesetzmäßigen Kausalzusammenhang festzustellen, müssen wir zuvor ein Telos im Sinne eines Endzustandes festsetzen, mit Bezug worauf dann ein anderer Zustand als Ursache ausgezeichnet wird. Wir müssen ein Segment bilden, das so »von Natur« nicht existiert. Der Endzustand muß außerdem Eigenschaften haben, die es erlauben, ihn mit anderen Zuständen als gleichartig anzusehen. Organisches unterscheidet sich nun von Anorganischem dadurch, daß der Endzustand von uns nicht willkürlich ausgezeichnet wird, sondern daß wir ihn und den Zusammenhang von Anfangs- und Endzuständen als »von Natur« voraussetzen. Das aber heißt *Naturteleologie*.

D. Teleologie und Normalität
Naturteleologie läßt sich nicht, wie es der Vitalismus tat, durch Einführung verborgener Wesenheiten wie der »Entelechie« plausibel machen. Eine solche müßte, wenn sie nicht eine bloße Ad-hoc-Hypothese sein soll, unabhängig von denjenigen Funktionen, um deren Erklärung willen sie eingeführt wird, testbar sein. Andererseits handelt es sich bei der teleologischen Sicht auch nicht um die bloße Umkehrung des Kausalverhältnisses: sozusagen »Ziehen« statt »Stoßen«. Das ist schon deshalb nicht möglich, weil ja das Ergebnis oder der Zustand, der als Telos, als Ziel fungiert, im Unterschied zur »Ursache« gar nicht wirklich eintreten muß. Darum ist es auch falsch, Teleologie als rückwirkende → *Kausalität* durch zeitlich spätere auf zeitlich frühere Ereignisse zu definieren. Ziele brauchen nämlich gar nicht erreicht, ihre Erreichung kann vielmehr vereitelt werden. Die meisten Fische, die im Netz zappeln – »um sich zu befreien«, wie wir sagen –, verstricken sich nur noch fester ins Netz. Was meint hier also die teleologische Interpretation? Sie bezieht offenbar die Bewegungen der Fische, um sie zu deuten, auf so etwas wie eine Normalsituation, innerhalb deren sie einen Sinn bekommen. Wir rekonstruieren diese Normalsituation unter dem apriorischen Postulat einer teleologischen Verstehbarkeit dieser Bewegungen. Wir fragen: Wie müßte die Normalsituation beschaffen sein, damit wir die Bewegungen in bezug auf sie nach Analogie von Handlungen verstehen können? Wie also sehen z. B. für Fische »normale Gefahren« aus? Dazu mag das Gefangenwerden mit der bloßen

Hand gehören, denn da hat das Zappeln einen Sinn. Das Äquivalent für »Gesetzmäßigkeit« in Kausalaussagen ist daher »Normalität« in teleologischen Aussagen. So verstehen wir unter Gesundheit Normalität – und zwar auch dann, wenn wir feststellen, daß die meisten Leute krank sind. Normalität ist kein statistischer Begriff. Wenn alle Leute Schmerzen haben, wird Schmerzenhaben doch nicht »normal«. Das Streben nach Schmerzfreiheit aber wird verständlich, wenn Schmerzfreiheit als »Normalität« verstanden wird.
Die Natur »an sich« – in rein theoretischer Betrachtung – läßt die Frage nach der Unersetzlichkeit von Teleologie unbeantwortet. Einerseits sind die Versuche einer kausalmechanischen Erklärung der Naturphänomene immer wieder im einzelnen erfolgreich. Andererseits erreichen sie doch nie das Ziel, dem sie sich unendlich annähern. Dieses Ziel erreichen hieße soviel wie: den Menschen abschaffen. Mit der Beseitigung der Teleologie menschlichen Wollens gäbe es aber auch die Reduktionsversuche nicht mehr. Die Frage nach dem Für und Wider einer teleologischen Naturbetrachtung hängt letzten Endes ab von der Frage nach dem Selbstverständnis des Menschen im Ganzen der Wirklichkeit.

Robert Spaemann

Aristoteles: Physik-Vorlesung (*Grumach/Flashar* Bd. 11) Buch 2. Kap. 8. – *Engels, E.-M.:* Die Teleologie des Lebendigen. 1982. – *Hartmann, N.:* Teleologisches Denken. 1951, [2]1966. – *Hegel, G. W. F.:* Wissenschaft der Logik. 1812–16. Teil 2. Abschnitt 2. – *Kant, I.:* Kritik der Urteilskraft. 1790, 2. Aufl. 1793. Teil 2. – *Löw, R.:* Philosophie des Lebendigen. 1980. – *Nagel, E.:* Teleology revisited. In: Journal of Philosophy 74, 1977. – *Poser, H. (Hg.):* Formen teleologischen Denkens. 1981. – *Spaemann, R./Löw, R.:* Die Frage Wozu? 1981. – *Stegmüller, W.:* Teleologie, Funktionsanalyse und Selbstregulation. In: *Ders.*, Probleme und Resultate [...]. Bd. 1. [H] – *v. Uexküll, T.:* Der Mensch und die Natur. 1953, [2]1980. – *Woodfield, A.:* Teleology. 1976.

Robert Spaemann/H.S.

Theorie

griech. theōría: das Anschauen, Betrachten, die Erkenntnis, die Theorie; zu griech. theōreîn: anschauen, betrachten, überlegen

Gegenbegriffe sind einerseits *Praxis* (griech. prãxis: das Handeln, die Tat, die Tätigkeit, das Geschäft; lat. ạctio), andererseits *Empirie* (griech. empeiría: Erfahrung, Übung; zu griech. peĩra: Versuch, dadurch erlangte Erfahrung; lat. [auch sprachverwandt] (ex)perịri: versuchen, erfahren)

Grundbedeutung von *Theorie* ist einerseits das *Anschauen* von etwas Gegebenem im Gegensatz zu dem die Sachverhalte ändernden *Handeln* (Praxis) und andererseits die durch *Denken* gewonnene Erkenntnis im Gegensatz zu dem durch *Erfahrung* gewonnenen Wissen.
Im heutigen Bewußtsein lassen sich drei Begriffe von »Theorie« unterscheiden. In der Reihenfolge zunehmender Enge sind dies:
(1) »Theorie« allgemein im Gegensatz zur »Praxis«, zum Handeln, zur Tat. In diesem Sinne ist Theorie bereits alles, was nicht mehr praktische Ausübung ist. Beispiele: »Theorie« als Unterricht im Verlauf der Führerscheinausbildung im Gegensatz zu der »Praxis« der Fahrstunden; »Musiktheorie« als übliche Bezeichnung der musikalischen Handwerkslehre, wie Harmonielehre, Kontrapunkt, Formenlehre. In beiden Fällen würden wir aus wissenschaftlicher Sicht eher von praxisbezogenen Anleitungen sprechen; das Wort »Theorie« scheint uns hier zu hoch gegriffen zu sein.
(2) »Theorie« als wissenschaftliches Lehrgebäude, ohne Rücksicht auf die Methode(n), mit denen es gewonnen wurde, oder auf seinen Gegenstand. So spricht man etwa in der Erziehungswissenschaft von der »Theorie der Bildung«, und unter »Kritischer Theorie« versteht man eine bestimmte Schule der Sozialphilosophie, die mit den Namen Horkheimer und Adorno verknüpft ist (→ *Kritische Theorie*). Auch im Begriff der »Wissenschaftstheorie« im – innerhalb des Rahmens dieses Lexikons vertretenen – weiten Sinne (→*Einleitung*) ist »Theorie« in dieser Bedeutung enthalten.
(3) »Theorie« im Sinne des logischen Empirismus: ein gesichertes Wissen, das aus dem Zusammenwirken von Erfahrung und Denken – und zwar nach ganz bestimmten, in der Theorie bzw. Methodologie der induktiven Wissenschaften beschriebenen Methoden – entsteht. Beispiel: die Gravitationstheorie von Newton.
Der unter (2) genannte Begriff scheint mir der angemessenste zu sein, zumal er ja den unter (3) genannten Begriff einschließt.

Unter »Theoriendynamik« versteht man den wissenschaftsgeschichtlichen Wandel von Theorien, vor allem im Lichte des nach Meinung vieler Wissenschaftstheoretiker epochemachenden Buches von Thomas S. KUHN. Das Wort ist nur anwendbar auf den oben unter (3) skizzierten Theoriebegriff (vgl. STEGMÜLLER, Hauptströmungen Bd. 2; Probleme und Resultate Bd. 2 II).

Helmut Seiffert

Albert, H. (Hg.): Theorie und Realität. Ausgewählte Aufsätze. 1964. veränd. ^{2}1972. – *Ders./Stapf, K. H. (Hg.):* Theorie und Erfahrung. 1979. – *Balzer, W.:* Empirische Theorien. 1982. – *Bollnow, O. F.*: Das Verstehen. Drei Aufsätze zur Theorie der Geisteswissenschaften. 1949. – *Brecht, A.:* Politische Theorie. (Aus dem Amerik.) (1959) 1961, 1976. – *Carnap, R.:* Beobachtungssprache und theoretische Sprache. In: Logica. Studia Paul Bernays dedicata. 1959. – *Diemer, A. (Hg.)* in Zusammenarbeit mit *L. Geldsetzer* und *F. Rotter*: Der Methoden- und Theorienpluralismus in den Wissenschaften. 1971. – *Druwe, U.:* Theoriendynamik und wissenschaftlicher Fortschritt in den Erfahrungswissenschaften. 1985. – *Duhem, P.:* Ziel und Struktur der physikalischen Theorien. (1906) 1908 = 1978. – *Engelberg, E.:* Theorie, Empirie und Methode in der Geschichtswissenschaft. 1980. – *Faber, K. G.:* Theorie der Geschichtswissenschaft. 1971, ^{5}1982. – *Gadamer, H.-G.:* Lob der Theorie. 1983. – *Ders.:* Wahrheit und Methode. 1960, ^{4}1975. – *Galtung, J.:* Theory and methods of social research. 1967. – *Giesen, B./Schmid, M. (Hg.):* Theorie, Handeln und Geschichte. 1975. – *Habermas, J.*: s. *Auswahl zentraler Literatur* [W] – *Hartmann, H.:* Moderne amerikanische Soziologie. Neuere Beiträge zur soziologischen Theorie. 1967, ^{2}1973. – *Hauffe, H.:* Der Informationsgehalt von Theorien. 1981. – *Hedinger, H.-W.:* Einführung in die Theorie der Geschichtswissenschaft. WB in Subskr. – *Ders.:* Theorienpluralismus in der Geschichtswissenschaft. In: *Diemer*. – *Hochkeppel, W. (Hg.):* Soziologie zwischen Theorie und Empirie. 1970. – *Hondrich, K. O./Matthes, J. (Hg.):* Theorienvergleich in den Sozialwissenschaften. 1978. – *Kambartel, F.:* Theorie und Begründung. 1973, 1976. – *Kocka, J. (Hg.):* Theorien in der Praxis des Historikers. 1977. – *Körner, St.:* Erfahrung und Theorie. (Aus dem Engl.) 1970, stw 1977. – *Kuhn, Th. S.:* Die Struktur wissenschaftlicher Revolutionen. [W] – *Leinfellner, W.:* Die Entstehung der Theorie. 1966. – *Lenzen, W.:* Theorien der Bestätigung wissenschaftlicher Hypothesen. 1974. – *Meinecke, F.:* Zur Theorie und Philosophie der Geschichte. (Werke 4) 1959, ^{2}1965. – *Meyer, E.:* Zur Theorie und Methodik der Geschichte. 1902. – *Mitter, H.:* Über die Bedeutung von Theorien, heute. 1984. – *Mühlfeld, Cl./Schmid, M. (Hg.):* Soziologische Theorie. 1974. – *Poincaré, H.:* Wissenschaft und Hypothese. (Aus dem Franz.) (1902) 1904. – *Popper, K. R.:* Logik der Forschung. 1935, ^{8}1984. [W] – *Rudolph, E./Stöve, E. (Hg.):* Geschichtsbewußtsein und Rationalität. Zum Problem der Geschichtlichkeit in der Theoriebildung. 1982. – *Rüsen, J./Süssmuth, H. (Hg.):* Theorien in der Geschichtswissenschaft. 1982. – *Seiffert, H.:* Einführung in die Wissenschaftstheorie. Bd. 1–3. [E] – *Stegmüller, W.:* Hauptströmungen [...]. Bd. 1–3. [H] – *Ders.:* Probleme und Resultate [...]. Bd. 1–4. [H] – *Ders.:* Neue Wege der Wissenschaftsphilosophie. 1980. – *Thiel, M.:* Enzyklopädie der geisteswissenschaftlichen Arbeitsmethoden. 1967 –. [H] – *Weber, M.:* s. *Auswahl zentraler Literatur* [W]

Helmut Seiffert

Wahr und falsch; Wahrheit

griech. alēthḗs – pseũdos; alḗtheia; lat. vẹrus – fạlsus; vẹritas

A. Übersicht

Die *Korrespondenztheorie* der Wahrheit definiert Wahrheit als Korrespondenz (Übereinstimmung) mit der Wirklichkeit. Sie geht auf ARISTOTELES (384–322 v. Chr.) zurück. In der modernen Philosophie ist sie z. B. von Bertrand RUSSELL (1872–1970) und Karl R. POPPER (geb. 1902) vertreten worden. Alfred TARSKIS (geb. 1901) semantische Wahrheitstheorie ist eine Korrespondenztheorie der Wahrheit für formalisierte Sprachen.

Die *Kohärenztheorie* der Wahrheit betrachtet eine Aussage als wahr, wenn sie sich in ein Gesamtsystem von Aussagen einordnen läßt. Sie wurde oft mit einer intellektualistischen Erkenntnistheorie verbunden, ist aber auch von positivistisch orientierten Wissenschaftstheoretikern vertreten worden.

Die *Redundanztheorie* der Wahrheit betrachtet Begriffe wie »wahr« und »falsch« als überflüssig und ohne darstellende Funktion. Sie ist von Frank P. RAMSEY (1903–1930) in seiner Kritik von RUSSELLS Korrespondenztheorie aufgestellt worden.

Die *performative Wahrheitstheorie* geht davon aus, daß die Sprache nicht nur eine darstellende Funktion hat, sondern daß sie auch benutzt werden kann, um Handlungen auszuführen. Der Wahrheitsbegriff wird z. B. benutzt, um Aussagen besonderen Nachdruck zu geben oder um sie zu unterstützen. Die Theorie ist von Peter F. STRAWSON (geb. 1919) vertreten worden.

Die *Konsenstheorie* der Wahrheit geht auf die stoische Philosophie zurück, in der die Übereinstimmung der Meinungen der mit Vernunft begabten Menschen als ein Wahrheitskriterium betrachtet wurde. Sie wird von vielen modernen Philosophen vertreten.
Gemäß der *pragmatischen Wahrheitstheorie* wird die Wahrheit einer Aussage durch Überprüfung ihrer praktischen Konsequenzen festgestellt. Sie ist von den amerikanischen Philosophen Charles Sanders PEIRCE (1839 bis 1914), William JAMES (1842–1914) und John DEWEY (1859–1952) in verschiedenen Formen vertreten worden.

B. Begriffsklärung
I. Umfang des Wahrheitsbegriffs
Beschreibende Sätze (Aussagen) können wahr oder falsch sein. Sie sind wahr, falls die Beschreibung zutrifft, sonst sind sie falsch.
Einige Wahrheitstheorien (z. B. TARSKIS semantische Wahrheitstheorie) definieren Wahrheit primär für Sätze als *sprachliche* Gebilde. Andere Wahrheitstheorien verneinen zwar nicht, daß darstellende Sätze wahr oder falsch sein können, betrachten aber Wahrheit primär als eine Eigenschaft von nichtsprachlichen Gebilden. Entweder wird behauptet, daß Wahrheit primär eine Eigenschaft *psychologischer* Zustände oder Akte wie Meinungen, Urteile oder Vorstellungen ist. Oder es wird behauptet, daß Wahrheit primär eine Eigenschaft von objektiven Gedankeninhalten (Propositionen) ist, also eine Eigenschaft gewisser *idealer Entitäten*. So drücken z. B. der deutsche Satz »es regnet« und der englische Satz »it is raining« denselben objektiven Gedankeninhalt aus. Es ist eine umstrittene Frage, ob und in welchem Sinne objektive Gedankeninhalte (Propositionen) existieren.

II. Wahrheitsdefinition und Wahrheitskriterium
Eine Wahrheitsdefinition beantwortet die Frage, was es bedeutet, daß eine Aussage wahr ist. Sie gibt also dem Wahrheitsbegriff einen Inhalt. Ein Wahrheitskriterium beantwortet die Frage, wie man wissen kann, daß eine Aussage wahr ist. Sie gibt eine Methode an, mit deren Hilfe festgestellt werden kann, ob eine Aussage wahr ist.
Die Frage nach einer Wahrheitsdefinition ist eine *semantische* Frage. Die Frage nach einem Wahrheitskriterium ist eine *erkenntnistheoretische* Frage. Eine vollständige Wahrheitstheorie sollte beide Typen von Fragen behandeln. Dabei sind auch negative Antworten möglich, die verneinen, daß eine allgemeine Wahrheitsdefinition oder ein allgemeines Wahrheitskriterium aufgestellt werden kann.

C. Die einzelnen Wahrheitstheorien
I. Die Korrespondenztheorie
1. Die klassische Fassung: Gemäß einer klassischen Formulierung der Korrespondenztheorie besteht die Wahrheit einer Aussage in ihrer Übereinstimmung mit der Wirklichkeit. Diese oder ähnliche Formulierungen wurden lange als hinreichend klare Wahrheitsdefinitionen betrachtet. Mit diesem Ausgangspunkt konzentrierte sich die neuzeitliche Philosophie nach der Entstehung der modernen → *Naturwissenschaften* auf die Frage nach einem Wahrheitskriterium. Empiristische Erkenntnistheorien suchten es in der Erfahrung. Intellektualistische Erkenntnistheorien behaupteten, daß die Wahrheit gewisser Aussagen dem Intellekt unmittelbar einleuchtet. Als Beispiele wurden oft mathematische oder geometrische Aussagen gewählt. Beiden erkenntnistheoretischen Richtungen ist gemeinsam, daß die Wahrheit von einigen Aussagen als *evident* betrachtet wird (→ *Erkenntnistheorie*). Wahrheitstheorien, die Evidenz als Wahrheitskriterium betrachten, werden dann und wann *Evidenztheorien* genannt und als selbständige Wahrheitstheorien betrachtet. Meistens wurde aber Evidenz als ein Kriterium für die Korrespondenz einer Aussage mit der Wirklichkeit betrachtet.
Es besteht keine notwendige Verbindung zwischen Evidenz als Wahrheitskriterium und Korrespondenz als Wahrheitsdefinition. Im Kritischen Rationalismus wird Wahrheit als Korrespondenz mit der Wirklichkeit definiert, es wird aber verneint, daß ein allgemeines Wahrheitskriterium aufgestellt werden kann. Besonders wird verneint, daß subjektive Evidenzerlebnisse als ein Wahrheitskriterium dienen können (s. unten »semantische Wahrheitstheorie« und »Konsenstheorie der Wahrheit«; → *Kritischer Rationalismus*).
Was ist in der Korrespondenztheorie mit »Übereinstimmung mit der Wirklichkeit« gemeint? Die einfachste Antwort auf diese Frage ist, Übereinstimmung als Abbildung oder Abspiegelung aufzufassen. Gemäß dieser Auffassung ist eine Aussage wahr, wenn sie die Wirklichkeit so abbildet wie ein Bild einen Gegenstand.

Es ist bezweifelt worden, daß eine Aussage oder ein Gedanke die Wirklichkeit in diesem Sinne abbilden kann. Es ist auch bezweifelt worden, daß eine Aussage oder ein Gedanke direkt mit der Wirklichkeit verglichen werden kann, so, wie ein Gegenstand mit einem Spiegelbild verglichen werden kann. Diese Variante der Korrespondenztheorie ist als Wahrheitsdefinition und als Wahrheitskriterium philosophisch und erkenntnistheoretisch als naiv kritisiert worden.

2. Übereinstimmung als Strukturgleichheit: In der modernen Diskussion über die Korrespondenztheorie wird Übereinstimmung mit der Wirklichkeit nicht als Abspiegelung aufgefaßt. Statt dessen wird sie als eine umkehrbar eindeutige Zuordnung zwischen Aussage und Wirklichkeit aufgefaßt. Diese Beziehung zwischen Aussage und Wirklichkeit kann als *Abbildung im mathematischen Sinne* exakt definiert werden. In dieser Variante der Korrespondenztheorie wird nicht angenommen, daß wahre Aussagen oder Gedanken die Wirklichkeit direkt abspiegeln, sondern nur, daß eine umkehrbar eindeutige Zuordnung zwischen Aussage (oder Gedanken) und Wirklichkeit besteht.

Um diese Idee zu erläutern, hat Bertrand RUSSELL folgendes Beispiel behandelt: Was bedeutet es, daß die Aussage »Desdemona liebt Cassio« wahr ist? RUSSELLS allgemeine Antwort ist, daß die Aussage wahr ist, wenn es eine ihr korrespondierende Tatsache gibt, und sonst falsch ist. Die Aussage »Desdemona liebt Cassio« ist also wahr, wenn es eine Tatsache ist, daß Desdemona Cassio liebt. RUSSELL versucht nun, die Aussage »Desdemona liebt Cassio« und die entsprechende Tatsache näher zu analysieren. In der Aussage wird eine zweistellige Beziehung (»*x* liebt *y*«) zwischen Desdemona und Cassio behauptet. Diese Aussage ist wahr, wenn in der Wirklichkeit die entsprechende Beziehung zwischen Desdemona und Cassio besteht, wenn also die komplexe Einheit »Desdemonas Liebe zu Cassio« existiert. Wichtig in dieser Analyse ist, daß sowohl Aussage wie auch Faktum als eine komplexe Einheit mit bestimmter Struktur aufgefaßt werden. RUSSELL sagt, daß eine Aussage *wahr* ist, »wenn sie mit einem gewissen zu ihr gehörenden Komplex *korrespondiert*, und *falsch*, wenn sie das nicht tut«. Bei wahren Aussagen gibt es eine Strukturgleichheit zwischen Aussage und Faktum. Bei falschen Aussagen existiert das entsprechende Faktum nicht, und es gibt deshalb keine Strukturgleichheit zwischen Aussage und Faktum.

Diese Analyse von »Übereinstimmung mit der Wirklichkeit« als umkehrbar eindeutige Zuordnung und als Strukturgleichheit zwischen Aussage und Faktum wurde später von WITTGENSTEIN im *Tractatus* weiter bearbeitet. Wenn WITTGENSTEIN dort sagt, daß ein Satz ein Bild der Wirklichkeit ist, so ist »Bild« ausschließlich in dem eben angedeuteten mathematischen Sinne zu verstehen. Später hat WITTGENSTEIN bezweifelt, daß es eine Strukturgleichheit zwischen Sprache und Wirklichkeit gibt. Er hat deshalb die Korrespondenztheorie der Wahrheit aufgegeben.

3. Die semantische Wahrheitstheorie: Neben der klassischen Definition von Wahrheit als »Übereinstimmung mit der Wirklichkeit« gibt es seit dem Mittelalter auch folgende Formulierung: Ein Satz ist wahr, wenn die Sache so ist wie bezeichnet. Wahrheit wird hier ausdrücklich als eine Eigenschaft von Sätzen, also von sprachlichen Entitäten, aufgefaßt. Weiter wird Wahrheit in einer Beziehung zwischen dem Satz und dem, was der Satz bezeichnet, also in einer *semantischen* Beziehung, gesucht. Deshalb wird von einer semantischen Wahrheitstheorie gesprochen.

Eine moderne Fassung der semantischen Wahrheitstheorie ist von TARSKI aufgestellt worden. Der Ausgangspunkt für seine Untersuchungen war die Frage, ob der Wahrheitsbegriff widersprüchlich sei. Seit der Antike sind Aussagen über Wahrheit, die zu Widersprüchen führen, bekannt, z. B.:

»Diese Aussage ist nicht wahr«.

Wird angenommen, daß die Aussage wahr ist, folgt, daß sie falsch ist, und umgekehrt. Zeigt diese Aussage, daß der Wahrheitsbegriff widersprüchlich ist?

Von einer formal zufriedenstellenden Definition der Wahrheit verlangt TARSKI, daß sie nicht zu solchen Widersprüchen führt. Ist es aber möglich, eine solche Definition aufzustellen? TARSKI zeigt, daß der angeführte Widerspruch vermieden werden kann, wenn zwischen verschiedenen Sprachen unterschieden wird. In der *Objektsprache* wird über Objekte (wie z. B. »Desdemona«, »Cassio«, »die Sonne« usw.) gesprochen. Zu ihr gehören Sätze wie »Desdemona liebt Cassio« und »Die Sonne scheint«. Um über die Objektsprache sprechen zu können, muß eine *Metasprache* eingeführt werden. Erst in der Metasprache kann z. B. gesagt werden:

»Der Satz ›Desdemona liebt Cassio‹ ist falsch«
oder
»Der Satz ›Die Sonne scheint‹ ist wahr«.

Gemäß Tarski ist der Wahrheitsbegriff ein zur Metasprache gehörender semantischer Begriff. (Andere semantische Begriffe der Metasprache sind z. B. »Definition« und »Bezeichnung«.) Der behandelte Widerspruch entsteht erst, wenn nicht zwischen Objekt- und Metasprache unterschieden wird.
Nachdem Tarski gezeigt hat, daß der Wahrheitsbegriff nicht widersprüchlich ist, stellt er die Frage, ob es möglich ist, eine *inhaltlich zufriedenstellende* Definition der Wahrheit aufzustellen. Um Wahrheitsdefinitionen beurteilen zu können, stellt er folgendes Kriterium für inhaltliche Angemessenheit auf, in dem »*p*« eine beliebige Aussage und »*X*« ihr metasprachlicher Name ist:

X ist wahr genau dann, wenn *p* (Äquivalenz *W*).

Aus einer inhaltlich zufriedenstellenden Wahrheitsdefinition müssen alle Äquivalenzen der Form *W* folgen. Wenn z. B. die Aussage »Desdemona liebt Cassio« gemäß einer Wahrheitsdefinition wahr ist, dann muß folgen:

»›Desdemona liebt Cassio‹ ist wahr genau dann, wenn Desdemona Cassio liebt«.

Diese Äquivalenz könnte als selbstverständlich oder trivial aufgefaßt werden, ist es aber nicht. Wenn wir z. B. Wahrheit gemäß der Konsenstheorie definieren, dann ist es möglich, sich vorzustellen, daß es eine allgemein akzeptierte Meinung ist, daß Desdemona Cassio liebt, daß also die Aussage »Desdemona liebt Cassio« gemäß der Konsenstheorie wahr ist, daß aber dennoch Desdemona Cassio nicht liebt. In diesem Falle wäre die entsprechende Äquivalenz der Form *W* nicht erfüllt. Gemäß Tarskis Kriterium müßte eine konsenstheoretische Wahrheitsdefinition als inhaltlich nicht zufriedenstellend zurückgewiesen werden. Das gleiche gilt, wenn Wahrheit im Sinne einer Kohärenztheorie oder einer pragmatischen Wahrheitstheorie definiert wird. Tarskis Kriterium für die inhaltliche Angemessenheit einer Wahrheitsdefinition hat also bedeutende Konsequenzen.
Tarskis allgemeine Wahrheitsdefinition setzt einige semantische Begriffe voraus, die hier nicht eingeführt werden können. Statt dessen soll ein einfacher Spezialfall betrachtet werden, nämlich eine Sprache mit endlich vielen Elementarsätzen. In einer solchen Sprache kann die Wahrheit der Elementarsätze mit Äquivalenzen von der Form *W* definiert werden. Die Äquivalenz

»›Desdemona liebt Cassio‹ ist wahr genau dann, wenn Desdemona Cassio liebt«

könnte als eine Definition der Wahrheit der Aussage »Desdemona liebt Cassio« betrachtet werden usw. für die übrigen, endlich vielen Elementarsätze. Die Wahrheit von nichtelementaren Sätzen kann rekursiv definiert werden. Für die Negation kann z. B. folgende Definition aufgestellt werden:

Der Satz, der gebildet wird durch das Stellen von »Es ist nicht der Fall, daß...« vor einen bestimmten Satz *S* ist wahr genau dann, wenn *S* nicht wahr ist.

Ähnlich kann die Wahrheit von Sätzen, die durch »und«, »oder« usw. gebildet werden, definiert werden.
Tarskis semantische Wahrheitstheorie zeigt, daß eine Wahrheitsdefinition aufgestellt werden kann, die nicht zu Widersprüchen führt und die inhaltlich zufriedenstellend ist. Es ist kritisiert worden, daß Tarskis Wahrheitsdefinition nicht mit einem Wahrheitskriterium verbunden ist. Tarski bemerkt dazu, daß nicht nur der Wahrheitsbegriff, sondern viele andere Begriffe in Logik, Mathematik und in empirischen Wissenschaften nicht mit einem Kriterium oder einer Feststellungsmethode verbunden sind. Er behauptet, daß man in einem gewissen Sinne sogar beweisen kann, daß ein allgemeines Wahrheitskriterium nicht aufgestellt werden kann.
In der modernen → *Wissenschaftstheorie* ist Tarskis semantische Wahrheitstheorie vom Kritischen Rationalismus aufgenommen worden (→ *Kritischer Rationalismus*).

II. Die Kohärenztheorie
Neben der Korrespondenztheorie gehört die Kohärenztheorie zu den klassischen Wahrheitstheorien. Ihr Ursprung ist Zweifel daran, ob es sinnvoll ist, Wahrheit als Übereinstimmung (Korrespondenz) mit der Wirklichkeit zu definieren. Die Kritiker der Korrespondenztheorie meinten, daß es unklar ist, was mit »Übereinstimmung mit der Wirklichkeit« gemeint ist, und daß man mit Ausgangspunkt einer solchen Definition nie zu einer Feststellungsmethode für Wahrheit kommen kann, weil ein direkter Vergleich mit der Wirklichkeit nicht möglich ist.

Die Kohärenztheorie wurde aufgestellt, um zu einer klareren Wahrheitsdefinition zu kommen, die außerdem eng mit einer Feststellungsmethode verbunden war. Man hoffte auch, erkenntnistheoretische Einwände, die gegen einige mit der Korrespondenztheorie verbundene Wahrheitskriterien erhoben worden waren, vermeiden zu können, vor allem den Einwand, daß die Korrespondenztheorie erkenntnistheoretisch naiv sei.

Die Kohärenztheorie »bezeichnet es als Merkmal der Falschheit eines Gedankens, wenn er sich nicht widerspruchslos in die Gesamtheit unserer Meinungen einordnet, und das Wesen jeder Wahrheit besteht nach ihr darin, Teil eines vollkommen abgeschlossenen Systems zu sein, das ›Die Wahrheit‹ ist« (B. Russell).

Die Kohärenztheorie behauptet also, daß eine Aussage wahr ist genau dann, wenn sie mit gewissen anderen Aussagen kohärent ist. Hier wird nicht Übereinstimmung mit der Wirklichkeit, sondern Übereinstimmung mit anderen Aussagen benutzt, um den Wahrheitsbegriff zu definieren. Durch eine solche Definition wird versucht, die als problematisch empfundene Wirklichkeit und damit verbundene erkenntnistheoretische Probleme zu vermeiden.

Was bedeutet Kohärenz? Eine schwache Deutung ist, daß eine Aussage und ein System von Aussagen kohärent sind, wenn kein Widerspruch zwischen beiden besteht. Laut dieser Deutung bedeutet also Kohärenz Widerspruchsfreiheit. Eine stärkere Deutung ist, daß eine Aussage und ein System von Aussagen kohärent sind, wenn die Aussage von dem System logisch ableitbar ist.

In beiden Deutungen bleibt die Kohärenztheorie problematisch, weil das System von Aussagen, womit verglichen wird, nicht ein beliebiges System sein darf, z. B. nicht irgendein beliebiges Märchen, sondern ein in irgendeinem Sinne ausgezeichnetes System sein muß. Was kennzeichnet aber das Gesamtsystem von Aussagen, womit verglichen wird? Um Zirkularität zu vermeiden, muß vermieden werden zu sagen, daß das Gesamtsystem aus wahren Aussagen besteht. Deshalb ist vorgeschlagen worden, daß das Gesamtsystem in irgendeinem Sinne *vollständig* ist, daß die »Kohärenz des Ganzen« berücksichtigt werden muß. Es ist aber problematisch, ob es reicht, Widerspruchsfreiheit durch Vollständigkeit zu ergänzen. Ein System von Aussagen kann ein Gebiet vollständig und widerspruchsfrei beschreiben und trotzdem falsch sein. In der → *Wissenschaftsgeschichte* sind solche konkurrierende Systeme nicht ungewöhnlich (Theorienpluralismus).

Ein anderer Versuch anzugeben, was das Gesamtsystem von Aussagen kennzeichnet, ist von Carl G. Hempel unternommen worden. Er sagt, daß das Gesamtsystem aus den Aussagen besteht, die von den Wissenschaftlern in unserem Kulturkreis akzeptiert werden. Hier wird letzten Endes auf eine Konsenstheorie der Wahrheit zurückgegriffen, um die Schwierigkeiten zu vermeiden, die mit der Kohärenztheorie verbunden sind.

III. Die Redundanztheorie

Die Redundanztheorie behauptet, daß Begriffe wie »wahr« und »falsch« keine darstellende Funktion haben und deshalb überflüssig sind. Eine Aussage wie

»Es ist wahr, daß die Sonne scheint«

bedeutet gemäß dieser Auffassung nichts anderes als

»Die Sonne scheint«.

Ähnlich bedeutet die Aussage

»Es ist falsch, daß die Sonne scheint«

nur

»Die Sonne scheint nicht«.

Keine Information geht verloren, wenn die einfacheren Aussagen benutzt werden.

Wenn Tarskis Unterscheidung zwischen Objekt- und Metasprache akzeptiert wird, ist es sicher richtig, daß Ausdrücke wie »es ist wahr, daß...« in der Objektsprache oft überflüssig sind. Eine zufriedenstellende Redundanztheorie müßte allerdings auch erklären können, wie der Wahrheitsbegriff in Aussagen wie

»Alles, was der Parteivorsitzende sagt, ist wahr«

ohne Verlust von Information eliminiert werden soll. Gemäß Tarskis Theorie ist der Wahrheitsbegriff nicht redundant in der Metasprache, sondern erfüllt eine wichtige Funktion, wenn über Sätze der Objektsprache gesprochen wird (vgl. C.I.3. oben).

IV. Die performative Wahrheitstheorie

Die performative Wahrheitstheorie ist eine Weiterentwicklung der Redundanztheorie. Wie die Redundanztheorie behauptet sie, daß der Wahrheitsbegriff keine darstellende Funktion hat und deshalb kognitiv (hinsicht-

lich der Erkenntnis) überflüssig ist. Das schließt aber nicht aus, daß der Wahrheitsbegriff andere und nichtkognitive Funktionen haben kann.
Die Sprache hat nicht nur die Funktion, Information zu vermitteln. Sie kann auch performativ (auf die Ausführung bezogen) benutzt werden, um Handlungen auszuführen, wie z. B. in dem Satz:

»Ich verspreche, daß ich komme«.

Gemäß der performativen Wahrheitstheorie werden Ausdrücke wie »es ist wahr, daß...« benutzt, um Sätzen besonderen Nachdruck zu geben, um sie zu unterstützen, oder um zu zeigen, daß sie akzeptiert werden.
Neben der performativen Funktion des Wahrheitsbegriffs wird auch seine expressive Funktion oder Ausdrucksfunktion betont. Laut STRAWSON wird »wahr« auch benutzt, um Überraschung, Staunen, Mißtrauen oder Zweifel auszudrücken. Stellen wir uns als Beispiel vor, daß der eifersüchtige Othello sagt, daß es wahr ist, daß Desdemona Cassio liebt.

V. Die Konsenstheorie

Ähnlich wie die Kohärenztheorie ist die Konsenstheorie aus einer Kritik der Korrespondenztheorie der Wahrheit entstanden. Wahrheit wird hier nun aber nicht mit Übereinstimmung von Aussagen – wie in der Kohärenztheorie –, sondern mit Übereinstimmung von Meinungen definiert. Der Unterschied zwischen den beiden Theorien ist also nicht besonders groß.
Gemäß der Konsenstheorie ist eine Aussage wahr, wenn sie allgemein akzeptiert wird. So ist z. B. die Aussage, daß Kolumbus Amerika 1492 entdeckte, wahr, weil sie allgemein von den Wissenschaftlern akzeptiert wird. Wie in der Kohärenztheorie wird kein problematischer Vergleich mit der Wirklichkeit benutzt, um Wahrheit zu definieren oder festzustellen. Ähnlich wie in der Kohärenztheorie werden zusätzliche Bedingungen aufgestellt. So wird z. B. oft behauptet, daß Konsens hier und jetzt nicht ausreicht, sondern daß erst langfristiger Konsens zeigen kann, daß eine Aussage wahr ist. Damit verliert der Konsens etwas von seiner Bedeutung als Wahrheitskriterium, denn der langfristige Konsens ist ja nicht jetzt bekannt. Um Konsens doch als Wahrheitskriterium benutzen zu können, wird dann und wann angenommen, daß der Konsens heute eine Approximation des langfristigen Konsenses ist, daß mit der Entwicklung der Diskussion eine immer genauere Annäherung an den langfristigen Konsens (= die absolute Wahrheit) vor sich geht.
Andere Zusatzannahmen, die oft gemacht werden, hängen damit zusammen, daß erst der Konsens von *qualifizierten* Personen als relevant betrachtet wird. Solche Qualifikationen sind z. B.: (1) *Gutwilligkeit:* Die Sprechenden dürfen nicht die Absicht haben, einander zu täuschen oder zu betrügen; (2) *Vernünftigkeit:* Die Sprechenden dürfen nicht von bloßen Emotionen, Traditionen oder Gewohnheiten bestimmt sein, sondern müssen den besprochenen Gegenständen aufgeschlossen sein; (3) *Sprachkundigkeit:* Die Sprechenden müssen dieselbe Sprache sprechen; (4) *Normalsinnigkeit:* Die Sprechenden müssen ihre »fünf Sinne beisammen« haben, müssen imstande sein, eine geeignete Nachprüfung der diskutierten Aussagen durchzuführen; (5) *Sachkundigkeit:* Die Sprechenden müssen sich über den Gesprächsgegenstand auskennen. Diese Bedingung ist besonders wichtig in hochentwickelten Wissenschaften. Um z. B. zu beurteilen, ob eine physikalische Aussage wahr ist, kommen nur sachkundige Physiker in Betracht. »In summa: Wenn auch jeder andere, der mit mir dieselbe Sprache spricht, der sachkundig und vernünftig ist, einem Gegenstand nach geeigneter Nachprüfung den Prädikator ›*P*‹ [...] zusprechen würde, dann [...] darf ich [...] sagen: ›Die Aussage ›dies ist *P*‹ ist wahr.‹« (KAMLAH/LORENZEN)
Dieses Wahrheitskriterium darf nicht als ein Appell an eine fremde und autoritäre Instanz mißverstanden werden. Es hat nichts mit der Inszenierung einer Abstimmung, deren Ergebnis blind akzeptiert werden muß, zu tun. Eine Aussage kann wahr sein, auch wenn niemand (oder noch niemand) ihr zustimmt. Die Bedingung, daß jeder Sprach- und Sachkundige bei geeigneter Nachprüfung »zustimmen würde«, schließt ja nicht aus, daß die geeignete Nachprüfung noch nicht ausgeführt worden ist (vgl. die oben diskutierte Bedingung des langfristigen Konsenses).

VI. Die pragmatische Wahrheitstheorie

Auch diese Wahrheitstheorie geht von einer Kritik der Korrespondenztheorie aus. Sie behauptet, daß Aussagen nicht direkt mit der Wirklichkeit verglichen werden können, sondern daß nur die »praktischen Konsequenzen« einer Aussage untersucht werden können. Dies gilt vor allem für die theoretischen Aussagen einer Wissenschaft.

Einige Vertreter dieser Theorie waren vor allem an experimenteller Überprüfung von wissenschaftlichen Hypothesen interessiert. Für PEIRCE z. B. bedeuteten »praktische Konsequenzen« Konsequenzen, die durch wiederholbare Experimente überprüft werden konnten, also intersubjektiv nachprüfbare experimentelle Effekte.

Auch DEWEY hatte einen ähnlichen Ausgangspunkt. Er betonte, daß die Forschung immer von Problemen ausgeht. Eine Aussage (oder »Idee«) ist wahr, wenn sie das Ausgangsproblem löst. Diese pragmatische Analyse von Forschung als Problemlösung gilt nicht nur für wissenschaftliche Forschung. DEWEY und JAMES diskutieren folgendes Beispiel: Ein Mann, der sich in der Wildnis verloren hat, befindet sich in einer Problemsituation und muß nach Ideen suchen, um den Weg zurück zu finden. Wenn eine Idee dazu führt, daß der Weg nach Hause gefunden wird, dann ist eine solche praktisch bewährte Idee auch wahr. Diese Analyse kann auch auf wissenschaftliche Probleme angewendet werden. Wissenschaftliche Probleme entstehen, wenn nach Erklärungen und Voraussagen gesucht wird. Durch experimentelle Überprüfung kann festgestellt werden, ob wissenschaftliche Hypothesen Phänomene richtig erklären und voraussagen. Hypothesen, die sich in der wissenschaftlichen Praxis bewährt haben, sind wahr.

W. JAMES hat diese pragmatische Analyse auf metaphysische und religiöse Ideen angewendet. Sie sind Versuche, lebenspraktische Probleme zu lösen. Wenn sie sich in der Lebenspraxis bewähren, sind sie wahr. »Wir können keine Hypothese ablehnen, aus der sich nützliche Konsequenzen für das Leben ergeben.« »Wenn die Hypothese von Gott im weitesten Sinne des Wortes befriedigt, ist sie wahr.« (W. JAMES)

Der von W. JAMES vertretene Pragmatismus ist von B. RUSSELL mit Ausgangspunkt von der Korrespondenztheorie der Wahrheit kritisiert worden. Laut RUSSELL versucht JAMES »einen Oberbau von Glauben auf einer Basis von Skeptizismus zu errichten«. R. CARNAP und G. E. MOORE haben in einer allgemeineren Kritik des → *Pragmatismus* behauptet, daß er auf einer Verwechslung von »Wahrheit« und »Bewährung« beruht.

Gunnar Andersson

Besonders empfehlenswert ist: *Skirbekk, G. (Hg.),* Wahrheitstheorien. Eine Auswahl aus den Diskussionen über Wahrheit im 20. Jahrhundert. stw 1977. Das Buch bietet wichtige Beiträge zu Wahrheitstheorien. Die nicht deutschsprachigen Texte sind übersetzt. Auswahlbibliographie.

Gunnar Andersson

Bubner, R./Cramer, K./Wiehl, R. (Hg.): Dialog als Methode. (Neue Hefte zur Philosophie 2/3) 1972. – *Coomann, H.:* Die Kohärenztheorie der Wahrheit. 1983. – *Davidson, D.:* Wahrheit und Interpretation. (Aus dem Engl.) 1985. – *Delbrück, M.:* Wahrheit und Wirklichkeit. Über die Evolution des Erkennens. 1986. – *Dummett, M.:* Wahrheit. (Aus dem Engl.) (1978) RUB 1982. – *Eccles, J. C.:* Wahrheit und Wirklichkeit. (Facing reality) (1970) 1975. – *Fleischer, M.:* Wahrheit und Wahrheitsgrund. Zum Wahrheitsproblem und zu seiner Geschichte. 1984. – *Franzen, W.:* Die Bedeutung von »wahr« und »Wahrheit«. 1982. – *Gerhardt, V. (Hg.):* Wahrheit und Begründung. 1985. – *Habermas, J.:* Vorstudien und Ergänzungen zur Theorie des kommunikativen Handelns. 1984. – *Habermas, J.:* Wahrheitstheorien. 1973. [W] – *Heckmann, H.-D.:* Was ist Wahrheit? 1981. – *Heidegger, M.:* Vom Wesen der Wahrheit. 1943, 61976. – *Hempel, C. G.:* Zur Wahrheitstheorie des logischen Positivismus. (1935) In: *Skirbekk.* – *Henke, E.:* Wahrheit. Ein philosophischer Versuch zum naturwissenschaftlichen Wahrheitsbegriff. 1984. – *Ineichen, H.:* Einstellungssätze. Sprachanalytische Untersuchungen zur Erkenntnis, Wahrheit und Bedeutung. 1987. – *James, W.:* Der Pragmatismus. (Aus dem Engl.) (1907) 1908 = 1977. – *Kamlah, W./Lorenzen, P.:* Logische Propädeutik. 1967, 21973. – *Möller, J.:* Wahrheit als Problem. 1971. – *Peirce, Ch. S.:* Schriften. Bd. 1: 1967; Bd. 2: 1970. – *Pitcher, G. (Hg.):* Truth. 1964. – *Puntel, L. B.:* Wahrheitstheorien in der neueren Philosophie. 1978, 21983. – *Quine, W. v. O.:* Philosophie der Logik. (Aus dem Engl.) (1970) 1973. – *Ramsey, F. P.:* Tatsachen und Propositionen. (1927) In: *Skirbekk.* – *Rescher, N.:* The coherence theory of truth. 1973, 1982. – *Russell, B.:* Probleme der Philosophie. (Aus dem Engl.) (1912, 1962) 1967. – *Skirbekk, G. (Hg.):* Wahrheitstheorien. stw 1977. – *Stegmüller, W.:* Das Wahrheitsproblem und die Idee der Semantik. 1957, 21968 = 1977. – *Strawson, P. F.:* Wahrheit. (1950) In: *Skirbekk.* – *Tarski, A.:* Der Wahrheitsbegriff in den formalisierten Sprachen. In: Studia philosophica 1, 1935. – *Tugendhat, E.:* Tarskis semantische Definition der Wahrheit. In: Philosophische Rundschau 8, 1960. – *Weingartner, P.:* Vier Fragen zum Wahrheitsbegriff. In: Salzburger Jahrbuch für Philosophie 8, 1964. – *White, A. R.:* Truth. 1971. – *Wittgenstein, L.:* Tractatus logico-philosophicus. 1921. (Schriften. Bd. 1. 1960).

Gunnar Andersson/H.S.

Wahrscheinlichkeit

Probabilität zu lat. probabilis: beachtenswert, glaubhaft, wahrscheinlich

A. Sachgeschichte

Die erste systematische Berechnung von Wahrscheinlichkeiten dürfte von dem bedeutenden italienischen Renaissance-Mathematiker Gerolamo CARDANO (1501–1576) stammen. Schon der Titel seines Buches *Liber de ludo aleae* (»Über das Würfelspiel«) macht deutlich, welche Beweggründe und Fragestellungen zur mathematischen Untersuchung von zufallsabhängigen Ereignissen führten. Mit Fragen wie denen nach den Gewinnerwartungen in Glücksspielen, nach der fairen Verteilung des Einsatzes bei vorzeitigem Spielabbruch etc. befaßten sich u. a. Blaise PASCAL (1623–1662; *De aleae Geometriae*), Pierre DE FERMAT (1601–1665) und Christiaan HUYGENS (1629–1695; *De ratiociniis in ludo aleae*) und begründeten damit die Wahrscheinlichkeitstheorie, an der ein Interesse aber auch aus versicherungsmathematischen Gründen sowie zur Beurteilung der Tatsachenerkenntnisse in Gerichtsverfahren bestand. Wichtige Beiträge zur damit zur »klassischen« werdenden Wahrscheinlichkeitstheorie lieferten dann insbesondere der schweizerische Mathematiker Jakob BERNOULLI mit seiner *Ars conjectandi* (1713), Abraham de MOIVRE in *The doctrine of chances* (1718) und vor allem Pierre Simon DE LAPLACE, dessen *Theorie analytique des probabilités* von 1812 den Rahmen für die wahrscheinlichkeitstheoretischen Untersuchungen des 19. Jh. lieferte. Im 20. Jh. wurde die Wahrscheinlichkeitstheorie zu einem Zweig der reinen Mathematik weiterentwickelt und auf eine axiomatische Grundlage gestellt. Als Fundament der Statistik spielt sie in den empirischen Wissenschaften eine große Rolle und wird auch zur Lösung wissenschaftstheoretischer und entscheidungstheoretischer Probleme herangezogen.

B. Mathematische Aspekte der Wahrscheinlichkeitstheorie

I. Vorbemerkung zur Axiomatisierung

Nach moderner Auffassung (HILBERT) sind Axiome – anders als etwa für ARISTOTELES – keine evidenten unbezweifelbaren Wahrheiten. Da Axiome weder wahr noch falsch sein können, läßt sich eine Theorie grundsätzlich auf verschiedene Arten axiomatisieren. Äquivalent heißen zwei Axiomensysteme, wenn sich aus ihnen dieselben Lehrsätze herleiten lassen. Die Entscheidung für ein bestimmtes Axiomensystem hängt dann von Zweckmäßigkeitsüberlegungen ab. Axiomensysteme für die Wahrscheinlichkeitstheorie wurden u. a. von H. JEFFREYS, J. M. KEYNES, B. O. KOOPMANN, S. MAZURKIEWICZ, K. R. POPPER und G. H. v. WRIGHT vorgeschlagen. Das wohl berühmteste und meistbenutzte Axiomensystem stammt von dem russischen Mathematiker Andrej KOLMOGOROW (Grundbegriffe der Wahrscheinlichkeitsrechnung, 1933). Es soll nun kurz skizziert werden (für eine ausführliche Behandlung vgl. vor allem STEGMÜLLER, an den wir uns in der folgenden Darstellung der Axiome anlehnen).

II. Die Axiomatisierung der Wahrscheinlichkeitstheorie

Die Axiomatisierung der Wahrscheinlichkeitstheorie erfolgt durch die Definition des mengentheoretischen Prädikates des Wahrscheinlichkeitsraumes. Die Darstellung bleibt hier auf den Fall des endlich-additiven Wahrscheinlichkeitsraumes beschränkt; er ist ein geordnetes Tripel $\langle \Omega, \mathfrak{A}, P \rangle$. Ω ist der Stichproben- oder Möglichkeitsraum (engl.: sample space), der eine (nicht-leere) Menge ist. Sie enthält z. B. im Falle des Zufallsexperimentes »Würfeln mit einem gewöhnlichen Würfel« die Augenzahlen 1, 2, 3, 4, 5, 6 (also alle möglichen Ergebnisse des Experiments) als Elemente.

$\mathfrak{A}$ ist ein Mengenkörper (oder eine Mengenalgebra; engl.: algebra of sets) über Ω, d. h., $\mathfrak{A}$ ist eine Klasse von Teilmengen von Ω, die 1. Ω selbst enthält, 2. die Komplemente $\bar{A}$, $\bar{B}$, $\bar{C}$ ... aller ihrer Elemente A, B, C als Elemente enthält sowie 3. die Vereinigung $A \cup B$ je zweier ihrer Elemente A, B als Element enthält (mit anderen Worten: $\mathfrak{A}$ ist hinsichtlich der Operationen der Komplementbildung und der Vereinigungsbildung abgeschlossen). Die Teilmengen A, B ... von Ω sowie Ω selbst heißen Ereignisse. Im Falle des Würfelwurfes wären mögliche Ereignisse z. B. die Augenzahlen 1, 2, ... 6, »Primzahl größer als 2« (gleichbedeutend mit »3 oder 5«) »höchstens eine Vier geworfen« (gleichbedeutend mit »1 oder 2 oder 3 oder 4« oder auch »weder 5 noch 6«) usw. Da man das Experiment als nicht durchgeführt betrachtet, wenn der Würfel einmal auf der Kante liegenbleibt, zerspringt o. ä., muß also immer eine der Augenzahlen von 1 bis 6 oben liegen und damit immer das Ereignis Ω eintreffen, das deshalb das sichere Ereignis genannt wird. Sein Komplement heißt das unmögliche Ereignis, es ist die leere Menge $\emptyset$ der Ergebnisse des Zufallsexperimentes. Jedem Ereignis wird nun mittels der Funktion P, die Wahrscheinlichkeitsmaß heißt, eine reelle Zahl aus dem geschlossenen Intervall (0, 1) als Wahrscheinlichkeit zugeordnet. Das unmögliche Ereignis erhält die Wahrscheinlichkeit 0, das sichere die Wahrscheinlichkeit 1. Das Wahrscheinlichkeitsmaß P ist normiert (d. h. hier auf das Intervall [0, 1] beschränkt) und endlich additiv (d. h., die Wahrscheinlichkeit des Ereignisses »A oder B« ist gleich der Summe der Wahrscheinlichkeiten der Ereignisse A und B, wenn A und B kein gemeinsames Element haben, also unverträglich oder disjunkt sind. KOLMOGOROWS Axiome lassen sich nun als Bedingungen formulieren, die die Funktion P (das Wahrscheinlichkeitsmaß), deren Definitionsbereich der Mengenkörper ist, erfüllen muß (vgl. z. B. STEGMÜLLER, 146; SUPPES, 277):

A1 Für alle $A \in \mathfrak{U}$ ist $P(A) \geq 0$
A2 $P(\Omega) = 1$
A3 Wenn $A \in \mathfrak{U}$ und $B \in \mathfrak{U}$ und $A \cap B = \emptyset$, dann $P(A \cup B) = P(A) + P(B)$.

III. *Einige wichtige Theoreme und Definitionen der Wahrscheinlichkeitstheorie*

1. Für alle Ereignisse A gilt: $P(A)+P(\bar{A}) = 1$ und daher $P(\bar{A}) = 1 - P(A)$, d. h., die Wahrscheinlichkeit eines Ereignisses und die seines Nichteintreffens ergeben zusammen 1, oder anders ausgedrückt: Die Wahrscheinlichkeit des Komplementes $\bar{A}$ von A ist gleich dem Komplement der Wahrscheinlichkeit von A ($A \cup \bar{A}$ ist das sichere Ereignis).

2. Die bedingte Wahrscheinlichkeit, daß das Ereignis B eintrifft, wenn das Ereignis A schon eingetroffen ist, wird unter der Voraussetzung, daß $P(A) \neq 0$ ist, definiert als:

$$P(B|A) \underset{\text{def}}{=} \frac{P(A \cap B)}{P(A)}$$

3. Aus *2.* folgt durch Multiplizieren der Gleichung mit $P(A)$:

$$P(A \cap B) = P(A) \cdot P(B|A)$$

und durch Vertauschen von A und B:

$$P(A \cap B) = P(B) \cdot P(A|B),$$

das sogenannte allgemeine Multiplikationstheorem. Es gibt die Wahrscheinlichkeit dafür an, daß zwei Ereignisse gemeinsam eintreten.

4. Wenn das vorherige Eintreten des Ereignisses A für das Eintreten des Ereignisses B irrelevant ist, ist die bedingte Wahrscheinlichkeit von B unter der Voraussetzung A gleich der absoluten Wahrscheinlichkeit von B:

$P(B|A) = P(B)$;
analog gilt $P(A|B) = P(A)$.

Nach *3.* ergibt sich $P(A \cap B) = P(A) \cdot P(B)$. Dies ist die Definition für die stochastische Unabhängigkeit zweier Ereignisse A, B voneinander (sie ist in der Regel beim Würfel- oder Münzwurf u. ä. gegeben: »Würfel und Münzen haben kein Gedächtnis«).

5. Das allgemeine Additionsprinzip (es ist allgemeiner als das Axiom A3 in B.II., das daher auch spezielles Additionsprinzip heißt und nur gilt, wenn $A \cap B = \emptyset$) gibt die Wahrscheinlichkeit von $A \cup B$ an:

$$P(A \cup B) = P(A) + P(B) - P(A \cap B).$$

Für unabhängige Ereignisse A, B gilt nach *4.*:

$$P(A \cup B) = P(A) + P(B) - P(A) \cdot P(B).$$

6. Schließlich sei noch das wichtige Theorem von BAYES angegeben. Unter der Voraussetzung, daß $P(A) \neq 0$ und $P(B) \neq 0$, gilt:

$$P(A|B) = \frac{P(A) \cdot P(B|A)}{P(B)}$$

Auf die umstrittenen Verwendungsmöglichkeiten dieses Theorems sowie auf das Gesetz der großen Zahlen, die Tschebyscheffsche Ungleichung und den zentralen Grenzwertsatz kann hier nicht eingegangen werden.

IV. *Poppers Axiomatisierung der Wahrscheinlichkeitstheorie*

Hingewiesen werden soll noch auf POPPERS (merkwürdigerweise praktisch unbeachtet gebliebene) Axiomatisierung der Wahrscheinlichkeitstheorie. Im Gegensatz zu KOLMOGOROWS oben skizziertem System setzt sie nicht voraus, daß die Argumente A, B der Wahrscheinlichkeitsfunktion Mengen sind und also Elemente haben. Dies ist für die möglichen Interpretationen des Kalküls von Bedeutung: So können z. B. A und B ohne weiteres als Aussagen aufgefaßt werden. Da aus POPPERS System alle Gesetze der Booleschen Algebra und damit der Aussagenlogik folgen, läßt es sich als deren Verallgemeinerung ansehen. Es ist daher auch als Theorie der partiellen Implikation deutbar. Außerdem benutzt POPPER die bedingte Wahrscheinlichkeit $P(B|A)$ als undefinierten Grundbegriff, die daher nicht wie die bei KOLMOGOROW definitorisch eingeführte bedingte Wahrscheinlichkeit von der Bedingung $P(B) \neq 0$ abhängt. Dies ist z. B. dann von Bedeutung, wenn B als universelle Gesetzeshypothese aufgefaßt wird, deren Wahrscheinlichkeit von POPPER und vielen anderen Autoren als 0 angesehen wird.

C. Interpretationen der Wahrscheinlichkeitstheorie

I. Das Problem

Das Problem besteht darin, wie Wahrscheinlichkeitsaussagen der Form $P(B|A) = r$ interpretiert werden können. Die dargestellte mathematische Theorie der Wahrscheinlichkeit (auch: Wahrscheinlichkeitsrechnung, -kalkül) sagt nämlich nichts darüber aus, was »Wahrscheinlichkeit« bedeutet (Hinweise auf Würfel, Münzen etc. waren daher sachlich überflüssig und dienten nur der Veranschaulichung) oder wie bestimmte Wahrscheinlichkeiten (außer in trivialen Fällen) ermittelt werden können. Die Theorie ermöglicht aber die Berechnung weiterer Wahrscheinlichkeiten auf der Grundlage vorgegebener Wahrscheinlichkeiten. Die zulässigen Interpretationen von »Wahrscheinlichkeit« müssen lediglich die Axiome erfüllen.

Es bestehen erhebliche Meinungsverschiedenheiten darüber, wie viele (und welche) unabhängige Deutungen des Wahrscheinlichkeitsbegriffes bzw. Interpretationen von Wahrscheinlichkeitsaussagen legitim sind. Dabei werden folgende Positionen vertreten:

1. Monistische (oder reduktionistische): Es gibt nur eine legitime Deutung (Vertreter z. B. R. v. MISES, H. REICHENBACH [Häufigkeitsinterpretation]; B. DE FINETTI [subjektive Interpretation]).

2. Dualistische: Es gibt zwei legitime Deutungen (Vertreter u. a.: B. RUSSELL, R. CARNAP [induktive Wahrscheinlichkeitstheorie und Häufigkeitsinterpretation der Wahrscheinlichkeitstheorie]).

3. Pluralistische: Es gibt mehrere legitime Deutungen (Vertreter z. B. K. R. POPPER; M. BUNGE).

II. Einige Interpretationen des Wahrscheinlichkeitskalküls

1. Die »klassische« Wahrscheinlichkeitstheorie: Die »klassische« Wahrscheinlichkeitstheorie von BERNOULLI und LAPLACE deutet Wahrscheinlichkeit als Quotienten aus der Anzahl der »günstigen« und der »möglichen« Fälle. (Wettet man z. B. beim Würfeln, daß eine gerade Zahl oben liegt, sind 2, 4 und 6 »günstige«, 1, 2, 3, 4, 5, 6 »mögliche« Fälle: $\frac{g}{m} = \frac{3}{6} = \frac{1}{2}$ = Wahrscheinlichkeit, eine gerade Zahl zu werfen.) Es muß jedoch vorausgesetzt werden, daß die möglichen Fälle *gleich* möglich sind. Dies ist bei einem *regulären* Würfel der Fall. Zusätzliche Probleme entstehen bei einem Würfel, der z. B. so manipuliert wurde, daß die Wahrscheinlichkeit eines Sechserwurfes 1/10 beträgt. (Welches sind hier die »möglichen« Fälle?)

Wird »gleichmöglich« aber als »gleichwahrscheinlich« aufgefaßt, entsteht ein logischer Zirkel. Sind die Argumente, die für das Eintreten eines Ereignisses A sprechen, genauso stark wie die, die für sein Nichteintreten sprechen, wird nach dem »Prinzip vom unzureichenden Grunde« (von KEYNES auch »Indifferenzprinzip« genannt) geschlossen, daß A und $\bar{A}$ gleichmöglich sind. Sind aber A und $\bar{A}$ (die jeweils die Wahrscheinlichkeit ½ haben) ihrerseits wieder in nach dem Indifferenzprinzip gleichmögliche Unterfälle (die ebenfalls jeweils die Wahrscheinlichkeit ½ haben) unterteilbar, führt dieses Prinzip offenbar zu Widersprüchen: die Wahrscheinlichkeit eines Unterfalles muß geringer sein als die des Falles, der ihn enthält, da letzterer immer dann eintritt, wenn der Unterfall eintritt, aber nicht umgekehrt. Das Indifferenzprinzip ist also nur dann mit Recht anwendbar, wenn positives Wissen über eine Gleichverteilung der möglichen Ergebnisse, über eine Symmetrie der Situation (z. B. eines Würfels oder Roulettes) vorliegt, nicht aber, wenn bloß die Unwissenheit »gleichverteilt« ist. (Das Indifferenzprinzip wurde besonders von KEYNES [Kap. I, 4] kritisch untersucht.) Der klassische Wahrscheinlichkeitsbegriff läßt sich auch objektiv deuten (z. B. als relative Häufigkeit, s. unten, 4.), aber BERNOULLIS und LAPLACES Weltbild war deterministisch (»Laplaces Dämon« sollte bekanntlich im Prinzip jedes künftige Ereignis vorhersagen können), so daß Wahrscheinlichkeit für sie wohl vor allem unvollständiges Wissen über sichere zukünftige Ereignisse war.

2. Die subjektivistische Deutung: Umgekehrt scheint aber auch die subjektivistische (oder personalistische) Deutung der Wahrscheinlichkeit den Determinismus zu implizieren (jedenfalls wenn sie monistisch ist), denn objektive Zufälligkeit/Regellosigkeit kann es für sie nicht geben, sondern bloß mangelnde Gewißheit. Diese Auffassung deutet nämlich die Gleichung $P(A|B) = r$ folgendermaßen: r ist der Grad, in dem eine Person an das Eintreffen von A glaubt, wenn sie über die Information B verfügt. Wahrscheinlichkeit wird also als Überzeugungsgrad, Glaubensgrad (degree of belief) aufgefaßt. Um den Überzeugungsgrad einer Person zu messen, greifen F. P. Ramsey 1926 und B. de Finetti 1937 die alte Idee (sie findet sich z. B. bereits sehr klar bei Kant, B 852f.) auf, die Intensität einer Überzeugung mittels einer Wette zu prüfen: Der Überzeugungsgrad wird mit dem Wett quotienten gleichgesetzt, zu dem eine Wette zu akzeptieren eine Person bereit ist. Glaubt die Person gar nicht an das Eintreten des fraglichen Ereignisses, wird sie nichts auf sein Eintreten setzen. Je fester jemand vom Eintritt des Ereignisses A überzeugt ist, einen desto größeren Einsatz E wird er in einer Wette riskieren, in der er G gewinnt, wenn A tatsächlich eintritt. Ist der Wettquotient $\frac{E}{G} = q > 1$, verliert die Person in jedem Fall, auch wenn sie die Wette »gewinnt«, d. h. A eintritt.
Der Wettquotient einer für beide Partner fairen Wette ist also eine Zahl zwischen 0 und 1 und erfüllt somit die beiden ersten o. a. Axiome der Wahrscheinlichkeitstheorie. Es läßt sich nun zeigen, daß das Akzeptieren eines *Systems* von Wetten, das einen Verlust garantiert (ein sogenanntes »Dutch Book«), genau dann ausgeschlossen ist (oder daß Kohärenz sichergestellt ist), wenn der Überzeugungsgrad auch noch das dritte Axiom (das der Additivität) erfüllt, also eine Wahrscheinlichkeit ist.
Da die Überzeugungsgrade empirischer Personen sehr wohl inkohärent sein können, handelt es sich bei der Bedingung der Kohärenz um eine *Normierung rationalen Verhaltens.* Der Überzeugungsgrad, der die Axiome erfüllt, wird daher im Gegensatz zum empirischen oder faktischen Überzeugungsgrad *rationaler* Überzeugungsgrad *(degree of rational belief)* genannt. An der Weiterentwicklung dieses Ansatzes zur »subjektivistischen« oder »personalistischen« Schule der Wahrscheinlichkeitstheorie und Statistik war L. Savage maßgeblich beteiligt.
Wichtige Einwände gegen diese Position sind gegen ihren Monismus und gegen die ihr zugrundeliegende subjektivistische Erkenntnistheorie gerichtet, die ein adäquates Verständnis z. B. mikrophysikalischer Theorien unmöglich mache.
3. Sind Bestätigungsgrad bzw. Bewährungsgrad Wahrscheinlichkeiten? Eine wichtige Auseinandersetzung in der modernen → *Wissenschaftstheorie* beschäftigt sich mit der Frage, ob das Ausmaß, in dem eine universelle wissenschaftliche Hypothese von bestimmter positiver Evidenz gestützt (bestätigt, bewährt) wird, also der Bestätigungsgrad *(degree of confirmation)* bzw. Bewährungsgrad *(degree of corroboration)* eine Wahrscheinlichkeit ist oder nicht. Carnaps Versuche, diese Frage positiv zu beantworten, wurden vor allem von Popper scharf und wohl mit Erfolg kritisiert. Stegmüller z. B. vertritt nun die These, Carnaps Projekt einer induktiven Logik konkurriere in Wirklichkeit nicht mit der Popperschen Bewährungstheorie (→ *Bewährung, Gehalt, Verisimilitude*) als Lösungsvorschlag für das Problem der rationalen Präferenz von Theorien im Lichte der Erfahrung, sondern sei vielmehr *nur* angemessen zu verstehen als Beitrag zur Theorie rationaler Entscheidung unter Ungewißheit und rivalisiere daher mit der in C.II.2. dargestellten Position. Für Carnap sind die Kolmogoroff-Axiome nicht stark genug, um unvernünftige Entscheidungen auszuschließen. Er versucht daher, den z. B. von de Finetti belassenen Entscheidungsspielraum durch weitere Axiome zur Normierung der Rationalität einzuengen. So soll z. B. durch das Regularitätsaxiom die *strenge* Kohärenz eines Wettsystems sichergestellt werden, d. h., es sollen Wetten ausgeschlossen werden, die nicht zu einem Gewinn, wohl aber zu einem Verlust führen können, bestenfalls also ± 0 ausgehen. Weitere Rationalitätskriterien lassen sich nach Carnap für seine Funktion *Cred (Credibility, Glaubhaftigkeit)* angeben, die tieferliegende Dispositionen der Überzeugungsbildung der betreffenden Person erfassen soll.
4. Die objektivistische Deutung: Subjektive Wahrscheinlichkeiten können nicht unbekannt sein (höchstens unbewußt), denn für den Subjektivisten ist in der Formel $P(B|A) = r$ ja B die Hypothese, an die im Grad r geglaubt wird. Objektiv aufge-

faßte Wahrscheinlichkeiten sind dagegen in der Regel unbekannt und müssen geschätzt werden, denn für den Objektivisten ist »*P(B|A) = r*« die Hypothese, die überprüft werden kann und muß. Wahrscheinlichkeitsaussagen werden hier nicht *epistemologisch* – als Behauptungen über unser Wissen –, sondern *ontologisch* – als Behauptungen über den Gegenstand unseres Wissens, über die Welt – gedeutet.
Es gibt zwei Hauptformen der objektivistischen Position. Die *Häufigkeitstheorie* oder Limestheorie (wichtige Vertreter: R. v. Mises; H. Reichenbach) versuchte, den Begriff der statistischen Wahrscheinlichkeit definitorisch auf den der relativen Häufigkeit zurückzuführen. Ausgangspunkt für v. Mises sind »zufallsartige Ereignisfolgen«, die »Kollektiv« genannt werden, wenn sie dem »Grenzwertaxiom« und dem »Regellosigkeitsaxiom« (oder: »Prinzip vom ausgeschlossenen Spielsystem«) genügen. Letzteres besagt, daß das Ereignis, dessen Wahrscheinlichkeit in bezug auf eine Ereignisfolge bestimmt werden soll, in dieser Ereignisfolge zufällig verteilt sein soll. Die Anzahl *m* des Vorkommens z. B. der Augenzahl 3 in einer derartigen Folge von *n* Würfelwürfen, dividiert durch diese Gesamtzahl *n*, heißt die relative Häufigkeit $h = \frac{m}{n}$. *h* schwankt zwar von Durchführung zu Durchführung des Experimentes, aber nach dem Grenzwertaxiom konvergiert *h* mit zunehmender Länge der Folge gegen einen festen Wert (im Beispiel mit einem fairen Würfel also gegen $\left[\frac{1}{6}\right]$ für die Augenzahl 3).
Wahrscheinlichkeit eines Ereignisses wird dann als der Grenzwert seiner relativen Häufigkeit in einer unendlich langen Bezugsfolge definiert. Diese Position ist u. a. mit folgenden Schwierigkeiten konfrontiert: 1. Im Rahmen dieser Theorie von der Wahrscheinlichkeit von *Einzelfällen* sprechen zu können ist zumindest mit Komplikationen verbunden, für eine objektivistische Deutung z. B. mikrophysikalischer Prozesse aber erforderlich (z. B. ergibt die Behauptung »die Wahrscheinlichkeit, beim nächsten Würfelwurf eine 6 zu werfen, ist $\left[\frac{1}{6}\right]$« keinen Sinn, da Wahrscheinlichkeit ja als Grenzwert einer [unendlichen] Folge [hier von Würfelwürfen] definiert ist). So hat etwa v. Mises es denn auch abgelehnt, von Einzelfallwahrscheinlichkeiten zu reden. 2. Der Begriff der Konvergenz wird in dieser Theorie nicht korrekt verwendet, denn die relative Häufigkeit strebt nicht mit logischer Notwendigkeit gegen einen Grenzwert, sondern nur mit praktischer Sicherheit, mit der Wahrscheinlichkeit 1.
5. *Propensitäts-(Neigungs-)Theorie:* Unter anderem aus diesen Gründen scheint die sogenannte Propensitätstheorie *(propensity interpretation)* der Wahrscheinlichkeit Anhänger zu gewinnen. Hier soll kurz die Version Poppers, der früher Anhänger der Häufigkeitstheorie war, skizziert werden. Popper geht von der bedingten Wahrscheinlichkeit *P(B|A)* aus, die die Propensität (»Neigung«) der Versuchsanordnung *A* ist, das Resultat *B* zu produzieren. Popper faßt Propensitäten als reale Dispositionen auf, die relative Häufigkeiten determinieren. Propensitäten sind gleich Kräften »okkulte Entitäten«, Newtons Kräfte sind für Popper der Grenzfall, in dem die Propensität gleich 1 ist, also der Effekt immer produziert wird. Ist die Propensität kleiner als 1, wird der Effekt nur in einem Anteil der Versuche produziert. Propensität läßt sich folglich als indeterministische Verallgemeinerung der Kausalität auffassen. Wenn die Welt – und davon ist Popper überzeugt – indeterministisch ist, muß es auch Propensitäten geben. Die Propensität ist aber nicht eine Eigenschaft z. B. des Würfels, sondern der Versuchsanordnung: so nimmt sie z. B. gleichsinnig mit der Stärke des Gravitationsfeldes, in dem z. B. mit einem manipulierten Würfel gewürfelt wird, ab bzw. zu. Sie variiert aber auch mit der Oberfläche, auf der gewürfelt wird (z. B. weiche Butter – straff gespanntes Trommelfell).
Wahrscheinlichkeitsaussagen sind nach dieser Auffassung Behauptungen darüber, daß Versuchsanordnungen zu bestimmten Resultaten führen. Diese Aussagen sind zwar durch Häufigkeitsfeststellungen (und zusätzliche konventionelle Annahmeregeln) prüfbar, aber sie sind keine Behauptungen über die Eigenschaften von Folgen. In diesem Rahmen ist es daher sinnvoll möglich, über Einzelfallwahrscheinlichkeiten zu sprechen.
Die wichtigsten Kritiken an dieser Auffassung richten sich nicht gegen Poppers Grundintuition, sondern weichen in Details ab (so kann man auch von der absoluten Wahrscheinlichkeit ausgehen, wie Bunge), oder sie halten Poppers Ideen für präzisierungsbedürftig (Suppes), oder sie halten seine Präzisierungsversuche für widersprüchlich (Keuth).

Klaus Pähler

Eine kurze, leicht faßliche Einführung in die mathematischen Aspekte der Wahrscheinlichkeitstheorie enthält SUPPES. Ausführliche, anspruchsvollere Lehrbücher sind vor allem FELLER und BAUER. Eine detaillierte Analyse der mathematischen und philosophischen Problematik sowie zahlreiche weiterführende Literaturhinweise enthält das für Wissenschaftstheoretiker besonders geeignete Buch von STEGMÜLLER. Klassiker der jeweils von ihnen vertretenen Ansätze sind unter anderem CARNAP, DE FINETTI, KEYNES, VON MISES, POPPER, REICHENBACH. Die Propensitätstheorie wird diskutiert von KYBURG sowie in den Beiträgen von Ronald N. GIERE, Ian HACKING und Patrick SUPPES zu Sektion VI: »Foundations of Probability and Induction« von SUPPES/HENKIN/JOJA/MOISIL; ferner in den Beiträgen von Tom W. SETTLE und Patrick SUPPES sowie POPPERS Antworten darauf in SCHILPP.

Klaus Pähler

Bauer, H.: Wahrscheinlichkeitstheorie und Grundzüge der Maßtheorie. ^{3}1978. – *Carnap, R.:* Logical foundations of probability. 1950, ^{2}1962. – *Carnap, R./Stegmüller, W.:* Induktive Logik und Wahrscheinlichkeit. 1959. – *Feller, W.:* An introduction to probability theory and its applications. Bd. 1: 1950, ^{3}1968; Bd. 2: 1966, ^{2}1971. – *de Finetti, B.:* Wahrscheinlichkeitstheorie. (Aus dem Ital.) 1981. – *Kant, I.:* Kritik der reinen Vernunft. A = 1. Aufl. 1781; B = 2. Aufl. 1787. – *Keynes, J. M.:* A treatise on probability. 1921 = 1975. – *Kyburg, H. E.:* Propensities and probabilities. In: The British Journal for the Philosophy of Science 25, 1974. – *v. Mises, R.:* Wahrscheinlichkeit, Statistik und Wahrheit. 1928, ^{3}1951. – *Pähler, K.:* Qualitätsmerkmale wissenschaftlicher Theorien. Zur Logik und Ökonomie der Forschung. 1986. – *Popper, K. R.:* Logik der Forschung. 1935, ^{8}1984. [W] – *Ders.:* The propensity interpretation of probability. In: The British Journal for the Philosophy of Science 10, 1959/60. – *Reichenbach, H.:* Wahrscheinlichkeitslehre. 1935, engl. ^{2}1949. – *Schilpp, P. A. (Hg.):* The philosophy of Karl Popper. Bd. 1; 2. 1974. – *Stegmüller, W.:* Personelle und statistische Wahrscheinlichkeit. = Probleme und Resultate [...]. Bd. 4 I, 4 II. [H] – *Suppes, P.:* Introduction to logic. 1957, ^{4}1960. Kap. 12. – *Ders./Henkin, L./Joja, A./Moisil, G. C. (Hg.):* Logic, Methodology and Philosophy of Science. Bd. 4. 1973, 1974.

Klaus Pähler/H.S.

Wert

griech. axía; lat. pretium, dignitas, meritum; dt. als Terminus seit dem 19. Jh.

A. *Werturteile und Normen: zur Unterscheidung von Sein und Sollen, von Beschreibung und Bewertung*

Seit Jahrmillionen wurde die Spezies Mensch konditioniert zu glauben, daß Etwas-für-wahr-Halten Sache der Moral sei. Auch der platonische SOKRATES meint, daß Tugend ein Wissen darstelle. Das setzt jedoch die Unterscheidung von Sein und Sollen bereits voraus. Diese Unterscheidung muß sich in der Geschichte der Menschheit frühzeitig herauskristallisiert haben, und zwar bei der Lösung praktischer Probleme. Es ist nahezu unvermeidbar, daß sich bei der Lösung von praktischen Aufgaben der Begriff der zutreffenden Darstellung, der Wahrheitsbegriff, entwikkelt. Der Unterschied zwischen Sein und Sollen, zwischen Beschreiben und Bewerten ist Grundlage unserer moralischen und juristischen Vorstellungen und Voraussetzungen einer Gesellschaft freier Menschen. Er ist sogar Voraussetzung für rationales Handeln und Denken. Dennoch wurde und wird diese Unterscheidung von Philosophen angegriffen.

Kennzeichen der menschlichen Sprache ist bekanntlich, daß neben der Ausdrucks- und Signalfunktion die *Darstellungsfunktion* (auch beschreibende Funktion genannt) vorliegt. Die mit Hilfe der Sprache gebildeten Ausdrücke können verschiedene Funktionen haben: beschreiben, erklären, empfehlen, verbieten, Versprechungen machen, Erlaubnis erteilen usf. In konkreten Situationen werden mit Hilfe der Sprache soziale Sachverhalte zustande gebracht: ein Versprechen wird gegeben oder eine Zusicherung, daß etwas der Fall ist, eine Warnung wird ausgesprochen, eine Bitte wird vorgetragen usf. *In natürlichen Sprachen ist die Funktion sprachlicher Ausdrücke kontextabhängig.* Ein konkreter Ausdruck (token expression) hat in seinem Kontext, d. h. in einer bestimmten Sprechsituation, oft gleichzeitig mehrere Funktionen. Besonders wichtig ist es, zwischen *Geltungsmodus* und *Sachgehalt* eines Ausdrucks zu unterscheiden. Ein wohlgeformtes Satz-Zeichen stellt einen möglichen Sachverhalt dar, ohne daß deswegen seine Funktion im betreffenden Kontext eine darstellende – eine beschreibende – Funktion sein muß. Sehen wir uns ein einfaches Beispiel an: Der Satz »Die Uhr schlägt zwei« stellt einen möglichen Sachverhalt dar; er hat einen bestimmten Sachgehalt. Ein bestimmtes Vorkommen dieses Ausdrucks, dieses

Satz-Zeichens, kann jedoch in seinem Kontext eine ganz andere Aufgabe bekommen, als zu beschreiben, ein Faktum darzustellen, *etwas zu behaupten.* Es kann z. B. dazu dienen, den Gästen einen Wink zu geben, sich endlich zu verabschieden. Es hat dann noch immer seinen Sachgehalt, es beschreibt etwas; aber wenn man versteht, wie es aufzufassen ist, versteht man auch, daß in der Sprechsituation des Beispiels seine Funktion – sein *Geltungsmodus* – nicht darin besteht, etwas zu behaupten, eine Feststellung zu machen, sondern darin, eine Aufforderung zu vermitteln. Es ist daher nicht möglich, Werturteile oder Normen von beschreibenden Sätzen anhand ihrer grammatikalischen Form zu unterscheiden; noch ist es möglich, sie aufgrund des Vorkommens bestimmter Ausdrücke, wie z. B. »gut«, »böse«, »schön« usf., zu identifizieren. Ich schlage daher vor, den Ausdruck »beschreibende Aussage« im folgenden Sinn zu verwenden: *Eine Aussage hat in ihrem Kontext beschreibende Funktion, wenn ihr Geltungsmodus primär das Behaupten eines Sachverhaltes ist.* Bei dieser Art von Geltungsmodus erklärt derjenige, der die Aussage behauptet, gleichzeitig implizit, daß sie wahr ist – daß sie eine zutreffende Darstellung ist oder, wie der Ontologe sagt, daß das, was sie darstellt, ein Faktum ist –, und er gibt seinem Gesprächspartner sozusagen eine entsprechende Zusicherung: daß auch er das behaupten dürfe, für wahr halten solle usf. *Analog hat eine bestimmte Aussage in ihrem Kontext einen bewertenden-normativen Geltungsmodus, wenn ihre kontext-spezifische primäre Funktion es ist, dem Gesprächspartner oder Adressaten etwas vorzuschreiben, zu verbieten, zu befehlen usf. oder etwas als moralisch gut/böse, moralisch gerechtfertigt/ungerechtfertigt usf. zu deklarieren.* Ein Satz, der einem Gegenstand oder einer Handlung einen instrumentellen Wert zuschreibt, ist gemäß dieser Sprachregelung eine beschreibende Aussage. Ein hypothetischer Imperativ behauptet, daß eine bestimmte Handlung ein geeignetes Mittel zur Erreichung eines bestimmten Zieles sei. Er hat daher primär beschreibende Funktion, behauptenden Geltungsmodus. Daß wir im Sprachgebrauch zwischen beschreibenden und bewertenden/normativen Aussagen – echten, d. h. nicht-instrumentellen Aussagen – unterscheiden, ist selbst ein beschreibender Satz. Als empirische Hypothese ist dieser Satz selbstverständlich fallibel. Wie plausibel diese Behauptung jedoch ist, kann wiederum am besten an einem einfachen Beispiel gezeigt werden. Der Satz »Es ist moralisch verwerflich, verboten usf., in der Situation *S* die Handlung *H* auszuführen« kann, was immer für »*S*« und »*H*« substituiert wird, *in einer Weise in Frage gestellt werden, in der ein Satz vom Typ »Gold ist schwerer als Eisen« nicht in Frage gestellt werden kann.* Für Sätze vom Typ »Gold ist schwerer als Eisen« gibt es objektive, d. h. intersubjektive Prüfungsmethoden. Die mit diesem Satz gemachte Behauptung bezieht sich auf alle Raum-Zeit-Regionen. *Die intersubjektive Prüfungsmethode ist der Test der Erfahrung: jeder kann den Satz überprüfen.* Ob der Satz wahr oder falsch ist, das kann von Menschen nicht beeinflußt werden, keine Macht der Welt kann den Wahrheitswert von Sätzen dieser Art beeinflussen.

In der Geschichte der Menschheit entsteht die Möglichkeit sachlicher Kritik von Traditionen und Autoritäten erst dann, wenn die prinzipielle Unabhängigkeit des Wahrheitswertes einer bestimmten Art von sprachlichen Ausdrücken von menschlicher Autorität und Macht erkannt wird. Das ist der Ansatzpunkt, aus dem sich die Unterscheidung von Sein und Sollen entwickelt, die schließlich zur Trennung von Staat und Kirche führt und so zu einer der Voraussetzungen einer Gesellschaft freier Menschen wird. In der kulturellen Evolution muß es gleichfalls eine Entdekkung gewesen sein, *daß es für echte, d. h. nicht-instrumentelle Wertungen und Normen zu dieser intersubjektiven Prüfungsmethode kein Gegenstück gibt.* Das Gegenstück zum Begriff der Wahrheit eines Satzes (Wahrheit selbstverständlich im Sinne der zutreffenden Darstellung) im Bereich des Moralisch-Normativen wäre der Begriff der objektiven moralischen bzw. ästhetischen Gültigkeit. Ob jemand diesem möglichen Gegenstück einen ontologischen Status zubilligt, wird von seiner ontologischen Position abhängen. Der Begriff der Wahrheit ist in der Semantik jeder funktionierenden Umgangssprache eingebaut, ohne ihn ist Kommunikation nicht möglich: wenn alle immer lügen würden, bräche Kommunikation zusammen. Für die implizite Wahrheitsbehauptung jedes beschreibenden Satzes gibt es, wie gesagt, intersubjektive Prüfungsmethoden: den Test der Erfahrung. Der Begriff der absoluten moralischen Gültigkeit, des »guten Lebens« usf., folgt jedoch erst aus einer bestimmten Ontologie und einem bestimmten Menschenideal.

Obwohl es bei den Prüfungsmethoden für die Richtigkeit einer Bewertung oder Norm kein Gegenstück zum intersubjektiven Test der Erfahrung gibt, *ist rationale Diskussion jedoch in beiden Bereichen – in dem Bereich des Seins und in dem des Sollens – nicht nur möglich, sondern für vernünftiges Leben notwendig* (ANDERSSON, Einleitung). Ebenso wie Konsens keine Feststellungsmethode für den Wahrheitswert einer deskriptiven Aussage liefert, so kann Konsens keine Feststellungsmethode für die moralische Gültigkeit einer Norm sein. Die Wahrheit einer bestimmten Aussage ist unabhängig davon, ob sie zu einem bestimmten Zeitpunkt von der scientific community für wahr gehalten wird. Überzeugung ist erkenntnistheoretisch irrelevant. Ebenso ist die moralische Gültigkeit einer Norm unabhängig von ihrer sozialen Geltung, und zwar selbst dann, wenn diese Norm von der gesamten Menschheit anerkannt werden würde. Dafür, daß eine bestimmte Norm für ein bestimmtes Individuum Geltung hat, ist es nicht notwendig, daß dieses Individuum die Norm immer befolgt; es genügt, daß es sie nur mit schlechtem Gewissen übertreten kann. Wenn das der Fall ist, dann sagen wir, daß dieses Individuum die Norm internalisiert hat. Das betreffende Individuum ist dann von ihrer objektiven Gültigkeit überzeugt. Aber solche Überzeugungen sind für die objektive Gültigkeit der Norm ebenso irrelevant, wie die psychologische Überzeugung von der Wahrheit eines bestimmten beschreibenden Satzes (z. B. »Die Erde ist rund und nicht flach«) für den erkenntnistheoretischen Status dieses beschreibenden Satzes irrelevant ist. Die Negation dieser Behauptung von der epistemologischen Irrelevanz von Überzeugung ist der Irrtum des Psychologismus. Wenn man eingesehen hat, daß menschliches Wissen, beschreibende Sätze, Theorien usf. im Prinzip fallibel sind, wäre es vermessen, im Bereich des Moralischen Infallibilität zu postulieren.

Normen sind logisch kritisierbar, z. B. wenn sie einen Selbstwiderspruch enthalten. Eine Norm ist empirisch kritisierbar, wenn aus ihr empirische Aussagen ableitbar sind, denn dann kann es sich herausstellen, daß diese Aussagen mit anderen Aussagen, die wir Grund haben für wahr zu halten bzw. für eine zutreffendere Darstellung als die abgelciteten Aussagen zu halten, in Widerspruch stehen. Von einer Prämissenmenge, in der sämtliche Prämissen in ihrem Kontext rein deskriptive Funktion haben, ist es logisch unmöglich, ein (echtes) Werturteil oder eine (echte) Norm abzuleiten. Dies verstieße gegen die Idee der logischen Deduktion: die Konklusion kann nicht etwas enthalten, was nicht schon in den Prämissen enthalten ist. Der entsprechende Fehlschluß wird (nach G. E. MOORE) »naturalistic fallacy« genannt. Bereits David HUME machte in »A treatise of human nature« (III [i] 1 [1740]) darauf aufmerksam, daß ein solcher Schluß ein Fehlschluß ist. Max WEBERS berühmte Wertfreiheitsthese, auf die wir bald zu sprechen kommen werden, kann als eine Warnung vor diesem Fehlschluß bzw. als eine Version von »Hume's law« aufgefaßt werden.

B. *Wissenschaft und Werte: die Unterscheidung von erkenntnisinternen und erkenntnisfremden Wertungen/Normen*

Ob jemand → *Wissenschaft* betreiben will, das hängt von seiner existentiellen Entscheidung ab. Wenn er aber Forschung betreiben will, dann zeigt er damit, daß er dieser Tätigkeit einen Wert zuschreibt: einen instrumentellen Wert – Wert als Mittel zu einem bestimmten Zweck – oder einen Eigenwert (extrinsic value) oder beides. Wer Wissenschaft betreiben will, der hat eo ipso auch das für diese Tätigkeit sinnkonstitutive Ziel anerkannt: er hat Kenntnisfortschritt positiv bewertet und sich implizit bereit erklärt, diejenigen Mittel einzusetzen, von denen er hofft, daß sie ihn zu Erkenntnisfortschritt führen werden. Erkenntnis ist gewiß nur ein möglicher Gegenstand der Wertschätzung unter vielen. Setzt man sie aber als einen Wert, dann folgt daraus Respekt für den Wahrheitsbegriff und damit auch für die Sein-Sollen-Unterscheidung und außerdem für gewisse instrumentelle Wertungen. Diese instrumentellen Wertungen nenne ich mit Hans ALBERT *»erkenntnisinterne Bewertungen«*. Sie sind ex definitione keine echten Wertungen, sondern *deskriptive Sätze in der Form von bewertenden Aussagen oder Normen.* Die Regeln der Methodologie der Forschung sind Sätze dieser Art bzw. können als solche rekonstruiert werden. (→ *Wissenschaftstheorie, Methodologie*).

Der Begriff Grundlagenforschung (→ *Wissenschaftspolitik*) wird dadurch definiert, daß das Ziel der Tätigkeit angegeben wird: das *Ziel der Grundlagenforschung* sind *wissenschaftlich interessante Wahrheiten* (POPPER,

Conjectures and refutations 229ff.; Objektive Erkenntnis [engl. Original] 191–205). Aus der Idee der »wissenschaftlich interessanten Wahrheiten« ergeben sich zwei erkenntnisinterne Bewertungen bzw., genauer gesagt, *zwei regulative Prinzipien*. Erstens: die Suche nach *Wahrheit* wird als regulatives Prinzip der Tätigkeit Forschung anerkannt. Das zweite Prinzip ist, daß die Wahrheiten, nach denen man sucht, *interessante* Wahrheiten sein sollen. Das ist selbstverständlich, denn an trivialen Wahrheiten sind wir nicht interessiert. Dieser Bewertung liegt jedoch eine außerwissenschaftliche Bewertung zugrunde: der Wunsch, die Welt und den Menschen besser und besser zu verstehen, unser Welt- und Menschenbild ständig zu verbessern. In diesem Kontext kann »interessant« objektiv definiert werden, je nach der Bedeutung des Beitrages, den eine wissenschaftliche Entdeckung zur Verbesserung unseres Welt- und Menschenbildes macht. Das hat nichts zu tun mit psychischen Entitäten wie Motivation oder mit soziologischen Hypothesen darüber, was ein bestimmter Wissenschaftler oder auch die gesamte scientific community zu einem bestimmten Zeitpunkt für interessant hält. Ein minimales Adäquanzkriterium für ein Weltbild ist seine Konsistenz. Ein zusammenhängendes und vereinheitlichtes Weltbild ist einem mosaikartigen vorzuziehen. Deshalb ist *Vereinheitlichung* des Welt- und Menschenbildes (unity) gleichfalls ein regulatives Prinzip – das dritte regulative Prinzip der Forschung (RADNITZKY, Centripetal forces, Einleitung).

Wissenschaftlicher Fortschritt oder Erkenntnisfortschritt bedeutet, daß man sich dem Ziel der Tätigkeit nähert. Das *Ziel der Wissenschaft* kann konkretisiert werden als die Hervorbringung von *Theorien mit immer größerer Erklärungskraft*. Voraussagekraft einer Theorie steht hier nicht zur Debatte, denn in der Grundlagenforschung dienen Voraussagen nur als Mittel, um eine Theorie zu testen. Wird ihnen Eigenwert zugesprochen, dann ist diese Forschung insofern anwendungsbezogene Forschung (→ *Wissenschaftspolitik*). Der Prozeß des Verbesserns von Theorien bzw. des Ersetzens einer Theorie durch eine andere mit größerer Erklärungskraft ist ein offener Prozeß, ein Prozeß ohne bestimmten Anfang und ohne bestimmtes Ende. *Aus der Suche nach Theorien mit immer größerer Erklärungskraft* ergeben sich *zwei erkenntnisinterne Bewertungen bzw. Kriterien:* 1. Die Zunahme *an Gehalt an empirischer Information* wird positiv bewertet – ein Kriterium, das relevant ist, *bevor* die Theorie empirisch geprüft worden ist. 2. Die Zunahme an komparativer *Wahrheitsähnlichkeit* – ein Kriterium, das im Zusammenhang mit der empirischen Prüfung von Theorien aktuell wird. Es wird als ein Erkenntnisfortschritt bewertet, wenn die Nachfolgertheorie bestimmte Aspekte der Wirklichkeit *zutreffender darstellt*, als es die Vorgängertheorie tut.

An einem klassischen Beispiel kann das Zusammenspiel dieser erkenntnisinternen Bewertungen bzw. Kriterien illustriert werden. Die Newtonsche Theorie vereinigte die terrestrische Mechanik GALILEIS und die Himmelsmechanik KEPLERS. Man sagt, daß sie das Galileische Fallgesetz und die Keplerschen Planetengesetze erklären kann. Streng genommen widersprechen jedoch diejenigen Hypothesen, die mit Hilfe der Newtonschen Theorie abgeleitet werden, den genannten Gesetzeshypothesen. So ist z. B. bei GALILEI die Akzeleration konstant, während sie bei der Newtonschen Version des Fallgesetzes mit der Annäherung an den Erdmittelpunkt zunimmt. Die oben genannten Gesetzeshypothesen werden jedoch in einem bestimmten Bereich als gute Approximationen zu den von NEWTONS Theorie abgeleiteten Hypothesen angesehen. (Wenn die Fallhöhe im Verhältnis zum Erdradius gering ist, kann sie negligiert und die Akzeleration als konstant betrachtet werden.) Durch die Vereinigung der Gesetzeshypothesen oder Theorien von GALILEI und KEPLER mit Hilfe der sie vereinigenden neuen Theorie, der Newtonschen Theorie, wurden die erstgenannten Theorien verbessert. Die neue Theorie hat also gegenüber den beiden alten Theorien (GALILEIS Fallgesetz und KEPLERS Planetengesetz) einen Erkenntnisfortschritt gebracht: die neue Theorie (NEWTONS) hat einen viel *größeren Gehalt an empirischer Information* als die beiden »alten« Theorien zusammengenommen, sie *kommt der Wahrheit näher*; die von ihr abgeleiteten Nachfolgerhypothesen des Galileischen Fallgesetzes und der Keplerschen Planetengesetze sind eine zutreffendere Darstellung der betreffenden Aspekte der Wirklichkeit; beim Versuch, diese zu erklären, wurden GALILEIS und KEPLERS Theorien *korrigiert* (durch verbesserte Nachfolgerhypothesen ersetzt). Die neue Theorie hat eine *Vereinigung* der beiden alten zustande gebracht und hat viel größere Erklärungskraft als die beiden

»alten« Theorien; mit Hilfe der Newtonschen Theorie kann eine Menge von Phänomenen erklärt werden, die vorher nicht adäquat erklärt werden konnten. Damit hat sie eine *»tiefere«* Erklärung der Phänomene geliefert, als es vorher möglich war. Die erkenntnisinterne Bewertung der »Tiefe« einer Theorie ist problematisch, aber intuitiv verständlich (Popper, Objektive Erkenntnis [engl. Original] 197).

Die *methodologische Bewertung*, daß eine bestimmte Nachfolgertheorie »besser« ist als die Vorgängertheorie, ist also eine *erkenntnisinterne – und zwar eine wissenschaftsinterne – Bewertung, denn sie ist eine instrumentelle Bewertung:* die neue Theorie ist ein besseres Mittel auf der Suche nach interessanten Wahrheiten, als es die Vorgängertheorie ist. Sie hilft uns, unser Weltbild oder Menschenbild zu verbessern – gleichfalls eine erkenntnisinterne Bewertung: es wird behauptet, daß sie ein Mittel zu einem bestimmten Zweck ist. Der Zweck, die Verbesserung unseres Weltbildes, betrifft zwar unsere Erkenntnis, ist aber ein außerwissenschaftliches Ziel. Die Bewertung des Zweckes, die Frage, ob eine Verbesserung des Weltbildes positiv zu bewerten ist, kann im Kontext der Forschung ebensowenig problematisiert werden wie die Bewertung von Erkenntnisfortschritt.

Ein Theorienwechsel kann gute Gründe für weitere erkenntnisinterne Bewertungen ergeben. Es kann der Fall sein, daß die neue Theorie begriffliche Werkzeuge erstellt, die in angrenzenden Forschungsbereichen verwendbar sind, oder daß sie eine Sehweise ermöglicht, die in verschiedenen Disziplinen verwendbar ist und insofern diese Disziplinen in gewissem Sinn vereinigt. Ein Beispiel eines solchen vereinigenden Effekts einer Theorie ist der »economic approach«, der in Gebieten außerhalb der traditionellen Bereiche der Wirtschaftswissenschaften Verwendung findet, wie in der Biologie, der ökonomischen Theorie der Politik, der ökonomischen Theorie der Rechtsordnung, der Familie usf.

Wenn daher behauptet wird, daß »die Wissenschaft« Wertungen enthalte bzw. voraussetze, so ist das richtig, falls *erkenntnisinterne*, d. h. *instrumentelle* Bewertungen – die deskriptive Sätze in der Form von Werturteilen darstellen – gemeint sind. Werden erkenntnisfremde Wertungen gemeint, ist die These falsch.

C. *Die These von der Werturteilsfreiheit der Wissenschaft*

Die klassische Formulierung der These, Max Webers am Anfang dieses Jahrhunderts vorgebrachte »Wertfreiheitsthese«, lautet:

»Eine empirische Wissenschaft vermag niemanden zu lehren, was er *soll*, sondern nur, was er *kann* und – unter Umständen – was er *will*!« (Weber, Die »Objektivität« 151)

(Eine Weber-Exegese ist hier nicht beabsichtigt; es geht mir einzig und allein um die Sachfrage.) Hans Albert schreibt: »Das Prinzip der Wertfreiheit kann als eine Konsequenz dieser Forderung [der Forderung nach intersubjektiver Überprüfbarkeit und Überprüfung], als eine methodologische Regel aufgefaßt werden.« (Albert, Wertfreiheit 183). Da ich es vorziehe, methodologische Regeln als hypothetische Imperative aufzufassen (→ *Wissenschaftstheorie, Methodologie*), würde ich, wenn ich Hans Alberts Vorschlag folgen würde, die Wertfreiheitsthese lieber folgendermaßen formulieren: »Wenn Sie Wissenschaft betreiben, d. h., wenn Ihr Ziel Erkenntnisfortschritt ist, dann dürfen die Resultate Ihrer Forschung keine echten Werturteile oder Normen enthalten – und zwar deshalb nicht, weil sonst die Forderung nach intersubjektiver Überprüfbarkeit und Prüfung der Resultate der Forschung nicht realisierbar wäre.« Meines Erachtens ist es jedoch klarer, die Wertfreiheitsthese nicht in der Form einer Regel zu formulieren, sondern bereits in der sprachlichen Form der These ihren deskriptiven Charakter deutlich zu machen. Ich schlage deshalb folgende Formulierung vor:

Der Kompetenzbereich der Wissenschaft ist beschränkt, insbesondere fallen sämtliche erkenntnisfremde *Werturteile und Normierungen außerhalb ihres Zuständigkeitsbereichs.*

Daraus folgt, daß mit Wissenschaft *allein* über echte, d. h. nicht-instrumentelle, Bewertungen und echte Normen nicht entschieden werden kann. Dieses Korollarium der These ist eigentlich nur eine Anwendung des oben genannten »Hume's law« bzw. von G. E. Moores Warnung vor der »naturalistic fallacy«, angewandt auf die Wissenschaft. Auch Kant hat auf diese Beschränkung aufmerksam gemacht, wenn er sagt, die Wissenschaft hat »Schranken«: »daß etwas außer ihr liege, wohin sie niemals gelangen kann.« (Kant, Prolegomena, AA 4, 352). *Die Beschränkung des Kompetenzbereichs der Wis-*

senschaft auf deskriptive Aussagen ist der Preis, der für ihre Objektivität im Sinne der intersubjektiven Überprüfbarkeit und Prüfung zu bezahlen ist.

Die Wertfreiheitsthese hat ein Komplement in einer These, die ich die »These von der Autonomie der Wissenschaft« nenne (→ *Wissenschaftspolitik*): »Für erkenntnisinterne Bewertungen bzw. für methodologische Regeln ist nur die Methodologie der wissenschaftlichen Forschung zuständig.« (→ *Wissenschaftstheorie, Methodologie*). Diese These hat offensichtlich wichtige Folgen für eine rationale → *Wissenschaftspolitik*.

Für die Wertfreiheitsthese als die *beschreibende* Aussage, daß die Wissenschaft keine echten Bewertungen und Normen enthalten *kann*, kann mindestens auf zwei Arten argumentiert werden. Beide Argumente haben einen gemeinsamen Ausgangspunkt: erstens die Unterscheidung zwischen beschreibenden Sätzen und echten bewertenden/normierenden Sätzen und zweitens den Wissenschaftsbegriff (→ *Wissenschaftlichkeit*).

Das eine Argument – nennen wir es »Argument *A*« – fügt zu diesen beiden oben genannten Prämissen noch folgende zwei Zusatzprämissen hinzu: 3. Der Objektivitätsanspruch der Wissenschaft beruht darauf, daß ihre Aussagen prinzipiell von jedermann nachprüfbar sind, und da es sich um Realwissenschaften handelt, beinhaltet diese Überprüfung den Test der Erfahrung. 4. Im Bereich der echten, der nicht-instrumentellen Bewertungen und Normen gibt es zum Test der Erfahrung kein Gegenstück. Aus diesen vier Prämissen ist die Werturteilsfreiheitsthese als Aussage über den beschränkten Kompetenzbereich der Wissenschaft ableitbar.

Das zweite Argument – nennen wir es »Argument *B*« – fügt zu den beiden gemeinsamen Prämissen folgende Zusatzprämisse hinzu: 3'. Es ist logisch unmöglich, aus Prämissen, die sämtlich deskriptiv sind, eine echte Bewertung abzuleiten. (Werden in den Prämissen gemischte Funktionen zugelassen, dann wird die Ableitbarkeitsfrage trivialisiert.) Diese Nichtableitbarkeitsthese (Prämisse 3') ist, wie wir gesehen haben, ein analytischer Satz, der aus dem intuitiven Begriff der Ableitbarkeit bzw. der Idee der Logik folgt. In der zweiten Art der Argumentation für die Wertfreiheitsthese wird also wiederum auf »Hume's law« zurückgegriffen.

D. Bemerkungen zur Kritik der Wertfreiheitsthese

Wenn die Wertfreiheitsthese wie im Vorhergehenden formuliert ist, erscheint sie unanfechtbar. Dennoch wurde und wird eine ganze Reihe von Standardeinwänden gegen sie vorgebracht. Bei näherer Betrachtung zeigen sie sich als nicht stichhaltig. Zumindest ist mir kein Einwand bekannt, der stichhaltig ist. Bei der Kritik der Wertfreiheitsthese werden vor allem die folgenden Gambits (Kampferöffnungen) verwendet.

Es wird versucht, *die Unterscheidung von Sein und Sollen zu unterminieren,* sie sozusagen rückgängig zu machen oder zumindest zu verwischen. Diese Versuche stellen eine Art Gegenaufklärung dar. Die Motivation, die ihnen, bewußt oder unbewußt, zugrunde liegt, dürfte die Suche nach einer einzigen Urquelle von korrektem Wissen und von richtigen Werturteilen sein. Dieses utopische Ideal hat gefährliche politische Implikationen. Die Ideologie, zu der der Ansatz führt, fordert Anerkennung eines bestimmten Erkenntnis- und Interpretationsmonopols – sei es innerhalb einer Theokratie oder einer Theokratie ohne Gott wie im Sowjetimperium –, oder sie liefert die epistemologische Basis für eine totalitäre Demokratie, in der die gesetzgebende Versammlung oder die Majorität usf. unbegrenzte Macht hat. Sie widerspricht daher bereits vom Ansatz her der Idee der Gewaltenteilung, und damit rüttelt sie an den Grundlagen einer Gesellschaft freier Menschen.

Ein zweites Gambit, das oft zusammen mit dem Versuch, die Sein-Sollen-Unterscheidung zu verundeutlichen und sie als »positivistisch« zu diffamieren, verwendet wird, ist ein *Angriff auf den Wahrheitsbegriff* als den Begriff der zutreffenden Darstellung bzw. den komparativen Begriff »... ist eine zutreffendere Darstellung von ... als ...«. Diese Kritik behauptet, der Wahrheitsbegriff sei unanwendbar. Sie beruht auf der Konfusion von Wahrheitsbegriff und Prüfungsmethoden für den Wahrheitswert einzelner Sätze. Weil die Prüfungsmethoden im Prinzip fallibel sind, glaubt man schließen zu dürfen, daß die Fallibilität der Prüfungsmethoden – als Kosten der Verwendung des Wahrheitsbegriffs – den Wahrheitsbegriff in der Praxis entwerten würde. Auch dieser Versuch, den Wahrheitsbegriff zu unterminieren und ihn z. B. durch einen Konsens-Begriff der »Wahrheit« zu ersetzen, hat gefährliche politische Implikationen. Er schwächt oder beseitigt eines der

wichtigsten Bollwerke gegen die Ansprüche der Inhaber von totalitärer Macht.
Ein drittes Gambit läuft darauf hinaus, *den Wissenschaftsbegriff zu attackieren und für eine »neue Wissenschaft« zu plädieren.* Diese »neue Wissenschaft« soll eine »gute« Wissenschaft sein, d. h., in ihr sind Werturteile und Normen – die richtigen, versteht sich – sozusagen bereits eingebaut. Deshalb kann sie gar nicht mehr zu anderen als zu guten Zwecken mißbraucht werden. Sie »überwindet« die ethisch-neutrale und wertfreie Wissenschaft, die wir kennen, durch eine neue, »emanzipatorische« Wissenschaft. Allerdings haben die Propagandisten der Chimäre einer »neuen Wissenschaft« außer dem Desideratum, daß es eine Disziplin sein soll, die sowohl Wissen als auch »richtige« Werturteile bereitstellt, niemals auch nur einen Ansatz gemacht zu konkretisieren, wie denn diese »neue Wissenschaft« beschaffen sein könnte.
Es ist zu erwarten, daß die Frage nach dem Verhältnis von Wissenschaft zu Werturteilen und Normen zu politisch brisanten Themen führt. Die verschiedenen Angriffe auf die Wertfreiheitsthese sind gute Beispiele für die These, daß Positionen in der politischen Philosophie und in der Politik auf Positionen in der Erkenntnistheorie gegründet sind. Weil das so ist, kann eine Kritik von Positionen in der politischen Philosophie manchmal von erkenntnis- und wissenschaftstheoretischen Einsichten profitieren.

Gerard Radnitzky

Albert, H.: Theorie und Praxis. Max Weber und das Problem der Wertfreiheit und der Rationalität. In: *Oldemeyer, E. (Hg.)*, Die Philosophie und die Wissenschaften. Simon Moser zum 65. Geburtstag 1967. – Jetzt in: *Albert, H.*, Konstruktion und Kritik. 1972, ²1975. – *Ders.:* Wertfreiheit als methodisches Prinzip. In: *Topitsch.* – *Ders./Topitsch, E. (Hg.):* Werturteilsstreit. 1971, mit Bibliographie ²1979. – *Andersson, G. (Hg.):* Rationality in science and politics. Dordrecht: Reidel 1984. – *Bartley, W. W., III:* Flucht ins Engagement. (Aus dem Engl.) (1962) 1964, verb. ²1987. – *Becker, W./Hübner, K. (Hg.):* Objektivität in den Natur- und Geisteswissenschaften. 1976. – *v. Ferber, Ch.:* Der Werturteilsstreit 1909–59. In: *Topitsch*, [nur in der] Erstausg. 1965. – *Hume, D.:* A treatise of human nature. 1739/40. Ein Traktat über die menschliche Natur. 1904; 1906, Neuausg. 1978. – *Kant, I.:* Prolegomena zu einer jeden künftigen Metaphysik [...]. 1783. – *Klages, H.:* Wertorientierungen im Wandel. 1984. – *Moore, G. E.:* Principia Ethica. 1903. Dt. 1970. – *Popper, K. R.:* Conjectures and refutations [...]. 1963, ⁴1972. [W] – *Ders.:* Objektive Erkenntnis. [...]. Objective knowledge. (1972) ⁴1984. [W] – *Radnitzky, G.:* Wertfreiheitsthese: Wissenschaft, Ethik und Politik. In: *Radnitzky, G./Andersson, G.*, Voraussetzungen und Grenzen [...]. [W] – *Ders. (Hg.):* Centripetal forces in the sciences. Bd. 1: 1987; Bd. 2: 1988. [W] – *Ders./Andersson, G. (Hg.):* Fortschritt und Rationalität [...]. (1978) 1980. [W] – *Dies. (Hg.):* Voraussetzungen und Grenzen [...]. (1979) 1981. [W] – *Topitsch, E. (Hg.)* unter Mitarb. von *P. Payer:* Logik der Sozialwissenschaften. 1965, veränd. ¹⁰1980. – *Weber, M.:* Gesammelte Aufsätze zur Wissenschaftslehre [...]. 1922, ⁵1982. [W] – *Ders.:* Methodologische Schriften. Studienausgabe. 1968. [W] – *Ders.:* Die »Objektivität« sozialwissenschaftlicher und sozialpolitischer Erkenntnis. 1904. In: *Weber, M.*, Gesammelte Aufsätze. [W] – *Ders.:* Der Sinn der »Wertfreiheit« der soziologischen und ökonomischen Wissenschaften. 1917. In: *Weber, M.*, Gesammelte Aufsätze. [W]

Gerard Radnitzky/H.S.

Wissen

griech. epistḗmē; lat. scientia; die Bedeutungen »Wissen«, »Kenntnis«, »Kunde«, »Wissenschaft« sind im Griechischen und Lateinischen schwer zu trennen

A. Dogmatiker und Skeptiker
Griechische Philosophen waren die ersten, die wirkliches Wissen *(epistḗmē)* von bloßer Meinung oder bloßem Glauben *(dóxa)* unterschieden. Sie sagten: Wenn eine Person etwas weiß – im Gegensatz dazu, es lediglich zu glauben –, dann muß das, was sie glaubt, wahr sein, und sie muß imstande sein, seine Wahrheit zu rechtfertigen, zu begründen oder zu demonstrieren. In Anbetracht dieser traditionellen Beschreibung des Wissens als gerechtfertigten, zuverlässigen Glaubens besteht die Theorie des Wissens (Epistemologie, → *Erkenntnistheorie*) aus einer langen Debatte zwischen denjenigen, die glauben, daß Wissen existiere, und die versuchen, zu erklären, was wir wissen können und wie wir es wissen können (den »Dogmatikern«), und denjenigen, die glauben, daß man nichts wirklich wissen kann (den »Skeptikern«).
Ein früher Einwand gegen die skeptische Position war, daß sie inkonsequent sei, und zwar darin, daß der Skeptiker beansprucht, zu *wissen*, daß man nichts wissen kann. Entsprechend diesem Einwand zerfielen die griechischen Skeptiker in zwei Gruppen. Die eine Gruppe (genannt die *akademischen Skepti-*

ker, weil sie Mitglieder der Akademie PLATONS waren) sagte: Nichts könne man wissen, *ausgenommen* die Tatsache, daß man nichts wissen könne. Die andere Gruppe (genannt die *Pyrrhonischen Skeptiker* nach ihrem Haupt PYRRHO) sagte, daß man überhaupt nichts wissen könne – *noch nicht einmal* die Tatsache, daß man nichts wissen könne. Beide Positionen sind folgerichtig, so daß man diesem Einwand gegen den Skeptizismus begegnen kann.

Die Hauptwaffe der Skeptiker gegen die Dogmatiker war die des unendlichen Regresses der Rechtfertigungen: Wir können die Wahrheit eines Glaubens A lediglich rechtfertigen oder begründen, indem wir einen anderen Glauben B zitieren; aber B verlangt ebenfalls eine Rechtfertigung, und wenn wir B dadurch rechtfertigen, daß wir C zum Beweis anführen, so wird der Skeptiker eine Rechtfertigung von C fordern. Ersichtlich kann dieser Prozeß *ad infinitum* fortgesetzt werden. Die Skeptiker schlossen hieraus, daß kein Glaube jemals als wahr erwiesen werden könne, so daß sicheres Wissen unmöglich sei.

Die Dogmatiker erwiderten auf dieses Argument mit der Behauptung, daß der unendliche Regreß der Rechtfertigungen durch Sätze angehalten werden könne, die keine Rechtfertigung benötigten, da ihre Wahrheit »unmittelbar« eingesehen werden könne.

B. Die Lehren vom unmittelbaren Wissen: Empirismus und Rationalismus

Hier gab es zwei Hauptanwärter für dieses »unmittelbare Wissen«: erstens Sätze, deren Wahrheit durch die Sinne bestätigt werden kann (Wahrnehmungs-Meldungen); zweitens Sätze, deren Wahrheit »im Lichte der Vernunft« »selbstevident« ist (erste Prinzipien oder *Axiome*).

Die erste Ansicht führte zu der philosophischen Lehre des *Empirismus*, zu der These, daß die letzte Quelle allen Wissens in den Sinnen liege. Die zweite Ansicht führte zu der philosophischen Lehre des → *Rationalismus*, zu der These, daß die letzte Quelle allen Wissens in der Vernunft oder im Intellekt liege.

Für die Empiristen war die Verkörperung des Wissens die Naturwissenschaft (insbesondere NEWTONS Theorien; → *Naturwissenschaften*); für die Rationalisten war die Verkörperung des Wissens die → *Mathematik* (insbesondere EUKLIDS Geometrie).

I. Skeptiker und Empiristen

Die Skeptiker legten zwei Einwände gegen den Empirismus vor.

1. Das Problem der Wahrnehmung: Die Skeptiker argumentierten, daß die empiristische Quelle des Wissens, die Sinneserfahrung, *nicht* wirklich *sicher* sei: es können Irrtümer der Wahrnehmung unterlaufen, vor allem in Illusionen oder Halluzinationen, und diese infizieren alle Meldungen der Wahrnehmung mit einigem Unsicherheitsgrad.

Diese Linie der Kritik führte zum philosophischen Problem der *Wahrnehmung* oder von *Erscheinung und Wirklichkeit*: Können wir wirklich sicher sein, daß die Dinge so sind, wie sie uns erscheinen?

2. Das Problem der Induktion: Die andere skeptische Kritik am Empirismus bestand in folgendem: Selbst wenn wir die Sicherheit der empiristischen Grundlage für das Wissen garantieren, so ist sie doch *nicht breit* genug; wir sind nicht berechtigt, von einer Anzahl von Beobachtungsergebnissen irgendeinen Schluß hinsichtlich eines unbeobachteten Sachverhalts abzuleiten, geschweige denn irgendeine allgemeine Schlußfolgerung hinsichtlich aller Sachverhalte einer bestimmten Art. So sind wir z. B. nicht berechtigt, von der beobachteten Tatsache, daß Brot uns gemäß der Erfahrung der Vergangenheit immer ernährt hat, darauf zu schließen, daß es uns auch morgen ernähren wird – geschweige denn, daß es uns auch in Zukunft ständig nähren wird. Und offensichtlich, sagten die Skeptiker, kann das empiristische Paradebeispiel für Wissen, NEWTONS Theorie, unmöglich auf der Grundlage der Beobachtung oder des Experiments gerechtfertigt werden, da sie aus allgemeinen Gesetzen besteht.

Diese Linie der Kritik führte zum philosophischen *Problem der Induktion*: Gibt es irgendeinen Weg, die aus der Erfahrung abgeleiteten Argumente, die anscheinend im täglichen Leben und in den Erfahrungswissenschaften ständig benutzt werden, zu rechtfertigen? Solche Argumente würden durch die Annahme gerechtfertigt werden, daß die Natur einförmig ist, daß die Zukunft der Vergangenheit entsprechen wird, daß unbeobachtete Fälle den bisher beobachteten Fällen entsprechen werden. Wie David HUME jedoch zeigte, verlangt eine solche Annahme selbst Rechtfertigung. Sie kann nicht durch irgendein Argument aus der Erfahrung gerechtfertigt werden, denn jedes solche Argument beruht selbst auf der Annahme. Und sie kann nicht unabhängig von der Erfahrung gerechtfertigt werden; denn unabhängig von der Erfahrung können wir lediglich Sätze kennen, deren Verneinung einen Widerspruch mit sich bringt; aus der Voraussetzung jedoch, daß die Zukunft der Vergangenheit möglicherweise nicht entspricht, erwächst kein Widerspruch. HUME schloß, daß induktive Argumente nicht rechtfertigbar sind; ebenso glaubte er, daß wir tatsächlich nur auf induktive Weise argumentieren können; er zog daraus den Schluß, daß der Mensch ein hoffnungslos unvernünftiges Wesen sei. Die meisten Philosophen seit HUME haben versucht, diese irrationalistische Schlußfolgerung zu vermeiden (→ *Induktion*).

II. Skeptiker und Rationalisten

1. Die Axiomatik: Der skeptische Haupteinwand gegen den Rationalismus war sehr einfach. Die Rationalisten sagen, ihre Axiome seien gerechtfertigt, weil sie »selbstevident« oder »offensichtlich« oder »unbezweifelbar« oder »klar und deutlich« seien. Aber welche Garantie haben wir, fragten die Skeptiker, daß das, was wir als »selbstevident« (oder »offensichtlich« oder »unbezweifelbar« oder »klar und deutlich«) feststellen, auch *wahr* ist?

Schließlich genossen es die Skeptiker, auszuführen, daß das, was dem einen Denker (oder der einen Generation von Denkern) »selbstevident wahr« erschienen war, oft dem folgenden Denker (oder der folgenden Generation von Denkern) zweifelhaft, wenn nicht geradezu falsch erschien. Der Leser kann seine eigenen Beispiele hinzufügen. Kurz: die Skeptiker argumentierten, daß die Selbstevidenz nicht als ein unfehlbares Kriterium der Wahrheit (→ *Wahr und falsch; Wahrheit*) anerkannt werden könne. Und wenn der Zweifel erst einmal die Axiome irgendeines rationalistischen Systems angesteckt hat, dann muß der Zweifel auch alle Dinge infizieren, die aus den Axiomen bewiesen werden sollen.

2. Synthetische Urteile a priori: Diesem Einwand zum Trotz bestand die Überzeugung weiter fort, daß mit der Mathematik, und insbesondere mit der euklidischen Geometrie, durch die reine Vernunft unverfälscht Gewißheit erlangt worden war. Diese Überzeugung führte die Rationalisten zu dem Wunschtraum, EUKLIDS Errungenschaft auf andere Gebiete des Wissens zu übertragen. Sie träumten davon, das gleiche für die Physik oder die Ethik oder die politische Theorie oder sogar für die Theologie zu leisten, was EUKLID für die Geometrie geleistet hatte; sie träumten davon, die Wahrheiten aller dieser Disziplinen dadurch zu begründen, daß man sie durch reine Vernunft aus selbstevidenten Axiomen beweist, deren Wahrheit nicht ernsthaft bezweifelt werden könnte.

Die Rationalisten bekräftigten wohl die skeptischen Einwände gegen den Empirismus, schlugen aber auch einen eigenen, dritten Einwand vor: nämlich den, daß die Empiristen keine adäquate Bewertung unseres *mathematischen* Wissens geben könnten. Die Empiristen hatten nur zwei Möglichkeiten, mit der → *Mathematik* umzugehen: Sie konnten sagen, daß mathematische Wahrheiten nichttriviale Behauptungen über die Welt (oder *synthetisch*) seien, die aus der Erfahrung der Welt gelernt würden (oder *a posteriori*); oder sie konnten einräumen, daß sie unabhängig von der Erfahrung wißbar (oder *a priori*) seien, aber darauf bestehen, daß dies der Fall war, weil ihre Verneinungen widersprüchlich waren, oder daß sie wahr seien aufgrund der Bedeutungen der Wörter, die sie enthielten (oder *analytisch*). Keine der beiden Erklärungen schien plausibel.

Wahrheiten wie: »Es gibt unendlich viele Primzahlen« oder »Die Winkelsumme im Dreieck beträgt 180 Grad« schienen weit sicherer als irgendeine lediglich empirische Verallgemeinerung wie »Brot nährt«; wir können uns noch nicht einmal vorstellen, wie wir durch Erfahrung finden können, daß sie falsch sind – wie wir das mit jeder empirischen Verallgemeinerung können.

Auf der anderen Seite waren mathematische Wahrheiten nicht triviale oder uninformative Aussagen wie: »Junggesellen sind unverheiratete Männer.« Es gehört nicht zu der Bedeutung der Wörter »Dreieck« oder »Winkel«, daß alle Dreiecke eine Winkelsumme von 180 Grad besitzen – ebenso wie es nicht zur Bedeutung von »Primzahl« gehört, daß es unendlich viele von ihnen gibt; dies ist schließlich der Grund dafür, warum diese Aussagen von Mathematikern als wahr *bewiesen* werden müssen.

Die Rationalisten schlossen, daß die Mathematik weder a posteriori noch analytisch sei – daß sie im Gegenteil *synthetisches a-priori-Wissen* verkörpere.

(Diese Formulierung des Disputes zwischen dem Rationalismus, dessen Grundthese ist, daß *synthetisches a-priori*-Wissen existiere, und dem Empirismus, dessen Grundthese ist, daß dies nicht der Fall sei, verdanken wir Immanuel KANT. KANT fuhr fort mit der Frage: »Wie ist *synthetisches a-priori*-Wissen möglich?« KANTS Theorie des Wissens ist ein höchst genialer Versuch, diese Frage zu beantworten.)

III. Revolution in Mathematik und Physik
1. Die nichteuklidische Geometrie: Aber nun griffen die Mathematiker in die Kontroverse ein und verstärkten die skeptischen Einwände gegen die Berufung auf die »Selbstevidenz«. Eines von EUKLIDS Axiomen stellte – im Ergebnis – fest, daß durch einen Punkt außerhalb einer gegebenen Geraden genau eine Gerade gezogen werden könne, die parallel zu der gegebenen Geraden läuft. Man glaubte, diese Aussage sei nicht ganz so selbstevident wahr, wie dies ein wirkliches Axiom sein sollte. Aber alle Versuche, diese Aussage von den anderen Axiomen abzuleiten, mißlangen. Schließlich, im 19. Jh., erfanden die Mathematiker andere geometrische Systeme, in denen EUKLIDS Parallelenaxiom nicht gilt – in denen entweder viele Parallelen zu einer gegebenen Geraden existierten (hyperbolische Geometrie) oder aber keine einzige (elliptische Geometrie). Diese Entwicklungen stürzten die rationalistische Sichtweise um, daß EUKLIDS Geometrie *synthetisches a-priori*-Wissen sei. Denn das *a-priori*-Denken hat uns alternative geometrische Theorien geliefert, und welche von diesen Theorien auf die reale Welt zutreffen, kann nicht *a priori*, sondern nur durch Berufung auf Erfahrung oder Experiment entschieden werden.
In der Tat ist die Geometrie, die in EINSTEINS relativistische Theorie der Gravitation eingefügt wurde, eine elliptische Geometrie, genauso, wie die Geometrie, die in NEWTONS Theorie der Gravitation einging, euklidisch ist. Wenn das Experiment EINSTEINS Theorie gegenüber der NEWTONS begünstigt, dann begünstigt das Experiment auch die Auffassung, daß der Raum nicht euklidisch ist.
2. Einsteins Relativitätstheorie: EINSTEINS Werk beraubt auch den klassischen Empirismus seines Paradigmas, nämlich der Theorie NEWTONS. Durch die Schaffung einer zu der NEWTONS alternativen Theorie der Gravitation, die genausogut – wenn nicht besser – durch die verfügbare Evidenz gestützt wurde, entledigte sich EINSTEIN ein für allemal der Auffassung, daß NEWTONS Theorie als wahr durch die Evidenz begründet werden könnte. *Synthetische a-posteriori*-Gewißheit ist genau so illusorisch wie *synthetische a-priori*-Gewißheit.
(Es ist wichtig, sich klarzumachen, daß diese philosophischen Ergebnisse gelten, gleichgültig, ob EINSTEINS Theorie nun besser ist als die NEWTONS oder nicht.)
Der Skeptizismus scheint über den Dogmatismus triumphiert zu haben, sei es über die empiristische, sei es über die rationalistische Variante.

C. Der kritische Rationalismus
In jüngster Zeit ist eine neue Theorie des Wissens entwickelt worden, der → *Kritische Rationalismus* oder *Fallibilismus*. Er versucht, dem Sieg des Skeptikers gerecht zu werden, ohne seine extremeren Schlußfolgerungen bekräftigen zu wollen.
Der klassische Rationalist hat recht darin, daß kein (nichttrivialer) Glaube durch die Anrufung der Erfahrung erreicht oder gerechtfertigt werden kann: unsere Glaubensüberzeugungen sind *a-priori*-Hypothesen.
Der klassische Empirist hat darin recht, daß diese Hypothesen beide nicht *a priori* gerechtfertigt werden können. Der Skeptiker hat – kurz gesagt – darin recht, daß kein (nichttrivialer) Glaube gerechtfertigt werden kann. Der Skeptiker hat lediglich darin unrecht, darauf zu bestehen, daß ungerechtfertigte Glaubensüberzeugungen alle gleich unvernünftig sind.
Mit anderen Worten: er hat darin unrecht, daß er mit dem Dogmatiker die Ansicht teilt, daß ein Glaube nur dann rational ist, wenn er als wahr gerechtfertigt oder bestätigt werden kann.
Der Kritische Rationalismus schließt eine nichtjustifikationistische Theorie der Rationalität ein, derzufolge es vernünftig ist, probeweise eine (ungerechtfertigte) Hypothese anzunehmen, wenn sie ernster Kritik (einschließlich ernsthafter empirischer Prüfungen) standgehalten hat. Auf diese Weise versucht der Kritische Rationalist, einen Keil zwischen den Skeptizismus (keine Glaubensüberzeugung kann gerechtfertigt werden) und den Irrationalismus (kein Glaube ist rational) zu treiben.
Ob dies eine gangbare Theorie des Wissens ist, ist noch Gegenstand einer lebhaften Kontroverse.

Alan Musgrave
(Aus dem Englischen von *Helmut Seiffert*)

Albert, H.: Traktat über kritische Vernunft. 1968, verbess. [4]1980. – *Bartley, W. W., III:* Flucht ins Engagement. (1962) 1964, verbess. [2]1986. – *Descartes, R.:* Discours de la méthode. 1637. Von der Methode [...]. Neuausg. 1969. – *Ders.:* Meditationes de prima philosophia. 1641. Meditationen über die Grundlagen der Philosophie. Neuausg. [2]1977. – *Hume, D.:* A treatise of human nature. 1739/40. Ein Traktat über die menschliche Natur. 1904, 1906 = 1978. – *Kant, I.:* Kritik der reinen Vernunft. A = 1. Aufl. 1781; B = 2. Aufl. 1787. – *Landmann, M.:* Problematik, Nichtwissen und Wissensverlangen im philosophischen Bewußtsein. 1949. – *Lenzen, W.:* Glauben, Wissen und Wahrscheinlichkeit. 1980. – *Locke, J.:* An essay concerning human understanding. 1690. – Versuch über den menschlichen Verstand. 1911–13, Nachdr. [4]1981. – *Meschkowski, H.:* Was wir wirklich wissen. 1984. – *Pfeil, H.:* Was sollen wir wissen? [3]1974. – *Popitz, H.:* Über die Präventivwirkung des Nicht-Wissens. 1968. – *Popkin, R. H.:* The history of scepticism from Erasmus to Descartes. [2]1968. – *Popper, K. R.:* Die beiden Grundprobleme [...]. 1930–33. 1979. [W] – *Ders.:* Conjectures and refutations [...]. 1963, [4]1972. [W] – *Ders.:* Objektive Erkenntnis. (1972) [4]1984. [W] – *Sextus Empiricus:* Outlines of Pyrrhonism. – Grundriß der pyrrhonischen Skepsis. 1968. – *Stegmüller, W.:* Glauben, Wissen und Erkennen. 1956, 1965, [3]1974. – *Ders.:* Probleme und Resultate [...]. Bd. 2 I, 2 II. [H] – *Strawson, P. F.:* Skeptizismus und Naturalismus. (Aus dem Engl.) (1983) 1986.

Alan Musgrave/H.S.

Wissenschaft

griech. epistḗmē; lat. scịentia

Einleitung

Wissenschaft – was immer auch unter diesem Wort verstanden werden soll – ist ein Grundphänomen und ein Grundelement unserer Zeit, einer Zeit, die von vielen als »Zeit der wissenschaftlich-technischen Revolution« verstanden wird. Ja, vielleicht ist sie sogar das Grund*problem*, zumindest *ein* solches.

Probleme sind Gegebenheiten, »Vor-Würfe«, die entweder praktisch oder theoretisch oder auf beide Weisen zugleich anzugehen und zu bewältigen sind.

Die Wissenschaft gehört hierbei zu dem dritten Typus. Wie man dabei auch das Verhältnis von »praktisch« und »theoretisch« bestimmt bzw. beide Bestimmungen gegeneinander abzugrenzen versucht – etwa dergestalt, daß »praktisch« alles das meint, was »nicht am Schreibtisch« erledigt werden kann –, so viel scheint doch sicher und notwendig zu sein, daß die Wissenschaft es mit dem Wissen zu tun hat, d. h. zunächst einmal ein theoretisches Problem ist. Strittig ist dann nur, ob dieses theoretische Problem wieder in der Praxis als solcher oder ob diese Praxis in der Theorie begründet ist.

Wie dem auch sein mag – wenn wir uns hier mit der Wissenschaft befassen, so ist sie uns als ein theoretisches Problem vorgegeben, also auch ihre »Praxis«. Eine solche Betrachtung ist ihrerseits wieder differenziert; sie zeigt sich nicht zuletzt in den verschiedenen Disziplinen, die sich unter spezifischen Aspekten mit ihr befassen. Alle hängen sie durch das Thema »Wissenschaft« zusammen; dieses Thema aber muß irgendwie als Phänomen umgrenzt werden.

Der Wissenschaftssoziologe Derek de Solla Price hat die Wissenschaft definiert als dasjenige, was in wissenschaftlich angesehenen Zeitschriften veröffentlicht wird, und – entsprechend – einen Wissenschaftler als jemanden, der zumindest in den beiden letzten Jahrgängen einer wissenschaftlichen Zeitschrift etwas veröffentlicht hat. Ich selbst würde eher so definieren:

Wissenschaft ist dort, wo diejenigen, die als Wissenschaftler angesehen werden, nach allgemein als wissenschaftlich anerkannten Kriterien forschend arbeiten.

A. Die Frage nach dem Wissenschaftsbegriff

Die Frage nach dem Wissenschaftsbegriff hat vier Aspekte.

I. Quaestio facti oder quaestio juris?

Die Quaestio facti, die Frage nach der Tatsache, geht von einer Beschreibung der aktuellen Situation der Wissenschaft aus und gelangt dann, vom Befund abstrahierend, zu Verallgemeinerungen. Als repräsentativ für die Situation nimmt man dann die mehr oder minder unreflektierte Arbeit der Fachwissenschaftler – oder aber ihre Erzeugnisse und die hierin implizit niedergelegten Vorverständnisse von Wissenschaft; oder man betrachtet die jeweiligen Reflexionen in Form der verschiedenen Beschäftigungen mit dem Thema Wissenschaft.

Die Quaestio juris, die Frage nach der Rechtslage, geht umgekehrt vor. Sie entwickelt einen spezifischen Wissenschaftsbegriff als »den einzig möglichen« und betrachtet und beurteilt andere Auffassungen von diesem eigenen Begriff aus.

Beide Positionen werden vertreten, beide haben ihre Vor- und Nachteile. Eine nähere Diskussion ist im Rahmen dieses Artikels leider nicht möglich.

II. Einheitlichkeit des Wissenschaftsbegriffes?

Gibt es einen einheitlichen Wissenschaftsbegriff? Wenn von »Wissenschaft« die Rede ist, so müssen wir entscheiden, ob im Hintergrund die Meinung steht, es gebe mehrere Wissenschaftsbegriffe – oder aber die, es gebe nur einen einzigen, der es dann überhaupt erst erlaubt, das Wort »Wissenschaft« sinnvoll zu verwenden.

Im zweiten Falle wiederum kann die Einheitlichkeit mehr material, inhaltlich verstanden werden: etwa im Sinne der Reduktion auf eine »Grund-« bzw. Einheitswissenschaft, oder aber mehr formal begründet werden: etwa im Sinne einer einheitlichen Struktur, die allen Disziplinen zukommt bzw. zukommen muß, die mit Recht den Anspruch erheben wollen, als Wissenschaft angesehen zu werden.

III. Die leitenden Wissenschaftsbegriffe

Bei der Frage nach dem Wissenschaftsbegriff geht es dann weiterhin um die Differenzierung der leitenden Wissenschaftsbegriffe. Vor aller Beschäftigung mit dem Thema Wissenschaft ist es nämlich offenbar erforderlich, drei Begriffe der Gegebenheit Wissenschaft zu unterscheiden. Das ist wichtig, weil vielfach die Bestimmungen dessen, was »Wissenschaft« ist, von unterschiedlichen Begriffen ausgehen, und Mißverständnisse sind dann unausbleiblich. Die drei Leitbegriffe sind:

- der Kulturbegriff
- der anthropologische Begriff
- der propositionale (Aussagen-)Begriff.

1. Der Kulturbegriff: Unter »Kultur« verstehen wir das Gesamt (das »System«) der verschiedenen Bereiche und Dimensionen menschlicher Weltgestaltung, wie etwa Religion, Recht, Kunst, Wirtschaft usf. In diesem Sinne ist auch die Wissenschaft ein Bereich der Kultur neben anderen. Wissenschaft als solch ein Bereich ist etwa gemeint, wenn von → *Wissenschaftspolitik* die Rede ist.

Zur Wissenschaft als Kulturbereich – den man dann auch als »Wissenschaftsbetriebssystem« interpretieren könnte – gehören zunächst einmal die Menschen, sowohl als Individuen wie als Gruppen verschiedener Stufung und Vernetzung, ihre Aktivitäten wie ihre Ideen; weiterhin die Apparate und Methoden, die Institutionen verschiedener Organisationsstufung. Hierzu gehören dann auch die Sekundärbereiche, etwa neben der Forschung die Entwicklung, weiterhin vor allem der gesamte Informationsapparat als Medium der Informationsvermittlung, angefangen von der direkten Vermittlung, Verarbeitung und Bearbeitung wissenschaftlicher Aussagen bis hin zur Wissenschaftsvermittlung im Bereich der Bildung oder der Beratung. Diese Dimension der Wissenschaft kann auch als »Makrowissenschaft« bezeichnet werden, weil sie die Wissenschaft als Großgebilde innerhalb der Gesamtkultur begreift.

2. Der anthropologische Begriff: Dem Kulturbegriff gegenüber enger ist der anthropologische Begriff der Wissenschaft. Die Wissenschaft wird hier verstanden als eine spezifische Aktivität oder – vielleicht besser – als ein spezifischer Produktionsprozeß, der von der menschlichen Person ausgeht und von ihr getragen wird. Als ein solcher Prozeß zeigt sich die Wissenschaft vor allem in der Forschung. Die Forschung differenziert sich in »positive«, d. h. empirische Arbeit und in theoretische Arbeit. Beide Formen der Forschung sind gleichberechtigt. Die Ergebnisse dieser Forschung sind die wissenschaftlichen Aussagen oder Sätze oder, genauer gesagt, deren Gehalte. Diese Dimension der Wissenschaft kann auch als »Mikrowissenschaft« bezeichnet werden, weil sie die Wissenschaft als eine Tätigkeit menschlicher Personen begreift.

3. Der propositionale (Aussagen-)Begriff: Dem anthropologischen Begriff gegenüber wiederum enger ist der »propositionale« Begriff der Wissenschaft. »Proposition« bedeutet soviel wie Aussage oder (Lehr-)Satz. Im Sinne dieses Begriffes ist also die Wissenschaft das Gesamt der im Forschungsprozeß erzeugten Sätze und Aussagen. Diese Sätze und Aussagen bilden einen Begründungszusammenhang und werden am Kriterium der Wahrheit gemessen – wobei zu bedenken ist, daß »Wahrheit« nach alter Tradition eben als Aussage-Wahrheit vorverstanden wird (→ *Wahr und falsch; Wahrheit*).

IV. Formen der Befassung mit dem Thema »Wissenschaft«

Die Charakterisierung, vor allem aber die gegenseitige Abgrenzung der einzelnen Formen der Befassung mit Wissenschaft ist nicht einheitlich. Klar ist die Unterscheidung in theoretische und praktische Befassung. Wenn auch die praktische Befassung in unserem Zusammenhang nicht ausdrücklich zur Diskussion steht, so ist sie doch gerade in der Gegenwart vielfach zentral auch für die theoretische Befassung: Wissenschafts»forschung« etwa versteht sich dann praktisch als »science policy studies« (Studien zur Wissenschaftspolitik).

Bleiben wir bei der theoretischen Befassung: Wissenschaftswissenschaft ist die empirische Beschäftigung mit der Gegebenheit Wissenschaft – der Terminus ist also als analog zu Termini wie Kunst- oder Sprachwissenschaft zu verstehen. Wissenschaftsphilosophie hingegen wird meist als Wissenschaftsmetaphysik verstanden. Man versucht dann das »Wesen« der Wissenschaft zu bestimmen: etwa als Suche nach der Wahrheit, als Suche nach der Macht über die Natur, als Suche nach dem »Herrschaftswissen über die Gesellschaft« (Herbert MARCUSE) usf.

Die Wissenschaftsphilosophie und die Wissenschaftswissenschaft haben es in erster Linie mit dem Kultur- und dem anthropologischen Begriff der Wissenschaft zu tun. Demgegenüber ist die → *Wissenschaftstheorie* dem *propositionalen* Wissenschaftsbegriff zugeordnet – jedenfalls so, wie sie meist verstanden wird. Dabei läßt sich eine Entwicklung feststellen. Die Wissenschaftstheorie war ursprünglich als ausgesprochene Wissenschaftslogik an den exakten Wissenschaften orientiert (im angelsächsischen Bereich heißt sie »philosophy of science«; → *Einleitung*). Später wurde sie mehr und mehr Wissenschafts-Gnoseologie (-Erkenntnislehre). Doch sie entwickelt sich weiter; vor allem stellen sich die Fragen nach der Bestimmung und Grundlegung dessen, worüber Aussagen gemacht werden, die Fragen nach dem Hintergrund, aus dem heraus immer schon eine Wirklichkeit vorverstanden wird usf. Man kann diesen Fragenkomplex in konsequenter Weiterführung der Terminologie als Wissenschaftsontologie bezeichnen.

B. Natur- und Geisteswissenschaften

Ist von Natur- und Geisteswissenschaften die Rede, so stellt sich zunächst die allgemeine Frage der inhaltlichen Differenzierung der Wissenschaften bzw. der Disziplinen, die als Elemente des Systems der Wissenschaften angesehen werden. Leider erlaubt es der Raum hier nicht, die zur Erhellung der Thematik eigentlich erforderliche historische Entwicklung nachzuzeichnen; hierfür kann auf eigene Untersuchungen verwiesen werden (vgl. DIEMER, in DIEMER, Beiträge, und in DIEMER, System). Wir wollen die Frage daher weitgehend systematisch-aktuell behandeln, was allerdings ohne einige historische Rückblicke nicht möglich ist.

Wir wollen die Thematik in vier Abschnitten behandeln. Zunächst geht es allgemein um die Differenzierung des Gesamts (Systems) der Wissenschaften. Dann sprechen wir kurz über die Naturwissenschaften und etwas ausführlicher über die Geisteswissenschaften. Zum Schluß soll noch auf einige wesentliche Probleme hingewiesen werden.

I. Die inhaltliche Differenzierung der Wissenschaften

In der inhaltlichen Differenzierung der Wissenschaften stehen sich die monistische und die pluralistische Konzeption gegenüber.

1. Die monistische Konzeption: Die monistische Konzeption kennt wiederum zwei Typen:

(a) Der szientistische Solipsismus: Er erkennt nur eine einzige Wissenschaft als Wissenschaft an – nämlich das, was die englischsprachige Wissenschaftskonzeption unter »science« versteht. Alles andere ist Nichtwissenschaft, ist Bildungselement – wie es Bezeichnungen wie Humanities (Klassische Literatur, Geisteswissenschaften) oder Arts (ursprünglich die septem artes liberales, die »Sieben Freien Künste« des Mittelalters) auch zum Ausdruck bringen. Daß diese Konzeption des szientistischen Solipsismus für die »science policy«, die Wissenschaftspolitik, wichtig ist, braucht nicht besonders erläutert zu werden.

(b) Der szientistische Reduktionismus: Der andere Monismus ist der szientistische Reduktionismus. Auch für ihn gibt es nur eine eigentliche Wissenschaft, die als Basis- oder Grundwissenschaft fungiert. Die anderen Disziplinen sind entsprechend insofern Wissenschaft, als sie sich auf diese Basis reduzieren lassen. Überblicken wir die Entwicklung seit Beginn des 19. Jh. – also die für die moderne Wissenschaft entscheidende Zeit –, so stellen wir fest, daß die Basis variieren kann: sie bewegt sich zwischen exakter Physik, Chemie, Biologie und auch noch Psychologie. Die Psychologie als Basis ist vor allem um die Jahrhundertwende bedeutsam: man denke an Namen wie Hermann PAUL in der Sprachwissenschaft.

2. *Die pluralistische Konzeption:* Hier muß zunächst eine Vorbemerkung gemacht werden. Bis zum 19. Jh. bezeichnet »Natur« die Wirklichkeit insgesamt und allgemein. Das gilt nicht zuletzt, was oft übersehen wird, für KANT. Demzufolge gibt es bis dahin auch nur Naturwissenschaft. Die eigentliche Differenzierung vollzieht sich als Wissenschaftsdifferenzierung erst anschließend, allerdings nach vielfältigen vorangehenden Ansätzen.
(a) Die duale Gliederung: Die duale oder dualistische Gliederung der Wissenschaften in Natur- und Geisteswissenschaften ist bereits seit längerer Zeit in entsprechenden Bezeichnungen und Konzeptionen vorgezeichnet, entwikkelt sich aber erst im Übergang vom Idealismus zum Positivismus oder Naturalismus – oder wie man die Wirklichkeitskonzeption in der Mitte des 19. Jh. sonst bezeichnen mag. Die Reihen: »Unbelebtes – Pflanze – Tier – Mensch« und: »Anorganisches – Organisches – Psychisches – Geistiges« sind also einander nicht gleichzusetzen. Vielmehr sind Pflanze, Tier und Mensch lebendige Gebilde, die jeweils an mehreren »Schichten« der Wirklichkeit teilhaben. Der Mensch ist also »geschichtet« aus anorganischer Materie, Organischem, Psychischem und Geistigem und hat mit seinen untergeistigen Schichten an der Natur teil.
Stichwortartig möchte ich die hieraus sich ergebende Wissenschaftskonzeption andeuten. Auf der einen Seite steht das Begriffspaar *Geist* und *Natur*. Es bezeichnet die beiden Grundbereiche des Wirklichen. Dabei ist unter »Natur« die Wirklichkeit zu verstehen, soweit sie nichtgeistig ist; sie umfaßt also auch den Menschen, soweit er Materie und Organismus ist.
Hier setzt nun die andere Differenzierung ein. *Wissenschaft* und *Geschichte* bezeichnen ursprünglich zwei Wissenschaftselemente. Im 18. Jh. gilt:
Die → *Philosophie* ist die Lehre von den Prinzipien überhaupt und den leitenden Prinzipien eines Bereiches.
Die *Wissenschaft* ist die Lehre, die die *allgemeinen* Erkenntnisse eines Bereiches darstellt. Diese Erkenntnisse muß die Wissenschaft aus den allgemeinen Prinzipien »deduzieren« können. Hierdurch wird es möglich, die einzelnen Gegebenheiten zu »erklären«. Dadurch wird die Wissenschaft zum System, wie etwa bei KANT. Hierauf beruht die wissenschaftliche Wahrheit.
Die *Geschichte* ist, wie schon das griechische Wort »historia« ursprünglich besagt, die Erzählung und Beschreibung der Einzelgegebenheiten, d. h. des Empirischen. Noch heute bedeutet im Französischen histoire naturelle und im Englischen natural history die empirische Naturkunde (Naturgeschichte hieß auch in Deutschland lange das Schulfach). Die Geltung geschichtlicher Aussagen hat nur Wahrscheinlichkeitscharakter (→ *Geschichtstheorie;* → *Historisch/systematisch*).
(b) Die triale Gliederung: Neben der dualen gibt es auch triale Differenzierungen. Gerade die Gegenwart neigt zu solchen Dreigliederungen. Verweisen kann man auch hier auf frühere Ansätze, so etwa auf Heinrich RICKERTS Gliederung in die Natur, in die Seele und in das »dritte Reich« des Sinnes. Ideen dieser Art greift POPPER heute wieder auf: die naturale Welt, die mentale Welt und die »Welt drei« des »objektiven Geistes«.
Erwähnt sei in diesem Zusammenhang auch die Dreiteilung von HABERMAS. HABERMAS unterscheidet: die empirisch-analytischen Wissenschaften (die sowohl die Naturwissenschaften als auch die empirischen Sozialwissenschaften umfassen), historisch-hermeneutische Wissenschaften (die mehr vergangenheitsorientiert sind) und schließlich die kritisch orientierten Wissenschaften (oder: systematischen Handlungswissenschaften). HABERMAS' Differenzierungen sind am »erkenntnisleitenden Interesse« orientiert, während die vorher genannten Differenzierungen mehr objektorientiert, das heißt an den Gegebenheiten ausgerichtet sind.
An dieser Stelle sei bereits darauf hingewiesen, daß auch die von mir selbst vertretene Konzeption trial ist. Sie gliedert nämlich in: metrische, Verhaltens- und Sinngebildewissenschaften. Hiervon wird im Abschnitt C.V. die Rede sein.
(c) Die quartale Gliederung: Die quartale Gliederung wird vor allem dadurch notwendig, daß auch die *technischen* Wissenschaften als eigener Bereich angesehen werden. Im folgenden sollen jedoch die beiden Bereiche Naturwissenschaften und Geisteswissenschaften eingehender besprochen werden.

II. Die Naturwissenschaften

Was den Wissenschaftsbegriff anbetrifft, werfen die → *Naturwissenschaften* weniger Probleme auf als die Geisteswissenschaften. Wesentlich ist zunächst das Vorverständnis von »Natur«, bei dem die Naturwissenschaften ihren Ausgang nehmen. In der Tradition leitend ist das material ontische (das inhaltlich seinsmäßige) Vorverständnis: die Natur ist die Gegebenheit, die mit der naturwissenschaftlichen Methode beobachtet, erfaßt, dargestellt und gedeutet werden kann. Nur so ist »exakte« Wissenschaft möglich – alles andere ist mehr oder minder »unexakt«, auch die Biologie. An diesem Leitbild orientierte sich dann die »philosophy of science«, die das Wissenschaftsbild vor allem der Mitte des 20. Jh. geprägt hat und heute noch prägt.

III. Die Geisteswissenschaften

Bei den → *Geisteswissenschaften* ist die Situation erheblich komplexer, was sich durch ihren Gegenstand und seine schwierige Erfassung durch das Denken erklärt.

1. Die Fülle der Bezeichnungen: Diese komplexe Situation der Geisteswissenschaften zeigt sich bereits in der Fülle der Bezeichnungen, die im Laufe der Geschichte entwickelt wurden. Es liegt auf der Hand, daß sich hinter jeder dieser Bezeichnungen jeweils ein spezifisches Vorverständnis verbirgt. Insgesamt lassen sich neun Bezeichnungsgruppen bzw. entsprechende Konzeptionen nennen.

(a) Klassische Bezeichnungen

(1) Mensch: Bezeichnungen, die den Menschen zum Thema machen, sind in der Regel nicht am griechischen Wort für den Menschen, *ánthrōpos*, sondern an der lateinischen Bezeichnung *homo* (Adjektiv *humanus*: menschlich) orientiert: humanitates, humaniora, sciences humaines, humanitarian sciences. Alle diese Ausdrücke bedeuten etwa: »menschliche Wissenschaften«. Der Bedeutungsgehalt solcher Bezeichnungen variiert zwischen der Feststellung, daß es sich hierbei um (griech.) *ta anthrṓpina* (»das Menschliche«), also um menschliche Gegebenheiten handelt, bis hin zur Orientierung an der idealen »humanitas«, aus der sich entsprechende Forderungen und Beurteilungen ableiten.

(2) Verhalten: Bezeichnungen, die vom (menschlichen) Verhalten ausgehen, sei es individuell, sei es sozial: so leiten sich vom griechischen Wort »ēthos« die *ethischen* Wissenschaften ab – bis hin zur modernen Ethologie. Entsprechend leiten sich vom lateinischen »mōs«, »mōris« die moralischen Wissenschaften, die moral sciences usf. ab. Auch hier ist wieder auf die Variationsbreite vom empirisch feststellbaren Verhalten bis zum moralischen Wert hinzuweisen.

(3) Geist: Bei Bezeichnungen, die vom Geist ausgehen, wäre mit der Pneumatologie (auch Pneumatik) als der Lehre von den »Geistern« (Menschen, Engel usf.) zu beginnen. Eine lateinische Bezeichnung ist in der Tradition kaum zu finden; in der Gegenwart bürgert sich jedoch in zunehmendem Maße die Rede von »mental acts« ein. Entsprechend könnte man dann von »mental science« sprechen. Führend ist hier die deutsche Bezeichnung *Geisteswissenschaft*. Interessant ist der Vergleich dieses Wortes mit den Übersetzungen in anderen Sprachen, etwa des Titels von DILTHEYS »Einleitung in die Geisteswissenschaften« (»scienze del espiritu«, »sciences humaines«).

(4) Sprache: Noch spezifischer ist eine der ältesten Bezeichnungen: nämlich diejenige, die sich an der *Sprache* orientiert. Im griechischen »lógos« schwingen dabei die verschiedenen Bedeutungsnuancierungen wie Gott, Geist, »Logik«, Rede, Wort mit. Entsprechend verstehen sich dann die *philologischen* Wissenschaften. Später spricht man in der lateinischen Tradition etwa von den »scientiae sermonicales«. Diese Sicht bringt vor allem den hermeneutischen Akzent in die Wissenschaftskonzeption ein. –

Die bisher genannten vier Bezeichnungen umreißen die eigentlich klassischen Konzeptionen. Die vier folgenden Bezeichnungen sind neueren Datums.

(b) Neuere Bezeichnungen

(1) Kultur: Am Gesamtkomplex vor allem des »objektivierten Geistes« orientiert sich die Bezeichnung als Kulturwissenschaft. Sie ist erst möglich, nachdem sich der Kulturbegriff im heutigen Sinne, um etwa 1800, herausgebildet hatte.

(2) Wert: Eine spezifischen Aspekt greift die Bezeichnung »Wertwissenschaft« aus dem Vorverständnis der Geisteswissenschaft als Kulturwissenschaft heraus. In dieser Bezeichnung zeigt sich der Versuch des 19. Jh., »über« dem Bereich des Realen – der Natur – und des Psychischen noch einen eigenen Bereich herauszuarbeiten, vor allem, um die Humanität, das Ewige – eben die Werte – vor dem → *Positivismus* zu retten.

(3) Sinn: In die gleiche Richtung weist die Bezeichnung »Sinnwissenschaften«, die allerdings einen etwas neutraleren Ton hat. Sie konkurriert mit dem Begriff der Kulturwissenschaft dort, wo man neuerdings Versuche macht, einen »dritten Bereich« zu schaffen.

(4) Historisch: Eine heute noch wichtige Konzeption mit ihrer Bezeichnung haben wir bereits oben besprochen: historische Wissen-

schaften. Auf Einzelheiten wollen wir an dieser Stelle nicht eingehen (→ *Historisch/systematisch*).

(5) Sozial, Gesellschaft: Zum Schluß muß noch eine – an sich alte – Bezeichnung genannt werden, die wieder mehr den menschlichen Aspekt unterstreicht: soziale bzw. *Gesellschaftswissenschaften.* Dies ist heute die geläufige Bezeichnung in der DDR; dort spricht man neuerdings auch von »Kulturwissenschaften«. Im englischen Sprachbereich ist die Bezeichnung als »social sciences« gängig, ihr Vorverständnis allerdings variiert. – Diese Liste der fünf und vier, also neun Bezeichnungsgruppen, die jeweils einem leitenden Vorverständnis zugeordnet sind, ist meines Erachtens vollständig.

2. *Die Begründung der Geisteswissenschaften als Wissenschaft:*

(a) Fremdbestimmt (heteronom): Fremdbestimmt oder heteronom sind diejenigen Versuche, die den Wissenschaftscharakter der → *Geisteswissenschaften* von einem anderen Wissenschaftstypus her begründen. Dies gilt zunächst nur vordergründig; denn im Hintergrund steht dabei das Unbehagen aller sogenannten Geisteswissenschaften in Anbetracht des eigenen Wissenschaftscharakters. Diese Einstellung konkretisiert sich in den verschiedenen Versuchen seit Beginn des vorigen Jahrhunderts, die einzelnen »historischen« und die verwandten Disziplinen »zum Rang einer Wissenschaft zu erheben« – wie dies meist formuliert wird.

Man orientiert sich dabei am klassischen Wissenschaftsideal, wie es etwa der deutsche Idealismus verstanden hatte. Dieses Ideal war dann in der Folgezeit aber nur noch in der Naturwissenschaft, voran der Physik, realisiert.

Diese heteronome Begründung kann auf zweierlei Weise erfolgen:

Erstens durch *Reduktion* (Zurückführung) auf eine »echte«, das will sagen: allgemein als Wissenschaft anerkannte Wissenschaft. Als solche kommen – in dieser Reihenfolge – die Physik, die Chemie, die Biologie und schließlich noch die Psychologie in Frage. Diese Tendenzen gelten heute noch: auf der einen Seite ist etwa die – vom logischen Empirismus der Wiener Schule begründete – Idee der »unified science« leitend, auf der anderen Seite der Versuch, die Basis in den »behavioral sciences« als objektiver Wissenschaft anzusetzen.

Zweitens erfolgt die heteronome Begründung der Geisteswissenschaften durch eine *Strukturierung* (Gliederung oder Ordnung) der eigenen Disziplin nach den Maßstäben klassischer Wissenschaft. Nur zwei solcher Möglichkeiten seien genannt: die Systematisierung und die Erklärung.

Die *Systematisierung* ist vor allem bei den sogenannten dogmatischen Wissenschaften zu finden – oder sagen wir neutraler: bei Lehren, die dogmatische Thesen, seien sie kategorischer, seien sie dogmatischer Natur, vertreten. Klassische Beispiele bis heute sind die Jurisprudenz und die Theologie. Daneben steht der Versuch, die *Erklärung* als Begründungskriterium einzuführen. Dabei war die klassische Definition der Erklärung – Ableitung der Einzelgegebenheit aus allgemeinen Prinzipien – leitend.

(b) Selbstbestimmt (autonom): Selbstbestimmt oder autonom sind die Versuche, den Wissenschaftscharakter aus eigenen Voraussetzungen, das bedeutet: in bewußtem Gegensatz zu den Naturwissenschaften, zu begründen. Hier lassen sich *vier Typen* unterscheiden:

(1) Voran steht der Typus der *Geisteswissenschaften als historische Wissenschaften*. Dabei lassen sich wiederum zwei Formen des Vorverständnisses unterscheiden:

Zuerst ist zu nennen das *traditionelle Verständnis von Geschichte*. Ihr Objekt ist das Individuum als solches bzw. das Einzelereignis. Entsprechend geht die Naturwissenschaft nomothetisch, d. h. allgemeine Gesetze suchend vor; die Geisteswissenschaft hingegen geht idiographisch vor, d. h. das einzelne beschreibend. (Das Begriffspaar wurde 1894 von Wilhelm WINDELBAND geprägt.) Dieses an sich längst überholte Vorverständnis bestimmt noch heute die Vertreter der modernen »philosophy of science«, wenn sie von »historical explanation« sprechen – und dabei so tun, als handele es sich wirklich um eine geschichtliche Erklärung. Im Grunde genommen handelt es sich um nichts anderes als um eine Erklärung von Einzelereignissen, wobei statt Naturgesetzen anthropologische bzw. soziale »Gesetze« oder doch jedenfalls Analoga von Gesetzen vorausgesetzt werden. Daher handelt es sich um eine anthropologische Erklärung, die nichts weiter ist als eine Analogie zur Naturerklärung.

Die *zweite* Möglichkeit eines spezifischen Vorverständnisses wäre die *hermeneutische Konzeption*. Die historischen Wissenschaften

sind dann von philologisch-hermeneutischem Charakter (hierüber anschließend mehr).
(2) Leitend ist heute noch die Konzeption der *Geisteswissenschaften als hermeneutischer Wissenschaften* (→ *Hermeneutik*). Sie entspricht der philologischen Tradition, die sich im Umgang mit theologischen, juristischen und literarischen Texten herausgebildet hatte. Dementsprechend hat es auch die hermeneutische Arbeit heute noch vor allem mit Texten zu tun. Verbunden damit ist meist noch die Orientierung an der Vergangenheit bzw. an klassischen Texten. So sprechen wir auch von den philologisch-hermeneutischen Wissenschaften. Vorlage ist der Text, vorgegeben sind physisch-optische Gegenstände: die Buchstaben. Über diese hinauszugehen, sie zu »transzendieren«, ist die Aufgabe: man will den in oder hinter ihnen stehenden »Geist« fassen. Je nach Vorverständnis wird dieser Geist dann als »Geist in der Flasche« oder, um die Gegenseite zu nehmen, als unmittelbar »anwesend« angesehen.
(3) Eine dritte autonomistische Konzeption begreift die *Geisteswissenschaften als anthropologische Wissenschaften*; die Geisteswissenschaften befassen sich mit dem Menschen selbst, der wiederum als vor allem durch Praxis bestimmt vorverstanden wird. Sieht man hier genauer hin, so handelt es sich meist weniger um Versuche, einen Wissenschaftsbegriff zu entwickeln, aufgrund dessen die Aussagen begründet werden können, als vielmehr um die Rechtfertigung eigener, relativ unkritisch vorgetragener Positionen. Dies gilt gleicherweise, ob man mehr vom Menschen als Person oder mehr von der Gesellschaft ausgeht. Aus dieser Wissenschaftsmetaphysik, die »leitende Interessen« als für die Wissenschaft überhaupt maßgebend voraussetzt, wird dann umgekehrt, in Unterordnung unter anthropologische Gesichtspunkte, die Naturwissenschaft einem entsprechenden Interesse entspringend angesetzt. Leitend ist dabei die Idee der Macht und Wirklichkeitsbeherrschung, wobei man ihr ein technisches Interesse zur Bewältigung der Wirklichkeit oder ein sozial-industrielles Interesse zur Manipulation der Gesellschaft unterschiebt. Nicht erst der westdeutsche Neomarxismus (die »Frankfurter Schule«) hat eine solche Konzeption vorgetragen – bereits bei HEIDEGGER finden sich Vorstellungen dieser Art.
(4) Eine vierte Konzeption – *Geisteswissenschaften als normative Wissenschaften* – versucht wieder eine gewisse Objektivierung. Daß für den Menschen wie für die Kultur Werte grundlegend sind, ist eine allgemein akzeptierte Selbstverständlichkeit. Entsprechend hat man auch von »Wertwissenschaft« gesprochen. Bei dieser Konzeption ergeben sich dann aber Schwierigkeiten: Werte (→ *Wert*) können einerseits beschreibend gezeigt werden, ihre Realisierungen entsprechend in der Kunst, der Religion, aber auch in der Wissenschaft selbst untersucht werden. Andererseits tritt sofort deren normativer Geltungscharakter bei der Befassung mit ihnen in Funktion: reden wir von der Kunst oder der Literatur, müssen wir zum einen wissen, was »wahre« Kunst, »wahre« Literatur ist, um überhaupt das thematische Feld abgrenzen zu können, und andererseits in der Kritik (Kunst-, Literaturkritik versteht sich immer als entsprechende Wissenschaft) die jeweiligen Gegebenheiten beurteilen.
Neueste Versuche wollen dem bei alldem begegnenden Relativismus und der damit verbundenen Befangenheit in der Ideologie dadurch begegnen, daß sie sich auf eine absolute Ebene zu stellen versuchen.
Leitbild hierfür ist die Mathematik, die ja doch eigentlich die »Geisteswissenschaft« par excellence ist. Entsprechend werden dann normative Wissenschaften entwickelt – ein Vorgehen, bei dem man in vieler Hinsicht an den Neukantianismus der Jahrhundertwende und sein Doppelgesicht im Sinne der »Marburger« und der »südwestdeutschen« Ausprägung erinnert wird. Fragt man bei dieser Wertfundierung nach der Begründung, die ja in der → *Wissenschaftstheorie* eine nicht unwichtige Rolle spielt, dann wird auf die Vernunft und die Einsicht in die Vernunft verwiesen. Ein weiteres Fragen wird mit dem Appell an die Rationalität beantwortet: wer es nicht sieht, ist blind, oder er versucht den »herrschaftsfreien Diskurs« zu unterdrücken.

IV. Problemmomente. Drei Vermengungen
Versuchen wir zum Abschluß dieses Abschnitts einige wesentliche Problemmomente in den dargestellten Konzeptionen der Wissenschaft als solcher bzw. der einzelnen Wissenschaftstypen herauszustellen, so sind vor allem drei zu nennen. Gemeinsam ist ihnen allen die Ungeklärtheit genauer thematischer Unterscheidungen bzw. die Verwischung und Vermengung der verschiedenen Differenzierungs-, Begründungs- und anderer Aspekte.
1. Wissenschaftstheoretische Begründung – metaphysisches Vorverständnis: Zunächst wä-

re das Durcheinander- und das Ineinanderübergehen der wissenschaftstheoretischen Begründung mit dem jeweils leitenden metaphysischen Vorverständnis bei den einzelnen Disziplinen zu nennen, wie vor allem bei den spezifischen Wissenschaftstypen. War der ursprüngliche wissenschaftstheoretische Ansatz der Philosophy of Science nur auf den harten Kern einer Wissenschaftslogik aus, der klar untersucht werden konnte, so verfällt man nach der Erkenntnis, daß dies zu einseitig und beschränkt sei, in das Gegenteil: man proklamiert einen jeweiligen spezifischen »background«, ein »leitendes« Vorverständnis usf. Dieses wird nach jeweiligem metaphysisch-ideologischen Vorverständnis als marxistisch, positivistisch, existentialistisch, pragmatisch usf. konzipiert. Entsprechend schillert dann auch der Begriff einer Wissenschaftstheorie. Galt früher nur die »exakte«, scheinbar jenseits aller ideologischen Diskussion stehende, an der exakten Physik orientierte Wissenschaftstheorie als Wissenschaftslogik, so umfaßt jetzt die Wissenschaftstheorie alles, angefangen von der Logik bis zu einer jeweils ideologisch geprägten Wissenschaftsmetaphysik.

2. Bereichswissenschaftliche Methodik – allgemeine Wissenschaftskonstitution: Eine zweite Verwischung besteht im Durcheinandergehen von wissenschaftlicher bzw. bereichswissenschaftlicher Methodik und allgemeiner Wissenschaftskonstitution. Typisches Beispiel ist hier der Narzißmus der an der Physik orientierten Philosophy of Science. Entsprechend ist eine Wissenschaft nur dann Thema, wenn einerseits allgemeine Sätze beabsichtigt werden und diese darüber hinaus von metrischem Charakter sein müssen. Dazu ist zu sagen: Die Metrisierung und Quantifizierung – auch solche der Begriffe – sind spezifisch für eine Bereichswissenschaft, eben die Physik. Sie können aber nie als ein Kriterium der Wissenschaftlichkeit angesetzt werden. Weder der Allgemeinheitscharakter ihrer Sätze und Begriffe noch die Metrisierung ihrer Methoden, Begriffe usf. konstituiert Wissenschaftlichkeit. Darzulegen wäre dies etwa an der Geschichte (→ *Geschichtstheorie*).

3. Methodik überhaupt – allgemeiner Wissenschaftscharakter: Noch eine dritte Vermengung ist zu nennen: diejenige von Methodik überhaupt und allgemeinem Wissenschaftscharakter. Wenn eine Wissenschaft bzw. eine Wissenschaftsdisziplin vor allem durch den Wissenschaftlichkeitscharakter ihres Aussagesystems bestimmt ist, dann begründen sich die jeweiligen bereichsinternen Methoden im Hinblick auf diese Zielvorgabe. Sie sind also von konsekutivem (Folge-) und nicht von konstitutivem (grundlegendem) Charakter.

C. Fazit

Die letzten Ausführungen sind bereits über eine objektive Darlegung der Situation hinausgegangen, indem sie Problempunkte aufzeigten. Probleme bedürfen entsprechender Lösungen. Daher seien zum Abschluß – in einigen Thesen zusammengefaßt – Hinweise auf die eigenen Ansätze gegeben.

I. Einheitlicher Wissenschaftsbegriff

Alles Fragen nach Wissenschaft muß von einem *einheitlichen* Wissenschaftsbegriff ausgehen; dieser Begriff muß gleicherweise für alle Disziplinen gelten, denen der Charakter einer Wissenschaft zugesprochen wird.

II. Freier Wissenschaftsbegriff

So gesehen muß der einheitliche Wissenschaftsbegriff *frei* sein gegenüber allen metaphysischen und ideologischen Vorverständnissen: es gab einmal eine »deutsche Physik« und eine »marxistische Biologie«. Die moderne Wissenschaft lächelt heute über diese Rückfälle. Allen Ernstes wird aber gestritten um die Frage, ob es nicht doch eine »bürgerliche Geschichte« gegenüber einer »marxistischen Geschichte« gebe. Am schlimmsten geht es hier der »Germanistik«, das heißt der Wissenschaft für deutsche Sprache und Literatur. War sie früher »völkisch-rechts«, so steht sie jetzt vielfach weit »gesellschaftlich-links«. Sie kann erst dann wirklich Wissenschaft werden, wenn mehr als die Hälfte ihres sogenannten »Lehrgutes« als Ideologie angesehen und entsprechend abgeworfen wird.

III. Sinnvoller Wissenschaftsbegriff

Es ist klar, daß ein so geforderter Wissenschaftsbegriff weder im Sinne einer »quaestio facti«, d. h. auf empirisch-deskriptivem Wege, noch im Sinne einer »quaestio juris«, d. h. auf normativ-definitorischem Wege gefunden werden kann. Er muß im Rahmen einer Wissenschaftstheorie entwickelt werden, und zwar als Antwort auf die Frage: Inwiefern ist es *sinnvoll*, das Wort Wissenschaft auf alles das anzuwenden, was als Wissenschaft anerkannt werden kann?

IV. Propositionaler Wissenschaftsbegriff
Hiermit ist klar, daß der Wissenschaftsbegriff ein propositionaler Wissenschaftsbegriff – im Sinne unserer Erörterungen im Abschnitt A.III. – sein muß.

V. Vorgeschlagene Wissenschaftseinteilung
Unter diesen Voraussetzungen scheint es uns sinnvoll, die alte Zweiteilung in Natur- und Geisteswissenschaften in eine Drei- oder auch (wenn man die technischen Wissenschaften mit einbezieht) Viergliederung zu ändern. So ergibt sich folgendes Schema (→ *Systematik der Wissenschaften*):

1. Physikorientierte Wissenschaften
2. Verhaltenswissenschaften
   (a) biologisch-subhumane Wissenschaften
   (b) anthropologisch-humane Wissenschaften
3. Kultur- (oder Sinngebilde-)Wissenschaften

(4. Technische Wissenschaften)

Nach Material von *Alwin Diemer †*
bearbeitet von *Helmut Seiffert*

Diemer, A. (Hg.): Beiträge zur Entwicklung der Wissenschaftstheorie im 19. Jahrhundert. (Studien zur Wissenschaftstheorie 1) 1968. – *Ders. (Hg.):* System und Klassifikation in Wissenschaft und Dokumentation. (Studien zur Wissenschaftstheorie 2) 1968. – *Ders. (Hg.):* Der Wissenschaftsbegriff. Historische und systematische Untersuchungen. (Studien zur Wissenschaftstheorie 4) 1970. – *Kocka, J. (Hg.):* Interdisziplinarität. stw 1987.
Im übrigen vgl. die Literaturverzeichnisse zu den Artikeln: *Geisteswissenschaften; Naturwissenschaften; Philosophie; Sozialwissenschaften; Systematik der Wissenschaften; Wissen; Wissenschaftlichkeit; Wissenschaftssoziologie; Wissenschaftstheorie; Wissenssoziologie* u. a.

Helmut Seiffert

Wissenschaftlichkeit

Einleitung: Zum Kontext der Frage
In einem Zeitalter, in dem die Wissenschaft hohes Prestige genießt, bekommt die Frage nach der Unterscheidbarkeit von »Wissenschaft« und »Nicht-Wissenschaft« ein praktisches Interesse, das über ihre Bedeutung für die Methodologie weit hinausgeht. In der Geschichte der → *Wissenschaftstheorie* hatte diese Frage ihre Hochkonjunktur im Wiener Kreis, also in der Zeit zwischen den Kriegen. Sie spielte eine zentrale Rolle in den *Aufklärungsbestrebungen des Wiener Kreises*. Man bemühte sich, die Idee der »Wissenschaftlichkeit«, dessen, »was mit dem intellektuellen Gewissen vereinbar ist«, zu präzisieren. Dies geschah in dem Bestreben, den Verschmutzungen der intellektuellen Umwelt durch Ideologien, die Anspruch auf Wissenschaftlichkeit erhoben, um dadurch ihr Prestige zu erhöhen – dies sind vor allem der Nationalsozialismus und der »wissenschaftliche Sozialismus« oder »wissenschaftliche Kommunismus« –, entgegenzuwirken. Die Aufgabe, die sich der Wiener Kreis damit stellte, war die der Begriffserklärung oder, genauer gesagt, der Explikation des Begriffs »Wissenschaftlichkeit« (→ *Explikation*). Die Art der Aufgabe wurde von Kritikern oft mißverstanden. Sieht man ein, daß es sich um eine Explikation handelt, dann sieht man auch, daß die Frage, ob ein bestimmtes Kriterium, ein bestimmtes Explikat des Begriffs, selbst die Bedingungen des Kriteriums erfüllt, d. h. »wissenschaftlich« im Sinne des Explikatums ist, eine falsch gestellte Frage ist.

A. Die historische Entwicklung der Explikations-Vorschläge
Einleitung. Von welchen Entitäten ist die Rede?
Von welchen *Entitäten* soll »Wissenschaftlichkeit« prädiziert werden? Der Wiener Kreis und nach ihm der logische Empirismus nahmen als Ausgangspunkt (als Explikandum) den Begriff »wissenschaftlicher *Satz*«. Dieser Begriff ist sehr vage. Es gibt sichere positive Fälle, etwa »Die Erde ist rund«, »Die Lichtgeschwindigkeit ist konstant« usf., und sichere negative Fälle, z. B. »Das Absolute ist perfekt«, »Das Nichts nichtet«, »Lügen ist moralisch verwerflich« usf., aber es gibt auch eine Unzahl zweifelhafter Fälle. Das gestellte Problem ist also, den Begriff zu verbessern, indem man im Vagheitsbereich eine scharfe Linie zieht, und zwar so, daß der verbesserte Begriff (das Explikatum) ein für einen ganz bestimmten Zweck geeignetes intellektuelles Instrument ist. Auch bei zweifelhaften Fällen und gerade bei ihnen soll es nun möglich sein zu sagen, ob sie »wissenschaftliche Sätze« sind oder nicht. Zunächst wurde dieses Problem als die Suche nach einem »Sinnkriterium« aufgefaßt. Doch bald wurde die Problemstellung verbessert: (1) ein Explikatum für den Begriff *»empirische Signifikanz«* (em-

pirical significance) zu geben, wobei dieser Begriff mittels einer Definition eingeführt werden sollte, und (2) Feststellungsmethoden anzugeben, mit deren Hilfe man in konkreten Fällen entscheiden kann, ob ein bestimmter Satz empirisch signifikant im Sinne des Kriteriums ist oder nicht. Zwei Phasen dieser Entwicklung sind zu unterscheiden: die Phase der sogenannten Prüfbarkeits-Kriterien (testability criteria) und die Phase der Transskribierbarkeits-Kriterien (translatability criteria).

I. Die Prüfbarkeits-Kriterien

Der erste Problemlösungsvorschlag lief darauf hinaus vorzuschlagen, ein Satz sei »wissenschaftlich« dann und nur dann, wenn er im Prinzip *verifizierbar* ist. (Von der Variante, die den Sinn des Satzes mit seinen Verifikationsverfahren identifizierte – und damit Begriff und Feststellungsmethoden vermengte –, sehen wir hier ab.) Verifizierbarkeit ist (wie Falsifizierbarkeit) eine logische Relation: ein Satz *T* ist verifizierbar, wenn es möglich ist, einen beschreibenden Satz *b* (einen Beobachtungssatz) zu formulieren, der, falls wahr, *T* wahr macht. »Beobachtungssatz« heißt hier: ein zeitlich und räumlich bestimmtes Ereignis oder einen Sachverhalt darstellend, der logisch möglich ist, wobei es auch logisch möglich ist, daß er beobachtet werden könnte. Ein Satz kann verifizierbar sein, ohne falsifizierbar zu sein. So ist z. B. der Satz *T*: »Es gibt ein Zauberritual, das, wenn richtig zelebriert, Steine in Gold verwandelt« verifizierbar – denn wir können einen Satz formulieren, der *T* wahr machen würde und die oben genannten Bedingungen erfüllt, aber *T* ist nicht falsifizierbar, denn er ist ein reiner Es-gibt-Satz (es gibt irgendwo im Universum), also ein Satz, für den es keinen potentiellen Falsifikator gibt (außerdem ladet »richtig zelebriert« geradezu zu Immunisierungstaktiken ein; → *Falsifizierbarkeit, zwei Bedeutungen von*). Dieses Explikatum (»Verifizierbarkeit«) ist jedoch viel zu eng. Es exkludiert Gesetzeshypothesen, Theorien (→ *Induktion*). Und es würde schließlich zum Theorien-Instrumentalismus führen.

Popper machte 1934 (Logik der Forschung) den Vorschlag, einen Satz (im Kontext einer Theorie) beziehungsweise ein theoretisches System (!) als wissenschaftlich zu klassifizieren, dann und nur dann, wenn der Satz oder das theoretische System *falsifizierbar* (→*Falsifizierbarkeit, zwei Bedeutungen von*) ist, d. h., wenn ein Beobachtungssatz formuliert werden kann, der dem Satz widerspricht. Falsifizierbarkeit ist also gleichfalls eine *logische* Relation. Sie hat mit de facto experimenteller Prüfbarkeit oder gar mit Geprüftsein nichts zu tun (→ *Falsifikation*). Wenn man von einer Aussage behauptet, sie sage etwas über die empirische Wirklichkeit aus, ihr Informationsgehalt beinhalte auch empirische Information, dann muß man auch in der Lage sein, angeben zu können – sozusagen als ein Gedankenexperiment –, unter welchen Umständen man bereit wäre anzuerkennen, daß diese Aussage falsch ist. *Daß* Aussagen, Theorien etc. in einen solchen Kontext gestellt werden (oder, psychologisch gesprochen, daß man ihnen gegenüber diese Einstellung einnimmt), ist ein Charakteristikum der erfahrungswissenschaftlichen Forschung. Stellt man sie nicht in diesen Kontext, *dogmatisiert oder immunisiert man sie, dann hat man sich außerhalb der Spielregeln der wissenschaftlichen Forschung gestellt.* Das ist der Kern von Poppers Explikatum von »Wissenschaftlichkeit«. Diese Feststellung bedeutet *keine negative Bewertung anderer Tätigkeiten*, wie z. B. bewerten, Normen setzen, für oder gegen eine metaphysische Theorie argumentieren usf. Sie bedeutet nur eine Klarstellung, *wo* man sich »in der logischen Geographie« befindet.

Die logischen Empiristen haben Poppers Vorschlag so interpretiert, daß er in die Reihe der Prüfbarkeits-Kriterien eingereiht werden könnte. Poppers Kriterium unterscheidet sich jedoch von den übrigen Kriterien dieser Art. Erstens bezieht es sich nicht auf einzelne Sätze, sondern auf theoretische Systeme oder auf Sätze im Kontext einer Theorie. Zweitens steht die kritische Prüfung, die auch die empirische Prüfung einschließt, nicht mehr im Dienste der Rechtfertigung eines Satzes oder einer Theorie, nicht mehr im Kontext eines Versuches, die Wahrheit eines Satzes zu beweisen oder auch nur ihm induktive Stützung zu geben, sondern im Dienste der Fehlerelimination. Die Frage, wieviel empirischen Gehalt eine Theorie hat – oder, realistischer: ob eine bestimmte Theorie mehr empirischen Gehalt hat (mehr falsifizierbar ist) als eine mit ihr konkurrierende Theorie –, diese Frage stellt sich, noch bevor man die Theorie empirisch prüft. Falsifizierbarkeit – beziehungsweise Wissenschaftlichkeit im Sinne von Falsifizierbarkeit – ist somit der Grenzfall: die Antwort auf die Frage, ob eine Theorie überhaupt einen empirischen Gehalt hat, wird daher in der Forschung normalerweise als ein Nebenprodukt der Untersuchung der Frage erhalten, ob die Theorie mehr empirischen Gehalt hat als ihre Konkurrentinnen. Falsifizierbarkeit (überhaupt etwas an empirischem Gehalt zu besitzen) ist daher ein vor der empirischen Prüfung relevantes Kriterium.

Drittens: Während der Wiener Kreis Metaphysik ausmerzen wollte, dient POPPERS Falsifikationskriterium zwar dazu, Theorien der empirischen Wissenschaft von metaphysischen oder naturphilosophischen Theorien abzugrenzen, aber diese Abgrenzung ist diesmal eine »freundliche«: um Klarheit zu schaffen, nicht um Metaphysik auszuschließen. Denn nach POPPERS Auffassung (insbesondere in seiner Spätphilosophie wird das sehr deutlich) sind metaphysische Annahmen sehr wichtig für die Forschung; manche sind hinderlich, andere sind förderlich.

Die Phase der »Prüfbarkeits-Kriterien« erhält ihre Bezeichnung nach einem 1937 von Alfred AYER (allerdings wohl unter dem Eindruck von POPPERS *Logik der Forschung*) eingebrachten Vorschlag: dem sogenannten Prüfbarkeits-Kriterium. Ein Satz *T* ist wissenschaftlich, wenn folgendes gilt: Hinzufügung und Wegnahme von *T* als Prämisse zu beziehungsweise von bestimmten Zusatzhypothesen (Prämissen) *A* macht einen Unterschied in bezug auf den Gehalt an empirischer Information der Prämissenmenge. D. h., wenn aus der Prämissenmenge (*T* & *A*) mindestens ein Beobachtungssatz *b* ableitbar ist, dann hat diese Prämissenmenge einen gewissen empirischen Gehalt (wobei es offenbleiben darf, ob *A* eine Beschreibung einer Randbedingung ist [singulärer Satz] oder eine Gesetzeshypothese [allgemeiner Satz], die als Hilfshypothese fungiert). Daß *T* einen empirischen Gehalt hat, darf ich in dieser Situation jedoch nur dann behaupten, wenn gezeigt werden kann, daß aus *A* allein *b* nicht ableitbar ist: daß das Hinzufügen oder Wegnehmen von *T* ein entscheidender Faktor für die Ableitbarkeit von *b* ist. Es ist dabei gleichgültig, ob *b*, falls es als wahr angenommen wird, die Prämissenmenge verifizieren oder falsifizieren würde. Kurz gesagt: Prüfbarkeit in diesem Sinne heißt »entweder verifizierbar oder falsifizierbar«. Das Kriterium ist also viel weiter als POPPERS Kriterium.

Als auch dieses Kriterium zu Schwierigkeiten führte, vermutete man, daß eine adäquate Problemlösung nur dann gefunden werden könne, wenn man mit einem besseren Werkzeug arbeiten würde als mit der Umgangssprache. Man meinte, die Schwierigkeiten, das Scheitern des Kriteriums (am Kriterium der Fruchtbarkeit oder der Ähnlichkeit; → *Explikation*) seien darauf zurückzuführen, daß man sich der vagen und mehrdeutigen Umgangssprache bediente. Man solle deshalb mit Hilfe von zumindest partiell formalisierten Sprachen nach einem Lösungsvorschlag suchen. Damit begann die Phase der sogenannten »Übersetzbarkeits«-Kriterien.

II. Die »Übersetzbarkeits«-Kriterien

Diese Phase hatte ihre Hochkonjunktur in den 50er Jahren. »Übersetzbarkeit« – der Standardausdruck in der Literatur – ist nicht ganz adäquat, denn um einen Satz zu übersetzen, muß man bereits wissen, was er sagt. Aber im vorliegenden Fall soll erst mittels der noch anzustellenden Untersuchung herausgefunden werden, was der Satz eigentlich sagt. Ich ziehe es deshalb vor, von *Transskribierbarkeit* von einer natürlichen Sprache in ein zumindest partiell formalisiertes Sprachsystem zu sprechen. Ein Satz *S* in einer natürlichen Sprache *L* ist *empirisch signifikant* dann und nur dann, wenn es möglich ist, *S* in einen Satz *S'* zu transskribieren, wobei *S'* Element eines idealisierten Sprachsystems *IL* (ideal language, language of unified science) ist. Die Problemstellung hat sich damit abermals verändert. Nun geht es darum, die erforderlichen Eigenschaften des partiell formalisierten Sprachsystems *IL* anzugeben. Seine Syntax ist unproblematisch: formale Standardlogik. Das Problem ist also, die *Semantik* von *IL* anzugeben. Die Leitidee ist dabei folgende: Man geht davon aus, daß man ein Grundvokabular besitzt, das erkenntnistheoretisch unproblematisch ist, d. h., von diesen Ausdrücken ist man sicher, daß sie »empirisch signifikant« sind. Dieses Grundvokabular besteht aus den sogenannten *Observationsprädikaten:* Prädikate, die Eigenschaften ausdrücken, deren Anwesenheit oder Abwesenheit von jedermann ohne besondere Hilfsmittel feststellbar ist, z. B. »*x* ist länger als *y*«, »*x* ist härter als *y*« usf. (Diese Observationsprädikate sind offensichtlich ein Gegenstück zu den sogenannten Beobachtungssätzen im Ansatz der Prüfbarkeits-Kriterien.) Das Problem ist nun, herauszufinden, welche Eigenschaften von denjenigen Satzsequenzen zu fordern sind, mit deren Hilfe man – auf der Basis dieses Grundvokabulars – weitere Prädikate einführen darf. Das Grundvokabular würde offensichtlich nicht ausreichen, um alle Sätze der Erfahrungswissenschaften auch nur im Prinzip auf diese Weise transskribieren zu können. Wie kann man es also erweitern, *ohne* dabei die »Wissenschaftlichkeit« der interpretierten *IL* aufs Spiel zu setzen? Ein erster Lösungsvorschlag läuft darauf hinaus zu fordern, die Elemente des erweiterten Vokabulars sollen auf der Basis des Grundvokabulars mittels *expliziter Definitionen* eingeführt werden. Das entspricht dem Stadium der Verifizierbarkeitsforderung in der Phase der Prüfbarkeits-Kriterien. Aber diese Forderung stellt sich als viel zu streng heraus. Deshalb sieht man sich – wiederum – gezwungen, sukzessive zu liberalisieren, denn sonst würde man alle interessante Wissenschaft ausschließen. (Man hätte sich sozusagen beim Hantieren mit Ockhams berühmtem Rasiermesser »entia non sunt multiplicanda praeter necessitatem« selbst tief in die Finger geschnitten.) Zunächst werden »partielle Definitionen«, Carnaps sogenannte *Reduktionssätze*, vorgeschlagen, dann schließlich *Postulatsysteme*. Damit lautet das Problem jetzt: Was soll von einem Postulatsystem verlangt werden, mit dessen Hilfe die Termini des erweiterten Vokabulars eingeführt werden? Die Leitidee ist: Das Postulatsystem muß in dem Ausmaße eine empirische Interpretation haben, daß es kein »isoliertes Postulat« enthält, d. h. kein Postulat, dessen Hinzufügen beziehungsweise Wegnehmen keinen Unterschied im Gehalt des Systems an empirischer Information machen würde. An diesem Ansatz wird auch heute noch gearbeitet.

B. Eine Problemlösung im Geiste der Popperschen Wissenschaftstheorie

I. Eine Position in verschiedenen Kontexten

Eine Position – eine Hypothese, Theorie, ein Ansatz, Verfahren usf. – kann in verschiedenen Kontexten stehen. (Das psychologische Gegenstück dazu: Wir können zu einer Theorie, einer Hypothese usf. verschiedene Einstellungen haben, verschiedene Auffassungen darüber, wie sie behandelt werden soll.) Es gibt einen Kontext – man hat ihn »kritizistischen Kontext« genannt –, in dem jede Position prinzipiell für Kritik offengehalten wird, d. h. keine Position dogmatisiert wird und jedwede kritikverhindernden Theorienzusätze oder Taktiken (»Immunisierungsstrategien«) vermieden werden (→ *Rationalität*). Damit ergibt sich eine Einteilung der methodologischen Kontexte in kritizistische (rationale) und nicht-kritizistische. Und daraus ergibt sich eine *Abgrenzung des kritizistischen Kontextes gegenüber Kontexten, in denen Positionen dogmatisiert, gegen Kritik immunisiert werden*. Das ist die erste und grundlegende Unterscheidung (Radnitzky/Bartley, Teil II).

II. Eine Theorie kritisieren

Eine Theorie kritisieren bedeutet aus ihr Konsequenzen ableiten, die »gegen sie sprechen«, die in dem Sinn, der im konkreten Fall jeweils relevant ist, »unakzeptabel« erscheinen. Sind wir bereit, die Theorie, den Ansatz usf. prinzipiell für Kritik offenzuhalten, dann haben wir sie damit in den kritizistischen Kontext gestellt. Nun stellt sich das nächste Problem: *innerhalb des kritizistischen Kontextes »wissenschaftliche« von »nicht-wissenschaftlichen« Theorien zu unterscheiden*. Insofern sich ein Aussagensystem auf die empirische Wirklichkeit bezieht, muß die relevante Kritik auch empirische Kritik beinhalten. (Dies setzt voraus, daß angenommen wird, daß Theorien Darstellungsfunktion haben, und damit wird Realismus vorausgesetzt: die metaphysische Hypothese von der Existenz und Unabhängigkeit der Wirklichkeit.) Eine Theorie empirischer Kritik auszusetzen ist nur dann möglich, wenn die Theorie so kritisier*bar* ist, d. h., wenn sie falsifizier*bar* ist. *Falsifizierbarkeit* ist also eine *notwendige* Bedingung für Wissenschaftlichkeit. Anders gesagt: falsifizierbar sein bedeutet, empirischen Gehalt haben – die beiden Termini werden hier synonym verwendet. In der Möglichkeit der *intersubjektiven Prüfung* einer Theorie besteht nicht nur die *Objektivität* von empirischen Aussagen, sondern Falsifizierbarkeit (eine logische Relation) ist das Kennzeichen einer Aussage über die Wirklichkeit, einer *empirischen* Aussage. Empirische Aussagen auf dem Niveau des Common sense wie z. B. »Gold ist schwerer als Eisen« sind »wissenschaftlich« im weiten Sinn des Wortes. Wissenschaftliche Forschung ist sozusagen die Verlängerung von empirischen Untersuchungen im Bereich der Welt des Alltags. Erreichen solche empirischen Aussagen – Hypothesen, Theorien über die Wirklichkeit – einen gewissen Grad von Systematizität, dann pflegen wir sie »wissenschaftliche Aussagen« im engeren Sinn zu nennen. Aber dieser Unterschied zwischen empirischen Aussagen des Alltags und Theorien der Erfahrungswissenschaft kann hier vernachlässigt werden. Selbstverständlich ist hier mit »Wissenschaft« empirische Wissenschaft oder Erfahrungswissenschaften gemeint. (Die spezielle Problematik der sogenannten formalen Wissenschaften, der → *Mathematik*, ist nicht direkt relevant.) Falsifizierbarkeit wird, wie bereits betont, von theoretischen Systemen beziehungsweise von einer Theorie als ganzer oder von Aussagen im Kontext eines bestimmten theoretischen Systems gefordert – nicht von einzelnen, isolierten Sätzen. Mit Hilfe des Begriffs der Falsifizierbarkeit lassen sich die innerhalb des kritizistischen Kontextes stehenden Theorien in wissenschaftliche und nicht-wissenschaftliche einteilen.

Der Begriff der Falsifizierbarkeit ermöglicht eine klare Abgrenzung beschreibender Sätze, also solcher Sätze, die im relevanten Kontext beschreibende (darstellende) Funktion haben, von echten, d. h. nicht-instrumentellen Wertungen und Normen; er ermöglicht eine *Abgrenzung der Wissenschaft von Ethik und Ästhetik.*

III. Die Unterscheidung »wissenschaftlich«/ »nicht-wissenschaftlich«

Die hier vorgeschlagene Unterscheidung zwischen »wissenschaftlich« und »nicht-wissenschaftlich« im Sinne dieser Explikation ist wiederum *beschreibend*, nicht bewertend. Sie impliziert kein Urteil über Qualität: eine Theorie, die wissenschaftlich im Sinne des Explikatums ist, kann »gute« oder »schlechte« Wissenschaft sein. So ist z. B. LYSSENKOS berüchtigte Theorie offensichtlich wissenschaftlich im Sinne des Explikatums, obwohl sie falsch ist. Die *Unterscheidung wissenschaftlich/nicht-wissenschaftlich* ist, wie bereits betont, *beschreibend*. Sie soll der Frage, ob etwas – ein Verfahren, eine Theorie usf. –, das wissenschaftlich ist, »gute« oder »schlechte« Wissenschaft ist, nicht vorgreifen, keine Bewertung implizieren, weder hinsichtlich des wissenschaftlichen Wertes noch hinsichtlich irgendeines anderen Wertes. Der Begriff »Wissenschaftlichkeit« darf nicht so expliziert werden, daß es erlaubt wäre zu sagen: »Diese Theorie ist so schlecht, daß sie den Namen ›Wissenschaft‹ gar nicht mehr verdient.« Es ist ähnlich wie mit dem Begriff »Schmuck« (den man auf Basis vorgesehener Funktionen definieren könnte): falscher Schmuck ist auch Schmuck, er kann auch schmücken, z. B. als Kleiderschmuck. *Eine wertlose Theorie kann sehr wohl wissenschaftlich im Sinne des Kriteriums sein.* Die Leitidee der Explikation ist die Einsicht, daß eine Theorie, die keine empirische Information enthält, also nichts über die Wirklichkeit aussagt, keine Theorie der Erfahrungswissenschaft sein kann. Eine solche Theorie ist nicht-wissenschaftlich, und *eine nicht-wissenschaftliche Theorie kann für andere Zwecke sehr wertvoll sein.* Eine nicht-wissenschaftliche Theorie muß nicht, aber sie kann *als Pseudo-Wissenschaft fungieren* – nämlich dann, wenn sie in einen Kontext gestellt wird, in dem sie fälschlich als wissenschaftlich deklariert wird. Darauf hinzuweisen, daß sie so verwendet wird, daß sie als Pseudo-Wissenschaft fungiert, impliziert eine Bewertung. Für das methodologische Problem der Theorienbewertung, der rationalen Theorienpräferenz ist diese Bewertung allerdings kaum jemals relevant. Der → *Marxismus* kann als Beispiel einer Theorie dienen, die ursprünglich eine wissenschaftliche Theorie war; nachdem jedoch viele ihrer Voraussagen falsifiziert worden waren, wurde sie durch Ad-hoc-Hypothesen gegen die Wirkung dieser Falsifikationen immunisiert und wurde dadurch zu einer nicht-wissenschaftlichen Theorie. Falls man eine Theorie nicht durch Ad-hoc-Modifikationen immunisiert, sondern sie in einen nicht-kritizistischen Kontext stellt (auf der Meta-Ebene dogmatisiert), wird die Theorie in diesem Kontext durch die im Abschnitt B.I. eingeführte Distinktion disqualifiziert.

Die Leitidee der Unterscheidung von kritizistischen Kontexten und nicht-kritizistischen Kontexten war das Verbot von Dogmatisierung. Die Immunisierung von Theorien entweder durch Ad-hoc-Modifikationen oder durch Dogmatisierung auf der Meta-Ebene ist das Kennzeichen einer nicht-wissenschaftlichen, ja sogar einer unwissenschaftlichen Verfahrensweise. Es ist allerdings oft schwierig, den Übergangspunkt von einem wissenschaftlichen zu einem nicht-wissenschaftlichen Verfahren, von einer wissenschaftlichen zu einer nicht-wissenschaftlichen Theorie anzugeben. Es ist manchmal lange möglich, eine Theorie durch Ad-hoc-Modifikationen gegen Falsifikationen zu immunisieren. Aber früher oder später wird ein Punkt erreicht, an dem die *Kosten* der Immunisierung untragbar hoch werden. Dann wird die Theorie allgemein aufgegeben. Das ist – entgegen T. S. KUHNS Auffassung – ein objektiver Vorgang. Das einfachste Beispiel wäre der Vorgang, in dem die Theorie, daß die Erde flach ist, durch die Theorie von der Kugelgestalt der Erde abgelöst wird. Die Kosten einer Immunisierung der Erdscheiben-Theorie steigen zunehmend: nicht nur das Phänomen, daß der Schiffskörper zuerst am Horizont verschwindet, kann nicht ohne wenig plausible Ad-hoc-Hypothesen über Lichtstrahlenbeugung erklärt werden, auch die Form des Mondschattens kann nicht mehr erklärt werden; daß man bei einer Erdumseglung zum Ausgangspunkt zurückkommt, kann ebensowenig erklärt werden wie die Satellitenbilder von der Erde. Wenn man die Abweichungen des Merkur-Perihels von der Voraussage, die mit Hilfe von NEWTONS Theorie gemacht wird, dadurch erklärt, daß man ad hoc annimmt, die Masse der Sonne sei ungleichmäßig verteilt, und dadurch die Newtonsche Theorie gegen diese Falsifikation schützt, dann ist das zunächst legitim. Sobald jedoch die Ad-hoc-Hypothese von der ungleichen Massenverteilung beibehalten wird, wenn keine guten Gründe dafür sprechen, oder wenn sie gar beibehalten wird, nachdem sie – etwa durch Satellitenbeobachtung oder andere Methoden – falsifiziert worden ist, dann sind das Verfahren und die Zusatzhypothese deutlich nicht-wissenschaftlich und sogar unwissenschaftlich. Ein wesentlicher Kern der Idee der *»Wissenschaftlichkeit«* ist also, *daß in dem Verfahren keine Immunisierung, z. B. durch Ad-hoc-Hypothesen, vorkommen darf.*

Die Distinktion wissenschaftlich/nicht-wissenschaftlich impliziert, wie gesagt, keine Bewertung: sie ist rein klassifikatorisch, d. h. beschreibend. Wenn jedoch eine Theorie, die nicht-wissenschaftlich ist, vorgibt, wissenschaftlich zu sein, dann ist man berechtigt, sie als *pseudo-wissenschaftlich* zu bezeichnen. Das stellt eine Bewertung dar: unberechtigte Ansprüche werden zurückgewiesen, und dadurch werden anmaßende Ideologien als solche entlarvt. Hier liegt der *Hauptwert des Abgrenzungskriteriums: als ideologiekritisches Instrument im politischen Kontext.*

Dieses Explikatum von »Wissenschaftlichkeit« wird u. a. auch von denjenigen bekämpft, die für die Idee einer »kritisch engagierten Sozialwissenschaft« plädieren. Eine Bedingung für Wissenschaftlichkeit im Sinne des Explikatums ist es, daß die betreffende Theorie falsifizierbar ist – sonst könnte sie auch nicht intersubjektiv überprüfbar sein. Das kann sie jedoch nur dann sein, wenn sie sich erkenntnisfremder Bewertungen enthält. Deshalb versuchen diejenigen, die einer »emanzipatorischen Sozialwissenschaft« den Status von Wissenschaftlichkeit zusprechen wollen, zu argumentieren, sozialwissenschaftliche Theorien könnten erkenntnisfremde Wertungen prinzipiell nicht vermeiden. Im nächsten Schritt versuchen sie, die Distinktion von Beschreiben und Bewerten zu verundeutlichen oder als unhaltbar zu erklären (Frankfurter Schule; Erlanger Schule) (→ *Wert*, Ende). Kurz, sie wollen den Begriff »Wissenschaftlichkeit« so explizieren, daß wissenschaftliche Theorien auch echte (nicht-instrumentelle), erkenntnisfremde Wertungen und Normen enthalten können. Sie plädieren für einen viel weiteren Begriff der »Wissenschaftlichkeit« als den hier vorgeschlagenen. Was ist das intellektuelle Motiv dieses Ansatzes? Warum soll der Begriff der »Wissenschaft« beziehungsweise der »Wissenschaftlichkeit« so erweitert werden, daß Wissenschaft in diesem Sinn auch echte, erkenntnisfremde Normen und Wertungen enthält? Vermutlich weil man annimmt, daß es außerhalb der Wissenschaft nicht rational zugehen kann: weil man wissenschaftliches Verfahren mit rationalem Verfahren identifiziert. Es ist dies also eine Position, die man als »szientistisch« bezeichnen darf. Wenn man meint, nur im wissenschaftlichen Verfahren gebe es Rationalität, und eine rationale Diskussion über echte Normen und Wertungen wünscht, dann wird man einen Begriff der »Wissenschaftlichkeit« haben wollen, der so weit ist, daß eine Diskussion über erkenntnisfremde, echte Normen auch als »wissenschaftlich« im Sinne des erweiterten Begriffs klassifiziert werden kann. Der Irrtum ist deswegen der des → *Szientismus*, weil eine rationale Diskussion über Werte (→ *Wert*) zwar möglich und notwendig ist, aber eine solche Diskussion nicht deswegen rational ist, weil sie wissenschaftlich ist. Die Vertreter einer »emanzipatorischen« oder »kritisch engagierten Sozialwissenschaft« trauen der Wissenschaft viel zuviel zu. Die Ironie liegt darin, daß sie ihrem Selbstverständnis nach den Szientismus bekämpfen, während ihr Vorschlag selbst auf einer Überschätzung der Wissenschaft – und das heißt: auf einer szientistischen Grundhaltung – beruht (ANDERSSON, Einleitung).

IV. Die Unterscheidung »wissenschaftliche«/ »metaphysische« Theorie

Unser Abgrenzungskriterium erlaubt es, wissenschaftliche Theorien (als ganze) von naturphilosophischen oder *metaphysischen*

Theorien zu unterscheiden: die letzteren sind nicht falsifizierbar – kein potentieller Falsifikator kann für sie angegeben werden. Aber dies ist, wie gesagt, eine »friedliche« oder »koexistente« Abgrenzung. Hier wird auch deutlich, daß dieses Abgrenzungskriterium nicht bewertend ist. Denn eine Theorie als naturphilosophisch oder metaphysisch zu bezeichnen beziehungsweise zu klassifizieren bedeutet keinesfalls eo ipso ein abwertendes Urteil. Eine metaphysische Theorie kann einen fruchtbaren, sogar einen unentbehrlichen Hintergrund für eine wichtige wissenschaftliche Theorie abgeben (wie z. B. die metaphysische Hypothese von der Existenz der Außenwelt), und in manchen Fällen kann sie später empirischen Gehalt bekommen und zu einer wissenschaftlichen Theorie werden. In diesem Sinn ist Metaphysik ein »integraler Teil« der wissenschaftlichen Forschung.

C. Die Bedeutung des Abgrenzungsproblems
Wenn man eine Explikation auf ihren Erfolg hin beurteilen will, muß man zuerst angeben, welchen Verwendungszweck das Explikatum haben soll. Das Abgrenzungsproblem ist meines Erachtens keine wichtige Aufgabe der Methodologie. In der Forschung geht es darum, zwischen konkurrierenden Theorien eine rationale Wahl zu treffen. In der Forschung wird der Fall, daß eine Theorie mit empirischem Gehalt mit einer Theorie ohne jeden empirischen Gehalt konkurriert, d. h. sich über den gleichen Problemkreis ausläßt, selten, vermutlich nie auftreten. Das Abgrenzungsproblem ist jedoch äußerst wichtig, wenn es darum geht, Ansprüche von Ideologien, die vom Prestige der Wissenschaft profitieren möchten und dies einfach dadurch zu erreichen versuchen, indem sie sich »wissenschaftlich« nennen, als unberechtigt zu entlarven.

Gerard Radnitzky

Andersson, G. (Hg.): Rationality in science and politics. 1984. – *Bartley, W. W., III:* The philosophy of Karl Popper. Teil 3. Rationality, criticism, and logic. In: Philosophia 11, 1982. – *Kirchgässner, G.:* Zwischen Dogma und Dogmatismusvorwurf. In: Jahrbuch für Sozialwissenschaft 33, 1982. – *Popper, K. R.:* Das Elend des Historizismus. (1944) [5]1979. [W] – *Ders.:* Logik der Forschung. [1934] 1935, [8]1984. [W] – *Ders.:* Die beiden Grundprobleme der Erkenntnistheorie. 1930 bis 33. 1979. [W] – *Radnitzky, G.:* Contemporary schools of metascience. 1968, 1977. [W] – *Ders.:* Wertfreiheitsthese: Wissenschaft, Ethik und Politik. In: *Radnitzky, G./Andersson, G. (Hg.),* Voraussetzungen und Grenzen [...]. 1981. [W] – *Ders./Bartley, W. W., III (Hg.):* Evolutionary epistemology, theory of rationality, and the sociology of knowledge. 1987. [W]

Gerard Radnitzky

Wissenschaftsethik

Ethik zu griech. ēthos: Sitte, Sinnesart, Gesinnung, Sittlichkeit; lat. mōs

A. Definition
Die *Wissenschaftsethik* betreibt das systematische Studium der besonderen moralischen Probleme, denen sich wissenschaftliche Forscher gegenübersehen. »Wissenschaftsethik« (ethics of science) ist nicht zu verwechseln mit »(natur)wissenschaftlicher Ethik« (scientific ethics), d. h. mit der Position, daß moralische Prinzipien aus der Naturwissenschaft (natural science) abgeleitet werden können.

B. Geschichte
Bis vor kurzer Zeit glaubten die meisten Philosophen, daß ethische Probleme in der → *Wissenschaft* selten entstünden. Die Aufgabe des Wissenschaftlers war einfach: es galt, die Wahrheit über die Natur zu entdekken. Die Wissenschaft selbst war moralisch neutral – sie wurde gut oder schlecht, je nachdem, wie sie benutzt wurde. Es waren die Politiker und Industriellen, die die Wissenschaft *anwendeten* und hierdurch schwierigen ethischen Problemen konfrontiert wurden. Die Wissenschaftler aber hatten sich nur darum zu kümmern, das Buch der Natur richtig zu lesen.

I. Die vier Normen Mertons
Diese überkommene Sichtweise wurde von Robert MERTON zusammengefaßt in seinem Buch »Social theory and social structure« (vgl. auch MERTON, Entwicklung und Wandel, 86–99). MERTON argumentierte – am Vorabend des Zweiten Weltkrieges –, daß das Verhalten der Wissenschaftler durch folgende vier Normen sowohl in den meisten Fällen tatsächlich geleitet worden *sei* als auch geleitet werden *sollte*:
1. Die Norm des *Universalismus* bestimmt, daß die zugeschriebenen sozialen Merkmale eines Forschers, wie etwa seine Rasse, seine Nationalität, sein Geschlecht, seine Religion

oder seine Klasse, nicht in die Bewertung wissenschaftlicher Forschung Eingang finden sollten.

2. Die Norm, die MERTON zunächst *Kommunismus* nannte (und die später in *Kommunalität* umbenannt wurde), schließt das private Eigentumsrecht an wissenschaftlichem Wissen aus und macht es zur Pflicht, Ergebnisse nicht geheimzuhalten.

3. Der Forscher, *als Wissenschaftler*, sollte an dem Ergebnis seiner Forschung *desinteressiert* sein. Wissenschaft erfordert Objektivität und hat keinen Raum für die persönlichen oder subjektiven Motivationen des einzelnen.

4. Die Einstellung der wissenschaftlichen Gemeinschaft sollte die des *organisierten Skeptizismus* sein. Jede überlieferte Glaubenshaltung oder Quelle der Autorität soll der Kritik unterliegen.

MERTON betonte auch, daß Überlegungen *sozialer Nützlichkeit nicht* Bestandteil des wissenschaftlichen Ethos seien; er zitierte einen Trinkspruch, der einst bei einem Bankett für Wissenschaftler ausgebracht wurde: »Auf die reine Mathematik – und möge sie niemals von irgendwelchem Nutzen für irgend jemanden sein!«

II. Die Situation nach dem Zweiten Weltkrieg

Nach dem Zweiten Weltkrieg änderte sich die Situation. Die Physiker waren nicht mehr bereit, die Diskussion über die Anwendungen der Wissenschaft völlig den Politikern zu überlassen. *The Bulletin of Atomic Scientists*, gegründet im Jahre 1945, berichtete über die Versuche der Physiker, die Politik hinsichtlich der Entwicklung und Erprobung von Kernwaffen zu beeinflussen. Auf der anderen Seite versuchten die Politiker, da ein ständig wachsender Prozentsatz der Staatshaushalte für wissenschaftliche Forschung ausgegeben wurde, mehr Kontrolle über die Richtung der wissenschaftlichen Forschung auszuüben. (Diskussionen der Probleme der → *Wissenschaftspolitik* kann man in der Zeitschrift *Minerva* finden, die in London seit 1962 veröffentlicht wird.) In neuerer Zeit hat eine wachsende Besorgnis über die direkten und indirekten Gefahren neuer Produkte und Techniken zu verschiedenen Verbraucherschutzbewegungen sowie zu der neuen akademischen Disziplin der Technikbewertung (technology assessment) geführt (zur Einführung vgl. TEICH).

Heute wird die Wissenschaft nicht mehr als esoterische, aber eigentlich unschuldige Suche nach Wahrheit betrachtet, die von exzentrischen Edelleuten in Elfenbeintürmen betrieben wird. Vielmehr wird die Wissenschaft heute als soziale Institution gesehen – wenn auch als eine recht ungewöhnliche –, die politischem und finanziellem Druck unterliegt. Mehr als je zuvor stehen einzelne Wissenschaftler und wissenschaftliche Berufsvereinigungen vor einer breiten Fülle von außerordentlich komplexen ethischen Problemen.

C. Systematische Darstellung

Wissenschaftler sind wie alle anderen menschlichen Wesen den universalen moralischen Imperativen unterworfen, die Wahrheit zu sagen und andere Menschen nicht zu schädigen. Die *Wissenschaftsethik* beschäftigt sich mit den besonderen Verpflichtungen, die die Wissenschaftler aufgrund ihres Berufes und der speziellen Probleme auf sich nehmen, denen sie voraussichtlich begegnen werden, wenn sie ihre Verpflichtungen als Wissenschaftler erfüllen. Die wichtigste moralische Verantwortung des (Natur-)Wissenschaftlers besteht darin, wirksam mit anderen Angehörigen des Faches zusammenzuarbeiten, um die Gesetze der Natur zu finden. Hier will ich mich auf einige der ethischen Probleme konzentrieren, die entstehen, wenn Wissenschaftler mit Personen außerhalb ihres Faches zusammenarbeiten.

I. Probleme bei der Heranziehung von Versuchspersonen

Experimente, die menschliche Versuchsobjekte betreffen, bringen nicht nur ernsthafte erkenntnistheoretische Schwierigkeiten (aufgrund der Suggestibilität und Gegensuggestibilität menschlicher Wesen), sondern auch heikle ethische Probleme.

So hat z. B. das Problem der *informierten Einwilligung* viele Aspekte. Gewiß sollte jeder Teilnehmer an einer wissenschaftlichen Untersuchung auf jeden Schaden aufmerksam gemacht werden, der ihm zustoßen könnte. Aber in vielen Situationen wissen die Forscher selbst nicht, welche Wirkungen das neue Medikament oder das neue Verfahren haben wird (eben deshalb machen sie ja das Experiment!), obwohl sie einige Vermutungen über mögliche Ergebnisse haben mögen. Es ist offensichtlich sehr schwierig, diese fachlichen Vorstellungen über komplexe technische Probleme Laien zu erklären, so daß diese eine informierte Entscheidung treffen können.

Viele ethische Fragen erheben sich angesichts der allgemeinen Gepflogenheit, armen Landbewohnern medizinische Versorgung oder Gefangenen eine vorzeitige Haftentlassung anzubieten, falls sie an einem gefährlichen Experiment teilnehmen. Sind solche Personen in einer Situation, in der sie eine nicht erzwungene Einwilligung geben können? Allerdings werden hier manche argumentieren, daß Kriminellen die Gelegenheit gegeben werden sollte, der Gesellschaft Wiedergutmachung zu leisten dadurch, daß sie sich Risiken unterziehen, die eine andere Person zurückweisen würde.

Ebenso gibt es ernste Probleme, eine gültige Einwilligung von Personen zu bekommen, die geistig behindert oder seelisch verwirrt sind. Doch solche Versuchspersonen mögen für Forschungen in diesen Bereichen notwendig sein.

Offensichtlich unmöglich ist es, einzelnen Personen eine *vollständige* Information darüber zu geben, was ihnen bei medizinischen Experimenten, in denen Placebos verwendet werden, zustoßen kann. In den frühen Stadien der Erforschung eines neuen Medikamentes ist es die Experimentalgruppe, die besonderen Risiken unterworfen sein dürfte; in den Endstadien ist es die Kontrollgruppe, diejenige Gruppe, die die Placebos erhält, deren Mitgliedern also eine Behandlung vorenthalten wird, von der man nun schon annehmen kann, daß sie wirksam ist. Natürlich weiß keine der Einzelpersonen bis zum Ende des Experiments, welcher der beiden Gruppen sie angehört.

Einwilligende Versuchspersonen bekommen sogar weniger Informationen darüber, was ihnen zustoßen kann, wenn es um gewisse psychologische Experimente geht, die man unmöglich ausführen könnte, wenn die Versuchsperson nicht über den wahren Zweck der Forschung getäuscht würde. Aber sollten Wissenschaftler, deren Berufsaufgabe darin besteht, die Wahrheit zu finden, ihre Versuchspersonen belügen? Die ganze Angelegenheit wird doppelt unerfreulich, wenn Psychologiedozenten von ihren Studenten verlangen, an Experimenten teilzunehmen, die Täuschungen mit sich bringen. Ein zusätzliches Problem entsteht, wenn die Forschung unter Umständen vorgenommen wird, in denen Personen dazu neigen, unmoralisch zu handeln. Sollten Wissenschaftler überhaupt Experimente durchführen, in denen die Versuchspersonen aufgefordert werden, zu lügen, zu betrügen oder anderen Menschen Schmerz zuzufügen (selbst wenn die »verletzten« Teilnehmer in Wirklichkeit Eingeweihte sind)?

Und welche Grenzen sollten der Verwendung von *Tieren* gesetzt werden, die ja ihre Einwilligung nicht geben können? Wohl jedermann würde zustimmen, daß es unrecht ist, irgendeiner fühlenden Kreatur unnötiges Leiden zuzufügen. Aber was ist »nötig«? Die gegenwärtige Forderung in vielen Ländern, daß für die Entwicklung neuer Verbrauchererzeugnisse die LD-50-Linie (also eine Dosierung, die für 50 Prozent eines Tierbestandes tödlich ist) festgesetzt werden sollte, ist ersichtlich zu grob. Die Probleme der ethisch unbedenklichen Verwendung von Versuchstieren werden wohl noch stärker in den Vordergrund treten, wenn wir erst bessere Wege gefunden haben werden, uns mit höheren Tierarten, etwa Schimpansen, zu verständigen.

Es gibt keine einfachen Lösungen der Probleme, die wir hier angeschnitten haben. Aber sowohl Philosophen als auch Wissenschaftler selbst sind feinfühliger hinsichtlich des Unrechts geworden, das begangen wird, wenn die Teilnehmer an Experimenten wie Sachen statt wie Personen (bzw. fühlende Wesen) behandelt werden.

Verschiedenartige Studien über ethische Probleme in den medizinischen und biologischen Wissenschaften sind vom Hastings Institute in New York und vom British Council for Science and Society veröffentlicht worden. Ethische Richtlinien für Experimente mit Menschen sind kürzlich von der Amerikanischen Psychologischen Gesellschaft und von der Amerikanischen Soziologischen Gesellschaft niedergelegt worden. Probleme bei ethischer Verwendung von Versuchstieren werden in Peter Singers Buch »Animal Liberation« behandelt (vgl. auch Singer, Praktische Ethik).

II. Probleme bei der Mitteilung wissenschaftlicher Ergebnisse

Nirgends scheint Kants Ausspruch, daß man immer die Wahrheit sagen soll, komme, was da wolle, plausibler zu sein als im Fall der Wissenschaft. Schließlich ist es die besondere Aufgabe des Wissenschaftlers, zu entdecken – und zu berichten –, wie die Welt zusammenhängt. Wie aber, wenn der Wissenschaftler

Grund hat zu glauben, daß die neuen Ergebnisse sofort für verwerfliche Zwecke mißbraucht werden? In einem solchen Falle geraten seine Verpflichtungen als Wissenschaftler und seine Pflichten als Bürger in Konflikt – und die rechte Entscheidung mag wohl die sein, Schweigen zu bewahren oder gar, in extremen Fällen, die Forschungsergebnisse nur ungenau darzustellen. Ein Weg für einen Wissenschaftler, solche Dilemmata zu vermeiden, ist es, die Mitwirkung an der Forschung in derart sensiblen Bereichen zu verweigern (s. unten). Dies ist jedoch nur eine vorübergehende Lösung, weil es im Prinzip keine wissenschaftliche Wahrheit gibt, die nicht durch andere entdeckt werden kann – und wenn nicht ein internationaler wissenschaftlicher Boykott über bestimmte Arten von Forschung verhängt wird, dann wird schließlich doch irgend jemand die Entdeckung machen.

Philosophisch weniger verwirrend, aber vielleicht von größerem praktischem Gewicht sind die technischen Probleme, die entstehen, wenn Wissenschaftler ihre Ergebnisse Nichtspezialisten mitteilen. Hier besteht die Verpflichtung des Wissenschaftlers nicht nur darin, die Wahrheit zu sagen (wie er sie sieht), sondern auch darin, angemessene Anstrengungen zu unternehmen, um sicherzustellen, daß er nicht mißverstanden wird. Der verantwortungsbewußte Wissenschaftler (oder Wissenschaftsjournalist) wird sich die folgenden Probleme gegenwärtig halten.

Zuallererst: Wenn auch kein wissenschaftliches Ergebnis wirklich sicher ist, so sind doch manche Forschungsresultate viel weniger verläßlich als andere. Wenn nun der Wissenschaftler dem allgemeinen Publikum neue Forschungsergebnisse mitteilt – und vor allem, wenn diese voraussichtlich als Handlungsgrundlage genutzt werden –, dann sollte er immer sehr offen sein bezüglich der Beschreibung des Maßes an experimentellem Irrtum und bezüglich der Plausibilität alternativer Erklärungen seiner Ergebnisse. Solche Einschränkungen und Vorbehalte sind in wissenschaftlichen Fachpublikationen in der Regel wohl enthalten, doch beschreiben Wissenschaftler oft sorglos vorläufige Ergebnisse als »bewiesen« oder »gesichert«, wenn sie für eine allgemeine Leserschaft schreiben oder in Pressekonferenzen sprechen.

Zweitens: Wenn Wissenschaftler es mit einem Laienpublikum zu tun haben, sollten sie daran denken, nicht nur die Wahrheit zu sagen (wie sie sie verstehen), sondern auch die *ganze* Wahrheit zu sagen, soweit sie von Bedeutung ist. So genügt es z. B. nicht, Patienten nur die Wahrheit über die Erfolgsrate einer völlig neuartigen Therapie zu sagen; die Patienten müssen auch darüber informiert werden, daß unerfreuliche Nebenwirkungen möglich sind oder daß sie wahrscheinlich besser daran sind, wenn überhaupt nichts getan wird. In der medizinischen Zunft ist es allerdings die Regel, Informationen über mögliche Nebenwirkungen von Medikamenten zurückzuhalten – aus Furcht, daß die Patienten hypochondrisch reagieren und sich Symptome nur einbilden.

Berichte aus der Wissenschaft sollten sorgfältig unterscheiden zwischen Daten, die lediglich Korrelationen anzeigen, und Daten, die zu Recht so interpretiert werden können, daß sie einen Kausalzusammenhang erkennen lassen. Auch muß eine klare Unterscheidung getroffen werden zwischen Theorien, die bereits ernsthaft geprüft worden sind, und Hypothesen, die vielversprechend sind, bisher aber ihre Bewährungsprobe nicht bestanden haben. Nachlässiger und spekulativer Wissenschaftsjournalismus führt nicht nur zu schlecht informierten öffentlichen Entscheidungsprozessen, sondern er birgt auch die Gefahr, die Laien zynisch gegenüber beachtlichen wissenschaftlichen Ergebnissen zu machen.

III. Das Problem der Ideologie innerhalb der Wissenschaft

Keine der ethischen Überlegungen, die wir bisher angestellt haben, widerspricht MERTONS Normen. Die Sorge um das Wohlergehen von Versuchspersonen ist eine zusätzliche Norm; die Sorge um die richtige Weitervermittlung von Ergebnissen an die Öffentlichkeit fügt lediglich eine Feinstruktur zu MERTONS Norm der »Kommunalität« hinzu.

Wissenssoziologen und Marxisten haben allerdings argumentiert, daß man die Norm des »Universalismus« aufgeben müsse. Gegen MERTON sind sie der Meinung, daß es bei der Bewertung wissenschaftlicher Forschung (insbesondere in den Sozialwissenschaften) wichtig sei, die Klassenzugehörigkeit und die Ideologie des wissenschaftlichen Forschers in Rechnung zu stellen. Die philosophische Debatte über Ideologie und Wissenschaft ist sehr intensiv, aber bemerkenswert wenig überzeugend gewesen. (Ich möchte nicht versuchen, sie hier zusammenzufassen; vgl. POSITIVISMUS-

STREIT; ROSE/ROSE.) Jedoch ist es nicht schwierig, Beweisgründe dafür beizubringen, daß es in der Wissenschaft einigen ideologischen Einfluß gibt, besonders bei der Wahl eines Forschungsproblems. In den meisten Fällen können Wissenschaftler heute Forschung nicht ohne Geld von außenstehenden Instanzen betreiben. Die Gesellschaft aber neigt dazu, solche Bereiche zu finanzieren, die für die Mächtigen von Interesse sind. So wird z. B. Forschung im Bereich kostspieliger Heilverfahren für Krankheiten, die in der Oberschicht auftreten, oft stärker subventioniert als Forschung im Bereich von Unterernährung oder Präventivmedizin. Und Forschung über die Gründe und die Verhütung von Homosexualität ist populärer als Forschung über die Gründe und die Verhütung von Homophobie (also des Vorurteils gegen Homosexuelle).

Außerdem ist es wahrscheinlich, daß die Ideologie manchmal nicht nur die Wahl wissenschaftlicher Problemstellungen beeinflußt, sondern ebenso den Inhalt der Lösungen, die an sie herangetragen werden. Wissenschaftliche Theorien müssen erfunden werden. Francis BACON war im Irrtum, als er meinte, daß wir sie vom Antlitz der Natur einfach ablesen könnten. Die erklärenden Hypothesen, die von einem Wissenschaftler aufgestellt werden, können sehr wohl durch seinen sozialen und politischen Hintergrund beeinflußt oder begrenzt werden. »Was sind die Wirkungen der Masturbation?« – »Was geschieht in der psychischen Entwicklung eines kleinen Kindes, dessen Mutter zur Arbeit aus dem Hause geht?« – »Schreckt die Todesstrafe vom Verbrechen ab?« – Die Arbeitshypothesen, mit denen Wissenschaftler ihre Forschung in solchen Bereichen beginnen, werden fast mit Gewißheit vorhandene ideologische Bindungen widerspiegeln. (Und darum ist es gut, wenn an einem Problem Personen mit radikal verschiedenen Standpunkten arbeiten.)

Aber obwohl die wissenschaftliche Arbeit mit einer erheblichen ideologischen Hypothek beginnen mag, muß sie doch nicht auch so enden. Wissenschaftliche Hypothesen müssen strengen experimentellen Tests unterworfen werden, und unsere Lieblingshypothesen müssen wir aufgeben, wenn sie keine korrekten Voraussagen liefern. Die Geschichte der Wissenschaft kennt eine Menge Fälle, in denen Forscher manche ihrer am tiefsten eingewurzelten Überzeugungen angesichts von Gegenindizien aufgaben. Ernst MACH, ein entschiedener Gegner des Atomismus, soll seine Meinung geändert haben, als er Szintillationen sah, verursacht durch radioaktiven Zerfall. Die Psychologen gaben es auf, Homosexualität als eine Geisteskrankheit zu betrachten, als die Forschung zeigte, daß die Persönlichkeitsprofile Homosexueller sich im Durchschnitt von denen Heterosexueller nicht unterschieden. Und selbst eine nationale Kommission zur Untersuchung des Drogenmißbrauches, die von Präsident NIXON ernannt worden war, kam durch Augenschein zu der Überzeugung, daß Marihuana nicht die negativen Wirkungen hat, die man ihm zugeschrieben hatte. Die anfänglichen Vermutungen der Wissenschaftler werden durch ihre Erwartungen beeinflußt. Aber die experimentelle Methode ist sorgfältig darauf hin angelegt, so schnell wie möglich jene Erwartungen auszusondern, die falsch sind.

Die Vorstellungskraft (einschließlich der Ideologie) »denkt«, aber am Ende ist es die Wirklichkeit (durch das Experiment), die »lenkt«.

IV. Das Problem der Autonomie der Wissenschaft gegenüber der Gesellschaft

In der bisherigen Diskussion habe ich die moralische Verantwortlichkeit individuell arbeitender Wissenschaftler betont. Viele Berufsvereinigungen aber stellen nunmehr ethische Richtlinien (etwas Ähnliches wie den hippokratischen Eid) zur Orientierung ihrer Mitglieder auf. Und manche Universitäten und Kommunen beginnen Grenzen zu setzen hinsichtlich der Art der Forschung, die in ihrem Bereich betrieben werden darf. (So faßte die Stadt Cambridge, Massachusetts, einen Beschluß, der die Forschung über das recombitant DNA mit der Begründung untersagt, daß andernfalls ein Gesundheitsrisiko für die Allgemeinheit entstehe.) Es besteht hier allerdings immer die Gefahr, daß alle Versuche, die Richtung wissenschaftlicher Forschung zu reglementieren, in Zensur ausarten. Andererseits ist die Wissenschaft ihre gesamte Geschichte hindurch oft eine wertvolle Quelle unabhängiger Kritik an eingewurzelten Glaubensvorstellungen gewesen. (Man erinnere sich nur an den revolutionären Einfluß eines GALILEI, DARWIN oder KINSEY!)

Nun ist aber wissenschaftliche Forschung heutzutage ein sehr teures Geschäft, und eine demokratische Gesellschaft hat das Recht, bis zu einem gewissen Grade darüber zu entscheiden, wie ihr Geld ausgegeben wird. Die meisten Staaten haben sich deshalb inzwischen eine gemischte Strategie zu eigen gemacht: Ein Teil des Geldes wird für auftragsorientierte Forschung bestimmt und in Projekte gelenkt, von denen man meint, daß sie von direkter sozialer Bedeutung sind. Andere Mittel werden für die Grundlagenforschung reserviert, und in der Theorie werden diese Mittel entsprechend dem inneren intellektuellen Wert der Forschung zugeteilt. Jedoch gibt es eine grundlegende Spannung, die hinter all solchen Arrangements sichtbar wird; die Verknüpfung zwischen theoretischer Wissenschaft und technischer Anwendung (→ *Technik;* → *Technologie*) ist viel feiner, als üblicherweise angenommen wird. Einige Prozesse, die theoretisch möglich sind, wie etwa die Freisetzung von Energie durch die Wasserstoffkernfusion, erweisen sich als überraschend schwierig, wenn sie praktisch ausgeführt werden sollen. Infolgedessen sind die Politiker enttäuscht, wenn die Wissenschaftler sich nicht in der Lage zeigen, technische Probleme so schnell wie erwartet zu lösen. Auf der anderen Seite kann die höchst esoterisch anmutende Grundlagenforschung (wie etwa eine Studie über Gitterlücken in Silizium-Germanium-Kristallen) sich unvorhersagbar als praktisch enorm folgenreich herausstellen (wie etwa die Entwicklung des Transistors). So kann man wirklich von fast jedem Forschungsvorhaben sagen, daß es schließlich von praktischem Wert sein *könnte*.

Aus dieser Situation ziehen die Wissenschaftler denn auch oft ihre Vorteile, indem sie eine Finanzierungsinstanz bewußt über das Ausmaß der praktischen Bedeutung täuschen, die man von ihrer Forschung erwarten kann. (In großen amerikanischen Forschungsinstitutionen gibt es heute professionelle Verfasser von Finanzierungsexposés, deren Aufgabe es ist, Forschungsvorhaben so zu »verpacken«, daß sie dem offiziellen Ziel der Finanzierungsinstanz zu entsprechen scheinen.) Da die Praxis, andere über die *Relevanz* der eigenen Forschung zu täuschen, immer üblicher wird, muß man leider befürchten, daß die Wissenschaftler ebenso versucht sein werden, die *Resultate* ihrer Forschungen zu verfälschen. Dies würde natürlich den wissenschaftlichen Unternehmungsgeist völlig zerstören.

Die langfristige Lösung dieses Problems besteht darin, die breite Öffentlichkeit über das Zustandekommen wissenschaftlicher Entdeckungen und über die komplizierte Natur der Verknüpfungen zwischen reiner Wissenschaft und Technik zu unterrichten. Die Wissenschaftler für ihren Teil sollten klar unterscheiden zwischen der gesellschaftlichen Nützlichkeit eines Forschungsgebietes und dessen rein intellektuellem Wert – und dann Projekte wählen, die einen hohen positiven Wert auf zumindest einer dieser Skalen haben. In einer freien Gesellschaft ist kein Wissenschaftler *gezwungen*, an Kernwaffen, Nervengasen, Gehirnwäschetechniken oder unterschwelligen Werbemethoden zu arbeiten – gleichgültig, wieviel Geld für solche Forschungen verfügbar gemacht wird. Aber über das Bedenken der möglichen positiven oder negativen Folgen hinaus, die aus einem bestimmten Forschungsprogramm resultieren können, sollte ein Wissenschaftler ebenso dessen rein wissenschaftlichen Wert beurteilen: Ist das Problem von wirklichem intellektuellem Interesse, oder bietet es lediglich eine Chance, schnell zu veröffentlichbaren Ergebnissen zu kommen?

Es gibt einen beliebten induktivistischen Mythos, dem zufolge alle Tatsachen von gleichem Erkenntniswert sind. Die Wahrheit ist jedoch, daß in der reinen Wissenschaft Tatsachen nur so interessant sind wie die erklärenden Theorien, die sie bestätigen oder widerlegen. Es ist die Berufspflicht des Wissenschaftlers – und, wenn er durch öffentliche Mittel unterstützt wird, auch seine soziale Pflicht –, von trivialer Forschung Abstand zu nehmen und statt dessen sich zu bemühen, zur Lösung tiefliegender Probleme in seinem Fachgebiet beizutragen.

Noretta Koertge
(Aus dem Englischen von *Helmut Seiffert*)

Barnes, J. A.: Who should know what? Social sciences and ethics. 1979. – *Bendix, R.:* Der Glaube an die Wissenschaft. (Konstanzer Universitätsreden 48) 1972. – *Bork, R.:* Das Verfahren vor den Ethik-Kommissionen der medizinischen Fachbereiche. 1985. – *Born, M.:* Von der Verantwortung des Naturwissenschaftlers. 1965. – *Braun, E. (Hg.):* Wissenschaft und Ethik. 1986. – *Funk-Kolleg* Praktische Philosophie/Ethik. Reader. Bd. 1; 2. (f 6854; 6855) 1980; 1981. Dialoge Bd. 1; 2. (f 6856; 6857) 1984. – *Grenzen der Forschung.* Berlin: Colloquium Verlag 1980. – *Hammer, F.:* Selbstzensur für Forscher? Schwerpunkte einer Wissenschaftsethik. 1984. – *Jonas, H.:* Forschung und Verantwortung. 1983. – *Ders.:* Technik, Medizin und Ethik. Zur Praxis des Prinzips Verantwortung. 1985. – *Koslowski, P./Kreuzer, Ph./Löw, R.*

(Hg.): Die Verführung durch das Machbare. 1983. – *Lenk, H.:* Zu ethischen Fragen des Humanexperiments. In: *Ders.*, Pragmatische Vernunft. 1979. – *Ders./Staudinger, H./Ströker, E. (Hg.):* Ethik der Wissenschaften. Bd. 1–5. Bd. 1: *Ströker, E. (Hg.):* Ethik der Wissenschaften? 1984. Bd. 2: *Baumgartner, H. M./Staudinger, H. (Hg.):* Entmoralisierung der Wissenschaften? Physik und Chemie. 1985. Bd. 3: *Lenk, H. (Hg.):* Humane Experimente? Genbiologie und Psychologie. 1985. Bd. 4: *Marquard, O./Staudinger, H. (Hg.):* Anfang und Ende des menschlichen Lebens. Medizin-ethische Probleme. 1987. Bd. 5: *Lübbe, H./Ströker, E. (Hg.):* Ökologische Probleme im kulturellen Wandel. 1987. – *Merton, R. K.:* Entwicklung und Wandel von Forschungsinteressen. (Aus dem Amerik.) (1973) 1985. – *Ders.:* Social theory and social structure. Enlarged Edition. 1949, 1957, 1968. – *Michaelis, A./Harvey, H. (Hg.):* Scientists in search of their conscience. Berlin: Springer 1973. – *Mohr, H.:* Natur und Moral. Ethik in der Biologie. WB 1987. – *Ders.:* Wissenschaft und menschliche Existenz. Vorlesungen über Struktur und Bedeutung der Wissenschaft. 1967. – *Narnhöfer, H./Schmetterer, E./Sobotka, R.:* Die Rolle des Gewissens und der persönlichen Verantwortung in der Arbeit des Wissenschaftlers. 1985. – *Opolka, U. (Hg.):* Verantwortung und Ethik in der Wissenschaft. 1984. – *Pappworth, M. (Hg.):* Menschen als Versuchskaninchen. (Aus dem Engl.) 1968. – *Portele, G.:* Entfremdung bei Wissenschaftlern. 1981. – Der *Positivismusstreit* [...]. 1969, [11]1984. [W] – *Rose, H./Rose, St. (Hg.):* Ideology in the natural sciences. 1980. – *Rossmann, K.:* Wissenschaft, Ethik und Politik. Erörterung des Grundsatzes der Voraussetzungslosigkeit der Forschung [...]. 1949. – *Simpson:* Science as morality. 1954. – *Singer, P.:* Animal liberation. 1977. – *Ders.:* Praktische Ethik. (Aus dem Engl.) (1979) RUB 1984. – *Sitter, B. (Hg.):* Wissenschaft in der Verantwortung. 1986. – *Teich, A. H. (Hg.):* Technology and Man's future. 1977, [3]1981. – *Wagner, F.:* Die Wissenschaft und die gefährdete Welt. 1964. – *v. Weizsäcker, C. F.:* Die Verantwortung der Wissenschaft im Atomzeitalter. [6]1978. – *Wissenschaft und Ethik.* Vorträge 1981. Universität Heidelberg 1982.

Noretta Koertge/H.S.

Wissenschaftsgeschichte, allgemein

A. Die Geschichtlichkeit der Wissenschaft

I. Das historische Bewußtsein in der Wissenschaft

Die → *Wissenschaft* ist – wie etwa die Kunst, die Religion, der Staat, die Wirtschaft usf. – einer der großen Bereiche der »Hervorbringungen des Menschen«. Für alle diese Hervorbringungen gilt, daß sie eine Geschichte haben und daß diese Geschichte nach den Methoden, die jeweils für die Geschichtsforschung gelten, erforscht worden ist und erforscht wird. Demgemäß muß auch die Wissenschaftsgeschichtsforschung im Rahmen der Geschichtsforschung überhaupt gesehen werden. Das bedeutet: sie macht die gleichen Wandlungen durch, die für das Verhältnis zur Geschichte auch sonst gelten. Wie an anderer Stelle (→ *Geschichtstheorie;* → *Historisch/systematisch*) dargestellt, galt bis etwa ins 18. Jh. ein – als solches nicht reflektiertes – »absolutistisches« Geschichtsbild: was wahr und falsch ist, liegt eindeutig fest. Mit dem Aufkommen des Historismus seit dem 18. Jh. entstand dann eine »relativistische« Weltsicht, die es gestattete, den historischen Gegenständen ihre eigene Wahrheit zuzugestehen. Deutlichstes Beispiel: die Kunst, deren Hervorbringungen seither als gegeneinander gleichwertig und jeweils ihre eigene Wahrheit in sich tragend verstanden werden.

Das dann in den letzten anderthalb Jahrhunderten zu großer Reife ausgebildete »historische Bewußtsein« mit seiner historisch erschließenden und verstehenden Methode wurde selbstverständlich auch auf die Geschichte der Wissenschaften angewendet. Man lernte, die Wissenschaft einer Zeit im Zusammenhang ihrer geistes- und sozialgeschichtlichen Situation, in Verbindung mit religiösen, politischen, wirtschaftlichen, sozialen und künstlerischen Gegebenheiten zu sehen. Dies führte dazu, daß man auch in der Wissenschaft nicht mehr die eine, absolute Wahrheit sah, sondern ihre Ergebnisse und Aussagen in den Zusammenhang ihrer Zeit stellte (vgl. TIMM).

II. Die Theorie Thomas S. Kuhns

1. Paradigma und Zeitstil: Angesichts des zuvor Gesagten wirkt es etwas kurios, wenn heute zahlreiche Wissenschaftstheoretiker und sogar Historiker glauben, das zu erstaunlicher Popularität gelangte Buch »Die Struktur wissenschaftlicher Revolutionen« von Thomas S. KUHN (engl. zuerst 1962, dt. zuerst 1967) habe zum ersten Mal im Verlauf der Wissenschaftsgeschichtsforschung die Tatsache der Relativität der Gegenstände der Wissenschaftsgeschichte entdeckt. KUHNS These, daß es in der Wissenschaft von Zeit zu Zeit revolutionsartige Brüche mit radikaler Änderung der herrschenden Denkweisen gebe, stellt für niemanden etwas Neues dar, der die Geschichte der Wissenschaft ohnehin als im

Schoß der jeweiligen »Zeitläufte« befindlich verstand. KUHN selbst hat betont, daß er seine Einsicht als keineswegs originell empfindet. In seinem Postskriptum von 1969 (dt. zuerst in einem Sammelband [WEINGART, Bd. 1] 1972, in der Übersetzung des Buches selbst erst seit 1976!) schreibt er nämlich: Ich habe meine Thesen »aus anderen Bereichen zusammengetragen. Die Geschichtsschreibung der Literatur, Musik, bildenden Kunst, Politik und vieler anderer menschlicher Tätigkeiten beschreibt ihren Gegenstand seit langem auf diese Weise.« (Abschnitt 7)

Das seit KUHN geläufige, dem gegenwärtigen bombastischen Wissenschaftston sehr entgegenkommende Wort »Paradigma« (das eigentlich, im Englischen wie im Deutschen, nichts weiter als »Musterbeispiel im Grammatikunterricht« bedeutet) kann man sich also ganz einfach als »(Zeit-)Stil« verdeutlichen: so, wie es in der Kunst verschiedenartige, aber untereinander gleichwertige »Stile« wie Romanik, Gotik, Renaissance, Barock, Klassizismus usf. gibt, gibt es in der Wissenschaft im Laufe der Geschichte jeweils eigentümliche Denkstile.

Mehr ist in diesem Zusammenhang zu KUHN eigentlich nicht zu sagen, da sich seine Argumente aus den Voraussetzungen der Historischen Schule in der Wissenschaftsgeschichtsforschung von selbst erklären.

2. Anmerkungen zu Kuhn: Es mutet sonderbar an, daß in einer Situation, in der am Historismus kein gutes Haar gelassen wird, in KUHNS Theorie eine Lehre hoch gepriesen wird, die doch nichts anderes als reiner Historismus ist (→ *Geschichtstheorie*).

Das Verhältnis zwischen der Lehre KUHNS und dem Historismus scheint mir von vielen Historikern und Geschichtswissenschaftstheoretikern total mißverstanden zu sein, wenn man den Historismus als ein zeitweiliges »Paradigma« der Geschichtswissenschaft auffaßt, das nunmehr durch eine »Revolution« beiseite gefegt und zum alten Eisen gelegt worden sei. In Wahrheit ist, wie deutlich geworden sein dürfte, der Historismus das der Kuhnschen Lehre *zugrundeliegende Prinzip*. Durch die Beseitigung des Historismus würde sich die Kuhnsche Theorie selbst aufheben. Der Historismus ist also nicht ein Anwendungsfeld der Lehre KUHNS unter vielen anderen, sondern er ist *in der Meta-Ebene* als leitendes Prinzip der Theorie selbst zu suchen.

Bei vielen Vertretern der analytischen Philosophie und des Kritischen Rationalismus (→ *Kritischer Rationalismus*) ist das sonderbare Mißverständnis entstanden, KUHN meine seine Erörterung *normativ*, obwohl sie doch nichts als eine historisch-soziologische Interpretation gegebener geschichtlicher Sachverhalte darstellt, die durch Beifalls- oder Mißfallensäußerungen gar nicht beeinflußt werden können.

B. Der Wahrheitsanspruch der Wissenschaft

Das eigentliche Problem der Wissenschaftsgeschichtstheorie liegt natürlich nicht in dem Hinweis auf die geschichtliche Bedingtheit wissenschaftlicher Aussagen, sondern in der Frage nach einer Neuformulierung des Anspruches der Wissenschaft auf die überhistorische Wahrheit ihrer Aussagen. Denn hier besteht zwischen der Kunst (und vielleicht auch sonstigen Lebensbereichen) einerseits und der Wissenschaft andererseits ein grundlegender Unterschied.

Jedes Kunstwerk trägt seine eigene Wahrheit in sich. Daher können völlig verschiedene Kunstwerke ohne Widerspruch nebeneinanderstehen (man denke an einen Kunstkalender, der uns jeden Monat in eine neue Kunstwelt versetzt).

In der Wissenschaft ist das nicht ganz so einfach. Hier kann nicht eine bisherige Wahrheit durch eine neue Wahrheit – in Gestalt eines neuen »Paradigmas« – kurzerhand ersetzt werden. Es stellt sich vielmehr die Frage, ob und wieweit nicht doch die alte Wahrheit auch in der neuen Wahrheit aufgehoben bleibt – oder auch umgekehrt: ob nicht die alten Aussagen schlicht falsch waren und deshalb nicht, wie in der Kunst, als »in sich wahr« gerechtfertigt werden können wie etwa die mittelalterliche Kunst gegenüber der Renaissancekunst. Daher ist nicht auszuschließen, daß es in der Wissenschaft sowohl das Durchtragen immer wahr gebliebenen Wissens als auch – umgekehrt – die Überholung alten Wissens durch den Erkenntnisfortschritt gibt. Ein Beispiel solchen Fortschritts ist die Entwicklung der formalen Logik. Wir kommen einfach nicht umhin anzuerkennen, daß die → *Logik* heute »präziser« formuliert wird als durch ARISTOTELES oder die Scholastik und daß es daher keinen Sinn hat, dem heutigen Bewußtsein unbefriedigend erscheinende logische Gedankengänge der Klassiker als »in sich eben auch wahr« hinzustellen (→ *Philosophie;* → *Historisch/systematisch*).

Es bleibt also die Aufgabe der Wissenschaftsgeschichte, sofern sie sich nicht bloß auf die Beschreibung vergangener Wissenschaft beschränken will, zur Klärung auch dieses schwierigen Grundproblems beizutragen.

Helmut Seiffert

Andersson, G.: Kritik und Wissenschaftsgeschichte. 1988. – *Argument, Das* [Zeitschrift]: Materialistische Wissenschaftsgeschichte. Sonderheft 54. 1981. – *Baron, W. (Hg.):* Beiträge zur Methodik der Wissenschaftsgeschichte. 1967. – *Bayertz, K. (Hg.):* Wissenschaftsgeschichte und wissenschaftliche Revolution. 1985. – *Bernal, J. D.:* Die soziale Funktion der Wissenschaft. (Aus dem Engl.) (1939) Berlin (DDR) 1986, Köln 1986. – *Ders.:* Wissenschaft. Science in history. (Aus dem Engl.) (1954, 1969) Bd. 1–4. Ro 1970. – *Böhme, G./van den Daele, W./Krohn, W.:* Die Finalisierung der Wissenschaft. In: Zeitschrift für Soziologie 2, 1973. Auch in: *Diederich. – Burrichter, Cl. (Hg.):* Grundlegung der historischen Wissenschaftsforschung. Bibliographie von *R. Welter*. 1979. – *Dampier, W. C.:* Geschichte der Naturwissenschaft in ihrer Beziehung zu Philosophie und Weltanschauung. (Aus dem Engl.) (1929, [4]1949, 1966) 1952. – *Diederich, W. (Hg. und Einl.):* Theorien der Wissenschaftsgeschichte. Beiträge zur diachronen Wissenschaftstheorie. 1974. – *Diemer, A. (Hg.):* Die Struktur wissenschaftlicher Revolutionen und die Geschichte der Wissenschaften. (Studien zur Wissenschaftstheorie 10) 1977. – *Fleck, L.:* Entstehung und Entwicklung einer wissenschaftlichen Tatsache. 1935 = 1980. – *Ders.:* Erfahrung und Tatsache. Gesammelte Aufsätze. 1983. – *Fölsing, A.:* Der Mogelfaktor. Der Wissenschaftler und die Wahrheit. 1984. – *Fuhrmann, M.:* Das systematische Lehrbuch. Ein Beitrag zur Geschichte der Wissenschaft in der Antike. 1960. – *Hall, A. R.:* Die Geburt der naturwissenschaftlichen Methode. 1630–1720. Von Galileo bis Newton. (Aus dem Engl.) (1963) 1965. – *Hermann, A.:* Wie die Wissenschaft ihre Unschuld verlor. Macht und Mißbrauch der Forschung. 1982. – *Hünemorder, Ch.:* Wissenschaftsgeschichte heute. 1986. – *Jäger, M.:* Die Methode der wissenschaftlichen Revolution. Bd. 1: Die Regeln der Entdeckung. 1985. – *Krafft, F.:* Geschichte der Naturwissenschaft. Bd. 1: 1971. – *Krohn, W.:* Probleme des wissenschaftlichen Fortschritts. Eine historische Perspektive. 1981. – *Kuhn, Th. S.:* Die Entstehung des Neuen [...]. 1977, stw 1978. [W] – *Ders.:* Die Struktur wissenschaftlicher Revolutionen. (1962) [2]1976. – *Lefèvre, W.:* Naturtheorie und Produktionsweise. Probleme einer materialistischen Wissenschaftsgeschichtsschreibung. 1978. – *Lepenies, W.:* Das Ende der Naturgeschichte. Wandel kultureller Selbstverständlichkeiten in den Wissenschaften des 18. und 19. Jahrhunderts. 1976, stw 1978. – *Lorenzen, P.:* Die Entstehung der exakten Wissenschaften. 1960. – *Mainzer, Kl.:* Grundlagenprobleme in der Geschichte der exakten Wissenschaften. 1981. – *Mehrtens, H./Richter, St. (Hg.):* Naturwissenschaft, Technik und NS-Ideologie. Beiträge zur Wissenschaftsgeschichte des Dritten Reiches. 1980. – *Merton, R. K.:* Entwicklung und Wandel von Forschungsinteressen. (Aus dem Amerik.) (1973) 1985. – *Mittelstraß, J.:* Neuzeit und Aufklärung. Studien zur Entstehung der neuzeitlichen Wissenschaft und Philosophie. 1970. – *Müller, K./Schepers, H./Totok, W. (Hg.):* Die Bedeutung der Wissenschaftsgeschichte für die Wissenschaftstheorie. 1977. – *Needham, J.:* Wissenschaftlicher Universalismus. [...] Chinesische Wissenschaft. (Aus dem Engl.) 1977, stw 1979. – *Ders./Pagel, W. (Hg.):* Background of modern science. 1938 = 1975. – *Nitschke, A.:* Revolutionen in Naturwissenschaft und Gesellschaft. 1979. – *Oeser, E.:* Wissenschaftstheorie als Rekonstruktion der Wissenschaftsgeschichte. Bd. 1; 2. 1979. – *Price, D. de S.:* Little science, big science [...] and beyond. 1986. – *Ders.:* Science since Babylon. 1961, [3]1967. – *Ringer, F. K.:* Die Gelehrten. Der Niedergang der deutschen Mandarine 1890–1933. (Aus dem Amerik.) (1969) 1983. – *Störig, H. J.:* Kleine Weltgeschichte der Wissenschaft. Bd. 1; 2. 1954, [2]1957, [3]1965. – *Ströker, E.:* Wissenschaftsgeschichte als Herausforderung. Marginalien zur jüngsten wissenschaftstheoretischen Kontroverse zwischen Kuhn und den Popperianern. 1979. – *Dies.:* Theoriewandel in der Wissenschaftsgeschichte. Chemie im 18. Jahrhundert. 1982. – *Timm, A.:* Einführung in die Wissenschaftsgeschichte. 1973. – *Weingart, P. (Hg.):* Wissenschaftssoziologie. Bd. 1: 1972; Bd. 2: 1974. – *Whitehead, A. N.:* Wissenschaft und moderne Welt. (Aus dem Engl.) 1984. – *Zilsel, E.:* Die sozialen Ursprünge der neuzeitlichen Wissenschaft. 1976.

Helmut Seiffert

Wissenschaftsgeschichte: Geisteswissenschaften

Einleitung

Von einer *Wissenschaftsgeschichte* der *Geisteswissenschaften* kann nur in einem sehr vieldeutigen Sinne gesprochen werden. Das, was heute in der deutschen Sprache »Geisteswissenschaften« genannt wird (engl. humanities, critics, arts; franz. sciences humaines, aber auch sciences de l'esprit; ital. scienze dello spirito, scienze storiche e filologiche; vgl. DIEMER), existiert in fachlich und institutionell eigenständiger und disziplinärer Form frühestens seit Beginn des 19. Jh. Außerdem gilt es zu beachten, daß in vielen Fällen eine Integration in den Bereich der umfassenderen → *Philosophie* bzw. im Mittelalter der noch umfassenderen Theologie vorlag. Eine wissenschaftshistorische Retrospektive bezüglich der Geisteswissenschaften stellt also immer eine Rückprojektion dessen dar, was wir als den heutigen Bestand der Geisteswissenschaften ausmachen können; und auch dies bereitet schon Schwierigkeiten, da die Abgrenzungen gegenüber → *Sozialwissenschaften* und → *Naturwissenschaften* bzw. *Technikwissenschaften (→ Technik; → Technologie)* verschiedentlich außerordentlich fließend und sowohl methodologisch als auch von Gegenstandsbereich und Institutionen her nicht eindeutig sind (→ *Geisteswissenschaften*). Trotzdem läßt sich natürlich das, was wir heute »Geisteswissenschaften« nennen, in gewissen Bestandteilen und Themenzusammenhängen zurückverfolgen in seine Vorstufen. Dabei ist zu unterscheiden zwischen *vordisziplinärer* und *disziplinärer* Phase in jedem einzelnen Wissenschaftsgebiet. Diese Unterscheidung ist nicht zu verwechseln mit derjenigen von »paradigmatisch« und »vorparadigmatisch«. Eine paradigmatische Zustandsform der Geisteswissenschaften im Sinne von Th. S. Kuhn ist schwer vorstellbar, da sich Geisteswissenschaften – unter anderem – gerade dadurch auszeichnen, daß es in ihnen verbindliche und schulübergreifende Muster bzw. Rahmentheorien noch nicht gibt. In dem Moment, in dem solches eintritt, bewegt sich eine Disziplin in die Randzone der Geisteswissenschaften oder verläßt gar deren Bereich. (Die systematischen Handlungs- und Sozialwissenschaften sind hierfür sprechende Beispiele.)

Außerdem ist bei einer wissenschaftshistorischen Beschäftigung mit den Geisteswissenschaften stets zu unterscheiden zwischen der faktischen Entwicklung der einzelnen Wissenschafts- bzw. Wissensbereiche und der Entwicklung der Diskussionen in den und über die Geisteswissenschaften bzw. über deren Methoden. Die Grundlagendebatten, die von Zeit zu Zeit in einzelnen geisteswissenschaftlichen Disziplinen geführt werden, sagen zwar etwas aus über den Zustand des Selbstverständnisses der Disziplinen und der in ihnen arbeitenden Wissenschaftler, müssen aber durchaus nicht immer ein-eindeutig Einschnitten in der Wissenschaftsentwicklung zuzuordnen sein. Das gilt – mutatis mutandis – auch für realpolitische Ereignisse, Einschnitte und Epochen. Im großen Maßstab läßt sich die Geschichte der Geisteswissenschaften in zwei Abschnitte einteilen: in die *Vorgeschichte*, die bis zum 18. Jh. reicht, und in die eigentliche *»Wissenschafts«geschichte*, die das 19. und 20. Jh. umfaßt. Dabei ist als Phasentrennungskriterium das bereits genannte des Disziplinärwerdens von Wissenszweigen in Ansatz gebracht. Zwar existieren schon vorher Wissensformen, die ähnliche Merkmale aufweisen wie die Geisteswissenschaften und trotzdem bereits disziplinär organisiert sind (nämlich Theologie und Jurisprudenz), aber diese gehören aus ihrerseits wieder historischen Gründen nicht zu den Geisteswissenschaften im wissenschaftshistorisch präzisen Sinne, obwohl sich aus ihren methodischen und inhaltlichen Erkenntnissen die Geisteswissenschaften speisen.

A. Vorgeschichte

Vorstufen von bestimmten Elementen der Geisteswissenschaften reichen bis in die *Antike*, von Organisationsform und Struktur bis ins *Mittelalter* zurück. Die eigentliche Absetzung von den empirischen Wissenschaften der Natur geschieht aber erst, als sich eine theoretisch wie methodologisch einigermaßen klar geschnittene Gestalt *neuzeitlicher* Wissenschaft herauszubilden beginnt, und zwar erst im *18. Jahrhundert*. Dabei ist für die Vorgeschichte festzuhalten, daß – bis auf wenige Ausnahmen – die Ausdrücke »Philosophie« und »Wissenschaft« stets in gewissem Sinne synonym verwendet wurden: in der Antike waren sie faktisch gleichbedeutend, während im Mittelalter zwar die philosophischen Disziplinen immer zu den Wissenschaften gerechnet wurden, aber nicht alle Wissenschaften zu jedem Zeitpunkt zu den philosophischen Disziplinen gehörten.

I. Antike

Die in der Antike übliche Einteilung der Bereiche und Formen menschlichen Wissens in Logik, Ethik und Physik, aber auch die an den menschlichen Tätigkeitsformen abgelesene, von Platon und Aristoteles stammende Einteilung in theoretische, praktische und poietische (hervorbringende) Wissenschaft bzw. Philosophie läßt zwei Bereiche menschlichen Wissens und Tätigseins neben dem des theoretischen Erfassens von Welt erkennen: den von der Ethik zu thematisierenden Bereich menschlicher Praxis sowie den von anderen Disziplinen zu erfassenden

Zusammenhang künstlerisch-schöpferischer Hervorbringung. Beide Bereiche sind, durch die Vermittlung des mittelalterlichen *Platonismus* und *Aristotelismus*, für gewisse Frühformen von Geisteswissenschaften wichtig geworden, wenn auch die mittelalterliche Ethik in starkem Maße von der christlichen Religion überformt und normativ vorgegeben wurde. Die Lehren PLATONS über das Schöne und die Kunst sowie vor allem die Aristotelische »Poetik« weisen indessen eine Wirkungsgeschichte auf, die über die Schwelle der neuzeitlichen Ästhetik hinaus bis in die gegenwärtige Kunst- und Literaturwissenschaft reicht.

Im Gegensatz zu diesen Wissenschaften, die das Allgemeine zu erfassen haben, versteht die Antike, und auch hier wieder vordringlich ARISTOTELES, die Historie, die das Einzelne thematisiert, als eine Art nichtwissenschaftlichen Erfahrungswissens (griech. »historía« wird zuweilen auch synonym mit »empeiría« verwendet). Die griechischen und römischen Geschichtsschreiber indessen, allen voran HERODOT, POLYBIOS, THUKYDIDES und TACITUS, erheben durchaus einen höheren Anspruch als nur den, Chronisten von Einzelereignissen zu sein; es geht ihnen vielmehr darum, im Einzelnen das Allgemeine sichtbar zu machen. Trotzdem erreicht die Historie weder in der Antike noch im Mittelalter den Status einer eigenständigen Wissenschaft/Philosophie und erlangt auch erst im 16. und 17. Jh. die Funktion einer »ars historica« (HEDINGER; s. unten).

II. Mittelalter

Die mittelalterliche Wissenschaftsauffassung orientierte sich – spätestens seit der Gründung der ersten Universitäten im 12. Jh. – an einem pädagogisch-didaktisch motivierten Fächerkanon, der dem Konzept einer »üblichen Erziehung« (enkyklios paideia) in der Antike entstammte. Dieser Kanon umfaßte das, was später an den Universitäten in der Artistenfakultät gelehrt wurde: die »Sieben Freien Künste«, und zwar das »Trivium« (Grammatik, Rhetorik, Dialektik = Logik) und das »Quadrivium« (Arithmetik, Geometrie, Astronomie und Musik). Neben der Artistenfakultät, die zunächst die propädeutischen Funktionen wahrzunehmen hatte und die »profanen« Wissenschaften, d. h. die Philosophie, umfaßte, nach Bekanntwerden des lange Zeit verschollenen Gesamtwerks des ARISTOTELES aber stark aufgewertet wurde, gab es noch drei »höhere« Fakultäten: die juristische, die medizinische und die theologische. Die Vorläufer der modernen Geisteswissenschaften befanden sich in der Artistenfakultät; die Grammatik etwa beinhaltete Sprache *und* Literatur; zusammen mit der Musik und der Rhetorik umfaßte sie die Vorformen der philologisch-sprachlich-musischen Geisteswissenschaften und diente den »höheren« Wissenschaften, etwa der in der römischen Antike entstandenen Jurisprudenz und der Theologie, als Hilfswissenschaft. Daß die Philosophie durch THOMAS VON AQUIN und die von ihm vorgenommene Anverwandlung aristotelischer und platonischer Wissensgehalte den Rahmen der Artistenfakultät sprengte und in die theologische (in geringerem Maße auch in die medizinische und juristische) Fakultät expandierte, wurde paradoxerweise zu einer der Voraussetzungen für die Heraufkunft eines neuen Wissenschafts- und Philosophiesystems, das mit der Lehre von den »zwei Wahrheiten« – einer göttlichen und einer weltlichen *(Averroismus)* – das Ende der Vorherrschaft der Theologie und den Anbruch der Neuzeit ankündigen sollte (CURTIUS). Die Geschichte aber blieb nach wie vor außerhalb des Kanons der an Universitäten gelehrten Wissenschaften.

III. Frühe Neuzeit

Obwohl das Universitätssystem, zumal die Artistenfakultät, der Form nach auch im *Humanismus* erhalten blieb, änderte sich nun die Stellung der Geschichte; zwar wurde sie weiterhin nicht in den Kanon der Wissenschaften aufgenommen, wohl aber im 15. Jh. in den der »artes« in der Artistenfakultät: sie hat »moralische Belehrung anhand antiker Historiographien zu erteilen« (SCHOLTZ, 352) und kommt damit in unmittelbare Nachbarschaft zu Rhetorik und Poesie. Allerdings bedeutet die Aufnahme in das Trivium der Freien Künste noch keineswegs eine unmittelbar bevorstehende Anerkennung als Wissenschaft; ihr empirischer Charakter wird jedoch unterschiedlich bewertet. Während sie im Gefolge des Aristotelismus dem aufkommenden neuzeitlichen Rationalismus noch bloßes Tatsachenwissen ist, das gegenüber dem Wissen von Vernunftwahrheiten abgewertet werden muß, rückt sie für den Ahnvater einer stärker empiristisch ausgerichteten Philosophie, für F. BACON, gar in die Stellung eines Fundamentes aller Wissenschaften ein.

Eine für die Geschichte der Geisteswissenschaften fast noch bedeutsamere Entwicklung spielt sich indessen im Rahmen der Theologie und im Zusammenhang mit der Reformation ab: notgedrungenermaßen beginnt sich eine theoretische Besinnung auf die Auslegung und Interpretation von Texten zu vollziehen, die man → *Hermeneutik* nennt. Aus der Aufgabe, dem »sola scriptura«-Prinzip folgend die allgemeine Verständlichkeit und normative Selbständigkeit der Heiligen Schrift zu erweisen, entstand eine gegen die katholischen Angriffe (Konzil von Trient 1546) gerichtete protestantische Interpretationstheorie. 1567 erschien die »Clavis Scripturae Sacrae« des FLACIUS ILLYRICUS, die auf die von MELANCHTHON revidierte Rhetorik und zumal auf die exegetischen Theorievorleistungen der Kirchenväter zurückgreifen konnte und ein differenziertes Interpretationsinstrumentarium anzubieten hatte (GADAMER/BOEHM).

Die entscheidende Wendung in der Vorbereitung der sich aus der Philosophie ausdifferenzierenden Einzel-Geisteswissenschaften ereignete sich aber erst im 18. Jh. mit dem gegen eine einseitig rationalistisch-empiristisch orientierte Wissenschaftsauffassung gerichteten Konzept einer auf den Grundlagen des »sensus communis«, des allen gemeinsamen Sinnes für das Gemeinsame, aufruhenden neuen Wissenschaft, und zwar sowohl der Geschichte als auch der Kunst. Bereits 1708 skizziert G. VICO die Grundgedanken seiner 1725 erschienenen »Scienza nuova« in der Rede »De nostri temporis studiorum ratione«. Wogegen VICO polemisiert, ist die Verkehrung von Urteilskraft (sensus communis) in theoretische Wissenschaftlichkeit. Statt dessen sei eine andere »neue« Wissenschaft zu fordern, in der die allgemeinen Kompetenzen des Menschen im Vordergrund stehen: die Geschichte. Für die Geschichte wird hier ebenso Wissenschaftlichkeit reklamiert wie 1735 und 1750 von A. G. BAUMGARTEN für die »Wissenschaft von der sinnlichen Erkenntnis«, für die Ästhetik. Während VICO damit argumentiert, daß vom Menschen Gemachtes (Geschichte) besser vom Menschen erkannt werden könne als von Gott Gemachtes (Natur), postuliert BAUMGARTEN ein »analogon rationis« sinnlicher Welterfassung (SCHWEIZER).

B. *»Wissenschafts«-Geschichte*
Einleitung

Geisteswissenschaften im engeren (wenn auch noch nicht terminologisch fixierten) Sinn als sich aus dem traditionellen Wissenschaftssystem ausdifferenzierende eigenständige Forschungsrichtungen und Traditionen entstehen erst zu Beginn des 19. Jh. Es ist sicher zutreffend, daß eine der philosophischen Voraussetzungen dafür die von KANT vorgelegte Wissenschaftssystematik ist, die der Verstandeserkenntnis eine Vernunfterkenntnis und eine solche der Urteilskraft zur Seite stellt. Dadurch werden auch die beiden Aufgabenbereiche nochmals deutlich, die der Alternativenfunktion der Vorläufer der Geisteswissenschaften entsprechen: während die Verstandeserkenntnis theoretisches Wissen über die Natur (später: Naturwissenschaft) zu produzieren hat, muß durch die anderen Erkenntnisarten der Bereich des praktischen sowie des ästhetisch-teleologischen Wissens abgedeckt werden. Praktisch-moralische Orientierung und ästhetisch-historische Welterfassung in methodisch disziplinierter Form werden auch die in der disziplinären Entwicklung der Geisteswissenschaften dominanten und umstrittenen Aufgabenfelder bleiben.

Dabei entstehen natürlich von allem Anfang an zwei *Abgrenzungsprobleme*: zum einen das der Abgrenzung der Geisteswissenschaften von den Naturwissenschaften, zum anderen das Problem der Ausgrenzbarkeit von historischen Wissenschaften aus den Geisteswissenschaften. Beide Probleme strukturieren die Entwicklung der Geisteswissenschaften im 19. und 20. Jh., und für beide Probleme stellt die Philosophie HEGELS eine in gewissem Sinne entscheidende Weiche dar. Sowohl die Entgegensetzung von »Philosophie der Natur« und »Philosophie des Geistes« in der Realphilosophie HEGELS als auch das Grundprinzip der »Vernunft in der Geschichte« bzw. der Dynamisierung und spekulativen »Konstruktion« des Begriffs sind nicht wegzudenkende, ihrerseits gegen den Cartesischen Dualismus gerichtete Voraussetzungen für die Entwicklung der Geisteswissenschaften. Diese ganz offenkundigen Zusammenhänge dürfen aber nicht die Differenzierungen verdecken, die hier notwendigerweise anzubringen sind. Die für einen ersten Zugriff hilfreiche Vereinfachung, das ganze 19. Jh. sei das Zeitalter des Historismus, muß heute als ebenso verfehlt gelten wie der darauf fußende Versuch, die Entwicklung aller geisteswissenschaftlichen Einzeldisziplinen allein aus der Frontstellung gegen die Naturwissenschaften oder allein aus der Entwicklung der Frontdisziplin Geschichte zu erklären. In vielen Fällen beginnt sich die Symbiose von Philosophie und Geisteswissenschaften jetzt zu lösen (in einigen erst im 20. Jh.); und außerdem ist so etwas wie ein scharf geschnittenes disziplinäres Profil einzelner Geisteswissenschaften auch berufsstandspezifisch noch kaum je gegeben. Trotzdem lassen sich aber bestimmte Entwicklungszusammenhänge auch »transdisziplinär« ausmachen, die sich zudem in Beziehung bringen lassen zur Realgeschichte der Zeit. In diesem Sinne können unterschieden werden: 1. die Phase des Übergangs von der Aufklärung bis 1848; 2. die Phase des entwickelten Historismus und → *Positivismus* bis in die neunziger Jahre; 3. die geistesgeschichtlich beeinflußte Phase in der ersten Hälfte unseres Jahrhunderts; 4. die fünfziger, sechziger und siebziger Jahre.

I. Von der Aufklärung bis 1848

Das entscheidende politische Ereignis, das den Übergang aus einer aufklärerischen in eine nachaufklärerische Zeit bis hinein in den Vormärz bestimmt, ist die Französische Revolution, von vielen Aufklärern nicht nur begeistert begrüßt, sondern – zumindest – auch mit verursacht. Die Reaktion auf die Ergebnisse der Revolution, zumal die Enttäuschung über deren terroristischen Umschlag, läßt eine neue Art, Geschichte zu denken und zu erfassen, aufkommen. Dabei kann auf inhaltliches wie methodologisches Wissen, zumal auch auf das aus dem Bereich der Philologie in der Aufklärung stammende, zurückgegriffen werden.

1. Geschichtswissenschaft – (a) Göttingen: Die Göttinger Historiker (Schulhaupt: A. L. SCHLÖZER) etablierten bereits in der zweiten Hälfte des 18. Jh. eine kritische historische Wissenschaft, die sie auch institutionell zu verankern verstanden. Ihr eigentliches wissenschaftliches Verdienst war es, den von ihnen kritisierten überschießenden Konstruktionseifer der Franzosen (VOLTAIRE, MONTESQUIEU) durch die empirischen Überschüsse der Engländer (HUME, GIBBON) zu kompensieren, indem sie auf die von Ch. G. HEYNE und F. A. WOLF entwickelten philologischen Methoden der Textkritik zurückgriffen. In A. H. L. HEERENS Arbeiten, etwa in seinem »Versuch einer Entwicklung der Folgen der Kreuzzüge für Europa« (1808 preisgekrönt), findet dieser Ansatz der »Göttinger Schule« eine erste gelungene Realisierung (ASENDORF; BUTTERFIELD).

Hiervon sicherlich nicht unbeeinflußt, beginnen sich in dieser Zeit in Göttingen auch andere historische Disziplinen zu entwickeln. Verwiesen sei hier – für andere – auf J. N. FORKEL, der als Organist der Universitätskirche und später als Musikdirektor wirkte und als Begründer der deutschen wissenschaftlichen Musikgeschichte gelten kann (DUCKLES, 853).

(b) Berlin: Die Berliner Universität war Schauplatz des nächsten Schritts in der Entwicklung der historischen Wissenschaften. Dort hatten sich in den zwanziger Jahren zwei einander befehdende Schulen gebildet: die »philosophische« Schule um HEGEL und die »historische« Schule, die Vertreter unterschiedlichster Disziplinen umfaßte, etwa den Theologen SCHLEIERMACHER, die Philologen BOECKH, BOPP und LACHMANN, die Juristen SAVIGNY und EICHHORN, die Historiker NIEBUHR und L. v. RANKE. Was die beiden Schulen trennte und zur Auseinandersetzung führte, war die differente Auffassung des Verhältnisses von Idee und Erscheinung. Zwar waren sich beide darüber einig, daß »wahre Philosophie und wahre Historie im Grunde eins seien« (IGGERS, Deutsche Geschichtswissenschaft, 90) und daß der Welt der Erscheinungen eine metaphysische Realität zugrunde liege. Aber während die »Philosophen« diese Realität in einer »substantialistischen Geschichtsphilosophie« (DANTO) begrifflich (»logisch«), d. h. spekulativ zu erfassen versuchten, vertraten die Mitglieder der »historischen Schule« die Auffassung, daß die metaphysische Grundrealität sich nur auf dem Wege einer geschichtswissenschaftlichen Untersuchung der komplexen Erscheinungswelt in ihrer Individualität erkennen lasse. Das wiederum führte in den Augen der »Philosophen« zu einem bloßen Anhäufen von ungeordneten Details, was etwa der HEGEL-Schüler H. LEO dem ersten Buch von v. RANKES »Geschichten der germanischen und romanischen Völker« (1824) vorwarf. Dennoch tut man v. RANKE unrecht, wenn man in ihm einen rein empiristischen oder gar positivistischen Datensammler sieht. Zwar vertritt er in der Tat den individualisierenden Methodenstandpunkt, der in gewissem Sinne für den Historismus als ganze Bewegung typisch werden wird, bringt dabei aber eine durchaus das Allgemeine und Theoretische betonende optimistische Ansicht des Geschichtsverlaufs in Ansatz, die mit seiner politischen Einstellung, einem gemäßigten Konservativismus, harmoniert: in dem berühmten Diktum, »je-

de Epoche« sei »unmittelbar zu Gott«, drückt sich sowohl seine religiöse Grundüberzeugung aus, daß die Geschichte einen gottgewollten Sinn habe, wie auch die Ablehnung der Auffassungen der HEGEL-Schule, die verschiedenen Epochen seien als Überwindungsformen ihrer jeweiligen Unvollkommenheiten auseinander hervorgegangen und liefen u. U. sogar auf einen geschichtlichen Zustand der Vollkommenheit zu, dessen Eintreten durch eine Revolution zu befördern sei.

(c) Überwindung der Romantik: Angesichts des zuvor Skizzierten darf allerdings nicht übersehen werden, daß an der Wiege der modernen Geschichtswissenschaft die Romantik stand, deren Ideal eine getreue »Restauration alter geschichtlicher Zeiten« (SCHULIN, 37) gewesen war. Nicht nur v. RANKE, sondern auch noch der ganze Historismus der zweiten Jahrhunderthälfte stand in einer – wenn auch kritisch gebrochenen – Beziehung zur Romantik. Deren Überwindung durch Methodenkritik und Quellenanalyse ist es, was v. RANKE, etwa gegenüber der Geschichtsschreibung in Frankreich (BARANTE, THIERRY), zum Geschichts*wissenschaftler* macht.

Die erste Phase der Entwicklung der modernen historischen Wissenschaften muß als fachliche und institutionelle Disziplinierung der romantischen Geschichtsschreibung unter Rückgriff auf die in den Philologien und in der historischen Kritik der Aufklärer entwickelten Instrumentarien in antispekulativer Absicht verstanden werden, wobei eine gewisse restaurativ-konservative mit einer religiösen und optimistischen Grundstimmung zusammentrat. Parallel dazu lebt aber auch die »philosophische« Geschichtsauffassung in den Hegelschen Schulen, zumal der linken, fort. Im Vormärz beginnen sich philosophische Rahmentheorien transdisziplinären Zuschnitts zu entwickeln, zu deren populärster der *Historische Materialismus* (K. MARX, F. ENGELS; → *Marxismus*) wurde.

2. Literaturwissenschaft: Eine ähnlich enge Bindung an die Hegelsche Schule findet sich bei der Entstehung einer fachlich und institutionell eigenständigen Literaturwissenschaft. Auch deren Entwicklung ist in ihrer ersten Phase gekennzeichnet durch die Frage ihrer Ausrichtung am Modell einer philosophisch verstandenen Konzeption von »Wissenschaft« bzw. am Vorbild der Geschichte (Literatur*wissenschaft* versus Literatur*geschichte*). Deshalb gehen auch die Ansichten darüber auseinander, wer als Begründer der Literaturwissenschaft zu gelten habe, z. B. der HEGEL-Schüler H. F. W. HINRICHS, der 1825 »Aesthetische Vorlesungen über Goethes' Faust als Beitrag zur Anerkennung wissenschaftlicher Kunstbeurtheilung« publizierte, die er im Wintersemester 1821/22 gehalten hatte (WEIMAR, 307ff.), oder gar J. GRIMM mit seiner »Deutschen Grammatik« von 1819 (so schon RAUMER, 685) oder erst G. G. GERVINUS, dessen »Geschichte der poetischen National-Litteratur der Deutschen« (5 Bde.) von 1835 bis 1842 erschien (MAYER, 322; GÖTZE, in MÜLLER, 167–226).

Indessen läßt sich eindeutig feststellen, daß GERVINUS bereits eine vorstrukturierte Situation antraf: neben den philosophisch-wissenschaftlich orientierten Hegelianern, denen die Wendung zur wissenschaftlichen Literatur- und Kunstgeschichte die zwingende Folge aus der Hegelschen These vom »Ende der Kunst« war, existierte eine ganze Gruppe von philologisch verfahrenden Datensammlungen sowie eine Reihe von »stoffgeschichtlich« orientierten Handbüchern und »Leitfäden«. »Dies [...] war die Situation, die Gervinus vorfand, in Stichworten: einerseits die angewandte Ästhetik, die Literaturwissenschaft, die sich bereits mehr und mehr der Geschichte zuwandte, andererseits das Sammeln historischen Wissens jeder Art.« (WEIMAR, 313f.) GERVINUS integriert diese beiden Momente zur ersten Gesamtdarstellung der deutschen Literaturgeschichte mit Anspruch auf wissenschaftliche Vollständigkeit. Leitend ist dabei eine vielfach umstrittene geschichtsphilosophische Rahmenthese: die Zeit der Poesie sei vorbei, nun nahe die Phase der Politik. Diese These, durch das Mitwirken von GERVINUS 1837 bei dem Protest der »Göttinger Sieben« gegen die Aufhebung der Verfassung biographisch unterstützt, implizierte die Vorstellung eines gesetzmäßigen Ablaufes auch der Literaturgeschichte, eine Vorstellung, die GERVINUS selbst nach 1848 nicht aufgab, was ihm noch 1872, nach seinem Tode, die Kritik L. v. RANKES eintrug. – Neben GERVINUS und seiner dominierenden Bedeutung für die erste Phase der deutschen Literaturwissenschaft verblassen die Leistungen anderer Autoren ein wenig, etwa derjenigen, die in den »Jahrbüchern für wissenschaftliche Kritik« (z. B. Th. MUNDT) und nach 1830 in den »Hallischen« (später »Deutschen«) Jahrbüchern (z. B. R. PRUTZ) ihr Publikationsorgan fanden. Bei ihnen handelt es sich zur Hauptsache um mehr oder weniger stark engagierte Vormärz-Publizisten. Und schließlich dürfen auch die konfessionellen Literaturgeschichtsschreiber, etwa H. Holland auf der katholischen und A. F. C. Vilmar und seine »Vorlesungen über die Geschichte der deutschen National-Litteratur« von 1845 auf der protestantischen Seite nicht unerwähnt bleiben. Beide konfessionellen Gruppierungen gelten als eher reaktionär (Behm, in Müller, 227–271). Ihre institutionelle Etablierung feiert die deutsche Literaturwissenschaft an den bewußt politisch ausgerichteten beiden ersten Germanistenversammlungen in Frankfurt 1846 und in Lübeck 1847 (Müller, in Müller, 297–318).

Die erste Phase der sich entwickelnden Literaturwissenschaft ist mithin gekennzeichnet durch die Entwicklung von einer angewandten Hegelschen Ästhetik und einer stärker stoffgeschichtlichen Materialsammlung zur zusammenfassenden Literaturgeschichtsschreibung in – zumal im Vormärz – durchaus politischer Absicht. Dabei ist der Gedanke eines gesetzmäßigen Ablaufs von Kunst- und Literaturgeschichte im Gefolge Hegelscher Philosophie dominant.

3. Theologie, Sozialwissenschaften, Pädagogik: Neben den beiden geisteswissenschaftlichen Hauptdisziplinengruppen, den historischen und den literatur- bzw. kunstbezogenen Wissenschaften, beginnen sich in der ersten Hälfte des 19. Jh. auch weitere geisteswissenschaftliche Disziplinen auszudifferenzieren bzw. weiter zu festigen. In der Theologie der auslaufenden Aufklärung hatte sich gegen Ende des 18. Jh. im Zusammenhang mit dem Fragmentenstreit (H. S. Reimarus, J. S. Semler u. a.) eine historisch-kritisch verfahrende Leben-Jesu-Forschung herausgebildet, die zwar nicht ausschließlich, aber doch stark durch den Gegensatz von Vernunftreligion und Offenbarungsreligion geprägt war (Cornehl, 29ff.). Mit F. D. Schleiermacher nimmt dann die Theologie die Wendung zur Universitätswissenschaft, und zwar zentral wiederum in Deutschland. Schleiermachers Begründung der wissenschaftlichen Theologie beruht zum einen auf einer Schlichtung des Aufklärungsstreites durch dessen Rückführung in den hermeneutischen Grund der *Verständigung*, zum anderen aber besonders auf der in der »Kurzen Darstellung des theologischen Studiums zum Behuf einleitender Vorlesungen« (1811) unternommenen Bestimmung des Verhältnisses von theologischer Theorie und kirchlicher Praxis: die Theologie ist »positive Wissenschaft«, die sich auf das in der historisch vorgegebenen Theologie und der historisch vorgegebenen Kirche Vorliegende darstellend und ordnend bezieht, um so jenen *»Verweisungszusammenhang«* aufzudecken, in dem Theologie und Kirche inbegriffen sind. So entfällt die Konfrontation von Glauben und Wissen (Sauter, 37f.). Die kritische Komponente der Aufklärungstheologie lebt dagegen etwa in L. Feuerbachs »Wesen des Christentums« (1841) oder in Form der Destruktion der klassischen Christologie in D. F. Strauss' »Leben Jesu« (1835/36) weiter und leitet über zur kritischen Vormärz-Eschatologie der Hegel-Schule, die in deren Selbstaufhebung resultiert (Cornehl, bes. 214ff. und 313ff.). – In demselben Zeitraum formierten sich auch die → *Sozialwissenschaften* institutionell und disziplinär, deren vor-Comtesche frühsozialistische Vorläufer (Saint-Simonisten u. a.) ebenfalls auf den Vormärz einwirkten.

Bereits 1802 skizziert J. F. Herbart in seiner »Zweiten Vorlesung über Pädagogik« den Grundgedanken einer in Stufen verlaufenden Gesetzlichkeit geistiger Aneignungsprozesse im menschlichen Denken und Lernen, und 1806 formuliert er in der »Allgemeinen Pädagogik, aus dem Zwecke der Erziehung abgeleitet« das berühmt gewordene Postulat, die Pädagogik solle sich auf ihre *»einheimischen Begriffe«* besinnen und ein *»selbständiges* Denken mehr kultivieren«. Bis 1835 (»Umriß pädagogischer Vorlesungen«) differenziert Herbart diesen Gedanken weiter aus, wobei er keinen Zweifel daran läßt, daß er eine philosophisch begründete Pädagogik als Wissenschaft meint, was indessen deren Selbständigkeit nicht schmälert (Schmied-Kowarzik/Benner, 63).

II. Historismus und Positivismus bis zum Jahrhundertende

Gerade für die auch historisch ausgerichteten Geisteswissenschaften (und das waren damals fast alle) bedeutete das Scheitern der Revolution 1848 einen tiefen Einschnitt, was verständlich ist, wenn man sich die Enttäuschung über den so nicht vorhergesagten Verlauf der Geschichte vergegenwärtigt. Dazu kam, daß in demselben Zeitraum sich die Geisteswissenschaften zum einen zwar institutionell konsolidiert hatten, zum anderen aber gegen die antispekulativ-empirisch verfahrenden Naturwissenschaften und gegen die Medizin der beginnenden zweiten Hälfte des 19. Jh. behaupten mußten: es begann sich ein Gruppenzugehörigkeitsgefühl zu entwickeln, was nicht zuletzt auch daran sich ablesen läßt, daß nun eine einheitliche Gruppenbezeichnung, eben »Geisteswissenschaften«, allgemein üblich wurde. Zwar trifft zu, daß der Ausdruck »Geisteswisenschaften« nicht, wie allgemein angenommen wird, auf I. SCHIELS Übersetzung des Ausdrucks »moral science« bei J. St. MILL zurückgeht, sondern schon viel früher vorkommt (DIEMER, 211ff.). Daß dieser Ausdruck allerdings damals üblich wurde und von da an auch das Selbstverständnis der Wissenschaftler in Abhebung von demjenigen der Naturwissenschaftler zu bestimmen begann, ist durchaus kein Zufall. Theoretisch reflektiert findet sich das in dieser Deutlichkeit erstmals in der Prorektoratsrede von H. v. HELMHOLTZ »Über das Verhältniss der Naturwissenschaften zur Gesammtheit der Wissenschaft« (1862). v. HELMHOLTZ, der als Naturforscher und Philosoph die Angelegenheit eher vom naturwissenschaftlichen Standpunkt aus sah, schrieb den Geisteswissenschaften als Proprium Taktgefühl und – im Gegensatz zur mathematischen und empirischen – eine »künstlerische« Induktion zu. Die Vertreter der einzelnen geisteswissenschaftlichen Disziplinen dagegen versuchen durchaus, auch hier »wissenschaftlicher« vorzugehen.

1. Geschichtswissenschaft: Die für die Phase des Historismus in den historisch ausgerichteten Disziplinen dominante Figur der Zeit nach 1848 war fraglos J. G. DROYSEN, der Begründer der sogenannten »Preußischen Schule« der Historiker, die sich durch Abwehr spekulativer Geschichtskonzeptionen und darin enthaltener universalgeschichtlicher Konstruktionen auszeichnete. Darüber hinaus war DROYSEN aber auch der einzige unter den damals lehrenden und forschenden Historikern, der in einem gewichtigen Werk, einer siebzehnmal gehaltenen und unter dem Titel »Grundriß der Historik« erstmals 1858 gedruckten Vorlesung, die theoretischen Grundlagen der historischen Wissenschaften aufzuarbeiten unternahm. Seine politischen Grundvorstellungen, die dem Staat gegenüber dem Individuum eine gewisse Vorrangstellung einräumten, waren rechtsliberal, wenn er auch nach 1848 seine früher vertretene Unterscheidung zwischen dem Staat, wie er war, und dem Staat, wie er sein sollte, preisgab, da er die einzige Chance zur Herstellung der deutschen Einheit in einer bedingungslosen Stärkung des Staates Preußen sah, und da hatte denn eine auch noch so bescheidene politische Utopie keinen Platz mehr. Der »Grundriß der Historik« versucht u. a. die Unmöglichkeit aufzuzeigen, mit naturwissenschaftsanalogen Methoden Geschichtswissenschaft zu betreiben. Dies äußert sich besonders deutlich in DROYSENS 1862 publizierten Auseinandersetzungen mit dem positivistischen Hauptwerk der englischen Geschichtsschreibung, der 1858/61 erschienenen, 1860/61 von A. RUGE ins Deutsche übersetzten »History of Civilisation« von H. T. BUCKLE. Zwar konzediert DROYSEN, daß Geschichte ein sinnvoller, in sich verlaufender und strukturierter Prozeß sei, aber er setzt dem kausalen Erklären der »Mechanik der Atome« in den Naturwissenschaften das Verstehen der Willensakte eines individuellen oder gemeinsamen Ich in den historischen Wissenschaften entgegen, das als Verstehen einer umfassenden geschichtlichen Ganzheit letztlich die »sittliche Welt« in ihrem Fortschritt zu erfassen sucht, wozu die naturalistische Konzeption BUCKLES nicht in der Lage sei. DROYSEN in seinen Auffassungen recht nahe steht H. v. SYBEL (z. B. in seinen kleineren Schriften »Über den Stand der neueren deutschen Geschichtsschreibung« von 1856 und »Über die Gesetze des historischen Wissens« von 1864). Allerdings glaubt v. SYBEL fest an die Möglichkeit »objektiver Erkenntnis« in der Geschichtswissenschaft, obwohl diese nicht über dieselben Überprüfungsmöglichkeiten verfüge wie die Naturwissenschaften. H. v. TREITSCHKES aggressive und Th. MOMMSENS resignative BISMARCK-Kritik dokumentieren schließlich, daß die preußische Schule nicht zwingend auch eine Schule von BISMARCK-Historikern war (IGGERS, Deutsche Geschichtswissenschaft 156ff.).

In demselben Zeitraum hatte sich auch in Frankreich und in den angelsächsischen Ländern ein Konzept von Geschichtswissenschaft durchgesetzt, das weitgehend antispekulativ und quellenkritisch ausgerichtet war. Und mit Ausnahme von England bildeten diese Länder auch bereits als solche spezialisierte Historiker aus, so daß es institutionell zur Professionalisierung der Historikerausbildung kam: 1868 wurde in Frankreich die Ecole Pratique des Hautes Etudes gegründet, in den USA in den siebziger Jahren der akademische Grad des Ph.D. eingeführt, und selbst Japan setzte eine entsprechende Entwicklung in Gang. Im übrigen verfuhr man auch im außerdeutschen Ausland zunehmend nach der noch von v. Ranke stammenden Seminarmethode. Von einer wissenschaftlichen Miteinbeziehung sozialer und ökonomischer Faktoren sah man indessen dabei noch weitgehend ab (Iggers, Neue Geschichtswissenschaft 35ff.).

F. Nietzsches Vorschlag einer die monumentalische und die antiquarische Geschichtswissenschaft ablösenden *kritischen* Geschichtsauffassung, wie er sie 1873 in seiner »Zweiten unzeitgemäßen Betrachtung: Vom Nutzen und Nachteil der Historie für das Leben« skizzierte, verhallte damals ungehört, »ein nicht leicht zu überschätzendes Versäumnis« (Schulin, 16).

2. Literaturwissenschaft: Eine ähnlich starke Tendenz gegen systemphilosophische und spekulative Konzepte findet sich auch in den Literatur- und Kunstwissenschaften nach 1848. Hier hält der Positivismus sogar direkt und explizit Einzug: mit W. Scherer tritt die Literaturwissenschaft in ein neues Stadium. Sowohl durch die von ihm erarbeitete und weitervermittelte Methodologie, deren »Erfinder« aber durchaus nicht er allein war (Weimar, 339), als auch durch seine konsequent betriebene Personalpolitik setzt Scherer die Literaturwissenschaft zumindest an deutschen Universitäten durch. Seine »Geschichte der deutschen Literatur« von 1883 vollendet die Ablösung der Literaturwissenschaft von Philologie und Volkskunde (Klein/Vogt, 29). Indessen darf Scherer wohl kaum als naturalistischer Positivist im Sinne Buckles verstanden werden. Wie neuere Untersuchungen zeigen, entwickelt Scherer vielmehr eine differenzierte Interpretationsmethode, die die Schritte von Verstehen und Evaluation unterscheidet. In seinen programmatischen Äußerungen dagegen, z. B. in seinem Aufsatz »Die neue Generation« von 1874, äußert sich Scherer durchaus im Sinne eines empiristischen Positivismus: »Die *Naturwissenschaft* zieht als Triumphator auf dem Siegeswagen einher, an den wir Alle gefesselt sind.« (Žmegač, 23) Die große Scherer-Schule ist heute weitgehend vergessen; zu nennen wären neben dem »Schulhaupt« E. Schmidt allenfalls noch B. Litzmann, J. Minor, G. Roethe.

3. Theologie, Musikwissenschaft, Pädagogik: In der Theologie bemüht man sich um neue Fundamentalität, um die wissenschaftliche Entfaltung des unbeweisbaren Grundes aller Theologie (W. Herrmann) oder um die wirkungsgeschichtliche Analyse der Offenbarung in der Überlieferung (M. Kähler) im Gegenzug gegen das Bekenntnis als Grundlage der Volkskirche in der Liberalen Theologie oder »Positivität« A. Ritschls oder A. v. Harnacks (Sauter, 43ff).

1864 wird auch die Musik als Musikästhetik und Musikgeschichte wieder Universitätsfach in Deutschland (Sittner, 10); ein Ordinariat für Musikgeschichte wird 1870 in Wien, 1872 am Pariser Konservatorium, aber erst 1904 an der Sorbonne eingerichtet (Duckles, 848, 853).

In der Pädagogik wurden die Gedanken Herbarts nach 1848 in einer eigentlichen Herbart-Schule weiterentwickelt. In stärkerer Hinwendung zu einer wissenschaftlich-mechanistischen Assoziationspsychologie versuchen die Herbart-Schüler empirisch überprüfbare und anwendbare Regeln für die Unterrichtspraxis zu gewinnen (Reble, 244ff.), so etwa T. Ziller in seiner »Grundlegung zur Lehre vom erziehenden Unterricht« (1856) oder in seinen »Vorlesungen über allgemeine Pädagogik« (1876), in etwas freierem Sinne und auch stärker am Konzept einer Lehrerpersönlichkeit orientiert z. B. K. V. Stoy (»Enzyklopädie, Methodologie und Literatur der Pädagogik«, 1861). Parallel dazu hatte in England H. Spencer seine wirkungsreiche positivistisch-evolutionistische Theorie der Erziehung vorgelegt, die auf körperlicher und naturwissenschaftlicher Erziehung fußt und den geistigen Elementen in der Erziehung nur einen kleinen Einfluß einräumt (»Education«, 1861).

III. Geistesgeschichtliches Vorgehen: erste Hälfte des 20. Jahrhunderts

Die nun folgende Zwischenphase der Entwicklung der Geisteswissenschaften ist in einem starken Maße geprägt durch die Diskussionen um die geistesgeschichtliche Vorgehensweise, um das Verstehen als Grundform geisteswissenschaftlichen Vorgehens usw. Daß im Zentrum der Theoriediskussion Wilhelm Dilthey stand, ist bekannt. Und wenn auch die Methodendiskussionen im südwestdeutschen Neukantianismus um nomothetische und idiographische Verfahrensweisen (Windelband) sich von Diltheys Hermeneutik sicherlich unterscheiden, so ist doch die Gesamtlage deutlich: im ausgehenden 19. Jh. suchen die nun voll institutionalisierten Geisteswissenschaften ein ihnen angemessenes methodologisches Selbstverständnis. 1894 hatte DILTHEY noch – durchaus im Einklang mit damals aktuellen psychologischen Vorstellungen – gemeint, die Geisteswissenschaften mit Hilfe einer »beschreibenden und zergliedernden Psychologie« begründen zu können. Im »Aufbau der geschichtlichen Welt in den Geisteswissenschaften« von 1910 korrigiert er sich jedoch und rückt die Hermeneutik an die Stelle der Psychologie: nicht mehr eine individuelle Psyche wird von einer anderen individuellen Psyche verstanden, sondern die zu verstehenden Gebilde erlangen die Eigenständigkeit eines »objektiven Geistes«, eines »geistigen Gebildes von einer ihm eigenen Struktur und Gesetzmäßigkeit«.

1. Geschichtswissenschaft: Es ist gewissermaßen die »Abrechnung mit dem Historismus«, die von den Historikern der Jahrhundertwende und des Ersten Weltkrieges vorgenommen werden mußte. Wer nicht den Kantianismus-Konsequenzen erliegen, in der Geschichte mit RICKERT nur ein »Arrangement der Fakten« sehen und sich nicht einem grenzenlosen Relativismus hingeben wollte, der mußte – zumal im und nach dem Ersten Weltkrieg – eine neue Legitimation von Geschichte versuchen und gründlich mit dem Historismus brechen. Dies haben – in unterschiedlicher Weise – sowohl E. TROELTSCH als auch F. MEINEKKE getan. TROELTSCH, dem Kreis um F. NAUMANN nahestehend, versuchte am Ende des Weltkrieges erneut das zu thematisieren, was ihn schon in seiner religionshistorischen Betätigung vor dem Kriege beschäftigt hatte: den historischen Relativismus. In seinen 1922 unter dem Titel »Der Historismus und seine Probleme« zusammengestellten Aufsätzen der letzten Jahre seines Lebens unternimmt er es, den Sinn der Geschichte auch angesichts manifester Sinnlosigkeits- und Relativismus-Erfahrungen zu rechtfertigen. Das in einer Welt des Wandels beharrende Absolute, das sich nur historischer Forschung eröffnet, ist das Religiöse. Als Methode ist die konkrete Darstellung des individuellen Geschichtsbildes anzusetzen, aus dem Werte abgeleitet werden können, und zwar mehr im Sinne des Schauens als des rationalen Analysierens (IGGERS, Deutsche Geschichtswissenschaft, 245ff.). Fast noch deutlicher spiegelt sich in der intellektuellen Biographie F. MEINECKES die Ablösung des Historismus der preußischen Schule. Die konservative preußische Grundeinstellung, die er vor dem Ersten Weltkrieg hatte, wich einer differenziert-weitblickenden Umsicht. Die sozialgeschichtlichen Ideen K. LAMPRECHTS, die in den neunziger Jahren den »Lamprecht-Streit« um die Legitimität des individualisierenden Vorgehens in der Geschichtswissenschaft auslösten, wurden von ihm anfangs kritisiert, ab 1908 aber rehabilitiert. Sein Buch über »Die Idee der Staatsräson in der neueren Geschichte« versucht, den unaufhebbaren Dualismus zwischen Staat und Geist zu thematisieren, der ihm die harmonische Auffassung von einer Einheit von Staat und Geist durch den Weltkrieg zerbrochen hatte (SCHULIN, 123). In seinem Werk über »Die Entstehung des Historismus« (1936) vermag MEINECKE aufzuweisen, daß das Prinzip des Individualismus den historischen Sinn begründet.

2. Literaturwissenschaft: Unter dem Einfluß der Philosophie DILTHEYS entwickelt sich in der Literaturwissenschaft die geistesgeschichtliche Schule, zu der neben R. UNGER P. KLUCKHOHN, O. WALZEL, H. A. KORFF gehörten und – in gewissem Sinne – auch F. GUNDOLF, der den GEORGE-Kreis in die Literaturwissenschaft einbrachte. Ihnen allen geht es stets darum, die Dichtung als lebendes Ganzes, als geschichtliches Dokument eines einheitlichen Geistes zu verstehen. Indessen handelt es sich dabei mehr um literarisch-journalistische als um eigentlich geisteswissenschaftliche Forschungsarbeiten. In den USA und in England entsteht im ersten Drittel des 20. Jh., parallel zur geistesgeschichtlichen Schule in Europa, in Absetzung von den liberalistischen Ideen des viktorianischen Criticism der sogenannte »New Criticism«, eröffnet durch J. E. SPINGARNS gleichnamige Abhandlung aus dem Jahre 1911. Seit den dreißiger Jahren stellt die Bewegung des New Criticism, der Namen wie T. S. ELIOT, F. R. LEAVIS, W. EMPSON, R. P. WARREN u. a. zuzurechnen sind, ein buntes Gemisch von literaturkritischen Publikationen und Theorien dar, die letztlich sich nur noch über das Prinzip des »close reading« vereinigen lassen (WEIMANN, 66ff., 96ff.). Daß von Jahrhundertbeginn an durch deutsche nationalistische Autoren (z. B. A. BARTELS: »Geschichte der deutschen Literatur«, 1901/02) der Nationalsozialismus vorbereitet wurde, läßt sich nicht zuletzt auch an J. NADLERS »Literaturgeschichte der deutschen Stämme und Landschaften« von 1912/18 ablesen, die, detailreich und kunstvoll geschrieben, zum Standardwerk für NS-Germanisten avancierte (KLEIN/VOGT, 33).

3. Theologie, Musikwissenschaft, Pädagogik: In der Theologie greift nach einer Phase der von TROELTSCH mit beeinflußten »geschichtsphilosophischen« Religionswissenschaft einerseits die von HEIDEGGER stark geprägte hermeneutisch-existentielle Ausrichtung (R. BULTMANN) und die sogenannte »dialektische Theologie« (K. BARTH) Raum, in der sich die Theologie als Wissenschaft von der Religion zur Wissenschaft von Gott wandelte (PANNENBERG, 266ff.).

Ebenfalls eindeutig geistesgeschichtlich geprägt stellt sich die Musikwissenschaft in der ersten Hälfte unseres Jahrhunderts dar. Aufgrund der frühen Institutionalisierung universitärer musikwissenschaftlicher Forschung in den deutschsprachigen Ländern entwickelt sich dort ein ausgesprochen hoher Qualitätsstandard hinsichtlich musikhistorischer Untersuchungen, Editionen, Gesamtdarstellungen usf. Diese international führende Position dokumentiert sich in Namen wie Hugo RIEMANN, Raphael G. KIESEWETTER, Guido ADLER u. a. Auch in Frankreich, Italien, Großbritannien und den Vereinigten Staaten dominierten Gelehrte aus der deutschen geistesgeschichtlichen Schule (vgl. DUCKLES).

In der Pädagogik entwickeln sich mit der Aufgabe, neue Sinngehalte an die Stelle der durch den Krieg zerbrochenen zu stellen, ganz unterschiedliche, auch sehr praxisnahe Konzepte, die von G. KERSCHENSTEINERS »Theorie der Bildung« (1926) über M. MONTESSORIS »Montessori-Erziehung für Schulkinder« (1926) bis zu R. STEINERS »Allgemeine Menschenkunde als Grundlage der Pädagogik« (1919) reichen. Daneben stehen die großen Theoretiker der DILTHEY-Schule, H. NOHL und E. SPRANGER. SPRANGER entwickelt in seinen »Lebensformen« (1914) eine Typologie des Seelenlebens, die als Grundlage der Erziehung anzusehen ist und die Erziehung in den Horizont der Kultur stellt. NOHL dagegen fordert eine Erziehung um ihrer selbst und des zu Erziehenden willen, die nicht im Dienste einer fremden Macht steht (REBLE, 298).

IV. Vom Immanentismus zur sozialwissenschaftlichen Betrachtung: seit 1945

Die Phase des Neubeginns geisteswissenschaftlicher Betätigung nach 1945 ist begreiflicherweise geprägt von starker Zurückhaltung, nachdem sich gerade die Geisteswissenschaften durch die irrationalistischen Strömungen, die zum Dritten Reich und zum Zweiten Weltkrieg geführt hatten, in besonderem Maße mißbraucht gefühlt hatten. Der reine Immanentismus, der sich hieraus ergab, mag zu gewissen Teilen durch die Art mit bedingt sein, in der bei den Siegermächten Geisteswissenschaften betrieben wurden – nicht zu verkennen ist allerdings überall in den fünfziger Jahren im Übergang zu den sechziger Jahren der Schritt von der immanenten Betrachtungsweise von Kultur und Geschichte zur sozialwissenschaftlichen Ausformung, sowie nach den sechziger Jahren eine gewisse Reaktion hierauf.

1. Geschichtswissenschaft: In der Geschichtswissenschaft vollzieht sich diese Bewegung zur historischen Sozialwissenschaft bzw. zur Sozialgeschichte deutlich erkennbar (IGGERS, Neue Geschichtswissenschaft). Man kann den Wendepunkt mit der sogenannten »Fischer-Kontroverse« 1961 ziemlich genau markieren: War bis dahin das Bestreben darauf gerichtet gewesen, die Zeit des Dritten Reiches als einen Bruch in der liberal-konservativen Entwicklung der deutschen Geschichte zu sehen, so ging es nun plötzlich aufgrund der von Fritz FISCHER in seinem Buch »Griff nach der Weltmacht« (1961) sorgfältig recherchierten Situation im Deutschen Reich vor Ausbruch des Ersten Weltkrieges darum, sich mit der weitgehenden Verantwortung der deutschen Regierung auch schon für den Ersten Weltkrieg vertraut zu machen. In diesem Zusammenhang stand eine sukzessive Wiederentdeckung der Theoretiker der zwanziger und dreißiger Jahre, u. a. auch der Kritischen Theorie (→ *Kritische Theorie*), die einen nicht unerheblichen Einfluß auf die Geschichtswissenschaft hatten, so z. B. auf H.-U. WEHLERS »Bismarck und der Imperialismus« (1969) oder »Krisenherde des Kaiserreichs 1871–1918« (1970). Daneben wurde in der französischen »Annales«-Tradition und in der »New Economic History« eine nicht so sehr kritisch-emanzipatorische als vielmehr analytisch-strukturale Sozialgeschichte betrieben, die in die Entwicklung auch der deutschen Geschichtswissenschaft vorweist.

2. Literaturwissenschaft: Besonders stark immanentistisch entwickelte sich, vom New Criticism sicher nicht unbeeinflußt, die Literaturwissenschaft im deutschsprachigen Bereich. Aber auch die nun zugänglich werdenden Bewegungen des russischen und des tschechischen Formalismus mögen hier einen Einfluß ausgeübt haben. Jedenfalls verkündet K. VIETOR 1945 in seinem Aufsatz »Deutsche Literaturgeschichte als Geistesgeschichte« programmatisch die werkimmanente Interpretationsmethode. W. KAYSER, der dem New Criticism auch persönlich nahestand, legitimierte 1948 mit seinem sehr bekannt gewordenen Werk »Das sprachliche Kunstwerk« die rein immanente Deutung, da das Kunstwerk als solches in sich lebe; deswegen seien zum Verständnis nur textimmanente Bezüge zugelassen. Die natürliche Folge hiervon ist eine hohe Ausdifferenzierung der Interpretationswerkzeuge. Der Zürcher Literarhistoriker E. STAIGER schließlich legt in seiner »Kunst der Interpretation« (1955), die schon in ihrem Titel den Gegensatz von Kunst und Wissenschaft (ars und scientia, s. oben A.II.) evoziert, das Hauptgewicht auf das zeitlose Ergriffensein, das durch die kunstvolle immanente Textauslegung sich einstelle. Mit den sechziger Jahren ändert sich auch in den Literatur- und Kunstwissenschaften die Landschaft: B. v. WIESE läßt 1963 wieder die Literaturgeschichte zur Hauptdisziplin werden, es entsteht eine wahre Flut von sozialhistorisch arbeitenden Studien, die zuweilen das Werk ganz vernachlässigen; eine Re-Philologisierung der Literaturwissenschaften setzt dort ein, wo strukturale und synchrone Linguistik in Ansatz gebracht werden; psychoanalytische Verfahren werden benutzt (v. MATT), und die rezeptionsästhetische Betrachtungsweise gewinnt an Bedeutung (ISER, JAUSS, WEINRICH; vgl. WARNING). Kurz: es sieht nicht so aus, als ob sich ein bestimmtes einheitliches Paradigma in nächster Zeit einmal durchsetzen werde; das Spektrum reicht bis hin zur reinen Intertextualität (KRISTEWA), die J. DERRIDAS »Grammatologie« (1967) weiterzuführen unternimmt.

3. Theologie, Musikwissenschaft, Erziehungswissenschaft: Vielfalt ist auch in der sonstigen Entwicklung der Geisteswissenschaften seit 1945 der resultierende Eindruck. J. MOLTMANNS »Theologie der Hoffnung« (1964) und T. RENDTORFFS »Revolutionäre Theologie« (1968) greifen Impulse der Kritischen Theorie auf, W. PANNENBERGS »Wissenschaftstheorie und Theologie« (1973) argumentiert eher analytisch-wissenschaftshistorisch; daneben aber existiert weiterhin die hermeneutische so gut wie die historisch-philologische Richtung. Ähnliches gilt für die übrigen geisteswissenschaftlichen oder nach Art der Geisteswissenschaften verfahrenden Disziplinen. (Zur gegenwärtigen Diskussion → *Geisteswissenschaften.*)

Das Dritte Reich und der Zweite Weltkrieg hatten – durch Emigration der bedeutendsten Gelehrten – das Schwergewicht auch der musikwissenschaftlichen Forschung aus den deutschsprachigen in die angelsächsischen Länder verlagert; die deutsche Vorrangstellung in diesen Bereichen war damit ein für allemal gebrochen, obwohl sich die Musikwissenschaft sowohl in der Bundesrepublik Deutschland als auch in der DDR nach 1945 überraschend schnell wieder erholte. Heute existiert hier ein internationaler Pluralismus, der starke Tendenzen zur sozialwissenschaftlichen Behandlungsweise ebenso wie zu anthropologisch-ethnologischen Ansätzen erkennen läßt, die allerdings in jüngster Zeit durch die wieder erstarkende historische Dimension ausbalanciert werden (vgl. DUCKLES).

In den Erziehungswissenschaften schließlich stehen sich die Vertreter einer geisteswissenschaftlich-anthropologischen Pädagogik (Th. BALLAUFF), der Kritischen Erziehungswissenschaft (K. MOLLENHAUER, W. KLAFKI) und einer empiristischen Erziehungswissenschaft (W. BREZINKA) gegenüber (vgl. REBLE).

Walther Ch. Zimmerli

Asendorf, M. (Hg.): Aus der Aufklärung in die permanente Restauration. Geschichtswissenschaft in Deutschland. 1974. – *Butterfield, H.:* Man and his past. The study of the history of historical scholarship. 1955. – *Cornehl, P.:* Die Zukunft der Versöhnung. Eschatologie und Emanzipation in der Aufklärung, bei Hegel und in der Hegelschen Schule. 1971. – *Curtius, E. R.:* Europäische Literatur und lateinisches Mittelalter. 1948. – *Danto, A. C.:* Analytische Philosophie der Geschichte. (Aus dem Engl.) (1965) 1974, stw 1980. – *Diemer, A.:* Artikel »Geisteswissenschaften«. In: *Ritter, J. (Hg.),* Historisches Wörterbuch der Philosophie. Bd. 3. [L] – *Duckles, V., u.a.:* Musicology. In: The New Grove Dictionary of music and musicians 12. 1980. – *Fueter, E.:* Geschichte der neueren Historiographie. 1911. – *Gadamer, H.-G./Boehm, G. (Hg.):* Philosophische Hermeneutik. 1976. – *Gusdorf, G.:* Introduction aux sciences humaines. Essai critique sur leurs origines et leur développement. 1960. – *Harstick, H.-P.:* Historische Schule. In: *Ritter, J. (Hg.),* Historisches Wörterbuch der Philosophie. Bd. 3. [L] – *Hedinger, H.-W.:* Historik, ars historica. In: *Ritter, J. (Hg.),* Historisches Wörterbuch der Philosophie. Bd. 3. [L] – *Iggers, G. G.:* Deutsche Geschichtswissenschaft. (Aus dem Engl.) (1968) 1971. – *Ders.:* Neue Geschichtswissenschaft. (Aus dem Engl.) (1975) 1978. – *Klein, A./Vogt, J.:* Methoden der Literaturwissenschaft. Bd. 1: Literaturgeschichte und Interpretation. 1971, [2]1973. – *Kristewa, J.:* Semeiotike. Recherches pour une sémanalyse. 1969. – *Kuhn, Th. S.:* Die Struktur wissenschaftlicher Revolutionen. (1962) [2]1976. – *Lundgreen, P. (Hg.):* Wissenschaft im Dritten Reich. 1985. – *v. Matt, P.:* Literaturwissenschaft und Psychoanalyse. Eine Einführung. 1972. – *Mayer, H.:* Literaturwissenschaft in Deutschland. In: *Friedrich, W.-H./Killy, W.*, Literatur 2. (Fischer-Lexikon 35) 1965. – *Müller, J. J. (Hg.):* Literaturwissenschaft und Sozialwissenschaften. – Bd. 2: Germanistik und deutsche Nation 1806–1848. Zur Konstitution bürgerlichen Bewußtseins. 1974. Darin die Beiträge von *Behm, Götze* und *Müller.* – *Pannenberg, W.:* Wissenschaftstheorie und Theologie. 1975, 1977. – *v. Raumer, R.:* Geschichte der Germanischen Philologie vorzugsweise in Deutschland. = Geschichte der Wissenschaften in Deutschland. Neuere Zeit. Bd. 9. 1870. – *Reble, A.:* Geschichte der Pädagogik. 1951, [13]1980. – *Sauter, G.:* Theologie als Wissenschaft. Historisch-systematische Einleitung. In: *Ders. (Hg.),* Theologie als Wissenschaft. Aufsätze und Thesen. 1971. – *Schmied-Kowarzik, W./Benner, D.:* Prolegomena zur Grundlegung der Pädagogik. I. Herbarts praktische Philosophie und Pädagogik. 1967. – *Scholtz, G.:* Der Geschichts-Begriff vom Humanismus bis zur Aufklärung. In: *Ritter, J. (Hg.),* Historisches Wörterbuch der Philosophie. Bd. 3. [L] – *Schulin, E.:* Traditionskritik und Rekonstruktionsversuch. Studien zur Entwicklung von Geschichtswissenschaft und historischem Denken. 1979. – *Schweizer, H. R.:* Ästhetik als Philosophie der sinnlichen Erkenntnis. Eine Interpretation der Ästhetik Baumgartens [...]. 1973. – *Simon-Schaefer, R./Zimmerli, W. Ch. (Hg.):* Wissenschaftstheorie der Geisteswissenschaften. 1975. – *Sittner, H.:* Musik zwischen Natur- und Geisteswissenschaften. 1978. – *Warning, R. (Hg.):* Rezeptionsästhetik. Theorie und Praxis. 1975. – *Weimann, R.:* »New Criticism« und die Entwicklung bürgerlicher Literaturwissenschaft. [2]1974. – *Weimar, K.:* Zur Geschichte der Literaturwissenschaft. Forschungsbericht. In: Deutsche Vierteljahrsschrift für Literaturwissenschaft und Geistesgeschichte 50, 1976. – *Žmegač, V. (Hg.):* Methoden der deutschen Literaturwissenschaft. 1971.

Walther Ch. Zimmerli

Wissenschaftsgeschichte: Naturwissenschaften

A. Zur Problematik der Wissenschaftsgeschichte im Bereich der Naturwissenschaften

Die Wissenschaftsgeschichte bietet im Bereich naturwissenschaftlicher Disziplinen ein vielfältiges und keineswegs einheitliches Bild. Das rührt einmal von der Vielfalt der behandelten Disziplinen her, die sich kaum einem einheitlichen Begriff fügen, zum anderen von den sehr unterschiedlichen Fragestellungen und Zielsetzungen, die im Rahmen wissenschaftsgeschichtlicher Forschung verfolgt werden und die wiederum Ausdruck für das Fehlen eines einheitlichen Begriffs von Wissenschaftsgeschichte sind.

I. Inhaltlich

Zunächst zur Frage der zu behandelnden Disziplinen! Es ist kaum möglich, eine Grenzlinie zu ziehen, ohne gegen den geschichtlichen Befund selbst zu verstoßen. Wenn wir heute von Naturwissenschaft oder gar von → *Naturwissenschaften* sprechen, so beziehen wir uns damit auf eine besondere, in der Neuzeit einsetzende Tradition, die weithin als die Geschichte der Befreiung der einzelnen naturwissenschaftlichen Fächer aus ihnen ihrem Wesen nach sachfremden Bindungen verstanden wird. Als solche Bindungen werden die theologischen und philosophischen Bezüge gesehen, in denen die Wissenschaft des Mittelalters gestanden hat. Ganz anders scheinen die Prozesse der Verselbständigung zu beurteilen zu sein, durch die sich in einer Art von Arbeitsteilung aus klassischen naturwissenschaftlichen Fächern neue Disziplinen lösen.

Eine Sonderstellung in diesem Zusammenhang nimmt die → *Mathematik* ein, deren immer weiteres Eindringen in den Bereich der Naturwissenschaften gerade die Entwicklung der Neuzeit auszeichnet. Wenn schon die Mathematik nicht als Naturwissenschaft betrachtet wird, so ist sie doch so eng mit der Arbeit an naturwissenschaftlichen Fragestellungen verbunden, daß es unmöglich wäre, sie aus dem Bereich der zu behandelnden Gegenstände auszuklammern. Nach einem aus der Antike übernommenen Sprachgebrauch schlossen die mathematischen Disziplinen die Anwendungen – wie Astronomie, Optik und theoretische Harmonielehre – ein. Dem standen Geometrie und Arithmetik als sozusagen reine Mathematik gegenüber. Andererseits war die Entwicklung der Infinitesimalrechnung aufs engste mit Fragen der theoretischen Mechanik verbunden, und die Infinitesimalrechnung wurde noch im 18. Jh. mehr als spezielles Hilfsmittel für solche Fragen denn als Mathematik im engeren Verstand gesehen. Das immer stärkere Eindringen statistischer Methoden in alle Zweige der Natur-

wissenschaften gibt zu ähnlichen Überlegungen Anlaß.
Es scheint unter diesen Umständen ausgeschlossen, eine Abgrenzung von den behandelten Disziplinen her vorzunehmen. Jede solche Einschränkung könnte zu einer gefährlichen Verengung führen. Auf der anderen Seite hat die Wissenschaftsgeschichte, unter der man bis heute vorzugsweise die Geschichte der Naturwissenschaften verstanden hat, nicht beliebige Gegenstände bearbeitet; und auch in ihrer gegenwärtigen Lage ist das nicht der Fall, ja, es zeigt sich, daß jeweils bestimmte Gegenstände und Fragen in ganz eigentümlicher Weise das Interesse auf sich ziehen (vgl. unten Abschnitt G.). Es ist unter diesen Umständen nicht möglich, von den behandelten Gegenständen her ein einheitliches Bild zu entwerfen. Eine Klärung kann am ehesten noch so gewonnen werden, daß die Entwicklung wissenschaftsgeschichtlicher Bemühungen selbst durch die Zeiten hindurch verfolgt wird.

II. Formal

Ein ähnlich vielfältiges Bild bietet die Wissenschaftsgeschichte selbst, wenn wir nicht ihre inhaltliche, sondern ihre formale Seite in Betracht ziehen. Gerade hier werden die Beziehungen zur → *Wissenschaftstheorie* von Bedeutung. Wissenschaft – und insbesondere die Naturwissenschaft – ist immer ein Ergebnis systematischer Bemühungen gewesen. Die Verwendung mathematischer Methoden hat zur Herstellung solcher systematischer Zusammenhänge noch zusätzlich beigetragen. Man hat daher immer wieder versucht, diese systematischen Zusammenhänge für die Ermittlung der historischen Zusammenhänge nutzbar zu machen. Ein naturwissenschaftlicher Gedankengang, der systematisch aufgebaut ist, läßt sich weithin konstruieren oder auch rekonstruieren – selbst und gerade dann, wenn er uns nur in Teilstücken kenntlich ist. Besonders augenfällig ist das bei mathematischen Beweisführungen.
Die Wissenschaftsgeschichte hat sich aber nicht darauf beschränkt, von solchen Sachzusammenhängen geleitet die Fakten zu deuten oder zu rekonstruieren. Die Bemühungen, die mit der griechischen Philosophie einsetzen, einen logischen und schließlich methodologischen Rahmen für → *Wissenschaft* überhaupt zu schaffen, und die späteren Fortsetzungen solcher Versuche haben der Wissenschaftsgeschichte immer wieder Anlaß gegeben, sich ihrerseits dieses Rahmens zu bedienen. Theorien über Entstehung und Entwicklung der Kultur überhaupt haben sie beeinflußt. Wo die Quellen fehlten, hat man mit Hilfe solcher Rahmenvorstellungen die Lücken zu schließen gesucht.
In neuerer Zeit finden wir eine ganze Fülle von Ansätzen, die in ähnlicher Weise auf die Arbeit der Wissenschaftsgeschichte eingewirkt haben. Neben philosophischen Theorien vom Gang der menschlichen Erkenntnis sind es vor allem auch ideologisch geprägte Vorstellungen gewesen, die auf die Wissenschaftsgeschichte im Bereich der Naturwissenschaften Einfluß genommen haben und nach wie vor nehmen. Solche Vorstellungen sind keineswegs bewußt ins Spiel gebracht worden, sondern haben häufig, ohne selbst eine systematische Darstellung zu finden, auf die Geschichte der Naturwissenschaften gewirkt. Insbesondere haben auch solche ideologischen Vorstellungen, die in den Naturwissenschaften selbst wirksam waren, auf Auswahl und Maßstäbe der Beurteilung rückgewirkt. Auch hier spottet die Vielfalt der ehemals und gegenwärtig erkennbaren Beziehungen einer einheitlichen Darstellung, und zu einer vorläufigen Begriffsklärung bietet sich eine Musterung der historisch nachweisbaren Formen als aussichtsreiches Verfahren an.

B. Fächergrenzen und geschichtliche Entwicklung

Wollen wir die zu behandelnden Gegenstände nicht unnötig und unangemessen einengen, so müssen wir zunächst einmal loskommen von der nach wie vor auch die Forschung selbst in empfindlicher Weise hemmenden Auffassung, die Wissenschaftsgeschichte gliedere sich im Bereich der Naturwissenschaften in eine Geschichte der Mathematik, der Astronomie, der Physik, der Chemie usw. Zunächst zeigt sich, daß solche Aufzählungen schon deshalb Unvergleichbares in eine Reihe stellen, weil wir Disziplinen höchst unterschiedlichen Alters und ebenso unterschiedlicher Tradition vor uns haben.

I. Aspekte einzelner Fächer

1. Astronomie und Physik: Es gibt eine *Astronomie* im Sinn einer mit mathematischen Methoden arbeitenden Wissenschaft bereits in Griechenland und in Mesopotamien; sie nimmt hier wie dort kurz vor der Zeit des Hellenismus ihren Beginn und erreicht während

dieser Epoche in beiden Kulturkreisen ihren ersten Höhepunkt (Näheres vgl. NEUGEBAUER, The exact sciences 97–190). Ihre Ergebnisse haben, mittelbar oder unmittelbar, die weitere Entwicklung bestimmt.
Ganz anders die *Physik*. Sie hat nur sehr wenig mit dem zu tun, was das Altertum so nannte; denn das war im wesentlichen eine Naturphilosophie oder Metaphysik der Natur. Die Physik besitzt aber auch durchaus bis ins Altertum zurückreichende Wurzeln. Teilgebiete wie die Optik oder die Statik können wir weit über die Epoche hinaus zurückverfolgen, in der die Physik im modernen Sinn entstanden ist: das ist die Neuzeit, im wesentlichen das 17. Jh.; und dabei sind es nicht einmal solche älteren Teildisziplinen, welche den Anstoß gegeben haben, sondern eher ist, methodisch wie sachlich, unsere Physik aus der Astronomie hervorgewachsen. NEWTONS »Principia mathematica philosophiae naturalis« von 1687, das Werk, das wie kein anderes der Sache nach wie als methodisches Muster die weitere Entwicklung beherrscht und das aus dem bis dahin Gewonnenen das Fundament für alles weitere vermittelt hat, ist zunächst keine Mechanik im traditionellen Verstand. NEWTON hat im Scholium zu seinen Gesetzen zum Schluß erklärt, die Mechanik zu behandeln, gehöre nicht zu seiner Absicht (NEWTON, Principia mathematica I, 72). Zunächst ist NEWTONS Leistung die einer Grundlegung nicht der Mechanik, sondern speziell der Himmelsmechanik.
Die vielfältigen Beziehungen, in denen naturwissenschaftliches Denken stets steht, bieten gewiß diesen oder jenen Punkt, der sich dem skizzierten Umriß nicht zu fügen scheint. Es gibt immer Vorläufer, Vorstufen, und die weitere Forschung wird das Bild sicherlich im einzelnen, möglicherweise auch im allgemeinen korrigieren. Aller Wahrscheinlichkeit nach wird sie aber dazu führen, die gezogenen wesentlichen Unterschiede nicht einzuebnen, sondern eher zu vervielfältigen.
2. Chemie: Das gleiche Bild bietet sich uns, wenn wir weiter in die Neuzeit oder die Vergangenheit schreiten. Verglichen mit der Physik, ist die Chemie in dem Sinn, wie sie das vorige Jahrhundert verstanden hat, ein Spätankömmling (Näheres vgl. BUTTERFIELD, 175–209). Ihr mit der Alchemie eine längere Geschichte anhängen zu wollen wäre verfehlt. Von der Sache her waren sicher technologische Errungenschaften von größerem Gewicht; und dennoch wäre es offensichtlich falsch, der Alchemie jede Bedeutung für das Entstehen der modernen Wissenschaft absprechen zu wollen. Hat sie doch entscheidend dazu beigetragen, die starre Begrifflichkeit der Schulwissenschaft zu sprengen und Begriffe dort zu schaffen, wo sie dieser Wissenschaft so gut wie völlig fehlten, nämlich im Bereich der anorganischen Natur, die zunächst nur sehr stiefmütterlich behandelt worden war (vgl. REX).
3. Mathematik und Astronomie: Mathematik und Astronomie geben Anlaß, die Fachabgrenzung in Frage zu stellen, wenn wir in umgekehrtem Sinn weiter und weiter in die Vergangenheit zurückschreiten. Können wir die Mathematik erst dort beginnen lassen, wo sie sich der von den Griechen entwickelten logischen Beweistechniken bedient? Es kann aber keinem Zweifel unterliegen, daß im Zweistromland mehr als 1000 Jahre zuvor Mathematik betrieben worden ist (vgl. V. D. WAERDEN). Wenn wir von Mathematik dort sprechen, wo die Struktur von Rechen- oder Konstruktionsverfahren zum Gegenstand der Betrachtung wird, dann wird es schwer, überhaupt einen Anfang abzusehen. Andererseits wird es erst möglich, die besondere Rolle der griechischen Mathematik und ihrer beweis-technischen Verfahren zu würdigen, wenn wir als entscheidend in unsere Überlegungen die → *Logik* einbeziehen und über die im engsten Sinn mathematischen Beziehungen hinaussehen. Die griechische Mathematik ist ohne die Wechselwirkung mit den logischen Bemühungen der griechischen Philosophie kaum zureichend zu verstehen (vgl. NEUGEBAUER, The exact sciences 152, 224ff.).
Ähnlich wie bei der Mathematik ist auch bei der Astronomie schwer abzusehen, wo wir ihren Anfang anzunehmen haben. Sicherlich wäre es verfehlt, die Astronomie auf die messende und mathematisch verfahrende Beschäftigung mit dem Lauf der Gestirne einzuschränken. Ehe man damit begann, Himmelserscheinungen auszuzählen und zu messen, mußten sie qualitativ begriffen und die räumlichen und zeitlichen Bezugssysteme geschaffen sein, in die man sie einordnete. Wie weit sich solche Bemühungen zurückverfolgen lassen, ist umstritten. Andererseits tritt eine rechnende und messende Astronomie im Altertum in der orientalischen und griechischen Welt relativ spät auf, erst lange nach mathematischen Praktiken, die außerordentlich rasch höchste Vollkommenheit erreichen.

II. Gegenstand der Frage: nicht das Fach, sondern der Kulturkreis

Die neuere wissenschaftsgeschichtliche Forschung hat aus diesen schon an den wenigen genannten Beispielen deutlich werdenden vielfältigen Verhältnissen faktisch eine Konsequenz gezogen, die noch viel zuwenig beachtet wird. Es ist kaum möglich, ja weithin überhaupt nicht sinnvoll, die Geschichte eines Faches *als solchen*, so, wie es sich heute darstellt, in die Vergangenheit zurückzuverfolgen. Der Forscher ist überfordert, wenn er sich ebenso mit babylonischen Beobachtungstechniken wie mit den Leverrierschen Verfahren der Störungsrechnung beschäftigen und eine Geschichte der Astronomie schaffen soll, die dem einen wie dem anderen Rechnung trägt. Er bedarf gründlicher und eingehender, über das Sach- und Fachwissen im heutigen Verstand hinausgehender Kenntnisse, um solche Fragen angehen zu können. Mehr und mehr beginnt sich abzuzeichnen, daß sich der einzelne Forscher der Wissenschaft im Zusammenhang eines ganzen Kulturkreises zuwendet, um sinnvolle Fragen stellen und rechte Antworten geben zu können. Die Quellen erschließen sich nur dem, der sie zu lesen und zu deuten versteht. Mehr als alle im engeren Sinn historischen sind dafür weithin auch philologische Kenntnisse erforderlich. Man täte gut daran, auch organisatorisch dieser sich deutlich abzeichnenden Entwicklung mehr Rechnung zu tragen.

C. Entwicklung der wissenschaftsgeschichtlichen Begrifflichkeit

Die Beschäftigung mit der Geschichte der Wissenschaft ist mit der Wissenschaft selbst gegeben. Das gilt allerdings in unterschiedlichem Grad, wie die moderne, in vielen Fällen ungeheuer kurzatmig verlaufende Entwicklung zeigt. Sind Arbeiten mehr als ein Jahrzehnt alt, so wirken sie nur noch mittelbar, in Gestalt der letztlich auf ihnen aufbauenden Forschung nach. Dennoch gehört zu aller Wissenschaft die Auseinandersetzung mit dem bereits Erreichten, und insofern trägt jede Wissenschaft den Keim zur Wissenschaftsgeschichte in sich.

I. Antike

1. Vor Aristoteles: Es gibt Fälle, in denen dieser Keim mit einem gewissen Zwang aus der Sache selbst zur Entfaltung getrieben wird. Das gilt vor allem für die Astronomie. Sie ist und sie war stets auf Beobachtungen der Vorgänger angewiesen. Das war im Altertum, wo es entscheidend auf die Bestimmung mittlerer Werte ankam, von noch höherer Bedeutung als heute. Die Genauigkeit solcher mittlerer Werte wuchs linear mit dem Abstand von der eigenen Zeit und zwang dazu, den ältesten Beobachtungen nachzujagen. Sie waren jedoch nur brauchbar, wenn sie sich in ein eindeutiges zeitliches Bezugssystem einordnen ließen. Der Regentenkanon, der uns bei PTOLEMAEUS begegnet und der bis in das 8. Jh. v. Chr. zurückreicht, ist aus solchen Bemühungen hervorgegangen (s. PTOLÉMÉE). Übrigens wäre auch das chronologische Gerüst der alten Geschichte, über das wir heute wie selbstverständlich verfügen, ohne ihn undenkbar. Die Astronomie hat immer wieder Anlaß zur Auseinandersetzung mit ihrer Geschichte gegeben, und in vielen Fällen, bei der empirischen Bestimmung der Ephemeridenzeit bis in die älteren Epochen hinein (vgl. R. R. NEWTON) oder bei Auseinandersetzung mit Supernova-Explosionen, gilt das bis heute (vgl. SHKLOVSKY).

Neben solchen besonderen Umständen, die zur Auseinandersetzung mit der Geschichte einer Wissenschaft zwingen, gibt es allgemeinere Gründe. Wissenschaft, gleichgültig, in welcher besonderen Form sie betrieben wird, ist durchweg mit der Wirkung einer Vielzahl von Menschen verbunden, die diese Errungenschaft tragen, sie erarbeiten oder weiterreichen. Wissenschaft kann ohne *Lehre und Tradition* nicht dauern. Sie ist darauf angewiesen, und das bedeutet, mag die Form, in der es geschieht, auch noch so rudimentär sein, einen Schritt hin zur Auseinandersetzung mit der Geschichte. Das gilt selbst dann, wenn solche Wissenschaft esoterisch betrieben wird. Die Fixierung von Ergebnissen ist unerläßlich, und dabei gewinnt das Festhalten des Gewonnenen durch die Schrift eine immer größere Bedeutung.

Daß Wissenschaft grundsätzlich die Auseinandersetzung in der Öffentlichkeit sucht, ist keineswegs so selbstverständlich, wie es uns scheinen mag. Deutlich greifbar wird uns diese Tendenz mit der griechischen Sophistik. An die Stelle von internen Berichten und Zusammenfassungen, wie sie noch zum Corpus Hippocraticum zu gehören scheinen, müssen nun Auseinandersetzungen mit Zeitgenossen und Vorgängern treten, die solche Versuche in einen im Prinzip allumfassenden Rahmen stellen.

2. Aristoteles: Eine neue Stufe erreichen diese Bemühungen mit der Wissenschaft des ARISTOTELES und seiner Schule. Dazu tragen folgende Umstände bei: Zunächst einmal geht für ARISTOTELES die Explikation eines Problems in hohem Maß zusammen mit der Schilderung der bereits zu seiner Lösung unternommenen Bemühungen. ARISTOTELES setzt immer wieder mit Aporien ein, in welchen eine Geschichte des Problems gegeben wird. Der Gedanke einer Wissenschafts- als Problemgeschichte ist zum ersten Mal von ihm in die Tat umgesetzt worden. Dann hat ARISTOTELES erstmals eine formale Logik geschaffen, vor allem aber schon bald versucht, aus ihr eine Methodologie zu entwickeln und aller Wissenschaft in diesem Rahmen ihren Platz anzuweisen. Sie liefert ihm Maßstäbe zur formalen Beurteilung und Einordnung dessen, was die griechische Wissenschaft bis dahin geleistet hatte. Der Gedanke einer formalen Beurteilung ist allerdings keineswegs konsequent beibehalten, sondern immer wieder zugunsten einer inhaltlichen Auseinandersetzung aufgegeben – mit allen Vor-, aber auch Nachteilen eines solchen Verfahrens. Schließlich ist ARISTOTELES derjenige gewesen, der Forschung zum ersten Mal auch als eine durch *Arbeitsteilung* zu bewältigende Aufgabe gesehen und dies nicht nur bei seiner naturwissenschaftlichen Sachforschung versucht hat (z. B. selbst die tierwissenschaftlichen Fragen bearbeitete, indessen THEOPHRAST die botanischen übernahm), sondern auch bei anderen, insbesondere historischen Fragen. THEOPHRAST hat ein Werk verfaßt, in dem die Vorstellungen der frühen Naturphilosophen behandelt wurden; der Abschnitt über die Sinneswahrnehmung blieb uns erhalten und gibt einen Eindruck von dieser problemorientierten Darstellung. Unser Wissen über die frühe Wissenschaft der Griechen geht vor allem auf sein Werk zurück. Der ARISTOTELES-Schüler EUDEMOS von Rhodos hat eine Geschichte der Mathematik und der Astronomie verfaßt, aus der spätere Berichterstatter schöpften und die so zu den wichtigsten mittelbaren Quellen gehört, aus denen unser Wissen über die früheste griechische Naturwissenschaft fließt.

3. Nach Aristoteles: Eine neue Dimension gewinnt die Geschichte der Wissenschaften seit der Zeit des Hellenismus, in der sich die griechische Wissenschaft mit der griechischen Kultur weit über Griechenland hinaus ausbreitet. Das Material ist für diese Epoche selbst fragmentarisch, doch können wir an ihm eines ablesen, daß nämlich nationalistische Tendenzen einsetzen, die dazu führen, daß die Rolle, welche die Übernahme von Wissensgut aus dem Orient gespielt hatte, bis zur bewußten Fälschung überbetont wird.

Wie bei derartiger Übernahme von Wissenschaft deren nicht als selbstverständlich mit übernommene Geschichte zu einem besonderen Problem wird, zeigt die römische Philosophie. Das Bedürfnis, die Naturwissenschaften der eigenen Kultur zu assimilieren, war weniger ausgeprägt. Immerhin gibt ein Werk wie das des VITRUV gewisse Einblicke, sowohl was die den eigenen Zwecken untergeordnete Auswahl des geschichtlichen Materials wie dessen Beurteilung betrifft.

II. Mittelalter

1. Die Araber: Um so reichhaltigere Quellen besitzen wir für die Übernahme der mathematischen und naturwissenschaftlichen Errungenschaften der Griechen im arabischen Kulturbereich. Die gelehrten Übersetzer, welche den ersten Schritt dazu tun, liefern gleichzeitig auch erste Informationen über die Verfasser. Die Geschichte der Wissenschaften rückt dabei in weitem Umfang aus problemgeschichtlichen Zusammenhängen heraus – eine bereits in der Spätantike zu beobachtende Entwicklung. Statt dessen tritt die Unterrichtung über biographische und bibliographische Fakten in den Vordergrund. Nach einer ersten Periode der Assimilation kommt es zu eigenen Versuchen, das Übernommene in einen weiteren Zusammenhang einzuordnen. Drei solcher Versuche verdienen besondere Erwähnung: Zunächst der des AL-FĀRĀBĪ (s. LV), der die Entwicklung der Wissenschaften und im besonderen der Naturwissenschaften als ein immer weiteres Eindringen logischer Strukturpinzipien in technische Praktiken deutet und der dabei der Wirkung der griechischen Sophistik eine Schlüsselrolle zuweist. Dann AL-BĪRŪNĪ (s. LV) der aus eigenem Erleben die indische Kultur des Mittelalters kennenlernt und nun erstmals beginnt, systematisch einen Kulturvergleich vorzunehmen, in dem als weiterer Vergleichspunkt immer wieder die griechische Kultur herangezogen wird. Gerade durch dieses Heranziehen auch der ihm wohlvertrauten griechischen Kultur gewinnt AL-BĪRŪNĪ eine erstaunliche Distanz gegenüber der eigenen. Religion und Naturwissenschaft erscheinen ihm dabei als die wichtigsten Elemente, welche die Identität einer Kultur bestimmen. An dritter Stelle muß IBN KHALDŪN (s. LV) genannt werden, für den erstmals die Wissenschaft nicht nur als systematischer Zusammenhang, sondern als soziales Phänomen zum Gegenstand wird.

2. Westliches Mittelalter: Anders verlief die Übernahme naturwissenschaftlicher Tradition im westlichen Mittelalter, wo sie im Rahmen klerikaler Bildung erfolgte und sich Theologie und Philosophie unterzuordnen hatte. Der – verglichen mit dem orientalischen Bereich – niedrige Stand mathematischer Ausbildung führte dazu, daß eine der wesentlichen Voraussetzungen für die selbständige Weiterentwicklung dessen fehlte, was durch die rastlose Tätigkeit der Übersetzer zunächst aus der arabischen, später aus der griechischen naturwissenschaftlichen Literatur zugänglich wurde. Die in dieser Literatur Ausdruck findenden mathematischen oder naturwissenschaftlichen Ergebnisse wurden der formalen Disputationstechnik der Scholastiker als willkommenes Arsenal von Argumenten dienstbar gemacht. Die Geschichte der Wissenschaften stellt sich dabei als eine Kette von Autoritäten dar.

Die Mängel der scholastischen Bildung sind bereits von ihren scharfsichtigeren Vertretern selbst empfunden worden. Roger BACON forderte in seinen programmatischen Schriften eine Verstärkung der mathematischen Studien auf der einen und eine Auseinandersetzung mit der Tradition auf der anderen Seite. Die Renaissance hat, zunächst auf dem Gebiet der Humaniora, die immer lauter geforderte Neuorientierung eingeleitet. Sie führte auch auf den Gebieten der Mathematik und der exakten Naturwissenschaften zu einer zunehmend selbständigeren Auseinandersetzung mit der Tradition.

III. Frühe Neuzeit

Die Mängel der traditionellen Ausbildung auf mathematischem und naturwissenschaftlichem Gebiet führten bei den Bildungsreformern der Neuzeit zu einer entschiedenen Abkehr von ihren Praktiken. Für Petrus RAMUS beispielsweise, der nicht nur auf das französische Bildungssystem einen ungeheuren Einfluß ausgeübt hat, gibt es eine Geschichte von Mathematik und Naturwissenschaften nur im klassischen Altertum und in der Neuzeit. Das »finstere« Mittelalter wird in seiner historischen Darstellung einfach stillschweigend übergangen (s. RAMUS).

1. Descartes: Den tieferen Grund für die Begeisterung, mit der nun gerade die Mathematik und ihre Anwendung auf naturwissenschaftliche Fragen propagiert werden, scheint das Streben nach Gewißheit zu liefern, das die Neuzeit auf allen Gebieten auszeichnet (vgl. NELSON). Die Wissenschaft der Schule wird an der Forderung nach Gewißheit gemessen und als unbefriedigend empfunden. Das Streben nach methodischer Absicherung, der Gedanke, daß der sichere Gang mathematischer Erkenntnis das Muster aller wissenschaftlicher Bemühungen abzugeben habe, bietet den Hintergrund, vor dem man auch die Geschichte der Wissenschaften versteht. Beredten Ausdruck hat diesen Überzeugungen vor allem DESCARTES verliehen. Gewißheit läßt sich nach seinem Discours nur gewinnen, wenn das Gebäude der Wissenschaft von Grund auf in sicherem methodischem Verfahren völlig neu aufgeführt wird (DESCARTES, Œuvres 6, 11–22). Autorität wird zum Vorurteil.

2. Newton: Die neue Wissenschaft wird nicht nur in deutlicher Konkurrenz zur Offenbarung verkündet; die neue, aus dem Buch der Natur zu erschließende Offenbarung (GALILEI 6, 232; vgl. 18, 295) wird auch, durch ihren Fortschritt von Erfolg zu Erfolg unterstützt, als frohe Botschaft gehört. Man ist sich der Bedeutung seiner Mission bewußt. Schon wenige Jahre nach der Gründung der Royal Society hält Thomas SPRAT ihre Taten fest. Den großen Gestalten der neuen Wissenschaft, wie einem Isaac NEWTON, wird eine an die Grenzen der Hagiographie streifende Würdigung zuteil (vgl. WAGNER).

Die Geschichte der Neuzeit ist ohne die Geschichte ihrer neuen Naturwissenschaft nicht denkbar. Ihr zugrunde liegt die Hoffnung, aus der Natur den Plan erkennen zu können, nach dem Gott diese Welt entworfen hat und erhält. Die Enttäuschung, die diese Hoffnung immer wieder im einzelnen erfahren hat, führte nur dazu, daß sie sich immer wieder an neuen Gegenständen entzündete und mit Forderungen methodischer Bescheidung die Frage nach der Erfüllung der am Beginn gehegten Erwartungen verschob, vertagte oder abwehrte.

Der *Aufklärung* in allen ihren nationalen Ausformungen diente der neue Glaube als willkommenes Substitut des alten, als hilfreiche Waffe gegen ihn und seine Metaphysik. Die Geschichte der Wissenschaften wurde zu einer Geschichte der Befreiung des Menschengeschlechts aus seiner selbstverschuldeten Unmündigkeit. Die Geschichte der Wissenschaften wurde zu einer neuen Form der Heilsgeschichte. Die Menschheit hatte nur den ihr von der Wissenschaft als einem Pfadfinder vorgezeichneten Weg des Fortschritts weiterzugehen, um aus den Fesseln abergläubischer Bindungen sich zu befreien und der Vernunft zur völligen Herrschaft zu verhelfen.

D. Wissenschaftsgeschichte als historisch-kritische Disziplin

I. Inhaltlich

Ohne die Berücksichtigung der geschilderten Entwicklung läßt sich nicht verstehen, was Wissenschaftsgeschichte, so wie sie später betrieben worden ist, wirklich bedeutet. Die Wissenschaft hat bereits zu Beginn der Neuzeit eine Rolle übernommen, die sich nur mit der einer Offenbarung vergleichen läßt, und an dieser Rolle hat sie, bis in die heutige Krise hinein, festzuhalten versucht. Das spiegelt sich in der Wissenschaftsgeschichte, so, wie sie im vorigen und auch in diesem Jahrhundert betrieben worden ist, noch immer wider. Es sind aber im Verlauf des 19. und unseres Jh. zu den die zuvor entsprungenen Traditionen fortführenden Entwicklungen einige wesentliche neue Elemente getreten. Neu ist, daß nun neben eine Geschichte, welche die Entwicklung einzelner Fächer als Fortschritt der sich befreienden Vernunft beschrieb, der Versuch trat, sich ebendieser Geschichte mit wissenschaftlicher Methode zu versichern. Hatte man bis dahin sozusagen naiv die Geschichte der Wissenschaften zum Zeugen für den behaupteten Fortschritt angerufen, so wurde das nun anders. Entscheidend war dabei die Rolle der historisch-kritischen Methode, die von der klassischen Altertumswissenschaft ihren Ausgang genommen hat. Die noch weithin antiquarisch gerichteten Bemühungen des 18. Jh. nahmen im Bereich der klassischen Altertumswissenschaft eine neue Form an, die sich als der Versuch, soweit wie möglich durch immanente Interpretation und das Mittel des Vergleichs die Zeugnisse des Altertums zu verstehen, beschreiben läßt.

Der erste Beitrag zur Geschichte der Wissenschaften, der diese Ansprüche einlöste, waren Hegels Vorlesungen zur Geschichte der Philosophie. Man braucht sie nur mit dem, was es zuvor auf diesem Gebiet gab, etwa mit der »Geschichte der Philosophie« von Brucker, zu vergleichen, um den ungeheuren Fortschritt zu erkennen, den dieser Versuch einer Auseinandersetzung mit den Quellen bedeutet, die sich um immanente Deutung und vergleichende Erklärung bemüht, mag sie auch im einzelnen später überholt worden sein.

Es war kein Zufall, daß sich diese historisch-kritischen Versuche am klassischen Altertum entzündeten und nicht an den Ergebnissen der neuen Wissenschaft selbst. Diese Ergebnisse forderten zu einer neuen und unter die Oberfläche dringenden Musterung dessen heraus, was das klassische Altertum geschaffen hatte, und diese Versuche wurden getragen und gefördert durch das, was die klassische Altertumswissenschaft Schritt für Schritt erarbeitete. Das 19. Jh. darf das Verdienst für sich in Anspruch nehmen, die großen Leistungen der Griechen auf dem Gebiet der Mathematik und der Naturwissenschaften in vorbildlichen kritischen Ausgaben zur Verfügung gestellt zu haben. Der Name des Dänen Johan Ludvig Heiberg, dem wir, neben anderen, die kritischen Ausgaben von Euklid, Archimedes, Apollonius und Ptolemaeus verdanken, möge als hervorragend unter vielen genannt sein.

Die großen Erfolge der historisch-kritischen Methode im Bereich der klassischen Altertumswissenschaft forderten Unternehmungen gleicher Art auf anderen Gebieten heraus. An erster Stelle wäre hier die Wiederentdeckung der Wissenschaft des Mittelalters zu nennen, die mit den Untersuchungen von Amable Jourdain (s. LV) zur Aristoteles-Überlieferung aus dem Jahre 1819 ihren Anfang nahm. Die reichen Schätze, welche die Bibliotheken an mittelalterlichen Manuskripten bargen, wurden erstmals gesichtet. Pierre Duhem (s. LV) konnte am Ende des 19. Jh. damit beginnen, die Summe aus dem Gewonnenen zu ziehen.

Die Untersuchungen über das lateinische Mittelalter hatten bald gezeigt, daß es auf den Leistungen des orientalischen Mittelalters, vor allem der arabischen wissenschaftlichen Literatur aufbaute. Es war Moritz Steinschneider (s. LV), der durch seine großen Untersuchungen über die arabischen Übersetzungen aus dem Griechischen und die lateinischen Übersetzungen aus dem Arabischen, schließlich durch sein großes Werk über die Juden als Dolmetscher den Grund zu einem neuen Bereich der Wissenschaftsgeschichte legte. Handelte es sich doch fast ausnahmslos um Übersetzungen wissenschaftli-

cher Literatur, um philosophische, mathematische, naturwissenschaftliche und medizinische Werke. Die Leistung einer Kulturübernahme rückte erstmals in den Blickpunkt der Forschung.
Die Erforschung der wissenschaftlichen Literatur anderer Kulturkreise ließ nicht auf sich warten. Untersuchungen über die Geschichte der Wissenschaften in Indien und China wurden vorgelegt, erste Schritte zur Deutung einschlägiger altorientalischer Texte wurden unternommen, und ethnologisches Material wurde gesichtet.

II. Formal

Wichtiger noch als die inhaltliche Seite dieser Entwicklung war ihre formale: die historisch-kritische Methode, auf immanenter Deutung und Vergleich aufbauend, räumte mit der vorschnellen Ineinssetzung der eigenen und der fremden Fragestellungen auf und drang dadurch weithin zu einer vertieften Auffassung von der Geschichte der Wissenschaften als Problemgeschichte vor. Den Einflüssen des frühen Positivismus, der das Credo der neuen Wissenschaft in die Formel »Empirie und Induktion« verkürzt hatte und nicht ohne Einfluß auf die geschichtliche Darstellung der Wissenschaften geblieben war, erwuchs ein Gegenspieler. Die Beurteilung der Wissenschaft nach den positiven Maßstäben des erzielten Fortschritts wurde in ihrer Problematik sichtbar. Auch die Um- und Irrwege der Wissenschaft zogen die Aufmerksamkeit auf sich.
Noch in einem anderen Punkt wirkte die historisch-kritische Methode als Gegengewicht: Das 19. Jh. als das Jahrhundert der Nationalkulturen und Nationalismen hatte gewisse mit der neuen Wissenschaft selbst anhebende Tendenzen weiter ausgebildet, durch welche die wissenschaftlichen Errungenschaften der eigenen Kultur als Ruhmesblatt der eigenen Geschichte registriert wurden. Die historisch-kritische Behandlung solcher Streitfragen hat in hohem Maß zu ihrer Klärung beigetragen.
Dabei ist zu berücksichtigen, daß die Beziehungen zu den philologischen und kulturhistorischen Disziplinen sich wesentlich früher und enger knüpften als die zur politischen Geschichte. Einem verbreiteten Mißverständnis zum Trotz ist die Geschichte der Naturwissenschaft eben nicht als Aggregat aus Geschichte und Naturwissenschaft entstanden. Das hat seine Auswirkungen bis heute, da auch die Geschichte (im klassischen Sinn von politischer Geschichte) ohne Ideen- und Sozialgeschichte nicht mehr auskommt und Wissenschaft als entscheidender Faktor in den einen wie den anderen Bereich eingeht.
Ein letzter Punkt verdient festgehalten zu werden: Das 19. Jh. war das Jahrhundert, in dessen zweiter Hälfte die Psychologie einen dominierenden Einfluß auszuüben begann und weithin die Rolle der Philosophie übernahm. Das wirkte auch auf die Wissenschaftsgeschichte zurück. Fragen der Psychologie der Forschung wurden erörtert. Das 19. Jh. schuf die psychologische Biographie, und damit eröffneten sich auch im Bereich der Wissenschaftsgeschichte neue Möglichkeiten.

E. Zur gegenwärtigen Lage

Die gegenwärtige Lage der Naturwissenschaft ist von einem immer stärkeren *Eindringen mathematischer Methoden* gekennzeichnet. Die unabsehbaren Konsequenzen dieser Entwicklung haben dazu geführt, daß die Geschichte dieses Prozesses immer mehr in den Mittelpunkt des wissenschaftsgeschichtlichen Interesses gerückt ist. Dabei ist es nicht mehr so sehr die reine Mathematik selbst, welche die Aufmerksamkeit auf sich zieht, sondern ihre Anwendung im Bereich der Naturwissenschaften – ein Gebiet, das auf lange Strekken noch unerforscht ist. Bei der gegenwärtig erfolgenden Aufarbeitung solcher Fragen ist dann vor allem die Astronomie, in der sich die Anfänge dieser Entwicklung abgespielt haben, immer mehr zum Schwerpunkt wissenschaftsgeschichtlicher Forschung geworden.
Hatte schon immer die Entstehung der neuen Wissenschaft die Aufmerksamkeit wissenschaftsgeschichtlicher Forschung auf sich gezogen, so ist es nun die Einleitung dieser Entwicklung durch Kopernikus, dann durch Kepler, die vorzüglich bearbeitet worden ist. Das besondere Gewicht, das der Einführung neuer mathematischer Konstruktionsmittel dabei beigemessen wird, hat dazu geführt, daß mehr und mehr die durch Kepler auf diesem Gebiet veranlaßte Wende untersucht worden ist. Sind doch die mathematischen Konstruktionsmittel, die Kopernikus verwandt hat, noch die gleichen wie die von Ptolemaeus benutzten, während erst Kepler durch seine Gesetze zu einer völlig neuen Form von Kinematik geführt wird, die dann durch Newtons Werk ihre Bedeutung und Bestätigung gewinnt.
Das lateinische Mittelalter hat auf diesem

Feld vergleichsweise wenig zu bieten. Allerdings gibt es einen Punkt, zu dem hier bereits frühzeitig wichtige, erst jetzt allmählich in ihrem vollen Umfang sichtbar werdende Beiträge geleistet worden sind: Es ist dies die Konstruktion von mechanischen Modellen und Planetarien, die im Westen bereits mit dem Anfang des 14. Jh. im Werk von RICHARD VON WALLINGFORD einen ersten Höhepunkt erreicht hat (s. RICHARD OF WALLINGFORD).

Für den Mangel an mathematischer Analyse im Westen werden wir durch die naturwissenschaftliche, vor allem die astronomische Literatur des arabischen Kulturkreises reich entschädigt. Die Erforschung der einschlägigen wissenschaftlichen Literatur hat wohl zusammen mit der gleich zu behandelnden Erforschung der altorientalischen Literatur in neuerer Zeit den reichsten Zuwachs an Wissen gebracht. Wir wissen heute, daß die *arabische Astronomie* wesentlich mehr zu bieten hat als eine Rezeption des griechischen Wissens, daß sie vielmehr gerade in der Schaffung und Verwendung neuer mathematischer Methoden und Modelle Vorzügliches geleistet hat. Vieles davon ist auch im Westen wirksam geworden. Der ganze Umfang der durch den arabischen Kulturbereich erzielten Ergebnisse wie der ihrer Wirkung ist gegenwärtig noch immer nicht abzusehen. Zur Astronomie tritt eine hochentwickelte Optik, die nicht nur in den verwandten geometrischen Methoden, sondern auch in der Rolle, die das Experiment spielt, dazu zwingt, unsere Vorstellungen vom Beginn einer mit mathematischen Methoden operierenden experimentellen Wissenschaft zu revidieren.

Der andere Bereich, in dem uns dieses Jahrhundert völlig neue Einsichten gebracht hat, ist *der alte Orient*. Vor allem die am Ende des vorigen Jahrhunderts einsetzende Analyse mathematischer und astronomischer Keilschrifttexte hat uns inzwischen durch die Leistungen von Franz Xaver KUGLER (s. LV) und Otto NEUGEBAUER (History) ein völlig neues Gebiet erschlossen. Wir wissen heute, daß wir seit der Mitte des 2. vorchristlichen Jahrtausends im Zweistromland mit algebraischen Praktiken rechnen müssen, die nicht ohne Rückwirkungen auf die griechische Mathematik geblieben sind, und daß noch vor dem Hellenismus dort eine Entwicklung begonnen hat, durch welche die Himmelserscheinungen, vor allem der Lauf von Sonne, Mond und Planeten, in kunstvollster Weise mit Hilfe von arithmetischen Reihen höherer Ordnung dargestellt wurden. Zugrunde liegt ein reiches, durch die Griechen übernommenes Beobachtungsmaterial, das vor allem in Periodenrelationen seinen Ausdruck fand. Wir kennen heute diese Entwicklung in wesentlichen Zügen, sind aber über die Entstehung dieser Theorien und ihre Beobachtungsgrundlagen noch weithin im unklaren (MAEYAMA).

In beiden Fällen, sowohl bei der Rolle der arabischen wie bei der altorientalischen Wissenschaft, haben die Probleme der *Übernahme von Kulturgut*, insbesondere von mathematischen und naturwissenschaftlichen Errungenschaften, besondere Bedeutung gewonnen. Das gilt im Fall der Kultur des Zweistromlandes zum einen deshalb, weil sie selbst schon wesentlich durch die Assimilation der vorangehenden sumerischen Kultur bestimmt ist, zum anderen, weil die nun eindeutig nachweisbare Übernahme babylonischen Kulturguts durch die Griechen die bislang herrschende Vorstellung von der autochthonen Entstehung der Wissenschaft des klassischen Altertums in Frage stellt. Für die Entstehung der arabischen wissenschaftlichen Literatur wiederum erweisen sich neben den griechischen auch indische und persische Einflüsse als maßgebend. Auch unser Wissen über die Abhängigkeit des lateinischen Okzidents vom arabischen Orient wird durch das neu zuwachsende Material erheblich geändert.

Diese Fragen münden in die allgemeine Frage nach *Ursprung und Ausbreitung der Hochkulturen* überhaupt (HEINE-GELDERN). Hier wird neben den literarischen Quellen auch archäologisches Material bedeutsam, besonders bei den heute wohl kaum noch bestreitbaren astronomischen Bezügen der megalithischen Steinsetzungen (THOM). Die so allgemein gestellte Frage bezieht schließlich auch die deutlich nachweisbaren Beziehungen zwischen dem frühen China und dem nahen Orient mit ein, ebenso die immer noch heiß umstrittene Frage nach der Möglichkeit transpazifischer Kulturbeziehungen und ihres Zusammenhangs mit der Wissenschaft der altamerikanischen Hochkulturen (MARSCHALL).

Überhaupt ist der herkömmliche Rahmen einer auf die abendländische Wissenschaft ausgerichteten Forschung längst gesprengt. George SARTON hat den groß angelegten Versuch unternommen, eine *universale Geschichte der Wissenschaften* im Rahmen einer allgemeinen Kulturgeschichte zu schaffen, und dafür wichtige Hilfsmittel bereitgestellt (SARTON, Introduction). Die entscheidende Bedeutung, welche die Naturwissenschaften heute allerorts gewinnen, hat erheblich dazu beigetragen, daß auch ihre Entwicklung außerhalb des Abendlandes in steigendem Maß untersucht wird.

Daß *Halb- und Scheinwissenschaften* nicht aus dem Kreis der Betrachtung ausgeschlossen werden dürfen, ist inzwischen allgemein anerkannt. Hat doch die *Astrologie*, gerade im östlichen und westlichen Mittelalter, weithin zur Verbreitung astronomischen Wissens und seiner mathematischen Methoden beigetragen. Auch die *Alchemie* hat sich als Vehikel neuer Begriffsbildungen erwiesen. Vor allem aber geben die hier nachweisbaren Entwicklungen Anlaß, den Begriff der Wissenschaft selbst grundsätzlich zu überdenken.

In der neueren wissenschaftsgeschichtlichen Forschung sind die ehemals als eigentliches Ziel angesehenen Gesamtdarstellungen mehr und mehr zurückgetreten. Das rührt nicht zuletzt daher, daß sich die Einsicht durchgesetzt hat, daß die rasch zuwachsenden Einzelergebnisse, wie sie vor allem auf den erwähnten Gebieten erzielt werden, solche Darstellungen in vielen Fällen noch verbieten. Dagegen ist die gegenwärtige Forschung darauf bedacht, ihre wichtigsten Quellen in kritischen Ausgaben zugänglich zu machen, die alle zum Verständnis wesentlichen Umstände in einem übersichtlichen kommentierenden Apparat beigeben. Als vorbildlich darf die von der holländischen Gesellschaft der Wissenschaften herausgebrachte HUYGENS-Ausgabe (s. LV) gelten. Solche Ausgaben vermitteln ein wesentlich lebendigeres Bild vom Gang der Wissenschaftsgeschichte als die Geschichten alten Stils. Sie bieten in einer Art von Querschnitt einen erheblich tieferen Einblick in den Gang der Entwicklung. Dabei hat sich die problemgeschichtliche Rekonstruktion auch bei der Analyse des durch den einzelnen Forscher geleisteten Beitrags als kraftvolles Hilfsmittel erwiesen.

Längst ist die Wissenschaftsgeschichte im Bereich von Mathematik und Naturwissenschaften zu einer selbständigen Disziplin geworden, mit allen Vorzügen und Nachteilen einer solchen Entwicklung. Der systematisch in einer Naturwissenschaft tätige Forscher ist nur noch selten in der Lage, sich die erforderlichen Spezialkenntnisse zu erarbeiten. Diese Erscheinung birgt die Gefahr eines Abreißens der Verbindung zur lebendigen systematischen Forschung, die sich als ungemein fruchtbar erwiesen hat. Unter anderem sind durch diese Verbindung immer wieder Maßstäbe vermittelt worden, an denen sich die wissenschaftsgeschichtliche Forschung orientierte und die sich schwerlich durch anderes ersetzen lassen. Im vorigen Jahrhundert, als es die Wissenschaftsgeschichte noch nicht als selbständiges Fach gab, ist durch die Zusammenarbeit von interessierten Naturwissenschaftlern und Philologen Hervorragendes geleistet worden, und es wäre zu begrüßen, wenn diese Zusammenarbeit nicht völlig abrisse. Die Wissenschaftsgeschichte bedarf der kompetenten Kritik von außen, schon deshalb, damit sie nicht zum Sammelbecken derer wird, bei denen es für die naturwissenschaftliche oder philologische Arbeit nicht reicht.

Andererseits hat die Verselbständigung des Fachs neue Möglichkeiten eröffnet. Zu ihnen gehört die gemeinsame Arbeit an solchen Fragen, welche die Kraft eines einzelnen übersteigen oder die mangels Bearbeiter liegenbleiben. Dazu zählen die schon erwähnten Editionen, Unternehmungen von der Art des Dictionary of Scientific Biography (1970 bis 1976), vor allem aber eine Reihe von Zeitschriften und Sammelwerken, in denen die Entwicklung des Fachs ihren sinnfälligsten Ausdruck findet. Besonders hervorzuheben sind dabei spezielle Zielsetzungen wie etwa die des Journal for the History of Astronomy (seit 1970). Die Zeitschrift Isis (Revue consacrée à l'histoire des sciences; seit 1913) bringt laufende Bibliographien des erschienenen Schrifttums, die Zeitschrift History of Science (seit 1962) ausführliche Einzel- und Sammelreferate. Es gibt internationale und nationale Gesellschaften, die sich die Förderung der Wissenschaftsgeschichte zum Ziel gesetzt haben. Seit 1929 finden, nur durch den Zweiten Weltkrieg unterbrochen, alle drei Jahre internationale Kongresse zur Geschichte der Naturwissenschaften statt (vgl. SARTON, Horus).

Verglichen mit dem bescheidenen Aufwand, den das vorige Jahrhundert getrieben hat, als die Geschichte der Wissenschaften noch in der Obhut der systematischen Naturwissenschaften und einzelner philologischer Fächer lag, sind seit der Institutionalisierung des Fachs die Aufwendungen in erheblichem Maß gestiegen. Ein unbefangener Beobachter wird zugeben müssen, daß die Leistungen mit dieser Steigerung kaum Schritt gehalten haben.

F. *Wissenschaftsgeschichte und Wissenschaftstheorie*

Seit ARISTOTELES aus seiner Logik einen methodischen Kanon aller wissenschaftlichen Beweisführung zu gewinnen versucht hat, gibt es Theorien, die, was Wissenschaft und im besonderen auch Naturwissenschaft sein soll, zu bestimmen unternehmen. Ihr Verhältnis zur Geschichte der Wissenschaften ist zweischneidig. Sicherlich ist nicht zu leugnen, daß solche Theorien dazu beigetragen haben, die Aufmerksamkeit für bestimmte Erscheinungen in der Geschichte der Wissenschaften zu schärfen. Andererseits haben sie immer wieder Anlaß gegeben, es dort mit problematischen Konstruktionen zu versuchen, wo nüchterne Selbstbescheidung mit dem, was die Quellen zu liefern vermögen, ersprießlicher gewesen wäre.

Die neuere → *Wissenschaftstheorie* hat sich bemüht, das formale Glaubensbekenntnis des → *Positivismus*, daß alle Naturwissenschaft aufgrund von Empirie und Induktion zustande käme, mit bestimmterem Inhalt zu füllen. Sie hat dabei sowohl an die ältere Erkenntniskritik angeknüpft als auch die neueren Entwicklungen der Soziologie und insbesondere der → *Wissenssoziologie* für ihr Vorhaben zu nutzen versucht.

Der Wissenschaftsgeschichte wäre bei diesen Versuchen eigentlich die Rolle einer kritischen Instanz zugefallen. Leider ist, zum Schaden für beide Seiten, diese Möglichkeit viel zuwenig genutzt worden. Fragestellungen der Wissenschaftstheorie haben sich, wenn sich die Wissenschaftsgeschichte auf sie eingelassen hat, nur zu oft als Irrwege erwiesen, und umgekehrt hat die Wissenschaftstheorie sich immer wieder dadurch geschadet, daß sie ihre Ansätze nicht am komplexen historischen Befund überprüft hat, sondern an Abstraktionen, die mit diesem Befund nur noch wenige formale Übereinstimmungen aufweisen.

Naturwissenschaftliche Theorien scheinen, ähnlich den mathematischen, zu dem wenigen zu gehören, was sich über alle Schranken der Sprache und Kultur hinweg mit einer gewissen Zwangsläufigkeit durchsetzt. Das festzuhalten ist wichtig genug, denn erst so wird der sonst recht leere Begriff der Menschheit mit einem gewissen Inhalt gefüllt. Alle anderen Kulturerrungenschaften – die hier nicht zu behandelnde → *Technik* ausgenommen – wirken oft eher trennend als verbindend: Religion, Recht, Sitte, ästhetische Wertungen. Der Gedanke, daß hinter dem weltweiten Beifall, mit dem sich naturwissenschaftliche Ergebnisse schließlich durchsetzen, ein sachlich-logischer Zwang stehen müsse, ist nicht von der Hand zu weisen. Dieser durchaus vernünftige Gedanke erweist sich aber sehr bald als unzureichend, wenn die historische Wirklichkeit an ihm gemessen wird. Die Wissenschaftstheorie älteren Stils war davon überzeugt, die Wissenschaft aufgrund der empirischen Befunde mit den Mitteln der → *Logik* nachkonstruieren zu können. Gerade das aber ist unmöglich, sofern man nicht eine Konstruktion an die Stelle wirklicher Wissenschaft setzen will. Zugegeben sei, daß die neuere Wissenschaftstheorie diesen Ansatz aufgegeben und zureichendere Vorstellungen vom Aufbau naturwissenschaftlicher Theorien entwickelt hat. Sie werden hier auch nur deshalb erwähnt, weil sie es gestatten, die Gegengründe besonders deutlich zu entwickeln und offenzulegen, warum diese Form von Wissenschaftstheorie hemmend auf die Wissenschaftsgeschichte eingewirkt hat.

Die logische Konstruktion, die hier vorgenommen wird, beruht auf der stillschweigenden Voraussetzung, daß sich sämtliche für die Annahme einer Theorie maßgebenden Gründe zureichend in Sätzen formulieren lassen. Das mag durchaus möglich sein, geschieht aber im historischen Einzelfall nicht. Vielmehr wird die Übereinstimmung stets aufgrund von nicht ausdrücklich ausgesprochenen Überzeugungen erreicht, deren Ermittlung gerade zu einer der wesentlichen Aufgaben der Wissenschaftsgeschichte gehört (vgl. POLANYI). Die Beispiele, die als Beleg für die Möglichkeiten logischer Konstruktion zitiert worden sind, waren meist künstlich so vereinfacht, daß sie auf Trivialitäten hinausliefen und im Grunde nichts besagten. Ein zweiter Einwand wiegt schwerer: Die Geschichte der Wissenschaften handelt zwar von Theorien, aber ihr Feld erstreckt sich viel weiter. Für sie sind Theorien nur das Endergebnis wissenschaftlicher Bemühungen, die von Forschern getragen werden. Die Diskussion auf die zwangsläufigen Begründungszusammenhänge zu reduzieren bedeutet eine solche Einengung der Fragestellung, daß sie letztlich unfruchtbar werden muß. Wenn der Begründungszusammenhang völlig zwingend geworden ist, kann es keinen Zweifel mehr an seinem Ergebnis geben. Dann hat sich aber die lebendige Forschung längst neuen Fragen zugewandt. Die zwangsläufige Begründung ist mehr eine Angelegenheit der Lehre als der Forschung. Nicht, daß die Lehre nicht ihren Platz in der Geschichte der Wissenschaften verdiente, doch nicht einmal sie ist zureichend mit solchen Mitteln zu erfassen. Denn zu ihr gehört sicher mehr als die Zwangsläufigkeit der Begründung – nämlich vor allem die Vermittlung der Fähigkeit zur selbständigen Forschung.

Nun wird heute niemand mehr an einer Vorstellung von Wissenschaft festhalten, die sie auf bloßes Veri- und Falsifizieren von Hypothesen festlegen möchte. Nicht von ungefähr hat man die sozialen Bezüge der Wissenschaft ins Spiel gebracht und so das Arsenal der zur Analyse herangezogenen Hilfsmittel erheblich verstärkt. Ehe wir aber auf diese bisher bewußt ausgeklammerte Frage eingehen, sei eine grundsätzliche Bemerkung gestattet über die praktischen Auswirkungen wissenschaftstheoretischer Vorstellungen, wie sie gerade dieser – zugegebenermaßen allzu vereinfachende und daher auch inzwischen aufgegebene – Ansatz in der Wechselwirkung mit soziologischen Überlegungen zur Folge gehabt hat. Gerade hier haben solche vereinfachenden Ansätze sich als besonders wirksam erwiesen, so daß es auch unter diesem Gesichtspunkt berechtigt scheint, mit ihnen einzusetzen. Die Wissenschaft erscheint bei dieser vereinfachenden Betrachtungsweise als ein Geschehen, dessen einzelne Phasen völlig zwangsläufig aufeinanderfolgen. Wohl kann es dieser zwangsläufigen inneren Abfolge gegenüber äußerliche Faktoren geben, die fördernd oder hemmend einwirken. Sie lassen sich aber, und hier trägt die Soziologie ihr Teil bei, völlig durch eine Institutionalisierung beherrschen, die fördernde Faktoren stärkt und hemmende zurückschneidet. Wissenschaftspolitik *(→ Wissenschaftspolitik)* – und diese Lektion haben diejenigen, die wissenschaftspolitische Entscheidungen tragen, leider nur zu gründlich gelernt – muß nur für eine vernünftige Institutionalisierung sorgen, dann wird sich die empfindliche Pflanze der Naturwissenschaft schon am Spalier der sie lenkenden und ihr Wesen bestimmenden Gesetzmäßigkeit zu höchster Blüte fortentwickeln.

An dieser Auffassung haben auch alle die modifizierten Theorien von der Entwicklung der Wissenschaft nichts ändern können, sofern sie nur an der Vorstellung einer im wesentlichen zwangsläufigen Entwicklung festgehalten haben. Dabei hat man gerade mit Hilfe der Soziologie die offensichtlichen Unvollkommenheiten ausgleichen wollen, die jene allzu vereinfachte Vorstellung vom Gang der Wissenschaft mit sich führte. Dem kam die Form von Soziologie weit entgegen, die heute weithin vertreten wird und die in der Gesellschaft ein den Gegenständen der Naturwissenschaft vergleichbares und sich wie jene gesetzmäßig verhaltendes Objekt postuliert. Wenn schon nicht die theoretischen Faktoren allein, so sollten doch die sozialen im Zusammenhang mit ihnen die Entwicklung der Wissenschaft verständlich und voraussehbar machen.

Auf die Wissenschaftsgeschichte haben diese Versuche eher hemmend als fördernd gewirkt. Das Fach, das berufen gewesen wäre, der Wissenschaftstheorie wie der Soziologie entscheidende Impulse zu vermitteln, hat dies versäumt und sich dazu verstanden, auf Gebieten zu dilettieren, die besser den Vertretern dieser Fächer vorbehalten geblieben wären. Auf die Gefahr hin, zwei verdrängte Selbstverständlichkeiten auszusprechen, sei gesagt: Allein die Geschichte der Wissenschaften kann zeigen, ob die Wissenschaftstheorie mehr als logisch in sich stimmig ist und eine Sache trifft. Und: Über die Entwicklung, welche das Objekt der Soziologie, die Gesellschaft, hervorgebracht hat, und über die, welche es gegenwärtig durchläuft, und bei denen Wissenschaft eine entscheidende Rolle gespielt hat und in zunehmendem Maße spielt, läßt sich aus dem Gang der Wissenschaft mehr erkennen als umgekehrt.

Daß auch die Soziologie wichtige Beiträge zur Wissenschaftsgeschichte geleistet hat, sei nicht bestritten. Doch je anspruchsvoller die Maßstäbe, desto vorsichtiger die Aussagen. Wenn die heute schon klassische Studie MERTONS über Naturwissenschaft, Technologie und Gesellschaft im England des 17. Jh. schließlich zu dem Ergebnis kommt, es dürfe kaum zu weit gehen, wenn man auf ihrer Grundlage den Schluß ziehe, jenes England sei ein besonders fruchtbarer Boden für das Wachstum und die Verbreitung der Naturwissenschaft gewesen (MERTON, 597), so hilft das der Wissenschaftsgeschichte nur wenig, wenn es um das Verständnis der Newtonschen Himmelsmechanik geht; und die Frage drängt sich auf, ob KEPLERS Leistungen, im Mitteleuropa der Gegenreformation und des Dreißigjährigen Kriegs vollbracht, auf einem ähnlich fruchtbaren Boden gründen oder wie weit ein solcher Boden seine Leistungen zu erklären vermag. Eher scheinen noch die vielfach aufgegriffenen Ansätze der Wissenssoziologie einen Einblick in gewisse Seiten der Wissenschaftsgeschichte zu eröffnen (MANNHEIM). Doch ist das Wissen, an dem die Wissenssoziologie ihren Begriff gewinnt, nicht das der Naturwissenschaften, vielmehr hat die Analyse ihren Ausgang von politischen Maximen und Überzeugungen genommen, von einem Begriff des Wissens als eines Instruments kollektiver politischer Aktion (vgl. SCHELTING, v.a. 73–177). Mag man Analogien zugeben, so ist doch nicht zu übersehen, daß zwischen politischem und naturwissenschaftlichem Denken so gravierende Unterschiede bestehen, daß die nach diesem Muster vollzogene Hinterfragung von allem und jedem Beitrag der Naturwissenschaften weithin in die Irre geführt hat.

Die heftigen Diskussionen, welche eine Theorie ausgelöst hat, die, über die klassischen Bestände der Wissenschaftstheorie hinausgehend, die Struktur wissenschaftlicher Revolutionen in den Kreis der Betrachtung einbezog (vgl. KUHN in: CROMBIE [Hg.] 347–369; ebd. die Korreferate 370–380, und die Diskussion 381–395), sind eigentlich nur dadurch zu verstehen, daß hier zum ersten Mal, wenn auch noch in ungemein einseitiger Form, die übersehene historische Dimension der Naturwissenschaft ins Blickfeld gerückt worden ist. Alle Einseitigkeit der vorgenommenen Analysen und alle Zuversicht, es hier mit Strukturgesetzen der Wissenschaftsentwicklung zu tun zu haben, konnten nicht verhindern, daß seither die Diskussion wissenschaftsgeschichtlicher Zusammenhänge wieder in breitem Umfang in die Wissenschaftstheorie Eingang gefunden hat.

Der unmittelbare Ertrag für die Wissenschaftsgeschichte ist sicher gering. Noch immer scheut man sich davor, sich auf die eigentliche Aufgabe einzulassen, an der sich alle solchen Ansätze bewähren müssen: auf die Erklärung solcher theoretischer Entwicklungen, vor denen die herkömmliche Wissenschaftsgeschichte versagte. Das Werk des KOPERNIKUS wie seine Wirkung auf die folgenden Generationen bieten noch immer Probleme die Fülle, an denen sich zeigen müßte, was die neuen Auffassungen vermögen. Dazu wäre es allerdings erforderlich, daß sich die Vertreter der Wissenschaftstheorie eingehender als bisher auf diese komplexen Probleme einließen. Ansätze dazu sind gerade bei jüngeren Vertretern der Wissenschaftstheorie zu bemerken.

Vor allem aber sollte vorweg das Vorurteil zu Grabe getragen werden, daß sich auf diesem Weg allgemeine Strukturgesetze der Wissenschaftsentwicklung ermitteln ließen. Solche Überzeugungen müssen verhängnisvoll wirken, und das in zweierlei Sinn:

Zunächst einmal verstellen sie den Blick auf das, was uns die Quellen zu bieten haben. Man sieht nur, was man schon weiß, und was man für ausgeschlossen hält, übersieht man geflissentlich. Die einzelnen Argumentationsschritte, die sich zu einer Theorie verbinden, mögen zwangsläufig auseinander folgen. Die Schritte, die zu dieser Form von Argumentation geführt haben, folgen deshalb noch lange nicht zwangsläufig auseinander. KEPLER wurde auf seinen Flächensatz durch ein mathematisches Mißverständnis geführt (Astronomia nova, 40. Kap.: 3, 263–270). Wichtig war für ihn nur, daß er den Flächensatz fand und daß er sein Mißverständnis erkannte. Und wichtig, wichtiger als jede Theorie vom Gang menschlicher Erkenntnis ist für uns, daß wir bereit sind, unsererseits daraus zu lernen. Sonst mag es uns geschehen, daß wir selbst, befangen in einer kurzschlüssigen Vorstellung vom Gang menschlicher Erkenntnis, einen uns offenstehenden Weg zum Erfolg, mag er auch noch so sehr ein Umweg sein, übersehen. Dem Forscher, der vor einem wirklichen wissenschaftlichen Problem steht, hilft oft kein Rezept, keine noch so erfolgversprechende Anweisung. Jede Einengung kann verhängnisvoll wirken.

Die Überzeugung, daß sich aus einer immer ex post facto angestellten Analyse Gesetze des wissenschaftlichen Fortschritts herausdestillieren ließen, wirkt aber noch in einem anderen Sinn verhängnisvoll. Es liegt nur zu nahe, aus solchen stets problematischen Einsichten Kriterien herleiten zu wollen, die den Gang der Forschung regeln sollen. Man wähnt zu wissen, wann eine Theorie so weit ausgebildet sei, daß ihre weitere Entwicklung durch äußere Zielsetzungen bestimmt werden müsse (vgl. BÖHME u. a.). Doch Wissenschaft wird sich in diesem Sinn nie planen lassen, und alle Versuche, es zu tun, können höchst gefährlich werden. Nur die Forscher selbst, die an einem Problem arbeiten, werden abschätzen können, wo sich weitere Arbeit lohnt. Selbst sie mögen sich irren, alle anderen aber erst recht. Die vielberufene gesellschaftliche Relevanz sollten auch und vor allem die bedenken, die theoretisch festlegen möchten, was Wissenschaft ist und was sie zu tun hat. Auch hier ist der Rückgriff auf die Geschichte der Wissenschaft heilsam. Das Stichwort GALILEI möge genügen.

G. Aufgaben

Es fällt auf, wie ungleichmäßig bei der Forschung zur Geschichte der Wissenschaften die Gewichte verteilt sind. Hierin spiegelt sich noch einmal das Verhältnis zur Wissenschaftstheorie wider. Wie gebannt hat man auf die Einführung mathematischer Methoden in die Naturwissenschaft und dabei immer wieder auf die Physik alle Aufmerksamkeit gerichtet. Dem entspricht die Untersuchung der Einführung mathematischer Methoden in die Naturwissenschaft und der ersten Schritte, welche die Astronomie dazu getan hat. Darüber hat man die biologischen Disziplinen schmählich vernachlässigt. Und dennoch ist nicht zu übersehen, daß sie schon im klassischen Altertum einen ungeheuren Einfluß ausgeübt haben und daß die Wirkung der wissenschaftlichen Tradition hier wesentlich länger angehalten hat als in den exakten Naturwissenschaften. Noch im vorigen Jahrhundert gab man die Tierkunde des ARISTOTELES (s. LV) nicht als Beitrag zur Geschichte, sondern als grundlegendes Lehrbuch heraus. Auch der atemberaubende Aufschwung der biologischen Disziplinen in der zweiten Hälfte unseres Jahrhunderts, die zunehmende Bedeutung, welche die Forschung auf biologischem Gebiet für unser aller Leben gewinnt, das immer weiter fortschreitende Eindringen ihrer Begrifflichkeit in das Bewußtsein der Allgemeinheit sollten den Anlaß geben, so rasch wie möglich nachzuholen, was hier von der Wissenschaftsgeschichte versäumt worden ist. Auch die Wissenschaftstheorie könnte nur gewinnen, wenn ihr die in vieler Beziehung besonders formenreichen Strukturen der biologischen Disziplinen in ihrer historischen Entwicklung zugänglich würden und sie von der einseitigen Fixierung auf die Geschichte der Physik in der Neuzeit loskäme.

Es sind aber nicht so sehr Versäumnisse, die sich anhand der heutigen Fachgrenzen inhaltlich beschreiben lassen und die es nachzuholen gilt; es sind vor allem die formalen Gesichtspunkte, die sich geändert haben und zu Konsequenzen für die wissenschaftsgeschichtliche Forschung führen.

So stellt der Schein, daß die Wissenschaft sich in eine unübersehbare Vielfalt von Spezialdisziplinen zerfasere, nur eine Seite der neueren Entwicklung dar, während auf der anderen die Naturwissenschaften aus sich selbst heraus Begriffe entwickeln, die Getrenntes gerade wieder miteinander verbinden. Die Einwirkung der Mathematik hat man seit langem als solches Phänomen erkannt, auch die von der Mathematik zu einem eigenen Gegenstand der Forschung gemachte formale Verbindung ihrer Teile (BOURBAKI). Die ähnliche Rolle der Statistik haben wir bereits kurz geprüft. Zureichend gewürdigt ist sie noch nicht. Fachübergreifende Begriffe wie die der Energie oder der in speziellen Zusammenhängen weit zurückverfolgbare, nun explosionsartig in alle Bereiche eindringende Begriff der Information (→ *Information [stheorie]*) liefern klassische Beispiele einheitstiftender Entwicklungen.

Die Abwendung der Wissenschaftsgeschichte von klassischen Fachgrenzen und die Hinwendung zur Beschäftigung mit Kulturkreisen, den Grenzen zwischen ihnen und der über sie hinweg erfolgenden Kulturübernahme gewinnt in einer Welt steigende Bedeutung, in der wir Zeugen weltweiter Ausbreitung mathematisch-naturwissenschaftlicher Errungenschaften in einem Ausmaß werden, das es bisher noch nicht gegeben hat. Nichts zeigt mit solcher Deutlichkeit die menschheitsverbindende Kraft mathematischen und naturwissenschaftlichen Denkens. Nichts ist aber auch so notwendig, wenn wir einen klaren Überblick über die Möglichkeiten erhalten wollen, die Wissenschaft und Technik uns eröffnen. Kulturabkommen mit unseren näheren und ferneren Nachbarn entbehren jeder vernünftigen Grundlage, wenn wir nicht wissen, was wir, aufgrund der Geschichte der Wissenschaften in ihren Ländern, bereits als gemeinsam voraussetzen dürfen und worüber nur die eine Seite verfügt. Nirgends wird das so deutlich wie dort, wo es um unsere Mitwirkung beim Neu- oder Weiteraufbau eines fremden Bildungswesens geht. Nur ein Beispiel: Die Gewinnung eines zureichenden Überblicks über die Flora eines Landes ist ohne breite Mitwirkung interessierter Helfer unmöglich. Diese Mitwirkung ist wiederum davon abhängig, daß es gelingt, die traditionellen Pflanzenbezeichnungen des Landes zur binären Nomenklatur LINNÉS in Beziehung zu setzen. Ohne historische Studien, welche die einheimische Tradition analysieren, wird man vergebens arbeiten.

Die Beschleunigung naturwissenschaftlicher Entwicklungen führt zu einer Änderung der Anforderungen an naturwissenschaftliche

Ausbildung. Was verlangt und erwartet wird, das ist formale Beweglichkeit im Umgang mit Theorien. Die Art, in der in Lehrbüchern und Universitätsveranstaltungen, namentlich Anfängervorlesungen, der Stoff geboten wird, ist immer noch viel zu dogmatisch, und das ist verhängnisvoll in einer Epoche, da der Naturwissenschaftler mit einiger Sicherheit damit rechnen darf, daß sich das Gelernte kaum noch mit dem decken wird, was er dann die nächsten dreißig Jahre hindurch braucht. Die Bedingtheit wissenschaftlicher Theorien müßte viel früher, und das an wohldokumentierten und analysierten Beispielen belegt, in den Gang der systematischen Ausbildung einbezogen werden.
Das gilt bereits für die Schule. Was die Geschichte der Wissenschaften hier zu bieten hat, ist überhaupt nur ansatzweise ausgeschöpft. Das epistemogenetische Grundgesetz, nach dem jeder einzelne im Laufe seines Lernens noch einmal die Schwierigkeiten zu überwinden hat, welche die Menschheit mit den betreffenden Gedanken in analoger Weise in der Geschichte der Wissenschaften hatte, eröffnet dem Lehrer ein weites Feld von Möglichkeiten. Genutzt werden wird es nur dann können, wenn diese Möglichkeiten nicht nur am grünen Tisch von den Bildungsstrategen beschwatzt, sondern von den Lehrern in der Schule in kleinen Schritten entwikkelt und erprobt werden.

(LV = Literatur-Verzeichnis)

Matthias Schramm

Al-Bīrūnī: India (Sachau Übs.). London 1888. – *Al-Fārābī*: Book of letters (Mahdi). Beyrut 1969. – *Aristoteles*: De animalibus historia (J. G. Schneider). Leipzig 1811. – *Böhme, G./van den Daele, W./Krohn, W.*: Die Finalisierung der Wissenschaft. In: Zs für Soziologie 2, 1973. Auch in: *Diederich, W. (Hg.),* Theorien der Wissenschaftsgeschichte. 1974. – *Bourbaki, N.:* Éléments de mathématique. 1939. – *Butterfield, H.:* The origins of modern science 1300–1800. 1949. – *Crombie, A. C.:* Von Augustinus bis Galilei. Die Emanzipation der Naturwissenschaften. (Aus dem Engl.) 1964, 1977. – *Ders. (Hg.):* Scientific change. Historical studies [...]. From antiquity to the present. 1963. – *Descartes, R.:* Discours de la méthode. 1637. (Zit. nach: Œuvres [Adam/Tannery].) Von der Methode des richtigen Vernunftgebrauches. Meiner 1969. – *Duhem, P.:* Système du monde. 1913–1959. – *Galilei, G.:* Le Opere (*Favaro*). 1890–1909, 1929–1939; 1964 bis 1968. – *Heine-Geldern, R.:* Herkunft und Ausbreitung der Hochkultur. In: Almanach d. Österr. Akad. d. Wiss. Wien 105, 1955, 1–15. – *Huygens, Chr.:* Œuvres complètes (Soc. holland. des sci.). 1888–1950. – *Ibn Khaldun:* The Muqaddimah (F. Rosenthal Übs.). 1958. – *Jourdain, A.:* Recherches critiques sur l'âge et l'origine des traductions latines d'Aristote.² Paris 1843 (erweit.). – *Kepler, J.:* Astronomia nova. 1609. (Zit. nach: Gesammelte Werke. 1938–.) – *Kugler, Fr. X.:* Die babylonische Mondrechnung. 1900. – *Ders.:* Sternkunde und Sterndienst in Babel. Bd. 1; 2. 1907–24. Mit Ergänzungen 1913 bis 14. – *Maeyama, Y.:* The basic problems of the Babylonian lunar theory. In: Archives intern. d'hist. des sci. 31, 1981, 253–371. – *Marschall, W.:* Transpazifische Kulturbeziehungen. 1972. – *Mannheim, K.:* Ideologie und Utopie. 1929, ⁷1985. [W] – *Merton, R. K.:* Science, technology and society in 17. century England. In: Osiris 4, 1938. Mit neuem Vorwort 1970. Tb. 1970. Vorwort 1970 jetzt dt. in: *Ders.*, Entwicklung und Wandel von Forschungsinteressen. 1985. 33–58. – *Nelson, B.:* "Probabilists", "Anti-Probabilists", and the quest for certitude in the 16th and 17th centuries. In: Actes du 10ième congrès intern. d'hist. des sci. 1965, 1, 269–273. – *Needham, J./Pagel, W. (Hg.):* Background of modern science. 1938 = 1975. – *Neugebauer, O.:* The exact sciences in antiquity. ²1957. – *Ders.:* A history of ancient mathematical astronomy. Teil 1–3. 1975. – *Newton, I.:* Philosophiae naturalis principia mathematica. 1687, ³1726 (*Koyré/Cohen/Whitman* 1972). Mathematische Prinzipien der Naturlehre. 1872 = WB 1963. – *Newton, R. R.:* Medieval chronicles and the rotation of the earth. 1972. – *Ptolémée, C.:* Table chronologique des règnes... (Halma). Paris 1819. – *Polanyi, M.:* Personal knowledge. Towards a post-critical philosophy. 1958. – *Ramus (de la Ramée), P.:* Scholarum mathematicarum libri XXXI. Basel 1569. – *Rex, F.:* Zur Theorie der Naturprozesse in der früharabischen Wissenschaft. 1975. – *Richard of Wallingford:* An edition of his writings (North). Oxford 1975. – *Sarton, G.:* Horus. A guide to the history of science. 1952. – *Ders.:* Introduction to the history of science. Bd. 1; 2 (Teil 1 und 2); 3 (Teil 1 und 2). 1927–48, 1953. – *v. Schelting, A.:* Max Webers Wissenschaftslehre. 1934. – *Shklovsky, I. S.:* Supernovae. 1968. – *Steinschneider, M.:* Die arabischen Übersetzungen aus dem Griechischen. Neudr. 1960. – *Ders.:* Die europäischen Übersetzungen aus dem Arabischen bis Mitte des 17. Jahrhunderts. Neudr. 1956. – *Ders.:* Die hebraeischen Übersetzungen und die Juden als Dolmetscher. Neudr. 1956. – *Thom, A.:* Megalithic sites in Britain. 1967. – *van der Waerden, B. L.:* On Pre-Babylonian mathematics. 1; 2. In: Archive for History of Exact Sciences 23/1, 1980. – *Wagner, Fr.:* Isaak Newton im Zwielicht zwischen Mythos und Forschung. Studien zur Epoche der Aufklärung. 1976.

Matthias Schramm

Wissenschaftsgeschichte: Sozialwissenschaften

Einleitendes
Ein auf Dauer gestelltes Zusammenleben von Menschen ist nur möglich, wenn sie ein bestimmtes Wissen über die ihnen gemeinsame soziale Wirklichkeit, d. h. über Positionen, Rollen, Normen, Werte, Techniken und Traditionen besitzen. In einfachen Gesellschaften ist dieses Wissen Teil des Alltagswissens der Menschen. Die Verhältnisse sind noch so überschaubar, daß im Durchschnitt jeder den Aufbau des Sozialwesens kennt und mit den darin ablaufenden Vorgängen vertraut ist. In dem Maße, in dem sich Gesellschaften in ihrem Umfang ausweiten und sich intern differenzieren, fächert sich aber auch das gesellschaftliche Wissen auf. Nun wird es für den Einzelnen zunehmend schwieriger, seine soziale Umwelt in ihrer Gesamtheit zu kennen. Das Wissen um die gesellschaftliche Wirklichkeit, das zuvor Allgemeingut war, wird unter diesen Umständen zum Sonderwissen der Inhaber bestimmter Positionen, die – etwa als Priester oder als Medizinmann – vom unmittelbaren Zwang zur Existenzsicherung befreit sind und sich so der Sammlung, Systematisierung und Weitergabe von sozialem Wissen widmen können.
Wo das Wissen um gesellschaftliche Zusammenhänge und Vorgänge aus dem Alltag der Menschen herausgelöst wird und mehr und mehr theoretische Züge annimmt, müssen geeignete Formen seiner Darstellung gefunden werden. Eine dieser Formen ist etwa die Vergegenwärtigung einer gesellschaftlichen Ordnung in kosmischen Bezügen. Dabei wird die Welt der Gestirne nach dem Bild der bestehenden Gesellschaft mit ihren Über- und Unterordnungsverhältnissen gedeutet. Aus der so zustande gekommenen Hierarchie der Gestirne wird dann wiederum die Hierarchie in der Gesellschaft gerechtfertigt. Eine Gesellschaftsordnung wird auf diese Weise den Menschen als etwas vermittelt, das in Übereinstimmung mit einer natürlichen Ordnung steht.

A. Antike und Mittelalter
In der *Antike* entwickelte politische Theorien lösen sich von dieser Betrachtungsweise. Der Staat wird nicht mehr als ein naturwüchsiges Gebilde gesehen, sondern als eine Sozialform, die der Gestaltung durch den Menschen zugänglich ist. Mit wenigen Ausnahmen dominiert aber auch hier eine Betrachtungsweise, bei der es weniger darum geht, tatsächlich existierende Sozialgebilde zu analysieren, als darum, Aussagen darüber zu machen, wie eine richtige Gesellschaft beschaffen sein soll. Sowohl PLATON (427–347) als auch ARISTOTELES (384–322) haben das Ziel, das Bild eines Staates zu entwerfen, der der Natur des Menschen und dem Wesen des Politischen am nächsten kommt.
Das europäische *Mittelalter* bleibt in vielem dem politischen Denken der Antike verpflichtet, das in die christlichen Vorstellungen von einer gerechten Sozialordnung einbezogen wird.

B. Die Neuzeit von Hobbes bis Spencer
Die Einheit des christlichen Weltbildes, das in den vorhergehenden Jahrhunderten schon zahlreiche philosophische und theologische Differenzierungen erfahren hat, löst sich in der Neuzeit zunehmend auf. Christliche Elemente in der Darstellung und Erklärung gesellschaftlicher Zusammenhänge nehmen an Bedeutung ab und werden in der *Aufklärung* bewußt ausgeschaltet oder sogar bekämpft. In einer Situation, in der die Verbindlichkeit eines weithin geteilten Weltbildes zurückgeht, muß der Kontakt mit fremden Kulturen die Selbstverständlichkeit der bisherigen Sicht der gegebenen Sozialordnung weiter lockern. Mit den im 16. Jh. in großem Umfang einsetzenden Entdeckungsreisen und Eroberungszügen erschließt sich den Europäern eine neue Erfahrungswelt, die zu der Einsicht führt, daß Menschen mit einer natürlichen Selbstverständlichkeit im Widerspruch zu scheinbar allgemein geteilten Vorstellungen leben. Dies hat zur Folge, daß die Normen, Werte und Institutionen der eigenen Gesellschaft relativiert werden. Die große Zahl von Berichten über gänzlich andersartige Lebensformen führt die Gelehrten darüber hinaus zur Frage einer natürlichen Ordnung der Gesellschaft, für die man Vorbilder in fremden Kulturen zu finden glaubt.
Diese Frage steht im Zusammenhang mit den Versuchen, die vorfindbare Gesellschaft vor dem Hintergrund eines angenommenen *Naturzustandes* zu begreifen. Dieser Urzustand wird im Rahmen ihrer Lehre vom Gesellschaftsvertrag von Thomas HOBBES (1588 bis 1679) als Kampf aller gegen alle und von Jean-Jacques ROUSSEAU (1712–1778) als ein Leben der Menschen in Freiheit geschildert. John LOCKE (1632–1704), der ebenfalls mit

der Figur des Gesellschaftsvertrages arbeitet, nimmt schließlich einen Naturzustand der gleichgültigen Unsicherheit an. Der Wert eines Gesellschaftsvertrages liegt für ihn vor allem in der Sicherung des Eigentums. Das in Reiseberichten zusammengetragene Material, das vielfältige Vergleiche der beschriebenen Kulturen untereinander und mit der eigenen Gesellschaft ermöglicht, beeinflußt auch die Entwicklung einer am Gedanken des Fortschritts ausgerichteten Geschichtstheorie, wie sie vor allem von Anne Robert TURGOT (1727–1781) und Antoine DE CONDORCET (1743–1794) vertreten wird.

I. Wirtschaftstheorie im 17. bis 19. Jahrhundert

Neben dem Kulturkontakt sind es die in den erstarkenden europäischen Nationalstaaten sich ergebenden Steuerungsaufgaben, welche die »wissenschaftliche« Betrachtung der Gesellschaft, insbesondere der wirtschaftlichen Abläufe, vorantreiben. Das wirtschaftspolitische Denken des *Merkantilismus* zielt ab auf die Entfaltung der staatlichen Macht mit wirtschaftlichen Mitteln. Vertreter des Merkantilismus sind Jean BODIN (1530–1596) und Jean Baptiste COLBERT (1619–1683) in Frankreich und Johann Joachim BECHER (1625–1682), Philip Wilhelm VON HÖRNIGK (1640–1714) und Johann Heinrich Gottlob VON JUSTI (1717 bis 1771) in Deutschland. Die deutsche Form des Merkantilismus wird auch als Kameralismus bezeichnet. Gegenüber der eher auf Einzelprobleme abgestellten Betrachtungsweise der Merkantilisten wird von den *Physiokraten* eine Gesamtdarstellung wirtschaftlicher Zusammenhänge vorgenommen. Zu dieser Schule, die im wesentlichen auf Frankreich beschränkt bleibt, zählen Samuel DU PONT DE NEMOURS (1739–1817), Victor DE MIRABEAU (1715–1789) und Paul-Pierre MERCIER DE LA RIVIÈRE (1720–1793). Der bedeutendste Vertreter ist der Arzt François QUESNAY (1694 bis 1774). Er legt 1758 ein »Tableau économique« vor, in dem er – von einer naturgesetzlichen Ordnung in der Wirtschaft ausgehend – den Einkommenskreislauf des damaligen Frankreich darstellt.

Die Auffassung der Physiokraten, der physische Bodenertrag sei alleinige Quelle des Reichtums, ist noch Ausdruck des vorindustriellen Zeitalters. Das seit der Mitte des 18. Jh. in England heraufziehende Industriezeitalter bringt auch einen Wandel der auf die Erklärung wirtschaftlicher Zusammenhänge abzielenden Theorien mit sich. In der sogenannten *klassischen Schule der Nationalökonomie* wird die Vorstellung einer sich selbst überlassenen bürgerlichen Wirtschaftsgesellschaft entwickelt, die keiner staatlichen Stützung mehr bedarf. Als im Wirtschaftsprozeß allein wertbildender Faktor wird die menschliche Arbeitskraft angesehen. Vertreter dieser Richtung sind Adam SMITH (1723 bis 1790), Thomas Robert MALTHUS (1766 bis 1834), David RICARDO (1772–1823) und John Stuart MILL (1806–1873). In seinem 1776 erschienenen Hauptwerk »An Inquiry into the Nature and Causes of the Wealth of Nations« geht SMITH den Gesetzmäßigkeiten der Produktion und der Preisbildung nach und erklärt das Zusammenwirken der Einzelwirtschaften in einem sich selbst regulierenden System der Gesamtwirtschaft. Für die weitere Entwicklung des sozialwissenschaftlichen Denkens bedeutsam ist SMITH auch deshalb, weil er, wie vor ihm schon Adam FERGUSON (1723 – 1816), das Phänomen der Arbeitsteilung darstellt.

II. Gesellschaftstheorie von den Frühsozialisten bis Spencer

Obwohl zunächst auf den Bereich der Wirtschaft bezogen, liefert die klassische Nationalökonomie immer auch Theorien, die gesamtgesellschaftliche Zusammenhänge einschließen. Diese Verbindung von ökonomischer Theorie und Gesellschaftstheorie ist auch das Merkmal der Gegenpositionen, die sich zur klassischen Nationalökonomie herausbilden und beanspruchen, die mit der Industrialisierung einhergehenden gesellschaftlichen Veränderungen besser deuten zu können. Zu diesen Veränderungen zählt insbesondere die Entstehung einer neuen sozialen Schicht, der Arbeiterschaft, für die in den traditionellen Gesellschaftsvorstellungen kein Platz ist. Die *frühen Sozialisten* versuchen in ihren Theorien, die gesellschaftlichen Veränderungen zu erklären und darüber hinaus Wege aufzuzeigen, die soziale Ordnung ihrer Zeit umzugestalten. Die theoretische Analyse mündet dabei ein in Versuche, neue Organisationsformen des menschlichen Zusammenlebens in die Praxis umzusetzen. So gründet Robert OWEN (1771–1858) zur Erprobung seiner kommunistischen Vorstellungen in Amerika eine Siedlung. Charles FOURIER (1772–1837) setzt seine Hoffnung auf den Umbau der Gesellschaft in Produktivassoziationen (phalanstères), die gewerbliche und landwirtschaftliche Produktionsformen miteinander verbinden. Etienne CABET (1788–1856) gründet kommunistische Gemeinden in Amerika. Pierre Joseph PROUDHON (1809–1865) ruft eine Tauschbank ins Leben, die Waren gegen Tausch entgegennehmen und zinslose Kredite gewähren soll. Louis BLANC (1811–1882) setzt sich für staatlich unterstützte Arbeiterproduktivgenossenschaften ein.

In den Frühsozialisten, die im Übergangsfeld von Sozialtheorie und gesellschaftlicher Praxis angesiedelt sind, sieht Karl MARX (1818 bis 1883) Utopisten. Er erhebt zusammen mit Friedrich ENGELS (1820–1895) den Anspruch, das sozialistische Denken auf eine »wissenschaftliche« Basis zu stellen (→ *Marxismus*). Ihr Sozialismus soll auf dem Nachweis beruhen, daß die soziale Entwicklung nach einer ihr innewohnenden Gesetzlichkeit zu einer sozialistischen Gesellschaftsordnung hinführt. In dieser Entwicklung kommt dem revolutionären Verhalten des klassenbewußten Proletariats eine entscheidende Rolle zu. Von der Klasse der Kapitalisten ist die Klasse der Proletarier dadurch geschieden, daß ihr alleiniger Besitz ihre Arbeitskraft ist. Diese Arbeitskraft wird in das mit dem Kapitalisten abgeschlossene Lohnarbeitsverhältnis eingebracht, in dem ein gesellschaftlicher Mehrwert erzeugt wird. Der Mehrwert ist angelegt in der Differenz zwischen dem höheren Gebrauchswert der vom Kapitalisten gemieteten menschlichen Arbeitskraft und ihrem Tauschwert. Der Gebrauchswert der Ware Arbeitskraft liegt darin, daß sie einen Surplus über den zu ihrem eigenen Unterhalt notwendigen Aufwand hervorbringt. Ihr Tauschwert entspricht dem Aufwand für die Reproduktion und wird am Arbeitsmarkt über den Lohn festgelegt.

Vorangetrieben wird die gesellschaftliche Entwicklung durch den Widerspruch zwischen den in einer historischen Epoche vorherrschenden gesellschaftlichen Verhältnissen, die die Menschen in der Produktion eingehen (den Produktionsverhältnissen), und dem Entwicklungsstand der materiellen Produktion (den Produktivkräften). Die in einer Gesellschaft vorhandenen Produktionsverhältnisse machen ihre ökonomische Basis aus, auf der sich ein religiöser, juristischer, politischer und philosophischer Überbau erhebt, der mit bestimmten gesellschaftlichen Bewußtseinsformen verbunden ist. Die Entfaltung der materiellen Produktivkräfte bringt diese immer wieder in einen Gegensatz zu den mit ihnen zusammengehenden Produktionsverhältnissen. Aus diesem Gegensatz resultieren gesellschaftliche Revolutionen, in denen sich die Produktivkräfte und die Produktionsverhältnisse wieder einander anpassen, wobei eine Umwälzung des gesamten ideologischen Überbaus stattfindet. Für MARX und ENGELS steht fest, daß auch die bürgerliche Gesellschaft ihrer Zeit die Produktivkräfte entwickelt, die eine Umwälzung zur Folge haben werden. Und es wird das Proletariat sein, das die letzte antagonistische Gesellschaftsform überwindet. Die sich aus den Gesetzmäßigkeiten der kapitalistischen Produktion zwangsläufig ergebende zunehmende Verelendung des Arbeiters läßt ihm nämlich gar keine andere Wahl als die gewaltsame Empörung gegen die Unmenschlichkeit des bestehenden Systems. Das Ergebnis wird die Aufhebung der dichotomischen Gesellschaftsstruktur schlechthin, d. h. die das Ziel der Geschichte darstellende klassenlose Gesellschaft sein.

Die Vorstellung einer gesellschaftlichen Entwicklung, seit der Aufklärung ein Thema des sozialen Denkens, findet im 19. Jh. außer bei MARX und ENGELS auch in den Systemen von Auguste COMTE (1798–1857) und Herbert SPENCER (1820–1903) ihren Niederschlag. In den 1830–1842 erschienenen »Cours de philosophie positive« behauptet COMTE eine Abfolge von Entwicklungsstufen, durch die die Menschheit hindurchgeht. COMTE ist der Schüler und zeitweilige Sekretär von Claude Henri DE SAINT-SIMON (1760–1825), für den die Zukunft der Gesellschaft in einem Bündnis von Arbeitern, Wissenschaftlern und Industriellen gegen die Vertreter des immer noch bestehenden Feudalismus liegt. Die kommende industrielle Gesellschaft wird eine geplante und wissenschaftlich gesteuerte Gesellschaft sein. In dem im Anschluß an CONDORCET formulierten Drei-Stadien-Gesetz, das COMTE in eine umfassende Gesellschaftstheorie einbezieht, wird die Menschheitsgeschichte in die Abfolge eines theologischen, eines metaphysischen und eines positiven Stadiums gestellt. In jedem Stadium existieren spezifische Wechselwirkungen zwischen den vorherrschenden individuellen Erkenntnisweisen, dem Stand der Wissenschaften, dem Stand der Technik und der Produktion sowie dem Ausmaß, in dem in der Politik physische Gewalt zur Anwendung gelangt. In jedem Stadium sind jeweils Bestandteile der vorhergehenden Ordnung anzutreffen.

Kennzeichnend für das theologische Stadium ist der Glaube an göttliche Wesenheiten. Bestimmender Einfluß auf die Gesellschaft geht hier von Priestern und Kriegern aus. Metaphysiker und Rechtsgelehrte tragen die großen philosophischen und rechtlichen Systeme, die im metaphysischen Stadium dominieren. Im positiv-wissenschaftlichen Stadium gelangt die industrielle Gesellschaft zur Entfaltung. Steuerungsinstrument ist hier eine eigene Wissenschaft von der Gesellschaft: die *Soziologie*. Sie stellt den Abschluß in der Entwicklung der Wissenschaften dar, in der Mathematik und Astronomie, Physik, Chemie und Biologie aufeinanderfolgen.
Aus seiner Befassung mit den Naturwissenschaften überträgt SPENCER den Gedanken der Evolution auf die Gesellschaft. Im Prozeß der Evolution erfolgt ein Übergang von zusammenhangloser Gleichartigkeit zu zusammenhängender Ungleichartigkeit. Gesellschaftliche Institutionen entwickeln sich aus einfachen zu immer komplexeren Formen. Im Entwicklungsprozeß vollzieht sich ein Wandel von kriegerischen zu industriellen gesellschaftlichen Werten. Der Fortschritt läuft mit gleichsam naturgegebener Notwendigkeit ab. Die Einzelnen arbeiten, ohne es zu wissen, an der Entwicklung der Gesellschaft als einem organischen Ganzen mit.

III. Quantifizierung im 18. und 19. Jahrhundert

Neben den breit angelegten Gesellschaftstheorien des 18. und 19. Jh. steht eine zweite Form der Befassung mit der sozialen Wirklichkeit: die auf Quantifizierung gesellschaftlicher Tatbestände abzielende *Sozialanalyse*. Beide Formen existieren zunächst weitgehend beziehungslos nebeneinander. Die planmäßige Sammlung und Zählung von Informationen über die gesellschaftliche Wirklichkeit findet sich schon im Altertum: Die Bibel berichtet, daß Moses am Berg Sinai eine Volkszählung durchführt; in Ägypten findet um 3050 v.Chr. eine Zählung der Bevölkerung statt; in Rom führt Servius Tullius einen Census ein. Auch in späteren Jahrhunderten finden vereinzelte quantifizierende Tatbestandsaufnahmen statt. Die Nationalstaaten entwickeln einen steigenden Bedarf an Informationen über den Umfang und den Aufbau der Bevölkerung sowie über wirtschaftliche Ressourcen. Diese Informationen werden in den Systemen der Merkantilisten und Kameralisten verarbeitet und dienen als Grundlage für wirtschaftspolitische Empfehlungen.
Über den beschreibenden Charakter der bisherigen Datensammlungen gehen die »politischen Arithmetiker« hinaus. Sie versuchen, in Entsprechung zu den Gesetzmäßigkeiten in der Natur auch gesetzmäßige Abläufe in der Gesellschaft zu finden. Zur Gruppe der *politischen Arithmetiker* gehören John GRAUNT (1620–1674), William PETTY (1623 bis 1687), Edmund HALLEY (1656–1742) in England und der Feldgeistliche und spätere Prediger am Hofe Friedrichs des Großen Johann Peter SÜSSMILCH (1707–1776). Der Kaufmann GRAUNT legt im Jahre 1662 der Royal Society in London eine Schrift vor, in der er die verfügbaren Verzeichnisse der Geburten und Sterbefälle in dieser Stadt auf Regelmäßigkeiten hin untersucht. PETTY, der den Ausdruck »politische Arithmetik« prägt, versucht, ein ganzes Land – Irland – in quantifizierender Weise darzustellen. Der Astronom HALLEY berechnet aus den Verzeichnissen über die Geburten und Sterbefälle der Stadt Breslau eine Sterbetafel, die er 1693 in einer Abhandlung vorlegt. Das Hauptwerk von SÜSSMILCH aus dem Jahr 1741 trägt den bezeichnenden Titel »Die göttliche Ordnung in den Veränderungen des menschlichen Geschlechts, aus der Geburt, dem Tod und der Fortpflanzung desselben erwiesen«. Die göttliche Ordnung ist für ihn nicht nur in der Natur und im Lauf der Gestirne, sondern auch im Leben und Zusammenleben der Menschen wirksam. Die Daten, mit denen die politischen Arithmetiker arbeiten, sind oftmals recht zufälliger Natur und vor allem abhängig von der Existenz und der Zugänglichkeit von Standesregistern und Bevölkerungsverzeichnissen. Die Versorgung der Wissenschaft mit gesellschaftlichen Daten bessert sich, als im 19. Jh. immer mehr Staaten daran gehen, sich die Informationen, die für Politik und Verwaltung erforderlich sind, über eine amtliche Statistik zu beschaffen.
Die Daten der amtlichen Statistik eröffnen neue Einsichten in gesellschaftliche Zusammenhänge. Der belgische Mathematiker und Astronom Adolphe QUÉTELET (1796–1874) versucht, anhand ihm zur Verfügung stehender statistischer Daten, Gesetzmäßigkeiten in der Verteilung physischer, psychischer und sozialer Merkmale der Menschen ausfindig zu machen. In seinem 1835 erschienenen Hauptwerk geht er u. a. auch der Kriminalitätsbelastung unterschiedlicher Altersstufen nach.

Die Untersuchung gesellschaftlicher Tatbestände versteht QUÉTELET als »soziale Physik«, welche die auch in der Gesellschaft geltenden Naturgesetze sichtbar machen soll. Die Bezeichnung »physique sociale« für die neue Wissenschaft von der Gesellschaft wird zunächst auch von COMTE aufgenommen. Um sich von QUÉTELET abzusetzen, nennt er die von ihm konzipierte Disziplin dann aber »sociologie«.

Das Werk QUÉTELETS ist Ursache heftiger Diskussionen, die sich u. a. mit der Frage beschäftigen, ob angesichts der über längere Zeiträume hinweg offensichtlich konstanten Kriminalitätsraten der Mensch in seinem Handeln einem sozialen Determinismus unterliege. Dabei wird aber übersehen, daß die an einem Kollektiv beobachtete Verteilung von Verhaltensweisen noch keine Aussage zuläßt über das konkrete Verhalten eines ganz bestimmten Menschen. In Deutschland werden in der sogenannten *Moralstatistik* ähnliche Fragestellungen wie bei QUÉTELET behandelt. Die Darstellung und Analyse von Tatbeständen wie Kriminalität, Ehescheidung, uneheliche Geburt und Selbstmord wird dabei erweitert durch das Interesse an der Verbreitung von Zeitungen, an der literarischen Produktion und am Wahlverhalten. Sowohl die politische Arithmetik als auch die Moralstatistik stützen sich auf Daten, an deren Erstellung sie nicht selbst beteiligt sind. Personenstandsregister und für staatliche Zwecke durchgeführte Zählungen sind ihre hauptsächlichen Quellen. In der weiteren Entwicklung können die Interessen der Wissenschaft immer weniger durch vorgefundene Datensammlungen befriedigt werden. Infolgedessen schalten sich Sozialwissenschaftler zunehmend selbst in die Datengewinnung ein. Insbesondere die gesellschaftlichen Wandlungsprozesse des 19. Jh., die zur Entstehung einer »sozialen Frage« führen, stellen eine Herausforderung an die → *Sozialwissenschaften* dar, die mit den bislang zur Verfügung stehenden Informationen nicht aufgenommen werden kann.

Aus dem praktisch-politischen Anliegen heraus, zur Stärkung der Familie als eines Garanten sozialen Friedens beizutragen, schlägt Frédéric LE PLAY (1806–1882) den Weg der Budget-Untersuchung ein. Dabei geht er davon aus, daß sich nahezu jedes Ereignis im Leben einer Arbeiterfamilie in den Haushaltseinnahmen und Haushaltsausgaben niederschlägt. Über 30 von ihm in verschiedenen Ländern Europas erstellte *Familienmonographien* faßt er 1855 zusammen. In England bemühen sich Regierung und Parlament um die Erhellung der Lage der Arbeiterschaft durch die Einsetzung von »Royal Commissions«. Diese kommen auf ganz unterschiedliche Weise zu den gewünschten Informationen: Angehörige der untersuchten Bevölkerungsgruppen berichten vor Kommissionsmitgliedern über ihre Lebenslage, Schulinspektoren und Ärzte, denen das Untersuchungsfeld vertraut ist, geben Stellungnahmen ab. Es werden aber auch Fragebogen verwandt und Besichtigungen vor Ort durchgeführt. MARX stützt sich in seinen Arbeiten auf Material der Royal Commissions, und ENGELS verwendet es in seinem 1845 erschienenen Buch über »Die Lage der arbeitenden Klasse in England«.

Die Entsprechung zu den Arbeiten der Royal Commissions stellen in Frankreich, Belgien und Deutschland die *Enquêten* dar. In Preußen führt im Jahre 1848 im Auftrag des Landesökonomiekollegiums Alexander von LENGERKE (1802–1855) eine Untersuchung über die ländliche Arbeiterfrage durch, wobei zur Gewinnung der Daten Fragebogen an die Vorstände von ländlichen Vereinen verschickt werden. Ähnlich verfährt eine Enquête zur gleichen Frage, die 1873 durchgeführt wird. Gefördert werden sozialwissenschaftliche Erhebungen in Deutschland durch den 1872 gegründeten »Verein für Socialpolitik«. An solchen Erhebungen wirkt auch Max WEBER mit, der bei der Entwicklung der Soziologie in Deutschland eine führende Rolle spielt. In den Erhebungen am Ende des 19. Jh. deutet sich an, daß – auch da, wo sie die »soziale Frage« zum Gegenstand haben – die Beschränkung auf die äußeren Lebensumstände aufgegeben wird zugunsten eines umfassenderen Ansatzes, in den auch die persönliche Verfassung und die Situationswahrnehmung der untersuchten Gruppen eingehen. Um die subjektive Dimension der gesellschaftlichen Wirklichkeit zu erschließen, ist es allerdings notwendig, daß Untersuchungen sich unmittelbar an die Gruppen wenden, über die Aussagen gemacht werden sollen. Das in den Enquêten gewöhnlich angewandte Verfahren der Befragung von »Experten« über die Situation der »Arbeiter« oder der »Armen« reicht hierzu nicht aus.

C. 19. und 20. Jahrhundert

Das 19. Jh., in dem das auf Gesamtdeutungen

der gesellschaftlichen Wirklichkeit abzielende soziale Denken und das zunächst an praktischen Fragestellungen orientierte Sammeln von Daten zusammenlaufen, ist auch der Zeitraum, in dem die bislang bestehende relative Einheit der Wissenschaft von der Gesellschaft aufgelöst wird in eine Reihe von Einzeldisziplinen.

I. Wirtschaftstheorie

Noch an der Einheit der Sozialwissenschaften orientiert ist das Werk von MARX. Seine ökonomischen Analysen sind einbezogen in eine Gesellschaftstheorie, die sich auf sozialgeschichtliches, ethnologisches und staatswissenschaftliches Material stützt. Auch in der *»historischen Schule« der Nationalökonomie* wird in gewissem Umfang versucht, die Einheit der Sozialwissenschaften zu bewahren. Ihre Vertreter, zu denen vor allem Bruno HILDEBRAND (1821–1878), Wilhelm ROSCHER (1817–1894), Karl KNIES (1821–1898) und Gustav SCHMOLLER (1838–1917) zählen, betonen die historische Bedingtheit der wirtschaftlichen Phänomene, die es nicht erlaubt, absolut gültige Wirtschaftsgesetze aufzustellen. Dieser Betrachtungsweise steht in der *Grenznutzenschule*, deren Grundgedanken von Hermann Heinrich GOSSEN (1810–1858) entwikkelt werden, ein Ansatz gegenüber, der auf generelle Erklärungen abzielt. Wie Carl MENGER (1840–1921) im sogenannten »Methodenstreit« gegenüber SCHMOLLER betont, verlangt dieses Programm das Abgehen von der historischen und die Orientierung an der theoretischen Methode. MENGER, Eugen VON BÖHM-BAWERK (1851–1914), Friedrich VON WIESER (1851–1926), William JEVONS (1835–1882) und Léon WALRAS (1834–1910) wenden sich auch von der Arbeitswertlehre der klassischen Nationalökonomie ab und leiten das Marktgeschehen aus den Wünschen und Präferenzen der Einzelverbraucher her. Die Grundannahme der Grenznutzenschule besagt, daß bei steigendem Vorrat eines Gutes der Wert jeder neu hinzukommenden Gutseinheit für den Einzelverbraucher sinkt. Ein Verbraucher wird sein Einkommen so verwenden, daß sich ein Ausgleich der Grenznutzen der verschiedenen Güter einstellt. In der weiteren Entwicklung der ökonomischen Theorie wird das »Grenzdenken« auch auf die Produktion übertragen. Nach der dem freien Markt innewohnenden Gesetzlichkeit werden dabei Kapital, Arbeit und Boden nach Maßgabe ihres Grenzertrages zum gemeinsamen Produkt entgolten. Obwohl zahlreiche Einwände gegen die Annahmen der Grenznutzenschule geltend gemacht werden, ist die von ihr eröffnete Sichtweise aus der modernen Wirtschaftstheorie nicht mehr wegzudenken.

Diese Theorie erhält in John Maynard KEYNES (1883–1946) noch einmal einen Repräsentanten, der in seiner Bedeutung oftmals Adam SMITH und Karl MARX an die Seite gestellt wird. In seiner 1936 erschienenen »General Theory of Employment, Interest, and Money« reflektiert KEYNES die Erfahrungen der Weltwirtschaftskrise. Aus dem Zusammenspiel eines sinkenden Hanges zum Verbrauch, einer steigenden Vorliebe der Geldbesitzer, ihre Geldbestände in jederzeit greifbarer Form zu horten, und einer angesichts hoher Zinsen sinkenden Neigung der Unternehmer zur Investition entsteht eine für das Wirtschaftssystem krisenhafte Situation. In dieser Lage muß KEYNES zufolge der Staat als Nachfrager auftreten und über gewollte Haushaltsüberschreitungen zusammen mit einer verstärkten Geldschöpfung zusätzliche Kaufkraft schaffen. Diese Art der Konjunkturanregung ist seitdem zu einem festen Bestandteil der Wirtschaftspolitik geworden.

Die weitere Entwicklung der Wirtschaftstheorie nach KEYNES ist in starkem Maße durch die Arbeit mit Modellen gekennzeichnet, die auf einer mathematischen Symbolsprache aufbauen. Dies macht es immer schwieriger, die Verbindung mit anderen Sozialwissenschaften aufrechtzuerhalten. Allerdings finden sich auch heute in den Wirtschaftswissenschaften immer wieder Versuche, über den Ausbau der ökonomischen Verhaltensforschung oder die Neuformulierung einer »politischen Ökonomie« diese Verbindung nicht ganz abreißen zu lassen.

II. Politische Wissenschaft

Die politische Wissenschaft, deren Anfänge in der Antike liegen und die sich seit dem 16. Jh. in wachsendem Maße mit juristischen Fragen beschäftigt, verliert im 19. Jh. mit der Verankerung des modernen Rechts- und Verfassungsstaates an Bedeutung. Sie entwickelt sich erst wieder in England nach dem Ersten Weltkrieg und ist in ihrer modernen Gestalt von der Entwicklung in den USA beeinflußt. Neben der Verfassungs- und Regierungslehre steht heute die internationale Politik. Für beide gleichermaßen wichtig ist die Geschichte der politischen Ideen. In wachsendem Umfang bildet sich auch eine empirische Politikforschung heraus, die sich der Methoden und Techniken der empirischen Sozialforschung bedient (→ *Empirische Methoden in den Sozialwissenschaften*).

III. Soziologie

Die Entwicklung der modernen Soziologie ist vor allem mit dem Werk von Emile Durkheim (1855–1917) und Max Weber (1864–1920) verbunden. In seinen 1895 erschienenen »Règles de la méthode sociologique« stellt Durkheim fest, die Soziologie habe es mit »sozialen Tatbeständen« zu tun, die dadurch gekennzeichnet sind, daß sie unabhängig vom Willen des Einzelnen bestehen und daß sie Zwang auf das Individuum ausüben. Der Bestand und der Zusammenhalt einer Gesellschaft wird gewährleistet durch das Vorhandensein eines Kollektivbewußtseins, das sich nicht auf ökonomische oder psychologische Faktoren zurückführen läßt. Durkheim will wertende Aussagen aus der Wissenschaft ausschließen. Für die Bestimmung von normalen und pathologischen gesellschaftlichen Zuständen gibt es seiner Auffassung nach Regeln, die objektive Urteile zulassen. Soziale Phänomene sind dann als normal anzusehen, wenn sie durchschnittlich in Gesellschaften dieser Art im entsprechenden Stadium ihrer Entwicklung anzutreffen sind. Empirische Daten sollen nicht zur Illustration von Aussagen dienen, sie sollen dazu eingesetzt werden, eine Theorie zu belegen. In seiner 1897 erschienenen Untersuchung über den Selbstmord verdeutlicht Durkheim dieses Wissenschaftsprogramm.

Das Prinzip, daß Werturteile aus den Sozialwissenschaften herauszuhalten seien, wird neun Jahre nach Durkheim von Max Weber noch schärfer formuliert. Aufgabe der Soziologie kann es demnach nicht sein, praktisch-politische Ziele aufzustellen und zu rechtfertigen. Das Erkenntnisprogramm der Soziologie wird dahingehend bestimmt, daß sie als empirische Wissenschaft soziales, d. h. auf andere bezogenes Handeln verstehen und dadurch in seinem Ablauf und seinen Folgen erklären soll. Der Begriff des sozialen Handelns ist grundlegend für die Soziologie Webers. Stehen bei Durkheim die das Tun und Denken des einzelnen bestimmenden gesellschaftlichen Normen im Vordergrund seiner Betrachtung, so ist es bei Weber die Orientierung von Handelnden am verstehbaren Sinn des Handelns anderer. Der von Weber gelieferte Entwurf einer verstehenden Soziologie beeinflußt die sozialwissenschaftliche Diskussion bis heute. Dasselbe gilt von den materialen Arbeiten Webers auf dem Gebiet der Wirtschaftssoziologie, der politischen Soziologie und der Religionssoziologie. Die Entwicklung hin zur modernen Wirtschafts- und Gesellschaftsform ist für Weber gekennzeichnet durch eine zunehmende Rationalisierung aller Lebensbereiche. Auch die kapitalistische Wirtschaftsweise ist Ausdruck dieses Rationalisierungsprozesses.

Wie alle anderen Disziplinen, so erfährt auch die Soziologie seit der Jahrhundertwende eine immer stärkere Differenzierung der Arbeitsgebiete und der theoretischen Ansätze. Was sich bei Durkheim, der in systematischer Weise auf Datenmaterial aus einfachen Gesellschaften zurückgreift, schon ankündigt, das setzt sich vor allem im angelsächsischen Raum fort, nämlich die Annäherung von Soziologie und Ethnologie bzw. *Kulturanthropologie*. Hierbei beeinflussen besonders die Arbeiten von Bronislaw Malinowski (1884 bis 1942) und Ralph Linton (1893–1953) die Theoriebildung nachhaltig.

D. Die heutige Situation

Heute wird das Feld der soziologischen Theorie vor allem bestimmt durch Weiterentwicklungen der Ansätze von Marx und Weber sowie durch den »symbolischen Interaktionismus« und die Systemtheorie. Der *symbolische Interaktionismus* geht auf George Herbert Mead (1863–1931) zurück. Die soziologische Systemtheorie (→ *System, Systemtheorie*) erhält wichtige Anregungen durch Talcott Parsons (1902–1979). Kontrovers ist in der Soziologie nach wie vor die Frage, ob es möglich ist, relativ zeitübergreifende Aussagen zu machen, wie dies etwa in der Systemtheorie angestrebt wird, oder ob die Geschichtlichkeit ihres Gegenstandes dies weitgehend ausschließt. Daß die Soziologie die verlorengegangene Einheit der Sozialwissenschaften wiederherstellen kann, erscheint wenig wahrscheinlich, wohl aber gibt es immer wieder Versuche von Soziologen, durch die Befassung mit zentralen gesellschaftlichen Bereichen wie Wirtschaft und Politik Befunde der sich auseinanderentwickelnden Einzeldisziplinen zu integrieren.

Hans Braun

Becker, H./Barnes, H. E.: Social thought from lore to science. Bd. 1–3. [3]1961. – *Braun, H./Hahn, A.:* Wissenschaft von der Gesellschaft. Entwicklung und Probleme. 1973. – *Hartmann, H. (Hg.):* Moderne amerikanische Soziologie. 1967, [2]1973, dtv [2]1973. – *Heinemann, K.:* Soziologie – von der Opposition zur Allgemeinbildung. 1975. – *Jahoda, M./Lazarsfeld, P. F./Zeisel, H.:* Die Arbeitslosen von Marienthal. 1960. – *Jonas, F.:* Geschichte der Soziologie. Mit Quellentexten. Bd. 1; 2. 1968–69, 1976, [2]1981. – *Käsler, D. (Hg.):* Klassiker des soziologischen Denkens. Bd. 1: 1976; Bd. 2: 1978. – *Kuhn, Th. S.:* Die Struktur wissenschaftlicher Revolutionen. (1962) [2]1976. [W] – *Lepenies, W. (Hg.):* Geschichte der Soziologie. Bd. 1–4. 1981. – *Lundgreen, P. (Hg.):* Wissenschaft im Dritten Reich. 1985. – *Papcke, Sv. (Hg.):* Ordnung und Theorie. Beiträge zur Geschichte der Soziologie in Deutschland. 1986. – *Sabine, G. H.:* A history of political theory. [3]1963. – *Schmölders, G.:* Geschichte der Volkswirtschaftslehre. 1962. – *Zeisel, H.:* Zur Geschichte der Soziographie. In: *Jahoda/Lazarsfeld/Zeisel.* – *Zimmermann, L. J.:* Geschichte der theoretischen Volkswirtschaftslehre. [2]1961.

Hans Braun/H.S.

Wissenschaftspolitik

A. Wissenschaftspolitik

Wissenschaft (→ *Wissenschaftlichkeit;* → *Wissenschaftstheorie, Methodologie*) stellt ein Humankapital dar, von dem der Wohlstand einer Nation weitgehend abhängt. Das gilt besonders für solche Nationen, die als »Veredler« ihr Brot verdienen und deren Zukunft daher weitgehend von ihrer internationalen Wettbewerbsfähigkeit auf dem Gebiet der Hochtechnologien abhängig sein wird. Seit dem Zweiten Weltkrieg sind die Ausgaben für Forschung und Entwicklung dermaßen gestiegen, daß die Wissenschaftspolitik immer wichtiger geworden ist. Träger der Wissenschaftspolitik sind vor allem Regierungen, Privatfirmen und Stiftungen. Die rationale Verteilung der Aufgaben unter diesen drei Arten von Trägern ist selbst ein wichtiges Problem der Wissenschaftspolitik.

I. Was ist Wissenschaftspolitik?

Wissenschaftspolitik soll hier eine Gruppe von Maßnahmen bezeichnen, die darauf abzielen, das Wachsen des Wissens im allgemeinen sowie die relative Wachstumsrate in verschiedenen Wissensbereichen zu beeinflussen.

Da die wichtigsten Technologien auf Wissenschaft basierte Technologien (»verwissenschaftlichte« Technologien) sind (→ *Technologie*), ist es zweckmäßig, *Technologiepolitik* als eine Gruppe von Maßnahmen aufzufassen, die darauf abzielen, die Art und Weise zu beeinflussen, in der wissenschaftliches Wissen, das technologische Relevanz hat, in die Produktion von Gütern und Dienstleistungen umgesetzt wird. *Wissenschaftspolitik und Technologiepolitik sind integrale Teile der Staatspolitik bzw. der Unternehmenspolitik.* Das zentrale Problem der staatlichen Forschungspolitik ist die Frage, wie groß der Anteil der Ausgaben für Forschung und Entwicklung an den staatlichen Ausgaben sein soll und wie diese Ausgaben auf Grundlagenforschung und anwendungsbezogene Forschung verteilt werden sollen. Der Anteil, der den verschiedenen Disziplinen oder Forschungsprojekten zugeteilt wird, wird meistens im Hinblick auf politisch bestimmte »Aufgaben« (»missions«) festgelegt. Verteidigung, Kernenergie und Raumforschung haben in allen wichtigeren Ländern erhebliche Mittel zugewiesen bekommen. Insofern die übergeordneten Ziele der Wissenschaftspolitik durch Staatspolitik oder Unternehmenspolitik vorgegeben sind, ist Wissenschaftspolitik eher ein Mittel zum Zweck, eine Technologie, denn eine politische Tätigkeit im vollen Sinne des Wortes. *Wenn wir von einer rationalen Wissenschaftspolitik sprechen, so meinen wir daher primär eine Technik zur Optimierung der Produktivität der Wissenschaft oder des Systems Wissenschaft* (»Wissenschaft« im Sinne von »the scientific enterprise«). Sie ist eine Technik, die die Herstellung einer bestimmten Art von Wissen ermöglichen bzw. fördern soll, und zwar durch Allokation von Ressourcen, durch Wahl geeigneter Organisationsformen und ähnliche Maßnahmen. Wie von jeder anderen Technik so wird auch von der Wissenschaftsolitik verlangt, daß sie möglichst effektiv und effizient sein soll, und dies ganz unabhängig davon, welche Art von Wissen erwünscht ist und wie groß die zur Verfügung gestellten Mittel sind. Welche Art von neuem Wissen gesucht wird, das hängt, wie bereits erwähnt, von den allgemeinen Zielen der Staatspolitik bzw. der Unternehmenspolitik ab. Die Frage, ob diese Ziele vernünftig sind, gehört in den Bereich der Politik und gegebenenfalls der Ethik; sie liegt außerhalb der Zuständigkeit der Wissenschafts- und Technologiepolitik. Methodologische Reflexionen über Wissenschaftspolitik sind nicht mit inhaltlichen Problemen der Wissenschaftspolitik befaßt;

ihre Aufgabe ist es, relevante Grundbegriffe zu klären. Eine solche Klärung ist Voraussetzung für eine rationale Diskussion wissenschaftspolitischer Fragen.

II. Das Hauptproblem der Wissenschaftspolitik

Die Hauptprobleme der Wissenschaftspolitik (Forschungspolitik) sind die Konsequenzen verschiedener institutioneller Anordnungen für die Verbesserung von Humankapital – Wissen und Produzenten von Wissen – sowie rationale Entscheidungen über Investitionen in bestimmte Forschungsprojekte und insbesondere Entscheidungen über die Verteilung von Ressourcen auf verschiedene Bereiche der Grundlagenforschung. Diese Investitionsentscheidungen müssen unter großer Unsicherheit und unvollständiger Information getroffen werden. Sie sind daher sehr riskant. Bei allen interessanten Fällen ist es nicht nur im Prinzip ungewiß, ob das angestrebte Ziel innerhalb des Planungshorizontes erreicht werden wird, sondern zufällige Umstände können eine wichtige Rolle spielen, und außerdem können sich die Annahmen darüber, welche Organisationsformen und institutionelle Rahmen für eine bestimmte Art von Forschung am günstigsten sind, die gleichfalls den Erfolg beeinflussen, als unrichtig herausstellen. Um die Wissenschaft zu steuern, braucht die Wissenschaftspolitik bewährtes Wissen über das System Wissenschaft. Sie erhält dieses Wissen von der Wissenschaftsforschung. Die Methodologie spielt dabei eine wichtige Rolle. Denn bevor die Frage nach der »technologischen Relevanz« einer bestimmten Theorie sinnvoll gestellt werden kann, ist es erforderlich, daß diese Theorie eine »gute« Theorie ist, d. h., daß sie genügend bewährt ist. Um das festzustellen, bedarf es methodologischer Bewertungen. Daher sind Überlegungen über technologische Anwendungen immer sekundär zu methodologischen Bewertungen.

Eine Frage, die sich aller Forschungspolitik von Anfang an stellt, ist die Frage, *welche Momente der wissenschaftlichen Forschung durch wissenschaftspolitische Maßnahmen beeinflußt werden können bzw. beeinflußt werden sollen.* In gewissen Momenten ist die Forschung nämlich ein selbstorganisierendes System, und jeder Versuch, in solche Momente einzugreifen, würde schädlich sein und schließlich das System zerstören. Es ist zweckmäßig, hier folgende Momente zu unterscheiden: 1. Problemwahl, 2. Analyse der Problemsituation mit einer kritischen Bewertung der bisher angebotenen Problemlösungsvorschläge, 3. neuer Problemlösungsvorschlag, 4. Bewertung der Leistungsfähigkeit der neuen Problemlösung, verglichen mit konkurrierenden Problemlösungsvorschlägen. *In bezug auf das zweite, dritte und vierte Moment ist die Wissenschaft autonom.* Jeder Eingriff von außen, d. h. im Dienste von außerwissenschaftlichen Erwägungen, ist kontraproduktiv und hindert die Zielrealisierung. Bekanntlich tendieren totalitäre Staaten dennoch zu solchen Eingriffen, zumindest in solchen Fällen, wo die betreffende Theorie keine Relevanz für militärische Technologie hat und ihre philosophischen Implikationen der offiziellen Ideologie widersprechen. Berüchtigte historische Beispiele sind die forschungspolitischen Entscheidungen in bezug auf sowjetische Genetik im »Lyssenkoismus«, die Unterscheidung zwischen »bürgerlicher Physik« und »marxistischer oder proletarischer Physik« oder die ähnliche Unterscheidung zwischen »jüdischer Physik« und »deutscher Physik« des Nationalsozialismus. Das sind gewiß extreme Beispiele, aber die Gefahr der politisch bedingten Eingriffe in die Autonomiesphäre der Wissenschaft kann niemals a priori ausgeschlossen werden.

B. Grundlagenforschung und anwendungsbezogene Forschung

Eingriffe »von außen«, motiviert durch außerwissenschaftliche Gesichtspunkte, können daher nur im ersten der oben genannten Momente, in bezug auf die *Problemauswahl* rational sein. Ob sie in einem konkreten Fall rational sind, hängt von der Art des betreffenden Forschungsunternehmens ab. In diesem Zusammenhang ist es unerläßlich, eine *Distinktion* zwischen *Grundlagenforschung* (reiner Wissenschaft, pure science, basic research) einerseits und *anwendungsbezogener Forschung* (applied science, applications-oriented science) andererseits zu machen. Beide Begriffe sind idealtypisch. Konkrete Forschungsunternehmen enthalten sehr oft Elemente beider Arten von Forschung. Das entwertet jedoch die Distinktion ebensowenig, wie es die Distinktion zwischen Stadt und Land entwertet, daß man meistens nicht genau sagen kann, wo das eine aufhört und das andere beginnt. *Die Distinktion kann klar definiert werden, und sie ist unerläßlich für rationale Wissenschaftspolitik, weil die Rechtferti-*

gungsargumente für Ausgaben für Grundlagenforschung grundverschieden sind von Rechtfertigungsargumenten für Ausgaben für anwendungsbezogene Forschung. Die Distinktion ist eine wissenschaftspolitische Distinktion, keine methodologische. Vom methodologischen Standpunkt aus gibt es nur eine globale wissenschaftliche Methode: das rationale Problemlösungsverfahren, das im Zusammenspiel von Kreativität undKritik besteht (→ *Wissenschaftstheorie, Methodologie*).

I. Grundlagenforschung

Das Ziel der Grundlagenforschung ist es, interessante Wahrheiten zu finden. Eine wahre Behauptung über Welt und Mensch ist wissenschaftlich interessant in dem Ausmaß, in dem sie dazu beiträgt, unser Weltbild oder unser Menschenbild zu verbessern. Erkenntnisfortschritt – der für die Tätigkeit des wissenschaftlichen Forschers sinnkonstitutiv ist – besteht darin, daß man diesem Ziel näher kommt. Dies erreicht man, indem man Theorien von immer größerer Erklärungskraft erstellt. (Vorhersagekraft einer Theorie ist in diesem Zusammenhang nicht relevant, denn innerhalb der Grundlagenforschung sind Vorhersagen nur ein Mittel, um eine Theorie empirisch zu testen; d. h., insofern es in einem Forschungsvorhaben um eine Vorhersage als solche geht, ist dieses Forschungsvorhaben eo ipso anwendungsbezogene Forschung.) Mit diesen Ausführungen ist der *Begriff* der Grundlagenforschung für unsere Zwecke genügend bestimmt.

Ein Forschungsvorhaben ist (Teil der) Grundlagenforschung, *wenn bzw. insofern die Auswahl der Probleme ausschließlich nach dem Gesichtspunkt erfolgt, ob es sich dabei um »wissenschaftlich interessante« Probleme handelt.* Selbstverständlich ist »wissenschaftlich interessant« objektiv zu definieren: zu benennen ist der erhoffte bzw. erwartete Beitrag der Forschungsanstrengungen zum Erkenntnisfortschritt innerhalb der betreffenden Disziplin. Mit der Motivation der Forscher oder mit »Interessen« aller möglichen Art hat dies nichts zu tun. Es geht um die riskante Prognose, welche Bedeutung die erfolgreiche Lösung eines bestimmten Problems für den Erkenntnisfortschritt *innerhalb* der betreffenden Disziplin haben würde. Es kann sehr wohl der Fall sein – und die Wissenschafts- und Technologiegeschichte bietet reichlich Beispiele dafür –, daß die Resultate dieser Forschung später auch technologisch verwertbar sind. Aber insofern das Vorhaben Grundlagenforschung ist, spielen solche Überlegungen bei der Problemauswahl keine Rolle.

II. Anwendungsbezogene Forschung

Anwendungsbezogene Forschung wird definiert als Forschung, deren Ziel es ist, solches Wissen zu produzieren, das es ermöglicht, darauf eine Technologie zu basieren, aufgrund deren eine Technik gewonnen wird, mit deren Hilfe *praktische Aufgaben* gelöst werden können. Kurz: eine bestimmte Art von Wissen wird vom Auftraggeber bzw. Nachfrager nach Wissen bestellt, weil er dieses Wissen braucht, *um konkrete praktische Probleme zu lösen.* Man kann also bestimmen, in welchem Ausmaß ein Forschungsunternehmen anwendungsbezogene Forschung ist, indem man feststellt, in welchem Ausmaß seine Probleme ihm von außerhalb der Wissenschaft vorgegeben sind.

III. Durchdringung beider Forschungsbereiche

Viele Forschungsvorhaben enthalten Elemente sowohl von Grundlagenforschung als auch von anwendungsbezogener Forschung. Praktische Probleme führen oft zu Forschungsvorhaben innerhalb der Grundlagenforschung. Ein bekanntes Beispiel sind die kristallographischen und metallurgischen Forschungen, die im Zusammenhang mit der Entwicklung des *Transistors* geleistet wurden. Forscher, die normalerweise anwendungsbezogene Forschung betrieben, wurden aufgefordert zu untersuchen, ob es möglich sei, einen miniaturisierten Verstärker zu konstruieren, der anders als die gebräuchliche Radioröhre stoß- und vibrationsfest ist. W. Shockley vermutete, daß ein solcher Mechanismus nur durch einen Festkörper (solid state device) realisiert werden könne. Diese Mutmaßung veranlaßte ihn zu untersuchen, wie Elektronen in halbleitenden Kristallen transportiert werden. Diese Untersuchungen waren aber nur deshalb möglich, weil die theoretische Basis dafür durch die Quantenmechanik und die Entdeckung der wellenähnlichen Natur des Elektrons in den Jahren 1923 – 1926 von der Grundlagenforschung bereits erstellt worden war. 1947 resultierte diese Forschung im Prototyp des Transistors und leitete damit die »Miniaturisierungs-Revolution« ein, deren Bedeutung kaum überschätzt werden kann. Das Beispiel illustriert zweierlei: erstens, daß anwendungsbezogene Forschung manchmal zu äußerst wichtiger Grundlagenforschung führen kann, und zweitens, daß bereits vorliegende Resultate von Grundlagenforschung, von denen zur Zeit ihrer Entdeckung niemand eine technologische Relevanz vermutete, unerwartet die Möglichkeit neuer Technologien eröffnen können. *Eine rationale Wissenschaftspolitik muß sich daher bemühen, das Zusammenspiel von Grundlagenforschung und anwendungsbezogener Forschung zu fördern.*

C. Rechtfertigungsargumente für Investitionsentscheidungen

I. Zurechnung und Verteilung der Finanzierung

Es wurde behauptet, daß die Distinktion Grundlagenforschung/anwendungsbezogene Forschung für eine rationale Wissenschaftspolitik unentbehrlich ist. Die Richtigkeit dieser Behauptung kann man einsehen, wenn man untersucht, *welche Arten von Rechtfertigungsargumenten für Forschungsausgaben in der Wissenschaftsforschung verwendet werden bzw. überhaupt verwendbar sind.* In sämtlichen Fällen basiert eine rationale Investitionsentscheidung auf einer Kosten-Nutzen-Analyse, und diese ist, da sie auf Schätzungen ex ante gestützt ist, notwendigerweise ungenau. Je näher ein Forschungsvorhaben dem Typ der anwendungsbezogenen Forschung mit Entwicklung ist, desto eher kann es geplant und »gesteuert« werden; und das gleiche gilt umgekehrt. Ob eine bestimmte forschungspolitische Entscheidung rational war, kann selbstverständlich erst im nachhinein festgestellt werden. Die rationale Diskussion über Forschungsausgaben wird oft durch politische Erwägungen und Rücksichtnahmen auf Prestige und Propaganda verzerrt. So dient z. B. eine so großartige technische Leistung wie das Apollo-Projekt primär politischen und militärischen Zwecken, und Erkenntnisfortschritt ist nur ein Nebenprodukt. Es wäre daher irreführend, wenn die Ausgaben für ein solches Projekt unter Ausgaben für Grundlagenforschung verbucht würden. Andererseits sind z. B. die Ausgaben für einen riesigen Teilchenbeschleuniger primär eine Investition in Grundlagenforschung, die fundamentale Fragen über die Natur der Materie beantworten soll. Falls diese Forschung deswegen geschätzt wird, weil sie als ein Nebenprodukt die Herstellung von praktisch nützlichen Instrumenten ermöglicht, dann wurde sie insofern mit außerwissenschaftlichen Kriterien bewertet. Wenn es möglich wäre, die Kosten für diese Instrumentenherstellung aufzuschlüsseln, müßten sie unter der Rubrik »Ausgaben für anwendungsbezogene Forschung und Entwicklung« verbucht werden und nicht unter »Ausgaben für Grundlagenforschung«.

Bei anwendungsbezogener Forschung ist es relativ einfach, Ausgaben für Forschung zu rechtfertigen. Will man das außerwissenschaftliche Ziel, die Lösung einer bestimmten praktischen Aufgabe, und ist man der Auffassung, daß eine bestimmte Art von Wissen notwendig ist, um dieses Ziel zu erreichen, hat zudem eine Kosten-Nutzen-Analyse ergeben, daß die verschiedenen Kosten einschließlich der negativen Nebeneffekte und der Alternativkosten unter dem Marginalnutzen eines Erfolges liegen, dann muß man auch die Investition in dieser Art von Forschung wollen. Wer das in dieser Situation dennoch nicht tut, handelt eo ipso irrational. Selbstverständlich wird die betreffende Kosten-Nutzen-Analyse nicht nur monetäre Kosten in Rechnung stellen, sondern gegebenenfalls auch alle möglichen anderen Arten von Kosten wie politische Kosten, soziale Kosten usf. Falls gute Gründe für die Vermutung vorliegen, daß ein bestimmtes Forschungsresultat, das bestimmte praktische technologische Konsequenzen hat, innerhalb eines bestimmten Planungshorizontes erreichbar ist, und falls der finanzielle Gewinn aus dieser Forschung vom Forscher bzw. von seinem Arbeitgeber erhoben werden kann, d. h., falls das Wissen patentierbar ist, dann kann es für Privatfirmen rational sein, sich in solcher Forschung zu engagieren. (Selbstverständlich bleibt sie auch in diesen Fällen ein riskantes Unternehmen.) Aus diesen Überlegungen heraus haben Ökonomen darauf hingewiesen, daß *anwendungsbezogene Forschung im Prinzip durch den Markt geregelt werden solle und nicht Sache des Staates sei;* allerdings mit *Ausnahme* solcher Fälle, in denen wichtige Externalitäten auftreten oder Regierungsstellen die einzigen Käufer eines bestimmten Produktes sind, zu dessen Erstellung das wissenschaftliche Wissen notwendig ist, z. B. eines Flugzeugträgers oder eines nuklearen Unterseebootes (Rottenberg).

Die Finanzierung von Grundlagenforschung ist primär Sache des Staates bzw. von privaten

Stiftungen. Freilich investieren große Privatunternehmen neben anwendungsbezogener Forschung öfter auch in gewisse Grundlagenforschung, aber der weitaus größte Teil der Grundlagenforschung ist vom Staat zu finanzieren. Es ist nicht leicht, Ausgaben von öffentlichen Mitteln, Stiftungsmitteln usf. für Grundlagenforschung gegenüber dem Steuerzahler, dem Aktionär usf. zu verantworten. Der Nutzen, den ein Forschungsunternehmen in der Grundlagenforschung im besten Fall liefert, ist wissenschaftlicher Fortschritt. Die Methodologie der wissenschaftlichen Forschung bietet Kriterien für die komparative Bewertung des Beitrages bestimmter Theorien für den wissenschaftlichen Fortschritt jeweils innerhalb einer bestimmten Disziplin. Im Wettbewerb stehen aber nur solche Theorien, die sich über die gleiche Art von Phänomenen äußern. Bei der Verteilung von Ausgaben *zwischen* verschiedenen Bereichen der Grundlagenforschung muß auf außerwissenschaftliche Gesichtspunkte zurückgegriffen werden.

II. Die verschiedenen Argumente

1. Unerwartete technologische Relevanz: Das wichtigste Argument für die Förderung von Grundlagenforschung überhaupt ist das Argument von der unerwarteten technologischen Relevanz vieler Resultate der Grundlagenforschung (A. WEINBERGS *»overhead argument«*). Dieses Argument hat für Politiker hohe Überzeugungskraft, denn die Wissenschafts- und Technologiegeschichte bietet viele Beispiele von Fällen, in denen Resultate der Grundlagenforschung ganz unerwartet technologische Konsequenzen hatten, die die industrielle Entwicklung direkt und entscheidend beeinflußt haben. So entstand die deutsche Chemieindustrie dank der Resultate von Grundlagenforschung; die drahtlose Telegraphie entwickelte sich rasch, nachdem in der Grundlagenforschung die elektrische Welle entdeckt worden war, und die Anwendung dieser Theorie in der Elektroindustrie (electrical engineering) Deutschlands zu Beginn unseres Jahrhunderts kann direkt darauf zurückgeführt werden, daß Deutschland zu dieser Zeit in der physikalischen Grundlagenforschung führend war. Da es jedoch in der Natur der Sache liegt, daß man nicht jetzt wissen kann, welche mögliche technologische Relevanz eine bestimmte Art von Forschung wird zeitigen können, hat Alvin WEINBERG vorgeschlagen, daß von den für anwendungsbezogene Forschung innerhalb eines bestimmten Bereichs vorgesehenen Ausgaben ein bestimmter Teilbetrag für Grundlagenforschung innerhalb desselben Bereichs abgesetzt wird. Diese Mittel sollen eine Art Versicherungsprämie (»overhead charges«) dafür sein, daß die Quelle des neuen Wissens – des potentiell technologisch relevanten Wissens innerhalb dieses Bereichs, das aus der Grundlagenforschung kommen kann – nicht austrocknet.

Es ist jedoch nicht möglich, für alle Bereiche der Grundlagenforschung das Argument einer möglichen späteren technologischen Relevanz glaubhaft zu machen. Dennoch wurde und wird z. B. Hochenergiephysik, galaktische und extragalaktische Astronomie usf. generös gefördert. Die Argumente, mit denen solche Ausgaben gerechtfertigt werden können, sind subtilerer Art als das oben genannte utilitarische »overhead argument«. Welcher Wert soll einem besseren und tieferen Verständnis bestimmter Aspekte der Realität, einer entscheidenden Verbesserung unseres Welt- und Menschenbildes zugesprochen werden? Was bedeutet Erkenntnisfortschritt für die gebildeten Schichten der Bevölkerung, und was bedeutet er für die Menschheit?

2. Interessante Wahrheiten sind an sich wertvoll: Ein Rechtfertigungsargument stützt sich darauf, daß interessante Wahrheiten an sich wertvoll sind und daß Erkenntnistätigkeit einen Eigenwert hat, daß die Suche nach Wahrheit den Menschen erhöht, genauso wie es den Menschen erniedrigen würde, wenn er diese Suche aufgäbe. Dieses Argument geht auf ARISTOTELES zurück und auf die antike Gegenüberstellung von Freiheit und Notwendigkeit sowie auf die Unterscheidung zwischen artes serviles und artes liberales. Diese Unterscheidung ist heutzutage durch die Unterscheidung zwischen dem, was »nützlich« ist, und dem, was »Luxus« ist, ersetzt worden. Das Streben nach Wissen fällt dabei unter die Rubrik des »unnützen Luxus«. Die Mischung von Hedonismus und Puritanismus, die für gewisse Traditionen der westlichen Gesellschaft charakteristisch ist, verwirft dieses Streben als »asozial«. Es wird energisch verdammt von den Marxisten. Die aristokratische Einstellung der Antike ist insbesondere für zeitgenössische Gleichmacher Anathema. Die berühmte Debatte über die Kriterien der Wissenschaftspolitik in den 30er Jahren, die dann in der Zeitschrift *Minerva* in den 60er

Jahren zum Ausdruck kommt, illustriert den Antagonismus der beiden Positionen (SHILS; POLANYI).

3. Verbesserung des Welt- und Menschenbildes: Ein anderes Argument zur Rechtfertigung von Ausgaben für Grundlagenforschung sieht diese und ihre Resultate als ein Mittel zur Persönlichkeitsentwicklung. Diese Tradition stimmt überein mit der positiven Bewertung der Verbesserung unseres Weltbildes und Menschenbildes. Aus diesem *außerwissenschaftlichen Gesichtspunkt* werden Resultate der Grundlagenforschung danach bewertet, wie bedeutungsvoll sie für die Verbesserung unseres Welt- und Menschenbildes sind. Die wissenschaftsinterne Bewertung von Erkenntnisfortschritt bezieht sich nur auf die Bedeutung einer bestimmten Innovation für den Erkenntnisfortschritt *innerhalb* einer bestimmten Disziplin. Sie kann selbstverständlich nichts darüber sagen, ob für eine Verbesserung unseres Welt- und Menschenbildes z. B. eine Verbesserung unseres Wissens in Astrophysik wichtiger ist als eine Verbesserung unseres Wissens in Molekularbiologie oder umgekehrt.

Andere Argumente beziehen sich auf die Präsenz einer Nation im kulturellen Bereich, das internationale Prestige einer Nation im allgemeinen usf.

III. Die Sonderstellung der Geisteswissenschaften

Die Argumente zur Rechtfertigung von Ausgaben für Geisteswissenschaften und Philosophie sind den Argumenten zur Rechtfertigung von Ausgaben für Grundlagenforschung in den Naturwissenschaften sehr ähnlich. *Die Geisteswissenschaften passen sich ähnlich einem selbstorganisierenden System ihrer Umgebung an.* Die Geschichte der Geisteswissenschaften zeigt nämlich, daß größere Projekte regelmäßig einer bestimmten Nachfrage an »sozial relevantem« Wissen gefolgt sind. So wurde und wird Geschichtsforschung deswegen gefördert, weil man sich bewußt ist, daß geschichtliches Wissen ein notwendiges Element der öffentlichen Kultur ist, das weit über den akademischen Bereich hinausreicht, und daß solches Wissen für das Selbstverständnis einer Nation, einer Region usf. unerläßlich ist (genauso wie Wissen über die eigene Biographie und Familiengeschichte für das Selbstverständnis des Individuums als Person unerläßlich ist). Die Rechtfertigung von Ausgaben für theologische Fakultäten ergibt sich aus den religiösen Einstellungen in der betreffenden Gesellschaft. Aus rein wissenschaftlichen Gründen würde man eher vergleichende Religionsforschung, Soziologie und Psychologie der Religionen usf. fördern, als zwei ganze Fakultäten nur der christlichen Religion zu widmen. Insofern die Geisteswissenschaften gemäß der Nachfrage nach bestimmtem Wissen in einer bestimmten Gesellschaft ausgerichtet sind, hat die staatliche Forschungspolitik für diese Disziplinen weit weniger Bedeutung, als sie für die naturwissenschaftliche Grundlagenforschung hat. Sogar die Unterscheidung zwischen Grundlagenforschung und anwendungsbezogener Forschung ist im Bereich der Geisteswissenschaften weit weniger wichtig als in den übrigen Bereichen. Außerdem sind die Ausgaben für geisteswissenschaftliche Forschung nur ein winziger Bruchteil der Ausgaben für naturwissenschaftliche Forschung.

D. Zusammenfassung

I. Finanzierung

Zusammenfassend kann gesagt werden: Die Förderung von Grundlagenforschung ist primär Aufgabe des Staates. Dabei wird die staatliche Förderung zweckmäßig durch private Stiftungen ergänzt, da Stiftungen flexibler sind und auf weniger bürokratische Weise Gelegenheiten wahrnehmen und so einen wesentlichen Beitrag zur Förderung von Grundlagenforschung liefern können. Abgesehen von den beiden genannten Ausnahmen (wichtige Marktexternalitäten; staatliche Instanz als einziger Käufer), sollten Projekte der anwendungsbezogenen Forschung den strengen Test des Marktes bestehen. Denn es ist höchst fraglich, ob Steuergelder, die hier investiert werden, nicht anderweitig hätten nutzbringender verwendet werden können. Das wichtigste Argument für Ausgaben für Grundlagenforschung ist nach wie vor das Argument von der unerwarteten technologischen Relevanz von Resultaten der Grundlagenforschung (»overhead argument«). Die Wissenschafts- und Technologiegeschichte zeigt, daß auch die hervorragendsten Wissenschaftler des betreffenden Fachs diese Relevanz oft, ja meistens, nicht vorhersehen können. (So erklärte EDDINGTON im Jahr 1937 die Nuklearenergie für utopisch, und Niels BOHR stellte für Eugene WIGNER 15 Gründe auf gegen die Möglichkeit, größere Energiemengen aus Kernspaltung zu gewinnen usf.) Die Opportunitätskosten sind nicht nur die Dinge, die man mit den so verwendeten Steuergeldern hätte realisieren können, sondern es werden auch Forschungskräfte gebunden, die für andere Projekte zur Verfügung gestanden hätten. Vor allem aber gilt: ein staatliches Engagement bei der Problemauswahl und der Finanzierung von anwendungsbezogener Forschung im *privaten* Sektor ist nur dann vertretbar, wenn man annehmen darf, daß die betreffenden Bürokraten besser imstande sind zu beurteilen, welche Technologien eine Zukunft haben, als die Unternehmen, die bereit sind, in Forschung und Entwicklung zu investieren. Diese Annahme ist offensichtlich falsch (HAYEK; HAMM; ROTTENBERG).

II. Institutioneller Rahmen
Die Wissenschaftspolitik soll auch optimale Organisationsformen für verschiedene Arten von Forschung erstellen. Die besten Erfolge auf diesem Gebiet wurden bisher in der Organisation der sogenannten Großforschung erzielt. Solche Institutionen arbeiten interdisziplinär und inkludieren auch Grundlagenforschung. Nach dem Zweiten Weltkrieg ist die Grundlagenforschung weitgehend aus den Universitäten ausgewandert. Diese Tendenz hält an. Das ist verständlich, denn es ist nicht möglich, daß ein und dieselbe institutionelle Struktur zwei so verschiedene Funktionen erfüllen kann wie massenhafte Ausbildung und hochwertige Grundlagenforschung. Universitätspolitik gehört zwar nicht zur Forschungspolitik; aber die Qualität der Universitätsabsolventen wird die Qualität künftiger Forschung beeinflussen. Es ist zu befürchten, daß der Niedergang der deutschen Universität bereits mittelfristig Konsequenzen für die internationale Wettbewerbsfähigkeit des Landes haben wird (vgl. LEWY; VAN LITH; SCHNUER).

III. Entscheidungsprozesse
In der Praxis wird Wissenschaftspolitik auch dadurch kompliziert, daß die wichtigen Entscheidungen durch Kollektive getroffen werden – ein Verfahren, zu dem es kaum eine Alternative gibt, da die wichtigsten Träger Ministerien und staatliche Bürokratien sind sowie Großunternehmen, die ähnlich staatlichen Bürokratien funktionieren. Deshalb geht es in der Wissenschaftspolitik genau wie in der übrigen Politik darum, ein solches institutionelles Anreizesystem zu schaffen, das es für Politiker und sogar für Mitglieder von Entscheidungsgremien rational macht, die langfristigen Konsequenzen ihrer Entscheidungen mehr zu berücksichtigen als die kurzfristigen Erfolge oder Scheinerfolge. Davon sind wir derzeit jedoch noch weit entfernt.

Gerard Radnitzky

Brooks, H.: The problem of research priorities. In: Daedalus 107, 1978. – *Bruder, W. (Hg.):* Forschungs- und Technologiepolitik in der Bundesrepublik Deutschland. 1986. – *Hamm, W.:* Freiheitsbeschränkung durch staatliche Struktur- und Forschungspolitik. In: Ordo 30, 1979. – *v. Hayek, F. A.:* Die Anmaßung von Wissen. In: Ordo 26, 1975. – *Hübner, K., u. a. (Hg.):* Die politische Herausforderung der Wissenschaft. 1976. Darin vor allem die Beiträge von *Andersson, Hübner* und *Radnitzky*. – *Kuhn, Th. S.:* Die Struktur wissenschaftlicher Revolutionen (1962) [2]1976. [W] – *Lakatos, I./Musgrave, A. (Hg.):* Kritik und Erkenntnisfortschritt. (Aus dem Engl.) (1970) 1974. – *Lewy, G.:* The persisting heritage of the 1960s in West German higher education. In: Minerva 18, 1980. – *van Lith, U.:* Der Markt als Ordnungsprinzip des Bildungsbereichs. 1985. – *Meiners, R. (Hg.):* The academy and the state. 1988. – *Polanyi, M.:* The republic of science – its political and economic theory. In: Minerva 1, 1963. – *Radnitzky, G.:* Science, technology, and political responsibility. In: Minerva 19, 1981. – *Rottenberg, S.:* The economy of science: the proper role of government in the growth of science. In: Minerva 19, 1981. – *Schnuer, G.:* Die deutsche Bildungskatastrophe. 20 Jahre nach Picht. 1986. – *Shils, E. A. (Hg.):* Criteria for scientific development. Public policy and national goals. A selection of articles from »Minerva«. 1968. – *Sommer, J. (Hg.):* Knowledge and the State. 1988. – *Thiel, Ch.:* Grundlagenforschung und Grundlagen der Wissenschaften. In: Meyers Enzyklopädisches Lexikon. Bd. 11. 1974. – *Weber, M.:* Wissenschaft als Beruf. 1919. In: *Ders.*, Gesammelte Aufsätze zur Wissenschaftslehre. 1922, [5]1982. [W] – *Weinberg, A. M.:* The axiology of science. In: American Scientist 58, 1965. – *Ders.:* Probleme der Großforschung. Mit einer Einführung von *G. Radnitzky* und *G. Andersson*. (Aus dem Amerik.) (1967) 1970.

Gerard Radnitzky

Wissenschaftssoziologie

Einleitung. Geschichtliches
Wissenschaftssoziologie wurde möglich, als sich die wissenschaftliche Erkenntnis auf sich selbst zurückwandte, ihr eigenes Tun betrachtete. Das geschah in der neuzeitlichen Philosophie seit BACON und DESCARTES und intensivierte sich dann in der *Aufklärung*. So stellt DIDEROT in der »Enzyklopädie«

Überlegungen darüber an, warum die Philosophen lieber Bücher lesen als selbst nachdenken (→ *Philosophie*). Im 19. Jh. bot vor allem Arthur SCHOPENHAUER eine präzise, in vielem noch heute nicht aufgearbeitete »wissenschaftssoziologische« Kritik. Im 20. Jh. war Max WEBER bahnbrechend mit seinem Vortrag »Wissenschaft als Beruf« aus dem Jahre 1919. Hier findet sich der Vergleich eines wissenschaftlichen Institutes mit einem kapitalistischen Betrieb, der für die Forschung der folgenden Jahrzehnte grundlegend werden sollte. 1924 schrieb Helmuth PLESSNER, noch scharfsichtiger und differenzierender als WEBER, seinen Aufsatz »Zur Soziologie der modernen Forschung«. 1939 veröffentlichte der englische Kristallograph und Wissenschaftsforscher John Desmond BERNAL sein Buch »The Social Function of Science«, und in der folgenden Zeit wurde die wissenschaftssoziologische Forschung vor allem in den Vereinigten Staaten vorangetrieben. Führend wurde Robert K. MERTON, vor allem mit seinem 1949 erstmals erschienenen Buch »Social Theory and Social Structure«, das auch in Deutschland viel gelesen wurde und wird. Einen guten Begriff von den Leistungen der amerikanischen Wissenschaftsforschung geben für den deutschen Leser die beiden von P. WEINGART herausgegebenen Bände »Wissenschaftssoziologie«. Aus dem angelsächsischen Bereich kam die Diskussion wieder zurück in das Land SCHOPENHAUERS, WEBERS und PLESSNERS.

A. Der Bereich der Wissenschaftssoziologie
I. Der Begriff

Wissenschaftssoziologie ist die Anwendung der soziologischen Betrachtungsweise auf den Bereich der Wissenschaft. Um den Begriff genauer zu klären, zerlegen wir ihn am besten in seine beiden Bestandteile.

1. »Wissenschafts-«: Unter »Wissenschaft« verstehen wir *sämtliche* Großbereiche und Einzeldisziplinen der → *Wissenschaft* überhaupt. Das ist keine Selbstverständlichkeit. Ähnlich, wenn auch nicht in so starkem Maße wie in der logisch-empiristisch verstandenen Wissenschaftstheorie (→ *Einleitung*), finden wir auch in der Wissenschaftssoziologie oft eine Bevorzugung der Naturwissenschaften, der Medizin und der technischen Fächer. Hierdurch muß sich eine Verzeichnung ergeben. Denn die genannten Bereiche benötigen einen großen Apparat: »Mittel«, Institute, viel Personal, großbetriebsartige Organisation. Schon die Gegenstandsgebiete legen eine Zusammenarbeit mit der Industrie nahe; um der Aufstockung der Geldmittel willen ist man darüber hinaus geneigt, für Militärbelange zu arbeiten: man sucht Verbindung zur Rüstungsindustrie und zum Verteidigungsministerium. Durch Personalaustausch in beiden Richtungen sind Natur- und technische Wissenschaften mit der Industrie eng verbunden. So vermischen sich auch die Arbeitsstile und die Betriebsform: ein Physiker im Physikalischen Institut der Universität und ein Physiker im Forschungszentrum eines großen Industrieunternehmens tun dann quasi das gleiche, leben auf die gleiche Weise.

Eine Wissenschaftssoziologie, die Naturwissenschaften, technische Wissenschaften und Medizin für »die« Wissenschaft hält, muß daher, überspitzt gesagt, zur Betriebssoziologie von Siemens oder IBM werden.

Es ist also notwendig, sich vor Augen zu halten, daß es auch noch andere Wissenschaften gibt. Der Historiker, der Kunstwissenschaftler, der Philologe, der Mathematiker brauchen »auch heute noch« – strenggenommen – keine »Mittel«, um arbeiten zu können. Sie brauchen nur ihre persönliche Sicherstellung – und wenn sie diese nicht haben, arbeiten sie auch ohne sie. Unkosten für und durch die Arbeit entstehen praktisch nicht. So gut wie alles benötigte Material steht ihnen in Bibliotheken, Archiven und Museen zur Verfügung, und zwar praktisch kostenlos. Die Versuchung, sich an der Militärforschung zu beteiligen, besteht in der Regel nicht. Im übrigen sind viele Geistes- und Sozialwissenschaftler diejenigen, die Militärforschung nicht betreiben, sondern kritisieren.

Da somit die »kritischen« Wissenschaften auch »Wissenschaft« sind, kann der Begriff der Wissenschaft weder im zustimmenden noch im ablehnenden Sinne auf die »technokratischen« Bereiche eingeengt werden. Ein Satz wie »Die Wissenschaft ist in den Fängen des Kapitalismus«, als kritisch gemeint verstanden, enthält einen Widerspruch in sich selbst, wenn derjenige, der ihn ausspricht, selbst Wissenschaftler ist und daher an seinen kritischen Erkenntnissen arbeitet wie der Pharmachemiker an einem neuen Medikament.

Die Wissenschaftssoziologie kann sich mithin nicht einseitig an den Natur- und technischen Wissenschaften orientieren. Ihre Aufgabe ist es vielmehr, einerseits über die einzelnen Bereiche der Wissenschaft differenzierende Aussagen zu machen und andererseits die Züge herauszuarbeiten, die allen Disziplinen gemeinsam sind. So werden z. B. in allen Fächern, von der theoretischen Physik über die Politologie bis zur Assyriologie, Professoren *berufen*. Demzufolge wäre eine »Soziologie des Berufungsverfahrens« möglich, die weitgehende formale Ähnlichkeiten dieses Vorganges in jedem Fach sichtbar machen würde.

2. »-soziologie«: Auch im zweiten Bestandteil des Wortes »Wissenschaftssoziologie« liegen einige Probleme verborgen.
Die Soziologie betrachtet alle Erscheinungen des menschlichen Lebens aus einem bestimmten Blickwinkel, eben dem der Sozialstrukturen. So, wie beispielsweise eine ökonomisch-betriebswirtschaftliche Betrachtung des Buchhandels das Buch nicht als Träger geistiger Inhalte, sondern als Ware behandelt, so betrachtet auch die Wissenschaftssoziologie die Wissenschaft nicht in erster Linie auf ihre Erkenntnisinhalte, sondern auf ihre sozialen und sozialpsychologischen Sachverhalte hin. Sie fragt z. B., was es für die Durchsetzung der Theorien eines Wissenschaftlers bedeutet, ob er Privatdozent oder Ordinarius ist, warum manche Wissenschaftler zitiert werden und andere nicht, warum Wissenschaftler etwas gegen verständlich schreibende Kollegen haben und ähnliches.
Hierbei entsteht jedoch folgendes Dilemma: Zweifellos ist es richtig und wichtig, allgemeine, auch in anderen sozialen Bereichen wirksame Motive und Strukturen, das »allgemein Menschliche«, in der Wissenschaft herauszufiltern – also etwa darauf hinzuweisen, daß die Motive des Wissenschaftlers in mancher Hinsicht die aller Menschen sind: der Wunsch nach Einkommen, nach Ansehen, nach Macht und Einfluß. So zutreffend aber das alles ist: eine Wissenschaftssoziologie, die einseitig solche allgemeingesellschaftlichen Aspekte der Wissenschaft betont, würde damit auf die Dauer sich selbst aufheben. Denn sie müßte sich fragen lassen, was an ihr denn noch *Wissenschafts*soziologie sei. Eine Soziologie, die ihren (jeweiligen) Gegenstandsbereich nur noch auf allgemeine soziologische und sozialpsychologische Gesetzmäßigkeiten hin abklopft und in ihm womöglich nur Bausteine für eine allgemeine, formale soziologische Theorie sucht, nimmt sich selbst jeden Reiz. Wen interessiert noch eine Wissenschaftssoziologie, die die Wissenschaft nur als Tummelplatz allgemeiner sozialer Motive und Vorgänge betrachtet, wie sie jeder andere Lebensbereich auch bieten kann?
Hieraus folgt: Eine Wissenschaftssoziologie, die Interesse finden und sinnvoll sein will, muß es verstehen, eine pikante Balance zu halten. Einerseits soll sie natürlich die allgemeinen sozialpsychologisch interpretierbaren Motive hinter den scheinbar »rein wissenschaftlichen« Vorgängen aufdecken, sie soll desillusionieren, »entlarven«, uns einen Blick hinter die Kulissen tun lassen: eines Berufungsverfahrens, einer wissenschaftlichen Schule, der Veröffentlichungspolitik eines Zeitschriftenherausgeber-Gremiums. Nur: alle solche »Enthüllungen« erhalten ihren Reiz ja wieder dadurch, daß sie in einem *inhaltlich bestimmten* Bereich des gesellschaftlichen Lebens stattfinden und daß dieser Inhalt eben die wissenschaftliche Arbeit mit ihren ganz spezifischen Motiven, Konflikten, Problemen ist. Intrigen und Machtkämpfe in Politik und Wirtschaft ist man gewohnt; daß es sie in der Wissenschaft in bezug auf ihre spezifischen Gegenstände (etwa ein Forschungsprojekt oder eine Veröffentlichung) ebenfalls gibt, ist das Ungewohnte und daher Interessante.
Trotz mancher formal-sozialer Ähnlichkeiten wird ein Team von Wissenschaftlern, das und dessen einzelne Mitglieder eben einfach inhaltlich Neues denken, etwas anderes sein als eine Arbeitsgruppe in einem Wirtschaftsbetrieb oder in einer Verwaltungsbehörde, die lediglich vorgegebene Aufgaben löst (vgl. Tenbruck, in Stehr/König, 20f.).
Genau hier liegt auch das Problem der wissenschaftlichen Fälschungen (vgl. Fölsing). Fälschungen mögen um kurzlebiger wirtschaftlicher oder sonstiger Vorteile willen Sinn haben; im spezifischen Zusammenhang der Wissenschaft sind sie sinnlos, weil der Fälscher letzten Endes niemanden betrügt als sich selbst: nämlich um das Bewußtsein, eigene Gedanken zu haben – das einzige wirklich standhaltende Motiv wissenschaftlichen Arbeitens.

II. Die soziale Struktur der Wissenschaft: Wissenschaft und Kunst im Vergleich

Wie bei verschiedenen Fragestellungen der Wissenschaftstheorie so wird es auch im Bereich der Wissenschaftssoziologie sich als fruchtbar erweisen, den Bereich der Wissen-

schaft mit dem der *Kunst* in Vergleich zu setzen, weil sich dann viele Sachverhalte plastischer herausheben.
Beide Bereiche, Kunst wie Wissenschaft, haben es nämlich mit Gebilden des »objektivierten Geistes« zu tun, d. h. mit »Werken«, die in einem materiellen Medium (Schriftzeichen auf Papier, heute auch Ton- und Datenträger usw.) festgehalten und in der Regel einem (oder mehreren) bestimmten Schöpfer(n) oder Urheber(n) individuell zugerechnet werden. Dieses Arbeiten auf objektivierte Gebilde hin unterscheidet Künstler und Wissenschaftler von bloßen »Dienstleistern«, wie Ärzten, Kaufleuten, Busfahrern, und von solchen Herstellern materieller Produkte, deren Arbeitsanteil in das Produkt nur anonym eingeht – vom Industriearbeiter bis hin zum Architekten oder Bauingenieur, dessen Haus oder Brücke »Gebrauchsware« ist und nicht ihm individuell als »Autor« zugerechnet wird. Das Schaffen individuell zurechenbarer »Werke« haben Wissenschaftler und Künstler also gemeinsam. Jedoch bestehen – aus der Perspektive der Wissenschaftssoziologie – drei grundlegende Unterschiede zwischen Wissenschaft und Kunst.
1. Das Verhältnis zur Wahrheit: Der Wissenschaft geht es in der Regel um wahre Aussagen. Wissenschaftliche Auseinandersetzungen beziehen sich daher normalerweise auf die Wahrheit bestimmter Behauptungen: zwei Gegner sind in einer Sache verschiedener Meinung, nehmen aber beide die Wahrheit ihrer Aussagen für sich in Anspruch und versuchen, einander zu widerlegen oder zu überzeugen. Anders in der Kunst. Hier gibt es nicht nur *eine* Wahrheit, die – notfalls im Konflikt – gefunden werden müßte, sondern hier trägt jedes Kunstwerk eine besondere Wahrheit in sich. Natürlich kann man Kunstwerke bejahen oder ablehnen – aber das ist dann kein Urteil über wahr und falsch (→ *Wahr und falsch; Wahrheit*). Die Honigpumpe von Josef Beuys will nicht andere Kunstwerke widerlegen, sondern nur ihre eigene Wahrheit neben die Wahrheiten anderer Werke stellen.
2. Der Berufstyp – Beamter/Unternehmer: Der Wissenschaftler ist seiner geschichtlichen Herkunft nach Kleriker oder Beamter. Es ist ihm daher selbstverständlich, gegen festes Einkommen im Dienste einer öffentlichen Institution zu arbeiten, die ihn einerseits in seiner Freiheit beschränkt, andererseits diese Freiheit gerade sicherstellt: anders als etwa einZeitungsredakteur kann ein Professor nicht auf eine bestimmte inhaltliche Tendenz seiner Äußerungen festgelegt werden. Der Künstler ist seiner geschichtlichen Herkunft nach Handwerker oder Unternehmer. Ihm ist es daher selbstverständlich, ohne jede finanzielle Absicherung durch einen Arbeitgeber »freischwebend« im Markt zu arbeiten, gegebenenfalls unter sehr kargen Verhältnissen, ja in Existenznot.
3. Objektivierung und Kommunikation:
(a) Der Wissenschaftler – zwischen beiden Feuern: Wissenschaftler wie Künstler sind auf das *objektivierte Gebilde* hin orientiert. Dies bedeutet für den Wissenschaftler: Anders als in anderen Institutionen interessiert die praktische Arbeitsleistung im Betrieb selbst, am Ort, für die Beurteilung spezifisch wissenschaftlicher Qualifikationen nicht. Ob etwa ein Assistent sich in seinem Institut als solider Verwalter oder auch als guter Studentenlehrer bewährt hat, spielt für sein weiteres Fortkommen als Wissenschaftler nur eine untergeordnete Rolle; beurteilt wird das Objektivierbare: also das, was er an wissenschaftlichen Arbeiten veröffentlicht hat. Nicht an seinem Arbeitsort wird darüber entschieden, was er »taugt« – sondern in der (überörtlichen) »wissenschaftlichen Gemeinschaft« des jeweiligen Faches oder Fachgebietes. Eine Beförderung am Ort ist in der Regel nicht möglich; der »Ruf« muß von außen kommen. Daher auch die in der deutschen akademischen Welt früher geläufige Rede: »Er ist ein so tüchtiger Mann, aber – leider, leider – *das große Buch* fehlt.« Oder im Englischen, kurz und bündig, auch bei uns zum geflügelten Wort geworden: »Publish or perish« (= veröffentlichen oder zugrundegehen).
Hiernach sieht es so aus, als ob in der Wissenschaft das Kriterium des Objektivierbaren absolut herrschte und von der Person ganz abgesehen würde. Bei näherer Betrachtung zeigt sich jedoch, daß dies gerade in der Wissenschaft anders liegt. Das »große Buch«, das »Publish« ist in Wahrheit – logisch gesprochen – nur notwendige, nicht aber hinreichende Bedingung. Gewiß: *ohne* Buch geht es nicht – aber *nur* mit dem Buch geht es auch nicht. Der Außenseiter also, der über ein Thema zwar ein Buch aufzuweisen hat, aber persönlich nicht bekannt und nirgends einzuordnen ist, hat keinerlei Chance, ernst genommen zu werden. Der soziale Kontakt, der auf der niederen, der lokalen Ebene wie mit der Mistgabel ausgetrieben schien – er kehrt

auf der höheren Ebene unversehens wieder. Auf der überörtlichen Ebene genügen überraschenderweise die Bücher nicht. Der Kandidat muß auch *persönlich bekannt* sein. Hierbei sind wiederum zwei Stufen zu unterscheiden:

– Einmal muß er nach Möglichkeit auf jeder wichtigen allgemeinen Tagung des Faches oder Konferenz seines Spezialgebietes gesichtet werden und ein Referat halten, um sich so für etwaige Rufe oder Einladungen in Erinnerung zu bringen; man spricht daher vom »Viehmarkt« der Kongresse.

– Aber in vielen Fällen genügt noch nicht einmal diese Stufe des persönlichen Bekanntseins. Vielmehr muß der Wissenschaftler darüber hinaus als Mitarbeiter eines bestimmten Institutes oder Lehrstuhlinhabers gleichsam auch geographisch, in der »Forschungslandschaft«, lokalisierbar sein: man muß wissen, von welchem Lehrer, aus welcher Schule er kommt. Dieses institutionelle Kriterium kann so radikal sein, daß z. B. ein Privatgelehrter, der zwar Tagungen besucht und daher nicht nur durch seine Bücher, sondern auch – im Sinne unserer ersten Stufe – persönlich bekannt ist, aber nicht außerdem als Mitarbeiter eines Institutes ausgewiesen ist, ebenfalls nicht eigentlich dazugehört.

Hier werden die historischen Wurzeln des Wissenschaftlers im Kleriker und Beamten sichtbar. Zu einem richtigen Wissenschaftler gehört herkömmlicherweise ein festes Amt – und zwar heute unabdingbar in der Hochschule oder in einer anderen Forschungsorganisation, also nicht nur als Pfarrer, Richter oder Lehrer, der nach Feierabend wissenschaftlich arbeitet. Das bloße tatsächliche Arbeiten in der Wissenschaft als Privatgelehrter oder als »Praktiker« einer akademischen Berufssparte gilt heute in der Regel nicht als Zugehörigkeitsausweis. Aus dieser Amtsfixiertheit des Gelehrten erklärt sich auch jener wunderliche Eifer, mit dem in einer angeblichen Republik freier und gleicher Geister seismographisch registriert wird, ob jemand »C-4-« oder etwa nur »C-3-«Professor ist.

Freilich sind hier geschichtliche und wirtschaftskonjunkturelle Schwankungen zu berücksichtigen. Noch um die letzte Jahrhundertwende waren der wohlhabende (und daher auf ein Professorenamt nicht angewiesene) Privatgelehrte und der Gymnasiallehrer, Richter und Pfarrer als voll anerkannte Wissenschaftler häufig, und heute wiederum zwingt vielfach der Arbeitsstellenmarkt auch qualifizierte Wissenschaftler dazu, sich als Praktiker oder Freiberufler durchzuschlagen. Die Gleichung Wissenschaftler = Universitätsmitarbeiter galt also eigentlich nur in den goldenen sechziger und siebziger Jahren.

Angesichts dieses Problems macht sich die Unterscheidung zwischen den »Instituts-« und den »Schreibtisch«-Wissenschaften deutlich bemerkbar. Ein Naturwissenschaftler, Mediziner und Techniker ohne Institutsanstellung ist ziemlich verloren – ein Geisteswissenschaftler kann ohne weiteres auch als Privatgelehrter arbeiten. Ferner wird hier deutlich, daß Max Webers klassischer, die gesamte Wissenschaftssoziologie seitdem beherrschender Vergleich des Institutsmitarbeiters mit dem proletarischen Arbeiter in der Fabrik aus der Perspektive des Geisteswissenschaftlers etwas Irreales hat; denn in den Augen eines Studienrats, der in der Schule »verbauert« und sich danach sehnt, hauptberuflich in der Wissenschaft arbeiten zu können, hat ein Institutsassistent das große Los gezogen – ungeachtet aller Querelen, die er mit seinem Chef haben mag, die aber dem Studienrat als belanglose Arabesken einer im übrigen beneidenswerten Existenz erscheinen müssen.

Auch solche Probleme gehören in die Wissenschaftssoziologie, die aber derart auf den hauptberuflich angestellten Wissenschaftler fixiert ist, daß sie sie überhaupt nicht sieht. In aller Unbefangenheit gibt Stephen Cole diesem Credo insbesondere der amerikanischen Wissenschaftssoziologie Ausdruck, wenn er sagt: Man »findet [...] heute kaum einen [Vererbungsforscher Gregor] ›Mendel‹, der in einem abgelegenen Kloster arbeitet; heute wären die ›Mendels‹ an einer Universität oder in einem staatlichen oder Industrielabor« (zit. in Weingart, Bd. 1, 180). Man wird Zweifel anmelden dürfen.

(b) Der Künstler – unabhängig von Kommunikation: Probleme der soeben skizzierten Art kennt der Künstler nicht; denn er ist von Haus aus Handwerker und Unternehmer und als solcher prinzipiell auf sich selbst gestellt. Natürlich können auch Künstler zu Hochschulprofessoren berufen werden. Aber diese Funktion ist ihnen weder so »notwendig« wie den Wissenschaftlern, noch lassen sie sich – in der Regel – durch eine Professorenposition derart prägen wie die Wissenschaftler; sie bleiben in ihrem Habitus vor allem stets der freischwebende Handwerker-Unterneh-

mer. (Der eben berufene Wissenschaftsprofessor ist glücklich, nun die Herrschaft in seinem Institut antreten zu können – der eben berufene Kunstprofessor trachtet eher danach, nun erst einmal Urlaub zu nehmen.) Ein führender Gelehrter, der nicht Professor an einer angesehenen Institution ist, wäre nicht denkbar. Dagegen ist keineswegs ein weltberühmter Künstler auch notwendig Professor. EINSTEIN mußte Professor sein – PICASSO nicht.

Aus der Unabhängigkeit des Künstlers von Amt und Position und der ihm damit zugestandenen Variationsbreite wirtschaftlichen Ergehens folgt nun auch, daß in der Kunst das Prinzip des »Objektivierens« *viel reiner* hervortritt als in der Wissenschaft. Ein Künstler kann in völliger Einsamkeit irgendwo hausen, ohne Freunde – bestenfalls in Kontakt mit einem Verleger, Kunsthändler, Manager, der seine Interessen gegenüber der Außenwelt vertritt, notfalls aber auch einfach als sein eigener Agent. Seine fehlende soziale Einbindung, sein Mangel an geselligem Umgang, bis hin zur Kauzigkeit, die Unbekanntheit seiner persönlichen Sphäre tun der Wirkung seines Werkes keinerlei Abbruch, denn dieses Werk spricht völlig aus sich selbst. Nur in der Kunst ist es daher auch möglich, daß jemand vorbestraft und doch ein geschätzter Dichter oder Maler sein kann. Ein anerkannter Wissenschaftler im Gefängnis? Völlig undenkbar. Zum Wissenschaftler gehört immer eine reputierliche bürgerliche Existenz.

B. Das Phänomen der Schulenbildung

In gewisser Hinsicht gilt: In keinem Lebensbereich ist der Gegensatz zwischen den offiziell verkündeten Normen und der Wirklichkeit so kraß wie in der Wissenschaft. Die offizielle Norm heißt: »Der Wissenschaftler ist schöpferisch. Ihn zeichnet aus, daß er selbständig denkt, daß er noch nie Gedachtes ans Licht bringt. Eben das unterscheidet ihn vom Praktiker, also vom Arzt, Richter oder Lehrer, daß er nicht feststehendes Wissen nur anwendet, sondern daß er neues Denken erfindet.«

Wie aber sieht es in Wirklichkeit aus? Thomas S. KUHN hat in seinem berühmten Buch »Die Struktur wissenschaftlicher Revolutionen« die Begriffe »normale Wissenschaft« und »revolutionäre Wissenschaft« einander gegenübergestellt. Die »normale Wissenschaft« wendet gegebene Denkmuster nur an, während die »revolutionäre Wissenschaft« völlig neue Denkweisen hervorbringt – ganz so, wie im politischen Bereich Revolutionen zum Umsturz des bisherigen Staates führen; Beispiele wären etwa das kopernikanische System oder die Relativitätstheorie. Der wissenschaftssoziologisch eigentlich interessante Begriff ist hierbei der der »normalen« Wissenschaft, worunter die Tätigkeit von biederen Durchschnittsforschern zu verstehen ist, die nichts wirklich Neues erfinden, sondern nur im gegebenen Rahmen kleine Teilerkenntnisse erarbeiten. Sehr anschaulich nennt KUHN dies »Rätsellösen«. Denn bei einem Rätsel steht das Ergebnis ja vorher fest, nur kennt es der Ratende noch nicht und versucht es herauszufinden.

Wie paßt dies nun zusammen: »Jeder Wissenschaftler ist schöpferisch und unterscheidet sich vom Praktiker dadurch, daß er Neues findet« und: »Der Normalwissenschaftler löst nur Kreuzworträtsel«? Zum besseren Verständnis müssen wir die Gegenüberstellung »normal/revolutionär« noch allgemeiner fassen. »Normale« und »revolutionäre« Wissenschaft müssen zeitlich nicht voneinander getrennt sein in dem Sinne, daß im Laufe der Geschichte »normale« und »revolutionäre« Phasen miteinander abwechselten. »Normal« und »revolutionär« bezeichnen vielmehr zwei Wissenschaftsstile, die sich in freier Weise überschneiden und also auch gleichzeitig nebeneinander existieren können. Unser Begriffspaar meint also nichts anderes als das, was SCHOPENHAUER mit seiner Gegenüberstellung des »Alltagskopfes« und des »überlegenen Kopfes« in der Philosophie sagen wollte: »Die Schreiberei der Alltagsköpfe ist wie mit Schablonen aufgetragen, besteht nämlich aus lauter fertigen Redensarten und Phrasen, wie sie eben im Schwange und Mode sind [...]. Der überlegene Kopf« formuliert »eigens für den speciellen, gegenwärtigen Fall.« (Parerga und Paralipomena II, Kap. 23, § 283 in Zürcher Ausgabe 10, 569, Anm. 2.)

Wenn im Zusammenhang mit der Begutachtung von Manuskripten durch Zeitschriftenredakteure oder Forschungsförderungseinrichtungen immer wieder gesagt wird, »innovative Beiträge seien im Nachteil gegenüber konventionellen« (HARTMANN/DÜBBERS, 61), dann bedeutet dies doch offensichtlich die Verkehrung der Kreativitäts- und Originalitätsideologie in ihr krasses Gegenteil. Denn theoretisch müßten ja gerade »innovative« Arbeiten das Entzücken aller Redakteure und Gutachter hervorrufen. In Wahrheit ist der eigenwillige Neuerer gerade nicht beliebt. Geschätzt wird vielmehr der Wissenschaftler, der weit davon entfernt ist, »schöpferisch« zu sein, der einfach die Denkwerkzeuge seines akademischen Lehrers übernimmt und mit ihnen weiterarbeitet, ohne das Bedürfnis zu verspüren, neue Denkwerkzeuge zu erfinden.

Wer zu boshaften Überspitzungen neigt, könnte sagen: »Der Linguist Chomsky hat die These aufgestellt, die Sprachfähigkeit des Menschen sei dadurch gekennzeichnet, daß er imstande sei, Sätze zu bilden, die er noch nie gehört habe. Dann sind ›normale Wissenschaftler‹ Ausnahmemenschen: sie können nur Sätze bilden, die sie von ihrem Meister gehört haben.« Dies erklärt die große Bedeutung von »Schulen« in der Wissenschaft. Der junge Wissenschaftler braucht sich seine Begriffe und Methoden nicht selbst zu schaffen – er braucht die vorhandenen nur zu übernehmen. So paradox das klingt – aber »seit jeher besteht die Philosophie aus ›Schulen‹« (R. Spaemann, in Lübbe, 96) – ausgerechnet die Philosophie, von der man doch naiverweise annimmt, daß zumindest sie die Domäne schöpferischer Geister, eigenwilliger Systembauer sei (→ *Philosophie*). Natürlich bleibt den Schulwissenschaftlern der Gegensatz zwischen Ideal und Wirklichkeit teilweise noch bewußt – weshalb die Existenz wissenschaftlicher Schulen gerade von den typischen Schulwissenschaftlern beharrlich geleugnet wird.

Zu jeder Zeit ist es so, daß der wirklich schöpferische Kopf es schwer hat, sich gegen die Schablonenherrschaft der »normalen« Wissenschaft durchzusetzen. Das Tragische ist nur, daß viele solche Köpfe, wenn sie sich einmal durchgesetzt haben, ihre Gedanken selbst zu einem Schuldogma machen und Anhänger um sich sammeln, die ihrerseits unkritisch auf des Meisters Worte schwören.

C. Das Problem der Qualifikation

Ein für die Wissenschaftssoziologie zentraler Begriff ist der der »Qualifikation« oder auch, subjektiv gewendet, des »Ansehens«. Nach Qualifikation beurteilt werden nicht nur Einzelpersonen, sondern auch Institutionen, also etwa Universitäten, wissenschaftliche Zeitschriften, Verlage usf. Was aber ist nun der Maßstab für Qualifikation?

I. Zirkuläre Definitionen

Vor allem die amerikanische Wissenschaftssoziologie verwendet hier rein formale oder quantitative Kriterien. Eine Person ist qualifiziert, wenn sie den Nobelpreis hat, wenn sie ein hohes Gehalt bekommt, an einer prominenten Universität lehrt, viel veröffentlicht und viel zitiert wird. Eine Universität ist qualifiziert, wenn an ihr viele Nobelpreisträger lehren, wenn sie vom Staat und/oder von Einzelpersonen viel Geld bekommt, ihre Professoren viel veröffentlichen und viel zitiert werden und so fort.

Solche Definitionen von »Qualifikation« sind ersichtlich zirkulär: Ein Professor ist qualifiziert, weil er an einer qualifizierten Universität lehrt, und die Universität ist qualifiziert, weil qualifizierte Professoren an ihr lehren. Ein Professor ist qualifiziert, weil er ein hohes Gehalt bekommt, und er bekommt ein hohes Gehalt, weil er qualifiziert ist. Aber irgendwann muß er doch einmal angefangen haben, als qualifiziert zu gelten! Was also sind die Gründe dafür, daß man von zwei jungen, mit ihren Arbeiten gerade erst in das Licht der wissenschaftlichen Öffentlichkeit tretenden Wissenschaftlern sagt: »A ist qualifiziert, er verdient daher jede Förderung« und: »B ist weniger qualifiziert; er wird sich daher auch mit weniger Anerkennung zufriedengeben müssen«? Wir müssen den methodischen Zirkel des »Die Armut kommt von der Powerteh« durchbrechen und das Phänomen der »Qualifikation« *inhaltlich* zu beschreiben und zu begründen versuchen.

II. Eine hermeneutische Definition

Um das Problem der Qualifikation wirklich in den Griff zu bekommen, müssen wir die Sache mit Hilfe der Hermeneutik angehen. Hierzu folgendes Beispiel: Es »werde von einem als ›Platonisch‹ überlieferten Brief behauptet, er sei nicht von Platon selbst verfaßt worden: Hier kommt als sachkundiger Beurteiler offenbar nur ein philologisch, historisch und philosophisch kompetenter Gelehrter in Betracht.« (Kamlah/Lorenzen, 119) Gemeint ist: Die diffizile Frage, ob ein bestimmter Brief wirklich von Platon geschrieben ist oder nicht, kann nicht irgend jemand mit seinem Alltagsverstand beantworten, sondern nur jemand, der – erstens – sehr gut Griechisch kann, der sich – zweitens – in der griechischen Geistes- und Literaturgeschichte auskennt und der – drittens – mit philosophischen Gedankengängen vertraut ist. Niemand wird vernünftigerweise die Richtigkeit dieser Argumentation bestreiten wollen, sondern jedermann wird einsehen, daß die genannten Voraussetzungen einerseits notwendig sind, andererseits aber auch einen Forscher durchaus in die Lage versetzen können, das Problem zu lösen. Freilich ist es nicht möglich, einem beliebigen Menschen zu beweisen, daß und warum dieser oder jener Brief PLATONS echt oder unecht ist – denn dazu müßte dieser Mensch eben die genannten Voraussetzungen mitbringen. Jedoch wäre es nicht maßgebend, wenn nun Hinz oder Kunz sagte: »Wenn man *mir* nicht zeigen kann, daß und warum es so ist, dann ist es auch nicht stichhaltig.« Vielmehr gibt es keine andere Möglichkeit, als die Richtigkeit einer solchen Feststellung an die *Sachkunde* der jeweiligen Beurteiler und *deren* Diskussion zu binden. Hinz und Kunz müssen und können also Griechisch lernen, um in die Lage versetzt zu werden, diese Sachverhalte zu beurteilen.

Ein einfacheres Beispiel: Nur derjenige, der etwas von Musik versteht, vermag die Feststellung zu würdigen: »Bach ist bedeutender als Telemann.« Daß der Unmusikalische dies nicht beurteilen kann, ja daß diese Aussage für ihn möglicherweise überhaupt keinen Sinn enthält, ist kein Beweis für die Unkontrollierbarkeit dieser Behauptung. Denn auch hier gilt: Wer eine solche Behauptung nachprüfen will, braucht sich ja nur musiksachverständig zu machen.

Für den Begriff der »Qualifikation« bedeutet dies: Wer innerhalb einer bestimmten wissenschaftlichen Disziplin »qualifiziert« ist, können die jeweils Sachkundigen aufgrund ihrer Urteilsfähigkeit im Rahmen des jeweiligen Gegenstandsbereiches eindeutig – und in der Regel unter den Sachkundigen auch unstreitig – feststellen. Die in diesem Sinne Sachkundigen müssen dabei durchaus nicht (oder nicht nur) amtlich bestellte Gutachter oder Redakteure sein. Aufgrund der Anerkennung durch die jeweils Sachkundigen bildet sich ein bestimmter »Ruf« des Betreffenden heraus, der dann sekundär zu Qualitätsmerkmalen wie Berufung nach Harvard, Nobelpreis, vielen Veröffentlichungen und so fort führt.

Natürlich ist auch diese Argumentation insoweit wieder formal, als sie mangels einer gemeinsamen Grundlage an Sachkunde von keinem Autor einem allgemeinen Publikum gegenüber demonstriert werden kann. Jedoch kann sich jedermann den Gedankengang in Gebiete übertragen, auf denen er sachkundig ist: Warum »ist« dieser Fußballspieler, Rockmusiker, Tischler, Sachbearbeiter, Lehrer, jenes Buch, jenes Musikstück, jenes Bild »gut«, und andere Personen oder Werke im jeweils gleichen Sachgebiet sind es weniger?

III. »Qualifikation« sub specie aeternitatis

Im übrigen muß man sich darüber klarsein, daß die Einstufung eines heute lebenden Wissenschaftlers als »qualifiziert« noch gar nichts besagen muß. Denn ganz strenggenommen müßte man den Qualitätsbegriff »sub specie aeternitatis« verstehen. Das heißt: welcher Wissenschaftler wirklich bedeutend ist, wird sich erst im nachhinein erkennen lassen. Die Geschichte ist eine langsame, aber äußerst strenge Richterin. Welche Philosophen des vorigen Jahrhunderts z. B. wirklich »qualifiziert« waren, vermögen wir erst heute zu beurteilen. Einen akademisch erfolglosen SCHOPENHAUER, der die etablierten Professoren seiner Zeit als »Unsinnschmierer« beschimpfte, konnte man seinerzeit leicht als Traubenfuchs abtun. Heute wird SCHOPENHAUERS Name genannt, wo von den zwanzig bedeutendsten Philosophen der Weltgeschichte die Rede ist, und die wohlbestallten, weil im Urteil ihrer eigenen Gegenwart »qualifizierten« Ordinarien seiner Zeit sind meist vergessen. Diese Erfahrung sollte uns zur Vorsicht mahnen und uns davor bewahren, nach dem gegenwärtigen Augenschein vorschnell über die Qualifikation heutiger Wissenschaftler zu urteilen. Vielleicht ist der wirklich bedeutendste Kopf der Gegenwart noch gar nicht entdeckt, weil er wie seinerzeit SCHOPENHAUER ein Schattendasein als Privatgelehrter führt. Selbst Nobelpreise und Tätigkeiten an führenden Universitäten besagen hier gar nichts – ganz zu schweigen vom Vielschreiben und Vielzitiertwerden.

Helmut Seiffert

Anger, H.: Probleme der deutschen Universität. 1960. – *Bahrdt, H. P.:* Wissenschaftssoziologie – ad hoc. 1971. – *Ders./Krauch, H./Rittel, H.:* Die wissenschaftliche Arbeit in Gruppen. In: Kölner Zeitschrift für Soziologie und Sozialpsychologie 12, 1960. – *Bernal, J. D.:* Die soziale Funktion der Wissenschaft. (Aus dem Engl.) (1939) Berlin (DDR) 1986, Köln 1986. – *Bühl, W. L.:* Einführung in die Wissenschaftssoziologie. 1974. – *Bungarten, Th. (Hg.):* Wissenschaftssprache. 1981. – *Caplow, Th./McGee, R. J.:* The academic marketplace. 1958, 1961. – *Crane, D.:* Invisible colleges. 1972. – *Diderot, D.:* Enzyklopädie. Philosophische und politische Texte aus der »Encyclopédie«. dtv 1969. – *Engelsing, R.:* Arbeit,

Zeit und Werk im literarischen Beruf. 1976. – *Fölsing, A.:* Der Mogelfaktor. Die Wissenschaftler und die Wahrheit. 1984. – *Ford, B. J.:* Der Experten-Kult. Vom maximalen Minimum. (Aus dem Engl.) (1982) 1985. – *Hansen, K. (Hg.):* Verständliche Wissenschaft. 1981. – *Hartmann, H./Dübbers, E.:* Kritik in der Wissenschaftspraxis. Buchbesprechungen und ihr Echo. 1984. – *Kamlah, W./Lorenzen, P.:* Logische Propädeutik. 1967, ^{2}1973. – *Knorr-Cetina, K.:* Die Fabrikation von Erkenntnis. Zur Anthropologie der Naturwissenschaft. (Aus dem Engl.) (1981) 1984. – *Koestler, A.:* Der göttliche Funke. (Aus dem Engl.) 1966. – *Krauch, H.:* Die organisierte Forschung. 1970. – *Ders./Kunz, W./Rittel, H. (Hg.):* Forschungsplanung. 1966. – *Kuhn, Th. S.:* Die Entstehung des Neuen. 1977, stw 1978. [W] – *Ders.:* Die Struktur wissenschaftlicher Revolutionen. (1962) ^{2}1976. [W] – *Lakatos, I./Musgrave, A. (Hg.):* Kritik und Erkenntnisfortschritt. Kolloquium London 1965. (Aus dem Engl.) (1970) 1974. – *Lanz, J.:* Begriffsgeschichte im Großversuch. [Zum Wörterbuch von *J. Ritter* (L).] In: Archiv für Begriffsgeschichte 22, 1978. – *Lübbe, H. (Hg.):* Wozu Philosophie? Stellungnahmen eines Arbeitskreises. 1978. – *Merton, R. K.:* Auf den Schultern von Riesen. Ein Leitfaden durch das Labyrinth der Gelehrsamkeit. (Aus dem Amerik.) (1965, 1967) 1980, stw 1983. – *Ders.:* Entwicklung und Wandel von Forschungsinteressen. (The sociology of science. 1973) Aufsätze zur Wissenschaftssoziologie. (Übers. ohne die Introduction von N. Storer im Original) 1985. – *Ders.:* Social theory and social structure. 1949, 1957, 1968. – *Mills, C. W.:* Kritik der soziologischen Denkweise. (Aus dem Engl.) 1963. – *Ossowska, M./Ossowski, S.:* The science of science. In: Organon 1, 1936. Auch in: Minerva 3, 1964. Dt. in: *Krauch/Kunz/Rittel.* – *Philipp, F.-H. (Hg.):* Information und Gesellschaft. Bedingungen wissenschaftlicher Publikation. 1977. – *Planck, M.:* Wissenschaftliche Selbstbiographie. 1948, ^{3}1955. – *Plessner, H.:* Zur Soziologie der modernen Forschung [...]. 1924. In: *Ders. (Hg.),* Untersuchungen [...]. Bd. 1. 1956. Später in: *Ders.,* Diesseits der Utopie. 1966, st 1974. Jetzt in: *Ders.,* Gesammelte Schriften. Bd. 10. 1985. – *Ders. (Hg.):* Untersuchungen zur Lage der deutschen Hochschullehrer. Bd. 1–3. 1956. – *Price, D. de S.:* Little science, big science. 1963, dt. stw 1974. – *Ders.:* Little science, big science [...] and beyond. 1986. – *Ders.:* Science since Babylon. 1961, ^{3}1967. – *Raiser, L.:* Wissenschaft als Beruf. Neu erörtert. 1964. – *Ringer, F. K.:* Die Gelehrten. Der Niedergang der deutschen Mandarine 1890–1933. (Aus dem Engl.) (1969) 1983. – *Sahner, H.:* Zur Selektivität von Herausgebern. In: Zeitschrift für Soziologie 11, 1982. – *Schelsky, H.:* Einsamkeit und Freiheit. 1963. – *Scheuch, E. K./v. Alemann, H. (Hg.):* Das Forschungsinstitut. 1978. – *Schopenhauer, A.:* Parerga und Paralipomena. Zit. nach: Zürcher Ausgabe. Werke in 10 Bänden. 1977. – *Seiffert, H.:* Hochschuldidaktik und Hochschulpolitik. 1969. – *Ders.:* Information über die Information. 1968, ^{3}1971. – *Spiegel-Rösing, I. S.:* Wissenschaftsentwicklung und Wissenschaftssteuerung. 1973. – *Stehr, N./König, R. (Hg.):* Wissenschaftssoziologie. (Kölner Zeitschrift für Soziologie und Sozialpsychologie, Sonderheft 18) 1975. Hierin vor allem der Beitrag von *Tenbruck.* – *Stock, W. G.:* Die Bedeutung der Zitatenanalyse für die Wissenschaftsforschung. In: Zeitschrift für allgemeine Wissenschaftstheorie 16, 1985. – *Tenbruck, F. H.:* Zur Kritik der planenden Vernunft. 1972. – *Thürkauf, M.:* König Nobels Hofstaat. Satiren [...] zum Wissenschaftsbetrieb. 1974. – *Weber, M.:* Wissenschaft als Beruf. 1919. In: *Ders.,* Gesammelte Aufsätze zur Wissenschaftslehre. 1922, ^{5}1982. [W] – *Weingart, P. (Hg.):* Wissenschaftssoziologie. Bd. 1: 1972; Bd. 2: 1974.

Helmut Seiffert

Wissenschaftstheorie, allgemein und Geschichte

A. Begriff

Das zusammengesetzte Wort »Wissenschaftstheorie« bedeutet »Theorie von der Wissenschaft«, das will sagen: die Erörterung der Grundlagen und Methoden der Wissenschaft. Das Wort »Wissenschaftstheorie« läßt also völlig offen, wie die »Theorie«, mit der man sich der Wissenschaft nähert, im einzelnen beschaffen ist, und ebenso, ob nur bestimmte, und gegebenenfalls welche bestimmten, Inhaltsbereiche als Gegenstände der »Wissenschaftstheorie« gelten sollen.

»Wissenschaftstheorie« heißt also zunächst ganz einfach »Theorie überhaupt von der Wissenschaft überhaupt«.

B. Geschichtlicher Abriß

Wie jedes Wort und jeder Gegenstand, so haben auch das Wort und der Gegenstand »Wissenschaftstheorie« eine Geschichte. Und bei der Betrachtung dieser Geschichte ergibt sich der merkwürdige Sachverhalt, daß die im Abschnitt A gegebene, scheinbar selbstverständliche Definition von »Wissenschaftstheorie« erst am Ende eines geschichtlichen Prozesses steht, der den Begriff der Wissenschaftstheorie über Umwege und durch Einschränkungen geführt hat, die in diesem Begriff an sich nicht angelegt sind.

Geschichtlich gesehen ist die Wissenschaftstheorie derjenige Teil der Philosophie, der sich mit der Grundlegung der wissenschaftlichen Erkenntnis beschäftigt.

1. In diesem Sinne der erste »Wissenschaftstheoretiker« war ARISTOTELES, der mit seinen – später unter der Bezeichnung »organon« (also: Instrument, Werkzeug) zusammengefaßten – logischen Schriften und mit der »Metaphysik« die noch heute gültigen wissenschaftlichen Grundbegriffe (etwa »allgemein/besonder« oder »Form/Inhalt«) und Arbeitsverfahren (Schluß, Beweis, Definition) geprägt hat und damit der Begründer der antik-abendländischen Wissenschaft überhaupt wurde. Die aristotelische »Wissenschaftstheorie« fand ihre Weiterentwicklung dann im neuzeitlichen Rationalismus und Empirismus, wie er mit DESCARTES und BACON einsetzte.

2. Hierdurch war bereits die Richtung vorgezeichnet, die die Wissenschaftstheorie zunächst nehmen sollte: in ihrer Nähe zu Mathematik und Logik einerseits und den »Erfahrungs«-, und das heißt zunächst: Naturwissenschaften andererseits war sie »logizistisch« und »empiristisch« orientiert. So ist es kein Zufall, daß es im 19. Jh. und zu Beginn des 20. Jh. Mathematiker und Logiker wie FREGE und RUSSELL einerseits und philosophisch interessierte Naturwissenschaftler wie HELMHOLTZ und MACH andererseits waren, die dann an der Wiege der bald ausdrücklich auch »Wissenschaftstheorie« genannten philosophischen Strömung standen. (Die englische Bezeichnung für die Wissenschaftstheorie, »philosophy of science«, bringt dies deutlich zum Ausdruck; einem Autor wie LOSEE fällt es daher auch gar nicht schwer, in einem in deutscher Übersetzung »Wissenschaftstheorie« betitelten Buch eben nur den Bereich der exakten Wissenschaften zu behandeln [→ *Einleitung*].)

Unter »Wissenschaftstheorie« im engeren Sinne dieses Wortes verstehen wir seitdem die »Wiener« Philosophie des ersten Jahrhundertdrittels, d.h. einerseits die »analytische« (logisch-empirische) Wissenschaftstheorie, für die vor allem der Name CARNAP steht, sowie den »Kritischen Rationalismus« von POPPER, als deren Repräsentanten in der Bundesrepublik STEGMÜLLER bzw. ALBERT angesprochen werden dürfen.

3. Erst in der zweiten Jahrhunderthälfte bildeten sich in der Bundesrepublik zwei weitere Richtungen der »Wissenschaftstheorie« heraus: der sich vor allem auf FREGE, den Mathematik- und Physik-Philosophen DINGLER und innermathematische Traditionen (BROUWER, WEYL) stützende → *Konstruktivismus* (LORENZEN) sowie eine Richtung, die sich erstmals nicht aus der logisch-empirischen Tradition speist, sondern ihre Wurzel in den Geistes- und Sozialwissenschaften hat: die neomarxistisch-freudianisch geprägte → *Kritische Theorie* (HORKHEIMER, ADORNO, HABERMAS).

Gerade in diesem Zusammenhang wird deutlich: was »Wissenschaftstheorie« genannt wird, sind in Wahrheit immer genau lokalisierbare »Richtungen« und »Schulen«. Daß man heute auch die »Kritische Theorie« zu den »wissenschaftstheoretischen« Richtungen zählt, ist also keine Widerlegung, sondern gerade eine Bestätigung der Tatsache, daß man in den vergangenen Jahrzehnten unter »Wissenschaftstheorie« in Wahrheit immer nur *bestimmte* philosophische Schuldoktrinen verstanden hat. So wurde z.B. völlig ignoriert, daß es seit Beginn des 19. Jh. (mit Wurzeln im 18. und 17. Jh.) eine geisteswissenschaftliche, historisch-philologische »Wissenschaftstheorie« gibt, die so bedeutende Initiatoren wie den Philologen BOECKH, die Historiker RANKE und DROYSEN und später die Philosophen DILTHEY und NIETZSCHE aufzuweisen hat (→ *Geisteswissenschaften;* → *Geschichtstheorie;* → *Hermeneutik*).

Erst seit etwa zwanzig Jahren ist eine »Entdogmatisierung« des Wissenschaftstheoriebegriffes im Gange, insofern sich Veröffentlichungen mehren, die ganz unbefangen von der Grundbedeutung des Wortes »Wissenschaftstheorie«: »Theorie aller Art über Wissenschaftsbereiche aller Art« ausgehen und in diesem Sinne *alle* Bereichsmethodiken in Augenschein nehmen. Als einen Anreger dieser undogmatischen, universalen Betrachtung der wissenschaftlichen Methodiken wird man I. M. BOCHENSKI ansehen können, in dessen 1954 erstmals erschienenem Büchlein »Die zeitgenössischen Denkmethoden« beispielsweise auch die phänomenologische und die historische Methode behandelt werden.

Seitdem sollte es eigentlich nicht mehr möglich sein, den seiner Grundbedeutung nach allgemeinen Begriff der »Wissenschaftstheorie« für eine bestimmte Schulrichtung in Anspruch zu nehmen. Angesichts der Neigung der Wissenschaftler, sich mit bestimmten Schulen zu identifizieren (→ *Philosophie;* → *Wissenschaftssoziologie*), muß dies freilich ein pium desiderium bleiben. (→ *Einleitung;* → *Methode;* → *Theorie*)

Helmut Seiffert

Bochenski, I. M.: Die zeitgenössischen Denkmethoden. 1954, ^{9}1986. – *Böhme, G., u. a.:* Die gesellschaftliche Orientierung des wissenschaftlichen Fortschritts. (Starnberger Studien 1) 1978. – *Böhme, G./van den Daele, W./Krohn, W.:* Die Finalisierung der Wissenschaft. In: Zeitschrift für Soziologie 2/2, 1973. Auch in: *Diederich, W. (Hg.),* Theorien der Wissenschaftsgeschichte. 1974. – *Carnap, R.:* Der logische Aufbau der Welt. 1928. – Mit: Scheinprobleme in der Philosophie [...]. 1928 = 1961, 1979. – *Chalmers, A. F.:* Wege der Wissenschaft. Einführung in die Wissenschaftstheorie. (Aus dem Engl.) 1986. – *van den Daele, W./Krohn, W./Weingart, P. (Hg.):* Geplante Forschung. 1979. – *Diemer, A. (Hg.):* Beiträge zur Entwicklung der Wissenschaftstheorie im 19. Jahrhundert. (Studien zur Wissenschaftstheorie 1) 1968. – *Ders. (Hg.):* Konzeption und Begriff der Forschung in den Wissenschaften des 19. Jahrhunderts. (Studien zur Wissenschaftstheorie 12) 1978. – *Ders. (Hg.):* Die Struktur wissenschaftlicher Revolutionen und die Geschichte der Wissenschaften. (Studien zur Wissenschaftstheorie 10) 1977. – *Ders. (Hg.):* Der Wissenschaftsbegriff. Historische und systematische Untersuchungen. (Studien zur Wissenschaftstheorie 4) 1970. – *Ders. (Hg.)* in Zusammenarbeit mit *L. Geldsetzer* und *F. Rotter:* Der Methoden- und Theorienpluralismus in den Wissenschaften. (Studien zur Wissenschaftstheorie 6) 1971. – *Gadamer, H.-G.:* Wahrheit und Methode. Grundzüge einer philosophischen Hermeneutik. 1960, ^{4}1975. – *Habermas, J.:* Zur Logik der Sozialwissenschaften. 1967, stw 1985. [W] – *Ders.:* Theorie des kommunikativen Handelns. Bd. 1; 2. 1981. – *Hempel, C. G.:* Aspects [...]. 1965. Aspekte [...]. 1977. [W] – *Ders.:* Grundzüge der Begriffsbildung in der empirischen Wissenschaft. (Aus dem Engl.) (1952) 1974. – *Herrmann, Th. W. (Hg.):* Dichotomie und Duplizität. Grundfragen psychologischer Erkenntnis. Ernst August Dölle zum Gedächtnis. 1974. – *Janich, P./Kambartel, F./Mittelstraß, J.:* Wissenschaftstheorie als Wissenschaftskritik. 1974. – *Jöhr, W. A.:* Gespräche über Wissenschaftstheorie. 1973. – *Käfer, D.:* Rudolph Beck-Dülmen. Denker in dunkler Zeit. 1985. – *Kambartel, F.:* Theorie und Begründung. 1973, 1976. – *Kamlah, W.:* Von der Sprache zur Vernunft. Philosophie und Wissenschaft in der neuzeitlichen Profanität. 1975. – *v. Kempski, J.:* Brechungen. Kritische Versuche zur Philosophie der Gegenwart. 1964, Neuausg. 1987. – *König, G.:* Was heißt Wissenschaftstheorie? 1971. – *Kraft, V.:* Einführung in die Philosophie. Philosophie, Weltanschauung, Wissenschaft. 1950, ^{2}1967. – *Kreibich, R.:* Die Wissenschaftsgesellschaft. 1986. – *v. Kutschera, F.:* Wissenschaftstheorie. Bd. 1; 2. [W] – *Leinfellner, W.:* Einführung in die Erkenntnis- und Wissenschaftstheorie. 1965, ^{2}1967, ^{3}1980. – *Lenk, H.:* Zwischen Wissenschaftstheorie und Sozialwissenschaft. stw 1986. – *Lorenzen, P.:* Methodisches Denken. 1968, stw 1974. – *Losee, J.:* Wissenschaftstheorie. Eine historische Einführung. (Aus dem Amerik.) (1972) 1977. – *Luhmann, N.:* Selbststeuerung der Wissenschaft. In: *Ders.*, Soziologische Aufklärung. Bd. 1: 1970, ^{4}1974. – *Poincaré, H.:* Wissenschaft und Hypothese. (Aus dem Franz.) (1902) 1904. – *Popper, K. R.:* s. *Auswahl zentraler Literatur* [W] – *Radnitzky, G.:* s. *Auswahl zentraler Literatur* [W] – *Schilpp, P. A. (Hg.):* The philosophy of Rudolf Carnap. 1963. – *Ders. (Hg.):* The philosophy of Karl Popper. Bd. 1; 2. 1974. – *Schnädelbach, H. (Mitverf.):* Probleme der Wissenschaftstheorie. Eine philosophische Einführung. Fernuniversität Hagen. 1980. – *Seiffert, H.:* Einführung in die Wissenschaftstheorie. Bd. 1–3. [E] – *Spiegel-Rösing, I. S.:* Wissenschaftsentwicklung und Wissenschaftssteuerung. 1973. – *Stegmüller, W.:* Hauptströmungen [...]. Bd. 1–3. [H] – *Ders.:* Probleme und Resultate [...]. Bd. 1–4. [H] – *Strasser, H./Knorr, K. D. (Hg.):* Wissenschaftssteuerung. 1976. – *Ströker, E.:* Einführung in die Wissenschaftstheorie. 1973, ^{2}1977. – *Theimer, W.:* Was ist Wissenschaft? Praktische Wissenschaftslehre. 1985. – *Thiel, Ch.:* Grundlagenforschung und Grundlagen der Wissenschaften. In: Meyers Enzyklopädisches Lexikon. Bd. 11. 1974. – *Ders.:* Grundlagenkrise und Grundlagenstreit. 1972. – *Thiel, M.:* Enzyklopädie der geisteswissenschaftlichen Arbeitsmethoden. 1967–. [H] – *Weber, M.:* s. *Auswahl zentraler Literatur* [W] – *Weingart, P.:* Selbststeuerung der Wissenschaft und staatliche Wissenschaftspolitik. In: Kölner Zeitschrift für Soziologie und Sozialpsychologie 22, 1970. – *Ders./Winterhager, M.:* Die Vermessung der Forschung. Theorie und Praxis der Wissenschaftsindikatoren. 1984. – *Wenz, E.-M. (Hg.):* Wissenschaftsgerichtshöfe. Mittler zwischen Wissenschaft, Politik und Gesellschaft. 1983. – *Wuchterl, K.:* Methoden der Gegenwartsphilosophie. 1977, ^{2}1987.

Helmut Seiffert

Wissenschaftstheorie, Methodologie

Einleitung

Mit → *Wissenschaft* meinen wir verschiedene Dinge: vor allem Forschung und die Resultate dieser Tätigkeit (Theorien, Methoden usf.), aber auch die Institutionen, die die Forschung tragen, z. B. Forschungseinrichtungen, Fachzeitschriften usf. Im weiten Sinne gehören auch die Forscher als Produzenten wissenschaftlicher Entdeckungen zur Wissenschaft, und die »Abnehmer« des wissenschaftlichen Wissens gehören zu ihrem unmittelbaren Umfeld. Vage, aber nicht ohne Berechtigung spricht man von Wissenschaft als von einer Art »Humankapital«. Damit sind nicht nur die Wissenschaftler gemeint, sondern auch das Wissen, das die Wissenschaft als »scientific enterprise« erstellt, und sogar die Forschungstraditionen, die die Forschung anleiten. Dieses Humankapital dürfte für eine Nation wertvoller sein als Rohstoffe. Es ist eine Binsenwahrheit, daß die Resultate der wissenschaftlichen Forschung unsere Lebensform entscheidend verändert haben und verändern, nicht nur, indem sie neue Technologien möglich machen, sondern auch, indem sie uns helfen, unser Welt- und Menschenbild zu verbessern, vor allem dadurch, daß mit ihrer Hilfe Auffassungen, die sich als unhaltbar herausstellen, eliminiert werden.

A. Das Wissen über die Wissenschaft

In dem Maße, in dem die Wissenschaft für uns wichtig ist, ist es auch wichtig, *über das Phänomen Wissenschaft möglichst solides Wissen zu beschaffen.* Wissen über die Wissenschaft ist ein unentbehrlicher Teil der Entscheidungsgrundlage für rationale → *Wissenschaftspolitik* und Technologiepolitik. Es ist auch von großer Bedeutung, wenn wir einen bestimmten Aspekt unseres Menschenbildes verbessern wollen, nämlich unsere Auffassung vom Menschen als erkennendem Subjekt.

I. Wissenschaftsforschung

Woher bekommt man Wissen über »die Wissenschaft«? Die Wissenschaft – in dem soeben angesprochenen, sehr weiten Sinn – ist Untersuchungsgegenstand wissenschaftlicher Disziplinen. Man könnte diese Untersuchungen unter der Sammelbezeichnung *»Wissenschaftsforschung«* subsumieren. Manchmal wird auch *»Wissenschaftstheorie«* in einem so weiten Sinn gebraucht – etwa im Sinne einer *Theorie von der Wissenschaft* –, daß der Ausdruck nahezu synonym wird mit »Wissenschaftsforschung und Methodologie«. Je nach der für eine bestimmte Disziplin oder Gruppe von Disziplinen charakteristischen Perspektive und dem begrifflichen Instrumentarium werden verschiedene Aspekte der Wissenschaft untersucht. Die → *Wissenschaftssoziologie*, die Forschungspsychologie usf. sind Teilbereiche der betreffenden empirischen Fächer. Diese Art von Untersuchungen werden einen weiten Fokus haben; nicht nur die Resultate der Forschung werden berücksichtigt, und oft stehen die Forscher bzw. die »scientific community« in ihrem sozio-historischen Kontext im Zentrum des Interesses. »Wissenschaftsgeschichte« ist eine Sammelbezeichnung für verschiedenartige Untersuchungen. Sie reichen von breitangelegten Untersuchungen über Entstehungs- und Wirkungsgeschichte, Untersuchungen über das Verhältnis von Wissenschaft zu zeitgenössischen philosophischen Denkstilen und Annahmen und dem Verhältnis zur Technikgeschichte bis hin zur sogenannten »internen« Wissenschaftsgeschichte als einer Rekonstruktion von Problementwicklungen und Theorienabfolgen, d. h. von Entwicklungen innerhalb der Welt der abstrakten Entitäten (→ *Wissenschaftsgeschichte, allgemein*). Bei dieser Art von Untersuchungen ist historische Akribie weniger wichtig als das Aufzeigen interessanter Fälle von »Problemveredlungen«, aus denen man auch heute noch etwas lernen kann.

II. Wissenschaftslogik

Einen Gegenpol zu den empirischen und den rein historischen Untersuchungen stellt die logische Rekonstruktion von bestimmten Darstellungen bestimmter wissenschaftlicher Theorien, Erklärungen usf. dar. Bei diesen Untersuchungen handelt es sich hauptsächlich um angewandte Logik. Sie bringen Theorien, Erklärungsargumente usf., die pro tempore als »fertig« betrachtet werden, in eine möglichst klare und durchsichtige Form, damit ihre logische Struktur deutlicher wird als in ihrer ursprünglichen Formulierung. Daraus ergeben sich auch mögliche Ansatzpunkte für eine Kritik der betreffenden Theorie, und damit werden gegebenenfalls auch Möglichkeiten zur Verbesserung der betreffenden Theorie eröffnet. Man könnte diese Untersuchungen als *»Wissenschaftslogik«* bezeichnen.

III. Wissenschaftsphilosophie

Den Terminus *Wissenschaftsphilosophie* schlage ich vor zu reservieren für die philosophische Spekulation über das Verhältnis der Wissenschaft zu anderen Phänomenen unserer Kultur, etwa: Einfluß der Resultate der Wissenschaft auf das Selbstverständnis des Menschen; Reflexionen über die Wirkungsgeschichte von Wissenschaft und die Wirkung der auf Wissenschaft basierten Technik; Bewertungen der möglichen und tatsächlichen Folgen von Wissenschaft und Technik aus substantiellen Wertgesichtspunkten usf. Diese Untersuchungen gehören zur sogenannten Kulturphilosophie oder -kritik (manchmal spricht man hier etwas irreführend von »Wissenschaftskritik«) bzw. zur philosophischen Anthropologie und zur Moralphilosophie.

B. Wissenschaftstheorie im engeren Sinne: Methodologie

Unter den Untersuchungen, die sich mit Wissenschaft befassen, nimmt die *Wissenschaftstheorie* im engeren Sinn, auch *»Methodologie der wissenschaftlichen Forschung«* oder kurz *»Methodologie«* genannt, eine zentrale Rolle ein. Diese Behauptung führt zu zwei Fragen: Was soll mit »Methodologie« hier verstanden werden? Und: Warum ist Methodologie – so verstanden – zentral? (HOYNINGEN-HUENE/HIRSCH)

I. Was ist Methodologie?

Bei dieser Frage geht es um eine → *Explikation*, zunächst um das erste Moment einer Explikation, um die Klärung der intuitiven Idee der Methodologie. Jeder Versuch, den Begriff »Methodologie« zu klären, muß darauf Rücksicht nehmen, daß für die *Bewertung der wissenschaftlichen Qualität* der Resultate der Forschung nur die Methodologie zuständig ist. Bei diesen Bewertungen handelt es sich um *erkenntnisinterne* Bewertungen. Es sind keine echten, d. h. nicht-instrumentelle Bewertungen (→ *Wert*), sondern was bewertet wird, ist der instrumentelle Wert einer bestimmten Theorie, Erklärung, Hypothese, Methode, eines bestimmten Kriteriums usf. für den Erkenntnisfortschritt in der betreffenden Disziplin. Es wird vorausgesetzt, daß das Ziel der Realwissenschaften Theorien von möglichst großer Erklärungskraft (was auch Voraussagekraft beinhaltet) sind. Der Erkenntnisfortschritt selbst ist sinnkonstitutiv für die Tätigkeit des Forschens: er kann weder innerhalb der Wissenschaft noch innerhalb der Methodologie problematisiert werden.

II. Warum ist Methodologie so zentral?

Aus den bisherigen Überlegungen folgt bereits die Antwort auf die Frage, warum bzw. in welcher Weise die Methodologie eine zentrale Rolle innerhalb der Wissenschaftsforschung spielt.

1. Unentbehrlich in der Forschung: Die Methodologie ist in der Forschung unentbehrlich, denn der Forscher wird laufend vor Entscheidungsprobleme gestellt, die ihn mit *methodologischen* Fragen konfrontieren. So hat er z. B. zu entscheiden, ob eine bestimmte Erklärung plausibel bzw. ob sie einer mit ihr konkurrierenden Erklärung vorzuziehen ist, welche von zwei miteinander konkurrierenden Theorien die »bessere« ist, ob es in einer bestimmten Problemsituation seines Fachs rational ist, Zeit und Energie lieber in dieses Forschungsprojekt zu investieren als in ein anderes, das mit dem erstgenannten um knappe Ressourcen an Zeit und Energie konkurriert, d. h., zu entscheiden, welches von zwei hoch konkurrierenden Problemen das »wissenschaftlich wichtigere« ist (»wichtig« im objektiven Sinn, also in Anbetracht der Rendite an neuem Wissen, die sich der Forscher von der Arbeit an einem bestimmten Projekt erhofft) (RADNITZKY, Economic Approach).

Vielleicht könnte der Forscher solche methodologischen Bewertungen und die darauf basierenden Entscheidungen mit »schlafwandlerischer« Sicherheit treffen, indem er einer impliziten Forschungstradition folgt oder sich von »tacit knowledge« im Sinne Michael POLANYIS anleiten läßt; inwieweit das möglich ist, soll hier nicht erörtert werden. Jedenfalls können Methodologie-Regeln, solange sie implizit bleiben, nicht kritisiert werden, und daher besteht so lange auch keine Chance, daß sie mittels Kritik verbessert werden. Das Selbstverständnis des Forschers qua Forscher bleibt in diesem Fall mangelhaft, was seiner Leistung abträglich sein kann. Der Forscher hat nicht die Wahl, entweder als ein eigener Methodologe zu arbeiten oder dies nicht zu tun: er wird nolens volens Methodologie-Entscheidungen treffen und gegebenenfalls méthodologicien malgré lui sein. Wenn er sich mit einer hausgemachten Methodologie begnügt, dann wird er in dieser Hinsicht nicht die bestmögliche Ressource gewählt haben. Eine gute Methodologie ist nämlich für den Forscher eine wichtige Ressource, ebenso wie eine Forschungstradition, ein »Paradigma« (falls es ein »gutes« ist) oder seine Fertigkeiten und seine intellektuellen Fähigkeiten Ressourcen sind. Kurz, die Methodologie ist für den Forscher unentbehrlich in dem Sinn, daß der Forscher immer auch als angewandter Methodologe arbeitet, ob er es will oder nicht und ob er es weiß oder nicht. Aber auch hier ist eine *Arbeitsteilung* rational, d.h., es ist durchaus rational, daß sich die *Methodologie* als ein *Spezialfach* entwickelt, daß sie selbständig wird, ohne allerdings dabei den ständigen Kontakt mit der Forschung zu verlieren. Wenn wir die (kurze) Geschichte der

Methodologie betrachten, so stellen wir fest, daß es vor allem Wissenschaftler waren, die die Methodologie entwickelt haben, daß ihr Beitrag wichtiger erscheint als der der Fachphilosophen (vielleicht mit Ausnahme von HUME und KANT). Im 19. Jh. waren es MAXWELL, BOLTZMANN, HELMHOLTZ, HERTZ, dann DUHEM, POINCARÉ, PEIRCE. Heute, wo es Methodologie als Disziplin gibt und diese Disziplin immerhin einen gewissen Erkenntnisfortschritt vorzuweisen hat, wäre es für einen Forscher unökonomisch und daher unrational, wenn er diese Ressource nicht benutzen würde, sondern versuchen würde, nach der Do-it-yourself-Methode zu verfahren. Nur derjenige Forscher, der an sehr begrenzten Problemen innerhalb einer wohletablierten Forschungstradition arbeitet, z. B. als Experimentalphysiker oder mathematischer Physiker, kann es sich ungestraft leisten, sich um Methodologie nicht zu kümmern. Sobald ein Forscher sich jedoch für größere Zusammenhänge interessiert oder sich mit Fragen der oben angesprochenen »internen Forschungspolitik« befaßt, können Kenntnisse in Methodologie für ihn sehr nützlich bis unentbehrlich sein.

2. Unentbehrlich für den Wissenschaftshistoriker und -soziologen: Für den Wissenschaftshistoriker und -soziologen ist die Methodologie auf zwei Ebenen von Bedeutung: Erstens braucht er sie als Forscher so wie jeder andere Forscher und vermutlich mehr noch als der Naturwissenschaftler, weil es in den Geistes- und Gesellschaftswissenschaften kein Gegenstück zu den erfolgreichen Forschungstraditionen z. B. der Physik gibt. Zweitens – und das ist das Besondere – stehen Methodologie-Bewertungen am Anfang jedes seiner Forschungsunternehmen. Denn ein Wissenschaftshistoriker ohne Methodologie könnte zwar Veränderungen beschreiben, aber um einen Erkenntnisfortschritt in der Wissenschaftshistoriographie zu erreichen, muß er wissen, welche Entwicklungen in dem Fachgebiet, dessen Geschichte er nachzeichnet, die »wichtigen« sind. Ähnliches gilt für den Wissenschaftssoziologen. Ohne den Kompaß der Methodologie kann er das Volumen der Forschungstätigkeit beschreiben, Organisationsformen der Wissenschaft untersuchen usf. Aber Erfolg zu haben im soziologischen Sinn – Reputation erwerben oder erhöhen, seiner Theorie Anerkennung verschaffen – ist nicht dasselbe wie Erfolg im Methodologie-Sinn: einen Erkenntnisfortschritt zu erzielen. Die wissenschaftliche Qualität der Resultate seiner Forschung sollte der Grund sein, warum ein Wissenschaftler eine bestimmte Reputation genießt. Die beiden genannten Arten von Erfolg können stark korrelieren, sie müssen es aber nicht. Die Korrelation zwischen ihnen wird desto schwächer sein, je weiter in dem betreffenden Fach die Theoriebildung von der Empirie entfernt ist. (Im Extremfall kann diese Distanz so groß werden, daß sie zu der Pathologie führt, die Hans ALBERT als »Modellplatonismus« bezeichnet hat.) Die Korrelation wird auch von der Stärke der Schulbildung im betreffenden Fach und von dem Fungieren der Institutionen des Fachs abhängen. Deshalb kann auch eine wissenschaftssoziologische Untersuchung, wenn sie einen Erkenntnisfortschritt in ihrem Gebiet erbringen soll, nicht um die Frage herumkommen, welche der vielen Entwicklungen die »wissenschaftlich wichtigen« sind, und das heißt: sie kann nicht ohne Methodologie-Bewertung auskommen (→ *Wissenschaftssoziologie*).

Auch der Hinweis, daß gewisse Theorienpaare wie z. B. der Übergang von GALILEI zu NEWTON oder von NEWTON zu EINSTEIN als klassische Beispiele von Erkenntnisfortschritt allgemein anerkannt sind, ändert daran nichts. Als Einwand gegen die These von der Abhängigkeit der Wissenschaftshistoriographie und -soziologie von der Methodologie ist diese Feststellung naiv. Denn gute Gründe für die allgemeine Anerkennung können nur in bestimmten Eigenschaften der beiden konkurrierenden Theorien bestehen, und welche Kriterien hier in Betracht kommen, das ist wiederum eine Methodologie-Frage. Es ist daher sehr wichtig, daß zwischen wissenschaftssoziologischen und -historischen Fragen einerseits und Methodologie-Fragen andererseits scharf unterschieden wird. So befaßt sich z. B. POPPERS Methodologie ausschließlich mit abstrakten Entitäten, und ihre Regeln sind als hypothetische Empfehlungen globaler Art aufzufassen. T. S. KUHNS Theorien dagegen sind primär soziologische und historische Theorien. Diese beiden Ansätze sind daher keine Konkurrenten, und die enorme Popularität von KUHNS Theorien bei Fachphilosophen kann somit als eine soziologische Wende in der »philosophy of science« angesprochen werden. Die Zitatzeichen sollen nahelegen, daß »*philosophy* of science« insofern keine adäquate Bezeichnung mehr ist (RADNITZKY, Centripetal forces, Bd. 2, Teil IV).

C. Die Explikation des Begriffes

Nach dieser Klärung der intuitiven Idee der Methodologie kann ein Vorschlag unterbreitet werden, wie der Begriff gefaßt werden soll, damit er in der erkenntnistheoretischen, in der methodologischen und in der wissenschaftspolitischen Diskussion ein nützliches Instrument abgibt, d. h., es kann ein Explikat des Begriffs angeboten werden. Zunächst sei aber nochmals festgestellt, daß die Methodologie keine empirische Disziplin ist und daß nur ein kleiner Teil der Methodologie als angewandte Logik aufgefaßt werden kann. Die Methodologie ist »normativ« im weiten Sinn. Sie kann selbstverständlich keine Algorithmen anbieten, denn Forschung ist niemals reine Routine. Aber Forschung ist auch nicht eine chaotische Tätigkeit. Wäre das der Fall, dann wäre tatsächlich FEYERABENDS »anything goes« die einzige Methodologie-Regel – allerdings eine Regel, die, wie FEYERABEND selbst bemerkt, niemandem etwas helfen würde, obgleich sie die Situation charakterisieren würde. Forschung ist jedoch weitgehend ein rationales Problemlösungsverfahren. Zusammen mit Handeln im wirtschaftlichen Bereich ist sie das beste Beispiel, das wir von rationalem Vorgehen geben können. Ich schlage daher vor, in erster Approximation Methodologie – mit Hans ALBERT – als *Technologie des Erkenntnisfortschritts* zu betrachten. Hans ALBERTS Vorschlag scheint mir der beste der mir bekannten Explikata für den Begriff »Methodologie« zu sein. ALBERT betrachtet eine Technologie wesentlich als Gesetzeswissen im Kontext der Applikation. Ich ziehe es vor, eine *Technologie* als ein *System von hypothetischen Imperativen oder Empfehlungen* aufzufassen. Eine typische methodologische Regel hätte gemäß dieser Auffassung etwa folgende Form:

> »Wenn Ihr Ziel Erkenntnisfortschritt ist (was wir voraussetzen, da Sie forschen wollen) und wenn Sie sich in einer Forschungssituation vom Typ *S* befinden (festzustellen, ob Sie sich wirklich in der besagten Problemsituation befinden, das ist Ihre Aufgabe), dann *empfiehlt* Ihnen die Methodologie *M*, gemäß Regel *R* zu verfahren.«

Auf die Frage, warum es rational sein soll, dieser Empfehlung zu folgen, wird geantwortet: »Wenn Sie in diesem Fall der Regel *R* folgen, sind Ihre Chancen, Ihr Ziel – Erkenntnisfortschritt – zu erreichen, besser, als wenn Sie jeder anderen mit *R* konkurrierenden Regel folgen würden.« Daß für die Befolgung der Regel tatsächlich gute Gründe vorliegen, kann nur argumentativ gezeigt werden. Beispiele, die zeigen wollen, daß ein bestimmter Forscher, der als »erfolgreich« angesehen wird, einer bestimmten Regel *R* gefolgt ist, haben wenig Überzeugungskraft. Denn es geht ja darum zu argumentieren, warum die Regel *R* in bestimmten Arten von Situationen mehr Nutzen als Kosten bringt, also denjenigen, der ihr folgt, erfolgreicher macht als diejenigen, die anderen Regeln folgen bzw. andere Verfahrensweisen praktizieren.

Eine *allgemeine* Methodologie der wissenschaftlichen Forschung – eine »allgemeine Wissenschaftstheorie« (»Wissenschaftstheorie« im engeren Sinn) – soll, ex definitione, für *alle* Arten von Forschungsvorhaben gelten. Dieser Forderung liegt die Hypothese zugrunde, *daß es nur* eine *globale wissenschaftliche Methode gibt* – in dem Sinne nämlich, daß alle rationalen Problemlösungsverfahren wesentlich auf einem sich immer wiederholenden Zusammenspiel von kreativen Einfällen und kritischer Prüfung beruhen (POPPER, Logik; Conjectures). *Kritik dient dabei der Fehlereliminierung* und nicht der Begründung. In einem erfolgreichen Forschungsverfahren sind die späteren Problemlösungsvorschläge leistungsfähiger als ihre Vorgänger, so daß in diesem Sinne eine *Evolution* stattfindet: eine Nachfolgertheorie ist eine zutreffendere Darstellung bestimmter Aspekte der Wirklichkeit als ihre Vorgängertheorie, sie leistet in dieser Hinsicht mehr. (Ganz analog wie Individuen einer evolvierenden Spezies besser »angepaßt« sind als die Individuen, die einer früheren Form dieser Spezies angehören [RADNITZKY/BARTLEY].) Da eine allgemeine Methodologie überall »passen« soll, müssen ihre Regeln *global* sein, d. h., sie können nicht mehr tun als einen *Spielraum abstecken*. Das aber bringt bereits eine gewaltige Ersparnis an Kosten, denn gewisse Ansätze, die bestimmt nicht zum Ziel führen würden, werden von vornherein ausgeschlossen.

Ein Beispiel: Nehmen wir an, der Forscher sieht sich in folgender Problemsituation: Er ist dabei, eine Theorie *T* zu testen, und eine der Voraussagen, die er mit Hilfe der Theorie abgeleitet hat, hat sich als falsch herausgestellt (d. h., er betrachtet die Behauptung, daß diese Voraussage falsch ist, pro tempore, als unproblematisch). Die Logik sagt ihm nur, daß mindestens eine der Prämissen falsch sein muß, vielleicht mehrere, möglicherweise alle. Aber sie gibt ihm keine Antwort auf die Frage, welcher Prämisse oder welchen Prämissen er die Schuld an der falschen Voraussage geben soll. Für diese Forschungssituation bietet ihm die Methodologie folgende Regel an: »Irgendwo *muß* geändert werden; machen Sie das Zielgebiet so klein wie möglich!« Der Forscher steht jetzt vor einer Investitionsentscheidung: Angenommen, die Hilfshypothesen und die Sätze, die die Randbedingungen beschreiben, sind (z. Z.) unproblematisch: *lohnt* es sich, die Theorie – die er prüfen wollte – zu modifizieren, oder soll er versuchen, sie durch eine ganz neue Theorie zu ersetzen (falls ihm eine solche einfällt)? Ist nur ein Teil der Theorie von der Falsifikation betroffen, darf er ihn eliminieren (ANDERSSON, Kritik), aber diese Maßnahme darf nicht verallgemeinert werden, denn wenn auf diese Weise die Falsifikation sozusagen zahnlos gemacht würde, würde der empirische Gehalt der Theorie immer dünner, und ein solches Verfahren würde den Erkenntnisfortschritt nicht nur hemmen, sondern schließlich unmöglich machen. Diese Regel, die in POPPERS Methodologie eine zentrale Rolle spielt, spart Kosten, denn wenn sich der Forscher auf solche Immunisierungsstrategien einlassen würde, würde er Zeit, Energie und Erfindungskraft in Unternehmen investieren, die letzten Endes zu nichts führen, die keine Rendite in Form von neuen Erkenntnissen erbringen würden. Kurz: die Methodologie fungiert ähnlich wie eine Tradition, die deswegen wertvoll ist, weil sie Entlastungsfunktion hat, indem sie Entscheidungs- und Informationskosten spart. In diesem Sinn stellt sie für den Forscher eine Ressource dar, eine Ressource, deren Wert davon abhängt, wie gut sich die betreffende Methodologie – im Wettbewerb der Methodologien – bewährt hat.

P. FEYERABEND und Th. S. KUHN schlagen auf die Frage, wie das methodologische Bewertungsproblem zu lösen sei, eine skeptische Lösung vor: sie geben sozusagen das Problem an die einzelnen Forscher wieder zurück und raten ihnen, sich auf ihre methodologische »Intuition« zu verlassen. Da jede konkrete Forschungssituation einzigartig sei und spezielle Probleme mit sich bringe, müßten die Maßstäbe der Bewertung eben von Fall zu Fall wechseln. Dagegen wende ich folgendes ein: Irrtum und historischer Zufall (das »Kontingente«) spielen gewiß eine wichtige Rolle im Gang der Wissenschaft; diese historische Tatsache ist unumstritten. Die Aufgabe der Methodologie ist es aber gerade, den Einfluß dieser Faktoren zu begrenzen – und das ist eine normative Aufgabe. (Außerdem könnte man darauf hinweisen, daß viele Forscher – besonders in den Wirtschaftswissenschaften – ihrer methodologischen »Intuition« nach Falsifikationisten sind.)

Die Behauptung, daß es nur *eine* wissenschaftliche Methode gibt, besagt nur, daß alle seriösen Forschungsunternehmen gemeinsame Grundzüge haben, nämlich die des rationalen Problemlösens im Erkenntnisbereich. Diese Behauptung ist vereinbar mit der Einsicht, daß verschiedene Disziplinen außerdem oft noch methodologische Spezialprobleme haben, daß also zusätzlich zur *allgemeinen* Methodologie *fachspezifische* Methodologien erforderlich sind, die sich mit den fachspezifischen methodologischen Problemen der betreffenden Disziplinen oder Gruppen von Disziplinen befassen (KOERTGE, in RADNITZKY, Centripetal forces, Bd. 2). Die Beispiele reichen von Theorien der physikalischen Messung und von der Methodologie der statistischen Verfahren bis hin zur Hermeneutik als Methodologie oder zur Technologie der Textinterpretation, zur Methodologie der projektiven Diagnoseverfahren in der Tiefenpsychologie und zu ähnlichem mehr. Die Explikation des Begriffs »Disziplin« oder »Problem-cluster« ist eine Aufgabe der allgemeinen Methodologie ebenso wie die Abgrenzung der »Wissenschaft« von »Nicht-Wissenschaft« (→ *Wissenschaftlichkeit*).

D. Methodologie und Technologie

Bisher haben wir die *positiven* Aspekte der von H. ALBERT empfohlenen *Analogie zwischen Methodologie und Technologie* herausgearbeitet und nahegelegt, daß die Methodologie wie jede Technologie Mittel und Verfahrensweisen anbietet, mit deren Hilfe man ein bestimmtes Ziel realisieren kann. Jede Analogie hat auch *negative* Aspekte, sonst wäre der Vergleich eben mehr als Analogie. Es ist instruktiv, die negativen Aspekte der Analogie Methodologie/Technologie näher zu untersuchen.

I. Kreativität

Die Anwendung einer Technologie erfordert keine Kreativität; nur das Erschaffen einer Technologie erfordert *Kreativität*. Die Anwendung einer Technologie ist, strenggenommen, das Praktizieren einer Technik, d.h. einer Verfahrensweise, der die betreffende Technologie zugrunde liegt (→ *Technik;* → *Technologie*). (Hier können wir von dieser Unterscheidung absehen.) Wenn eine Technologie effektiv ist, dann ist ihre Anwendung reine Routine. Um z. B. die Technik des Autofahrens mit Schalten usw. effektiv auszuführen, folgt man bestimmten Regeln und hat weder Bedarf an Kreativität, noch wäre diese von Nutzen. In solchen Fällen werden die Routinen schließlich sogar niedrigeren Zentren des Nervensystems anvertraut, und als Folge des Lernens werden Abläufe »unbewußt«. Analog soll eine Tradition entlasten, indem sie Entscheidungen routinisiert und insofern Kreativität überflüssig macht. Forschung dagegen erfordert ein höchstes Maß an Kreativität und Erfindungsvermögen. Das ist ein zweiter Grund, warum Methodologie-Regeln sehr *global* sein müssen: *um genügend Raum für Kreativität zu belassen.* Sie sollen Entscheidungs- und Informationskosten reduzieren, indem sie – wie jede Tradition – den Spielraum begrenzen. Dadurch, daß sie den Forscher auf diese Weise entlasten, geben sie ihm Gelegenheit, sich auf die wichtigen Entscheidungen zu konzentrieren, insbesondere auf solche, die sich auf die einmaligen Aspekte seiner Problemsituation beziehen. Sie sollen seine Schaffenskraft für die wichtigen Aufgaben und Entscheidungen freisetzen.

II. Effektivität

Eine Technologie nennen wir »effektiv«, wenn sie ein sicheres Mittel ist, um das vorgesehene Ziel zu erreichen, eben in solchen Situationen, für die sie vorgesehen ist. Wir erwarten das von unseren alltäglichen Technologien. Wenn wir z. B. eine Flugreise antreten, zeigen wir damit, daß wir so großes Vertrauen in die betreffende Technik haben, daß wir ihr ohne weiteres unser Leben anvertrauen. Die Methodologie als Technologie oder Quasi-Technologie des Erkenntnisfortschritts kann jedoch den Erfolg nicht garantieren; sie kann bestenfalls, d. h., wenn sie eine gute Methodologie ist, die *Erfolgschancen* des Forschers *erhöhen*. Ob er tatsächlich Erfolg hat, das hängt wesentlich auch von seiner kreativen Imagination und oft auch von den glücklichen Umständen, dem »kairos«, ab. (Allerdings sollte man Louis Pasteurs Dictum präsent halten: »Le hazard ne favorise que des ésprits bien préparés«, denn diese Einsicht ist richtig, unbeschadet des Phänomens der Serendipität, der sogenannten »Zufallsentdeckungen«.)

Man könnte die Methodologie bzw. – wenn man die Tätigkeit personalisiert – den Methodologen hier in gewisser Analogie mit einem *Anlageberater* sehen. Der Anlageberater kann für seinen Kunden Szenarios entwerfen; er kann ihm zeigen, was in gewissen Situationen geschehen kann, und er kann ihm Begriffe und Perspektiven anbieten, die es ihm ermöglichen, die Situation besser zu konzeptualisieren. Das kann dem Kunden helfen, seine Entscheidungsgrundlage zu verbessern. Das Risiko, das in allen Entscheidungen liegt (denn auch Nichthandeln ist eine Entscheidung mit Folgen), kann der Anlageberater dem Kunden nicht abnehmen. Außerdem »weiß« nur der Kunde (intuitiv), wie risikofreudig oder risikoscheu er ist. Die negativen Aspekte dieser Analogie sind bereits im Vorhergesagten implizit: Während der Kunde als Investor die Entscheidung an seinen Anlageberater delegieren kann, ist dies für den Forscher nicht möglich; er muß die riskanten methodologischen Entscheidungen selbst, in eigener Verantwortung treffen und die Folgen, Erfolg oder Mißerfolg, selbst tragen.

III. Erkenntnisfortschritt

Ein dritter wichtiger negativer Aspekt der Analogie Methodologie/Technologie ist folgender: Bei einer Technologie (so, wie wir das Wort gewöhnlich verwenden) kann das Ziel genau angegeben werden, *ohne* daß dabei die betreffende Technologie herangezogen wird. Z. B. kann das Ziel einer bestimmten Technologie der Stahlherstellung – Stahl einer bestimmten Spezifikation – in chemisch-physikalischen Termen angegeben werden. Diese Angaben können unabhängig von jeder Technologie der Stahlherstellung formuliert werden. Das Ziel, zu dessen Erreichung die Methodologie ein Mittel sein soll, der Erkenntnisfortschritt, kann jedoch *nur* von der Methodologie *selbst* geklärt werden. Das Ziel der Realwissenschaften – Theorien mit möglichst großer Erklärungskraft – ist zwar sinnkonstitutiv für den Begriff der wissenschaftlichen Forschung, aber es gibt nur eine Richtung an. Allein die Methodologie selbst kann Explikata des Begriffs »Erkenntnisfortschritt«, adäquate Erklärungen usf., vorschlagen; nur sie kann angeben, worin Erkenntnisfortschritt bestehen soll, was wir zweckmäßig unter »Erkenntnisfortschritt«

verstehen sollen und woran man in einem konkreten Fall Erkenntnisfortschritt erkennen kann.

IV. Verläßlichkeit

Unsere verläßlichsten Technologien sind solche, die auf wissenschaftlichem Wissen basiert sind, auf genügend getesteten und bewährten Gesetzeshypothesen oder Theorien. *Worauf aber können methodologische Regeln basiert werden?* Vor allem auf Wissen – oder, genauer gesagt, auf einigermaßen bewährten Annahmen – über das menschliche Erkenntnisvermögen und über die Aspekte der Wirklichkeit, die die Wissenschaft zu beschreiben und zu erklären versucht.

(a) Eine Technologie kann nur dann effektiv sein, wenn das Wissen, auf das sie sich stützt, genügend verläßlich ist, wenn also die Gesetzeshypothesen, auf die sie basiert ist, die relevanten kausalen Zusammenhänge genügend zutreffend darstellen. Aber die Frage, ob eine bestimmte Gesetzeshypothese eine für die Zwecke einer bestimmten Technologie »genügend« zutreffende Darstellung bestimmter Aspekte der Wirklichkeit ist, kann daher nur durch eine methodologische Bewertung beantwortet werden.

(b) Ein wesentlicher Teil des Wissens über das menschliche Erkenntnisvermögen kommt aus methodologischen Untersuchungen. Z. B. ist die Hypothese von der prinzipiellen Fallibilität der menschlichen Erkenntnis eine Einsicht, die durch Poppers methodologische Kritik des Induktivismus (und damit auch des ihm zugrundeliegenden begründungsphilosophischen Denkstils) gewonnen wurde.

In beiden oben genannten Fällen sieht es so aus, als ob sich hier die Gefahr der Zirkularität abzeichnete. Ein circulus vitiosus tritt hier jedoch nur dann auf, wenn man eine bestimmte Methodologie in einen begründungsphilosophischen Kontext stellt, wenn man sie ein für allemal rechtfertigen will. Wenn mit W. W. Bartley, III die Trennung von Kritik und Rechtfertigung ernst genommen und Kritik nur in den Dienst der Fehlerelimination gestellt wird, dann besteht keine Gefahr eines circulus vitiosus. Denn methodologische Regeln stehen im Wettbewerb miteinander; sie konkurrieren miteinander genauso, wie Theorien miteinander konkurrieren, wenn sie sich über denselben Phänomenbereich äußern. Ein Aufgabenbereich der Methodologie ist es, Regeln anzubieten, die eine rationale Präferenz derjenigen Arten von Problemlösungsvorschlägen, die in der Forschung vorkommen, anleiten können. Neben Regeln für die rationale Präferenz von miteinander konkurrierenden Theorien, Erklärungen usf. hat sie also auch Regeln anzubieten, die eine *rationale Präferenz von miteinander konkurrierenden methodologischen Regeln* anleiten können, d. h. argumentierend anzugeben, was als gute Gründe für das Vorziehen einer bestimmten methodologischen Regel gegenüber anderen Regeln gelten soll. Da methodologische Regeln (wie alles in der Wissenschaft) als fallibel und revidierbar angesehen werden, d. h. für Kritik offengehalten werden und es nicht notwendig ist (es keine logischen Gründe, z. B. semantische Paradoxe, gibt [Radnitzky/Bartley, Teil II]), irgend etwas zu dogmatisieren, kann Zirkularität vermieden werden, und es besteht die Möglichkeit, durch das Zusammenspiel von empirischen Untersuchungen und argumentativer Prüfung der angebotenen methodologischen Regeln diese methodologischen Regeln zu verbessern (H. Albert). Genauso wie die Forschung selbst hat auch dieser Prozeß keinen bestimmten Abschluß; er ist offen.

Abschließende Bemerkungen

Die Methodologie ist eine Art von Technologie oder, genauer gesagt, *ein System von hypothetischen Empfehlungen, das mit einer Technologie große Ähnlichkeit hat.* Sie hat auch gewisse Gemeinsamkeiten mit einer normativen Erkenntnistheorie. (Erkenntnistheorie ist jedoch allgemeiner, sie befaßt sich mit Wahrnehmungserlebnissen, echten [nicht-instrumentellen] Werturteilen usw.) Außerdem hat die Methodologie Elemente, die sie zu einer Disziplin sui generis machen. Die Methodologie als solche braucht keine Apologie, denn Forschung ohne Methodologie gibt es nicht. Da alle rationalen Entscheidungen Kosten-Nutzen-Überlegungen notwendig machen und die Methodologie im Dienste der rationalen Entscheidungen des Forschers steht, darf man hoffen, daß das Einführen einer ökonomischen Perspektive dazu beitragen wird, die Methodologie zu verbessern.

Man muß sich dabei vor Augen halten, daß die Methodologie ausschließlich auf Erkenntnisfortschritt angelegt ist; daß sie eine Tätigkeit erleichtern soll, deren Ziel Theorien von möglichst großer Erklärungskraft (und deshalb möglichst großer »Tiefe«) sind; daß sie sich nur mit abstrakten Entitäten (wie den Inhalten von Hypothesen und Theorien, Problemstellungen, Kriterien usf.) befaßt; daß ihr »Planungshorizont«, sofern man im Kontext der Methodologie überhaupt von einem solchen sprechen kann, langfristig bis offen ist; daß sie sich nicht mit psychischen Entitäten (wie Bewußtseinsinhalten, der Motivation der Forscher usf.) befaßt und daß sie daher auch nicht versucht, Beschreibungen oder Erklärungen zu liefern, sondern daß sie hypothetische Imperative anbietet.

Ein Forscher, der nur nach Erkenntnisfortschritt strebt, handelt rational, wenn er derjenigen Methodologie folgt, die er für das beste Mittel hält, um Erkenntnisfortschritt zu erleichtern. Das klingt trivial, weil die Nutzenfunktion hier eindeutig ist. Sobald man jedoch Wissenschaftssoziologie oder -geschichte betreibt, wird man zwischen verschiedenen Nutzenfunktionen unterscheiden müssen, die der Forscher als konkrete Person haben kann. Das ist notwendig, um einzusehen, daß manche Verhaltensweisen, die vom Standpunkt der Methodologie nicht rational erscheinen, dennoch rational sein können – und dies, obwohl am Standpunkt der betreffenden Methodologie festgehalten wird. Wenn z.B. die aktuelle Nutzenfunktion des Forschers eine möglichst rasche Reputationserhöhung ist, dann kann es – auch von unserem methodologischen Standpunkt aus gesehen – durchaus rational sein, wenn er von den Regeln derjenigen Methodologie, die unseres Erachtens die z. Z. »beste« ist (»unserem« methodologischen Standpunkt), abweicht. In einer bestimmten Situation kann es durchaus rational sein, wenn ein Forscher, der eingesehen hat, daß das »alte Paradigma« überholt ist und daß langfristig mit dem »neuen« Paradigma bedeutend mehr zu erreichen ist, dennoch am alten Paradigma festhält. Das ist der Fall, wenn er in das »alte« Paradigma bereits sehr viel an Ausbildung und Einarbeitung investiert hat und mit ihm gut umzugehen weiß. In diesem Fall kann er nämlich innerhalb seines Planungshorizontes mit dem »alten« Paradigma oder der alten (veralteten) Methode mehr erreichen, als er erreichen könnte, wenn er die Zeit darauf verwendete, sich in das neue Paradigma einzuarbeiten. Eine Investition in diese neue, an sich wertvolle Ressource würde sich für ihn nicht lohnen, weil dadurch seine vorherige Investition vorzeitig entwertet würde. Ob in einem konkreten Fall ein Festhalten am alten Paradigma oder ein Paradigmawechsel rational ist, ist daher eine Frage, die mit methodologischen Überlegungen allein nicht zu beantworten ist. Denn bei dieser Frage geht es zunächst einmal darum, die tatsächliche Nutzenfunktion des betreffenden Forschers festzustellen. Das ist eine empirische Frage, für die die Wissenschaftssoziologie bzw. die Forschungspsychologie/Biographie zuständig ist.

Eine wissenschaftliche Entdeckung zu machen ist eine theoretische Aufgabe; für diese Entdeckung Akzeptanz zu erreichen (und auch die entsprechende Anerkennung dafür zu erlangen) ist eine ganz andere Aufgabe – eine praktische Aufgabe. So mag es z.B. in einem konkreten Fall für den Forscher rational sein, den Weg zu seinen Resultaten so darzustellen, als ob er dabei den z.Z. dominierenden methodologischen Vorstellungen gefolgt wäre, auch wenn er de facto ganz anders vorgegangen ist. Darwin z.B. stellt den Gang seiner Forschungen so dar, als ob er induktivistisch vorgegangen wäre, obgleich er de facto deduktivistisch-falsifikationistisch vorgegangen ist (Ghiselin). Es ist daher für den an Methodologie Interessierten riskant, die Deklarationen eines Forschers über die von ihm verwendete Methodologie für bare Münze zu nehmen. Selbst wenn Forscher tatsächlich anderen Präzepten gefolgt sind als der von uns als die bisher »beste« angesehenen Methodologie, dann darf daraus nicht einmal vom Standpunkt dieser Methodologie gefolgert werden, daß diese Forscher nicht rational oder gar irrational gehandelt hätten. Die Frage der Rationalität läßt sich durch methodologische Überlegungen allein nicht entscheiden. Es geht in diesen Fällen zunächst um soziologische bzw. historiographische Fragen, und bei solchen Fragen sind außer-methodologische Faktoren von größter Bedeutung. Allerdings können solche wissenschaftssoziologischen und wissenschaftshistorischen Fallstudien eben aus diesem Grund auch nicht für eine Kritik einer bestimmten Methodologie nützlich gemacht werden. Auch diese Überlegungen zeigen, wie wichtig es ist, zwischen methodologischen Fragen und Problemen der Wissenschaftssoziologie und -geschichte zu unterscheiden.

Gerard Radnitzky

Acham, K.: Methodologische Probleme der Sozialwissenschaften. 1978. – *Agassi, J./Cohen, R. (Hg.):* Scientific philosophy today. 1982. – *Albert, H.:* Kritik der reinen Erkenntnislehre. 1987. – *Ders.:* Traktat über kritische Vernunft. 1968, verb. ^{4}1980. – *Ders.:* Traktat über rationale Praxis. 1978. – *Ders.:* Die Wissenschaft und die Fehlbarkeit der Vernunft. 1982. – *Andersson, G.:* Kritik und Wissenschaftsgeschichte. 1988. – *Ders. (Hg.):* Rationality in science and politics. Dordrecht: Reidel 1984. – *Bartley, W. W., III:* Flucht ins Engagement. (Aus dem Engl.) (1962) 1964, verb. ^{2}1987. – *Bochenski, I. M.:* Die zeitgenössischen Denkmethoden. 1954, ^{9}1986. – *Chalmers, A. F.:* Wege der Wissenschaft. Einführung in die Wissenschaftstheorie. (Aus dem Engl.) 1986. – *Cohen, R., u. a. (Hg.):* Essays in memory of Imre Lakatos. 1976. – *Diemer, A. (Hg.)* in Zusammenarbeit mit *L. Geldsetzer* und *F. Rotter:* Der Methoden- und Theorienpluralismus in den Wissenschaften. (Studien zur Wissenschaftstheorie 6) 1971. – *Essler, W. K.:* Wissenschaftstheorie. Bd. 1–4. [H] – *Feyerabend, P. K.:* Ausgewählte Schriften. Bd. 1; 2. Bd. 1: Der wissenschaftstheoretische Realismus und die Autorität der Wissenschaften. 1978. Bd. 2: Probleme des Empirismus. 1981. – *Frey, G.:* Philosophie und Naturwissenschaft. Eine Methodenlehre. 1970. – *Ghiselin, M.:* The economics of scientific discovery. In: *Radnitzky/Bernholz*, Economic imperialism. [W] – *Grmek, M., u. a. (Hg.):* On scientific discovery. 1981. – *Hempel, C. G.:* Aspects [...]. 1965. Aspekte [...]. 1977. [W] – *Ders.:* Grundzüge der Begriffsbildung in der empirischen Wissenschaft. (Aus dem Engl.) (1952) 1974. – *Ders.:* Philosophie der Naturwissenschaften. (Aus dem Engl.) (1966) dtv 1974. – *Herrmann, Th. W. (Hg.):* Dichotomie und Duplizität. Grundfragen psychologischer Erkenntnis. Ernst August Dölle zum Gedächtnis. 1974. – *Hoyningen-Huene, P./Hirsch, G. (Hg.):* Wozu Wissenschaftsphilosophie? 1988. – *König, G.:* Was heißt Wissenschaftstheorie? 1971. – *Kraft, V.:* Die Grundformen der wissenschaftlichen Methoden. 1925. – *Kuhn, Th. S.:* Die Struktur wissenschaftlicher Revolutionen. (1962) ^{2}1976. [W] – *Lakatos, I./Musgrave, A. (Hg.):* Kritik und Erkenntnisfortschritt. Kolloquium London 1965. (Aus dem Engl.) (1970) 1974. – *Leinfellner, W.:* Einführung in die Erkenntnis- und Wissenschaftstheorie. 1965, ^{2}1967, ^{3}1980. – *Lenk, H.:* Zwischen Wissenschaftstheorie und Sozialwissenschaft. stw 1986. – *Levinson, P. (Hg.):* In pursuit of truth. 1982. – *Losee, J.:* Wissenschaftstheorie. Eine historische Einführung. (Aus dem Amerik.) (1972) 1977. – *Menne, A.:* Einführung in die Methodologie. 1980, ^{2}1984. – *Opp, K.-D.:* Methodologie der Sozialwissenschaften. 1970, 1976. – *Pähler, K.:* Qualitätsmerkmale wissenschaftlicher Theorien. 1987. – *Popper, K. R.:* s. *Auswahl zentraler Literatur* [W] – *Radnitzky, G.:* s. *Auswahl zentraler Literatur* [W] – *Ders.:* The "economic" approach to the philosophy of science. In: The British Journal for the Philosophy of Science 38, 1987. – *Ders.:* Die falsifikationistische Methodologie und ihre Ökologie. In: Schriften der Sudetendeutschen Akademie für Wissenschaften und Künste 8, 1988. – *Ders.:* From logic of science to theory of research. In: Communication and Cognition 7, 1974. – *Ders.:* Artikel "Teoria della scienza." In: Enciclopedia del Novecento. Roma: Istituto della Enciclopedia Italiana. Bd. 6. 1982. – *Ders.:* Wozu Wissenschaftstheorie? Die falsifikationistische Methodologie im Lichte des ökonomischen Ansatzes. In: *Hoyningen-Huene/Hirsch.* – *Schilpp, P. A. (Hg.):* The philosophy of Karl Popper. Bd. 1; 2. 1974. – *Schnädelbach, H. (Mitverf.):* Probleme der Wissenschaftstheorie. Eine philosophische Einführung. Fernuniversität Hagen 1980. – *Seiffert, H.:* Einführung in die Wissenschaftstheorie. Bd. 1–3. [E] – *Stegmüller, W.:* Hauptströmungen [...]. Bd. 1–3. [H] – *Ders.:* Probleme und Resultate [...]. Bd. 1–4. [H] – *Thiel, Ch.:* Grundlagenforschung und Grundlagen der Wissenschaften. In: Meyers Enzyklopädisches Lexikon. Bd. 11. 1974. – *Ders.:* Grundlagenkrise und Grundlagenstreit. 1972. – *Thiel, M.:* Enzyklopädie der geisteswissenschaftlichen Arbeitsmethoden. 1967–. [H] – *Weber, M.:* s. *Auswahl zentraler Literatur* [W]

Gerard Radnitzky

Wissenssoziologie

A. Einleitung

Das zentrale Thema der *Wissenssoziologie* ist die Analyse der Beziehungen zwischen den Formen des menschlichen Bewußtseins und den sie bedingenden sozialen Lagen, Interessen, Gruppierungen und Institutionen.

Die Begründer der Wissenssoziologie als einer akademischen Disziplin waren in Deutschland vor allem Max Scheler (1874 bis 1928) und Karl Mannheim (1893–1947). Zwar gab es bereits im 19. Jh. Ansätze, Bewußtsein auf soziales Sein zu beziehen, doch verblieben diese meist in einem individual-psychologischen Kontext, so die Derivationenlehre Paretos oder die Vorurteilstheorie H. Spencers. Erst bei Scheler und dann, kritisch an diesen anknüpfend, bei Mannheim werden soziales Sein und Bewußtseinsformen in der Weise miteinander korreliert, daß die strukturellen Beziehungen zwischen beiden – und zwar nicht nur im Sinne einer Zurechnung, sondern unter Einschluß der noologischen Problematik und der Geltungsrelevanz – den Gegenstand kritischer Reflexion bilden. In der Wissenssoziologie, wie sie von Scheler und Mannheim entwickelt wurde, laufen somit jene Versuche zusammen, die menschliches Denken und gesellschaftliche Bewußtseinsformen determinierenden Momente aufzuweisen. In ihr verbindet sich eine Absage an die idealistische Erkenntnistheorie mit einer Kritik des → *Marxismus* und Historismus (→ *Geschichtstheorie;* → *Historisch/systematisch*).

B. Scheler und Mannheim

I. Scheler

SCHELER verband mit seinen wissenssoziologischen Entwürfen die Absicht, gegenüber dem *Dreistadiengesetz* von A. COMTE und der marxistischen Unterbau-Überbau-Lehre eine metaphysisch fundierte Theorie von den gesellschaftlichen Bedingungen der Entstehung und Ausbreitung bestimmter Formen des »Weltanschauungswissens« zu entwickeln. Seine Kultur- und Wissenssoziologie ist durchweg bemüht, die Existenz einer hinsichtlich ihrer Geltung von historisch-soziologischen Faktoren unabhängigen Wert- und Geistsphäre zu behaupten, der sogenannten Idealfaktoren (ewige Wahrheiten, Ideen, Wertwesenheiten). Auch die sogenannten »Realfaktoren« (politische, rassische, ökonomische) sind historisch invariant: sie sind es, die die Idealfaktoren realisieren. Beide Faktorenreihen werden als »gleichursprünglich« eingeführt.

Der Schelerschen Intention liegt die phänomenologische Trennung von Dasein und Wesen zugrunde, die das Konstruktionsprinzip seiner wissenssoziologischen Entwürfe bildet. Doch konnte er den Glauben an die Autonomie der Geistsphäre gegenüber dem gesellschaftlichen Sein, der seit der zweiten Hälfte des 19. Jh. stetig geschwunden war, in der alten Form nicht wieder begründen. Der kritische Gedanke, wonach alle kulturellen Leistungen der Menschen aus der je gegebenen Geschichtssituation entspringen und die ihnen zukommende Wahrheit diejenige einer bestimmten Zeit ist, war inzwischen zu einem Axiom der meisten soziologischen Analysen geworden. Zudem ist den wissenssoziologischen Richtungen seit SCHELER eine dem metaphysischen Voluntarismus und der Lebensphilosophie verwandte Skepsis gegenüber dem Wirkenkönnen geistiger Gebilde in der Geschichte eigen. So ist das Schelersche Theorem einer dem Wesen des Geistes selbst notwendig zukommenden Ohnmacht gegenüber dem sinnblinden Schicksalsgang der massiveren Realfaktoren eines der zentralen Motive der deutschen Wissenssoziologie bis in unsere Gegenwart geblieben.

II. Mannheim

Die Bestimmung der Wissenssoziologie durch MANNHEIM in seinem Beitrag zum »Handwörterbuch der Soziologie« enthält eine Kritik der Schelerschen Intention:

»Die Wissenssoziologie betrachtet den Erkenntnisakt im Zusammenhang mit jenen Paradigmata, die ihr vorschweben, sowohl in seiner Seins- als in seiner Sinnqualität nicht als eine einem rein theoretisch-kontemplativen Bedürfnis entspringende Schau der ›ewigen Wahrheiten‹ oder als eine irgendwie geartete Partizipation an ihnen (woran noch Scheler glaubte), sondern als ein Organon der Lebensdurchdringung eines bestimmt gearteten Vitalwesens in einem bestimmt gearteten Lebensraume« (»Wissenssoziologie« in Handwörterbuch 673).

Die »Art der Struktur der Lebensdurchdringung«, die »eigene Konstitution des Vitalwesens«, die »Eigenart des Lebensraumes«: diese drei Faktoren bedingen nach MANNHEIM nicht nur das Denkergebnis, sondern auch das von diesem bestimmte »Wahrheitsideal«.

1. Standort: Die Wissenssoziologie – wie sie von MANNHEIM vertreten wird – rettet sich aus der kaum leugbaren Tatsache der Prozeßhaftigkeit und Dynamik gesellschaftlichen Lebens, indem sie den Gesellschaftsbegriff zugleich erweitert und damit entleert. Dort, wo SCHELER als eine Art materialen Apriorismus einen präexistenten, objektiv gültigen Ideen- und Wertekosmos annimmt, wo folglich eine objektiv gültige Wertsphäre allenfalls realisiert werden kann, d. h. in Erscheinung zu treten vermag, wird bei MANNHEIM Sinn überhaupt erst konstituiert. Er überwindet die Starrheit zweier Seinsbereiche von Dasein und Wesen, Natur und Geist, wie sie bei SCHELER vorliegt (einschließlich der bloßen Zurechnung von Denken und schichtenspezifischem Verbundensein).

MANNHEIMS Begriff des »Standortes« als Inkarnation eines »Willenszusammenhangs einer Gruppe« umfaßt zwei Ebenen: die noologische und die historisch-genetische. Um jedoch seinerseits nicht einem bloßen → *Relativismus* zu verfallen, den er gerade als »Krise« seiner Zeit diagnostiziert, erscheinen diese Standorte als jeweils sich vollziehende Sinnrealisierungen, als Teilmomente der in der Geschichte allmählich sich konstituierenden Wahrheit. Sie bilden in ihrer Gesamtheit so etwas wie eine »Kultursynthese«. MANNHEIM spricht daher auch von einem »dynamischen Relationismus«.

Im Blick auf den Historismus heißt das: Will SCHELER den Historismus durch den Nachweis überwinden, daß sich in ihm apokryph der vorwissenschaftliche Glaube an ein historisches »Ding an sich« finden lasse, so will MANNHEIM durch ein Zu-Ende-Denken der historischen Ansätze und des Ideologiebegriffes der Krise begegnen. Wird damit auch der Marxismus zu einem »Standort« (einer Ideologie) unter anderen, fällt nicht nur der Marxsche Gesellschaftsbegriff, sondern mit ihm auch jener des falschen Bewußtseins, damit auch der Begriff von »Wahrheit«. Denken und Wissen werden zu einer Frage des sozialen Standortes, auf »Weltwollungen« (MANNHEIM) zurückbezogen. Damit ist letztlich alles zugleich wahr und falsch. Die geistigen Gehalte werden zu Wissensformen auf den verschiedenen Stufen der geschichtlichen Entwicklung, zu Momenten der jeweiligen Perspektivität von Systemen des Anschauens, Denkens und Wertens. Erscheint die Wirklichkeit als ein wertneutrales Zurechnungsobjekt, Realfaktoren und soziales Sein als schlechthin vorgegebene Faktizität, die kaum mehr eine Beziehung zu konkreten gesellschaftlichen Phänomenen (Tausch, Eigentumsverhältnisse) besitzen, so tritt an die Stelle ökonomischer Bestimmungen des gesellschaftlichen Seins ein neuer »Unterbau«-Begriff.

2. Der totale Ideologiebegriff: Dem Vorgehen, den Begriff des sozialen Seins so extensiv wie möglich zu fassen, entspricht die Tendenz, das Ideologieproblem auf die Struktur des menschlichen Denkens schlechthin auszudehnen. Die allgemeine und totale Fassung des Ideologieproblems, die sich bei MANNHEIM, in Ansätzen auch bereits in SCHELERS Idolenlehre findet, impliziert die Relativierung des Anspruchs der Ideologiekritik auf Trennung von wahren und ideologischen Momenten des Denkens. Der allgemeinen und »totalen« Fassung des Ideologiebegriffs bei MANNHEIM entspricht die Bemühung, auf dem Wege einer Inventur aller vorfindbaren Geistesinhalte zu einer neuen »Kultursynthese« fortzuschreiten, die jedoch, dem wissenssoziologischen Ansatz gemäß, ebenso dem Verdikt verfällt, der sozial-ökonomischen Situation inadäquat, d. h. ideologisch zu sein. Ist aber einmal alles Wissen mit dem Prädikat »seinsverbunden« charakterisiert, so muß die kritische Frage nach der Wahrheit und der Unwahrheit des Gedachten im Lichte des Relativismus als obsolet erscheinen. Mit der Tabuierung der gesellschaftlichen Wirklichkeit kann auch die Frage nach dem Wahrheitsgehalt und dem Erkenntniswert der einzelnen Positionen aus den wissenssoziologischen Erörterungen verbannt werden. Es ist bemerkenswert, daß die meisten Wissenssoziologen darum bemüht sind, den Geltungs- und Aufgabenbereich ihrer Wissenschaft gegenüber der Ideologienlehre einzuschränken, indem sie den Ideologiebegriff entweder als vorwissenschaftlich aufgeben oder aber seine Bedeutung von allen kritischen Implikationen befreien wollen (→ *Ideologie*).

Hatte SCHELER die Perspektivität der Denk- und Wissensformen aller Ober- und Unterklassen behauptet, wobei er Ideologien als durch Klasseninteressen heimlich und vorbewußt geleitete Geschichtskonstruktionen und Aktionsprogramme definiert, so neutralisiert MANNHEIM den Ideologiebegriff zu einer Theorie der generellen Seinsverbundenheit des menschlichen Denkens. Nicht nur einzelne Teilaspekte (partieller Ideologiebegriff), sondern die gesamte kategoriale Apparatur der Vernunft als solche sei ideologisch (totaler Ideologiebegriff), da in ihr – im Sinne der Seinsverbundenheit – sämtliche begrifflichen Instrumente von einem dem denkenden Subjekt selber verborgen bleibenden Systematisierungszentrum her bestimmt würden. Stets müsse eine Sphäre des Seins als absolut gesetzt werden. Sind derart Metaphysik und Seinsverbundenheit die schicksalhaften Charakteristika eines jeden begrifflichen Bemühens um die Erfassung der Wirklichkeit, so kann es der wissenssoziologischen Analyse selbst lediglich darauf ankommen, die jeweiligen Systematisierungszentren, von denen sich die Entfaltung des begrifflichen Denkens herleiten läßt, möglichst genau zu bestimmen.

Anstelle materialistisch interpretierter Vergesellschaftung tritt die Lebensäußerung bestimmter Kollektivsubjekte (»Willenszusammenhang einer Gruppe«, »Weltwollen«, »Lebenszusammenhang«, »soziales Schicksal einer Gruppe« etc.) ins Blickfeld, denen die geistigen Standorte zugeordnet werden. Letztlich werden alle »Weltwollungen« und die ihnen entsprechenden geistigen Sehweisen auf *eine* dynamische Lebenssubstanz bezogen. Die »Weltwollungen« (MANNHEIM) bil-

den die Korrelate zu jener alles umfassenden Seinsverbundenheit des Denkens.
Die voluntativ bestimmte Perspektivität, die sich nach MANNHEIM der Axiomatik einer jeden Bewußtseinsform als deren »Aspektstruktur« aufdrängt, ist gleichbedeutend mit dem metaphysischen Hintergrund eines jeden Denkens. Seinsverbundenheit wird damit zu einer Strukturform des »Weltanschauungswissens« schlechthin. Allein die Prämisse, daß sich die partikularen Standorte doch zu einer letztlich sinnvollen Ganzheit verbinden, bietet die Voraussetzung dafür, die geistigen Gebilde auf ihren Funktionssinn und ihren spezifischen Stellenwert innerhalb der Gesamtgeschichte zu befragen, um Genesis und Geltung, Sein und Sollen, Struktur, Sinn und Reichweite der Wissensformen zu begreifen.
3. Das Oszillieren des Ideologiebegriffes: Der Ideologiebegriff MANNHEIMS oszilliert zwischen der prinzipiell wertfreien Registrierung der einer sozialen Seinslage korrespondierenden Aspektstruktur, d. h. der jeweiligen Seinsverbundenheit des Denkens, und einem wertenden Urteil über das Verfehlen der sozialen Wirklichkeit im ideologischen Bewußtsein. So kann die »Seinsinkongruenz« zum Kriterium von Ideologiehaftigkeit des Denkens werden (samt der gesellschaftlichen Funktion der Beschönigung und Stabilisierung von Herrschaftsverhältnissen). Kriterium der Seinsadäquatheit ist das Sich-Bewähren von Partikularsichten in der gesellschaftlichen Praxis. Der Wissenssoziologie ist somit eine durchaus pragmatische Wahrheitsbestimmung eigen. Angesichts des Pluralismus der Bewußtseinshaltungen stellt der Ideologiebegriff nurmehr ein heuristisches Instrument dar.

III. Das Dilemma der Wissenssoziologie

Das Dilemma der Wissenssoziologie läßt sich wie folgt formulieren: Will sie sich nicht darin erschöpfen, bloßes Zurechnungsverfahren von Sein und Bewußtsein zu sein oder eine soziologische Geistesgeschichte zu entwerfen, sondern vielmehr auch den erkenntnistheoretischen, interessenpsychologischen und sozialbedingten Aspekt des Denkens – Genesis und Geltung gleichermaßen – erfassen, so kann sie letztlich nicht umhin, die Wahrheitsfrage zu stellen. Die Neutralisierung des Ideologiebegriffs – nach MANNHEIMS Selbstverständnis ein Schritt über MARX hinaus – setzt die Wissenssoziologie gerade jener Krise aus, der sie nicht nur zu entgehen suchte, sondern die selbst gerade Gegenstand ihrer Untersuchung werden sollte: dem Relativismus allen Denkens und damit letztlich seiner Beliebigkeit. Als soziologische Geistesgeschichte muß sie sich davor retten, das ökonomische (anarchische) Konkurrenzmodell einschließlich seines Selektionsmechanismus (wahr ist, was sich durchsetzt) auf das Denken zu übertragen. Will sie nicht in Skepsis und Relativismus abgleiten, »muß sie um den Aufweis von Kriterien sich bemühen, anhand deren sie zwischen in einer Zeit wirklichen und unwirklichen Gedanken unterscheiden kann. Wenn sie solches Bemühen verwirklicht, indem sie zur Zeitdiagnostik sich erweitert, so stößt sie erneut an die Grenzen klassischer Ideologiekritik. Das Problem des falschen Bewußtseins kehrt auf der Ebene der Wissenssoziologie von neuem wieder, sowie sie über die Aufgaben einer soziologischen Geistesgeschichte hinaus der Bedeutung ihrer Ergebnisse für die Gültigkeit wissenschaftlichen, insbesondere soziologischen Denkens nachgeht« (LIEBER, Wissenssoziologie 83). Damit aber wäre Wissenssoziologie Grundlagenwissenschaft.

C. Die Wissenssoziologie nach Scheler und Mannheim

Vor allem die Mannheimsche Intention, die »Denkstandorte« und »Denkgehalte« letztlich als »Teile eines über sie hinausragenden sinnvollen Werdens« zu interpretieren, hat seither zur Kritik herausgefordert (vgl. Max HORKHEIMER).
Der Terminus »Wissenssoziologie« ging in die außerdeutsche Wissenschaftstheorie ein (»sociologie de la conaissance«, »sociology of knowledge«). Der Abbruch sozialwissenschaftlicher Traditionen durch das faschistische Regime hatte zur Folge, daß sich die Wissenssoziologie erst nach 1945 wieder auf ihre eigentlichen Quellen besinnen mußte, folglich weitgehend rezeptiv verfuhr. In England wurde die Tradition von Werner STARK, in Amerika vor allem von Kurt H. WOLFF aufgenommen.

Kurt Lenk

Albersmeyer-Bingen, H.: Common sense. Ein Beitrag zur Wissenssoziologie. 1986. – *Barion, J.:* Ideologie, Wissenschaft, Philosophie. 1966. – *Ders.:* Was ist Ideologie? 1964, [3]1974. – *Barth, H.:* Wahrheit und Ideologie. 1945, [2]1961 = 1974. – *Benda, J.:* Der Verrat der Intellektuellen. (Aus dem Franz.) (1927) 1977. – *Bühl, W. L.:* Die Ordnung des Wissens. 1984. – *Elias, N.:* Engagement und Distanzierung. Arbeiten zur Wissenssoziologie. Bd. 1. (Aus dem Engl.) (1956) es 1980, Wissenschaftliche Sonderausgabe 1985. – *Ders.:* Über die Zeit. Arbeiten zur Wissenssoziologie. Bd. 2. (Aus dem Engl.) (1984) 1984. – *Festinger, L. A.:* Theory of cognitive dissonance. 1957. – *Grünwald, E.:* Das Problem der Soziologie des Wissens. 1934 = 1966. – *Horkheimer, M.:* Ein neuer Ideologiebegriff. In: Archiv für die Geschichte des Sozialismus und der Arbeiterbewegung 15, 1930. – *Krüger, M.:* Wissenssoziologie. 1981. – *Kuhn, Th. S.:* Die Struktur wissenschaftlicher Revolutionen. (1962) [2]1976. [W] – *Lenk, K.:* Marx in der Wissenssoziologie. Studien zur Rezeption der Marxschen Ideologiekritik. 1972, [2]1986. – *Ders. (Hg. und Einleitung):* Ideologie. Ideologiekritik und Wissenssoziologie. 1961, [8]1978; [9]1984. – *Lieber, H.-J.:* Wissenssoziologie. In: *Ders.*, Philosophie, Soziologie, Gesellschaft. 1965. – *Ders. (Hg.):* Ideologie, Wissenschaft, Gesellschaft. 1976. – *Ders. (Hg.):* Ideologienlehre und Wissenssoziologie. 1974. – *Luhmann, N.:* Soziologische Aufklärung. Aufsätze. Bd. 1–3. 1970–82. – *Mannheim, K.:* Konservatismus. 1925 = (stw 478) 1984. – *Ders.:* Ideologie und Utopie. 1929, [7]1985. [W] – *Ders.:* Strukturen des Denkens. (stw 298) 1980. – *Ders.:* Wissenssoziologie. Auswahl aus dem Werk. 1964, [2]1970. – *Ders.:* Artikel »Wissenssoziologie«. In: Handwörterbuch der Soziologie. Hg. von *A. Vierkandt*. 1931 = 1969. – *Meja, V./Stehr, N. (Hg.):* Der Streit um die Wissenssoziologie. Bd. 1; 2. (stw 361) 1982. – *Plessner, H.:* Diesseits der Utopie. 1966, 1974. – *Popitz, H.:* Über die Präventivwirkung des Nichtwissens. 1968. – *Scheler, M.:* Die Wissensformen und die Gesellschaft. 1926, [2]1960. – *Stark, W.:* Die Wissenssoziologie. (Aus dem Engl.) (1958) 1960. – *Ders.:* Social theory and Christian thought. 1959. – *Stehr, N./Meja, V. (Hg.):* Wissenssoziologie. 1981. – *Wolff, K. H.:* Versuch zu einer Wissenssoziologie. 1968.

Kurt Lenk/H.S.

Sachregister

Bei einem inhaltlich umfassenden Lexikon mit relativ wenigen weiten (und entsprechend umfangreichen) Stichwortartikeln kommt dem Sachregister eine ganz besondere Bedeutung zu. Es ist ein »Lexikon im Lexikon«, das die Information auch über enge und engste Begriffe zwar nicht selbst geben, aber doch vermitteln soll.
Die Arbeit an der Vorbereitung des Sachregisters machte mir schmerzlich bewußt, daß ein Sachregister ein Faß ohne Boden ist. Bei einem Lexikon wie dem vorliegenden ist diese Schwierigkeit doppelt:
– das Sachregister eines Lexikons zur Wissenschaftstheorie hat es so gut wie ausschließlich mit abstrakten und daher schwer abgrenz- und heraushebbaren Begriffen zu tun;
– das Sachregister soll die Denkwelten und -strukturen von fünfzig Autoren in einen Zusammenhang bringen, die sowohl die verschiedensten Gegenstände behandeln als auch ihre jeweils eigene und sehr vielfältige Terminologie mitbringen: gleiche Termini können sehr Verschiedenes, verschiedene Termini das Gleiche bedeuten.
Ein Sachregister für so abstrakte, in sich von Natur aus ungenaue und schwankende Gegenstände anzufertigen, ist in erster Linie ein Auswahlproblem.
Daß nicht jedes Substantiv, Adjektiv und Verb berücksichtigt werden kann, das im Text überhaupt erscheint, ist selbstverständlich. Aber was nun wesentlich und daher für die Registrierung geeignet ist – darüber werden die Meinungen sehr häufig auseinandergehen.
Außerdem setzt die menschliche Unvollkommenheit Grenzen: Es gibt ja kein automatisches Verfahren, mit dem sich die wichtigen Wörter von selbst herausfiltern lassen. In gewissem Ausmaß werden immer wieder zwei entgegengesetzte Fehler unvermeidbar sein: wichtige Stichwörter werden übersehen, unwichtige dafür aufgenommen. Und der Gesamtstoff ist so riesig, daß auch durch wiederholte Kontrollen nicht alle Fehler dieser Art ausgeglichen werden können.
Das Sachregister ist das Ergebnis einer Kombination eigener Vor- und Nacharbeiten des Redaktors mit einem durch Computer hergestellten Entwurf des Verlages.

In allen theoretisch bestimmten Sachgebieten spielen Ober- und Unterbegriff und damit zwei- oder mehrstufige Stichwörter eine große Rolle.
Zweistufige Stichwörter werden in der Regel unter dem (wichtigsten) Substantiv geordnet. Hier werden gewöhnlich drei Fälle unterschieden:

– adjektivische Verknüpfungen:	*Forschung, anwendungsbezogene*
– substantivische Verknüpfungen:	*Forschung, Momente der*
	Forschung und Politik
	Forschung als Tätigkeit
– Zusammensetzungen:	*Forschungspolitik*
	Forschungsprogramm

Zusammengesetzte Substantive werden in der Regel unter dem ersten Bestandteil eingeordnet, also an der alphabetisch ohnehin geforderten Stelle.

Von diesen Regelanordnungen werden gelegentlich Ausnahmen notwendig.
So werden adjektivische Verknüpfungen, wenn das Adjektiv inhaltlich wichtiger ist als das Substantiv, unter dem Adjektiv eingeordnet: *Historische Schule*. Dieser Verknüpfungsbegriff gehört in die Geschichtstheorie; der Teilbegriff »Schule« ist in diesem Falle also der sekundäre. Aber: *Schule, wissenschaftliche*. Denn hier ist der Begriff »Schule« primär; es geht um einen wissenschaftssoziologischen Sachverhalt.
Auch zusammengesetzte Substantive müssen gelegentlich unter dem zweiten Bestandteil (der ja, grammatisch gesehen, ohnehin das Grundwort ist: eine Haustür ist eine Tür – kein Haus) eingeordnet werden:

Gesetze
Koexistenz-
Makro-
Mikro-
Sukzessions-

Personenregister

In der Regel wird nur der Familienname genannt. Bei gleichen Familiennamen wird der erste Buchstabe des Vornamens aufgeführt. Dies geschieht auch bei ähnlichen Namen oder auch bei häufigen Namen, um die Identität wenigstens anzudeuten, so zum Beispiel *Koch, R.* als Hinweis darauf, daß der Mediziner Robert Koch gemeint ist.
Das Register enthält sowohl die in den Artikeltexten vorkommenden Namen als auch die Namen der Autoren der in den Literaturverzeichnissen genannten Titel.
Auch die auf den Vorspannseiten 1* bis 32* (vor allem also in den Personalbibliographien der Autoren und in der Auswahl zentraler Literatur) vorkommenden Namen sind in das Register aufgenommen worden.
Bei den Personalbibliographien mußte hierbei eine Auswahl getroffen werden: verzeichnet sind lediglich die Namen von Personen, deren Schriften der Autor herausgegeben hat, oder die er in einer Schrift behandelt hat – dagegen nicht Mitautoren, Herausgeber oder Mitherausgeber von Schriften, an denen der Autor beteiligt ist.
Die Seitenzahlen der Autorennennungen aus den Literaturverzeichnissen sind *kursiv* gesetzt. Das Personenregister kann so auch als Ersatz für ein autorenalphabetisches Verzeichnis der gesamten im Lexikon genannten Literatur (einschließlich einiger Nur-Sachtitel, z.B. Funkkolleg ...) dienen.